ORGANIZATIONAL BEHAVIOR

Improving Performance and Commitment in the Workplace

Jason A. **Colquitt**
Jeffery A. **LePine**
Michael J. **Wesson**

성과 향상을 위한

8e

조직행동론

| 문재승 • 김재경 • 신지선 • 오현성 • 장수덕 • 차종석 • 채희선 • 최종인 공역 |

Mc Graw Hill

한 경 사

Organizational Behavior: Improving Performance and Commitment in the Workplace 8th Edition

1 2 3 4 5 6 7 8 9 10 HKS 20 23

Original: Organizational Behavior: Improving Performance and Commitment in the Workplace 8th Edition © 2023
By Jason Colquitt, Jeffery LePine, Michael Wesson
ISBN 978-1-264-12435-0

This authorized Korean translation edition is jointly published by McGraw-Hill Education Korea, Ltd. and Hankyungsa. This edition is authorized for sale in the Republic of Korea.

This book is exclusively distributed by Hankyungsa.

When ordering this title, please use ISBN 978-89-6844-461-6

Printed in Korea.

|차례|

역자 머리말 viii

저자 머리말 ix

1부 ■ 조직행동론 소개

1장 조직행동이란 무엇인가 1

조직행동이란 무엇인가 2
- 조직행동의 정의 3
- 조직행동론의 통합 모델 4

조직행동이 중요한가 6
- 개념적 논쟁 7
- 연구 증거 10
- 무엇이 그렇게 어려운가 11

조직행동에 대해 우리가 알고 있는 것을 어떻게 "알" 수 있는가 12

요약: 다음 장으로 이동하며 17

요점 정리 19

핵심 용어 20

토론 질문 20

사례: 구글 20

예제: 조직행동은 상식인가? 21

2장 직무성과 25

직무성과 26
- 과업성과 29

"좋은 성과자"란 어떤 의미인가 29
- 시민행동 33
- 생산성 저해 행동 36
- 요약: "좋은 성과자"란 어떤 의미인가? 41

성과에 영향을 미치는 사회적 트렌드 41
- 지식 업무 42
- 서비스 업무 43
- 긱 업무 44

실무 적용: 성과 관리 44
- 목표에 의한 관리 45
- 행동 기준 평가 척도 45
- 다면 평가 46
- 강제 할당법 46
- 소셜 성과 관리 47

요점 정리 48

핵심 용어 48

토론 질문 48

사례: 우버 49

예제: 종업원의 성과 49

3장 조직몰입 55

조직몰입 56

"몰입되다"라는 것은 무엇을 의미하는가 57
- 몰입의 유형 58
- 철회행동 65
- 요약: "몰입되다" 라는 것은 무엇을 의미하는가 70
- 노동력의 다양화 72

몰입에 영향을 미치는 사회적 트렌드 72
- 변화하는 노사 관계 73

실무 적용: 몰입을 위한 계획 75

요점 정리 76

핵심 용어 77

토론 질문 77

사례: 아마존 78

예제: 부정적 사건에 대한 대응 78

2부 ■ 개인 메커니즘

4장 직무만족 85

직무만족 86
왜 어떤 직원들은 다른 직원들보다 더 만족하는가? 87
가치 충족 88
일 자체에 대한 만족 92
기분과 감정 96
요약: 일부 직원이 다른 직원보다 만족하는 이유는 무엇인가? 101
직무만족은 얼마나 중요한가? 102
삶의 만족 105
실무 적용: 만족도 추적 106
요점 정리 109
핵심 용어 109
토론 질문 110
사례: 힐튼 110
예제: 다양한 직업에 걸친 직무만족 111

5장 스트레스 115

스트레스 116
왜 어떤 사람은 다른 사람에 비해 스트레스를 더 받는가? 117
스트레스 요인의 유형 119
사람들은 스트레스 요인에 어떻게 대처하는가? 123
긴장의 경험 126
스트레스 과정에서 개인에 대한 설명 128
요약: 왜 어떤 직원은 다른 사람에 비해 더 스트레스를 받는가? 132
스트레스는 얼마나 중요한가? 132
스트레스 진단 135
실무 적용: 스트레스 관리 135
스트레스 요인 줄이기 136
스트레스 감소 시책 지원 137
긴장 줄이기 138
요점 정리 140
핵심 용어 141
토론 질문 141
사례: 제너럴 모터스 141
예제: 스트레스 관리하기 142

6장 동기부여 149

동기부여 150
기대 이론 153
일부 직원이 다른 직원들보다 더 동기부여되는 이유는 무엇인가 153
목표 설정 이론 157
공정성 이론 161
심리적 임파워먼트 166
요약: 일부 직원이 다른 직원보다 더 동기부여되는 이유는 무엇인가? 168
동기부여는 얼마나 중요한가? 169
실무 적용: 보상 제도 171
요점 정리 173
핵심 용어 173
토론 질문 174
사례: 넷플릭스 174
예제: 급여 차등에 대한 설명 175

7장 신뢰, 공정성, 윤리 181

신뢰, 공정성 그리고 윤리 182
신뢰 184
왜 어떤 관리자는 다른 관리자에 비해 더 신뢰를 받는가? 184
공정성 189
윤리 194
요약: 왜 어떤 관리자는 다른 관리자에 비해 더 신뢰받는가? 202
신뢰가 얼마나 중요한가? 202
실무 적용: 사회적 책임 204
요점 정리 206
핵심 용어 207
토론 질문 207
사례: 벤앤제리스 207
예제: 비윤리적 행동 208

8장 학습과 의사결정 215

학습과 의사결정 216

어떤 직원들은 왜 다른 사람들보다 더 나은 의사결정을 위해 학습하려고 하는가? 217

지식의 유형 218

학습의 방법 218

의사결정의 방법 225

의사결정에 대한 문제 228

요약 : 왜 어떤 직원들은 더 나은 의사결정을 위해 학습하려고 하는가? 235

학습은 얼마나 중요한가? 235

실무 적용: 교육 훈련 236

요점 정리 238

핵심 용어 238

토론 질문 238

사례: 초바니 239

예제 : 의사결정 편향 239

3부 ■ 개인 특성

9장 성격과 문화적 가치 243

성격과 문화적 가치 244

빅 파이브 245

우리는 직원들을 어떻게 묘사할 수 있는가? 245

또 다른 성격 분류법 256

문화적 가치 258

요약: 우리는 직원들을 어떻게 묘사할 수 있는가? 262

성격과 문화적 가치는 얼마나 중요한가? 263

실무 적용: 성격 테스트 265

요점 정리 269

핵심 용어 269

토론 질문 270

사례: 브리지워터 어소시에이츠 270

예제: 성격 프로파일 추측 271

10장 능력 277

능력 278

직원이 "할 수 있다는 것"은 무엇을 의미하는가? 280

인지적 능력 280

감성적 능력 286

신체적 능력 290

요약: 종업원이 할 수 있다는 것은 무엇을 의미하는가? 294

능력은 얼마나 중요한가? 295

실무 적용: 높은 인지 능력의 종업원 채용 297

요점 정리 300

핵심 용어 300

토론 질문 300

사례: 펩시코 301

예제: 감성 지능 302

4부 ■ 집단 메커니즘

11장 팀: 특성과 다양성 307

팀의 특성과 다양성 308
  팀 유형 310
팀을 설명하는 데 사용될 수 있는 팀 특성은 무엇인가? 310
  팀 유형 내 차이 313
  팀 상호 의존성 316
  팀 구성 320
  요약: 어떤 특성들이 팀을 설명하기 위해 사용될 수 있는가? 329
팀 특성은 얼마나 중요한가? 329
실무 적용: 팀 구성 330
요점 정리 332
핵심 용어 333
토론 질문 333
사례: 닛산 333
예제: 종이비행기 회사 334

12장 팀: 프로세스와 커뮤니케이션 343

팀 프로세스와 팀 커뮤니케이션 344
왜 어떤 팀은 부분의 합보다 효과적일까? 345
  과업 프로세스 346
  팀워크 프로세스 351
  커뮤니케이션 354
  팀 상태 360
  요약: 왜 어떤 팀은 부분의 합보다 효과적일까? 363
팀 프로세스는 얼마나 중요한가? 364
  호환성 팀워크 역량 365
실무 적용: 팀 훈련 365
  교차 훈련 366
  팀 프로세스 훈련 367
  팀 구축 367
요점 정리 368
핵심 용어 369
토론 질문 369
사례: 메이오 클리닉 369
예제: Wilderness Survival 370

13장 리더십: 권력과 협상 377

리더십: 권력과 협상 378
  권력 획득 379
왜 어떤 리더는 다른 리더들보다 힘이 더 강할까? 379
  영향력 행사 384
  권력과 영향력의 실제 388
  협상 392
  요약: 왜 어떤 리더들은 다른 리더들보다 힘이 더 강할까? 395
권력과 영향력은 얼마나 중요한가? 397
실무 적용: 대안적 분쟁 해결 398
요점 정리 399
핵심 용어 399
토론 질문 400
사례: UPS 400
예제: 영향력을 위한 로비 활동 401

14장 리더십: 스타일과 행동...................................405

리더십: 스타일과 행동 406
왜 어떤 리더들은 다른 리더들보다 더 효과적인가? 409
  리더 의사결정 스타일 410
  일상의 리더 행동 415
  변혁적 리더십 행동 420
  요약: 왜 어떤 리더들은 다른 리더들보다 더 효과적인가? 426
리더십은 얼마나 중요한가? 426
실무 적용: 리더십 훈련 429
요점 정리 430
핵심 용어 431
토론 질문 431
사례: 애플 431
예제: Take me to Your Leader 432

5부 ■ 조직 메커니즘

15장 조직구조 439

조직구조 440

왜 조직들은 서로 다른 조직구조를 가지고 있는가? 441

조직도의 구성 요소 442

조직설계 448

일반적 조직 형태 450

요약 : 왜 조직들은 서로 다른 조직구조를 가지고 있는가? 456

구조는 얼마나 중요한가? 457

실무 적용: 구조조정 459

요점 정리 460

핵심 용어 461

토론 질문 461

사례: P&G 461

예제: 크리에이티브 카드사 462

16장 조직문화 465

조직문화 466

문화의 요소 467

조직마다 문화가 다른 이유는 무엇인가? 467

일반적 문화 유형 471

특수 문화 유형 472

문화 강도 475

조직문화의 유지 477

조직문화의 변화 480

요약: 조직마다 문화가 다른 이유는 무엇인가? 484

조직문화가 얼마나 중요한가? 484

실무 적용: 사회화 관리 486

요점 정리 488

핵심 용어 488

토론 질문 489

사례: 맥도날드 489

예제: 대학 문화 490

종합사례 1 다운사이징 이후의 직원 사기 진작 495

종합사례 2 과중한 업무 상황에서 몰입 관리하기 498

종합사례 3 비우호적 상황에서의 리더십 501

용어 정리 504

찾아보기 522

저자·역자 소개 528

역자 머리말

많은 사람이 기업, 공공 기관, 정부 기관 등 조직의 일원으로 일하며 생활한다. 이 때문에 우리는 조직을 구성하는 사람들의 다양한 행동을 이해하고자 애쓴다. 열심히 일하는 사람과 그렇지 않은 사람, 조직에 애정을 가진 사람과 그렇지 않은 사람들의 행동을 이해하고, 왜 사람들이 그런 행동을 보이는지 알고 싶어 한다. 조직 내에서 사람들이 보이는 행동을 이해하면 보다 원만한 조직 생활을 하는 데 도움이 될 뿐만 아니라 성과를 높이는 데도 도움이 되기 때문이다.

조직행동론은 조직을 구성하는 사람과 집단의 행동을 이해하고 설명하는 이론을 다룬다. 국내에 출판된 조직행동론 서적도 수십 종에 이른다. 그 내용이 방대하여 모든 이론을 설명하기란 거의 불가능하다. 이 책은 최신 조직행동 연구 중 널리 받아들여지고 있는 이론을 중심으로 다룬다. 오래된 이론을 이해하는 것도 조직행동 이론의 흐름을 이해하는 데 도움이 될 수 있지만, 조직행동을 이해하는 핵심 내용을 중심으로 최신 연구 결과를 소개함으로써 실무적 유용성을 높였다. 또한 이 책은 우리 주변에서 익숙한 조직의 사례와 영화, 도서를 각 장의 주제와 연결하여 설명함으로써 이론이 어떻게 활용될 수 있는지 잘 설명해 준다. 이 때문에 이 책은 국내외 많은 대학에서 교재로 사용되고 있다.

외국의 제도와 문화, 정서를 우리나라의 독자가 이해하기 쉽도록 옮기기 위해 번역진이 많은 노력을 하였고, 여러 차례 교정을 거쳤음에도 불구하고 여전히 어색한 표현이나 오류가 있을 것이다. 이모든 것은 번역진의 부족함에서 기인한다. 애정 어린 지적을 반기며, 꾸준히 수정해 나가겠다.

이 책이 출간되기까지 한경사 이계남 대표님 이하 모든 직원의 수고가 컸다. 특히 편집팀의 꼼꼼한 검토와 교정이 있었기에 이 책이 지금의 완성도를 갖출 수 있었다. 깊은 감사를 드린다.

조직의 성과를 만드는 주체는 사람이다. 전략, 연구 개발과 생산, 영업과 마케팅, 경영 지원 등 어느 분야든 계획을 수립하여 실행하는 주체는 사람이다. 따라서 조직의 성과를 향상하기 위해서는 사람의 행동에 대한 이해가 필수적이다. 특히 현재 관리자의 위치에 있거나 미래의 경영자를 꿈꾸는 사람이라면 조직행동에 대한 이해가 필수적이다. 이 책이 조직의 성과를 향상하면서 구성원의 만족도도 높은 조직을 만드는 데 도움이 되기를 기대한다.

2023년 여름
역자 일동

저자 머리말

우리는 왜 이 책을 쓰기로 하였는가? 우선, 조직행동은 모든 사람에게 재미있고 흥미로운 주제이다(모든 사람이 현재 일을 하고 있거나 아니면 앞으로 일을 하게 될 것이다). 어떻게 하면 직무에서의 효과성을 높일 수 있을까? 어떻게 하면 조직에 오래 머물 수 있을까? 어떻게 하면 일을 즐겁게 할 수 있을까? 조직행동 연구는 이런 질문에 해답을 찾는 데 도움이 될 수 있다. 그러나 우리가 이 책을 쓰게 된 또 다른 배경은 다른 OB 교재를 사용하여 가르친 경험(그리고 불만)에서 비롯되었다. 한 학기를 마칠 때쯤 학생들은 우리가 느낀 것과 똑같은 의문을 가지고 있었다. 이러한 의문을 갖고 우리는 다음과 같은 질문에 답하기 위해 이 책을 쓰게 되었다.

조직행동에서 가장 중요한 것은 무엇인가?

조직행동론은 어떤 학생에게든 의미 있는 수업이지만, OB 교재의 모두 주제가 항상 의미 있는 것은 아니다. 이 책의 도입 부분에는 다른 책에 없는 두 장(chapter)이 있다. 바로 직무성과와 조직몰입이다. 직무를 잘 수행한다는 것과 조직에 머물기를 원하는 것은 종업원과 경영자들에게 모두 중요한 관심사이다. 이들 주제를 상세하게 설명한 다음, 나머지 장에서는 각 장의 내용을 직무성과와 조직몰입에 연결짓는다. 이렇게 함으로써 학생들은 조직행동의 개념을 경영 실무와 더 잘 연결할 수 있을 것이다.

시대에 뒤떨어진 개념이나 이론이라면, 책에 포함될 이유가 있을까?

이 책을 준비할 때, "지금 OB 교재를 처음부터 다시 쓴다면 어떤 모습일까?"라는 질문을 던졌다. 시중에 나와 있는 많은 조직행동 교재가 시대에 뒤떨어진 모델 또는 이론(그리고 실제로, 과학적으로 틀렸음이 입증된 이론)들을 역사적 맥락에서, 또는 전체적인 완결성을 위해, 포함하는 경우가 있다. 학생들은 (우리가 알기로는) 잘못된 자료를 읽어야 하고, 배우고, 그리고 관련 내용으로 시험을 본다는 사실에 좌절감을 느끼고 있었다. 비록 때에 따라 역사적 맥락이 중요할 수 있지만, 우리는 증거 기반 관리(evidence-based management)에 집중하는 것이 중요하다고 믿었다. 따라서 이 책은 최근에 새로이 등장하고 있는 중요한 주제를 포함하고, 다른 책에서는 담고 있으나 결함이 있고 시대에 뒤떨어진 주제는 제외하였다.

조직행동의 다양한 주제를 어떻게 연결할 수 있을까?

조직행동은 다학제적 분야(multidisciplinary field)이며, 여러 주제를 연결한다는 것은 쉬운 일이 아니다. 이 책은 이러한 이슈를 두 가지 방법으로 해결하고자 하였다. 첫째, 이 책의 모든 장은 통합 모델을 중심으로 구성되어 있다. 이 모델은 학생들에게 전체적인 로드맵을 제공해 주고, 현재 어느 부분을 학습하고 있는지, 그리고 어디로 나아가야 하는지 알려준다. 둘째, 이 책의 각 장은 구체적인 주제를 중심으로 초점을 맞추었고 "잡동사니"처럼 이것저것 나열하지 않았다. 따라서 학생(교수)들이 "이 장에서 왜 이런 주제를 다루고 있지?"라는 의아한 생각은 하지 않을 것이다.

조직행동의 주제가 재미없고 무미건조한 것은 아닐까?

학습 동기 관련 연구 결과에 따르면, 특정 주제에 대한 내적 동기가 있을 때 더 많이 학습한다고 한다. 그러나 많은 OB 교재가 그러한 흥미를 자극하는 데 인색하다. 우리는 학생들이 재미있게 읽을 책을 만들고 싶었다. 이를 위해, 가능한 비공식적이고 대화식 스타일을 사용하여 교재를 집필하였다. 또한, 학생들에게 친숙하고 흥미 있는 회사 사례를 소개하고자 노력하였다. 마지막으로, 학생들이 흥미를 느끼면서 직접 해볼 수 있는 OB 진단지와 예제를 교재에 포함시켰다.

8판에 새롭게 포함된 내용

- **1장: 조직행동이란 무엇인가** — 1장은 구글(Google)의 사례를 새롭게 소개하고 있다. 이 사례에서는 회사가 어떻게 데이터를 사용하여 사람에 관련된 의사결정을 하는지 설명한다. 특히 구글의 한 부서가 수행한 연구를 소개하고 있는데, 이 연구 결과에서는 관리자가 훌륭할수록 직원의 이직이 줄고, 근무 태도를 긍정적으로 하는 데 관련되어 있음을 보여 준다. 그리고 북스토어 코너에서 「싱크 어게인(Think Again)」이라는 새로운 책을 소개하면서 "재고(rethinking)" 개념이 조직의 미래 적응, 혁신 그리고 지혜에 중추적인 역할을 할 수 있다는 사실을 설명하고 있다.

- **2장: 직무성과** — 이 장에서는 우버(Uber) 사례를 새롭게 소개하면서 직원의 직무성과를 어떻게, 왜 바꾸어야 하는지를 설명하고 있다. 미국 고용평등위원회(EEOC)의 소송과 회사의 비윤리적 문화에 대한 언론의 부정적 시간에 대응하여 우버는 스택 랭킹 시스템(stack ranking system, 강제 순위라고도 함)을 없애고, 대신에 담당 직무에 대한 책임과 조직 내부/외부 고객에 대한 선행을 강조하는 목표 설정 시스템으로 변환하였다. 북스토어에서는 「Feedback(and Other Dirty Words)」을 새롭게 소개하고 있는데, 이 책은 피드백 제공의 어려움을 설명하면서, 관리자와 직원 간의 피드백을 개선하는 방법을 제시한다. 영화 속 OB에서는 「애드 아스트라(Ad Astra)」를 소개하면서 직무 수행의 다양한 측면을 생생하게 보여 준다. 끝으로 직무성과 관리의 방법으로 강제 순위 시스템이 점점 쇠퇴하고 소셜 미디어에 기반한 성과 관리 시스템(사회적 성과 관리)이 급성장하고 있음을 설명하고, "긱(gig) 업무"가 직무성과에 어떤 영향을 미칠 수 있는지 논의한다.

- **3장: 조직몰입** — 이번 개정판에서는 아마존(Amazon)을 새로운 사례로 소개한다. 아마존은 팬데믹 기간 동안 사람들의 삶에서 큰 역할을 했음에도 불구하고 회사와 직원 사이에 끊임없는 긴장이 있었다. 이 사례에서는 아마존 직원들이 보여 주는 행동주의의 증가와 함께 그러한 행동주의가 직원의 조직몰입에 어떤 영향을 미치는지를 설명한다. 영화 속 OB에서는 「노매드랜드(Nomadland)」를 소개하면서 아마존에서 일하는 정규 직원을 포함하여 파트타임과 계절별로 일하는 계약직 직원들이 이끄는 직장 생활을 보여 준다. 북스토어 코너에서는 「고립의 시대(Lonely Century)」를 소개하는데, 이 책은 팬데믹이 촉발했을 때 동료들로부터 고립되는 현상과 같

이, 사회의 많은 사람이 경험한 외로움의 전염병을 이야기한다.

● **4장: 직무만족** — 이 장의 새로운 사례는 힐튼(Hilton)이다. 힐튼은 직원 만족도를 개선하기 위해 유니폼 개선, 휴게실 개선, 교육 및 개발 기회 제공, 그리고 팬데믹 기간 동안 일시 해고된 직원에 대한 지원 등 여러 가지 조치를 취하고 있다. 영화 속 OB에서는 일에 대한 목적의식이 있기 때문에 공장이 문을 닫은 후에도 계속해서 일하는 남자를 보여 주는 「워킹 맨(Working Man)」을 소개한다. 북스토어에서 소개한 「조이 앳 워크(Joy at Work)」는 Marie Kondo의 '정리' 시스템을 이야기하는 책이다. 이 책은 물리적 물체와 디지털 물체를 어떻게 정리하면 직장에서 더 많은 즐거움을 경험할 수 있는지를 설명한다.

● **5장: 스트레스** — 이 장은 GM(General Motors) 사례로 시작한다. 세계적인 규모의 성공적인 자동차 제조 업체 중 하나인 GM의 직원들은 스트레스가 많은 업무 요구에 직면해 있다. 이 사례에서는 직원이 이러한 요구에 대처할 수 있도록 돕기 위해 사용하는 프로그램을 설명한다. 영화 속 OB에서는 「라이트하우스(The Lighthouse)」라는 새로운 영화를 소개하면서, 스트레스에 대처하는 비효율적인 예시를 제공하고 있다. 북스토어는, 사람들이 과도한 업무량을 처리하기 위해 일반적으로 사용하는 방법들이 스트레스 감소와 건강 증진에 실제로는 얼마나 비효율적인지를 설명하는 「오버로드(Overload)」를 소개한다.

● **6장: 동기부여** — 이 장의 도입 사례는 넷플릭스(Netflix)이다. "적절한 업무성과를 창출한 직원에게 후한 퇴직금을 준다"는 말로 대변되는 넷플릭스의 강한 문화를 이야기한다. 이 사례는 넷플릭스가 일상 업무에서 그러한 문화를 구현하는 방법과 그러한 동기부여 경험의 함의를 제공할 것이다. 영화 속 OB에서는 「1917」를 소개하면서 동기부여와 능력의 상호작용에 초점을 둔다. 이 영화에서 영국 장군은 위험에 처한 원거리의 군인들에게 메시지를 전달해야 하는데, 그는 지리에 능숙하고 군인 형제가 있는 한 장병을 선별하여 그 일을 수행토록 한다. 북스토어에서는 「아주 작은 습관의 힘(Atomic Habits)」을 소개하는데, 이 책은 장기적인 결과의 구성 요소로서 작은 습관의 중요성을 설명한다. 동기부여에 대한 과학적인 연구 결과에 근거하여 습관에 관한 많은 원칙을 제공한다.

● **7장: 신뢰, 공정성, 윤리** — 벤앤제리스(Ben & Jerry's)의 사례를 소개한다. 이 아이스크림 제조 업체는 기업 행동주의와 참여로 오랫동안 명성을 쌓아 왔다. 이번 사례에서는 벤앤제리스가 인종 문제를 둘러싼 시위에 어떻게 대응했는지, 그리고 사업과 관련된 윤리 문제를 어떻게 해결했는지를 보여 준다. 영화 속 OB에서는 「21 브릿지: 테러 셧다운(21 Bridges)」를 소개하면서, 법 집행 기관과 정부 요원들이 도주 중인 두 명의 용의자를 체포하기 위해 신속한 결정을 내려야 할 때 필요한 신뢰의 역학 관계를 보여 준다.

● **8장: 학습과 의사결정** — 초바니(Chobani) 사례로 시작하면서 이 회사의 독특한 학습 문화와 난민 및 이민자를 활용한 공장 운영에 대해 소개한다. 이 사례에서는 초바니가 인력을 충원하기 위해 특정 공동체에 너무 집중함으로써 어려움에 직면하는 내용을 이야기한다. 북스토어 코너는 댄 히스의 베스트셀러 「업스트림(Upstream)」을 소개하면서 우리가 의사결정을 할 때 해결책 이전에 올바른 문제를 식

별하지 못하는 경우를 강조한다. 영화 속 OB에서는 「테넷(Tenet)」를 소개하면서 전문성 개발의 중요성에 초점을 두고 있다. 8장은 Nextdoor와 같은 여러 개의 새로운 회사 사례뿐만 아니라 다양한 연구 결과를 새롭게 포함하고 있다.

- **9장: 성격과 문화적 가치** — 이 장에서 새롭게 소개하는 사례는 세계에서 가장 크고 가장 수익성이 높은 헤지 펀드인 브리지워터 어소시에이트(Bridgewater Associates)이다. 이 사례에서는 회사가 직원의 성격 특성을 진단하기 위해 "야구 카드"를 사용하는 방법을 설명한다. 직원의 야구 카드에 있는 데이터는 주위의 동료들이 그의 행동을 관찰하면서 아이패드 앱을 사용하여 업데이트된다. 영화 속 OB에서는 「소울(Soul)」이 소개되는데, 이 영화는 The Great Before에서 일하는 카운셀러가 새로운 영혼에게 성격 특성을 부여하는 그 영혼이 갓 태어날 아기에게 깃들기 전에 어떤 일이 일어나는지 보여 준다. 이 이야기는 성격의 유전적 영향에 대한 흥미로운 비유이다.

- **10장: 능력** — 이 장의 도입 사례는 펩시코(PepsiCo)이다. 펩시코가 직원의 능력을 개발시키기 위해 인공지능(AI)에 의존하는 방법을 설명한다. 북스토어에서는 사람들이 효과적으로 대처하는 능력을 방해할 수 있는 역기능적인 생각과 감정의 순환을 관리하는 데 사용할 수 있는 일련의 도구를 제시하는 「채터, 당신 안의 훼방꾼(CHATTER)」를 소개하고 있다. 영화 속 OB에 소개되는 새로운 영화는 「나이브스 아웃(Knives Out)」이다. 이 영화는 탐정이 복잡한 범죄 사건을 해결하기 위해 다양한 인지 능력을 어떻게 사용하는지 보여 준다.

- **11장: 팀: 특성과 다양성** — 이 장에서는 무의식적인 편견과 포용에 관한 자료를 검토하여 다양성에 대한 확장된 개념을 설명하고 있다. 새롭게 소개하는 사례인 니산(Nissan Motor Company)은 다양성과 포용성을 적극적으로 장려하고 촉진하고 있다. 영화 속 OB은 다양한 팀이 효과적으로 협력하도록 동기를 부여하는 데 있어 목표 상호의존성과 결과 상호의존성에 대한 생생한 예를 제공하는 영화 「어벤저스: 엔드게임(Avengers: Endgame)」이다. 북스토어에서는 「Belonging」이 소개되는데, 이 책의 저자는 조직의 다양성 관리를 발전시키려면 조직의 모든 구성원에게 소속감을 불러일으키는 환경을 만드는 데 전사 직원이 참여해야 한다고 주장한다.

- **12장: 팀: 프로세스와 커뮤니케이션** — 이 장에서는 메이요 클리닉(Mayo Clinic)을 새로운 사례로 도입하였다. 의료진의 팀워크가 지난 150년 동안 조직의 성공과 성장을 촉진한 시너지 효과를 어떻게 창출했는지 설명한다. 영화 속 OB에서 소개하는 「그레이하운드(Greyhound)」는 어려운 상황에서 승무원의 효과적인 의사소통이 어떻게 성공을 이끄는지 보여 준다. 북스토어에서는 「인생을 바꾸는 관계의 힘(Social Chemistry)」를 소개하는데, 이 책의 저자는 직업적 성공과 삶의 만족도 측면에서 소셜 네트워크의 크기보다 소셜 네트워크의 구조가 더 중요하다는 흥미로운 사실을 전달한다.

- **13장: 리더십: 권력과 협상** — 이 장에서는 UPS의 신임 CEO인 캐롤 토메(Carol Tomé)의 사례를 새롭게 소개한다. UPS 최초의 여성 CEO인 그녀는 최초의 "아웃사이더"이기도 했다. 이것은 권력이 어디에서 오는지, 그리고 그것을 구축하는 방법에 대한 몇 가지 독특한 견해를 시사한다. 이 사례는 어려운 거래를 추진하고 새로운 우선 순위에 따라 결정을

내리는 토메의 의지를 자세히 설명한다. 이 장은 새로운 연구 결과와 몇 개의 새로운 기업 사례를 추가하여 업데이트되었다. 영화 속 OB에서는 「어시스턴트(The Assistant)」를 소개하는데, 이 영화에서는 강압과 괴롭힘이 어떻게 함께 작동되는지 보여 준다.

- **14장: 리더십: 스타일과 행동** — 이 장은 세계에서 가장 어려운 계승자 역할을 맡은 CEO인 애플의 팀 쿡(Tim Cook)의 사례로 시작된다. 이 사례는 그의 스타일이 스티브 잡스와 얼마나 다른지, 그가 게이라는 사실을 기꺼이 알리고 애플에서 성공한 이유를 설명하고 있다. 북스토어에서는 데이비드 마르케의 베스트셀러인 「Leadership Is Language」를 소개한다. 이 책은 리더가 사용하는 단어가 실제 의도가 아닌 "스타일"을 형성하는 방법임을 강조한다. 영화 속 OB에 소개되는 영화는 「더 웨이 백(The Way Back)」으로, 매우 불완전한 사람이 올바른 상황에서 여전히 변혁적 리더가 될 수 있다는 이야기이다.

- **15장: 조직구조** — 이 장에서는 P&G(Procter & Gamble) 사례를 통해 외부 이해관계자들의 압력으로 발생하는 회사의 구조조정에 초점을 두고 있다. 이러한 구조조정은 대개 잘못 운영된 매트릭스 조직구조의 해체를 반영하고 있다. 영화 속 OB에서는 「포드 v 페라리(Ford v Ferrari)」를 소개하는데, 이 영화는 관료적인 조직 구조가 경주용 자동차 팀에 어떤 영향을 미칠 수 있는지 보여 준다. 북스토어에서 소개한 책은 데이비드 엡스타인의 베스트셀러인 「늦깍이 천재들의 비밀(Range: Why Generalists Triumph in a Specialized World)」이다. 이 책은 회사의 직무 설계 및 업무 방식이 직원의 경력에 어떤 영향을 미치는지에 대한 강력한 생각과 교훈을 제공한다.

- **16장: 조직문화** — 이 장의 도입 사례는 맥도날드(McDonald)와 그 회사의 "파티 문화"가 어떻게 만들어지고, CEO의 무모한 행동으로 회사가 어떻게 급변하게 되었는지에 초점에 두고 있다. 맥도날드의 신임 CEO, 신뢰를 재건하여 문화를 재정립하려는 그의 열망, 그리고 당면한 문제에 대해 대중에게 공개하기로 한 회사의 결정이 이 사례의 주요 내용이다. 북스토어에서는 밥 아이거의 「디즈니만이 하는 것(The Ride of a Lifetime)」을 소개하는데, 이 책은 아이거가 디즈니의 조직문화 변화를 주도하기 위해 인수합병에 대한 이전 경험을 어떻게 활용했는지 설명한다. 그 외에 여러 개의 새롭고 업데이트된 기업 사례가 포함되었다.

1 조직행동이란 무엇인가

What Is Organizational Behavior?

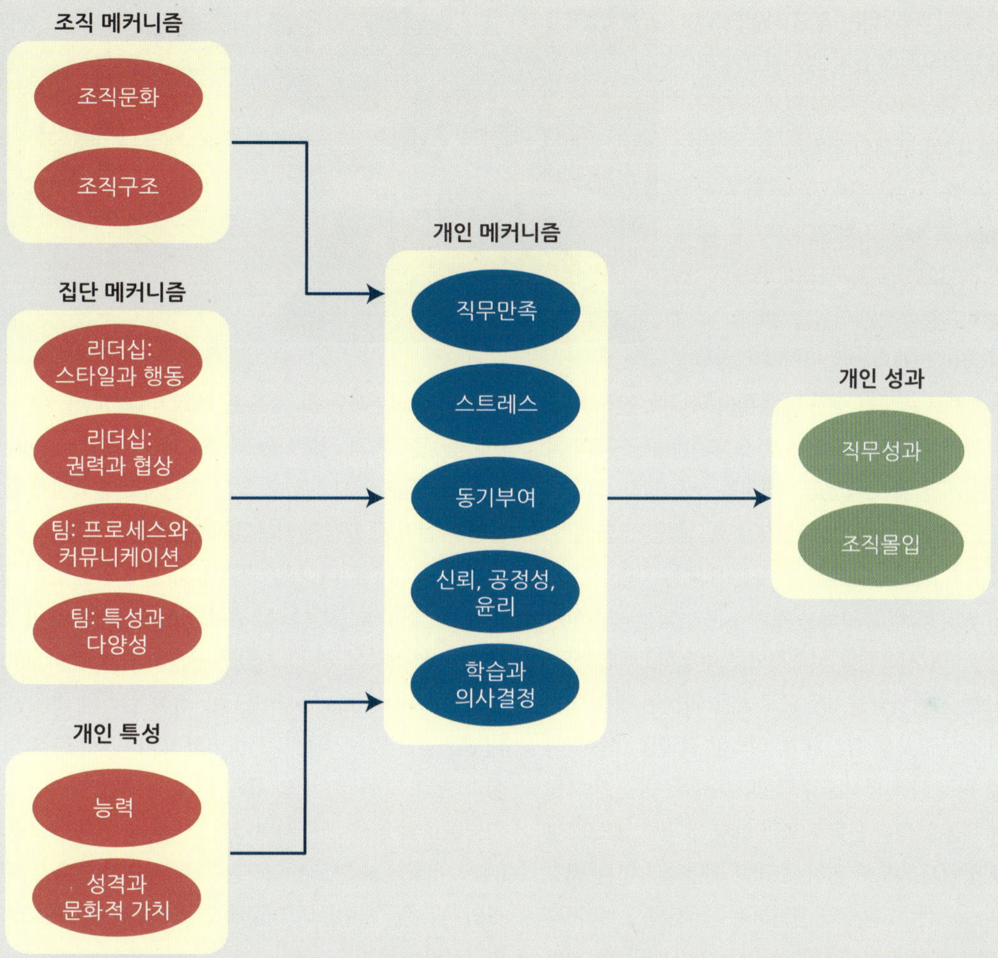

학습 목표 .... 이 장을 학습한 후에 다음의 질문에 답할 수 있어야 한다.

1.1 "조직행동"의 정의는 무엇인가?

1.2 조직행동에서 중요한 두 가지 결과물은 무엇인가?

1.3 어떠한 요소들이 조직행동의 두 가지 주요 결과물에 영향을 주는가?

1.4 왜 조직행동에 능숙한 기업들이 보다 높은 수익성을 가지는가?

1.5 과학적 방법에서 이론의 역할은 무엇인가?

1.6 상관관계는 어떻게 해석되는가?

구글 GOOGLE

Jacques Brinon/Getty Images

구글보다 데이터를 중심으로 하는 회사는 거의 없다. 데이터는 검색엔진의 핵심이며, 검색 결과가 사용자가 찾고 있는 링크로 연결될 수 있도록 한다. 데이터는 광고 사업의 핵심이기도 하며, 브라우저에 표시되는 광고가 특정 순간에 우리의 관심사와 요구에 맞게 조정되도록 한다. 또한, 다음 세대의 영향력있는 인플루언서를 만드는 YouTube 클릭에서부터 구글 맵(Google Maps)를 매우 가치 있게 만드는 교통 및 비즈니스 정보에 이르기까지 데이터는 구글의 다른 제품에도 중추적인 역할을 한다.

따라서 구글이 인적자원을 관리하는 방식에도 데이터를 기초로 한다는 것은 놀랄 일이 아니다. 전직 피플 운영 수석 부사장인 라즐로 보크(Laszlo Bock)는 구글 관리 철학의 핵심 원칙을 이렇게 요약했다. "정치를 하지 말라. 데이터를 사용하라." 구글의 채용 시스템은 가장 효과적인 면접 질문 유형과 가장 예측력 있는 평가 및 시험 유형에 대한 과학적 연구에 기반을 두고 있다. 그리고 구글은 개별 질문 응답을 최종적인 직무성과와 연결하여 시스템을 지속적으로 수정하고 개선하고 있다. 구글은 또한 지원자들을 대상으로 채용 과정에 대해 어떻게 생각하는지 설문조사를 실시하며, 이러한 결과를 이용하여 사이트 방문 및 관리 실행 방식을 수정한다. 구글은 승진한 사람들을 조사하여 제품 분야나 근무 지역이 회사 내 경력 궤도에 부정적인 영향을 미치지 않도록 한다. 그리고 매년 실시하는 태도 조사인 Googlegeist는 고용주가 경험하는 직무만족도, 동기부여, 스트레스 및 신뢰 수준을 개선할 수 있는 이니셔티브를 식별하는 데 사용된다. 보크는 이와 관련하여 다음과 같이 요약한다. "데이터에 의존하는 것, 즉 모든 대화가 데이터를 기반으로 한다는 것은 관리자의 전통적인 역할을 바꾸게 한다. 그것은 그들을 직관의 제공자에서 진실을 찾는 촉진자로 변화시키고, 가장 유용한 사실이 각 결정에 적용되도록 한다."

구글의 데이터 기반 관리에 대한 몰입은 앞서 설명한 데이터 수집, 분석, 활용을 명시적으로 책임지는 팀이 있을 정도로 깊이 뿌리박혀 있다. 그 팀은 구글의 인사 분석 팀(Google's People Analytics team)으로, 조직 심리와 조직 행동에 대해 훈련받은 많은 직원이 포함되어 있다. 인사 분석 팀은 채용, 성과 관리, 교육 및 개발, 유지 관리 등 구글의 모든 인력 관련 기능을 지속적으로 조사한다. 인사 분석 팀에는 People and Innovation Lab(PiLab)이라는 자체 싱크 탱크도 있다. 이 연구소의 임무는 "사람들이 어떻게 일을 경험하는지에 대한 과학을 발전시키는 것"이다.

조직행동이란 무엇인가

조직행동 분야의 정확한 정의를 내리기 전에 다음 질문에 대해 고민해 보자. 당신에게 최악의 직장 동료는 누구였는가? 수업 조별 과제를 같이 준비했던 친구들, 파트타임 혹은 아르바이트를 할 때 같이 일했던 동료, 또는 현재 기업에서의 동료, 부하, 상사 등을 떠올려 보자. 무엇이 그들을 최악의 동료로 만들었는가? 혹 그것이 〈표 1-1〉 우측면에 명시된 행동 때문이었는가(혹은 전부 해당되었는가)? 자, 이제 당신에게 있어 최고의 직장 동료를 떠올려 보자. 그의 어떤 면이 최고의 동료

표 1-1 최고의 직장 동료, 최악의 직장 동료

최고의 직장 동료	최악의 직장 동료
이런 방식의 행동을 보인 동료와 일해 보았는가?	이런 방식의 행동을 보인 동료와 일해 보았는가?
관리 또는 각인시키지 않아도 업무를 완수한다.	손잡아 이끌어도 업무를 완수하지 못한다.
변화나 새로운 방식이 필요할 때 수용한다.	변화가 득이 되는줄 알면서도 변화에 저항한다.
업무 수행 중 안 좋은 일이 발생해도 기꺼이 받아들인다.	어떤 일이 발생하든지 불평 불만한다.
의무적 참석을 요하지 않는 회의에도 자발적으로 참석하며, 동료를 지원한다.	의무적으로 참여해야 하는 회의에도 너무 게을러서 참석을 못한다.
도움을 필요로 하는 신참 동료나 구성원들을 돕는다.	도움을 필요로 하는 신참 동료나 구성원을 웃음거리로 만든다.
맨 먼저 출근해서 맨 나중에 퇴근한다.	맨 먼저 점심식사 하러 나가서 맨 나중에 돌아온다.
중요한 질문: 왜 이들은 서로 다르게 행동할까?	

라 평가받을 수 있게끔 하였는가 — 〈표 1-1〉 좌측면에 있는 행동이 보였는가?

당신이 〈표 1-1〉에 명시된 각기 다른 특성을 보이는 사람들과 일을 하게 된다면, 두 질문이 가장 먼저 머릿속에 떠오를 것이다. 최악의 동료는 왜 그런 행동을 보이는가? 왜 최고의 동료는 다른 행동을 보이는가? 두 동료가 다른 모습을 보이는 이유를 이해한다면, 최악의 동료와 좀 더 효과적으로 상호작용할 수 있는 방법을 찾을 수도 있다(그리하여 당신의 직장 생활을 조금이나마 즐겁게 만들 수 있다). 만약 당신이 관리자라면, 팀 내 개인의 태도와 행동 개선을 위한 방안들을 모색하게 될 것이다. 이러한 방안에는 입사 지원자에 대한 심사, 신입 사원의 교육과 사회화, 성과 관리 및 보상, 그리고 직원 간 갈등 해소 등이 있다. 하지만 왜 직원이 그러한 행동을 보이는지에 대해 정확히 이해하지 못한다면, 그들의 태도나 행동을 변화시킬 수 있는 방법을 찾기가 매우 어려울 것이다.

조직행동의 정의

> **학습목표 1.1**
> "조직행동"의 정의는 무엇인가?

조직행동(organizational behavior: OB)이란, 조직 내에서 개인과 집단의 태도와 행동에 대한 이해, 설명, 더 나아가 발전 방안을 모색하는 학문 영역이다. 경영대학의 학자들과 기업 조직의 과학자들이 조직행동에 대한 연구를 한다. 연구 결과들은 관리자 또는 자문위원들을 통해 "현실 사회"에서 발생하는 문제들의 해결책이 될 수 있는지 검증된다. 조직행동이란 학문은 경영대학에서 흔히 제공되는 두 가지 교과 과정으로 대조될 수 있다. 인적자원 관리와 전략적 관리가 그것이다. **인적자원 관리**(human resource management)란 조직행동의 이론과 원칙을 연구하고, 그 기본 원칙을 조직에 적용하는 학문이다. 인적자원 관리에 대한 연구가 최적의 직원 교육 프로그램 개발에 유용한 것에 반해, 조직행동은 직원 교육과 직무성과 간의 상관관계를 연구한다. **전략적 관리**(strategic management)은 기업 수익성에 영향을 주는 제품 선택과 산업 특성 연구에 초점을 맞춘다. 예를 들어, 전략적 관리 연구는 기업 다양화(새로운 제품 분야로의 확장)과 수익성과의 상관성을 찾아내는 데 중점을 둔다.

조직행동의 이론과 개념은 다양한 학문 분야에 그 기반을 둔다. 예를 들면, 직무성과와 개

인 특성의 관계에 대한 연구는 산업, 조직심리학에 기반을 둔다. 또한, 만족감, 감정, 그리고 팀 프로세스에 대한 연구는 사회심리학을 바탕으로 이루어진다. 사회학 연구는 팀 특성과 조직구조를 이해하는 데 있어 필수적이고, 인류학 연구는 조직문화 이해에 도움이 된다. 마지막으로, 경제학의 여러 모델은 동기부여, 학습, 그리고 의사결정에 관한 부분을 이해하는 데 사용되어 왔다. 이러한 다양성이 조직행동 연구에 독특한 성격을 주었고, 이에 대부분의 학생은 자신에게 내재적으로 흥미롭고 생각을 자극하는 특정 주제를 찾을 수 있을 것이다.

조직행동론의 통합 모델

주제와 학문 분야의 다양성 때문에 조직행동론을 수강하는 학생들이 "이 모든 것이 어떻게 조화될까?" 또는 "3장의 내용과 13장의 내용이 어떤 연관성을 가지는가?" 등의 질문을 하는 것이 보통이다. 이러한 질문에 대한 명확한 답을 제시하기 위해 이 책은 [그림 1-1]의 조직행동론 통합 모델을 중심으로 구성되어 있고, 이를 통해 조직행동론을 공부하기 위한 로드맵을 제시하고 있다. 이 모델은 앞으로의 15개의 장(타원으로 표현)이 어떤 연관성을 가지는지를 보여 준다. 사실 15개의 주제를 통합하여 설명하는 다른 방법이 여럿 존재하고, [그림 1-1]은 이러한 주제의 관계를 설명하기에 충분하지 못할 수도 있다. 그러나 이 모델이 조직행동론 과목을 공부하는 데 있어서 아주 유용한 지침이 될 것이다. 또한 [그림 1-1]에는 다섯 가지의 서로 다른 주제도 포함되어 있다.

> 학습목표 1.2
> 조직행동론에서 중요한 두 가지 결과물은 무엇인가?

개인 성과. 모델 가장 오른쪽에 있는 부분은 조직행동 연구자들에게(또한 기업의 직원들과 관리자들에게도) 있어 흥미로운 두 가지의 주요한 성과이다. 직무성과와 조직몰입. 대부분의 직원은 직장 생활에 있어 두 가지의 주된 목표를 가진다. 자신의 직무를 잘 해내는 것과 자신이 존경하는 기업에 계속해서 남아 있는 것이다. 마찬가지로, 대부분의 관리자는 자신의 직원들을 향해 두 가지의 주된 목표를 가진다. 그들의 직무성과를 최대화시키는 것과 그런 그들이 기업에 오랜 기간 머무르게 하는 것이다. 2장에서 설명하듯이, 여러 가지의 행동이 모여 좋은 성과를 가져온다. 이와 비슷하게 3장에 따르면 직원이 고용주를 따르게 하는 신념, 태도, 감정 등이 좋은 성과를 가져오는 행동이다.

이 책은 직무성과와 조직몰입에 관한 내용으로 시작하여 조직행동의 중요한 두 가지 목표를 좀 더 잘 이해할 수 있도록 해줄 것이다. 우리는 성과와 몰입을 출발점으로 함으로써 조직행동 주제에 관한 실용적인 측면을 강조할 수 있을 것으로 기대한다. 결국 좋은 성과를 내는 직원을 보유하는 것과 그 직원이 기업에 남고 싶어 하는 것보다 중요한 것이 어디 있겠는가? 또한, 이 책은 각 장의 내용이 결국 직무성과 및 몰입과 어떤 관계를 가지고 있는지 정리할 수 있도록 구성되어 있다. 예를 들어 동기부여를 다루는 장에서는, 동기부여와 성과와의 관계, 그리고 동기부여와 몰입과의 관계를 정리하고 있다. 이 같은 방법으로 당신은 어떤 주제의 모델이 자신의 태도와 행동을 이해하는 데 가장 유용한지를 알게 될 것이다.

> 학습목표 1.3
> 어떠한 요소가 조직행동론의 두 가지 주요 결과물에 영향을 주는가?

개인 메커니즘. 이 통합 모델은 개인의 직무성과와 조직몰입에 직접적으로 영향을 주는 메커니즘에 대해서도 설명하고 있다. 이 중에는 직원이 자신의 직무(job)와 일상 업무(work)에 대하여

그림 1-1 조직행동 통합 모델

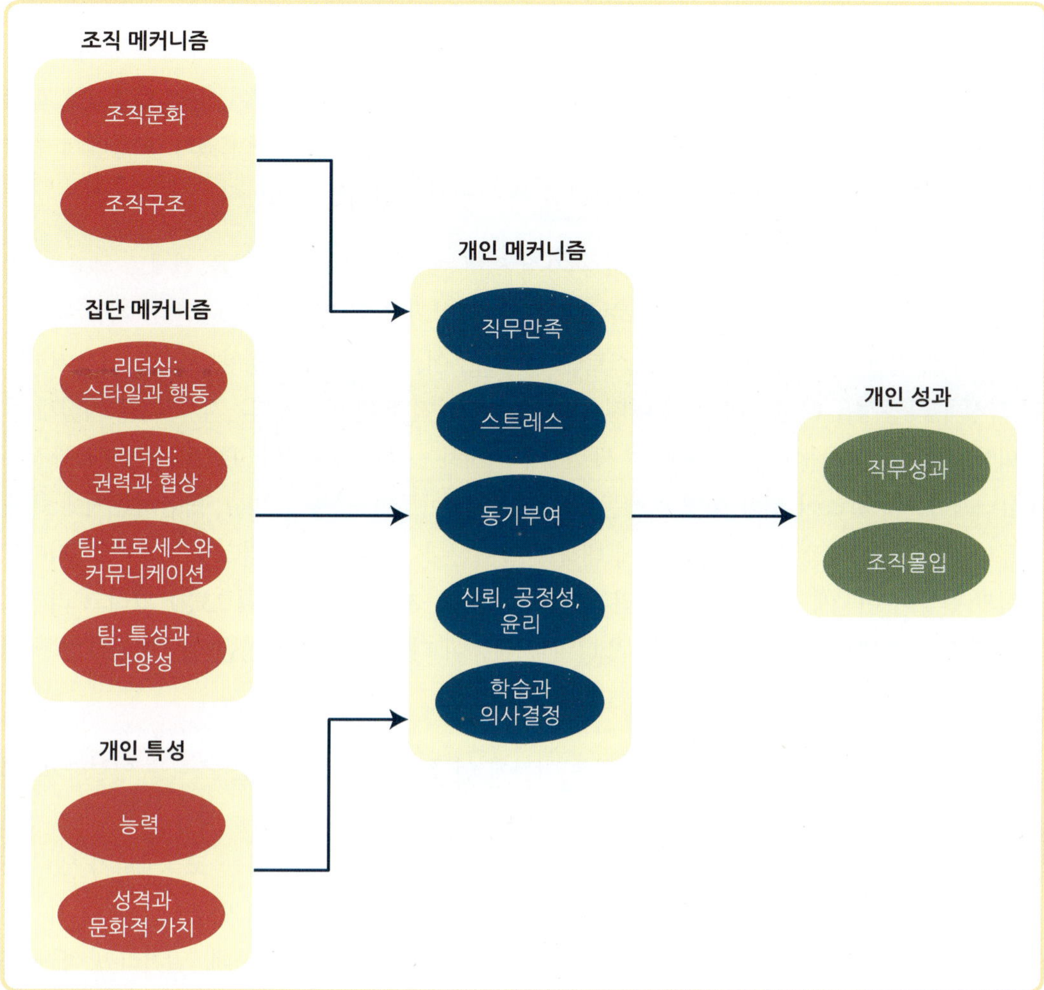

어떻게 생각하는지, 즉 직무만족에 대한 부분이 있다(4장). 스트레스는 또 다른 개인 메커니즘의 하나로서 직원의 업무 수행 능력에 대한 부담을 또는 그 이상이 부여되었을 때 나타나는 심리적인 반응을 설명한다(5장). 이 모델은 또한 직원을 활동적이게 만들어 업무에 노력을 기울이게 해 주는, 즉 동기부여에 대해서도 다루고 있다(6장). 직원이 가지는 신뢰, 공정성, 윤리는 기업이 어느 정도의 공정성, 정직, 그리고 진실성을 가지고 사업을 하는지에 대해 생각하게 한다(7장). 개인 메커니즘 모델의 마지막 요소로는 학습과 의사결정이 있는데, 직원이 어떠한 방법으로 업무 지식을 배우며, 그 지식을 이용하여 어떻게 업무 수행 중 정확한 판단을 내리는지에 대해 기술하고 있다(8장).

개인 특성. 만족, 스트레스, 동기부여 등이 직무성과와 조직몰입에 원동력이라면, 어떠한 요소가 개인 메커니즘 향상에 도움을 주는지 이해하는 것은 매우 중요하다. 다음의 두 가지 요소가 직원 개개인의 특성을 보여 준다. 성격과 문화적 가치관이 보여 주는 특징 및 경향과 함께 널리 연구되어 온 외향성, 성실성, 그리고 집단주의는 사람들이 어떠한 행동을 보이는지를 설명해 준다. 9장에 기술되어 있듯이, 성격과 문화적 가치관은 사람들이 직장에서 보이는 행동과, 어떠한 직무에 관심을 보이는지, 또한 직무 중 일어나는 일에 어떤 반응을 보이는지에 영향을 준다. 이 모델은 직무 능력에 대해서도 설명을 하고 있는데, 이것에는 인지적 능력(언어, 양적 측면 등), 감정적 기술(다른 형태의 의식, 감정 조절 등), 그리고 신체적 능력(힘, 인내 등)이 있다. 10장에서 설명하듯이, 능력은 직원이 어떤 직무에 탁월한지 혹은 그렇지 못한지를 결정한다.

집단 메커니즘. 통합 모델은 직원들이 혼자서 일하는 것이 아니라는 것을 전제로 하고 있다. 그들은 공식적(비공식적)인 리더 아래 하나 또는 둘 이상의 작업 팀에서 일을 한다. 개인 특성과 마찬가지로, 집단 메커니즘 또한 만족, 스트레스, 동기부여, 신뢰, 학습에 영향을 준다. 11장에서는 팀 특성과 다양성을 다루는데, 팀이 어떻게 형성되고, 어떤 직원이 고용되는지, 그리고 어떻게 구성되며, 어떻게 팀원들이 업무 수행 중 서로에게 의지하는지를 설명한다. 12장에서는 팀 과정과 커뮤니케이션에 관하여 팀이 어떻게 행동하고, 조화를 이루며, 갈등을 빚고, 화합하는지에 대해 다룬다. 그 다음 두 장에서는 팀 리더에 대하여 알아본다. 먼저 어떻게 리더가 정해지고, 리더의 권력과 협상이 어떻게 리더로 하여금 권위를 가지게 하는지에 대해 다룬다(13장). 그리고 리더로서의 역할을 수행하는 데 있어 리더의 스타일과 행동이 다른 사람에게 영향력을 행사하는 특정한 방법에 대해 다룬다(14장).

조직 메커니즘. 마지막으로, 통합 모델은 이전에 언급된 팀들이 모여 큰 조직을 형성하고, 그 조직이 만족, 스트레스, 동기부여 등에 영향을 준다는 것을 시사하고 있다. 예를 들면 모든 기업은 기업의 구성 요소가 서로 어떻게 연결(의사소통)되어 있는지를 결정하는 조직구조가 있다(15장). 이 중에는 의사결정에 있어 중앙집권적인 기업 구조가 있는 반면 각각의 구성 요소의 자치가 인정되는 분산적인 구조도 있다. 또한 모든 기업은 조직문화를 가지고 있는데, "일처리 방식"에 대한 공통된 지식, 가치, 신념 등이 직원의 태도나 행동에 영향을 준다(16장).

요약. 이 책에 있는 모든 장의 내용은 각각 통합 모델을 통한 서술로 시작한다. 이러한 구조가 이 과목을 수강하는 데 있어 독자가 어디에 있고, 무엇을 다뤘으며, 어디로 향하고 있는지에 대한 효과적인 길잡이가 되기를 희망한다. 또한 이 모델을 통해서 조직행동에 관한 큰 그림을 보고 각각의 내용이 어떻게 서로 연결되어 있는지 이해할 수 있을 것이다.

조직행동이 중요한가

조직행동이 무엇인지 설명하였으니 이제는 다른 근본적인 질문에 대해 논의를 해 보자. 이것이 중요한가? 이 수업이 다른 필수 과목을 대신하여 들을 만큼 가치가 있는가? (독자는 우리가 이 책을 썼다는 이유로 편견이 담긴 대답을 할 것이라고 예상하고 있을 것이다!) 기업이 성공하기 위해서 회계와 금융의 기본을 숙지해야 한다는 사실에 반대하는 사람은 없을 것이다. 이 부분의 지식 없이는 사업을 하기가 거의 불가능하기 때문이다. 이와 유사하게, 기업이 마케팅의 기본에 대해 알아야 함과 동시에 소비자는 기업의 제품이 어떤 면에서 탁월하고 독특한지를 알아야 한다는 것에도 이견이 없을 것이다.

그러나 사람들은 가끔 조직행동 관리 능력과 기업 수익성과의 상관관계에 대해 궁금해 한다. 결국 기업의 제품이 우수하다면 소비자는 기업에서 일하는 노동자들이 얼마나 행복한지, 동기부여가 돼 있는지, 또는 기업에 얼마나 몰입하는지와는 관계없이 제품을 구매할 것 아닌가? 하지만 효과적인 조직행동 관리는 제품의 경쟁력을 오랫동안 유지하게 만들 수 있다. 이와 같은 주장을 반대로도 펼 수 있다. 만약 기업의 제품의 질이 좋지 않다면 소비자는 기업의 노동자가 얼마나 행복한지, 동기부여가 돼 있는지, 또는 기업에 몰입하는지와는 관계없이 그 제품을 구매하지 않을 것 아닌가? 하지만 효과적인 조직행동 관리는 장기적으로 제품의 품질을 꾸준히 향상시킬 수 있을 것이다.

자동차 산업 내에서 관련된 질문에 대하여 생각해 보자. J.D. Power의 최근 보고서에서 자동차 기술 분야에서 최고로 평가된 두 개의 자동차 회사는 어떤 회사일까? BMW가 그중 하나이다. 또 다른 회사는 어디일까? 정답은 현대이다.[1] 이 연구는 엔터테인먼트, 연결성, 내비게이션, 충돌 회피, 운전 보조 및 편의 기능에 초점을 맞췄다. 한국 자동차 회사인 현대는 지난 수십 년간 신뢰성과 기술 측면에서 큰 향상을 보였다. 오늘날, 현대의 소나타와 엘란트라는 앨라배마주 몽고메리에 위치한 최첨단 공장에서 제조된다. 이 공장은 3,000명의 노동자를 고용하며 입사 초기 시급은 17달러이다.[2] 현대차 개선의 상당 부분은 품질에 대한 회사의 강조로 인해 이루어졌다. 품질을 위한 작업 팀은 8배로 확대되었고 거의 모든 종업원은 품질 향상과 관련된 특별 교육 프로그램에 참여했다.[3] 현대는 조직행동의 원칙을 전 문화에 걸쳐 적용한 사례를 보여 준다. **국제 상황의 OB**에서는 조직행동 여러 주제가 국제적으로 문화를 가로질러 적용된 사례를 설명한다.

미국 앨라배마주 몽고메리시에 위치한 조립 공장에서처럼 작업 팀과 훈련을 강조하는 현대자동차사의 정책은 자동차 품질을 향상시켰다.

개념적 논쟁

우리는 단순한 믿음으로 조직행동을 받아들여서는 안 될 뿐 아니라 몇몇 기업의 예를 전제로 두어서도 안 된다. 대신에, 우리는 왜 조직행동이 기업의 최종 수익성에 영향을 줄 수 있는지에 대한 개념적 변수를 고려해야 한다. 그러한 하나의 논쟁은 기업의 **자원 기반 관점**(resource-based view)에 근거하고 있다. 이 관점은, 무엇이 자원을 가치 있게 만드는지, 즉 무엇이 그들로 하여금 기업에 장기적인 이윤을 가져다 줄 수 있게끔 하는지를 설명한다.[4] 기업에게는 재무적 자원(수익, 지분, 등)과 물리적 자원(건물, 기계, 기술 등)뿐만 아니라, 조직행동과 관련된 자원인 지식, 능력, 노동자의 지혜, 이미지, 문화, 그리고 기업의 친절과 호의도 있다. 자원 기반 관점은 자원의 가치가 [그림 1-2]에 나와 있는 여러 가지 요소에 의해 정해진다고 주장한다. 예를 들면, 자원은 희귀할수록 더 많은 가치를 가진다. 다이아몬드, 석유, 베이브 루스 야구 카드, 액션 코믹스 1편(슈퍼맨

국제 상황의 OB

기술, 의사소통, 경제 요인 등의 변화가 기업을 그 어느 때보다 더 세계적이고 국제적으로 변모시켰다. 토머스 프리드먼은 "세계는 평평하다"라고 말했다. 미국과 전 세계 국가 간의 경쟁의 장은 공평해졌다. 국제적 조직행동은 세계화가 조직행동과 여러 다른 개념에 미치는 영향에 대해 조명한다.

문화 간 차이(Cross-Cultural Differences). 횡문화적인 조직행동에 대한 연구를 통해 이 책의 통합 모델에 국민문화(national culture)가 큰 영향을 준다는 점을 알아냈다. 다시 말하자면, "일반적"이거나 "문화를 배재"한 조직행동이란 존재하기 힘들다는 것이다.

국제적 기업(International Corporations). 국외와 국내 생산 기반을 갖춘 국제적 기업이 증가하고 있다. 이런 기업들에게 조직행동을 적용하는 것이 새로운 화두로 떠올랐다. 과연 기업의 정책과 관행들이 동서를 막론하고 일관되어야 하는가? 아니면 각각의 문화적 요구에 따라 변화해야 하는가?

해외 근로(Expatriation). 자기 나라가 아닌 다른 나라에서 근무를 한다는 것은 더 힘든 일이 될 수 있다. 어떠한 요소가 해외 근로자의 직무성과나 조직몰입에 영향을 주는가?

다양성 관리 (Managing Diversity). 점점 더 많은 직장 집단이 서로 다른 문화적 배경을 가진 일원들로 이뤄진다. 이러한 집단을 이끌어 가는 데 있어 어떠한 어려움이 있을 것인가?

출처: T.L. Friedman, *The World Is Flat* (New York: Farrar, Straus and Giroux, 2002); H. Aguinis and C.A. Henl, "The Search for Universals in Cross-Cultural Organizational Behavior," in *Organizational Behavior: The State of the Science*, ed. J. Greenberg (Mahwah, NJ: Erlbaum, 2003), pp. 373–411.

의 첫 출연) 등은 엄밀히 따지자면 희귀하기 때문에 가격이 비싸다. "좋은 인재를 찾기란 힘든 일이다."라는 속담에서도 볼 수 있듯이, 좋은 인재는 희귀하다. 지금껏 함께 일해 온 동료 중에 재능 있고, 동기부여가 되어 있으며, 만족스럽고 좋은 팀원이 얼마나 있었는지 생각해 보라. 많은 기업, 도시, 또는 인력 시장 안에 이러한 직원은 일반적인 것이 아닌 예외에 가깝다. 만약 좋은 인재가 정말 희귀하다면, 조직행동의 효과적인 관리가 가치 있는 자원이라는 것을 입증해야 한다.

그림 1-2 무엇이 자원을 가치 있게 만드는가

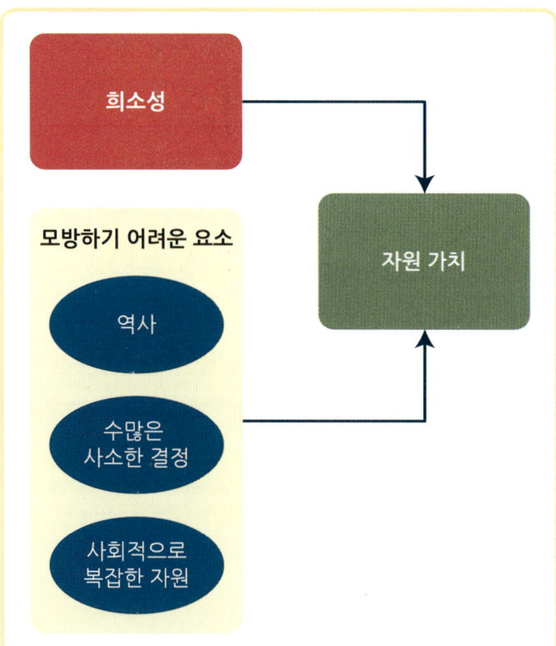

자원 기반 관점은 또한 자원은 **모방이 불가능**할(inimitable) 때 더 큰 가치를 가진다고 주장한다. 경쟁사들에 충분한 돈이 있다면, 많은 기업의 자원들은 모방될 수 있다. 예를 들면, 새로운 형식의 기술은 단기적으로 기업에 이점을 가져다주지만, 경쟁사들 또한 같은 기술로의 전향이 가능하다. 제조 방법 역시도 모방될 수 있고, 기계와 장비도 유사할 수 있으며, 마케팅 전략도 모방 가능하다. 이와 대조적으로, 좋은 인재는 모방하기가 훨씬 어렵다. [그림 1-2]에는 사람이 모방 불가능한 세 가지 이유가 명시되어 있다.

역사. 사람들은 **역사**(history) — 기업에 도움이 되는 한 집단의 축적된 경험, 지혜, 그리고 지식 — 를 만든다. 이것은 돈으로 살 수 없다. 애플에서 힌트를 얻어 2009년 애리조나주 스카츠데일시에 가전제품 소매 유통 산업을 시작한 마이크로소프트를 예로 들어 보자.[5] 이 기업은 이 매장을 자사 컴퓨터와 핸드폰 운영 체계와 더불어 하드웨어와 게임 상품 등을 선보일 수 있는 기회가 되기를 희망했다. 마이크로소프트는, 버지니아주 맥린에 첫 매장을 8년 전인 2001년에 오픈한 애플 때문에 소매업 분야에서 힘든 길을 걸어야 했다.[6] 따라서 마이크로소프트의 "소매 학습 곡선(retail learning curve)"에서의 위치는 애플과 달랐고, 애플이 수년 전 해결했던 문제점들과 직면해야 했다.

수많은 사소한 결정. **수많은 사소한 결정**(numerous small decisions)에 대한 개념은 사람들이 날마다 작은 결정을 여러 번 내린다는 것을 말한다. "그게 뭐? 왜 사소한 결정에 신경 써?"라고 할 수도 있다. 이 질문에 대답하기 위해 먼저 새로운 소매 매장을 시작함에 있어 가장 큰 결정 사항이 무엇인지를 생각해 보라. 매장의 위치일 수도 있고, 매장의 외관이나 느낌일 수도 있다. 마이크로소프트는 매장을 애플과 가까운 곳에 위치시켰고, 개관식도 애플의 젠(Zen, 일본식 불교) 스타일을 모방하였다. 한 고객에 의하면 "미션비에이호(미국 캘리포니아주 오렌지카운티에 있는 도시)에 있는 마이크로소프트 매장은 할로윈 의상을 입고 있는 애플 매장과 같았다."라고 말했다.[7] 중요 결정은 모방될 수 있지만, 이러한 결정은 경쟁자들이 볼 수 있고, 산업 전문가들에 의해 관찰된다. 이와는 대조적으로, "이면"에서 이뤄지는 애플의 결정들, 특히 직원 고용과 관리에 관한 결정은 마이크로소프트에게 보이지 않는다. 애플은 이러한 결정이 주는 모방 불가능한 이점을 이해하고 있는 듯하다. 근래에 발간된 '노동자 관리(Workforce Management)'라는 기사에는 미국에서 존경받는 상위 20개 기업의 인적자원 경영 간부가 명시되어 있다.[8] 흥미롭게도, 애플의 경영 간부에 대한 접근이 어려웠고 "인적자원 관리 부서 간부들은 비밀에 부쳐져 있으며, 가장 존경받는 회사가 되는 데 공헌한 인적자원과 관련된 일체의 질문에 답하기를 거절했다."라는 부분이 명시되어 있다.

Mark Boster/Contributor/Getty Images

마이크로소프트사는 2009년에 사진에 나와 있는 캘리포니아주 미션비에이호의 매장을 비롯하여 처음으로 소매점을 개점하였다. 마이크로소프트사의 매장 모습이나 느낌이 애플사와 유사하였다.

사회적으로 복잡한 자원. 사람들은 문화, 협동작업, 신뢰, 명성이라는 **사회적으로 복잡한 자원**(socially complex resources)을 만든다. 이러한 자원이 "사회적으로 복잡하다"고 불리는 이유는 이것들은 어떻게 형성되는지 정확히 알 수는 없지만, 기업이 그것을 가지고 있는지 아닌지는 분명히 드러나기 때문이다. 애플이 마이크로소프트와의 소매시장 전쟁에서 가지는 이점은 아이폰, 에어팟, 애플와치 등의 애플 제품을 향한 소비자의 이례적인 관심과 열정이다. 이 제품들은 소비자를 카리스마 넘치고 매력적으로 만드는 "잇 팩터(it factor)"를 가지고 있어 애플 매장으로 소비자를 불러들이고, 포춘(Fortune)지에 명시된 세계 50대 기업 가운데 최고가 될 수 있게 하였다.[9] 마이크로소프트와 같은 경쟁자들에게 "멋드러짐"과 "열망"이란 그저 쉽게 얻어지는 것이 아니다. 이러한 사회적 자원이 만들어지는 과정은 매우 불가사의하고 불투명하다. 실제로, 마이크로소프트는 최근 모든 매장을 폐쇄하기로 결정했고, 소매시장에서의 지난 11년간의 운영을 끝냈다.[10]

연구 증거

학습목표 1.4
왜 조직행동에 능숙한 기업이 보다 높은 수익성을 가지는가?

이제 우리는 조직행동이 왜 기업의 수익성에 영향을 주는지에 대한 개념적인 논쟁을 할 수 있다. 좋은 인재가 주는 자원적 가치는 희귀하고 모방이 불가능하기 때문에 비교 우위를 준다. 개념적 논쟁은 그 자체로 도움을 주지만 그것을 뒷받침하는 자료가 있다면 더 좋을 것이다. 다행스럽게도 많은 연구 결과가 기업 성과에 있어 조직행동의 중요성을 증명하고 있다. 또한 몇몇의 연구는 주제에 대해 각기 다른 방향으로 접근하였다.

한 연구에서는 100명 이상의 직원을 보유한 공기업 968곳의 경영 간부들에 대해 설문조사를 실시하였다.[11] 이 설문조사는 기업 성과 향상에 도움을 준다고 널리 알려진 소위 높은 성과를 내는 업무 관행, 즉 조직행동 정책에 관한 것이었다. 설문지는 고용, 정보 공유, 교육, 성과 관리, 성과급 관행 등과 관련된 13개의 문항이 있었고, 각 질문은 기업의 직원이 이러한 관행에 어느 정도 참여하고 있는지를 물었다. 〈표 1-2〉에는 설문지의 문항 몇 가지를 보여 주고 있다(또한 문항별 상세 관행을 다룬 장도 명시하고 있다). 이 연구는 또한 직원들의 연간 평균 이직률, 생산성(직원 1인당 매출액), 기업의 시장가치, 그리고 기업 수익성에 대한 정보도 포함하고 있다. 연구 결과에 따르면, 위 관행들을 시행하는 노동자의 비율을 한 단위 증가시켰을 때 대략적으로 7%의 이직률 감소, 직원 1인당 매출액은 $27,000 증가, $18,000의 시장가치 증대, 그리고 $3,800의 수익을 더 기록하였다. 요약하자면, 더 나은 조직행동 관행은 더 좋은 기업 성과를 가져왔다.

표 1-2 고성과 작업 관행에 대한 설문조사 항목

조직행동 관행에 대한 설문조사 항목	연관된 장
공식적인 직무분석을 받은 직무를 수행하는 근로자 비율은?	2
태도 검사를 정기적으로 받는 근로자 비율은?	4
인센티브, 이익 분배나 이윤 분배를 적용받는 근로자 비율은?	6
지난 12개월 동안 일반 근로자가 받은 평균 교육·훈련시간은?	8, 10
공식적인 고충 처리나 불만 해소 제도를 활용한 근로자 비율은?	7
입사 시험을 거치고 고용된 근로자의 비율은?	9, 10
성과 평가 결과에 따라 보상 수준이 결정되는 근로자의 비율은?	6

출처: Adapted from M.A. Huselid, "The Impact of Human Resource Management Practices on Turnover, Productivity, and Corporate Financial Performance," *Academy of Management Journal* 38 (1995), pp. 635–72.

기업에게 있어 이직률, 생산성, 시장가치, 그리고 수익성은 의심할 여지가 없는 중요한 부분이지만, 또 다른 연구는 그것보다도 더 핵심적인, 기업 생존이라는 결과를 다루었다.[12] 이 연구는 1988년도에 주식공모(IPOs)를 실시한 136개의 비금융법인 기업을 대상으로 하였다. 상장된 기업들은 일반적으로 짧은 연혁을 가지고 있었고, 성장이나 새로운 기술을 도입하기 위한 자금의 투입을 필요로 했다. 이 연구의 저자들은 설문조사를 하는 대신 기업들의 사업설명서를 조사하였다(증권거래위원회는 부정확한 정보가 투자자들을 오도하는 일을 막기 위해서 정확하고 정직한 정보를 담은 사업설명서를 요구한다). 저자들은 사업설명서에서 조직행동과 연관 있는 부분을 찾아내었다. 조직행동의 가치를 두었던 내용으로는 사명선언문(mission statements)에 직원을 경쟁 우위의 원천으로 기술하거나, 훈련과 지속적인 교육, 인적자원 관리 간부 고용, 그리고 계약직, 임시직보다는 정규직 채용을 강조하였다. 1993년까지 연구 대상 136개의 IPO 기업 중에 81개의 기업이 살아남았다(60%). 여기서 중요한 부분은 조직행동에 무게를 둔 기업이 살아남았느냐 하는 것이다. 연구 결과에 따르면 조직행동에 무게를 둔 기업이 그렇지 않은 기업보다 19% 정도 더 높은 생존율을 보여 주었다.

표 1-3 2019년도 일하고 싶은 100대 기업

1.	Hilton	25.	Cheesecake Factory	49.	T-Mobile US
2.	Salesforce	26.	Deloitte	57.	Nationwide
3.	Wegmans	28.	SAP America	60.	SAS Institute
4.	Workday	31.	Marriott	61.	Accenture
6.	Cisco	32.	Hyatt	62.	Goldman Sachs
7.	Edward Jones	34.	EY	70.	Atlassian
10.	Boston Consulting	36.	KPMG	78.	Kronos
12.	Publix	39.	Capital One	89.	Four Seasons
13.	American Express	42.	Dropbox	95.	FedEx
14.	Quicken Loans	44.	PricewaterhouseCoopers	97.	Delta
22.	Adobe	45.	Genentech	98.	Mars
24.	Intuit	46.	REI	100.	Patagonia

출처: M. C. Bush and C. Tkaczyk, "100 Best Companies to Work For," *Fortune*, March 19, 2019.

세 번째 연구는 1998년 이후 매년 포춘(Fortune)지에서 선정하는 "일하고 싶은 100대 기업" 리스트를 토대로 이루어졌다.[13] 〈표 1-3〉은 2019년에 발간된 간행물의 일부를 보여 주고 있다. 만약 선정된 100개의 기업이 좋은 조직행동 관행을 시행하고 있고, 그 좋은 관행이 기업의 수익성에 영향을 준다면, 선정된 100대 기업의 수익성은 높아질 수밖에 없다. 이 가정을 검증하기 위해서, 이 연구는 이전에 선정된 100대 기업에서 "대조 기업(matching firm)"을 조사했다.[14] 대조 기업들은 산업 분야 또는 그 크기가 가장 유사하고, "100대 기업"에 속하지 않은 기업으로만 선정되었다. 이 과정을 통해 구성된 기업들은 "100대 기업"에 선정된 기업과 그렇지 않은 기업으로 나뉘었다. 그러고 나서 두 그룹 기업들의 수익성을 비교했다. 연구 결과에 따르면 "100대 기업"에 선정된 기업이 그렇지 않은 기업보다 높은 수익률을 보였다. 결국 "100대 기업"로 선정된 기업들은 축적된 투자수익률을 2배로 늘렸다.

무엇이 그렇게 어려운가

이 연구 결과는 좋은 인재가 기업에게 가치 있는 자산이라는 개념적 논쟁을 뒷받침하였다. 좋은 조직행동은 분명 기업의 수익성에 있어 중요한 부분으로 여겨진다. 그렇다면 당신은 아마 "뭐가 그렇게 어려워?"라는 질문을 하게 될 것이다. 왜 기업은 조직행동에 회계, 재무, 마케팅, 기술, 유형 자산들만큼의 중요성을 부여하지 않는가? 몇몇의 기업은 직원 관리에 미숙함을 보인다. 왜 그런 것일까?

하나의 이유로는 조직행동 관행에는 수익성 향상을 보장하는 그 어떤 "특효약"이 존재하지 않기 때문이다. 그 대신, 효과적인 조직행동 관리에는 여러 다른 관행의 중요성을 인지하고 이들을 개선하려는 장기적인 노력이 필요하다. 이러한 전제는 **8분의 1 법칙**(Rule of One-Eighth)이라는 용어로 요약될 수 있다.

> 당신은 절반에 가까운 기업이 직원 관리와 수익성의 연관성에 대해 믿지 않는다는 것을 명심해야 한다. 연관성이 있다고 생각하는 절반의 기업 역시, 많은 기업이 그러하듯 이 효과적인 직원 관리를 위해서는 좀 더 포괄적이고 체계적인 접근이 필요하다는 점을 간과한 채 하나의 변화를 줌으로써 많은 문제를 해결하려 한다. 이 중 절반의 기업만이 경제적인 이득을 볼 수 있을 만큼의 포괄적이고 지속적인 변화를 시행한다. 1/2 × 1/2 × 1/2이 1/8인 것을 보면, 기껏해야 최대 12% 정도의 기업만이 수익을 창출해 내기 위한 제대로 된 직원 관리를 하고 있는 셈이다.[15]

조직행동 통합 모델을 바탕으로 구성된 이 책 또한 8분의 1 법칙을 반영하고 있다. [그림 1-1]은 높은 직무성과는 직원의 동기부여에서만 얻어지는 것이 아니라, 높은 수준의 만족감 형성, 효과적인 스트레스 관리, 신뢰할 수 있는 환경 조성, 그리고 직원 교육에 대한 몰입 등과 같은 부분도 매우 중요하다는 점을 제시하고 있다. 이 중 하나라도 실패한다면 그것이 모델 전체의 효과를 저해하는 요인이 될 것이다. 이러한 시스템이 가지는 특성 때문에 조직행동에는 대한 다른 현실적인 문제가 있는데, 그것은 조직행동과 관련하여 어려움을 겪는 회사의 문제를 해결해 주기 어렵다는 점이다. 이러한 기업들은 종종 여러 부분에서 각기 다른 정도의 문제점을 가지고 있다.

조직행동에 대해 우리가 알고 있는 것을 어떻게 "알" 수 있는가

우리는 지금까지 조직행동이 무엇이고 왜 중요한 주제인지에 대해 알아보았다. 지금부터는 우리가 조직행동에 대하여 알고 있는 것을 어떤 방법으로 아는지 알아보자. 다른 말로, 이 책의 내용은 어디서 온 것일까? 이러한 질문에 대답하기 위해서는 사람들이 어떤 것을 "아는" 방법을 탐구해야 한다. 학자들은 무엇을 알게 되는 데에는 여러 가지 방법이 있다고 주장한다.[16]

- **경험에 의한 방법**(method of experience): 사람들의 확고한 믿음은 그들의 경험과 관찰에 근거한다.
- **직관에 의한 방법**(method of intuition): 사람들의 확고한 믿음은 "당연한", 즉 누가 봐도 분명하고 자명한 것에 근거한다.
- **권위에 의한 방법**(method of authority): 사람들의 확고한 믿음은 공신력이 있는 사람, 검증된 기관 또는 자료에 근거한다.
- **과학에 의한 방법**(method of science): 사람들의 어떠한 믿음에 대한 수용은 다양한 표본, 배경, 방법 등을 통해 도출된 과학적인 연구 결과가 뒷받침하는 것에 근거한다.

다음의 주장을 생각해 보자. 공개적인 칭찬과 바람직한 행동에 대한 감사로 인한 사회적 인정은 근로자의 성과와 몰입을 향상시킬 것이다. 아마도 당신은 이 주장이 사실이라는 것을 "알고 있다고" 느낄 것이다. 왜냐하면 당신 스스로 항상 감사와 인정을 받는 것에 좋은 반응을 보여 왔기 때문이다. 혹은, 상식적으로 생각해 보았을 때 사실임을 "알고 있다"고 느낄 수도 있다. 사실 그 누가 대중의 인정을 받고 더 열심히 일하지 않을 사람이 어디 있겠는가? 또는 당신이 이 주장이 사실임을 "안다고" 느끼는 이유는, 당신의 상사가 지속적으로 공개적 칭찬과 감사가 가지고 있는 미덕을 찬양해왔던 것 때문일 수도 있다.

그러나 이러한 경험, 직관, 권위 등은 당신으로 하여금 공개적인 칭찬과 바람직한 행동에 대한 감사가 근로자들의 성과와 몰입에 관련이 없다고 상반되는 신념을 가지게 할 수도 있다. 아마도 당신은, 당신의 상사로 하여금 지목될 만한 좋은 행동을 숨기려 할 정도로, 공개적인 칭찬이 불편하고 당황스러웠을 수도 있다. 아니면 사회적 인정은 직원이 구두 칭찬보다는 성과급에 대해 더 갈망하는 것과 같은 "값싼 대화"로 보는 것이 더 타당할 수도 있다. 또한, 당신에게 있어 최고의 상사가 단 한 번의 사회적 인정도 해 주지 않았으나, 그 상사의 직원들은 항상 상사를 대신해 최선을 다했을 수도 있다. 과학자의 견해로 보았을 때, 가설에 대한 검증은 사람의 경험, 직관, 또는 권위와는 크게 관련이 없다. 오직 데이터에 의해 검증되어야 한다. 다시 말하자면, 과학자들은 사람들의 신념이 정확하다고 믿지 않는다. 그들은 사람들의 신념이 과학적으로 검증되어야 된다고 생각한다. 아는 방법과 자신의 지식을 다시 논의하는 방법에 대한 더 자세한 내용은 다음 쪽의 **OB 북스토어**를 참고하라. **OB 북스토어**는 조직행동 개념을 논의하는 유명한 조직행동 관련 저서을 소개하기 위해 장(chapter)마다 등장한다.

과학적인 연구는 [그림 1-3]의 베이컨 경(Sir F. Bacon)이 1600년대에 고안해 낸 과학적인 방법을 통해 이뤄진다.[17] 과학적 방법은 변수 간의 관계가 어떻게, 왜, 그리고 어떤 상황에서 관련이 있어야 한다는 것을 명확히 할 수 있는 언어적이고 상징적인 주장, 즉 **이론**(theory)으로부터 시작한다.[18] 더 간단하게 말하면, 이론이란 여느 신문 기사들이 보여 주는 육하원칙을 통해 이야기를 전달한다.[19] 이론은 종종 "상자와 화살표" 등을 이용한 이론 도표를 통하여 변수 간의 관계를 묘사한다. [그림 1-1]에 나오는 조직행동의 통합 모델은 이러한 사례의 하나이며, 더 많은 도표가 여러 장을 통해 소개될 것이다.

학습목표 1.5
과학적 방법에서 이론의 역할은 무엇인가?

과학자들은 사회적 인정이 왜 직원의 성과와 몰입에 영향을 주는지에 대한 이론을 정립할 수 있다. 이러한 이론에는 어떠한 자료가 포함될 수 있겠는가? 하나의 자료로, 사회과학자들이 "공부하는 것", 즉 자기성찰이 있다. 그러나 이론은 또한 직원의 면접, 학자들이 관찰한 것을 기록한 노트나 일기, 또는 기업의 자료에 대한 자세한 조사 등에 근거하여 설명될 수 있다.[20] 또 다른 대안으로, 이론은 과거의 연구 결과의 분석을 통해 찾아진 일반적인 패턴이나 주제 등에 근거할 수도 있다.[21]

많은 이론이 흥미롭고, 논리적이며, 많은 생각을 하게 만들게 하는 반면에, 전적으로 잘못된 것으로 판명되는 이론도 많다. 사실, 한때 다수의 과학자가 지구는 평평하고 태양이 지구 주위를 돈다고 생각했다. 본론으로 돌아오면, 조직행동 이론은 한때 돈은 동기부여 효과가 거의 없으며, 직무를 구조화하는 가장 좋은 방법은 직무를 최대한 간단명료하게 만드는 것이라고 주장했다.[22] 이론은 이러한 주장이 사실인지에 대한 검증을 받아야만 했다. [그림 1-3]

그림 1-3 과학적 방법

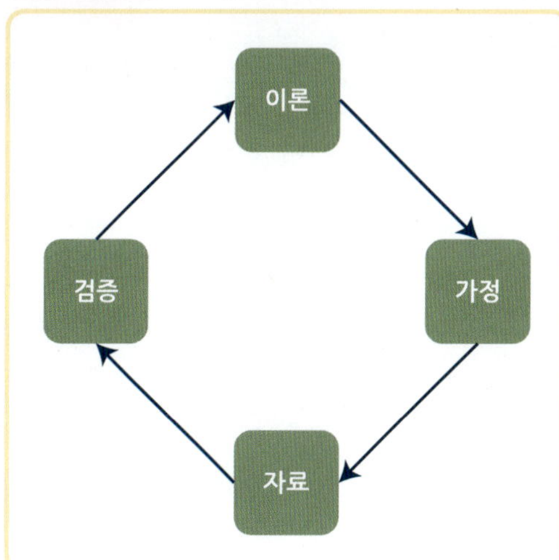

여기에는 각 장의 내용을 보충해 주는 베스트셀러 경영 도서를 소개하고 있다. 각 장에서 다룬 내용을 이들 도서에 연관지어 보면, 어떻게 도서의 제목이 조직행동 통합 모델의 개념을 보완하는지 알 수 있다.

북스토어

싱크 어게인(THINK AGAIN)

Adam Grant (New York: Viking, 2021)

Adam Grant/Viking

대부분의 사람은 자신의 지식과 전문성, 그리고 자신의 신념과 의견을 굳게 지키는 것에 자부심을 느낀다. 이것은 자신의 아이디어에 확신을 갖는 것에 대해 보상을 받는 안정적인 세상에 적합한 이치이다. 그러나 문제는 우리가 생각하는 만큼 재고하는 시간도 필요로 하는 빠르게 변화하는 세상에 살고 있다는 것이다.

그랜트는 위 내용을 통해 우리 시대의 중요한 과제를 제시한다. 비즈니스 세계, 그리고 일반적인 세계는 그 어느 때보다 빠르게 변화하고 있다. 이와 동시에, 사회는 종종 사람들이 자신의 신념을 확고히 지키도록 요구한다. 결국, 아무도 그들의 마음을 항상 바꾸는 사람들을 좋아하지 않는다. 맞는가? 그럼에도 불구하고, 우리의 생각을 바꾸는 것(재고하는 것)은 종종 적응성, 혁신 및 지혜를 위해 필수적이다.

그랜트는 인지적이고 의사소통적인 사고방식에 대한 연구를 설명하면서 왜 재고가 어려움이 될 수 있는지 설명한다. 특히, 대부분의 사람들은 주장을 형성하고 진술할 때 다음과 같은 사고방식에 의존한다. 자신의 신성한 믿음이 도전당할 때는 설교자의 사고방식(preacher mindset)을 사용하며, 자신의 믿음을 보존하기 위해 설교를 한다. 다른 사람들의 추론에 결함이 있다고 생각할 때는 검사관 사고방식(prosecutor mindset)을 사용하여, 그들이 틀렸다는 것을 증명하기 위해 논거를 제시한다. 그리고 경쟁자를 이겨야 할 때는 정치인 사고방식(politician mindset)을 사용하여, 감정을 이용해 다른 사람들에게 정치적인 영향력(lobby)을 행사한다. 불행하게도, 세 가지 사고방식은 모두 우리가 이미 생각하는 것을 지키려는 목표를 가지고 있다. 비록 그러한 관점들이 오래되거나 구식화 되었을지라도 말이다.

그랜트는 이외에 어떤 사고방식을 선호할까? 과학자의 사고방식이다. 과학자들은 모든 이론을 "완전히 증명되지 않은것"으로 보고, 모든 가설이 데이터로 검증되어야 한다는 것을 이해하도록 훈련받는다. 과학자들은 또한 지식을 계속해서 검증하지 않은 많은 경험적 실험을 기반으로 진화하는 합의로 보도록 훈련받는다. 만약 이전의 연구들이 —과학에서 종종 일어나는 것처럼— 재현되지 않는다면, 과학자들이 생각하는 것은 바뀔 것이다. 과학자 자아의식의 핵심은 바로 이러한 유연성에 있다. 그리고 그 유연성은 조직 생활 안팎에서 많은 사람에게 도움이 될 수 있다.

에 제시되었듯이, 과학적 방법은 가설에 영감을 주는 이론을 필요로 한다. **가설**(hypothesis)이란 변수 간의 관계를 구체화하는 예측이다. 예를 들어 사회적 인정 이론은 다음과 같은 가설을 끌어낼 수 있다. "관리자들의 사회적 인정 관행은 팀의 직무성과와 조직몰입에 긍정적인 영향을 준다." 이 가설은 명확한 용어로 사회적 인정과 팀 성과와의 예측된 관계를 설명하고 있다.

당신의 가족 중 한 명이 21개의 패스트푸드 체인점을 가지고 있고, 이들을 통해 위의 가설을 검증해 본다고 가정해 보자. 구체적으로, 레스토랑의 관리자들에게 어떠한 방법으로 사회적 인정을 이용하여 행동을 강화시킬 것인지에 대한 교육을 실시하는 체인점과 어떤 변화도 주지 않는 체인점으로 나눈다. 그리고 나서 당신은 9개월에 걸쳐 일정 간격으로 이뤄지는 관리자들의 사회적 인정 관행의 횟수를 기록했다. 당신은 직무성과를 9개월에 걸쳐 드라이브스루(drive-through)를 통해 레스토랑을 이용하는 횟수를 기록하고, 그 횟수를 주문, 계산, 그리고 떠나는 데까지 걸리는 시간에 적용했다. 또한 9개월 동안 종업원의 보유율을 추적하면서 팀의 조직몰입을 측정했다.

학습목표 1.6
상관관계는 어떻게 해석되는가?

가설이 증명되었는지 어떻게 알 수 있겠는가? 당신은 사회적 인정 관행과 드라이브스루 횟수와의 **상관관계**(correlation)와 더불어 사회적 인정 관행과 직원의 이직률의 관계에 대하여 분석해야 한다. *r*로 표시되는 상관관계는 두 변수와의 통계적인 관계를 나타낸다. 상관관계는 양 또는 음이 될 수 있으며, 그 범위는 −1(완벽한 부(−)적 관계), 0(상관관계 없음)부터 1(완벽한 정(+)적 관계)까지 나타난다. 두 개의 칸으로 나눠진 숫자를 기록한 통계표를 떠올려 보자. 한 칸은 21개 레스토랑에서 행해진 사회적 인정 관행의 총 횟수가 기록돼 있고, 다른 칸에는 같은 레스토랑에서의 평균 드라이브스루 이용 횟수를 기록하고 있다. 상관관계를 찾는 가장 좋은 방법은 그래프에서 두 가지 숫자를 기록하는 산포도를 이용하는 것이다. [그림 1-4]에 있는 세 개의 산포도는 서로 다른 크기의 상관관계를 보여 준다. 상관관계에 대한 정도는 산포도의 "밀집도"에서 도출된다. 분포도표 (a)는 완벽한 상관관계(*r*=1)를 나타내고, 사회적 인정 점수가 드라이브스루 이용 횟수를 완벽하게 예측할 수 있게 해 준다. 분포도표 (b)는 0.5의 상관관계를 가지고 있어 분포도표 (a)보다는 덜 분명하지만 아직까지는 눈으로 그 관계를 식별할 수 있다. 마지막으로 분포도표 (c)의 상관관계는 0으로, 그 어떤 통계적인 관계가 존재하지 않는다. 조직행동이란 "예 또는 아니오"로 답하는 것이 아니기 때문에 상관관계에 대해 이해하는 것이 매우 중요하다. 즉 질문은 "사회적 인정이 높은 직무성과를 야기하는가?"가 아니라, "사회적 인정은 어느 정도로 높은 직무성과를 야기하는가?"라야 한다. 상관관계는 "어느 정도"라는 질문에 대한 답을 나타내는 숫자를 제시한다.

결국, 사회적 인정과 직무성과, 그리고 사회적 인정과 조직몰입의 상관관계는 어떠한가? 이러한 실험은 21개의 버거킹 매장과 525명의 직원을 대상으로 실시된 실제 연구와 아주 유사한 것으로 나타났다.[23] 사회적 인정과 직무성과와의 상관관계 계수는 0.28이었다. 사회적 인정 관행에 대한 교육을 받은 체인점은 9개월 후 드라이브스루를 이용하는 데 평균 44초가 소요됐고, 그렇지 않은 체인점은 평균 62초를 기록했다. 사회적 인정과 직원 유지(retention)와의 상관관계는 0.20를 기록했다. 사회적 인정에 대한 교육을 받은 체인점은 9개월 후 그렇지 않은 체인점보다 16% 높은 직원 유지율을 보였다. 위 연구는 또한 "성과별 지급" 프로그램을 부분집합으로 도입하였는데, 사회적 인정이 주는 영향은 재정적인 부분만큼 강하게 나타났다.

상관관계 계수 0.28 혹은 0.20가 주목할 만한 것인지

그림 1-4 세 개의 서로 다른 상관관계 크기

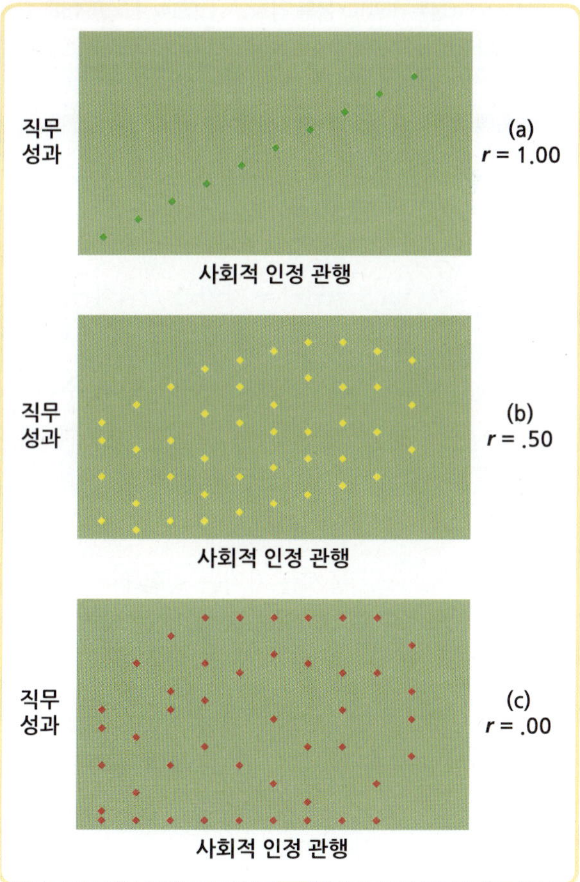

에 대한 의문이 있을 것이다. 이러한 숫자를 이해하기 위해서 여러 가지 상황을 설정해 보자. 〈표 1-4〉는, 다른 과학 분야에서의 주목할 만한 상관관계를 보여 주고 있다. 만약 키와 몸무게와의 상관관계가 0.44밖에 되지 않는다면, 0.28의 사회적 인정과 직무성과와의 상관관계는 괜찮은 편으로 보인다. 사실, 직원이 어떻게 느끼고 행동하는지에 영향을 주는 수많은 것을 고려했을 때, 조직행동 연구에서의 상관관계 0.50은 "강함"으로 여겨진다.[24] 0.30은 "보통" 이라고 여겨지며, 이 책에 나오는 많은 연구들의 상관관계는 이정도 범위로 나타난다. 마지막으로, 조직행동 연구에 있어 0.10은 "약함"이라고 인식된다. 하지만 한 가지 짚고 넘어가야 할 사실은, "약한" 상관관계를 가지고 있을지라도 절도 혹은 윤리적 범죄와 같은 비용이 많이 드는 행동에 있어서는 중요한 부분이 될 수 있다. 0.08의 상관관계를 보이는, 흡연과 25년 이내 폐암 발병의 관계는, 작은 상관관계일지라도 얼마나 중요할 수 있는지를 보여 주는 단적인 예다.

버거킹 레스토랑에 관한 연구는 사회적 인정(관리자의 칭찬과 인정)과 근로자 성과 및 몰입이 상관관계를 갖고 있다는 사실을 밝혀냈다. 이러한 연구는 조직행동과 관련된 지식 향상에 공헌하였다.

표 1-4 주목할 만한 상관관계

변수 간 상관관계	*r*	표본 크기
키와 몸무게	0.44	16,948
이브프로펜(진통제 약)과 통증 감소	0.14	8,488
항히스타민제와 재채기 감소	0.11	1,023
흡연과 25년 내 폐암 발병	0.08	3,956
관상동맥 바이패스 수술과 5년간 생존	0.08	2,649

출처: R. Hogan, "In Defense of Personality Measurement: New Wine for Old Whiners," *Human Performance* 18 (2005), pp. 331–41.

이와 같은 하나의 연구가 직무성과와 조직몰입에 있어 사회적 인정의 가치에 대한 논쟁들을 잠재울 수 있을 것인가? 다양한 이유로 그렇지 않다. 첫째, 이 연구는 단 21개의 점포와 525명의 직원만 포함하고 있다. 더 많은 점포가 실험 대상이 되었다면 결과는 달라졌을 수 있다. 둘째, 이 연구는 레스토랑 직원에 국한되어 있다. 사회적 인정에 어떠한 반응을 보이게 하는 레스토랑 산업 종사자만의 특징이 있을 수 있다. 셋째, 교육된 집단과 그렇지 않았던 통제 집단과의 차이는 사회적 인정이 아닌 다른 것에 의한 것일 수 있고, 그 "무엇"인가가 성과 차이를 보이는 이유일 수 있다. 당신은 "상관관계가 인과관계를 나타내는 것은 아니다."라는 문구를 들어 본 적 있을 것이다. **인과 추론**(causal inferences)에 있어 하나의 변수가 다른 어떤 것을 야기시킨다고 말하기 위해서는 다음과 같은 세 가지 요소가 필요하다.[25] 첫째, 두 개의 변수는 서로 상관되어야 한다. 둘째, 추정된 원인은 추정된 결과보다 앞서 일어나야 한다. 셋째, 상관관계에 있어 다른 그 어떤 해석도 존재해서는 안 된다. 그 세 번째 기준은 연구가들이 연구 환경에 대한 더 많은 통제를 가지는 실험에서 행해진다.

요점은, 한 개의 연구로는 많은 것을 얻을 수 없다는 것이다. 가장 좋은 방법은, 많은 연구를 시행하되, 이전의 연구와는 최대한 다른 형태와 방법으로 진행하는 것이다.[26] 따라서 당신이 만약 사회적 인정의 영향에 대해 연구하고자 한다면, 당신은 다양한 종류의 표본, 다양한 측정 방법, 실험적 그리고 비실험적 방법을 통해 많은 연구를 진행해야 한다. 실험을 마친 뒤에는, 모든 실험 결과를 아우르는 평균적인 상관관계를 도출해야 한다. 이 과정에 쓰이는 기술은 **메타 분석**(meta-analysis)이라고 불린다. 메타 분석은 특정 관계에 대한 연구에서 발견된 모든 상관관계를 가져와 가중평균 한다(큰 표본을 통해 도출된 상관관계는 작은 표본을 가진 상관관계보다 더 가중치를 둔다). 실제로, 사회적 인정이 직무성과에 주는 영향에 대한 메타 분석이 이뤄졌다. 96개의 서로 다른 산업에 종사하는 기업을 대상으로 한 연구 전체의 평균 상관관계는 0.21로 나타났다.[30] 이러한 메타 분석으로 도출된 사회적 인정에 대한 잠재적인 이득은 경험, 직관, 혹은 권위의 방법으로 도출된 결과보다 훨씬 설득력이 있다.

확실히, 메타 분석은 **증거 기반 관리**(evidence-based management)의 기초가 된다. 증거 기반 관리는 과학적인 결론이 의학 교육의 기초가 되듯, 경영학 교육에도 그러해야 한다는 견해이다.[31] 증거 기반 관리 지지자들은 인적자원이 직원 관리 연구개발(R&D)과 같은 부서로 변형되어야 한다고 주장한다.[32] 한 지지자는, "연구개발에서는 실험실에 가고, 실험을 하며 다른 실험들에 대해서도 알게 된다. … 당신은 제약 회사 실험실에 들어가 수석 약사에게 현재 새롭게 진행되는 중요한 실험에 대해 질문할 때, 그들이 화학에 관한 문헌은 보고 있지 않다라는 대답을 할 것이라고 상상할 수 있겠는가?"라고 말했다. 버라이즌 커뮤니케이션스(Verizon Communications)의 한 부분인 버라이즌 비즈니스(Verizon Business)는 증거 기반 관리로 전향하고 있는 회사 중 하나이다. 이 회사는 인적자원에 관련된 사안에 쓰이는 돈은 직관적인 타당성으로 수립되는 새로운 계획 그 이상을 요구한다고 말했다. 조직의 소규모 단위에서 체계적으로 행해지는 실험, 내부 자료 이용의 극대화, 박사 학위를 가지고 있는 전문가 고용, 그리고 학계와의 협력을 통해 더 많은 정보에 입각한 결정을 내릴 수 있다. 이러한 관행은 **애널리틱스**(analytics)를 관리 도구로 사용하기 위한 기반을 형성하며, 여기서 애널리틱스란 의사결정을 이끌어 나가기 위해 직관과 경험이 아닌 데이터를 사용하는 것으로 정의된다.[33] 증거 기반 관리가 실제 스포츠에서 어떻게 쓰이는지 **영화 속 OB**를 보면 알 수 있다. 다른 장에서도 유명한 영화를 통해 조직행동 개념을 설명하고 있다.

요약: 다음 장으로 이동하며

다음 장에서는 [그림 1-1]의 통합 모델을 통해 개인적, 집단적, 그리고 조직적 메커니즘이 개인적 결과 도출에 어떤 기여를 하는지 알아볼 것이다. 각 장은 주제별 실제 기업의 성공 사례와 실패 사례를 조명함으로써 시작될 것이다. 주제와 관련된 이론의 소개 및 토론도 이뤄질 것이다. 이러한 조직행동의 개념은 조직행동 현상이 어떻게 "현실화"되는지 보여 주는 **영화 속 OB**를 통해 설명될 것이다. 또한 OB 북스토어에서는 유사한 개념을 다룬 베스트셀러가 소개될 것이다. **국제 상황의 OB**를 통해서는 이러한 개념이 다른 문화와 나라에서는 어떻게 사용되는지를 설명할 것이다.

각 장은 3개의 결론 부분으로 끝을 맺는다. 첫 번째 부분은 요약된 이론 도표를 통해 왜 몇몇 직원이 다른 직원들보다 주어진 개념에 대해 높은 성과를 보이는지 설명한다. 예를 들면 4장의 요약된 이론 도표는 왜 몇몇 직원은 다른 직원들보다 높은 만족감을 가지는지에 대해 설명한다. 이번 장의 시작에서 언급하였듯이, '왜'에 대한 지식은 근로 생활에 대해 이해하려는 직원과 구성원을 좀 더 효율적으로 만들려고 하는 관리자에게 있어 매우 중요하다. 당신은 얼마나 자주 스스로의 행동과 태도에 대해 이해해 보려고 시간을 투자하는가? 만약 당신이 내성적인 사람이라면,

이 사례에는 조직행동에 대한 개념이 어떻게 영화에서 사용되었는지를 보여 준다. 조직행동의 주제에 대해 배웠다면, 당신은 그것이 주위에서, 특히 영화에서 어떻게 활용되는지 알게 될 것이다.

영화 속 OB

머니볼
MONEYBALL

Columbia Pictures/Photofest

팀은 컴퓨터로 만들어지는 게 아닙니다. … 야구는 그냥 숫자, 즉 과학이 아닙니다. 만약 그렇다면 그 누구도 우리가 하고 있는 것을 하지 않을 것입니다. 하지만 그들은 우리가 알고 있는 것을 모르기 때문에 우리처럼 하지 못합니다. 그들에겐 우리가 가지고 있는 경험과 직관이 없습니다.

머니볼(베넷 밀러 감독, 컬럼비아 픽처스, 2011)에서, 그래디 푸손(켄 메들락)은 빌리 빈(브래드 피트)에게 이와 같은 말로 그의 잘못된 접근 방식을 지적한다. 빌리는 오클랜드 애슬레틱스(Oakland Athletic's), A's의 단장이다. 뉴욕 양키스와의 플레이오프에서 지고 난 후, 빌리는 뉴욕 양키스보다 세 배는 더 비싼 그의 급여를 조정해야 했다. 주 스카우터 그래디는 빌리로 하여금 "구글 보이"라고 알려진 예일대 경제학과 졸업자인 피트 브랜드를 고용하도록 만든다. 피트는 빌 제임스에 의해 고안되고 미국야구연구협회로부터 인정받은, 컴퓨터를 이용한 야구 데이터 분석 방법인 "세이버메트릭스(sabermetrics)"에 매우 정통했다.

이 영화는 루이스(M. Lewis)의 베스트셀러를 원작으로 한 작품으로,[27] 과학이 어떻게 경험과 직관을 보완하는가에 대해 보여 준다. 예를 들어 피트의 고급 분석 "출루율(안타뿐만 아닌 사구로 인한 출루의 통계)"은 기존의 스카우터들이 선수의 가치를 평가하기 위해 무게를 두었던 지표인 홈런의 개수보다 훨씬 더 타당한 것이었다. 아이러니하게도, 영화 머니볼의 성공은 많은 야구팀으로 하여금 "세이버매트릭스"를 도입하게끔 하여, 기존의 오클랜드가 가지던 이점은 사라졌다.[28] 실제로, 이러한 발전된 분석 기법들은 다른 프로 스포츠에도 도입되었는데, 가장 눈에 띄는 것이 바로 미국 프로농구협회이다.[29] 조직의 관리자들이, 스포츠 관리자들이 하고 있는 증거 기반 관리, 즉 자료를 통한 성공 이론의 검증을 도입하길 바란다.

이러한 질문에 대해 어느 정도 생각해 보았을 수도 있다. **OB 진단지**는 당신이 이러한 것들을 얼마나 반영하고 있는지 알게 해 줄 것이다. 이 부분은 장(chapter)마다 실려 있으며 독자의 성격, 능력, 직무 태도, 그리고 리더십 유형에 관한 유용한 정보를 제공한다.

두 번째 결론 부분에서는 메타 분석을 통해 각 장의 주제와 직무성과 및 조직몰입의 관계에 대해 요약한다. [그림 1-1]에 나온 주제가 도출된 결론과 강한, 보통의, 혹은 약한 관계를 가지고 있는지 알 수 있게 된다. 이러한 지식은 조직행동에 관련된 모든 것이 어떻게 서로 조화를 이루는지, 그리고 무엇이 직장에서의 성과와 몰입을 향상시키는 데 가장 중요한 도구인지를 인지하는 데 도움이 될 것이다. 곧 알게 되겠지만, 몇몇의 조직행동 주제는 직원이 직무를 얼마나 잘 해내는가에 큰 영향을 주는 반면, 다른 주제들은 직원이 얼마나 오래 동안 같은 직장에 머무느냐에 큰 영향을 준다. 마지막으로, 세 번째 결론 부분에서는 각 장의 내용이 실제 기업에서 어떻게 적용될 수 있는지에 대해 다룬다. 예를 들면 동기부여 장에서는 보상 관행이 직원의 노력 극대화에 어떤 영향을 이 사례에서는 실제로 조직행동 개념이 어떻게 측정되는지를 설명한다. 많은 사례를 통한 조직행동 평가는 당신의 행동, 기술, 성격에 대해 잠재적으로 가치 있는 통찰력을 줄 것이다. 각 장에 나오는 OB 진단지에서 다수의 설문조사를 보게 될 것이다. OB 진단지가 얼마나 훌륭한가를 판단함에 있어 신뢰성과 타당성, 이 두 가지가 매우 중요하다. 신뢰성이란 설문조사 항목의 확률적 오차로부터 벗어난 정도를 말한다. 만약 설문조사 항목을 신뢰할 수 있다면, 비슷한 항목들 또한 비슷한 답을 내놓을 것이다. 타당성이란 설문조사 항목이 평가되어야 할 것을 평가했는지에 대한 정도를 말한다. 만약 설문조사 항목이 타당하다면, 그 분야의 전문가들이 항목에 대해 적절한 것이라는 소견을 보일 것이다.

OB 진단지

자기 성찰

당신은 얼마나 자기 성찰적인가? 종종 "사적인 자의식(private self-consciousness)"이라 불리는 이 평가는 자기의 태도와 행동을 이해하기 위해 마음속의 것에 주목하는 자기 성찰 방법이다. 다음에 명시된 응답 척도를 사용하여 설문에 답하라. 진하게 표시된 문제의 답을 4에서 빼라. 그 숫자가 질문에 대한 당신의 답이 된다. 예를 들어 문제 5번의 원래 답이 3이었다면 당신의 새로운 답은 1(4−3)이 된다. 그 다음 총 10개의 질문에 대한 답을 모두 더한다.

0	1	2	3	4
매우 아니다	아니다	중간	그렇다	매우 그렇다

1. 나는 항상 내 자신에 대해 고민한다. ______
2. **일반적으로, 나는 내 자신에 대해 잘 모른다.** ______
3. 나는 자주 내 스스로를 비춰본다. ______
4. 내 자신이 종종 몽상(백일몽)의 주인공이다. ______
5. **나는 내 스스로를 면밀히 살피지 않는다.** ______
6. 나는 보통 내 속마음에 관심을 기울인다. ______
7. 나는 끊임없이 내 동기에 대해 생각한다. ______
8. 나는 종종 내 스스로가 어딘가에 홀로 떨어져 있다는 느낌을 받는다. ______
9. 나는 내 감정 변화에 민감하다. ______
10. 나는 문제 해결 과정에 있어 내 마음이 어떠한지를 잘 알고 있다. ______

점수 계산과 해석

만약 당신의 합계 점수가 26점을 넘는다면, 당신은 자기 성찰을 많이 하고 자기 스스로를 잘 인식하고 있다. 이 책에서 다뤄지는 이론은 당신의 직장 생활에 대한 태도와 감정을 더 잘 이해하는 데 도움을 줄 것이다.

출처: Adapted from A. Fenigstein, M.F. Scheier, and A.H. Buss, "Public and Private Self-Consciousness: Assessment and Theory," *Journal of Consulting and Clinical Psychology* 43 (August 1975), pp. 522–27.

주는지 설명하고 있다. 만약 당신이 현재 직장인이라면 결론 부분의 내용이 당신의 회사 발전에 어떻게 적용될 수 있는지를 알 수 있을 것이다. 만약 직장에 다니지 않더라도, 이러한 실무 적용 부분에서 조직행동의 개념을 통해 미래의 직장 생활을 간접적으로 경험해 볼 수 있을 것이다.

요점 정리

1.1 조직행동이란 조직 내 개인 또는 집단의 태도와 행동에 대한 이해와 설명을 위한 연구이다. 더 간단하게 말하자면, 조직행동은 조직 내 개인 또는 집단이 왜 그렇게 행동하는지에 초점을 둔다.

1.2 조직행동의 중요한 두 가지 결과물은 직무성과와 조직몰입이다.

1.3 성과와 몰입에 영향을 주는 요소로는, 개인 메커니즘(직무만족, 스트레스, 동기부여, 신뢰, 공정성, 윤리, 학습과 의사결정), 개인 특성(성격과 문화적 가치, 능력), 집단 메커니즘(팀 특성과 다양성, 팀 프로세스와 커뮤니케이션, 리더십 권력과 협상, 리더십 스타일과 행동), 그리고 조직 메커니즘(조직구조, 조직문화) 등이 있다.

1.4 효과적인 조직행동의 관리는 기업의 수익성을 높일 수 있다. 왜냐하면 좋은 인재는 가치 있는 자원이기 때문이다. 좋은 인재는 희귀할 뿐만 아니라 모방하기도 어렵다. 그들이 만드는 역사는 돈으로 구매되거나 모방될 수 없고, 그들이 만드는 수많은 작은 결정은 경쟁사들에게 보이지 않으며, 그들은 문화, 팀워크, 신뢰, 명성 등과 같은 사회적으로 복잡한 자원을 만들어 낸다.

1.5 이론이란 언어적 또는 상징성을 가지는 주장으로서 변수들이 서로 어떻게 그리고 왜 연관되는지와 더불어 어떠한 환경에서 서로 연관되어야 하는지(연관되지 않는지)를 명시하는 것을 말한다. 조직행동의 이론은 인터뷰, 관찰, 연구 분석, 성찰이 조합되어 만들어진다. 이론은 과학적 방법의 시작이 되고 자료로 검증될 수 있는 가설을 만들어 낸다.

1.6 상관관계는 두 개의 변수 간 관계의 정도를 나타낸다(0부터 ±1). 조직행동 연구에서 0.50의 상관관계는 "강한"것이고, 0.30은 "보통", 그리고 0.10의 상관관계는 "약한"것으로 해석된다.

핵심 용어

8분의 1 법칙	메타 분석	애널리틱스	자원 기반 관점
가설	모방 불가능	역사	전략적 관리
경험에 의한 방법	사회적으로 복잡한 자원	이론	조직행동
과학에 의한 방법	상관관계	인과 추론	증거 기반 관리
권위에 의한 방법	수많은 사소한 결정	인적자원 관리	직관에 의한 방법

토론 질문

1.1 이 강좌를 수강하기 전에, 사람들의 효과적인 관리와 관련하여 궁금한 점은 무엇이었는가? [그림 1-1]의 모델에서 당신이 궁금해 하는 내용을 포함하는 주제를 찾을 수 있는가?

1.2 당신에게 있어, 〈표 1-1〉에 제시된 행동을 보인 최악의 직장 동료는 누구인지 다시 한 번 생각해 보자. 그리고 해당 직원의 상사가 그의 행동을 개선시키기 위해 무엇을 했는지(하지 않았는지) 생각해 보자. 상사가 무엇을 잘했고 무엇을 잘못하였는가? 당신이라면 무엇을 다르게 했었을지, 그리고 어떤 조직행동 주제와 가장 연관이 있는지 생각해 보자.

1.3 [그림 1-1의] 개인 메커니즘(직무만족, 스트레스, 동기부여, 신뢰, 공정성, 윤리, 학습과 의사결정)에서 무엇이 당신의 성과와 몰입에 가장 큰 영향을 주는가? 당신의 대답이 독특하다고 생각하는가? 아니면 많은 사람도 같은 대답을 했다고 생각하는가?

1.4 당신이 생각하기에 성공적인 기업들의 목록을 만들어 보자. 그들에겐 다른 기업에는 없는 어떠한 것이 있는가? 그들이 가지고 있는 것이 희귀하고 모방이 불가능한가(그림 1-2 참조)? 무엇이 이들을 모방하기 힘들게 만드는가?

1.5 경험, 직관, 권위의 방법을 통해 사실이라고 "알고 있는" 것에 대하여 생각해 보자. 당신의 지식을 과학의 방법으로 검증할 수 있겠는가? 어떻게 검증하겠는가?

사례: 구글

구글의 PiLab은 자체 프로젝트를 선택할 수 있는 자율권을 가지고 있다. 이러한 프로젝트 중 하나인 "Project Oxygen"은 관리자가 중요한가에 초점을 맞췄다. 구체적으로, 이 프로젝트는 두 가지 질문에 초점을 맞췄다. (1) 더 나은 관리자가 정량화 가능한 결과(양적 결과) 측면에서 효과가 있는가? 그렇다면 (2) 더 나은 관리자가 공유하는 특징은 무엇인가? 이 프로젝트는 구글에게 중요했다. 왜냐하면 많은 직원이 기술적 배경을 가진 엔지니어였고, 이들은 매니저의 '부드러운' 관리 방식에 회의적인 성향을 가졌기 때문이다. PiLab의 설립자 중 한 명인 Jennifer Kurkoski는 "구글뿐만 아니라 많은 엔지니어가 관리자는 기껏해야 필요악이고 최악의 경우 파괴적이라고 생각하는 경향이 있다"고 설명했다. 엔지니어들이 엄격한 분석을 통해 관리자가 중요하다는 것을 증명할 수 있다면, 자신도 더 나은 상사가 되도록 동기부여하는 동시에 상사와의 관계가 개선될 것이다.

"Project Oxygen"의 첫 번째 단계는 관리자의 질을 측정하는 방법을 찾는 것이었다. PiLab은 두 가지 지표를 사용했다. 첫째, 관리자의 상사들로부터 성과 평가 점수를 수집했다. 둘째, 직원들에게 자신의 관리자에 대해 묻는 구글가이스트(Googlegeist, 태도 조사) 질문에 대한 응답을 수집했다. PiLab은 두 가지 지표에서 모두 상위 25%에 해당하는 관리자를 높은 점수의 관리자로 정의하고, 하위 25%에 해당하는 관리자를 낮은 점수의 관리자로 정의했다. 두 번째 단계는 관리자 질을 예측하는 종속변수를 식별하는 것이었다. PiLab은 여기서 또 다른 두 가지 결과를 고려했다. 첫 번째는 관리자 팀과 관련된 이직률이었다. 두 번째는 직무만족도, 동기부여, 웰빙에 대한 인식을 활용한 구글가이스트 질문이었다. 그 결과 높은 점수의 관리자는 이직률이 낮았고, 직원들의 만족도가 더 높은 것으로 나타났다. PiLab의 또 다른 설립자인 Neal Patel은 다음과 같이 결과를 요약했다. "관리자 질이 조금씩 상승하더라도 상당히 강력한 영향을 미친다는 것이 밝혀졌다. 즉, 좋은 관리자는 중요하다."

관리자가 중요하다는 것을 확인한 PiLab은 인터뷰를 진행하고 구글가이스트의 개방형 응답을 분석하여 우수한 관리자들이 공유하는 특성을 식별하기 위해 노력했다. 그들은 이러한 자질을 "The Oxygen 8"이라고 명명했다. 분석 결과에 따르면, 최고의 관리자는 (1) 좋은 코치, (2) 권한 부여, (3) 관심 표현, (4) 결과 중심, (5) 강한 의사 전달자, (6) 경력 개발에 초점을 맞춘, (7) 비전을 가진, (8) 기술 분야에 능숙한 사람이다. "The Oxygen 8" 목록은 새로운 관리자를 위한 교육과 관리자를 평가하고 개발하기 위한 보다 집중적인 평가를 포함하여 구글 내 여러 이니셔티브에 영향을 미쳤다.

1.1 "Project Oxygen"은 관리자의 자질을 이직률 및 태도 조사 결과와 연결시킴으로써 관리자가 중요하다는 것을 보여 주었다. 관리자가 중요한지 여부를 검토하기 위한 또 다른 접근법은 무엇일까?

1.2 "The Oxygen 8"은 이 책에서 다루어질 중요한 자질이 많이 포함되어 있다. "The Oxygen 8"에 포함되지 않았지만, 중요해 보이거나 심지어 포함된 것보다 더 중요해 보이는 자질에는 무엇이 있을까?

1.3 조직에서 관리 결정을 내릴 때 데이터의 역할은 무엇인가? 그리고 데이터 및 분석 중심의 조직이 되기 위해서 어떠한 잠재적인 과제(어려움)가 있는가?

출처: L. Bock, *Work Rules! Insights from Inside Google That Will Transform How You Live and Lead* (New York: Twelve, 2015); D.A. Garvin, A.B. Wagonfield, and L. Kind, "Google's Project Oxygen: Do Managers Matter?," *Harvard Business School*, Case 9-313-110 (2013).

예제: 조직행동은 상식인가?

이 예제의 목적은 이 책에서 다뤄진 주제를 가지고, 이를 향상시키는 것이 "그저 상식"인지에 대해 알아보고자 함이다. 이 예제는 모둠 활동으로 진행되기에, 강의자가 모둠을 만들어 주거나 학습자들이 직접 모둠을 만들어야 한다. 이 예제는 다음과 같은 단계로 진행된다.

1.1 다음의 이론 도표를 보라. 이 도표는 두 개의 "독립변수"(영화 대본의 품질과 연기자의 명성)가 왜 "종속변수"(몇 장의 표가 팔릴 것인가)에 영향을 주는지를 설명하고 있다.

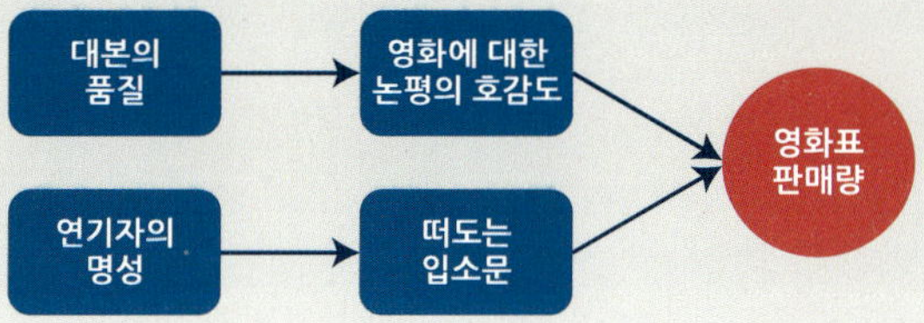

1.2 이제 조직행동에 관한 당신만의 이론 도표를 만들어 보자. 당신의 조에서, 다음 네 가지 중 하나의 주제를 종속변수로 선택하라.

- 직무만족: 업무를 수행할 때 느끼는 즐거운 감정.
- 긴장(strain): 직장의 스트레스로 인한 두통, 피로, 혹은 탈진.
- 동기부여: 업무와 관련된 노력의 강도와 지속성.
- 상사에 대한 신뢰: 주요 업무 사안과 관련하여 상사에게 상당한 영향력 부여 의사.

노트북이나 화이트보드를 사용하여 당신이 선택한 종속변수에 영향을 주는 요소들을 이론 도표를 통해 요약하라. 최대한 포괄적일 수 있도록 최소한 4개 이상의 독립변수를 제시하라. 책은 모두 덮어라! 당신은 오직 스스로의 경험과 직관으로만 도표를 만들어야 한다.

1.3 조별로 이론 도표에 대해 발표하라. 예측된 관계가 이치에 맞는가? 빠져야 할 것이 있는가? 아니면 추가해야 할 것이 있는가?

1.4 이제 당신이 만든 이론 도표를 책에 있는 도표들과 비교해 보자([그림 4-7]은 직무만족, [그림 5-3]은 긴장, [그림 6-7]은 동기부여, [그림 7-7]은 관리자에 대한 신뢰). 책에 나온 도표들과 비교하여 어떠한가? (볼드체로 된 용어 중 모르는 것은 찾아보라.) 혹 중요한 독립변수를 빠뜨렸거나 이 장에서 요약된 학술 연구에서 지지되지 않은 변수를 포함시키지는 않았는가? 만약 그러하다면, 조직행동이 단지 상식에 불과하지 않다라는 것이 입증된 셈이다.

미주

1.1 Kiley, D. "J.D. Power: BMW and Hyundai Are Tops in Car Tech." *Forbes*, October 11, 2016.

1.2 Levin, D. "New Hyundai Sonatas Rolling Out of Super- Busy Alabama Plant." *Fortune*, June 26, 2014.

1.3 Taylor, A., III. "Hyundai Smokes the Competition." *Fortune*, January 18, 2010, pp. 62–71; and Ihlwan, M.; L. Armstrong; and M. Eldam. "Kissing Clunkers Goodbye." *BusinessWeek*, May 17, 2004, http://www.businessweek.com/ magazine/content/04_20/b3883054.htm.

1.4 Barney, J.B. "Looking Inside for Competitive Advantage." In *Strategic Human Resource Management*, ed. R.S. Schuler and S.E. Jackson. Malden, MA: Blackwell, 1999, pp. 128–41.

1.5 McIntyre, D.A. "Microsoft Launches Retail Stores to Save Windows." *Time*, February 13, 2009, http://www.time.com/time/business/ article/0,8599,1879368,00.html.

1.6 Edwards, C. "Commentary: Sorry, Steve: Here's Why Apple Stores Won't Work." *BusinessWeek*, May 21, 2001, http://www.businessweek.com/magazine/content/01_21/ b3733059.htm.

1.7 Frommer, D. "Microsoft's New Retail Stores Look Just Like Apple Stores." *Business Insider*, November 1, 2009.

1.8 Hansen, F. "Admirable Qualities." *Workforce Management*, June 23, 2008, pp. 25–32.

1.9 DeCarlo, S. "The World's Most Admired Companies." *Fortune*, February, 2019.

1.10 Shoulberg, W. "Microsoft Closing Its Stores for One Reason: They Are Bad." *Forbes*, July 1, 2020.

1.11 Huselid, M.A. "The Impact of Human Resource Management Practice on Turnover, Productivity, and Corporate Financial Performance." *Academy of Management Journal* 38 (1995), pp. 635–72.

1.12 Welbourne, T.M., and A.O. Andrews. "Predicting the Performance of Initial Public Offerings: Should Human Resource Management Be in the Equation?" *Academy of Management Journal* 39(1996), pp. 891–919.

1.13 Bush, M.C., and S. Lewis-Kulin. "The 100 Best Companies to Work For." *Fortune*, March 15, 2017.

1.14 Fulmer, I.S.; B. Gerhart; and K.S. Scott. "Are the 100 Best Better? An Empirical Investigation of the Relationship Between Being a 'Great Place to Work' and Firm Performance." *Personnel Psychology* 56(2003), pp. 965–93.

1.15 Pfeffer, J., and J.F. Veiga. "Putting People First for Organizational Success." *Academy of Management Executive* 13 (1999), pp. 37–48.

1.16 Kerlinger, F.N., and H.B. Lee. *Foundations of Behavioral Research*. Fort Worth, TX: Harcourt, 2000.

1.17 Bacon, F.; M. Silverthorne; and L. Jardine. *The New Organon*. Cambridge, UK: Cambridge University Press, 2000.

1.18 Campbell, J.P. "The Role of Theory in Industrial and Organizational Psychology." In *Handbook of Industrial and Organizational Psychology: Vol. 1*, ed. M.D. Dunnette and L.M. Hough. Palo Alto, CA: Consulting Psychologists Press, 1990, pp. 39–74.

1.19 Whetten, D.A. "What Constitutes a Theoretical Contribution?" *Academy of Management Review* 14 (1989), pp. 490–95.

1.20 Locke, K. "The Grounded Theory Approach to Qualitative Research." In *Measuring and Analyzing Behavior in Organizations*, ed. F. Drasgow and N. Schmitt. San Francisco, CA: Jossey-Bass, 2002, pp. 17–43.

1.21 Locke, E.A., and G.P. Latham. "What Should We Do About Motivation Theory? Six Recommendations for the Twenty-First Century." *Academy of Management Review* 29 (2004), pp. 388–403.

1.22 Herzberg, F.; B. Mausner; and B.B. Snyderman. *The Motivation to Work*. New York: Wiley, 1959; Taylor, F.W. *The Principles of Scientific Management*. New York: Harper & Row, 1911.

1.23 Peterson, S.J., and F. Luthans. "The Impact of Financial and Nonfinancial Incentives on Business-Unit Outcomes over Time." *Journal of Applied Psychology* 91 (2006), pp. 156–65.

1.24 Cohen, J.; P. Cohen; S.G. West; and L.S. Aiken. *Applied Multiple Regression/Correlation Analysis for the Behavioral Sciences*. Mahwah, NJ: Erlbaum, 2003.

1.25 Shadish, W.R.; T.D. Cook; and D.T. Campbell. *Experimental and Quasi-Experimental Designs for Generalized Causal Inference*. Boston, MA: Houghton Mifflin, 2002.

1.26 Shadish, W.R.; T.D. Cook; and D.T. Campbell. *Experimental and Quasi-Experimental Designs for Generalized Causal Inference*. Boston, MA: Houghton Mifflin, 2002.

1.27 Lewis, M. *Moneyball*. New York: Norton, 2003.

1.28 Fox, J. "The Moneyball Myth." *Bloomberg Businessweek*, October 20, 2011, pp. 110–11.

1.29 Schwartz, J. "Net Loss." *Slate*, February 28, 2013, http://www.slate.com/articles/sports/ sports_nut/2013/02/nba?_stats_gurus_ can_t_work_together_anymore_ that_s_a_problem.html.

1.30 Stajkovic, A.D., and F. Luthans.

"A Meta- Analysis of the Effects of Organizational Behavior Modification on Task Performance, 1975–1995." *Academy of Management Journal* 40 (1997), pp. 1122–49.

1.31 Rousseau, D.M.; J. Manning; and D. Denyer. "Evidence in Management and Organizational Science: Assembling the Field's Full Eight of Scientific Knowledge Through Syntheses." *Academy of Management Annals* 2 (2008), pp. 475–515; Briner, R.B.; D. Denyer; and D.M. Rousseau. "Evidence- Based Management: Concept Cleanup Time?" *Academy of Management Perspectives* 23 (2009), pp. 19–32.

1.32 Hansen, F. "Merit-Pay Payoff?" *Workforce Management*, November 3, 2008, pp. 33–39.

1.33 Davenport, T.H. "Analytics 3.0." *Harvard Business Review*, December, 2013.

2 직무성과

Job Performance

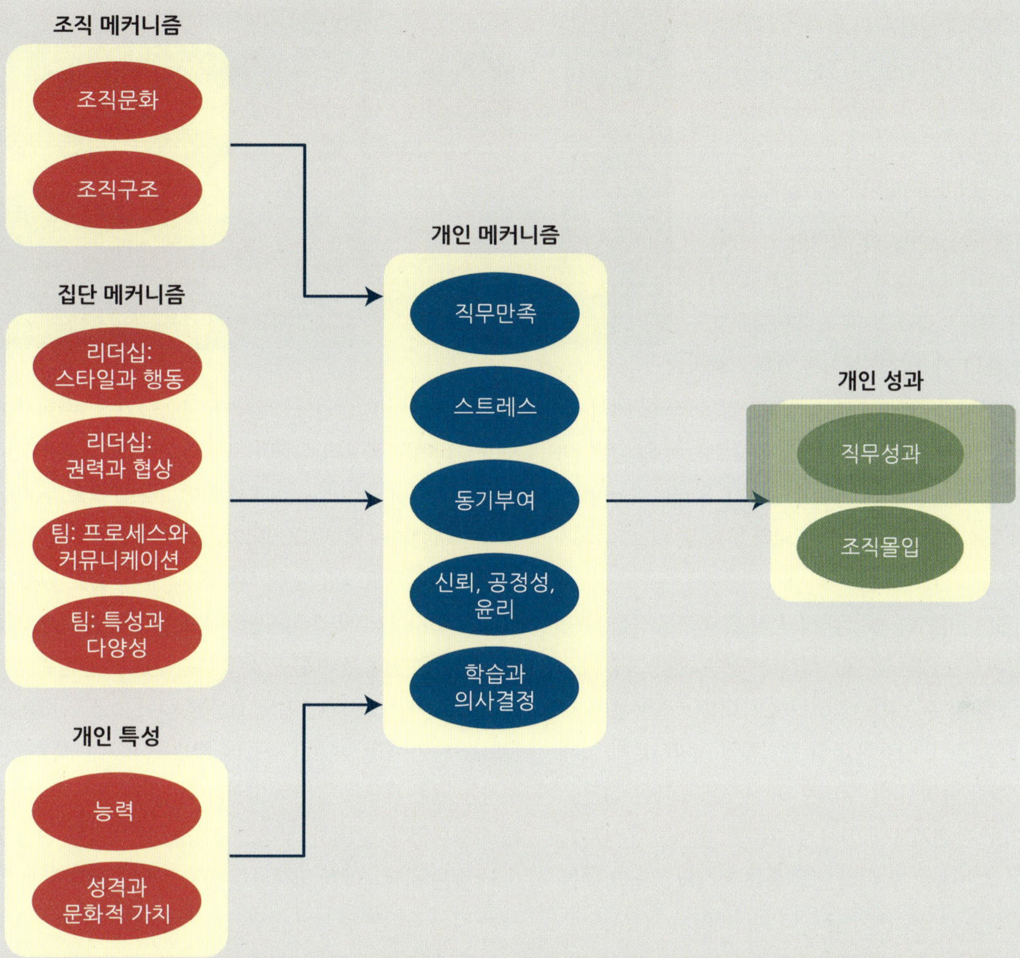

학습 목표 .... 이 장을 학습한 후에 다음의 질문에 답할 수 있어야 한다.

2.1 직무성과란 무엇인가?
2.2 과업성과란 무엇인가?
2.3 조직은 과업성과의 기저가 되는 행동을 어떻게 식별하는가?
2.4 시민행동이란 무엇인가?
2.5 생산성 저해 행동이란 무엇인가?
2.6 오늘날의 조직에서 직무성과에 영향을 주는 트렌드는 무엇인가?
2.7 조직은 직원 성과 관리를 위해 직무성과 정보를 어떻게 사용하는가?

우버 UBER

TY Lim/Shutterstock

여러분 대부분은 샌프란시스코에 본사를 둔 우버 테크놀로지사(Uber Technologies Inc.), 즉 우버에 대해 잘 알고 있을 것이다. 2009년에 설립된 이 회사는 전 세계 대부분의 대도시에서 이용할 수 있는 매우 편리한 차량 호출 서비스(ride-hailing service)로 가장 잘 알려져 있다.

만약 여러분이 어디론가 가야 한다면 간단히 우버 앱을 열고, 주소를 입력하고, 승차(ride)를 선택하면 된다. 승차가 완료되면, 미리 결정된 요금이 자동으로 지불된다. 일반적으로 연동된 신용 카드나 기타 전자 상거래 결제 서비스를 통해 결제가 이루어진다. 전자 상거래 결제 서비스에서 미리 결정된 수수료를 자동으로 지불한다. 리프트(Lyft)와 같은 경쟁 업체들이 차량 호출 사업에 자리 잡으면서, 우버는 우버만의 기술과 알고리즘을 활용한 음식 배달, 기타 운송 및 배달 사업으로 확장하였다.

우버는 흔히 운송 회사로 생각되지만, 고객에게 직접 운송 서비스를 제공하지는 않는다. 대신 회사는 운송 서비스가 제공되는 구조와 조건 및 수수료를 정하는 소프트웨어 플랫폼을 제공하며, 운전자들은 그 구조에 따라 독립적인 계약자로서 일하게 된다(소송 절차 중이지만). 우버는 이 플랫폼에 대한 접근을 제공하는 대가로 운전자 요금에서 수수료를 받는다. 운전자의 성과는 고객이 매번 승차 후 우버 앱을 통해 자신의 경험에 대한 피드백을 제공하는 것으로 평가된다. 이 피드백에서 지속적으로 낮은 점수를 받은 운전자는 플랫폼에서 제외된다. 거의 400만 명의 운전자가 우버에 등록되어 있으며, 우버는 "기간제 일자리(gig economy)" 산업으로 알려진 것 중 가장 큰 회사이다. 하지만 우버에도 정규직 직원이 있다. 실제로 회사에는 정보 기술, 소프트웨어 및 서비스 산업에서 일반적으로 찾을 수 있는 모든 작업을 수행하는 약 27,000명의 직원이 있다.

안타깝게도, 여러분이 우버에 대해 잘 알고 있는 또 다른 이유는 회사 관리자와 직원들의 잘못된 행동을 용인하고 간접적으로 이런 행동을 조장한 것에 대한 언론의 광범위한 보도 때문이다. 실제로 2017년 미국 고용평등위원회(EEOC)는 성희롱 문화를 용인하고, 이러한 행동에 불평을 제기한 직원들에 대해 보복을 가한 것으로 인해 시민권법 제7조를 위반한 혐의로 우버를 고발하였다. 당연히, 우버의 명성은 큰 타격을 입었고, 리프트와 같은 경쟁사에게 고객과 운전자를 잃는 결과를 낳았다. 회사는 결국 440만 달러의 합의금을 지불하고, 20명의 직원을 해고하고, CEO를 교체했으며, 잘못된 행동을 완전히 없애기 위한 조치를 취했다.

직무성과

우리는 조직행동의 통합 모델을 통해 직무성과를 분석하는 것으로 시작하였다. 왜 직무성과로 시작하였는가? 왜냐하면 직원 개개인의 직무성과는 당사자들에게 중요한 사안이며, 또한 어떠한 집단에서 어떤 직무성과를 보이느냐를 이해하는 것은 어느 관리자에게나 매우 중요하기 때문이다. 대학 야구팀 감독의 직무성과에 대해 생각해 보자. 만약 당신이 대학교의 운동 부장이라면, 당신은 감독의 행동을 예의 주시하게 될 것이다. 감독이 선수 영입 기간 동안 얼마만큼의 노력을 기울이는가? 감독의 관행이 얼마나 효율적인가? 팀의 공수 조화가 얼마나 잘 이루어졌는가? 경기 중 지시 사항이 적절한가? 당신은 야구 그 자체와 관련 없는 행동에 대한 의문도 고려해 볼 필요가 있다. 감독이 정정당당한 경기를 하는가? 선수들이 제때 졸업을 하는가? 감독이 언론이나 매체와의 인터뷰에서 당신의 학교를 잘 대표하는가?

물론, 당신은 학교의 운동 부장으로서 "감독이 팀을 승리로 이끄는가?"라는 좀 더 간단한 질문을 할 수 있다. 결국 팬과 후원자들은 팀이 챔피언 결정전에서 탈락했다거나 지역 토너먼트(NCAA)로 강등되었다면, 감독이 위에 명시된 행동을 잘 실행하였다는 것에는 아무런 관심을 주지 않을 것이다. 게다가, 팀이 지거나 이기는 것에 있어 감독의 성과는 티켓 판매량, 라이선스료, 그리고 후원금 모금에 중대한 영향을 준다. 하지만 성공적이지 못한 시즌이 모두 감독의 탓인가? 만약 감독이 잘 짜인 경기 계획을 가지고 있지만, 중요한 시점마다 선수들이 반복적으로 실수를 한다면? 만약 팀이 많은 부상 또는 빽빽한 경기 일정으로 생각했던 것보다 더 힘든 경기를 치렀다면? 만약 몇몇 경기가 상대방의 요행이나 심판의 오심으로 승패가 갈렸다면?

이러한 질문은 직무성과를 판단하는 데 있어 하나의 딜레마를 보여 준다. 성과라는 것이 일련의 행동을 수행하였는지 수행하지 못하였는지에 대한 것인가, 아니면 일련의 행동 이후의 최종 결과인가? 당신은 아마 성과를, 행동보다는 최종 결과로 정의하는 것이 더 타당하다고 생각할 수 있을 것이다. 왜냐하면 결과라는 것이, 좀 더 "객관적"으로 보이고 관리자의 관심사인 "최종 결과"에 더 중요한 연관이 있다고 보기 때문이다. 예를 들어 판매원의 직무성과는 종종 정해진 시간 동안(월, 분기, 연도)에 각자 얼마만큼의 수익을 내었는지를 통해 판단되곤 한다. 대개 이러한 논리는 매우 타당하다. 판매원은 조직으로부터 수익을 창출해 내기 위해 고용되었고, 따라서 판매 목표를 달성하거나 그 이상을 해낸 판매원은 조직으로부터 고성과자로 인정받아야 한다. 판매원마다 창출해 낸 수익이 더해져 사업의 재무적 성과 지표로도 사용된다.

이러한 논리가 합리적으로 보이지만, 결과를 직무성과의 잣대로 두는 것은 여러 문제를 야기할 수도 있다. 첫째, 직원의 조직에 대한 공헌이 어떤 면에서는 최종 결과 그 이상의 것을 창출해 내어 기업에 있어 매우 중요한 존재가 될 수 있기 때문에 결과로만 성과를 판단하는 것은 직원에 대한 그릇된 인식을 가지게 될 수 있다. 이에 따라, 결과만으로 직원의 직무 수행을 평가하는 것은 어떤 직원이 조직에 가장 많은 가치를 기여하는지에 대한 부정확한 그림을 제공할 수 있다. 둘째, 최종 결과에만 중점을 두는 관리자는 직원들에게 최종 결과 위주의 사고방식을 심어 주게 되고, 그로 인하여 동료의 명성에 흠을 내거나 좋지 않게 비춰지도록 만드는 등 기업 내 사회적 악영향을 야기한다.[1] 마찬가지로, 수익 극대화의 추구는 직원들이 정책과 규정을 위반하게 만들어, 막대한 소송 비용, 벌금 및 고객 손실을 초래할 수 있다. 예를 들어 웰스파고 은행은 장기간에 걸쳐 새 계좌 판매에 초점을 맞추고 있었으며, 은행 직원들이 200만 개 이상의 계좌를 고객의 동의나 인지 없이 개설한 사실이 드러났다.[2] 셋째, 결과는 종종 제품 품질, 경쟁, 기계, 기술, 예산 제약, 동료, 그리고 관리자 등 직원의 능력에서 벗어난 것에 의해 영향을 받는다. 마지막으로, 만약 이러한 통제 불가능한 요인이 주어진 상황에서는 덜 중요하더라도, 결과 기반 관점으로 보는 직무성과는 "성과가 좋지 못한 연도"를 어떻게 바꿀 수 있는지에 대해 설명해 주지 않는다는 문제

북스토어

FEEDBACK (and Other Dirty Words)

M. Tamra Chandler and Laura Dowling Grealish (Oakland, CA: Berrett-Koehler, 2018)

M. Tamra Chandler/Berrett-Koehler Publishers

피드백을 평가, 불안, 판단 없이 자유롭고 지속적인 대화로 재구성할 때입니다.

저자인 챈들러와 그릴리쉬는 위의 문장을 통해 피드백의 효과를 극대화하기 위해 피드백이 어떻게 구성되어야 하는지 그들의 의견을 전달하고 있다. 책은 대부분 흥미로운 모순적 맥락에서 구성되어 있다. 한편, 직원들은 피드백을 갈망한다. 직원들은 피드백이 중요하다는 것을 직관적으로 이해하며 종종 충분한 양의 피드백을 받지 못한다고 불평한다. 반면, 직원들은 일반적으로 피드백에 수용적이지 않으며, 피드백을 통해 이익을 얻을 수 있다는 것을 이해하더라도 피드백을 요청하려하지 않는다.

저자들은 이러한 역설을 조직에서 피드백이 일반적으로 수행되는 방식으로 설명할 수 있다고 제안한다. 직원이 사무실로 들어가 앉는다. 테이블 반대편에는 지난 1년 동안 잘 되고 잘 되지 않은 일을 나열하는 매니저가 있다. 그런 다음 매니저는 다른 직원과 비교하여 직원에 대한 전반적인 평가를 제공한다. 이러한 회의는 종종 미래에 대한 간략한 언급으로 끝이 난다. 아마도 매니저가 일이 잘 되었다고 생각한다면 임금 인상에 대한 언급으로 끝이 날 것이고, 매니저가 일이 잘 되지 않았다고 생각한다면 경고로 회의가 끝날 것이다. 직원이 이 회의에서 개선할 수 있는 것을 배웠다는 것에 동기부여를 받고 낙관적으로 떠나는 경우는 드물다. 이러한 미팅은 종종 부정적인 것에 집착하게 만든다. 그들은 자신의 지위에 대해 곰곰이 생각하고, 편견과 정치가 어떻게 작용했을지 궁금해 하며, 제공된 정보의 가치와 관련성에 대해 의문을 제기한다.

저자들은 매니저와 직원 사이의 피드백을 개선하는 방법의 다양한 예를 제시하는데, 이 모든 것이 피드백 자체에 대한 그들의 정의에서 비롯된 것으로 보인다. "개인 또는 그룹이 개선, 성장 또는 발전하는 것을 돕기 위해 구하는 것 또는 제공하는 목적으로 제시되는 명확하고 구체적인 정보." 예를 들어 저자들은 효과적인 피드백이 대화 당사자 간의 지속적인 상호 대화를 통해 이루어지며, 그 과정에서 진행을 방해하는 것이 무엇인지 문제나 도전 과제를 어떻게 해결해야 할지에 초점을 맞추어야 한다고 설명한다.

점이 있다. 즉, 결과를 기반으로 한 성과 피드백은 직원에게 향상시켜야 할 행동에 대한 정보를 제공하지 않는다. 예를 들면, 월그린(Walgreens)사는 직원들이 일하는 동안 담당하게 될 다양한 업무 수행 능력을 심어 주기 위해, 성과 행동에 대한 지식을 바탕으로 종합적인 교육과 개발 프로그램을 제공한다.[3] 성과 피드백의 효율적인 사용에 대한 흥미로운 관점은 OB 북스토어 사례에서 확인할 수 있다. 요컨대, 조직행동이란 분야가 행동을 이해하고, 예측하며, 개발하기 위함이라는 것으로 볼 때, 직무성과는 곧 행동으로 간주된다. 우리는 "결과" 혹은 "직무성과 결과"라는 용어를 이러한 행동으로 일궈진 결과를 말할 때 사용한다.

학습목표 2.1
직무성과란 무엇인가?

그렇다면 직원의 어떠한 행동이 직무성과를 구성하는가? 이 문제를 이해하기 위해서는, '**직무성과**(job performance)란 조직의 목표를 달성하는 데 긍정적 혹은 부정적인 공헌을 하는 직원의 일련의 행동이 주는 가치'라는 정의를 생각해 보아야 한다.[4] 직무성과에 대한 이러한 정의는 직원 스스로의 행동을 포함할 뿐만 아니라 직무성과와 관련이 있는 (혹은 관련이 없는) 행동에 대한 경계를 제시한다. 예를 들어 세계적인 수준의 고객 서비스를 제공한다는 것에 자부심을 가지고 있는 레스토랑에서 일하는 종업원의 행동에 대해 생각해 보자. 쉬는 시간에 친구들에게 문자를 하는 것은 조직의 목표를 달성하는 데 있어 (긍정적이든 부정적이든) 크게 관련이 없을 것이다. 그러나 손님의 주문을 받는 도중 문자를 보내는 것은 조직의 목표를 달성하는 데 있어 크게 관련(부정적)이 있을 것이다. 따라서 이 행동은 종업원의 직무성과와 연관이 있는 것이다.

Mike Carlson/Getty Images Sport/Getty Images

지노 아우리엠마(Geno Auriemma)는 코네티컷대학의 여자농구팀인 허스키스(Huskies)를 전국 챔피언에 11차례나 등극(4년 연속 포함)시켰고, 여섯 번의 완벽한 시즌 마무리, 그리고 4학년 선수 전원 졸업 등을 일궈냈다. 그는 1985년 팀을 맡은 이래로 여덟 번이나 네이스미스 대학 코치상을 수상했다. 허스키스가 두어 번의 시즌에서 패배했다고 해서 아우리엠마 코치를 저성과자로 판단하여야 하는가?

"좋은 성과자"란 어떤 의미인가

직무성과에 대한 정의는 여러 중요한 질문을 하게 한다. 구체적으로, 당신은 직원의 어떤 행동이 "직무성과"라는 테두리에 포함되는지 의문을 가질 것이다. 다른 말로 하자면, "좋은 성과자"가 되기 위해서는 정확히 무엇을 해야 하는가? 우리는 직무성과와 관련된 행동을 나열하는 것으로 이 장을 채울 수도 있다. 하지만 이러한 행동은 세 가지의 넓은 범주에 포함될 수 있다.[5] 두 개의 범주에는 기업에 긍정적인 기여를 하는 과업성과와 시민행동이 있다. 세 번째 범주에는 기업에 부정적인 영향을 끼치는 생산성 저해 행동이 있다. 이어지는 부문에서는 직무성과의 세 가지 범주에 대해 더 자세히 알아보도록 한다.

과업성과

학습목표 2.2
과업성과란 무엇인가?

과업성과(task performance)는 조직 자원이 제품과 서비스로 변환되는 과정에 직접적으로 관련된 종업원의 행동을 의미한다.[6] 인터넷 구직 광고에 나와 있는 직무 기술서를 보면 그 직업에 가장 중요한 부분인 과업, 임무, 그리고 책임에 대한 성과 행동을 기술하는 것에 중점을 두고 있다. 다른 말로 하자면, 과업성과란 직원이 보상을 받고 계속해서 고용이 되기 위해 반드시 이행하여야 하는 일련의 의무이다. 승무원의 과업성과에는 안전 수칙과 비상시 행동 요령을 설명하는 것, 그리고 승객에게 음식과 음료를 나눠 주는 것이 있다. 소방관의 과업성과에는 화재가 발생한 건물 안의 인명을 구출하고 불을 끄는 것이 있다. 회계사의 과업성과에는 회계 기록에 대한 준비, 검사, 분석을 정확하고 완벽하게 해내는 것이 있다. 광고 책임자의 과업성과에는 광고 캠페인을 구상하고, 고객에게 발표할 내용을 준비하는 것이 있다.[7]

비록 과업성과를 이루는 구체적인 활동은 그 업무에 따라 서로 다르지만, 과업성과는 좀 더 일반적인 범주에서 이해될 수 있다. 과업성과를 나누는 범주 중 하나로, 업무가 어느 정도로 규칙적인지, 변화가 있는지, 혹은 독특하거나 새로운 해결책을 필요로 하는지를 통해 구분하는 방법이 있다. **일상적 과업성과**(routine task performance)는 보통, 규칙적인, 혹은 예상 가능한 일에 대한 잘 알려진 대응을 포함한다. 이러한 경우에 직원은 업무마다 습관적이거나 정형화된 행동을 보이게 된다.[8] 일상 과업의 예로는 승무원이 이륙 전에 기계적이고 무미건조한 말투로 하는 안전띠 착용 시연을 떠올려 볼 수 있다. 안전띠는 1920년 이후로 바뀐 적이 없으니, 안전띠 착용에 대한 설명은 항상 동일했을 것이다.

이와 대조적으로, **적응적 과업성과**(adaptive task performance) 혹은 일반적으로 "적응성"은, 직원들로부터 독특하고 일반적이지 않거나, 혹은 적어도 예측 불가능한 과업에 대한 대응을 요구한다.[9] 예를 들면, 2005년 8월 2일, 297명의 승객과 12명의 승무원을 태운 프랑스 파리발 캐나다 토론토행 에어프랑스 358편 비행기가, 착륙을 시도하던 중 활주로에서 미끄러져 계곡으로 거꾸러졌다. 구조대가 도착하기도 전에, 승무원들은 연기와 화염 속에서도 52초 만에 297명의 승객 중 3/4을 안전하게 대피시킬 수 있었다. 그리고 1분 뒤, 나머지 승객들과 12명의 승무원은 모두 무사히 구조되었다.[10] 이 사례를 보면, 승무원의 과업이 안전 요령을 설명하고 음료를 나눠 주던 것에서 비상 상황 대처 절차를 통해 승객의 목숨을 구하는 것으로 바뀌는 것을 볼 수 있다. 비록 승무원들은 이러한 비상사태에 대처하기 위한 훈련을 받고 있지만, 실제 상황에서 이 같은 행동을 효과적으로 해낸다는 것은 그동안 연습해 오던 것과 근본적으로 다르다.

적응 행동은, 세계화, 과학기술의 발달, 그리고 지식 기반 업무의 증가에 따른 직장의 변화 추세에 있어 점점 더 중요해지고 있다.[11] 사실, 오늘날의 세계경제에서 기업이 더 적은 직원으로 더 큰 효율을 내는 것에 도전함에 있어 적응적 과업성과는 아주 중요한 부분이 되었다. 예를 들어 미국 위스콘신주 쉬보이건시에 위치한 존슨빌 소세지(Johnsonville Sausage)사는 적응력이 조직의 전 직원에게 중요한 것이라고 느꼈으며, 직원들이 과업성과라는 측면에서 경쟁력을 갖출 수 있도록 상당한 자원을 직원 교육에 투자해 왔다.[12] 다른 예로는, 독일의 화학 및 제약 회사인 바이엘(Bayer)사는, 공장 책임자를 고용할 때 다양한 업무 수요에 대처할 수 있는 여러 가지 기술 보유 여부뿐만 아니라, 직장 내에서 다른 직원들을 변화에 대응할 수 있게 도와주는 능력이 있는지에 대해서도 검토한다.[13] 〈표 2-1〉은 오늘날의 경제 속 많은 업무와 관련된 적응성의 예를 제시하고 있다.[14]

마지막으로, **창조적 과업성과**(creative task performance)란 개개인이 참신하고 유용한 아이디어, 혹은 물리적 결과물을 창출할 수 있는 정도를 말한다.[15] 창의력에 있어 참신함과 유용성의 필요성은, 수영복 디자이너에게 효과적인 과업성과의 예를 들어 설명하겠다. 첫 번째 사례로 수영복 디자이너가 회의 중에, 이듬해에는 수영복을 전부 크롬 도식의 강철로 만들자 제안했다고 생각해 보자. 비록 아이디어 자체는 매우 참신하지만, 많은 이유로 인해 실용적이지 못할 것이다. 사실, 이러한 아이디어를 제시한 사람은 창의적이기보다는 바보 같다고 여겨질 것이다. 또 다른 디자이너는 회의 중에 다음 시즌의 수영복을 매력적이고 편안한 재질로 만들자 제안했다고 생각해 보자. 비록 어느 상황에서는 유용할 수 있겠으나, 매력적이고 편안함은 수영복에 일반적으로 중요한 디자인이기 때문에 참신하다고 할 수 없다. 이와 같은 아이디어를 가지고 있는 사람들은 이러한 제안에 대해 감사히 여기겠지만, 그 누구도 이 디자이너의 성과를 창의적이라고 생각하지는 않을 것이다. 마지막으로, 세 번째 디자이너는 아마도 여성들이 전통적인 원피스 수영복보다는 투피스 수영복을 더 선호할 수도 있겠다는 제안을 했다. 비록 이 아이디어가 오늘날에는 창의적이지 않을 수 있겠으나, 1946년 하임(J. Heim)과 리어드(L. Reard)가 각각 선보인 비키니는 틀림없이 독창적인 것이었다.[16]

표 2-1 적응성에 포함되는 행동

행동	구체적인 예시
비상사태와 위기 상황에 대한 관리	- 위기를 타개할 수 있는 방법과 그 영향에 대한 발 빠른 대응 - 명확하고 집중력 있는 사고를 통한 빠른 의사결정
작업 스트레스 관리	- 힘든 상황이나 과한 업무량, 일정에도 침착함을 유지 - 타인의 본보기가 될 수 있는 침착성과 안정적인 모습
창의적인 문제 해결	- 문제를 아래위, 안팎으로 뒤집어서 생각하여 새로운 접근 방식 검토 - 관계없어 보이는 정보들의 통합을 통한 창의적인 해결 방법 모색
불확실하고 예측 불가능한 업무 상황에 대한 대응	- 불확실하거나 예측 불가능한 상황에 맞춰 빠르고 쉽게 변화를 감행 - 변화된 상황에 맞춘 계획, 목표, 조치, 우선 사항 등의 효과적인 수정
직무 과업, 기술, 직무 상황에 대한 학습	- 이전의 알지 못했던 과업을 수행하기 위한 신속하고 능률적인 방법 학습 - 변화하는 작업 요구에 대한 예측과 조사, 과제와 훈련을 통해 변화에 대한 준비
대인관계에 대한 적응성 입증	- 융통성과 열린 마음으로 타인을 대함 - 경청하고 타인의 관점과 의견을 고려, 필요 시 자신의 의사를 접을 줄도 알아야 함
문화적 적응성 입증	- 타인의 가치와 관습을 존중하기 위한 행동 조정 - 개인의 행동이 어떤 영향을 끼치는지 숙지 또는 집단, 조직, 문화들과 좋은 관계를 유지하기 위한 조정

출처: Adapted from E.E. Pulakos, S. Arad, M.A. Donovan, and K.E. Plamondon, "Adaptability in the Workplace: Development of a Taxonomy of Adaptive Performance," *Journal of Applied Psychology* 85 (2000), pp. 612–24.

창의적 과업성과라는 것이 예술가나 발명가들에게만 해당한다고 생각할 수 있겠지만, 여러 직장에서 이에 대한 강조가 증가하고 있다. 사실, 미국에서 주어지는 임금과 급여의 절반 이상이 업무적인 부분에서 창의성을 필요로 하는 직원에게 지급되고 있고, 그 결과 몇몇은 우리가 "창조 시대의 새벽(Dawn of the creative age)"에 살고 있다고 주장한다.[17] 창의적 성과에 대한 가치가 증가한 것은 현 비즈니스 상황을 대표하는 과학기술의 발전과 치열한 경쟁 때문이다.[18] 이러한 상황에서, 직원의 창의성은 기업의 혁신을 촉진시키는 데 중요하고, 이러한 혁신은 기업이 경쟁사들보다 앞서 나갈 수 있도록 하게 한다. 창의적인 아이디어가 언제나 받아들여지는 것은 아니기 때문에 창의적 성과를 부르는 행동과 그 창의적인 결과를 인지하는 것이 매우 중요하다.[19]

지금까지 과업성과에 대한 전반적인 설명을 하였는데, 당신은 아마 조직이 서로 다른 업무에 관련된 "과업성과"에 해당하는 일련의 행동을 어떻게 구분할 수 있는지에 대한 의문이 들 것이다. 많은 조직은 과업성과 행동을 **직무분석**(job analysis)을 통해서 구분해 낸다. 직무분석에는 여러 가지 방법이 있겠지만, 일반적으로 다음과 같은 세 가지의 단계로 이뤄진다. 첫째, 업무에 관련된 모든 활동 목록이 만들어진다. 이 목록은 보통 관찰, 설문조사, 그리고 직원 인터뷰 등 여러 자료를 통해 만들어진다. 둘째, 각각의 활동은 "각 관련 분야 전문가"를 통해 활동의 중요성과 빈도가 책정된다. 관련 분야 전문가는 보통 해당 업무를 수행 혹은 관리를 해 온 사람으로, 특정 활동에 대한 중요성을 판단해 주는 위치에 있다. 셋째, 중요성과 빈도로 보았을 때 높은 점수를 받은 활동은 따로 선별해 두었다가 과업성과를 정의하는 데 쓰인다. 이렇게 선별된 행동은 교육 프로그램의 학습 목표가 되고 과업성과를 평가하기 위한 성과 평가 시스템에 이용된다.

학습목표 2.3
조직은 과업성과의 기저가 되는 행동을 어떻게 식별하는가?

하나의 사례로, 생산직 직원에게 필요한 훈련 목표를 결정하기 위해서, 도요타(Toyota)는 매우 세밀한 직무분석 과정을 도입하여 중요한 직무와 과업을 효과적으로 해내는 데 필요한 행동

도요타 생산직 근로자들은 고도로 표준화되고 효율적인 과업 수행 체계에 따라 자동차를 조립하고 있다.

을 찾아냈다.[20] 핵심적인 업무 과업은 범퍼 주조 과정에서 나타났는데, 예를 들면 "일상 핵심 과업", "기계 관리", "품질" 등이 있었으며, 각각의 과업은 더 세밀한 단계로 구성되었다. 일상 핵심 과업에는 탈형, 세부 손질, 도색, 사포질 등이 포함되었다. 각각의 과업은 더 세분화된 단계로 나눠질 수 있었는데, 그 세분화된 단계에 필요한 행동에 대한 숙지가 교육의 목표가 되었다. 예를 들어 범퍼 왼쪽 면을 탈형하기 위해서 직원들은 반드시 "왼쪽 엄지로 범퍼의 가장자리를 누르기", "엄지의 주름에 압력을 가하기", "왼쪽 틀 바깥쪽으로 향해서 누르기", 그리고 "다 되고 난 후에는 범퍼의 윗 단면을 잡기" 등을 숙지해야 했다. 아마 이 업무가 아주 간단하다고 생각한 사람들에게 이 정도의 정교함은 엄청나게 많은 분석이라고 느껴지겠지만, 도요타는 품질과 비용으로 경쟁을 하며, 생산직 근로자에게 효율적이고 표준화된 생산 절차를 교육시킬 수 있는 능력으로 인해 수백만 대의 캠리(Camry), 코롤라(Corolla), 타코마(Tacoma)를 판매하게 되었다.[21]

휴스턴에 위치한 멘즈웨어하우스(Men's Wearhouse)사는 과업성과 정보를 통해 직원 관리를 하는 기업의 좋은 예이다.[22] 이 기업은 먼저 직원들의 작업 간 행동에 대한 정보를 수집했다. 예를 들어 맞춤 의상에 대한 상담 업무에는 인사, 고객에게 적합한 인터뷰와 측정, 적당한 수선비 책정, 그리고 고객에 대한 따듯하고 친절한 응대 등이 있다. 이러한 정보를 수집한 뒤, 고위 관리자는 직원들에게 어떠한 행동에서 개선이 필요한지에 대한 조언과 피드백을 제공한다. 이러한 피드백은 직원의 행동을 개선하기 위한 건설적 비판으로 간주된다. 당신이 멘즈웨어하우스의 맞춤 의상 상담사라고 생각해 보자. 당신의 성과를 종합적인 판매 지수가 아닌 위에 제시된 행동을 기준으로 평가받고 싶지 않겠는가? 결국, 이러한 행동은 당신이 하기 나름이며, 당신의 상사로부터 받은 피드백은 "올해는 작년보다 더 많은 정장을 팔아라"라는 단순한 것보다 훨씬 유용한 정보를 줄 것이다.

만약 기업이 과업성과에 필요한 일련의 행동을 찾아내기 위한 직무분석이 비현실적이라고 생각한다면, 그들은 중요한 활동을 확인할 수 있도록 고안된 정부의 데이터베이스를 이용할 수 있다. **O*NET**(Occupational Information Network)은 온라인 데이터베이스로서, 거의 모든 업무의 특성을 과업, 행동 그리고 필요한 지식, 기술, 능력 등 기타 여러 가지 것에 대한 정보를 제공하고 있다(http://www.onetonline.org). [그림 2-1]은 O*NET에서 승무원에 대한 검색 결과로, 본 장에서 언급된 다양한 과업이 포함되어 있다. 물론, O*NET에 명시된 것은 오직 중요한 과업을 구분 짓는 첫 단계의 정보만 제공하고 있다. 많은 기업은 경쟁사가 하지 않는 과업을 수행토록 하여, 직원이 독특하고 가치 있는 과업을 수행하도록 만든다. 또한, O*NET은 기업을 경쟁사로부터 다르게 만드는 데 효과적인 "수많은 작은 결정"에 대한 과업 필요 조건을 모두 보여 주지는 못한다.

예를 들어 「바보들(Nuts)」이란 책의 저자들은 사우스웨스트 항공사(Southwest Airlines)에게 "즐거움(fun)"이란 요소가 중요한 가치 중 하나라고 말한다.[23] 사우스웨스트 항공사는 직원들이 유머와 웃음이 있는 환경에서 더욱 생산적이고 창의적인 업무를 하게 된다고 믿는다. 이러한 한결같

그림 2-1 승무원에 대한 O*NET 검색 결과

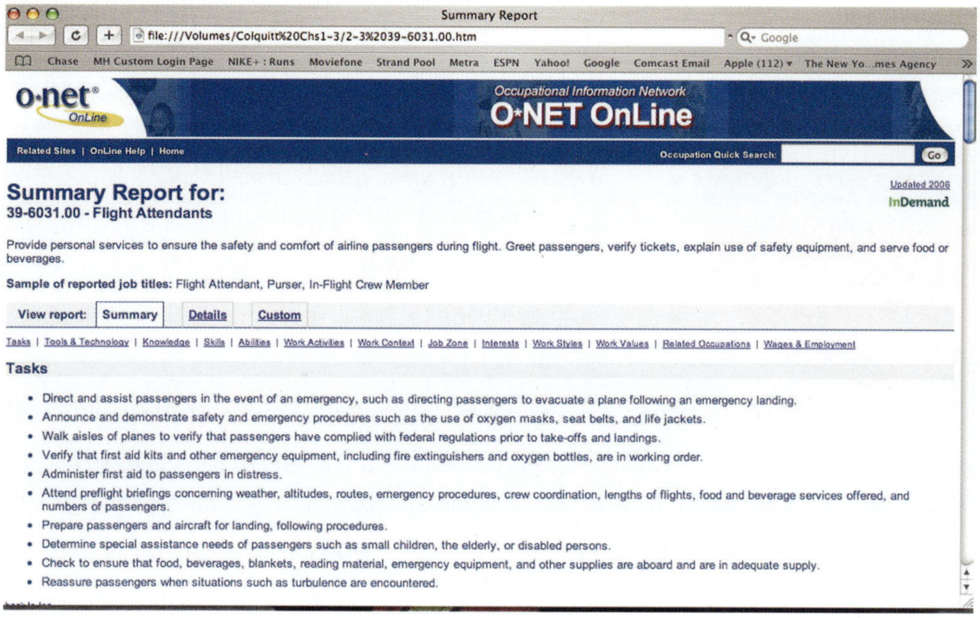

O*NET

은 신념으로 인해, 사우스웨스트사 항공사의 승무원 과업성과는 O*NET에 명시돼 있는 일반적인 과업뿐만 아니라, 유머와 명랑함을 보여 주는 활동에 대한 것도 포함되어 있다.[24] 다른 예로는, 닛신보 홀딩스(Nisshinbo Holdings)의 계열사인 닛신보 자동차(Nisshinbo Automotive)는 적은 수의 직원으로 생산성을 향상시켜야 하는 문제에 봉착했었다. 그래서 그들은 직무 기술서에 명시된 내용뿐만 아니라 기업의 사명에 부합하는 행동까지 포함하여 직원을 평가하고 보상하는 시스템을 만들었다.[25] 요약하자면, O*NET 데이터베이스에 기록된 과업 정보는 특정 과업에 대한 정보를 얻는 좋은 출발점이 될 수 있으나 충분하지 않으므로 해당 기업의 가치와 전략에 부합하는 행동이 추가되어야만 한다.

과업성과에 대한 설명을 마치기 전에, 과업성과는 과업성과와 관련된 행동이 단순히 실행되었는지 실행되지 않았는지에 대한 것이 아니라는 점을 지적하고 싶다. 저성과자들은 종종 필수 행동을 달성하는 데 실패하곤 하지만, 고성과자들은 종종 모든 행동이 기대치를 초과해 버리기도 한다.[26] 또한, 고성과자가 저성과자나 평균 성과 직원보다 훨씬 드물지만, 그들은 그 분야에서 눈에 띄게 활약한다.[27]

시민행동

직원은 종종 직무 기술서에 명시되지 않은 행동도 노력의 일환으로 하는 경우가 있는데, 이 행동은 해당 직무에 포함되지 않는 행동이므로 과업성과에 포함이 되지 않는다. 이와 같이, 여러 업무에서 나타나는 직원의 자발적인 행동은 비록 보상되지 않는다 하여도, 기업의 총체적 성과를 향상시키는 데 큰 역할을 하는데, 이것이 직무성과의 두 번째 범주인 **시민행동**(citizenship behavior)이

그림 2-2 시민행동 유형

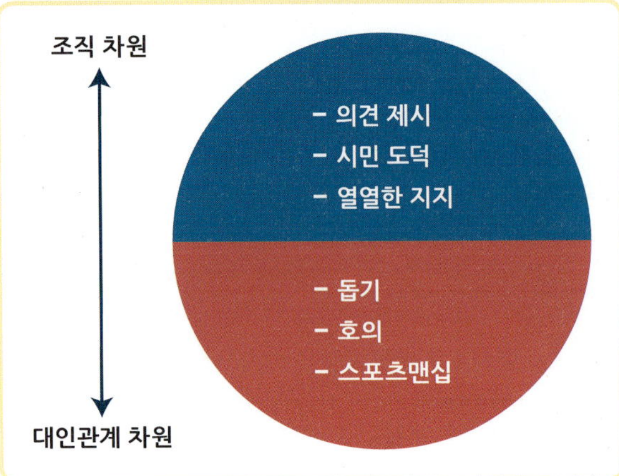

다.[28] 당신의 직장 동료나 학교 친구들 중 유독 다른 동료들을 돕는 것에 열정적인 사람이 있지 않은가? 특별히 비공식적인 자리까지 만들면서 고생하는 동료를 도우려 했던 사람은 누구인가? 힘든 시간 속에서도 누가 좋은 태도를 보였는가? 우리는 이러한 사람들을 일컬어 "훌륭한 시민" 혹은 "훌륭한 군인"이라 한다.[29] 높은 수준의 시민행동은 이러한 호칭을 얻게끔 한다. 시민행동의 정의에 해당하는 행동은 무수히 많겠지만, 연구에 따르면 이러한 행동의 이익을 보는 두 주체에 따라 다르다고 주장한다. 직장 동료와 조직이 그것이다(그림 2-2 참조).[30]

학습목표 2.4
시민행동이란 무엇인가?

당신에게 가장 익숙할 수 있는 첫 번째 시민행동의 범주는 **대인관계 시민행동**(Interpersonal citizenship behavior)이다. 이러한 행동은 직장 동료나 학교 동기들에게 이익을 주고, 다른 조직의 직원을 돕고, 지지하며, 발전시키는 등 일반적으로 주어진 범위 이상의 직무를 해낸다.[31] 예를 들어 **돕기**(helping)는 동료의 과중한 업무를 지원하는 것, 사적인 일을 보조해 주는 것, 또는 신입 사원에게 업무 수행 방법을 알려 주는 것 등을 말한다.[32] 당신은 스스로 도움을 주는 사람이라고 생각하는가? OB 진단지를 이용하여 자신이 얼마나 도움을 주는 사람인지 알아보라. **호의**(courtesy)란 동료 직원에게 관련 사안을 지속적으로 알려 주는 것이다. 몇몇 직원은 관련된 사안이나 일을 비밀로 하는 경향이 있다. 훌륭한 시민은 이와 반대로 행동한다. 그들은 동료에게 갖은 정보들을 알려 준다. 왜냐하면 그 정보가 동료들에게 있어 중요한 것일지도 모르기 때문이다. **스포츠맨십**(sportsmanship)이란 동료들이 짜증 나는 일을 한다거나 팀 전체가 어려움을 겪고 있더라도 상대방에게 좋은 행동을 유지하는 것을 말한다. 짜증과 불평은 다른 사람들에게도 전염된다. 따라서 훌륭한 시민은 침소봉대를 피한다.

대인관계 시민행동은 다양한 직무 환경에 중요할 뿐 아니라, 직원이 소규모 집단이나 팀에서 일할 경우에 더 중요할 수 있다. 팀원들이 서로 돕고 존중하며 호의를 베풀면 서로 신뢰할 수 있는 팀 분위기를 형성할 것이다. 이러한 상황은 팀원들이 자기만족을 위한 목표 달성을 위해 일하는 것이 아니라, 팀 공동의 목표를 위해 일한다는 생각을 고취시키는 데 중요한 역할을 한다.[33] 사실, "팀워크"라는 것에 해당하는 일반적인 행동을 떠올려 보면, 그에 대한 예시는 대부분 대인관계 차원의 시민행동이란 범주에 해당하는 것이라고 생각하게 될 것이다(관련 사항에 대한 더 많은 정보는 12장의 팀 프로세스와 커뮤니케이션 부분에서 찾아볼 수 있다).[34]

시민행동의 두 번째 범주는 **조직시민행동**(organizational citizenship behavior)이다. 이러한 행동은 특히 기업을 지지하고 옹호하며, 업무 향상을 위해 노력하고, 조직에 충성을 보이기 때문에, 특히 대기업에게 많은 혜택을 준다.[35] 예를 들어 **의견 제시**(voice)는 부서나 조직의 기능을 개선하거나 조직에 부정적인 결과를 초래할 수 있는 문제를 해결하기 위한 건설적인 제안 등을 포함한다.[36] 관리자는 조직을 개선하기 위한 기회와 진취성에 초점을 맞춘 기여적 의견 제시(promotive

OB 진단지

돕기

당신은 얼마나 도움을 주는 사람이가? 이 평가는 대인관계 시민행동의 한 부분인 돕기에 관한 것이다. 직장에서 또는 학교에서 당신과 함께 일하는 사람을 떠올려 보자. '팀'은 당신과 함께 일하는 사람들을 의미한다. 주어진 질문에 답하고, 점수를 계산해 보자.

1	2	3	4	5	6	7
매우 아니다	아니다	약간 아니다	중간	약간 그렇다	그렇다	매우 그렇다

1. 나는 우리 팀을 위해 자발적으로 일을 한다. ______
2. 나는 우리 팀의 새로운 팀원의 적응을 돕는다. ______
3. 나는 우리 팀을 돕기 위한 회의에 참석한다. ______
4. 나는 우리 팀을 위해 다른 사람의 일도 거든다. ______
5. 나는 우리 팀에 도움이 된다. ______
6. 나는 팀원들이 과제에 대해 이해할 수 있도록 돕는다. ______
7. 나는 팀원들의 일을 돕는다. ______

점수 계산과 해석

만약 당신의 점수가 40점보다 높으면 당신은 높은 수준의 도움을 주는 것이며, 팀원들을 위해 종종 시민행동을 보인다는 뜻이다. 이는 당신에게 주어진 업무와 책임을 해낼 수 있을 때 좋은 것이다. 만약 당신의 점수가 40점보다 낮다면, 당신은 낮은 수준의 도움을 주고 있는 것이다. 과제를 할 때 당신의 동료들이 도움을 필요로 하고 있는 것은 아닌지에 대한 관심을 가져 볼 필요가 있다.

출처: L.V. Van Dyne and J.A. LePine, "Helping and Voice Extra-Role Behaviors: Evidence of Construct and Predictive Validity," *Academy of Management Journal* 41 (1998), pp. 108–19.

voice)에 보다 긍정적으로 반응할 수 있지만, 잠재적인 피해를 방지하기 위해 대처해야 할 문제에 초점을 맞춘 직원의 의견 제시(prohibitive voice)도 중요하다. 모든 의견 제시의 유형이 조직의 효과성에 중요하다는 것이다.[37] 훌륭한 시민은 침묵하기보다는 긍정적인 변화를 위한 자신의 생각과 의견을 제시한다. 훌륭한 시민은 또한 부당한 원칙이나 정책에 대해 수동적으로 불평불만만 늘어놓는 것이 아니라 건설적으로 그것을 바꾸려고 노력한다(이와 관련한 더 많은 정보는 3장의 조직몰입 부분에서 찾아볼 수 있다).[38] **시민 도덕**(civic virtue)이란 기업의 경영 활동에 아주 깊은 부분까지 참여하는 것으로서, 자발적인 회의 참석, 기업의 공지 사항 숙지, 그리고 기업에게 영향을 줄 만한 뉴스 등을 찾아보는 것 등을 말한다. **열렬한 지지**(boosterism)란 직장 또는 사무실 밖에서도 대중에게 기업을 긍정적으로 대변하는 것을 말한다. 레스토랑에서 일하는 친구를 떠올려 보자. 그들은 당신과 얘기할 때 항상 레스토랑에 대한 좋은 얘기만 하고 "주방 괴담"은 비밀로 하지 않았는가? 만약 그러하다면, 그들은 아주 높은 수준의 열렬한 지지를 보이는 훌륭한 시민이다.

시민행동에서 다음과 같은 세 가지 중요한 행동에 주목해 보자. 첫째, 여러분도 느낄 수 있듯이, 시민행동은 사실상 어떠한 직무나 직무 환경에도 적용될 수 있으며,[39] 한 연구는 이러한 행동은 조직의 효율성 향상에 기여한다고 주장했다.[40] 예를 들어 한 제지 공장에 대한 연구 결과는 시민행동을 보이는 직원이 많을수록 직원별 생산량과 품질이 향상된다는 사실을 밝혔다.[41] 30개의 레스토랑에서 이뤄진 연구 결과 또한, 높은 수준의 시민행동은 더 많은 수익 창출, 효과적 운영, 높은 고객 만족도, 높은 질의 성과, 적은 음식 쓰레기, 그리고 더 적은 고객 불만을 가능케 한다고 밝혔다.[42] 고로, 시민행동이 최종 결과에 상당한 영향을 준다는 것은 아주 자명해 보인다.

둘째, 시민행동은 직원의 자유재량에 의한 것이고 업무 상황에 영향을 받기 때문에, 상황마다 상당한 차이를 보인다.[43] 다른 말로 하면, 직원의 시민행동은 상황에 따라 나타날 수도 나타나지 않을 수도 있다는 말이다. 예를 들면 당신은 다른 학생, 동료들과의 조별 과제를 통해 긍정적인 경험을 함과 동시에 조에 도움이 될 수 있도록 최선을 다했던 경험이 있을 것이다. 그러나 또 다른 조별 과제에서는, 협력에 대해 긍정적인 느낌을 받지 못하여 당신의 노력을 다른 일에 돌린 적도 있을 것이다. 사실, 연구자들은 훌륭한 시민이 시민행동에 참여함에 따라 시민성 피로(citizenship fatigue), 즉 지치거나 긴장 상태에 놓인 것처럼 느껴지는 경험을 할 수 있다는 것을 보여 준다.[44] 시민성 피로는 미래의 시민적 역할을 감소시키며, 그들의 추가적인 노력이 지원받지 않는다고 느끼거나 이미 다른 요구로 인해 긴장을 느낄 때에도 시민행동을 계속해야 한다는 압박을 경험할 때 특히 발생할 가능성이 있다.

셋째, 직원의 관점에서 보았을 때, 자신의 직무 과업에 집중하기 위해서 시민행동의 중요성을 무시한 채 "가외의(extra)" 일을 내버려 두고 싶을 수 있다. 결국, 시민행동은 과업의 의무가 아닌 자발적이고 선택적인 것이다. 그러나 시민행동을 등한시하는 것은 좋은 생각이 아니다. 왜냐하면 관리자들은 그러한 행동을 선택적인 사항으로만 여기지 않기 때문이다. 컴퓨터 판매원, 보험사 직원, 제약 회사 판매원, 사무용 가구 제조자, 재봉틀을 다루는 직원, 미공군(U.S Air Force) 정비공, 초도순시 담당 미군 등을 상대로 한 연구에서, 업무별 과업성과가 다름을 알고 있음에도, 시민행동 여부는 관리자의 직무성과 평가에 큰 관련이 있음을 밝혔다.[45] 국제 상황의 OB에서 볼 수 있듯이, 관리자가 시민행동을 종합 직무성과 평가에 반영하는 이러한 경향은 여러 나라와 문화에 걸쳐 두루 나타난다.[46] 대부분의 기업에서 직원의 직무성과에 대한 관리자의 평가가 그 직원의 월급과 승진에 아주 중요한 역할을 하기 때문에, 이 점은 당신에게도 중요한 사안이다. 결국, 직원의 시민행동은 자신의 과업성과보다 더 많은 급여와 승진 추천을 받기 위함이다.[47] 간단하게 말하자면, 훌륭한 시민이 덕을 본다.

생산성 저해 행동

이제 "훌륭한 군인"에서 "썩은 사과(bad apple)"로 넘어가자. 과업성과와 시민행동은 기업이 목표와 목적을 달성할 수 있도록 돕는 직원의 행동인 것에 반해, 이와 다른 직원의 행동은 그 정반대이다. 직무성과의 세 번째 범주인 **생산성 저해 행동**(counterproductive behavior)은, 조직의 목표 달성에 방해가 되는 의도적인 행동을 말한다. "의도적"이라는 단어는 뜻하지 않게 일어나는 행동이 아닌 의도가 담긴 행동을 말하며, 앞서 내린 정의에 있어 매우 중요하다. 생산성을 저해하는 다양한 행동이 있지만, 한 연구는 과업성과와 시민행동과 마찬가지로 더 세분화된 범주(그림 2-3)로로 나뉜다고 주장했다.[48]

학습목표 2.5
생산성 저해 행동이란 무엇인가?

기물 파손(property deviance)은 기업의 자산과 소유물들에 해를 가하는 것을 말한다. 예를 들어 **사보타주**(sabotage)는 기업의 장비, 소유물, 제품 등을 의도적으로 파괴하는 것을 말한다. 레이저디스크(laser disc)에 대해서 들어 본 적 있는가? 아마 없을 것이다. 바로 사보타주 때문이다.

국제 상황의 OB

앞에서 다루었듯이, 시민행동은 직무 기술서에 명확히 기재되어 있지 않고, 그에 대한 보상도 이뤄지지 않기 때문에 비교적 자발적인 행동으로 간주된다. 그러나 조직원들 사이에서는 조직행동이 순전히 자발적인 행동인지에 대한 견해 차이가 있고, 이런 차이가 중요한 결과를 초래한다. 예를 들면, 시민행동이 직무 중의 하나라고 믿고, 그에 해당하는 행동을 보이는 직원이 있다고 생각해 보자. 그러나 그 직원의 상사는 시민행동이 불필요한 것이라고 생각한다. 그 상사가 직무성과 평가에 시민행동을 반영하지 않는다고 가정하면, 그 직원은 조직의 다른 직원들을 돕는 과외의 노력을 인정해 주지 않은 것에 대해 부정적인 반응을 보이게 될 것이다.

그렇다면 어떠한 요인이 시민행동을 자유재량이라고, 혹은 자유재량이 아니라고 믿게 만드는가? 중요한 하나의 요인은 바로 국민문화(national culture)이다. 미국, 캐나다, 네덜란드에서는 경쟁과 개인적인 성취에 대한 행동이 고무되는 반면에, 중국, 콜롬비아, 포르투갈에서는 협동과 단체의 이익을 추구하는 행동이 장려된다는 것은 널리 알려진 사실이다. 이러한 문화적 차이를 기반으로 보았을 때, 전자에 해당되는 국가의 사람들은 시민행동이 후자 국가의 사람들이 생각하는 것보다 덜 중요하다고 여길 것이다. 그러나 캐나다인 관리자들과 중국인 관리자들을 비교한 최근의 한 연구 결과에 따르면, 이러한 문화적 선입견은 틀렸다는 것이 드러났다. 두 나라의 관리자들은 모두 시민행동을 직원의 직무성과 평가에 대한 지표로 포함시켰을 뿐만 아니라, 종합적인 평가에 있어 시민행동에 두는 비중 또한 같았다. 이 결과에 대한 하나의 해석은, 경영의 관행은, 세계경제 속 효과적인 기업 조직 관리에 대한 현실이 그 나라의 문화 규범보다 더 큰 영향력을 준다는 것이다. 한 가지 명심해야 할 것은, 이 연구 결과가 직원 직무성과를 이해하는 데 있어 문화를 배재시켜도 된다는 것은 아니다. 사실, 문화적 차이는 많은 이유로, 직원 성과 관리 시스템을 고안하고 시행할 때에 반드시 고려되어야 하는 중요한 사항이다.

출처: F.F.T. Chiang and T.A. Birtch, "Appraising Performance Across Borders: An Empirical Examination of the Purposes and Practices of Performance Appraisal in a Multi-Country Context," *Journal of Management Studies* 47 (2010), pp. 1365–92; G. Hofstede, *Cultures and Organizations: Software of the Mind* (New York: McGraw-Hill, 1991); E.W. Morrison, "Role Definitions and Organizational Citizenship Behavior: The Importance of the Employee's Perspective," *Academy of Management Journal* 37 (1994), pp. 1543–67; M. Rotundo and J.L. Xie, "Understanding the Domain of Counterproductive Work Behavior in China," *International Journal of Human Resource Management* 86 (2008), pp. 856–77.

디스코 비전(Disco Vision)이라고 불리는 이 회사(MCA 계열사)는 1970년대 후반에 스모키 밴디트(Smokey and the Bandit), 죠스(Jaws)와 같은 인기 있는 영화를 레이저디스크로 제작하여 15.95달러에 판매하였다. 레이저디스크의 가격이 비록 오늘날의 DVD의 가격과 같은 수준이지만, 이는 그 당시 50~100달러 가까이 한 비디오카세트(품질도 더 좋지 못한)보다는 훨씬 저렴했다. 하지만 레이저디스크는 "깨끗한 방"에서만 제작되어야 했다. 왜냐하면 먼지나 잔해가 화면에 보이는 이미지를 정지, 반복, 생략, 또는 지워지게 할 수 있기 때문이다. 1979년, MCA가 IBM과 합병을 하였을 때, 직원들의 사기가 떨어졌고 생산성 저해 행동이 생기기 시작했다. 직원들은 레이저디스크 제작 공간의 청결도를 측정하는 기계를 망가뜨렸다. 그들은 또한 작업 공간에서 음식을 먹기 시작했고, 심지어 포테이토칩을 "바삭"하는 소리가 나게끔 먹는 터에 공기 중 음식 잔해가 늘어나기 시작했다. 이러한 사보타주는 레이저디스크를 생산함에 있어 거의 90%에 가까운 실패율을 야기했으며, 그로 인해 모든 고객을 잃었다. 결과적으로, 레이저디스크는 낮은 생산 비용과 높은 해상도에도 불구하고 사라져야 했고, 이 기술을 주력으로 했던 기업들은 모두 큰 손실을 입었다.[49]

레이저디스크에 대해서 들어 보지 못했다 하더라도 레스토랑에서 식사를 해 본 적은 있을 것이다. 레스토랑 산업에서는 생산성 저해 행동의 결과로, 매년 2~3%의 수익 손실을 본다고 한

그림 2-3 생산성 저해 행동 유형

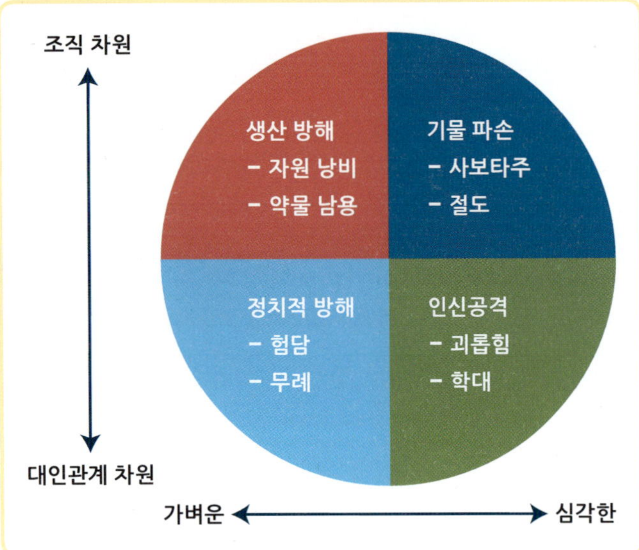

출처: Adapted from S.L. Robinson and R.J. Bennett, "A Typology of Deviant Workplace Behaviors: A Multidimensional Scaling Study," *Academy of Management Journal* 38 (1995), pp. 555–72.

다.[50] 그러나 더욱 충격적인 것은 생산성 저해 행동의 본성에 있다. 설문에 참여한 레스토랑 직원 중, 31%의 직원은 의도적으로 제대로 준비되지 않은 음식을 서빙한 적이 있고, 13%의 직원은 의도적으로 동료 직원의 음식에 손을 댔으며, 12%의 직원은 의도적으로 상한 음식을 손님에게 서빙한 적이 있다고 응답했다. 이러한 사보타주는 레스토랑의 음식의 질을 떨어뜨리고, 손님들로 하여금 다시는 그 레스토랑을 이용하지 않겠다는 다짐을 하게 만든다. 물론, 이러한 행동은 식중독, 보건법 위반, 그리고 소송까지도 이르게 한다. 직원들의 이런 행동은 상황에 따라 손님으로부터의 부당한 대우에 대한 대가로 행해진다. 그러나 여기서 중요한 것은, 이러한 보복은 정당화될 수 없으며, 생산성 저해 행동으로 간주된다는 것이다.[51]

절도(theft)는 또 다른 형태의 기물 파손으로 간주되며, 그 피해 또한 사보타주로 인한 것만큼이나 크다. 연구 결과에 따르면, 직원의 75%가 절도와 같은 생산성 저해 행동을 범한 적이 있고, 이러한 행동에 대한 손실은 어마어마하다.[52] 예를 들어 47%의 상점 재고 감소는 직원들의 절도에 의한 것이었고, 그 손실액은 매년 14.6억 달러에 이른다고 밝혔다.[53] 레스토랑에서 일하는 친구 덕에 먹은 음식을 할인받았다거나, 음료수 등을 공짜로 받았던 적이 있을 것이다. 분명 그것이 당신에게는 좋은 일이지만, 기업에게는 생산성을 저해하는 요소가 된다.

생산 방해(production deviance) 또한 기업에 대한 직접적인 방해로서, 특히 업무 생산 결과의 효율성을 저해시킨다. **자원 낭비**(wasting resources)란 직원이 필요 이상의 자재를 투입하거나 필요한 만큼 투입시키지 않는 행동으로, 가장 대표적인 생산 방해이다. 제조 공장 직원들이 필요 이상의 나무와 금속을 사용하는 것과, 레스토랑 종업원들이 필요 이상의 재료를 넣는 것은 전부 자원 낭비이다. "시간은 돈(time is money)"이기 때문에 일처리가 너무 느리다거나 잦은 휴식을 가지는 직원 또한 자원을 낭비하는 것이다(3장 조직몰입 부분에서 더 많은 내용을 찾아볼 것). **약물 남용**(substance abuse)은 또 다른 형태의 생산 방해이다. 만약 직원이 작업 중에 혹은 출근 직전 약물이나 술을 하고 온다면, 업무 처리가 늦어지고 정확도가 떨어질 수 있으며, 이는 곧 전체적인 생산 효율성을 떨어뜨리는 요인이 된다.

기물 파손이나 생산 방해와는 다르게, **정치적 방해**(political deviance)는 조직보다는 개인에게 의도적으로 해를 가하는 행동을 말한다. 확인되지 않은 다른 사람의 일에 대해서 얘기를 나누는 것, 즉 **험담**(gossiping)은 정치적 방해 중 하나이다. 모두가 한 번쯤은 험담의 대상이 되어 봤을 것이고, 다른 사람들이 험담했음을 알았을 때 그 사람이 어떤 감정을 느낄지도 잘 알고 있을 것이다. 이러한 행동은 친구 사이나 업무 집단의 사기를 저하시킨다. **무례**(incivility)란 의사소통을 행함에 있어 버릇없고, 공손하지 않고, 예의 없고, 좋은 태도가 결여된 행동을 말한다.[54] 예의 있는 행동이 점점 줄어드는 것은 사회 전반적인 현상이며, 직장에서도 예의는 아니다. 이들을 하나하나씩 봤을 때, 이러한 생산성을 저해하는 정치적인 부분이 대부분의 조직에게 큰 문제가 아닌 것처럼 보일 수도 있다. 하지만 이러한 정치적 방해 행동의 축적은 조직을 불신과 불건전한 경쟁의 환경으로 만들 수 있다. 직원 간의 협동심 부족으로 인한 생산성 결여를 넘어서, 이러한 환경을 가지고 있는 조직은 인재를 잃기 쉽다. 게다가 험담과 무례는 "돌고 돌아(spiral)" 어느 한 순간에 다다를 때까지 점진적으로 심해지는데, 그 선을 넘어섰을 경우에는 대인 간에 더 심각한 형태의 행동이 발생할 수 있다는 증거가 있다.[55]

더 심각한 형태의 대인 간의 행동(interpersonal actions) 중에는, 상대방에게 적대적인 언어나 물리적 행사를 가하는 **인신공격**(personal aggression)이 있다. **괴롭힘**(harassment)은 인신공격에 해당되는 것 중 하나로서, 동료 직원으로부터 원하지 않는 신체 접촉이나 언어적 발언에 주체가 되는 것을 말한다. **학대**(abuse) 역시 인신공격에 해당된다. 학대란 다른 직원들에 의해 공격을 받거나 위험한 상황에 처해져 신체적인 부상이나 정신적인 상처를 입게 되는 것을 말한다. 충격적인 것은, 이러한 극심한 형태의 인신공격이 실제 조직 내에서 허다하게 일어나고 있다는 점이다. 예를 들어 미국에서는, 현재 또는 이전의 직장 동료에 의해 일주일에 한 명꼴로 직원이 살해된다.[56] 다른 예로 매년 5,400만 명에 가까운 직원이 따돌림을 당한다.[57] 놀림(bullying)은 개인이나 소집단에 가해지는 심리적인 괴롭힘이나 학대를 말한다.[58] 놀림에 대한 예로는 창피 주기(humiliation), 따돌림(social isolation), 조직적인 학대(systematic maltreatment)가 있는데, 이들 모두 한 사람을 무기력하게 만들기 위해 이뤄지는 행동이다.[59] 놀라운 사실은, 이에 대한 주범이 종종 직장 상사라는 것이다. 우리는 직장 상사가 본래 악하다고 생각하지는 않지만 엄격함과 괴롭힘의 경계가 모호하기 때문에 어떠한 행동을 그 의도로 판단하기보다는 그 행동을 당하는 사람이 어떻게 느끼느냐에 따라 판단되어야 한다.[60] 인신공격은 조직에게 적잖은 손실을 초래한다. 예를 들어 일리노이주 노말시에 위치한 미쓰비시 자동차 미국 생산 공장에서 일하는 한 여직원이, 주기적인 신체 접촉, 매만짐, 외설적인 농담과 행동, 그리고 외설적인 낙서 등에 대해 성희롱으로 고소, 회사는 3,400만 달러를 지급해야 했다.[61]

Big Cheese Photo/Getty Images

근로자의 생산성 저해 행동은 조직 목표에 파괴적인 요소가 될 수 있다.

생산성 저해 행동에 대해 다음과 같은 네 가지를 기억해야 한다. 첫째, 특정 생산성 저해 행동을 하는 직원은 또 다른 형태의 행동에 가담하기 쉽다는 증거가 있다.[62] 달리 말하면, 이러한 행동은 하나의 행동이 아닌 다른 여러 형태의 행동으로 이어진다는 것이다. 둘째, 시민행동과 마찬가지로 생산성 저해 행동은 어느 직무에서나 나타날 수 있다. 어떠한 직무를 수행한다 하여도, 훔칠 만한 것이 있을 것이고, 낭비할 만한 자원이 있을 것이며, 무례함을 보일 수 있는 상대도 있을 것이다. 셋째, 생산성 저해 행동은 전염될 수 있고, 그 부정적인 결과는 조직 전체에 파급될 수 있다.[63] 예를 들어 연구자들은 상사의 학대가 직원들 사이에서 생산성 저해 행동을 초래할 수 있다는 증거를 발견했다.[64] 또한 상사가 직원을 무례하게 대하면 그들의 작업 그룹에 부정적인 분위기를 조성하고, 의견 제시를 감소시키며, 결과적으로 그룹의 효율성을 감소시킨다.[65] 넷째, 어떠한 직원이 생산성 저해 행동을 보이는지도 종종 놀랄 만하다. 당신은 아마도 성과가 좋지 못한 직원이 생산성 저해 행동을 하며, 고능률의 과업성과를 보이는 직원은 그렇지 않을 것이라고 생각할 것이다. 하지만 과업성과와 생산성 저해 행동과의 상관관계는 매우 낮으며,[66] 잠시 생각을 해 보면, 뛰어난 과업성과를 보이면서도 생산성 저해 행동을 보였던 사례를 떠올릴 수 있을 것이다. 가끔은, 최고의 과업성과를 보여 주는 직원에게 비난을 한다거나 책임을 물을 가능성이 적기 때문에, 생산성 저해 행동에 대한 책임에서 제일 먼저 벗어날 수 있다. 게다가, 어떤 직원이 매우 어려운 직무를 달성해 내었을 경우에는, 생산성 저해 행동을 보였다 하더라도 눈감아 주는 경우도 있다. **영화 속 OB**에서 이러한 명백한 모순에 대한 사례가 제시되고 있다.

생산성 저해 행동에 관해 강조해야 할 중요한 마지막 요점이 있다. 지금까지 우리는 생산성

영화 속 OB

애드 아스트라
AD ASTRA

… 당신의 아버지가 우리로부터 숨어 있을 수도 있다는 가능성을 염두에 두어야 한다.

영화 애드 아스트라(제임스 그레이 감독, 뉴리젠시 프로덕션, 2019)에서 우주비행사 로이 맥브라이드(브래드 피트)는 토마스 프루이트(도널드 서덜랜드)로부터 그의 아버지가 모두가 생각하는 사람이 아닐 수도 있다는 말을 듣게 된다. 로이의 아버지 클리포드 맥브라이드(토미 리 존스)는 높은 명성을 가진 우주비행사였다. 30년 전 그는 외계 생명체의 존재 증거를 찾기 위해 프로젝트 리마라고 불리는 심우주 탐사 미션을 떠났다. 이 임무에서 16년이 지난 후 연락이 끊어졌다. 대부분은 재앙적인 사고로 임무가 실패하고 클리포드와 그의 선원 전원이 사망했다고 생각했다.

로이는 전설적인 아버지와 같은 뛰어난 우주비행사가 되었다. 그는 자신의 일에 매우 헌신적이고, 열심히 일하여, 주의 깊고, 감정적이지 않으며, 중요하지 않은 것에 주의를 기울이지 않았다. 그러나 이제 로이는 아버지가 그동안 숨어 있었을지도 모른다는 것을 알게 되었고, 더 나아가서는 지구의 모든 생명체를 위협하는 치명적인 에너지 급증에 책임이 있을지도 모른다는 것을 알게 되었다. 뿐만 아니다. 로이는 그의 아버지가 외계 생명체의 증거를 찾지 못하자 지구로 돌아오기를 거부하고, 반란의

AF archive/Alamy

위협에 대응해 그의 선원들을 살해한 것을 알게 된다.

이 영화는 직무 수행의 여러 측면이 항상 함께 가지는 않는다는 것을 생생하게 보여 준다. 즉, 직무성과가 우수하다면 생산성 저해 행동을 하지 않거나 혹은 시민행동을 반드시 할 것이라고 가정하는 것이 왜 실수인지를 알게 해 준다. 클리포드는 프로젝트 리마의 목표에 매우 전념하며, 직무성과도 모든 면에서 뛰어나다. 그렇지 않다면, 어떻게 그가 거의 10년 반 동안 혼자 우주에서 생존할 수 있었을까? 하지만 그는 자신의 선원들을 살해했다. 그리고 영화의 막바지에서 그가 로이에게 그의 어머니나 로이 자신에 대해 전혀 신경쓰지 않았고, 지난 30년 동안 그들에 대해 한 번도 생각해 본 적이 없다고 말한다. 이야기를 우울하게 마치지 않기 위해, 이러한 사실이 로이에게 분명히 고통스러운 것이지만, 밝은 희망 또한 가지고 있다고 말할 수 있다.

저해 행동이 자신만의 이익을 위해 이루어지거나, 최소한 부정적인 대인관계와 조직적 결과를 고려하지 않고 이루어지는 충동적인 행동으로 기술했다. 그러나 선의(다른 사람이나 조직을 돕기 위한)의 직장 내 행동도 있지만, 규범, 규칙, 정책 또는 법률을 위반한다는 점에서 역효과를 낳기도 한다. 따라서 조직에 해를 끼치거나 잠재적으로 해를 끼칠수도 있다.[67] 이러한 행동을 **친사회적 생산성 저해 행동**(prosocial counterproductive behavior)이라 한다. 약국에서 일하는 계산원이 저소득층 고객에게 약값 일부를 청구하지 않는 경우나 경찰관이 다른 범죄를 저지르고 도망쳤다고 믿는 용의자에게 유죄 선고를 받게 하려고 위증에 가담하는 경우를 생각해 보라. 대규모 다리 설계를 담당하는 동료가 저지른 심각한 실수를 은폐하여 동료가 해고되는 것을 막은 토목 기사는 어떠한가. 이러한 예에서 알 수 있듯이, 친사회적 생산성 저해 행동에 참여하는 것은 직원과 조직을 큰 위험에 빠뜨릴 수 있다.

요약: "좋은 성과자"란 어떤 의미인가?

"좋은 성과자"란 무엇을 의미하는가? [그림 2-4]에서 볼 수 있듯이, 좋은 성과를 내는 사람이 된다는 것은 많은 것을 의미한다. 이는 과업이 일상적인 것이거나 적응력이나 창의력을 요하는 것이거나 간에 직무 기술서에 명시된 과업을 훌륭히 해내는 것을 말한다. 그러나 이는 또한 직원이 동료 혹은 조직에 대해 시민행동을 보였다는 것도 의미한다. 더불어서 이는 직원이 기업의 분위기에 해를 끼칠 만한 생산성 저해 행동을 삼갔다는 것도 의미한다. 따라서 관리자의 목표는 이러한 세 가지 부분에서 모두 좋은 성과를 내는 직원을 보유하는 것이다.

앞으로 나오는 모든 장에는, 그 장의 주제와 직무성과에 대한 관련 사항을 기술해 놓았다. 예를 들어 직무만족에 관한 4장에서는, 직원의 직무에 대한 감정이 직무성과에 어떤 영향을 주는지를 설명하고 있다. 이 책을 보면, 몇몇 장의 주제는 과업성과와 큰 상관관계를 가지고 있는 반면, 그 외 장들은 시민행동 혹은 생산성 저해 행동과 크게 연관되어 있음을 알게 될 것이다. 이러한 차이점은 만족, 스트레스, 동기 등의 주제가 어떻게 그리고 왜 직무성과에 영향을 주는지를 보다 쉽게 이해할 수 있게 해 줄 것이다. 이 책을 끝낼 즈음에는, 직무성과에 막대한 영향을 주는 요인에 대한 확고한 지식을 가지게 될 것이다.

성과에 영향을 미치는 사회적 트렌드

지금까지 직무성과가 정확히 무엇인지 알아보았으니, 이제 오늘날의 업무 현장에서 직무성과에 영향을 주는 몇몇 트렌드에 대해 알아보자. 간단히 말하자면 직원의 직무가 변화하듯 기업이 직원을 구성하는 방법도 변화한다. 이러한 동향은 직무성과의 몇몇 요소에 대한 중요성이 대두됨과 동시에 기타 요소들의 형태 또는 기능을 변하게 하였다.

그림 2-4 "좋은 성과자"가 된다는 의미는 무엇인가?

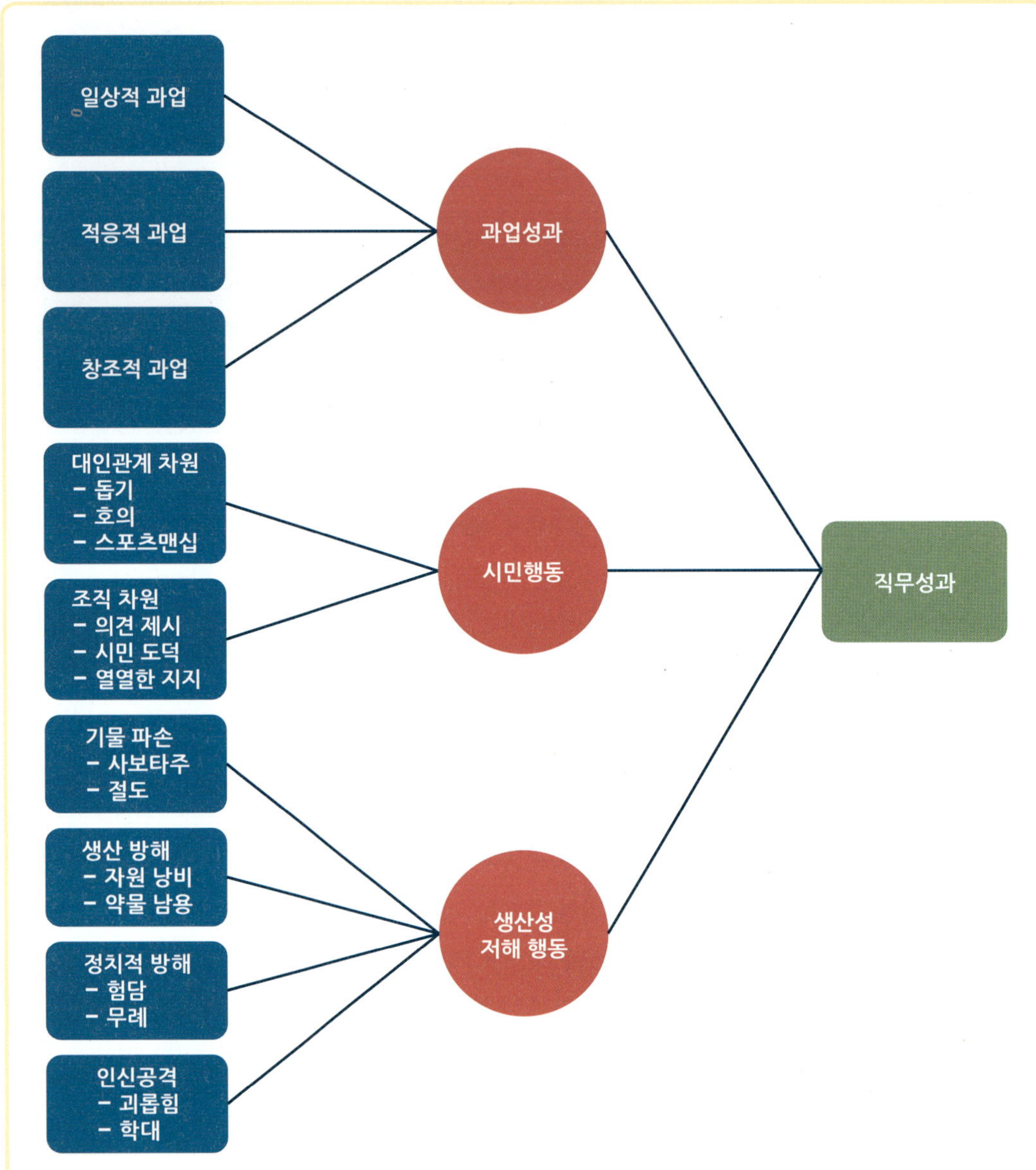

지식 업무

학습목표 2.6
오늘날의 조직에서 직무성과에 영향을 주는 트렌드는 무엇인가?

역사적으로 볼 때, 조직행동에 대한 연구는 그동안 가시적인 직무성과에만 집중하였다. 미국의 공업 중심적인 경제 구조와, 공장 또는 기타 시설에서 직원들의 생산성이 큰 쟁점이였다고 볼 때, 이러한 접근은 타당해 보인다. 그러나 1990년대 초반부터 새롭게 생겨난 직업의 대부분은 정규교육과 지속적인 학습을 통해 얻어진 이론적, 분석적 지식을 적용하는 인지적 업무를 필요로 했다.[68] 미국 노동부(U.S Department of Labor)의 통계에 의하면 오늘날 **지식 업무**(knowledge work)라 불리는 업무가 신체적 노동을 통한 업무보다 더 많다는 것이 드러났다.[69]

인지적인 것과 더불어 지식 업무는 본질적으로 좀 더 유동적이고 역동적이다. 사실, 자료, 정보 등은 항상 변화한다. 게다가 시간이 지남에 따라 이러한 사실과 정보는 아이폰에 있는 구글 검색을 통하여 쉽게 얻어진다. 더불어서 지식 업무를 수행하는 데 쓰이는 기기들 또한 소프트웨어, 데이터베이스, 컴퓨터 시스템과 같이 빠르게 변화하며 진화되고 있다. 이러한 기기들이 발전하면서 지식 업무 달성에 대한 기대치가 점점 커졌다. 지난날 도서관에서 찾아야 했던 정보를 지금은 인터넷에서 언제든지 찾을 수 있다는 것을 생각해 볼 때, 작성되는 리포트나 발표는 더 포괄적이고 단시간 내에 완성되어야 하는 것 아닌가? 지식 업무에 대한 기대치가 직원들이 감당하기 힘든 수준에 이르렀고, 이런 업무를 수행하는 데 있어 새롭고 혁신적인 방법의 필요성이 대두되었다.[70]

서비스 업무

우리 경제에서 크고 빠르게 성장하는 분야 중 하나는, 소비재 산업이 아니라 서비스 산업이다. 고객과 전자적(electronic), 언어적(verbal), 신체적(physical) 상호작용을 통하여 무형의 상품을 제공하는 **서비스 업무**(service work)는 미국 경제 활동의 약 55%를 차지하고[71] 20%의 새로운 직업을 양산해 내며, 성장 속도에 있어 전문적 서비스 산업의 뒤를 잇고 있다.[72] 소매 판매원, 고객 서비스 상담원, 급식 종업원 등은 서비스 산업의 성장을 대변한다. 이와 비교해서 보수, 정비, 건설, 제조에 관련된 직업들은 향후 몇 년간 새롭게 창출되는 직업의 단 4~7% 정도밖에 되지 않을 것이라고 예측된다.

서비스 업무의 증가는 직무성과에 다양한 영향을 준다. 예를 들어 좋지 않은 과업성과로 인한 손실은 보다 즉각적이고 뚜렷하게 나타난다. 고객은 고객 서비스 상담원의 형편없는 업무 수행을 즉시 알아챌 수 있다. 이러한 실수는 숨길 수 없으며 다른 직원에 의하여 수습될 수도 없다. 게다가 서비스 업무 환경은 시민행동에 큰 가치를 두고, 생산성 저해 행동에는 비교적 작은 가치를 둔다. 만약 서비스 직원들이 서로를 돕는 것 혹은 스포츠맨십을 거부한다거나, 서로를 험담 또는 모욕한다면 이로 인해 생긴 부정적인 감정이 고객을 응접할 때 그대로 전해지게 될 것이다. 따라서 긍정적인 업무 환경을 조성하는 것이 매우 중요하다.

사실, 주목할 만한 몇몇 기업은 서비스 업무를 담당하는 직원의 성과에 특별한 무게를 둠으로써 다른 기업들과 성공적으로 경쟁하였다. 예를 들어 아마존(Amazon)은, 고객이 지속적으로 아마존을 통하여 상품을 구매하게 만들기 위한 제일 좋은 방법으로써, 상품이 배송 중 파손되었을 때 혹은 주문한 물품의 재고가 없어 배송처리 되지 않았을 때와 같이, 잘못된 거래에 대한 만족할 만한 사후 처리가 중요하다고 믿고 있다.[73] 아마존의 고객 상담 직원들은 문의 사항 또는 문제를 겪고 있는 고객에게 신속하고 한결같은 서비스를 제공하기 위해 많은 교육을 받는다. 고객 상담 서비스는 모든 직원에게뿐만 아니라, 최고 경영 책임자인 베이조스(J. Bezos)에게도 중요하며, 이에 그도 일 년에 이틀은 고객 상담 전화 업무를 한다.[74] 이러한 교육은 확실히 성과를 올렸다. 아마존은 현재, 세계적 수준의 고객 서비스를 자랑하는 리츠칼튼(Ritz-Carlton) 호텔과 렉서스(Lexus)보다 높은 점수를 받으며 고객 상담 서비스 부문 1등을 달리고 있다.[75]

아마존의 최고 경영자 제프 베이조스는 고객 서비스의 중요성을 강조하고 있다.

긱 업무

사람들은 단기적·일시적 일이나 프리랜서 일에 종사해 왔다. 음악가, 작가, 베이비시터, 조경가, 컨설턴트 등의 직업은 종종 이러한 방식으로 구성된다. 그러나 서비스나 제품을 필요로 하는 사람들을 서비스나 제품을 제공하는 다른 사람들과 연결하도록 설계된 온라인 마켓플레이스 기술이 증가함에 따라 이러한 유형의 일, 즉 **긱 업무**(gig work)가 주요 수입원 또는 부업으로 매우 유행하게 되었다.[76] 예로는 차량 호출 서비스(우버), 물품·식료품·식사 배달(아마존플렉스, 인스타카트, 도어대쉬), 수제품 판매(엣시), 숙박 공간 공유(에어비앤비), 돌봄 제공(케어닷컴), 홈서비스 제공(태스크래빗), 반려견 산책(와그!) 등이 있다.

미국 전체 성인의 3분의 1 이상이 긱 업무에 종사하는 것으로 추정되며,[77] 따라서 이것이 직무성과에 어떤 의미가 있는지 고려하는 것이 중요하다. 첫째, 직무성과와 관련된 구체적인 활동은 긱 업무에 따라 매우 다양하지만, 직무성과에 긍정적 또는 부정적으로 기여하는 다양한 활동이 있다는 기본적인 생각은 여전히 유지된다. 승객은 번잡한 도시 거리를 운전하고 그들을 목적지까지 안전하게 도착시키는 우버 운전자의 기술에 감명을 받을 수 있지만, 운전자가 무례하거나 차 안에 불쾌한 냄새를 제거하지 않으면 직무성과가 저하될 수 있다. 둘째로, 대부분의 긱 근로자는 자신이 일할 시기를 선택하고 상사가 없는 것을 즐기지만, 종종 앱(app)이 그들의 상사이며, 그 상사는 자비심이 없다는 것을 알게 된다. 좋든 나쁘든 앱을 통해 제공되는 고객 등급과 피드백은 전 세계가 볼 수 있으며, 이러한 피드백은 긱 근로자에게 즉각적이고 중대한 결과를 초래할 수 있다. 예를 들어 본 장의 시작에서 언급했듯이, 고객으로부터 낮은 평가 등급을 받는 우버 운전자는 플랫폼 사용이 제한된다. 마지막으로, 부업(side-hustle)을 갖는 것이 주 업무의 성과를 저해하는 갈등을 야기시킬 수 있다는 것이 명백해 보일 수 있지만, 연구자들은 부업이 긍정적인 감정과 믿음(통제력 확보, 영향력 행사, 유능하다는 느낌) 또한 유발하며, 이는 실제로 주 업무의 성과를 향상시키는 데 기여한다는 것을 밝혀 냈다.[78] 즉 긱 근로자는 자신의 성과를 스스로 관리하는 책임을 질 필요가 있다. 그들은 자신의 성공에 기여하는 모든 범위의 행동을 고려해야 하며, 피드백에 주의를 기울이고 변화를 주도적으로 만들어 가야 한다.

실무 적용: 성과 관리

학습목표 2.7 조직은 직원 성과 관리를 위해 직무성과 정보를 어떻게 사용하는가?

지금까지 직무성과와 그에 영향을 주는 동향에 대해서 알아보았다. 이제는 조직이 어떻게 직무성과 정보들을 이용하는지 알아보자. 훌륭한 기업들은 직원의 직무성과와 조직 성과에 대한 관계를 이해하고 있고, 이러한 이해는 직원의 직무성과가 조직의 목표 달성에 도움이 될 수 있게끔 관리하기 위해, 관련 정보 수집에 자원을 투자한다. 이 절에서는 일반적으로 직무성과 정보가 직원의 직무성과를 관리하는 데 어떻게 이용되는지를 설명하고 있다.[79] 우리는 다음과 같은 네 가지의 대표적인 관행에 대해 알아볼 것이다. 이 관행에는 목표 관리, 행동 기준 평가 척도, 다면 평가, 강제 할당법이 있다. 우리는 또한 기업의 성과 관리를 위한 소셜 네트워킹 소프트웨어 사용에 대해서도 알아볼 것이다.

목표에 의한 관리

목표에 의한 관리(management by objectives, MBO)란 직원의 목표 성과 달성에 대한 여부가 직원 평가의 기준이 되어야 한다고 믿는 경영 철학이다.[80] 목표 관리가 어떻게 운용되는가? 보통, 직원은 그의 상사와 상호 동의하에 정해진, 구체적이고 측정 가능한 목표를 세운다(6장 동기부여에서 이러한 상황에 대해 더 알아보라). 더불어, 직원은 그의 상사과 함께 목표를 달성하는 데 필요한 방법과 시간을 정한다. 공장의 일선 관리자에게 목표 관리란 "새로운 생산 절차를 개발하고 시행하여 석 달 안으로 생산 폐기물을 35% 줄이도록 하자"와 같을 것이다. 그런 다음 직원들의 성과는 목표 성과에 얼마나 도달하였느냐를 기준으로 판단될 것이다. 만약 일선 관리자가 생산 폐기물을 37% 가까이 줄였다면 그의 성과는 매우 효율적인 것이고, 2%밖에 줄이지 못하였다면 그의 성과는 비효율적이었다고 간주될 것이다. 목표에 의한 관리는 직원들의 목표에 대한 성과가 수치화되어 측정될 수 있는 환경에 적합하다.

행동 기준 평가 척도

당신은 아마도 목표 관리가 직무성과의 결과와 더불어 성과 행동 자체에도 무게를 두고 있다는 것을 눈치 챘을 것이다. 이와 대조적으로, **행동 기준 평가 척도**(behaviorally anchored rating scales)는 직무성과 행동 자체에 대한 성과를 평가한다. 행동 기준 평가 척도의 접근 방법은 효율적, 비효율적인 행동을 짧게 기술한 "중요 사건"을 통해 직원의 성과를 평가한다. 행동 기준 평가 척도의 예로, 〈표 2-2〉에 나와 있는 과업성과에 대한 평가를 살펴보자. 이 표에는 관리자의 "계획, 조직, 일정 수립" 부분에 대한 과업성과가 명시되어 있다.[81] 오른쪽에 기술되어 있는 행동은 왼쪽에

표 2-2 "계획, 조직, 일정 수립"에 대한 행동 기준 평가 척도

순위	평가	행동 기준
7	탁월함	- 종합적인 프로젝트 계획 수립, 효과적인 문서화, 해당 승인 취득, 모든 관련자에게 관련 사항 전달.
6	아주 좋음	- 계획, 의사소통, 중요 단계에 대한 구분. 매주 진행 상황과 계획된 일정을 비교. 달성된 과업과 밀린 과업에 대한 상세한 기록을 통한 효과적인 일정 조정. - 운영상의 작은 실수에 대한 효과적인 대처.
5	좋음	- 일정을 맞추기 위한 업무와 일정 세분화. 일정 지연 발생. - 고객으로부터 주어진 시간 내에 업무 달성. 시간 또는 비용의 초과가 거의 없음.
4	평균	- 작업 만기일에 대한 명시와 프로젝트 진행에 따른 잦은 조정. 예측하지 못한 사안에 대한 수정. 고객의 잦은 불평 발생. - 그럴듯해 보이지만 중요 단계를 밟지 않는 계획. 일정 지연과 다른 문제에 대한 기록 전무.
3	평균 이하	- 형편없는 계획. 비현실적인 시간 계획표. - 하루 또는 이틀 후의 계획 전무. 프로젝트에 대한 현실적인 만기일의 부재.
2	아주 나쁨	- 업무 달성에 대한 계획과 일정의 부재. - 프로젝트 과업에 대한 아주 약간의 또는 전무한 계획 수립.
1	수용 불가능	- 계획의 부재로 인한 과업성과 달성 실패. 과업에 대한 무신경. - 계획의 부재로 인한 지속적인 실패. 실패에 대한 원인 분석과 발전에 대한 노력 전무.

출처: Adapted from D.G. Shaw, C.E. Schneier, and R.W. Beatty, "Managing Performance with a Behaviorally Based Appraisal System," in *Applying Psychology in Business: The Handbook for Managers and Human Resource Professionals*, ed. J.W. Jones, B.D. Steffy, and D.W. Bray (Lexington, MA: Lexington Books, 2001), pp. 314–25.

있는 점수를 부여하는 기준이 되며, 이를 바탕으로 관리자의 성과를 평가하게 된다.[82]

보통, 관리자는 행동 기준 평가 척도를 통해 다양한 성과 측면을 평가하며, 이 모든 측면을 아우르는 평균 점수를 통해 직원의 직무성과를 판단한다. 중요 사건이 효율적 또는 비효율적인 행동을 정확하게 선별하기 때문에 행동 기준 평가 척도를 통한 피드백은 직원이 점차 발전할 수 있도록 도와 준다. 즉 직원 스스로가 효율적일 수 있도록 하는 행동에 대한 공감을 이끌어 낸다는 것이다. 이러한 정보는 왜 특정 목표가 빠졌는지에 대한 자세한 피드백을 제공하는 데에는 적합하지 않은 행동 기준 평가 척도를 보완해 준다.

다면 평가

다면 평가(360 degree feedback)란 성과에 대한 정보를 관리자로부터뿐만 아니라, 해당 직원의 성과 행동에 대한 정보를 가지고 있는 모든 사람으로부터 얻는 것을 말한다. 이러한 정보 수집은 주로 해당 직원의 부하, 동료, 고객들로부터 이뤄진다. 관리자의 평가를 제외한 나머지는 모두 통합되어 평가자의 익명성이 유지된다. 대부분의 다면 평가에는 자기 자신의 성과를 평가하는 부분도 포함되어 있다. 이러한 다면 평가가 좀 더 공정하고 포괄적인 성과 평가를 가능케 했으면 하는 바람이다. 자신의 성과에 대한 자가 평가와 다른 사람들의 것을 직접적으로 비교함으로써, 다른 사람들의 눈에 자기 자신의 어떠한 부분이 부족한가를 인지하고, 어느 부분에 더 많은 노력을 기울여야 하는지에 대한 정보를 얻게 된다.

다면 평가로부터 얻어진 정보가 직원의 봉급 인상이나 승진 등의 행정적인 결정을 판단하는 데 사용될 수 있지만, 그것을 적용하는 데에 문제가 있다. 첫째, 평가자들 간의 점수가 서로 다르기 때문에 누구로부터 얻은 평가가 가장 "정확"한가에 대한 문제가 제기된다. 종합적인 평가를 위해 다양한 평가자의 점수를 반영한다 하더라도, 누구의 점수에 더 비중을 두어야 하는가는 불분명하다. 둘째, 평가자들이 자신의 평가에 대한 정보가 능력 개발이 아닌 보상의 기준이 된다고 생각한다면, 편견이 담긴 평가가 생겨날 수 있다. 동료들은 또한 자신의 부정적인 평가가 다른 동료에게 해가 될 수 있다는 생각에 평가하기를 꺼려한다. 결과적으로, 다면 평가는 직원의 재능을 개선하고 개발하는 데에 적합하다. 더불어 개선하고자 하는 재능에 대한 조언이 제공된다면 더욱 좋다.

강제 할당법

포춘(fortune)지로부터 20세기 최고의 경영자[83]로 선정된 잭 웰치(J. Welch)의 주목할 만한 전략 중 하나는, 제너럴 일렉트릭(General Electrics)사 직원들의 직무성과에 대한 명확한 구분을 주기 위해 많은 직원을 평가에 참여시키는 것이다. 직원을 구분 짓기 위한 여러 방법이 있겠지만, 잭 웰치는 "활력 곡선(vitality curve)"에 가장 큰 중점을 두었다. [그림 2-5]를 보면, 관리자들은 모든 직원을 "상위 20%(A군)", "중요한 70%(B군)", "하위 10%(C군)"의 범주로 구분 짓게 되어 있다. A군에 해당되는 직원은 "제너럴 일렉트릭사의 4대 리더십 강령"인 높은 열정, 같은 목표 달성을 위한 격려, 어려운 의사결정에서의 예리한 판단력, 그리고 꾸준한 약속 이행을 위한 능력을 가지고 있다고 여겨진다.[84] B군의 직원은 발전한다. 웰치는 B군의 직원들이 회사의 중추적인 역할을 담당하지만, A군의 직원보다는 열정적이지 못하다고 말했다. C군은 주어진 업무를 이행하지 못하며 정리되어야 할 사람들로 구분되었다. 제너럴 일렉트릭사는 이 시스템을 매우 진지하게 여겼기 때문에 직원을 제대로 구분 짓지 못하는 관리자들은 C군에 포함되곤 하였다.[85]

포춘지 선정 500대 유망 기업 중 약 20%가 웰치의 **강제 할당법**(forced ranking)의 변형인 "등급 평가 후 해고(rank and yank)" 혹은 "스택 랭킹(stack ranking)"이라고 불리는 시스템을 사용한다.[86] 그러나 이 시스템이 지니는 중요한 한계에 대해서 생각해 볼 필요가 있다. 예를 들어 어떤 사람들은 이 시스템이 본질적으로 불공평하다고 믿는다. 왜냐하면 이는 관리자가 미리 정해진 범주 안에서 직원을 구분해야 하기에 훌륭한 직원임에도 불구하고 부정적인 평가를 내려야 할 수도 있기 때문이다. 또 다른 예로, 이는 하위 집단에 포함되지 않기 위해 직원들이 극심한 경쟁을 하게 만든다. 이러한 성격의 경쟁은 오늘날의 팀 기반 기업에게는 적합하지 않다. 이러한 이유로 GE를 포함한 많은 조직이 직원의 강제 할당 순위 결정에 의존하는 성과 관리 시스템에서 벗어나고 있다.[87]

그림 2-5 잭 웰치의 활력 곡선

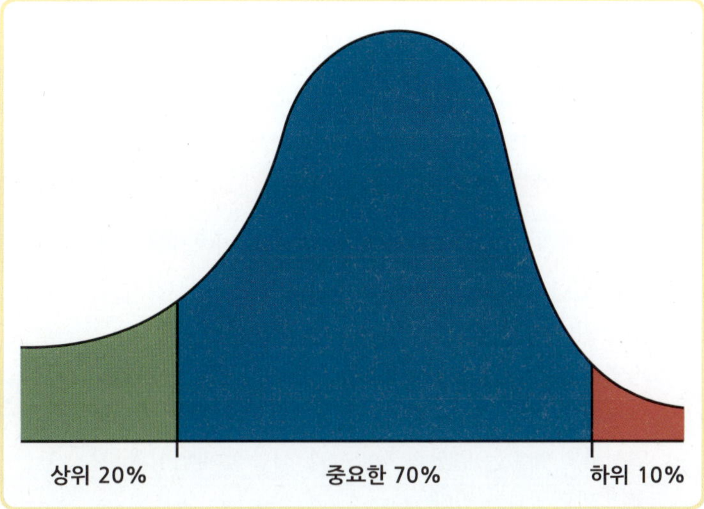

출처: Adapted from *Jack* by Jack Welch with John A. Byrne, John F. Welch Jr. Foundation, 2001.

소셜 성과 관리

이 책을 공부하는 모든 사람은 페이스북과 트위터 같은 소셜 네크워크 서비스에 친숙할 것이다. 이러한 기술이 최근 직원의 업무 성과를 평가하기 위한 맥락으로 사용되고 있다.[88] 예를 들어 액센츄어(Accenture)사는 페이스북과 유사한 "성과 승수(performance multiplier)"라는 프로그램을 통해 직원들이 주별, 분기별 목표를 게시하게 한다. 관리자는 올라온 정보를 통해 피드백을 제공한다.[89] 다른 예로, 토론토에 위치한 소프트웨어 기업인 라이플(Rypple)사는 트위터와 유사한 프로그램을 통해 직원들이 자신의 성과에 대해 질문하고 다른 직원들이 익명으로 피드백을 제공한다.[90] 마지막 예로, GE는 스마트폰 앱을 도입하여 연중 지속적인 성과 피드백을 용이하게 하고 있다.[91] 관리자는 앱에서 직원들과 단기 우선순위에 대해 자주 논의해 문제가 즉시 해결될 수 있도록 한다. 직원은 또한 이 앱을 사용하여 조직 내 다른 사람들에게 피드백을 요청하여 자신이 계속 무언가를 해야 하는지 또는 자신이 하고 있는 일을 변경해야 하는지에 대해 더 잘 이해할 수 있다. 흔히 **소셜 성과 관리**(social performance management)라고 불리는 이러한 유형의 시스템의 효과가 과학적으로 검증되지는 않았지만, 이것이 주는 여러 가지 장점 때문에 점차 더 인기를 끌 것이라 생각한다.[92] 예를 들어 이러한 유형의 시스템은 과거 분기 또는 일 년 단위로 성과를 평가하던 것에 비해 훨씬 빠른 성과 정보를 제공한다. 물론 동료들로부터 당신의 발표가 지루했다는 평을 듣는 것은 불쾌하겠지만, 일 년 동안 50개의 지루한 발표를 한 끝에 관리자로부터 같은 평을 듣는 것보다는 훨씬 나을 것이다.

요점 정리

2.1 직무성과란 조직의 목표를 달성하는 데 기여하는 직원들의 일련의 행동을 말한다. 직무성과에는 세 가지 범주가 있다. 과업성과, 시민행동, 생산성 저해 행동.

2.2 과업성과는 조직의 자원이 제품과 서비스로 변환되는 과정에 직접적으로 관련된 직원의 행동을 포함한다. 과업성과의 예로는 일상적 과업성과, 적응적 과업성과, 창조적 과업성과가 있다.

2.3 기업은 직무분석과 O*NET을 통해 관련된 과업 행동에 대한 정보를 얻는다.

2.4 시민행동이란 조직의 여러 업무에 있어 그 종합적인 질을 향상시키는 데 기여하는 직원들의 자발적인 행동으로, 조직에 의해 보상될 수도 그렇지 않을 수도 있다. 이러한 시민행동의 예로는 돕기, 호의, 스포츠맨십, 의견 제시, 시민 도덕, 열렬한 지지 등이 있다.

2.5 생산성 저해 행동이란 조직이 목표를 달성하는 것을 고의적으로 방해하는 행동을 말한다. 생산성 저해 행동의 예로는 사보타주, 절도, 자원 낭비, 약물 남용, 험담, 무례, 놀림, 학대 등이 있다.

2.6 오늘날의 조직에는 직무성과에 영향을 주는 여러 트렌드가 있다. 이러한 트렌드에는 지식 업무의 대두와 서비스 업무의 증가가 있다.

2.7 목표에 의한 관리, 행동 기준 평가 척도, 다면 평가, 강제 할당법, 소셜 성과 관리는 업무 성과 자료를 통해 직원들의 성과를 관리하는 다섯 가지 방법이다.

핵심 용어

강제 할당법
과업성과
괴롭힘
기물 파손
긱 업무
다면 평가
대인관계 시민행동
돕기
목표에 의한 관리
무례
사보타주
생산 방해
생산성 저해 행동
서비스 업무
소셜 성과 관리
스포츠맨십
시민행동
시민 도덕
약물 남용
열렬한 지지
의견 제시
인신공격
일상적 과업성과
자원 낭비
적응적 과업성과
절도
정치적 방해
조직시민행동
지식 업무
직무분석
직무성과
창조적 과업성과
친사회적 생산성 저해 행동
학대
행동 기준 평가 척도
험담
호의
O*NET

토론 질문

2.1 학생으로서 당신의 "직무"를 이 장에서 다룬 직무성과 범주를 사용해 설명해 보자. 학생의 성과를 결과(학점)가 아닌 행동 관점으로 접근하는 방법의 장점은 무엇인가? 이 접근 방식의 단점은 무엇인가? 학생의 행동적인 부분을 학점에 반영하기 위해서 학점 제도를 어떻게 개선해야 하는가?

2.2 현재 혹은 졸업 후 가지고 싶은 직업에 대해서 생각해 보자. 그리고 그 직업을 O*NET 데이터베이스에서 찾아보자. 기술된 직무가 당신이 예상했던 것과 같은가? O*NET에 기술된 내용 중 누락된 것은 없는가?

2.3 시민행동이 조직을 운영하는 데 있어 특히 중요할 만한 직무와 그렇지 않은 직무를 생각해 보자. 직무의 어떠한 면이 시민행동의 중요성을 판가름하는가?

2.4 [그림 2-3]은 생산 방해와 정치적 방해를 기물 파손과 인신공격보다는 본질적으로 가벼운 것으로 분류하고 있다. 어떤 경우에 이러한 "가벼운" 생산성 저해 행동이 큰 손실을 부르는가?

2.5 다면 평가에 대해 생각해 보자. 당신이 평가의 대상이라면 누구의 견해를 가장 중요시하겠는가? 당신의 관리자인가 아니면 동료인가? 당신이 동료를 평가해야 할 경우, 당신의 견해가 그 직원의 봉급 인상과 승진에 영향을 주었으면 하는가?

사례: 우버

미국 고용평등위원회(EEOC)가 주도한 우버에 대한 조사에서 200여 건 이상의 성희롱, 편견, 괴롭힘, 차별, 그리고 불만을 제기한 피해자에 대한 보복 등이 드러났다. 이러한 잘못된 행동의 전체적인 규모가 밝혀지기도 전에 회사는 근본적인 원인을 해결하기 위해 변화를 도입했다. 그중 하나는 회사 직원의 성과 평가 시스템에 초점을 맞춘 것이다. 결국, 직원이 업무 성과와 관련하여 받는 평가와 피드백은 이러한 평가와 피드백이 발생하는 맥락뿐만 아니라 회사가 직원들에게 중요하게 여기는 행동 유형이 무엇인지 보내는 강력한 신호로 작용한다. 회사가 잘못된 신호를 보내면 직원들이 잘못된 행동을 하게 된다는 것은 아주 명백한 사실이다.

우버는 그동안 직원들의 성과를 스택 랭킹 시스템(stack ranking system, 강제 순위라고도 함)을 사용하여 관리했다. 직원들은 이전 6개월 동안 "superpumped," "always be hustlin," "toe-stepping," "let builders build"과 같은 회사 가치에 얼마나 기여했는지에 따라 처음 평가를 받는다. 그런 다음 이러한 평가 점수를 사용하여 직원들의 순위를 서로 비교하여 순위를 매겼다. 이러한 순위는 직원들에게 중요한 영향을 미쳤다. 상위 또는 그 근처에 랭크된 사람들은 보상을 받고 승진했으며, 하위 또는 그 근처에 랭크된 사람들은 성과 개선 계획 수립 및 퇴사를 권유받거나 해고되었다. 이러한 유형의 성과 관리 시스템은 성공과 고성과를 위한 강력한 동기부여를 제공하는 것으로 알려져 있다. 그러나 이러한 시스템은 오직 성과만을 추구하는 마음가짐을 갖게 하며, 직원 간 과도한 경쟁을 유발하는 등의 한계가 있어 우버의 문제에 기여했을 것으로 추측된다.

회사의 문화를 긍정적인 방향으로 전환하기 위해, 관리자들은 스택 랭킹 시스템을 폐기해야 한다는 결론에 이르렀다. 수백 명의 직원으로 구성된 포커스 그룹의 의견을 바탕으로 우버의 새로운 시스템은 직무 책임과 조직 안팎의 선한 영향력뿐만 아니라 직무 책임과 관련된 구체적인 목표를 강조한다. 이러한 목표와 관련된 정보는 관리자와 직원 간의 빈번한 피드백 대화의 기반으로 사용된다. 이러한 대화의 목적이 참여와 직원 성장을 지원하는 것이기 때문에, 피드백은 잘 진행되고 있는 것에 대한 긍정적인 강화와 개선을 위한 작은 변화에 대한 건설적인 조언으로 이루어져야 한다.

2.1 우버가 처음에 스택 랭킹 시스템을 사용한 이유가 무엇이라고 생각하는가?

2.2 우버의 스택 랭킹 시스템이 회사의 부정 행위에 어떻게 기여했는지 설명해 보라.

2.3 우버의 새로운 성과 관리 시스템이 회사를 긍정적인 방향으로 움직이는 데 어떻게 도움이 될 것인가? 어떤 중요한 한계점이 있을까?

출처: A. Griswold, "Uber Is Designed So That for One Employee to Get Ahead, Another Must Fail," *Quartz*, February 27, 2017; M.R. Dickey, "Inside Uber's New Approach to Employee Performance Reviews," *TechCrunch*, August 1, 2017; U.S. Equal Employment Opportunity Commission, "Uber to Pay $4.4 Million to Resolve EEOC Sexual Harassment and Retaliation Charge," *EEOC press release*, December 18, 2019.

예제: 종업원의 성과

이 예제의 목적은 레스토랑 종업원에게 있어 직무성과란 무엇인지를 알아보기 위함이다. 이 예제는 모둠 활동으로 진행되기에, 강의자가 모둠을 만들어 주거나 학습자들이 직접 모둠을 만들어야 한다. 이 예제는 다음과 같은 단계로 진행된다.

2.1 레스토랑 종업원의 직무를 분석해 보자. 아래와 같이 먼저 원을 그리고 시작하라. 원 안에는 레스토랑 종업원의 각기 다른 직무로 채우자. 예를 들어 "주문 받기"가

그중 하나일 것이다. 원 안에 추가적으로 4개의 직무를 적어 넣자. 그 다음에는 직무마다 2개의 행동을 나열하라. 예를 들어 "주문 받기"의 두 가지 행동에는 "메뉴 설명"과 "메뉴 추천하기"가 있을 수 있겠다. 결과적으로, 레스토랑 종업원의 과업을 요약하는 여덟 가지 행동을 열거해야만 한다. 기타 행동에 대해서도 논의할 수 있도록 그룹별로 찾은 행동을 따로 기록해 두자.

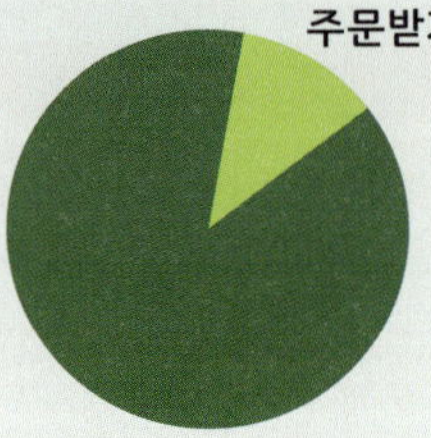

2.2 완성된 목록을 보자. 그중 "시민행동"이라 여겨지는 행동이 있는가? 이러한 행동이 목록에 없다면 시민행동은 레스토랑에서 별로 중요하지 않다는 것을 뜻하는가? 그룹에 레스토랑 종업원으로 일했던 경험을 가진 사람이 있다면 시민행동에 대한 중요성을 물어 보자. 특별히 중요하게 여겨지는 시민행동 두 가지를 목록에 적어 두자.

2.3 다시 한 번 완성한 목록을 보자. 그중 "생산성 저해 행동"이라 여겨지는 행동이 있는가? 이러한 행동이 목록에 없다면 생산성 저해 행동은 레스토랑에서 중요한 사안이 아니라는 것을 의미하는가? 그룹에 레스토랑 종업원으로 일했던 경험을 가진 사람이 있다면 생산성 저해 행동이 초래하는 손실에 대해 물어 보자. 목록에 레스토랑에 손실을 초래하는 생산성 저해 행동 두 가지를 적어 보자.

2.4 토론(그룹별 혹은 수업 전체)은 레스토랑의 사장이나 관리자가 종업원의 성과를 평가하는 데 있어 작성된 목록을 어떻게 활용할 수 있겠는가에 초점을 맞춘다. 이러한 접근 방식이 유용한가? 왜 그런가, 또는 왜 그렇지 않은가?

미주

2.1 Duffy, M.K.; K.L. Scott; J.D. Shaw; B.J. Tepper; and K. Aquino. "A Social Context Model of Envy and Social Undermining." *Academy of Management Journal* 55 (2012), pp. 643–66; Greenbaum, R.L.; M.B. Mawritz; G. Eissa. "Bottom- Line Mentality as an Antecedent of Social Undermining and the Moderating Roles of Core Self-Evalutions and Conscientiousness." *Journal of Applied Psychology* 97 (2012), pp. 343–59.

2.2 Corkery, M. "Wells Fargo Struggling in Aftermath of Fraud Scandal." *The New York Times*, January 13, 2017, https://www.nytimes.com/2017/01/13/business/dealbook/ wells-fargo-earnings-report.html?_r=0.

2.3 Shawel, T. "Homegrown Career Development." *HR Magazine*, April 2011, pp. 36–38.

2.4 Campbell, J.P. "Modeling the Performance Prediction Problem in Industrial and Organizational Psychology." In *Handbook of Industrial and Organizational Psychology*, Vol. 1, 2nd ed., ed. M.D. Dunnette and L.M. Hough. Palo Alto, CA: Consulting Psychologists Press, 1990, pp. 687–732; Motowidlo, S.J.; W.C. Borman; and M.J. Schmit. "A Theory of Individual Differences in Task and Contextual Performance." *Human Performance* 10 (1997), pp. 71–83.

2.5 Borman, W.C., and S.J. Motowidlo. "Expanding the Criterion Domain to Include Elements of Contextual Performance." In *Personnel Selection in Organizations*, ed. N. Schmitt and W.C. Borman. San Francisco: Jossey-Bass, 1993, pp. 71–98.

2.6 Borman, W.C., and S.J. Motowidlo. "Expanding the Criterion Domain to Include Elements of Contextual Performance." In *Personnel Selection in Organizations*, ed. N. Schmitt and W.C. Borman. San Francisco: Jossey-Bass, 1993, pp. 71–98.

2.7 Occupational Information Network (O*NET) OnLine (n.d.), http://online.onetcenter.org/.

2.8 Weiss, H.M., and D.R. Ilgen. "Routinized Behavior in Organizations." *Journal of Behavioral Economics* 24 (1985), pp. 57–67.

2.9 LePine, J.A.; J.A. Colquitt; and A. Erez. "Adaptability to Changing Task Contexts: Effects of General Cognitive Ability, Conscientiousness, and Openness to Experience." *Personnel Psychology* 53 (2000), pp. 563–93.

2.10 "Plane Fire at Pearson Airport: Flight 358." *CBC News* website, August 8, 2005, http://www.cbc.ca/ news/ background/ plane_fire/.

2.11 Ilgen, D.R., and E.D. Pulakos. "Employee Performance in Today's Organizations." In *The Changing Nature of Work Performance: Implications for Staffing, Motivation, and Development*, ed. D.R. Ilgen and E.D. Pulakos. San Francisco: Jossey- Bass, 1999, pp. 1–20.

2.12 Haneberg, L. "Training for Agility: Building the Skills Employees Need to Zig and Zag." *Training and Development*, September 2011, pp. 51–56.

2.13 Associated Press. "Unemployed Find Old Jobs Now Require More Skills." *Gainesville Sun*, October 11, 2010, p . 7A.

2.14 Pulakos, E.D.; S. Arad; M.A. Donovan; and K.E. Plamondon. "Adaptability in the Workplace: Development of a Taxonomy of Adaptive Performance." *Journal of Applied Psychology* 85 (2000), pp. 612–24.

2.15 Amabile, T.M. "How to Kill Creativity." *Harvard Business Review* 76

(1998), pp. 76–88.

2.16 "Bikini Trivia: History of the Bikini" (n.d.), http://www.everythingbikini.com/bikini-history.html.

2.17 Florida, R. "America's Looming Creativity Crisis." Harvard Business Review 82 (2004), pp. 122–36.

2.18 Grant, A.M., and J.W. Berry. "The Necessity of Others Is the Mother of Invention: Intrinsic and Prosocial Motivations, Perspective Taking, and Creativity." *Academy of Management Journal* 54 (2011), pp. 73–96; George, J.M. "Creativity in Organizations." *Academy of Management Annals*, Vol. 1, ed. J.P. Walsh and A.P. Brief. New York: Erlbaum, 2007, pp. 439–77.

2.19 Baer, M. "Putting Creativity to Work: The Implementation of Creative Ideas in Organizations." *Academy of Management Journal* 55 (2012), pp. 1102–19.

2.20 Liker, J.K., and D.P. Meier. *Toyota Talent: Developing Your People the Toyota Way*. New York: McGraw-Hill, 2007.

2.21 Liker, J.K., and D.P. Meier. *Toyota Talent: Developing Your People the Toyota Way*. New York: McGraw-Hill, 2007.

2.22 O'Reilly, C.A., III, and J. Pfeffer. *Hidden Value: How Great Companies Achieve Extraordinary Results with Ordinary People*. Boston: Harvard Business School Press, 2000.

2.23 Freidberg, K., and J. Freidberg. *Nuts! Southwest Airlines' Crazy Recipe for Business and Personal Success*. Austin, TX: Bard Press, 1996.

2.24 Kaplan, M.D.G. "What Are You, a Comedian?" *USA Weekend*, July 13, 2003.

2.25 Krell, E. "All for Incentives, Incentives for All." *HR Magazine*, January 2011, pp. 35–38.

2.26 Aguinis, H., and E. O'Boyle Jr. "Star Performers in Twenty-first Century Organizations." *Personnel Psychology* 67 (2014), pp. 313–50.

2.27 Aguinis, H.; E. O'Boyle Jr.; E. Gonzalez-Mule; and H. Joo. "Cumulative Advantage: Conductors and Insulators of Heavy- Tailed Productivity Distributions and Productivity Stars." *Personnel Psychology* 69 (2016), pp. 3–66; Call, M.L.; A.J. Nyberg; and S.M.B. Thatcher. "Stargazing: An Integrative Conceptual Review, Theoretical Reconciliation, and Extension for Star Employee Research." *Journal of Applied Psychology* 100 (2015), pp. 623–40.

2.28 Borman, W.C., and S.J. Motowidlo. "Expanding the Criterion Domain to Include Elements of Contextual Performance." In *Personnel Selection in Organizations*, ed. N. Schmitt and W.C. Borman. San Francisco: Jossey-Bass, 1993, pp. 71–98.

2.29 Organ, D.W. *Organizational Citizenship Behavior: The Good Soldier Syndrome*. Lexington, MA: Lexington Books, 1988.

2.30 Coleman, V.I., and W.C. Borman. "Investigating the Underlying Structure of the Citizenship Performance Domain." *Human Resource Management Review* 10 (2000), pp. 25–44.

2.31 Coleman, V.I., and W.C. Borman. "Investigating the Underlying Structure of the Citizenship Performance Domain." *Human Resource Management Review* 10 (2000), pp. 25–44.

2.32 Lanaj, K.; R.E. Johnson; and M. Wang. "When Lending a Hand Depletes the Will: The Daily Costs and Benefits of Helping." *Journal of Applied Psychology* 100 (2016), pp. 1097–110.

2.33 MacMillan, P. *The Performance Factor: Unlocking the Secrets of Teamwork*. Nashville, TN: Broadman & Holman, 2001.

2.34 LePine, J.A.; R.F. Piccolo; C.L. Jackson; J.E. Mathieu; and J.R. Saul. "A Meta-Analysis of Teamwork Process: Towards a Better Understanding of the Dimensional Structure and Relationships with Team Effectiveness Criteria." *Personnel Psychology* 61 (2008), pp. 273–307.

2.35 Coleman, V.I., and W.C. Borman. "Investigating the Underlying Structure of the Citizenship Performance Domain." *Human Resource Management Review* 10 (2000), pp. 25–44.

2.36 Liang, J.; C.I. Farh; and J.L. Farh. "Psychological Antecedents of Promotive and Prohibitive Voice: A Two-Wave Examination." *Academy of Management Journal* 55 (2012), pp. 71–92; Morrison, E.W. "Employee Voice Behavior: Integration and Directions for Future Research." *Academy of Management Annals* 5, no. 1 (2011), pp. 373– 412; Morrison, E.W. "Employee Voice and Silence." *Annual Review of Organizational Psychology and Organizational Behavior* 1 (2014), pp. 173–97; Van Dyne, L., and J.A. LePine. "Helping and Voice Extra-Role Behaviors: Evidence of Construct and Predictive Validity." *Academy of Management Journal* 41 (1998), pp. 108–19.

2.37 Bashshur, M.R., and O. Burak. "When Voice Matters: A Multilevel Review of the Impact of Voice in Organizations." *Journal of Management* 41 (2015), pp. 1530–54; Chamberlin, M.; D.W. Newton; and J.A. LePine. "A Meta- Analysis of Voice and Its Promotive and Prohibitive Forms: Identification of Key Associations, Distinctions, and Future Research Directions." *Personnel Psychology* 70 (2017), pp. 11–71.

2.38 Burris, E.R. "The Risks and Rewards of Speaking Up: Managerial Responses to Employee Voice." *Academy of Management Journal* 55 (2012), pp. 851–75; Liu, W.; S. Tangirala; W. Lam; Z. Chen; R.T. Jia; and X. Huang. "How and When Peers' Positive Mood Influence Employees' Voice." *Journal of Applied Psychology* 100 (2015), pp. 976–89; Van Dyne, L., and J.A. LePine. "Helping and Voice Extra-Role Behavior: Evidence of Construct and Predictive Validity." *Academy of Management Journal* 41 (1998), pp. 108–19.

2.39 Motowidlo, S.J. "Some Basic Issues Related to Contextual Performance and Organizational Citizenship Behavior in Human Resource Management." *Human Resource Management Review* 10 (2000), pp. 115–26.

2.40 Podsakoff, N.P; S.W. Whiting; P.M. Podsakoff; and B.D. Blume. "Individual- and Organizational- Level Consequences of Organizational Citizenship Behaviors: A Meta-Analysis." *Journal of Applied Psychology* 94 (2009), pp. 122–41; Podsakoff, P.M.; S.B. MacKenzie; J.B. Paine; and D.G. Bachrach. "Organizational Citizenship Behaviors: A Critical Review of the Theoretical and Empirical Literature and Suggestions for Future Research." *Journal of Management* 26 (2000), pp. 513–63.

2.41 Podsakoff, P.M.; M. Ahearne; and S.B. MacKenzie. "Organizational Citizenship Behavior and the Quantity and Quality of Work Group Performance." *Journal of Applied Psychology* 82 (1997), pp. 262–70.

2.42 B.P. Walz, S.M., and Neihoff. "Organizational Citizenship Behaviors and Their Effect on Organizational Effectiveness in Limited-Menu Restaurants." In *Academy of Management Best Papers Proceedings*, ed. J.B. Keys and L.N. Dosier. Statesboro, GA: College of Business Administration at Georgia Southern University, 1996, pp. 307–11.

2.43 Dalal, R.S.; H. Lam; H.M. Weiss; E.R. Welch; and C.L. Hulin. "A Within-Person Approach to Work Behavior and Performance: Concurrent and Lagged Citizenship-Counterproductivity Associations, and Dynamic Relationships with Affect and Overall Job Performance." *Academy of Management Journal* 52 (2009), pp. 1051–66; Koopman, J.; K. Lanaj; and B.A. Scott. "Integrating the Bright and Dark Sides of OCB: A Daily Investigation of the Benefits and Costs of Helping Others." *Academy of Management Journal* 59 (2016), pp. 414–35.

2.44 Bolino, M.C.; H.H. Hsiung; Harvey, J.; and J.A. LePine. "'Well, I'm Tired of Tryin'!' Organizational Citizenship Behavior and Citizenship Fatigue." *Journal of Applied Psychology* 100 (2015), pp. 56–74.

2.45 Allen, T.D., and M.C. Rush. "The Effects of Organizational Citizenship Behavior on Performance Judgments: A Field Study and a Laboratory Experiment." *Journal of Applied Psychology* 83 (1998), pp. 247–60; Avila, R.A.; E.F. Fern; and O.K. Mann. "Unraveling Criteria for Assessing the Performance of Sales People: A Causal Analysis." *Journal of Personal Selling and Sales Management* 8 (1988), pp. 45–54; Lowery, C.M., and T.J. Krilowicz. "Relationships among Nontask Behaviors, Rated Performance, and Objective Performance Measures." *Psychological Reports* 74 (1994), pp. 571–78; MacKenzie, S.B.; P.M. Podsakoff; and R. Fetter. "Organizational Citizenship Behavior and Objective Productivity as Determinants of Managerial Evaluations of Salespersons' Performance." *Organizational Behavior and Human Decision Processes* 50 (1991), pp. 123–50; MacKenzie, S.B.; P.M. Podsakoff; and R. Fetter. "The Impact of Organizational Citizenship Behavior on Evaluation of Sales Performance." *Journal of Marketing* 57 (1993), pp. 70–80; MacKenzie, S.B.; P.M. Podsakoff; and J.B. Paine. "Effects of Organizational Citizenship Behaviors and Productivity on Evaluation of Performance at Different Hierarchical Levels in Sales Organizations." *Journal of the Academy of Marketing Science* 27 (1999), pp. 396–410; Motowidlo, S.J., and J.R. Van Scotter. "Evidence That Task Performance Should Be Distinguished from Contextual Performance." *Journal of Applied Psychology* 79 (1994), pp. 475–80; Podsakoff, P.M., and S.B. MacKenzie. "Organizational Citizenship Behaviors and Sales Unit Effectiveness." *Journal of Marketing Research* 3 (February 1994), pp. 351–63; Van Scotter, J.R., and S.J. Motowidlo. "Interpersonal Facilitation and Job Dedication as Separate Facets of Contextual Performance." *Journal of Applied Psychology* 81 (1996), pp. 525–31.

2.46 Rotundo, M., and P.R. Sackett. "The Relative Importance of Task, Citizenship, and Counterproductive Performance to Global Ratings of Job Performance: A Policy Capturing Approach." *Journal of Applied Psychology* 87 (2002), pp. 66–80.

2.47 Allen, T.D., and M.C. Rush. "The Effects of Organizational Citizenship Behavior on Performance Judgments: A Field Study and a Laboratory Experiment." Journal of Applied Psychology 83 (1998), pp. 247–60; Kiker, D.S., and S.J. Motowidlo. "Main and Interaction Effects of Task and Contextual Performance on Supervisory Reward Decisions." *Journal of Applied Psychology* 84 (1999), pp. 602–9; Park, O.S., and H.P Sims Jr. "Beyond Cognition in Leadership: Prosocial Behavior and Affect in Managerial Judgment." Working Paper, Seoul National University and Pennsylvania State University, 1989.

2.48 Marcus, B.; O.A. Taylor; S. E. Hastings; A. Strum; and O. Weigelt. "The Structure of Counterproductive Work Behavior: A Review, a Structural Meta-Analysis, and a Primary Study." *Journal of Management* 42 (2016), pp. 203–33; Robinson, S.L., and R.J. Bennett. "A Typology of Deviant Workplace Behaviors: A Multidimensional Scaling Study." *Academy of Management Journal* 38 (1995), pp. 555–72.

2.49 Cellitti, D.R. "MCA DiscoVision: The Record That Plays Pictures," June 25, 2002, http://www.oz.net/blam/ DiscoVision/ RecordPlaysPictures.htm.

2.50 Hollweg, L. "Inside the Four Walls of the Restaurant: The Reality and Risk of Counter-Productive Behaviors," 2003, http:// www.batrushollweg.com/files/ Website.Inside_the_Four?_ Walls_of_ the_ Restaurant1.Reprint_9.pdf.

2.51 Wang, M.; H. Liao; Y. Zhan; and J. Shi. "Daily Customer Mistreatment and Employee Sabotage Against Customers: Examining Emotion and Resource Perspectives." *Academy of Management Journal* 54 (2011), p . 31.

2.52 Harper, D. "Spotlight Abuse—Save Profits." *Industrial Distribution* 79 (1990), pp. 47–51.

2.53 Hollinger, R.C., and L. Langton. *2004 National Retail Security Survey*. Gainesville: University of Florida, Security Research Project, Department of Criminology, Law and Society, 2005.

2.54 Andersson, L.M., and C.M. Pearson. "Tit for Tat? The Spiraling Effect of Incivility in the Workplace." *Academy of Management Review* 24 (1999), pp. 452–71.

2.55 Andersson, L.M., and C.M. Pearson. "Tit for Tat? The Spiraling Effect of Incivility in the Workplace." *Academy of Management Review* 24 (1999), pp. 452–71.

2.56 Armour, S. "Managers Not Prepared for Workplace Violence." *USA Today*, July 19, 2004, http://www.usatoday.com/money/ workplace/2004-07-15-workplace-violence2_x.htm.

2.57 Daniel, T.A. "Tough Boss or Workplace Bully?" *HR Magazine*, June 2009, pp. 83–86.

2.58 Baillien, E.; N. De Cuyper; and H. De Witte. "Job Autonomy and Workload as Antecedents of Workplace Bullying: A Two-Wave Test of Karasek's Job Demand Control Model for Targets and Perpetrators." *Journal of Occupational and Organizational Psychology* 84 (2010), pp. 191–208.

2.59 Cowie, H.; P. Naylor; I. Rivers; P.K. Smith; and B. Pereira. "Measuring Workplace Bullying." *Aggression and Violent Behavior* 7 (2002), pp. 35–51; Baillien, E.; N. De Cuyper; and H. De Witte. "Job Autonomy and Workload as Antecedents of Workplace Bullying: A Two-Wave Test of Karasek's Job Demand Control Model for Targets and Perpetrators." *Journal of Occupational and Organizational Psychology* 84 (2010), pp. 191–208; Einarsen, S.S.; B. Matthisen; and L.J. Hauge. "Bullying and Harassment at Work " In *The Oxford Handbook of Personnel Psychology*, ed. S. Cartwright and C.L. Cooper. London: Sage, 2009, pp. 464–95.

2.60 Matthiesen, S.B., and S. Einarsen. "Bullying in the Workplace: Definition, Prevalence, Antecedents and Consequences." *International Journal of Organization Theory and Behavior* 13 (2010), pp. 202–48.

2.61 PBS. "Isolated Incidents?" *Online Newshour*, April 26, 1996, http://www.pbs.org/newshour/ bb/-business/april96/mitsubishi_4-26.html.

2.62 Sackett, P.R. "The Structure of Counterproductive Work Behaviors: Dimensionality and Performance with Facets of Job Performance." *International Journal of Selection and Assessment* 10 (2002), pp. 5–11.

2.63 Foulk, T.; A. Woolum; and A. Erez. "Catching Rudeness Is Like Catching a Cold: The Contagion Effects of Low-Intensity Negative Behaviors." *Journal of Applied Psychology* 100 (2016), pp. 50–67; Lee, K.Y.; E. Kim; D.P. Bhave; and M.K. Duffy. "Why Victims of Undermining at Work Become Perpetrators of Undermining: An Integrated Model." *Journal of Applied Psychology* 100 (2016), pp. 915–24; Rosen, C.C.; J. Koopman; A.S. Gabriel; and R.E. Johnson. "Why Strikes Back? A Daily Investigation of When and Why Incivility Begets Incivility." *Journal of Applied Psychology* 101 (2016), pp. 1620–34.

2.64 Ferris, D.L.; M. Yan; V.K.G. Lim; Y. Chen; and S. Fatimah. "An Approach-Avoidance Framework of Workplace Aggression." *Academy of Management Journal* 59 (2016), pp. 1777–800; Lian, H.; D.L. Ferris; R. Morrison; and D.J. Brown. "Blame It on the Supervisor or the Subordinate? Reciprocal Relations Between Abusive Supervision and Organizational Deviance." *Journal of Applied Psychology* 99 (2014), pp. 651–64; Liang, L.H.; H. Lian; D.J. Brown; D.L. Ferris; S. Hanig; and L.M. Keeping. "Why Are Abusive Supervisors Abusive? A Dual-System Self-Control Model." *Academy of Management Journal* 59 (2016), pp. 13–85.

2.65 Frazier, M.L., and W.M. Bowler. "Voice Climate, Supervisor Undermining, and Work Outcomes: A Group-Level Examination." *Journal of Management* 41 (2015), pp. 841–63.

2.66 Sackett, P.R., and C.J. DeVore. "Counterproductive Behaviors at Work." In *Handbook of Industrial, Work, and Organizational Psychology*, Vol. 1, ed. N. Anderson; D.S. Ones; H.K. Sinangil; and C. Viswesvaran. Thousand Oaks, CA: Sage, 2001, pp. 145–51.

2.67 Bolino, M.C., and A.M. Grant. "The Bright Side of Being Prosocial at Work, and the Dark Side, Too: A Review and Agenda for Research on Other- Oriented Motives, Behavior, and Impact on Organizations." *Academy of Management Annals* 10 (2016), pp. 599–670; Umphress, E.E., and J.B. Bingham. "When Employees Do Bad Things for Good Reasons: Examining Unethical Pro-Organizational Behaviors." *Organization Science* 22 (2011), pp. 621–40; Umphress, E.E.; J.B. Bingham; and M.S. Mitchell. "Unethical Behavior in the Name of the Company: The Moderating Effect of Organizational Identification and Positive Reciprocity Beliefs on Unethical Pro-Organizational Behavior." *Journal of Applied Psychology* 95 (2010), pp. 769–80.

2.68 Drucker, P.F. "The Age of Social Transformation." *The Atlantic Monthly* 274 (1994), pp. 53–80.

2.69 U.S. Department of Labor, Bureau of Labor Statistics. "Tomorrow's Jobs" (n.d.), http:// stats.bls.gov/oco/ oco2003.htm.

2.70 Allen, D. *Getting Things Done*. New York: Penguin Books, 2001.

2.71 U.S. Census Bureau. "Welcome to the Service Annual Survey," March 30, 2009, http://www.census.gov/econ/www/ servmenu.html.

2.72 Hecker, D. "Occupational Employment Projections to 2012." *Monthly Labor Review* 127 (2004), pp. 80–105, http://www.proquest.com.

2.73 Green, H. "How Amazon Aims to Keep You Clicking." *BusinessWeek*, March 2, 2009, pp. 34–40.

2.74 Green, H. "How Amazon Aims to Keep You Clicking." *BusinessWeek*, March 2, 2009, pp. 34–40.

2.75 McGregor, J. "Behind the List." *BusinessWeek*, March 2, 2009, p . 32.

2.76 Frazer, J. "How the Gig Economy Is Reshaping Careers for the Next Generation." *Forbes*, February 15, 2019.

2.77 Frazer, J. "How the Gig Economy Is Reshaping Careers for the Next Generation." *Forbes*, February 15, 2019.

2.78 Sessions, H.; J.D. Nahrgang; M.J. Vaulont; R. Williams; and A.L. Bartels. "Do the Hustle! Empowerment from Side-Hustles and Its Effects on Full-Time Work Performance." *Academy of Management Journal* 64, no. 1 (2021), pp. 235–64.

2.79 DeNisi, A.S., and K.R. Murphy. "Performance Appraisal and Performance Management: 100 Years of Progress?" *Journal of Applied Psychology* (2017), pp. 1–13.

2.80 Drucker, P.F. *The Practice of Management*. New York: Harper and Brothers, 1954.

2.81 Shaw, D.G.; C.E. Schneier; and R.W. Beatty. "Managing Performance with a Behaviourally Based Appraisal System." In *Applying Psychology in Business: The Handbook for Managers and Human Resource Professionals*, ed. J.W. Jones; B.D. Steffy; and D.W. Bray. Lexington, MA: Lexington Books, 2001, pp. 314–25.

2.82 Pulakos, E.D. "Behavioral Performance Measures." In *Applying Psychology in Business: The Handbook for Managers and Human Resource Professionals*, ed. J.W. Jones; B.D. Steffy; and D.W. Bray. Lexington, MA: Lexington Books, 2001, pp. 307–13.

2.83 "*Fortune* Selects Henry Ford Businessman of the Century," November 1, 1999, http://www.timewarner.com/corp/print/ 0,20858,667526,00.html.

2.84 Welch, J.F. Jr. *Jack: Straight from the Gut*. New York: Warner Books, 2001, p . 158.

2.85 Welch, J.F. Jr. *Jack: Straight from the Gut*. New York: Warner Books, 2001, p . 158.

2.86 Johnson, G. "Forced Ranking: The Good, the Bad, and the Alternative." *Training*, May 2004, pp. 24–34.

2.87 Nisen, M. "How Millennials Forced GE to Scrap Performance Reviews." *The Atlantic*, August 18, 2015, https://www.theatlantic.com/politics/archive/2015/08/how- millennials-forced-ge- to-scrap-performance-reviews/432585/.

2.88 Goldberg, E. L. "Performance Management Gets Social." *SHRM Online*, July 21, 2014.

2.89 McGregor, J. "Job Review in 140 Keystrokes: Social Networking-Style Systems Lighten up the Dreaded Performance Evaluation." *BusinessWeek*, March 29, 2009, p . 58.

2.90 McGregor, J. "Job Review in 140 Keystrokes: Social Networking-

Style Systems Lighten up the Dreaded Performance Evaluation." *BusinessWeek*, March 29, 2009, p . 58.

2.91 Nisen, M. "How Millennials Forced GE to Scrap Performance Reviews." *The Atlantic*, August 18, 2015, https://www.theatlantic.com/politics/archive/2015/08/how- millennials-forced-ge- to-scrap-performance-reviews/432585/; Silverman, R. "GE Re-Engineers Performance Reviews, Pay Practices." *The Wall Street Journal*, June 8, 2016, https://www.wsj.com/articles/ ge-re-engineers- performance-reviews-pay-practices-1465358463; Silverman, R. "GE Does Away with Employee Ratings." *The Wall Street Journal*, July 26, 2016, https://www.wsj.com/article_email/ ge-does-away-with- employee-ratings- 1469541602-lMyQjAxMTA2ODI2NzEyODcyWj.

2.92 Goldberg, E. L. "Performance Management Gets Social." *SHRM Online*, July 21, 2014.

3 조직몰입

Organizational Commitment

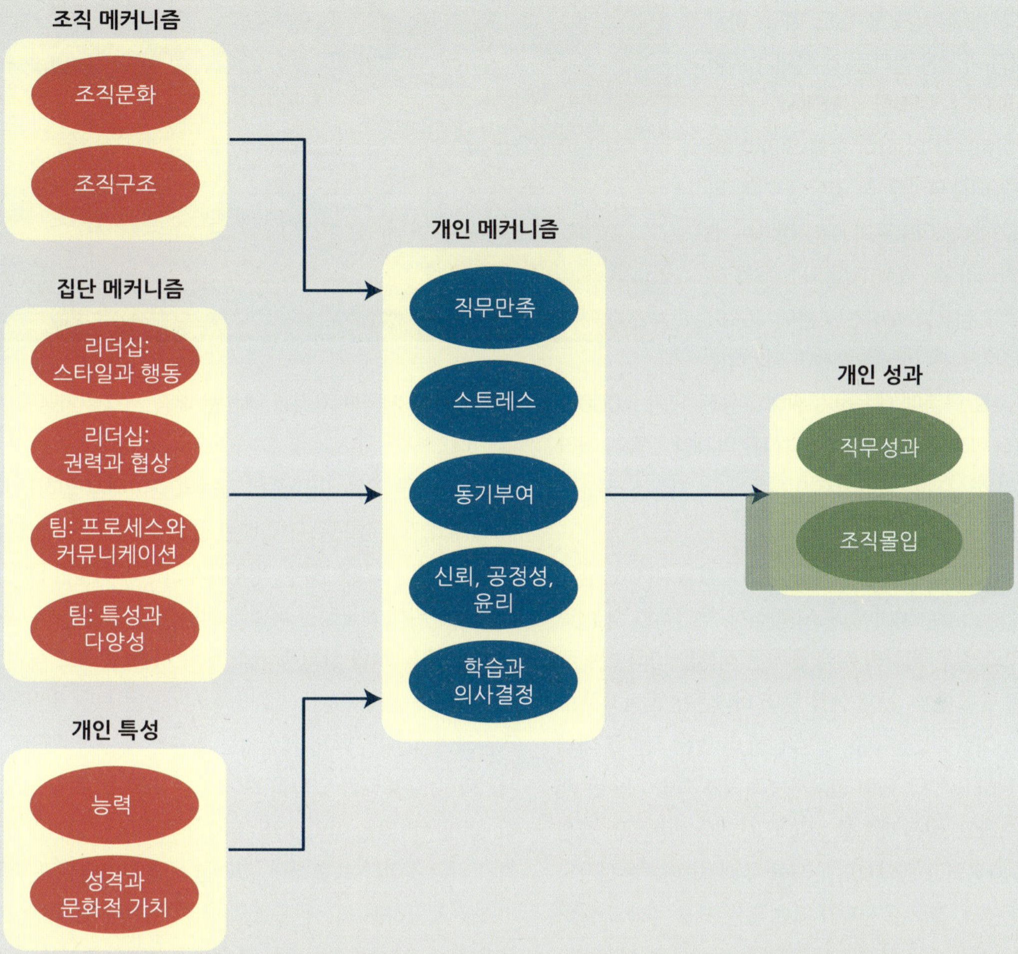

학습 목표 .... 이 장을 학습한 후에 다음의 질문에 답할 수 있어야 한다.

3.1 조직몰입이란 무엇인가? 철회행동이란 무엇인가? 이들은 서로 어떻게 연관되어 있는가?

3.2 조직몰입의 세 가지 유형는 무엇이며, 이들은 서로 어떻게 다른가?

3.3 직장에서의 부정적인 사건에 대한 네 가지 대응 방법은 무엇인가?

3.4 심리적 철회와 신체적 철회의 사례에는 어떠한 것이 있는가? 서로 다른 형태의 철회가 서로 어떻게 연관되어 있는가?

3.5 오늘날의 조직에서 조직몰입에 영향을 주는 트렌드에는 어떤 것이 있는가?

3.6 어떻게 하면 조직이 직원의 몰입에 영향을 줄 수 있는가?

아마존 AMAZON

Frederic Legrand—COMEO/Shutterstock

팬데믹의 초기 몇 달간 뭔가 필요한 것이 있었을 때를 떠올려 보라. 청소 용품일 수도 있고, 사무 용품일 수도 있으며, 집에서 운동할 때 사용하는 장비가 될 수도 있다. 하지만 집 밖의 어떤 가게에 간다는 것 자체가 위험하게 느꼈던 때이다. 이러한 상황에서 사람들은 아마존을 이전보다 더 많이 찾게 되었다. 때문에 아마존의 매출은 1년 전 같은 분기에 비해 26%나 증가했다. 아마존의 수익 증가는 소매 사업뿐만 아니라 줌, 슬랙, 넷플릭스 등을 촉진하는 클라우드 컴퓨팅 서비스 부분에서도 이루어졌다. 그 기간 동안 아마존 직원이 되었다고 상상해 보자. 수요 급증에 대응하기 위해 고용된 17만 5,000명 중 한 명일 가능성이 높다. 그렇다면 당신은 역사상 그렇게 어려운 시기에 이런 핵심적인 회사에서 일하는 것이 자랑스러울 것이다.

그러나 아마존과 직원들 간의 관계에 영향을 미치는 중요한 압력 요인(headwinds)이 있다. 고객 집착, 극단적인 혁신 및 장기적인 관리와 같은 회사의 지침 원칙은 직원을 바라보는 시각에 긴장감을 유발할 수 있다. 예를 들어 아마존은 지속적으로 자동화 기술에 대한 도전을 이어가며, 점점 더 많은 직원을 대체할 기술에 투자하고 있다. 이미 인공지능과 기계 학습 기술은 제품 수요를 예측하고, 상품 배치를 결정하고, 기타 반복적인 결정을 내리는 데 사용되고 있다. 또한, 자율 주행 차량이 운전자의 필요성을 줄이면서, 결국 운전자가 필요 없는 자율 주행 배달이 점점 늘어날 것이다. 이러한 혁신은 아마존이 비용을 절감하고 고객에게 더 저렴한 가격과 개선된 배송 시간을 제공할 수 있도록 한다.

또 다른 예로, 아마존은 그들의 창고에서 일하는 독립 계약 업체와 계절적 근로자에 대한 근로조건 때문에 비판을 받아 왔다. 팬데믹 초기에, 일부 아마존 직원은 부적절한 안전 절차에 항의하기 위해 전국적인 파업에 참여했다. 그들은 더 나은 보호 장비, 더 지속적인 사회적 거리 두기 시행, 그리고 작업장의 더 개선된 소독을 요구했다. 그 밖의 시위들은 보다 일반적인 근로조건에 초점을 맞추어, 끊임없는 효율성 추구가 때때로 직원의 사기와 충돌할 때가 있음을 보여 준다. 그리고 또 다른 3,000명이 참여한 파업은 아마존의 기후 정책에 대한 관심을 불러일으키기 위한 것이다. 종합하면, 그러한 노력은 아마존과 제품 및 서비스를 제공하는 최전선 근로자 간의 관계를 형성하는 데 영향을 미칠 수 있는 새로운 수준의 행동주의를 대표할 수 있다.

조직몰입

조직몰입은 우리의 통합 모델에서 직무성과와 동일선상에 위치해 있으며, 조직행동의 교육 과정에서 다루는 개념에 대한 시작점이기도 하다. 왜 조직몰입에 대한 논의로 시작하는가? 왜냐하면 업무 수완이 좋고 능력 있는 직원을 보유하는 것으로는 충분하지 않기 때문이다. 그들의 노력에 대한 혜택을 받기 위해 이러한 직원들을 오랜 기간 보유할 수 있어야 한다. 기업의 소유주 입장에서 생각해 보자. 당신은 지역 대학교에서 졸업한 사람들을 채용하기 위해 많은 시간을 투자했고, 한 여성에게 당신의 기업에서 일할 것을 권유하였으며, 그녀에게 충분한 자격이 있다는 것을 확신하였다. 그녀가 채용된 후로부터 그녀를 관심 있게 지켜보며, 필요한 도움을 주고 멘토 역할이나 필요한 것을 가르치는 선생의 역할도 하였다고 생각해 보자. 이제 막 기업이 그 직원의 존재로 인해 발전하려는 찰나에, 그녀가 다른 경쟁사로 자리를 옮겼다. 관리자의 입장에서 이보다 더 우울한 상황이 있을 수 있겠는가?

유감스럽게도, 이러한 상황은 흔히 발생하는 일이다. 미국 노동통계국(U.S. Bureau of Labor Statistics)의 추정에 따르면, 18세에서 52세가 되는 동안 미국인들은 평균 12개의 직업을 갖는다.[1] 직원이 35세에서 44세 사이에 시작하는 일 중 75%는 5년 이내에 끝난다. 이직률이 주는 손해가 막중하기 때문에 이러한 수치는 관리자에게는 섬뜩한 일일 수밖에 없다. 추정에 따르면, 한 번의 이직은 그 직원 급여의 90~200%에 해당하는 비용을 양산한다고 한다.[2] 왜 이렇게 비싼 것인가? 이러한 추정은 신입 직원을 고용하는 과정에서 발생하는 행정 비용, 채용 지출, 심사 비용, 그리고 교육과 오리엔테이션 과정에 드는 비용 등을 포함하고 있다. 이러한 추정에는 또한 사기 저하, 조직 지식의 손실, 생산성 결여 등의 "보이지 않는 비용"도 포함하고 있다.

조직몰입(organizational commitment)이란, 직원이 조직의 구성원으로 존속되고자 하는 열망을 말한다.[3] 조직몰입은 직원이 조직의 구성원으로서 남는지(유지), 아니면 다른 직업을 추구하는지(이직)에 영향을 준다. 이 장에서는 조직이 보유하고 싶어 하는 직원을 유지시킴으로써 자발적 이직을 줄이는 데 초점을 두고 있다. 또한 해고나 인원 감축으로 오는 비자발적 이직에 대해서도 다룰 것이다. 기업에 몰입하지 못하는 직원은 **철회 행동**(withdrawal behavior)을 보이게 되는데, 이는 직원이 근무 여건에 대한 이행을 기피하는 것으로, 결국에는 조직을 떠나게 되는 결과를 낳는다.[4] 몰입과 철회에 대한 관계는 [그림 3-1]에 나타나 있다. 어떠한 직원들은 철회보다 높은 수준의 몰입을 보여 주며, 그림의 왼쪽 끝 녹색 부분에 위치한다. 다른 직원들은 몰입보다 높은 수준의 철회를 보이며, 그림의 오른쪽 끝 적색 부분에 위치한다. 다음 부분에서 몰입과 철회에 대해 좀 더 자세히 알아보자.

> **학습목표 3.1**
> 조직몰입이란 무엇인가? 철회행동이란 무엇인가? 이들은 서로 어떻게 연관되어 있는가?

"몰입되다"라는 것은 무엇을 의미하는가

조직몰입을 이해하는 데 하나의 핵심은, 그것이 어디서 오는가에 대한 이해에 있다. 무엇이 조직의 구성원으로 남고자 하는 열망을 부르는가? 이러한 질문에 대해 알아보기 위해서 다음과 같은

그림 3-1 조직몰입과 철회

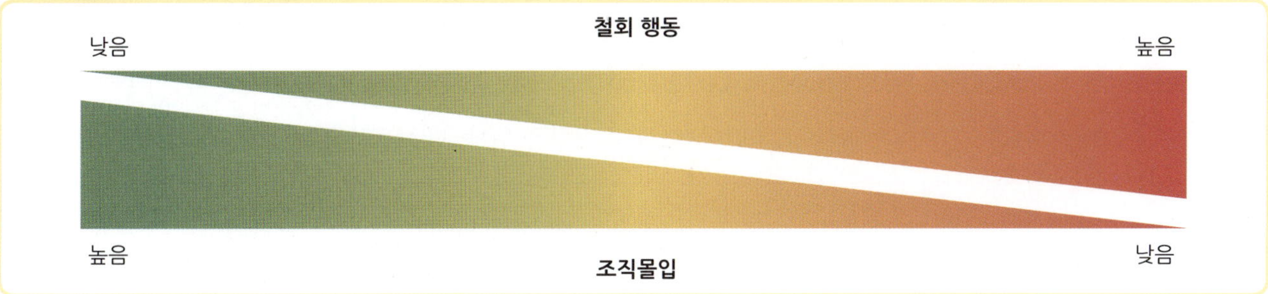

상황을 생각해 보자. 당신은 당신의 상사 밑에서 정규직으로 5년간 일해 왔다. 당신은 이 회사에서 처음 일을 시작했고, 지금까지 만족스러운 회사 생활을 하였다. 당신의 급여는 좋은 교육 환경을 가진 지역의 집을 장만하기에 충분했고, 이는 당신의 아이들에게 중요한 부분이다. 자, 이제 당신이 학술 발표회에 참가하는 동안 다른 경쟁사로부터 비슷한 직위의 자리를 제안받았다고 생각해 보자. 당신은 어떠한 것들을 고려하겠는가? 당신이 고려하고 있는 것을 목록으로 만들면, 그 목록엔 어떠한 것들이 있겠는가?

몰입의 유형

학습목표 3.2
조직몰입의 세 가지 유형은 무엇이며, 이들은 서로 어떻게 다른가?

〈표 3-1〉에 나와 있는 것은 이에 대한 하나의 목록이 될 수 있다. 왼쪽 열에는, 우정에 대한 감정, 기업의 문화 또는 분위기, 그리고 업무 수행에 대한 행복 등으로 기업에 남게 되는 감정적인 이유가 명시되어 있다. 이러한 유형의 감정적인 이유는 **정서적 몰입**(affective commitment)을 불러일으키는데, 이는 조직에 가지는 감정적인 애착 또는 감정적인 연대로 인해 조직의 구성원으로 남기를 원하는 것을 말한다.[5] 간단하게 말하면, 자신이 원하기 때문에 남는 것이다. 가운데 열에는 급여, 복지, 승진, 가족 부양 등과 같은 비용적인 이유(cost-based reason)가 명시되어 있다. 이러한 이유는 **지속적 몰입**(continuance commitment)을 형성하는데, 이는 직장을 떠남으로써 발생하는 비용에 대한 인지로 인해 조직의 구성원으로 남기를 원하는 것을 말한다.[6] 다른 말로 하면, 남아야 할 필요가 있기 때문에 남는 것이다. 오른쪽 열에는 상사, 동료, 혹은 기업으로부터 받은 호의로 인해 기업에 남게 되는 의무적인 이유를 명시하고 있다. 이러한 이유는 **규범적 몰입**(normative commitment)을 불러일으키는데, 이는 의무적인 이유로 인해 조직의 구성원으로 남기를 원하는 것을 말한다.[7] 이러한 경우는 그래야 하기 때문에 남는다.

[그림 3-2]에서 볼 수 있듯이, 세 가지 유형의 조직몰입은 기업에 대한 심리적인 애착을 형성한다. 물론 사람마다 이 세 가지 사항에 대해 다른 무게를 둔다. 어떤 직원은 본성적으로 매우 합리

표 3-1 조직몰입의 세 가지 유형

무엇이 현재의 직장에 머물게 하는가?		
정서적 몰입(감정 기반)	**지속적 몰입(비용 기반)**	**규범적 몰입(의무 기반)**
나의 절친한 친구들이 내 사무실에 있다 … 나는 아마도 그들을 그리워할 것이다.	나는 곧 승진할 것이다 … 새 직장에서도 이렇게 빨리 승진할 수 있을까?	나의 상사는 나를 교육시키고 이끌기 위해 많은 시간을 투자해 왔다.
나는 현재의 직업 환경을 정말로 좋아한다 … 재미있고 여유롭기 때문이다.	나의 보수는 좋은 집을 마련할 수 있게 했다 … 새로운 직장이 있는 도시는 생활비가 비싸다.	이 조직은 나의 직장 생활을 시작할 수 있는 기회를 주었다 … 다른 조직에서는 내가 아직 충분한 자질을 갖추지 못했다고 생각하고 있을 때.
나의 현재 직무는 보상 수준이 좋다 … 매일 아침 일하러 나오는 것을 즐긴다.	현재 생활하는 지역은 교육제도가 좋고, 배우자가 이 지역에서 좋은 직장에 다니고 있다 … 우리는 이 지역에서 뿌리를 내리고 있다.	나의 고용주는 내가 어려움에 처했을 때 여러 번 도와주었는데 … 내가 어떻게 이직할 수 있겠는가?
자신이 **원하기** 때문에 머무른다.	자신이 남아야 할 **필요가 있기** 때문에 머무른다.	자신이 **그래야 하기** 때문에 머무른다.

적이어서 남고 싶은가에 대한 여부를 지속적 몰입에 대한 내용을 통해 정할 수 있다. 다른 직원은 감정적이고 직관적이어서 비용과 혜택에 대한 계산보다는 "느낌"을 따라갈 수 있다. 세 가지 유형의 조직몰입에 대한 중요성은 직장 생활 동안 달라질 수 있다. 예를 들어 당신이 처음 일하기 시작했을 때 중요한 이유가 되었던 정서적 몰입은, 가족이 생긴다거나 그 조직 내에서 확고한 위치를 가지게 되면서 지속적 몰입보다 옅어질 수 있다. 세 가지 중 어떤 것에 더 무게를 두는가와는 관계 없이, 이는 왜 사람들이 몰입되는지, 그리고 조직이 어떻게 하면 직원을 몰입하게 만들 수 있는지에 대한 중요한 통찰력을 준다.

몰입된 근로자는 그들의 동료나 관리자, 또는 그들이 담당하고 있는 일 등과 같이 직무의 어느 특정 부분에 강한 호감을 갖고 있다.

[그림 3-2]는 또한, 조직몰입은 단순한 "조직" 이상의 것이라는 점을 보여 준다. 즉 사람들이 항상 기업에 몰입하는 것은 아니라는 뜻이다. 그들은 현재 기업의 최고 경영 조직, 일하는 부서, 관리자, 혹은 긴밀히 협력하는 팀이나 동료에게 몰입하고 있을 수 있다.[8] 기업의 구성원으로 남기를 원하게 만드는 다양한 것, 사람이나 환경들을 일컬어 **몰입의 초점**(focus of commitment)이라 한다. 예를 들어 당신은 작업 팀에 대한 감정적인 애착, 기업을 떠남으로써 잃게 되는 급여와 혜택에 대한 비용적인 걱정, 그리고 당신의 관리자에 대한 의무감 때문에 조직의 구성원으로 남기를 원할 수 있다. 만약 그러하다면 당신이 남고자 하는 이유는 여러 유형의 몰입(정서적, 지속적, 규범적)과 다양한 몰입의 초점(작업 팀, 기업, 관리자)에서 오는 것이다. 이제, 몰입을 불러일으키는 요소에 익숙해졌으니 유형별로 더 깊게 들어가 보자.

그림 3-2 조직몰입의 요인

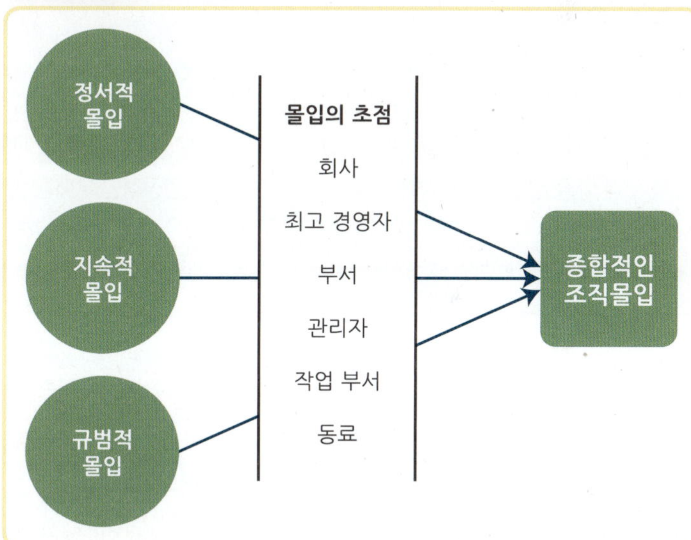

정서적 몰입. 세 가지 유형의 몰입에 대한 차이점을 이해하기 위한 방법으로는, 조직을 떠난다면 어떠한 생각이 들겠는가에 대한 질문을 해 보는 것이 있다. 〈표 3-1〉 왼쪽 열에 있는 목록에 대해서 생각해 보자. 이러한 모든 이유를 고려한 후에도 조직을 떠나 다른 기업으로 이직해야겠다는 결단이 선다면 어떤 느낌을 받겠는가? 당신은 슬픔을 느끼게 될 것이다. 조직에 대해 정서적 몰입을 가지는 직원은 조직의 목표와 가치를 수용하고 조직을 위해 기꺼이 더 많은 노력을 쏟는다.[9] 조직과 동일시함으로써 그들은 조직의 구성원이 되는 것을 자아의식만큼이나 중요하게 여긴다.[10] 정서적 몰입이 당신의 현(혹은 전) 관리자에 대한 것인가? OB 진단지를 통해 확인해 보라.

만약 관리자가 직원들이 가졌으면 하는 몰입의 유형을 선택할 수 있다면, 그들은 정서적 몰입을 선택할 것이라고 말해도 좋다. 관리자가 직원에 대하여 "그녀는 몰입되었다" 혹은 "그는 충직

OB 진단지

정서적 몰입

당신은 상사에게 정서적으로 얼마나 애착을 가지고 있는가? 이 평가는 당신이 현 조 직에 얼마나 머무르길 원하는가에 대한 정서적 몰입 정도를 알아보기 위해 고안되었다. 당신의 현 직업이나 이전의 직업을 떠올려 보라(파트타임이나 아르바이트였어도 상관없다). 주어진 범위를 사용하여 질문에 답을 하라. 진하게 표시된 문제의 답은 6에서 빼서 계산하라. 그 숫자가 해당 질문에 대한 당신의 답이 된다. 예를 들어 문제 3의 답이 "4"라면 당신의 최종 답은 "2"(6−4)가 된다. 그 다음 6개의 질문에 대한 답을 모두 더한다.

1	2	3	4	5
매우 아니다	아니다	중간	그렇다	매우 그렇다

1. 나는 이 조직에서 내 남은 직장 생활을 보내는 것이 행복하다. ______
2. 나는 이 조직의 문제가 나의 문제인 것처럼 느낀다. ______
3. **나는 내가 이 조직에서 "가족의 일부분"이라는 느낌을 받지 못한다.** ______
4. **나는 이 조직에 "감정적인 애착"이 없다.** ______
5. 이 조직은 나에게 있어 개인적으로 큰 의미를 지니고 있다. ______
6. **나는 이 조직에 큰 소속감을 느끼지 못한다.** ______

점수 계산과 해석

만약 합산 점수가 20점을 넘는다면, 당신은 현재 혹은 과거의 고용주에 대해 강하게 정서적 몰입을 하고 있다는 뜻이다. 이는 당신이 회사나 회사 내 사람들에게 정서적인 애착을 느낀다는 것을 의미한다. 만약 합산 점수가 20점 보다 낮다면, 당신은 현재 혹은 과거의 고용주에 대한 정서적 몰입이 취약함을 뜻한다. 이러한 결과는, 당신이 파트타임이나 아르바이트 경험을 바탕으로 평가를 했을 때 좀 더 낮게 나올 수 있다. 왜냐하면 이러한 형태의 직업은 감정적인 유대감을 형성하기에 충분한 시간이 주어지지 않기 때문이다.

출처: Adapted from N.J. Allen and J.P. Meyer, "The Measurement and Antecedents of Affective, Continuance, and Normative Commitment to the Organization," *Journal of Occupational Psychology* 63 (1990), pp. 1–18.

하다"라고 말하는 것은 보통 정서적 몰입에서 오는 행동에 대한 표현이다.[11] 예를 들어 관리자에게 정서적으로 몰입한 직원은 돕기, 스포츠맨십, 열렬한 지지와 같은 대인관계 조직시민행동에 관여하게 된다. 6,000명을 대상으로 이뤄진 22개의 연구에 대한 메타 분석에 의하면, 정서적 몰입과 시민행동 사이에 어느 정도 상당한 상관관계가 있는 것으로 밝혀졌다.[12] (이 메타 분석은 동일한 관계에 대해 연구한 결과의 평균을 구한 것이다.) 이러한 결과는, 감정적으로 몰입한 직원이 그 몰입도를 "더 많은 노력"으로 보여 줌으로써 표현한다고 설명할 수 있다.

정서적 몰입은 조직에 대한 감정적인 유대감을 반영하기 때문에, 동료 직원들 사이의 감정이 이러한 유대감에 영향을 주는 것은 당연하다.[13] 따라서 직원들을 하나로 묶어 주는 유대감에 대해 자세히 알아본다면, 정서적 몰입에 대해 더 많은 이해를 할 수 있다. 부서의 모든 직원 또는 과목 수강생 전원의 이름이 적힌 용지를 받았다고 생각해 보자. 그런 다음, 당신이 목록에 있는 사람들과 얼마나 자주 대화를 하는지, 그리고 그 대화의 깊이는 어떠한지에 대한 점수를 줘야 한다고 생각해 보자. 이 점수는 직원과의 유대감을 정리한 "사회적 연결망(social network)" 도표를 만드는 데 사용될 것이다. [그림 3-3]은 이러한 도표의 한 예이다. 10명의 업무 구성원을 연결한 선은 사람들끼리 의사소통 끈으로 묶여 있음을 말하며, 두꺼운 선은 잦고 깊은 감정의 의사소통을 뜻한다. 이 도표는 몇몇의 직원이 의사소통 연결의 "마디"가 되고 있음을 보여 주며, 몇몇은 이 연결망 안에서 가장자리에 위치하고 있다.

침식 모델(erosion model)은 유대가 적은 직원일수록 조직을 떠날 가능성이 높다고 주장한다.[14] [그림 3-3]에서 누가 가장 이직의 위험에 노출되어 있는가? 그렇다. 다른 사람과 단 하나의 끈만 가지고 있는 직원이다(그리고 비교적 낮은 유대감을 가지고 있다). 정서적 몰입의 관점으로 볼 때 그 직원은 다른 직원들에 비해 낮은 정서적 애착을 가지기 쉽고, 이는 조직을 떠나는 결정을 내리기 쉽게 한다. 사회적 연결망 도표는 이직을 이해하는 데 있어 또 다른 설명을 제공한다. **사회적 영향 모델**(social influence model)은 조직을 "떠나는" 사람들과 직접적인 연결 고리가 있는 직원 또한 조직을 떠나는 사람이 되기 쉽다고 주장한다.[15] 이 때문에 정서적 몰입의 감소는 전염병처럼 조직 내에 퍼지게 된다. 사회적 연결망의 중심에 있는 인물(다섯 명의 직원과 연결된 사람)이 조직에 대해 만족스러워 하지 않게 되었을 때 발생하는 손실에 대해서 생각해 보자.

그림 3-3 사회적 연결망 도표

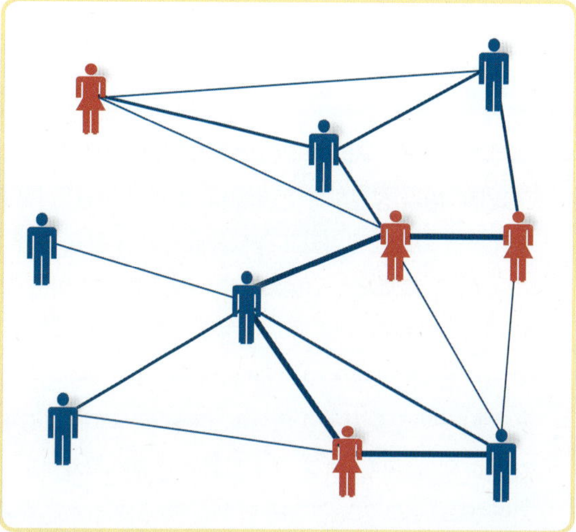

골드만삭스(Goldman Sachs)는 직원들 간 강력한 유대감의 중요성을 인식하는 것으로 보인다. 네이션와이드(Nationwide), 지멘스(Siemens), 트위터, 페이스북과 같은 회사가 팬데믹으로 인한 재택근무 정책을 무기한 연장하고 있는 상황에서 골드만삭스는 직원들이 가능한 한 빨리 사무실로 돌아오게 하려 한다. 이 회사의 CEO는 "우리 회사는 항상 팀 중심의 견습 문화(team-oriented apprenticeship culture)를 가졌으며, 우리는 함께 일하고 함께하는 것에서 이익을 얻는다"라고 설명한다.[16] 경력개발 전문가는 "우리는 개인으로 운영해 왔다. 관리자는 집단에 대한 책임이 있으며, 그것을 다시 통합할 필요가 있다"라고 CEO의 주장에 동의한다.[17] 팬데믹 이후의 시대에서 정서적 몰입을 함양하는 것과 관련된 도전에 대한 자세한 내용은 OB 북스토어를 통해 자세히 알아보자.

지속적 몰입. 이제 조직에 남는 이유를 〈표 3-1〉의 가운데 열에서 찾아보자. 이러한 모든 이유를 고려한 후에도 조직을 떠나 다른 기업으로 이직해야겠다는 결단이 선다면 어떤 느낌을 받겠는가? 당신은 불안함을 느낄 것이다. 지속적 몰입은 조직에 남을 때 얻는 이익과 조직을 떠날 때 드는 비용을 고려하면서 생겨난다.[18] 높은 수준의 지속적 몰입은, 조직을 떠날 때 부담해야 하는 큰 손실 때문에 이직을 어렵게 만든다.[19] 지속적 몰입을 증가시키는 하나의 요소로는 업무 역할의 숙달, 조직의 의무 수행을 위해 직원이 쏟은 투자(시간, 노력, 에너지 등)가 있다.[20] 당신이 어떤 조직에서 몇 년간에 걸친 각고의 노력 끝에 해당 업무에 관한 "모든 내용"을 완벽히 숙달하였고, 이제 그 노력에 대한 금전적인 보상과 더 좋은 업무에 착수 하는 등의 열매를 즐기기 시작했다고 생각해 보자. 당신의 이러한 노력은 다른 조직으로 이직을 함과 동시에 모두 쓸모없는 것이 되어 버린다(그리고 학습곡선의 첫 부분부터 다시 시작해야 한다).

지속적 몰입을 증가시키는 다른 요소로는 고용 대안(employment alternative)의 부족이 있다.[21]

북스토어

고립의 시대(THE LONELY CENTURY)

Noreena Hertz (New York: Currency, 2021)

Noreena Hertz/Random House

그러나 외로움의 시대는 2020년 1분기에 시작된 것은 아니다. COVID-19가 창궐하기 전에 우리 중 많은 사람은 이미 상당한 시간 동안 외롭고 고립되고 원자화된 것을 느끼고 있었다.

이 말로 저자는 외로움의 위기라고 불릴 수밖에 없는 상황에 대해 설명한다. 외로움에 대한 과학적 연구를 검토한 저자의 리뷰는 놀라운 그림을 보여 준다. 미국인 3명 중 1명은 자신을 외로운 사람으로 묘사하고 있으며, 밀레니얼 세대의 20%는 친구가 전혀 없다고 보고하고 있다. 그러한 통계는 자체로도 충격적이지만, 특히 외로움이 건강에 미치는 영향 때문에 매우 걱정스럽다. 의학 연구에 따르면 장기간의 외로움은 운동 부족, 비만, 흡연 및 알코올 중독과 마찬가지로 건강에 해를 끼칠 수 있다.

외로움의 위기는 하루아침에 일어난 것이 아니다. 도시에서는 소유보다 임대를 증가시키는 경제적 현실로 인해 이웃 간의 연결 형성이 어려워졌다. 한편, 스마트폰을 들고 다니거나 상품과 서비스를 비접촉 배달 서비스를 이용하기 때문에 낯선 사람과의 "소규모 만남"이 어려워졌다. 직장에서는 상호작용을 촉진한다고 주장된 개방형 사무실 구조가 오히려 직원들이 방해를 이겨내기 위해 소음 차단 헤드폰에 의지하게 만들며, 결국 이메일과 문자 메시지가 대화를 대체하는 결과를 가져왔다. 마지막으로, 우리가 온라인에서 살아가는 정도는 인터넷에서 무례한 행동이 일상화되어 대인관계에 대한 규범이 둔화되고, 우리의 대면 기술을 위축시키게 만들었다. 저자가 지적한 바와 같이, 이러한 모든 요소는 팬데믹이 많은 노동자가 집에서 일하게 되기 전부터 존재했으며, 게다가 팬데믹 이후 대면의 효과를 바꾼 마스크가 도입되었다.

조직이 팬데믹 이후의 현실에 적응함에 따라 직원 간의 의미 있는 상호작용을 복원하고 풍부하게 하는 것이 중요한 과제가 될 것이다. 동료들을 연결하는 강한 유대 관계가 없다면 정서적 몰입이 생길 수 없다. 저자는 이러한 도전에 대해 적극적으로 대처하도록 권장하며, 사무실에서 근무하는 것을 강조하고, 집합 공간, 공동 식사, 사회적 상호작용을 위해 시간 할당, 친절과 공감을 보상하는 문화 등을 강조한다.

직원이 달리 갈 곳이 없다면 남아야 하는 이유가 더욱 커진다. 고용 대안은 경제 상황, 실업률, 그리고 개인이 가지고 있는 기술과 능력의 시장성 등과 같은 요소와 관련이 있다.[22] 어느 누구도 곤경에 빠지는 것을 좋아하지 않는다. 따라서 지속적 몰입에서는 정서적 몰입에서 나오는 긍정적인 행동이 보이지 않는다. 예를 들어 지속적 몰입과 시민행동에는 그 어떤 통계적 연관성이 없으며, 또한 직무성과의 다른 측면들과도 마찬가지이다.[23] 따라서 지속적 몰입은 좀 더 수동적인 형태의 충성을 만든다.

〈표 3-1〉의 가운데 열에 해당하는 몇몇 이유는 개인적 또는 가족에 대한 문제에 기인하는 경우가 있다. 지속적 몰입은 다른 두 가지 몰입의 이유보다도 개인적이고 가족에 대한 문제에 초점을 둔다. 왜냐하면 직원은 종종 일적인 이유와 일 외적인 이유로 기업에 남아야 하기 때문이다. 직원이 일적인 또는 일 외적인 이유로 현 관리자에게 묶여 있어야 하는 이유를 설명하는 개념을 **배태성**(embeddedness)이라고 하는데, 이는 직원들의 조직과 공동체와의 연결 고리, 그들의 조직과 공동체에 대한 부합 정도, 그리고 이직을 위해 무엇을 희생하야 하는가에 대한 내용을 요약하고 있다.[24] 〈표 3-2〉에 나와 있듯이 배태성은 직원이 기업에 남아 있어야 하는 추가적인 이유를 제공

표 3-2 배태성과 지속적 몰입

"배태된" 사람들이 느끼는:		
측면	조직에 대한:	지역사회에 대한:
연결	- 나는 이 회사에서 아주 오랫동안 근무해 왔다. - 나는 매우 많은 팀과 위원회에서 활동하고 있다.	- 여러 친구와 가족이 가까이 살고 있다. - 내 가족의 뿌리들은 현재 살고 있는 지역사회에 존재한다
부합	- 내 직무는 나의 기술과 재능을 활용하게 한다. - 나는 내가 근무하고 있는 회사에서 주어진 권한과 책임을 좋아한다.	- 내가 살고 있는 지역의 날씨는 나에게 적합하다. - 내가 살고 있는 지역사회를 가정처럼 생각한다.
희생	- 회사가 제공하는 퇴직수당이 아주 좋다. - 내가 현재의 직무를 그만두면 많은 희생을 치르게 될 것이다.	- 내가 살고 있는 지역사회의 사람들이 나를 존경한다. - 현재의 지역사회를 떠나기가 매우 힘들 것이다.

출처: Adapted from T.R. Mitchell, B.C. Holtom, T.W. Lee, C.J. Sablynski, and M. Erez, "Why People Stay: Using Job Embeddedness to Predict Voluntary Turnover," *Academy of Management Journal* 44 (2001), pp. 1102–21.

함으로써 지속적 몰입을 강화시킨다(그리고 더 많은 부분에서 이직에 대한 불안감을 준다).[25] 연구 결과에 따르면 배태성은 부정적인 사건이 일어날 경우에 직원들에게 도움이 되며,[26] 모든 문화에 걸쳐 문제를 야기한다고 주장했다.[27]

당신의 현재 상황에 대해 생각해 보자. 당신이 만약 아르바이트를 하는 대학생이라면 당신이 어떤 조직에 깊게 뿌리박혀 있다고 느끼지는 않을 것이다. 당신과 당신의 직업 간의 고리는 단기적인 것일 테고, 당신의 업무는 당신이 가지고 있는 적합성의 관점보다 더 판에 박힌 일상으로 느껴질 것이다. 당신은 또한 당신이 그 직업을 그만둘 경우 희생해야 하는 부분도 없다고 느낄 것이다. 공동체의 관점에서 보자면 당신은 아마 자라 온 곳과 다른 시, 도에 위치한 학교를 다니게 될 수 있고, 이는 적은 연결 고리, 낮은 부합 혹은 적은 희생에 대한 느낌을 가지게 될 것이다. 그러나 만약 당신이 정규직 직원으로서 당신의 업무와 공동체에서 어느 정도 위치를 확고히 하고 있다면, 당신은 현 상황에 상당히 깊이 속해 있음을 느낄 것이다.[28] **영화 속 OB**를 통해 직원들이 낮은 배태성에 대해 어떤 의견을 가지고 있는지 알아보자.

알콘(Alcon Labs)사는 지속적 몰입에 대한 중요성을 이해하고 있는 듯하다. 텍사스에 위치한 안구 보호 제품 업계의 선두주자인 포트워스(Fort Worth)사는 2% 이하의 자발적 이직률을 가지고 있다.[29] 이렇게 낮은 이직률을 가질 수 있는 하나의 이유는 알콘사가 직원에게 제공하는 복리 후생 제도일 수 있겠다. 예를 들어 알콘사는 퇴직금으로 직원의 공로보다 240% 더 높은, 그리고 전체 보상의 5%에 해당하는 금액인 401,000달러를 준다. 만약 직원이 한 달 동안 퇴직을 위해 500달러만큼의 투자를 했다면, 알콘사가 이를 1,200달러로 만들어 준다. 이러한 정책은 후한 비율을 쳐준다는 회사들보다 2배나 높아 직원들에게 은퇴 "비상금(nest egg)"을 보다 빨리 마련할 수 있게 해 준다. 직원들은 경쟁 회사에서 제안이 왔을 경우 분명히, 이러한 혜택을 포기하는 것에 대한 불안감을 느낄 것이다.

규범적 몰입. 이제는 조직에 남는 이유를 〈표 3-1〉의 오른쪽 열에서 찾아보자. 이러한 모든 이유를 고려한 후에도 조직을 떠나 다른 기업으로 이직해야겠다는 결단이 선다면 어떤 느낌을 받

영화 속 OB

노매드랜드
NOMADLAND

Lifestyle pictures/Alamy

나는 노숙자가 아니야, 단지 무주택자일 뿐이지. 거주할 곳이 없는 것과 집이 없는 건 다르잖아, 그렇지?

이러한 말로 펀(프랜시스 맥도먼드)은 노매드랜드(클로이 자오 감독, 서치라이트, 2020)에서 그녀의 현재 상황을 요약한다. 그녀의 남편처럼, 펀은 석고보드(sheetrock)를 채굴하는 네바다주 엠파이어의 U.S. Gypsum사의 공장에서 일했다. 대공황의 결과로 석고보드에 대한 수요가 급감했을 때, 공장은 문을 닫았다. 엠파이어는 곧 유령도시가 되었고, 그 지역의 우편번호도 몇 달 안 지나 미국 정부에 의해 폐지되었다.

여느 만성 실업자나 불완전 고용인들처럼 펀은 한시적인 계절 근로자로 일하게 되었다. 펀은 대부분의 물건을 보관 시설에 남겨 두고, 그녀의 흰색 밴을 타고 주에서 주로 돌아다녔다. 영화가 시작될 때, 그녀는 아마존 시설에서 일하고 있다. 엠파이어에서 멀지 않은 곳에서 아마존이 연말 성수기를 대비하고 있었다. 아마존은 RV 공원에 공간을 지원하며, 펀이 일하는 몇 주 동안 그곳에 밴을 주차할 수 있게 해 준다. 아마존의 한시적 계절 근로자들은 서로 관계를 지속적으로 유지하고자 노력하지만, 공유하는 그 소속감이 일시적이라는 것을 알고 있다.

펀은 엠파이어에서 과외를 하던 학생과 우연히 만나면서 "무주택자일뿐 노숙자는 아니다"라는 구분을 명확히 한다. 그러나 그녀가 학생을 위로하기 위해 대담한 얼굴을 하고 있지만, 그녀가 삶에서 유대감을 유지하기 위해 고군분투하고 있는 것은 분명하다. 펀의 상황은 극도의 배태성 부족을 보여 준다. 그녀는 일자리를 찾아 계절별로 돌아다니면서 조직이나 지역사회와의 연결망을 형성하지 못한다. 동시에 취업 옵션이 부족하기 때문에 어떤 직장이나 지역에서 적합성을 찾기 어렵다. 그러나 그러한 감정 중 일부는 곧 바뀔지도 모른다. 펀이 최근 아마존에서 만난 동료가 밴과 RV를 몰고 애리조나주 코트사이드로 가는 "노매드" 그룹에 대해 이야기했다. 펀이 남쪽으로 운전해 갈 가능성을 고민하면서, 그녀는 엠파이어에서 잃어버린 공동체에 대한 감정을 노매드들이 제공할 수 있기를 희망한다.

겠는가? 당신은 죄책감을 느낄 것이다. 규범적 몰입은 조직에 남는 것이 "옳은(right)" 혹은 "도덕적인(moral)" 것이라고 판단되었을 때 생겨난다.[30] 사람들이 현 관리자에게 남아 있어야만 한다라는 감정은 개인의 업무 철학과 삶에서 얻은 옳고 그름에 대한 인식으로부터 생겨난다. 이러한 감정은 또한 기업에서 일하기 시작했을 때, 장기적인 충성은 이례적인 것이 아닌 일반적인 것이라고 생각하게끔 만들어진 것에서도 생겨난다.[31]

개인의 업무 철학 혹은 조직 내 사회화 이외에도, 직원에게 의무 기반의 몰입을 하게 만드는 두 가지 방법이 있다. 하나의 방법은 직원이 조직에게 빚을 지고 있고 갚아야 할 것이 있다고 느끼게 만드는 것이다. 예를 들면 직원의 교육과 발전에 많은 돈을 투자한다. 이러한 투자에 대한 인식은 직원으로 하여금 조직에게 "갚아야" 한다는 생각을 들게 하고, 그(그녀)는 몇 년간 더 조직에 충성을 할 것이다.[32] 만약 당신의 관리자가 당신의 대학 등록금을 내주었고, 다른 교육도 받을 수 있게 해 주었으며, 업무 과제를 수행하는 데 필요한 기술을 연마시키고 발전시켜 주었다고 생각해 보자. 당신의 첫 직장으로 이곳이 아닌 다른 기업을 선택했다면 죄책감을 느끼지 않겠는가?

의무 기반의 몰입을 하도록 만드는 다른 방법은 기업을 특별한 자선단체로 만드는 것이다.

예를 들어 많은 기업은 직원들이 비영리단체나 자선단체를 위해 계획된 활동 중에 시간이나 기술을 기부하는 자원봉사에 참여하도록 권장한다.[33] 이러한 기업들은 직원의 개인적인 시간에 자원봉사을 장려할 수도 있고, 직장에서 일하는 동안 시간이나 기술을 기부할 수 있는 "기업 자원봉사" 프로그램을 만들기도 한다. 이러한 노력이 직원의 일에 방해가 될까? 그렇지 않다. 연구에 따르면, 자원봉사에 참여하는 직원이 그렇지 않은 직원보다 실제로 더 일에 열중한다는 것을 보여 준다. 게다가 자원봉사에 참여하는 직원은 동료들로부터 그러한 활동에 대해 "칭찬(credit)"을 받는다.[34] 조직에게 자원봉사은 좋은 홍보가 되고, 그 기업의 제품 또는 서비스에 대한 좋은 이미지를 주며 신입 사원을 유치하는 데 도움이 될 수 있다.[35] 또한 이러한 사업들은 현 직원에게 조직에 대한 좋은 감정을 가지게 하고, 규범적 몰입을 깊게 한다. 이러한 부분은 특히 젊은 직원들에게서 더욱 크게 나타난다. 이를 뒷받침하는 사례로, 많은 MBA 졸업자가 넷임팩트(Netimpact.org)와 같은 온라인 네트워크를 통해 사회개발 사업에 참여한다(신뢰, 공정성, 윤리에 대해 다루는 7장에서 이와 관련된 더 많은 내용을 알아보라).[36]

컴캐스트(Comcast)사는 규범적 몰입에 대한 가치를 이해하고 있다. 필라델피아에 위치한 이 미디어 기업은 9년에 걸쳐 컴캐스트 케어 데이(Comcast Care Day)를 운영했다.[37] 원래 이 날에는 50여 명의 직원이 지역 자선행사에 참여했었다. 올해는, 60,500여 명의 직원, 직원의 가족, 봉사자들이 지역, 또는 국가 비영리 집단과 함께 조경을 가꾼다거나 강기슭을 청소하는 등의 다양한 행사에 참여했다. 컴캐스트사 주민 참여 프로그램의 관리자는 컴캐스트 케어 데이는 직원들을 끌어들이고 유지하기 위해서 만들어진 것은 아니라고 주장했다. 그러나 이 프로그램이, 특히 젊은 직원들로부터 의도하지 않았던 긍정적인 결과를 만들어 낸다고 시인했다.

철회행동

앞서 언급했듯이, 60%의 직원이 경기가 나아짐에 따라 이직을 고려하기 시작한다고 한 연구는 밝혔다. 따라서 기업이 다시 활기를 되찾을 때 모든 직원이 각자의 자리에 있어야 하고, 산업 간의 경쟁이 점점 더 치열해지고 있는 상황으로 볼 때 조직몰입은 매우 중요한 사안이다. 결국 직원에 대한 필요성이 극에 달할 때, 조직몰입의 중요성 또한 극에 달한다. 옛 속담에, "무엇인가를 이루기가 힘들어질 때, 조직은 직원들이 떠나는 것을 원치 않는다"라고 하였다. 힘든 시기에, 조직은 직원들이 문 밖으로 "떠나는"것이 아닌 충성심을 필요로 한다. 물론 힘든 시기는 또한 직원들의 충성과 헌신을 시험하게 한다.

다음과 같은 상황을 생각해 보자. 당신은 당신의 회사에서 3년간 근무하였고, 주요 제품 개발 팀에서 몇 달간 일해 왔다. 불행하게도 팀은 그동안 실패와 싸우고 있었다. 그 팀의 성과를 향상시키기 위한 방법으로 기업은 새로운 직원을 팀에 합류시켰다. 새로 합류한 직원은 제품 개발에서 대단한 실적을 올렸지만, 모든 면에서 함께 일하기 정말 까다로운 사람이었다. 당신은 그 직원의 능력은 인정하지만, 그와 함께하는 일분일초가 곤욕스럽다는 것을 느낀다. 더군다나 이 팀은 9개월이란 시간을 더 보내고도 업무를 끝내지 못하여 더욱 고통을 느끼고 있다. 이러한 상황에 당신은 무엇을 하겠는가?

학습목표 3.3
직장에서의 부정적인 사건에 대한 네 가지 대응 방법은 무엇인가?

직장에서의 부정적인 사건의 반응에 대한 연구에 따르면, 직원이 보이는 반응은 다음의 네 가지 중 하나에 속한다고 한다.[38] 첫째, 더 자주 결근을 한다거나 조직을 떠나는 등 자신을 그 상황에서 제외시킬 수 있는 방법을 찾는다. 이러한 제외를 **퇴장**(exit)이라 하는데, 조직의 구성원이 되기를 거부하거나 한정 짓는 등의 적극적이고 파괴적인 대응을 말한다.[39] 둘째, 새로 합류한 직원을 만나 상황을 타개할 수 있는 방법에 대해서 얘기를 나눌 수 있다. 이러한 행동을 **의견 제시**(voice)라고 하는데, 이는 상황을 개선시킬 수 있는 방법을 모색하는 적극적이고 건설적인 대응을 말한다[40](2장 직무성과에서 더 자세히 알아볼 수 있다). 셋째, 불행에 대해 그저 "쓴웃음을 지으며" 노력을 이어 갈 수도 있다. 이러한 반응을 **충성**(loyalty)이라 하는데, 이는 상황 개선에 대한 개인적 희망을 놓지 않고, 이를 해내기 위한 공적인 노력을 하는 소극적이지만 건설적인 대응을 말한다. 넷째, 그저 상황이 흘러가는 데로 행동하며, 정신적인 "포기"와 함께 성과의 악화를 방관할 수 있다.[41] 이러한 반응은 **방치**(neglect)라고 하며, 이는 직원의 업무에 대한 노력과 관심이 줄어드는 소극적이고 파괴적인 대응을 말한다.[42] 때때로 방치는 퇴장보다 더 큰 손해를 끼칠 수 있다. 왜냐하면 방치는 눈에 띄지 않기 때문이다. 직원의 형편없는 업무 성과에 대한 방치를 관리자가 알아채기까지는 몇 개월, 심지어 몇 년이 걸리기도 한다.

퇴장 – 의견 제시 – 충성 – 방치를 아우르는 구조는 직장에서의 부정적인 사건에 대응하는 대부분의 방법을 포함하고 있다. 조직몰입은 어디에 부합하는가? 조직몰입은 직원으로 하여금 직장에서의 부정적인 사건을 퇴장이나 방치와 같은 방법(파괴적인 방법)으로 대응하는 가능성을 줄일 수 있어야 한다. 동시에, 조직몰입은 직원들이 직장에서의 부정적인 사건에 의견 제시와 충성의 방법(건설적인 방법)으로 대응하게끔 만들어야 한다. 이러한 논리로, 한 연구 결과는 조직몰입이 의견 제시와 충성을 부르고 퇴장과 방치를 지양하게 만든다고 밝혔다.[43]

표 3-3 근로자 유형 네 가지

		과업성과	
		높음	낮음
조직몰입	높음	별	시민
	낮음	외톨이	무관심자

출처: Adapted from R.W. Griffeth, S. Gaertner, and J.K. Sager, "Taxonomic Model of Withdrawal Behaviors: The Adaptive Response Model," *Human Resource Management Review* 9 (1999), pp. 577–90.

직원의 과업성과 정도를 조직몰입과 연관 지어 생각해 보면, 사람들이 직장에서의 부정적인 사건에 대해 어떻게 대응하는지 명확히 이해할 수 있을 것이다. 〈표 3-3〉은 높은 조직몰입과 낮은 조직몰입, 그리고 높은 과업성과와 낮은 과업성과에 대한 조합에 대해 설명하고 있다. **별**(stars)은 높은 수준의 몰입과 성과를 보이기에 타 직원의 표본이 된다. 별은 일반적으로 부정적인 사건을 의견 제시를 통해 대응한다. 왜냐하면 그들에게는 현 상태를 개선시키고자 하는 열정이 있고 변화를 일으킬 만한 신뢰를 가지고 있기 때문이다.[44] 조직 내에서 별의 존재는 알아채기 쉽고, 당신 또한 현재 혹은 이전의 경험에서 이러한 설명에 부합하는 직원을 떠올려 볼 수 있을 것이다. **시민**(citizens)은 높은 수준의 몰입과 낮은 과업성과를 보이며, 그들은 조직이 좀 더 매끄럽게 기능하는 데 필요한 "의무 외의" 활동을 수행한다.[45] 시민은 부정적인 사건에 대해 충성의 방법으로 대응하기 쉽다. 이는 그들의 신뢰가 부족하여 변화를 일으킬 수는 없지만, 조직의 구성원으로 남기를 원하기 때문이다. 시민은 신입 직원을 위한 안내, 생일 케이크 전달, 필요 자재 주문 등과 같이 간단한 업무를 수행하는 사람들을 통해 보인다.

외톨이(lone wolves)는 낮은 수준의 조직몰입과 높은 과업성과를 보이며, 주어진 업무 목표를 달성하기 위해 노력하지만 이러한 노력이 항상 기업을 위한 것은 아니다.[46] 이러한 직원들은 보통 부정적인 사건을 퇴장으로 대응하는 경우가 많다. 그들의 성과에서 오는 신뢰감은 변화를 일으키기에 충분하지만, 그들은 애착 부족 때문에 자신의 신용을 건설적으로 사용하지 않는다. 그 대신 그들은 다음 고용주에게 시장성을 가질 수 있는가에 집중한다. 외톨이는 재능은 있지만 기업의 미래에 관한 중요한 의사결정에 참여하지 않는 것 같은 직원들을 보면 찾을 수 있다. 마지막으로 **무관심자**(apathetics)는 낮은 수준의 조직몰입과 낮은 과업성과를 보이며 직장을 유지할 수 있을 만큼의 노력만 기울인다.[47] 무관심자는 부정적인 사건에 방치로 대응하는데, 이는 시장성을 가지기엔 부족한 성과와 시민행동을 보이기에는 부족한 몰입 때문이다.

이러한 정황으로 볼 때 퇴장과 방치는 조직몰입의 다른 면인 철회행동을 명백하게 보여 준다. 철회행동은 조직에서 얼마나 자주 나타나는가? 꽤 자주 일어나는 것으로 밝혀졌다. 2년에 걸쳐 진행된 직원의 근무 중 행동에 대한 연구는 단 51%의 시간만이 업무에 사용되었다고 밝혔다! 49%에 해당하는 시간은 지각, 조퇴, 긴 휴식, 개인적인 일, 그리고 다른 형태의 철회행동에 사용되어졌다.[48] 당신은 관리자로서, 직원들이 하루 동안 진정으로 일할 확률이 동전의 앞뒤에 해당하는 확률보다 높기를 원하지 않는가?

> **학습목표 3.4**
> 심리적 철회와 신체적 철회의 사례에는 어떠한 것이 있는가? 서로 다른 형태의 철회가 서로 어떻게 연관되어 있는가?

[그림 3-4]에 나오듯 철회는 심리적(방치)인 것과 신체적(퇴장)인 것, 이 두 가지 형태로 온다. **심리적 철회**(psychological withdrawal)는 근무 환경에 대한 정신적인 도피를 부르는 행동을 말한다.[49] 몇몇 비즈니스 관련 글은 심리적 철회를 "따뜻한 의자 소모(warm-chair attrition)"라고 말한다.[50] 이는 직원이 자리에는 앉아 있지만 아무것도 하고 있지 않음을 뜻한다. 이러한 철회는 다양한 형태와 크기로 나타난다.[51] 가장 덜 심각한 것은 직원이 일을 하는 것처럼 보이지만 실제로는 딴생각에 사로잡혀 있는 공상(daydreaming)이다. 사교(socializing)는 작은 방이나 사무실, 또는 자판기 앞에서 업무 외의 주제에 대한 대화를 나누는 것을 말한다. 바쁜 척하기(looking busy)는 사실은 일하지 않고 있으면서 겉으로는 업무 중인 것처럼 보이는 것을 말한다. 이러한 직원은 종종 책상을 다시 정리한다거나 실제로는 갈 데가 없는데도 건물 내를 걸어 다닌다(이런 것을 잘 하는 사람들은 활발해 보이고 집중한 듯한 얼굴을 보인다). 야간 부업(moonlighting)을 하는 직원은 근무시간에 자신의 업무 대신 부업에 관련된 일을 한다.

사무직 종사자 사이에서 가장 널리 퍼져 있는 심리적인 철회는 아마도 근무시간에 업무보다는 사적인 일로 인터넷, 이메일, 메신저 등을 사용하는 **사이버 휴식**(cyberloafing)일 것이다.[52] 한 추측에 따르면 한 사무실 안에 있는 직원들은 보통 3분에 한 번씩 이메일을 보내거나, 페이스북 또는 트위터를 확인하고 유튜브를 통해 동영상을 보는 등의 이유로 업무를 중단한다고 한다.[53] 이러한 철회행동은 직원 하루 일과의 약 28%를 차지하고, 이런 생산성 저하에 대한 피해는 1년에 6,500억 달러에 이른다고 한다. 스포츠를 좋아하는 사람이 이 같은 부분에 더 취약하다고 한다. 추정에 따르면, 판타지 풋볼 리그(Fantasy Football League) 시즌에는 생산성 측면에서 10억 달러에 가까운 손실을 본다고 주장했다.[54] 봄도 마찬가지이다. 직원들은 미국대학농구선수권(NCAA) 토너먼트 경기를 보느라 10억 달러의 손실을 만들어 낸다고 한다.[55] 몇몇 직원은 사이버 휴식을 사적인 시간과 근무시간의 "균형을 맞추는(balancing the scale)" 방법의 하나라고 주장한다. 예를 들어

그림 3-4 심리적 철회와 신체적 철회

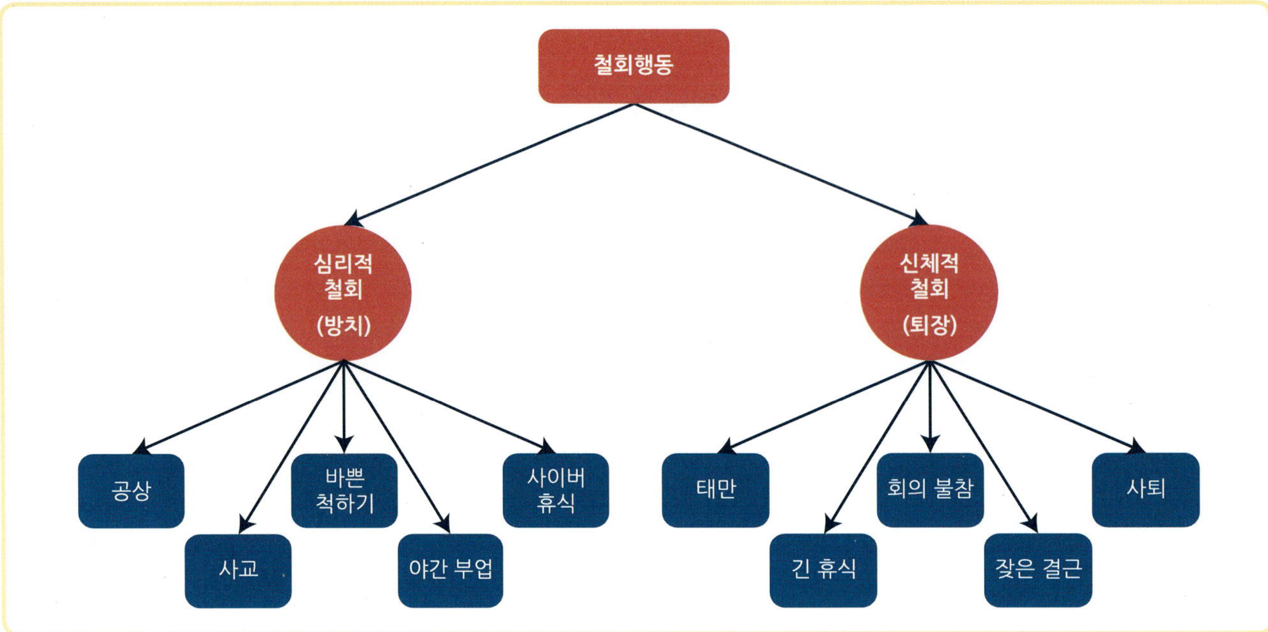

사이버 휴식에 대한 연구 중 "나는 근무시간에 사적인 이유로 인터넷을 하는 것이 잘못된 것이라고 생각하지 않는다. 어차피 관리자에게 초과 수당도 받지 못한 채 야근을 해야 하기 때문이다."라는 의견이 나왔다.[56] 비록 이 의견이 다소 타당해 보이지만, 다른 직원들은 사이버 휴식을 부정적인 사건에 대응하는 하나의 방법이라고 보았다. 같은 연구에 참여한 한 직원에 따르면, "나의 상사는 감사할 줄 모른다. 따라서 나는 내가 가져갈 수 있는 것을 취한다. 인터넷을 하는 것은 그의 행동에 대한 내 나름의 응수이다."라고 말했다.

신체적 철회(physical withdrawal)는 근무 환경에 대한 단기적 또는 장기적인 신체적 도피를 말한다.[57] 신체적 철회 역시도 다양한 형태와 크기로 나타난다. **태만**(tardiness)은 잦은 지각 또는 조퇴를 말한다.[58] 물론 차가 고장 났다거나 궂은 날씨로 인해 나타나는 태만은 어쩔 수 없는 것이라 생각할 수 있겠으나, 이러한 행동은 종종 근무시간을 줄이기 위해 의도적으로 계산되기도 한다.[59] **긴 휴식**(long break)에는 평소보다 긴 점심 식사, 음료 취식, 커피 휴식 등 업무에 대한 신체적인 도피를 말한다. 때때로 이러한 긴 휴식은 **회의 불참**(missing meetings)과 같은 일을 야기하는데, 이는 직원이 사무실에 없는 동안 중요 업무 기능을 등한시함을 뜻한다. 관리자는 점심 식사를 하러 나간 직원들이 실제로 돌아오는 것을 확인할 필요가 있다. 그러나 가끔 이마저도 확실한 방법이 아닌 경우가 있다!

잦은 결근(absenteeism)은 직원이 하루 일과 전체를 못하게 됨을 말한다.[60] 물론 사람들은 병이나 급한 집안일 등의 이유로 결근을 한다. 잦은 결근에도 주기가 있다. 예를 들어 직원들은 월요일이나 금요일에 결근하기 쉽다. 게다가 출근율이 좋은 사람이라도 집안일에 관련된 개인적인 의무가 많아짐에 따라 결근이 잦아진다. 이러한 종류의 결근은 가끔 기능적인 요소를 담고 있다.[61] 왜냐하면 그들은 "활기를 되찾은(batteries recharged)" 모습으로 돌아올 수도 있기 때문이다.[62] 단체와 부서의 규범 또한 잦은 결근에 영향을 주는 요소이다. 이는 직원들이 허락 없이 하루 일과를 빼먹을 수 있는지 없는지에 대한 판단을 할 수 있기 때문이다.[63]

잦은 결근을 줄이기 위한 노력으로, 몇몇 기업은 꾀병을 부리는 직원을 적발하기 위해 사설 탐정을 고용한다.

한 설문조사에 의하면, 미국의 57%에 해당하는 직원이 아프지 않음에도 병가를 내는 것으로 밝혀졌고, 이에 몇몇 기업은 극단적인 조치를 취하고 있다.[64] 스웨덴 가구 제조업체인 이케아는 직원의 병가 사용 내역을 확인하는 등 다양한 이유로 프랑스 직원들을 감시하는 일로 인해 뉴스 헤드라인을 장식했다.[65] 미국에서는 시간당 75달러를 주고 꾀부리고 있을 직원에 대한 감시를 의뢰한다. 플로리다주에 거주하고 있는 수사관 릭 레이몬드(Rick Raymond)는 아프다고 한 직원을 따라 유니버설 스튜디오(Universal Studio)에 들어갔다.[66] 그 직원은 가파른 곳에 자동 사진기가 설치된 롤러코스터 3개를 탔다. 레이몬드는 편리하게도 날짜와 시간이 적혀 있는 사진 3장을 모두 샀다. 나중에 직원이 사진 속 인물은 자신이 아니라고 주장하자 레이몬드는 그녀가 자원해서 참여한 동물 쇼를 녹화한 비디오를 보여 주었다! 하지만 이것이 직원들에게 무작정 나쁜 소식은 아니었다. 직원들을 몰래 감시한 기업 중 일부에서는 직원들끼리 관리자의 감시에서 벗어날 수 있는 방법을 공유하고 있었다.

마지막으로, 가장 심각한 형태의 신체적 철회는 자발적으로 조직에서 떠나는 **사퇴**(quitting)이다. 다른 형태의 철회와 마찬가지로, 직원이 "이직"을 하는 데에는 많은 이유가 있다. 빈번하게 나타나는 이유에는 더 많은 보수와 업무 기회에 대한 열망, 관리 감독에 대한 불만족, 근무 환경 혹은 근무시간, 집안 사정, 그리고 건강 등이 있다.[67] 이러한 이유는 이직을 막을 수 있도록 만드는데, 이는 이러한 요인의 이직을 막기 위해 무엇인가 할 수 있는 게 있다는 뜻이다. 예를 들어 더 많은 보수와 잦은 승진 기회를 제공하고, 근무 환경을 개선시킴으로써 이직을 막을 수 있다. 집안 사정과 건강은 이와 대조적으로 보통 막을 수 없는 이직으로 보는데, 이는 직원들에게서 몰입이 부족하다는 것을 눈치 채기 힘들기 때문이다.

이러한 이유와는 관계없이, 몇몇 직원은 아주 철두철미하고 조심스러우며 조리 있는 분석을 통해 사퇴를 결정한다. 특히 어떤 형태의 "충격", 예를 들어 직무 변화, 부정적인 직무 경험, 또는 원하지 않는 업무 요구의 유무는 직원이 사퇴를 결정하는 중요한 요인이 될 수 있다.[68] 사퇴를 해야겠다고 생각이 들면 직원들은 다른 직장을 알아보기 시작하며, 이러한 대안을 현 직장과 비교하게 된다. 그리고 이러한 비교가 자신에게 호의적인 것으로 판단되면 사퇴를 하게 된다.[69] 이러한 의사결정 과정은 하루, 몇 주, 또는 몇 달이 걸리기도 한다. 물론, 직원이 이러한 충격에 다른 직장 대안(혹은 현 직장과의 비교) 없이 충동적이거나 반사적으로 사퇴를 결심하는 경우도 있다.[70] 물론 충격이 일어나지 않을 때도 있다. 대신, 직원은 "사소한 일이 큰 화를 부르는" 것과 같이 더디지만 지속적으로 쌓이는 불만 때문에 자발적인 이직을 하는 경우가 있다.

[그림 3-4]는 부정적인 근무 환경으로 인해 직원들로부터 나타나는 열 가지 심리적, 신체적 철회를 보여 주고 있다. 여기서 중요한 사항은 "이러한 행동이 서로 어떻게 연관되어 있는가?"이다. 다음과 같이 몰입하지 못하는 직원의 증언들을 살펴보자.

- "나는 내 직업에 대해 더 이상 참을 수가 없다. 그래서 내가 할 수 있는 조치를 취하겠다.

나는 가끔 결근을 하고, 지각도 하겠다. 이렇게 하는 것에 달리 이유는 없다. 나는 상황에 따라 맞춰 행동하겠다."

- "나는 관리자가 내 주변을 어슬렁거리는 것을 참을 수가 없다. 그래서 나는 절대 업무를 놓치지 않고 결근하지도 않을 것이다. 내가 근무 중에 어느 정도 사교를 하고 웹 서핑을 한다면 결근할 이유가 없을 것이다. 그러나 만약 이런 것들을 할수 없다면 난 분명히 결근을 하게 될 것이다. 그것도 아주 많이 …"
- "나는 더 이상 관리자에 대한 존경심이 없다. 오전 근무 중에는 공상을 좀 하고 동료들과 사교도 할 것이다. 시간이 지나면서 지각도 하고 긴 점심시간을 갖기도 할 것이다. 요즘 들어 나는 부쩍 결근을 하고 있고, 사퇴 후 다른 직장으로 옮겨야겠다는 생각도 하고 있다."

이러한 증언은 몰입하고 있지 못한 직원에게서 들을 법한 내용이다. 그러나 각각의 증언은 [그림 3-4]에 나오는 철회행동에 대한 서로 다른 부분을 보여 주고 있다. 첫 번째 증언은 철회에 대한 **독립형 모델**(independent forms model)로서, 다양한 철회행동은 서로 연관이 없고 각기 다른 이유로 나타나며, 직원들의 서로 다른 요구에 의해 나타난다.[71] 이러한 관점에서는 근무 중 웹 서핑을 하는 직원이 미래에 결근하게 될지 아닐지에 대한 그 어떤 정보도 주지 않는다. 두 번째 증언은 철회에 대한 **보상형 모델**(compensatory forms model)로서, 다양한 철회행동이 서로 부정적인 관계를 맺고 있고, 이는 하나의 철회행동을 함으로 인해 다른 행동들은 나타나지 않을 수 있다는 것을 의미한다. 이러한 발상은 철회행동의 유형이 무엇이든 그 행동이 직원이 가진 불만에 보상을 된다거나 이를 상쇄시켜 주기 때문에 다른 철회행동은 불필요하다는 것이다. 이러한 관점에서는 근무 중 웹 서핑을 하는 직원이 결근을 하지는 않을 것이라는 예측을 가능케 한다. 세 번째 증언은 철회에 대한 **진행형 모델**(progression model)로서, 다양한 철회행동이 서로 긍정적인 관계를 맺고 있다. 공상이나 사교에 대한 경향은 지각이나 긴 휴식 등의 다른 행동들로 이어지고, 이는 결국 결근과 퇴직으로 이어진다. 이러한 관점에서는 근무 중 웹 서핑을 하는 직원은 곧 결근도 할 수 있을 거라는 예측을 가능케 한다.

이 세 가지 모델 중 어떤 것이 가장 타당해 보이는가? 비록 세 개의 모델 전부가 논리적으로 보이겠지만, 진행형 모델이 가장 과학적으로 타당성을 가지고 있다.[72] 연구 결과들에 따르면 [그림 3-4]에 나와 있는 철회행동은 서로 긍정적인 상관관계를 가지고 있는 것으로 드러났다.[73] 게다가 만약 이러한 행동이 왼쪽(공상)에서 오른쪽(사퇴)으로 차례대로 나타난다고 생각해 보면, 서로 가까이에 위치한 행동은 다른 행동들과 보다 큰 상관관계를 가지는 편이다.[74] 예를 들어 사퇴는 태만보다 결근과 더 큰 상관관계를 가진다. 왜냐하면 결근은 철회행동 과정에서 사퇴 바로 옆에 위치하기 때문이다. 이러한 연구 결과는 철회행동이 비교적 심각하지 않은 행동으로 시작할 수 있지만, 이는 결국 더 심각한 행동으로 이어져 조직에게 해를 줄 수 있다는 것을 말하고 있다.

요약: "몰입되다" 라는 것은 무엇을 의미하는가

"몰입한" 직원이란 무엇을 의미하는가? [그림 3-5]에서 볼 수 있듯이, 이는 다양한 의미를 지니고 있다. 이는 직원이 원하기 때문에, 필요하기 때문에, 혹은 그래야 한다고 느끼기 때문에, 조직의 구

그림 3-5 "몰입되다"라는 것은 무엇을 의미하는가

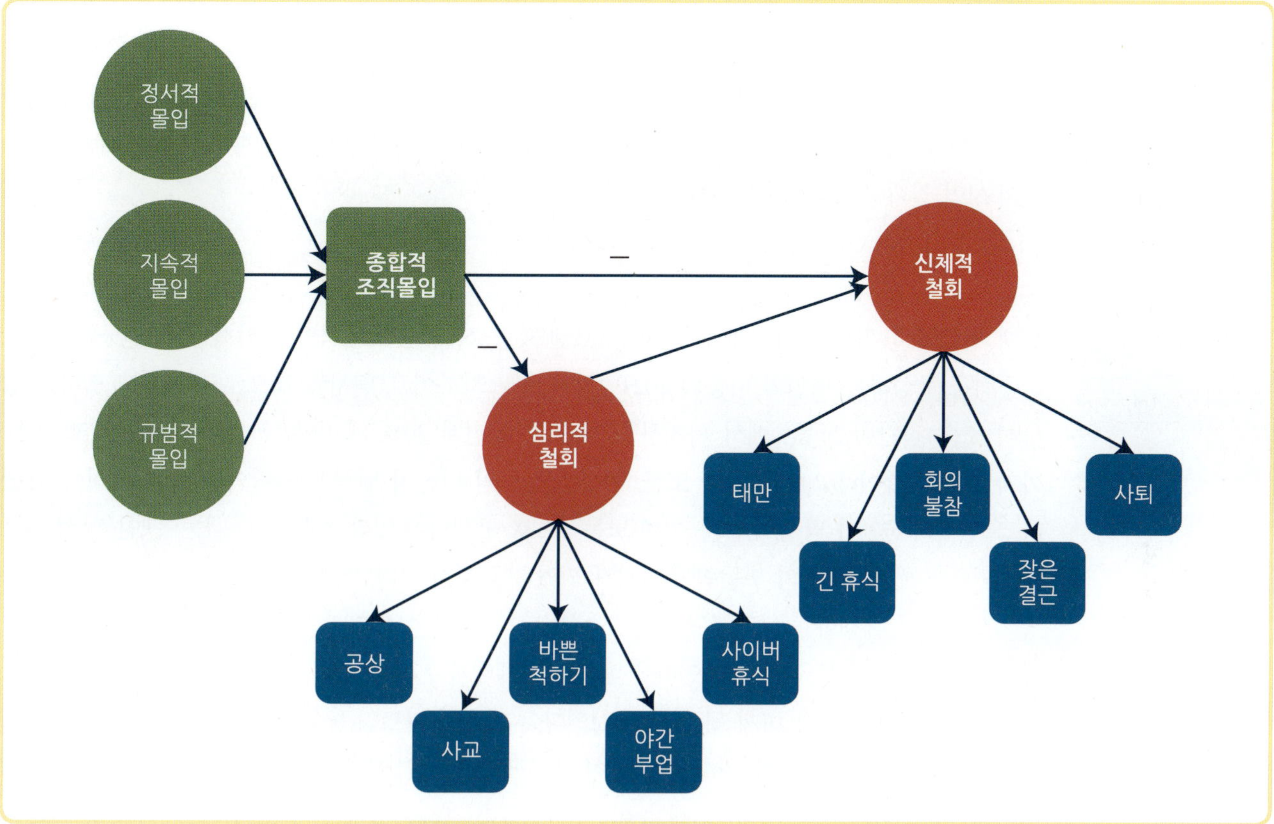

성원으로 남아 있으려고 하는 강한 열망을 의미한다. 그들의 애착에 대한 이유와는 관계없이, 이러한 직원들을 유지한다는 것은 철회행동이 심리적인 형태에서 신체적인 형태로 진행하는 것을 막는다. [그림 3-5]에 표시된 빼기(–)는, 높은 수준의 종합적인 조직몰입이 심리적, 신체적 철회행동의 빈도를 낮춘다는 것을 말한다. 또한, 심리적 철회는 이를 넘어 신체적 철회행동을 부르게 되고, 이는 이러한 행동의 진행에 대한 본질을 대변한다.

앞으로 나오는 모든 장은 각 장의 주제가 조직몰입과 어떤 관계가 있는지 설명하고 있다. 예를 들어 직무만족에 대한 4장에서는 직원의 만족도가 조직몰입에 어떤 영향을 주는지 설명하고 있다. 또한 신뢰, 공정성, 윤리에 관한 7장에서는 직원의 경영에 대한 신뢰가 조직몰입에 어떤 영향을 주는지 설명하고 있다. 종종 특정 장의 주제가 직무성과보다 조직몰입에 더 연관이 있다고 느낄 수도 있다. 다른 경우에는, 장의 주제가 몰입과 성과 둘 모두와 비슷하게 연관되어 있을 수 있고, 또한 성과에 더 큰 관련을 가지고 있을 수도 있다. 이 같은 차이점은 이 책에 있는 다양한 주제가 왜 관리자에게 그토록 중요한 것인지 알 수 있게 한다.

몰입에 영향을 미치는 사회적 트렌드

지금까지 조직몰입이 정확히 무엇을 뜻하는지 알아보았으니, 이제는 오늘날 직장에서 이에 영향을 주는 트렌드에 대해 살펴보자. 간단히 말하자면, 예전의 노사 관계가 변화하듯이 노동 인구를 구성하는 요소도 변화하고 있다. 이러한 트렌드는 특정 유형의 몰입에 영향을 주며, 그동안 직장에서 보인 철회행동에 변화를 주었다.

노동력의 다양화

학습목표 3.5
오늘날의 조직에서 조직몰입에 영향을 주는 트렌드에는 어떤 것이 있는가?

현재 미국에서 직장과 관련해 눈에 띄는 트렌드 중 하나는 노동력의 다양화이다. 인구학적으로 노동력을 구성하는 백인의 비중이 2024년까지 60% 가까이로 떨어질 것으로 예측되고 있다.[75] 그 사이 소수 집단이 노동력에서 차지하는 비율은, 라틴계 20%, 흑인이 13%, 아시아인이 7% 정도까지 증가할 것이라고 전망된다. 또한, 여성 노동력의 비율이 남성 노동력의 비율과 거의 같아졌다. 노동력의 53%가 남성, 47%가 여성 노동력으로 구성되어 있다. 이러한 통계는 "백인, 남성 주도(white, male-dominated)"의 노동력이 과거가 되었음을 보여 준다.

노동력의 다양화는 다른 부분에서도 나타난다. 55세 이상의 노동인구는 2024년까지 전체 노동력의 25%를 차지할 것으로 보인다.[76] 베이비붐 세대가 은퇴를 앞두고 있고, 그들은 이전 세대보다 더 오래 직장 생활을 하게 될 것으로 보인다.[77] 연구에 따르면 노동력의 일원으로 남는 것이 노인의 정신적, 신체적 건강에 좋다는 주장이 제기되었다. 더불어 의료 기술의 발전은 나이 많은 직원이 더 활력 있게 일할 수 있게 해 주며, 육체노동을 요하는 직업이 줄고 있다. 베이비 붐 세대는 교육을 잘 받은 세대 중 하나이며, 한 연구 결과는 그들의 지속적인 노동력이 국가 경제에 있어 수조 달러만큼의 생산량을 만들어 낸다고 주장하였다. 또한 사회보장 연금에 대한 불확실성과 기업의 주식시장 기반 퇴직금 제도 때문에, 오랜 기간 동안 노동력으로 남는 것이 현명한 일이 되었다.

경제가 점점 더 세계화되면서 미국 기업은 또 다른 중요한 다양화에 직면하였다. 외국 태생의 직원이 점점 늘어나고 있다는 것이다. 대부분의 이민자는 육체노동이나 서비스 업무에 종사한다는 편견과는 다르게, 아주 높은 교육을 받는 직원들은 대개 해외에서 온다. 미국에서 박사학위 과정을 밟고 있는 학생의 절반이 외국 태생이며, 이들의 45%는 물리학자, 컴퓨터 과학자, 수학자들이다.[78] 동시에 많은 수의 미국인 직원이 해외 지사에서 장기간 동안 근무를 한다. 국외 거주자로 일을 한다는 것은 새로운 나라에 대한 적응, 새로운 방식의 근무, 그리고 가족 및 친구들과 떨어져 있어야 한다는 이유로 힘든 일이 된다. **국제 상황의 OB**에서 다국적 기업에서의 조직몰입에 대해 더 알아보자.

이러한 방식의 다양화는 가치 있는 직원을 유지하는 데 어려움을 주고 있다. [그림 3-3]에 나와 있는 사회적 연결망을 다시 살펴보자. 업무 집단에서의 인종, 성별, 연령, 국적의 다양화는 소수 집단이나 나이 많은 직원을 연결망 끝자락으로 밀어내게 되고, 이는 그들의 정서적 몰입을 저해하는 요소가 된다. 예를 들어 실리콘 밸리 기업들은 일반적인 기업 평균을 뛰어넘는 흑인 직원

국제 상황의 OB

다국적 기업에서의 조직몰입 향상은 다음과 같은 두 가지의 이유로 더 복잡하다. 첫째, 다국적 기업에는 두 가지 다른 초점의 몰입이 존재한다. 직원은 일하고 있는 현지 법인에 몰입할 수도 있고 글로벌 조직에 몰입을 할 수도 있다. 조사에 따르면 다국적 기업에 종사하는 직원은 몰입에 관하여 이 두 초점에 명확한 구분을 둔다고 한다. 더 명확하게, 직원들은 현지 법인의 위상과 글로벌 조직의 명성을 구분한다고 한다. 그들은 또한 현지 법인 관리자로부터의 도움과, 글로벌 조직 최고 경영진으로부터의 도움도 구분한다고 한다. 이러한 결과는 직원들이 지점에 몰입할 수는 있어도 전체 조직에는 몰입할 수 없으며, 반대의 경우도 마찬가지라는 것을 의미한다.

둘째, 다국적 기업은 많은 직원에게 상당한 기간 동안 국외에서 일할 것을 요구한다. 연구 결과에 따르면, 이러한 국외 거주자의 조직몰입은 그들이 국외 업무에 얼마나 잘 적응하느냐에 따라 다르다고 한다. 이 연구는 국외 거주자의 적응은 다음과 같은 세 가지 형태로 이루어진다고 했다.

- 업무 적응: 특정 업무 사항과 성과에 대한 기대치에 편안한 정도
- 문화적 적응: 지사에서 제공한 생활 조건, 기후, 물가, 교통, 그리고 주거에 대한 편안함의 정도
- 교류 적응: 지사 구성원들과의 사교와 교류에 대한 편안함의 정도.

교통, 서비스, 제조, 화학, 제약 산업에 종사하고 있는 다국적 기업들을 대상으로 한 연구에 따르면, 이러한 세 가지 유형의 적응은 정서적 몰입과 상당한 관련이 있는 것으로 나타났다. 만약 국외 거주자가 자신의 업무에 불편함을 느낀다면 그들은 기업에 정서적인 애착을 갖기가 힘들다. 그 대신 그들은 업무에서 심리적, 신체적인 철회를 하게 될 것이다.

어떠한 요소가 국외 거주자의 적응에 도움을 주는가? 업무에 대한 적응에 영향을 주는 요소는 국내 직원의 직무만족과 동기를 부여하는 요소와 같은 것으로 드러났다. 이와 반대로, 문화적, 사교적 적응은 배우자와 가족이 가지는 편안함에 좌우되는 것으로 나타났다. 만약 국외 거주자의 배우자나 자녀들이 새로운 환경에 편안함을 느끼지 못한다면, 그 직원이 계속 몰입하는 것은 어렵다. 연구 결과에 따르면 다행스럽게도 문화적, 사교적 적응은 시간이 지나면서 점차 나아지고, 더 많은 경험을 함으로써 현지에 편안함을 느끼게 되며, 이는 결과적으로 주어진 업무에 몰입할 수 있게 한다고 밝혔다.

출처: J.S. Black, M. Mendenhall, and G. Oddou, "Toward a Comprehensive Model of International Adjustment: An Integration of Multiple Theoretical Perspectives," *Academy of Management Review* 16 (1991), pp. 291–317; R. Hechanova, T.A. Beehr, and N.D. Christiansen, "Antecedents and Consequences of Employees' Adjustment to Overseas Assignment: A Meta-Analytic Review," *Applied Psychology: An International Review* 52 (2003), pp. 213–36; C. Reade, "Antecedents of Organizational Identification in Multinational Corporations: Fostering Psychological Attachment to the Local Subsidiary and the Global Organization," *International Journal of Human Resource Management* 12 (2001), pp. 1269–91; M.A. Shaffer and D.A. Harrison, "Expatriates' Psychological Withdrawal from International Assignments: Work, Nonwork, and Family Influences," *Personnel Psychology* 51 (1998), pp. 87–118.

의 이직률을 겪으면서 흑인 직원을 고용하기보다는 더 많은 인원을 잃고 있다.[79] 페이스북의 다양성 책임자는 "좋은 매니저가 있는지 우연에 맡길 것이 아니다"라고 말하며, 소수민족 출신 직원이 기업에 포함되고 이들이 멘토링을 받을 수 있는 체계적인 노력이 필요하다고 설명한다. 이와 동시에, 외국 태생의 직원은 그들이 직장에 덜 속해 있다고 느끼기 쉽고, 사회와의 연결 고리가 적다고 생각하며, 그들이 살고 있는 곳과 잘 부합하지 못한다고 느낀다. 이러한 감정은 직원의 지속적 몰입을 저해하는 요인이 된다.

변화하는 노사 관계

한 세대 전, 많은 직원이 자신은 하나의 조직을 위해 평생 일할 것이라고 생각했다. 그들은 조직에 대한 일생 동안의 충성과 성실한 업무가 평생 고용을 보장한다고 생각했다. 이러한 인식은

1980년대와 1990년대에 이르러 기업의 인원 감축이 직상 생활의 한 부분이 되면서 변화하였다. 1992년 기업의 인원 감축은 최고조에 이르러 340만 명이 직장을 잃었고, 연간 실직률은 사상 최대치를 기록하였다.[80] 인원 감축이란 직원이 가지고 있던 몰입의 정도와는 관계없이, 강제적으로 조직을 떠나야 하는 비자발적인 형태의 이직을 말한다. 인원 감축의 증가는 임시직과 외주의 증가와 함께 이루어졌으며, 이는 경영자와의 관계에 대한 직원의 시각을 완전히 바꿔 놓았다.

기업은 보통 경기 침체, 혹은 불황의 경우 지출을 줄이기 위한 방법으로 인원 감축을 단행한다. 인원 감축은 도움이 되는가? 인원 감축이 기업의 수익성을 높이는가? 한 연구 결과에 따르면, 이에 대한 대답은 "항상 그러한 것은 아니다"이다. 이 연구는 1980년부터 1994년까지 3,628개의 기업을 대상으로 시행되었다. 대상 기업의 59%는 5% 또는 그 이상의 인원 감축을 최소 한 번 이상 실시했고, 33%의 기업은 15% 또는 그 이상의 인원 감축을 최소 한 번 이상 실시하였다.[81] 이 연구에서 가장 중요한 결과는 인원 감축이 실제로 기업의 수익성과 주가에 손해를 끼친다는 것이다. 실제로 인원 감축을 단행한 기업들은 이전만큼의 성과를 올리기까지 2년이라는 시간이 걸렸다. 여러 부분의 자산(영업 부분 매각, 합병, 인수)에서 상당한 감축을 단행한 기업들은 이 결과의 예외적인 부분이다. 그러나 이러한 기업은 상대적으로 적다. 연구에 포함된 기업 중 단 8분의 1에 해당하는 기업만이 해고와 함께 이러한 자산 변화를 겪었다.

왜 인원 감축이 효과적이지 못한가? 하나의 요인은 속칭 살아남은 자들의 조직몰입 정도에 있다. 인원 감축 후 남아 있는 직원들은 종종 분노, 우울증, 두려움, 죄책감 등의 "생존자 증후군(survivor syndrome)"에 시달린다.[82] 한 연구는 실제로 살아남은 직원들은 새로운 직장을 찾는 직원들이 받았던 업무 관련 스트레스 그 이상을 받는다고 한다.[83] 생존자 증후군은, 종종 살아남은 직원에게 해고된 동료들의 업무까지 전가됨에 따라, 조직몰입 정도를 최악의 수준으로 떨어뜨린다. 3,500명의 보잉(Boeing) 직원을 대상으로 한 연구는 생존자 증후군에 대한 피해 사례를 적나라하게 보여 준다.[84] 특히 33%의 직원 감축 단행 후 살아남은 직원들의 우울증 수치는 해고된 직원들에 비해 두 배 가량 더 높은 것으로 밝혀졌다. 그들은 또한 폭음, 수면 부족, 기타 여러 가지 건강 문제에 노출되었다.

이러한 인원 감축 세대로부터 온 노사 관계의 변화는 가치 있는 직원을 유지하기 더욱 어렵게 만들었다. 그중 가장 분명한 것은 정서적 몰입을 유지하는 것이 어렵다는 점이다. 생존자 증후군으로 인한 악영향이 직원들의 조직에 대한 애착을 감소시킨다. 게다가 인원 감축에 사회적 연결망에서 가장 중시되던 인물이 포함됐을 경우, 직원들의 남고자 하는 마음은 더욱 옅어진다. 둘째, 이는 또한 규범적 몰입을 유지하는 데 어려움을 준다. 현재 직장에 남아 있어야 한다라는 마음은 인원 감축과 함께 줄어들고, 그들의 개인적 관심은 다음의 인원 감축을 대비해 자신의 시장성을 높이는 것에 초점을 맞추게 된다. 과거에, 조직에 남아 있겠다고 생각했던 직원도, 동료 직원들이 인원 감축을 통해 해고되는 것을 보면서 그러한 신념을 바꾸게 된다.

노사 관계의 변화를 측정할 수 있는 방법으로는, 직원들의 노사 관계에 대한 심리적인 인식을 평가하는 것이 있다. 조사에 의하면, 직원들은 고용 관계를 준계약(quasi-contractual) 정도로 보는 편이라고 한다. 특히 **심리적 계약**(psychological contract)은 직원이 그 조직에 어떤 빚을

지고 있는지, 또한 조직이 그들에게 어떤 빚을 지고 있는지에 대한 인식을 말한다.[85] 이러한 계약은 직원이 겪는 채용과 사회화 과정으로 만들어지며, 이는 종종 상호 간의 의무에 대한 신념의 약속과 기대치를 내포한다. 몇몇 직원은 좁은 범위의 금전적 의무에 기반을 두는 **교환적 계약**(transactional contracts) 관계를 가지기도 한다(예: 직원은 독점적 정보에 대한 접근과 보호의 의무가 있고, 조직은 급여 지급과 승진 기회 제공의 의무가 있다).[86] 또 다른 부류의 직원들은 제약이 없고 주관적인 의무에 기반을 두는 **관계적 계약**(relational contract)을 맺는다(예: 직원은 조직에 충성하고 더 많은 것을 이루려고 노력해야 할 의무가 있고, 조직은 고용 보장, 개발, 지원에 의무가 있다).[87] 인원 감축으로 인한 동료 직원의 해고는 직원의 심리적 계약에 대한 "위반"이고, 연구 조사에 따르면 이러한 심리적 계약의 파괴는 심리적, 신체적 철회행동으로 이어진다고 밝혔다.[88] 또한, 인원 감축, 임시 직원 고용, 외주 등의 트렌드는 직원들로 하여금 자신의 계약을 교환적인(관계적이 아닌) 것으로 보도록 만든다.

실무 적용: 몰입을 위한 계획

학습목표 3.6
어떻게 하면 조직이 직원의 몰입에 영향을 줄 수 있는가?

지금까지 조직몰입과 이에 영향을 주는 노동력의 트렌드에 대해 충분히 이해하였으니, 지금부터는 몰입을 극대화시킬 수 있는 전략과 이니셔티브에 대해서 알아보자. 충성심을 증대시키기 위해서 기업은 무엇을 할 수 있을까? 가장 일반적인 방법으로는 지원(support)이 있다. **조직지원 인식**(perceived organizational support)이란 조직이 직원의 공헌에 대한 가치를 인정하고, 직원의 행복에 어느 정도 관심을 기울이는지에 대한 직원들의 믿음을 말한다.[89] 조직은 지원을 위해 적당한 보상, 고용 보장 확보, 근무 환경 개선, 정치적 요소의 최소화 등 많은 것을 할 수 있다.[90] 어떤 면에서 보면 이러한 지원은 직원에 대한 조직의 몰입을 보여 준다. 12,000명을 대상으로 이뤄진 42개의 연구에 대한 메타 분석에 의하면, 지원에 대한 인식은 조직몰입과 큰 연관성을 가진다.[91] 이 같은 분석은 또한 조직지원 인식이 낮은 수준의 심리적, 신체적 철회행동을 야기한다고 주장하였다.

지원 그 이상으로, 기업은 세 가지 유형의 몰입을 목표로 하는 여러 가지 관행을 시행할 수 있다. 예를 들어 기업은 직원 간의 유대감을 형성시켜 정서적 몰입을 조성할 수 있다. 벤앤제리(Ben & Jerry)는 매달 모든 생산을 몇 시간 동안 멈추고 "즐거운 행사(joy events)"를 여는데, 케이준 식의 파티(cajun-themed parties), 탁구 대회, 그리고 직원 감사 기념행사 등이 있다.[92] 미국 네브래스카주 오마하에 본사를 둔 건설 소프트웨어 회사인 빌더트렌드(Buildertrend)도 직원들이 서로 유대감을 형성할 수 있도록 많은 노력을 기울이고 있다. 이 회사는 라이브 음악 행사, 스포츠 대회 및 무료 스낵, 맥주, 와인을 제공하는 온사이트 바(onsite bar) 등을 제공하며 필요에 따라 집까지 무료 셔틀 서비스인 리프트 홈(lift home)도 제공한다. 빌더트렌드의 한 임원은 "직원과 그들의 가족을 생각하고 그들을 우선시하는 것은 기업에 더 몰입하도록 동기부여시키고, 이는 기업에 더 오래 머물고

벤 코헨과 제리 그린필드가 창업한 벤앤제리사는 주중에 직원들이 함께 어울리고 재미있게 시간을 보낼 수 있도록 많은 노력을 한다. 이러한 유대감 형성을 위한 활동은 이직률을 낮추고 가치 있는 직원이 회사에 남아 있도록 만든다.

싶도록 만든다"라고 설명한다.[93]

지속적 몰입의 견해로 보면, 금전적인 이유로 남게끔하기 위해 급여와 복리 후생 제도를 구축하는 것을 우선시해야 한다. 자발적인 이직에 대한 다양한 인적자원 관리 관행을 조사한 연구는, 임금과 복리 후생 제도의 정도가 이직에 가장 큰 영향을 준다고 밝혔다.[94] 물론, 임금과 복리 후생 제도와 관련된 요소 중에는 승진이 있는데, 이는 직원이 기업의 계층적 서열의 이동에 문제가 있어 임금이 더 이상 어떤 가치를 주지 못할 때 효과적이다.[95] 이는 아마 승진 보장제를 옹호하는 AG에드워즈(A. G. Edwards)와 프린시플 파이낸셜 그룹(Principle Financial Group)이 낮은 수준의 자발적 이직을 보이는 이유일 것이다.[96] 경력에 대한 관리와 관심은 많은 고용 기회를 가질 수 있는 별 직원(star employees)과 외국 태생의 직원들에게 특히 중요하다.[97]

규범적 몰입의 관점에서 볼 때, 관리자는 직원에게 다양한 교육과 개발 기회를 제공할 수 있다. 이는 직원이 조직에 무엇인가 빚을 지고 있다는 느낌을 받아 더 많은 공헌을 하게끔 만드는 투자이다. 노사 관계의 특성이 변화함에 따라 발전에 대한 기회는 직원의 우선 사항에서 고용 안정보다 더 중요시되고 있다.[98] IBM은 개발에 우선순위를 두는 것으로 유명한 기업 중 하나이다. IBM의 "인력 관리 이니셔티브"는 33,000개의 이력서를 데이터베이스에 저장해 둠으로써 직원들의 기술에 대한 현황판을 만들었다.[99] IBM은 이러한 현황판을 해당 직원의 교육이나 개발과 관련된 활동을 계획하는 데 사용하고 있고, 4억 달러에서 7.5억 달러에 가까운 돈이 직원들이 미래에 필요할 만한 기술을 교육시키는 데 사용되고 있다. 만약 이러한 개발 활동이 직원들에게 유익하며 보상의 일환이라고 느껴진면, 그들은 이에 보답하기 위해 추가적으로 몇 해를 더 기업을 위해 근무할 것이다.

마지막 실무적 제안은 철회행동이 나타나기 시작했을 때 어떻게 대처해야 하겠는가에 있다. 관리자는 보통 직원이 가벼운 형태의 철회행동을 보여도 그냥 못 본 척 지나가고 싶어 한다. 이런 행동은 업무가 바쁜 날이 아니라면 단순한 휴식으로 여겨진다. 그러나 철회 진행형 모델이 보여주듯이, 가벼운 형태의 심리적인 철회는 종종 결근과 이직에까지 이른다. 따라서 이는 몰입을 저해하는 근본 원인을 제거하여 철회행동의 발단을 막아야 한다는 결과를 제시한다. 성공적인 기업은 심리적 철회 단계나 사퇴 단계까지 이르게 하는 낮은 몰입의 요인에 대한 조사에 많은 노력을 기울인다. 한 석유 회사 고위 간부가 말한 것처럼, 석유 굴착 장치에 고장이 생기면 그 원인에 대한 조사가 필요하듯이, 뛰어난 직원을 잃었다면 이 또한 그 이유에 대한 조사가 필요하다.

요점 정리

3.1 조직몰입이란 직원이 조직의 구성원으로 남아 있고자 하는 열망을 말한다. 철회행동이란 직원이 근무 조건에 대한 이행을 기피하는 것을 말한다. 몰입과 철회는 서로 부정적인 관계를 가진다. 더 몰입하고 있는 직원일수록 철회행동을 보이지 않는다.

3.2 조직몰입에는 세 가지 유형이 있다. 정서적 몰입은 직원 간의 감정적인 연대로 인해 조직의 구성원으로 남기를 원하는 것을 말한다. 지속적 몰입은 임금과 혜택, 그리고 조직에 속해 있는 정도로 인해 조직의 구성원으로 남아 있을 필요를 느끼는 것을 말한다. 규범적 몰입은 조직의 직원에 대한 투자나 자선사업에 대한 노력으로 인해 조직의 구성원으로 남아야만 한다고 느끼는 것을

말한다.

3.3 직원은 직장에서의 부정적인 사건에 대해 퇴장, 의견 제시, 충성, 방치의 형태로 대응할 수 있다. 퇴장은 조직의 구성원으로서 끝을 맺거나 한정시키는 신체적 유형의 철회를 말한다. 의견 제시는 직원이 상황을 개선시키기 위한 노력을 보이는 적극적이고 건설적인 대응을 말한다. 충성은 직원이 상황이 개선되기를 기다리며 조직을 지지하는 소극적이지만 건설적인 대응을 말한다. 방치는 직원이 업무에 대한 노력과 관심이 줄이는 신체적 유형의 철회를 말한다.

3.4 심리적 철회행동의 예로는 공상, 사교, 바쁜 척하기, 야간 부업, 사이버 휴식 등이 있다. 신체적 철회행동의 예로는 태만, 긴 휴식, 회의 불참, 결근, 사퇴 등이 있다. 진행 모델에 따르면, 철회행동은 사소한 심리적 유형에서 심각한 신체적 유형의 철회로 악화되는 경향을 보인다.

3.5 노동력의 다양화는 직원이 낮은 정서적 몰입을 가지고 있거나 현 직장에 덜 속해 있다는 느낌을 받을 때 몰입을 저하시킨다. 수십 년간의 인원 감축으로 인해 변화된 노사 관계는 정서적 몰입과 규범적 몰입을 저해시켜 능력 있는 직원을 유지하는 데 어려움을 주고 있다.

3.6 기업은 조직지원 인식을 강화하여 직원의 몰입을 조성할 수 있다. 조직지원 인식이란 조직이 직원의 행복에 어느 정도 관심을 기울이는지에 대한 직원들의 인식이다. 몰입은 또한 세 가지 유형의 몰입에 초점을 둔 이니셔티브로 조성될 수 있다.

핵심 용어

관계적 계약	배태성	심리적 철회	지속적 몰입
교환적 계약	별	외톨이	진행형 모델
규범적 몰입	보상형 모델	의견 제시	철회행동
독립형 모델	사회적 영향 모델	자선사업	충성
몰입의 초점	시민	정서적 몰입	침식 모델
무관심자	신체적 철회	조직몰입	퇴장
방치	심리적 계약	조직지원 인식	

토론 질문

3.1 대부분의 직원에게 어떠한 유형의 조직몰입(정서적, 지속적, 규범적)이 가장 중요하다고 생각하는가? 당신에게는 어떠한 유형이 가장 중요한가?

3.2 이 장에서 다룬 정서적, 지속적, 규범적 몰입을 향상시키는 방법 이외의 다른 것을 기술하라. 이러한 전략을 실행하는 것이 얼마나 돈이 드는가?

3.3 당신이 부정적인 사건에 퇴장, 의견 제시, 충성, 혹은 방치로 대응했던 상황을 떠올려 보자. 어떠한 문제가 있었기에 그렇게 행동하였는가? 당신은 부정적인 사건에 대해 주로 같은 반응을 보이는가? 아니면 네 가지 유형을 골고루 보이는가?

3.4 기업이 심리적, 신체적 철회행동을 줄이기 위해 감시와 처벌의 절차를 밟아도 되는가? 어떠한 경우에 이러한 프로그램이 효과적인가? 당신은 이것이 효과적이라고 생각하는가?

3.5 당신은 노동력의 다양화가 오히려 조직몰입을 향상시키는 이유를 찾을 수 있는가? 왜 그러한가? 조직몰입의 세 가지 유형 중 어떤 것이 그러한 결과를 설명하는가?

3.6 많은 연구가 수십 년간의 인원 감축이 조직몰입 정도를 낮추었다고 밝혔다. 당신은 살아남은 직원들의 몰입에 해를 끼치지 않는 선에서 직원을 해고할 수 있는 방법을 찾을 수 있는가? 어떻게 그럴 수 있는가?

사례: 아마존

시위, 파업, 또는 병을 빙자한 태업 등에 참여한다는 것은 일자리를 잃을 위험을 동반하기 때문에, 고용주에 대한 직원의 행동주의(사회 및 정치적 변화를 목적으로 하는 구성원들의 집단적 행동)는 상당한 위험을 수반한다. 그러나 세대에 따라 이러한 위험에 다르게 접근할 수 있다. 한 조사에 따르면 밀레니얼 세대의 82%가 고용주에게 의견 제시 등 말할 권리가 있다고 동의했으나, X세대는 76%, 베이비붐 세대는 65%였다. 목소리를 높이는 직원이 일자리를 잃을 위험이 있다는 데 동의한 비율은 얼마일까? 밀레니얼 세대는 78%, X세대는 79%, 베이비붐 세대는 78%이다. 따라서 밀레니얼 세대는 행동주의의 위험성을 인식하고 있으나, 어쨌든 그렇게 해야 한다고 생각한다. 한 전문가는 "직원들의 행동주의는 보편화되었다. … 이제는 사회 및 정치적 문제에 대해 자신의 의견이나 주장과 일치하는 편에 서서 지지 및 동조하는 것이 허용된다."라고 설명한다.

역사적으로, 그러한 행동주의는 조직화된 노동조합의 지원하에 발생했을 것이다. 그러나 1947년 태프트-하틀리법(Taft-Hartley Act)은 아마존의 배송 운전자와 창고 직원과 같은 독립 계약 업체가 조합에 가입할 수 없도록 법제화했다. 그러한 이유로 아마존 직원들의 휴가 및 파업은 노동법이 다른 미국 밖에서 더 자주 발생한다. 예를 들어 아마존의 독일 지점에서는 임금 수준과 근로 조건 때문에 여러 차례 파업이 일어났으며, 최근에는 휴일 쇼핑을 시작하는 "프라임 데이(Prime Day)" 기간에 발생했다. 한 옹호 단체의 보고서는 아마존이 감시 기술을 사용하여 집단적 조직을 원하는 직원을 식별하고 분리했다고 비난했다. 그들의 입장에서, 미국의 많은 아마존 직원은 노조를 지나간 시대의 유물로 간주하면서, 일반적으로 노조를 경계하고 있다.

그러나 아마존이 직원들의 행동주의를 수용하고자 한다는 몇 가지 증거가 있다. 일부는 기후 정책을 둘러싼 파업과 아마존 직원들의 기후 정의를 위한 활동가 그룹의 노력으로 인해, 아마존이 최근 탄소 발자국(carbon footprint)을 개선하기 위한 회사의 최근 노력이 그 증거라고 설명한다. 비행기와 트럭의 배출물과 서버 팜의 전력 수요 때문에 아마존의 배출량은 구글의 총배출량의 3배, 애플의 총배출량의 2배이다. 그리고 팬데믹으로 인한 성장은 그러한 격차를 더욱 심화시킬 전망이다. 전 CEO인 제프 베이조스(Jeff Bezos)는 그러한 배경 속에서 아마존이 2040년까지 탄소 발자국을 순차적으로 줄여 최종적으로 0으로 만들겠다고 발표했었다. 그 노력의 일환으로 그는 역사상 가장 큰 전기 자동차 구매를 발표했는데, 일리노이주 케와니에서 리비안이 생산한 10만 대의 밴이었다. 아마존이 그 외 직원들의 행동주의 노력에 비슷한 방식으로 반응할 것인지, 그리고 그것이 직원들의 충성과 몰입에 어떤 영향을 미칠지는 시간이 지나야 알 수 있을 것이다.

3.1 팬데믹 초기에 아마존과 같이 필수적인 기업에서 일한다고 상상해 보라. 그것이 당신의 조직몰입에 어떤 영향을 미치겠는가?

3.2 고용주는 직원의 행동주의를 장려해야 할까, 아니면 저해해야 할까? 그리고 행동주의에 대한 고용주의 철학이 조직몰입에 어떤 영향을 미치겠는가?

3.3 노조에 대한 태도와 법이 아마존과 같은 기업의 직원들이 노조를 결성할 수 있을 정도로 변했다고 가정해 보자. 세 가지 유형의 조직몰입이 과연 조직 결성에 의해 영향을 받을 것이라 생각하는가? 그 영향은 더 긍정적일 것인가, 아니면 더 부정적일 것인가?

출처: B. Dumaine, "Amazon Was Built for the Pandemic," *Fortune*, June–July 2020; M. Sainato, "Retail Workers at Amazon and Whole Foods Coordinate Sick-Out to Protest COVID-19 Conditions," *The Guardian*, May 1, 2020; S. Ray, "Amazon Workers Set to Strike at German Warehouses on 'Prime Day,'" *Forbes*, October 13, 2020; G. Colvin, "The Activist Employee Hasn't Gone Away," *Fortune*, October 2020; D.A. Hanley and S. Hubbard, "Eyes Everywhere: Amazon's Surveillance Infrastructure and Revitalizing Worker Power," *Open Markets*, September, 2020; M. Day, "Amazon Tries to Make the Climate Its Prime Directive," *Bloomberg Businessweek*, September 21, 2020.

예제: 부정적 사건에 대한 대응

이 예제의 목적은 직장에서의 부정적 사건에 대해 개인이 대응할 수 있는 세 가지 흔한 상황에 대해 알아보는 것이다. 이 예제는 모둠 활동으로 진행되기에, 강의자가 모둠을 만들어 주거나 학습자들이 직접 모둠을 만들어야 한다. 이 예제는 다음과 같은 단계로 진행된다.

3.1 개인적으로 짜증 나는 상사, 지루한 업무, 연공서열에 대한 다음의 세 가지 상황에 대해 읽어본다. 상황마다 당신이 취하게 될 자세한 대응을 두 가지씩 기술해 보자. 당신이 취하고 싶은 대응이 아닌 당신이 실제로 취하게 될 대응을 기술하라. 예를 들어 당신은 상사의 사

무실에 들어가 어떠한 직접적인 요구를 하고 싶지만 실제로 아무것도 하지 않는다면, "아무것도 하지 않음"이라고 적어라.

3.2 조 내부에서 대응에 대해 비교하라. 조에서 가장 빈번하게 제시되었던 대응을 상황별로 두 개를 정하라. 조원 한 명이 나와 상황별로 빈번하게 제시되었던 대응을 칠판 혹은 슬라이드에 적어라.

3.3 토론은(조별 혹은 수업 전체) 빈번하게 제시된 대응이 퇴장, 의견 제시, 충성, 방치의 구조에 부합하는가에 초점을 맞춘다. 어떠한 개인적, 또는 상황적 요인이 서로 다른 유형의 대응을 부르는가? 제시된 대응 중에는 퇴장, 의견 제시, 충성, 방치의 구조에 부합하지 않는 것이 있는가?

짜증 나는 상사	당신은 현 기업에서 1년 정도 일해 왔다. 이 동안 당신의 상사는 당신에게 점점 더 짜증 나는 존재가 되었다. 이는 당신의 상사가 못되거나 나쁜 사람이어서가 아니다. 이는 상사의 성격 때문이다. 상사가 말하는 방식, 사소한 것까지 관리하는 방식, 그가 사용하는 표정 등이 당신의 짜증을 유발한다. 시간이 지나면 지날수록, 당신은 그 상사의 모든 것을 견딜 수가 없다.	행할 것 같은 두 가지 행동
지루한 업무	당신은 현 기업에서 1년 정도 일해 왔다. 그리고 당신의 업무가 슬슬 지루해지기 시작했다. 여기는 당신의 첫 직장이고, 처음에는 돈을 벌고 매일매일 무엇을 한다는 것에 기뻤다. 그러나 "새로운 직장"에 대한 흥분은 사라졌고, 업무는 꽤 단조롭다. 매일 같은 일을 한다. 당신은 매시간 시계를 보고, 수요일이 금요일 같이 느껴질 지경에 이르렀다.	행할 것 같은 두 가지 행동
보수와 연공서열	당신은 현 기업에서 1년 정도 일해 왔다. 당신은 그동안 훌륭한 성과를 내어 왔다. 당신은 성과에 대해 아주 훌륭한 평가를 받아 왔고, 많은 프로젝트의 리더로 선정되었다. 그러나 이런 지위를 얻기 시작하면서부터 당신은 자신의 임금이 너무 낮다고 느끼게 되었다. 당신이 일하는 기업의 임금 정책은, 업무 성과보다는 연공서열에 더 중점을 두고 있다. 그 결과 당신은 같은 프로젝트 팀 내에서, 어떤 직원들은 단지 자신보다 오랜 기간 기업에 있었기 때문에 자신보다 낮은 성과를 보이면서도 높은 임금을 받는다고 생각한다.	행할 것 같은 두 가지 행동

미주

3.1 Bureau of Labor Statistics. "Number of Jobs, Labor Market Experience, and Earnings Growth: Results from a National Longitudinal Survey." *BLS USDL-19-1520*, August 22, 2019.

3.2 Allen, D.G.; P.C. Bryant; and J.M. Vardaman. "Retaining Talent: Replacing Misconceptions with Evidence-Based Strategies." *Academy of Management Perspectives* 24 (2010), pp. 48–64.

3.3 Meyer, J.P., and N.J. Allen. *Commitment in the Workplace*. Thousand Oaks, CA: Sage, 1997; Mowday, R.T.; R.M. Steers; and L.W. Porter. "The Measurement of Organizational Commitment." *Journal of Vocational Behavior* 14 (1979), pp. 224–47.

3.4 Hulin, C.L. "Adaptation, Persistence, and Commitment in Organizations." In *Handbook of Industrial and Organizational Psychology*, Vol. 2, ed. M.D. Dunnette and L.M. Hough. Palo Alto, CA: Consulting Psychologists Press, 1991, pp. 445–506.

3.5 Allen, N.J., and J.P. Meyer. "The Measurement and Antecedents of Affective, Continuance and Normative Commitment to the Organization." *Journal of Occupational Psychology* 63 (1990), pp. 1–18; Meyer, J.P., and N.J. Allen. "A Three-Component Conceptualization of Organizational Commitment." *Human Resource Management Review* 1 (1991), pp. 61–89; Meyer, J.P., and N.J. Allen. *Commitment in the Workplace*. Thousand Oaks, CA: Sage, 1997.

3.6 Allen, N.J., and J.P. Meyer. "The Measurement and Antecedents of Affective, Continuance and Normative Commitment to the Organization." *Journal of Occupational Psychology* 63 (1990), pp. 1–18; Meyer, J.P., and N.J. Allen. "A Three-Component Conceptualization of Organizational Commitment." *Human Resource Management Review* 1 (1991), pp. 61–89; Meyer, J.P., and N.J. Allen. Commitment in the Workplace. Thousand Oaks, CA: Sage, 1997.

3.7 Allen, N.J., and J.P. Meyer. "The Measurement and Antecedents of Affective, Continuance and Normative Commitment to the Organization." *Journal of Occupational Psychology* 63 (1990), pp. 1–18; Meyer, J.P., and N.J. Allen. "A Three-Component Conceptualization of Organizational Commitment." *Human Resource Management Review* 1 (1991), pp. 61–89; Meyer, J.P., and N.J. Allen. *Commitment in the Workplace*. Thousand Oaks, CA: Sage, 1997.

3.8 Meyer, J.P., and N.J. Allen. *Commitment in the Workplace*. Thousand Oaks, CA: Sage, 1997.

3.9 Mowday, R.T.; R.M. Steers; and L.W. Porter. "The Measurement of Organizational Commitment." *Journal of Vocational Behavior* 14 (1979), pp. 224–47.

3.10 Ashforth, B.E.; S.H. Harrison; and K.G. Corley. "Identification in Organizations: An Examination of Four

Fundamental Questions." *Journal of Management* 34 (2008), pp. 325–74.

3.11 Ashforth, B.E.; S.H. Harrison; and K.G. Corley. "Identification in Organizations: An Examination of Four Fundamental Questions." *Journal of Management* 34 (2008), pp. 325–74.

3.12 Meyer, J.P.; D.J. Stanley; L. Herscovitch; and L. Topolnytsky. "Affective, Continuance, and Normative Commitment to the Organization: A Meta-Analysis of Antecedents, Correlates, and Consequences." *Journal of Vocational Behavior* 61 (2002), pp. 20–52.

3.13 Mathieu, J.E., and D.M. Zajac. "A Review and Meta-Analysis of the Antecedents, Correlates, and Consequences of Organizational Commitment." *Psychological Bulletin* 108 (1990), pp. 171–94.

3.14 Johns, G. "The Psychology of Lateness, Absenteeism, and Turnover." In *Handbook of Industrial, Work, and Organizational Psychology*, ed. N. Anderson; D.S. Ones; H.K. Sinangil; and C. Viswesvaran. Thousand Oaks, CA: Sage, 2001, pp. 232–52.

3.15 Johns, G. "The Psychology of Lateness, Absenteeism, and Turnover." In *Handbook of Industrial, Work, and Organizational Psychology*, ed. N. Anderson; D.S. Ones; H.K. Sinangil; and C. Viswesvaran. Thousand Oaks, CA: Sage, 2001, pp. 232–52.

3.16 Colvin, G. "Losing Connection." *Fortune*, August–September, 2020.

3.17 Blenford, A. "The Pandemic Created New Workplace Tribes: Here's How to Unite Them." *Bloomberg Businessweek*, July 27, 2020.

3.18 Kanter, R.M. "Commitment and Social Organization: A Study of Commitment Mechanisms in Utopian Communities." *American Sociological Review* 33 (1968), pp. 499–517.

3.19 Stebbins, R.A. *Commitment to Deviance: The Nonprofessional Criminal in the Community*. Westport, CT: Greenwood Press, 1970.

3.20 Becker, H.S. "Notes on the Concept of Commitment." *American Journal of Sociology* 66 (1960), pp. 32–42.

3.21 Rusbult, C.E., and D. Farrell. "A Longitudinal Test of the Investment Model: The Impact of Job Satisfaction, Job Commitment, and Turnover of Variations in Rewards, Costs, Alternatives, and Investments." *Journal of Applied Psychology* 68 (1983), pp. 429–38.

3.22 Meyer, J.P., and N.J. Allen. *Commitment in the Workplace*. Thousand Oaks, CA: Sage, 1997.

3.23 Meyer, J.P.; D.J. Stanley; L. Herscovitch; and L. Topolnytsky. "Affective, Continuance, and Normative Commitment to the Organization: A Meta-Analysis of Antecedents, Correlates, and Consequences." *Journal of Vocational Behavior* 61 (2002), pp. 20–52.

3.24 Mitchell, T.R.; B.C. Holtom; T.W. Lee; C.J. Sablynski; and M. Erez. "Why People Stay: Using Job Embeddedness to Predict Voluntary Turnover." *Academy of Management Journal* 44 (2001), pp. 1102–21.

3.25 Felps, W.; T.R. Mitchell; D.R. Hekman; T.W. Lee; B.C. Holtom; and W.S. Harman. "Turnover Contagion: How Coworkers' Job Embeddedness and Job Search Behaviors Influence Quitting." *Academy of Management Journal* 52 (2009), pp. 545–61; and Hom, P.W.; A.S. Tsui; J.B. Wu; T.W. Lee; A.Y. Zhang; P.P. Fu; L. Li. "Explaining Employment Relationships with Social Exchange and Job Embeddedness." *Journal of Applied Psychology* 94 (2009), pp. 277–97.

3.26 Burton, J.P.; B.C. Holtom; C.J. Sablynski; T.R. Mitchell; and T.W. Lee. "The Buffering Effects of Job Embeddedness on Negative Shocks." Journal of Vocational Behavior 76 (2010), pp. 42–51.

3.27 Ramesh, A., and M.J. Gelfand. "Will They Stay or Will They Go? The Role of Job Embeddedness in Predicting Turnover in Individualistic and Collectivistic Cultures." *Journal of Applied Psychology* 95 (2010), pp. 807–23.

3.28 Ng, T.W.H., and D.C. Feldman. "Organizational Embeddedness and Occupational Embeddedness across Career Stages." *Journal of Vocational Behavior* 70 (2007), pp. 336–51.

3.29 Levering, R., and M. Moskowitz. "The 100 Best Companies to Work For." *Fortune*, January 24, 2005, pp. 64–94.

3.30 Allen, N.J., and J.P. Meyer. "The Measurement and Antecedents of Affective, Continuance and Normative Commitment to the Organization." Journal of Occupational Psychology 63 (1990), pp. 1–18; Meyer, J.P., and N.J. Allen. "A Three-Component Conceptualization of Organizational Commitment." *Human Resource Management Review* 1 (1991), pp. 61–89.

3.31 Wiener, Y. "Commitment in Organizations: A Normative View." *Academy of Management Review* 7 (1982), pp. 418–28.

3.32 Meyer, J.P., and N.J. Allen. "A Three-Component Conceptualization of Organizational Commitment." *Human Resource Management Review* 1 (1991), pp. 61–89.

3.33 Rodell, J.B. "Finding Meaning Through Volunteering: Why Do Employees Volunteer and What Does It Mean for Their Jobs?" *Academy of Management Journal* 56 (2013), pp. 1274–94.

3.34 Rodell, J.B., and J.W. Lynch. "Perceptions of Employee Volunteering: Is It 'Credited' or 'Stigmatized' by Colleagues?" *Academy of Management Journal* 56 (2016), pp. 611–35.

3.35 Grow, B. "The Debate over Doing Good." *BusinessWeek*, August 15, 2005, pp. 76–78.

3.36 Grow, B. "The Debate over Doing Good." *BusinessWeek*, August 15, 2005, pp. 76–78.

3.37 Rafter, M.V. "Appealing to Workers' Civic Side." *Workforce Management*, August 2010, p . 3.

3.38 Hirschman, A.O. *Exit, Voice, and Loyalty: Responses to Decline in Firms, Organizations, and States*. Cambridge, MA: Harvard University Press, 1970; Farrell, D. "Exit, Voice, Loyalty, and Neglect as Responses to Job Dissatisfaction: A Multidimensional Scaling Study." *Academy of Management Journal* 26 (1983), pp. 596–607.

3.39 Hirschman, A.O. *Exit, Voice, and Loyalty: Responses to Decline in Firms, Organizations, and States*. Cambridge, MA: Harvard University Press, 1970; Farrell, D. "Exit, Voice, Loyalty, and Neglect as Responses to Job Dissatisfaction: A Multidimensional Scaling Study." *Academy of Management Journal* 26 (1983), pp. 596–607; Rusbult, C.E.; D. Farrell; C. Rogers; and A.G. Mainous III. "Impact of Exchange Variables on Exit, Voice, Loyalty, and Neglect: An Integrating Model of Responses to Declining Job Satisfaction." *Academy of Management Journal* 31

(1988), pp. 599–627.

3.40 Hirschman, A.O. *Exit, Voice, and Loyalty: Responses to Decline in Firms, Organizations, and States*. Cambridge, MA: Harvard University Press, 1970; Farrell, D. "Exit, Voice, Loyalty, and Neglect as Responses to Job Dissatisfaction: A Multidimensional Scaling Study." *Academy of Management Journal* 26 (1983), pp. 596–607; Rusbult, C.E.; D. Farrell; C. Rogers; and A.G. Mainous III. "Impact of Exchange Variables on Exit, Voice, Loyalty, and Neglect: An Integrating Model of Responses to Declining Job Satisfaction." *Academy of Management Journal* 31 (1988), pp. 599–627.

3.41 Hirschman, A.O. *Exit, Voice, and Loyalty: Responses to Decline in Firms, Organizations, and States*. Cambridge, MA: Harvard University Press, 1970; Farrell, D. "Exit, Voice, Loyalty, and Neglect as Responses to Job Dissatisfaction: A Multidimensional Scaling Study." *Academy of Management Journal* 26 (1983), pp. 596–607; Rusbult, C.E.; D. Farrell; C. Rogers; and A.G. Mainous III. "Impact of Exchange Variables on Exit, Voice, Loyalty, and Neglect: An Integrating Model of Responses to Declining Job Satisfaction." *Academy of Management Journal* 31 (1988), pp. 599–627.

3.42 Farrell, D. "Exit, Voice, Loyalty, and Neglect as Responses to Job Dissatisfaction: A Multidimensional Scaling Study." *Academy of Management Journal* 26 (1983), pp. 596–607; Rusbult, C.E.; D. Farrell; C. Rogers; and A.G. Mainous III. "Impact of Exchange Variables on Exit, Voice, Loyalty, and Neglect: An Integrating Model of Responses to Declining Job Satisfaction." *Academy of Management Journal* 31 (1988), pp. 599–627.

3.43 Withey, M.J., and W.H. Cooper. "Predicting Exit, Voice, Loyalty, and Neglect." *Administrative Science Quarterly* 34 (1989), pp. 521–39; Burris, E.R.; J.R. Detert; and D.S. Chiaburu. "Quitting Before Leaving: The Mediating Effects of Psychological Attachment and Detachment on Voice." *Journal of Applied Psychology* 93 (2008), pp. 912–22.

3.44 Griffeth, R.W.; S. Gaertner; and J.K. Sager. "Taxonomic Model of Withdrawal Behaviors: The Adaptive Response Model." *Human Resource Management Review* 9 (1999), pp. 577–90.

3.45 Griffeth, R.W.; S. Gaertner; and J.K. Sager. "Taxonomic Model of Withdrawal Behaviors: The Adaptive Response Model." *Human Resource Management Review* 9 (1999), pp. 577–90.

3.46 Griffeth, R.W.; S. Gaertner; and J.K. Sager. "Taxonomic Model of Withdrawal Behaviors: The Adaptive Response Model." *Human Resource Management Review* 9 (1999), pp. 577–90.

3.47 Griffeth, R.W.; S. Gaertner; and J.K. Sager. "Taxonomic Model of Withdrawal Behaviors: The Adaptive Response Model." *Human Resource Management Review* 9 (1999), pp. 577–90.

3.48 Cherrington, D. *The Work Ethic*. New York: AMACOM, 1980.

3.49 Hulin, C.L.; M. Roznowski; and D. Hachiya. "Alternative Opportunities and Withdrawal Decisions: Empirical and Theoretical Discrepancies and an Integration." *Psychological Bulletin* 97 (1985), pp. 233–50.

3.50 Fisher, A. "Turning Clock-Watchers into Stars." *Fortune*, March 22, 2004, p . 60.

3.51 Hulin, C.L.; M. Roznowski; and D. Hachiya. "Alternative Opportunities and Withdrawal Decisions: Empirical and Theoretical Discrepancies and an Integration." *Psychological Bulletin* 97 (1985), pp. 233–50.

3.52 Lim, V.K.G. "The IT Way of Loafing on the Job: Cyberloafing, Neutralizing, and Organizational Justice." *Journal of Organizational Behavior* 23 (2002), pp. 675–94.

3.53 Jackson, M. "May We Have Your Attention, Please?" *BusinessWeek*, June 23, 2008, p . 55.

3.54 Spitznagel, E. "Any Given Monday." *Bloomberg Businessweek*, September 13–19, 2010, pp. 81–83.

3.55 Gerdes, L. "Nothin' but Net." *BusinessWeek*, March 26, 2007, p . 16.

3.56 Lim, Vivien KG. "The IT Way of Loafing on the Job: Cyberloafing, Neutralizing and Organizational Justice." *Journal of Organizational Behavior* 23, no. 5 (2002), pp. 675–94.

3.57 Hulin, C.L.; M. Roznowski; and D. Hachiya. "Alternative Opportunities and Withdrawal Decisions: Empirical and Theoretical Discrepancies and an Integration." *Psychological Bulletin* 97 (1985), pp. 233–50.

3.58 Koslowsky, M.; A. Sagie; M. Krausz; and A.D. Singer. "Correlates of Employee Lateness: Some Theoretical Considerations." *Journal of Applied Psychology* 82 (1997), pp. 79–88.

3.59 Blau, G. "Developing and Testing a Taxonomy of Lateness Behavior." *Journal of Applied Psychology* 79 (1994), pp. 959–70.

3.60 Muchinsky, P.M. "Employee Absenteeism: A Review of the Literature." *Journal of Vocational Behavior* 10 (1977), pp. 316–40; Harrison, D.A. "Time for Absenteeism: A 20-Year Review of Origins, Offshoots, and Outcomes." *Journal of Management* 24 (1998), pp. 305–50.

3.61 Fichman, M. "Motivational Consequences of Absence and Attendance: Proportional Hazard Estimation of a Dynamic Motivation Model." *Journal of Applied Psychology* 73 (1988), pp. 119–34.

3.62 Martocchio, J.J., and D.I. Jimeno. "Employee Absenteeism as an Affective Event." *Human Resource Management Review* 13 (2003), pp. 227–41.

3.63 Nicholson, N., and G. Johns. "The Absence Climate and the Psychological Contract: Who's in Control of Absence?" *Academy of Management Review* 10 (1985), pp. 397–407.

3.64 Spitznagel, E. "The Sick-Day Bounty Hunters." *Bloomberg Businessweek*, December 6–12, 2010, pp. 93–95.

3.65 Lucas, S. "The Shock and Awe of IKEA's Employee Spying Program." *Inc.*, December, 2013.

3.66 Lucas, S. "The Shock and Awe of IKEA's Employee Spying Program." Inc., December, 2013.

3.67 Campion, M.A. "Meaning and Measurement of Turnover: Comparison of Alternative Measures and Recommendations for Research." *Journal of Applied Psychology* 76 (1991), pp. 199–212.

3.68 Lee, T.W., and T.R. Mitchell. "An Alternative Approach: The Unfolding Model of Voluntary Employee Turnover." *Academy of Management Review* 19 (1994), pp. 51–89; Lee, T.W., and T.R. Mitchell. "An Unfolding Model of Voluntary Employee Turnover." *Academy of Management Journal* 39 (1996), pp. 5–36; Lee, T.W.; T.R. Mitchell; B.C. Holtom; L.S. McDaniel; and J.W. Hill. "The

Unfolding Model of Voluntary Turnover: A Replication and Extension." *Academy of Management Journal* 42 (1999), pp. 450–62; Lee, T.H.; B. Gerhart; I. Weller; and C.O. Trevor. "Understanding Voluntary Turnover: Path-Specific Job Satisfaction Effects and the Importance of Unsolicited Job Offers." *Academy of Management Journal* 51 (2008), pp. 651–71.

3.69 Mobley, W. "Intermediate Linkages in the Relationship Between Job Satisfaction and Employee Turnover." *Journal of Applied Psychology* 62 (1977), pp. 237–40; Hom, P.W.; R. Griffeth; and C.L. Sellaro. "The Validity of Mobley's (1977) Model of Employee Turnover." *Organizational Behavior and Human Performance* 34 (1984), pp. 141–74.

3.70 T.R. Mitchell. "An Alternative Approach: The Unfolding Model of Voluntary Employee Turnover." *Academy of Management Review* 19 (1994), pp. 51–89; Lee, T.W., and T.R. Mitchell. "An Unfolding Model of Voluntary Employee Turnover." *Academy of Management Journal* 39 (1996), pp. 5–36; Lee, T.W.; T.R. Mitchell; B.C. Holtom; L.S. McDaniel;and J.W. Hill. "The Unfolding Model of Voluntary Turnover: A Replication and Extension." *Academy of Management Journal* 42 (1999), pp. 450–62; Porter, L.W., and R.M. Steers. "Organizational, Work, and Personal Factors in Employee Turnover and Absenteeism." *Psychological Bulletin* 80 (1973), pp. 151–76.

3.71 Johns, G. "The Psychology of Lateness, Absenteeism, and Turnover." In *Handbook of Industrial, Work, and Organizational Psychology*, ed. N. Anderson; D.S. Ones; H.K. Sinangil; and C. Viswesvaran. Thousand Oaks, CA: Sage, 2001, pp. 232–52.

3.72 Rosse, J.G. "Relations Among Lateness, Absence, and Turnover: Is There a Progression of Withdrawal?" *Human Relations* 41 (1988), pp. 517–31.

3.73 Mitra, A.; G.D. Jenkins Jr.; and N. Gupta. "A Meta-Analytic Review of the Relationship Between Absence and Turnover." *Journal of Applied Psychology* 77 (1992), p . 879–89; Koslowsky, M.; A. Sagie; M. Krausz; and A.D. Singer. "Correlates of Employee Lateness: Some Theoretical Considerations." *Journal of Applied Psychology* 82 (1997), pp. 79–88; Griffeth, R.W.; P.W. Hom; and S. Gaertner. "A Meta-Analysis of Antecedents and Correlates of Employee Turnover: Update, Moderator Tests, and Research Implications for the Next Millennium." *Journal of Management* 26 (2000), pp. 463–88.

3.74 Koslowsky, M.; A. Sagie; M. Krausz; and A.D. Singer. "Correlates of Employee Lateness: Some Theoretical Considerations." *Journal of Applied Psychology* 82 (1997), pp. 79–88.

3.75 Toossi, M. "Labor Force Projections to 2024: The Labor Force Is Growing, but Slowly." *Monthly Labor Review*, December 2015.

3.76 Toossi, M. "Labor Force Projections to 2024: The Labor Force Is Growing, but Slowly." *Monthly Labor Review*, December 2015.

3.77 Coy, P. "Old. Smart. Productive." *BusinessWeek*, June 27, 2005, pp. 78–86.

3.78 Fisher, A. "Holding on to Global Talent." *BusinessWeek*, October 31, 2005, p . 202.

3.79 Banjo, S., and D. Bass. "On Diversity, Silicon Valley Failed to Think Different." *Bloomberg Businessweek*, August 3, 2020.

3.80 Morris, J.R.; W.F. Cascio; and C.E. Young. "Downsizing After All These Years: Questions and Answers About Who Did It, How Many Did It, and Who Benefited from It." *Organizational Dynamics* 27 (1999), pp. 78–87.

3.81 Morris, J.R.; W.F. Cascio; and C.E. Young. "Downsizing After All These Years: Questions and Answers About Who Did It, How Many Did It, and Who Benefited from It." *Organizational Dynamics* 27 (1999), pp. 78–87.

3.82 Devine, K.; T. Reay; L. Stainton; and R. Collins- Nakai. "Downsizing Outcomes: Better a Victim Than a Survivor?" *Human Resource Management* 42 (2003), pp. 109–24.

3.83 Devine, K.; T. Reay; L. Stainton; and R. Collins- Nakai. "Downsizing Outcomes: Better a Victim Than a Survivor?" *Human Resource Management* 42 (2003), pp. 109–24.

3.84 Conlin, M. "When the Laid-Off Are Better Off." *BusinessWeek*, November 2, 2009, p . 65.

3.85 Rousseau, D.M. "Psychological and Implied Contracts in Organizations." *Employee Responsibilities and Rights Journal* 2 (1989), pp. 121–39.

3.86 Rousseau, D.M. "New Hire Perceptions of Their Own and Their Employer's Obligations: A Study of Psychological Contracts." *Journal of Organizational Behavior* 11 (1990), pp. 389–400; Robinson, S.L.; M.S. Kraatz; and D.M. Rousseau. "Changing Obligations and the Psychological Contract: A Longitudinal Study." *Academy of Management Journal* 37 (1994), pp. 137–52; Robinson, S.L., and E.W. Morrison. "Psychological Contracts and OCB: The Effect of Unfulfilled Obligations on Civic Virtue Behavior." *Journal of Organizational Behavior* 16 (1995), pp. 289–98.

3.87 Rousseau, D.M. "New Hire Perceptions of Their Own and Their Employer's Obligations: A Study of Psychological Contracts." *Journal of Organizational Behavior* 11 (1990), pp. 389–400; Robinson, S.L.; M.S. Kraatz; and D.M. Rousseau. "Changing Obligations and the Psychological Contract: A Longitudinal Study." *Academy of Management Journal* 37 (1994), pp. 137–52; Robinson, S.L., and E.W. Morrison. "Psychological Contracts and OCB: The Effect of Unfulfilled Obligations on Civic Virtue Behavior." *Journal of Organizational Behavior* 16 (1995), pp. 289–98.

3.88 Robinson, S.L. "Violating the Psychological Contract: Not the Exception but the Norm." *Journal of Organizational Behavior* 15 (1994), pp. 245–59; Robinson, S.L. "Trust and Breach of the Psychological Contract." *Administrative Science Quarterly* 41 (1996), pp. 574–99; Zhao, H.; S.J. Wayne; B.C. Glibkowski; and J. Bravo. "The Impact of Psychological Contract Breach on Work- Related Outcomes: A Meta-Analysis." *Personnel Psychology* 60 (2007), pp. 647–80; Bal, P.M.; A.H. De Lange; P.G.W. Jansen; and M.E.G. Van der Velde. "Psychological Contract Breach and Job Attitudes: A Meta- Analysis of Age as a Moderator." *Journal of Vocational Behavior* 72 (2008), pp. 143–58.

3.89 Eisenberger, R.; R. Huntington; S. Hutchison; and D. Sowa. "Perceived Organizational Support." *Journal of Applied Psychology* 71 (1986), pp. 500–07.

3.90 Rhoades, L., and R. Eisenberger. "Perceived Organizational Support." *Journal of Applied Psychology* 87 (2002), pp. 698–714; Allen, D.G.; L.M. Shore; and R.W. Griffeth. "The Role of Perceived

Organizational Support and Supportive Human Resources Practices in the Turnover Process." *Journal of Management* 29 (2003), pp. 99–118.

3.91 Rhoades, L., and R. Eisenberger. "Perceived Organizational Support." *Journal of Applied Psychology* 87 (2002), pp. 698–714.

3.92 Dessler, G. "How to Earn Your Employees' Commitment." *Academy of Management Executive* 13 (1999), pp. 58–67.

3.93 Buchanan, L., and Harris, G. "Place and Purpose." *Inc.*, May–June 2020.

3.94 Shaw, J.D.; J.E. Delery; G.D. Jenkins Jr.; and N. Gupta. "An Organization-Level Analysis of Voluntary and Involuntary Turnover." *Academy of Management Journal* 41 (1998), pp. 511–25.

3.95 Dessler, G. "How to Earn Your Employees' Commitment." *Academy of Management Executive* 13 (1999), pp. 58–67.

3.96 Levering, R., and M. Moskowitz. "The 100 Best Companies to Work For." *Fortune*, January 24, 2005, pp. 64–94.

3.97 Fisher, A. "Holding on to Global Talent." *BusinessWeek*, October 31, 2005, p . 202; Fisher, A. "How to Keep your Stars from Leaving." *BusinessWeek*, July 26, 2005, p . 44.

3.98 Cappelli, p. "Managing Without Commitment." *Organizational Dynamics* 28 (2000), pp. 11–24.

3.99 Byrnes, N. "Star Search." *BusinessWeek*, October 10, 2005, pp. 68–78.

3.100 Byrnes, N. "Star Search." *BusinessWeek*, October 10, 2005, pp. 68–78.

4 직무만족

Job Satisfaction

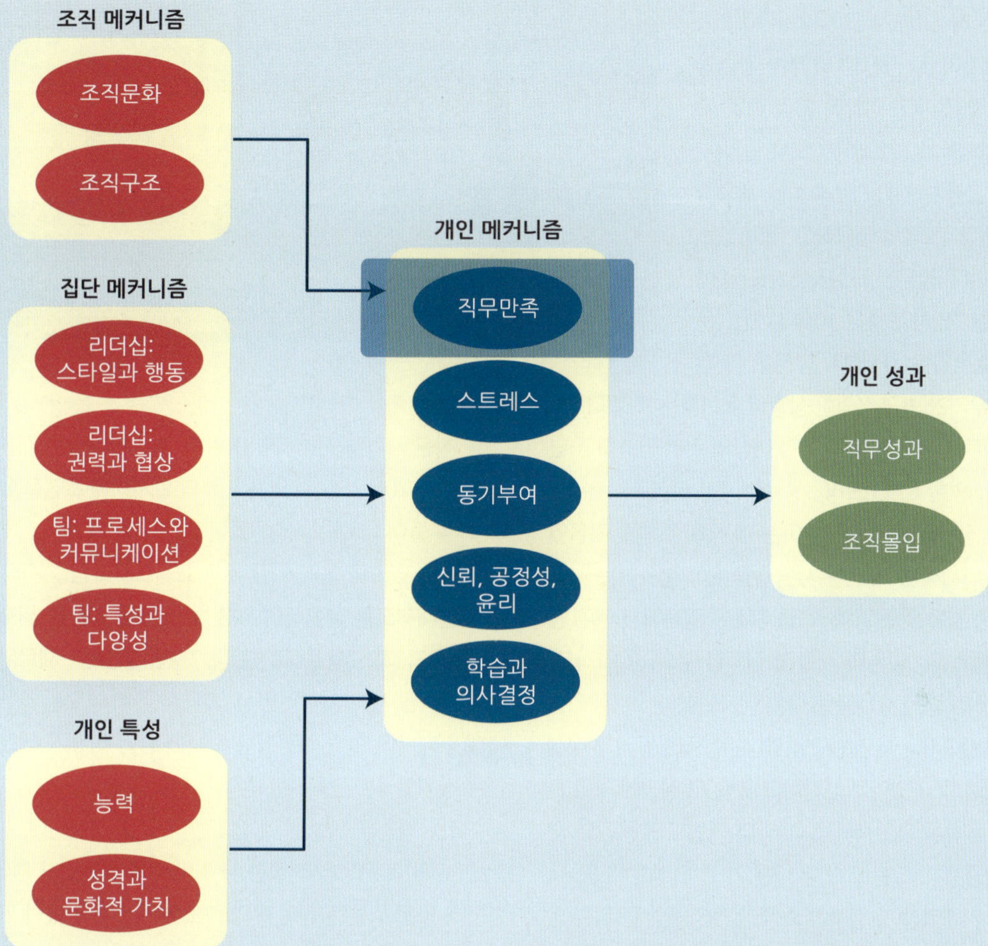

학습 목표 .... 이 장을 학습한 후에 다음의 질문에 답할 수 있어야 한다.

4.1 직무만족이란 무엇인가?

4.2 가치란 무엇이고 직무만족에 어떤 영향을 미치는가?

4.3 사람들은 직무만족을 평가할 때 구체적으로 어떤 측면을 고려하는가?

4.4 어떤 직무 특성들이 일 자체에 대한 만족감을 만들어 내는가?

4.5 일상의 여러 가지 사건은 직무만족에 어떤 영향을 주는가?

4.6 기분과 감정이란 무엇이고 구체적으로 어떤 형태를 취하는가?

4.7 직무만족이 직무성과와 조직몰입에 어떤 영향을 미치는가? 삶의 만족에는 어떤 영향을 미치는가?

4.8 조직 차원에서는 직무만족을 진단하고 관리하기 위해 어떻게 하는가?

힐튼 HILTON

Melissa Lyttle/Bloomberg via Getty Images

호텔 업계에서 일하는 기분이 어떨지 상상해 보자. 호텔은 여러 지역에서 운영되고, 여러 행사를 주최하며, 다양한 고객을 위해 서비스를 제공한다. 그래서 그 직업은 다양한 경험을 제공할 것이고, 당신은 다양한 기술과 경험을 필요로 할 것이다. 역할에 따라 기업 고객이 중요한 회의를 최대한 활용하도록 돕거나, 휴가로 방문한 고객에게 최고의 휴식를 제공하도록 도울 수 있다. 그래서 중요하고 의미 있는 순간도 있을 것이다. 힐튼은 포춘지(Fortune)에서 매년 선정하는 "일하기 좋은 100대 기업" 목록에서 2년 연속 1위를 차지했기 때문에 이 회사의 직원들은 우리가 방금 설명한 상황에 동의하는 것 같다.

하지만 힐튼 직원들은 업무 성격 이상의 것에 만족하고 있다. 2007년에 취임한 CEO 크리스 나세타(Chris Nassetta)는 이 회사가 호텔 직원들의 사기를 높이는 데 특히 주의를 기울였다고 언급했다. 나세타는 "우리는 사람들을 위해 봉사하는 사람들의 사업이라는 것을 잊었다"며 "기업 환경은 일선에서 매우 단절되었다"고 지적했다. 힐튼의 새롭게 집중한 분야 중 하나로, 나세타는 직원들이 입는 유니폼을 다시 디자인했다. 그는 "기존의 유니폼은 편안하거나 유연하지 않았다"며 "직원들에게 적절한 옷을 제공하지 않고 있다고 생각하고 있다"고 설명했다. 힐튼은 언더아머와 제휴를 맺고 직원들에게 더 가볍고 착용감이 좋은 유니폼을 제공했다. 그는 또한 더 나은 가구, 더 밝은 조명, 더 큰 TV, 개선된 카페테리아, 심지어 휴식 중인 직원들을 위한 안마의자까지 제공함으로써, 직원을 위한 공간들을 개선했다. 이러한 노력은 직원의 특정 업무와 상관 없이, 근무 환경을 개선하였다.

직원 사기를 진작시키기 위한 다른 분야들은 직원들이 향후 힐튼 내에서 가질 수 있는 미래의 일자리에 초점을 맞추고 있다. 예를 들어 나세타는 직원들이 일반 교육 개발(GED) 자격증을 취득할 수 있도록 돕기 위한 무료 교육프로그램을 시작했다. 또한 힐튼대학교를 설립하여 직원들이 다음 승진을 위해 일하는 동안 워크샵과 교육을 제공한다. 또한, 힐튼은 새로운 자사주 매입 계획을 새로 시작하면서 그 대상을 회사 모든 직원으로 확대했기 때문에 힐튼 직원들은 회사에 남을 이유가 생겼다. 나세타는 직원의 직무만족도를 높이기 위한 자신의 노력을 회고하면서 "나는 직원을 돌보는 데 집착한다"고 요약했는데, 이는 호텔의 CEO가 가져야 할 적절한 사고 방식이며, 코로나 펜데믹 기간 동안 수많은 힐튼 지점이 운영 규모를 축소해야 했던 2020년에는 도전이 되었다.

직무만족

4장은 1장에서 소개한 조직행동의 통합적 모델 중 새로운 부분이다. 직무만족은 직무성과와 조직몰입에 직접적으로 영향을 미치는 개인 차원의 행동 원리 중 하나이다. 만약 직원들이 일하면서 직무에 대해 매우 만족하거나 긍정적인 감정을 경험한다면 그들은 일을 더 잘할 것이고 더 오랫동안 회사에서 근무할 것이다. 여름 한 철에만 하는 일이거나 짧은 기간만 하는 일이건, 당신의 일생에서 경험한 가장 맘에 안 들었던 직업을 생각해 보라. 그 일을 하면서 하루 종일 지내는 동안 어떤 느낌을 받았는가? 그러한 느낌들이 생산성 저해 행동이나 철회행동보다는 직무와 관련 행동이나 시민행동에 어떤 영향을 미쳤는가?

직무만족(job satisfaction)은 자신의 직무나 직무 경험에 대해 느끼는 기분 좋고 만족스러운 감정 상태이다.[1] 다시 말해 당신이 자신의 직무에 대해 어떻게 느끼고 어떤 생각을 하는가를 의미한다. 자기 직무에 높은 만족을 경험한 직원들은 자신의 임무나 과업에 대해 긍정적인 느낌을 갖는다. 반대로 낮은 직무만족을 경험한 직원들은 자신이 해야 할 일이나 과업행동에 대해 부정적인 느낌을 갖는다. 불행하게도, 직장 설문조사에 의하면 자기 직무에 만족하는 직원들은 갈수록 적어지고 있다. 예를 들면 한 조사에 따르면 미국인의 45%만 자기 직무에 만족하는데, 20년 전에는 이 비율이 61%였다.[2] 직무에 만족하는 미국인의 비율이 낮아지는 이유가 무엇일까? 같은 설문조사에서 자기 일에 흥미를 느낀다는 비율(51%), 자기 상사에 만족한다는 비율(51%), 그리고 동료직원을 좋아한다는 비율(57%)도 감소하는 것으로 나타났다. 이러한 감소하는 경향을 바꾸기 위해서는 무엇이 직무만족을 움직이는지 정확하고도 깊이 이해하는 것이 필요하다.

학습목표 4.1
직무만족이란 무엇인가?

왜 어떤 직원들은 다른 직원들보다 더 만족하는가?

그렇다면 왜 어떤 직원들은 다른 직원들에 비해 더 만족하는가? 일반적인 관점에서 볼 때 사람들은 직무가 그들이 가치를 두는 것을 제공해 줄 때 만족한다. **가치**(values)란 사람들이 의식 또는 잠재의식 속에서 추구하거나 얻고자 하는 것이다.[3] 다음 질문에 대해 잠시 생각해 보자. 당신은 직무에서 무엇을 얻고자 하는가, 다시 말해, 당신의 직무가 당신에게 무엇을 주기를 원하는가? 많은 월급? 성취감? 주변에 재미있는 동료가 있는 것? 당신의 직업에서 진정으로 가치를 두는 일들을 나열하면 아마 대부분 또는 모두 〈표 4-1〉에 있는 내용과 같을 것이다. 이 표는 일의 가치에 대해 널리 사용되는 조사 결과를 요약한 것인데 좀 더 포괄적으로 넓게 분류한 것이다.[4] 나열된 가치들을 보면 거의 모두 직무가 우리에게 줄 수 있는 가치들이라는 걸 알 수 있다. 예를 들면 좋은 보수나 잦은 승진 기회 등이다. 좋은 상사나 좋아하는 동료가 있는가 등을 포함한 그 밖의 가치들은 직장 생활과 관련한 여러 가지 상황과 여건에 따라 달라진다. 또 다른 가치들에는 일 그 자체, 즉 재량권이나 성취감 등을 주는지 등도 있다.

학습목표 4.2
가치란 무엇이고 직무만족에 어떤 영향을 미치는가?

〈표 4-1〉에 있는 가치들의 목록을 잘 살펴보라. 지금 당신 인생의 현 상황에서 중요한 가치라고 생각하는 상위 다섯 가지는 무엇인가? 아마 당신이 학업을 위해 아르바이트를 하고 있다면 같이 일하는 동료가 재미있는 것과 일자리 환경이 편안한 것에 가치를 둘 것이다. 또는 당신이 이제 막 결혼하고 직장 생활을 시작했다면 높은 보수를 주고 빠르게 고위직으로 승진할 수 있는가에 가치를 둘 것이다. 아니면 다른 사람을 돕고 싶다거나 뭔가 새로운 창의적 욕구를 발산할 곳이 필요한 시점일지도 모르겠다. (저자들의 경우, 이 교재를 쓰도록 만든 명성이라는 가치를 추구한다. 유명한 예능프로그램에서 우리를 섭외하기를 기다리는 중이다.) 당신이 선택한 다섯 개의 가치들이 무엇이든, 사람마다 가치를 두는 것이 서로 다르며, 당신이 가치를 두는 것들은 직장 생활을 하는 동안 수시로 변하리라는 것을 알 수 있을 것이다.

표 4-1 직장에서의 일반적인 가치

구분	가치
보수	- 높은 보수 수준 - 안정적 지급이 보장되는 보수
승진	- 잦은 승진 기회 - 능력주의 승진
감독	- 적절한 감독 관계 - 잘할 때 칭찬
동료	- 즐겁게 같이 일할 수 있는 동료 - 자기 일에 책임감이 있는 동료
일 자체	- 능력 발휘 - 재량권과 독립성 - 머리를 좀 쓰는 일 - 창의적 표현 - 성취감
이타주의	- 다른 사람을 돕는 것 - 도덕적 대의명분
위상	- 품격 있는 대우 - 다른 사람에 대한 권력 - 명성
환경	- 편안함 - 안전함

핵심 질문:
이 중에 당신한테 가장 중요한 것은 무엇인가?

출처: Adapted from R.V. Dawis, "Vocational Interests, Values, and Preferences," in *Handbook of Industrial and Organizational Psychology*, Vol. 2, ed. M.D. Dunnette and L.M. Hough (Palo Alto, CA: Consulting Psychologists Press, 1991), pp. 834–71; D.M. Cable and J.R. Edwards, "Complementary and Supplementary Fit: A Theoretical and Empirical Investigation," *Journal of Applied Psychology* 89 (2004), pp. 822–34.

가치 충족

가치는 직무만족을 설명하는 데 매우 중요한 역할을 한다. **가치-지각 이론**(value-percept theory)에 따르면 직무만족은 당신의 직무가 당신이 가치를 두고 원하는 욕구를 충족시켜준다고 지각하는가에 좌우된다.[5] 이 이론은 다음 방정식으로 요약될 수 있다.

$$\text{불만족} = (V_{\text{욕구}} - V_{\text{충족}}) \times (V_{\text{중요도}})$$

이 방정식에서, $V_{\text{욕구}}$는 어떤 사람이 가치를 원하는 정도를 나타낸다. $V_{\text{충족}}$은 직무가 그 가치를 얼마나 제공하고 충족시키는가를 의미한다. 그리고 $V_{\text{중요도}}$는 가치가 그 사람에게 얼마나 중요한가를 나타낸다. 그 욕구와 충족의 차이가 크면 불만족 상태가 되며, 가치가 중요할 때는 불만족이 더 커진다. 주목할 것은 $V_{\text{욕구}}$와 $V_{\text{충족}}$과의 차이는 $V_{\text{중요도}}$로 곱해진다는 것이다. 그래서 불일치 정도는 가치의 중요도가 높으면 확대되고 낮으면 감소된다. 예를 들면 당신의 연봉에 대한 만족도를 평가한다고 해 보자. 연봉 $70,000 정도를 벌고 싶은데 현재 연봉이 $50,000이라고 하자. $20,000의 차이가 있다. 당신은 그 점에서 큰 불만을 느끼는가? 〈표 4-1〉에서 연봉이 아주 중요한 가치라면 그렇다. 하지만 만약 그렇게 중요한 가치가 아니라면 당연히 크게 실망하지 않을 것이다.

학습목표 4.3
사람들은 직무만족을 평가할 때 구체적으로 어떤 측면을 고려하는가?

아울러 가치-지각 이론에 의하면 사람들이 자신의 직무에 대한 만족도를 평가할 때 직무가 갖고 있는 세부적인 요소를 기준 한다고 한다.[6] 즉, "직무"는 하나가 아니라 과업, 관계성, 그에 대한 보상 등이 합쳐진 집합체이다.[7] 사람들이 그들의 직무만족을 판단하면서 일반적으로 고려하는 요소는 [그림 4-1]에 있다. 그림에는 보수, 승진, 감독, 동료, 일 그 자체에 대한 만족 수준을 나타내는 "욕구 대 충족"의 계산과정이 담겨있다. 아울러 그 다섯 가지 만족이 합쳐져서 전체적인 직무만족 정도를 나타내는 것을 볼 수 있다. [그림 4-1]을 보면 직원들은 다양한 이유로 만족한다는 것을 알 수 있다. 다시 말해 한 사람은 보수를 많이 받고 좋은 상사 밑에서 일할 때 만족할 수 있다. 또 다른 사람은 좋은 동료를 만났고 일의 내용이 아주 마음에 들기 때문에 만족할 수 있다. 당신은 혹시 〈표 4-1〉에 있는 도덕적 이유, 명성과 품위를 얻는 것 등과 같은 직무에 만족을 주는 요소들이 [그림 4-1]에 없는 것을 알아챘을 수 있다. 그러한 가치들은 보수, 승진 등과 같이 모든 직업에 공통적으로 적용되지 않기 때문에 본 장에서는 논의하지 않기로 한다.

[그림 4-1]의 첫 번째 요소인 **보수 만족**(pay satisfaction)은 사람들이 보수에 대해 갖는 느낌인데, 당연히 받을 만하다든가, 안정적인가, 일상의 지출은 물론 고급품목까지 살 만큼 충분한가 여부 등을 포함한다.[8] 다른 요소들과 유사하게 보수 만족도 본인이 원하는 수준(욕구)과 실제로 받는 것(충족)과의 비교 결과를 기준으로 한다.[9] 물론 돈이란 많이 받을수록 좋겠지만, 대부분의 직

그림 4-1 직무만족의 가치-지각 이론

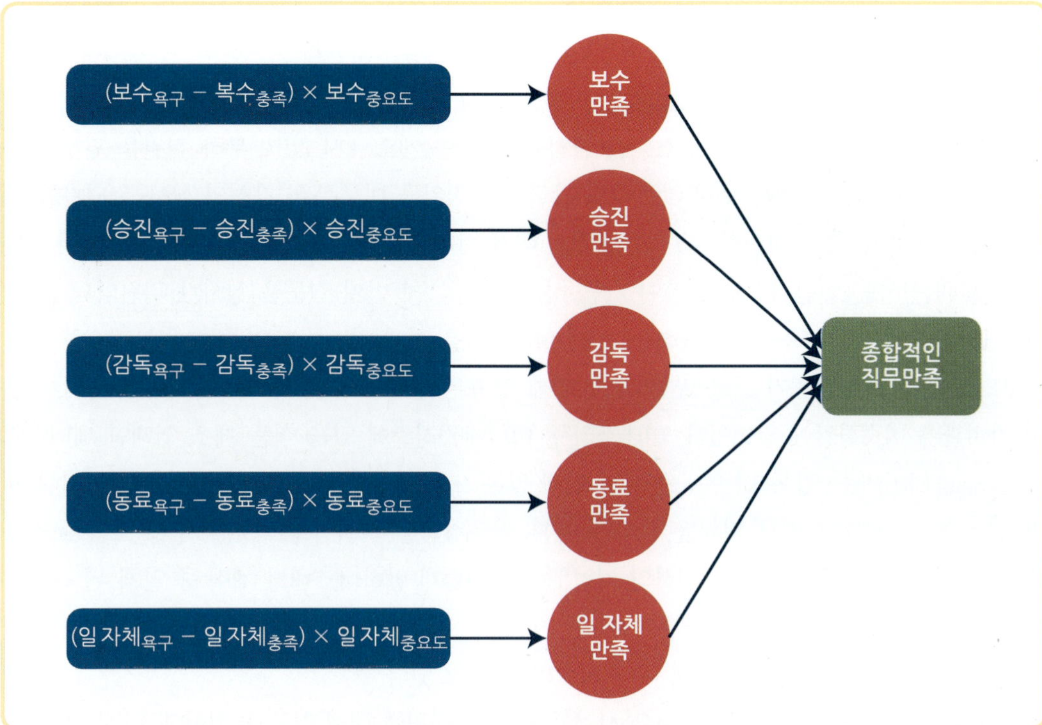

원들은 자신이 희망하는 보수 수준을 무조건 자신이 수행할 과업의 책무, 자신과 비교할 만한 다른 동료들의 보수 수준 등과 비교해서 산정한다.[10] 그렇기 때문에 대부분의 직원들은 자신이 백만장자가 아니어도 자신의 보수에 꽤 만족할 수 있는 것이다. 미국 샌안토니오에 있는 아스팔트 정제 사업과 파이프라인 저장소 운영을 하는 회사인 누스타 에너지(NuStar Energy)의 직원을 예로 들어보자.[11] 그 회사는 임원이 아닌 일반직원에게도 성과급과 주식을 지급하여 산업 전체 평균보다 높은 보수를 지급한다. 보너스는 임원이나 일반 직원을 가리지 않고 모든 직원이 같이 받거나 아니면 아무도 안 받거나 둘 중의 하나다. 그런 보수제도 덕분에 직원들은 무거운 방화복, 단단한 모자, 보호안경과 안전화를 착용하고 뜨거운 아스팔트 가까이에서 작업하는 열악한 조건에서도 기꺼이 참고 일할 수 있다.

[그림 4-1]의 다음 요소인 **승진 만족**(promotion satisfaction)은 승진의 빈도, 공정성, 능력에 따른 승진 여부를 포함하여 회사의 승진 정책과 실행에 대한 직원의 느낌을 의미한다.[12] 보수와 달리 어떤 직원들은 승진이 잘되는 것을 원하지 않을 수도 있다. 왜냐하면 승진을 하면 책임이 늘어나고 일하는 시간이 늘어나기 때문이다.[13] 그럼에도 불구하고 많은 직원은 승진이 더 많은 개인적 성장, 더 나은 임금 및 더 많은 명성을 얻을 수 있는 기회를 제공하기 때문에 승진을 중요하게 생각한다. 미국 시애틀에 있는 고급 소매업체인 노드스트롬(Nordstrom)은 직원들의 승진 만족도를 높이는 일을 훌륭하게 수행하고 있다. 신입 영업 사원들은 입사 1년 이내 승진하는 경우가 많으며, 리더로서 소질이 있는 직원은 6개월 교육 프로그램을 통해 더 빠른 승진 코스를 밟게

한다.[14] 실제로 노드스트롬의 임원 9명 중 5명은 영업 현장에서 시작한 사람들이다. 한 임원은 "리더십은 경험으로부터 나온다. 우리는 사람들이 자신의 경력을 쌓기에 꼭 충분한 경험을 할 것을 권한다"고 말한다.

감독 만족(supervision satisfaction)은 직원들이 자신의 상사에 대해 갖는 느낌을 나타낸다. 즉 상사가 유능하고, 예의 바르며, 소통을 잘하는지, 또는 게으르지 않고, 부하 직원을 귀찮게 하지 않으며, 사람들과 거리를 두지 않는지를 말한다.[15] 직원들 대부분은 자신의 상사를 평가할 때 다음 두 가지 질문을 생각한다. (1) "내 상사는 내가 가치를 두는 것을 얻을 수 있도록 도와주는가?", (2)"내 상사는 일반적으로 호감이 가는 사람인가?"[16] 첫 번째 질문은 상사가 직원의 좋은 성과에 대해 보상을 해 주는가, 일을 하는데 필요한 자원을 쉽게 얻도록 도와주는가, 불필요한 방해로부터 직원을 보호하는가 등을 말한다. 두 번째 질문은 상사가 좋은 성격을 가지고 있는지, 직원의 가치관과 비슷한가에 달려있다. 미네소타주 미니애폴리스에 있는 식품 제조 업체인 제너럴밀스(General Mills)사는 감독 만족을 높이기 위해 많은 노력을 기울인다. 회사는 자체에 리더십 개발 코스를 중점관리하면서 직원들이 각각 다른 직무경험을 리더십에 적용할 수 있도록 보직을 순환 이동시킨다.[17] 한 관리자는 회사의 기업문화를 이렇게 말한다. "내가 재직 중 알게 된 관리자의 세 가지 역할이 아직도 좋은 교훈으로 남아있으며, 지금도 나를 점검하고 있다. 그것은 제너럴밀스에서는 흔히 볼 수 있는 일이며 나 역시 그렇게 하고 있다."[18]

동료 만족(coworker satisfaction)은 사람들이 동료 직원에 대해 갖는 느낌이다. 다시 말해 동료가 게으르고, 험담하고, 불쾌하거나, 지루하게 느껴지는지, 또는 반대로, 똑똑하고, 책임감 있고, 도움이 되고, 재미있고, 흥미로운지 등이다.[19] 직원들은 상사에 대해 했던 동일한 질문을 자신의 동료들에게도 적용해 볼 수 있다. (1) "그들이 내 일을 도와줄 수 있는가?" (2) "그들과 같이 어울리는 것을 내가 좋아하는가?" 첫 번째 질문은 상당히 중요하다. 왜냐하면 모든 사람들이 일을 하면서 동료들에게 일정부분 의지하기 때문이다. 두 번째 질문도 역시 중요하다고 할 수 있다. 왜냐하면 우리가 가족과 같이 보내는 시간만큼 동료들과 시간을 보내기 때문이다. 유쾌하고 재미있는 동료는 일주일을 빨리 가게 할 수 있는 반면, 무례하고 짜증나는 동료는 단 하루도 영원처럼 느껴지게 만들기 때문이다. 캘리포니아 어바인에 본사를 둔 채용 회사인 조보트(Jobot)사는 동료 만족도의 중요성을 이해하고 있는 것 같다. 설립자인 하이디 골렛지(Heidi Golledge)는 회사의 채용과정이 마음에 들지 않는 사람들을 걸러내기 위해 많은 노력을 기울인다고 말한다.[20] 그녀는 "거의 데이트와 비슷하다. 이 사람과 앞으로 3~5년 동안 결혼 생활을 하고 싶은가?"라고 묻는다. "물론 이는 잠재적 동료에게 적용하기에는 높은 기준이지만, 이러한 마음가짐은 직업 만족도를 높일 수 있는 동료를 채용할 것이다."라고 그녀는 설명한다.[21]

[그림 4-1]의 마지막 요소인 **일 자체에 대한 만족**(satisfaction with the work itself)은, 사람들이 실제로 자신의 업무가 지루하고 반복적이며 또는 맘에 안 들거나 하지 않고, 뭔가 도전적이고 흥미 있고, 남들이 중요하다고 알아주며 그리고 핵심적인 능력과 기술을 사용하는 일인가 대한 느낌을 의미한다.[21] 앞에서 살펴본 네 가지 요소는 업무의 결과(보수, 승진)나 업무와 관련된 사람(감독, 동료)들을 설명하지만, 이 요소는 직원이 실제로 하는 일 자체에 초점을 둔다. 아무리 훌륭

한 상사나 재미있는 동료들이 있다 해도 어떤 사람이 일의 내용 그 자체에 흥미를 잃고 매주 지루하게 40시간 또는 50시간 동안 일하는 고통을 줄이고 종합적인 만족도를 높이는 것은 불가능하다. 그렇다면 기업은 직원들이 느끼는 '일 자체에 대한 만족'을 어떻게 높일 수 있을까? 한 가지 방법은 직무 내용 중에 어떤 부분이 도전적이고 흥미를 주는가를 강조하는 것이다. 캘리포니아 글렌데일에 위치한 애니메이션 스튜디오인 드림웍스에서는 직원들이 프레젠테이션 기술을 연마할 수 있는 "Life's a Pitch(짧고 설득력 있는 프레젠테이션)" 워크숍에 참석하도록 권장한다.[22] 또한 회사는 직원들에게 습작그림과 조각, 즉흥표현 학습을 하도록 함으로써 창의력을 단련하게 한다. 설립자 중 한 명인 제프리 카젠버그(Jeffrey Katzenberg)는, "우리는 직원들이 일을 사랑하고 일하기를 좋아한다면 그 일의 성과는 아주 높아진다고 믿는다."고 설명한다.[23]

Paul Sakuma/AP Images

드림웍스 애니메이션 직원들은 직장에서 습작그림과 조각, 즉흥표현 학습, 설득 및 프레젠테이션 능력배양을 통해 창의력을 단련한다.

'가치-지각 이론'을 요약하면, 직원들은 자신의 직무가 자신이 가치 있게 여기는 급여, 승진, 감독, 동료 및 과업을 제공한다고 인식할 때 만족할 것이라고 제안한다. 가치-지각 이론을 더욱 충분히 이해하기 위해서 다음과 같은 추가적인 질문을 생각해봐야 한다. 이러한 구성 요소 중 가장 중요한 것은 무엇인가? 즉, [그림 4-1]의 다섯 가지 요소 중 전체 직무만족에 가장 큰 영향을 미치는 것은 무엇인가? 몇몇 연구에서 이에 대한 연구의 결과로 [그림 4-2]와 같은 내용을 제시했다. 이 그림은 다섯 가지 요소와 전반적인 직무만족 간

그림 4-2 개별 만족 요소와 종합 직무만족과의 상관관계

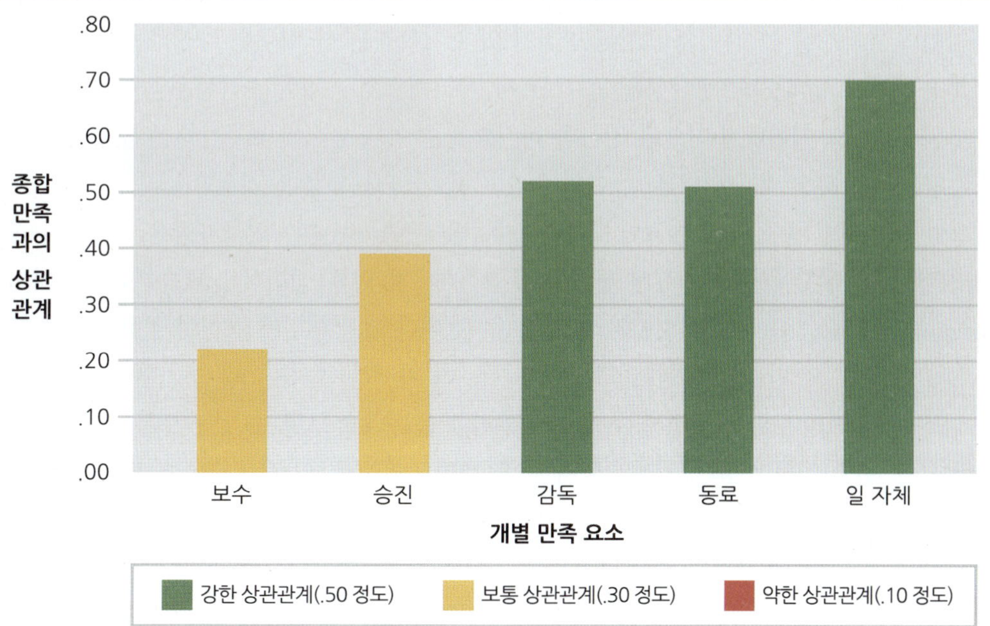

출처: G.H. Ironson, P.C. Smith, M.T. Brannick, W.M. Gibson, and K.B. Paul, "Construction of a Job in General Scale: A Comparison of Global, Composite, and Specific Measures," *Journal of Applied Psychology* 74 (1989), pp. 193–200; S.S. Russell, C. Spitzmuller, L.F. Lin, J.M. Stanton, P.C. Smith, and G.H. Ironson, "Shorter Can Also Be Better: The Abridged Job in General Scale," *Educational and Psychological Measurement* 64 (2004), pp. 878–93.

의 상관관계를 설명한다. (.10, .30 그리고 .50의 상관관계는 각각 약한, 보통 및 강한 관계를 나타낸다.)

[그림 4-2]을 보면 단일 요소 중 '일 자체에 대한 만족'이 전체 직무만족에 가장 강력한 단일 요인임을 보여 준다.[24] '감독 및 동료 만족'도 역시 강한 요인이며, '승진 및 보수 만족'은 보통 수준의 영향을 미치는 것으로 나타나 있다. '일 자체에 대한 만족'이 왜 그렇게 중요한 것일까? 일반적으로 일주일에 약 2,400분을 일한다. 이 중에 당신은 돈을 얼마나 벌 것인가에 대해 얼마나 생각하는가? 아마 10분? 20분 정도? 승진에 대해서도 마찬가지이다. 우리는 보수나 승진을 원하지만 하루 중 이것들에 대해 생각하는 데 오랜 시간을 할애하지는 않는다. 그 대신 그 시간의 상당 부분을 다른 사람들과 보낸다. 우리는 아마 매주 600분 정도는 점심식사, 회의, 복도에서의 잡담이나 그 밖의 대화를 하면서 상사나 동료들과 소비한다. 따라서 자신과 직무에 쏟을 수 있는 시간이 거의 1,800분 정도가 남는다. 결과적으로 실제 당신이 하는 일의 내용 자체를 좋아하지 않는다면 그 긴 시간 동안 일하면서 당신의 직무에 만족하기 어렵다.

일 자체에 대한 만족

즐겁게 수행할 만한 일 자체가 전반적인 직무만족에 중요한 영향을 미친다는 점을 감안할 때, 대부분의 사람들이 즐길 수 있는 일의 유형을 설명하는 데 더 많은 시간을 할애하는 것이 나름대로 가치가 있다고 할 수 있다. 연구자들은 1950년과 1960년대에 일 차체에 대한 만족에 초점을 맞추기 시작했는데, 이는 부분적으로는 "과학적 관리법" 관점에서 인간을 생산도구로만 생각하고 행해진 여러 사례에 대한 반작용으로 나타난 결과이다. 과학적 관리법은 작업의 움직임과 순서를 완벽하게 설정하기 위해 시간 및 동작연구를 통해 각 개별 과업을 좀 더 단순화하고 전문화함으로써 작업의 효율성을 높이는 데 초점이 맞춰져 있다.[25] 목적은 한 직무를 완성하는데 필요한 기술의 폭을 줄이고, 작업자의 생산성을 증가시켜서, 궁극적으로 기업의 수익성을 높이는 것이었다. 하지만 단순화되고 정형화된 작업은 결근과 이직률을 높이는 동시에 직무만족을 낮추는 경향이 있다.[26] 간단히 말하면 지루한 일은 더 쉬울 수 있지만, 반드시 더 좋은 것은 아니다.

> **학습목표 4.4**
> 어떤 직무 특성들이 일 자체에 대한 만족감을 만들어 내는가?

그렇다면 어떤 종류의 과업들이 특별히 만족을 주는 것일까? 연구자들은 "세 가지 중요한 심리적 상태"가 일을 만족스럽게 한다고 주장한다. 첫 번째 심리적 상태는 **일의 유의미성**(meaningfulness of work)을 믿는 것인데, 일의 유의미성이란 일의 의미가 자신의 철학과 신념 체계에서 "중요한" 것으로 간주되는 정도를 반영한다(좀 더 자세한 논의는 6장 '동기부여' 참조).[27] 사소한 업무는 뭔가 의미 있는 방법으로 회사와 사회를 돕는다고 느낄 수 있는 업무에 비해 덜 만족스럽다. 두 번째 심리적 상태는 **결과물에 대한 책임**(responsibility for outcomes)을 인식하는 것으로, 다시 말하면 자신이 업무의 최종 품질을 좌우하는 핵심 인물이라고 느끼는 정도를 의미한다.[28] 때때로 직원들은 효과적인 절차, 효율적인 기술 또는 더 영향력 있는 동료에 의해 업무 결과가 좌우되기 때문에 자신의 노력이 별로 중요하지 않다고 느낀다. 마지막으로, 세 번째 심리적 상태는 **결과에 대한 지식**(knowledge of results)인데, 이는 자신이 일을 얼마나 잘했는지 또는 제대로 하지 못했는지를 알고 있는 정도를 반영한다.[29] 의외로 많은 사람이 자신이 저지른 실수나 또는 자기가 일을 잘한 때를 잘 알아채지 못하는 직장에서 일한다.

자신이 잘한 일에 대해 특히 자부심을 느꼈던 때를 생각해 보라. 그 순간 당신은 아마 위의 세 가지 심리적 상태를 모두 경험하고 있었을 것이다. 다시 말해, 일의 결과에 대해 잘 알고 있었고(어떤 일이 잘 수행되었을 때의 경우), 일의 결과에 대해 어떤 책임을 느꼈으며(그렇지 않다면 왜 당신이 스스로 자랑스럽다고 생각했겠는가?), 마지막으로, 그 일의 결과가 어떤 의미가 있다고 느꼈다(그렇지 않다면, 지금 그 일을 기억했겠는가?). 당연히 다음 질문은, "어떤 종류의 과업들이 이런 심리상태를 만들어 내는가?"이다. 그 질문에 대해서는 내재적 만족을 주는 직무의 핵심적 특징들을 설명하는 **직무특성이론**(job characteristics theory)에서 답을 구할 수 있다. [그림 4-3]에서 보듯이, 직무 특성이론의 내용은 다섯 가지 핵심적 직무 특성(다양성(variety), 정체성(identity), 중요성(significance), 자율성(autonomy), 그리고 피드백(feedback)인데, 첫 글자를 딴 "VISAF"로 기억할 수 있음)이 위의 세 가지 심리적 상태를 높은 수준으로 유지시켜 과업을 좀 더 만족스럽게 수행할 수 있도록 한다는 것이다.[30]

[그림 4-3]의 첫 번째 핵심 특성인 **다양성**(variety)은 직무를 수행하기 위해 다양한 기술과 재능을 포함하는 다양한 행동이 필요한 정도를 말한다.[31] 다양성이 높으면 주중에 일을 하면서 적용하는 방법이 거의 매일 조금씩 다르기 때문에 작업자가 단조로움이나 반복성을 거의 느끼지 못한다.[32] 물론 크기가 다른 너트를 다른 색상의 볼트에 조이는 것과 같이 지루한 다양한 작업을 상상할 수 있지만 그러한 작업들은 다양한 기술과 재능이 필요하지 않다.[33]

그림 4-3 직무 특성이론

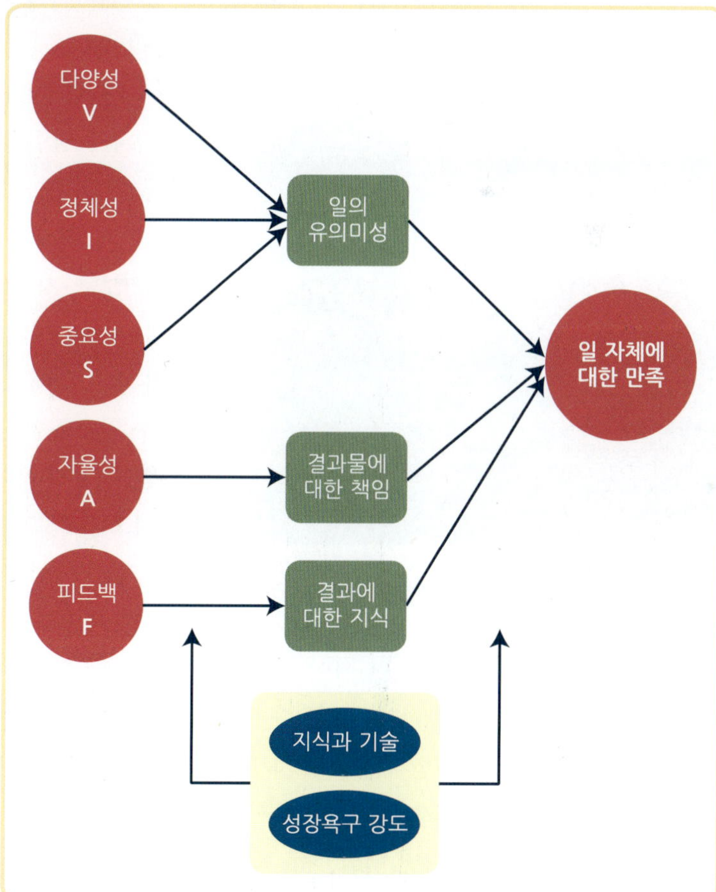

다양성을 선호하는 성향은 우리 뇌에 강력하게 자리 잡고 있다는 증거가 있다. 정신의학 및 신경과학 연구에 의하면, 새로운 자극(새로 그림 그리는 것, 새로운 음식, 새로운 일에 도전하는 것)을 경험할 때 우리 뇌는 도파민이라는 화학물질을 만들어 낸다. 사람들은 이 도파민이 배출되면 상당히 좋은 기분을 느낀다. 그러나 안타깝게도 뇌에 존재하는 도파민의 양은 평생 동안 감소한다. 한 신경과학자는 도파민 생성을 촉진하기 위한 가장 좋은 방법은 새롭고 도전적인 일을 경험하는 것이라고 제안한다. 그는 "예기치 않은 일을 성공적으로 처리하거나 익숙하지 않고 신체적, 정서적으로 힘든 활동을 하고 난 후의 만족감은 자연이 하도록 설계된 일을 하고 있다는 뇌의 신호이다."라고 썼다.[34] 단골 레스토랑에 갔을 때 항상 시켜먹던 음식만 주문하지 말고 뭔가 새로운 메뉴를 시도해 보라!

[그림 4-3]의 두 번째 핵심 직무 특성인 **정체성**(identity)은 일의 시작부터 끝까지 눈에 보이는 결과를 가지고 전체적이고 식별 가능한 작업을 완료해야 하는 정도를 의미한다.[35] 직무의 정체성이 높으면, 직원들은 무언가를 가리키며 "내가 해냈어."라고 말할 수 있다. 최초 투입물에서 완제품으로의 변환과정이 선명하고, 작업자는 시작과 종료를 분명하게 파악할 수 있다.[36] 어떤 프로젝트에서 잠시 일했지만 끝내지 못했을 때 어떤 기분이 드는지 생각해 보라. 마감 시간이 부족해서 고민되는가? 만약 그렇다면, 정체성은 당신에게 중요한 관심사이다.

중요성(Significance)은 직업이 다른 사람들, 특히 넓은 범위의 세계 사람들의 삶에 실질적인 영향을 주는 정도를 의미한다.[37] 사실, 어떤 직업이든 생활비를 내고, 아이들을 대학에 보내는 데 도움이 된다면, 또는 직원들이 그들이 일하는 세상을 위해 자신의 역할을 하고 있다고 느끼게 한다면, 중요할 수 있다. 그러나 핵심 직무 특성으로서의 중요성은 그 이상의 것, 즉 자기 직무가 진정으로 중요하고 영향력이 있다는 믿음을 동반한다. 직원들이 자신의 직무가 중요하다고 느끼면, 그들은 다른 사람들이 자신이 하는 일을 가치있게 여긴다고 느끼며, 자신의 직무가 주변 사람들에게 긍정적인 영향을 준다고 생각한다.[38] 만약 자신의 일이 사라지면, 사회는 더 나빠지리라 생각하는 것과 유사하다.

훈련과 연습이 필요함에도 불구하고 재즈 음악가 직업은 자율성이 높은 직업 중 하나이다.

자율성(autonomy)은 일을 하는 과정이 자유롭고, 독립적이며 일의 절차나 방법에 대한 결정권이 주어지는 정도를 말한다.[39] 자율성이 높은 직무를 수행할 때, 직원은 일의 결과가 상사가 아주 세세한 부분까지 지시하거나 꼼꼼하게 작성된 업무 매뉴얼에 따라 일을 해서라기보다, 자신의 노력의 결과로 본다.[40] 자율성은 자율적인 시간 통제, 계획 수립, 일의 순서정하기, 일을 끝마치는 과정과 방법 등의 여러 가지 형태로 나타난다.[41] 많은 사람에게 자율성은 '원하는 것을 할 수 있도록 많은 자유를 허용하는 것'과 "세부적으로 지시와 관리를 받는 것"의 차이라고 할 수 있다.

[그림 4-3]의 마지막 핵심 직무 특성인 **피드백**(feedback)은 일을 하고 있는 사람에게 일을 얼마나 잘 수행하고 있는가에 대해 정확한 정보를 제공해 주는 정도이다.[42] 이 피드백은 다른 개념에서의 피드백과 중요한 차이가 있는데, 동료나 상사로부터 얻어지는 피드백이 아니라 직무 자체가 제공하는 피드백이라는 점이다. 많은 직원이 업무 성과에 관해서 상사로부터 일 년에 한두 번 공식적인 평가를 받지만, 직무 자체로부터 나오는 피드백은 거의 매일 경험하게 된다.

지금까지 설명한 것은 다섯 가지의 핵심 특성이 각자 독립적으로 가진 잠재적 중요성이었다. 그렇다면 핵심 직무 특성들은 일 자체에 대한 만족에 대해 얼마나 중요한가? 약 90,000명이 응답한 200개 연구의 메타 분석 결과, 다섯 가지 핵심 직무 특성은 일 자체 만족과 중간 정도 내지 강한 관련이 있는 것으로 나타났다.[43] 그러나 이러한 결과가 모든 직원이 더 다양하고 더 자율적인 일을 원한다는 것을 의미하지는 않는다. [그림 4-3]의 하단에는 두 가지 다른 변수인 **지식과 기술**(knowledge and skill), 그리고 자아성취 욕구, 또는 자기능력을 현재보다 더 개발하고자 하는 욕구를 강하게 갖고 있는 정도를 의미하는 **성장욕구 강도**(Growth need strength)가 있다.[44] 이 변수들은 이론 모형에서 사용하는 전문용어로 "조절 변수"라고 한다. 조절 변수는 다른 변수에 직접적인 영향을 미치지 않고 각 변수들 간 상관관계의 크기에 영향을 미친다. 만약 직원이 필요한 지식이나 기술이 없거나 성장이나 자기개발 욕구가 없다면 다양성과 자율성을 더 많이 부여한다고 해서 일 자체에 대한 만족을 크게 증가시키지 않는다.[45] 그러나 직원이 매우 재능이 있고 강한 성장욕구를 갖고 있다면 핵심 직무 특성들은 훨씬 더 강력할 것이다. 이 조절 변수 효과를 그래프로 나타낸 것이 [그림 4-4]이다. 이 그림에서 보면 성장욕구가 증가함에 따라 핵심 직무 특성과 만족 간의 관계가 더 강해지는 것을 볼 수 있다.

그림 4-4 직무 특성 효과에서 성장욕구 강도의 조절 변수 역할

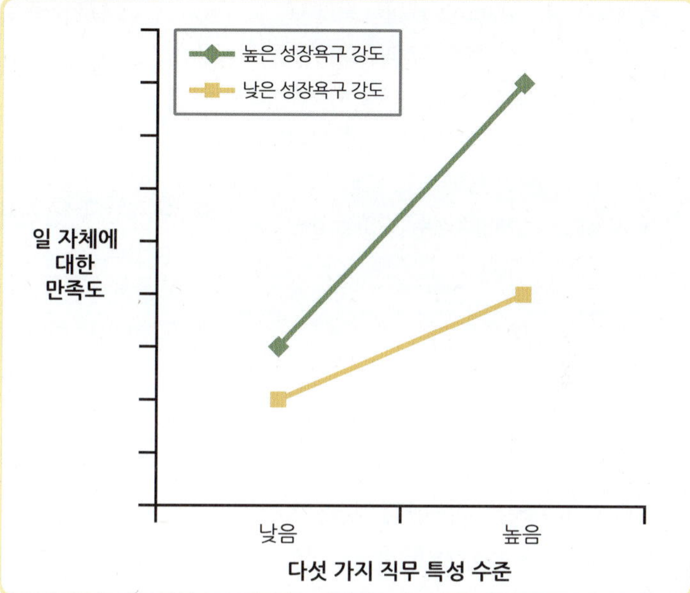

출처: Adapted from B.T. Loher, R.A. Noe, N.L. Moeller, and M.P. Fitzgerald, "A Meta-Analysis of the Relation of Job Characteristics to Job Satisfaction," *Journal of Applied Psychology* 70 (1985), pp. 280–89.

다섯 가지 핵심 직무 특성이 직무만족에 중요하다는 것이 알려졌기 때문에 많은 기업이 직원들의 만족도를 개선하기 위해 직무 특성이론을 현장에 도입하였다. 이 과정의 첫 번째 단계는 각 특성의 현재 수준을 진단해서 "잠재 만족 점수"를 측정하는 것이다. 이 단계를 더 자세하게 알려면 교재의 OB 진단지를 참조하라. 기업은 직무설계 전문가와 함께 핵심 직무 특성의 수준을 높이기 위해 직무 재설계를 시도한다. 이 단계는 흔히 **직무 충실화**(job enrichment) 조치로 마무리된다. 즉, 직무와 관련한 의무와 책임들이 확장되면서 다양성, 정체성, 자율성 등이 늘어난다. 한 연구 결과에 따르면 이러한 직무 충실화에 대한 노력은 직무만족 수준을 실질적으로 증가시킨다고 한다.[46] 직무 충실화 조치로 인해 훈련 및 인건비가 증가하지만, 직무가 명확해지고 고객만족도가 높아진다.[47] 하지만 핵심 직무 특성을 높이기 위해 직원들이 마냥 수동적으로 직무 충실화 조치를 기다리고만 있을 필요는 없다. 많은 구성원들도 직무 충실화 과정에서 진행되는 **잡 크래프팅**(job crafting)에 참여할 수 있는데, 이를 통해 주도적으로 자신의 직무를 다시 다듬고, 수정하고, 재정의한다.[48] 예를 들면, 직원들은 특정 작업들을 전환하여, 작업의 범위를 변경하거나, 특정 협업 관계를 변화시키기도 한다. 또는 기업 사명의 맥락을 좀 더 폭넓게 적용해서 자신의 직무를 보는 방식을 재설정하기도 한다.

학습목표 4.5
일상의 여러 가지 사건은 직무만족에 어떤 영향을 주는가?

OB 진단지

핵심 직무 특성

당신의 직무에 얼마나 만족하고 있는가? 이 진단지는 다섯 가지 핵심 직무 특성을 측정하기 위해 고안되었다. 현재 직무 또는 마지막으로 가졌던 직무(파트타임 또는 방학 동안 일한 내용 포함)를 생각해 보자. 각 질문에 주어진 응답 척도를 사용하여 각 질문에 답하라. 그 다음, 공식을 사용해서 잠재만족점수(SPS)를 계산한다.

점수 계산과 해석

점수가 150점 이상이면 당신의 일은 만족스럽고 즐거운 일이다. 150점이 안되면 좀 더 도전적이거나 협력적인 과업을 새로 맡거나 회사의 미션에 좀 더 부합하도록 당신의 직무에 새로운 목적을 설정하는 등의 "잡 크래프팅"를 시도해 보라.

1	2	3	4	5	6	7
매우 아니다	아니다	약간 아니다	확실하지 않다	약간 그렇다	그렇다	매우 그렇다

V1. 내 직무는 다양한 기술을 활용하도록 요구한다. ______

V2. 내 직무는 다양한 종류의 업무들로 이루어졌다. ______

I1. 내 직무를 통해 나는 무언가를 시작하고 끝낼 수 있다. ______

I2. 내 직무에서 나는 일의 최종 결과를 볼 수 있다. ______

S1. 내 직무는 회사 밖의 많은 사람들에게 영향을 끼친다. ______

S2. 내 직무 자체가 사회적으로 중요하다. ______

A1. 내 직무는 일을 수행하는 방법을 선택하는 데 내 자신의 판단을 사용할 수 있다. ______

A2. 내 직무는 나에게 많은 자유와 재량권을 준다. ______

F1. 내 직무는 일을 하는 것만으로도 내가 얼마나 잘하고 있는지 알 수 있다. ______

F2. 내가 일을 얼마나 잘하고 있는지는 작업을 수행하는 것만으로도 쉽게 알 수 있다. ______

$$\text{SPS} = \left|\frac{V1+V2+I1+I2+S1+S2}{6}\right| \times \left|\frac{A1+A2}{2}\right| \times \left|\frac{F1+F2}{2}\right|$$

$$\text{SPS} = \left|\frac{\quad}{6}\right| \times \left|\frac{\quad}{2}\right| \times \left|\frac{\quad}{2}\right|$$

$$\text{SPS} = \boxed{\quad} \times \boxed{\quad} \times \boxed{\quad} = \boxed{\quad}$$

출처: J.R. Hackman and G.R. Oldham, *The Job Diagnostic Survey: An Instrument for the Diagnosis of Jobs and the Evaluation of Job Redesign Projects* (New Haven, CT: Yale University, 1974); J.R. Idaszak and F. Drasgow, "A Revision of the Job Diagnostic Survey: Elimination of a Measurement Artifact," *Journal of Applied Psychology* 72 (1987), pp. 69–74.

기분과 감정

당신이 만족도가 높은 직원이라고 하자. 아마 보수를 많이 받고, 좋은 상사와 일하기 때문이거나, 하는 일이 다양성과 자율성이 높기 때문일 수도 있다. 당신이 만족도가 높다고 해서 다음 주 화요일 오전 11시나, 목요일 오후 2시에도 마찬가지로 만족스러울 것이라 단정할 수 있는가? 분명히 그렇지는 않을 것이다. 직원 각자의 만족도는 시간이 지남에 따라 변동하며, 일종의 감정을 사고파는 주식시장처럼 오르고 떨어진다. 이러한 변동은 좀 이상하게 보일 수도 있다. 왜냐하면 사람들의 보수, 감독, 동료, 일의 내용 등은 시시각각으로 변하지 않기 때문이다. 그러나 핵심은 직무만족은 사람들이 자신의 직무에 대해 어떻게 생각하고 느끼는지를 반영한다는 것을 기억하는 데 있다. 직무만족 중 일부는 직무와 직무 수행의 결과로 제공되는 것에 대한 신중한 평가를 근거로

하기 때문에 나름 합리적이다. 그러나 직무만족의 일부는 일을 하는 중에, 또는 일에 대해 생각할 때 어떻게 느끼는가를 근거로 하기 때문에 감정적인 면이 있다. 따라서 만족도가 높은 직원은 평균적으로는 자기 직무에 대해 좋게 느끼지만, 하루 중 어떤 때는 기분이 좋아지는, 어떤 때는 기분이 더 나빠지는 일이 발생한다.

[그림 4-5]는 어느 한 직원의 만족도 수준이 오전 9시부터 오후 5시까지 어떻게 변하는지를 보여 준다. 이 직원은 이메일에 답장하는 것부터 동료들과 점심을 먹고, 새로운 프로젝트에 관한 브레인스토밍 회의에 참석하기까지 하루 동안 여러 가지 다른 일을 했다는 것을 알 수 있다. 또한 만족도가 8시간 동안 여러 차례 하락과 상승 흐름이 있었지만, 직원이 비교적 만족감을 느끼며 하루를 보낸 것을 볼 수 있다. 이러한 만족도의 밀물과 썰물은 무엇 때문에 나타나는 것일까? 그것은 두 가지 개념, 즉 기분과 감정 때문이다.

> **학습목표 4.6**
> 기분과 감정이란 무엇이고 구체적으로 어떤 형태를 취하는가?

당신은 지금 어떤 기분인가? 좋은가? 나쁜가? 아니면 그 중간 어디쯤인가? 왜 그런 기분을

그림 4-5 일과 중 시간대별 직무만족의 변동 상황의 예

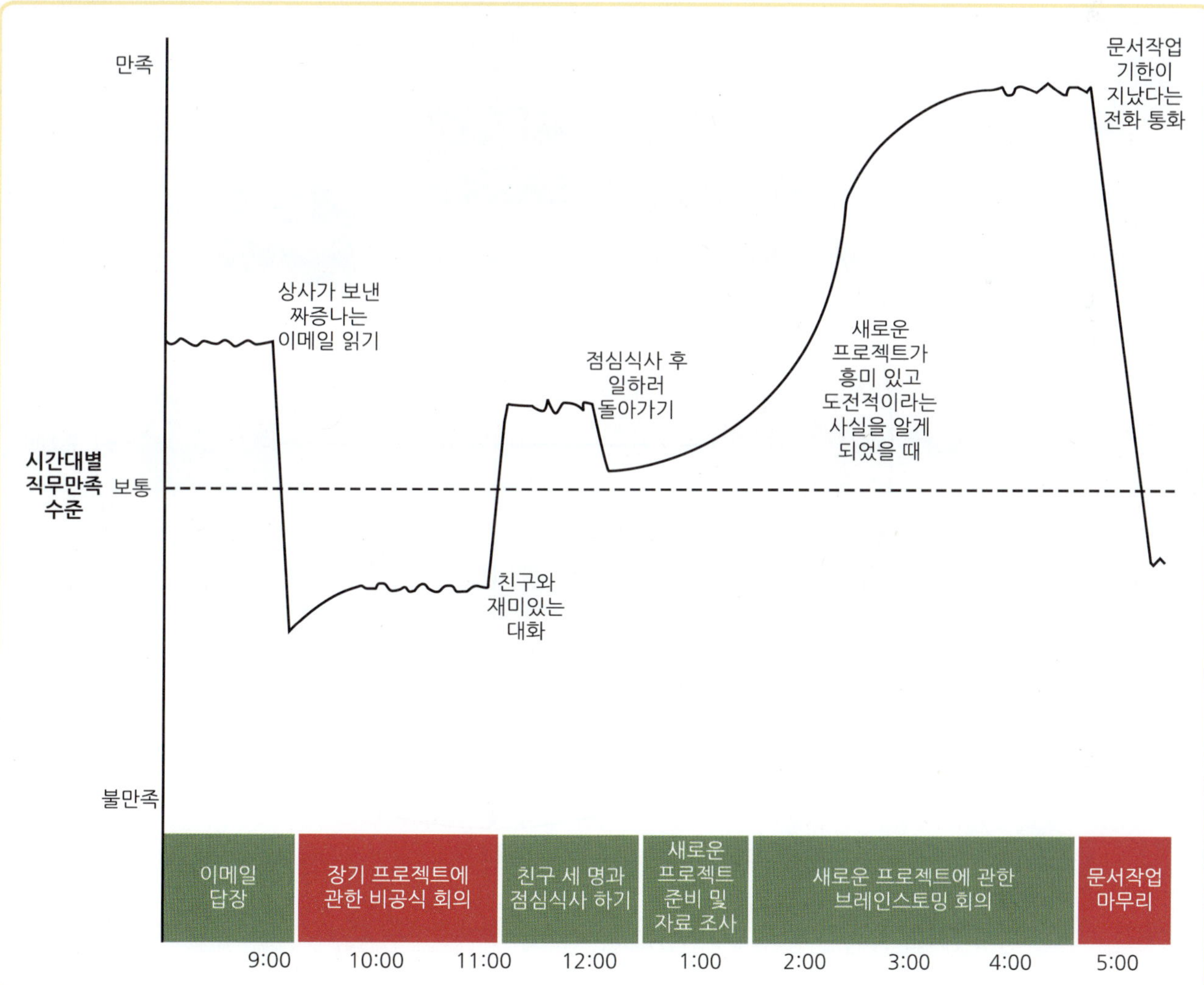

느끼는 것일까? 그 이유를 아는가? **기분**(moods)은 종종 강도가 약하고 오랜 시간 지속되며 어떤 것에 대해 명확하게 향하거나, 야기되지 않는다.[49] 사람들이 기분이 좋거나 나쁠 때, 그 기분이 누구 또는 무엇 때문이라는 것을 항상 알지는 못한다. 사람들은 그저 하루 종일 그렇게 느끼고 있을 뿐이다. 물론 모든 기분을 '좋다', '나쁘다' 두 가지로만 구분하는 것은 지나치게 단순화하는 것일 수 있다. 가끔 우리는 아주 평온한 기분일 때가 있다. 때로는 아주 열정적인 기분이 들 때도 있다. 둘 다 '좋은' 기분이다. 그러나 분명히 두 느낌은 상당히 다르다. 마찬가지로 우리는 가끔 지루한 기분일 때가 있다. 때로는 적개심을 느낄 수도 있다. 둘 다 '나쁜' 기분이다. 그러나 역시 둘은 상당히 다른 느낌이다.

근무 시간 동안 경험할 수 있는 기분의 종류는 수없이 많다. [그림 4-6]은 사람들이 가끔 자신에게서 발견하는 여러 가지 다른 기분들을 요약한 것이다. 그림은 기분이 **유쾌함**(pleasantness)과 **활성화**(activation)의 두 가지 기준으로 분류될 수 있음을 보여 준다. 먼저, 그림의 가로축은 유

그림 4-6 여러 가지 종류의 기분

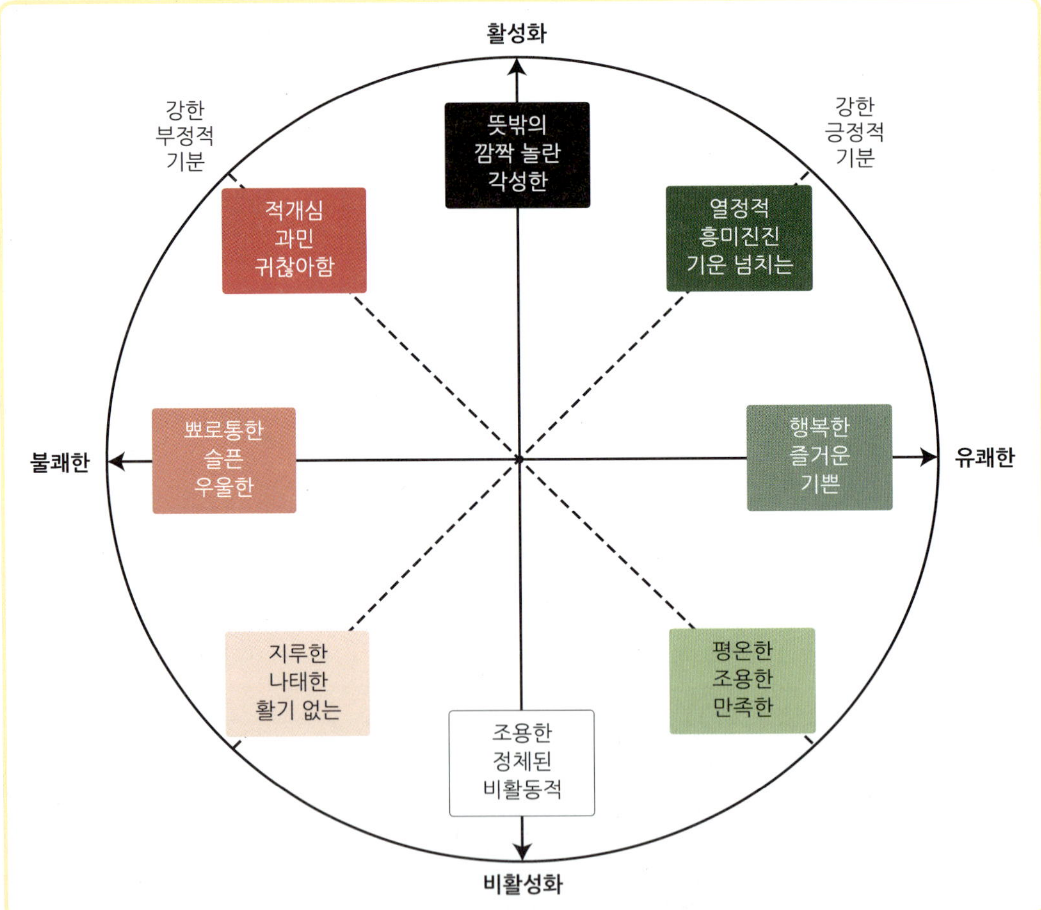

출처: Adapted from D. Watson and A. Tellegen, "Toward a Consensual Structure of Mood," *Psychological Bulletin* 98 (1985), pp. 219–35; J.A. Russell, "A Circumplex Model of Affect," *Journal of Personality and Social Psychology* 39 (1980), pp. 1161–78; R.J. Larsen and E. Diener, "Promises and Problems with the Circumplex Model of Emotion," in *Review of Personality and Social Psychology: Emotion*, Vol. 13, ed. M.S. Clark (Newbury Park, CA: Sage, 1992), pp. 25–59.

쾌한 기분인가("좋은 기분" 중에서) 또는 불쾌한 기분인지("나쁜 기분" 중에서)를 나타낸다.[50] 그림에서 유쾌한 기분은 초록색, 불쾌한 기분은 빨간색으로 표시되어있다. 두 번째로, 그림의 세로축은 기분이 활성화되고 고무되어있는가 또는 비활성화되고 고무되지 않았는지를 나타낸다.[51] 좀 어두운 색깔은 높은 수준을, 연한 색깔은 낮은 수준을 나타낸다. 어떤 기분은 좋은 것도 아니고 나쁜 것도 아니라는 점에 유의하라. 예를 들어 깜짝 놀랄 정도로 올라간 기분이나(높은 활성화) 또는 차분하고 평온한 기분은(낮은 활성화) 유쾌하지도 또는 불쾌하지도 않은 상태다. 결과적으로 [그림 4-6]에서 그런 애매한 기분들은 색상이 없다.

[그림 4-6]을 보면 가장 강한 긍정적 기분은 매우 열정적이고, 흥미진진하며, 기운이 넘치는 특징이 있다. 어떤 직원이 이런 느낌을 가지면 아마 동료들이 이렇게 말할 것이다. "와! 당신은 확실히 기분이 좋으시군요!" 대조적으로, 가장 강한 부정적 기분은 적개심이 있고, 과민하고, 매사를 귀찮아한다. 이런 종류의 기분은 자주 이런 질문을 받게 한다. "왜, 무엇 때문에 그렇게 기분이 나쁜가요?" [그림 4-5]의 시간대별 직무만족도 그래프를 다시 보자. 출근해서 9시까지 이메일에 답장을 할 때 어떤 기분이었을 것 같은가? 아마도 행복하고, 즐겁고, 기쁜 기분일 것이다. 장기 프로젝트 관련 비공식 회의에서 직원의 기분은 어떨까? 찜찜하고, 가라앉고, 우울한 기분일 것이다. 마지막으로, 새로운 프로젝트에 대한 브레인스토밍 회의에서 직원의 기분은 어떨까? 분명히 열정에 넘치고, 흥미진진하며, 기운 넘치는 상태일 것이다. 이 직원은 아마 이 시점에서 특히 높은 수준의 직무만족을 느꼈다고 할 것이다.

어떤 기업은 직원들의 긍정적인 기분을 촉진하기 위해 창의적인 방법을 사용한다. 예를 들어 디트로이트에 위치한 온라인 대부업체인 퀴큰론(Quicken Loans)사는 직원들이 본사 건물 내에서 이동할 때 사용할 수 있도록 전기 스쿠터를 제공한다.[52] 또한 본사의 여러 곳은 지역 예술가들이 제작한 향기 나는 벽지와 예술품들로 장식되어 있다. 또한 버지니아 맥클린에 위치한 컨설팅 회사인 부즈앨런해밀턴(Booz Allen Hamilton)사의 직원들은 아이스크림 사교모임, 애완동물 사진 콘테스트, 그리고 무료 훌라 레슨에 참여할 수 있다.[53] 이런 혜택으로 직무만족과 관련하여 보수, 승진, 감독, 동료, 일 자체의 중요성과 대등한 효과를 기대하기는 어렵다. 그러나 일과 중에 직원들의 기분을 향상시키는 데 도움이 될 수 있다.

새롭고 특이한 혜택이 가치가 있긴 하겠지만, 가장 강렬한 형태의 긍정적 기분은 종종 [그림 4-5]의 브레인스토밍 프로젝트와 같은 업무 활동에서 직접 나온다. 한 연구에 따르면 긍정적 기분을 촉진하기 위해서는 두 가지 중요한 조건이 있다. 하나는 해당 활동이 도전적이고 두 번째는 직원이 그 도전적 일을 충분히 해내는 데 필요한 자기만의 고유한 기술을 갖고 있어야 한다. 이러한 높은 도전 — 높은 능력의 조합은 직원이 당면한 작업에 완전히 몰두하고 시간이 얼마나 흘렀는지 잊어버리는 상태인 **몰입**(flow)을 만들어 낼 수 있다.[54] 사람들은 이 몰입을 "어떤 신비한 영역 안에 있다"는 말로 자주 표현하고 이러한 상태는 정신이 또렷하고, 심신이 마음먹은 대로 잘 움직이고, 집중력이 높은 상태라고 말하며, 이러한 상태에서는 즐기는 느낌, 흥분, 무아지경이 수반된다고 한다.[55] 일반적으로 스포츠경기나 음악 등 여가활동을 할 때 몰입을 경험하곤 하지만, 일부 연구에 따르면 사람들은 오히려 직장 생활에서 더 자주 몰입을 경험한다고 한다. 우리의 여가 시간의 대부분은 몰입 상태를 유발하는 데 필수적인 도전감이 없는 TV시청이나 친구와 잡담 등의 수동적인 활동에 사용한다. 이와 반대로, 과업들은 집중과 몰입을 요구하는 일종의 도전감을 제공한다. 특히, 그 일이 높은 수준의 다양성, 중요성, 자율성 등을 포함할 때 그렇다(이 내용에 대한 자세한 논의는 6장 동기부여 참조).

[그림 4-5]로 돌아가서, 특정 사건들이 만족도 수준에 변화를 주는 것은 분명하다. **정서적 사건반응 이론**(affective events theory)에 따르면, 직장에서 발생하는 사건은 정서적인 반응을 일으킬 수 있고, 그 반응은 과업에 대한 태도나 행동에 영향을 미친다는 것이다.[56] 직장에서 일어나는 사건 중에는 상사로부터 온 짜증나는 이메일이나 친구와 나눈 재미있는 대화 같은 직원의 일반적인 욕구나 걱정과 연관이 있을 수 있는 일과성 일들을 포함한다. 즉, 이러한 사건들은 **감정**(emotions)을 유발하는데, 감정은 종종 강렬하고 몇 분간만 지속되며, 그 발생 원인이 어떤 사람이거나 또는 자신의 주변에 존재하는 어떤 것이라고 분명하게 가려낼 수 있는 감정 상태를 말한다. 기분과 감정의 차이는 우리가 다른 사람에게 설명하는 방식에서 분명해진다. 기분을 말할 때에는 "나는 지금 우울해" 라고 표현하지만, 감정을 말할 때에는 "나는 내 상사 때문에 화가 나"[57]라고 그 이유를 분명히 말한다. 정서적 사건반응 이론에 의하면, 이 감정들은 [그림 4-5]의 만족도 수준을 마치 밀물과 썰물처럼 올리고 내리기도 하고 자발적 행동을 하게하기도 한다.[58] 예를 들어 긍정적인 감정은 여러 가지 자발적인 시민행동을 하게 할 수 있다. 반면에 부정적 감정은 조직에 해가 되는 생산성 저해 행동을 유발할 수 있다.

기분과 마찬가지로 감정도 긍정적 감정과 부정적 감정의 구체적 사례를 구분할 수 있다. 〈표 4-2〉에 주요 사례들이 요약되어 있다.[59] **긍정적 감정**(positive emotions)은 기쁨, 긍지, 안도감, 희망, 사랑, 그리고 동정심 등이 있다. **부정적 감정**(negative emotions)은 분노, 근심, 공포, 죄의식, 부끄러움, 슬픔, 질투, 그리고 혐오 등이 있다. [그림 4-5]에서 어떤 직원이 상사의 무례한 이메일을 읽을 때 어떤 감정을 느낄 것 같은가? 아마도 '분노'일 것이다. 같은 직원이 이번에는 친구와 즐거운 대화를 나눌 때는 어떤가? 아마 '기쁨'이거나, 안 좋은 날 점심시간이 되서 하루의 절반이 지났다는 '안도감' 일수도 있다. 점심식사가 끝나고 사무실로 돌아갈 때는 (안 좋은 날이 다시 이어질 수도 있기 때문에) '근심'이나 (친구와의 즐거운 대화가 끝나서) 슬픔을 느꼈을 수 있다. 다행히 흥미롭고 도전적인 새로운 프로젝트를 시작한다는 즐거움이 기다리고 있었다. 이렇게 하루 일과가 마감되는 것 같더니, 서류마감 기한이 지났다는 갑작스런 전화 때문에 분노, 공포, 죄의식, 또는 혐오까지 뒤죽박죽이 될 수 있다(서류작업은 누구든 좋아하지 않는다).

물론, 직원이 일과 중에 〈표 4-2〉에 있는 여러 감정을 느낀다고 해서 그 감정들을 모두 겉으로 내보인다는 것은 아니다. 어떤 직무들은 "절대 속내를 보이지 마라"라는 속담대로 살도록 요구하기도 한다. 특히, 고객들을 직접 대면하는 서비스 직무는 흔히 직원이 느낄 수 있는 분노, 근심, 슬픔, 또는 혐오감 등을 숨기도록 요구하며, 직원은 부정적 행동이 나오려는 충동을 억제하도록 요구받는다. 이런 직무들은 소위 **감정 노동**(emotional labor)이라고 하며, 직무를 성공적으로 수행하기 위해서는 고도의 감정관리가 필요하다.[60] 항공기 승무원은 승객들 앞에서는 "행복한 얼굴"을 하도록 훈련받고, 소매점 판매직원은 고객 때문에 생기는 어떤 짜증도 억제하도록 훈련을 받으며, 식당 종업원은 일하지 않을 때도 즐겁게 일하는 것처럼 행동하도록 훈련받는다.

직원에게 감정 노동을 요구하는 것은 바람직한 생각인가? **감정 전염**(emotional contagion)에 관한 연구 결과에서 사람들은 다른 사람의 감정에 감염되거나 전염된다고 한다.[61] 고객 서비스 담당자가 화를 내거나 슬퍼하면, 그 부정적 감정은 마치 바이러스처럼 고객들에게 전염될 수 있다. 만약 전염이 일어나면, 고객은 경험을 호의적으로 보고 돈을 쓸 가능성이 줄어 들어 결과적으로 기업의 수익이 감소될 수 있다. 이런 관점에서, 감정 노동은 기업이 반드시 실천해야 할 고객 서비스의 핵심적인 부분처럼 보인다. 불행히도 다른 증거에 따르면, 감정 노동이 직원에게 극도의 긴장을 주면 억제된 감정을 더 이상 참지 못하고 부글부글 끓다가 가끔은 고객에게 폭발하거나 직원의 감정고갈이나 소진을 초래할 수 있다(이 내용에 대한 자세한 논의는 5장 스트레스 참조).[62]

표 4-2 다양한 종류의 감정

감정		설명
긍정적 감정	기쁨	아주 유쾌한 느낌
	긍지	성취에 대한 신뢰를 통해 자기 존재감이 증가되는 것
	안도감	스트레스가 감소되어 기분이 나아지는 것
	희망	최악의 상황을 두려워하지만 더 나아지는 것을 기대함
	사랑	애정을 원하거나 관여함
	동정심	다른 사람의 상황에 마음이 움직임
부정적 감정	분노	나 자신이나 내 것에 공격적임
	근심	불확실한 위협에 처함
	공포	임박하고 구체적인 위험에 처함
	죄의식	도덕적 기준에 벗어남
	부끄러움	자기 자신의 이상적인 수준에 못 미침
	슬픔	돌이킬 수 없는 상실을 경험한
	질투	다른 사람이 가진 것을 원하는
	혐오	어떤 공격적인 것에 의해 극도의 불쾌감을 느낌

출처: Adapted from R.S. Lazarus, *Emotion and Adaptation* (New York: Oxford University, 1991).

요약: 일부 직원이 다른 직원보다 만족하는 이유는 무엇인가?

그러면 일부 직원이 다른 직원보다 더 만족하는 이유는 무엇인가? 이 질문에 답을 하기 위해서는 [그림 4-7]에서 보듯이 사람들이 자기의 직무와 또 직무로부터 얻는 것들, 다시 말해 보수, 승진, 감독, 동료, 그리고 일 자체에 대해 내리는 이성적인 평가를 주의 깊게 살펴봐야 한다. 일 자체에 대한 만족은 다섯 가지 핵심 직무 특성, 즉 다양성, 정체성, 중요성, 자율성, 그리고 피드백의 영향을 받는다. 그러나 그러한 이성적인 평가와 동시에 하루 일과 중 긍정적-부정적 기분, 긍정적-부정적 감정의 변동이 얼마나 심한가에 대해서도 주의를 기울여야 한다. 결과적으로 종합하면, 전반적으로 만족하는 직원이라도 특정한 어느 시점에서는 불행한 상태로 행동할 수 있으며, 그 반대로 전반적으로 불만족한 직원 역시 특정 시점에서는 행복한 상태에서 행동할 수 있다. 관리자들이 그러한 변동의 과정과 원인을 이해하면 장기적이고 구조적인 문제(지루한 과업, 무능한 동료 같은)를 좀 더 조치가 쉽고 즉시 효과가 나는 단기적 문제(안 좋은 회의, 성가신 방해)들과 분리해서 적절한 우선순위에 입각하여 처리하는데 도움이 될 것이다.

그림 4-7 왜 어떤 직원은 다른 직원에 비해 만족감을 더 느끼나

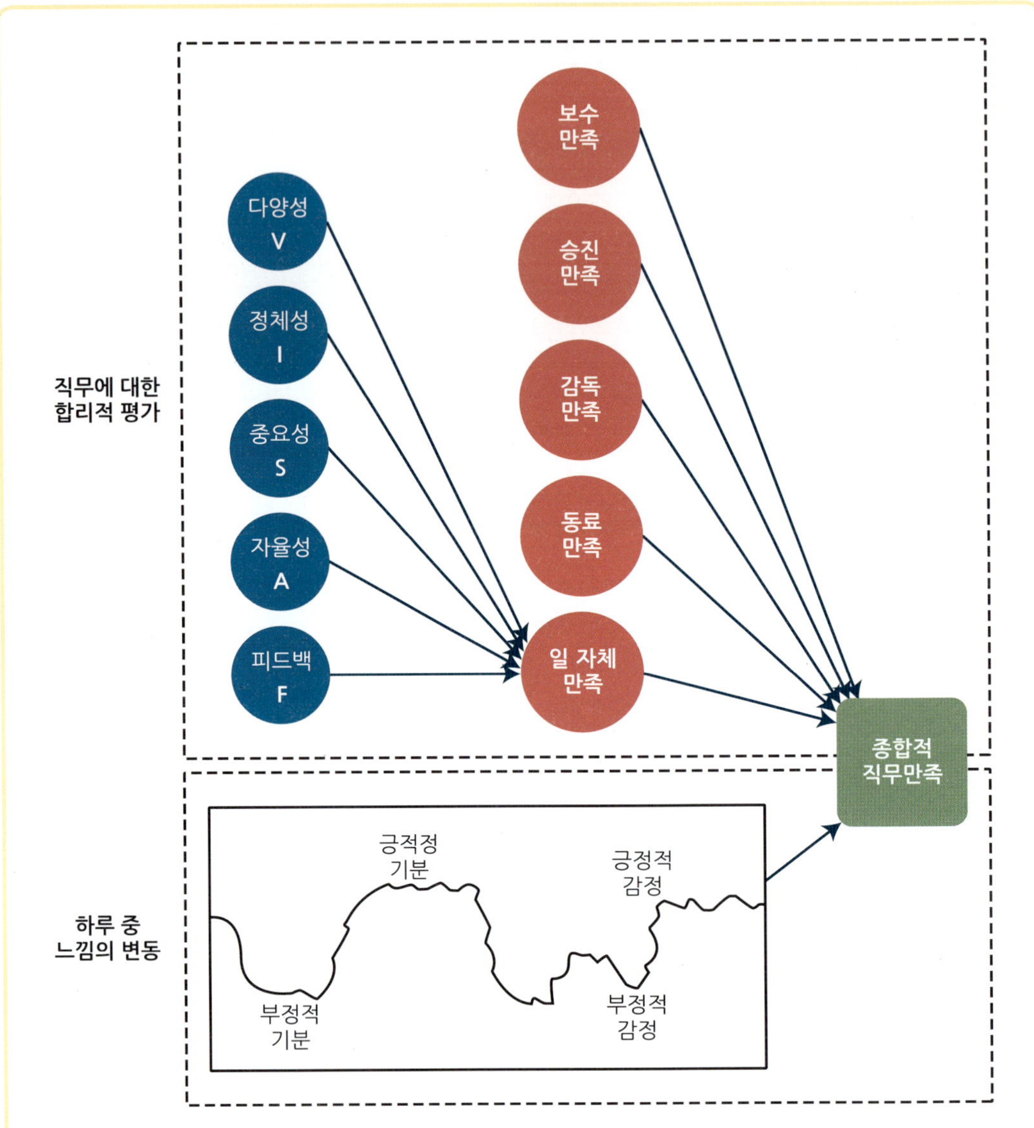

직무만족은 얼마나 중요한가?

보수, 동료, 일 자체, 일상의 기분과 감정에 이르기까지 여러 요인이 직원의 직무만족에 영향을 미친다. 물론, 가장 궁극적인 질문은 당연히 "직무만족이 정말 중요한가?"이다. 좀 더 정확히 말하면, 직무만족은 이 책의 통합적 OB 모델에서의 두 가지 기본 결과물인 '직무성과'와 '조직몰입'에 중요한 영향을 미치는가? [그림 4-8]은 직무만족이 직무성과 및 조직몰입과 어떻게 연결되는지에 대한 연구 증거를 요약하였다. 이와 유사한 종류의 그림이 이 책의 나머지 각 장에 나타나므로, OB 통합 모델의 개념들 중 직무성과와 조직몰입에 가장 강한 영향을 미치는 개념을 더 잘 이해할 수 있을 것이다.

북스토어

조이 앳 워크(Joy At Work)

Marie Kondo & Scott Sonenshein (New York: Little, Brown Spark, 2020)

Marie Kondo, Scott Sonenshein/Little Brown & Co.

가지고 있는 물건 하나하나를 마주하고 그것이 기쁨을 불러일으키는지, 아니면 행복한 미래에 기여할 것인지 자문해 보면 자신이 진정으로 원하는 것이 무엇인지, 무엇이 자신을 행복하게 하는지 명확하게 알게 된다.

이 문장으로 곤도와 소넨샤인은 일상의 직업 만족을 위한 효과적이면서도 간단한 레시피를 제공한다. 이 책은 조직화에 대한 곤도의 전문 지식과 조직행동에 대한 소넨샤인의 전문 지식을 바탕으로 직장에서의 "정리"의 힘을 강조한다. 정리는 한 사람의 직장 생활에서 물리적 물건과 디지털 물건을 뒤섞는 것이다. 이 프로세스는 모든 객체에 대해 질문하는 한 가지 질문을 중심으로 진행된다. 이 물건이 기쁨을 불러일으키는가?

사랑하는 사람의 사진이나 고객이 보낸 감사 이메일과 같은 물건들은 직접적으로 기쁨을 불러일으킬 수 있다. 또는 물건은 매끄럽게 쓰는 펜이나 아이디어를 기록하는 새로운 앱과 같이 기능적인 즐거움을 만들어낼 수도 있다. 또는 마치려고 하는 보고서나 작업을 보다 효율적으로 수행할 수 있는 시스템과 같은 물건이 미래의 기쁨으로 이어질 수도 있다.

그럼에도 불구하고, 정리는 당신이 시간을 들여서 이러한 물건들을 하나씩 고려하도록 한다. 즐거움을 유발하지 않는 것은 무엇이든 버릴 수 있는 후보이며, 결과적으로 더 집중적이고 혼란스럽지 않은 작업 환경을 만든다.

정리는 당신의 직업이 가져다 줄 수 있는 특정한 것이나 직무 특성과는 거의 관련이 없다. 대신, 일하는 동안 당신의 기분과 감정의 변화와 직접적으로 관련이 있다. 정리는 더 긍정적인 감정 순간을 만드는 것이다. 예를 들어 깨끗한 책상에서 소중한 기념품을 만지작거리면서 아이디어를 짜내는 느낌이다. 그리고 읽지 않은 책으로 꽉 찬 책꽂이에 있는 책들을 보고 죄책감을 느끼는 것과 같은 부정적인 감정도 줄어든다. 저자들은 두 가지 종류의 정리를 추천한다. 정리 축제는 앞서 설명한 것과 같이 물건 별로 판단하는 몰입형 업무이다. 매일 하는 정리는 업무의 흐름과 참여를 도울 수 있는 형태로 유지하기 위해 사용된다. 물론, 두 과정 모두 각자에게 주관적이고 독특하다. 중요한 것은 직장에서 즐거운 순간을 늘릴 수 있는 방법을 적극적으로 찾을 수 있다는 깨달음이다.

학습목표 4.7
직무만족이 직무성과와 조직몰입에 어떤 영향을 미치는가? 삶의 만족에는 어떤 영향을 미치는가?

[그림 4-8]은 직무만족을 통해 직무성과를 예측할 수 있다는 것을 보여 준다. 왜 그럴까? 한 가지 이유는 직무만족이 과업성과와 중간 정도의 상관관계가 있기 때문이다. 만족감을 느끼는 직원은 직무기술서에 명시된 업무를 더 잘 수행하며,[63] 긍정적인 느낌에서 창의성이 더 잘 발휘되고,[64] 문제 해결 능력과 의사결정 과정을 개선시키며,[65] 기억력을 증진시키고 필요한 정보를 잘 기억해낸다는 증거가 있다.[66] 긍정적인 느낌은 과업을 오랫동안 지속하게 하고 다른 동료로부터 도움과 지원을 더 많이 끌어낼 수 있다.[67] 이와 별개로, 직무만족이 과업성과에 대해 갖는 이점은 [그림 4-5]의 시간대별 설명에서 가장 잘 나타날 수 있다. 직원들은 주어진 과업에 집중하는 것과 과업 이외의 것들, 즉 생각단절, 주의산만, 일의 중단 사이에서 심한 갈등을 겪는다. 업무를 수행할 때 긍정적 느낌은 주의를 산만하게 하는 것들로부터 멀어지게 하고 업무를 수행하도록 한다.[68] 이러한 집중력이 발휘되면, 직원은 주어진 시간에 업무에 더 집중하게 된다.

물론 직무만족과 과업성과 간의 관계는 역순으로 작동할 수도 있다. 즉, 사람들은 자기가 잘할 수 있는 일을 즐기는 경향이 있다.[69] 그러나 메타 분석에 의한 연구 결과는 이러한 인과관계를

그림 4-8 성과와 몰입에 대한 직무만족의 효과

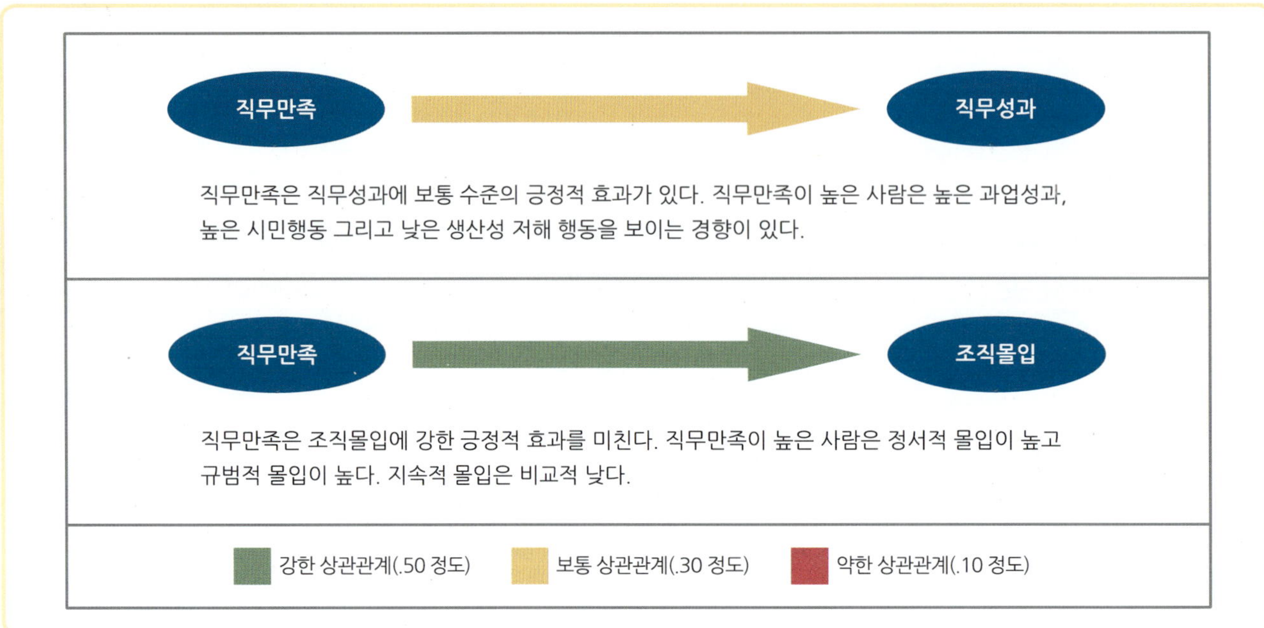

출처: A. Cooper-Hakim and C. Viswesvaran, "The Construct of Work Commitment: Testing an Integrative Framework," *Psychological Bulletin* 131 (2005), pp. 241–59; R.S. Dalal, "A Meta-Analysis of the Relationship Between Organizational Citizenship Behavior and Counterproductive Work Behavior," *Journal of Applied Psychology* 90 (2005), pp. 1241–55; D.A. Harrison, D.A. Newman, and P.L. Roth, "How Important Are Job Attitudes? Meta-Analytic Comparisons of Integrative Behavioral Outcomes and Time Sequences," *Academy of Management Journal* 49 (2006), pp. 305–25; T.A. Judge, C.J. Thoreson, J.E. Bono, and G.K. Patton, "The Job Satisfaction–Job Performance Relationship: A Qualitative and Quantitative Review," *Psychological Bulletin* 127 (2001), pp. 376–407; J.A. Lepine, A. Erez, and D.E. Johnson, "The Nature and Dimensionality of Organizational Citizenship Behavior: A Critical Review and Meta-Analysis," *Journal of Applied Psychology* 87 (2002), pp. 52–65; J.P. Meyer, D.J. Stanley, L. Herscovitch, and L. Topolnytsky, "Affective, Continuance, and Normative Commitment to the Organization: A Meta-Analysis of Antecedents, Correlates, and Consequences," *Journal of Vocational Behavior* 61 (2002), pp. 20–52.

덜 지지하는 것으로 나타난다.[70]

직무만족은 또한 시민행동과 보통 수준의 상관관계가 있다. 만족을 느끼는 직원은 동료와 회사를 돕는 시민행동을 좀 더 자주 한다.[71] 긍정적 느낌은 다른 사람들과의 상호 교류 욕구를 증가시키고 동시에 다른 사람을 돕는 등 좋은 시민의 사례로 이어진다.[72] 또한 직무만족은 생산성 저해 행동과 보통 수준의 음의 상관관계를 갖고 있다. 만족도가 높은 직원은 직장에 해를 입히는 의도적인 파괴적 행동을 덜 취한다.[73] 부정적 감정을 유발하는 사건은 직원이 규정위반, 절도, 태업, 또는 다른 보복적 행위로 회사에 공격적이게 변화시킨다.[74] 직원이 만족감을 더 느낄수록 그러한 유혹을 덜 느낄 것이다.

[그림 4-8]은 직무만족이 조직몰입에도 영향을 미치는 것을 보여 준다. 왜일까? 직무만족은 정서적 몰입과 강한 상관관계가 있다. 그래서 만족한 직원은 이직하지 않고 회사에 계속 남아있기를 원할 가능성이 더 크다.[75] 직장에서 행복을 느끼는 직원이 이직을 할 이유가 없지 않은가? 또 다른 이유는 직무만족이 규범적 몰입과도 강한 상관관계가 있기 때문이다. 만족한 직원은 남아서 회사를 위해 일해야 한다는 의무감을 느끼며,[76] 높은 급여든, 흥미로운 업무든, 효과적인 상사 때문이든 자기를 만족시켜준 회사에 대해 보답해야 한다고 느낄 것이다. 하지만 직무만족은 지속적 몰입과는 상관관계가 없다. 왜냐하면 만족은 이해타산에 의한 잔류 의사와 무관하기 때

문이다. 종합해 보면 이러한 몰입 효과는 회사를 퇴직하는 직원들의 경우를 생각해 볼 때 더 명확해진다. 많은 경우, 만족도가 낮은 직원은 일과 중에 사무실 책상에서 졸거나, 출근 시간에 지각하고, 자주 결근하다가 결국에는 직장을 그만두게 된다.

삶의 만족

물론, 직무만족은 직무성과 또는 조직몰입과 별로 관계없는 다른 이유에서도 중요하다. 예를 들어 직무만족은 **삶의 만족**(life satisfaction), 즉 직원들의 삶에서 느끼는 행복감의 정도와 밀접한 관련이 있다. 연구에 따르면 직무만족은 삶의 만족을 가장 잘 예측하는 요인 중 하나이다. 간단히 말해서, 사람들은 자신의 직업에 만족할 때 삶의 대해 만족한다.[77] 이는 우리가 자신의 정체성이 직업(무슨 일을 하는가)에 얼마나 많이 포함되었는지를 생각해 보면 잘 알 수 있다. 소개를 받은 후 사람들이 서로에게 가장 먼저 하는 질문이 무엇인가? 그렇다. "무슨 일을 하시나요?" 만약 이 질문에 대한 답을 하는데 그리 좋지 않은 기분이라면 자신의 삶에 대해 별로 좋은 느낌이 아니라는 뜻이다. **영화 속 OB**를 통해 이 연관성에 대해 자세히 알아보라.

우리가 얼마나 많은 시간을 일터에서 보내는가를 생각한다면 직무만족과 삶의 만족을 연결

영화 속 OB

워킹 맨
WORKING MAN

Robert Jury/Amazon

안녕하세요, 앨러리... 어디 가나요?
일하러 가는 것 같군요.

이런 대사로 앨러리 파크스(피터 게레티)의 이웃(및 전직 동료)은 워킹 맨(Working Man)(로버트 주리 감독, 브레인스톰 미디어, 2020)에서 길을 걸어갈 때 앨러리의 목적지를 정확하게 추측한다. 파크스는 실제로 직장에 가고 있다. 여기서 특이한 점은 무엇인가? 파크스와 그의 이웃이 일하던 플라스틱 공장은 이미 폐업했고 모든 직원이 해고되었다. 따라서 파크스는 출근할 필요가 없다.

그럼에도 파크스는 직장에 간다. 그는 지난 며칠 동안 직업소개소에 가는 등 바쁘게 시간을 보내려고 애썼다. 그들의 결혼 생활이 아들의 죽음에서 아직도 회복되지 않은 채로 그는 아내(탈리아 샤이어)와의 관계가 계속 소원해지고 있다. 일은 단순히 파크스가 삶에서 필요하다고 느끼는 것이다. 영화 후반부에서 전직 동료가 말했듯이, "무엇보다 사람은 살기 위해 직업이 필요하지만, 당신은 자신이 가치 있다고 느끼기 위해서는 직업이 필요하다." 파크스는 확실히 이 말에 동의할 것이다, 적어도 영화 속에서 그가 운명적인 산책을 할 때는 말이다.

파크스가 공장에 도착하면, 그는 안으로 들어가기 위해 옆문 중 하나에 있는 자물쇠를 따야만 한다. 아직 모든 장비와 원자재가 남아 있는 텅 빈 공장을 인수한 후, 그는 그가 일하던 기계를 작동시키기 위해 그의 작업대로 돌아온다. 그는 공장의 전기가 끊겼다는 것을 알았을 때, 어떻게 해야 할지 잠시 고민한다. 그리고 나서 그는 바닥을 닦고, 기계를 닦고, 물건들을 제자리에 갖다 놓으며 하루를 간단히 보낸다. 실제 업무도 하지 않고, 돈도 벌지 못하는데도 파크스는 만족스럽게 하루를 마무리한다. 그는 해고로 인해 생긴 자신의 삶의 공허함을 폐업한 일터에서 시간을 보내는 것으로 위안을 얻었다. 그 순간 파크스는 그의 아침 출근길이 조금 더 붐빌 것이라는 사실을 깨닫지 못하고 있다.

표 4-3 우리는 시간을 어디에 사용하는가

행동	하루 중 평균 소비 시간	긍정적 느낌	부정적 느낌
일하기	6.9	3.62	0.97
전화 통화	2.5	3.92	0.85
사교	2.3	4.59	0.57
식사	2.2	4.34	0.59
휴식	2.2	4.42	0.51
TV 시청	2.2	4.19	0.58
컴퓨터/이메일/인터넷	1.9	3.81	0.80
통근	1.6	3.45	0.89
집안일	1.1	3.73	0.77
아이들과 함께하기	1.1	3.86	0.91
낮잠	0.9	3.87	0.60
기도/명상	0.4	4.35	0.59
운동	0.2	4.31	0.50
친교	0.2	5.10	0.36

Note: Positive and negative feelings measured using a scale of 0 (not at all) to 6 (very much).

출처: From D. Kahneman, A.B. Krueger, D.A. Schkade, N. Schwarz, and A.A. Stone, "A Survey Method for Characterizing Daily Life Experience: The Day Reconstruction Method," *Science* 306 (2004), pp. 1776–80.

시키는 것이 충분히 일리가 있고 의미 있는 일이다. 〈표 4-3〉은 하루 중 일어나는 행동들에 시간을 어느 정도 소비하는가를, 각 행동들이 진행되면서 느끼는 긍정적 부정적 느낌의 수준을 기준으로 측정한 연구 결과이다.[78] 응답자들은 대부분의 시간을 직장에서 보냈다. 그런데 불행하게도, 그 시간이 가장 높은 수준의 부정적 느낌이면서 두 번째로 낮은 수준의 긍정적 느낌('통근' 바로 다음)을 갖는 것으로 나타났다. 가정 및 여가활동 (사교, 휴식, 운동)은 훨씬 만족스러운 것으로 보이지만 하루 중 차지하는 비중은 매우 적다. 이 표가 주는 실무적 시사점은 분명하다: 우리가 일상에서 더 좋은 기분을 느끼고 싶다면 직업에 더 만족할 수 있는 방법을 찾아야 한다.

실제로 삶의 만족을 높이기 위해서는 월급을 올려 주는 것보다 직무만족을 높이는 것이 더 큰 영향을 미친다. "돈으로 행복을 살 수 있다"라는 속담은 일부만 맞는 말이라는 것이 밝혀졌다. 연구에 따르면 보수가 최대 $75,000까지 증가하면 삶의 만족도 증가한다. 그 이후에는 보수가 더 높다고 더 행복을 느끼는 것은 아닌 것 같다.[79] 이러한 발견은 보수 만족이 전반적인 직무만족의 한 측면이라는 점을 고려하면 이러한 결과는 놀라운 것처럼 보일 수 있다(그림 4-1 참조). 하지만 보수 만족은 일 자체, 감독, 동료 등 다른 요인에 비해 약한 요인이라는 것을 기억할 것이다(표 4-2 참조). 돈과 행복의 관계에 대한 자세한 내용은 **국제 상황의 OB**를 참조하라.

실무 적용: 만족도 추적

학습목표 4.8
조직 차원에서는 직무만족을 진단하고 관리하기 위해 어떻게 하는가?

직무만족이 직무성과, 조직몰입, 삶의 만족의 핵심 요인이라고 할 수 있기 때문에 관리자는 직원들이 얼마나 만족하는지 이해하는 것이 매우 중요하다. 일반 직원들의 직무만족을 평가하는 방법은 표적 집단 조사, 인터뷰, 태도 조사 등 여러 방법이 있다. 이러한 세 가지 방법 중 태도 조사가 가장 정확하고 효과적인 방법으로 인정되고 있다.[80] 태도 조사는 직원이 얼마나 만족하고 있는지를 적나라하게 보여 준다. 또한, 반복 조사를 통해 시간이 지남에 따라 만족 수준의 변화 경향을 알 수 있다. 그리고 직무에 어떤 변화를 줄 때 그 변화가 효과가 있는지 여부는 변화 전과 후의 태도 조사 결과를 통해 알 수 있다.

한편 기업에서 자체적으로 태도 조사를 설계할 때에도 이미 널리 사용되는 기존의 조사방법을 사용하는 것이 좋다. 가장 널리 쓰이는 직무만족 조사는 직무기술지표(JDI: Job Descriptive

국제 상황의 OB

"돈으로 행복은 살 수 없다"는 속담은 나라별 데이터로도 증명될 수 있다. 예를 들면 미국, 영국, 그리고 일본의 설문조사 데이터에 따르면, 50년 전에 비해 평균 소득이 두 배로 늘었지만 사람들은 그만큼 더 행복해지지는 않았다.

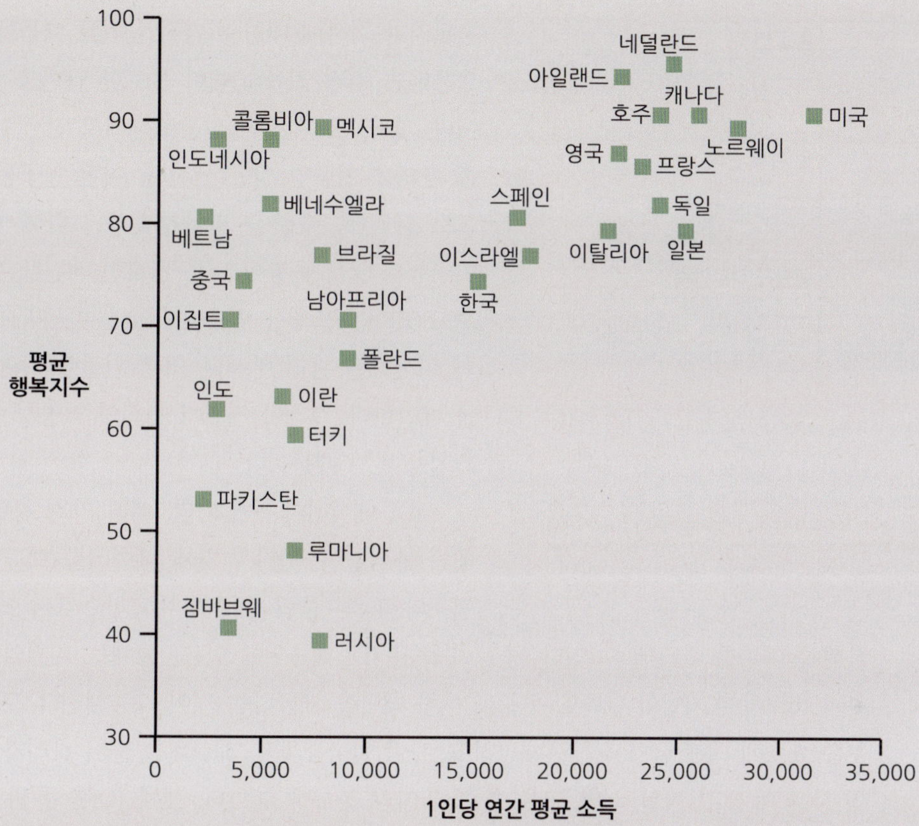

국가 간 비교는 빈곤선 위에 위치한 국가들이 빈곤선 아래의 국가들보다 절대 수준에서 더 행복하다. 하지만 빈곤선을 일단 넘으면 소득이 더 늘어난다고 해서 삶의 만족 수준이 같이 올라가지는 않는다. 예를 들어 미국은 지구상에서 가장 부유한 국가지만, 삶의 만족에 있어서는 네덜란드와 아일랜드보다 뒤지고 있다. 국가 간 삶의 만족 차이를 이해한다는 것은 두 가지 이유에서 조직에게 중요하다. 첫째는, 이러한 차이는 어떤 특정 국가가 기업의 제품을 얼마나 잘 수용하는가에 영향을 미칠 수 있다. 둘째는, 이러한 차이는 기업이 해당 국가 현지에서 직원을 고용할 때 사용하는 정책 및 관행에 영향을 미칠 수 있다.

출처: R. Layard, quoted in E. Diener and E. Suh, "National Differences in Subjective Well-Being," in *Well-Being: The Foundations of Hedonic Psychology*, ed. D. Kahneman, E. Diener, and N. Schwarz (New York: Russell Sage Foundation, 1999), pp. 434–50.

Index)이다. JDI는 [그림 4-1]의 다섯 가지 만족 요소(보수 만족, 승진 만족, 감독 만족, 동료 만족, 일 자체 만족) 모두를 진단한다. 또한 JDI는 높은 정확성 덕분에 매우 많은 연구의 주제로 다루어지고 있다.[81] 게다가 JDI는 전체적 직무만족을 진단하는 '일반적 직무척도(JIG; Job in General scale)'를 포함하고 있다.[82] 〈표 4-4〉는 JDI와 JIG에서 발췌한 내용이다.[83] JDI의 강점 중 하나는 질문이 아주 쉽고 직설적이어서 응답자가 쉽게 이해할 수 있다는 점이다.

표 4-4 직무기술지표 및 일반적 직무척도 예시

현재 당신의 직무를 생각하라. 당신의 일을 잘 설명하는 말을 골라서 빈칸에 다음과 같이 표시하라.
_Y_ "그렇다"
_N_ "그렇지 않다"
_?_ "잘 모르겠다"

보수 만족[a]	**동료 만족**[a]
___ 많이 받는다	___ 자극을 준다
___ 나쁘다	___ 똑똑하다
___ 가까스로 산다	___ 유쾌하지 않다
승진 만족[a]	**일 자체 만족**[a]
___ 정기적 승진	___ 매력적
___ 능력에 의한 승진	___ 기쁘다
___ 승진 기회 제약	___ 결과를 알 수 있다
감독 만족[a]	**종합적 직무만족**[b]
___ 직무를 잘안다	___ 보통 이상
___ 필요한 때 감독	___ 할 만한 가치가 있다
___ 충분히 감독하지 않음	___ 보통 이하

[a]The Job Descriptive Index © Bowling Green State University (1975, 1985, 1997)
[b]The Job in General Scale, © Bowling Green State University (1982, 1985)

출처: W.K. Balzer, J.A. Kihn, P.C. Smith, J.L. Irwin, P.D. Bachiochi, C. Robie, E.F. Sinar, and L.F. Parra, "Users Manual for the Job Descriptive Index (JDI; 1997 version) and the Job in General Scales," in *Electronic Resources for the JDI and JIG*, ed. J.N. Stanton and C.D. Crossley (Bowling Green, OH: Bowling Green State University, 2000).

JDI의 개발자는 설문조사 실시와 관련하여 몇 가지를 제안한다.[84] 예를 들어, 가능한 많은 표본을 조사하라고 권장한다. 왜냐하면 조사대상이 아닌 직원들은 자신이 별로 중요하지 않다고 취급당하는 것으로 생각할 수 있기 때문이다. 당연히 조사는 익명으로 해야 한다고 말한다. 왜냐하면 응답자가 회사에 대한 비판적인 언급 때문에 피해를 입을지 모른다는 걱정 없이 최대한 솔직한 답변을 할 수 있기 때문이다. 그러므로 회사는 설문조사에서 인구 통계 데이터 수집에 주의를 기울일 것을 권한다. 어떤 인구통계 정보는 관련 그룹 간 만족 수준을 교차분석하기 위해 매우 중요하지만, 인구통계 설문 문항이 너무 많으면 직원들은 신분이 노출될 수도 있다는 느낌을 받을 수 있다. 마지막으로 조사가 기업의 인적자원 관리 부서나 외부 컨설팅 기관이 담당해줄 것을 제안한다. 그래야 직원이 자신의 익명성이 더 보호된다는 느낌을 받기 때문이다.

JDI 데이터가 수집되면, 여러 가지 흥미로운 질문들에 대해 분석할 수 있다.[85] 첫째, 데이터를 보고 각 요소의 평균 점수와 JDI의 중립 수준과 비교함으로써 조직이 만족 또는 불만족 여부를 나타낼 수 있다("중립 수준"은 JDI 매뉴얼에 있음). 둘째는, 기업의 점수를 국가 표준과 비교하여 기업의 만족도 수준에 대한 맥락을 제공하는 것이 가능해진다. 또한 JDI 매뉴얼은 모든 요소에 대해 국가표준을 제공하고, 관련 인구통계적 그룹(예를 들어 관리자 대 비관리자, 신입 사원 대 고위 직원, 성별, 교육 수준)에 따라 분류해 놓았다. 셋째, JDI를 통해 조직 내 부서 간 비교가 가능해져, 만족도가 높은 부서와 낮은 부서를 확인할 수 있다.

태도 조사의 결과는 직원들에게 공유하여 직원들이 과정에 같이 참여한다고 느낄 수 있도록 해야 한다. 그리고 태도 조사는 일종의 개선 노력을 위한 촉매제가 되어야 한다.[86] 조직의 변화로 연결되지 못하는 조사는 결국 시간낭비로 보인다. 결과적으로 기업은 조사결과에 관련한 구체적인 목표와 조치를 실행할 수 있도록 준비되어 있어야 한다. 예를 들면 보수 만족이 낮게 나온 기업은 보수 수준이 경쟁사보다 낮은지 여부를 확인하기 위해 추가적인 벤치마킹을 실시한다거나, 낮은 승진 만족이 나타난 기업은 성과 평가 시스템을 다시 설계하는 조치를 할 수 있다. 마지막으로 일 자체에 대한 만족이 문제가 되는 기업은 핵심 직무에 대한 재설계를 시도하거나, 비용이 너무 많이 든다면, 좀 더 비공식적인 형태로 감독자들을 대상으로 다섯 가지 핵심 직무 특성을 높이는 전략을 교육할 수 있다.

요점 정리

4.1 직무만족은 개인의 직무나 경험에 대한 평가를 통해 나타난 즐거운 감정 상태이며, 직무에 대해 어떻게 느끼고 생각하는가를 나타낸다.

4.2 가치는 사람들이 의식적 또는 무의식적으로 추구하거나 얻고자 하는 것이다. 가치-지각 이론에 따르면, 직무만족은 직무가 직원이 가치를 두는 것을 제공할 수 있는가에 대한 인식에 좌우된다.

4.3 직원들은 자신의 직무만족을 평가할 때 여러 가지 특정 요소들을 고려한다. 이러한 요소들은 보수 만족, 승진 만족, 감독 만족, 동료 만족, 그리고 일 자체에 대한 만족이다.

4.4 직무 특성이론은 다섯 가지 "핵심 특성(다양성, 정체성, 중요성, 자율성, 피드백)"이 결합하여 특히 높은 일 자체 만족을 제공한다는 이론이다

4.5 감독, 동료, 보수, 일 자체의 영향과 별개로, 직무만족 수준은 하루 일과 중에도 변한다. 긍정적 및 부정적 사건을 경험할 때 직무만족의 증가와 감소가 발생한다. 그러한 사건들은 감정의 변화를 초래하고 궁극적으로는 기분을 변하게 한다.

4.6 기분은 느낌의 상태를 말하는데, 갑자기 강하게 나타나지 않고 잔잔하며, 오랜 시간 지속되고 어떤 것에 의해 직접적으로 영향을 받지 않는다. 강한 긍정적 기분은 열정, 흥미진진. 그리고 자신감 넘치는 상태이다. 강한 부정적 기분은 적개심, 과민, 그리고 짜증내는 상태이다. 감정은 자주 강하게 표현되고 단 몇 분간만 지속되고 어느 특정한 사람이나 환경에 분명하게 좌우되는 느낌의 상태이다. 긍정적인 감정은 즐거움, 긍지. 회복, 희망, 그리고 동정심 등이다. 부정적 감정은 분노, 근심, 공포, 죄의식, 수치심, 슬픔, 부러움, 그리고 혐오감 등이다.

4.7 직무만족은 직무성과와 보통 수준의 정의 상관관계가 있다. 그리고 조직몰입과는 강한 정의 상관관계이다. 또한 삶의 만족과도 강한 정의 상관관계이다.

4.8 기업은 보수 만족, 승진 만족, 감독 만족, 동료 만족, 일 자체 만족 수준을 진단하고 관리하는 직무기술지표(JDI)와 같은 태도 조사를 활용함으로써 직무만족을 진단하고 관리할 수 있다. 직원들이 경험하는 직무만족의 수준을 진단하고, 점수를 기준으로 어느 한 특정요인의 개선을 위한 유익한 개입을 시도할 수 있다.

핵심 용어

- 가치
- 가치-지각 이론
- 감독 만족
- 감정
- 감정 노동
- 감정 전염
- 결과물에 대한 책임
- 결과에 대한 지식
- 긍정적 감정
- 기분
- 다양성
- 동료 만족
- 몰입
- 보수 만족
- 부정적 감정
- 삶의 만족
- 성장욕구 강도
- 승진 만족
- 유쾌함
- 일 자체 만족
- 일의 유의미성
- 자율성
- 잡 크래프팅
- 정서적 사건반응 이론
- 정체성
- 중요성
- 지식과 기술
- 직무만족
- 직무 충실화
- 직무 특성이론
- 피드백
- 활성화

토론 질문

4.1 〈표 4-1〉 중 일반적으로 직원들에게 가장 중요하다고 생각하는 가치는 무엇인가? 마지막 세 가지 범주(이타심, 지위, 환경)의 가치가 처음의 다섯 개 범주(보수, 승진, 감독, 동료, 그리고 일 자체) 보다 더 중요해질 때가 있는가?

4.2 기업이 승진 만족, 감독 만족, 동료 만족을 향상시키기 위해 취할 수 있는 조치는 무엇인가?

4.3 다섯 가지 핵심 직무 특성(다양성, 정체성, 중요성, 자율성, 피드백)에서 어느 한 특성이 다른 네 가지 특성보다 더 중요하다고 생각하는가? 직무 특성 중 어느 한 가지가 특히 더 많아지는 것이 가능한가?

4.4 우리는 가끔 동료나 친구를 "변덕스럽다"고 묘사한다. [그림 4-6]관점에서 "변덕스러움"이 어떤 의미를 가진다고 생각하는가?

4.5 〈표 4-2〉의 긍정적 감정과 부정적 감정 목록 중 직장에서 가장 자주 경험하는 감정은 무엇인가? 그 원인은 무엇인가?

사례: 힐튼

COVID-19 대유행은 거의 모든 산업에 극적인 영향을 미쳤지만 호텔 부문에 미치는 영향은 즉각 나타났다. 재택 명령 및 여행 제한으로 인해 호텔에서 고객의 발길이 끊어졌다. 재택 명령 및 여행 제한이 해제된 후에도 호텔 객실을 소독해야 하는 문제로 인해 고객들은 호텔 투숙을 꺼리게 되었다. CEO 크리스 나세타는 "힐튼의 101년 역사에서 우리 산업이 여행을 사실상 멈추게 하는 세계적인 위기에 직면한 적이 없다"고 상황을 요약했다. 이에 대응하여, 힐튼은 전체 기업 인력의 약 22%를 해고하고, 휴직을 시행하고, 남은 직원들의 근무 시간을 줄여야 했다.

동료들이 직장을 잃었거나 직원들 스스로 휴직할 때 어떻게 직원의 직무만족을 유지할 수 있을까? 한 가지 방법은 회사에 대한 만족도를 가능한 유지하는 것이다. 힐튼의 경우, 회사는 해고된 직원들을 백만 개 이상의 임시직과 연결시키기 위한 제도를 운영했다. 예를 들어 힐튼은 해고된 직원들을 Amazon, CVS, Walgreens, Albertsons, Wegmans, and Safeway에 고용되도록 했다. 한 직원은 이 정책에 대해 고마움을 표하며 다음과 같이 썼다. "제가 휴직하는 동안 이 자리를 확보하는 데 도움을 주셔서 감사합니다. 이전에는 고객으로만 알고 있던 Safeway 팀의 일원이 되어 매우 즐거웠습니다. 저는 이제 힐튼으로 돌아가지만, 제가 이웃 가게에서 쇼핑을 하러 돌아올 때 새로운 친구들을 모두 만나기를 기대합니다." 힐튼은 또한 해고된 직원들을 위한 개인 맞춤 고용 서비스를 제공했고, 새로운 힐튼 일자리에 그들을 먼저 고용하겠다는 서약도 했다. 나세타는 또한 힐튼의 집행위원회 급여를 일시적으로 50% 삭감하면서 자신의 급여를 일시 중단했다.

힐튼은 또한 운영에 의미를 부여하는 방식으로 팬데믹 전쟁에 참여하기 위해 자신의 역할을 다했다. 예를 들어 의료 전문가들을 위해 100만 개의 호텔 방을 기부하기 위해 아메리칸 익스프레스와의 파트너십을 발표했다. 또한, 의료 전문가들에게 신선한 식사를 제공하기 위해 월드 센트럴 키친에 100만 달러를 기부했다. 이제, 세계가 새로운 일상으로 돌아오기 시작함에 따라, 힐튼의 또 다른 전통적인 특혜가 새로운 반향을 일으키고 있다. 직원들은 대폭 할인된 요금으로 전 세계 힐튼에 머물 수 있는 여행 프로그램을 이용할 수 있다. 전 세계의 대부분은 팬데믹 이후 휴가가 필요하다. 힐튼은 직원들이 그 비용을 감당할 수 있도록 돕는다.

4.1 호텔 업계에서 일하는 것을 상상해 보라. 이 업계의 어떤 측면이 직무만족을 높이는가? 이 업계에서 일하는 것의 어떤 측면이 직무만족을 방해하는가?

4.2 팬데믹은 다양한 방식으로 직무만족에 영향을 미칠 수 있다. 펜데믹으로 인해 직무만족의 어떤 요소가 가장 방해를 받았는가? 더 적은 영향을 받은 요소가 있는가?

4.3 만약 당신이 해고당한 힐튼 직원이었다면, 직무만족의 관점에서 언급한 기업 행동 중 어떤 것이 당신에게 가장 큰 반향을 일으켰을까? 그 이유는 무엇인가?

예제: 다양한 직업에 걸친 직무만족

이 예제의 목적은 여러 직업을 대상으로 일 자체에 대한 만족을 조사하는 것이다. 이 예제는 모둠 활동으로 진행되기에, 강의자가 모둠을 만들어 주거나 학습자들이 직접 모둠을 만들어야 한다. 이 예제는 다음과 같은 단계로 진행된다.

4.1 4장의 OB 진단지를 사용하여 아래 네 가지 직업의 잠재 만족 점수 (SPS)를 계산하라:

a. 초등학교 3학년 교사
b. 단독 쇼 코미디언
c. 컴퓨터 코드 중 수천 개 라인에 있는 “15”를 “2015”로 바꾸는 직무를 가진 컴퓨터 프로그래머
d. 미국 대통령

4.2 어떤 직업의 SPS가 가장 높은가? 어떤 핵심 직무 특성이 높은 점수와 낮은 점수를 얻은 이유를 가장 잘 설명하는가? 네 가지 직무의 점수를 강의실에 있는 컴퓨터에 있는 엑셀에 입력을 하거나 칠판에 적어라.

4.3 학급 토론 (그룹 또는 학급 전체)은 두 개의 질문이 중심이 되어야 한다. 첫째는 최고 점수를 기록한 직무가 과연 정말 하루도 빠짐없이 가장 즐길만한 직무인가? 둘째, 그것은 리스트에 있는 직무들 중 하나를 마음만 먹으면 쉽게 얻을 수 있다는 것을 의미하는가? 왜 그런가? 아니면 왜 그렇지 않은가? 이 상황에 적용할 수 있는 다른 직무만족 이론 중 어떤 것이 있는가?

미주

4.1 Locke, E.A. “The Nature and Causes of Job Satisfaction.” In *Handbook of Industrial and Organizational Psychology*, ed. M. Dunnette. Chicago: Rand McNally, 1976, pp. 1297–1350.

4.2 “Americans’ Job Satisfaction Falls to Record Low.” Associated Press, January 5, 2010, http:// www.msnbc.msn.com/ id/34691428/ns/ business-careers.

4.3 Locke, E.A. “The Nature and Causes of Job Satisfaction.” In *Handbook of Industrial and Organizational Psychology*, ed. M. Dunnette. Chicago: Rand McNally, 1976, pp. 1297–1350; Rokeach, M. *The Nature of Human Values*. New York: Free Press, 1973; Schwartz, S.H. “Universals in the Content and Structure of Values: Theoretical Advances and Empirical Tests in 20 Countries.” In *Advances in Experimental Social Psychology*, Vol. 25, ed. M. Zanna. New York: Academic Press, 1992, pp. 1–65; Edwards, J.R., and D.M. Cable. “The Value of Value Congruence.” *Journal of Applied Psychology* 94 (2009), pp. 654–77.

4.4 Dawis, R.V. “Vocational Interests, Values, and Preferences.” In *Handbook of Industrial and Organizational Psychology*, Vol. 2, ed. M.D. Dunnette and L.M. Hough. Palo Alto, CA: Consulting Psychologists Press, 1991, pp. 834–71; Cable, D.M., and J.R. Edwards. “Complementary and Supplementary Fit: A Theoretical and Empirical Integration.” *Journal of Applied Psychology* 89 (2004), pp. 822–34.

4.5 Locke, E.A. “The Nature and Causes of Job Satisfaction.” In *Handbook of Industrial and Organizational Psychology*, ed. M. Dunnette. Chicago: Rand McNally, 1976, pp. 1297–1350.

4.6 Judge, T.A., and A.H. Church. “Job Satisfaction: Research and Practice.” In *Industrial and Organizational Psychology: Linking Theory with Practice*, ed. C.L. Cooper and E.A. Locke. Oxford, UK: Blackwell, 2000, pp. 166–98.

4.7 Locke, E.A. “The Nature and Causes of Job Satisfaction.” In *Handbook of Industrial and Organizational Psychology*, ed. M. Dunnette. Chicago: Rand McNally, 1976, pp. 1297–1350.

4.8 Smith, P.C.; L.M. Kendall; and C.L. Hulin. *The Measurement of Satisfaction in Work and Retirement*. Chicago: Rand McNally, 1969.

4.9 Lawler, E.E. *Pay and Organizational Effectiveness: A Psychological View*. New York: McGraw- Hill, 1971.

4.10 Locke, E.A. “The Nature and Causes of Job Satisfaction.” In *Handbook of Industrial and Organizational Psychology*, ed. M. Dunnette. Chicago: Rand McNally, 1976, pp. 1297–1350.

4.11 Moskowitz, M.; R. Levering; and C. Tkaczyk. “100 Best Companies to Work For.” *Fortune*, February 7, 2011, pp. 91–101.

4.12 Smith, P.C.; L.M. Kendall; and C.L. Hulin. *The Measurement of Satisfaction in Work and Retirement*. Chicago: Rand McNally, 1969.

4.13 Locke, E.A. “The Nature and Causes of Job Satisfaction.” In *Handbook of Industrial and Organizational Psychology*, ed. M. Dunnette. Chicago: Rand McNally, 1976, pp. 1297–1350.

4.14 Tkaczyk, C. “Nordstrom.” *Fortune*, October 18, 2010, p. 37.

4.15 Smith, P.C.; L.M. Kendall; and C.L. Hulin. *The Measurement of Satisfaction in Work and Retirement*. Chicago: Rand McNally, 1969.

4.16 Locke, E.A. “The Nature and Causes of Job Satisfaction.” In *Handbook of Industrial and Organizational Psychology*, ed. M. Dunnette. Chicago: Rand McNally, 1976, pp. 1297–1350.

4.17 Burchell, M., and J. Robin. *The Great Workplace: How to Build It, How to Keep It, and Why It Matters*. San Francisco: Jossey-Bass, 2011.

4.18 Burchell, M., and J. Robin. *The Great Workplace: How to Build It, How to Keep It, and Why It Matters*. San Francisco: Jossey-Bass, 2011.

4.19 Smith, P.C.; L.M. Kendall; and C.L. Hulin. *The Measurement of Satisfaction in Work and Retirement*. Chicago: Rand McNally, 1969.

4.20 Ryan. K.J. “You Can’t Be a Jerk and Work Here.” *Inc.*, May–June 2020.

4.21 Smith, P.C.; L.M. Kendall; and C.L. Hulin. *The Measurement of Satisfaction* *in Work and Retirement*. Chicago: Rand McNally, 1969.

4.22 Murphy, R.M. "Happy Campers." *Fortune*, April 25, 2011.

4.23 Murphy, R.M. "Happy Campers." *Fortune*, April 25, 2011.

4.24 Ironson, G.H.; P.C. Smith; M.T. Brannick; W.M. Gibson; and K.B. Paul. "Construction of a Job in General Scale: A Comparison of Global, Composite, and Specific Measures." *Journal of Applied Psychology* 74 (1989), pp. 193–200; Russell, S.S.; C. Spitzmuller; L.F. Lin; J.M. Stanton; P.C. Smith; and G.H. Ironson. "Shorter Can Also Be Better: The Abridged Job in General Scale." *Educational and Psychological Measurement* 64 (2004), pp. 878–93; Bowling, N.A., and Hammond, G.D. "A Meta-Analytic Examination of the Construct Validity of the Michigan Organizational Assessment Questionnaire Job Satisfaction Subscale." *Journal of Vocational Behavior* 73 (2008), pp. 63–77; Judge, T.A.; R.F. Piccolo; N.P. Podsakoff; J.C. Shaw; and B.L. Rich. "The Relationship Between Pay and Job Satisfaction: A Meta- Analysis." *Journal of Vocational Behavior* 77 (2010), pp. 157–67.

4.25 Taylor, F.W. *The Principles of Scientific Management*. New York: Wiley, 1911; Gilbreth, F.B. *Motion Study: A Method for Increasing the Efficiency of the Workman*. New York: Van Nostrand, 1911.

4.26 Hackman, J.R., and E.E. Lawler III. "Employee Reactions to Job Characteristics." *Journal of Applied Psychology* 55 (1971), pp. 259–86.

4.27 Hackman, J.R., and G.R. Oldham. *Work Redesign*. Reading, MA: Addison-Wesley, 1980.

4.28 Hackman, J.R., and G.R. Oldham. *Work Redesign*. Reading, MA: Addison-Wesley, 1980.

4.29 Hackman, J.R., and G.R. Oldham. *Work Redesign*. Reading, MA: Addison-Wesley, 1980.

4.30 Hackman, J.R., and G.R. Oldham. "Motivation through the Design of Work: Test of a Theory." *Organizational Behavior and Human Decision Processes* 16 (1976), pp. 250–79.

4.31 Hackman, J.R., and G.R. Oldham. *Work Redesign*. Reading, MA: Addison-Wesley, 1980.

4.32 Turner, A.N., and P.R. Lawrence. *Industrial Jobs and the Worker*. Boston: Harvard University Graduate School of Business Administration, 1965.

4.33 Hackman, J.R., and E.E. Lawler III. "Employee Reactions to Job Characteristics." *Journal of Applied Psychology* 55 (1971), pp. 259–86.

4.34 Berns, G. *Satisfaction: The Science of Finding True Fulfillment*. New York: Henry Holt, 2005, p. xiv.

4.35 Hackman, J.R., and G.R. Oldham. *Work Redesign*. Reading, MA: Addison-Wesley, 1980.

4.36 Turner, A.N., and P.R. Lawrence. *Industrial Jobs and the Worker*. Boston: Harvard University Graduate School of Business Administration, 1965.

4.37 Hackman, J.R., and G.R. Oldham. *Work Redesign*. Reading, MA: Addison-Wesley, 1980.

4.38 Grant, A.M. "The Significance of Task Significance: Job Performance Effects, Relational Mechanisms, and Boundary Conditions." *Journal of Applied Psychology* 93 (2008), pp. 108–24.

4.39 Hackman, J.R., and G.R. Oldham. *Work Redesign*. Reading, MA: Addison-Wesley, 1980.

4.40 Turner, A.N., and P.R. Lawrence. *Industrial Jobs and the Worker*. Boston: Harvard University Graduate School of Business Administration, 1965.

4.41 Breaugh, J.A. "The Measurement of Work Autonomy." *Human Relations* 38 (1985), pp. 551–70.

4.42 Hackman, J.R., and G.R. Oldham. *Work Redesign*. Reading, MA: Addison-Wesley, 1980.

4.43 Humphrey, S.E.; J.D. Nahrgang; and F.P. Morgeson. "Integrating Motivational, Social, and Contextual Work Design Features: A Meta-Analytic Summary and Theoretical Extension of the Work Design Literature." *Journal of Applied Psychology* 92 (2007), pp. 1332–56; Fried, Y., and G.R. Ferris. "The Validity of the Job Characteristics Model: A Review and Meta-Analysis." *Personnel Psychology* 40 (1987), pp. 287–322.

4.44 Hackman, J.R., and G.R. Oldham. *Work Redesign*. Reading, MA: Addison-Wesley, 1980.

4.45 Loher, B.T.; R.A. Noe; N.L. Moeller; and M.P. Fitzgerald. "A Meta- Analysis of the Relation of Job Characteristics to Job Satisfaction." *Journal of Applied Psychology* 70 (1985), pp. 280–89.

4.46 Campion, M.A., and C.L. McClelland. "Interdisciplinary Examination of the Costs and Benefits of Enlarged Jobs: A Job Design Quasi-Experiment." *Journal of Applied Psychology* 76 (1991), pp. 186–98.

4.47 Campion, M.A., and C.L. McClelland. "Interdisciplinary Examination of the Costs and Benefits of Enlarged Jobs: A Job Design Quasi-Experiment." *Journal of Applied Psychology* 76 (1991), pp. 186–98.

4.48 Wrzesniewski, A., and J.E. Dutton. "Crafting a Job: Revisioning Employees as Active Crafters of Their Work." *Academy of Management Review* 26 (2001), pp. 179–201; Tims, M.; A.B. Bakker; and D. Derks. "Development and Validation of the Job Crafting Scale." *Journal of Vocational Behavior* 80 (2012), pp. 173–86.

4.49 Morris, W.N. *Mood: The Frame of Mind*. New York: Springer- Verlag, 1989.

4.50 Watson, D., and A. Tellegen. "Toward a Consensual Structure of Mood." *Psychological Bulletin* 98 (1985), pp. 219–35; Russell, J.A. "A Circumplex Model of Affect." *Journal of Personality and Social Psychology* 39 (1980), pp. 1161–78; Larsen, R.J., and E. Diener. "Promises and Problems with the Circumplex Model of Emotion." In *Review of Personality and Social Psychology: Emotion*, Vol. 13, ed. M.S. Clark. Newbury Park, CA: Sage, 1992, pp. 25–59.

4.51 Watson, D., and A. Tellegen. "Toward a Consensual Structure of Mood." Psychological Bulletin 98 (1985), pp. 219–35; Russell, J.A. "A Circumplex Model of Affect." *Journal of Personality and Social Psychology* 39 (1980), pp. 1161–78; Larsen, R.J., and E. Diener. "Promises and Problems with the Circumplex Model of Emotion." In *Review of Personality and Social Psychology: Emotion*, Vol. 13, ed. M.S. Clark. Newbury Park, CA: Sage, 1992, pp. 25–59.

4.52 Moskowitz, M.; R. Levering; and C. Tkaczyk. "100 Best Companies to Work For." *Fortune*, February 7, 2011, pp. 91–101.

4.53 Moskowitz, M.; R. Levering; and C. Tkaczyk. "100 Best Companies to Work For." *Fortune*, February 7, 2011, pp. 91–101.

4.54 Csikszentmihalyi, M. *Finding Flow: The Psychology of Engagement with Everyday Life*. New York: Basic Books, 1997;

Csikszentmihalyi, M. *Flow: The Psychology of Optimal Experience*. New York: Harper-Perennial, 1990; Csikszentmihalyi, M. *Beyond Boredom and Anxiety*. San Francisco: Jossey-Bass, 1975.

4.55 Quinn, R.W. "Flow in Knowledge Work: High Performance Experience in the Design of National Security Technology." *Administrative Science Quarterly* 50 (2005), pp. 610–41; Jackson, S.A., and H.W. Marsh. "Development and Validation of a Scale to Measure Optimal Experience: The Flow State Scale." *Journal of Sport and Exercise Psychology* 18 (1996), pp. 17–35; Bakker, A.B. "The Work-Related Flow Inventory: Construction and Initial Validation of the WOLF." *Journal of Vocational Behavior* 72 (2008), pp. 400–14.

4.56 Weiss, H.M., and R. Cropanzano. "Affective Events Theory: A Theoretical Discussion of the Structure, Causes, and Consequences of Affective Experiences at Work." In *Research in Organizational Behavior*, Vol. 18, ed. B.M. Staw and L.L. Cummings. Greenwich, CT: JAI Press, 1996, pp. 1–74.

4.57 Weiss, H.M., and K.E. Kurek, "Dispositional Influences on Affective Experiences at Work." In *Personality and Work: Reconsidering the Role of Personality in Organizations*, ed. M.R. Barrick and A.M. Ryan. San Francisco: Jossey-Bass, 2003, pp. 121–49.

4.58 Weiss, H.M., and R. Cropanzano. "Affective Events Theory: A Theoretical Discussion of the Structure, Causes, and Consequences of Affective Experiences at Work." In *Research in Organizational Behavior*, Vol. 18, ed. B.M. Staw and L.L. Cummings. Greenwich, CT: JAI Press, 1996, pp. 1–74.

4.59 Lazarus, R.S. *Emotion and Adaptation*. New York: Oxford University Press, 1991.

4.60 Hochschild, A.R. *The Managed Heart: Commercialization of Human Feeling*. Berkeley: University of California Press, 1983; Rafaeli, A., and R.I. Sutton. "The Expression of Emotion in Organizational Life." *Research in Organizational Behavior* 11 (1989), pp. 1–42.

4.61 Hatfield, E.; J.T. Cacioppo; and R.L. Rapson. *Emotional Contagion*. New York: Cambridge University Press, 1994.

4.62 Ashkanasy, N.M.; C.E.J. Hartel; and C.S. Daus. "Diversity and Emotion: The New Frontiers in Organizational Behavior Research." *Journal of Management* 28 (2002), pp. 307–38.

4.63 Judge, T.A.; C.J. Thoreson; J.E. Bono; and G.K Patton. "The Job Satisfaction–Job Performance Relationship: A Qualitative and Quantitative Review." *Psychological Bulletin* 127 (2001), pp. 376–407.

4.64 Baas, M.; C.K.W. De Dreu; and B.A. Nijstad. "A Meta- Analysis of 25 Years of Mood—Creativity Research: Hedonic Tone, Activation, or Regulatory Focus." *Psychological Bulletin* 134 (2008), pp. 779–806; Lyubomirsky, S.; L. King; and E. Diener. "The Benefits of Frequent Positive Affect: Does Happiness Lead to Success?" *Psychological Bulletin* 131 (2005), pp. 803–55.

4.65 Brief, A.P., and H.M. Weiss. "Organizational Behavior: Affect in the Workplace." *Annual Review of Psychology* 53 (2002), pp. 279–307.

4.66 Isen, A.M., and R.A. Baron. "Positive Affect as a Factor in Organizational Behavior." *Research in Organizational Behavior* 13 (1991), pp. 1–53.

4.67 Tsai, W.C.; C.C. Chen; and H.L. Liu. "Test of a Model Linking Employee Positive Moods and Task Performance." *Journal of Applied Psychology* 92 (2007), pp. 1570–83.

4.68 Beal, D.J.; H.M. Weiss; E. Barros; and S.M. MacDermid. "An Episodic Process Model of Affective Influences on Performance." *Journal of Applied Psychology* 90 (2005), pp. 1054–68; Miner, A.G., and T.M. Glomb. "State Mood, Task Performance, and Behavior at Work: A Within- Persons Approach." *Organizational Behavior and Human Decision Processes* 112 (2010), pp. 43–57.

4.69 Locke, E.A. "The Nature and Causes of Job Satisfaction." In *Handbook of Industrial and Organizational Psychology*, ed. M. Dunnette. Chicago: Rand McNally, 1976, pp. 1297–1350.

4.70 Riketta, M. "The Causal Relation between Job Attitudes and Job Performance: A Meta-Analysis of Panel Studies." *Journal of Applied Psychology* 93 (2008), pp. 472–81.

4.71 LePine, J.A.; A. Erez; and D.E. Johnson. "The Nature and Dimensionality of Organizational Citizenship Behavior: A Critical Review and Meta-Analysis." *Journal of Applied Psychology* 87 (2002), pp. 52–65.

4.72 Lyubomirsky, S.; L. King; and E. Diener. "The Benefits of Frequent Positive Affect: Does Happiness Lead to Success?" *Psychological Bulletin* 131 (2005), pp. 803–55; Dalal, R.S.; H. Lam; H.M. Weiss; E.R. Welch; and C.L. Hulin. "A Within-Person Approach to Work Behavior and Performance: Concurrent and Lagged Citizenship-Counterproductivity Associations, and Dynamic Relationships with Affect and Overall Job Performance." *Academy of Management Journal* 52 (2009), pp. 1051–66.

4.73 Dalal, R.S. "A Meta-Analysis of the Relationship Between Organizational Citizenship Behavior and Counterproductive Work Behavior." *Journal of Applied Psychology* 90 (2005), pp. 1241–55.

4.74 Yang, J., and J.M. Diefendorff. "The Relations of Daily Counterproductive Workplace Behavior with Emotions, Situational Antecedents, and Personality Moderators: A Diary Study in Hong Kong." *Personnel Psychology* 62 (2009), pp. 259–95; Dalal, R.S.; H. Lam; H.M. Weiss; E.R. Welch; and C.L. Hulin. "A Within-Person Approach to Work Behavior and Performance: Concurrent and Lagged Citizenship-Counterproductivity Associations, and Dynamic Relationships with Affect and Overall Job Performance." *Academy of Management Journal* 52 (2009), pp. 1051–66.

4.75 Cooper-Hakim, A., and C. Viswesvaran. "The Construct of Work Commitment: Testing an Integrative Framework." *Psychological Bulletin* 131 (2005), pp. 241–59; Harrison, D.A.; D. Newman; and P.L. Roth. "How Important Are Job Attitudes? Meta-Analytic Comparisons of Integrative Behavioral Outcomes and Time Sequences." *Academy of Management Journal* 49 (2006), pp. 305–25; Meyer, J.P.; D.J. Stanley; L. Herscovitch; and L. Topolnytsky. "Affective, Continuance, and Normative Commitment to the Organization: A Meta-Analysis of Antecedents, Correlates, and Consequences." *Journal of Vocational Behavior* 61 (2002), pp. 20–52.

4.76 Cooper-Hakim, A., and C. Viswesvaran. "The Construct of Work Commitment: Testing an Integrative Framework." *Psychological Bulletin* 131 (2005), pp. 241–59; Harrison, D.A.; D.

Newman; and P.L. Roth. "How Important Are Job Attitudes? Meta-Analytic Comparisons of Integrative Behavioral Outcomes and Time Sequences." *Academy of Management Journal* 49 (2006), pp. 305–25; Meyer, J.P.; D.J. Stanley; L. Herscovitch; and L. Topolnytsky. "Affective, Continuance, and Normative Commitment to the Organization: A Meta-Analysis of Antecedents, Correlates, and Consequences." *Journal of Vocational Behavior* 61 (2002), pp. 20–52.

4.77 Tait, M.; M.Y. Padgett; and T.T. Baldwin. "Job and Life Satisfaction: A Reexamination of the Strength of the Relationship and Gender Effects as a Function of the Date of the Study." *Journal of Applied Psychology* 74 (1989), pp. 502–507; Judge, T.A., and S. Watanabe. "Another Look at the Job Satisfaction–Life Satisfaction Relationship." *Journal of Applied Psychology* 78 (1993), pp. 939–48; Erdogan, B.; T.N. Bauer; D.M. Truxillo; and L.R. Mansfield. "Whistle While You Work: A Review of the Life Satisfaction Literature." *Journal of Management* 38 (2012), pp. 1038–83.

4.78 Kahneman, D.; A.B. Krueger; D.A. Schkade; N. Schwarz; and A.A. Stone. "A Survey Method for Characterizing Daily Life Experience: The Day Reconstruction Method." *Science* 306 (2004), pp. 1776–80.

4.79 Kahneman, D., and A. Deaton. "High Income Improves Evaluation of Life but Not Emotional Well- Being." *Proceedings of the National Academy of Sciences* 107 (2010), pp. 16489–93.

4.80 Saari, L.M., and T.A. Judge. "Employee Attitudes and Job Satisfaction." *Human Resource Management* 43 (2004), pp. 395–407.

4.81 Kinicki, A.J.; F.M. McKee-Ryan; C.A. Schriesheim; and K.P. Carson. "Assessing the Construct Validity of the Job Descriptive Index: A Review and Meta-Analysis." *Journal of Applied Psychology* 87 (2002), pp. 14–32; Hanisch, K.A. "The Job Descriptive Index Revisited: Questions about the Question Mark." *Journal of Applied Psychology* 77 (1992), pp. 377–82; Jung, K.G.; A. Dalessio; and S.M. Johnson. "Stability of the Factor Structure of the Job Descriptive Index." *Academy of Management Journal* 29 (1986), pp. 609–16.

4.82 Ironson, G.H.; P.C. Smith; M.T. Brannick; W.M. Gibson; and K.B. Paul. "Construction of a Job in General Scale: A Comparison of Global, Composite, and Specific Measures." *Journal of Applied Psychology* 74 (1989), pp. 193–200; Russell, S.S.; C. Spitzmuller; L.F. Lin; J.M. Stanton; P.C. Smith; and G.H. Ironson. "Shorter Can Also Be Better: The Abridged Job in General Scale." *Educational and Psychological Measurement* 64 (2004), pp. 878–93.

4.83 Balzer, W.K.; J.A. Kihn; P.C. Smith; J.L. Irwin; P.D. Bachiochi; C. Robie; E.F. Sinar; and L.F. Parra. "Users' Manual for the Job Descriptive Index (JDI; 1997 version) and the Job in General Scales." In *Electronic Resources for the JDI and JIG*, ed. J.M. Stanton and C.D. Crossley. Bowling Green, OH: Bowling Green State University, 2000.

4.84 Balzer, W.K.; J.A. Kihn; P.C. Smith; J.L. Irwin; P.D. Bachiochi; C. Robie; E.F. Sinar; and L.F. Parra. "Users' Manual for the Job Descriptive Index (JDI; 1997 version) and the Job in General Scales." In *Electronic Resources for the JDI and JIG*, ed. J.M. Stanton and C.D. Crossley. Bowling Green, OH: Bowling Green State University, 2000.

4.85 Balzer, W.K.; J.A. Kihn; P.C. Smith; J.L. Irwin; P.D. Bachiochi; C. Robie; E.F. Sinar; and L.F. Parra. "Users' Manual for the Job Descriptive Index (JDI; 1997 version) and the Job in General Scales." In *Electronic Resources for the JDI and JIG*, ed. J.M. Stanton and C.D. Crossley. Bowling Green, OH: Bowling Green State University, 2000.

4.86 Saari, L.M., and T.A. Judge. "Employee Attitudes and Job Satisfaction." *Human Resource Management* 43 (2004), pp. 395–407.

5 스트레스

Stress

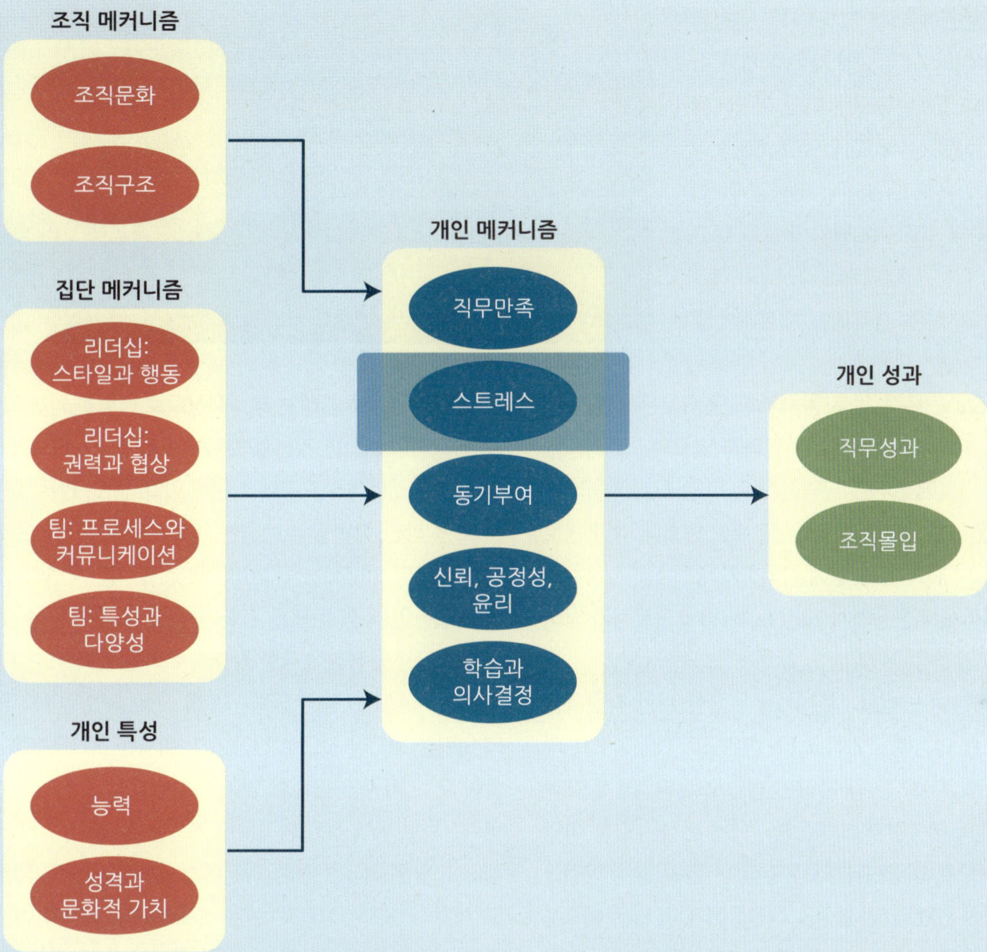

학습 목표 .... 이 장을 학습한 후에 다음의 질문에 답할 수 있어야 한다.

5.1 스트레스란 무엇인가? 스트레스 요인과 긴장과는 어떤 관계가 있는가?

5.2 스트레스 요인의 네 가지 유형은 무엇인가?

5.3 사람들은 스트레스에 어떻게 대처하는가?

5.4 A형 행동 유형은 스트레스 과정에 어떻게 영향을 미치는가?

5.5 스트레스는 직무성과와 조직몰입에 어떻게 영향을 미치는가?

5.6 회사는 직원 스트레스를 관리하기 위해 어떤 조치를 할 수 있는가?

제너럴 모터스 GENERAL MOTORS

Katherine Welles/Shutterstock

미시간주 디트로이트에 본사를 둔 제너럴 모터스(이하 GM)사는 세계적 규모의 자동차 완제품 및 자동차 부품 제조 업체이다. 원래 윌리엄 C 듀런트에 의해 지주회사로 설립된 GM은 1908년 여러 자동차 및 자동차 부품 회사를 인수했고, 1950년대 중반까지 미국에서 50% 이상의 시장을 점유하고 있었고, 50만 명 이상의 직원을 고용하고 있었다. 오늘날 이 회사는 전 세계에 약 155,000명의 직원을 두고 있으며, 그들 중 많은 사람이 쉐보레, 뷰익, 캐딜락, GMC 브랜드 차량을 조립하는 공장에서 일하고 있다.

자동차, SUV, 트럭 등 자동차 외에도 GM은 직원과의 다소 격동적인 노사관계로 가장 잘 알려져 있으며, 그 기원은 1936~1937년 겨울에 발생한 유명한 노동 파업으로 거슬러 올라갈 수 있다. 열악한 근로조건과 임금, 수요 변화에 따라 근로자를 충동적으로 해고하는 관행에 항의하기 위해 전미자동차노조(UAW)는 여러 GM 공장에서 13만 6000명의 근로자가 참여하는 농성을 44일 동안 벌였다.

회사는 공장의 난방을 차단하고, 무장한 보안 직원들을 투입하고, 노조를 법정에 고소하고, 주 방위군이 개입하도록 미시간 주지사에게 로비하는 등 다양한 방법으로 파업을 끝내려고 했다. 루스벨트 대통령의 압박과 증가하는 손실은 결국 파업을 끝내는 협상으로 이어졌다. 다음 수십 년 동안 다른 파업과 단체 교섭 협정이 있었고, 이 협정은 직원들에게 더 많은 혜택을 가져다 주었다. 결국 GM사는 직원들에게 많이 요구하지는 않지만 높은 임금을 지급하는 평생직장으로 명성을 얻게 되었다.

그러나 이러한 개선과 혜택에도 불구하고 GM의 직원들은 다른 많은 스트레스 요구에 직면해 있다. 먼저, 많은 직원이 단순한 조립 라인 작업을 수행하는 단조로움이 정신적으로나 육체적으로 부담스럽다고 생각한다. 로봇 및 기타 기술로 공장을 현대화하면 이 특정 문제를 완화하는 데 도움이 될 수 있지만 이 방법은 고용 안정성에 대한 직원의 우려를 불러일으켰다. 실제로 GM은 지난 10년 동안 인력 규모를 크게 줄였으며 더 많은 규모의 인력을 해고할 것으로 전망된다. 회사는 2035년까지 탄소 배출이 없는 차량만 판매할 것이라고 발표했다. 전기자동차는 내연기관차보다 더 적은 인력으로 조립할 수 있고, 일부 직원의 지식과 기술은 이러한 전환 과정에서 쓸모없게 되기 때문에 실직 및 재정적 불확실성과 관련된 스트레스는 회사가 어떤 식으로든 해결해야 할 문제가 될 수 있다.

스트레스

학습목표 5.1
스트레스란 무엇인가? 스트레스 요인과 긴장과는 어떤 관계가 있는가?

스트레스는 OB 주제 중 아마 당신에게 상당히 익숙한 부분일 것이다. 직장 생활 경험이 없는 학생은 이런 상상을 해 보자, 학기 말이 거의 다 왔는데 여러 과목 기말고사를 벼락치기 공부로 치러야 하고, 학기 말 보고서도 끝마쳐야 하며, 동시에 다른 프로젝트도 마무리해야 한다. 또 같은 기간에 직장을 구해야 하고, 친구나 가족과 함께 가는 여행 계획도 세워야 한다. 어떤 사람들은 이렇게 많은 일을 큰 힘을 들이지 않고 쉽게 처리하는 사람도 있긴 하지만, 대다수의 사람은 이런 상황에서 "스트레스를 받는다"고 말한다. 이렇게 스트레스를 받는 느낌은 두통, 위장 장애, 요통,

수면 장애를 동반하기도 한다. 학생들은 대학교를 졸업하고 취업하면 이러한 스트레스가 자연스럽게 사라질 것으로 생각하지만, 높은 직무 스트레스는 그 어느 때보다 만연해 있다.[1] 미국 연방정부의 국립 직업안전 및 건강관리소(NIOSH: National Institute for Occupational Safety and Health)에서는 미국 근로자의 최대 40%가 자기 일에 대해 "매우 스트레스를 받는" 또는 "극도로 스트레스를 받는다"고 느끼는 것으로 나타난 여러 출처의 자료를 요약 발표하였다.[2] 불행히도, 졸업 후 취업할 가능성이 높은 직업 유형에서 높은 스트레스를 겪을 가능성이 훨씬 높다. 사실, 관리자는 직원보다 스트레스를 약 20% 더 겪는다.[3] 게다가 이 장의 도입부에서 설명했듯이, 엄청난 변화와 불확실성에 대처해야 하는 GM사와 같은 회사에서 일하는 경우, 스트레스의 수준이 훨씬 더 높아진다. 〈표 5-1〉은 직업 목록과 그 직업에서 얼마나 스트레스를 많이 받는가를 순서대로 나열한다.

스트레스(stress)는 개인에게 특정한 이해관계가 있고 개인의 능력이나 자원에 부담을 주거나 초과하는 요구에 대한 심리적 반응이다.[4] 스트레스를 발생시키는 원인을 **스트레스 요인**(stressor)이라고 한다. 자신의 한계나 능력을 초과하는 요구를 받았을 때 발생하는 안 좋은 결과를 **긴장**(strains)라고 한다. 이러한 스트레스, 스트레스 요인, 긴장에 대한 정의는 스트레스가 요구의 본질과 그 요구를 직면하는 사람 모두에 달려있음을 보여 준다. 어떤 요구를 스트레스 요인으로 인식하고 평가하는지, 그리고 스트레스를 해결하는 방법도 사람마다 다르다. 결과적으로 사람들은 같은 상황에 직면하더라도, 스트레스를 받는 정도는 각자 다르다.

표 5-1 직무 스트레스 순위 (1(가장 낮은) ~ 200(가장 높은))

낮은 스트레스 직무	스트레스 레벨	높은 스트레스 직무	스트레스 레벨
1. 정년보장된 대학교수	5.03	**143.** 초등학교 교사	27.37
2. 청력학자	6.33	**148.** 경영 컨설턴트	28.24
3. 의료기록 기술자	7.48	**150.** 항공 관제사	28.58
4. 보석상	8.10	**154.** 외과 의사	28.90
8. 도서관 사서	10.61	**163.** 건축 감독관	30.92
14. 소프트웨어 엔지니어	12.13	**166.** 벌목꾼	32.00
18. 컴퓨터 서비스 기술자	12.64	**172.** 변호사	36.40
24. 직업 치료사	13.14	**175.** 영업 사원	36.95
29. 척추 지압사	13.55	**179.** 부동산 중개인	38.57
30. 보험계리사	14.09	**180.** 소셜미디어 관리자	38.60
35. 멀티미디어 아티스트	14.40	**183.** 주식 중개인	39.97
39. 헤어 스타일리스트	14.59	**185.** 광고 기획자	43.24
40. 기상학자	14.65	**189.** 택시 운전사	46.18
42. 대출 담당자	14.73	**191.** 기업 임원	47.55
47. 생물학자	15.10	**194.** 이벤트 담당자	49.73
50. 안경사	15.57	**195.** 경찰	50.81
53. 수의사	15.83	**196.** 항공기 조종사	59.12
63. 화학자	17.00	**198.** 신문사 기자	69.67
74. 지속 가능성 관리자	18.50	**199.** 소방관	71.64
84. 회계사	19.85	**200.** 입대 군인	74.83

주) 스트레스 레벨 점수는 마감 기한, 업무가 대중의 시선에 노출된 정도, 경쟁, 신체적 요구, 환경 조건, 위험, 생명의 위험(자신, 타인), 대중 접촉, 고용 변화, 이 10개 범주 점수를 합산하여 계산된다.

출처: Adapted from L. Krantz and T. Lee, *The Jobs Rated Almanac* (Lake Geneva, WI: iFocus Books, 2015).

왜 어떤 사람은 다른 사람에 비해 스트레스를 더 받는가?

직장에서의 스트레스는 한 세기가 넘는 기간 동안 학자들에 의해 널리 연구되어 왔으며 스트레스의 원인과 결과를 설명하는 다양한 이론이 있다.[5] "스트레스를 느낀다는 것"이 무엇인지 충분히 이해하려면, **스트레스의 교류 모형**(transactional theory of stress)을 살펴보면 도움이 된다. 이 이론은 사람들이 스트레스 요인을 어떻게 인식되고 평가되는지뿐만 아니라, 이러한 인식과 평가에 어떻게 반응하는지도 설명한다.[6] 사람들은 처음에 스트레스 요인을 만나면 **1차 진단**(primary appraisal)을 시작한다.[7] [그림 5-1]에서 볼 수 있듯이 1차 진단에서는 사람들이 직면하고 있는 요구(스트레스 요인)의 중요성과 의미를 평가한다. 여기서, 사람들은 먼저 요구가 스트레스를 유발하는지 여부를 고려하고, 만약 그렇다고 판단되면 스트레스 요인을 개인의 목표나 전반적인 삶의 행복의 측면에서 의미하는 바를 생각한다.[8]

1차 진단의 사례로, 제법 장사가 잘되는 편의점에서 일하는 직원의 예를 생각해 보라. 이 직원은 반복적으로 손님을 맞는다. 손님이 가게로 들어와서 상품을 고르면, 직원은 입력 후 돈을 받는다. 편의점의 일상적인 상황에서 잘 훈련된 직원은 이러한 업무가 지나치게 부담스럽거나 능력에 비해 벅차다고 느끼지 않을 것이므로 이러한 요구를 스트레스가 많은 것으로 평가하지 않을 것이다. 이렇게 스트레스로 평가되지 않는 직무요구를 **양성 직무요구**(benign job demands)라고 부른다.

하지만 현금인출기나 신용카드 결제 장치가 느닷없이 고장 나는 일이 자주 발생하는 다른 편의점에서 일하는 직원이 어떻게 반응할지 생각해 보자. 이 편의점에서 일하는 직원은 자신의 일이 더 스트레스가 많은 것으로 생각할 것이다. 자기가 직접 기계를 고쳐야 하고, 그 동안 손님은 기다리느라 점점 짜증이 높아지기 때문이다. 또한, 그 직원은 손님이나 상사한테 자기가 일을 잘하는 유능한 직원으로 보이고 싶었는데, 그런 상황 때문에 오히려 일을 못하는 직원으로 보였다고 생각해서 스트레스를 받을 수 있다.

마지막으로, 원래의 직무 이외에 부가적인 업무가 과중하다. 입고되는 물건을 받아야 하고, 재고조사도 해야 하며, 새로 들어온 직원을 훈련도 시켜야 하는 세 번째 편의점의 직원을 생각해 보라. 이 직원은 더 많은 작업량과 다양한 작업들 사이에 균형을 맞춰 수행해야 하기 때문에 자

그림 5-1 스트레스의 교류 모형

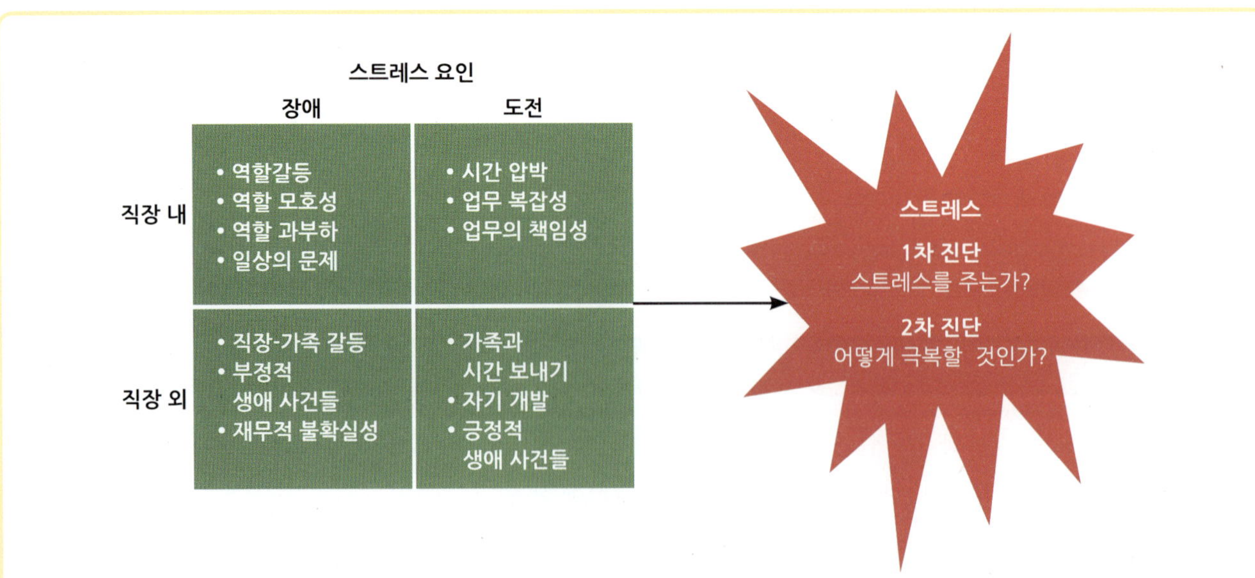

기 직무를 스트레스 많이 받는 일이라고 생각할 수 있다. 하지만 두 번째 편의점의 직원과 달리 이 직원은 자신이 추가적인 일을 배울 수 있고 또 능력을 보여 줌으로써 승진이나 임금인상 등에서 유리해질 기회라고 생각할 수도 있다.

스트레스 요인의 유형

> 학습목표 5.2
> 스트레스 요인의 네 가지 유형은 무엇인가?

앞의 두 예에서 직원은 직무요구를 만났을 때 우선 1단계로 "스트레스 주는"일이라고 진단하였지만, 직무요구를 세부적으로 보면 중요한 차이가 있다. 대부분의 직원은 고장 난 시설물을 수리해야 하고, 짜증내는 손님들을 대하는 것을 개인적으로 유리하게 활용할 수 있다고 인식하지 않을 것이다. 사실은 그 반대로 평가할 가능성이 높다. 이런 종류의 스트레스 요인을 **장애 스트레스 요인**(hindrance stressors), 즉, 사람들이 자신의 개인적 성취나 목표 달성을 방해하는 것으로 인식하는 스트레스 요구라고 한다.[9] 장애 스트레스 요인은 대부분 불안과 분노와 같은 부정적인 감정을 유발한다.[10]

이와는 반대로, 본래의 일에 더하여 부가적인 책임을 맡는 것은 대부분의 직원에게는 장기적인 관점에서는 유리한 점으로 인식되는 것 같다. 이러한 종류의 스트레스 요인을 **도전적 스트레스 요인**(challenge stressors), 즉, 사람들이 학습, 성장, 및 성취의 기회로 인식하는 경향이 있는 스트레스 요구라고 한다.[11] 도전적 스트레스 요인은 더 힘들 수 있지만, 자긍심이나 열정 같은 긍정적 감정을 잘 유발한다. [그림 5-1]에는 직장 안팎에서 경험할 수 있는 장애 및 도전적 스트레스 요인을 나열하고 있다.[12]

직장 내 장애 스트레스 요인. 직장에서 수행하는 다양한 역할이 모두 업무 관련 장애 스트레스 요인의 원인이 된다.[13] 업무 관련 장애 스트레스 요인의 한 유형은 **역할 갈등**(role conflict)으로, 다른 사람이 우리에게 바라는 기대 사이의 불일치를 의미한다.[14] 한 사람이 맡은 역할에서 상충되는 요구 때문에 발생하는 역할 갈등의 예로 콜센터 근무자의 직무를 생각해 보라. 이 직무를 수행하고 있는 사람은 주어진 시간 동안 가능한 많은 사람과 통화할 것을 요구받는다. 이를 위해서는 고객 한 사람과의 통화 시간을 되도록 짧게 완료하는 것이다. 그러나 동시에 콜센터는 직원이 고객의 질문과 애로 사항을 충분히 응대해줄 것을 요구한다. 콜센터 직원이 직무를 효율적으로 수행하기 위해서는 응대 시간이 길어질 수 있기 때문에, 이 두 가지 요구를 동시에 만족시킬 수 없는 상황에 놓이게 된다.

역할 모호성(role ambiguity)은 해당 역할 수행 결과에 대한 예측의 불가능성이나 해당 역할에서 수행해야 하는 업무에 대한 정보의 부족 또는 역할에 대한 명확한 설명이 없는 것을 뜻한다.[15] 직원들은 작업 수행 방법에 대한 지침이나 안내를 거의 받지 못한 채 프로젝트를 수행하라고 요구받는 경우가 있다. 이런 경우에는 직원들은 그 일을 하는데 얼마나 많은 비용을 지출할 수 있는지, 완료까지 얼마나 시간이 걸리는지 또는 완성된 제품이 정확히 어떤 모습이어야 하는지 잘 모를 수 있다. 역할 모호성은 경력이 짧아서 상사의 지시를 받거나 선배 동료들의 행동을 모방하고 따라하는데 익숙하지 않은 신입 직원들이 종종 경험한다. 교수가 수업에서 특정 요구사항이나 채점 방식에 대해 분명하게 공지하지 않으면 학생들은 역할 모호성을 경험하기도 한다.

콜센터 직원들은 역할 갈등을 경험한다. 그들은 한편으로는 고객의 요구 사항에 친절하고 최대한 응대를 해야 하는데, 또 한편으로는 각 통화 시간을 최대한 단축해야 할 필요도 있다.

이런 경우 수업에서 좋은 학점을 받는 조건이 불분명하기 때문에 그 수업은 학생들에게 스트레스를 준다.

역할 과부하(role overload)는 한 사람이 맡은 역할의 수가 너무 많아 일부 또는 모든 역할을 효과적으로 수행할 수 없을 때 발생한다.[16] 스트레스의 원인이 되는 역할 과부하는 다양한 산업의 직원들에게 만연하고 있으며, 실제로 연구에 따르면 역할 과부하는 역할 갈등이나 역할 모호성보다 더 만연한 것으로 나타났다.[17] 예를 들어, 투자은행, 컨설팅 및 법률 분야의 임원 및 관리자의 업무량은 너무 많아서 주당 80시간 일하는 것이 표준이 되고 있다.[18] 이러한 추세가 어떤 사람들에게는 별로 놀라운 일이 아닐 수도 있지만, 실제 이런 일에 종사하는 사람들은 일하는 시간을 두 배로 늘린다 해도 업무를 효과적으로 완료할 수 없을 것이라고 지적한다. 역할 과부하와 이것이 직원 및 조직에 미치는 영향에 대한 논의는 OB 북스토어를 참조하라.

업무 관련 장애 스트레스 요인의 마지막 유형인 **일상의 문제**(daily hassles)는 우리가 꼭 이루고 싶은 일을 성취하는 데 방해가 되는 비교적 사소한 일상적인 요구를 말한다.[19] 예를 들어 불필요한 서류 작업, 사무실 집기 고장, 고약한 동료와의 짜증나는 마찰, 쓸데없는 의사소통을 처리해야 하는 경우 등이다. 그런데 비록 이러한 일상의 문제들이 상대적으로 사소해 보일 수 있지만 이것들이 모이면 시간을 낭비하고 적지않은 스트레스도 줄 수 있다. 실제로 한 설문조사에 의하면 40%의 임원들이 별로 필요하지 않고 쓸데 없는 의사소통에 매주 반나절에서 하루 분량의 시간을 소비한다고 나타났다.[20]

직장 내 도전적 스트레스 요인. 업무 관련 도전적 스트레스 요인의 한 유형은 작업을 완료하는 데 필요한 시간이 충분하지 않다는 강한 느낌인 **시간 압박**(time pressure)이다.[21] 대부분의 사람은 시간 압박을 높게 느끼는 상황에서 스트레스를 받기는 하지만, 이러한 상황을 방해라고 생각하기보다는 하나의 도전적 요소로 받아들이는 것이 보통이다. 시간 압박 요구는 이러한 요구를 완수하는 데 성공하면 내재적으로 만족감을 느끼기 때문에 대부분 맞닥뜨려 노력할 가치가 있는 것으로 간주되는 경향이 있다. 이러한 강한 시간 압박의 긍정적 효과의 예로 뉴욕 최고의 기업에서 일하는 건축가 마이클 존스(Michael Jones)의 경우를 생각해 보자. 그의 직무는 마감 기한이 촉박한 여러 프로젝트를 감독하는 것이며, 그는 눈코 뜰 새 없이 일을 해야 한다. 그런데 아이러니하게도 존스는 자신의 일이 스트레스를 주지만, 그러한 스트레스 속에서 해내는 일의 성과가 만족스럽다고 생각한다. 존스는 맨하탄의 마천루 너머로 자신의 노력의 결과인 작품들을 볼 때마다 그 자신이 그 건축물의 일부가 된 것 같은 뿌듯한 기쁨을 느낀다.[22]

업무의 복잡성(work complexity)은 일을 하는 데 필요한 지식, 기술, 능력이 그 일을 완수할 책임이 있는 사람에게 부담을 주거나 초과하는 상태를 말한다.[23] 업무 복잡성의 예로 기업에서 미래의 임원이나 리더로 키우기 위해 사용하는 인재 개발 프로그램을 생각해 보자. 많은 경우에 이 프로그램의 목적은 사람들에게 새로운 직무를 부여하기 위해 그에 필요한 기술과 지식을 갖게

북스토어

오버로드(Overload)

E.L. Kelly & P. Moen (Princeton, NJ: Princeton University Press, 2020)

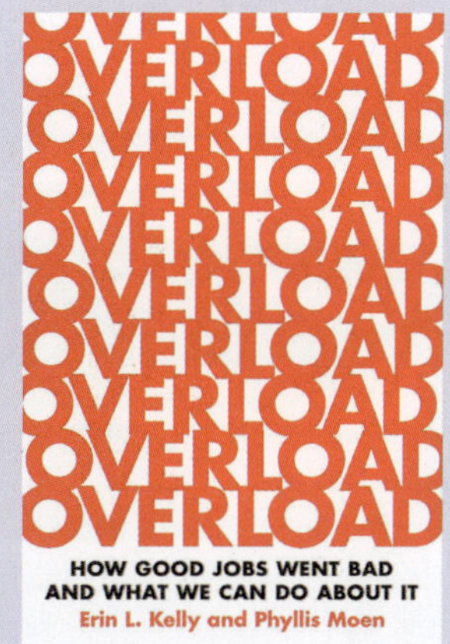

Erin L. Kelly and Phyllis Moen/Tantor Publishing

우리가 일하는 방식은 지속 가능하지 않다.

이 말을 통해 저자 켈리와 모엔은 전문직과 관리직 업무의 과부하 문제를 살펴본다. 치열한 글로벌 경쟁과 기술 변화의 속도 때문에 기업은 직원들에게 더 적은 자원으로 더 많은 것을 성취하도록 압력을 가하고 있다. 직원들은 업무 외 시간에도 문의 및 요청에 응답해야 한다. 늘어난 업무량과 광란의 속도 사이, 퇴근하고 쉴 시간이 거의 없어서 직원들은 지쳐간다. 결과적으로 그들은 성과가 떨어지고 심리적 고통을 겪고 결국 퇴직한다.

이 책에서 한 가지 흥미로운 교훈은 직원들이 과부하에 대처하기 위해 가장 자주 사용하는 전략이 실제로는 전반적인 스트레스를 줄이는 데 효과적이지 않다는 것이다. 예를 들어 업무량이 많은 직원은 휴식 없이 매일 긴 시간을 일하면서 대처하는 경우가 많다. 그러나 이러한 직원들은 완전히 소모된 기분으로 퇴근하기 때문에 업무 외 의무에 대한 대역폭이 거의 남지 않고, 이러한 일이 계속 쌓이게 되면 압도당할 수 있다. 또 다른 예로 직원들은 줌 미팅에 참석하면서 이메일에 답장하고 동료에게 메시지를 보내는 것과 같이 여러 작업을 동시에 처리(멀티태스킹)하면서 많은 업무량을 처리하려고 한다. 이러한 방식으로 멀티태스킹을 수행하는 동안 발생하는 실수 외에도 여러 작업에 신경을 쓰며 이 일 저 일 하다보면 대부분의 사람들이 인식하는 것보다 훨씬 더 많은 시간과 에너지가 필요하다.

저자들은 과부하 문제를 해결하려면 조직이 다음 세 가지 목표를 달성하는 변화를 도입해야 한다고 결론내린다. 첫째 목표는 직원들이 일상적으로 언제, 어디서, 어떻게 작업을 수행하는지 결정할 수 있도록 권한을 부여하는 것이다. 두 번째 목표는 직원들은 업무 외적인 책임과 이해관계를 갖고 있으며 업무를 계획할 때 이를 염두에 두는 것이 적절하다는 것을 인식하는 것이다. 세 번째 목표는 가치가 낮은 업무는 줄이고, 업무처리는 긴 시간이 필요하고, 직원은 항상 준비되어 있어야 한다는 생각을 바꿔야 한다는 것이다. 조직 전체에서 이 세 가지 문제에 대한 태도를 바꾸는 것은 어려울 수 있지만 저자들은 직원의 소진(번아웃)을 줄이고 만족도와 조직몰입을 향상시키는 한 그러한 노력이 가치가 있다는 증거를 발견했다.

하는 것이다. 예를 들면 미래의 임원급으로 키워지고 있는 잘 나가는 마케팅 관리자에게 지구 반대편에 있는 나라에서 악화된 노사관계로 인해 성과가 좋지 않은 공장을 관리하라는 요청을 받을 수 있다. 물론 이러한 유형의 훈련 경험은 상당히 스트레스를 주는 경향이 있지만 본인은 자신의 능력을 초과하는 훈련이 다소 힘들어도 그럴만한 가치가 있다고 말한다.[24]

업무의 책임성(work responsibility)은 한 사람이 다른 사람에게 갖는 의무적인 성질을 뜻한다.[25] 일반적으로, 직무의 수, 범위, 그리고 중요성이 높으면 그 직무의 책임 수준도 높다. 예를 들어 매일 수만 명의 생명을 책임지는 항공 관제사의 업무 책임감은 매우 높다.[26] 항공 관제사는 자신들이 항공기에 지시할 때 "오른쪽으로 선회"라고 해야 할 것을 "왼쪽으로 선회"라고 말하는 실수를 저지를 때 수백 명이 한순간에 죽을 수 있다는 것을 잘 알고 있다. 비록 공중에서 실제로 항공기 충돌과 추락사고가 발생하는 일은 극히 드물지만 일말의 가능성이 굉장한 무게로 관제사의 마음을 누른다. 특히 관제사들이 업무 과부하, 집중력 부족, 또는 장비 고장 등으로 인해 "그림"(자신에게 할당된 영공 및 그 안의 모든 비행기를 표현한 관제사들의 은어)을 놓치면 더 그렇

항공 관제 업무는 도전적인 요구 때문에 스트레스 업무이다. 특히, 항공 관제사는 수천 명을 제 시간에 목적지에 안전하게 도착시키는 책임이 있다는 것을 잘 알고 있다.

다. 시간 압박과 업무 복잡성에 대한 사람들의 반응과 마찬가지로 사람들은 높은 책임과 관련된 요구를 스트레스라고 평가하는 동시에 잠재적으로 긍정적으로 평가하는 경향이 있다.

직장 외 장애 스트레스 요인. 비록 미국 내 대부분의 사람은 다른 어느 곳보다 직장에서 더 많은 시간을 보내지만,[27] 회사의 행동 관리에 영향을 미치는 업무 외적인 스트레스 요인들이 있다.[28] 본질적으로, 직장 밖에서 경험하는 스트레스 요인들은 직장에서 직원들에게 영향을 미치는 '파급 효과'를 가질 수 있다.[29] 직장 외 장애 스트레스 요인 중 한 가지 사례는 **직장-가정 갈등**(work-family conflict)으로, 이것은 직장에서의 역할 요구가 가족에 대한 역할의 요구를 이행하는 것을 방해(또는 그 반대)하는 특수한 형태의 역할 갈등이다.[30] 보다 일반적으로 직장-가정 갈등은 일과 일 외의 삶의 균형을 무너뜨리는 것으로 생각할 수 있다.[31] 우리는 직장에서의 요구가 가정에서의 효과성을 저해하는 이른 바 "가정에 대한 직장의 갈등"이라는 상황을 자주 생각한다. 예를 들어 직장에서 많은 복잡한 일들을 처리해야 하는 점장은 집에 가서는 직장 일을 완전히 잊어야 하는데 그러기가 어렵다. 그 결과 자기 가족이나 친구들한테 짜증을 내고 참을성 없는 상태가 되기 쉽다. 하지만 직장-가정 갈등은 그 반대 방향인 "직장에 대한 가정의 갈등"이 발생할 수 있다. 예를 들어 부부싸움 후 스트레스를 받은 채 근무하는 영업직 직원은 부정적 감정을 안고 일하게 되어 고객과 원활한 거래를 하기 어렵다. 이러한 예는 직장-가정 갈등이 어떻게 부정적인 결과를 초래할 수 있는지를 보여 주지만, 이러한 부정적인 결과로 더 많은 직장-가정정 갈등이 일어날 수 있음을 인식하는 것도 중요하다.[32] 예를 들어, 직장에서 장애적 스트레스를 경험하는 점장은 집에서 갈등을 겪을 수 있으며, 그 결과 다음 날 직장에서 스트레스를 주는 업무를 처리하기가 훨씬 더 어려울 수 있다. 활동적이고 균형 잡힌 삶을 사는 것은 많은 이점이 있지만, 직장-가정 갈등과 가정-직장 갈등은 직장과 지역사회에 강하게 결속되어있는 직원에게 더 많이 나타나는 경향이 있음을 인식하는 것이 중요하다.[33]

직장 외 장애 스트레스 요인은 **부정적인 생애 사건**(negative life events)의 형태로 나타나기도 한다.[34] 연구에 따르면 많은 생애 사건이 상당히 스트레스를 주며, 특히 한 사람의 인생에 중대한 변화를 초래했을 때 더 그렇다.[35] 〈표 5-2〉는 보통 사람들이 경험하는 생애 사건과 그것이 얼마나 스트레스를 주는지 추정하는 점수를 보여 준다. 표에서 알 수 있듯이 가장 강한 스트레스를 받는 생애 사건의 대부분은 직장에서 발생하지 않는다. 오히려 배우자 또는 가까운 가족의 죽음이나 이혼, 별거, 투옥, 질병과 같은 개인적인 사건이다. 이러한 사건은 개인의 삶의 목표를 달성하는 능력을 방해하고 부정적 감정과 관련되어 있어서 장애 스트레스 요인으로 분류될 수 있다.

세 번째 유형의 직장 외 장애 스크레스 요인은 **재무적 불확실성**(financial uncertainty)이다. 이 유형의 스트레스 요인은 생계 수단, 저축, 또는 지출능력의 상실과 관련된 불확실성을 야기하는 조건을 의미한다. 이러한 유형의 스트레스 요인은 사람들이 통제할 수 없는 전반적인 불경기나 경제 침체기와 관련이 깊다. 최근의 설문조사에서 응답자의 절반에 가까운 사람들이 경제적 상황으로 인해 직장, 집, 노후 대비 저축을 잃을 것을 염려할 때 스트레스 때문에 도저히 일을 할 수 없다고 답한 결과를 충분히 이해할 수 있다.[36]

직장 외 도전적 스트레스 요인. 물론 직장 외 영역도 도전적 스트레스 요인이 될 수 있다.[37] **가족과 지내기 요구**(Family time demands)는 개인이 가족과 함께 일련의 활동을 하고 또 가족을 위해 책임을 다하는 데 헌신하는 시간을 말한다. 구체적인 예로 가족 여행, 친목 모임나 단체 활동에 참가하거나, 파티를 열고, 주택 개량과 같은 가족 활동에 관련된 시간이 포함된다. **자기 개발**(personal development) 활동은 정규 교육 프로그램 참여, 음악 레슨, 스포츠 관련 훈련, 취미와 관련한 연습, 주민 참여 자치활동, 자원 봉사 활동 등이다. 마지막으로 〈표 5-2〉에는 직장 외 도전적 스트레스 요인이 되는 **긍정적 생애 사건**(positive life events)이 포함되어 있다. 예를 들면 결혼, 새로운 가족의 탄생, 학교 졸업 등은 나름대로 스트레스를 주는 사건들이다. 하지만 그러한 사건들은 부정적인 감정보다는 긍정적인 감정과 관련이 있다.

표 5-2 스트레스를 주는 생애 사건

생애 사건	스트레스 점수	생애 사건	스트레스 점수
배우자의 죽음	100	친인척과의 갈등	29
이혼	73	탁월한 성취	28
별거	65	입학 또는졸업	26
교도소 수감	63	생활 여건의 변화	25
가까운 가족의 죽음	63	상사와의 갈등	23
질병	53	근무 시간의 변경	20
결혼	50	주거지 변경	20
해고	47	학교 전학	20
배우자와 재결합	45	사교 활동의 변화	18
은퇴	45	수면 습관의 변화	16
임신	40	가족 모임의 변화	15
아기의 출생	39	식습관의 변화	15
친한 친구의 죽음	37	휴가	13
새로운 직업	36	명절기간	12
자녀의 출가	29	가벼운 법규 위반	11

출처: Adapted from T.H. Holmes and R.H. Rahe, "The Social Re-Adjustment Rating Scale," *Journal of Psychosomatic Research* 11 (1967), pp. 213–18.

사람들은 스트레스 요인에 어떻게 대처하는가?

학습목표 5.3
사람들은 스트레스에 어떻게 대처하는가?

스트레스 교류 모형에 따르면, 사람들은 스트레스를 주는 요구를 평가한 후 그러한 상황에 대처하기 위해 "내가 뭘 어떻게 해야지?" 그리고 "내가 할 수 있는 조치는 뭐지?" 라고 자문한다. 이러한 질문은 [그림 5-1]에 있는 **2차 진단**(secondary appraisal)으로 자신이 처한 다양한 스트레스 요인에 대처하는 방법의 문제에 중점을 둔다.[38] **대처**(coping)는 사람들이 스트레스성 요구와 그런 요구와 관련된 감정을 관리하는 데 사용되는 행동과 생각을 의미한다.[39] 〈표 5-3〉에서 볼 수 있듯이 대처는 많은 다양한 유형의 행동을 포함할 수 있고, 이 행동들은 두 개의 차원을 기반으로 한 네 개의 범주로 분류될 수 있다.[40] 첫 번째 차원은 대처 방법(인식 대비 행동)을 나타내고, 두 번째 차원은 대처의 초점(감정 조절 대비 문제 해결)을 나타낸다.

대처의 정의에서 첫 번째 부분이 강조하는 점은 대처 방법이 행동 기반 또는 사고 기반으로 분류될 수 있다는 점이다. **행동적 대처**(behavioral coping)는 스트레스 상황을 처리하는 데 사용되는 일련의 물리적 행동을 말한다.[41] 행동적 대응의 한 예로, 높은 시간 압박을 받고 있는 사람이 일을 더 빨리 함으로써 스트레스에 대응할 수 있다. 또 다른 예로 일상의 문제를 겪는 직원은

표 5-3 대처 전략 사례

구분	문제-초점 대처	감정-초점 대처
행동적 방법	- 더 열심히 일하기 - 협력자 찾기 - 추가로 자원 획득하기	- 다른 행동에 열중하기 - 지원 요청하기 - 분노 폭발시키기
인지적 방법	- 전략세우기 - 스스로 동기부여하기 - 우선순위 바꾸기	- 피하기, 멀리하기, 무시하기 - 부정 속에서 긍정적 요소 찾기 - 다시 진단하기

출처: Adapted from J.C. Latack and S.J. Havlovic, "Coping with Job Stress: A Conceptual Evaluation Framework for Coping Measures," *Journal of Organizational Behavior* 13 (1992), pp. 479–508.

지각하거나, 일찍 퇴근하거나, 결근하는 등 회피의 방법으로 대응할 수도 있다. 마지막 예로, 해외 파견근무에서 스트레스를 받는 직원은 예정된 파견 기간을 다 못 채우고 일찍 귀국한다. 국제 상황의 OB에서 알 수 있듯이 해외 파견 업무는 최근 보편화되고 있으며 조기 귀국으로 인해 회사에 미치는 비용이 상당히 높다.

행동적 대처와 달리 **인지적 대처**(cognitive coping)는 스트레스 상황을 처리하는 데 관련된 생각을 뜻한다.[42] 예를 들어, 증가하는 시간 압박에 직면한 사람은 작업을 보다 효율적으로 수행하는 다양한 방법에 대해 생각함으로써 대응할 수 있다. 인지적 대처의 또 다른 예로서 일상의 문제들을 겪는 사람은 자신에게 닥친 일상의 문제들의 덜 성가신 측면에 생각을 집중함으로써, 그 문제가 생각만큼 나쁘지는 않다는 것을 스스로에게 확신시키려고 할 수 있다.

대처의 정의에서 첫 번째 부분은 대처 방법을 의미하고, 두 번째 부분은 대처의 대상 또는 대처의 초점이 스트레스성 요구 자체인지, 또는 스트레스로 인해 유발되는 감정인지에 관한 것이다.[43] **문제-초점 대처**(problem-focused coping)는 스트레스를 유발하는 상황 그 자체를 다루는 행동과 감정을 말한다.[50] 문제-초점 대처를 더 잘 이해하기 위해 이전 단락에서 사람들이 시간 압박에 어떻게 대응했는지 생각해 보라. 첫 번째 예에서는 더 열심히 일하는 방식으로 시간 압박을 해결하려고 시도한 반면, 두 번째 예에서는 일을 좀 더 효율적으로 끝내는 전략을 찾느라 고민하였다. 구체적인 대처 방법은 서로 달랐지만 두 사람 모두 상황을 회피하지 않고 상황이 요구하는 목적을 충족하는데 노력의 초점을 맞춤으로 시간 압박에 유사하게 반응했다.

문제-초점 대처와 대조적으로 **감정-초점 대처**(emotion-focused coping)는 사람들이 스트레스성 요구에 대한 자신들의 감정적 반응을 관리하는 다양한 방법을 의미한다.[45] 앞에서 언급한 일상의 문제에 대한 반응은 두 가지 유형의 감정-초점 대처를 보여 준다. 첫 번째 예에서 직원은 스트레스 상황이 주는 감정적 고통을 줄이기 위해 회피나 거리두기 행동을 사용했다. 두 번째 예에서 직원은 스트레스가 약하고 별로 해롭지 않는 것처럼 보이도록 요구에 대해 재평가하였다. 사람들이 비록 불쾌한 감정을 느끼지 않도록 특정 상황을 해석하는 방식을 성공적으로 변경할 수 있지만, 처음에 평가 과정을 촉발한 스트레스성 요구나 문제는 없어지지 않고 남아있다.

물론, 궁극적으로 사용되는 대처 전략은 사람들이 직면한 다양한 스트레스 요인에 얼마나 효과적으로 대처하거나 적응하는가에 관한 중요한 의미를 담고 있다. 예를 들어 업무 상황에서 관리자는 부하 직원이 높은 업무 부담을 느낄 때 이를 대처해가는 방법을 스트레스 요인을 피해서 몇 시간 일찍 퇴근하는 등의 감정-초점 대처 방법을 쓰기보다는 일을 더 열심히 하는 문제-초점 대처 방식을 사용하기를 원할 가능성이 가장 크다. 물론, 감정-초점 대처 방식이 개인에게 더 유용한 상황이 있을 수도 있다. 예를 들어 몇 년에 걸친 성악 교습과 셀 수 없이 많은 연습에도 불구하고 The Voice라는 미국 연예 오디션 프로그램에 계속 통과하지 못하는 사람을 생각해 보

국제 상황의 OB

최근 들어 해외로 파견되는 주재원 또는 직원의 수가 증가하고 있다. 한 설문조사에서 기업의 47%가 전년도에 비해 해외 파견 인력의 수가 증가했다고 보고했으며 54%는 다음 해에 이러한 배치가 증가할 것으로 예상했으며, 해외로 파견된 전체 직원의 절반 이상이 자신의 임무가 1~3년 사이일 것으로 예상했다. 불행히도 상당수의 해외 이주 근무가 성공하지 못한다. 그 이유는 직원들이 예정보다 일찍 귀국하기 때문이다. 사실, 40%에 육박하는 미국의 해외 파견 직원이 일찍 돌아오며, 그로 인한 비용은 1인당 $100,000나 드는 것으로 추산된다. 해외 파견이 실패하는 두 번째 이유는 주재원의 근무 태도가 기대 수준에 못 미친다는 것이다.

해외 파견 근무자의 근무 태도와 성과에 영향을 미치는 한 가지 핵심 요인은 해외 체류의 스트레스에 대처하는 방법이다. 문화적, 대인관계, 또는 직무 요인의 결과로 더 많은 스트레스를 경험하는 주재원일수록 직무에 덜 만족하는 경향이 있고, 해외 근무를 그만두려고 생각할 가능성이 높으며, 낮은 수준의 업무 성과를 보일 가능성이 높다. 주재원의 스트레스를 관리하는 한 가지 유용한 방법은 다문화 체험 훈련이다. 이 훈련은 사람들이 문화적 차이를 이해하고 주재국의 사람들과 보다 편안하게 의사소통할 수 있도록 돕는 데 중점을 둔다. 불행히도 이러한 훈련은 자주 제공되지 않는다. 한 설문조사에 따르면 많은 미국 기업이 다문화 체험 훈련을 전혀 제공하지 않는다. 훈련을 제공하더라도, 문화에 대한 이해와 의사소통의 경험보다는 언어 학습에 초점을 더 중점을 두는 경향이 있다. 주재원 파견이 증가하고 있다는 점을 감안할 때, 기업에서 주재원이 해외에서 스트레스에 더 잘 대처할 수 있도록 이러한 유형의 기술 훈련에 중점을 둔다면 조직은 잘 운영될 것이다.

출처: P. Bhaskar-Shrinivas, D.A. Harrison, M.A. Shaffer, and D.M. Luk, "Input-Based and Time-Based Models of International Adjustment: Meta-Analytic Evidence and Theoretical Extensions," *Academy of Management Journal* 48 (2005), pp. 257–81; J.S. Black, M. Mendenhall, and G. Oddou, "Toward a Comprehensive Model of International Adjustment: An Integration of Multiple Theoretical Perspectives," *Academy of Management Review* 16 (1991), pp. 291–317; M.E. Mendenhall, T.M. Kulmann, G.K. Stahl, and J.S. Osland, "Employee Development and Expatriate Assignments," in *Blackwell Handbook of Cross-Cultural Management*, ed. M.J. Gannon and K.L. Newman (Malden, MA: Blackwell, 2002), pp. 155–84; Global Relocation Trends: 2005 Survey Report, Trends, GMAC Global Relocation Services, Woodridge, IL, 2006, http://www.gmacglobalrelocation.com/insight_support/global_relocation.asp.

라. 한편으로 만약 그 사람이 자신의 열망을 좀 낮추는 등의 감정적인 방법으로 스트레스에 대처할 능력이 없다면 자존감이 손상될 수 있고, 이로 인해 다른 역할에서 효율성의 감소로 이어질 수 있다.

사람들이 스트레스 대처 방법을 선택하는 기준이 뭘까? 선택에 영향을 미치는 요인 중 하나는 사람들이 스트레스 요인에 따라 다른 대처 전략을 선택했을 때 그 전략이 다양한 요구를 얼마나 잘 해결할 수 있는지에 대한 사람들의 신념이다. 본질적으로, 사람들은 자신들이 직면한 요구 사항을 충족할 가능성이 가장 높다고 믿는 대처 전략을 선택할 것이다. 예를 들어 제대로 된 학생이라면 기말고사 스트레스를 피한다고 새벽 3시까지 밖에 나가서 노는 것보다는 열심히 공부하는 것이 까다로운 기말고사에 효과적으로 대처할 가능성이 더 높다는 사실을 알 것이다. 대처 방법의 선택은 또한 사람들이 대처 전략을 효과적으로 실행하는 데 필요한 것이 있다고 믿는 정도에 달려있다. 앞의 예로 돌아가서, 만약 그 학생이 열심히 노력했음에도 불구하고 처음 두 번의 시험에 이미 낙제했다면 그 학생은 문제-초점

Manchan/Photodisc/Getty Images

회피하거나 멀리하는 행동으로 감정적인 침체를 감소시킬 수는 있지만, 스트레스를 유발하는 원천을 관리할 수는 없다.

대처 방법이 소용없다고 믿게 될 수 있다. 이러한 상황에서 학생들은 스트레스성 요구에 직접적으로 대처할 다른 대안이 없으므로 이러한 상황에서는 감정-초점 대처 방법을 사용할 가능성이 더 크다.

대처 전략 선택에 영향을 미치는 다른 요인은 서로 다른 요구 사항에 부여되는 우선순위다. 다시 말해, 사람들은 요구 사항이 얼마나 급하게 처리해야 하거나, 중요한지, 그리고 요구 사항을 충족하기 위해 얼마나 집중적인 관심이 필요한지에 관한 판단을 기반으로 문제-초첨 대처 방법이나 감정-초점 대처 방법에 자신의 에너지를 사용할 것이다. 이는 당신이 만나야만 하는 사람들을 피하거나 무시하면서, 다른 활동이나 작업에 완전히 몰두했던 때를 생각하면 이해하기 쉽다.

대처 전략 선택에 영향을 미치는 또 다른 중요한 요인은 특정 대처 방안이 스트레스 요인을 제어할 수 있다고 믿는 정도이다. 만약 사람들이 문제-초점 대처 방법을 사용하여 스트레스성 요구를 해결할 수 있다고 확신하면, 상황에 대한 통제력을 느끼고 문제-초점 대처 방법을 사용할 가능성이 크다. 만약 문제-초점 대처 방법으로 요구 사항을 해결할 수 없다고 믿거나 효과적으로 실행할 수 없다고 생각하면, 상황에 대한 통제력의 부족함을 느끼고 감정-초점 대처 방법을 사용하게 될 것이다.

그렇다면, 사람들이 상황을 통제한다는 느낌을 어떻게 개발할 것인가? 한 가지 중요한 요소는 스트레스성 요구 자체의 특성인 것 같다. 특히, 사람들은 스트레스 요인을 도전이 아닌 장애로 평가할 때, 스트레스 요인에 대한 통제력을 덜 느낄 가능성이 높다. 〈표 5-2〉의 생애 사건 중 "상사와의 갈등"을 생각해 보자. 이런 사건은 목표 달성을 방해하고 부정적인 감정을 유발하기 때문에 장애 스트레스 요인으로 평가될 가능성이 높다. 당신이 대부분의 사람들과 같다면 상사에게 행동을 바꾸도록 어떤 조치를 하고 싶을 것이다. 하지만 상사는 권한을 가진 위치에 있기 때문에 이런 상황에 대해 거의 통제할 수 없다고 느낄 수 있고, 상사의 상사에게 불평하는 것은 당신의 선택이 아닐 것이다. 이런 상황에서는 불안과 절망은 상황에 대한 통제력을 더욱 약화시켜 결국 감정-초점 대처 방법을 선택하게 된다.[46]

긴장의 경험

이장의 초반부에서, '긴장'을 스트레스와 관련된 부정적 결과로 정의했다. 그러나 스트레스가 정확하게 어떤 과정을 거쳐 긴장을 유발하는가? 메릴랜드 로크빌에 위치한 시장조사 업체인 RIVA의 CEO 나오미 핸더슨의 경우를 살펴보자. CEO의 직무는 상당히 까다롭기 때문에, 엔더슨은 과중한 업무를 처리하기 위해 자신이 주당 120시간을 일한다는 것을 새삼 알게 되었다. 어느 날 밤 화장실에 가려고 일어났는데 말 그대로 도저히 움직일 수가 없었다. 전신 마비가 온 것이다. 응급실로 실려 갔고, 의사는 엔더슨과 남편에게 병의 원인이 스트레스였다는 말을 했다. 의사는 6주 동안 입원해서 매일 14시간 동안 침대에서 휴식을 하라고 처방했다.[47] 이 예가 너무 극단적인 것이라고 보일 수 있지만, 많은 관리자와 임원급 직무의 요구는 종종 과도하고[48] 그 결과 건강에 이상이 생기는 것은 쉽게 예측할 수 있는 일이다. 사실, 누구든지 2~3일 이상 극심한 스트레스를 겪으면 스트레스가 당신에게 가하는 피해를 이해할 수 있을 것이다. 스트레스에 대한 반응이 사람들마다 모두 다르지만 어느 때는 유난히 지치고, 짜증이 나고, 몸이 아픈 것을 경험해봤을 것이다. 놀라운 사실이 있는데, 우리 안에는 스트레스 압박에 맞서 효과적으로 대처하는 능력이 있는데 그 작동원리가 그러한 스트레스를 깨끗하게 해소하는 과정에도 똑같이 작동한다는 것이다. 그렇다면 이러한 작동원리는 어떤 것일까?

기본적으로 신체는 스트레스성 요구를 만나면 이에 적응하고 효과적으로 처리하는 일련의 반응시스템을 갖고 있다. 그러나 스트레스성 요구가 줄어들지 않거나 너무 자주 발생하면, 신체에 적응 반응은 독성을 갖게 된다.[49] 보다 구체적으로 말하면, 사람들이 스트레스 요인에 직면했을 때 혈액이 비장 같은 중요 장기로부터 뇌와 근 골격계로 이동함에 따라 신체에서 심장박동과 혈압을 상승시키는 화학물질을 분비한다.[50] 불행히도 스트레스 요인에 장시간 또는 반복적으로 노출되어 혈액 내 화학물질이 계속 상승하면 몸은 무너지고 여러 좋지 않은 증상들이 나타난다. [그림 5-2]에서 볼 수 있듯이 이러한 증상은 생리적 긴장, 심리적 긴장, 그리고 행동적 긴장의 세 가지 유형으로 나타난다.[51]

그림 5-2 긴장의 유형

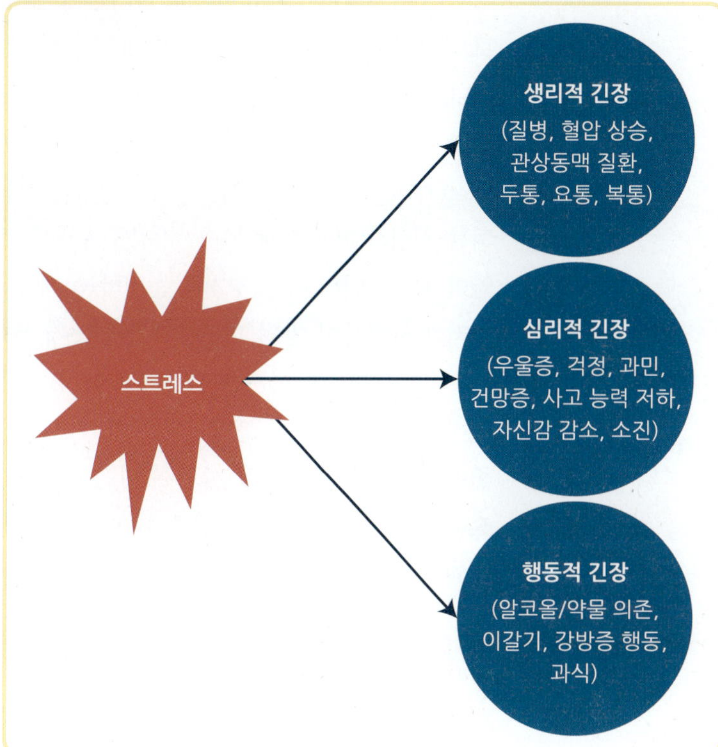

출처: Adapted from R.L. Kahn and P. Byosiere, "Stress in Organizations." In *Handbook of Industrial and Organizational Psychology*, Vol. 4, ed. M.D. Dunnette, J.M.R. Hourgh, and H.C. Triandis (Palo Alto, CA: Consulting Psychologists Press, 1992), pp. 517–650.

스트레스 요인으로 인한 생리적 긴장(physiological strain)은 우리 몸의 최소한 네 가지 시스템에서 발생한다. 첫 번째로 스트레스 요인은 몸의 면역시스템을 약화시켜 질병과 감염에 취약해지도록 만든다. 기말고사 기간이나 직후에 감기에 걸릴 확률이 더 높다는 사실을 아는가? 두 번째, 스트레스 요인은 몸의 심혈관계에 해롭고, 심박수와 혈압을 높이고 관상동맥 질환을 일으킬 수 있다. 세 번째로, 스트레스 요인은 몸의 근골격계에 문제를 일으킬 수 있다. 긴장성 두통, 어깨결림, 요통 등이 모두 스트레스와 다양한 관련이 있다. 네 번째로, 스트레스 요인은 위장 문제인 복통, 소화불량, 설사, 그리고 변비를 일으킨다.[52]

20~30대 사람들은 질병 위험이 낮기 때문에 이러한 생리적 긴장의 중요성을 무시하는 경향이 있을 수 있지만, 관련 연구에 의하면 그렇게 무시하는 것은 실수일 수 있다. 예를 들어 업무 마감 압박을 받으면 24시간 이내에 심장마비가 올 가능성이 6배 증가한다.[53] 심장마비에 걸릴 가능성이 낮다고 하더라도 누가 그 위험을 여섯 배로 높이고 싶을까? 게다가, 스트레스의 부정적 생리적 효과는 장시간 지속될 뿐 아니라 오랜 시간 동안 겉으로 드러나지 않을 수 있다. 한 연구에서는 시력 문제, 알레르기 질환 및 만성 질환이 8년 전에 겪은 스트레스로부터 생겨날 수 있음을

보여 주었다.[54] 마지막으로, 연구자들은 요구가 높고 재량이나 통제가 거의 없는, 스트레스가 높은 직업에서 직원의 사망률이 더 높다는 것을 발견했다.[55]

스트레스 요인으로 인한 심리적 긴장(psychological strain)은 우울증, 걱정, 분노, 적개심, 자신감 감소, 과민, 사고 능력 저하, 건망증, 창의성 결핍, 기억상실, 유머감각 상실 등을 유발한다.[56] 사람들은 이러한 문제들이 각각 독립적으로 나타난다고 생각하고 싶을 수 있다. 하지만 이러한 증상은 소위 **소진**(burnout)이라고 알려진 종합적 심리적 상태로 나타날 수도 있는데, 이는 지속적으로 스트레스 요인을 겪음으로 인해 발생된 감정적, 정신적, 그리고 육체적 탈진 상태라고 말할 수 있다.[57] 소진을 경험해 본 적이 있는 사람이 적지 않은데, 대부분 소진으로 인해 직장을 그만두거나 직업을 바꾸기까지 한다. 예를 들면 미국 위스콘신 그린베이 패커스 풋볼팀의 브렛 퀘이버(Brett Favre)는 팀을 2008년에 NFL 챔피언십까지 이끌기까지 17번째 시즌 경기 출전을 끝으로 은퇴를 선언하였다.[58] 퀘이버는 기자들에게 스트레스로 인해 지쳤다고 말했다.[59] 우승해야 한다는 압박감으로 인해 다음 경기를 준비하는 데 점점 더 많은 시간을 할애하였고, 시간이 지남에 따라 이러한 압박감이 쌓여 피로감과 몰입도가 떨어졌다. 물론 퀘이버는 2008년에 뉴욕 제트 풋볼팀으로 복귀해서 한 시즌만 참가하고 다시 은퇴하고자 했다. 그러나 다시 2009년에 은퇴하지 않고 미네소타 바이킹스 풋볼팀에 합류했고 2010년 시즌을 마지막으로 다시 은퇴하였다. 소진 때문에 좋아하는 직업을 은퇴한 사람이 마음을 바꾼 사례는 생소한 일은 아니다. 일과 관련한 스트레스 요인으로부터 빠져나오는 것은 휴식과 재충전을 준다. 그러나 동시에 박진감과 다시 뛰는 도전에 대해 생각할 수 있는 시간이 많아지기도 한다.

마지막으로, 생리적 긴장과 심리적 긴장에 더하여 스트레스 요인은 행동적 긴장(behavioral strain)을 유발시킨다. 행동적 긴장은 건강하지 못한 행동이다. 예를 들면 밤에 이를 간다거나, 지나치게 비판적이고 거만하거나, 과도한 흡연, 강박증적으로 껌을 씹는다거나, 알콜중독, 그리고 강박증적인 과식 등이다.[60] 스트레스 요인에 노출되면 이러한 행동들을 하는 원인이 밝혀진 것은 없지만, 이러한 행동들이 개인적, 조직적 관점 두 가지 모두에서 결코 바람직한 것이 아니라는 것은 쉽게 알 수 있다. 스트레스가 어떻게 행동적 긴장을 유발할 수 있는지, 그리고 이것이 어떻게 부정적인 결과를 초래할 수 있는지에 대한 흥미로운 설명은 **영화 속 OB**를 참조하라.

스트레스 과정에서 개인에 대한 설명

> **학습목표 5.4**
> A형 행동 유형은 스트레스 과정에 어떻게 영향을 미치는가?

지금까지 이 장에서 우리는 일반적이거나 평균적인 사람이 다양한 종류의 스트레스 요인에 어떻게 반응하는지 논의했다. 이제는 사람들이 스트레스의 원천인 스트레스성 요구에 대해 어떻게 다르게 반응하는가를 살펴봐야 한다. 한 가지 방법은 **A형 행동 유형**(Type A Behavior Pattern)을 보이는지 아닌지의 차이를 보는 것이다. "A형" 사람은 심하게 시간을 재촉하고 참을성이 적은 경향이 있다. 과격하고, 경쟁적이며, 통제적이고, 공격적이며, 심지어 적대적인 경향이 있다.[61] 당신이 걸음걸이나 말하는 속도, 먹는 속도가 빠르고 일을 느리게 하는 사람을 보고 계속 짜증이 난다면 A형일 확률이 높다. 좀 더 확실하게 알아보는 한 가지 방법은 **OB 진단지**의 A형 설문지를 작성해 보는 것이다.

영화 속 OB

라이트하우스

유일한 약은 술이다. 술은 선원들을 행복하게 해 주고, 쾌적하게 해 주고, 침착하게 해 주지.

이 말과 함께 등대지기 토마스 웨이크(윌렘 대포)는 영화 라이트하우스(The Lighthouse)(로버트 에거스 감독, A24, 2019)에서 조수 등대지기인 에프라임 윈슬로(로버트 패틴슨)에게 업무 스트레스에 대처하는 데 필요한 것을 전달한다. 이 영화는 1800년대 후반 외딴 섬을 배경으로 했으며, 당시 등대지기의 주된 임무는 밤과 폭풍우 속에서도 등댓불이 켜져 있는지 확인하는 것이었다. 어둠 속에서 한 줄기 빛이 없으면 배가 좌초될 수 있어서 이 일은 중요했다. 그러나 작업은 매우 단조로웠다. 매일 저녁, 등대지기는 등대로 가는 길고 구불구불한 계단 위로 기름이 든 컨테이너를 운반하고 심지를 다듬은 후 불을 붙였다. 그들은 등대와 거주 구역의 유지·보수를 담당했다.

웨이크는 성격이 나쁜 사람이 지루해졌을 때, 기억, 환상 및 계획에 잠식되어 다른 사람이 보면 기이하고 사악한 행동으로 해석할 수 있는 '마음의 탈출'이 일어난다고 믿는 것 같다. 웨이크는 또한 이러한 일이 발생하지 않도록 하는 가장 좋은 방법은 술을 마셔서 마음을 둔하게 하는 것이라고 믿는 것 같다. 윈슬로라는 이름은 웨이크가 전에 죽인 사람의 이름과 같았기 때문에, 웨이크는 윈슬로를 심하게 의심하고 있었고, 윈슬로가 많은 양의 술을 마시도록 부추겼다.

그러나 술을 마시는 것은 등대지기의 스트레스를 처리하는 효과적인 수단이 아니라는 것이 밝혀졌다. 술은 환상, 기억, 계략, 기괴하고 사악한 행동을 멈추지 않는다. 사실, 영화는 스트레스에 대처하기 위해 술을 마시는 것이 어떻게 중독이 되고 어떻게 모든 것을 악화시키는지를 보여 준다. 윈슬로의 알코올 중독이 심해지는 동안 웨이크는 윈슬로가 힘든 일을 하게 만들고 의도적으로 짜증을 내고 조종한다. 윈슬로는 웨이크의 학대에 점점 더 분개하고 증오하게 된다. 몇 주 동안 둘은 함께 즐거운 취기와 격렬한 갈등 사이를 왔다 갔다 하며 보낸 후, 비정상적인 행동은 고조되고 둘의 관계는 걷잡을 수 없이 소용돌이치며 파국으로 끝난다.

이 장의 맥락에서, A형 행동 유형은 스트레스 요인, 스트레스, 그리고 긴장에 영향을 줄 수 있기 때문에 중요하다. 먼저, A형 행동 유형은 개인이 겪는 스트레스 요인의 수준에 직접적으로 영향을 미칠 수 있다. A형 사람은 추진력이 대단하고 성취욕이 강하다는 점을 고려한다면, 이것이 사실일 수 있음을 이해할 수 있다. 조직에서는 이러한 행동을 중요하게 생각하기 때문에 A형 사람은 더 많은 일과 높은 수준의 업무를 받게 된다. 또한 공격적이고 경쟁적인 경향이 있기 때문에 대인관계에서 갈등을 겪기 쉽다. 동료나 다른 직원과의 갈등은 중요한 스트레스 요인이다.

둘째, A형 행동 유형은 스트레스 요인에 대해 영향을 미칠 뿐 아니라 스트레스 과정 자체에도 영향을 미치기 때문에 중요하다.[62] 왜냐하면 스트레스 요인은 목표를 성취하는 과정에 잠재적인 영향을 미치는데 경쟁심이 많아서 추진력이 강한 사람은 이러한 스트레스 요인을 매우 민감하게 반응하기 때문이다. 본질적으로 같은 정도의 스트레스성 요구라 해도 A형의 사람은 그렇지 않은 사람에 비해 더 스트레스성 요구로 평가할 가능성이 더 크다.

OB 진단지

A형 행동 유형

당신은 스트레스에 특별히 더 민감한가? 이 진단지는 당신이 A형 행동 유형인가를 측정하도록 만들어졌다. 어떤 사람은 일을 열심히 하고 경쟁심이 많고, 공격적인 행동을 잘한다. 아래의 각 질문에 표시된 보기중 해당하는 곳에 응답하라.

1	2	3	4	5	6	7
매우 아니다	아니다	약간 아니다	중간	약간 그렇다	그렇다	매우 그렇다

1. 나는 약속 시간에 늦는 것을 싫어한다. _______
2. 나는 경쟁심이 강한 사람이다. _______
3. 나는 다른 사람들이 고개를 끄덕이는 것으로 무슨 말을 할지 예상하고, 가끔 다른 사람의 말에 끼어들고 대화를 끝낸다. _______
4. 나는 항상 바쁘다. _______
5. 나는 기다릴 때 참을성이 없다. _______
6. 나는 무언가를 성취하려고 할 때 혼신을 다한다. _______
7. 나는 멀티태스킹을 하고, 다음에 무엇을 해야 하는지 항상 생각한다. _______
8. 나는 표현을 잘하고 말할 때 몸짓을 자주 한다. _______
9. 나는 대부분의 일 (먹을 때와 걸을 때조차)을 서둘러 한다. _______
10. 나는 의욕적인 사람이다. 열심히 일하고 내 목표를 달성하는 데 진지하다. _______
11. 나는 종종 좌절, 짜증, 분노와 같은 감정을 표현한다. _______
12. 나는 매우 야심적이다. _______

점수 계산과 해석

12개 질문에 대한 답을 모두 합하라. 모두 합친 점수가 60점 이상이면 당신은 A형 행동 유형에 포함된다. 즉, 당신은 생활 속에서 높은 수준의 스트레스를 느끼고 그 스트레스에 좀 더 민감하다는 의미이다. 36점 이하이면 "B"형 행동 유형으로 분류될 가능성이 있다. 즉, 생활 속에서 스트레스를 덜 느끼고 그 스트레스에 덜 민감하다는 의미이다.

출처: Adapted from R.H. Friedman and R.H. Rosenman, "Association of Specific Overt Behavior Pattern with Blood and Cardiovascular Findings," *Journal of the American Medical Association* 169 (1959), pp. 1286–69.

세 번째, 아마 가장 중요한 내용으로, A형 행동 유형이 심장의 관상동맥 질병,[63] 그리고 여러 생리적, 심리적, 행동적 긴장과 직접적으로 연관되어 있다는 것이다.[64] A형 행동 유형과 이러한 긴장과의 관계성이 크고, 당신이 A형 행동 유형이라고 해서 당장 119에 전화해야 한다는 것은 아니다. 하지만 A형 행동 유형인 사람에게 이러한 문제들의 위험성이 치명적으로 높다는 것을 암시할 만큼 충분히 연관성이 높다.

회복(recovery)은 사람들이 스트레스를 관리하는 방식에 영향을 미치는 개인 차원의 두 번째 요인으로 휴식이나 업무에서 해방된 기간 동안 업무 요구에 대처하는 데 사용된 에너지가 보충되는 정도를 나타낸다.[65] 사람들은 직장에서 요구에 대처할 때 에너지가 고갈되고, 직장을 떠나 있을 때 다시 에너지를 채우지 않는다면, 그들은 다음 날 주어지는 요구가 더 스트레스가 된다고 평가할 수 있으며, 요구에 대처하는 데 훨씬 더 어려움을 겪을 수 있고, 더 많은 긴장이 생길 수 있다. 아주 기본적인 수준에서 보면, 이 아이디어는 명백해 보인다. 다시 활력을 얻기 위해서는 직장을 떠날 시간이 필요하다! 문제는 우리가 직장 밖에서 하는 일에 대한 선택권이 있다는 것이고 이러한 선택은 회복에 동등한 영향을 미치지는 않는다. 사실, 연구에 따르면 휴식을 촉진하는 여가 활동(친구와 함께하기, 책 읽기, TV 시청, 하이킹 등)이 신체 활동을 필요로 하는 활동(가사일,

장보기, 아이들을 학교에 데려다 주기, 직장 준비와 같은 인지적 또는 정서적 노력)보다 에너지 회복에 훨씬 더 효과적이다.[66] 수면이 회복 과정에 중요할 수 있음을 아는 것도 중요하다. 사실, 연구자들은 수면의 양과 질이 불안, 우울, 피로와 같은 긴장과 음의 상관관계가 있고 동기부여, 직업 만족도 및 직무 수행의 다양한 측면과 양의 상관관계가 있음을 보여 주었다.[67]

친구, 동료, 가족들로부터 받는 사회적 지원은 비록 그것이 스트레스를 유발시키는 환경과는 직접적인 관련이 없지만 결과적으로는 스트레스 관리에 큰 도움이 된다.

개인 차원에서 스트레스를 관리하는 방법에 영향을 미치는 세 번째 요인은 **사회적 지원**(social support)의 크기이다. 사회적 지원이란 사람들이 스트레스성 요구를 만났을 때 다른 사람들로부터 받는 도움을 말하는데, 그 지원의 유형은 두 가지가 있다.[68] 사회적 지원의 한 유형인 **수단적 지원**(instrumental support)은 스트레스성 요구를 직접 해결하는 데 사용될 수 있는 도움을 의미한다. 예를 들면 어떤 사람이 과중한 업무 부담을 느낄 때, 동료가 일의 일부를 대신 처리해 주거나 일을 좀 더 효율적으로 처리하는 방법을 제안해 줄 수 있다. 사회적 지원의 두 번째 유형을 **감정적 지원**(emotional support)이다. 이 지원 유형은 사람들이 스트레스성 요구에 동반되는 감정적 고통을 해결하는 데 받는 도움을 가리킨다. 예를 들면 상사가 과중한 업무에 힘들어하는 직원에게 관심을 보이고 그 사람의 고통을 충분히 이해하고 공감하고 있다는 점을 보여 줌으로써 감정적 지원을 제공할 수 있다. 이상의 예에서 나타나듯이 사회적 지원은 상사뿐 아니라 동료도 제공할 수 있다. 하지만 사회적 지원은 스트레스성 요구 환경과 동떨어진 가족과 친구들한테서도 받을 수 있다.[69]

A형 행동 유형과 유사하게, 사회적 지원도 스트레스 과정에 여러 가지 형태로 영향을 미칠 가능성이 있다. 그러나 사회적 지원에 관한 연구의 대부분이 스트레스 요인과 긴장 간의 관계를 완충해 주는 방법에 초점을 맞추고 있다.[70] 예를 들어, 지원 행동을 하는 감독자는 동일한 수준의 스트레스 요구를 더 공정하고 덜 위협적으로 보이게 할 수 있다.[71] 따라서 이 감독자의 부하 직원은 지원 행동에 참여하지 않는 다른 감독자의 부하 직원보다 스트레스를 덜 받는 경향이 있다. 또한, 높은 수준의 사회적 지원은 스트레스 요인에 대처하는 데 유용한 수단적 또는 정서적 자원을 제공하여 개인에게 미치는 스트레스 요인의 해로운 결과를 줄이는 경향이 있다. 사회적 지원을 받지 못하는 직원은 스트레스에 대응하는데 추가로 사용할 자원이 없으므로 스트레스 요인은 더 해로운 영향을 미치는 경향이 있다. 본질적으로 이러한 관점은 사회적 지원을 스트레스 요인과 긴장간의 관계에서 작용하는 "조절 변수"로 본다(조절 변수는 다른 두 변수 간 관계의 강도에 영향을 미치는 변수이다). 이 특별한 경우에서 사회적 지원이 높으면 스트레스 요인과 긴장의 관계는 약해지고, 사회적 지원이 낮으면 스트레스 요인과 긴장의 연관성은 높아진다. 비록 모든 연구에서 사회적 지원의 스트레스 요인과 긴장에 대한 완충 효과가 있음을 지지한 것은 아니지만,[72] 다수의 연구 증거가 이 효과를 지지하고 있다.[73]

그림 5-3 왜 어떤 사람들은 다른 사람에 비해 스트레스를 더 받는가?

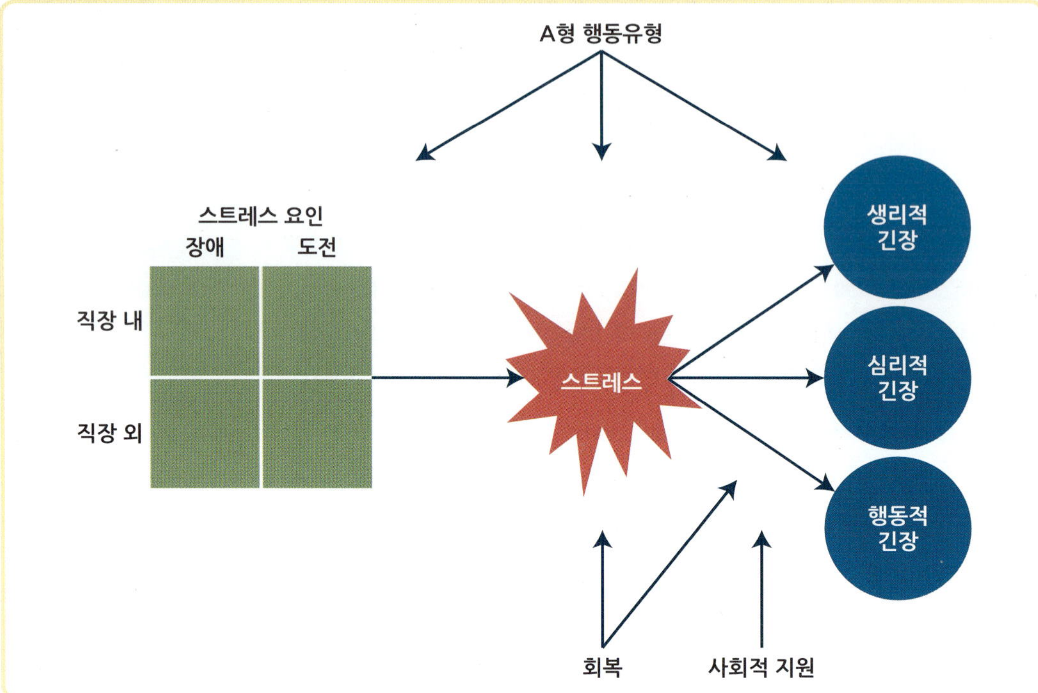

요약: 왜 어떤 직원은 다른 사람에 비해 더 스트레스를 받는가?

그렇다면 일부 직원이 다른 직원보다 더 스트레스를 받는 이유는 무엇인가? [그림 5-3]에서 볼 수 있듯이 이 질문에 답하려면 직장 내와 직장 외 두 영역 모두에서 발생하는 장애 및 도전적 스트레스 요인을 포함하여 직원이 겪고 있는 특정 스트레스 요인에 주의를 기울여야 한다. 그러나 스트레스를 받는 느낌은 스트레스 요인들을 어떻게 진단하고 또 어떻게 대처하는지, 그리고 생리적, 심리적, 행동적 긴장을 어떻게 느끼는지에 따라 달라진다. 마지막으로, 직원이 A형 또는 B형 행동유형인지, 그리고 어느 정도의 사회적 지원을 받는지에 따라서도 달라진다. 이러한 모든 요소를 이해하면 일부 직원은 몇 주 동안 스트레스가 많은 상황을 한 번에 헤쳐 나갈 수 있는 반면, 다른 직원들은 상대적으로 사소한 업무 요구에도 '절망'하는 것처럼 보이는 이유를 설명하는 데 도움이 될 수 있다.

스트레스는 얼마나 중요한가?

학습목표 5.5
스트레스는 직무성과와 조직몰입에 어떻게 영향을 미치는가?

앞부분에서, 스트레스 요인과 스트레스 과정이 긴장에, 그리고 궁극적으로는 사람들의 건강과 웰빙에 어떻게 영향을 미치는지 설명했다. 이러한 관계를 이해하는 것이 중요하지만, 당신은 아마도 스트레스 요인이 OB 통합 모델의 두 가지 결과인 직무성과와 조직몰입에 미치는 영향에 대해 더 궁금할 것이다. [그림 5-4]에는 장애 스트레스 요인이 성과와 몰입에 연결되는 관계에 대한 연구 결과가 요약되어 있고, [그림 5-5]에는 도전 스트레스이 성과와 몰입에 연결되는 관계에 대한 연구 결

그림 5-4 장애 스트레스 요인이 직무성과와 조직몰입에 미치는 효과

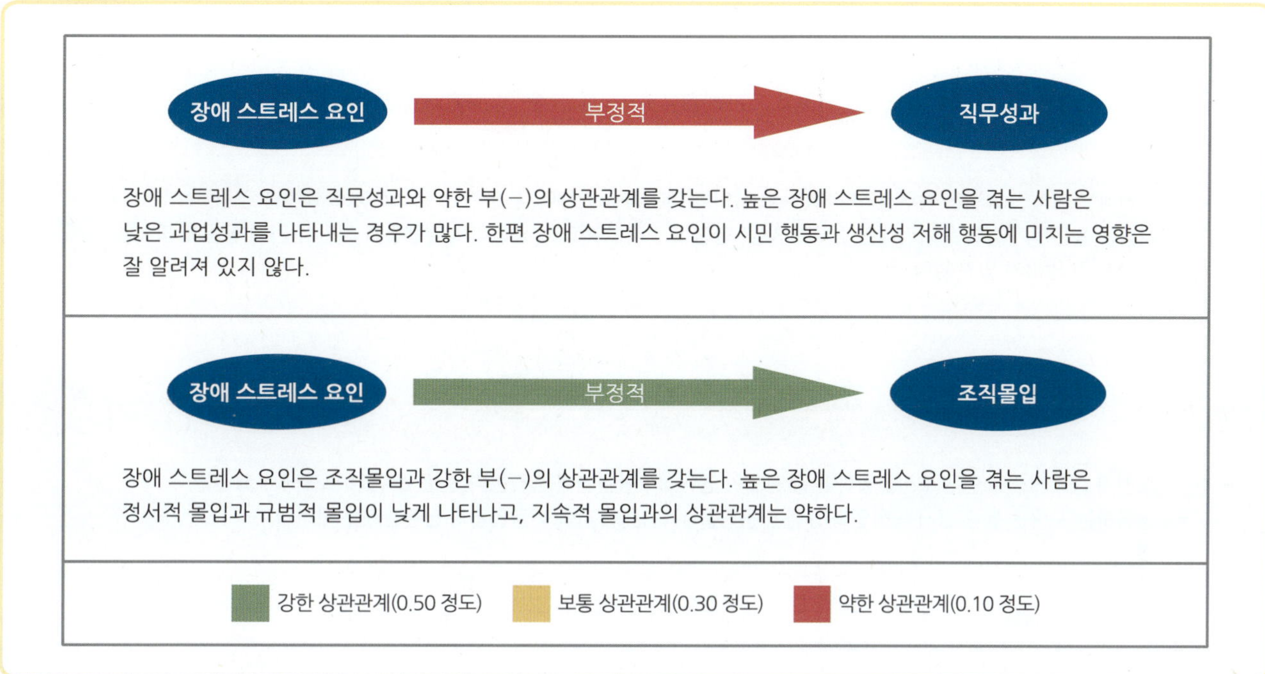

출처: J.A. LePine, N.P. Podsakoff, and M.A. LePine, "A Meta-Analytic Test of the Challenge Stressor–Hindrance Stressor Framework: An Explanation for Inconsistent Relationships Among Stressors and Performance," *Academy of Management Journal* 48 (2005), pp. 764–75; N.P. Podsakoff, J.A. LePine, and M.A. LePine, "Differential Challenge Stressor–Hindrance Stressor Relationships with Job Attitudes, Turnover Intentions, Turnover, and Withdrawal Behavior: A Meta-Analysis," *Journal of Applied Psychology* 92 (2007), pp. 438–54.

과가 요약되어 있다. 직장 외 스트레스 요인과 긴장이 성과와 몰입에 중요한 관계가 있는 것은 확실한 사실이나,[74] 연구자들이 가장 관심을 집중한 곳은 직장 외 스트레스 요인이 아닌 직장 내 스트레스 요인이기 때문에 여기서는 직장 내 스트레스 요인과 성과와 몰입의 관계로 한정한다.

[그림 5-4]에는 장애 스트레스 요인이 직무성과와 약한 부(−)의 상관관계를 갖는 것으로 나타나 있다.[75] 이 부의 상관관계를 개략적으로 설명하면 장애 스트레스 요인은 긴장과 부정적 감정을 유발하여 사람들이 직무에 사용할 수 있는 전반적인 육체적, 인지적, 감정적 에너지 수준을 감소시킨다는 것이다.[76] 긴장이 직무성과에 미치는 부정적 효과는 앞에서 설명한 개별 긴장의 특성을 고려하면 이해하기 쉬울 것이다. 그리고 질병, 소진, 그리고 술 취하는 것과 같은 형태로 나타나는 생리적, 심리적, 행동적 긴장이 거의 모든 직무에서 직원의 효율성을 떨어뜨린다는 점에 분명히 동의할 것이다. 또한 이러한 긴장은 생산성 저해 행동을 가져오는 부정적인 감정과 생각과도 관련이 있을 수 있다.[77]

[그림 5-4]는 장애 스트레스 요인이 조직몰입과 강한 부(−)의 상관관계를 갖는다는 것을 보여 주고 있다.[78] 이것은 왜 그럴까? 장애 스트레스 요인은 긴장을 일으키고 긴장은 사람을 불만족스럽게 만든다. 4장 직무만족에서 논의한 것처럼 직무만족은 조직몰입에 강한 영향을 미친다.[79] 자신이 일 때문에 계속 아프고 지친다는 사실을 아는 직원은 직무에 만족하지 못하고 조직에 남고 싶은 마음이 줄어들고 다른 대안을 고려하려는 욕구가 더 커질 것이다.

그림 5-5 도전적 스트레스 요인이 직무성과와 조직몰입에 미치는 효과

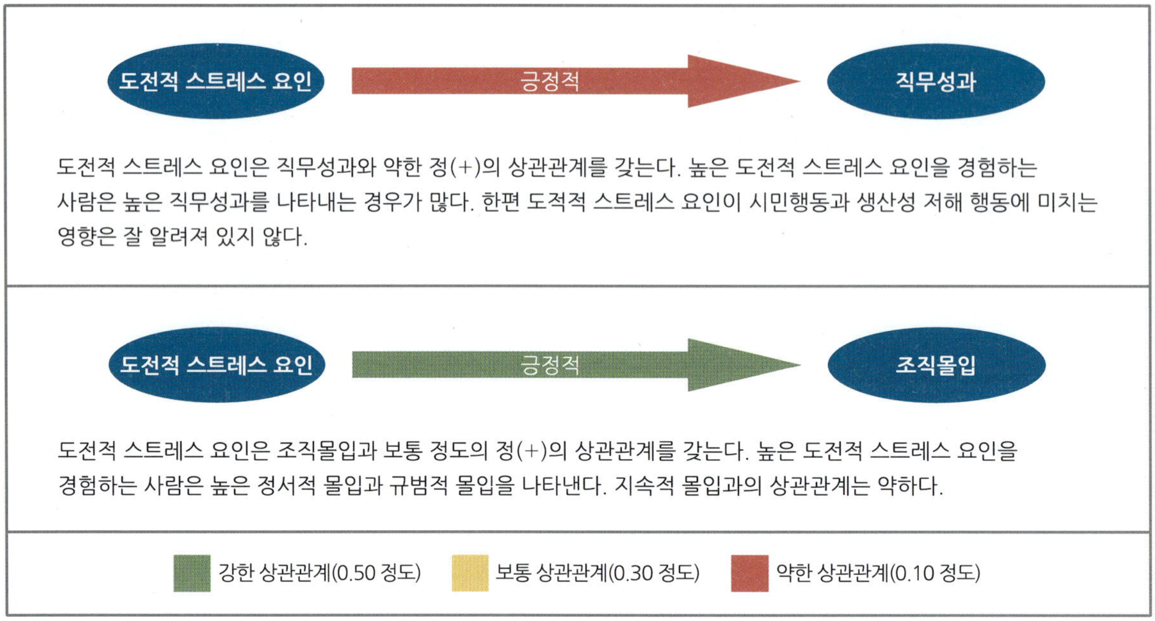

출처: J.A. LePine, N.P. Podsakoff, and M.A. LePine, "A Meta-Analytic Test of the Challenge Stressor–Hindrance Stressor Framework: An Explanation for Inconsistent Relationships Among Stressors and Performance," *Academy of Management Journal* 48 (2005), pp. 764–75; N.P. Podsakoff, J.A. LePine, and M.A. LePine, "Differential Challenge Stressor–Hindrance Stressor Relationships with Job Attitudes, Turnover Intentions, Turnover, and Withdrawal Behavior: A Meta-Analysis," *Journal of Applied Psychology* 92 (2007), pp. 438–54.

이제 도전적 스트레스 요인에 대해 살펴보면 이야기는 조금 달라진다. [그림 5-5]에서 볼 수 있듯이 도전적 스트레스 요인은 직무성과와 약한 상관관계를 가지고 있고 조직몰입과 중간 정도의 상관관계를 갖고 있다. 그러나 장애 스트레스 요인에 대한 결과와 달리 도전적 스트레스 요인은 정(+)의 상관관계를 갖고 있다.[80] 다시 말해, 높은 수준의 도전적 스트레스 요인을 경험한 직원은 높은 직무성과와 조직몰입을 보이는 경향이 있다. 이러한 관계는 높은 수준의 장애 스트레스 요인을 겪는 직원이 낮은 직무성과와 조직몰입을 보이는 것과 극명한 대조를 이룬다. 그렇다면 이 차이를 어떻게 설명할 수 있을까? 장애 스트레스 요인이 성과와 몰입을 감소시키는 긴장을 유발하지만, 도전적 스트레스 요인은 직무 몰입도가 높은 직원의 특징인 긍정적 감정과 문제-초점 대응 방안을 유발하는 경향이 있다.[81] 이러한 긍정적 감정, 문제-초점 대처 방법, 그리고 몰입이 갖는 이점은 긴장 때문에 늘어난 비용보다 크다. 이는 도전적 스트레스 요인의 긍정적인 면과 부정적인 면을 모두 고려하면 도전적 스트레스 요인이 직원의 성과와 몰입에 유리하게 작용한다는 것을 의미한다.[82] 도전적 스트레스 요인의 이러한 긍정적 효과는 임원,[83] 비임원과 초급 사원,[84] 그리고 학생들에게도 입증되었다.[85] 그러나 높은 도전적 스트레스 요인은 장기적으로는 부정적 결과를 초래할 수 있다는 점을 간과해서는 안 된다. 도전적 스트레스 요인이 많은 직무를 수행하는 사람은 질병을 유발할 수 있는 긴장을 경험하지만 직무에 더 만족하고, 몰입하는 경향이 있기 때문에 어쨌든 직장에 출근한다. 프레젠티즘(presenteeism)이라고 불리는 이 현상은 질병의 장기화

뿐만 아니라 질병의 확산을 초래할 수 있으며, 궁극적으로 성과 및 직원 건강 저하의 악순환을 초래할 수 있다.[86] 사실, 프레젠티즘으로 인한 생산성 감소가 직원의 결근으로 인한 생산성 감소보다 훨씬 더 크다는 사실은 놀랄만한 일이다.[87]

실무 적용: 스트레스 관리

앞에서 직원 스트레스가 어떻게 직원의 직무성과와 조직몰입을 떨어뜨려 조직에 비용을 초래하는 긴장을 유발하는지 설명했다. 그러나 직원의 건강을 고려한 다른 중요한 비용이 있다. 기업 대부분이 직원들에게 여러 가지 종류의 의료 혜택을 제공하고,[88] 아주 작은 회사를 제외한 모든 회사가 산업재해 보상 보험료를 내고 있다. 그 보험료는 직무의 성격과 회사의 직무 관련 부상 및 질병과 같은 산업재해 사고 이력에 따라 달라진다. 그렇다면 스트레스는 이러한 비용에 어떤 역할을 하는가?

이러한 건강 관련 비용은 직원이 받는 스트레스와 매우 깊은 관계가 있다고 밝혀졌다. 직원의 병원 진료 중 60~90%가 스트레스와 관련된 원인인 것으로 추정되며,[89] 높은 수준의 스트레스를 경험하는 직원에 대한 의료 비용이 낮은 스트레스를 경험하는 직원보다 거의 50%가 더 높은 것으로 나타났다.[90] 업종별 직업 통계에 의하면 작업자의 산업재해 보상 청구 빈도는 직무 스트레스 수준이 높을수록 극적으로 상승한다. 한 예로 복사기 판매업의 경우 직무상 스트레스가 높을 때 산재 청구 빈도가 800%나 더 높았다.[91] 이러한 비용의 증가가 조직행동론을 공부하는 학생은 물론 기업의 관리자에게 의미하는 바는 무엇인가?

학습목표 5.6
회사는 직원 스트레스를 관리하기 위해 어떤 조치를 할 수 있는가?

우선 스트레스와 건강관리 비용 간의 관계는 직원의 스트레스를 보다 효과적으로 관리하는 방법을 배우는 조직에게 막대한 이익이 될 수 있음을 의미한다. 실제로, 한 설문조사에 따르면 미국 기업의 대다수는 직원들이 스트레스성 요구에 잘 대처하고 그와 관련한 긴장을 줄이는 데 도움이 되는 여러 복지 제도를 시행 중이다.[92] 기업이 직원의 스트레스와 긴장을 관리하는 예로서, 구글은 마사지, 요가, 명상, 심지어 졸음쉼터(계란 모양 뚜껑이 머리와 상반신을 덮어 주는 낮잠용 안락의자)를 제공한다.[93] 다음으로 기업이 직원 스트레스를 관리하기 위해 사용하는 몇 가지 일반적인 접근 방식을 살펴보자.

National Geographic Creative/Alamy Stock Photo
졸음쉼터 설치는 직원이 스트레스와 긴장을 관리하는 것을 돕기 위해 기업이 취한 수많은 조치 중 한 가지 사례에 불과하다.

스트레스 진단

스트레스 관리의 첫 번째 단계는 직장 내의 스트레스 수준과 원인을 진단하는 일인데 이를 흔히 스트레스 검사라고 부른다. 관리자들은 높은 스트레스가 문제가 되는 수준인가를 가늠해 보기 위해 직무 특성에 대한 질문에 답을 한다.[94] 질문의 첫 번째 범주는 회사가 직원들 사이에 불확실성을 증가시킬 수 있는 변화를 겪고 있는 정도를 묻는 질문이다. 예를 들어 두 기업 간의 합병은 직원의 고용 안정과 경력 경로에 대한 직원의 불확실성을 증가시킬 수 있다. 또 다른 예로는 팀 기반 업무로 전환한 조직의 직원은 개인의 성과와 기여도가 제대로 인정되고 보상을 받을지 걱정할 수 있다. 두 번째 범주는 일 자체에 중점을 둔다. 이 범주의 질문은 직원들이 일반적으로 경험하는 스트레스 요인의 수준과 유형을 묻는다. 세 번째 범주는 직원 간의 관계뿐 아니라 직원과 회사 간 관계의 정도에 대한 질문들도 포함된다. 여기에서 고려할 중요한 질문은 조직 내 정치가 업무상의 결정에 큰 역할을 하는지 여부이다.

스트레스 요인 줄이기

스트레스 진단 결과로 스트레스가 문제가 될 수 있는 수준이라고 밝혀지면, 다음 단계는 여러 가지 조치 방안 중 어떤 것을 선택할 것인가를 생각해본다. 일반적으로 사용되는 하나는 스트레스 요인에 대한 관리이다. 두 가지 방법이 있는데, 하나는 스트레스 요인을 제거하거나 현격하게 줄이는 것이다. 기업이 직원이 겪는 스트레스 요인을 제한하기 위해 시행하는 시책 중 한 가지 예를 들면, 미국 델라웨어 뉴케슬에 위치한 포장 이사 전문회사인 조넥스 리로케이션(Xonex Relocation)은 직원이 점심시간에 일하는 것과 책상에서 식사하는 것을 금지시켰다. 그리고 일과 종료 후에 그들의 머릿속에 일이 남아 있지 않도록 업무를 관리한다.[95] 이러한 관행은 교대 근무 기간이 길고 업무량이 많은 의료진일수록 손 위생(새로운 환자와 상호작용하기 전에 손을 씻는 것)에 관한 규칙을 준수할 가능성이 훨씬 낮고, 교대 근무 사이에 더 긴 휴식 시간이 주어질 때 규칙을 준수할 가능성이 크게 높아진다는 것을 보여 주는 연구와 일치한다.[96]

기업이 직원이 겪는 스트레스 요인을 제한하는 다른 예를 들면, 한 조사 결과 기업의 19%는 업무 과부하와 직장-가정 갈등을 줄이기 위해 업무 공유제를 시행한다.[97] 업무 공유제는 하나의 업무를 두 개로 나누는 것이 아니라 두 사람이 하나의 수행 단위인 것처럼 한 업무의 책임을 분담하는 것을 의미한다. 이 관행의 기본 가정은 "기업은 24시간 연중무휴로 운영되고 있지만 사람들은 그렇지 않다"는 것이다.[98] 업무 공유제는 업무를 구성하는 과업의 개수가 적고 또 상대적으로 분할하기가 쉬운 일에만 적합한 것으로 생각하기 쉽다. 그러나 실제로는 회사의 가장 최상위 레벨의 업무에도 사용된다. 보스톤에 위치한 플리트 은행(Fleet Bank)을 예로 들면, 글로벌 시장과 외환 업무를 담당하는 부사장 직무를 뱅크 오브 아메리카(Bank of America)에 합병되기 전까지 6년 동안이나 두 임원이 공유했다. 이 기간에 그들은 책상, 의자, 컴퓨터, 전화, 음성 이메일 계정, 업무 목표, 성과 관리 지표를 같이 사용하였다. 그들은 각자 일주일에 20~25시간을 일했고 업무 성과 역시 훌륭하고 완벽했다.[99]

회사가 스트레스 요인을 줄이는 방법의 또 다른 예는 유급휴가제도이다. 유급휴가제도는 직원이 일에서 떠나 대체 활동에 참여할 수 있는 기회를 제공한다. 한 조사에 따르면 미국 대기업의 약 11%가 유급휴가를, 그리고 거의 1/3이 무급휴가를 제공한다고 한다.[100] 예를 들어 아메리칸 익스프레스는 10년 근속 직원이 최대 6개월의 유급휴가를 신청할 수 있는데, 직원은 이 휴가를 이용하여 비영리 기관에서 일하거나 학교에 가도록 권장되지만, 종교 또는 정치 활동은 할 수 없다.[101] 프라이스워터하우스쿠퍼스(PricewaterhouseCoopers) 역시 자기 개발이나 사회봉사를 위해 직원에게 최대 6개월 유급휴가를 제공한다. 이 프로그램은 입사 2년차 직원에게 제공된다.[102]

업무 공유제와 비교해서 유급휴가는 상당히 긴 기간 동안 스트레스 받는 반복적 일과에서 좀 더 완벽하게 벗어날 수 있기 때문에 유급휴가 기간 동안에는 직원의 스트레스가 상당히 낮을 수 있다. 실제로 일부 회사에서는 직원이 필요하다고 느낄 때마다(그리고 필요하다고 느끼는 기간만큼) 휴가를 사용할 수 있도록 하는 임의 휴가 정책을 실험하고 있다.[103] 하지만 일 자체의 스트레스 수준은 근본적으로 변할 수 없으므로 유급휴가가 끝나고 업무에 복귀할 때는 종전과 똑같은 수준의 스트레스를 받을 가능성이 높다.

스트레스 감소 시책 지원

스트레스 요인을 줄이는 것이 직원이 경험하는 전반적인 스트레스 수준을 감소시킬 수 있지만, 이는 도전적 스트레스 요인보다 장애 스트레스 요인을 감소시키는 데 더 적당하다.[104] 역할 모호성, 역할 갈등, 역할 과부하 등 장애 스트레스 요인은 긴장을 유발할 뿐 아니라 성과와 몰입을 저하하기도 한다. 이와는 대조적으로 시간 압박, 책임감 등 도전적 스트레스 요인은 긴장을 유발하지만, 동기를 부여하고 만족감을 주기도 한다. 결과적으로, 도전적 스트레스 요인은 일반적으로 몰입과 성과에 긍정적인 관계가 있다.

따라서 스트레스 요인을 줄이는 보완책으로 기업은 직원이 스트레스성 요구에 대처하는 데 도움이 되는 여러 가지 시책을 지원한다.[105] 그중 한 가지 방법은 직무와 관련한 역량과 기술을 습득시키는 교육·훈련이다. 좀 더 높은 역량과 기술을 가진 직원은 자신의 한계를 넘을 것처럼 보이는 스트레스성 요구라 할지라도 유연하게 잘 대처할 수 있다. 그뿐만 아니라 직원의 역량과 기술을 향상시키는 훈련은 스트레스성 요구를 잘 통제할 수 있다는 자신감을 높여주는 장점도 일정부분 있다. 이전 절에서 논의한 바와 같이 통제 의식은 문제-초점 대처 방법을 더 촉진하는 효과가 있다. 이 시책의 효과를 알 수 있는 사례로 20시간짜리 훈련 프로그램의 효과에 대한 연구 결과를 살펴보자. 그 훈련 프로그램 목표는 직원 개인의 사회적 지원 네트워크 개발, 갈등 해결, 그리고 자기주장 관철 능력을 개발함으로써 전반적인 스트레스 관리 능력을 개발하는 내용이다. 훈련 프로그램을 이수한 지 7개월이 지난 후, 17개 기업을 대상으로 조사한 결과 훈련 프로그램에 참여했던 직원은 그렇지 않은 직원보다 스트레스에 대처할 수 있는 역량을 더 가지게 되었고 긴장으로 인한 증상도 적게 느끼는 것으로 나타났다.[106]

두 번째 방안은 직원이 여러 가지 직무를 수행하면서 겪는 스트레스성 요구를 스스로 관리하고 균형을 유지할 수 있도록 기업이 직원에게 여러 가지 지원 시책을 제공하는 것이다.[107] 예를 들어 대부분의 조직에서는 직원이 휴식을 취하고 신체적, 인지적, 정서적 에너지를 재충전할 수 있도록 이따금 휴식을 취하도록 허용한다. 사실, 연구자들은 직원이 선호하는 활동에 참여할 수 있도록 허용하고 교대 근무 시간보다 일찍 휴식을 취하는 경우, 휴식이 이러한 에너지를 회복하는 데 더 좋다는 사실을 발견했다.[108] 〈표 5-4〉는 기업이 실제로 사용하는 다양한 시책의 활용 빈도와 비율을 보여 준다.[109]

첫 번째 지원 시책은 근무시간 자유선택제도, 또는 탄력근무제도이다. 이 제도는 조사 대상 기업의 56%가 시행하고 있다. 이 제도는 직원이 하루 정해진 시간을 일하되 출퇴근 시간을 일

표 5-4 기업이 시행하는 지원 제도

지원 제도	소기업 채택 비율	중기업 채택 비율	대기업 채택 비율
탄력근무제	57%	56%	56%
부분 재택근무제	36%	33%	43%
압축근무제	27%	30%	41%
회사에 아이 동반	43%	25%	18%
전일 재택근무제	14%	18%	24%
수유 시간 허용	8%	20%	28%
회사 어린이 집	1%	3%	13%
어린이집 비용 지원	0%	1%	11%

출처: Adapted from M.E. Burke, *2005 Benefits Survey Report* (Alexandria, VA: Society of Human Resource Management Research Department, 2005).

정 범위 내에서 각 개인이 자유롭게 조정하도록 허용하는 제도이다. 탄력근무제도는 직원들이 스트레스성 요구를 직장 밖에서 처리할 수 있도록 해서 근무 중 스트레스성 요구에 대해 걱정을 할 필요가 없다. 연구자들은 직원이 가끔 탄력근무제도를 사용하는 것이 상당히 도움이 되지만 만성적으로 탄력근무제도에 의존하면 업무를 완료하는 데 방해가 될 수 있으며 아마도 스트레스성 요구를 증가시킬 수 있다는 사실을 발견했다.[110] 또 다른 사례로 조사 대상 기업의 37%가 부분 재택근무제를 허용하고 있다. 직원들에게 집 또는 인터넷 접속이 가능한 장소에서 일함으로써 스트레스성 요구에 대처하기에 더 나은 환경을 가질 수 있다. 압축근무제는 전체 조사 대상 기업의 약 1/3이 채택한 제도이다. 이것은 정규 직원이 일주일 중 며칠 동안은 초과근무를 하고 그만큼 다른 어떤 날에 짧게 근무하건 쉴 수 있도록 하는 제도이다. 탄력근무제, 재택근무제, 압축근무제는 직원들에게 직장 내와 직장 외 두 가지 역할 요구를 관리할 수 있게 한다. 이 시책들은 스트레스 관리를 촉진하는 것뿐 아니라 다른 점에서도 많은 장점이 있는 것으로 나타났다. 제록스, 코닝, UPS 등 여러 회사에서 이러한 시책을 채택함으로써 생산성, 혁신, 결근 및 이직 관리 등에서 개선 효과가 나타났다.[111] 게다가 이러한 시책이 실제로 사용하는 직원에게 다양한 이점을 제공하지만, 이러한 시책이 있다는 사실만으로도 직원의 직무 태도와 몰입도를 높이는 데 도움이 될 수 있다는 증거도 있다.[112]

이러한 이점에도 불구하고, 회사는 어려울 때나 직원 간 상호작용을 증가시켜야 하는 특수 상황에서는 이러한 지원 시책을 중단하기도 한다. 예를 들어 새로 임명된 야후의 CEO 마리사 메이어(Marissa Mayer)는 직원 생산성을 증진시키고 직원 간의 보다 높은 대면 협업을 장려하기 위해 재택근무제도를 중단시켰다.[113] 마지막으로 관리자는 직원이 이러한 지원 시책들을 사용하는 것은 조직몰입이 낮은 탓이라고 생각하게 되고, 따라서 이런 시책을 사용하는 직원은 보수 인상 및 승진 기회가 적을 가능성이 높다는 사실을 주의해야 한다.[114] 아마도 이것이 직원들이 지원 시책을 잘 활용하지 않는 이유일 것이다.[115]

긴장 줄이기

스트레스 요인을 관리하는 다른 대안으로, 많은 기업이 긴장을 줄이는 시책을 사용한다.[116] 긴장을 줄이는 한 가지 방법은 이완 기술 훈련이다. 여기에는 최신 근육 이완법, 명상, 그리고 걷기, 일기 쓰기, 심호흡 등 여러 가지 정적 활동이 포함된다.[117] 이러한 이완 기술은 서로 다르지만, 기본 아이디어는 동일하다. 즉, 이를 통해 심장박동과 호흡 및 혈압을 안정시키는 활동에 몰입함으로써 스트레스 요인의 효과를 상쇄시키고 억제하는 방법을 배운다.[118] 상대적으로 간단한 이완 기술의 사례로, 내과의사이며 보스톤의 마인드/바디(Mind/Body) 의학연구소장인 허버트 벤슨(Herbert Benson)은 스트레스를 받고 있는 사람은 하루에 한두 번 10~20분 동안 어떤 단어, 소리, 기도, 문구, 또는 동작을 반복하라고 추천한다. 그리고 그 시간 동안에는 마음속에 떠오르는 다른 생각을 철저하게 무시해야 한다고 제안한다.[119] 또 다른 예로, 직장에서 받은 스트레스로 온몸이 마비가 된 시장조사기관의 CEO인 나오미 핸더슨(Naomi Henderson)의 경우를 생각해 보라. 다행히 핸더슨은 "멘탈 에어로빅"으로 긴장을 줄이는 방법을 배우도록 도와준 의사의 치료를 받은 후에야 회복되었다. 멘탈 에어로빅은 매시간 스트레칭과 심호흡을 하고, 에너지 보충을 위해 짧은 낮잠을 자고, 그리고 부당한 스트레스성 요구에 정중하게 거절하는 법을 배운다.[120] 마지막 예로, 테네시의 블루크로스 블루쉴드(BlueCross BlueShield) 의료보험조합에서는 경기 침체로 인한 재정적 불확실성과 관련된 스트레스를 줄이기 위해 전체 직원 4,500명 중 1/5에게 생체자기제어(biofeedback) 기술을 사용하여 교육했다.[121] 이 훈련은 심장 모니터와 소프트웨어를 사용하여 불안한 감정 상태에서 보다 긍정적인 상태로 전환하여 불규칙한 심장박동을 규칙적인 상태로 바꾸는 방법을 배우도록 도와준다. 이 훈련은 분명히 효과가 있었다. 훈련 프로그램에 대한 예비 평가에서 생체자기제어 훈련을 받은 직원이 훈련 전과 비교해서 피로와 불안감이 덜하다고 보고했다.

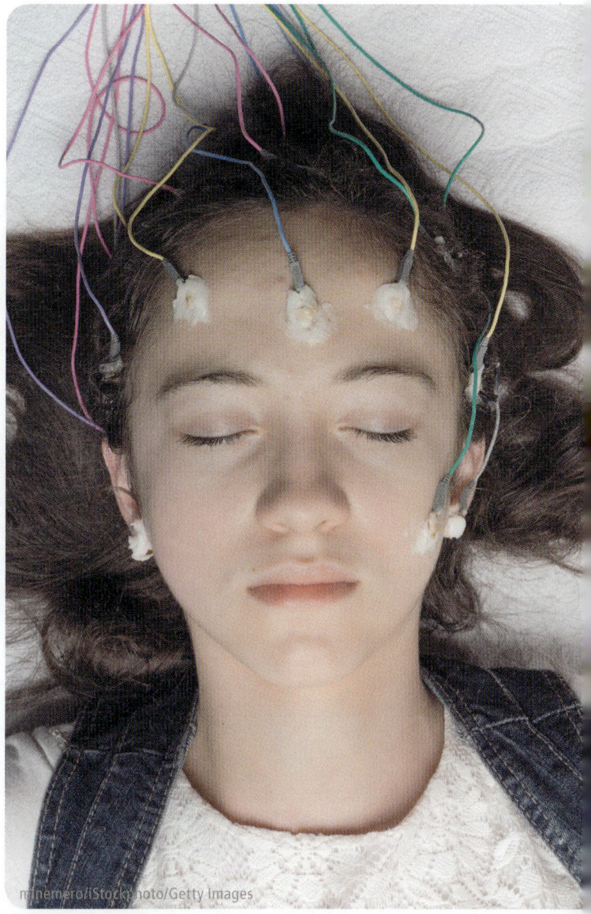

사람들은 생체자기제어 기술을 사용하여 긴장을 줄이는 방법을 배울 수 있다.

두 번째 긴장-감소 시책 중에는 인지-행동 기술이 있다. 일반적으로 이러한 기술은 사람들이 보다 합리적인 방식으로 스트레스 요인을 진단하고 대처하도록 돕는다.[122] 주변에는 어떤 일을 실제 보다 더 과장해서 받아들이는 사람이 가끔 있다. 스트레스 요인도 아주 심각하게 말할 뿐 아니라 일에 대해서도 목표대로 잘 안될 것이라고 성급하게 부정적인 결말을 내리면서 마치 금방 파멸과 재앙이 닥칠 것 같이 걱정하는 사람이 있다. 이런 사람을 알고 있으면 인지-행동 훈련을 추천할만하다. 이 훈련에는 자기대화(self-talk)라는 기법이 있는데, 스트레스성 요구에 대해 합리적이고도 낙관적인 관점에서 말하는 것을 배우는 것이다. 훈련을 받고 나서 이 사람은 스트레스성 요구에 접하면 "이 요구는 그렇게 심각한 것이 아니다. 내가 조금만 열심히 하면 충분히 완수할 수 있다"고 생각하게 된다. 또한 인지-행동 훈련은 일반적으로 스트레스성 요구에 효과적으로 대처하는 도구들에 대한 학습도 포함되어 있다. 즉, 자기대화 기법 외에도 각 스트레스성 요구의 우선순위를 정하고, 시간을 관리하며, 요구 사항에 대해 소통하고, 지원을 요청하는 방법을 배운다.[123] 이러한 유형의 훈련의 예로, 텍사스에 위치한 프리스케일(Freescale Semiconductor Inc.)사는 6,000명의 직원에게 같은 목표를 공유하고 있지 않은 다른 부서의 팀원과 상호작용할 때 발생하는 스트레스 상황을 만났을 때 활력 있게 대처하는 방법을 훈련시킨다.[124] 이 훈련은 직원들에게 스트레스가 많은 회의를 위한 계획 및 사회적 지원을 활용하는 전략을 가르쳐, 직원이 스트레스에 대처하기 위해 문제-초점 대처 방법을 사용할 수 있는 능력을 제공한다.

긴장-감소 시책의 세 번째 범주에는 건강 및 웰빙 프로그램이 포함된다. 예를 들어 한 설문조사에 참여한 기업의 거의 3/4이 알코올이나 다른 중독과 같은 개인적인 문제가 있는 사람을 돕기 위한 직원 지원 프로그램을 갖고 있다고 보고했다. 조사 대상 중 60%가 넘는 기업이 직원들에게 웰빙 프로그램과 다른 다양한 건강관리 시책을 제공하고 있었다. 이러한 프로그램과 시책들의 성격은 기업마다 크게 다르지만, 일반적으로 건강검진(혈압, 콜레스테롤 수치, 폐기능)과 건강 관련 교육과 정보를 포함하는 포괄적인 노력이다. 직원들의 긴장을 줄이기 위한 건강 및 웰빙 프로그램의 다른 예로는 금연 프로그램, 회사 내 피트니스 센터, 또는 외부 피트니스 센터 회원권 제공, 그리고 체중 감량 및 영양 관리 프로그램 등이 있다.[125] 오늘날, 운동을 권장하고 지원하는 건강 및 웰빙 프로그램이 증가하고 있는 추세이다. 예를 들어 포춘지 선정 100대 기업 중 하나인 건강관리 회사 Humana는 켄터키 루이스빌에 있는 본사 직원 8,500명에게 시내 전역에 있는 키오스크에서 자전거를 무료로 빌릴 수 있는 프로그램을 운영했다.[126] 또 다른 예로, 시카고에 있는 세무, 회계감사 및 컨설팅 업체 Grant Thornton은 직원들에게 운동을 장려하면서 직원 230명이 마라톤 연습과 대회 참가에 $200,000 이상을 지출하였다. 또한 직원의 마라톤대회나 걷기대회 참가비를 매년 세 번까지 지원하고 50개 지점에 달리기 모임을 결성하였다.[127] 소진, 우울증과 같은 긴장으로 신체 활동이 감소될 수 있기 때문에 운동에 투자하는 것은 일리가 있다. 특히 운동은 소진을 느끼는 직원이 우울증으로 이어지고 이는 다시 소진으로 이어지는 악순환을 예방할 수 있다. 그러나 이러한 노력이 실제로 얼마나 좋은 성과를 가져오는가?[128] 엘엘빈(L.L.Bean)은 직원 약 5,000명을 대상으로 건강 진단, 건강 코칭, 그리고 회사 내 피트니스 센터와 영양 관리 프로그램을 포함한 포괄적인 건강 프로그램을 시작했고, 회사는 이러한 투자 비용을 1년 만에 회수하였고 직원 1인당 거의 $400의 의료 비용을 절감했다.[129]

요점 정리

5.1 스트레스는 개인에게 특정한 이해관계가 있고 개인의 능력이나 자원에 부담을 주거나 초과하는 요구에 대한 심리적 반응이라고 정의할 수 있다. 스트레스 요인은 스트레스를 발생시키는 요인이며, 긴장은 자신의 한계나 능력을 초과하는 요구를 받았을 때 발생하는 부정적인 결과이다.

5.2 스트레스 요인은 성장과 성취를 위한 기회로 인식되는 도전적 스트레스 요인과, 목표 달성에 지장을 초래한다고 인식되는 장애 스트레스 요인의 두 가지 일반적인 유형로 나타난다. 이 두 스트레스 요인은 업무 영역과 비업무 영역 모두에서 존재한다.

5.3 스트레스에 대한 대처는 두 가지 목표 중 하나를 처리하는 생각과 행동이다: 스트레스성 요구를 처리하거나 스트레스성 요구와 관련한 감정적 불편을 감소시키는 것이다.

5.4 A형 행동 유형에 있어서 개인적 차이는 스트레스를 경험하는데 세 가지 방식으로 영향을 미친다. A유형 행동의 사람은 스트레스를 더 잘 받고, 더 많은 요구를 스트레스성 요구라고 평가하며, 더 많은 긴장을 경험하는 경향이 있다.

5.5 스트레스의 영향은 스트레스 요인의 유형에 따라 다르다. 장애 스트레스 요인은 직무성과와 약한 부(-)의 상관관계를, 그리고 조직몰입과는 강한 부(-)의 상관관계를 갖는다. 대조적으로, 도전적 스트레스 요인은 직무성과와 약한 정(+)의 상관관계를, 조직몰입과는 보통 정도의 정의 상관관계를 갖는다.

5.6 직원 스트레스와 관련된 높은 비용 때문에 기업들은 다양한 시책을 사용하여 스트레스를 진단하고 관리한다. 이러한 시책들의 내용은 대체로 스트레스 요인을 직접 감소 또는 제거하고, 직원이 스트레스에 대처하거나, 긴장을 줄이는데 도움을 줄 수 있는 지원시책들에 초점이 맞춰져 있다.

핵심 용어

- 1차 진단
- 2차 진단
- A형 행동 유형
- 가족과 지내기 요구
- 감정적 지원
- 감정-초점 대처
- 긍정적 생애 사건
- 긴장
- 대처
- 도전적 스트레스 요인
- 문제-초점 대처
- 부정적 생애 사건
- 사회적 지원
- 소진
- 수단적 지원
- 스트레스
- 스트레스의 교류 모형
- 스트레스 요인
- 시간 압박
- 양성 직무요구
- 업무의 복잡성
- 업무의 책임성
- 역할 갈등
- 역할 과부하
- 역할 모호성
- 인지적 대처
- 일상의 문제
- 자기 개발
- 장애 스트레스 요인
- 재무적 불확실성
- 직장-가정 갈등
- 행동적 대처
- 회복

토론 질문

5.1 이 장을 학습하기 전에, 스트레스를 어떻게 정의했었는가? 당신이 스트레스를 정의한 내용은 스트레스 요인, 스트레스 과정, 긴장, 또는 이 중 몇 개를 포함하였는가?

5.2 당신이 꿈꾸는 직업을 설명하고 그 직무와 관련하여 예상되는 스트레스 요인의 유형을 나열해 보라. 가장 중요한 장애 스트레스 요인을 제거하기 위해 보수 중 얼마를 포기할 것인가? 왜 그런가?

5.3 졸업 후 여러 개의 직업을 제안받았다면 당신이 선택하지 않은 직업들의 도전적 스트레스 요인의 수준이 당신이 선택한 직업을 결정하는 데 어느 정도 영향을 끼쳤는가? 왜 그런가?

5.4 당신의 스트레스 대처 능력이 어느 정도라고 진단하는가? 이 장을 학습하였으므로 당신이 효과적으로 스트레스를 다루는 능력을 개선하기 위해 무엇을 할 수 있는가?

5.5 만약 장애 스트레스 요인이 많은 조직에서 사람을 관리해봤다면, 직원이 (감정-초점 대응과 반대인) 문제-초점 대처 전략을 사용하여 스트레스 요인에 대처할 수 있도록 돕기 위해 어떤 조치를 할 수 있는가?

사례: 제너럴 모터스

대부분의 대기업과 마찬가지로 GM은 직원의 건강과 웰빙이 회사의 성공에 매우 중요하다는 사실을 잘 알고 있다. 건강한 직원은 더 행복하고 생산적이며 결근이 줄고 의료 비용이 더 적게 드는 경향이 있다. 이러한 인식에 부응하고, 또한 직원을 돌보는 것이 올바른 일이기 때문에 GM은 다양한 건강 관련 혜택과 프로그램을 제공한다.

한 예로 GM은 직원, 퇴직자, 배우자 및 피부양자를 위한 웰빙 프로그램인 LifeSteps를 제공한다. LifeSteps의 핵심은 건강 교육 주제에 대한 뉴스레터, 건강 조언을 위한 간호사의 24시간 무료 액세스 및 건강 평가로 구성된다. 건강 진단은 무엇보다도 행동 위험(예: 운동량, 흡연, 수면 및 알코올 소비), 생체 인식 위험(예: 혈압, 콜레스테롤 및 HDL 수치) 및 태도 위험(예: 스트레스, 삶의 만족도, 전반적인 신체 건강)을 측정한다. 건강 진단에 대한 응답은 질병 발병 가능성의 추정치를 도출하는 데 사용된다. 참가자에게는 진단 결과와 특정 위험을 완화할 수 있는 방법에 대한 제안이 제공된다. 그 프로그램에 대한 연구는 프로그램이 후속적인 위험 상태와 건강을 향상시킨다는 것을 보여 주었다.

또 다른 예로 GM은 업무와 관련된 반복적인 동작으로 인해 자주 발생하는 부상을 대상으로 하는 프로그램을 테스트했다. 반복적으로 구부리기, 쪼그리고 앉기, 비틀기, 손을 뻗는 동작으로 인한 긴장은 고통스럽고 삶의 질을 떨어뜨리며 경력을 단축시킬 수 있다. 또한 이러한 부상은 생산성을 저해하고 결근 및 값비싼 산재 보상 청구를 초래한다. Work-Fit이라는 프로그램에는 직원들이 작업현장에서 일하는 동안 모니터링하는 트레이너가 포함됩니다. 트레이너는 직원이 무언가를 들어 올릴 때 무릎을 굽히거나 부품을 부착하기 위해 도구를 사용하는 동안 팔꿈치가 바깥쪽을 향하도록 뻗는 것과 같이 직원이 잘못된 행동을 하는 것을 볼 때 신체에 스트레스를 덜 주는 방식으로 활동을 수행하는 방법에 대한 지침을 제공한다.

또한 Work-Fit 트레이너는 신체 역학 및 자기 관리에 대해 가르치고 작업 전 워밍업 스트레칭을 실시한다. GM의 미국 작업장 안전 관리자인 매트 세드라릭은 Work-Fit 프로그램이 직원들이 스스로를 산업 운동 선수로 생각하도록 장려하며 지금까지 관찰된 긍정적인 결과는 비용을 정당화하는 것 이상이라고 말한다.

5.1 LifeSteps 프로그램을 직원 건강 및 웰빙 관리에 대한 사전 예방적 접근 방식인가? 아니면 사후적 접근 방식이라고 생각하는가? 왜 그렇게 생각하는지 설명하라. Work Fit 프로그램에 대해서도 답하라.

5.2 언급한 바와 같이 GM은 직원의 건강과 웰빙이 성공에 매우 중요하다는 사실을 인식하고 있다. 그렇다면 GM이 직원의 배우자와 피부양자에게 LifeSteps를 제공하는 이유는 무엇인가?

5.3 이 장에서 설명하는 스트레스 과정의 관점에서 육체적 긴장과 Work-Fit 프로그램을 어떻게 이해할 수 있는가?

출처: CNN Editorial Research, "General Motors Fast Facts," *CNN*, January 14, 2012; N.E. Boudette and C. Davenport, "GM Will Sell Only Zero-Emission Vehicles by 2035," *The New York Times*, January 28, 2021; T. Krisher, "GM to Slash up to 14,000 jobs in North America; 7 Plants Could Close as Part of Restructuring," *Chicago Tribune*, November 26, 2018; E.A. McGlynn, T. McDonald, L. Champagne, B. Bradley, and W. Walker, "A Business Case for a Corporate Wellness Program: A Case Study of General Motors and the United Auto Workers Union," *The Commonwealth Fund* (Report #612), April 2003; N. Naughton, "GM Uses Smart Manufacturing to Save Time, Money," *Detroit News*, July 4, 2018; J.L. LaReau, "This Woman Eyeballs GM Workers, Then Helps Them Get Fit," *Detroit Free Press*, January 31, 2020.

예제: 스트레스 관리하기

이 예제의 목표는 긴장을 줄이기 위해 스트레스를 관리하는 방법을 탐색하는 것이다. 이 예제는 모둠 활동으로 진행되기에, 강의자가 모둠을 만들어 주거나 학습자들이 직접 모둠을 만들어야 한다. 이 예제는 다음과 같은 단계로 진행된다.

5.1 스트레스를 관리하는 한 가지 방법은 직장에서 경험하는 장애 스트레스 요인을 감소시키는 방법을 찾는 것이다. 모둠에서 자신이 최근 경험하고 있는 장애 스트레스 요인에 대해 기술한다. 각 학생은 첨부된 표를 사용하여 가장 중요한 장애 스트레스 요인 두세 가지를 설명해야 한다. 다른 학생들은 그 스트레스 요인을 감소시키거나 완화시키기 위한 전략을 제안해야 한다.

구분	경험한 장애 스트레스 요인	스트레스 요인 관리 방안
역할 갈등		
역할 모호성		
역할 과부하		
일상의 문제들		

5.2 스트레스를 관리하는 다른 방법은 일-삶의 균형을 개선하는 것이다. 아래 파이 그래프는 하루 일과를 학교, 직장, 개인휴식, 친구와의 시간, 가족과의 시간의 다섯 가지 유형의 활동으로 구분하는 방법을 나타낸다. 각자의 파이 그래프를 현재의 실제 상황과 당신이 원하는 상황의 두 가지 버전으로 그려라. 그런 다음 다른 학생들은 필요한 삶의 변화를 만들기 위한 전략을 제안해야 한다.

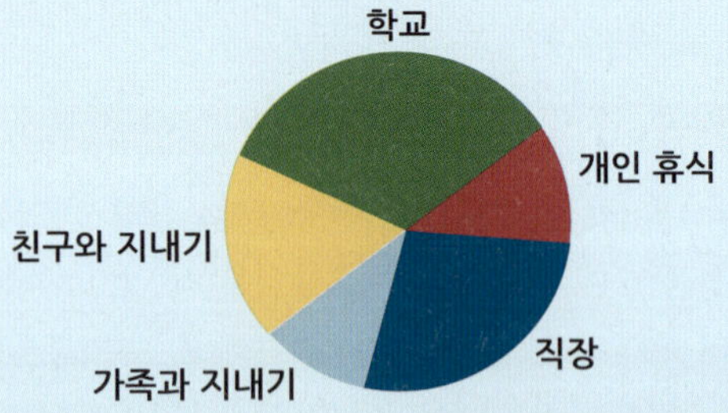

5.3 스트레스를 관리하는 세 번째 방법은 강인함을 기르는 것이다. 강인함은 정신적 육체적 건강으로서 스트레스로 인해 긴장이 발생하는 것을 방지하는 완충 역할을 할 수 있다. 아래 표에는 당신의 강인함을 진단하는 데 도움이 될수 있는 질문이 나열되어 있다. 각 질문에 대

한 답변을 주제로 토론하라. 그런 다음 다른 학생들의 도움을 받아 그 강인함을 높이는 방법에 대해 브레인스토밍하라.

구분	강인함 요인	요인의 개선 방안
이완	책을 읽거나, 음악을 듣거나, 명상을 하거나, 취미 생활을 하는 데 충분한 시간을 보내는가?	
운동	심혈관 운동, 근력 운동, 유연성 운동을 하는 데 충분한 시간을 할애하는가?	
식단 조절	건강하게 먹고 지방이 많은 음식을 피하여 식단을 적절하게 관리하고 있는가?	

출처: Adapted from D. Marcic, J. Seltzer, and P. Vail, *Organizational Behavior: Experiences and Cases* (Cincinnati, OH: South-Western, 2001).

5.4 두 가지 이슈에 대해 집중하여 학급 토론(모둠별 또는 학급 전체)하라. 첫째, 스트레스 관리는 시간이 많이 요구되며 특히 두 번째 단계(스트레스 요인 줄이기)와 세 번 째 단계(스트레스 감소 시책 지원)가 그렇다. 이러한 이유가 스트레스 관리 전략을 비효율적으로 만드는가? 비효율적이라고 생각하는 이유는 무엇인가?, 효율적이라고 생각하는 이유는 무엇인가? 둘째, 이 장의 OB 진단지 평가에서 A형 행동 유형 점수를 생각해 보라. 만약 A형 유형에 대해 높은 점수를 받는 경우 이러한 전략이 더 중요한가? 아니면 덜 중요한가?

미주

5.1 Miller, J., and M. Miller. "Get a Life!" *Fortune*, November 28, 2005, pp. 109–24, www.proquest.com (March 27, 2007).

5.2 Sauter, S.; L. Murphy; M. Colligan; N. Swanson; J. Hurrell Jr.; F. Scharf Jr.; R. Sinclair; P. Grubb; L. Goldenhar; T. Alterman; J. Johnston; A. Hamilton; and J. Tisdale. *Stress at Work*, DHHS (NIOSH) Publication No. 99-101. Cincinnati, OH: U.S. Department of Health and Human Services, Public Health Service, Centers for Disease Control and Prevention, National Institute for Occupational Safety and Health, 1999.

5.3 Johnson, S.R., and L.D. Eldridge. *Employee-Related Stress on the Job: Sources, Consequences, and What's Next*, Technical Report #003. Rochester, NY: Genesee Survey Services Inc., 2004.

5.4 Lazarus, R.S., and S. Folkman. *Stress, Appraisal, and Coping*. New York: Springer, 1984.

5.5 Bliese, P.D.; J.R. Edwards; and S. Sonnentag. "Stress and Well-Being at Work: A Century of Empirical Trends Reflecting Theoretical and Societal Influences." *Journal of Applied Psychology* 102 (2017), pp. 389–402.

5.6 Lazarus, R.S., and S. Folkman. *Stress, Appraisal, and Coping*. New York: Springer, 1984.

5.7 Lazarus, R.S., and S. Folkman. *Stress, Appraisal, and Coping*. New York: Springer, 1984.

5.8 LePine, M.A.; Y. Zhang; E.R. Crawford; and B.L. Rich. "Turning Their Pain to Gain: Charismatic Leader Influence on Follower Stress Appraisal and Job Performance." *Academy of Management Journal* 59 (2016), pp. 1036–59.

5.9 LePine, J.A.; M.A. LePine; and C.L. Jackson. "Challenge and Hindrance Stress: Relationships with Exhaustion, Motivation to Learn, and Learning Performance." *Psychology* 89 (2004), pp. 883–91; LePine, J.A.; N.P. Podsakoff; and M.A. LePine. "A Meta-Analytic Test of the Challenge Stressor–Hindrance Stressor Framework: An Explanation for Inconsistent Relationships among Stressors and Performance." *Academy of Management Journal* 48 (2005), pp. 764–75; Podsakoff, N.P.; J.A. LePine; and M.A. LePine. "Differential Challenge Stressor–Hindrance Stressor Relationships with Job Attitudes, Turnover Intentions, Turnover, and Withdrawal Behavior: A Meta-Analysis." *Journal of Applied Psychology* 92 (2007), pp. 438–54.

5.10 Rodell, J.B., and T.A. Judge. "Can 'Good' Stressors Spark 'Bad' Behaviors? The Mediating Role of Emotions in the Links of Challenge and Hindrance Stressors with Citizenship and Counterproductive Behaviors." *Journal of Applied Psychology* 94 (2009), pp. 1438–51.

5.11 Cavanaugh, M.A.; W.R. Boswell; M.V. Roehling; and J.W. Boudreau. "An Empirical Examination of Self-Reported Work Stress Among U.S. Managers." *Journal of Applied Psychology* 85 (2000), pp. 65–74.

5.12 LePine, J.A.; M.A. LePine; and J.R. Saul. "Relationships Among Work and Non- Work Challenge and Hindrance Stressors and Non-Work and Work Criteria: A Theory of Cross-Domain Stressor Effects." In *Research in Occupational Stress and Well Being*, ed. P.L. Perrewé and D.C. Ganster. San Diego: JAI Press/Elsevier, 2006, pp. 35–72.

5.13 Kahn, R.; D. Wolfe; R. Quinn; J. Snoek; and R.A. Rosenthal. *Organizational Stress: Studies in Role Conflict and Ambiguity*. New York: Wiley, 1964; Pearce, J. "Bringing Some Clarity to Role Ambiguity Research." *Academy of Management Review* 6 (1981), pp. 665–74.

5.14 Kahn, R.; D. Wolfe; R. Quinn; J. Snoek; and R.A. Rosenthal. *Organizational Stress: Studies in Role Conflict and Ambiguity*. New York: Wiley, 1964; Rizzo, J.R.; R.J. House; and S.I. Lirtzman. "Role Conflict and Ambiguity in Complex Organizations." *Administrative Science Quarterly* 15 (1970), pp. 150–63.

5.15 Ritter, K.J.; R.A. Matthews; M.T. Ford; and A.A. Henderson. "Understanding Role Stressors and Job Satisfaction over Time Using Adaptation Theory." *Journal of Applied Psychology* 101 (2016), pp. 1655–69.

5.16 Kahn, R.; D. Wolfe; R. Quinn; J.

Snoek; and R.A. Rosenthal. *Organizational Stress: Studies in Role Conflict and Ambiguity*. New York: Wiley, 1964.

5.17 Narayanan, L.; S. Menon; and P. Spector. "Stress in the Workplace: A Comparison of Gender and Occupations." *Journal of Organizational Behavior* 20 (1999), pp. 63–74.

5.18 Miller, J., and M. Miller. "Get a Life!" *Fortune*, November 28, 2005, pp. 109–24, www.proquest.com (March 27, 2007).

5.19 Chamerlain, K., and S. Zika. "The Minor Events Approach to Stress: Support for the Use of Daily Hassles." *British Journal of Psychology* 18 (1990), pp. 469–81.

5.20 Mandel, M. "The Real Reasons You're Working So Hard ... and What You Can Do about It." *BusinessWeek*, October 3, 2005, pp. 60–67, www.proquest.com (accessed March 27, 2007).

5.21 Kahn, R.; D. Wolfe; R. Quinn; J. Snoek; and R.A. Rosenthal. *Organizational Stress: Studies in Role Conflict and Ambiguity*. New York: Wiley, 1964.

5.22 O'Connor, A. "Cracking Under Pressure? It's Just the Opposite for Some; Sick of Work—Last of Three Articles: Thriving Under Stress." *The New York Times*, September 10, 2004, p. 1, http://www.proquest.com (accessed March 27, 2007).

5.23 Schaubroeck, J.; D.C. Ganster; and B.E. Kemmerer. "Job Complexity, 'Type A' Behavior, and Cardiovascular Disorder: A Prospective Study." *Academy of Management Journal* 37 (1994), pp. 426–39.

5.24 McCall, M.W.; M.M. Lombardo; and A.M. Morrison. *The Lessons of Experience: How Successful Executives Develop on the Job*. Lexington, MA: Lexington Books, 1988.

5.25 Edwards, J.R., and R.V. Harrison. "Job Demands and Worker Health: Three-Dimensional Reexamination of the Relationships between Person-Environment Fit and Strain." *Journal of Applied Psychology* 78 (1993), pp. 628–48; French, J.R.P. Jr.; R.D. Caplan; and R.V. Harrison. *The Mechanisms of Job Stress and Strain*. New York: Wiley, 1982.

5.26 Abrahm, S. "From Wall Street to Control Tower." *The New York Times*, March 20, 2010, http://www.nytimes.com/2010/03/21/jobs/21preoccupations.html.

5.27 Neufeld, S. "Work- Related Stress: What You Need to Know" (n.d.), http://healthyplace.healthology.com/focus_article.asp?f5mental health&c5work_related_stress.

5.28 Hoobler, J.M.; S.J. Wayne; and G. Lemmon. "Bosses' Perceptions of Family–Work Conflict and Women's Promotability: Glass Ceiling Effects." *Academy of Management Journal* 52 (2009), pp. 939–57.

5.29 Crouter, A. "Spillover from Family to Work: The Neglected Side of the Work–Family Interface." *Human Relations* 37 (1984), pp. 425–42; Rice, R.W.; M.R. Frone; and D.B. McFarlin. "Work and Nonwork Conflict and the Perceived Quality of Life." *Journal of Organizational Behavior* 13 (1992), pp. 155–68.

5.30 Dahm, P.C.; T.M. Glomb; C. Flaherty Manchester; and S. Leroy. "Work-Family Conflict and Self- Discrepant Time Allocation at Work." *Journal of Applied Psychology* 100 (2015), pp. 767–92; Netemeyer, R.G.; J.S. Boles; and R. McMurrian. "Development and Validation of Work–Family Conflict and Family–Work Conflict Scales." *Journal of Applied Psychology* 81 (1996), pp. 400–10; Shockley, K.M., and T.D. Allen. "Deciding Between Work and Family: An Episodic Approach." *Personnel Psychology* 68 (2015), pp. 283–318.

5.31 Wayne, J.H.; M.M. Butts; W.J. Casper; and T.D. Allen. "In Search of Balance: A Conceptual and Empirical Integration of Multiple Meanings of Work–Family Balance." *Personnel Psychology* 70 (2017), pp. 167–210.

5.32 Nohe, C.; L.L. Meier; K. Sonntag; and A. Michel. "The Chicken or the Egg? A Meta-Analysis of Panel Studies of the Relationship Between Work–Family Conflict and Strain." *Journal of Applied Psychology* 100 (2015), pp. 522–36.

5.33 Ng, T.W.H., and D.C. Feldman. "The Effects of Organizational and Community Embeddedness on Work-to-Family and Family-to-Work Conflict." *Journal of Applied Psychology* 97 (2012), pp. 1233–51.

5.34 Cohen, S.; D.A. Tyrrell; and A.P. Smith. "Negative Life Events, Perceived Stress, Negative Affect, and Susceptibility to the Common Cold." *Journal of Personality and Social Psychology* 64 (1993), pp. 131–40.

5.35 Holmes, T.H., and R.H. Rahe. "The Social Readjustment Rating Scale." *Journal of Psychosomatic Research* 11 (1967), pp. 213–18; U.S. Department of Health and Human Services, Office of the Surgeon General. "Mental Health: A Report of the Surgeon General" (n.d.), http:// www.surgeongeneral.gov/library/mentalhealth/ home.html.

5.36 Frauenheim, E., and J. Marquez. "Reducing the Fear Factor." *Workforce Management*, November 18, 2008, pp. 17–22.

5.37 LePine, J.A.; M.A. LePine; and J.R. Saul. "Relationships Among Work and Non- Work Challenge and Hindrance Stressors and Non-Work and Work Criteria: A Theory of Cross-Domain Stressor Effects." In *Research in Occupational Stress and Well Being*, ed. P.L. Perrewé and D.C. Ganster. San Diego: JAI Press/Elsevier, 2006, pp. 35–72.

5.38 Lazarus, R.S., and S. Folkman. *Stress, Appraisal, and Coping*. New York: Springer, 1984.

5.39 Folkman, S.; R.S. Lazarus; C. Dunkel-Schetter; A. Delongis; and R.J. Gruen. "Dynamics of a Stressful Encounter: Cognitive Appraisal, Coping, and Encounter Outcomes." *Journal of Personality and Social Psychology* 50 (1986), pp. 992–1003.

5.40 Latack, J.C., and S.J. Havlovic. "Coping with Job Stress: A Conceptual Evaluation Framework for Coping Measures." *Journal of Organizational Behavior* 13 (1992), pp. 479–508.

5.41 Latack, J.C., and S.J. Havlovic. "Coping with Job Stress: A Conceptual Evaluation Framework for Coping Measures." *Journal of Organizational Behavior* 13 (1992), pp. 479–508.

5.42 Latack, J.C., and S.J. Havlovic. "Coping with Job Stress: A Conceptual Evaluation Framework for Coping Measures." *Journal of Organizational Behavior* 13 (1992), pp. 479–508.

5.43 Kahn, R.; D. Wolfe; R. Quinn; J. Snoek; and R.A. Rosenthal. *Organizational Stress: Studies in Role Conflict and Ambiguity*. New York: Wiley, 1964; Lazarus, R.S., and S. Folkman. *Stress, Appraisal, and Coping*. New York: Springer, 1984.

5.44 Latack, J.C., and S.J. Havlovic. "Coping with Job Stress: A Conceptual Evaluation Framework for Coping Measures." *Journal of Organizational*

Behavior 13 (1992), pp. 479–508.

5.45 Latack, J.C., and S.J. Havlovic. "Coping with Job Stress: A Conceptual Evaluation Framework for Coping Measures." *Journal of Organizational Behavior* 13 (1992), pp. 479–508.

5.46 Lazarus, R.S. "Progress on a Cognitive–Motivational– Relational Theory of Emotion." *American Psychologist* 46 (1991), pp. 819–34.

5.47 Daniels, C. "The Last Taboo: It's Not Sex. It's Not Drinking. It's Stress—and It's Soaring." *Fortune*, October 28, 2002, pp. 136–44, www.proquest.com (accessed March 27, 2007).

5.48 Miller, J., and M. Miller. "Get a Life!" *Fortune*, November 28, 2005, pp. 109–24, www.proquest.com (March 27, 2007).

5.49 Selye, H. The *Stress of Life*. New York: McGraw-Hill, 1976.

5.50 Cannon, W.B. "Stresses and Strains of Homeostasis." *American Journal of Medical Science* 189 (1935), pp. 1–14; Goldstein, D.L. *Stress, Catecholamines, & Cardiovascular Disease*. New York: Oxford University Press, 1995.

5.51 Kahn, R.L., and P. Byosiere. "Stress in Organizations." In *Handbook of Industrial and Organizational Psychology*, Vol. 4, ed. M.D. Dunette; J.M.R. Hough; and H.C. Triandis. Palo Alto, CA: Consulting Psychologists Press, 1992, pp. 517–650.

5.52 Defrank, R.S., and J.M. Ivancevich. "Stress on the Job: An Executive Update." *Academy of Management Executive* 12 (1998), pp. 55–66; Haran, C. "Do You Know Your Early Warning Stress Signals?" 2005, http:// abcnews.go.com/ Health/ Healthology/story?id=421825.

5.53 Stöppler, M.C. "High Pressure Work Deadlines Raise Heart Attack Risk" (n.d.), http://stress.about.com/ od/ heartdissease/a/ deadline.htm (accessed October 1, 2005).

5.54 Leitner, K., and M.G. Resch. "Do the Effects of Job Stressors on Health Persist over Time? A Longitudinal Study with Observational Stress Measures." *Journal of Occupational Health Psychology* 10 (2005), pp. 18–30.

5.55 Gonzalez-Mule, E., and B. Cockburn. "Worked to Death: The Relationships of Job Demands and Job Control with Mortality." *Personnel Psychology* 70 (2017), pp. 73–112.

5.56 Defrank, R.S., and J.M. Ivancevich. "Stress on the Job: An Executive Update." *Academy of Management Executive* 12 (1998), pp. 55–66; Haran, C. "Do You Know Your Early Warning Stress Signals?" 2005, http:// abcnews.go.com/ Health/ Healthology/story?id=421825.

5.57 Pines, A., and D. Kafry. "Occupational Tedium in the Social Services." *Social Work* 23 (1978), pp. 499–507.

5.58 ESPN.com. "Mentally Tired Favre Tells Packers His Playing Career Is Over," March 4, 2008, http://sports.espn.go.com/nfl/news/ story?id=3276034.

5.59 Packers.com. "Brett Favre Retirement Press Conference Transcript—March 6." March 6, 2008, http://packers.com.

5.60 Defrank, R.S., and J.M. Ivancevich. "Stress on the Job: An Executive Update." *Academy of Management Executive* 12 (1998), pp. 55–66.

5.61 Friedman, M., and R.H. Rosenman. *Type A Behavior and Your Heart*. New York: Knopf, 1974.

5.62 Ganster, D.C. "Type A Behavior and Occupational Stress. Job Stress: From Theory to Suggestion." *Journal of Organizational Behavior Management* 8 (1987), pp. 61–84.

5.63 Friedman, M., and R.H. Rosenman. *Type A Behavior and Your Heart*. New York: Knopf, 1974; Yarnold, P.R., and F.B. Bryant. "A Note on Measurement Issues in Type A Research: Let's Not Throw Out the Baby with the Bath Water." *Journal of Personality Assessment* 52 (1988), pp. 410–19.

5.64 Abush, R., and E.J. Burkhead. "Job Stress in Midlife Working Women: Relationships Among Personality Type, Job Characteristics, and Job Tension." *Journal of Counseling Psychology* 31 (1984), pp. 36–44; Dearborn, M.J., and J.E. Hastings. "Type A Personality as a Mediator of Stress and Strain in Employed Women." *Journal of Human Stress* 13 (1987), pp. 53–60; Howard, J.H.; D.A. Cunningham; and P.A. Rechnitzer. "Role Ambiguity, Type A Behavior, and Job Satisfaction: Moderating Effects on Cardiovascular and Biochemical Responses Associated with Coronary Risk." *Journal of Applied Psychology* 71 (1986), pp. 95–101.

5.65 Debus, M.E.; Sonnentag, S.; W. Deutsch; and F.W. Nussbeck. "Making Flow Happen: The Effects of Being Recovered on Work- Related Flow Between and Within Days." *Journal of Applied Psychology* 99 (2014), pp. 713–22; Meijman, T.F., and G. Mulder. "Psychological Aspects of Workload." In *Handbook of Work and Organizational Psychology: Vol 2*. Work Psychology, ed. P.J.D. Drenth and H. Theirry. Hove, UK: Psychology Press, 1998, pp. 5–33; Sonnentag, S. "Work, Recovery Activities, and Individual Well- Being: A Diary Study." *Journal of Occupational Health Psychology* 6 (2001), pp. 196–210; Sonnentag, S. "Recovery, Work Engagement and Proactive Behaivor: A New Look at the Interface between Nonwork and Work." *Journal of Applied Psychology* 88 (2003), pp. 518–28; Sonnentag, S.; E.J. Mojza.; E. Demerouti; and A.B. Bakker. "Reciprocal Relations Between Recovery and Work Engagement: The Moderating Role of Job Stressors." *Journal of Applied Psychology* 97 (2012), pp. 842–53; Sonnentag, S., and F.R. H. Zijlstra. "Job Characteristics and Off-Job Activities as Predictors of Need for Recovery, Well-Being, and Fatigue." *Journal of Applied Psychology* 91 (2006), pp. 330–50.

5.66 Brummelhuis, L.L., and A.B. Bakker. "Staying Engaged During the Week: The Effect of Off-Job Activities on Next Day Work Engagement." *Journal of Occupational Health Psychology* 17 (2012), pp. 445–55.

5.67 Barnes, C.M.; S. Ghumman; and B.A. Scott. "Sleep and Organizational Citizenship Behavior: The Mediating Role of Job Satisfaction." *Journal of Occupational Health Psychology* 18 (2013), pp. 116–26; Litwiller, B.; L. Anderson Snyder; W.D. Taylor; and L.M. Steele. "The Relationship Between Sleep and Work: A Meta-Analysis." *Journal of Applied Psychology* 201 (2017), pp. 682–99; Wagner, D.T.; C.M Barnes; V.K.G. Lim; and D.L. Ferris. "Lost Sleep and Cyberloafing: Evidence from Laboratory and a Daylight Saving Time Quasi-Experiment." *Journal of Applied Psychology* 97 (2012), pp. 1068–76.

5.68 Cooper, C.L.; P.J. Dewe; and M.P. O'Driscoll. *Organizational Stress*. Thousand Oaks, CA: Sage, 2001.

5.69 Fusilier, M.R.; D.C. Ganster; and B.T. Mayes. "Effects of Social Support, Role Stress, and Locus of Control on Health." *Journal of Management* 13 (1987), pp.

517–28.

5.70 Nahum-Shani, I., and P.A. Bamberger. "Explaining the Variable Effects of Social Support on Work-Based Stressor-Strain Relations: The Role of Perceived Pattern of Support Exchange." *Organizational Behavior and Human Decision Processes* 114 (2011), pp. 49–63.

5.71 Zhang, Y.; J.A. LePine; B. R. Buckman; and F. Wei. "It's Not Fair ... Or Is It? The Role of Justice and Leadership in Explaining Work Stressor–Job Performance Relationships." *Academy of Management Journal* 57 (2014), pp. 675–97.

5.72 Jayaratne, S.; T. Tripodi; and W.A. Chess. "Perceptions of Emotional Support, Stress, and Strain by Male and Female Social Workers." *Social Work Research and Abstracts* 19 (1983), pp. 19–27; Kobasa, S. "Commitment and Coping in Stress Among Lawyers." *Journal of Personality and Social Psychology* 42 (1982), pp. 707–17; LaRocco, J.M., and A.P. Jones. "Co-Worker and Leader Support as Moderators of Stress–Strain Relationships in Work Situations." *Journal of Applied Psychology* 63 (1978), pp. 629–34.

5.73 Kahn, R.L., and P. Byosiere. "Stress in Organizations." In *Handbook of Industrial and Organizational Psychology*, Vol. 4, ed. M.D. Dunette; J.M.R. Hough; and H.C. Triandis. Palo Alto, CA: Consulting Psychologists Press, 1992, pp. 517–650.

5.74 Nohe, C.; L.L. Meier; K. Sonntag; and A. Michel. "The Chicken or the Egg? A Meta-Analysis of Panel Studies of the Relationship Between Work-Family Conflict and Strain." *Journal of Applied Psychology* 100 (2015), pp. 522–36.

5.75 LePine, J.A.; N.P. Podsakoff; and M.A. LePine. "A Meta-Analytic Test of the Challenge Stressor–Hindrance Stressor Framework: An Explanation for Inconsistent Relationships among Stressors and Performance." *Academy of Management Journal* 48 (2005), pp. 764–75.

5.76 Cohen, S. "After Effects of Stress on Human Performance and Social Behavior: A Review of Research and Theory." *Psychological Bulletin* 88 (1980), pp. 82–108; Crawford, E.R.; J.A. LePine; and B.L. Rich. "Linking Job Demands and Resources to Employee Engagement and Burnout: A Theoretical Extension and Meta-Analytic Test." *Journal of Applied Psychology* 95 (2010), pp. 834–48.

5.77 Meier, L.L., and P.E. Spector. "Reciprocal Effects of Work Stressors and Counterproductive Work Behavior: A Five Wave Longitudinal Study." *Journal of Applied Psychology* 98 (2013), pp. 529–39.

5.78 Podsakoff, N.P.; J.A. LePine; and M.A. LePine. "Differential Challenge Stressor– Hindrance Stressor Relationships with Job Attitudes, Turnover Intentions, Turnover, and Withdrawal Behavior: A Meta- Analysis." *Journal of Applied Psychology* 92 (2007), pp. 438–54.

5.79 Bedeian, A.G., and A. Armenakis. "A Path-Analytic Study of the Consequences of Role Conflict and Ambiguity." *Academy of Management Journal* 24 (1981), pp. 417–24; Schaubroeck, J.; J.L. Cotton; and K.R. Jennings. "Antecedents and Consequences of Role Stress: A Covariance Structure Analysis." *Journal of Organizational Behavior* 10 (1989), pp. 35–58.

5.80 LePine, J.A.; N.P. Podsakoff; and M.A. LePine. "A Meta-Analytic Test of the Challenge Stressor–Hindrance Stressor Framework: An Explanation for Inconsistent Relationships among Stressors and Performance." *Academy of Management Journal* 48 (2005), pp. 764–75; Podsakoff, N.P.; J.A. LePine; and M.A. LePine. "Differential Challenge Stressor–Hindrance Stressor Relationships with Job Attitudes, Turnover Intentions, Turnover, and Withdrawal Behavior: A Meta-Analysis." *Journal of Applied Psychology* 92 (2007), pp. 438–54.

5.81 Crawford, E.R.; J.A. LePine; and B.L. Rich. "Linking Job Demands and Resources to Employee Engagement and Burnout: A Theoretical Extension and Meta-Analytic Test." *Journal of Applied Psychology* 95 (2010), pp. 834–48.

5.82 Crawford, E.R.; J.A. LePine; and B.L. Rich. "Linking Job Demands and Resources to Employee Engagement and Burnout: A Theoretical Extension and Meta-Analytic Test." *Journal of Applied Psychology* 95 (2010), pp. 834–48.

5.83 Cavanaugh, M.A.; W.R. Boswell; M.V. Roehling; and J.W. Boudreau. "An Empirical Examination of Self-Reported Work Stress Among U.S. Managers." *Journal of Applied Psychology* 85 (2000), pp. 65–74.

5.84 Boswell, W.R.; J.B. Olson-Buchanan; and M.A. LePine. "The Relationship Between Work-Related Stress and Work Outcomes: The Role of Felt-Challenge and Psychological Strain." *Journal of Vocational Behavior* 64 (2004), pp. 165–81.

5.85 LePine, J.A.; M.A. LePine; and C.L. Jackson. "Challenge and Hindrance Stress: Relationships with Exhaustion, Motivation to Learn, and Learning Performance." *Journal of Applied Psychology* 89 (2004), pp. 883–91.

5.86 Myers, L. "Transforming Presenteeism into Productivity." *Workspan*, July 2009, pp. 40–43.

5.87 Miller, S. "Most Employees Underestimate Health Impact on Productivity." *HR Magazine*, June 2009, p. 20.

5.88 Burke, M.E. *2005 Benefits Survey Report*. Alexandria, VA: Society of Human Resource Management Research Department, 2005.

5.89 Perkins, A. "Medical Costs: Saving Money by Reducing Stress." *Harvard Business Review* 72 (1994), p. 12.

5.90 Sauter, S.; L. Murphy; M. Colligan; N. Swanson; J. Hurrell Jr.; F. Scharf Jr.; R. Sinclair; P. Grubb; L. Goldenhar; T. Alterman; J. Johnston; A. Hamilton; and J. Tisdale. "Is Your Boss Making You Sick?" (n.d.), http://abcnews.go.com/GMA/Careers/story? id=1251346&gma=true.

5.91 Defrank, R.S., and J.M. Ivancevich. "Stress on the Job: An Executive Update." *Academy of Management Executive* 12 (1998), pp. 55–66.

5.92 Noyce, J. "Help Employees Manage Stress to Prevent Absenteeism, Errors." *Minneapolis–St. Paul Business Journal*, August 22, 2003, http://twincities.bizjournals.com/ twincities/?stories/2003/08/25/smallb2.html; Burke, M.E. *2005 Benefits Survey Report*. Alexandria, VA: Society of Human Resource Management Research Department, 2005.

5.93 Hoffman, J. "Napping Gets a Nod at the Workplace." *Bloomberg Businessweek*, August 26, 2010, http:// www.businessweek.com/ magazine/content/ 10_36/b4193084949626.htm; Yarow, J. "Googlers Take Naps in Bizarre Contraption." *Business Insider SAI*, June 17, 2010, http:// www.businessinsider.com/google-sleep- pods-2010-6.

5.94 Defrank, R.S., and J.M. Ivancevich.

"Stress on the Job: An Executive Update." Academy of Management Executive 12 (1998), pp. 55–66; Cooper, C.L. "The Costs of Stress at Work." The Safety & Health Practitioner 19 (2001), pp. 24–26.

5.95 Rafter, M. V. "The Yawning of a New Era." *Workforce Management*, December 2010, pp. 3–4.

5.96 Hengchen, D.; K.L. Milkman; D.A. Hofmann; and B.R. Staats. "The Impact of Time at Work and Time off from Work on Rule Compliance: The Case of Hand Hygiene in Health Care." *Journal of Applied Psychology* 100 (2015), pp. 846–62.

5.97 Burke, M.E. *2005 Benefits Survey Report*. Alexandria, VA: Society of Human Resource Management Research Department, 2005.

5.98 Miller, J., and M. Miller. "Get a Life!" *Fortune*, November 28, 2005, pp. 109–24, www.proquest.com (March 27, 2007).

5.99 Miller, J., and M. Miller. "Get a Life!" *Fortune*, November 28, 2005, pp. 109–24, www.proquest.com (March 27, 2007); Cunningham, C.R., and S.S. Murray. "Two Executives, One Career." *Harvard Business Review* 83 (February 2005), pp. 125–31.

5.100 Sahadi, J. "The World's Best Perk." *CNNMoney*, June 13, 2006, http://money.cnn.com/2006/06/13/ commentary/every- day/sahadi/index.htm.

5.101 Sahadi, J. "The World's Best Perk." *CNNMoney*, June 13, 2006, http://money.cnn.com/2006/06/13/ commentary/every- day/sahadi/index.htm.

5.102 Sahadi, J. "The World's Best Perk." *CNNMoney*, June 13, 2006, http://money.cnn.com/2006/06/13/ commentary/everyday/ sahadi/index.htm.

5.103 Milligan. S. "Greetings from Unlimited Vacationland." *HR Magazine*, March (2015), pp. 28–36.

5.104 LePine, J.A.; N.P. Podsakoff; and M.A. LePine. "A Meta-Analytic Test of the Challenge Stressor–Hindrance Stressor Framework: An Explanation for Inconsistent Relationships Among Stressors and Performance." *Academy of Management Journal* 48 (2005), pp. 764–75; Podsakoff, N.P.; J.A. LePine; and M.A. LePine. "Differential Challenge Stressor–Hindrance Stressor Relationships with Job Attitudes, Turnover Intentions, Turnover, and Withdrawal Behavior: A Meta-Analysis." *Journal of Applied Psychology* 92 (2007), pp. 438–54.

5.105 Hakanen, J.J.; M.C.W. Peeters; and R. Perhoniemi. "Enrichment Processes and Gain Spirals at Work and at Home: A 3-Year Cross-Lagged Panel Study." *Journal of Occupational and Organizational Psychology* 84 (2011), pp. 8–30; Sonnentag, S., and M. Frese. "Stress in Organizations." In *Comprehensive Handbook of Psychology: Vol. 12, Industrial and Organizational Psychology*, ed. W.C. Borman; D.R. Ilgen, and R.J. Klimoski. New York: Wiley, 2003, pp. 453–91.

5.106 Vuori, J.; S. Toppinen-Tanner; and P. Mutanen. "Impacts of Resource-Building Group Intervention on Career Management and Mental Health in Work Organizations: Randomized Controlled Field Trial." *Journal of Applied Psychology* 97 (2012), pp. 273–86.

5.107 Allen, T.D.; R.C. Johnson; K.M. Kiburz; and K.M. Shockley. "Work- Family Conflict and Flexible Work Arrangements: Deconstructing Flexibility." *Personnel Psychology* 66 (2013), pp. 345–76.

5.108 Hunter, E.M., and C. Wu. "Give Me a Better Break: Choosing Workday Break Activities to Maximize Resource Recovery." Journal of Applied Psychology 101 (2016), pp. 302–11.

5.109 Burke, M.E. *2005 Benefits Survey Report*. Alexandria, VA: Society of Human Resource Management Research Department, 2005.

5.110 Spieler, I.; S. Scheibe; C. Stamov-Roßnagel; and A. Kappas. "Help or Hindrance? Day- Level Relationships Between Flextime Use, Work–Nonwork Boundaries, and Affective Well-Being." *Journal of Applied Psychology* 102 (2017), pp. 67–87.

5.111 Defrank, R.S., and J.M. Ivancevich. "Stress on the Job: An Executive Update." *Academy of Management Executive* 12 (1998), pp. 55–66; Austin, N.K. "Work–Life Paradox." *Incentive* 178 (2004), p. 18.

5.112 Butts, M.B.; W.J. Casper; and T.S. Yang. "How Important Are Work-Family Support Policies? A Meta- Analytic Investigation of Their Effects on Employee Outcomes." *Journal of Applied Psychology* 98 (2013), pp. 1–25.

5.113 Goudreau, J. "Back to the Stone Age? New Yahoo CEO Marissa Mayer Bans Working from Home." *Forbes*, http://www.forbes.com/sites/jennagoudreau/2013/02/25/back-to-the- stone-age-new-yahoo- ceo-marissa-mayer- bans-working-from- home/ (accessed February 25, 2013).

5.114 Leslie, L.M.; C. Flaherty Manchester; T.Y. Park; and S.A. Mehng. "Flexible Work Practices: A Source of Career Premiums or Penalties?" *Academy of Management Journal* 55 (2012), pp. 1407–28.

5.115 Mandeville, A.; J. Halbesleben; and M. Whitman. "Misalignment and Misperception in Preferences to Utilize Family-Friendly Benefits: Implications for Benefit Utilization and Work–Family Conflict." *Personnel Psychology* 69 (2016), pp. 859–929.

5.116 Murphy, L.R. "Stress Management in Work Settings: A Critical Review of Health Effects." *American Journal of Health Promotion* 11 (1996), pp. 112–35.

5.117 Neufeld, S. "Work- Related Stress: What You Need to Know" (n.d.), http://healthyplace.healthology.com/ focus_article.asp?f5mentalhealth& c5work_related_stress.

5.118 Haran, C. "Do You Know Your Early Warning Stress Signals?" 2005, http://abcnews.go.com/ Health/Healthology/story?id=421825.

5.119 Haran, C. "Do You Know Your Early Warning Stress Signals?" 2005, http://abcnews.go.com/ Health/Healthology/story?id=421825.

5.120 Daniels, C. "The Last Taboo: It's Not Sex. It's Not Drinking. It's Stress—and It's Soaring." *Fortune*, October 28, 2002, pp. 136–44, www.proquest.com (accessed March 27, 2007).

5.121 Frauenheim, E., and J. Marquez. "Reducing the Fear Factor." *Workforce Management*, November 18, 2008, pp. 17–22.

5.122 Sonnentag, S., and M. Frese. "Stress in Organizations." In *Comprehensive Handbook of Psychology: Vol. 12, Industrial and Organizational Psychology*, ed. W.C. Borman; D.R. Ilgen; and R.J. Klimoski. New York: Wiley, 2003, pp. 453–91.

5.123 Neufeld, S. "Work- Related Stress: What You Need to Know" (n.d.), http://healthyplace.healthology.com/ focus_article.asp? f5mentalhealth& c5work_related_stress.

5.124 Atkinson. W. "Turning Stress into Strength." *HR Magazine*, January 2011, pp. 49–52.

5.125 Neufeld, S. "Work- Related Stress:

What You Need to Know" (n.d.), http://healthyplace.healthology.com/focus_article.asp?f5mentalhealth& c5work_related_stress; Burke, M.E. *2005 Benefits Survey Report*. Alexandria, VA: Society of Human Resource Management Research Department, 2005.

5.126 Kvamme, N. "Humana's Freewheelin' Program Proves to Be Good for Business." *Workspan*, August 2008, pp. 75–78.

5.127 Doheny, K. "Going the Extra Mile." *Workforce Management*, January 19, 2009, pp. 27–28.

5.128 Toker, S., and M. Biron. "Job Burnout and Depression: Unraveling Their Temporal Relationship and Considering the Role of Physical Activity." *Journal of Applied Psychology* 97 (2012), pp. 699–770.

5.129 Sohre, K. "What Are These Companies Doing About Health Care Management That You Aren't?" *Workspan*, March 2010, pp. 22–26.

6 동기부여

Motivation

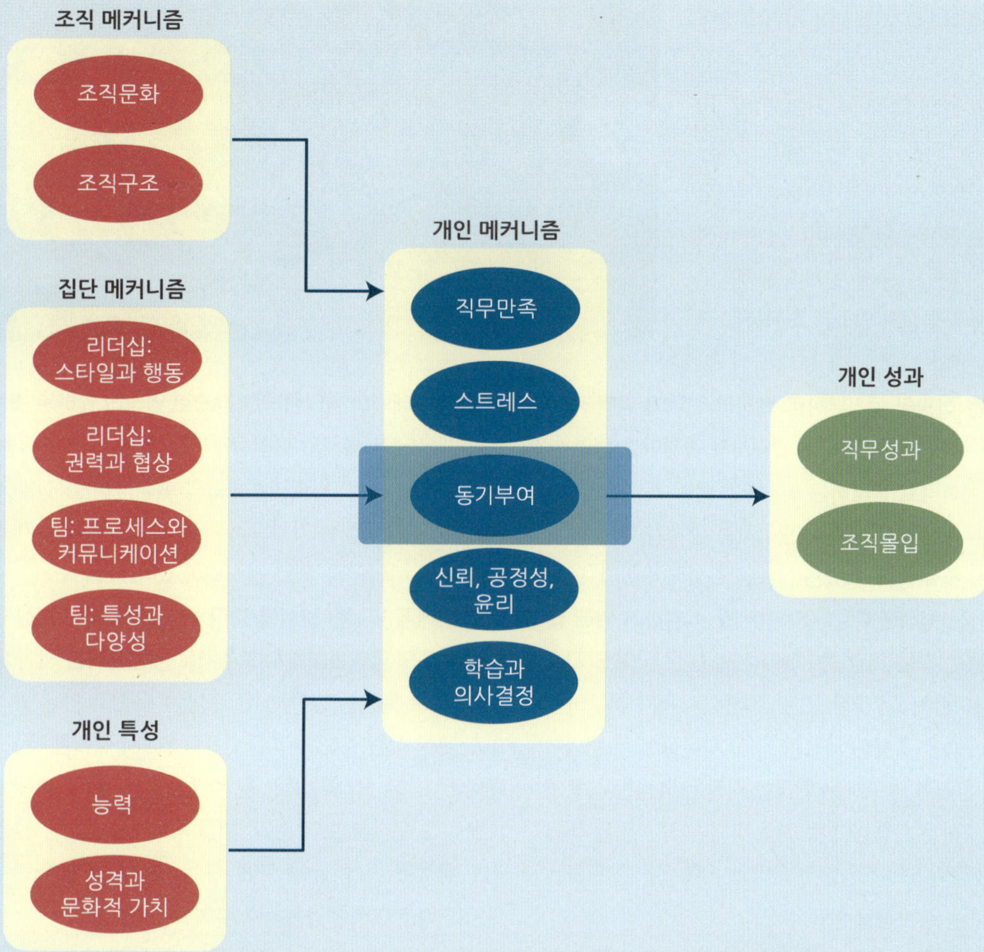

학습 목표

이 장을 학습한 후에 다음의 질문에 답할 수 있어야 한다.

6.1 동기부여란 무엇인가?

6.2 기대 이론에 의하면, 업무에 대한 노력을 결정하는 세 가지 신념은 무엇인가?

6.3 목표 설정 이론에 의하면, 직무성과의 강력한 예측 변수가 되는 목표의 두 가지 특성은 무엇인가?

6.4 공정성 이론에 의하면, 공정하게 대우받는다는 것은 무슨 의미이며, 직원들은 불공정에 대해 어떻게 대응하는가?

6.5 심리적 임파워먼트란 무엇이며 임파워먼트의 수준을 결정하는 네 가지 신념은 무엇인가?

6.6 동기부여는 직무성과와 조직몰입에 어떤 영향을 미치는가?

6.7 조직이 직원의 동기를 높이기 위해 취할 수 있는 조치는 무엇인가?

넷플릭스 NETFLIX

GLENN CHAPMAN/AFP via Getty Images

COVID-19 대유행의 초기 몇 개월 동안 외부 활동이 어려웠고, 대부분의 스포츠 행사가 취소되었을 때를 생각해 보자. 여러분 중 대부분은 넷플릭스를 시청하며 시간을 보냈을 수 있다. 전 세계 2억 명이 넘는 가입자를 보유한 넷플릭스는 현재 디즈니+, HBO맥스, 피코크(Peacock) 등 다른 스트리밍 서비스 제공업체들과의 스트리밍 전쟁에서 1위를 차지하고 있다. 넷플릭스는 어떻게 우리의 미디어 소비 생활의 핵심 부분이 되었고 어떻게 계속 유지되고 있을까? 매우, 매우 열심히 일하는 직원들을 고용함으로써 가능했다.

넷플릭스는 직원의 동기부여를 촉진하기 위해 여러 가지 일을 한다. 기업 문화의 핵심은 바로 관리자가 직원이 최선의 판단을 내리고 적절하다고 생각하는 방식으로 업무를 수행할 수 있도록 권한을 부여한다는 점이다. 관리자는 통제가 아닌 직원이 자유롭게 업무를 수행할 수 있는 상황을 조성해야 한다. 또한 넷플릭스는 주어진 직책에 대한 급여 범위를 식별하기 위해 많은 데이터를 활용한 다음 해당 범위에서 제일 높은 급여를 지급한다. 자체 웹 사이트에 요약되어 있는 것처럼 "우리가 추구하는 훌륭한 직장의 모습은 훌륭한 체육관, 멋진 사무실 또는 빈번한 파티가 아니다. 우리가 추구하는 위대한 직장은 야심찬 공동의 목표를 함께 추구하는 드림팀이며, 이를 위해 우리는 많은 비용을 지출한다." 넷플릭스의 직원들은 급여와 스톡 옵션을 원하는 형태로 조합하여 높은 보상을 받을 수 있다.

넷플릭스의 직원이 계속 높게 동기부여되는 또 다른 이유는 높은 기대치와 남다른 책임감으로 열심히 일하는 넷플릭스의 문화 때문이다. 회사의 핵심 가치 중 하나는 "매우 유능한 구성원만 유지하는 것"이며 넷플릭스의 핵심 가치를 설명하는 문서에는 "기업의 진정한 가치는 누가 보상을 받거나 누가 해고되느냐에 따라 나타난다."라고 명시되어 있다. 넷플릭스는 성과가 높은 직원에게 넉넉한 보상을 준다. 여기서 넉넉한 보상이란 업계 최고 수준의 급여 4개월치를 추가로 제공한다는 의미이다. 반대로, 극도로 열심히 일하지 않고, 높은 수준의 업무 성과를 달성하지 못한 직원은 해고된다. 넷플릭스에서 이러한 해고는 "B 플레이어"가 "A 플레이어"가 될 수 있는 직원들에 의해 대체되는 넷플릭스 문화를 보여 준다. 넷플릭스가 스트리밍 전쟁에서 이기고 유튜브, 틱톡, e-스포츠, 또는 향후 나타날 어떤 경쟁에서도 이기려면 이러한 높은 동기부여 수준이 필요하다.

동기부여

학습목표 6.1
동기부여란 무엇인가?

동기부여보다 직원과 관리자에게 더 중요한 OB 주제는 거의 없다. 여러분은 "내가 오늘은 왜 이렇게 더디지?"라고 생각한 적이 있는가? 여러분의 친구나 동료를 보고 "왜 그렇게 일하는게 느릴까?"라고 생각한 적은 몇 번이나 되는가? 이 두 질문은 모두 움직임을 의미하는 라틴어인 movere에서 파생된 "동기부여"에 대해 묻고 있다.[1] 동기부여가 높은 직원이 동기부여가 낮은 직원보다 더 빠르고 오래 움직이기 때문에 이러한 라틴어 어원은 동기부여의 의미를 훌륭하게 나타낸다. 보다 공식적으로, **동기부여**(motivation)는 직원의 내부 및 외부에서 발생하며, 업무와 관련된 노력을 시작하고 노력의 방향, 강도 및 지속성을 결정하는 일련의 힘으로 정의된다.[2] 효과적인 업무 수행은 종종 높은 수준의 능력과 동기부여를 요구하기 때문에 동기부여는 중요한 고려 사항이다(능력에 대한 자세한 논의는 10장 참조).[3]

동기부여에 대한 정의의 첫 번째 부분은 동기가 한 가지가 아니라 별개의 힘의 집합이라는 것을 보여 준다. 이러한 힘 중 일부는 목적의식이나 자신감과 같이 직원 내부에 있지만, 다른 일부는 직원에게 제공되는 목표 또는 인센티브와 같이 직원 외부에 존재한다. 동기부여에 대한 정의의 다음 부분은 동기가 직원의 작업 노력의 여러 측면을 결정한다는 것을 보여 보여 준다. [그림 6-1]은 직장 상사가 당신에게 작업을 할당한 시나리오를 통해 작업 노력의 세 가지 측면을 보여 준다. 동기부여는 직원이 주어진 순간에 무엇을 하는지, 즉 그들의 노력이 전달되는 방향을 결정한다. 직원은 근무하는 동안 매 순간 과업과 시민행동 또는 철회와 생산성 저해 행동 사이에서 무엇을 선택한다. 오후 3시가 되면 목요일에 상사가 준 과제를 계속 수행할까, 아니면 잠시 SNS를 확인하거나 웹 서핑을 할까 선택한다. 노력의 방향이 결정되면 동기부여는 직원이 얼마나 오랫동안 열심히 일할지, 즉 노력의 강도와 노력의 지속성을 결정한다. 우리 모두는 예를 들어 5분 동안 극도로 열심히 일하는 친구나 동료나, 오랜 시간 동안 일하지만 항상 절반의 속도로 일하는 것처럼 보이는 친구나 동료가 있다. 그 동료들 중 어느 쪽도 극도로 의욕적인 사람으로 묘사되지는 않을 것이다. 전시 상황에서 겪는 높은 동기부여에 대한 설명은 **영화 속 OB**를 참조하라.

조직은 직원에게 동기를 부여할 수 있는 새롭고 더 나은 방법을 항상 찾고 있으며, 종종 그 중심에 **몰입**(engagement)이라는 개념이 있다. 몰입은 직원의 업무 노력에 대한 높은 수준의 강도와 지속성에 대한 현대적인 동의어로 생각할 수 있다. "몰입"하는 직원은 자신과 자신의 모든 에너지를 업무에 투자한다.[4] 외부적으로 몰입도가 높은 직원은 업무에 많은 에너지를 쏟고, 주도권을 잡고 업무를 완수하기 위해 가능한 한 열심히 노력한다.[5] 내부적으로 몰입도가 높은 직원은

그림 6-1 동기부여와 노력

동기부여는 …를 결정한다

노력의 방향	노력의 강도	노력의 지속성
지금부터 무엇을 하려고 하는가?	**얼마나 열심히 할 것인가?**	**얼마나 오랫동안 할 것인가?**
☑ 어제 상사가 지시한 업무 ☐ SNS 확인 ☐ 잠깐 동안 웹 서핑	최대한 열심히, 또는 대충 절반 정도 	5시간 또는 5분? 

영화 속 OB

1917

PictureLux/The Hollywood Archive/Alamy

블레이크! 일단 생각 좀 해 보자.

생각 따윈 필요 없어! 이건 내 형에 관한 일이야!

영화 1917(감독: 샘 멘데스, 드림웍스 픽처스, 2019)에서 톰 블레이크(딘-찰스 채프먼)은 윌 스코필드(조지 맥케이)에게 위의 대사로 단호하게 말한다. 영화에서 블레이크와 스코필드는 제1차 세계 대전 중 프랑스에 주둔한 영국 군인들로서 에린모어 장군 역의 콜린 퍼스와의 깜짝 만남에서 등장한다.

에린모어 장군은 블레이크와 스코필드에게 독일군이 후퇴하는 것으로 보인다고 알렸다. 게다가 상당한 거리에 있는 2개 대대의 사령관인 맥킨지 대령은 새벽에 독일군을 공격함으로써 전쟁의 흐름을 바꿀 수 있다고 믿는다. 하지만 불행히도 그것은 함정이었다. 독일군은 맥킨지 대령이 맡고 있는 대대를 탁월한 요새와 "우리가 본 적이 없는 포병"을 갖춘 새로운 전선으로 되돌리려 하고 있다. 에린모어 장군은, 맥킨지 대령이 모르는 새로운 항공 사진 덕분에 독일군의 계획을 알고 있다. 그리고 독일군은 이 지역의 모든 전화선을 끊었으므로 맥킨지 대령에게 경고할 방법이 없다. 따라서 에린모어 장군은 블레이크와 스코필드에게 독일군의 점령지를 하루 종일 밤낮으로 가서 맥킨지 대령에게 독일군의 공격을 알리는 편지를 전달하는 임무를 부여한다.

에린모어 장군은 두 가지 이유로 이 임무를 위해 블레이크와 스코필드를 선택했다. 첫째, 블레이크는 지리에 능숙하다. 둘째, 블레이크의 형이 맥킨지 대령이 지휘하는 대대에 있다. 따라서 에린모어 장군은 블레이크가 제 시간에 메시지를 전달하기 위해 무엇이든 멈추지 않을 것임을 알고 있었다. 즉, 그는 블레이크와 스코필드가 필연적으로 겪을 모든 장애물에 직면할 때에도 높은 강도와 끈기의 노력을 보일 것이라는 것을 알고 있었다. 에린모어 장군에게 있어서 블레이크의 지도를 읽는 능력과 뿌리 깊은 동기부여의 조합은 임무에 더할 나위 없는 조건이었다. 일단 블레이크와 스코필드에게 브리핑을 마치자 에린모어 장군은 다시 한 번 말을 되풀이한다. "만약 너희들이 제 시간에 메시지를 전달하지 못한다면 아군은 2개 대대, 1,600명을 잃게 된다. 그 중에는 너의 형도 있다." 블레이크 동기는 스코필드가 임무를 완전히 받아들일 기회를 갖기도 전에 그들이 뛰어가기 시작하면서 즉시 분명하게 나타난다.

자신의 업무에 많은 주의와 집중을 하며 때로는 너무 몰두하여 시간을 놓치는 경우가 있다(자세한 내용은 직무만족에 대한 4장 참조).[6] 많은 기업이 매년 직원을 대상으로 하는 설문조사에서 직원 몰입을 측정하고 있으며, 종종 강렬하고 지속적인 업무 노력을 가져오는 것으로 여겨지는 요소를 평가한다.[7] 갤럽의 최근 조사에 따르면 직원의 30%만이 업무에 몰입하고 있으며, 지난 10년 동안 비슷한 비율을 보이고 있다.[8] 이러한 수치를 감안할 때, 인사 담당 임원을 대상으로 실시한 설문조사에서 몰입 수준 향상에 대한 강조가 증가했다는 사실은 놀라운 일이 아니다.[9] 연구에 따르면 낮은 수준의 몰입은 직원 사이에 전염될 수 있으므로, 이러한 몰입에 대한 임원들의 높은 관심은 매우 중요하다.[10]

일부 직원이 다른 직원들보다 더 동기부여되는 이유는 무엇인가

일부 직원이 다른 직원들보다 더 동기부여(또는 참여)되는 이유를 설명하려는 여러 이론과 개념이 있다. 이어지는 내용에서는 이러한 이론과 개념을 자세히 검토한다. 대부분은 [그림 6-1]에 설명된 각 노력 측면과 관련이 있다. 일부 이론과 개념들은 노력의 방향을 설명하는 데 적합하지만 다른 이론과 개념들은 노력의 강도와 지속성을 더 잘 설명한다.

기대 이론

학습목표 6.2
기대 이론에 의하면, 업무에 대한 노력을 결정하는 세 가지 신념은 무엇인가?

당신이 휴식을 취하거나 시간을 낭비하지 않고 업무에 집중하기로 결정한 이유는 무엇인가? 또는 동료를 돕거나 꼭 참석하지 않아도 되는 회사 행사에 참석하여 "좋은 시민"이 되기로 결정한 이유는 무엇인가? **기대 이론**(expectancy theory)은 직원들이 다양한 자발적 응답 중에서 하나를 선택하기 위해 거치는 인지 과정을 설명한다.[11] 심리학의 초기 모델을 바탕으로 하는 기대 이론은 직원 행동이 쾌락을 지향하고 고통에서 멀어지려고 하며, 더 일반적으로 특정 결과를 지향하고 다른 결과로부터 멀어지고자 한다고 주장한다.[12] 직원은 어떻게 자신을 "올바른 방향"으로 이끄는 선택을 하는가? 기대 이론은 우리의 선택이 우리의 과거 학습과 경험에 기반을 둔 세 가지 구체적인 신념, 즉 기대치, 수단성, 유인가에 달려 있다고 설명한다. 이 세 가지 신념은 [그림 6-2]에 요약되어 있다. 각각을 차례로 살펴보자.

그림 6-2 기대 이론

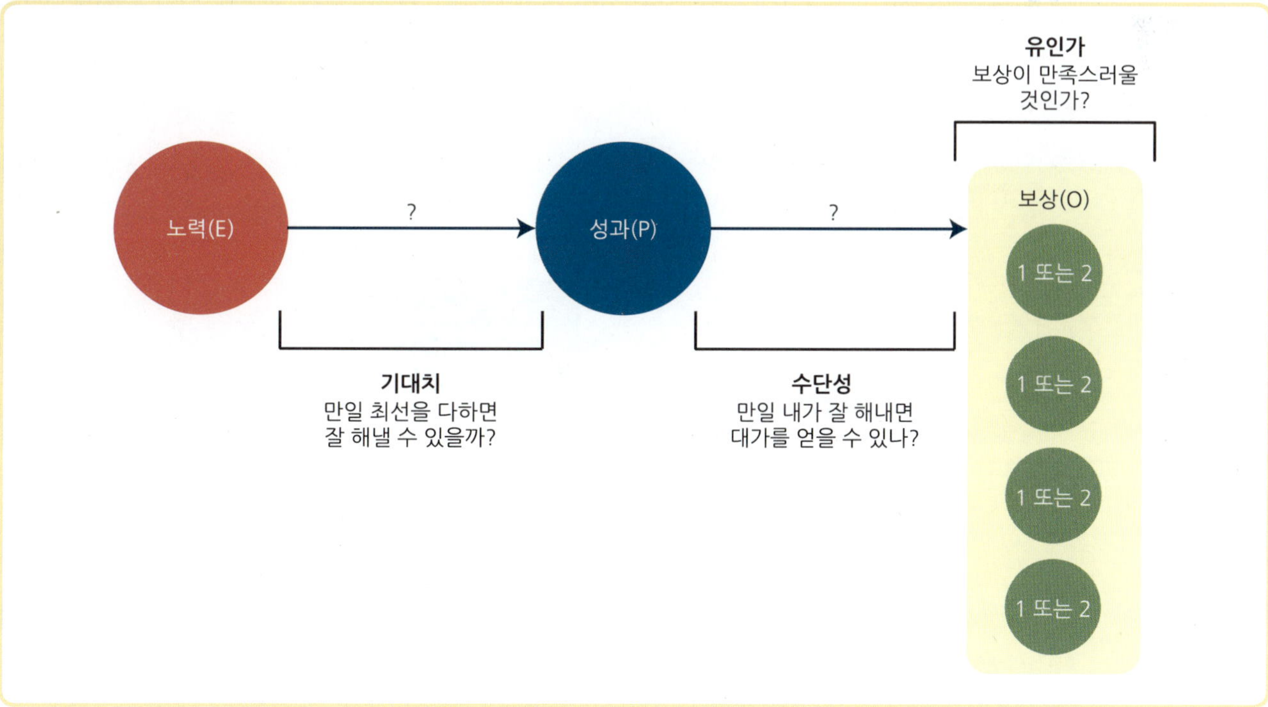

기대치. **기대치**(expectancy)는 높은 수준의 노력을 기울이면 어떤 일을 성공적으로 수행할 것이라는 믿음을 나타낸다. 보다 기술적으로 표현하자면, 기대치는 0(전혀 가능하지 않음!)에서 1(확실히 가능!)의 범위를 가진, 특정 양의 노력이 특정 수준의 성과를 초래할 수 있다(E → P)는 주관적인 확률이다. 낭만적인 시를 쓰는 것과 같이 당신이 특별히 잘하지 못하는 일을 생각해 보자. 어떠한 노력을 하든, 당신이 쓰는 시가 소중한 사람을 "감동시킬" 것이라고 믿지 않기 때문에 당신은 낭만적인 시를 쓰고 싶은 동기가 별로 없을 수도 있다. 또 다른 예로, 당신이 열심히 노력하면 성공적으로 완료할 수 있다고 확신할수록, [그림 6-1]에 설명된 과제를 수행하려는 동기는 더욱 커질 것이다.

특정 작업에 대한 기대치를 형성하는 요인은 무엇인가? 가장 중요한 요소 중 하나는 **자기 효능감**(self-efficacy)으로, 이는 개인이 성공적으로 작업을 위해 요구되는 행동을 실행하는 데 필요한 능력을 가지고 있다는 믿음으로 정의된다.[13] 자기 효능감을 일종의 자신감이나 특정 작업에 따른 자존감으로 생각하라.[14] 특정 작업에 대해 더 "효능감"(즉, 자신감)을 느끼는 직원은 더 높은 수준의 기대(expectancy)를 인식하는 경향이 있으므로 그 작업에 대해 더 많은 노력을 쏟는 선택을 할 가능성이 더 높다. 왜 일부 직원들은 다른 직원들보다 주어진 작업에 대해 더 높은 자기 효능감을 가지고 있을까? [그림 6-3]은 이러한 차이점을 설명하는 데 도움이 될 수 있다.

직원이 주어진 업무에 대한 효능감의 수준을 고려할 때, 그들은 먼저 **과거의 성취**(past accomplishments), 즉 자신이 과거에 유사한 종류의 업무에서 성공했거나 실패한 정도(과거의 성취)를 참고한다.[15] 그들은 그러한 작업을 수행한 다른 사람들에 대한 자신의 관찰과 그들과의 대화 등을 통해 주어진 업무에 대한 **대리 경험**(vicarious experience)을 참고한다.[16] 또한 자기 효능감은 친구, 동료 및 리더가 직원을 설득하여 업무를 완료할 수 있기 때문에 **언어적 설득**(verbal persuasion)에 의해 결정된다. 마지막으로 자기 효능감은 **감정적 단서**(emotional cues)에 의해 결정되는데, 두려움이나 불안은 과업 성취에 대한 의구심을 유발할 수 있는 반면, 자부심과 열정은 자

그림 6-3 자기 효능감의 원천

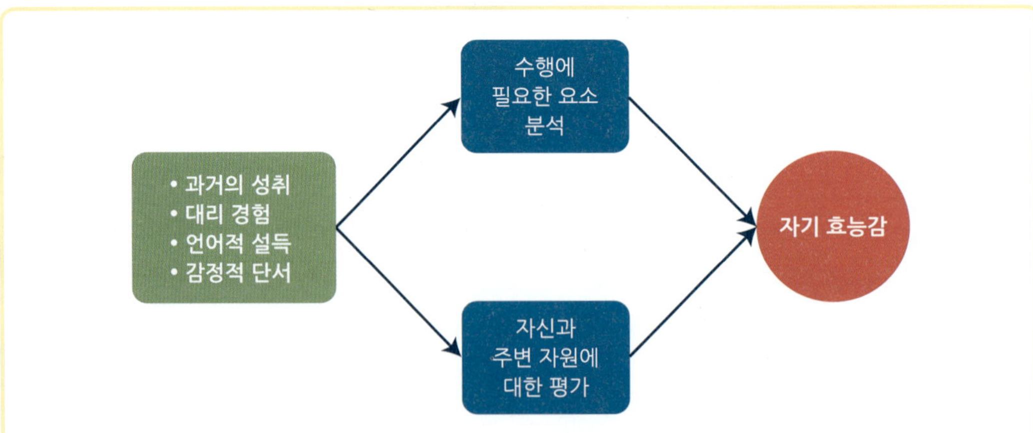

출처: Adapted from A. Bandura, "Self-Efficacy: Toward a Unifying Theory of Behavioral Change," *Psychological Review* 84 (1977), pp. 191–215; M.E. Gist and T.R. Mitchell, "Self-Efficacy: A Theoretical Analysis of Its Determinants and Malleability," *Academy of Management Review* 17 (1992), pp. 183–211.

신감을 높일 수 있다.[17] 종합하면, 이러한 효능감에 영향을 주는 요인들은 업무 요구 사항이 얼마나 어려운지, 직원의 개인적, 상황적 자원이 얼마나 적절한지에 대해 직원이 어떻게 분석하는가를 결정한다.[18] 또한, 효능감에 영향을 끼치는 요인들은 큰 경기 전에 코치가 제공하는 연설의 내용을 설명한다. 그러한 연설에는 일반적으로 과거의 승리에 대한 언급(과거의 성취), 팀이 얼마나 잘할 수 있는지에 대한 격려의 이야기(언어적 설득), 더 열심히 하라는 격려(감정적 단서)를 포함하고 있다.

경기 전 연설과 격려는 종종 운동 선수의 자기 효능감 구축에 중점을 둔다. 강화된 자신감은 코트에서 더 강력한 노력을 가져올 수 있다.

수단성. **수단성**(instrumentality)은 성공적인 성과가 어떤 결과를 가져올 것이라는 믿음을 나타낸다.[19] 보다 기술적으로 말하자면, 수단은 0(전혀 가능하지 않음!)에서 1(확실히 가능!)의 범위를 가진, 성공적인 수행이 일련의 결과를 가져올 것이라는 주관적인 확률들의 집합이다(P → O). "수단성"이라는 용어는 형용사 "도구적(instrumental)"이란 의미를 생각해 보면 이해가 쉽다. 우리는 무언가가 다른 것을 달성하는 데 도움이 될 때(예를 들면, 이 장을 읽는 것이 OB 수업에서 좋은 점수를 받는 데 도움이 될 때) '도구적'이라고 표현한다.[20] 불행히도 많은 직원이 직장에서 높은 수준의 수단성을 인식하지 못하고 있다. 10,000명 이상의 직원을 대상으로 한 설문조사에 따르면 응답자 중 35%만이 성과를 자신이 받는 급여 수준의 핵심 동인으로 여겼다.[21] 이에 비해 60%는 연공서열을 급여의 핵심 동인으로 여겼다.

조직은 종종 최상의 실적을 내는 때에도 (성과와 결과를 연결하는) 수단성을 높이는 데 어려움을 겪는 경우가 많지만, 경제적 어려움이 있을 때는 성과와 결과를 연결하는 것이 훨씬 더 어렵다. 예를 들어 여러 산업에서 코로나 팬데믹으로 제품에 대한 수요가 낮아졌을 때 취한 일반적인 반응은 직원의 급여 수준을 동결하는 것이었다. 기업들이 보고한 급여 데이터를 분석한 보고서에 따르면 미국 기업의 64%만이 2020년에 급여 인상을 제안했는데 이는 팬데믹 이전의 82%에서 감소한 것이다.[22] 같은 기간에 미국 기업의 70%가 상여금을 제공하여 전년도의 73%에서 그나마 덜 급격하게 감소했다. 이 보고서와 관련된 한 임원은 이러한 급여와 보너스의 동결과 관련된 동기부여적 위험에 주목했다. 그 임원은 "기업은 항상 변화에 민첩하게 대응해야 한다. 경제적으로 불확실한 시기에 최고의 인재를 유지하는 것이 중요하다. 특히 제한된 자원을 사용하는 경우에는 더욱 그렇다."라고 말했다.

유인가. **유인가**(valence)는 성과와 관련된 보상의 예상 가치를 반영한다(V로 표시).[23] 유인가는 양수("나는 보상 X를 갖는 것을 선호함") 또는 음수("나는 보상 X를 갖지 않는 것을 선호함") 또는 0("나는 지루하다 … 우리는 여전히 보상 X에 대해 이야기하고 있는가?")일 수 있다. 급여 인상, 상여금 및 보다 비공식적인 보상은 "긍정적인" 유인가를 갖는 보상의 전형적인 예인 반면, 징계 조치, 강등 및 해고는 "부정적인" 유인가를 갖는 보상의 전형적인 예이다.[24] 이러한 방식으로 직원은 성공적인 성과가 상여금과 같은 매력적인 보상을 얻는 데 도움이 되고, 징계와 같은 매력적이지

표 6-1 OB에서 일반적으로 연구되는 욕구

욕구	대체 용어	설명
존재	생리적, 안전	인간 생존에 필요한 식량, 피난처, 안전 및 보호의 욕구
관계	사랑, 귀속	지속적이고 긍정적인 대인관계를 만들고 유지하려는 욕구
통제	자율, 책임	자신의 미래를 예측하고 통제하려는 욕구
존중	자존감, 성장	자신에 대해 높은 평가를 유지하고, 자신이 효과적이며, 다른 사람들로부터 존중받고자하는 욕구
의미	자아실현	자신이 관심을 갖고, 자신의 이상과 목적 의식에 호소하는 일을 하고자하는 욕구

출처: Adapted from E.L. Deci and R.M Ryan, "The 'What' and 'Why' of Goal Pursuits: Human Needs and the Self-Determination of Behavior," *Psychological Inquiry* 11 (2000), pp. 227–68; R. Cropanzano, Z.S. Byrne, D.R. Bobocel, and D.R. Rupp, "Moral Virtues, Fairness Heuristics, Social Entities, and Other Denizens of Organizational Justice," *Journal of Vocational Behavior* 58 (2001), pp. 164–209; A.H. Maslow, "A Theory of Human Motivation," *Psychological Review* 50 (1943), pp. 370–96; C.P. Alderfer, "An Empirical Test of a New Theory of Human Needs," *Organizational Behavior and Human Performance* 4 (1969), pp. 142–75.

표 6-2 외재적 보상과 내재적 보상

외재적 보상	내재적 보상
봉급	즐거움
상여금	흥미
승진	성취
혜택 및 특전	지식 습득
일회성 보상	기술 습득
칭찬	개인의 표현
정년 보장	지루함(의 부재)
지지	불안(의 부재)
자유 시간	좌절(의 부재)
징계 조치(의 부재)	
갈등(의 부재)	
해고(의 부재)	

출처: Adapted from E.E. Lawler III and J.L. Suttle, "Expectancy Theory and Job Behavior," *Organizational Behavior and Human Performance* 9 (1973), pp. 482–503; J. Galbraith and L.L. Cummings, "An Empirical Investigation of the Motivational Determinants of Task Performance: Interactive Effects Between Instrumentality–Valence and Motivation–Ability," *Organizational Behavior and Human Performance* 2 (1967), pp. 237–57; E. McAuley, S. Wraith, and T.E. Duncan, "Self-Efficacy, Perceptions of Success, and Intrinsic Motivation for Exercise," *Journal of Applied Social Psychology* 21 (1991), pp. 139–55; A.S. Waterman, S.J. Schwartz, E. Goldbacher, H. Green, C. Miller, and S. Philip, "Predicting the Subjective Experience of Intrinsic Motivation: The Roles of Self-Determination, the Balance of Challenges and Skills, and Self-Realization Values," *Personality and Social Psychology Bulletin* 29 (2003), pp. 1447–58.

않은 보상을 피하는 데 도움이 될 때 더 많은 동기를 부여받는다.

어떤 보상을 다른 것보다 더 "긍정적인" 보상으로 만드는 것은 정확히 무엇인가? 일반적으로 어떤 보상이 개인의 욕구를 충족하는 데 도움이 될 때 더 매력적인 것으로 간주된다. **욕구**(needs)는 중요한 심리적 또는 생리학적 효과를 갖는 것으로 간주되는 보상의 인지적 그룹 또는 집합으로 정의할 수 있다.[25] 학자들은 특정 욕구는 모든 사람에게 "보편적"이라고 제안하지만,[26] 사람마다 잠재적인 보상을 평가하는 데 사용하는 서로 다른 "요구 계층"이 있을 수 있다. 〈표 6-1〉은 OB에서 일반적으로 연구되는 많은 욕구를 나타낸다.[27] 이러한 욕구를 설명하는 용어와 레이블은 종종 다르기 때문에 이 표에는 이 책에서 사용하는 용어뿐 아니라 때때로 만날 수 있는 대체 용어도 포함하고 있다.

〈표 6-2〉는 동기부여 연구에서 가장 일반적으로 고려되는 보상을 보여 준다. 특별히 매력적인 것으로 여겨지는 보상은 다양한 욕구를 충족할 가능성이 높다. 예를 들어 칭찬은 대인관계가 강하다는 신호(관계 욕구 충족)와 능력이 뛰어나다는 신호(존중 욕구 충족)를 나타낼 수 있다. 또한 〈표 6-2〉의 일부 보상(예: 상여금, 승진 및 칭찬)은 성공적인 성과를 다른 사람들이 인정한 보상이다. 이러한 보상은 **외재적 동기부여**(extrinsic motivation), 즉 업무 성과에 따라 달라지는 일부 우연성에 의해 제어되는 동기를 유발한다.[28] 〈표 6-2〉의 즐거움, 흥미, 개인의 표현과 같은 보상들은 업무를 수행하는 행위 자체에서 생성된다. 이러한 보상은 **내재적 동기부여**(intrinsic motivation), 즉 과제 수행 자체가 보상으로 작용할 때 느끼는 동기부여를 촉진한다.[29] 외재적 동기와 내재적 동기를 종합하면 직원의 "전체 동기" 수준을 나타낸다.

〈표 6-2〉의 보상 중 직원들에게 가장 매력적인 보상이 무엇인지 궁금할 수 있다. 직원마다 강조하는 요구 사항이 달라서 대답하기 어려운 질문이다. 그러나 두 가지가 분명하다. 첫째, 많은 보상의 매력도는 문화에 따라 다르다. 다문화 인지 프로그램의 한 전문가는 "문화마다 동기가 다르다. 사실, 상품권을 주는 것은 그들이 이미 하고 있는 일을 하도록 그들에게 뇌물을 주는 것일 수 있기 때문에 매우 모욕적일 수 있다."[30] 미국 회사의 프로젝트에서 좋은 성과를 거두면 어쩌면 당신은 라스베이거스 여행을 할 수 있다. 그러나 아시아나 중동 일부 지역에서는 알코올

및 도박장이 집중되어 있는 지역으로의 여행은 금기시된다.[31] 인도에서는 새로 개봉한 영화의 티켓이나 혼잡한 지역을 탐색할 수 있는 오토바이가 아마도 더 나은 상일 수 있다.[32]

둘째, 연구에 따르면 직원들은 동기부여가 자신에게 미치는 영향력을 과소평가하고 있다.[33] 직원이 외재적 보상과 내재적 보상의 중요성을 평가할 때 종종 급여는 5~6위에 위치한다. 그러나 연구 조사에 따르면 재정적 인센티브는 다른 종류의 보상보다 동기부여에 더 큰 영향을 미치는 경우가 많다.[34] 한 가지 이유는 돈이 〈표 6-1〉의 많은 요구 사항과 관련이 있기 때문이다. 예를 들어 돈은 직원이 음식을 사고, 집을 마련하고, 은퇴를 대비해 저축하도록 도와줌으로써 생존의 욕구를 충족시키는 데 도움이 될 수 있다. 돈은 직원들이 유능하고 좋은 평가를 받고 있다는 신호이기 때문에 존경심을 나타내기도 한다.[35] 사실, 연구에 따르면 사람들마다 **돈의 의미**(meaning of money)를 보는 방식, 즉 돈이 경제적인 가치가 아니라 상징적인 가치를 갖는 것으로 보는 정도가 다르다.[36] 돈의 상징적 가치는 성취(성공을 상징함), 존경(자신의 지역사회에서 받을 존경), 자유(돈이 제공하는 기회)의 세 가지 차원으로 요약될 수 있다.[37]

누가 더 돈을 상징적인 관점에서 볼 가능성이 높은가? 일부 연구에 따르면 남성은 여성보다 돈을 성취, 존경, 자유를 나타내는 것으로 간주할 가능성이 더 높다.[38] 연구에 따르면 급여가 높은 직원은 성과 관련 용어로 돈을 볼 가능성이 더 높다.[39] 젊은 직원은 나이가 많은 직원에 비해 돈을 긍정적으로 볼 가능성이 적다.[40] 그러나 교육 수준의 차이는 돈의 의미에 영향을 미치지 않는 것으로 보인다.[41] 당신은 돈의 의미를 어떻게 보는가? 자세한 내용은 OB 진단지를 참조하라.

동기부여의 정도. 기대 이론에 따르면 노력의 방향은 기대치(E → P), 수단성(P → O), 유인가(V)의 세 가지 신념에 의해 결정된다. 보다 구체적으로, 주어진 행동을 수행하기 위한 전체 "동기부여의 정도"가 다음 공식을 사용하여 설명될 수 있다고 제안한다.[42]

$$\text{동기부여의 정도} = \boxed{E \rightarrow P} \times \boxed{\Sigma[(P \rightarrow O) \times V]}$$

식에서 Σ 기호는 수단성과 유인가가 다양한 보상을 염두에 두고 판단됨을 의미하며, 성공적인 성과가 점점 더 매력적인 보상으로 연결될수록 동기가 높아진다. 공식에서 곱셈 기호의 중요성에 유의하라. 세 가지 중 하나라도 0이면 동기부여의 정도는 0이 된다. 다시 말해, 성과(P)가 어떤 보상(O)도 가져오지 않는다면(수단성 = 0) 얼마나 기대치(E)가 있는지는 중요하지 않다. 마찬가지로, 당신이 잘 할 수 있다고 믿지 않는다면(기대치 = 0) 그 성과가 얼마나 잘 평가되고 보상을 받는지는 중요하지 않다.

목표 설정 이론

이제 〈그림 6-1〉에 표시된 선택 항목으로 돌아가서 상사가 부여한 업무를 잘 수행할 수 있다고 확신하고 성공적인 수행이 가치 있는 보상을 가져올 것이라고 믿는다고 가정해 보자. 이제 그 업무에 집중하기로 결정했으므로 두 가지 중요한 질문이 남아 있다. 얼마나 열심히 일할 것이며 얼마나 오래 일할 것인가? 이러한 질문에 대해 좀 더 자세히 설명하기 위해 상사의 사무실에 들러

OB 진단지

돈의 의미

당신은 돈을 어떻게 생각하는가? 돈에 어떤 의미를 부여하는가? 이 진단지는 당신이 돈의 의미에 대한 세 가지 측면(성취로서의 돈, 존경으로서의 돈, 자유로서의 돈)에서 어디에 있는지 알려 줄 것이다. 주어진 응답 척도를 사용하여 각 질문에 답하라. 그런 다음 지침에 따라 점수를 계산한다.

1	2	3	4	5	6	7
매우 아니다	아니다	약간 아니다	중간	약간 그렇다	그렇다	매우 그렇다

1. 돈이 있다는 것은 내가 무언가를 성취했다는 것을 의미한다. _______
2. 돈이 있다는 것은 내가 성공했다는 것을 보여 준다. _______
3. 돈이 있다는 것은 성취의 상징이다. _______
4. 돈이 있다는 것은 내가 잘했다는 것을 의미한다. _______
5. 돈이 있으면 다른 사람으로부터 존경을 받는다. _______
6. 돈이 있으면 다른 사람들이 당신을 존경하게 만들 수 있다. _______
7. 돈이 있다는 것은 남의 존경을 받을 만하다. _______
8 돈이 있으면 더 좋은 평판을 받을 수 있다. _______
9. 돈이 있으면 더 많은 자유를 얻을 수 있다. _______
10. 돈이 있으면 기회가 생길 수 있다. _______
11. 돈이 있으면 더 많은 자율성을 제공한다. _______
12. 돈이 있으면 독립심이 생긴다. _______

점수 계산과 해석

- 성취로서의 돈: 항목 1–4를 더한다. _______
- 존경으로서의 돈: 항목 5–8을 더한다. _______
- 자유로서의 돈: 항목 9–12를 더한다. _______

- 성취로서의 돈: 높음 = 13 이상. 낮음 = 12 이하.
- 존경으로서의 돈: 높음 = 15 이상. 낮음 = 14 이하.
- 자유로서의 돈: 높음 = 20 이상. 낮음 = 19 이하.

세 가지 차원 모두에서 높은 점수를 받았다면 돈이 여러 가지 비경제적 의미를 지닌 것으로 간주한다. 이 결과는 돈이 당신에게 강력한 동기부여가 될 수 있음을 의미한다.

출처: Original items. See T.L. Tang, "The Meaning of Money Revisited," *Journal of Organizational Behavior* 13 (1992), pp. 197–202, for an alternative measure of these concepts.

"그럼 정확히 언제까지 이 업무를 마쳐야 하나요?"라고 묻는다. 상사는 잠시 고민하다가 "그냥 최선을 다해서 끝내"라고 결론을 내린다. 책상으로 돌아온 후, 당신은 여전히 업무에 얼마나 집중해야 하는지, 또는 다른 일을 하기 전에 그 일을 얼마나 오래 해야 하는지 잘 모르겠다는 것을 깨닫는다.

학습목표 6.3
목표 설정 이론에 의하면, 직무성과의 강력한 예측 변수가 되는 목표의 두 가지 특성은 무엇인가?

목표 설정 이론(goal setting theory)은 목표를 노력의 강도와 지속성의 주요 동인으로 본다.[43] 목표(goal)는 행동의 목적 또는 결과로 정의되며 일반적으로 종종 지정된 시간 내에 특정 수준의 숙련도를 달성하는 것을 말한다.[44] 보다 구체적으로, 목표 설정 이론은 직원에게 **구체적이고 어려운 목표**(specific and difficult goals)를 할당하면 더 높은 수준의 성과를 얻을 수 있다고 주장한다. 목표를 지정하지 않거나, 달성하기 쉬운 목표 또는 "최선을 다하는" 애매한 목표를 지정하는 것보다.[45] 최선을 다하자는 목표보다, 구체적이고 어려운 목표가 더 효과적인 이유는 무엇일까? "최선을 다한다"는 것은 가능한 가장 높은 수준의 노력을 의미하지 않는가? 그 이유는 자신의 "최고"가 무엇인지 아는 사람이 거의 없기 때문이다(그리고, 직원이 진정으로 "최선"을 다하고 있는지 여부를 알 수 있는 관리자는 훨씬 더 적다). 구체적이고 어려운 목표를 지정하는 것은 사람들이 겨냥할 수 있는 숫자, 즉 얼마나 열심히 일해야 하고 얼마나 오래 일해야 하는지 알려주는 "측정 막

대기"를 제공하는 것이다. 따라서 상사가 "화요일 오전 10시 30분까지 내 책상에 과제를 제출하고 두 번 이상 실수하지 마세요"라고 말했다면 얼마나 열심히, 얼마나 오래 일했는지 정확히 알 수 있을 것이다.

물론 핵심 질문은 "어려운 목표는 무엇인가?"이다. 〈그림 6-4〉는 목표의 난이도와 과업성과 간의 예측된 관계를 보여 준다. 목표가 쉬우면 가장 힘들거나 오래 일할 이유가 없으므로 업무에 대한 노력이 줄어든다. 목표가 보통에서 어려움으로 이동함에 따라 노력의 강도와 지속성이 극대화된다. 그러나 어느 시점에서 사람의 능력의 한계에 도달하고 자기 효능감이 감소하기 시작한다. 또한 그 시점에서 목표는 어려운 것에서 불가능한 것으로 이동하고, 직원들은 달성하려고 할 때 다소 무력감을 느낀다. 결과적으로 노력과 성과는 필연적으로 감소한다. 따라서 어려운 목표는 직원들이 자신의 능력 범위 내에서 최대 수준의 성과를 낼 수 있도록 만든다.

그림 6-4 목표 난이도와 과업성과

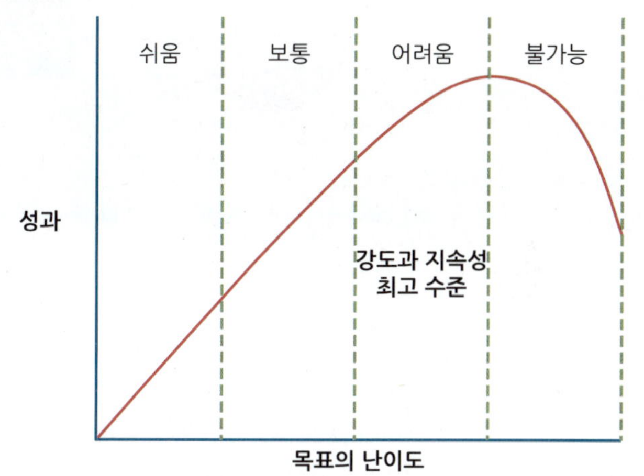

출처: Adapted from E.A. Locke and G.P. Latham, *A Theory of Goal Setting and Task Performance* (Englewood Cliffs, NJ: Prentice Hall, 1990).

업무 성과에 대한 구체적이고 어려운 목표의 효과는 여러 종류의 설정과 작업을 사용하여 수백 건의 연구에서 테스트되었다. 이러한 설정 및 작업의 표본이 〈표 6-3〉에 나와 있다.[46] 전반적으로 목표 설정 연구의 약 90%가 작업 수행에 대한 구체적이고 어려운 목표의 유익한 효과를 지지한다.[47] 표에 나와 있는 설정 및 작업 중 일부는 당신의 경력(양궁, 핸드볼, LEGO 건축)과 관련이 없을 수 있지만, 나머지는 이 책의 독자(및 저자!)와 매우 관련이 있다(관리 및 감독, 공부, 연구). 다시 말하지만, LEGO 건축가가 되고 싶지 않은 사람이 어디 있겠는가?

구체적이고 어려운 목표가 정확히 그러한 긍정적인 효과를 갖는 이유는 무엇인가? 〈그림 6-5〉는 그 질문을 더 잘 이해하기 위해 목표 설정 이론을 더 자세히 보여 준다.[48] 첫째, 구체적이고 어려운 목표를 할당하면 사람들이 **스스로 설정한 목표**(self-set goal), 즉 사람들이 자신의 작업 진행 상황을 모니터링하는 데 사용하는 내면화된 목표가 형성된다.[49] 할당된 목표가 없으면 직원들은 자신의 목표가 무엇인지 생각조차 하지 않거나 달성할 것이 확실한 비교적 쉬운 목표를 스스로 설정할 수 있다.

표 6-3 목표 설정 연구에 사용되는 설정 및 작업

상황과 과업	
항공 교통 관제	관리 교육
양궁	해병대원 모집 실적
산수	미로 학습
음료 소비	광물 캐기
체스	생산 및 제조
컴퓨터 게임	문서 교정
에너지 절약	안전 행동
운동	판매
연구	연구개발 업무
저글링	윗몸일으키기
LEGO 건축	공부
기록하기	역도
관리 및 감독	체중 감량

출처: Adapted from E.A. Locke and G.P. Latham, *A Theory of Goal Setting and Task Performance* (Englewood Cliffs, NJ: Prentice Hall, 1990).

그림 6-5 목표 설정 이론

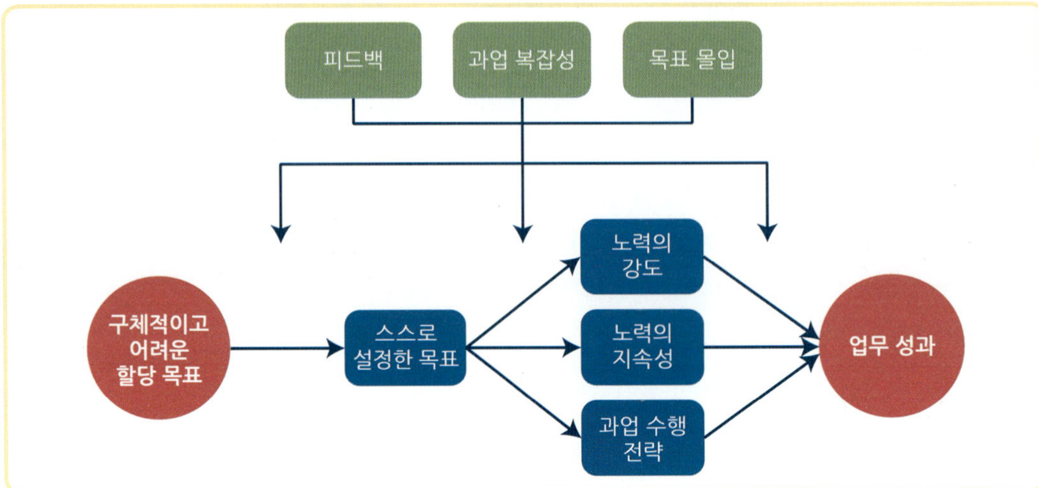

출처: Adapted from E.A. Locke and G.P. Latham, *A Theory of Goal Setting and Task Performance* (Englewood Cliffs, NJ: Prentice Hall, 1990); E.A. Locke and G.P. Latham, "Building a Practically Useful Theory of Goal Setting and Task Motivation: A 35-Year Odyssey," *American Psychologist* 57 (2002), pp. 705–17; G.P. Latham, "Motivate Employee Performance through Goal-Setting," in *Blackwell Handbook of Principles of Organizational Behavior*, ed. E.A. Locke (Malden, MA: Blackwell, 2000), pp. 107–19.

스스로 설정한 목표가 어려워질수록 노력의 강도가 높아지고 노력의 지속시간이 길어진다. 그러나 목표에는 또 다른 효과가 있다. 성공적인 성과를 달성하기 위해 사용되는 학습 계획 및 문제 해결 접근 방식으로 정의되는 **과업 수행 전략**(task strategies)의 생성을 촉발한다.[50] 목표가 없으면 시행착오에 의존하여 작업을 가장 잘 수행하는 방법을 찾기 쉽다. 그러나 측정 막대의 압력 아래에서는 다음 움직임을 계획하는 것이 더 효과적이다. 달리 말하면, 목표는 직원들이 더 열심히 일하고 더 똑똑하게 일하도록 동기를 부여할 수 있다.

[그림 6-5]에는 할당된 목표가 작업 수행에 더 강하거나 약하게 영향을 미칠 때를 지정하는 세 가지 변수도 포함되어 있다. 이러한 변수를 이론 다이어그램의 전문용어로 "조절 변수(moderator)"라고 한다. 조절 변수는 다이어그램의 다른 변수에 직접적인 영향을 미치지 않고 변수 간의 관계 강도에 영향을 준다. **피드백**(feedback)은 조절 변수로 목표 달성을 위한 진행 상황에 대한 업데이트를 의미한다.[51] 비디오 게임에서 친구의 점수를 이기기 위해 도전을 받았지만, 게임을 플레이하는동안 자신의 점수를 모른다고 상상해 보라. 얼마나 열심히 노력했는지 어떻게 알 수 있는가? 또 다른 조절 변수는 **과업 복잡성**(task complexity)으로, 과업에 관련된 정보와 취해야 할 행동이 얼마나 복잡한지, 과업이 얼마나 변하는지를 나타낸다.[52] 일반적으로 구체적이고 어려운 목표의 효과는 복잡한 과업의 경우보다 단순한 과업에서 거의 두 배나 강력하지만, 복잡한 과업의 경우에도 여전히 목표의 효과는 유익하다.[53]

[그림 6-5]에 표시된 마지막 조절 변수는 개인이 목표를 수락하고 달성하기 위해 노력하는 정도로 정의된 **목표 몰입**(goal commitment)이다.[54] 목표 몰입이 높을 때 구체적이고 어려운 목표를 부여하면 과업성과에 상당한 도움이 된다. 그러나 목표 몰입이 낮을 때 그 효과는 훨씬 약해진다.[55] 목표 몰입의 중요성은 직원들에게 목표를 부여할 때 최선의 몰입을 촉진하는 방법에 대한

질문을 제기한다. 〈표 6-4〉는 보상에서 감독 지원, 직원 참여에 이르기까지 목표 몰입을 촉진하기 위한 가장 강력한 몇 가지 전략을 요약하고 있다.[56] 벨기에에 기반을 둔 양조 대기업인 AB 인베브(AB InBev)는 목표 설정과 목표 약속의 중요성을 이해하고 있는 것 같다.[57] 이 회사는 비용 절감, 운영 개선 및 가격 최적화를 바탕으로 매년 직원 목표를 설정한다. 또한 목표가 충분히 어렵도록 만들기 위해 노력한다. 한 임원은 "거의 불가능하지만 불가능하지는 않은 올바른 목표를 설정하는 것이 가장 큰 과제"라고 말한다. 목표 몰입 측면에서 AB 인베브사는 홍보를 통해 더 많은 참여를 유도한다. 특히, 회사는 직원들이 동료의 목표와 업무 진행 상황을 파악할 수 있는 기능을 소프트웨를 사용하여 제공한다.

표 6-4 목표 몰입을 위한 전략

전략	설명
보상	금전적 또는 비금전적 보상과 목표 달성을 연결하라
홍보	중요한 여러 사람과 동료들에게 목표를 알리고 목표 달성을 위한 사회적 압력을 조성하라
지원	직원이 목표를 달성하는 데 어려움을 겪을 경우 지원을 제공하라
참여	직원이 목표에 대한 주인의식을 느낄 수 있도록 특정 숙련도 수준과 목표 기한을 설정하는 데 협업하라
자원	목표를 달성하는 데 필요한 자원을 제공하고 작업 노력을 방해할 수 있는 제약을 제거하라

출처: Adapted from J.R. Hollenbeck and H.J. Klein, "Goal Commitment and the Goal-Setting Process: Problems, Prospects, and Proposals for Future Research," Journal of Applied Psychology 72 (1987), pp. 212–20; H.J. Klein, M.J. Wesson, J.R. Hollenbeck, and B.J. Alge, "Goal Commitment and the Goal-Setting Process: Conceptual Clarification and Empirical Synthesis," *Journal of Applied Psychology* 84 (1999), pp. 885–96; E.A. Locke, G.P. Latham, and M. Erez, "The Determinants of Goal Commitment," *Academy of Management Review* 13 (1988), pp. 23–29; G.P. Latham, "The Motivational Benefits of Goal-Setting," *Academy of Management Executive* 18 (2004), pp. 126–29.

마이크로소프트(Microsoft) 또한 목표 설정 원칙을 사용하여 목표 몰입도와 작업 성과를 높였다.[58] 이 회사는 직원들이 자신의 목표를 달성하기로 약속한 목표가 아니라 달성하고자 희망하는 목표로 보는 것을 걱정했다. 게다가, 직원의 약 25~40%는 피드백을 제공하기에 충분히 구체적이지 않거나 측정할 수 없는 목표에 따라 일하고 있었다. 이러한 추세에 대처하기 위해 마이크로소프트사의 관리자는 각 직원별로 5~7개의 **S.M.A.R.T. 목표**를 선별하고, 각 목표의 달성과 보상을 직접 연결하도록 교육받았다. S.M.A.R.T.는 구체적이고(Specific), 측정 가능하며(Measurable), 성취 가능하고(Achievable), 결과 기반의(Results-Based) 시간을 고려한(Time-Sensitive) 목표를 나타내는 유익한 목표의 특성을 요약한다. (이 두문자어는 유용하지만, 가장 중요한 "어려움" 특성이 빠진 점에 유의하라.) Microsoft사의 관리자와 직원이 공동으로 목표 설정 프로세스에 참여하고, 관리자는 직원이 목표를 달성하기 위해 사용할 수 있는 업무 전략을 제안하여 지원한다. 이러한 방식으로 관리자와 직원은 "무엇"이 아니라 성취의 "방법"을 이해하게 된다.[59] 여러 문화권에 걸쳐 목표 설정이 작동하는 방식에 대한 통찰력은 **국제 상황의 OB**를 참조하라.

AB 인베브사에서는 직원들에게 비용 절감 및 운영 개선을 위한 구체적이고 어려운 목표를 부여한다. 소프트웨어를 통해 직원은 자신의 진행 상황과 동료의 진행 상황을 추적할 수 있다.

공정성 이론

[그림 6-1]의 실행 예제로 돌아가 보자. 이 시점에서 당신은 상사가 당신에게 준 업무를 수행하기로 결정했고, 화요일 오전 10시 30분까지 제출해야 하며 두 개 이상의 실수를 하면 안 된다는 말을 들었다고 상상해 보라. 그것은 구체적이고 어려운 목표이기 때문에 당신은 웹브라우저를 한동

국제 상황의 OB

교차 문화 OB에 대한 연구에 따르면 동기부여와 관련하여 일부 "보편성"이 존재한다. 예를 들어 흥미로운 작업, 급여, 성취 및 성장은 문화에 따라 그 중요성이 변하지 않는 동기부여 요인으로 나타난다. 물론, 목표 몰입을 촉진하기 위한 일부 전략을 포함한 일부 동기부여 원칙은 문화에 따라 효과가 다르다.

- **목표 유형.** 목표는 개인 또는 그룹 차원에서 주어져야 하는가? 미국의 직원들은 일반적으로 개별 목표가 부여되는 것을 선호한다. 이에 반해 중국, 일본 등의 직원들은 팀 목표를 선호한다. 이러한 차이는 해당 문화에서 집단적 책임과 협력에 대한 강조가 더 강함을 반영하는 것으로 보인다.
- **보상.** 보상은 문화 전반에 걸쳐 목표 몰입도를 높이는 경향이 있지만 문화에 따라 가치를 두는 보상 유형이 다르다. 미국의 직원들은 성과에 따라 보상을 받는 것을 선호한다. 이와 대조적으로 중국, 일본, 스웨덴 등의 직원들은 보상이 작업 단위 구성원에게 균등하게 할당되는 것을 선호한다. 인도의 직원들은 필요에 따라 보상을 지급하는 세 번째 할당 전략을 선호한다. 이러한 문화적 차이는 국가마다 개인의 성취, 집단적 연대, 타인의 복지를 우선시하는 방식이 다르다는 것을 보여 준다.
- **참여.** 국가 문화는 또한 목표 설정에 참여하는 것의 중요성에 영향을 미친다. 연구에 따르면 미국의 직원들은 계층적 권위를 강조하는 문화 때문에 할당된 목표를 수락할 가능성이 높다. 이에 반해 계층에 대한 문화적 강조가 부족한 이스라엘의 직원들은 할당된 목표에 잘 반응하지 않는 대신, 목표 설정에 참여하는 것을 중요하게 생각한다.
- **피드백.** 문화는 개인이 목표 진행 상황에 대한 피드백을 받을 때 반응하는 방식에도 영향을 미친다. 참여와 마찬가지로 연구에 따르면 미국의 직원은 계층적 권위 관계에 편안하고 불확실성을 줄이고자 하는 강한 열망이 있기 때문에 피드백을 수용할 가능성이 더 높다. 영국과 같은 문화권에서는 불확실성을 줄이는 데 가치를 적게 두고, 이는 피드백을 덜 중요하게 여기도록 한다.

출처: H. Aguinis and C.A. Henle, "The Search for Universals in Cross-Cultural Organizational Behavior," in *Organizational Behavior: The State of the Science*, ed. J. Greenberg (Mahwah, NJ: Erlbaum, 2003), pp. 373–411; P.C. Earley and C.B. Gibson, "Taking Stock in Our Progress on Individualism–Collectivism: 100 Years of Solidarity and Community," *Journal of Management* 24 (1998), pp. 265–304; M. Erez, "A Culture-Based Model of Work Motivation," in *New Perspectives on International Industrial/Organizational Psychology*, ed. P.C. Earley and M. Erez (San Francisco: New Lexington Press, 1997), pp. 193–242; M. Erez and P.C. Earley, "Comparative Analysis of Goal-Setting Strategies Across Cultures," *Journal of Applied Psychology* 72 (1987), pp. 658–65; P.G. Audia and S. Tams, "Goal Setting, Performance Appraisal, and Feedback Across Cultures," in *Blackwell Handbook of Cross-Cultural Management*, ed. M.J. Gannon and K.L. Newman (Malden, MA: Blackwell, 2002), pp. 142–54.

안 열지도 않았고, 인스타그램을 확인할 생각조차 하지 않았다.

간단히 말해서, 복도 건너편에 있는 동료가 올 때까지 몇 시간 동안 매우 열심히 일했다. 그에게 당신이 하고 있는 일을 말하자 그는 동정하는 듯 고개를 끄덕이며 말한다. "그래, 상사가 나에게도 똑같이 힘든 일을 시켰었지. 그래도 제 시간에 끝내면 오늘 밤 회사 백스테이지 패스를 사용할 수 있다고 하니, 적어도 자기가 지시한 업무가 얼마나 힘든 일인지는 알고 있는 것 같아." 백스테이지 패스? 백스테이지 패스? 드디어 인스타그램을 확인할 때가 된 것 같다.

처음 두 이론과 달리 **공정성 이론**(equity theory)은 동기부여가 자신의 신념과 상황뿐만 아니라 다른 사람들에게 일어나는 일에도 의존한다는 점을 인정한다.[60] 보다 구체적으로 말하면, 공정성 이론은 직원이 직무에서 얻은 보상의 "멘탈 장부"를 생성한다고 제안한다.[61] 어떤 보상이 멘탈 장부의 일부가 될 수 있을까? 〈표 6-5〉에 일반적으로 고려되는 보상의 목록이 나와 있지만 이는 전적으로 당신에게 달려 있으며 당신이 가치 있다고 생각하는 것에 달려 있다. 공정성 이론은 직원들이 자신의 직무에 투입한 투입물(또는 기여금 및 투자)에 대한 멘탈 장부를 생성한다고 제안한다.[62] 다시 말하자면, 멘탈 장부의 구성은 전적으로 당신에게만 해당되지만 〈표 6-5〉는 대부분의 직원에게 중요한 것으로 보이는 몇 가지 투입물 목록을 제공한다.

그렇다면 보상과 투입에 대한 이러한 정신적 집계로 정확히 무엇을 하는가? 공정성 이론은 공정성을 판단하기 위한 직관적인 기준을 제공하는 것처럼 보이는 **비교 대상**(comparison others)의 투입과 보상의 비율을 비교한다고 주장한다.[63] [그림 6-6]에서 볼 수 있는 것처럼 이 "인지 계산법"의 결과로 세 가지 일반적인 가능성이 있다. 첫 번째 가능성은 투입에 대한 보상의 비율이 당신과 비교 대상 간에 균형을 이루는 것이다. 이 경우, 당신은 공정함을 느끼고 노력의 강도와 지속성을 유지할 가능성이 높다. 당신의 동료처럼 상사로부터 백스테이지 패스를 제안받았다면 이런 상황이 발생했을 것이다.

표 6-5 공정성 이론에서 고려하는 몇 가지 보상과 투입

보상	투입
봉급	노력
연공서열 혜택	성과
부가 혜택	기술과 능력
지위 상징	교육 수준
만족스러운 관리 감독	경험
직장	훈련
내재적 보상	연공서열

출처: Adapted from J.S. Adams, "Inequity in Social Exchange," in *Advances in Experimental Social Psychology*, Vol. 2, ed. L. Berkowitz (New York: Academic Press, 1965), pp. 267–99.

두 번째 가능성은 당신의 투입에 대한 보상의 비율이 비교 대상의 비율보다 낮을 수 있다는 것이다. 공정성 이론에 따르면 비율의 불균형은 비율의 균형을 회복해야만 완화될 수 있는 내부적으로 느끼는 긴장인 **공정성 고통**(equity distress)을 촉발한다.[64] 보상이 부족한 경우, 공정성 고통은 분노나 시기심과 같은 부정적인 감정의 형태를 띨 가능성이 크다. 그러한 감정을 느끼지 않는 한 가지 방법은 어떤 식으로든 균형을 회복하려고 시도하는 것이며, [그림 6-6]은 균형을 회복하는 두 가지 방법을 보여 준다. 상사와 이야기하고 더 나은 보상을 얻을 자격이 있는 이유를 설명함으로써 건설적이고 능동적으로 해결할 수 있다. 이러한 조치는 보상을 확대함으로써, 비율에 대한 균형을 회복한다. 물론 분노는 종종 건설적이기보다는 파괴적인 행동을 낳고, 연구에 따르면 과소보상에 의한 불공정에 대한 감정은 직원 절도와 같은 생산성 저해 행동을 예측할 수 있는 가장 강력한 요인 중 하나이다(신뢰, 공정성, 윤리에 대한 자세한 내용은 7장 참조).[65] 이 장과 더 관련이 있는 균형을 회복하는 또 다른 방법은 노력의 강도와 지속성을 낮추어 투입의 크기를 줄이는 것이다. 공정성 이론에서 중요한 것은 전체 보상이나 투입의 크기가 아니라 비율일 뿐이라는 것을 기억하라.

> **학습목표 6.4**
> 공정성 이론에 의하면, 공정하게 대우받는다는 것은 무슨 의미이며, 직원들은 불공정에 대해 어떻게 대응하는가?

세 번째 가능성은 투입에 대한 보상의 비율이 비교 대상의 비율보다 큰 경우이다. 공정성 고통이 다시 발생하고, 이러한 긴장은 죄책감이나 불안과 같은 부정적인 감정을 유발할 수 있다. 받을 돈을 덜 받고, 받은 것을 다른 사람에게 무언가를 되돌려줌으로써 결과의 크기를 줄여 균형을 회복할 수 있겠지만, 이론은 대부분의 경우 그러한 조치를 취할 가능성이 낮다는 것을 인정한다.[66] 업무 노력의 강도와 지속성을 높이거나 추가적으로 "extra mile" 시민권 행동에 참여하기로 결정하여 투입의 크기를 증대시킬 수 있다. 그러나 어느 시점에서는 하루 중 투입을 더 이상 늘릴 수 있는 시간이 충분하지 않을 수 있다. 투입을 늘리는 대안(그리고 덜 노동 집약적인) 방법은 단순히 당신의 투입을 재고하는 것이다. 즉, 당신의 실제 기여를 "과소 매도"했는지 확인하기 위해 멘탈 장부를 재검토하는 것이다. 다시 생각해 보면, 당신의 교육이나 연공서열이 당신이 깨닫는 것보다 실제로 더 중요하거나 당신이 보유한 기술과 능력이 조직에 더 중요할 수도 있다고 생각할 수 있다. 이러한 **인지 왜곡**(cognitive distortion)은 어떤 식으로든 행동을 바꾸지 않고도 정신적으로 균형을 회복할 수 있게 해 준다.

그림 6-6 공정성 이론의 세 가지 상황 비교

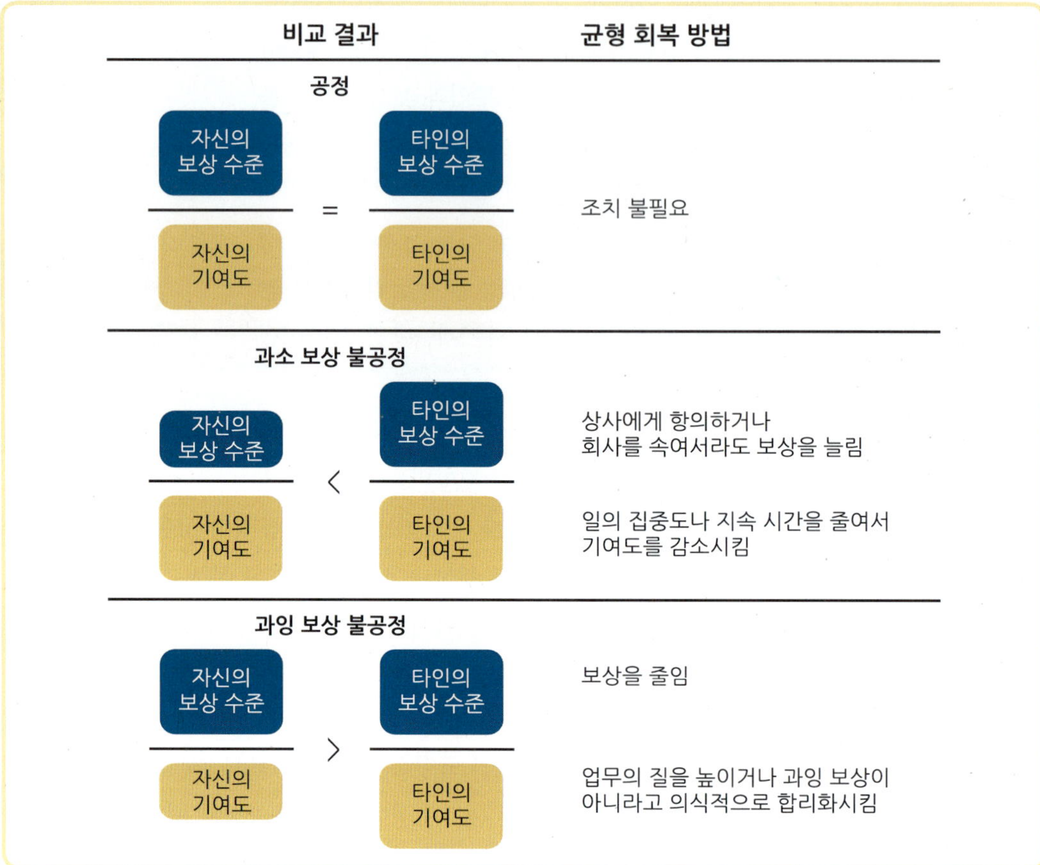

출처: Adapted from J.S. Adams, "Inequity in Social Exchange," in *Advances in Experimental Social Psychology*, Vol. 2, ed. L. Berkowitz (New York: Academic Press, 1965), pp. 267–99.

과소보상 또는 과대보상 상황에 관계없이 균형을 회복하는 또 다른 방법은 비교 대상을 변경하는 것이다. 이는 [그림 6-6]에 나와 있지 않다. 결국, 우리는 "인생의 많은 부분"을 다양한 사람과 비교한다. 〈표 6-6〉은 사용할 수 있는 다른 종류의 비교를 요약한 것이다.[67] 이러한 비교 중 일부는 **내적 비교**(internal comparisons)로, 이는 같은 회사의 누군가를 의미한다.[68] 또 다른 것은 **외적 비교**(external comparisons)로, 이는 다른 회사에 속한 누군가를 의미한다. 주어진 비교가 높은 수준의 분노와 부러움 또는 높은 수준의 죄책감과 불안을 초래한다면 준거 틀이 바뀔 수 있다. 사실, 연구에 따르면 직원들은 자신을 단순히 다른 사람과 비교하지 않는다. 대신, 그들은 다양한 다른 사람들과 다중 비교를 한다.[69] 일종의 "전체 공정성" 판단을 내리는 것이 가능할 수 있지만 연구에 따르면 사람들은 〈표 6-6〉에 있는 다양한 공정성 비교를 구별하여 사용한다. 예를 들면, 한 연구에서는 직무 공정성(job equity)이 시민행동의 가장 강력한 동인인 반면, 직종 공정성(ocupational equity)은 철회행동의 가장 강력한 동인임을 보여 준다.[70]

이러한 메커니즘은 공정성을 판단하는 것이 매우 주관적인 과정임을 분명히 보여 준다. Salary.com 보고서의 데이터는 그러한 사실을 보여 준다. 직장인 1,500명을 대상으로 한 설문

표 6-6 비교 대상에 따른 공정성 판단

비교 유형	내용
직무 공정성 (job equity)	같은 회사에서 비슷한 수준의 교육, 연공서열, 성과를 내고 같은 업무를 수행하는 다른 사람들과 자신을 비교
회사 공정성 (company equity)	같은 회사에서 비슷한 수준의 책임과 근무 조건을 가진 다른 업무를 수행하는 다른 사람들과 자신을 비교
직종 공정성 (occupational equity)	다른 회사에서 비슷한 수준의 교육, 연공서열, 성과를 내고 같은 업무를 수행하는 다른 사람들과 자신을 비교
교육 공정성 (educational equity)	같은 교육 수준을 달성한 다른 사람들과 자신을 비교
나이 공정성 (age equity)	같은 또래의 다른 사람들과 자신을 비교

출처: Adapted from R.W. Scholl, E.A. Cooper, and J.F. McKenna, "Referent Selection in Determining Equity Perceptions: Differential Effects on Behavioral and Attitudinal Outcomes," *Personnel Psychology* 40 (1987), pp. 113–24.

조사에 따르면 응답자의 65%가 향후 3개월 이내에 새로운 일자리를 찾을 계획이 있으며, 이 중 57%는 그 이유로 자신이 받는 급여가 부족하다고 느끼고 있기 때문인 것으로 나타났다. 그러나 Salary.com은 관련 투입과 현재 시장 상황을 고려할 때, 응답자의 19%만이 실제로 저임금을 받고 있다고 추정했다. 사실, 이들 중 17%는 오히려 회사에서 상대적으로 더 많은 임금을 받고 있는 것으로 추산되었다! 한편으로는 공정성을 판단하는 주관성이 보상을 담당하는 대부분의 관리자에게 좌절감을 줄 가능성이 높은 반면, 다른 한편으로는 직원의 노력의 강도와 지속성은 다른 사람이 아닌 직원 자신의 공정성에 의해 좌우된다는 것을 깨닫는 것이 중요하다.

아마도 많은 직원이 자신의 임금을 CEO의 임금과 비교하기 때문에 자신이 저임금을 받고 있다고 느낄 것이다. 1980년에 CEO의 중위 급여는 평균 근로자의 33배였다. 요즘은 그 비율이 근로자 평균 보수의 100배가 넘는다. 이사회는 왜 CEO에게 그렇게 큰 급여 패키지를 제공하는가? 많은 이유가 있지만, 많은 CEO가 자신을 프로 운동선수와 마찬가지로 유명인의 관점에서 바라보고 있기 때문에 일부에서는 급여 패키지가 CEO의 지위 상징을 나타내는 것으로 추측하고 있다.[71] 또는, CEO 보상 패키지는 CEO가 수년 동안 회사 사다리를 오른 것에 대한 보상이거나, CEO의 낮은 직업 안정성에 대한 보험 정책을 의미할 수 있다.

그러한 높은 급여 총액이 공정성 이론의 의미에서 공정하다고 볼 수 있을까? CEO는 노력, 기술 및 능력, 교육, 경험, 훈련 및 연공 서열을 포함하여 많은 투입에 대해 비정상적으로 높은 수준을 가지고 있을 것이다. CEO는 또한 일반 직원과 달리 다른 CEO를 비교 대상으로 사용할 수 있으므로 과도한 보상 불평등을 느낄 가능성이 줄어든다. 그러나 궁극적으로 급여의 공정성은 그 회사의 CEO가 내는 경영 성과에 달려 있다. 불행하게도, 한 분석에서는 CEO 급여와 주주 수익 사이의 상관관계가 거의 0에 가까운 것으로 나타났다.[72]

증권거래위원회가 모든 상장 기업의 CEO 급여 공개를 지시한다는 점을 감안할 때 CEO 비교에는 도움이 되지 않지만, 일부 기업은 급여 비밀(pay secrecy)을 강조하여 CEO의 급여 공정성에 대한 우려와 씨름하고 있다. 한 조사에 따르면 36%의 기업이 직원이 동료와 급여에 대해 논의하는 것을 명시적으로 권장하지 않으며, 대부분의 직원들도 급여 비밀 유지를 받아들이는 것으로 나타났다.[73] 급여 비밀은 좋은 생각인가? 급여 비밀과 관련하여 많은 연구가 진행되지는 않았지만, 급여 비밀의 장단점이 있는 것으로 보인다. 급여 비밀의 장점으로는 개인 프라이버시 침해에 대한 우려에 호소하면서 직원들 간의 갈등을 줄일 수 있다. 부정적인 측면에서 직원들은 정확한 정보가 부족한 상황에서 공정성 수준을 추측하여 대응할 수 있으며, 실제보다 더 크게 과소지급 불공정이라고 인식할 수 있다. 또한, 급여 비밀을 고집하면 직원들이 회사를 불신의 눈으로 바라볼 수 있다(이 문제에 대한 자세한 내용은 신뢰, 공정성 및 윤리에 대한 7장 참조).[74]

심리적 임파워먼트

학습목표 6.5
심리적 임파워먼트란 무엇이며 임파워먼트의 수준을 결정하는 네 가지 신념은 무엇인가?

이제 마지막으로 [그림 6-1]의 예제로 돌아가 보자. 마지막으로 예제를 살펴봤을 때 당신은 동료가 당신이 수행하는 유사한 과제를 성공적으로 완료하기 위해 상사로부터 회사의 백스테이지 패스를 제안받았다는 것을 알게 되었기 때문에, 당신의 동기부여 수준이 낮아졌다. 당신은 완전한 "시간 낭비 모드"로 인터넷을 검색하면서 이 과제를 수행하는 것을 싫어하는 모든 이유에 대해 생각하기 시작한다. 목표와 보상은 제쳐 두고라도, 당신은 계속해서 이 문제로 돌아온다. 당신은 스스로 선택해서는 절대로 이 프로젝트를 맡지 않았을 것이다. 더 구체적으로 말하자면, 프로젝트 자체는 그다지 의미가 없어 보이며 조직의 기능에 실질적인 영향을 미칠지 의심스럽다.

이러한 생각은 업무 과업이 더 큰 목적에 기여한다는 믿음에서 발생하는 에너지인 **심리적 임파워먼트**(pychological empowerment)가 낮다는 것를 반영한다.[75] 심리적 임파워먼트는 업무 수행 자체가 보상을 제공하고 〈표 6-2〉에 있는 많은 내재적 보상을 제공한다는 점에서 내재적 동기부여의 한 형태이다. 심리적 임파워먼트 개념은 다양성, 중요성 및 자율성이 높은 직업이 본질적으로 만족스러울 수 있음을 보여 준 직업 만족도에 대한 4장의 "일 자체에 대한 만족도"에 대한 논의와 많은 공통점이 있다.[76] 심리적 임파워먼트 모델은 직무 자체가 내재적으로 동기부여할 수 있다고 주장한다. 이 중, 유의미성, 자기 결정권, 역량 및 영향력의 네 가지 개념이 특히 중요하다.

유의미성(meaningfulness)은 주어진 업무의 목표 또는 목적의 가치를 개인이 가진 이상과 열정과 관련하여 포착한다.[77] 주어진 업무가 의미 있는 목적과 관련이 있을 때, 업무에 집중하고 그것에 대해 열의를 쏟기 더 쉬워진다. 당신은 의미 있는 일에 더 많은 시간을 할애하기 위해 다른 일을 줄일 수도 있으며, 근무 시간 외에도 그 일을 생각하는 자신을 발견할지도 모른다.[78] 반대로 의미 없는 일을 하는 것은 공허함과 분리감을 가져온다. 결과적으로, 의미 없다고 느껴지는 업무를 수행하기 위해 정신적으로 자신을 강요해야 할 수도 있다. 관리자는 흥미 있는 비전이나 목적을 분명하게 제시하고, 직원들이 비판 없이 이상과 열정을 자유롭게 표현할 수 있는 분위기를 조성함으로써 의미를 심어줄 수 있다.[79] 직원들은 자신의 열정을 확인하고 명확히 함으로써 자신만의 의미를 구축할 수 있다. 자신의 일에 극도로 열정적인 직원들은 때때로 일을 "소명"이라고 표현한다.[80]

자기 결정권(self-determination)은 과업을 시작하고 계속하고자 하는 선택 의지를 반영한다. 자기 결정권이 높은 직원은 어떤 작업을 수행할지, 작업을 구성하는 방법과 해당 작업을 수행하는 기간을 선택할 수 있다. 이러한 자기 결정권은 직원들이 의미 있고 흥미롭다고 생각하는 활동을 스스로 추구할 수 있도록 하므로, 내재적 동기를 유발하는 강력한 원동력이다.[81] 관리자는 업무를 세세하게 관리하기보다 위임하고 직원이 특정 업무에 대한 자신의 접근 방식을 제시할 수 있도록 직원을 신뢰함으로써 직원의 자기 결정권을 높일 수 있다.[82] 직원들은 상사의 신뢰를 얻고 신뢰가 높아짐에 따라 협상함으로써 더 많은 자기 결정권을 얻을 수 있다.

역량(competence)은 업무를 성공적으로 수행할 수 있는 능력에 대한 개인의 믿음을 나타낸다.[83] 역량은 앞에서 살펴본 자기 효능감과 같다. 역량(또는 자기 효능감)이 높은 직원은 직장에서 성공하는 데 필요한 특정 행동을 실행할 수 있다고 믿는다. 역량은 그 자체로 본질적으로 동기를 부여하는 자부심과 숙달감을 가져온다. 관리자는 교육 및 지식 획득의 기회를 제공하고, 긍정적인 피드백을 표현하고, 직원의 기술 수준에 적합한 도전적인 과업를 제공함으로써 직원의 역량 의식을 높일 수 있다.[84] 직원들은 자기 주도적 학습에 참여하고, 관리자로부터 피드백을 구하고, 업무 중에 "자신의 강점을 발휘"할 수 있는 더 많은 방법을 찾아 자신의 역량을 구축할 수 있다.

영향력(impact)은 개인의 행동이 "차이를 만든다"는 의미, 즉 어떤 중요한 목적을 달성하기 위한 진전이 이루어지고 있다는 의미를 나타낸다.[85] "앞으로 나아가다", "정상을 달리다", "거기에 도착하다"와 같은 표현은 영향력의 느낌을 전달한다.[86] 영향력의 반대말은 무엇을 하든 아무것도 달라지지 않을 것이라고 느끼는 "학습된 무기력"이다. "틀에 박힌", "정지 상태의" 또는 "아무데도 갈 데가 없는"과 같은 문구가 더 관련성이 있다. 관리자는 특히 장기간에 걸친 작업의 경우 작업 달성 과정에서 이정표를 축하함으로써 영향력을 심어 줄 수 있다.[87] 직원들은 작업 진행 속도를 높이는 데 필요한 협업 관계를 구축하고 그 과정에서 "작은 승리"를 축하하는 행사를 함으로써 더 큰 영향력을 얻을 수 있다.

텍사스 오스틴에 소재한 통신 회사인 얼러트미디어(AlertMedia)사는 심리적 임파워먼트의 중요성을 이해하고 있는 것 같다. 이 회사는 운영 긴급 상황, 보안 위협 및 자연재해 발생 시 시간에 민감한 일상적인 통신을 제공하는 고객을 위한 서비스를 제공한다. 다른 사람들이 비상 사태에 대처하도록 돕는 능력은 직원들에게 의미와 영향력을 제공한다. 한 임원은 "직원들은 실제로 세상을 변화시키는 회사에 합류했다고 생각한다. 우리는 그 사명을 지지하고 우리가 진정으로 사람들을 돕고 있다고 느낄 수 있다."라고 설명한다.[88] 얼러트미디어사의 설립자는 회사의 사명감이 강력한 동기부여 요인이라고 믿는다. 그 임원은 "매출은 항상 변할 것이다. 하지만 분명한 사명이 있고 직원들이 그것을 받아들인다면 그들은 묵묵히 고수할 것이다."라고 주장한다. 그러나 심리적 임파워먼트에 대한 얼러트미디어사의 노력은 회사의 사명을 넘어 확장한다. 직원들은 자신의 고유한 강점을 사용하여 자신이 적합하다고 생각하는 방식으로 업무를 수행할 자기 결정권을 갖는다. 얼러트미디어사의 창업자가 주장했듯이 "우리는 로봇이 아니라 인간이다."

Super Nova Images/Alamy Stock Photo

얼러트미디어의 직원들은 자신의 일에서 유의미성과 영향력을 찾을 수 있어야 한다. 그들의 서비스는 글자 그대로 고객의 생명을 구하는 데 도움을 준다.

요약: 일부 직원이 다른 직원보다 더 동기부여되는 이유는 무엇인가?

그렇다면 일부 직원이 다른 직원보다 더 의욕적인지 어떻게 설명할 수 있을까? [그림 6-7]에서 볼 수 있듯이, 그 질문에 대답하려면 기대 이론(기대치, 수단성, 유인가), 구체적이고 어려운 목표의 존재(또는 부재), 공정성, 심리적 임파워먼트를 고려해 볼 필요가 있다. 동기부여가 낮은 직원은 기대치나 능력이 부족하거나, 달성할 수 없는 목표를 받음으로 인해 그저 자신감이 부족할 수 있다. 또는 그러한 직원은 수단성이나 유인가가 낮거나 불공정함을 느낌으로 인해 자신의 성과가 적절하게 보상받고 있지 못하다고 느낄 수 있다. 마지막으로, 쉽거나 추상적인 목표를 할당하거나 의미, 자기 결정권 및 영향력의 부재로 인해 그들의 업무 자체가 단순히 도전적이지 않거나 본질적으로 보람이 없을 수 있다.

그림 6-7 일부 직원이 다른 직원보다 더 동기부여되는 이유는 무엇인가?

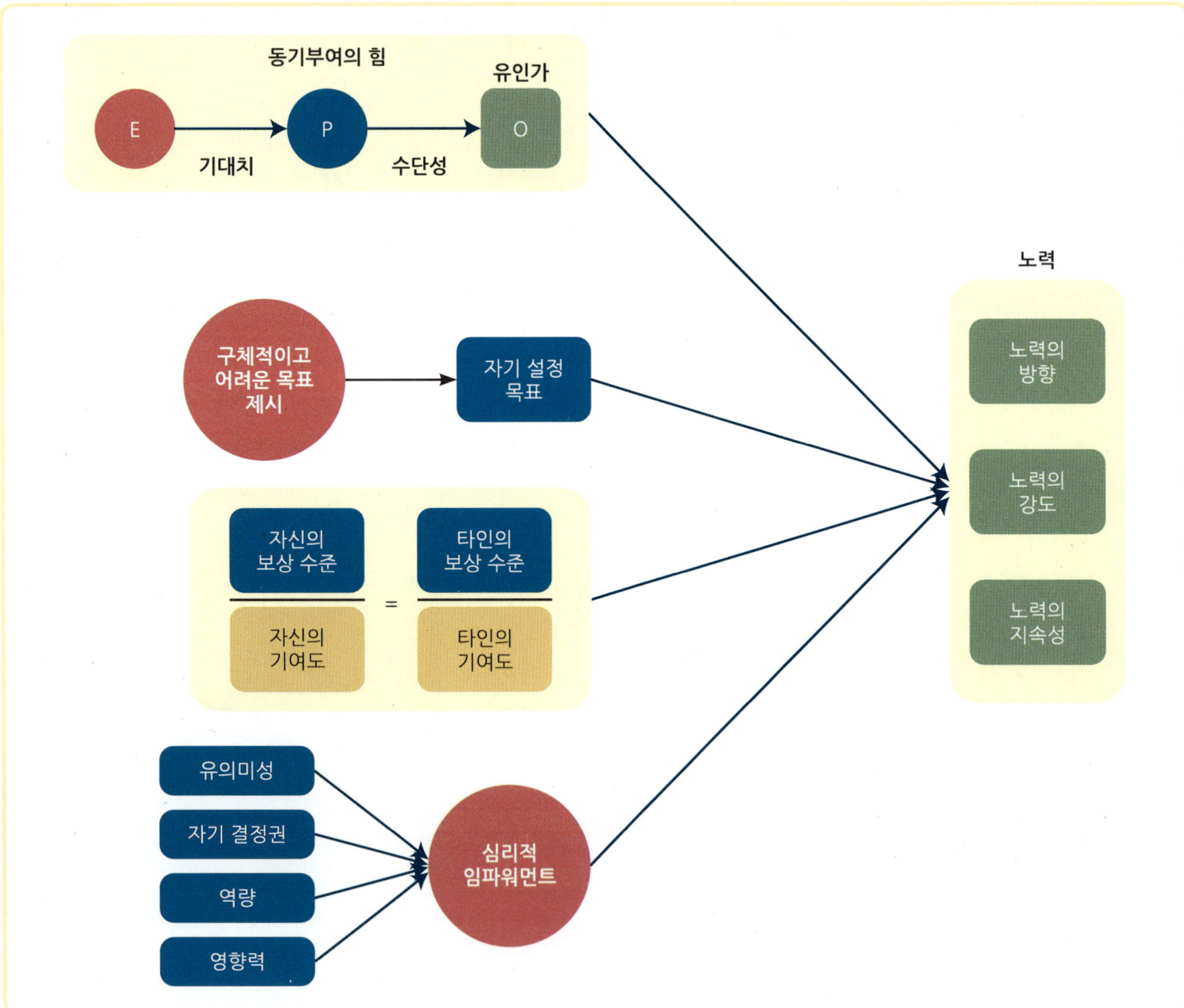

동기부여는 얼마나 중요한가?

학습목표 6.6
동기부여는 직무성과와 조직몰입에 어떤 영향을 미치는가?

동기부여는 통합적 OB 모델의 두 가지 주요 결과, 즉 직무성과 및 조직몰입과 상관관계가 있을까? 그 질문에 대해 답하는 것은 다소 복잡하다. 왜냐하면 동기부여는 하나의 에너지가 아닌 여러 에너지의 힘의 집합이기 때문이다. [그림 6-8]은 동기부여와 직무성과 및 조직몰입을 연결하는 연구 증거를 요약한 것이다. 이 그림은 OB 모델의 두 가지 결과에 대한 이러한 에너지 힘의 결합된 영향을 나타낸다.

먼저 직무성과로 돌아가서 말 그대로 수천 개의 연구가 다양한 동기부여 요인과 직무성과 간에 관계가 있음을 지지한다. 가장 강력한 성과 효과를 내는 동기는 자기 효능감/역량이다. 내적 자신감을 느끼는 사람들이 자신의 능력을 의심하는 사람들보다 더 나은 성과를 내는 경향이 있기 때문이다.[89] 어려운 목표는 두 번째로 강력한 동기부여 요인이다. 구체적이고 어려운 목표를 부여받는 사람들은 쉬운 목표를 가진 사람들보다 더 나은 성과를 낸다.[90] 높은 수준의 유인가, 수단성 및 기대치에 의해 생성된 동기부여는 다음으로 가장 강력한 동기부여 변수이다.[91] 마지막으로,

그림 6-8 동기부여의 직무성과와 조직몰입에 대한 효과

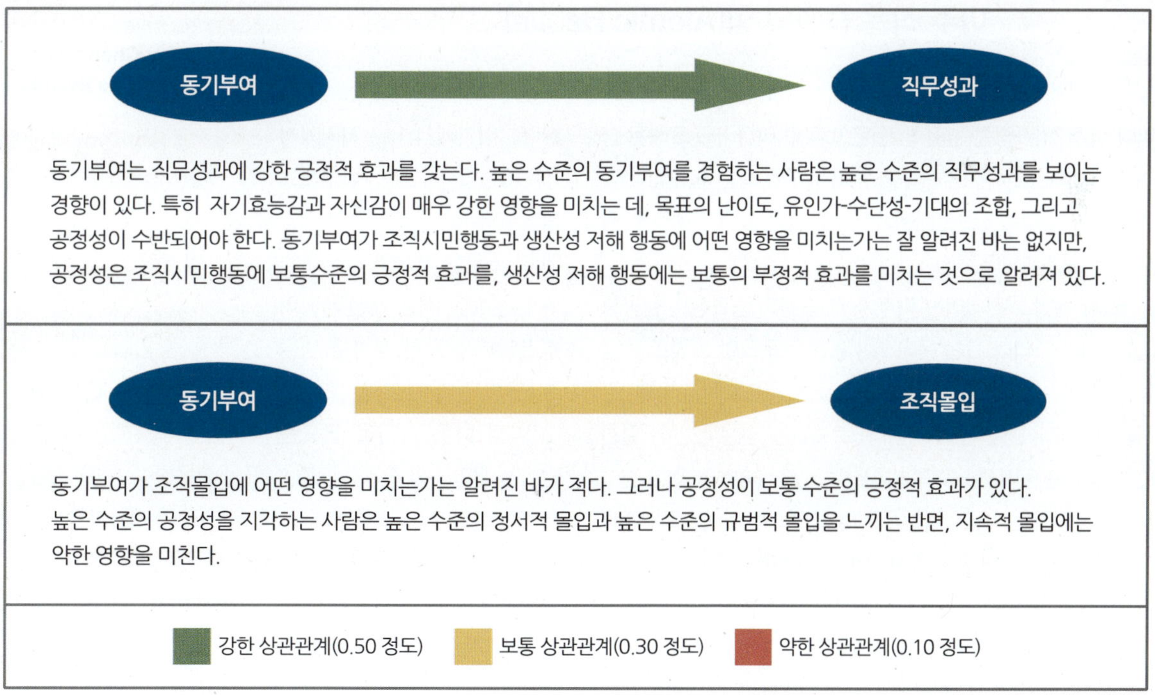

출처: Y. Cohen-Charash and P.E. Spector, "The Role of Justice in Organizations: A Meta-Analysis," *Organizational Behavior and Human Decision Processes* 86 (2001), pp. 287–321; J.A. Colquitt, D.E. Conlon, M.J. Wesson, C.O.L.H. Porter, and K.Y. Ng, "Justice at the Millennium: A Meta-Analytic Review of 25 Years of Organizational Justice Research," *Journal of Applied Psychology* 86 (2001), pp. 425–45; J.P. Meyer, D.J. Stanley, L. Herscovitch, and L. Topolnytsky, "Affective, Continuance, and Normative Commitment to the Organization: A Meta-Analysis of Antecedents, Correlates, and Consequences," *Journal of Vocational Behavior* 61 (2002), pp. 20–52; A.D. Stajkovic and F. Luthans, "Self-Efficacy and Work-Related Performance: A Meta-Analysis," *Psychological Bulletin* 124 (1998), pp. 240–61; W. Van Eerde and H. Thierry, "Vroom's Expectancy Models and Work-Related Criteria: A Meta-Analysis," *Journal of Applied Psychology* 81 (1996), pp. 575–86; R.E. Wood, A.J. Mento, and E.A. Locke, "Task Complexity as a Moderator of Goal Effects: A Meta-Analysis," *Journal of Applied Psychology* 72 (1987), pp. 416–25.

공정성에 대한 인식은 직무성과에 다소 약한 영향을 미친다.[92] 동기부여가 직무성과를 촉진하는 방법에 대한 자세한 내용은 OB 북스토어의 내용을 참조하라.

연구자들은 동기부여 변수와 시민행동 및 생산성 저해 행동 사이의 연관성에 대해서는 보다 덜 관심을 기울였다. 시민행동과 관련하여, 업무와 관련하여 더 많은 노력을 기울이는 직원은 업무 자체에 대해 추가적인 노력이 필요하기 때문에 시민행동 관련 행동을 실행할 가능성이 더 커 보인다. 그 주장을 뒷받침하는 가장 좋은 증거는 공정성에 대한 연구에서 나온다. 특히, 직장에서 공정성을 느끼는 직원은 특히 그러한 행동이 조직에 도움이 될 때 조직시민행동에 참여할 가능성이 더 높다.[93] 생산성 저해 행동은 종종 인지된 불평등에 대한 보복으로 나타나기 때문에 조직시민행동이 높은 직원은 생산성 저해 행동을 할 가능성이 적다.[94]

시민행동과 마찬가지로 동기부여와 조직몰입 사이의 관계는 간단하다. 결국, 덜 헌신적인 직원을 특징짓는 심리적, 신체적 형태의 철회는 그 자체로 낮은 수준의 동기부여의 증거이다. 공상에 빠지고, 늦게 출근하고, 휴식을 더 길게 취하는 직원들은 일관되게 높은 수준의 업무를 수행하는데 어려움을 겪는다. 공정성과 조직몰입에 대한 연구는 동기-몰입 관계에 대한 가장 명확한

북스토어

아주 작은 습관의 힘(Atomic Habits)

James Clear (New York: Avery, 2018)

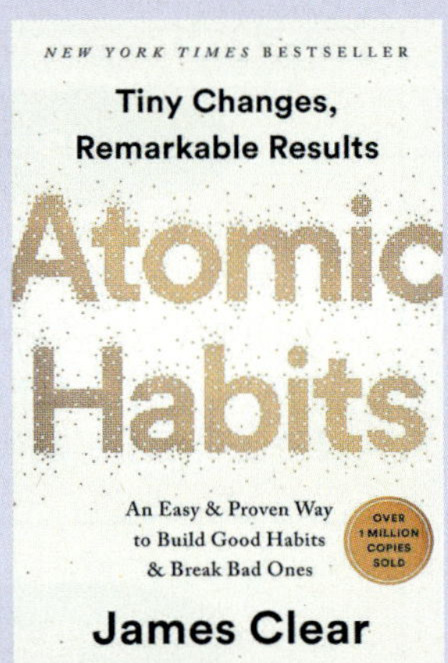

James Clear/Random House, Inc.

그러나 아주 작은 습관(원자 습관)은 아무리 작더라도 오래된 습관이 아닙니다. 그것은 더 큰 시스템의 일부인 작은 습관입니다. 원자가 분자의 구성 요소인 것처럼 아주 작은 습관은 놀라운 결과의 구성 요소입니다.

저자 제임스 클리어는 아주 작은 습관의 중요성을 성공으로 설명한다. 그러나 그는 동기부여를 보는 중요한 방법도 설명한다. 동기부여는 중요한 프로젝트를 하는 동안 노력의 방향, 강도 및 지속성에 관한 것이 아니다. 그보다는 인생 전반에 걸친 일련의 일상 활동에서 노력의 방향, 강도 및 지속성에 관한 것이다. 열심히 일하는 사람이라는 정체성을 만드는 습관이며, 중요한 프로젝트에 필요한 기술을 개발하고 연마하는 습관이다.

저자는 동기부여 이론의 여러 영역을 활용하여 습관의 중요성을 설명한다. 그중 하나는 목표 설정 이론이지만 목표 자체에 대해서 아니라 작업 전략, 즉 우리의 노력을 격려하고 전달하기 위해 만든 시스템의 중요성을 강조하며 다음과 같이 말한다. "당신은 당신의 목표 수준에 도달하지 않는다. 당신은 당신의 시스템 수준으로 떨어진다." 따라서 그는 사람들이 작업을 수행하는 방법에 대해 명시적이고 전술적으로 생각하도록 권장한다. "여기에서 1%, 저기에서 1% 개선할 수 있는 작업 시스템을 모두 찾으라. 시간이 지남에 따라 은행 계좌의 복리 이자와 같은 모든 작은 개선 사항이 추가되어 상당한 성과를 얻을 수 있다."

더 나은 습관을 만드는 방법을 설명할 때 저자는 기대 이론을 활용한다. 첫째, 습관을 더 쉽게 성취할 수 있도록 해야 한다. 때때로 이것은 사무실을 떠나기 전에 해야 할 일을 책상 중앙에 배치하는 것과 같이 습관을 유발하는 신호를 환경에 추가하는 것을 의미한다. 이는 중요한 일을 하는 동안 휴대폰을 서랍에 넣는 것과 같이 습관을 실행하는 경험에서 "마찰"을 제거하는 것을 의미한다. 둘째, 우리는 습관의 실행을 더 유익한 것으로 만들 필요가 있습니다. 글쓰기를 해야 할 때를 위해 멋진 앨범을 저장하거나 중요한 작업을 완료한 후에 멋진 커피숍을 방문할 수도 있다. 이런 식으로 습관을 제어할 수 있고, 이는 동기와 성과를 제어하는 데 도움이 된다.

통찰력을 제공한다. 특히, 공정성을 느끼는 직원은 회사에 더 감정적으로 애착을 갖고 회사에 남아 있어야 한다는 더 강한 의무감을 느낀다.[95]

실무 적용: 보상 제도

조직에서 동기부여 개념이 적용되는 가장 중요한 영역은 보상 제도의 설계이다. 〈표 6-7〉은 일반적인 보상 제도에 사용되는 많은 요소를 보여 준다. 〈표 6-7〉에서 "요소"라는 용어를 사용하여 대부분의 조직이 직원을 보상하기 위해 여러 요소의 조합을 사용한다는 것을 알 수 있다. 〈표 6-7〉에 대해서 두 가지 사항에 주목해야 한다. 첫째, 〈표 6-7〉에 소개되는 요소에 대한 설명은 단순하다. 현실에서는 각 요소가 다양한 방식으로 구현되고 실행될 수 있다.[96] 둘째, 요소는 단순히 동기를 부여하는 것 이상의 역할을 수행하도록 설계되었다. 예를 들면, 기업은 기본급을 인상하기보다는 성과 기반 급여를 통해 인건비를 통제한다. 또 다른 예로, 개인의 성취를 강조하는 보상 요소들은 성취도가 높은 직원은 기업으로 끌어들이고, 동기부여가 낮은 직원은 기업을 떠나도록 만들어서 시간이 지남에 따라 기업 인력 구성의 변화를 가져오는 것으로 여겨진다. 마지막으로, 단위별 성과 또는 조직 전체의 성과에 대해 보상하는 요소들은 동기부여 수준에 미치는 영향에 관계없이 직원 간의 협업, 정보 공유 및 모니터링을 강화하도록 설계되었다.

보상 계획 요소가 동기부여에 효과가 있는지 판단하는 한 가지 방법은 그 요소가 업무에 대한 노력을 집중시키는 데 필요한 어렵고 구체적인 목표를 제공하는지 여부를 고려하는 것이다. 성과급과 이익 공유는 직원들이 본질적으로 올해 보다 더 나은 내년을 만들도록 하기 때문에 어렵고 구체적인 목표를 제공하는 것은 거의 없다. 반대로, 일시금 보너스와 성과 공유는 어렵고 구체적인 목표를 할당하기 위한 토론 기회를 제공한다. 일시금 보너스는 개인 수준에서 실행하고, 후자는 단위 수준에서 수행한다. 이러한 이유 때문에 두 가지 유형의 계획 모두 부분적으로 직원의 생산성 향상에 기여한다.[97]

> **학습목표 6.7**
> 조직이 직원의 동기를 높이기 위해 취할 수 있는 조치는 무엇인가?

표 6-7 보상 계획 요소

요소		설명
개인 수준	개수불임금(peice-rate)	단위 생산량, 판매량, 또는 서비스 제공별 성과급을 미리 정하여 지급
	성과급(Merit pay)	성과 평가 결과에 따라서 기본급을 증가시켜 줌
	일시금 보너스 (Lump-sum bonuses)	개인 목표를 달성했을 때 보너스가 지급되지만 기본급은 변동 없다. 잠재적 보너스는 당해 연도에 반드시 벌어들여야 하는 한시적 보수를 의미한다. 잠재적 보너스가 클 경우 기본급은 더 낮을 수 있다.
	표창 (Recognition awards)	유형의 포상(기프트카드, 상품, 포상여행, 이벤트, 휴가, 감사패) 또는 칭찬 등 무형적 포상이 즉석에서 수여된다.
사업부 수준	성과 공유 (Gainsharing)	집단 목표를 달성했을 때(부서 목표, 공장 목표, 사업부 목표) 근로자가 통제할 수 있는 요소(노무비, 재료투입량, 품질)를 기준으로 보너스를 지급. 잠재적 보너스는 당해 연도에 반드시 벌어들여야 하는 한시적 보수를 의미한다. 잠재적 보너스가 클 경우 기본급은 더 낮을 수 있다.
조직 수준	이익 공유 (Profit sharing)	공식적으로 보고된 회사 이익이 미리 정한 목표를 초과했을 때 그 이익의 정도에 비례한 정도의 보너스를 지급. 잠재적 보너스는 당해 연도에 반드시 벌어들여야 하는 한시적 보수를 의미한다. 잠재적 보너스가 클 경우 기본급은 더 낮을 수 있다.

보상 계획 요소가 동기부여에 미치는 영향을 판단하는 또 다른 방법은 개별 성과 수준과 개별 금전적 보상이 상응하는지 살펴보는 것이다. 그러한 상응은 수단성과 공정성에 대한 직원의 인식에 영향을 미친다. 예를 들어 이익 공유는 직원이 자신의 업무 성과에 관계 없이 회사의 수익성을 개선하기 위해 할 수 있는 일이 거의 없기 때문에 강력한 동기부여 결과를 가져오지 않을 것이다.[98] 연관된 단위가 더 작고 연관된 보상을 더 잘 통제할 수 있기 때문에, 이익 공유를 통해 기업은 직원이 갖는 수단성과 공정성의 수준을 더 높일 수 있다. 그러나 일반적으로 가장 높은 수준의 수단성 및 공정성은 개수불임금 또는 성과급 같은 개인 수준의 보상 요소를 통해 달성할 수 있다.

개인 수준의 두 가지 요소 중 개수불임금 제도는 제조, 판매 및 서비스 산업 이외의 산업에서는 적용하기 어렵다는 점을 감안한다면, 성과급은 매우 일반적이다. 실제로 한 조사에서는 미국 기업의 약 90%가 성과급을 적용하고 있다고 추정했다.[99] 성과급에 대한 비판은 일반적으로 직원들 간의 급여 차이가 생각보다 작다는 데 있다. 한 조사에서는 최고 성과자의 급여 인상(평균 5.6%)이 평균 성과자의 급여 인상률(평균 3.3%)보다 약간만 더 높다고 보고하고 있다.[100] 그러한 차이는 높은 성과가 더 나은 보상으로 연결된다는 인식을 만들지 못할 것처럼 보인다. 단, 성과 평가는 승진을 통해 급여에 간접적인 영향을 미칠 수도 있다.[101]

성과급을 적용하는 많은 경우 다양한 요인이 성과급을 통한 수단성과 공정성의 증진을 제한한다. 그러한 제약 요인들 중 하나는 예산의 부족으로서, 앞에서 지적했듯이 많은 조직이 경기 침체 기간 동안 급여 인상을 동결하거나 제한한다. 또 다른 제약 요인은 실제 성과 평가의 정확성에 기인한다. 학교에서든 직장에서든 다른 사람에게 평가를 받아 본 기억을 떠올리면, 당신은 얼마나 자주 "내가 어떻게 그런 등급을 받았지?" 또는 "나는 잘못된 평가를 받고 있는 것 같아!"라고 반응했는지를 생각해 보라. 성과 평가 전문가는 관리자가 확인할 수 있고, 직원 자신이 통제할 수 있으며, 기업의 전략 실행에 연관된 행동에 대해서만 직원을 평가해야 한다고 제안한다(자세한 내용은 2장 직무성과를 참조하라).[102] 또한, 평가를 수행하는 관리자는 평가 수행 전에 평가의 대상이 되는 행동에 대해 이해하고, 평가 수행 시 직원의 행동을 기록하는 방법을 배우는 것을 포함한 평가 수행 방법에 대한 교육을 받아야 한다.[103]

직원의 성과를 잘 관리하는 상사가 직원을 올바르게 평가하더라도 여전히 평가의 정확성을 훼손할 수 있는 요인들이 남아 있다. 일부 관리자는 사내정치 또는 "파도"를 피하기 위해 고의로 부정확한 평가를 할 수 있다. 한 설문조사에 따르면 관리자의 70%는 성취도가 낮은 직원에게 나쁜 평가를 내리는 데 어려움을 겪고 있는 것으로 나타났다.[104] 불행히도 이러한 관행은 하위 성과자와 상위 성과자를 구분하지 못하기 때문에 수단성과 공정성을 손상시킬 뿐이다. 일부 기업은 이러한 문제를 해결하기 위해 직원들이 서로 순위를 매기는 이른바 "누적 순위"를 사용한다. 순위에서 상위에 있는 직원은 하위에 있는 직원보다 더 높은 성과급을 받는다. 이러한 방식은 직원의 사기를 떨어뜨리고 과도한 경쟁을 가져올 것이라는 우려를 불러일으키지만, 연구에 따르면 이러한 강제 등급 배분 체계를 시행한 후 기업은 최소한 처음 몇 년 동안은 직원의 성과를 높일 수 있다고 한다.[105]

마지막으로 동기부여에 대한 성과급의 효과를 저해할 수 있는 또 다른 요인은 1년에 한 번

상여금을 지급하는 전형적인 일정이다. 급여 인상의 동기부여 혜택은 실제로 얼마나 오래 지속될까? 한 달? 두 달? 여섯 달? 이러한 우려로 인해 많은 기업에서 표창을 보다 광범위하게 사용하여 다른 보상 요소를 보완하게 되었다. 예를 들면, 캘리포니아 마운틴뷰에 위치한 소프트웨어 회사인 시만텍(Symantec)사는 상품권(최대 $1,000 상당)과 감사 메시지를 직원들에게 실시간으로 보내는 박수 프로그램(Applause Program)을 통해 직원에게 감사의 뜻을 전한다.[106] 프로그램이 시작된 이후 시만텍사 직원의 약 65%가 일종의 "박수"로 인정을 받은 것으로 추정된다.

요점 정리

6.1 동기부여는 직원의 내부와 외부에서 모두 발생하고 업무와 관련된 노력을 시작하고, 이러한 노력의 방향, 강도 및 지속성을 결정하는 일련의 에너지를 가진 힘으로 정의된다.

6.2 기대 이론에 따르면, 노력이 성과를 가져올 것이라는 믿음(기대치), 성과는 특정 보상을 가져올 것이라는 믿음(수단성), 그 보상이 가치 있다는 믿음(유인가)이 있을 때 특정 행동을 향한 노력을 한다.

6.3 목표 설정 이론에 따르면, 목표는 어렵고 구체적일 때 동기부여와 성과의 강력한 동인이 된다. 구체적이고 어려운 목표는 스스로 설정한 목표와 과업 전략을 증가시켜 성과에 영향을 미친다. 이러한 효과는 직원에게 피드백이 제공되고 과업이 너무 복잡하지 않고 목표 몰입도가 높을 때 더 자주 발생한다.

6.4 공정성 이론에 따르면, 투입에 대한 산출의 비율이 다른 비교 대상의 투입 대비 산출 비율과 일치할 때 보상이 공정하다고 여겨지며, 불공정을 느끼면 직원은 공정성 고통을 경험한다. 과소 보상 불공정은 일반적으로 낮은 수준의 동기부여 또는 높은 수준의 생산성 저해 행동을 가져온다. 과대 보상 불공정은 일반적으로 투입을 자신에게 보다 유리하게 재평가하는 인지 왜곡을 가져온다.

6.5 심리적 임파워먼트는 자신의 업무가 더 큰 목적에 기여한다는 믿음에 뿌리를 둔 에너지를 반영한다. 업무 목표가 직원의 열정을 드러내고 (유의미성), 직원이 업무에 대한 선택권을 갖고 있으며(자기 결정권), 업무를 성공적으로 수행할 수 있다고 느끼고(역량), 자신의 목표를 향해 진전하고 있다고 느낄 때(영향력), 직원의 심리적 임파워먼트가 촉진된다.

6.6 동기부여는 직무성과와 강한 긍정의 관계가 있고 조직몰입과 중간 수준의 긍정의 관계가 있다. 동기부여에 포함된 모든 에너지를 가진 힘 중에서 자기 효능감/역량은 직무성과와 가장 강한 관계를 가지고 있다.

6.7 조직은 동기부여를 높이기 위해 보상 체계를 사용한다. 보상 체계는 개인 수준 요소(개수불임금, 성과급, 일시금 보너스, 표창), 단위 수준 요소(성과 공유), 조직 수준 요소(이익 공유)가 있다.

핵심 용어

- 감정적 단서
- 과업 복잡성
- 과업 수행 전략
- 공정성 고통
- 공정성 이론
- 과거의 성취
- 구체적이고 어려운 목표
- 기대 이론
- 기대치
- 내재적 동기
- 내적 비교
- 대리 경험
- 돈의 의미
- 동기부여
- 목표 몰입
- 목표 설정 이론
- 몰입
- 비교 대상
- 수단성
- 스스로 설정한 목표
- 심리적 임파워먼트
- 언어적 설득
- 역량
- 영향력
- 외재적 동기
- 외적 비교
- 욕구
- 유의미성
- 유인가
- 인지 왜곡
- 자기 결정권
- 자기 효능감
- 피드백
- S.M.A.R.T. 목표

토론 질문

6.1 〈표 6-2〉의 보상 중 가장 마음에 드는 것은 무엇인가? 당신은 외재적 보상에 더 끌리는가 아니면 내재적 보상에 더 끌리는가? 나이가 들면 자신의 선택이 바뀔 것으로 생각하는가?

6.2 당신이 팀 프로젝트를 진행 중이고 팀원 중 한 명이 수업에서 발표하는 것에 대해 긴장했다고 가정해 보자. [그림 6-3]을 참고하면, 팀원의 자신감을 높이기 위해 정확히 무엇을 할 수 있을까?

6.3 목표 달성을 위한 다섯 가지 전략(보상, 홍보, 지원, 참여 및 자원)을 고려해 보라. 그중 어떤 전략이 가장 효과적이라고 생각하는가? 잠재적인 단점이 있는 것을 상상할 수 있는가?

6.4 당신은 과대 보상 및 과소 보상 불공정을 경험할 때 어떻게 대응하는 경향이 있는가? 당신의 그러한 대응은 [그림 6-6]에 나타난 다른 조합과 어떻게 다른가?

6.5 당신이 맡았던 과업들 중 매우 낮은 수준의 심리적 임파워먼트를 느꼈던 과업에 대해 생각해 보라. 조직이 심리적 임파워먼트 수준을 높이기 위해 무엇을 할 수 있을까?

사례: 넷플릭스

넷플릭스가 저성과 직원을 해고하는 데 중점을 둔 것은 동기를 부여하기 위한 것이지만 논란이 없는 것은 아니다. 실제로 70명의 전·현직 직원과의 인터뷰를 바탕으로 한 월스트리트 저널의 폭로 기사는 이러한 넷플릭스의 문화가 무자비하게 보일 수 있다고 주장했다. 일부 불만은 소위 "유지 테스트"의 중요성에 관한 것이다. 이 테스트는 직원이 경쟁업체로부터 제안을 받은 경우 직원을 유지하기 위해 싸울 것인지 여부를 관리자가 숙고하도록 요구한다. 만약 이 질문에 "아니오"라고 대답하면 그 직원은 아마도 회사를 떠나야 할 사람일 것이다. 넷플릭스 관리자들의 회의에서 어떤 관리자가 자신이 매일 "유지 테스트"에 떨어지는 두려움 속에 출근한다고 말하자, 그 고백을 들은 한 임원은 "두려움이 당신을 움직이는 것은 좋은 일이다!"라고 대답한 것으로 보고되었다.

넷플릭스는 저성과 직원에 대한 해고를 강조할 뿐 아니라 특이한 방식으로 이러한 해고를 처리한다. 구체적으로, 회사는 이메일 또는 대면 미팅을 통해 해고에 대한 공개 사후 분석을 수행한다. 해고와 관련된 이러한 논의는 정직과 투명성의 핵심 가치를 강화하기 위한 것이지만, 결국 해고된 직원의 결점과 한계에 초점을 맞추고 있다. 한 직원은 자신에 대한 사후 분석에 대해 "어떤 사람들에게는 확실히 어색했지만, 기업 문화와 일치했다. 때로는 투명성을 높이는 데에는 대가가 따른다."라고 설명했다. 또 다른 직원은 "그런 건 분명히 큰일이 될 것이다. 그러나 제 전반적인 경험에 따르면 일반적으로 유용하다는 것을 알았다." 넷플릭스사는 해고가 놀라운 일이 아님을 알리기 위해 열심히 노력한다. 넷플릭스사 연간 피드백 프로세스는 본질적으로 360도 다면평가이며, 직원은 상사, 동료 및 부하 직원으로부터 피드백을 받는다. 이러한 평가 내용이 직원의 해고에 어떠한 영향도 미치지 않는다는 사실은 성과 위주의 평가를 강조하는 넷플릭스사의 기업 문화를 감안하면 그리 놀라운 일이 아니다.

이러한 종류의 강력한 접근 방식이 가져오는 한 가지 위험은 넷플릭스 직원이 회사의 다른 핵심 가치에 부응하지 못하게 할 수 있다는 것이다. 예를 들면, 비효율적인 성과로 인해 직원을 해고하는 회사에서 창의적이고 혁신적인 직원을 바라는 것은 어려울 수 있다. 그리고 당신이 직업 안정성에 대해 불안을 느낀다면 직무에 열정을 쏟는 것이 어려울 수 있다. 넷플릭스는 미국의 기업 평판 조회 사이트 캄퍼러블리(Comparably)에서 평가하는 "가장 행복한 직원" 목록에서 자사가 2위를 차지했으며, 자사의 해고율(8%)이 미국 평균인 6%보다 약간 높을 뿐이라고 지적했다. 가장 놀라운 사실은 자발적 이직률(4%)이 전국 평균인 13%에 크게 못 미친다는 것이다.

6.1 대다수 사람이 항상 사용하는 제품을 생산하는 기업에서 자신이 일하는 것을 상상해 보라. 이 사실이 당신의 동기부여에 어떤 영향을 미치는가? 어떤 동기 이론이 그러한 효과를 설명하는 데 도움이 되는가?

6.2 "적절한 성과자에게 관대한 보상을 제공한다"는 사실을 생각해 보자. 그러한 기업 문화가 당신의 동기부여 수준을 증가시킬 것인가? 아니면 당신의 동기부여 수준을 감소시킬 것인가? 왜 그렇게 생각하는가?

6.3 직원이 저성과자라는 이유로 해고되는 상황를 생각해

보라. 그러한 경우는 어떻게 처리해야 할까? 관리자는 해고 대상 직원의 동료들과 어느 정도로 해고와 관련된 정보를 공유해야 하는가? 해고와 관련된 정보를 더 많이 공유할 때와 더 적게 공유할 때의 이점은 무엇인가?

출처: S. Ramachandran and J. Flint, "At Netflix, Radical Transparency and Blunt Firings Unsettle the Ranks," *The Wall Street Journal*, October 25, 2018; M. Kosoff, "Working at Netflix Sounds Absolutely Terrifying," *Vanity Fair*, October 26, 2018; A. Hargrave, "It's Netflix's World—and They Intend to Keep It That Way," *Vanity Fair*, September 5, 2020; Netflix, "Netflix Culture," https://jobs.netflix.com/culture (accessed March 26, 2001).

예제: 급여 차등에 대한 설명

이 예제의 목적은 보상이 동기부여에 영향을 미치기 위해 어떻게 사용될 수 있는지를 보여 주는 것이다. 이 예제는 모둠 활동으로 진행되기에, 강의자가 모둠을 만들어 주거나 학습자들이 직접 모둠을 만들어야 한다. 이 예제는 다음과 같은 단계로 진행된다.

6.1 다음 시나리오를 읽으시오. 크리스 클레멘트와 팻 파머는 한 포춘(Fortune) 500대 기업에서 일하는 컴퓨터 프로그래머이다. 어느 날 그들은 크리스가 연간 $60,820를 받고, 팻이 $72,890를 받는다는 것을 알게 되었다. 크리스는 놀라워하며 "우리가 왜 그렇게 다르게 급여를 받아야 하는지 그 이유를 모르겠다"고 말했다. 팻은 "나는 적어도 열 가지 이유를 생각할 수 있다."고 대답했다. 당신은 팻처럼 두 사람의 급여 차이가 발생할 수 있는 최소 열 가지 이유를 생각할 수 있는가? 이러한 이유는 합법적이거나 불법적일 수 있으며, 현명하거나 현명하지 않을 수 있다.

6.2 다른 모둠을 돌아다니며 팻이 크리스보다 더 높은 급여를 받는 열 가지 이유에 대한 목록을 작성하라. 이유는 합법적이거나 불법적일 수 있으며, 현명하거나 현명하지 않을 수 있음을 기억하라.

6.3 이 장에서 논의된 동기부여 이론(기대 이론, 목표 설정 이론, 공정성 이론, 심리적 임파워먼트)이 당신이 생성한 목록과 어떤 관련이 있는지 생각해 보자. 아마도 동기부여 이론 중 적어도 하나는 주어진 이유에 대한 이론적 뒷받침을 할 것이다. 예를 들어 팻의 업무가 크리스의 업무보다 더 어려울 수 있다. 직무의 어려움은 투입과 관련 있기 때문에, 공정성 이론은 이론적으로 뒷받침할 것이다. 아마도 동기부여 이론 중 하나는 주어진 이론적 뒷받침에 의문을 제기할 수 있다. 예를 들면, 크리스의 상사는 급여 인상은 제한된 재정 자원을 잘못사용하는 것이라고 생각할 수 있다. 기대 이론은 이론적 뒷받침에 의문을 제기할 것이다. 왜냐하면 수단성을 낮추기 때문이다.

6.4 모둠원 한 명을 선출하여 모둠에서 논의한 열가지 이유를 칠판에 적어보라. 그런 후, 나열된 이유 옆에 다음 약어 중 하나 이상을 작성하여 어떤 이론이 나열된 이유와 관련이 있는지 표시하라. EX는 기대 이론, GS는 목표 설정 이론, EQ는 공정성 이론, PE는 심리적 임파워먼트를 나타낸다.

6.5 크리스와 팻의 급여 차이에 대한 잠재적인 이유와 가장 관련이 있어 보이는 이론에 중점을 두고 (모둠별 또는 전체) 토론을 하라. 네 가지 동기부여 이론 중 어느 것과도 관련이 없어 보이는 잠재적인 이유가 있는가? 찾아낸 이유는 합법적이거나 불법적이기 때문인가? 현명하거나 현명하지 않기 때문인가?

출처: M.K. Renard, "It's All About the Money: Chris and Pat Compare Salaries," *Journal of Management Education* 32 (2008), pp. 248–61.

미주

6.1 Steers, R.M.; R.T. Mowday; and D. Shapiro. "The Future of Work Motivation." *Academy of Management Review* 29 (2004), pp. 379–87; Latham, G.P. *Work Motivation: History, Theory, Research, and Practice*. Thousand Oaks, CA: Sage, 2006.

6.2 Latham, G.P., and C.C. Pinder. "Work Motivation Theory and Research at the Dawn of the Twenty- First Century." *Annual Review of Psychology* 56 (2005), pp. 485–516.

6.3 Maier, N.R.F. *Psychology in Industry*, 2nd ed. Boston: Houghton Mifflin, 1955.

6.4 Kahn, W.A. "Psychological Conditions of Personal Engagement and Disengagement at Work." *Academy of Management Journal* 33 (1990), pp. 692–724.

6.5 Rich, B.L.; J.A. LePine; and E.R. Crawford. "Job Engagement: Antecedents and Effects on Job Performance." *Academy* of Management Journal 52 (2009), pp. 617–35; Schaufeli, W.B.; M. Salanova; V. Gonzalez-Roma; "The Measurement of Engagement and Burnout: A Two Sample Confirmatory Factor Analytic Approach." *Journal of Happiness Studies* 3 (2002), pp. 71–92; Macy, W.H., and B. Schneider. "The Meaning of Employee Engagement." *Industrial and Organizational Psychology* 1 (2008), pp. 3–30.

6.6 Rich, B.L.; J.A. LePine; and E.R. Crawford. "Job Engagement: Antecedents and Effects on Job Performance." *Academy of Management Journal* 52 (2009), pp. 617–35; Schaufeli, W.B.; M. Salanova; V. Gonzalez-Roma; and A.B. Bakker. "The Measurement of Engagement and Burnout: A Two Sample Confirmatory Factor Analytic Approach." *Journal of Happiness Studies* 3 (2002), pp. 71–92; Macy, W.H., and B. Schneider. "The Meaning of Employee Engagement." *Industrial and Organizational Psychology* 1 (2008), pp. 3–30; Rothbard, N.P. "Enriching or Depleting? The Dynamics of Engagement in Work and Family Roles." *Administrative Science Quarterly* 46 (2001), pp. 655–84.

6.7 Harter, J.K.; F.L. Schmidt; and T.H. Hayes. "Business-Unit- Level Relationship Between Employee Satisfaction, Employee Engagement, and Business Outcomes: A Meta-Analysis." *Journal of Applied Psychology* 87 (2002), pp. 268–79.

6.8 O'Boyle, E., and J. Harter. "State of the American Workplace." *Gallup*, June 29, 2013, http://www.gallup.com/strategic consulting/163007/ state-american-workplace.aspx.

6.9 Woolley, S. "New Priorities for Employers." *Bloomberg Businessweek*, September 13–19, 2010, p. 54.

6.10 Bakker, A.B., and D. Xanthopoulou. "The Crossover of Daily Work Engagement: Test of an Actor-Partner Interdependence Model." *Journal of Applied Psychology* 94 (2009), pp. 1562–71.

6.11 Vroom, V.H. *Work and Motivation*. New York: Wiley, 1964.

6.12 Vroom, V.H. *Work and Motivation*. New York: Wiley, 1964; see also Thorndike, E.L. "The Law of Effect." *American Journal of Psychology* 39 (1964), pp. 212–22; Hull, C.L. *Essentials of Behavior*. New Haven, CT: Yale University Press, 1951; Postman, L. "The History and Present Status of the Law of Effect." *Psychological Bulletin* 44 (1947), pp. 489–563.

6.13 Bandura, A. "Self- Efficacy: Toward a Unifying Theory of Behavioral Change." *Psychological Review* 84 (1977), pp. 191–215.

6.14 Brockner, J. *Self- Esteem at Work*. Lexington, MA: Lexington Books, 1988.

6.15 Bandura, A. "Self- Efficacy: Toward a Unifying Theory of Behavioral Change." *Psychological Review* 84 (1977), pp. 191–215.

6.16 Bandura, A. "Self- Efficacy: Toward a Unifying Theory of Behavioral Change." *Psychological Review* 84 (1977), pp. 191–215.

6.17 Bandura, A. "Self- Efficacy: Toward a Unifying Theory of Behavioral Change." *Psychological Review* 84 (1977), pp. 191–215.

6.18 Gist, M.E., and T.R. Mitchell. "Self-Efficacy: A Theoretical Analysis of Its Determinants and Malleability." *Academy of Management Review* 17 (1992), pp. 183–211.

6.19 Vroom, V.H. *Work and Motivation*. New York: Wiley, 1964.

6.20 Pinder, C.C. *Work Motivation*. Glenview, IL: Scott, Foresman, 1984.

6.21 Stillings, J., and L. Snyder. "Up Front: The Stat." *BusinessWeek*, July 4, 2005, p. 12.

6.22 Miller, S. M. "Pay Freezes Were Common in 2020; Employers Stay Cautious with 2021 Budgets." *Society for Human Resource Management*, February 23, 2021.

6.23 Vroom, V.H. *Work and Motivation*. New York: Wiley, 1964.

6.24 Pinder, C.C. *Work Motivation*. Glenview, IL: Scott, Foresman, 1984.

6.25 Landy, F.J., and W.S. Becker. "Motivation Theory Reconsidered." In *Research in Organizational Behavior*, Vol. 9, ed. B.M. Staw and L.L. Cummings. Greenwich, CT: JAI Press, 1987, pp. 1–38; Naylor, J.C.; D.R. Pritchard; and D.R. Ilgen. *A Theory of Behavior in Organizations*. New York: Academic Press, 1980.

6.26 Maslow, A.H. "A Theory of Human Motivation." *Psychological Review* 50 (1943), pp. 370–96; Alderfer, C.P. "An Empirical Test of a New Theory of Human Needs." *Organizational Behavior and Human Performance* 4 (1969), pp. 142–75.

6.27 Maslow, A.H. "A Theory of Human Motivation." *Psychological Review* 50 (1943), pp. 370–96; Alderfer, C.P. "An Empirical Test of a New Theory of Human Needs." *Organizational Behavior and Human Performance* 4 (1969), pp. 142–75; Deci, E.L., and R.M. Ryan. "The 'What' and 'Why' of Goal Pursuits: Human Needs and the Self-Determination of Behavior." *Psychological Inquiry* 11 (2000), pp. 227–68; Cropanzano, R.; Z.S. Byrne; D.R. Bobocel; and D.R. Rupp. "Moral Virtues, Fairness Heuristics, Social Entities, and Other Denizens of Organizational Justice." *Journal of Vocational Behavior* 58 (2001), pp. 164–209; Williams, K.D. "Social Ostracism." In *Aversive Interpersonal Behaviors*, ed. R.M. Kowalski. New York: Plenum Press, 1997, pp. 133–70; Thomas, K.W., and B.A. Velthouse. "Cognitive Elements of Empowerment: An 'Interpretive' Model of Intrinsic Task Motivation." *Academy of Management Review* 15 (1990), pp. 666–81.

6.28 Deci, E.L., and R.M. Ryan. "The 'What' and 'Why' of Goal Pursuits: Human Needs and the Self-Determination of Behavior." *Psychological Inquiry* 11 (2000), pp. 227–68; Naylor, J.C.; D.R. Pritchard; and D.R. Ilgen. *A Theory of Behavior in Organizations*. New York: Academic Press, 1980.

6.29 Deci, E.L., and R.M. Ryan. "The 'What' and 'Why' of Goal Pursuits: Human Needs and the Self-Determination of Behavior." *Psychological Inquiry* 11 (2000), pp. 227–68; Naylor, J.C.; D.R. Pritchard; and D.R. Ilgen. *A Theory of Behavior in Organizations*. New York: Academic Press, 1980.

6.30 Huff, C. "Motivating the World." *Workforce Management*, September 24, 2007, pp. 25–31.

6.31 Speizer, I. "Incentives Catch on Overseas, but Value of Awards Can Too Easily Get Lost in Translation." *Workforce*, November 21, 2005, pp. 46–49.

6.32 Huff, C. "Motivating the World." *Workforce Management*, September 24, 2007, pp. 25–31; Speizer, I. "Incentives Catch on Overseas, but Value of Awards Can Too Easily Get Lost in Translation." *Workforce Management*, November 21, 2005, pp. 46–49.

6.33 Rynes, S.L.; B. Gerhart; and K.A. Minette. "The Importance of Pay in Employee Motivation: Discrepancies

Between What People Say and What They Do." *Human Resource Management* 43 (2004), pp. 381–94; Rynes, S.L.; K.G. Brown; and A.E. Colbert. "Seven Common Misconceptions About Human Resource Practices: Research Findings Versus Practitioner Beliefs." *Academy of Management Executive* 16 (2002), pp. 92–102.

6.34 Rynes, S.L.; B. Gerhart; and K.A. Minette. "The Importance of Pay in Employee Motivation: Discrepancies Between What People Say and What They Do." *Human Resource Management* 43 (2004), pp. 381–94.

6.35 Rynes, S.L.; B. Gerhart; and K.A. Minette. "The Importance of Pay in Employee Motivation: Discrepancies Between What People Say and What They Do." *Human Resource Management* 43 (2004), pp. 381–94.

6.36 Mitchell, T.R., and A.E. Mickel. "The Meaning of Money: An Individual Differences Perspective." *Academy of Management Review* 24 (1999), pp. 568–78.

6.37 Tang, T.L. "The Meaning of Money Revisited." *Journal of Organizational Behavior* 13 (1992), pp. 197–202; Mickel, A.E., and L.A. Barron. "Getting 'More Bang for the Buck.'" *Journal of Management Inquiry* 17 (2008), pp. 329–38.

6.38 Tang, T.L. "The Development of a Short Money Ethic Scale: Attitudes Toward Money and Pay Satisfaction Revisited." *Personality and Individual Differences* 19 (1995), pp. 809–16.

6.39 Tang, T.L. "The Development of a Short Money Ethic Scale: Attitudes Toward Money and Pay Satisfaction Revisited." *Personality and Individual Differences* 19 (1995), pp. 809–16.

6.40 Tang, T.L. "The Development of a Short Money Ethic Scale: Attitudes Toward Money and Pay Satisfaction Revisited." *Personality and Individual Differences* 19 (1995), pp. 809–16.

6.41 Tang, T.L. "The Development of a Short Money Ethic Scale: Attitudes Toward Money and Pay Satisfaction Revisited." *Personality and Individual Differences* 19 (1995), pp. 809–16.

6.42 Vroom, V.H. Work and Motivation. New York: Wiley, 1964. Lawler, E.E., III, and J.L. Suttle. "Expectancy Theory and Job Behavior." *Organizational Behavior and Human Performance* 9 (1973), pp. 482–503.

6.43 Locke, E.A. "Toward a Theory of Task Motivation and Incentives." *Organizational Behavior and Human Performance* 3 (1968), pp. 157–89.

6.44 Locke, E.A.; K.N. Shaw; L.M. Saari; and G.P. Latham. "Goal Setting and Task Performance: 1969–1980." *Psychological Bulletin* 90 (1981), pp. 125–52.

6.45 Locke, E.A., and G.P. Latham. *A Theory of Goal Setting and Task Performance*. Englewood Cliffs, NJ: Prentice Hall, 1990.

6.46 Locke, E.A., and G.P. Latham. *A Theory of Goal Setting and Task Performance*. Englewood Cliffs, NJ: Prentice Hall, 1990.

6.47 Locke, E.A., and G.P. Latham. *A Theory of Goal Setting and Task Performance*. Englewood Cliffs, NJ: Prentice Hall, 1990.

6.48 Locke, E.A., and G.P. Latham. *A Theory of Goal Setting and Task Performance*. Englewood Cliffs, NJ: Prentice Hall, 1990; see also Locke, E.A., and G.P. Latham. "Building a Practically Useful Theory of Goal Setting and Task Motivation: A 35-Year Odyssey." *American Psychologist* 57 (2002), pp. 705–17; Latham, G.P. "Motivate Employee Performance Through Goal-Setting." In *Blackwell Handbook of Principles of Organizational Behavior*, ed. E.A. Locke. Malden, MA: Blackwell, 2000, pp. 107–19.

6.49 Locke, E.A., and G.P. Latham. *A Theory of Goal Setting and Task Performance*. Englewood Cliffs, NJ: Prentice Hall, 1990.

6.50 Locke, E.A., and G.P. Latham. *A Theory of Goal Setting and Task Performance*. Englewood Cliffs, NJ: Prentice Hall, 1990.

6.51 Locke, E.A., and G.P. Latham. *A Theory of Goal Setting and Task Performance*. Englewood Cliffs, NJ: Prentice Hall, 1990; Locke, E.A., and G.P. Latham. "Building a Practically Useful Theory of Goal Setting and Task Motivation: A 35-Year Odyssey." *American Psychologist* 57 (2002), pp. 705–17.

6.52 Wood, R.E.; A.J. Mento; and E.A. Locke. "Task Complexity as a Moderator of Goal Effects: A Meta- Analysis." *Journal of Applied Psychology* 72 (1987), pp. 416–25.

6.53 Wood, R.E.; A.J. Mento; and E.A. Locke. "Task Complexity as a Moderator of Goal Effects: A Meta- Analysis." *Journal of Applied Psychology* 72 (1987), pp. 416–25.

6.54 Hollenbeck, J.R., and H.J. Klein. "Goal Commitment and the Goal-Setting Process: Problems, Prospects, and Proposal for Future Research." *Journal of Applied Psychology* 72 (1987), pp. 212–20; see also Locke, E.A., and G.P. Latham. *A Theory of Goal Setting and Task Performance*. Englewood Cliffs, NJ: Prentice Hall, 1990.

6.55 Klein, H.J.; M.J. Wesson; J.R. Hollenbeck; and B.J. Alge. "Goal Commitment and the Goal-Setting Process: Conceptual Clarification and Empirical Synthesis." *Journal of Applied Psychology* 84 (1999), pp. 885–96; Donovan, J.J., and D.J. Radosevich. "The Moderating Role of Goal Commitment on the Goal Difficulty–Performance Relationship: A Meta- Analytic Review and Critical Reanalysis." *Journal of Applied Psychology* 83 (1998), pp. 308–15.

6.56 Hollenbeck, J.R., and H.J. Klein. "Goal Commitment and the Goal-Setting Process: Problems, Prospects, and Proposal for Future Research." *Journal of Applied Psychology* 72 (1987), pp. 212–20; Klein, H.J.; M.J. Wesson; J.R. Hollenbeck; and B.J. Alge. "Goal Commitment and the Goal-Setting Process: Conceptual Clarification and Empirical Synthesis." *Journal of Applied Psychology* 84 (1999), pp. 885–96; Locke, E.A.; G.P Latham; and M. Erez. "The Determinants of Goal Commitment." *Academy of Management Review* 13 (1988), pp. 23–29; Latham, G.P. "The Motivational Benefits of Goal-Setting." *Academy of Management Executive* 18 (2004), pp. 126–29.

6.57 D. Sull and C. Sull. "With Goals, FAST Beats SMART." *MIT Sloan Management Review*, June 5, 2018.

6.58 Shaw, K.N. "Changing the Goal Setting Process at Microsoft." *Academy of Management Executive* 18 (2004), pp. 139–42.

6.59 Shaw, K.N. "Changing the Goal Setting Process at Microsoft." *Academy of Management Executive* 18 (2004), pp. 139–42.

6.60 Adams, J.S., and W.B. Rosenbaum. "The Relationship of Worker Productivity to Cognitive Dissonance About Wage Inequities." *Journal of Applied Psychology* 46 (1962), pp. 161–64.

6.61 Adams, J.S. "Inequity in Social Exchange." In *Advances in Experimental Social Psychology*, Vol. 2, ed. L. Berkowitz. New York: Academic Press, 1965, pp. 267–99; Homans, G.C. *Social Behaviour: Its Elementary Forms*. London: Routledge & Kegan Paul, 1961.

6.62 Adams, J.S. "Inequity in Social Exchange." In *Advances in Experimental Social Psychology*, Vol. 2, ed. L. Berkowitz. New York: Academic Press, 1965, pp. 267–99; Homans, G.C. *Social Behaviour: Its Elementary Forms*. London: Routledge & Kegan Paul, 1961.

6.63 Adams, J.S. "Inequity in Social Exchange." In *Advances in Experimental Social Psychology*, Vol. 2, ed. L. Berkowitz. New York: Academic Press, 1965, pp. 267–99.

6.64 Adams, J.S. "Inequity in Social Exchange." In *Advances in Experimental Social Psychology*, Vol. 2, ed. L. Berkowitz. New York: Academic Press, 1965, pp. 267–99.

6.65 Greenberg, J. "Employee Theft as a Reaction to Underpayment Inequity: The Hidden Cost of Paycuts." *Journal of Applied Psychology* 75 (1990), pp. 561–68; Greenberg, J. "Stealing in the Name of Justice: Informational and Interpersonal Moderators of Theft Reactions to Underpayment Inequity." *Organizational Behavior and Human Decision Processes* 54 (1993), pp. 81–103.

6.66 Adams, J.S. "Inequity in Social Exchange." In *Advances in Experimental Social Psychology*, Vol. 2, ed. L. Berkowitz. New York: Academic Press, 1965, pp. 267–99.

6.67 Scholl, R.W.; E.A. Cooper; and J.F. McKenna. "Referent Selection in Determining Equity Perceptions: Differential Effects on Behavioral and Attitudinal Outcomes." *Personnel Psychology* 40 (1987), pp. 113–24.

6.68 Scholl, R.W.; E.A. Cooper; and J.F. McKenna. "Referent Selection in Determining Equity Perceptions: Differential Effects on Behavioral and Attitudinal Outcomes." *Personnel Psychology* 40 (1987), pp. 113–24.

6.69 Scholl, R.W.; E.A. Cooper; and J.F. McKenna. "Referent Selection in Determining Equity Perceptions: Differential Effects on Behavioral and Attitudinal Outcomes." *Personnel Psychology* 40 (1987), pp. 113–24; see also Finn, R.H., and S.M. Lee. "Salary Equity: Its Determination, Analysis, and Correlates." *Journal of Applied Psychology* 56 (1972), pp. 283–92.

6.70 Scholl, R.W.; E.A. Cooper; and J.F. McKenna. "Referent Selection in Determining Equity Perceptions: Differential Effects on Behavioral and Attitudinal Outcomes." *Personnel Psychology* 40 (1987), pp. 113–24.

6.71 Sulkowicz, K. "CEO Pay: The Prestige, the Peril." *BusinessWeek*, November 20, 2006, p. 18.

6.72 Silver-Greenberg, J., and A. Leondis. "How Much Is a CEO Worth?" *Bloomberg Businessweek*, May 10–16, 2010, pp. 70–71.

6.73 Colella, A.; R.L. Paetzold; A. Zardkoohi; and M. Wesson. "Exposing Pay Secrecy." *Academy of Management Review* 32 (2007), pp. 55–71.

6.74 Colella, A.; R.L. Paetzold; A. Zardkoohi; and M. Wesson. "Exposing Pay Secrecy." *Academy of Management Review* 32 (2007), pp. 55–71.

6.75 Thomas, K.W., and B.A. Velthouse. "Cognitive Elements of Empowerment: An 'Interpretive' Model of Intrinsic Task Motivation." *Academy of Management Review* 15 (1990), pp. 666–81.

6.76 Hackman, J.R., and G.R. Oldham. *Work Redesign*. Reading, MA: Addison-Wesley, 1980.

6.77 Thomas, K.W., and B.A. Velthouse. "Cognitive Elements of Empowerment: An 'Interpretive' Model of Intrinsic Task Motivation." *Academy of Management Review* 15 (1990), pp. 666–81; Spreitzer, G.M. "Psychological Empowerment in the Workplace: Dimensions, Measurement, and Validation." *Academy of Management Journal* 38 (1995), pp. 1442–65; Deci, E.L., and R.M. Ryan. *Intrinsic Motivation and Self-Determination in Human Behavior*. New York: Plenum, 1985; Hackman, J.R., and G.R. Oldham. *Work Redesign*. Reading, MA: Addison-Wesley, 1980.

6.78 Thomas, K.W. *Intrinsic Motivation at Work: Building Energy and Commitment*. San Francisco: Berrett-Koehler, 2000.

6.79 Thomas, K.W. *Intrinsic Motivation at Work: Building Energy and Commitment*. San Francisco: Berrett-Koehler, 2000.

6.80 Bunderson, J.S., and J.A. Thompson. "The Call of the Wild: Zookeepers, Callings, and the Double-Edged Sword of Deeply Meaningful Work." *Administrative Science Quarterly* 54 (2009), pp. 32–57; Duffy, R.D., and W.E. Sedlacek. "The Presence of and Search for a Calling: Connections to Career Development." *Journal of Vocational Behavior* 70 (2007), pp. 590–601; Hagmaier, T., and A.E. Abele. "The Multidimensionality of Calling: Conceptualization, Measurement and a Bicultural Perspective." *Journal of Vocational Behavior* 81 (2012). pp. 39–51.

6.81 Thomas, K.W., and B.A. Velthouse. "Cognitive Elements of Empowerment: An 'Interpretive' Model of Intrinsic Task Motivation." *Academy of Management Review* 15 (1990), pp. 666–81; Spreitzer, G.M. "Psychological Empowerment in the Workplace: Dimensions, Measurement, and Validation." *Academy of Management Journal* 38 (1995), pp. 1442–65.

6.82 Thomas, K.W. *Intrinsic Motivation at Work: Building Energy and Commitment*. San Francisco: Berrett- Koehler, 2000.

6.83 Thomas, K.W., and B.A. Velthouse. "Cognitive Elements of Empowerment: An 'Interpretive' Model of Intrinsic Task Motivation." *Academy of Management Review* 15 (1990), pp. 666–81; Spreitzer, G.M. "Psychological Empowerment in the Workplace: Dimensions, Measurement, and Validation." *Academy of Management Journal* 38 (1995), pp. 1442–65.

6.84 Thomas, K.W. *Intrinsic Motivation at Work: Building Energy and Commitment*. San Francisco: Berrett- Koehler, 2000.

6.85 Thomas, K.W., and B.A. Velthouse. "Cognitive Elements of Empowerment: An 'Interpretive' Model of Intrinsic Task Motivation." *Academy of Management Review* 15 (1990), pp. 666–81.

6.86 Thomas, K.W. *Intrinsic Motivation at Work: Building Energy and Commitment*. San Francisco: Berrett- Koehler, 2000.

6.87 Thomas, K.W. *Intrinsic Motivation at Work: Building Energy and Commitment*. San Francisco: Berrett- Koehler, 2000.

6.88 Buchanan, L., and G. Harris. "Place and Purpose." *Inc.*, May/June, 2020.

6.89 Stajkovic, A.D., and F. Luthans. "Self-Efficacy and Work-Related Performance: A Meta-Analysis." *Psychological Bulletin* 124 (1998), pp. 240–61.

6.90 Wood, R.E.; A.J. Mento; and E.A. Locke. "Task Complexity as a Moderator of Goal Effects: A Meta- Analysis." *Journal of*

Applied Psychology 72 (1987), pp. 416–25.

6.91 Van Eerde, W., and H. Thierry. "Vroom's Expectancy Models and Work-Related Criteria: A Meta- Analysis." *Journal of Applied Psychology* 81 (1996), pp. 575–86.

6.92 Cohen-Charash, Y., and P.E. Spector. "The Role of Justice in Organizations: A Meta-Analysis." *Organizational Behavior and Human Decision Processes* 86 (2001), pp. 287–321; Colquitt, J.A.; D.E. Conlon; M.J. Wesson; C.O.L.H. Porter; and K.Y. Ng. "Justice at the Millennium: A Meta-Analytic Review of 25 Years of Organizational Justice Research." *Journal of Applied Psychology* 86 (2001), pp. 425–45.

6.93 Cohen-Charash, Y., and P.E. Spector. "The Role of Justice in Organizations: A Meta-Analysis." *Organizational Behavior and Human Decision Processes* 86 (2001), pp. 287–321; Colquitt, J.A.; D.E. Conlon; M.J. Wesson; C.O.L.H. Porter; and K.Y. Ng. "Justice at the Millennium: A Meta-Analytic Review of 25 Years of Organizational Justice Research." *Journal of Applied Psychology* 86 (2001), pp. 425–45.

6.94 Cohen-Charash, Y., and P.E. Spector. "The Role of Justice in Organizations: A Meta-Analysis." *Organizational Behavior and Human Decision Processes* 86 (2001), pp. 287–321; Colquitt, J.A.; D.E. Conlon; M.J. Wesson; C.O.L.H. Porter; and K.Y. Ng. "Justice at the Millennium: A Meta-Analytic Review of 25 Years of Organizational Justice Research." *Journal of Applied Psychology* 86 (2001), pp. 425–45.

6.95 Cohen-Charash, Y., and P.E. Spector. "The Role of Justice in Organizations: A Meta-Analysis." *Organizational Behavior and Human Decision Processes* 86 (2001), pp. 287–321; Colquitt, J.A.; D.E. Conlon; M.J. Wesson; C.O.L.H. Porter; and K.Y. Ng. "Justice at the Millennium: A Meta-Analytic Review of 25 Years of Organizational Justice Research." *Journal of Applied Psychology* 86 (2001), pp. 425–45.

6.96 Lawler, E.E., III, *Rewarding Excellence: Pay Strategies for the New Economy*. San Francisco: Jossey- Bass, 2000; Gerhart, B.; S.L. Rynes; and I.S. Fulmer. "Pay and Performance: Individuals, Groups, and Executives." *Academy of Management Annals* 3 (2009), pp. 251–315.

6.97 Lawler, E.E., III, *Rewarding Excellence: Pay Strategies for the New Economy*. San Francisco: Jossey- Bass, 2000; Gerhart, B.; S.L. Rynes; and I.S. Fulmer. "Pay and Performance: Individuals, Groups, and Executives." *Academy of Management Annals* 3 (2009), pp. 251–315; Durham, C.C., and K.M. Bartol. "Pay for Performance." In *Handbook of Principles of Organizational Behavior*, ed. E.A. Locke. Malden, MA: Blackwell, 2000, pp. 150–65; Gerhart, B.; H.B. Minkoff; and R.N. Olsen. "Employee Compensation: Theory, Practice, and Evidence." In *Handbook of Human Resource Management*, ed. G.R. Ferris, S.D. Rosen, and D.T. Barnum. Malden, MA: Blackwell, 1995, pp. 528–47.

6.98 Lawler, E.E., III, *Rewarding Excellence: Pay Strategies for the New Economy*. San Francisco: Jossey- Bass, 2000; Gerhart, B.; S.L. Rynes; and I.S. Fulmer. "Pay and Performance: Individuals, Groups, and Executives." *Academy of Management Annals* 3 (2009), pp. 251–315.

6.99 Gerhart, B.; S.L. Rynes; and I.S. Fulmer. "Pay and Performance: Individuals, Groups, and Executives." *Academy of Management Annals* 3 (2009), pp. 251–315; Cohen, K. "The Pulse of the Profession: 2006–2007 Budget Survey." *Workspan*, September 2006, pp. 23–26.

6.100 Hansen, F. "Merit-Pay Payoff?" *Workforce Management*, November 3, 2008, pp. 33–39.

6.101 Hansen, F. "Merit-Pay Payoff?" *Workforce Management*, November 3, 2008, pp. 33–39.

6.102 Latham, G., and S. Latham. "Overlooking Theory and Research in Performance Appraisal at One's Peril: Much Done, More to Do." In *Industrial and Organizational Psychology: Linking Psychology: Linking Theory with Practice*, ed. C.L. Cooper and E.A. Locke. Oxford, UK: Blackwell, 2000, pp. 199–215.

6.104 Sulkowicz, K. "Straight Talk at Review Time." *BusinessWeek*, September 10, 2007, p. 16.

6.105 Scullen, S.E.; P.K. Bergey; and L. Aiman-Smith. "Forced Distribution Rating Systems and the Improvement of Workforce Potential: A Baseline Simulation." *Personnel Psychology* 58 (2005), pp. 1–32.

6.106 Shepherd, L. "Getting Personal." *Workforce Management*, September 2010, pp. 24–29.

7 신뢰, 공정성, 윤리

Trust, Justice, and Ethics

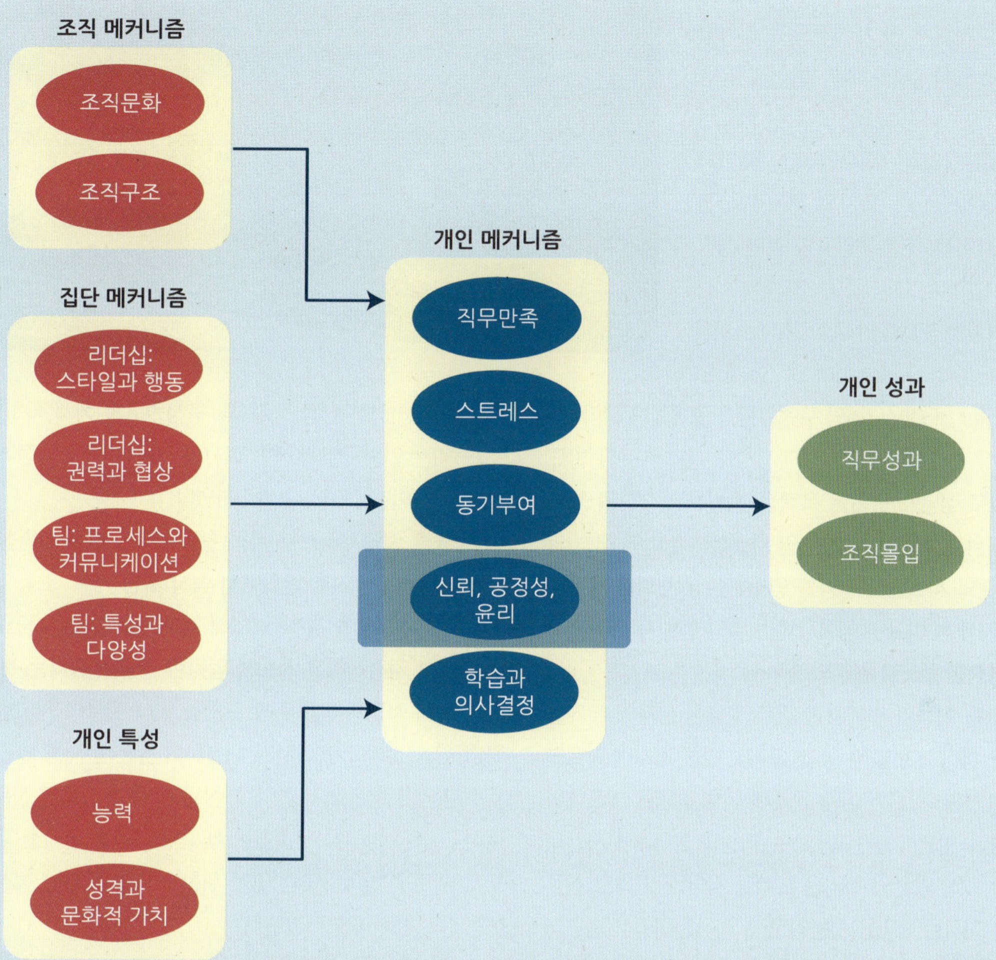

학습 목표 .... 이 장을 학습한 후에 다음의 질문에 답할 수 있어야 한다.

7.1 신뢰란 무엇이며, 공정성 및 윤리와는 어떤 관계가 있는가?
7.2 신뢰의 세 가지 원천은 무엇인가?
7.3 신뢰 가능성을 설명할 수 있는 하위차원은 무엇인가?
7.4 의사결정의 공정성을 설명할 수 있는 하위차원은 무엇인가?
7.5 윤리적 의사결정의 4성분 모델은 무엇인가?
7.6 신뢰는 직무성과와 조직몰입에 어떤 영향을 주는가?
7.7 조직이 신뢰 향상을 위해 취할 수 있는 조치는 무엇인가?

벤앤제리스 BEN & JERRY'SETFLI

Paul Sancya/AP Images

2020년 5월, 조지 플로이드(George Floyd), 브리오나 테일러(Breonna Taylor), 아마우드 알버리(Ahmaud Arbery) 등의 사망에 대한 항의 시위가 전 세계적으로 일어났다. 대도시와 소도시에서 시위가 벌어지자 벤앤제리스 경영진은 아이스크림보다 더 중요한 주제를 고민하고 있었다. CEO인 매튜 메카시(Matthew McCarthy)는 회사의 행동주의 전략 책임자 및 사회적 사명 책임자와 함께 성명서를 작성하고 있었다. 그런 다음 그들은 그 성명서를 두 개의 옹호 단체인 NAACP(National Association for Advancement of Colored People) 및 Color of Change의 구성원들과 공유할 것이다. 벤앤제리스는 같은 해 6월 2일, 연대 메시지와 행동 촉구를 발표했다. 무엇보다도 성명서는 인종 폭력을 종식하고 경찰의 책무성을 강화하기 위한 초당적 입법, 백인 우월주의 철학에 대한 명시적 부인, 차별의 시스템적 영향을 연구하는 위원회를 요구하였다. 다른 회사에서 발표한 성명서와는 달리 벤앤제리스는 매우 상세하고 강력한 것으로 간주되었다.

아이스크림 회사가 인종차별 같은 중대한 문제에 무게를 싣는 것이 다소 이상해 보일 수 있다. 그리고 여론 조사에 따르면 미국인의 46%만이 CEO가 공개 문제에 대해 성명을 발표해야 한다고 생각한다. 반면에 벤앤제리스는 직원과 고객에게 자신의 입장을 알리는 것에 약간의 책임을 느꼈을 것이다. 그리고 설문 조사 데이터는 이러한 책임을 뒷받침한다. 미국인의 64%는 "더 나은 세상을 만드는 것"이 회사의 "주요 목적"이 되어야 한다고 생각한다. 이러한 감정은 Z세대 구성원 사이에서 특히 강하며, 약 66%는 인종차별에 대한 회사의 대응이 구매 결정에 영구적인 영향을 미칠 것이라고 보고하였다.

물론 벤앤제리스는 기업 활동으로 오랫동안 명성을 쌓아왔다. 이 회사는 기후 변화에서 형사 사법 개혁, 소득 불평등에 이르기까지 다양한 분야에 대해 캠페인을 벌였다. 중요한 것은 그 노력이 지속적이고 정보에 입각한 경향이 있다는 것이다. 매주 사회적 사명과 행동주의 그룹이 만나 오늘의 시급한 문제를 확인한다. 그러다가 회사가 해결하고 싶은 문제를 발견하면 서두르지 않고 행동에 나선다. 대신 관련 옹호 그룹의 전문가와 협력하고 접근 방식을 구축하는 데 최소 1년을 투자한다. 최종적으로 새로운 아이스크림 맛을 위한 조리법과 같은 정성을 담은 행동주의 레시피를 개발한다.

신뢰, 공정성 그리고 윤리

기업이 윤리적 이슈에 신경 쓰는 이유는 기업에 대한 평판이 매우 중요한 자산이기도 하기 때문이다. 기업에 대한 명성은 일반 대중의 뇌리에 자리 잡은 최고의 브랜드이며 고객이 인식하는 제품과 서비스의 질을 의미한다.[1] **평판**(reputation)은 벤 프랭클린(Ben Franklin)이 언급한 바와 같이 쌓는 데 오랜 시간이 걸리는 무형의 자산인 반면에, 유리나 도자기처럼 한 순간에 깨질 수 있다.[2] 특히 요즘은 기업에 대한 안 좋은 평판은 트위터, 페이스북으로 쉽게 공유되거나, 블로그에 포스

표 7-1 세계적으로 존경받는 기업 상위 25위

1. 애플	6. 버크셔 해서웨이	11. 월마트	16. 페덱스	21. 프록터앤갬블
2. 아마존	7. 구글	12. 세일즈포스(Salesforce)	17. 타겟(Target)	22. 코카콜라
3. 마이크로소프트	8. JP모건 체이스	13. 나이키	18. 블랙록(BlackRock)	23. 델타
4. 월트디즈니	9. 넷플릭스	14. 사우스웨스트 항공	19. 홈디포	24. 3M
5. 스타벅스	10. 코스트코	15. 존슨앤존슨	20. 아메리칸 익스프레스	25. 메리어트

출처: From M. Heimer and S. DeCarlo, "Most Admired Companies," *Fortune*, February/March 2021.

팅되고 유튜브에 동영상으로 올려질 수 있다. 기업에 대한 평판은 잠재적 고객에게만 영향을 미치는 것이 아니라 그 기업의 직원들에게도 관련이 있다. 채용 전문가들에 따르면 기업 내 최상위 우수직원들은 자기 자신의 이미지를 좋게 유지하고 싶어서 좋은 평판을 받는 기업에서 일하고 싶어 한다는 것이다. 실제로, 한 설문조사에 따르면 성인 78%가 보수 수준이 높지만 평판이 별로 좋지 않은 기업보다는 평균 수준의 보수 수준이지만 평판이 좋은 기업에서 일하고 싶어한다는 결과가 나타났다.[3] 어떤 기업들이 우수한 평판을 받는가? 〈표 7-1〉은 포춘지(Fortune)에서 발표한 상위 25위의 "존경받는 기업"을 나타낸 표이다.

평판은 다양한 요소에 영향을 받지만 가장 중요한 요소는 신뢰이다. 신뢰는 상대의 행동과 의도에 대한 긍정적 기대를 바탕으로 기꺼이 동조하고 따르고자 하는 상태라고 정의할 수 있다.[4] 고객이 어떤 기업의 제품과 서비스의 품질을 신뢰한다면, 그 고객은 기꺼이 돈을 지불할 수 있다. 그리고 취업을 희망하는 어떤 사람이 회사를 신뢰하면 기꺼이 그 기업에 입사하고자 한다. 두 가지 예는 "혹시 나중에 실망할지는 모르지만 현재로서는 기꺼이 그렇게 하겠다는 신뢰를 나타낸다. 이 사례들에서 "신뢰"와 "위험"의 차이를 알 수 있다. 실제 상황에서도 흔쾌히 물건을 구매한다거나 입사를 하는 것은 동시에 그에 상응한 위험도 생기는 것이므로 결국 신뢰는 기꺼이 위험도 감수하는 것을 의미한다. 다행스럽게도 최근 많은 기업에 대한 신뢰가 높아졌으며, 더 많은 사람이 비즈니스를 세상의 긍정적인 사회 변화의 힘으로 보고 있다. 한 설문조사에 따르면 미국인의 72%가 자신의 고용주를 신뢰하고 54%는 일반적으로 비즈니스를 신뢰하는 것으로 나타났다. 한 브랜딩 마케팅 회사 CEO는 "신뢰는 이익과 주가를 높인다. 그리고 이것이야말로 소비자가 추구하고 서로 공유하는 것이다."라고 한다.[5]

학습목표 7.1
신뢰란 무엇이며, 공정성 및 윤리와는 어떤 관계가 있는가?

이 장에서는 조직의 관리자에 초점을 맞추고 있다. 즉 기업의 CEO, 고위 임원진, 감독자와 모든 중간 관리자 그룹을 대상으로 한다. 이들 관리자는 경영을 책임지며 직원과 고객들이 기업의 평판을 결정 짓는 기준이 된다. 동시에 이들 관리자는 직원들의 직무성과와 조직몰입에 중요한 영향을 미친다. 앞으로 이 장에서 언급되겠지만, 관리자에 대한 신뢰는 두 개의 관련 개념에 따라 좌우된다. **공정성**(justice)은 관리자의 의사결정이 공정하다고 인식하는 것을 말한다.[6] 직원이 높은 공정성을 인식하면 의사결정 결과가 공정하고 그 의사결정 과정 역시 적절한 시스템과 절차에 따라 진행되었다고 믿는다. 공정성은 구성원들이 어떤 관리자들이 다른 관리자들보다 더 신뢰하는가를 설명할 수 있는 개념이다.[7] **윤리**(ethics)는 관리자의 행동이 일반적으로 인정된 도덕

적 규범과 일치하는 정도를 의미한다.[8] 구성원들이 윤리성이 높다고 느끼면 매사가 도덕적으로 그렇게 되는 것이 옳고 또 반드시 그렇게 되어야만 하는 방식으로 진행되고 있다고 믿는다. 윤리 개념을 통해 관리자들의 행동이 신뢰할 수 있는가 아니면 신뢰할 수 없는가를 알 수 있다.

왜 어떤 관리자는 다른 관리자에 비해 더 신뢰를 받는가?

주변에 많은 시간을 함께하여 잘 아는 어떤 상사나 교수를 생각해 보라. 그 사람을 신뢰하는가? 그 사람들에게 여러분의 직업이나 교육적인 미래를 기꺼이 맡기겠는가? 예를 들어, 그들이 다른 사람에게 당신을 어떻게 말하는지 모르는 상태에서 당신의 신원 보증인이 되거나 당신에 대한 추천서를 써 주도록 부탁할 수 있는가? 어떤 특정한 관리자에게 얼마나 신뢰를 가지는지 생각해 보았는가? 어떤 기준으로 왜 그런 수준으로 신뢰하는가? 이 질문의 대답이 곧 마음을 열고 기꺼이 의탁하는 신뢰를 느끼게 하는 요인이다.

신뢰

학습목표 7.2
신뢰의 세 가지 원천은 무엇인가?

[그림 7-1]과 같이 신뢰는 세 가지 요인에 근원을 두고 있다. 어떤 경우 신뢰는 **기질 기반**(disposition-based)적인데, 이는 선천적으로 타고난 성격 특성이 전반적으로 다른 사람을 신뢰하는 성향을 갖고 있다는 것을 의미한다. 한편 신뢰는 **인지 기반**(cognition-based)적이기도 하는데, 이는 상대방이 신뢰할만한가를 합리적으로 평가한 결과에 기반하는 것을 의미한다.[9] 그리고 때로는 신뢰가 **정서 기반**(affect-based)적이기도 하는데 이는 어떤 합리적인 평가 이전에 상대에 대한 느낌에 의해 신뢰하는 것을 의미한다.[10] 신뢰 요인별로 자세하게 알아 보자.

그림 7-1 신뢰 수준에 영향을 미치는 요인

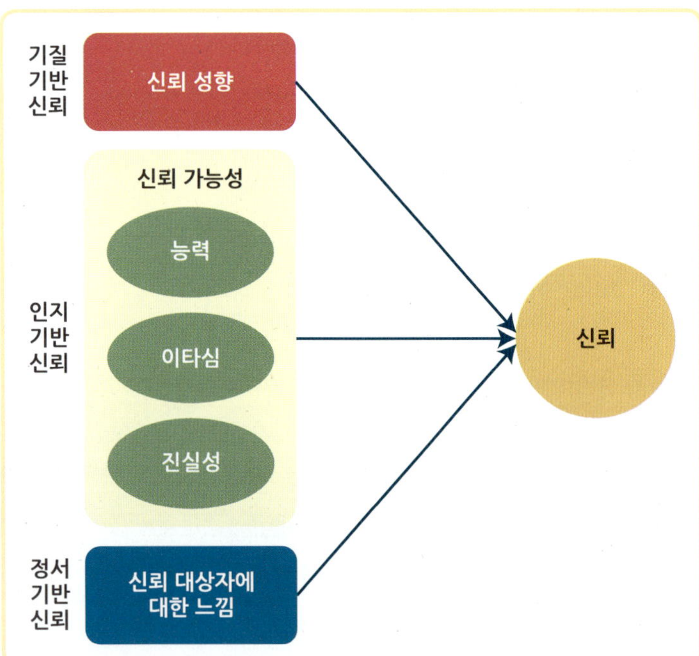

출처: Adapted from R.C. Mayer, J.H. Davis, and F.D. Schoorman, "An Integrative Model of Organizational Trust," *Academy of Management Review* 20 (1995), pp. 709–34; D.J. McAllister, "Affect- and Cognition-Based Trust as Foundations for Interpersonal Cooperation in Organizations," *Academy of Management Journal* 38 (1995), pp. 24–59.

기질 기반 신뢰. 기질 기반 신뢰는 특정 관리자보다 구성원 본인의 특성과 더 관련이 더 많다. 어떤 사람은 신뢰 성향이 높은데, **신뢰 성향**(trust propensity)이란 개인 또는 집단의 말, 약속 등을 의지할 수 있다고 생각하는 전반적인 기대치를 의미한다.[11] 일부의 주장에 의하면 신뢰 성향은 잘 믿는 사람이 의심이 많은 사람과 비교할 때, 다른 사람을 대할 때 호의적으로 대하는 일종의 "인간성에 대한 믿음"을 의미한다고도 한다.[12] 신뢰 성향은 낯선 사람들을 대할 때 가장 눈에 띄는데, 거의 "맹목적 신뢰"라고 할 만큼 경계를 풀고 마음을 열어 버린다.[13] 한편, 신뢰 성향이 높은 사람들은 믿어서는 안 될 사람에게 속을 수 있으며, 반면 신뢰 성향이 낮아 남을 믿지 않는 사람들은 정작 믿어야 할 사람을 믿지 않아 곤란에 처하는 경우도 있다.[14] 두 가지 상황 모두 위험할 수 있다. 어떤 사람은 "모든 사람을 다 신뢰하면 불행할 수 있고, 모두를 신뢰하지 않아도 불행할 수 있다."라고 말한다.[15] 당신의 신뢰 성향은 어느 정도인지 **OB 진단지**로 평가해 보라.

신뢰 성향은 어떻게 형성되는 것일까? 다른 특성들과 마찬가지로, 신뢰 성향 역시 타고나기도 하고 길러지기도 한다(9장 '성격과 문화적 가치' 참조). 만약 부모가 의심이 많은 성향일 경우, 자식은 유전적으로 그러한 성향을 물려받거나, 또는 성장 과정에서 남을 믿지 못하는 부모의 행동을 보고 배울 것이다. 신뢰 성향은 어린 시절의 경험에 의해 형성된다고 주장하는 연구도 있다.[16] 사실 신뢰 성향은 가장 먼저 길러지는 특성 중 하나일 수 있다. 왜냐하면 어린 아이는 자신의 욕구를 충족하기 위해 부모를 신뢰하는 것을 배워야 하기 때문이다. 어린 시절에 욕구가 충족될수록 더 신뢰를 잘하는 사람이 되고, 반대의 경우는 신뢰를 잘하지 못하게 된다. 우리의 신뢰 성향은 살아가는 동안 친구들, 학교, 교회, 지역사회, 여러 단체에서의 경험을 통해서 지속적으로 형성된다.[17]

우리가 살고 있는 국가 또한 신뢰 성향에 영향을 미친다. 세계가치연구그룹(World Values Study Group)은 다양한 태도와 인식에 대한 국가 간 차이를 연구한다. 이 그룹은 45개의 다른 사회에서 전체 표본 90,000명 이상을 대상으로 인터뷰 데이터를 수집한다. 연구 질문 중에 신뢰 성향

OB 진단지

신뢰 성향

당신은 선천적으로 잘 신뢰하는가 또는 의심이 많은 편인가? 이 진단지로 신뢰 성향, 다시 말해 다른 사람을 기질적으로 잘 믿는 정도를 측정할 수 있다. 각 질문에 주어진 척도를 이용하여 답하라. 굵은 글자로 된 질문에서는 그 문제의 답을 6에서 뺀 숫자를 적어라. 예를 들어, 문제 4의 원래 답변이 "4"라면,새로운 답은 "2"(6−4)이다. 그런 다음 8개의 답을 합산한다.

1	2	3	4	5
매우 아니다	아니다	중간	그렇다	매우 그렇다

1. **처음 보는 낯선 것에 대해서는 매우 신중해야 한다.** ______
2. 전문가들 대부분은 자신의 지식의 한계에 대해서 솔직하게 말한다. ______
3. 대부분 사람은 자신이 말한 대로 행동하는 편이라고 볼 수 있다. ______
4. **요즘에는 정신을 바짝 차리지 않으면 다른 사람에게 이용당한다.** ______
5. 대부분의 영업 사원은 자신의 제품을 정직하게 설명한다. ______
6. 대부분의 수리공은 전문 지식이 없는 일반 사람에게 과도한 요금을 청구한다. ______
7. 대부분의 사람은 여론조사 질문에 솔직하게 대답한다. ______
8. 대부분의 성인이 자신의 직업에 경쟁력이 있다. ______

점수 계산과 해석

만약 점수가 21점 이상이라면, 다른 사람을 잘 믿는 경향이며, 위험한 상황에서도 다른 사람을 별 의심 없이 흔쾌히 믿는다. 만약 점수가 20점 이하라면, 당신은 다른 사람을 잘 믿지 않는 경향이라는 것을 의미한다.

출처: R.C. Mayer and J.H. Davis, "The Effect of the Performance Appraisal System on Trust for Management: A Field Quasi-Experiment," *Journal of Applied Psychology* 84 (1999), pp. 123–36.

그림 7-2 국가별 신뢰 성향

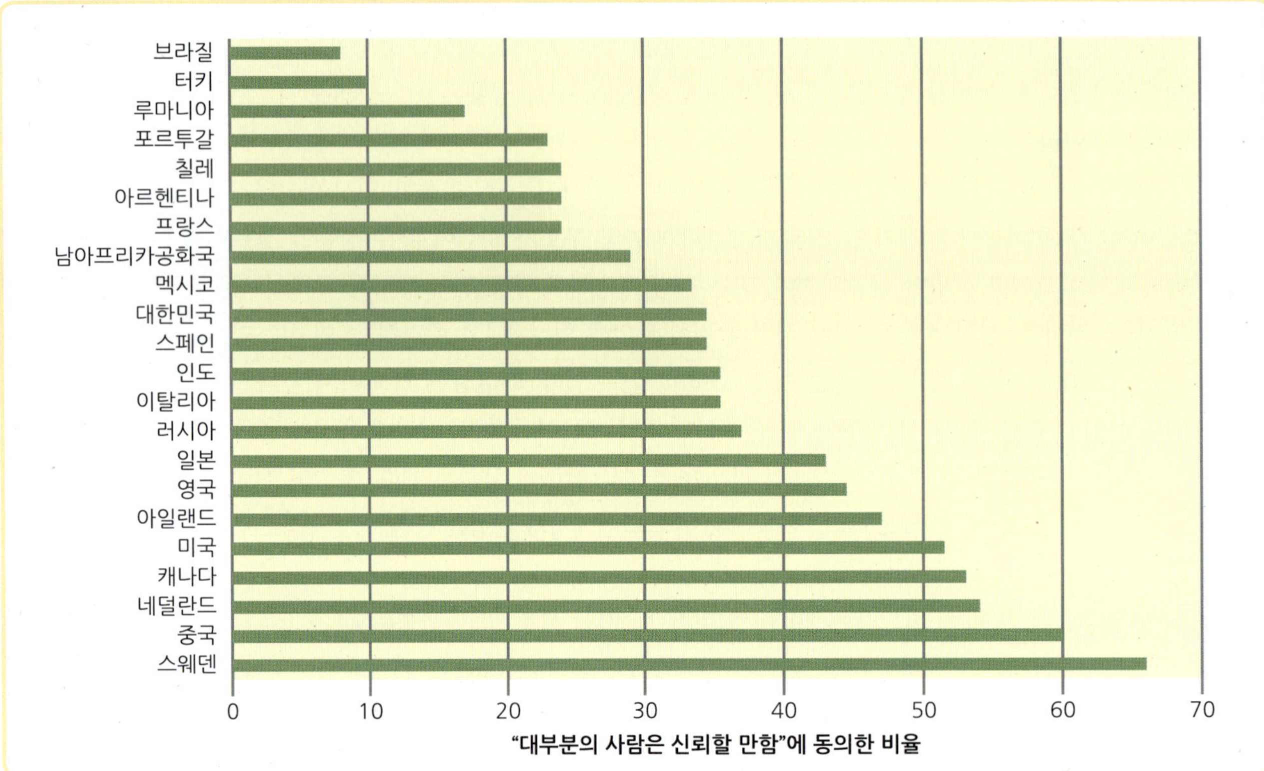

출처: Adapted from J.J. Johnson and J.B. Cullen, "Trust in Cross-Cultural Relationships," in *Blackwell Handbook of Cross-Cultural Management*, ed. M.J. Gannon and K.L. Newman (Malden, MA: Blackwell, 2002), pp. 335–60.

이 포함된다. 특히, "일반적으로, 당신은 대부분의 사람을 신뢰하는가 아니면 아무리 조심해도 지나치지 않는다고 생각하는가?"라는 질문이 있다.[18] [그림 7-2]는 연구에 참여한 일부 국가 사람들이 "아무리 조심해도 지나치지 않다"는 답변과 대비하여 "대부분의 사람을 신뢰할 수 있다"에 응답한 비율을 보여 준다. 결과는 특히 미국이 유럽과 남미 국가들과 비교하여 신뢰성향 수준이 상대적으로 높은 것을 알 수 있다.

> **학습목표 7.3**
> 신뢰 가능성을 설명할 수 있는 하위차원은 무엇인가?

인지 기반 신뢰. 우리가 특정 관리자에 대한 정보가 아직 없을 때에는 기질 기반 신뢰에 의존할 수밖에 없다. 하지만 시간이 지나면 우리는 대상자의 **신뢰 가능성**(trustworthiness)을 가늠할 수 있는 충분한 지식을 얻게 된다. 신뢰 가능성이란 어떤 사람이 다른 사람으로 하여금 신뢰를 하도록 하는 특성과 속성이라고 정의할 수 있다.[19] 그러한 관점에서 볼 때 신뢰는 상대를 계속 관찰해서 얻어진 인지를 근거로 형성되는 것이지 우리 자신이 갖고 있는 성격과 기질에 의한 것이 아니라고 할 수 있다. 이렇게 인지 기반 신뢰는 상대의 실제 데이터를 기반으로 형성된다.[20] 관리자의 실제 데이터가 신뢰할 만하다고 판단되면 신뢰하게 된다. 만약 실제 데이터가 부족하면 쉽게 신뢰할 수 없다. 연구 결과에 따르면 관리자에 대한 실제 데이터는 능력, 이타심, 진실성의 세 가지 차원으로 측정할 수 있다.[21]

신뢰 가능성의 첫 번째 하위 차원은 **능력**(ability)이다. 능력은 관리자가 특정 분야에서 성공을 이끌 수 있는 기술, 역량, 그리고 전문 지식을 말한다(10장 '능력' 참조).[22] 의사, 변호사, 정비사를 선택할 때 당신이 어떤 과정을 거쳐 의사결정을 하는지 생각해 보라. 첫 번째로 고려하는 기준은 틀림없이 능력이다. 왜냐하면 그 사람들이 의학, 법률, 자동차 구조에 대한 지식이 없다고 판단되면 신뢰하지 않을 것이기 때문이다. 물론 능력은 어떤 특정 분야에 해당하는 것을 구분해야 한다. 자동차 정비사가 수술할 수 있다고 해서 차 수리를 맡기거나 의사가 자동차를 고칠 수 있다고 해서 믿고 수술을 맡길 수 없기 때문이다. 기업 관리자의 능력은 많은 종류와 수준을 고려해야 한다. 예를 들어, 관리자는 특정 직무에서의 전문 지식뿐만 아니라 리더십 기술과 전반적인 사업 감각 등을 감안해야 한다.

신뢰 가능성의 두 번째 차원은 **이타심**(benevolence)으로, 관리자가 이기적이거나 자신의 이익을 위한 동기가 아니라 직원을 위해 좋은 일을 하기를 원하는 것을 의미한다.[23] 이타심이 있는 관리자는 구성원을 잘 챙겨 주고 삶의 질을 생각해 주며 직원들에게 매우 성실하게 대해 준다. 직장에서의 멘토와 멘티의 관계에서 멘토가 금전적 보상과 관계없이 후배를 돕는다는 점에서 이타심의 좋은 예가 된다.[24] 미시간의 그랜드 래피드(Grand Rapids)에 있는 슈퍼마켓 체인점인 메이저(Meijer)는 이타심의 중요성을 잘 이해하고 있다.[25] 메이저는 최근에 기존의 리더십 교육 프로그램에 회사 장학금을 지원하는 5일 코스를 추가하였다. 이 과정은 긍정적 의사소통의 중요성과 직장 내 친절 문화를 강조하는 프로그램이다. 기업 경쟁력 기획 및 개발담당 부사장 데이비드 비치(David Beach)는 "우리는 회사를 사람들이 일하고 싶은 장소로 만들어야 한다는 것을 알게 되었다."고 말한다.[26]

Niran Movie/Shutterstock

욕구가 대체로 충족된 아이들은 신뢰받는 성인으로 성장한다.

신뢰 가능성의 세 번째 차원은 **진실성**(integrity)으로, 관리자가 직원들이 수용할 수 있는 가치와 원칙을 중요시하는 개념이다.[27] 진실성을 가진 관리자는, 건전한 특성을 보이며, 선하고 강한 도덕적 원칙과 자세를 가지고 있다.[28] 또한 진실성은 또한 관리자가 자신들이 말하는 약속을 잘 지키는 언행일치를 의미한다.[29] 몇 년 전, 도미노 피자는 매우 이례적으로 진실성을 바탕으로 한 광고와 사업 운영을 실행하였다. 도미노 피자는 안정적인 시장점유율을 유지하고 있음에도, 고객들이 자사의 피자를 최고라고 여기지 않는다고 생각했다.[30] 사장은 소스에 허브를 40% 더 늘리고, 더 좋은 재료를 쓰겠다고 약속했다. 그 결과 맛이 더 좋은 피자가 탄생하였고, 판매량이 증가했고,[31] 도미노의 '솔직한' 경영에 대한 인식을 더욱 굳히게 되었다.

Gareth Fuller/EMPPL PA Wire/Associated Press

회사가 피자 레시피와 재료를 변경해야 함을 인정한 후, 도미노는 새롭고 향상된 제품(피자)을 맛볼 수 있도록 했다.

진실성 문제는 고위 임원진에 국한하지 않는다. 예를 들어, 연구 결과에 의하면 일반 직원들이 이메일을 주고 받으면서 더 자주 거짓말을 한다는 것이다. 왜냐하면 이메일을 감시할 수 없기 때문이다. 실제로, 한 연구에서는 사람들이 손으로 직접 편지를 쓰는 것보다 이메일을 사용할 때 거짓말을 할 가능성이 더 높다고 나타났다.[32] 왜 그럴까? 그것은 이메일이 종이와 달리 순간적이며, 또한 삭제가 간편하고, 부담없이 단어를 선택할 수 있기 때문이다. 거짓말은 직원이 채용될 당시부터 시작된다. 커리어빌더(CareerBuilder.com)가 실시한 조사에 따르면 입사 지원자의 49%가 이력서에 거짓말을 하는 것으로 나타났다.[33] 뿐만 아니라 자신을 과장하여 멘사(Mensa) 회원인 척하거나, 가짜 학위를 사용하거나 케네디(Kennedy) 가문인 것처럼 행세하기도 한다는 것이다.

정서 기반 신뢰. 신뢰의 세 번째 유형은 **정서 기반 신뢰**(affect-based trust)이다. 앞서 살펴본 능력, 이타심, 진실성은 관리자를 신뢰하는 확실한 이유가 되지만, 정서 기반 신뢰는 분명한 이유가 없다. 정서 기반 신뢰는 합리적이기보다는 감정적이다. 정서 기반 신뢰에 의하면 다른 사람을 이유없이 그냥 받아들인다. 간단히 말해 그 사람을 좋아하기 때문에 신뢰한다. 정서 기반 신뢰는 화학적인 작용과도 관계가 있다. 연구 결과에 의하면 흔히 볼 수 있는 포옹은 "포옹 화학물질"이라고 불리기도 하는 옥시토신이라는 호르몬을 분비시키고, 이 물질은 당신의 뇌를 자극하여 사람을 더 신뢰하게 한다는 것이다.[34]

정서 기반 신뢰는 앞에서 언급된 신뢰를 보완하는 역할을 한다.[35] [그림 7-3]은 다양한 형태의 신뢰가 시간이 지남에 따라 형성되는 과정을 나타낸 것이다. 새로운 관계에서의 신뢰는 전적으로 자신의 신뢰 성향에 의존할 수밖에 없다. 일반적인 관계에서 그 성향은, 능력, 이타심, 진실성과 관련한 지식을 통해 보완되며, 이때쯤 인지 기반 신뢰가 발전된다. 다양한 관계가 선택되는 과정에서, 감정적인 결합이 형성되고, 신뢰 대상자에 대한 호의적인 느낌들이 마음을 더 열게 만든다. 이러한 관계들은 서로 시간과 에너지를 투자하고, 깊은 애착, 그리고 관계가 해체될 때 느낄 상실감 등에 의해 고유의 특징이 형성된다.[36]

그림 7-3 시간 경과별 신뢰의 유형

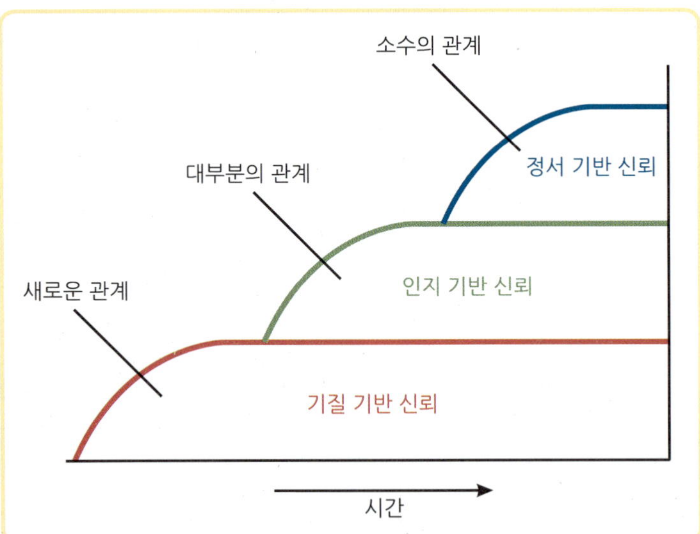

출처: Adapted from R.J. Lewicki and B.B. Bunker, "Developing and Maintaining Trust in Work Relationships," in *Trust in Organizations: Frontiers of Theory and Research*, ed. R.M. Kramer and T.R. Tyler (Thousand Oaks, CA: Sage, 1996), pp. 114–39; R.C. Mayer, J.H. Davis, and F.D. Schoorman, "An Integrative Model of Organizational Trust," *Academy of Management Review* 20 (1995), pp. 709–34.

요약. 세 가지 신뢰 형태를 종합적으로 살펴보면, 기질 기반 신뢰, 인지 기반 신뢰 그리고 정서 기반 신뢰는 특정 관리자에 대한 신뢰에서 각자 서로 분명하게 구별되는 신뢰의 원천을 제공한다. 기질 기반 신뢰의 경우, 관리자와 관련된 요소보다는 우리 자신의 타고난 유전적 요인과 어릴 때의 경험과 더 관련이 있다. 정서 기반 신뢰는, 관리자 본인의 장점 등에 대한 합리적 평가와는 무관하며 우리 자신의 감정적 애착과 관계가 깊다. 마지막으로 인지 기반 신뢰의 경우에만 관리자의 능력, 이타심, 진실성 측면에서 관리자의 장단점을 합리적으로 평가한다. 이러한 신뢰 역학이 운명적인 브루클린의 어느 밤에 어떻게 작동했는지에 대한 예는 **영화 속 OB**를 참조하라. 그러나 어떻게

영화 속 OB

21 브릿지: 테러 셧다운
21 BRIDGES

Pictorial Press Ltd/Alamy

맨해튼 안팎에는 21개의 다리가 있습니다. 모두 봉쇄하십시오.

안드레 데이비스(채드윅 보스만) 형사는 21 브릿지(브라이언 커크 감독, STX필림스, 2019)에서 자신에게 부여된 신뢰를 이용한다. 브루클린의 자정 직후, 두 남자가 주인의 금고에서 코카인을 훔치기 위해 고급 와인 가게에 나타났다. 금고에는 30kg의 코카인이 있다고 들었지만 실제로는 300kg이 들어 있었다. 더 놀랍게도 8명의 경찰이 절도하는 중간에 도착했고 이어지는 총격전으로 7명이 목숨을 잃었다. 두 남자는 더플백에 들어 있는 코카인 300kg 중 50kg을 가지고 달아났다.

한 시간 후, 데이비스 형사는 다음에 무엇을 해야 할지에 대한 논쟁에 휘말리게 된다. 그 논쟁의 자리에는 마약반 형사(시에나 밀러), 경찰서장, 부국장, FBI 요원, 부시장이 있었다. 이 그룹에는 불신이 가득했다. FBI 요원이 언급했듯이 "훌륭하군. 뭐가 문제야? 우리는 마약과 방아쇠를 얻었어." "방아쇠" 코멘트는 그의 무기를 발사한 것에 대해 내무부에서 방금 심문을 받은 형사 데이비스를 의미했다. 부시장은 시장에게 FBI가 사건을 처리하기를 원한다고 전한다. 경찰서장은 시장이 절대 경찰을 지지하지 않으며 "포크로 피자를 먹는다"고 답한다. 데이비스 형사와 부시장은 어느 정도 친분이 있다.

결국 데이비스 형사는 이 그룹의 신뢰를 얻는다. 그는 두 남자가 코카인을 판매할 곳을 찾고 있을 것이고, 맨해튼이 유일한 선택지일 것이라고 주장한다. BMW 한 대가 맨해튼에서 불탔다는 사실을 알게 되었을 때 그의 주장은 신뢰를 얻었다. 그런 다음 부시장은 데이비스 형사에게 도시에서 가장 인구가 많은 자치구를 봉쇄하도록 권한을 부여한다. 그룹은 그가 주도권을 쥐고 있다고 믿었고 대중의 불편, 정치적 반발, 사건의 성공을 그의 결정에 맡겼다.

신뢰 가능성의 유형을 정확히 측정할 수 있는가? 한 가지 방법은 관리자가 공정성의 규칙을 준수하는지 여부를 살펴보는 것이다.

공정성

정확하게 관리자의 능력, 이타심, 진실성을 평가하기는 매우 어렵다. 특히 초기 업무 관계에서는 더욱 어렵다. 이러한 상황에서 종업원에게 필요한 것은 관리자가 신뢰할 만한가를 눈으로 확인할 수 있는 행동적 증거가 필요하다. 공정성은 그러한 종류의 행동적 증거를 제공한다. 왜냐하면 구성원을 더 공정하게 대하는 관리자는 더 신뢰할 만하다고 판단되기 때문이다.[37] 〈표 7-2〉에서 볼 수 있듯이, 구성원들은 관리자의 의사결정이 정당한가를 네 가지 차원, 즉 분배 공정성, 절차 공정성, 대인 공정성, 그리고 정보 공정성을 통해 판단할 수 있다.

> **학습목표 7.4**
> 의사결정의 공정성을 설명할 수 있는 하위 차원은 무엇인가?

분배 공정성. **분배 공정성**(distributive justice)은 결정 결과가 정당하다고 인식하는 정도를 말한다.[38] 직원들은 급여, 보상, 평가, 승진, 과업 배분과 같은 의사결정 결과가 적절한 절차와 기준에 따라 분배되었는지 여부를 따져 봄으로써 분배 공정성 정도를 측정한다. 대부분의 업무 상황

표 7-2 공정성의 네 가지 차원

규칙		설명
분배 공정성 규칙	공정 vs. 공평 vs. 요구	보상은 적절한 기준에 따라 할당되는가?
절차 공정성 규칙	발언권	종업원들은 절차에 참여할 수 있게 하는가?
	수정 가능성	절차에 대한 이의 제기 메커니즘을 구축하는가?
	일관성	절차는 사람과 시간에 일관성이 있는가?
	편향 억제	절차는 중립적이고 편향적이지 않은가?
	대표성	절차는 모든 그룹의 요구를 고려하는가?
	정확성	절차는 정확한 정보를 기반으로 하고있는가?
대인 공정성 규칙	존중	관리자는 종업원을 진심으로 대하는가?
	예의	관리자는 부적절한 발언을 자제하는가?
정보 공정성 규칙	정당성	관리자는 절차에 대해서 충분히 설명하는가?
	진실성	그 설명은 정직한가?

출처: J.S. Adams, "Inequity in Social Exchange," in *Advances in Experimental Social Psychology*, Vol. 2, ed. L. Berkowitz (New York: Academic Press, 1965), pp. 267–99; R.J. Bies and J.F. Moag, "Interactional Justice: Communication Criteria of Fairness," in *Research on Negotiations in Organizations*, Vol. 1, ed. R.J. Lewicki, B.H. Sheppard, and M.H. Bazerman (Greenwich, CT: JAI Press, 1986), pp. 43–55; G.S. Leventhal, "The Distribution of Rewards and Resources in Groups and Organizations," in *Advances in Experimental Social Psychology*, Vol. 9, ed. L. Berkowitz and W. Walster (New York: Academic Press, 1976), pp. 91–131; G.S. Leventhal, "What Should Be Done with Equity Theory? New Approaches to the Study of Fairness in Social Relationships," in *Social Exchange: Advances in Theory and Research*, ed. K. Gergen, M. Greenberg, and R. Willis (New York: Plenum Press, 1980), pp. 27–55; J. Thibaut and L. Walker, *Procedural Justice: A Psychological Analysis* (Hillsdale, NJ: Erlbaum, 1975).

에서, 제대로 된 분배 기준은 공정성으로, 더 많이 기여한 사람이 더 많이 받는 것이다(6장 '동기부여' 참조). 이러한 분배 기준은 대개 구성원 개인별 생산성 극대화를 목표로 하는 상황에서 가장 타당한 대안으로 여겨진다.[39]

그러나 다른 목표가 중요한 상황이라면 분배 기준도 달라져야 한다. 팀 기반 업무에서는 작업 그룹의 협력과 단합이 개인의 생산성 못지 않게 중요하다. 이러한 경우, 팀 구성원 모두가 균등한 보상을 받는 것이 좀 더 타당하다고 여겨질 수 있다.[40] 균등 배분 기준은 일반적으로 학생들의 그룹 프로젝트에 사용되며, 개별 기여도에 관계없이 그룹의 구성원들은 프로젝트 성적에 따라 모두 동일한 성적을 받는다. 특정 구성원에 대한 배려가 중요한 관심사인 경우, 오히려 분배에서 제외해 주는 기준이 더 공정하다고 여겨질 수 있다. 예를 들어, 어느 기업에서는 신입 사원에게 프로젝트 업무나 다른 부가적 과업을 부여하지 않음으로써 본인이 경력 관리를 더 효율적으로 할 수 있게 한다.

절차 공정성. 구성원들은 결정 결과의 타당성 외에, 결정이 있기까지의 절차에 대해 관심이 있을 수 있다. **절차 공정성**(procedural justice)은 의사결정 절차와 과정이 공정하다고 인식하는 정도를 의미한다.[41] 절차 공정성은 관리자들이 공정한 절차 기준을 준수함으로써 높아진다. 그 절차기준 중 하나는 의사결정 과정에서 구성원들이 자신의 의견을 표현할 수 있는 기회를 부여하는 것이다.[42] 또 다른 절차 기준은 구성원 입장에서 볼 때 부적절하다고 판단되면 이의 신청을 통해 수정할 수 있는 절차이다. 한 연구 결과는 이러한 규칙이 구성원에게 의사결정 참여를 통해 주인 의식을 함양하기 때문에 의사결정에 대한 반응을 향상시킨다고 주장한다.[43] 직원들은 자신의 의견이 반영되지 않더라도 자신의 말을 들어주는 것 자체에 가치를 부여하는 경향이 있다.[44] 다시 말해, 직원들은 자신의 의견에 진정으로 귀 기울여주는 것 자체를 최종 목적으로 여긴다.

발언권 부여와 수정 가능성 외에, 관리자들이 균등한 고용 기회 조성에 도움이 되는 네 가지 규칙을 준수할 때 절차 공정성이 더 향상된다.[45] 즉, 일관성, 편향 억제, 대표성, 정확성 같은 규칙은 편견, 차별과는 대비되는 기준으로서 절차가 중립적이고 객관적으로 진행되도록 한다. 이러한 절차적 규칙은 기업의 많은 영역에서 관계가 있다. 한 가지 예로, 이 규칙을 직원 채용 인터뷰에 적용하여 모든 응시자에게 동일한 방식으로 질문을 함으로써 채용 절차를 더 공정하게 할 수 있다. 다른 예로, 보상 시스템에서 직무성과를 정확히 측정함으로써 보상 절차의 공정성을 향상시킬 수 있다.

여러 가지 고용 관련 자료에 의하면 아직도 성별과 인종이 기업 내 의사결정에서 지속적으로 중요한 영향을 미친다는 점에서 절차적 공정성 규칙은 중요하다. 보상 관련 자료에 의하면 남성이 1달러를 벌 때 여성은 83센트를 버는 것으로 나타났다. 이러한 차이는 의사(63센트), 변호사(78센트), 금융 분석가(69센트), 그리고 CEO(74센트) 같은 전문직에서 더 크게 나타난다.[46] 남성과 여성이 같이 일하는 현장에서, 여성이 남성과 달리 육아 책임이 있기 때문에 업무에서 떠날 때가 있으므로 성별 임금 격차를 "부양세"라고 설명하기도 한다. 이런 요인들을 감안한다 해도, 남성이 1달러를 벌 때 여성은 여전히 91센트밖에 받지 못한다는 주장이 있다.[47] 결과적으로, 성차별 사례는 최근 심각한 수준으로 증가하였고 그 결과, 성차별 사건은 최근 몇 년간 증가하고 공정성에 대한 걱정이 늘고 있다. 한 고용업무 전담 변호사는 "종업원들은 이미 회사를 불신하고 있다. 그래서 전에는 몰랐던 비밀이 하나씩 폭로될 때마다 종업원들은 '아하! 정말 여자가 남자보다 적게 받고 있구나.'라고 말한다.[48]

보상 관련 자료에 의하면 흑인 남성이 받는 보상은 백인 남성의 76%에 그치는 것으로 나타났다.[49] 이러한 차이를 교육의 차이로 설명할 수 없다. 왜냐하면 백인 고교 중퇴자는 아프리카계 중퇴자보다 직업을 구할 가능성이 2배 높기 때문이다. 이러한 차이는 어떠한 형태이든 절차 비공정성에 기인하며, 백인과 아프리카계 흑인에 일관적이지 않고, 편향적, 부정확한 방식으로 절차가 작용된다. 실제로 정보 기술 회사 9,000명의 개인 정보를 바탕으로 한 연구에서는 평가 등급이 동일했을 때 백인 남성이 소수민족과 여성 종업원보다 높은 성과급을 받은 것으로 나타났다.[50] 이 연구의 연구자는 "격차는 작지만 이것이 현실이며, 이러한 차이가 편견의 증거다"라고 지적했다.

컨슈머리포트 잡지는 절차 공정성의 좋은 예이다. 이들은 327에이커의 테스트 부지에서 영향력 있는 자동차의 등급을 테스트한다.[51] 이 평가는 경험 많은 엔지니어와 전문 드라이버를 통해 진행되며, 또한 잡지의 인쇄 및 온라인 구독자를 통한 설문조사를 참고한다. 컨슈머리포트는 편향 억제를 위해 잡지에 광고를 싣는 것을 거부한다.[52] 또한 정확성을 확보하기 위해 자동차 제조 회사에서 제공하는 차량을 사용하는 것이 아니라, 정규 대리점에서 익명으로 모든 시험 차량을 구매한다. 10개월간 5,000~6,000마일을 달리고, 50가지 테스트를 한다. 실제로, 연료 효율성을 측정하기 위해, 차량 자체의 측정에 의존하기보다는 가스 라인에 직접 연료 미터를 설치한다. 마지막으로, 컨슈머리포트는 일관성을 확보하기 위해 각 차량을 동일한 시험을 통해 평가한다. 때때로 자동차 회사들은 이 잡지의 부정적인 평가에 항의하기 위해 소송을 제기하지만, 잡지는 소송에서 진 적이 한 번도 없으며, 합의금조차 지불한 적이 없다.

당신은 "사람들은 검사 결과에 별로 관심이 없을 수도 있는데, 절차 공정성이 정말 중요한 문제인가?"라고 의문을 제기할 수도 있다. 컨슈머리포트의 경우에도, 회사들은 자사 제품이 받는 점수는 물론이고 그 점수가 어떻게 정확히 계산이 되었는가에도 관심이 없다. 그러나 연구 결과에 의하면 분배 공정성과 절차 공정성이 결합되어 종업원의 반응에 [그림 7-4]와 같이 영향을 미친다는 것이다.[53] 녹색으로 표시된 선처럼 결과가 좋은 경우, 사람들은 과정이 얼마나 공정한지에 대해 별로 신경을 쓰지 않는 것은 사실이다. 그리고 그림에서 보듯이 결과가 좋게 나왔을 때 절차 공정성의 영향력은 낮게 나타난다. 그러나 빨간색 선과 같이 결과가 나쁜 경우 절차 공정성은 매

그림 7-4 분배 공정성과 절차 공정성의 결합 효과

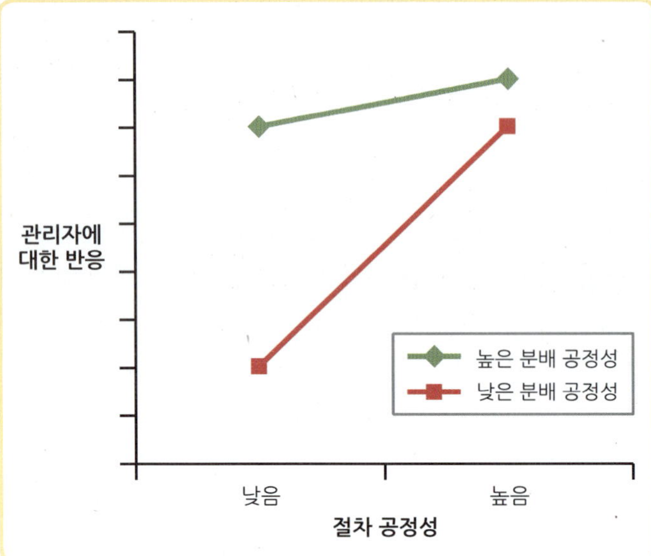

출처: Adapted from J. Brockner and B.M. Wiesenfeld, "An Integrative Framework for Explaining Reactions to Decisions: Interactive Effects of Outcomes and Procedures," *Psychological Bulletin* 120 (1996), pp. 189–208.

우 중요하다. 연구 결과에 따르면 부정적이고 기대하지 않은 사건이 발생하면 과정을 철저하게 검사하며, 일관성, 편향 억제 그리고 정확성 등의 규칙을 준수하게 한다.[54]

연구 결과는 관리자를 더 강하게 반응하도록 하는 요인은 분배 공정성보다는 절차 공정성이란 사실을 보여 준다. 예를 들어, 수백 개의 연구 결과를 메타 분석한 결과, 절차 공정성이 분배 공정성에 비해 감독에 대한 만족, 전반적인 직무만족과 조직몰입에 대해 더 강한 예측 변수로 작용한다고 나타났다.[55] 왜 때로 결과보다 과정이 더 중요한가? 짐작컨데 그 이유는 직원들은, 결과는 일회성이고 일부 만족하는 사람이 있으면 반대로 실망하는 사람도 있게 마련이라고 약간은 대범하게 생각할 수도 있다. 그러나 절차는 회사가 새로 설계하거나 새 관리자가 내용을 개정하기 전까지는 지속적으로 유지된다.

대인 공정성. 결정 결과에 대한 타당성 판단 외에, 직원들은 관리자가 절차를 진행하면서 자신을 어떻게 대하는지에 관심이 있을 수 있다. **대인 공정성**(interpersonal justice)은 구성원들이 관리자가 자신을 공정하게 대한다고 인식하는 것을 의미한다.[56] 대인 공정성은 관리자가 두 가지 규칙을 준수할 때 높아진다. 존중과 예의를 지키는 규칙이다. 존중은 품위 있고 진심 어린 태도로 관리자가 종업원을 대하는 것이며, 예의는 관리자가 부적절하거나, 공격적인 발언을 자제하는 것을 말한다. 이러한 관점에서 대인 불공정성은 관리자가 종업원에게 무례하거나 부당하게 대할 때 발생한다.[57]

극단적으로 말하면, 대인적 부당 행동은 **비인격적 감독**(abusive supervision)으로 변할 수 있는데, 이는 신체 접촉은 없지만 지속적인 언어적, 비언어 적대 행위를 보이는 것으로 정의할 수 있다.[58] 한 연구에 따르면 종업원의 약 15%가 비인격적 감독의 희생자가 되고 있고, 여러 사람 앞에서 조롱거리로 수모를 당하여 분노가 치미는 경우를 경험했다고 한다.[59] 미국 기업에서는 잦은 결근, 의료 비용, 생산성 손실로 인해 매년 240억 달러에 달하는 비용이 드는 것으로 추정된다.[60] 감독자에게 학대당하는 종업원은 전반적인 생활의 불만만큼이나 걱정과 소진, 긴장을 호소한다.[61] 또한 그들은 생산성 저해 행동을 함으로써 감독자에게 반격할 가능성이 높으며, 그러한 생산성 저해 행동을 동료와 조직 내 더 큰 범위로 확산될 수도 있다.[62]

대인 부당 행동은 왜 해로운가? 한 가지 이유는 사람들은 정당한 것보다 부당한 것을 더 생생하게 기억하기 때문이다. 최근 한 연구는 41명의 종업원에게 2~3주 동안 하루에 4번에 걸쳐 관리자와 동료와의 상호작용에 대해 설문조사를 실시했다.[63] 상호작용의 종류는 긍정적 경험과 부

대인 불공정성이 극에 달하면 비인격적 감독으로 바뀔 수 있다. 추산에 따르면 15%의 직원이 직장에서 비인격적 감독을 경험한다.

정적 경험으로 구분하고, 응답자는 행복, 만족, 슬픔, 우울, 불행 등 자신의 기분을 보고했다. 그 결과 긍정적 상호작용의 느낌은 부정적인 상호작용과 별 차이가 없었지만, 부정적인 상호작용의 느낌은 긍정적인 상호작용보다 5배 이상 강한 것으로 나타났다. 이러한 결과는 존중과 예의 규칙을 위반하는 부정적 효과는 규칙을 준수하는 것보다 크다는 것을 나타낸다.[64]

이러한 이유로, 일부 회사들은 컨설팅 회사가 제공하는 "예절 교육"을 활용하고 있으며, 이러한 예절 교육은 점점 증가하고 있다.[65] 한 가지 프로그램은 CREW이다. 이는 예의(Civility), 존중(Respect), 직장 몰입(Engagement in the Workplace)의 약자인데, 워싱턴 D.C를 기반으로 한 퇴역군인 건강관리 프로그램에서 시작되었다. 이 프로그램은 6개월 동안 900개의 그룹으로 나뉘어 시행되었으며, 서로 존중하는 의사소통의 이점과 문제 해결이나 갈등 상황과 같은 논쟁을 초래할 상황에서 더 예의를 가지는 방법에 대해서 학습했다. 이 프로그램 관계자는 프로그램의 내용에 대해 이렇게 말했다. "매우 간단한 공식이다. 다른 사람이 자신을 어떻게 대해 주기를 원하는가에 대해 서로 이해하는 것이다."[66]

정보 공정성. 마지막으로, 구성원들은 관리자가 조직의 의사결정 과정에서 제공하는 정보의 종류에 관심을 가질 수 있다. **정보 공정성**(informational justice)은 관리자가 구성원에게 제공하는 의사소통의 공정성에 대한 인식 정도를 의미한다.[67] 정보 공정성은 두 가지 규칙을 준수할 때 향상된다. 정당성 규칙은 관리자가 의사결정 과정과 결과를 알기 쉽고 합리적인 방식으로 설명해 주는 것이며, 진실성 규칙은 의사소통 내용이 정직하고 솔직해야 한다는 것이다. 회사가 의사결정 내용을 알기 쉽고 적절한 방식으로 설명하는 것이 상식적인 것으로 보이지만 그렇지 않은 경우도 있다. 나쁜 소식을 전달하는 일은 하기 싫은 일 중의 하나이다.[68] 372명의 인적자원 전문가를 조사한 결과에 따르면, 경기 침체로 인한 해고를 실시했을 때 75%가 스트레스, 불안, 우울증을 느낀 것으로 나타났다.[69]

또 다른 요인은 해고, 낮은 평가, 또는 승진 누락의 이유를 알기 쉽고 솔직하게 설명하면 소송의 빌미를 줄 수 있다고 걱정하는 것이다. 아이러니하게도, 그러한 방어 자세는 오히려 역효과를 초래하며, 연구 결과에 의하면 정직하고 충분한 설명이 조직에 대한 보복적 반응을 줄이는 전략이라고 한다.[70] 사실, 낮은 수준의 정보 공정성은 조직에 부당 해고 고발이 실제로 제기되는 계기가 된다. 왜냐하면 일반적으로 종업원을 해고하면 해고 이유가 낮은 성과 평가라는 것을 보이기 위해 과거 수년간의 성과 평가 자료를 제공해야 하기 때문이다.[71] 만약 관리자가 그러한 평가에 대해 솔직하고 정직하게 설명을 하는 것을 소홀히 했을 경우에는 회사는 해고의 이유를 아무것도 제시하지 못하게 된다.

한 연구는 정보 공정성(그리고 대인 공정성)의 힘을 효과적으로 입증했다. 이 연구는 중서부의 우주항공 및 자동차 산업에 속한 기계 부품 전문 제조 기업의 공장을 대상으로 실시되었다.[72] 이 회사는 최근에 큰 계약 2개를 실패하여 세 공장 중 2개에 15%의 임금 삭감이 불가피했다. 회

그림 7-5 감봉 중 절도에 대한 공정성의 효과

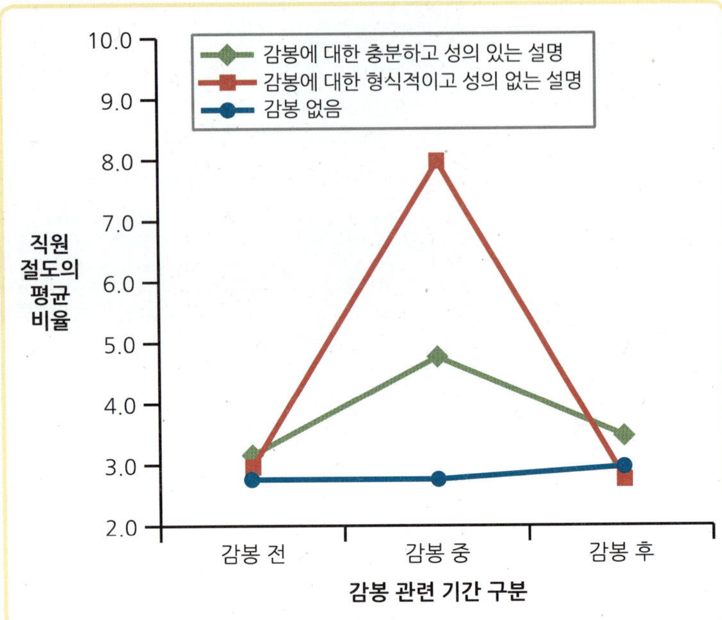

출처: Adapted from J. Greenberg, "Employee Theft as a Reaction to Underpayment Inequity: The Hidden Cost of Paycuts," *Journal of Applied Psychology* 75 (1990), pp. 561–68.

사는 두 개의 공장에 형식적이고 간단한 설명을 하려고 계획했었다. 그러나 이 연구의 일환으로, 그 회사는 한 개의 공장에 장시간 동안 진지한 설명을 종업원들에게 제공하였고 동시에 감봉 전, 감봉 중, 감봉 10주 후의 절도 수준을 추적하였다.

이 연구의 결과는 [그림 7-5]에 나와 있다. 감봉이 없는 공장에서는 도난 수준의 변화가 10주에 걸쳐 발생하지 않았다. 형식적이고 불성실한 설명을 한 공장은, 감봉 중에는 불공정에 대한 보복의 수단으로 절도가 극심하게 증가했으나, 감봉이 끝난 후 이전의 수준으로 떨어졌다. 진지한 설명을 한 공장에서도 감봉 종료 후에는 절도가 일반 수준으로 감소했으나, 중요한 것은 감봉 중에도 절도 수준이 훨씬 덜 증가했다는 것이다. 분명 높은 수준의 정보 및 대인 공정성은 비용 절감 관점에서도 가치가 있었다. 놀랍게도 두 공장의 절도의 차이는 충분하고 진지한 설명과 형식적이고 성의 없는 설명 간의 단 몇 분 차이로 인한 것이었다. 추가적인 몇 분으로 수천 달러를 절약할 수 있었던 것이다.

요약. 종합해 보면 '관리자들이 어떻게 직원들을 대하는가'는 분배, 절차, 대인 그리고 정보 공정성으로 설명할 수 있다. 관리자가 〈표 7-2〉의 공정성 규칙을 준수할 때, 그러한 행동은 관리자가 신뢰받을 만하다는 행동적 데이터를 제공한다.[73] 연구 결과에 의하면 네 가지 공정성 형태는 구성원의 신뢰 수준과 강한 상관관계가 있다. 실제로 연구에 따르면 네 가지 공정성 유형 모두 직원 신뢰 수준과 강한 상관관계가 있다. 다른 모든 조건이 동일할 때 직원은 결과를 공정하게 분배하는 관리자를 신뢰한다; 일관되고 편견이 없으며 정확한 방식으로 결정을 내린다; 정중하고 포괄적이며 정직한 방식으로 의사결정 세부 사항을 전달한다. 직장에서의 공정성에 대한 더 많은 논의(특히 최근 사건을 감안할 때)는 OB 북스토어를 참조하라. 어떤 관리자가 이러한 규칙을 준수할 가능성이 가장 높은가? 윤리에 대한 연구가 몇 가지 답을 제공해 준다.

윤리

윤리에 대한 연구의 목적은, 사람들이 왜 일반적으로 인정된 도덕적 규범에 맞는 행동을 하고, 또 때로는 그 규범을 지키지 않는가를 설명하고자 하는 것이다.[74] 비즈니스 윤리에 대한 연구는 두 가지 주제가 있다. 첫 번째 주제는 규범적인 것으로, 주로 철학자들이 논쟁의 대상으로 삼는 내용이며, 사람들이 다양한 규범과 원칙을 지키면서 마땅히 어떻게 행동해야 하는가에 대한 관점이

북스토어

실리콘밸리의 MZ들 — 일단 공정할 것(JUST WORK)

Kim Scott (New York: St. Martin's Press, 2021)

James Clear/Random House, Inc.

그리고 우리 사회는 경제 위기, 사회 위기, 환경 위기에 관심을 가져야 한다. 우리에겐 주위를 망칠 여유가 없다. 정의는 공정하고 효과적이다. 불의는 부도덕하고 비효율적이다.

이 말을 통해 킴 스콧은 직원, 관리자 및 보다 공정한 직장을 조성하는 데 관심이 있는 모든 사람을 위한 이해관계를 제시한다. 펜데믹과 그 여파, 인종차별에 대한 투쟁, 미투 운동으로 촉발된 사회 변화, 기후 변화의 위협은 직장에서 올바른 정의를 촉진해야 할 필요성에 대해 더욱 주목하게 만들었다. 스콧이 주장하는 것처럼 직원들이 관리자와 고용주가 이러한 문제를 처리하는 방식에 대해 안정감을 느끼지 못한다면, 그들이 맡은 일에 최선을 다하는 것은 불가능하다. 저자는 자신의 작업 이력과 관련 저작물의 검토를 결합하여 공정성과 관련된 문제에 접근한다. 그렇게 하면서 그녀는 피해를 입은 사람(남성이 지배적인 산업 및 지역에서 일하는 여성)과 특권층(부유한 백인)의 입장을 모두 경험해 보았다고 이야기한다. 그녀는 이러한 두 가지 관점에서 편견, 차별, 따돌림, 괴롭힘, 신체적 폭력과 같은 여러 유형의 부당함을 다룬다. 그녀는 이러한 것들이 정확히 무엇을 의미하는지 설명하면서 "문제를 발견하고 이름을 지정하면 문제를 해결할 가능성이 더 크다."라고 말한다.

스콧은 직장에서 부당한 일이 발생할 때 사람들이 수행하는 네 가지 역할을 책에서 중요하게 설명하고 있다. (1) 피해를 입은 사람, (2) 행동하는 사람 — 방관자층보다 더 적극적인 행동을 호소하는 데 사용되는 용어, (3) 의도적이든 비의도적이든 피해를 가한 사람, (4) 불의를 해결(및 시정)할 책임이 있는 지도자. 이 책은 네 가지 역할 중 하나에 속하는 사람들과 모든 유형의 불의를 경험한 사람들에게 매우 상세한 조언을 제공한다. 스콧은 "이러한 문제를 해결할 책임은 누구에게 있는가? 우리 모두이다."라고 말한다. 왜냐하면 그것이 옳은 일이고 직장에서의 성과와 헌신을 촉진할 것이기 때문이다.

다.[75] 규범적 모델은 주로 법적 윤리, 의학 윤리, 특히 경제 윤리에서 많이 논의되고 있다. 두 번째는, 기술적인 것으로, 사람들이 개인의 상황적 특성에 기반하여 실제로 어떻게 행동하는지에 대한 경향을 실증적으로 관찰하는 것이다. 이러한 관점은 주로 심리학적 접근이 지배적이다. 기업 윤리를 연구하는데 위 두 주제의 차이가 복잡해 보일 수도 있지만 철학적, 경험적 관점을 통합하여 접근함으로써 윤리적 행동에 대한 더 완전한 이해를 시도할 수 있다.

기업 윤리에 대한 연구 중 일부는 도덕의 허용 기준을 명확하게 위반하는 비윤리적 행동에 초점을 맞춘다.[76] 조직에서의 비윤리적 행동은 종업원(예: 차별, 괴롭힘, 건강 및 안전에 대한 위반, 노동법 무시), 고객(예: 사생활 침해, 계약 조건 위반, 거짓 광고 사용, 시험 결과 위조), 회계(예: 금융 정보 위조, 기밀 정보 오용, 내부 비밀 정보를 기반으로 한 금융거래), 사회 전체(예: 환경 규제 위반, 대중에 안전 위험의 노출, 사업자 및 이해관계자 스스로의 비윤리적 행동)에 직접적으로 가해질 수 있다.[77] 이러한 행동은 얼마나 자주 일어나는가? 최근 연구에 따르면 종업원의 76%가 지난 12개월 이내에 조직에서 불법적이거나 비윤리적인 행위를 하는 것을 관찰했다고 한다.[78] 그 기준 비율은, 국가에 따라 더 높을 수 있으며, 이와 관련해서는 **국제 상황의 OB**에서 더 자세히 알아볼 수 있다.

국제 상황의 OB

만약 비윤리적인 행동을 "도덕성 수준이 표준 이하로 떨어지는 것이다"라고 정의한다면, "누구의 도덕성이 표준인가?"가 핵심 질문이 된다. 국가 간 기업 윤리에 대한 비교 연구 결과, 나라마다 비윤리적 행동의 기준이 다르다고 나타났다. 세계 각국을 대상으로 비윤리적인 관행을 감시하는 국제 투명성 기구에서 기업인, 위험 분석가, 언론인, 국가 전문가, 시민들의 데이터를 사용하여, 각국의 투명성 수준을 1(비윤리적)에서 10(윤리적)점 척도로 측정했다. 오른쪽의 표는 1999년도 기준 점수 순위의 일부분이다

이 순위표에서 특기할 사항은 상·하위 순위를 망라한 모든 국가에서 사업을 하는 다국적 기업의 입장이다. 회사는 모든 국가의 종업원에게 각 나라의 윤리적 규범과 관계없이 동일한 윤리적 기대를 해야 하는가? 지금으로서는 똑같은 기준을 적용해야 할 것 같다. 예를 들어, 코카콜라사의 행동 강령은 전 세계 모든 사업장과 모든 직원에게 적용된다. 다시 말해 전 세계 모든 직원은 물론, 모든 이해관계의 충돌 상황, 즉 정부 공무원과의 대응, 고객과 공급자 관계, 정치 기부금 등에 동일하게 적용된다. 규정은 또한 규정 위반에 관련된 징계 조치에 대해서도 언급하고 있다.

점수	국가	점수	국가
10.0	덴마크	3.8	대한민국
9.8	핀란드	3.6	터키
9.4	스웨덴	3.4	중국
9.2	캐나다	3.4	멕시코
8.7	호주	3.2	태국
8.6	독일	3.0	아르헨티나
7.7	홍콩	2.9	콜롬비아
7.7	아일랜드	2.9	인도
7.5	미국	2.6	우크라이나
6.8	이스라엘	2.6	베네수엘라
6.6	프랑스	2.6	베트남
6.0	일본	2.4	러시아
4.9	그리스	1.6	나이지리아
4.7	이탈리아	1.5	카메룬

출처: D.C. Robertson, "Business Ethics Across Cultures," in *The Blackwell Handbook of Cross-Cultural Management*, ed. M.J. Gannon and K.L. Newman (Malden, MA: Blackwell, 2002), pp. 361–92.

또 다른 연구 초점은 기본적이고 표준적인 윤리 기준을 최소한으로 지키는 데 그치는 "기본적 윤리" 행동에 초점을 두고 있다.[79] 기본적 윤리 행동은 노동법을 지키고, 공식적인 규칙이나 계약을 잘 지키는 것 등이다. 또 다른 연구는 윤리의 표준을 최소한으로 준수하고 있는 것을 넘어서 "특별한 윤리적" 행동에 초점을 두고 있다. 이는 자선 기부 행위나 **내부 고발**(whistle-blowing) 등을 의미한다. 내부 고발은 전, 현직 종업원들이 조직의 불법적, 비도덕적 행위를 폭로하는 것이다.[80] 내부 고발은 특별한 윤리적 행동으로 간주된다. 왜냐하면 고발자의 지위가 낮거나, 힘이 부족하면 조직의 다른 구성원에게 보복을 당할 위험을 감수하는 행동이기 때문이다.[81] 역설적으로, 회사는 흔히 이러한 위험을 감수하지 않고도 내부 고발자에 의해 장기적인 관점에서 조직의 윤리적 문화를 개선할 수 있는 이익을 얻기도 한다.[82]

학습목표 7.5
윤리적 의사결정의 4성분 모델은 무엇인가?

어떤 관리자는 윤리적 행동(특히 도덕성)을 하는데 다른 관리자들은 비윤리적 행동을 하는가? 이러한 문제에 대한 답은 사회심리학 연구로부터 찾을 수 있다. 윤리적 의사결정의 **4성분 모델**(four-component model)은 도덕적 인식, 도덕적 판단, 도덕적 의도, 윤리적 행동의 4단계로 구성된 일련의 다단형 과정을 거쳐서 최종적인 윤리적 행동이 나타난다는 이론이다.[83] [그림 7-6]은 모델의 적용을 보여 준다. 그림은 네 개의 요소를 묘사한 것 외에도, 비윤리적 행동이 사람의 성향이나 상황에 따라 발생 될 수 있음을 보여 준다.[84] "나쁜 사과 하나가 바구니 전체를 망칠 수 있다"라는 속담이 있듯이 윤리적 행동은 좋은 사과 — 나쁜 사과, 그리고 좋은 바구니 — 나쁜 바구니모두에 의해 좌우될 수 있다.[85]

그림 7-6 윤리적 의사결정의 4성분 모델

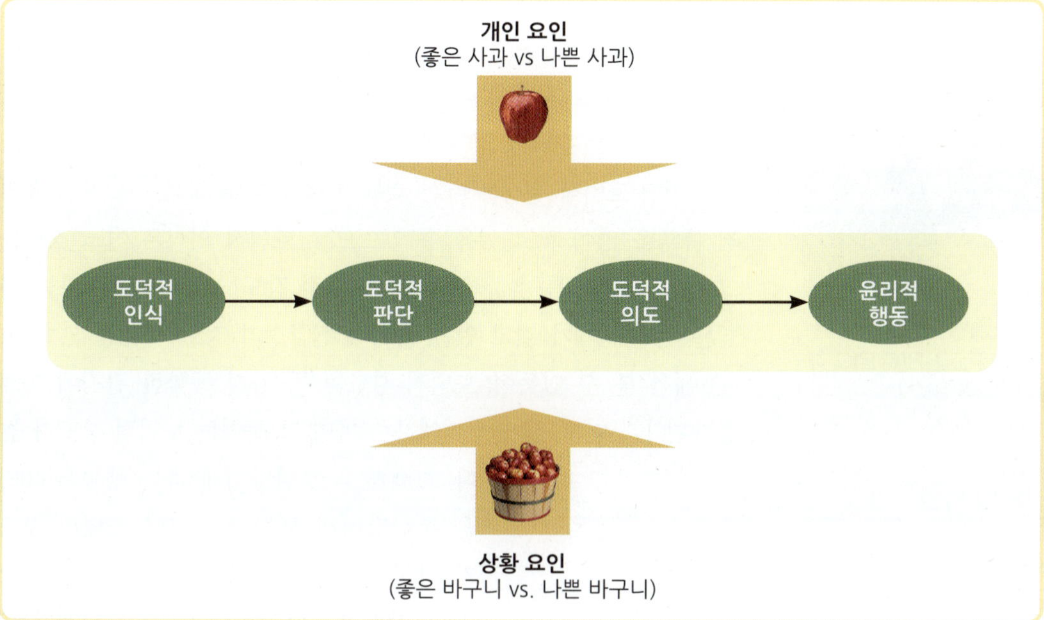

출처: Adapted from J.R. Rest, *Moral Development: Advances in Research and Theory* (New York: Praeger, 1986). (top: Siede Preis/Photodisc/Getty Images) (bottom: C Squared Studios/Photodisc/Getty Images)

도덕적 인식. 관리자가 윤리적 행동을 하는 이유를 설명하는 데 필요한 첫 번째 단계는 **도덕적 인식**(moral awareness)이다. 이는 관리자가 어떤 상황이나 환경에서 도덕적 쟁점이 존재하거나 윤리적 규범과 규정과 연관이 있음을 깨닫고 있는 것을 의미한다.[86] 어떤 사안이 도덕적으로 민감한 쟁점이 될 수 있다는 것을 사전적으로 미리 알아챌 수는 없다.[87] 그래서 관리자들은 간혹 어떤 상황에서 도덕적 쟁점과 관련이 있다는 것을 알지 못하고 비윤리적인 행동을 부지불식간에 저지르기도 한다. 나아가 어떤 행동의 윤리성이 높고 낮음은 논쟁의 대상이 되지 않는 것이다. 예를 들어, 당신이 낮은 가격으로 유행을 선도하는 의류 전문 소매 업체를 소유하고 있다고 가정하자. 당신은 앞으로 다이아나 폰 퍼스텐버그(Diane von Furstenberg) 스타일이 유행할 것이라고 예측하고 그 스타일을 모방한 복제품을 싼 가격에 제조하는 업체를 발견했다. 당신은 그 옷을 구입하여 진열장에 놓을 것인가?

여기에 윤리적 쟁점이 있다. 한편으로, 유명 디자이너는 자신의 스타일을 확산하는 효과가 있으므로 오히려 복제품이 많이 퍼지기를 바랄 수도 있다. 게다가 스커트는 스커트일 뿐이고 많은 경영 현장에서 공공연하게 일어날 수 있는 현상에 지나지 않는다고 여길 수도 있다. 반면에, 다이아나 폰 퍼스텐버그의 스타일은 그녀의 지적 재산권이며, 그녀의 옷에 라벨을 달기 위해 많은 시간과 노력, 재능을 투입했다. 이 시나리오는 미국 LA의 세계적 패션 소매상인 포에버21(Forever 21)에서 실제로 발생한 사건이다.[88] 2004년부터 다이아나 폰 퍼스텐버그, 안나수이(Anna Sui), 앤트로폴로지(Anthropologie)를 포함한 50여 개의 메이커가 자사의 옷을 복제하는 포에버21을 고소했다. 저작권법 전문가는 "그들이 복제한 옷을 제작하는 과정은 마치 범죄 현장과 다를 게

Robert Marquardt/Contributor/Getty Images Entertainment/Getty Images

포에버21은 고객에게 훨씬 저렴한 제품을 판매하려고 하다가 50개 이상의 메이커로부터 고소를 당했다.

없다."고 하였다.[89] 하지만 미국의 저작권법은 실제 디자인이 아닌 원본 프린트와 그래픽을 보호하기 때문에 복제 혐의를 명쾌하게 입증하기는 쉽지 않다. 포에버21측의 구매 담당 임원은 하루 400여 개 아이템을 단 90초 동안에 다 선택해야 하는 상황에서 의류 중간 공급업체를 신뢰할 수밖에 없다고 하였다.

어떤 도덕적 쟁점은 다른 것에 비해 원래 본질적으로 가진 윤리적 특징을 많이 갖고 있을 수 있으므로 도덕적 의식은 어느 정도는 그 문제 자체의 특성에 좌우된다. **도덕적 강도**(moral intensity)라는 개념은 어떤 문제가 갖고 있는 윤리적 긴급성의 정도를 말한다.[90] 〈표 7-3〉에서 볼 수 있듯이, 도덕적 강도는 두 가지 독특한 관점에 의해 증가된다.[91] 먼저, 잠재적 피해가 크다면 그 문제는 도덕적 강도가 높다. 1,000명을 부상당하게 하는 행동은 10명을 부상당하게 하는 행동보다 도덕적 강도가 강하며, 결과가 질병이 발생하는 행동보다, 사망으로 이어지는 결과가 도덕적 강도가 강하다.[92] 두 번째는, 특히 문제에 사회적 압력이 존재하는 경우, 도덕적 강도가 높다. 명확하게 사회적 규범을 어기는 행위는 다른 사람들과 유사하게 행동하는 것보다 도덕적 강도가 높다. 포레버21의 사례는 도덕적 강도가 낮았다. 왜냐하면 싸구려 모조품을 판매하는 것은 고객에게 더 유리하게 작용하며, 다자이너와의 관계보다 고객과의 관계가 더 일반적이고 많았기 때문이다.

표 7-3 도덕적 강도의 차원

일반적 차원	구체적 측면	설명
잠재적 피해	결과의 규모	다른 사람에게 얼마나 큰 피해가 발생하는가?
	발생 확률	행동이 실제로 발생하고 예측한 결과와 일치할 가능성이 얼마나 되는가?
	시간적 즉시성	행동 후 그 결과의 발생시간이 얼마나 걸리는가?
	영향의 범위	그 결과가 제한된 사람들에게 집중되는가?, 더 멀리까지 퍼지게 되는가?
사회적 압력	사회적 합의	하고자 하는 행위가 비윤리적일 때 허용되는 수준은 어느 정도인가?
	근접성	영향받는 사람들이 관리자와 심리적 또는 물리적으로 얼마나 가까운가?

출처: Adapted from T.M. Jones, "Ethical Decision Making by Individuals in Organizations: An Issue-Contingent Model," *Academy of Management Review* 16 (1991), pp. 366–95; A. Singhapakdi, S.J. Vitell, and K.L. Kraft, "Moral Intensity and Ethical Decision-Making of Marketing Professionals," *Journal of Business Research* 36 (1996), pp. 245–55.

도덕적 인식은 관리자들이 자신의 주변에서 발생하는 사건을 관찰하고 인지하는 것에 따라 달라진다. **도덕적 관심**(moral attentiveness)은 습관적이고 지속적으로 사건을 인지하고 그들의 경험 과정 중에 도덕성에 관심을 갖는 정도를 말한다.[93] 인지심리학 연구에 따르면 사람은 중요하고, 생생하고, 인식 가능한 자극에 더 많은 관심을 보인다. 도덕적 관심이 많은 관리자는 세상을 도덕성의 눈으로 보기 때문에 윤리적 문제에 특별한 의미, 깊은 인상, 인식 가능성을 부여한다. 그러한 도덕성의 눈으로 보는 관점에 따라 나름대로 관련 정보를 구별하고, 해석하고, 표현하는 방법이 달라진다. 도덕적 관심이 많은 사람은 평범한 일상생활에서도 종종 윤리적 딜레마에 빠지기 쉽고, 많은 의사결정을 윤리적으로 결말짓고, 정기적으로 도덕적 문제를 생각하며, 도덕적 쟁점에 대해 깊이 생각하는 것을 즐긴다고 한다. 포에버21의 사례에서 최고 경영진이 고가 제품을 복제한 제품을 구매하면서 윤리적 문제를 인식할 만큼 충분히 윤리적 고려가 있다고 보기는 어렵다. 왜냐하면 포에버21은 다른 윤리적 쟁점에 시달리고 있었다. 불공정 관행과 임금 위반을 주장하는 의류 노동자 집단과 다수의 소송을 진행하고 있었다. 포에버21은 공급 업체의 제조 상황을 잘 알지 못했다고 주장했지만, 변호사들은 포에버21측이 공급 업체들에 지급하는 가격을 너무 쥐어짰기 때문에 사건에 대한 부분적인 책임이 있다고 주장했다.

일부 경영대학에서는 학생들에게 윤리적 인식을 증가시키기 위한 독특한 접근 방식을 시행하고 있다. 뉴욕대학교, 캘리포니아대학교(버클리 캠퍼스), 퍼듀대학교, 펜실베이니아 주립대학교 등은 유죄 판결을 받은 화이트 칼러 범죄자를 초청해서 비윤리적 행동뿐만 아니라, 그로 인한 결과에 대한 이야기를 학생들에게 해 준다.[94] 예를 들어, 월터 파블로 주니어(Walter Pavlo Jr.)를 초청해서 강의 한 번에 2,500불을 지급하면서 그가 MCI에서 600만 달러를 돈세탁했던 방법을 학생들에게 들려 줬다. 그는 40세에 2년간 연방 교도소에서 복역했고, 지금은 이혼한 상태이며, 무직자이며 그의 부모와 살고 있다. 이러한 사례는 학생들에게 윤리적인 문제에 더 관심을 갖게 하고 비윤리적인 행위로 인한 잠재적 피해를 강조할 수 있다. 일부 교수는 기소된 범죄자에게 강의료를 지불한 것에 대해 문제를 제기하기도 한다. 그러나 다른 교수는 "그는 학생들에게 자신의 인생에서 실제 발생한 이야기를 해 줬다. 그 이상 교육적인 방법이 있는가?"라고 말하기도 한다.[95]

도덕적 판단. 일부 관리자는 특정 상황에서 도덕적 문제가 있음을 인식하고 있지만 행동의 과정에서 옳고 그름의 여부를 판별할 수 없는 경우가 있다. 관리자가 비윤리적인 행동을 하는 이유를 알아보는 두 번째 단계는 도덕적 판단이다. **도덕적 판단**(moral judgment)은 특정 행동에 대한 과정이 윤리적이지 않은지 결정하는 과정을 의미한다.[96] 도덕적 판단에 영향을 미치는 가장 중요한 요인 중 하나로 인정되는 것이 콜버그(Kohlberg)의 **인지적 도덕성 발달**(cognitive moral development) 이론이다.[97] 이 이론은 사람들이 나이를 먹고 성숙해지면서, 도덕적으로 이전보다 더 다양하고 정교한 단계로 이동하면서 성장해 간다는 것이다. 그렇다면 어떤 사람의 도덕성 성장 수준을 어떻게 측정할 것인가? 한 가지 방법으로 〈표 7-4〉와 같은 윤리적 딜레마 관련 질문을 통해 의사결정 과정을 알아보는 것이다.[98]

콜버그에 따르면 사람들의 윤리적 성장은 전인습적(preconventional) 단계에서 시작한다.[99] 이 단계에서, 다양한 행동의 결과에 대한 측면에서 옳고 그름을 판단할 수 있다. 예를 들어 어린이는 윤리적 질서에 대한 어떠한 관심도 없이 자신에게 주어진 처벌을 피하기 위해 노력한다. 이와 유사하게 어린이들은, 어른이 보여 주는 존경과 지혜와는 상관없이, 자신의 이익을 위해 어른들을 따른

표 7-4 윤리적 딜레마를 활용한 도덕적 발달 단계 평가

크리스는 자신이 속한 부서의 비용 지출 추정치를 회사 전체 예산 담당자에게 통보하는 일을 맡고 있다. 상위 경영층은 항상 정확한 추정치를 적시에 제공하라고 강조하고 있었다. 아울러 추정이 부정확하거나 통보가 늦은 관리자 몇 사람을 징계하기까지 했다. 그런데 크리스는 최근에 자신이 보고한 수치가 잘못 되었다는 것을 발견했다. 실제보다 더 많은 집행 추정치를 보고한 것이다. 물론 금액 오차의 규모는 크게 중대한 수준은 아니었다. 그러나 다른 부서의 예산을 그만큼 지원하지 못하게 된다. 이 시점에서, 아무도 그 실수를 알아채지 못하고 있고 앞으로도 발견될 가능성은 없다. 크리스는 실수를 보고해야 하는가?

아래의 각 질문이 당신의 의사결정에 얼마나 중요한가를 1(전혀 중요하지 않음) ~ 5(매우 중요)로 답하라.

1. 만약 회사가 크리스의 도움 없이 그 실수를 찾는다면 그는 더 심한 처벌을 받는가?
2. 만약 크리스 자신이 스스로 그 실수에 대해서 보고한다면 그는 부하 직원과 동료들의 믿음을 잃게 되는가?
3. 모든 직원은 회사 정책이 어떻든지 존중해야 한다고 생각하는가? 그렇지 않다고 생각하는가?
4. 실수에 대한 보고가 크리스 또는 사회에 도움이 되는가?
5. 크리스는 자기 개인적 행동 기준에서 어떤 가치관을 두고 있는가?

출처: Adapted from Greg Loviscky, "Assessing Managers' Ethical Decision-Making: An Objective Measure of Managerial Moral Judgment," *Journal of Business Ethics* 73 (2007), pp. 263–85.

다. 시간이 지남에 따라, 기쁨을 얻고자 하는 바람과 고통을 피하고자 하는 바람이 "네가 날 도와 주면 내가 널 도와 줄게"라는 교환방식으로 확장된다. 이러한 관계는 이기적이기 때문에 충성, 감사, 공정성엔 전혀 관심이 없다. 〈표 7-4〉의 윤리적 딜레마 사례에서 질문 1이 전인습적 사고를 알 수 있는 질문이다.

사람들은 성숙하면서, 윤리적 판단은 인습적(conventional) 단계에 도달한다.[100] 이 단계에서 옳고 그르다는 것은 가족과 사회의 기대가 반영되어 나타난다. 사람들은 처음에는, 무엇이 옳은지에 대한 고정관념에 부합하기 위해, 친구, 가족 구성원의 동의를 구한다. 〈표 7-4〉에서 질문 2는 이러한 우선순위를 나타낸다. 시간이 지남에 따라 사람들은 법률, 규칙, 사회를 지배하는 질서를 강조한다. 자신의 이익을 위해 임무를 수행하거나 사회적 요구를 유지하는 등의 개념에 가치를 부여한다. 질문 3은 이 단계 수준의 질문이다. 연구 결과에 의하면 대부분의 성인들은 인습적 단계에 위치한다고 한다.[101] 이 위치는 조직과 관련이 있다. 왜냐하면 도덕적 판단은 조직의 정책, 관행 그리고 규범에 의해 영향을 받기 때문이다.

도덕적으로 가장 정교한 사고를 하는 사람은 원칙(또는 후인습적) 단계에 도달한다.[102] 이 단계에서는, 확실하게 형성된 도덕적 원칙에 따라 옳고 그름을 판단한다. 연구에 의하면 미국인의 20% 미만의 사람들만이 이 단계에 이른다고 주장한다.[103] 철학자는 몇 가지의 **도덕적 원칙**(moral principle)을 가지고 있으며, 이를 통해 윤리적 판단을 하기 위한 전인습적 지침을 얻는다.[104] 그중 영향력이 높은 몇 가지 사례를 〈표 7-5〉에서 볼 수 있다. 의사결정을 위해 최선으로 주어진 단 하나의 지침만을 기준으로 하는 것보다는 주어진 상황에 다양한 빛을 비춰주는 프리즘 원리와 같이 여러 지침을 복합적이고 조화 있게 적용하는 것이 좋다. 〈표 7-5〉의 결과주의 원칙은 그 행동의 도덕성은 목표, 목적 또는 성과로 판단된다(그 원칙은 "목표"라는 그리스어에서 유래된 단어인 "목적론(teleological)"이라고 불린다).[105] 〈표 7-4〉에서 질문 4는 이러한 관심을 나타낸다. 비결과주의자는 그 행동의 도덕성은 고유의 바람직함을 통해 판단한다(이러한 원칙은 "의무" 또는 "형식주의자"라는 그리스어로부터 유래된 단어로 "의무론(deontological)"이라 불리며 공식화된 관례와 표

표 7-5 도덕성 단계별로 사용된 도덕적 원칙

원칙 유형	구체적 원칙	설명 [공헌자]
결과주의자	공리주의	결과가 최대 다수의 최대 행복이며 "최대 행복의 원칙"을 지킨다면 그 행동은 도덕적으로 옳다. [제러미 반담, 존스튜어트 밀]
	이기주의	의사결정자가 자유롭게 단기 또는 장기적 이익을 추구하도록 결정된다면 그 행동은 도덕적으로 옳다. 시장은 이기주의자의 이익 수준이 다른 사람들의 이익을 해치는 것을 제한한다. [애덤 스미스]
비결과주의자	의무의 윤리	세 가지 중요한 원칙을 충족한다면 도덕적으로 옳다. (a) 모든 행동은 사람들이 수행할 수 있고 사회에 해를 끼치지 않아야 한다. (b) 행동은 인간의 존엄성을 존중해야 한다. (c) 행동은 다른 사람들에게 받아들여질 수 있어야 한다. [임마누엘 칸트]
	권리의 윤리	다른 사람의 생명, 자유, 정의, 표현, 유대, 동의, 개인정보와 교육 같은 자연적 권리를 존중한다면 그 행동은 도덕적으로 옳다. [존 로크, 존 롤스]
	미덕의 윤리	의사결정자가 지혜, 정직, 용기, 우정, 자비, 충성, 겸손 그리고 인내 등의 덕목을 준수하여 "좋은 삶"을 이끌어 낸다면 그 행동은 도덕적으로 옳다. [아리스토텔레스]

출처: Adapted from A. Crane and D. Matten, *Business Ethics* (New York: Oxford University Press, 2007).

준을 강조한다). 질문 5는 딜레마에서 가장 중요한 문제 중 하나로 비결과주의자의 생각을 나타낸 것이다.

포에버21의 사례로 돌아가서, 공리주의 관점은 비록 다른 브랜드들의 이익에 해가 가해지더라도, 고객에게 최신의 디자인을 싼 가격으로 제공하여 "최대의 행복"이 만들어졌는가에 초점을 둔다. 이기주의 관점에서는 판매 회사로부터의 "복제품" 옷의 구매를 통한 회사의 단기적, 장기적 이익 증대에 초점을 둔다. 그런 의류를 판매하는 것이 기업의 미션에 필요한 것인가? 기업의 명성과 브랜드 가치가 하락할 것이 자명한 것 아닌가? 설사 이런 비난에서 벗어날 수 있다 하더라도, 남은 세 가지 원칙에 대한 판단은 분명하다. 의무의 윤리 관점에서, 모든 기업이 경쟁사의 지적 재산권을 복제한다면, 혹시 일부 고객을 제외하고는 사회 전체적으로는 해로운 것이다. 권리의 윤리 관점에서 볼 때 포에버21의 행동은 디자이너의 지적재산권 사용에 대한 동의를 받지 않았기 때문에 그 권리를 무시하였고, 지적 재산권 사용에 대한 어떠한 보상도 제공되지 않았기 때문에 공정성에도 어긋난다. 마지막으로, 미덕의 윤리적 관점에서도 포에버21의 행위는 정직의 미덕이 결여되어 있다고 할 수 있다.

도덕적 의도. 관리자가 어떤 상황에 도덕적 쟁점이 존재한다는 사실을 인식하고 있고, 또한 인지적 도덕성 발달 단계에 따른 행동 방향도 잘 알고 있다고 가정해 보자. 그 관리자는 이제 윤리적으로 행동을 하고 싶어야 한다. **도덕적 의도**(moral intent)는 관리자가 도덕적 행동 방향으로 몰입되어 있는 정도를 의미한다.[106] 도덕적 인식 또는 판단과 도덕적 의도를 구분하는 것은 중요하다, 왜냐하면 많은 비윤리적인 사람들은 자신의 행동이 나쁘다는 것을 잘 알고 있고 선택적으로 행동한다. 왜? 사람들은 어떤 때는 상황적 요인 때문에 자신의 도덕적 확신에 어긋나게 행동한다. 예를 들면, 조직은 도덕적 원칙을 어기는 것이 예외적인 것이 아니라 마치 정상인 것처럼 만연되면 비윤리적 기업 문화를 갖게 된다(16장 조직문화 참조).[107] 또 다른 예로 할당된 목표나 인센티브와 관련한 경제적 압박에 놓이면 도덕적 판단을 무시하게 한다.[108]

어떤 사람이 상황적 압박이나 유혹을 이기고 도덕적 판단에 따라 진실의 편에 설 수 있는 능력을 무엇으로 설명할 수 있는가? 한 가지 요인은 **도덕적 정체성**(moral identity)이다. 이는 자기 자신을 스스로 도덕적이라고 여기는 정도를 의미한다.[109] 우리의 자아 개념(self-concepts)은 다수의 구성 요소를 가지고 있다. 우리는 우리 스스로를 규정하는 기준이 있는데, 그것은 우리가 어떤 일을 하는지, 어디에서 왔는지, 가족 상태는 어떤지, 또는 어떤 문화와 인종에 속하는가 등이다. 도덕적 정체성이 강한 사람은 자신을 스스로 동정심이 있고 관대하고 정직하고 친절하며 공명정대하고 근면하다고 여긴다. 그들의 감정적 행복과 자의식은 그들의 미덕에 맞게 잘 포장되어 있다. 또한 일상생활에서 취미 생활, 그룹 활동 등은 그들의 미덕의 상징이라고 할 수 있다. 한 연구에 의하면 강한 도덕적 정체성을 가진 사람들은 자선 활동과 기부 같은 봉사 활동을 더 많이 하는 것으로 나타났다.[110] 또한 연구 결과에 따르면 도덕적 정체성은 윤리적 행동에 대한 도덕적 판단의 효과를 "조절"한다고 한다. 조절 변수는 두 변수 간의 관계 강도에 영향을 미친다. 예를 들어 구체적인 윤리원칙을 강조하는 관리자는 비윤리적인 행동을 할 가능성이 낮다. 다만 이것은 자신을 윤리적인 사람이라고 생각할 경우에만 해당한다.[111] 그러나 도덕성이 자신의 정체성에서 중요한 위치가 아닐 경우에는, 도덕적 원칙과 실제 행동과는 아무런 관련이 없다.

요약. 종합하면, 4성분 모델의 단계는 관리자들이 왜 윤리적 또는 비윤리적으로 행동하는가를 설명하는데 사용될 수 있다. 관리자의 도덕적 인식이 높고, 정교한 도덕적 판단이 가능하며, 강한 도덕적 의도를 가지면, 그들의 행동이 더 윤리적일 경향이 높다. 이를 확장해 보면, 모든 관리자들은 분배적, 절차적, 대인적, 그리고 정보 공정성 원칙을 잘 지켜야 한다. 왜냐하면 구성원들을 공정하게 대하는 것은 그 자체로 윤리적 행동이기 때문이다.[112] 도덕적 인식, 도덕적 판단, 그리고 의도가 높은 수준의 이타심과 진실성으로 이어진다는 점에서, 그러한 관리자는 신뢰할 만하다고 간주된다.

요약: 왜 어떤 관리자는 다른 관리자에 비해 더 신뢰받는가?

어떤 관리자들이 다른 사람보다 더 신뢰를 받는 것을 어떻게 설명할 수 있는가? 그 질문에 답을 하기 위해서는 [그림 7-7]에서 볼 수 있듯이 신뢰의 근원이 되는 기질, 인지, 그리고 정서 등 다양한 요인을 이해해야 한다. 기질 기반 신뢰는 개인의 신뢰 성향에 근원을 두고 있으나, 정서 기반 신뢰는 관리자에 대한 애착에 근원을 두고 있다. 인지 기반 신뢰는 구성원들이 관리자의 능력, 이타심, 진실성을 평가한 결과 인식하는 신뢰 가능성에 의해 형성되는 신뢰이다. 불행히도, 신뢰 가능성을 정확하게 측정하는 것은 어렵다. 그 대신에 구성원들은 관찰 가능한 행동을 신뢰 가능성의 간접적 증거로 사용한다. 이 행동들은 구성원이 직장에서 경험한 분배적, 절차적, 대인적, 그리고 정보 공정성과 함께 관리자의 공정성 판단의 중심에 위치할 것이다. 관리자의 공정성과 전반적인 신뢰 가능성은 관리자 자신의 도덕적 인식, 도덕적 판단, 도덕적 의도를 통해 차례로 설명될 수 있다.

신뢰가 얼마나 중요한가?

신뢰는 이 책이 의도하는 조직행동 통합적 모델의 두 가지 주요 결과인 직무성과와 조직몰입에 중요한 영향을 미치는가? 그리고 서로 상관관계가 있는가? 신뢰를 직무성과와 조직몰입에 연결시켜 그 상관관계를 연구한 결과를 [그림 7-8]로 요약하였다. 그림을 보면 신뢰가 직무성과에 영향을 미치는 것을 알 수 있다. 왜 그런가? 한 가지 이유는 신뢰가 직무성과와 보통 정도의 상관관계가 있기 때문이다. 공구 제조 회사의 8개 공장 종업원을 대상으로 한 연구에 따르면 왜 신뢰가 직무성과에 유익한지 잘 알 수 있다.[113] 이 연구는 종업원들에게 2명의 다른 관리자(공장 관리자와 최고 경영자 팀)를 대상으로 신뢰를 측정하는 설문지를 주었다. 두 신뢰의 측정치는 종업원의 집중하는 능력의 중요한 예측 변수였다. 집중력은 관리자의 눈치를 보지 않고 모든 주의력을 업무에 집중하고 일에 몰입할 수 있는 정도를 의미한다. **집중력**(ability to focus)은 모든 직무성과에 필수적인 능력이며, 특히 복잡한 일일수록 더욱 필요한 능력이다.

또한 신뢰는 시민행동과 생산성 저해 행동에 영향을 미친다. 왜 그런가? 관리자의 영향을 자연스럽게 받아들이는 자세는 종업원과 관리자와의 관계를 변화시키기 때문이다. 관리자를 신뢰

그림 7-7 왜 어떤 관리자는 다른 사람보다 더 신뢰받는가?

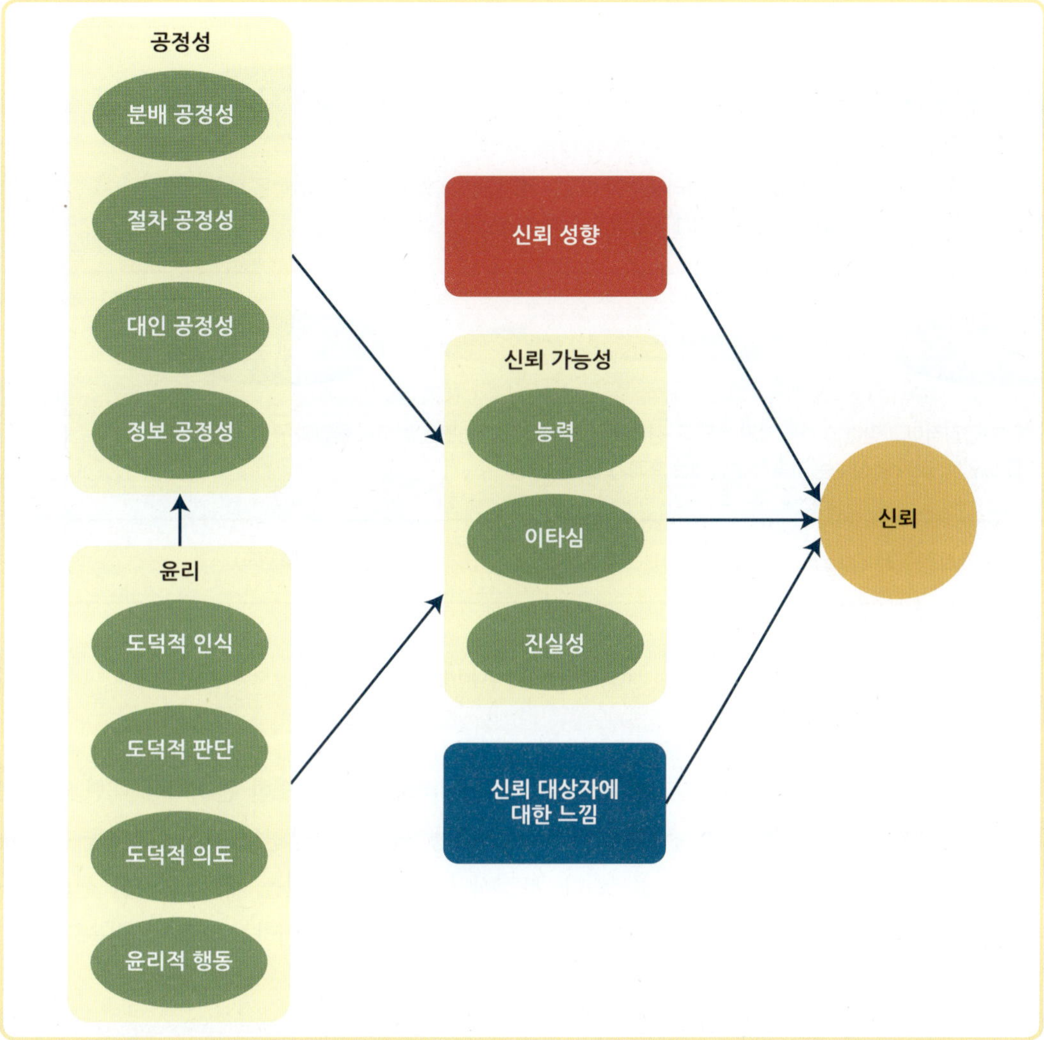

하지 않은 종업원들은 **경제적 교환**(economic exchange) 관계를 갖는데, 이는 꼭 필요한 일만 하고 그에 해당하는 보상을 받는 거래적 관계를 의미한다.[114] 경제적 교환은 비인간적이며 종업원들은 금융적 보상에 대한 대가로 자신의 직무기술서상의 의무만을 이행할 것을 동의하는 계약 행위와 유사하다. 신뢰가 증가할수록, **사회적 교환**(social exchange) 관계가 발전된다. 사회적 교환 관계는 기본적인 의무만을 포괄적으로 정하고 보상에 미리 제한을 정하지 않는 장기 관점의 협력적 관계를 의미한다.[115] 사회적 교환은 관리자의 공정성과 적절한 대우에 대한 교환으로 종업원들이 직무기술서상의 의무 이상의 업무를 수행하는 것에 동의하는 상호 투자의 특징이 있다. 그들은 이러한 노력이 결국 보상받을 것이라고 믿기 때문에 사회적 교환 맥락에서, 직원들은 조직에 유익한 행동을 한다(3장 조직몰입 참조).

[그림 7-8] 역시 신뢰가 조직몰입에 영향을 미친다는 점을 보여 준다. 왜 그런가? 한 가지 이유는 관리자를 신뢰하는 것은 감정적인 결합을 발전시킬 가능성을 증가시키기 때문이며,[116] 특히

그림 7-8 성과와 몰입에 대한 신뢰의 영향

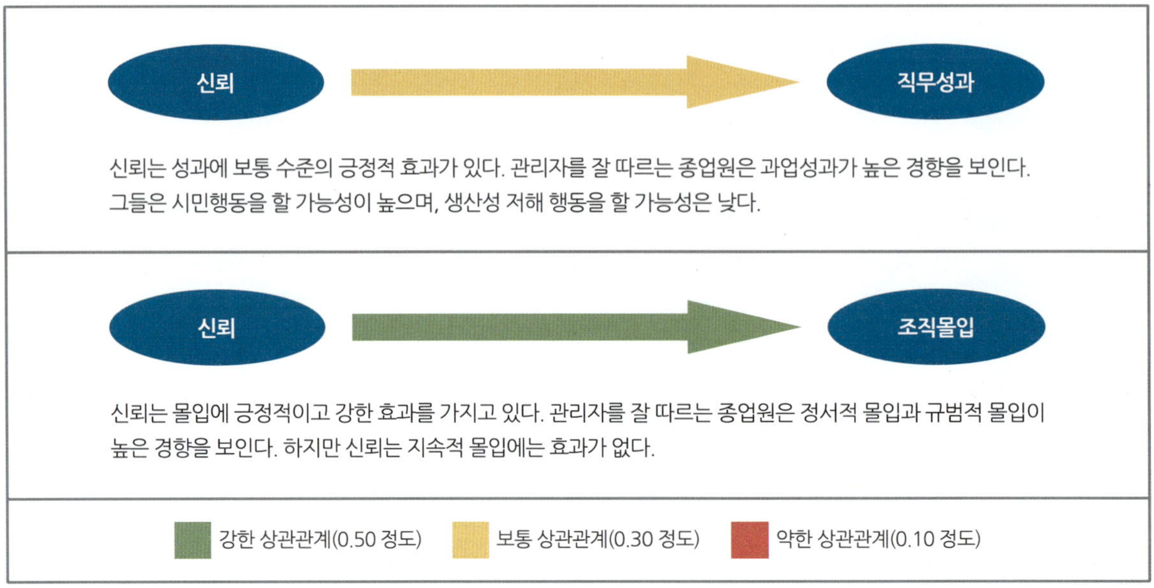

출처: K.T. Dirks and D.L. Ferrin, "Trust in Leadership: Meta-Analytic Findings and Implications for Research and Practice," *Journal of Applied Psychology* 87 (2002), pp. 611–28; J.A. Colquitt, B.A. Scott, and J.A. LePine, "Trust, Trustworthiness, and Trust Propensity: A Meta-Analytic Test of Their Unique Relationships with Risk Taking and Job Performance," *Journal of Applied Psychology* 92 (2007), pp. 909–27.

관리자에 대한 신뢰가 긍정적인 감정에서 비롯되었다면 더욱 그렇다. 또한 관리자에 대한 신뢰는 의무감을 생기게 한다. 왜냐하면 종업원들이 의무를 수행하는 것이 당연하다는 당위성을 유발하여 업무에 대한 책임의식도 더욱 발전시킨다. 부정적인 사건이 발생했을 때, 관리자를 신뢰하는 종업원은[117] 그 문제점을 받아들이고 결과적으로 그 상황이 좋아질 거라는 확실한 믿음으로 지속적으로 근무하게 된다.

실무 적용: 사회적 책임

> **학습목표 7.7**
> 조직이 신뢰 향상을 위해 취할 수 있는 조치는 무엇인가?

지금까지 관리자에 대한 신뢰를 증진시키는 요인, 그리고 성과와 몰입 관점에서 신뢰 수준의 중요성을 이해하였다. 이제는 매우 실용적인 질문에 관심을 돌리자. "어떻게 조직을 더 신뢰할 수 있게 만들 것인가?" 물론 이 질문은 단 하나의 답변으로 말할 수 없는 큰 질문이다. 한 가지 전략으로 조직은 **기업의 사회적 책임**(corporate social responsibility)에 집중하는 것이다. 기업의 사회적 책임이란 기업경영 책임은 경제적, 법적, 윤리적, 그리고 시민행동에 대한 사회의 기대를 포괄한다는 것을 인식하는 관점을 말한다.[118] 이 관점은 모든 기업의 기초는 수익성이기 때문에 조직은 그들의 종업원과 주주에게 경제적 책임을 다해야 한다는 믿음을 유지하고 있다. 그러나 사회적 책임 관점의 렌즈로 이를 바라볼 때는 기업의 임무가 이윤 극대화로 끝나지 않는다는 점을 추가적으로 받아들여야 할 것이다.

사회적 책임의 법적 구성 요소를 보면 법이 사회의 옳고 그름을 성문화했기 때문에 반드시

지켜야 한다고 주장한다.[119] 이 구성 요소의 완수는 조직에 진실성이 있고, 도덕적 발달 단계가 인습적 단계에 도달했다고 말할 수 있다. 더 나아가 포에버21이 지적재산권을 침해하고 노동법을 어겼다는 것은 이러한 구성 요소 위반의 신호라고 할 수 있다. 그렇기 때문에 평판을 유지하기 위해서는 공급처의 디자인 출처를 특별 관리하고 공장상태를 모니터링하는 것이 필요하다. 많은 조직이 준법감사인으로 하여금 그들의 운영이 적법한지 점검한다. 예를 들어, 뉴욕에 있는 한 컴퓨터 보안 소프트웨어 제조사는 최근에 새로운 준법감사인을 선임했다.[120] 회계 부정으로 인해 재판을 피하기 위한 개혁의 일환으로 그 회사는 미 해군의 전임 수석변호사를 새로운 임원으로 받아들였다. 그 임원은 직접적으로 최고 경영자와 접촉할 수 있으며, 만약 필요하다면 최고 경영자를 무시하고 회사의 가이드라인을 위반하는 관리자와 종업원을 해고할 수 있는 권한을 갖고 있다.

기업의 사회적 책임의 윤리적 요소는 조직이 올바르고 공정하며 정당한 일을 해야 하며 피해를 막아야 할 의무를 요구한다.[121] 그 요소를 완수하는 것은 조직의 이타심과 진실성과 관련이 있으며 도덕성 발달 단계가 원칙적 수준에 도달했음을 의미한다.[122] 그 법적 적용과는 관계없이 포에버21이 공급처와의 관계를 관리한 방법은 그 회사의 윤리적 구조를 그대로 말해 주는 것이다. 기업이 어떻게 윤리적 구조를 개선할 수 있는가? 오하이오주 오르빌에 위치한 음식 및 음료 회사인 J.M. 스머커즈(Smuckers)는 도덕적 인식과 도덕적 판단에 대한 교육 프로그램에 3,500명의 종업원 전체를 참석시킨다. 종업원들은 3~5년마다 그 프로그램을 통과해야 하며, 매년 9장의 윤리 서약서에 서명한다. 그 성명서는 스머커스의 종업원이 윤리적 딜레마를 처리하는 데 사용할 수 있는 관례와 원칙을 설명하고 있다.

사회적 책임의 시민행동 요소는 조직이 그들의 직장이 속한 지역사회에서의 삶의 질을 향상시키기 위해 자원을 제공해야 한다고 요구하고 있다.[123] 사회적 책임의 시민행동 요소 중의 하나로 자선단체에 시간 및 현금을 기부하는 박애주의적 노력을 포함한다. 예로 홈디포(Home Depot)는 325,000명의 종업원 중 50,000명은 한 해에 지역사회 단체에 200만 시간을 기증했다.[124] 시민행동 요소는 환경 보존의 노력도 요구한다. 그 최전방에 나이키, 월마트, 제너럴일렉트릭과 같은 많은 유명 회사가 "친환경" 제조 공정 채택에 주력하고 있다.[125] 월마트는 낭비와 비효율성을 줄이기 위해 조치를 취해 왔으며, 그것은 회사가 미국 최대의 전기 사용자이기 때문에 주어진 목표이다.[126] 제너럴일렉트릭은 공기 오염을 줄이기 위한 봉사 시간을 증가시키고 기업의 사회적 책임을 여러 측면에서 강조하기 위해 매년 "시민행동 보고서"를 발행한다.[127]

최근 두 가지 이슈는 조직이 기업의 사회적 책임에 더 집중하도록 장려해야 한다. 첫째, 약 200명의 미국 CEO로 구성된 협회인 비즈니스 라운드테이블(Business Roundtable)이 기업을 위한 수정된 "목적 선언문"을 발표했다.[128] 이 성명서는 시민들이 열심히 노력하여 성공할 수 있는 경제와 의미 있고 존엄한 삶을 영위할 수 있는 경제를 누릴 자격이 있다고 주장한다. 중요한 것은 이 성명서는 기업이 주주에 대한 장기적인 가치 이상을 이해관계자에게 빚지고 있다고 주장한다는 점이다. 특히, 기업은 (1) 고객에게 가치를 제공하기 위해 최선을 다하고, (2) 공정한 보상, 훈련 및 교육, 다양성과 포용성, 존엄성과 존중을 바탕으로 직원들에게 투자를 하고, (3) 공급 업체와 공정하고 윤리적으로 거래하고, (4) 환경 지속 가능성을 통해 주변 지역사회를 지원해야 한다. 따라서

이 재개념화된 목적은 기업의 사회적 책임의 윤리적 및 시민적 측면을 성문화하고 있다. 비즈니스 라운드테이블의 관점에서 볼 때 이러한 측면은 더 이상 "부가적인" 개념이 아니다. 기업이 된다는 의미의 핵심이다.

둘째, 점점 더 많은 기업이 "B코퍼레이션(B Corporation, B Lab 또는 B Corp으로 표기함)"으로 인증을 받고 있다. 이 현상은 글로벌 비영리단체인 B Lab에서 설정한 투명성, 직원 혜택 및 환경적 지속 가능성에 대한 특정 기준을 충족함을 의미한다.[129] B Corp 상태를 획득하기 위해 기업은 포괄적인 온라인 평가를 작성하고 B Lab 담당자와 만나고 증빙서류를 제출한다. 회사는 3년마다 재인증을 받아야 하며 평가 점수를 온라인에 공개하는 데 동의해야 한다. 벤앤제리스와 파타고니아를 포함하여 3,500개 이상의 회사가 B Corp 지위를 획득했다. B Corp 상태가 회사에 법적 영향을 미치지는 않지만 브랜딩 및 평판을 높이는 가치 있는 수단이 된다. 또한 점수를 둘러싼 투명성은 기업에 3년마다 비교 기준을 제공한다. 지위를 획득한다는 것은 사회적 책임을 실천하려는 기업의 열망을 나타내며, 점수는 기업이 실제로 얼마나 잘 수행하고 있는지를 보여 준다.

요점 정리

7.1 신뢰는 관리자의 행동과 의도에 대한 긍정적 기대를 바탕으로 관리자를 기꺼이 따르고자 하는 의지이다. 공정성은 관리자의 의사결정이 타당하다고 인식하는 것이며, 아울러 구성원들이 관리자를 다른 사람보다 더 신뢰할 수 있다고 판단하는 이유이기도 하다. 윤리는 관리자가 일반적으로 인정된 윤리적 규범에 따라 행동하는 수준을 의미하며, 관리자가 왜 신뢰성 있는 행동을 선택하는지에 대한 이유이기도 하다.

7.2 신뢰는 기질에 기반을 둘 수 있다. 다시 말해 다른 사람을 쉽게 믿는 일반적인 성향을 포함한 일종의 성격이다. 또한 신뢰는 인지 기반으로 될 수 있으며, 관리자의 신뢰성에 대한 합리적인 평가에 근원을 둔다. 마지막으로, 신뢰는 정서를 기반으로 할 수 있으며, 이는 신뢰성에 대한 합리적인 평가 이전에 관리자에 대한 느낌에 바탕을 둔다.

7.3 신뢰 가능성은 세 가지 차원에 의해 판단할 수 있다. 능력은 기술, 역량 그리고 전문 기술 영역을 의미한다. 이타심은 관리자가 이익 추구 동기를 배제하고 구성원을 위해 얼마나 좋은 일을 하느냐를 말한다. 진실성은 구성원이 수용할 수 있는 가치와 원칙을 관리자가 얼마나 준수하는가를 의미한다.

7.4 관리자의 의사결정의 타당성은 네 가지 차원을 통해 판단할 수 있다. 분배 공정성은 의사결정 결과의 타당성에 대한 인식의 정도를 의미한다. 절차 공정성은 의사결정 과정의 타당성에 대한 인식의 정도를 의미한다. 대인 공정성은 구성원이 관리자로부터 타당한 대우를 받고 있는지에 대한 인식의 정도이다. 정보 공정성은 관리자가 구성원에게 제공하는 의사소통의 타당성에 대한 인식의 정도를 의미한다.

7.5 윤리적 의사결정의 4성분 모델은 윤리적 행동이 세 가지 개념을 거쳐 이루어진다는 이론이다. 도덕적 인식은 관리자가 어떠한 상황에서 윤리적 문제를 인식하고 있는지 여부를 의미한다. 도덕적 판단은 관리자가 그 행동 과정이 옳은지 정확하게 식별했는지 여부이다. 도덕적 의도는 관리자가 행동의 도덕적 행동 방향에 몰입한 수준을 말한다.

7.6 신뢰는 직무성과와의 보통 수준의 상관관계를, 그리고 조직몰입에 강한 양(+)의 상관관계를 갖고 있다.

7.7 조직은 경제적, 법적, 윤리적, 사회의 시민행동에 대한 기대를 망라하는 관점인 기업의 사회적 책임을 강조함으로써 더 신뢰받을 수 있다.

핵심 용어

- 4성분 모델
- 경제적 교류
- 공정성
- 기업의 사회적 책임
- 기질 기반 신뢰
- 내부 고발
- 능력
- 대인 공정성
- 도덕적 원칙
- 도덕적 인식
- 도덕적 강도
- 도덕적 의도
- 도덕적 정체성
- 도덕적 판단
- 분배 공정성
- 비인격적 감독
- 사회적 교류
- 이타심
- 신뢰
- 신뢰성
- 신뢰성향
- 윤리
- 인지 기반 신뢰
- 인지적 도덕 발달
- 절차 공정성
- 정보 공정성
- 정서 기반 신뢰
- 진실성
- 집중력
- 평판

토론 질문

7.1 조직 생활에서 너무 신뢰하거나 충분하게 신뢰하지 못하는 경우 더 많은 피해를 입게되는가? 왜 그렇다고 생각하는가?

7.2 신뢰성의 세 가지 차원에 대해서 고려해 보자(능력, 이타심, 진실성). 당신의 상사를 신뢰할지 여부를 결정할 때 중 가장 중요한 차원은 무엇인가? 친구를 신뢰할지 여부를 결정할 때는 어떤가? 두 개의 물음에 답이 다른 경우 왜 그러한가?

7.3 당신이 관리자라고 가정했을 때, 네 가지 공정성의 차원(분배, 절차, 대인, 정보) 중 가장 극대화하기 어려운 것은 무엇인가? 가장 극대화하기 쉬운 것은 무엇인가?

7.4 윤리적 의사결정의 구성 요소(도덕적 인식, 도덕적 판단, 도덕적 의도) 중 학생들의 부정행위를 설명하는 데 가장 좋은 요소는 무엇인가? 그렇게 생각하는 이유는?

7.5 당신이 기업의 사회적 책임으로 잘 알려진 기업에 지원했다고 가정하자. 당신이 최종적으로 일을 하기로 결정할 때 기업의 사회적 책임이 얼마나 중요한가?

사례: 벤앤제리스

기업이 조지 플로이드(George Floyd)의 살인과 같은 소란스러운 사건에 목소리를 내고 싶어하는 것은 자연스러운 일이다. 그러한 기간 동안의 침묵은 청렴성 위반 또는 인간 존엄성, 생명권, 자비, 용기와 같은 도덕 원칙에 대한 위반으로 간주될 수 있다. 그러나 시위가 전 세계로 확대되면서 많은 기업이 그들의 행동에 대해 비판을 받았다. 예를 들어 스타벅스는 아프리카계 미국인 직원, 고객 및 지역사회와의 연대 성명을 게시했지만 직원이 'Black Lives Matter' 운동을 언급하는 옷을 입는 것을 금지했다. 벤앤제리스의 산업에 더 가까운 라이처스젤라토(Righteous Gelato)(알버타에 기반의 운동가 기질을 가진)는 특별한 'Black Lives Matter' 풍미의 젤라토를 선보였다. 이 제품은 소셜미디어에서 비판을 받고는 이내 철수되었다.

일관성이 없거나 말을 듣지 않는 방식으로 대응하는 것 외에도 기업이 이러한 순간에 직면하는 한 가지 문제는 그들이 신호를 보내는 가치를 진정으로 "실천하고 있는지"이다. 그리고 벤앤제리스는 이와 관련하여 자체적인 취약점이 있다. 이사회는 매우 다양하지만 인력과 경영진은 그렇지 않다. 부분적으로는 버몬트주의 인구 통계 때문이다. 또한, 그것의 핵심 제품은 특히 건강 위험과 관련하여 설탕을 "새로운 담배"로 보는 개인에게 분명히 건강에 해롭다. 벤앤제리스를 인수했지만 제품 및 사회적 사명에 대한 자율성을 아이스크림 제조 업체에 남겨둔 유럽의 다국적 기업인 유니레버에 대해서도 비판이 제기될 수 있다. 시위의 여파로 유니레버는 무감각한 어조와 메시지로 피부 미백 크림을 마케팅했다는 비판을 받았다.

그러나 궁극적으로 벤앤제리스는 수십 년 동안 가치를 지니고 생존했기 때문에 자체적인 도전에도 불구하고 목소리를 낼 수 있었고, 그 정서는 수십 년의 행동으로 뒷받침되어 진정성을 인정받았다.

7.1 제품을 결정할 때 회사의 평판을 얼마나 고려하는가? 당신이 만약 지역 식료품점의 냉동고 통로에 갇혀 있다

면 그때에도 이러한 구매에 대한 결정을 고민하겠는가?

7.2 기업은 일반적으로 시사와 정치적 이슈에 대해 얼마나 목소리를 높여야 하는가? 그리고 입장을 취하는 데 더 중요한 사건의 구조는 무엇인가?

7.3 벤앤제리스는 그날의 관련 문제에 대해 다르게 느끼는 고객이나 직원의 기분을 상하게 하는 것에 대해 걱정해야 하는가? 그리고 그 이유는 무엇인가?

예제: 비윤리적 행동

본 예제의 목적은 관리자가 자기 산하의 구성원들의 비윤리적 행동을 방지하는 방법에 대해서 탐구하는 것이다. 이 예제는 모둠 활동으로 진행되기에, 강의자가 모둠을 만들어 주거나 학습자들이 직접 모둠을 만들어야 한다. 이 예제는 다음과 같은 단계로 진행된다.

7.1 다음 시나리오를 읽어 보라.

알렉스는 최근에 대학을 졸업하고 대형 슈퍼마켓 체인 스토어의 매니저로 처음 일하게 되어 매우 기뻐한다. 이 회사는 미국에서 가장 빠르게 성장하고 있는 체인 중 하나며 아주 좋은 관리 교육 프로그램을 가지고 있다. 알렉스는 첫 번째 점포를 잘 관리한다면, 그는 회사 내에서 성장할 수 있는 많은 기회가 있었다. 알렉스는 매장 관리 교육 프로그램을 마친 후, 지역 책임자인 레지나 힐을 만났다. 힐은 알렉스에게 상류층 동네에서 중간 규모 점포의 책임을 맡게 될 것이라고 알렸다. 이 점포는 지난 6개월 동안 매장 관리자 없이 운영되었으며, 지난해에 어떤 월간 재무 보고서에서도 이익을 내지 못했다. 힐은 알렉스에게 다음과 같은 정보를 알려 주었다. 지난 6개월간 점장이 없었기 때문에 보조 관리자 드루 스미스가 담당하고 있다. 드루 스미스는 매우 유능하고 믿음직한 직원으로 알려져 있다. 그러나 해당 점포에 불평 사항이 들어오거나, 종업원이 실수를 하게 되면 실수한 종업원에게 무례한 행동과 조롱을 한다. 이 점포의 점원 이직률은 해당 지역의 다른 매장에 비해 다소 높다. 점원 및 출납원의 평균 급여는 $6.44/시간이다. 이 가게에서 지난 두 반기 동안 상당한 재고 손실을 보였다. 재고 손실은 상점 창고(직원 전용 구역)에서의 대량의 절도로 인한 것이다. 상점의 판매가 일반적으로 수행되고 있으며(다른 지역과 비교), 대부분의 비용 또한 조절되고 있음을 감안했을 때, 힐은 상점의 수익성 문제가 도난에 있다고 생각한다. 그러므로 힐은 알렉스의 계획이 다른 어떤 것보다도 이 문제에 초점을 맞춰 줄 것을 제안했다.

7.2 관리자로서 직원의 도난을 줄이기 위해 알렉스가 취해야 할 행동은? 이에 대한 리스트를 작성하라(세 가지 아이디어를 기록할 그룹원 선택).

7.3 다음 시나리오를 읽어 보라.

알렉스는 새로운 매장에 도착한 첫날, 드루 스미스가 절도를 한 직원 루디 존슨의 계약을 종료하는 과정을 보았다. 알렉스는 계약 종료 인터뷰가 진행되고 있는 매장 휴게실로 즉시 이동했다. 드루 스미스는 루디 존슨이 지난 6개월 동안 식료품 점원으로 있었고 창고 문의 경보 장치가 꺼져 있는지 구별하는 방법을 알고 있다는 점을 알렉스에게 설명했다. 이렇게 드루 스미스는 루디 존슨을 잡은 후, 드루 스미스는 길 아래에 레스토랑의 관리자인 친구와 대화를 나누었다. 드루 스미스의 친구는 몇 달 전에 루디 존슨을 고용했고, 그 역시 루디 존슨이 절도하는 것을 붙잡았다고 언급했다.

다시 루디 이야기로 돌아가, 드루 스미스는 물었다, "루디 존슨, 자신을 위해 뭐든 말해봐요." 루디 존슨은 곧바로 대답했다. "이봐, (욕설), 당신은 여기서 일한 만큼 충분히 급여를 지불하지 않았고 나는 계속 참았어. 사실, 당신은 언제나 다른 사람을 당신 개인 종처럼 부리고 있어. 그래서 나는 맥주를 갖기로 했지. 나는 당신이 창고에서 일하는 사람에게 손상된 물품을 집에 가져가도록 허락하는 것을 수십 번 봤어. 우리는 그 사람들의 목적을 알고 있고, 그 사람들은 쿠키 박스를 절단해서, 공짜로 집에 가져가고 있어. 그 문제에 관해서, 당신이 같은 일을 하는 것을 봤어! 나는 당신이 이전에 이런 일에 대해서 유난 떠는 것을 본 적이 없어. 내가 몇 주 동안 몇 개 가져가는 건 왜 안 돼? 이게 무슨 대수라고!"

7.4 이 사건은 이 점포에서 직원 도난을 감소하는 방법에 대한 추가적인 정보를 제공하는가? 그렇다면, 그룹의 맴버를 선출하여, 추가적인 이유를 1~2개 쓰시오.

7.5 수업 토론은 식료품 카트에서 발생하는 도난을 보고 윤리적 인식, 윤리적 판단, 또는 윤리적 의도의 문제를 알 수 있는지를 위주로 한다. 추가로, 그 절도가 "나쁜 사과", '나쁜 바구니" 또는 두 가지 다 연루된 문제점을 지적하고 있는가?

미주

7.1 Rindova, V.P.; I.O. Williamson; A.P. Petkova; and J.M. Sever. "Being Good or Being Known: An Empirical Examination of the Dimensions, Antecedents, and Consequences of Organizational Reputation." *Academy of Management Journal* 48 (2005), pp. 1033–49.

7.2 Frauenheim, E. "Does Reputation Matter?" *Workforce Management*, November 20, 2006, pp. 22–26.

7.3 Frauenheim, E. "Does Reputation Matter?" *Workforce Management*, November 20, 2006, pp. 22–26.

7.4 Mayer, R.C.; J.H. Davis; and F.D. Schoorman. "An Integrative Model of Organizational Trust." *Academy of Management Review* 20 (1995), pp. 709– 34; Rousseau, D.M.; S.B. Sitkin; R.S. Burt; and C. Camerer. "Not So Different After All: A Cross-Discipline View of Trust." *Academy of Management Review* 23 (1998), pp. 393–404.

7.5 Heimer, H. "Moment of Truth: Why Accountability Matters More Than Ever." *Fortune*, April/May 2021.

7.6 Greenberg, J. "A Taxonomy of Organizational Justice Theories." *Academy of Management Review* 12 (1987), pp. 9–22.

7.7 Lind, E.A. "Fairness Heuristic Theory: Justice Judgments as Pivotal Cognitions in Organizational Relations." In *Advances in Organizational Justice*, ed. J. Greenberg and R. Cropanzano. Stanford, CA: Stanford University Press, 2001, pp. 56–88; Van den Bos, K. "Fairness Heuristic Theory: Assessing the Information to Which People Are Reacting Has a Pivotal Role in Understanding Organizational Justice." In *Theoretical and Cultural Perspectives on Organizational Justice*, ed. S. Gilliland; D. Steiner; and D. Skarlicki. Greenwich, CT: Information Age, 2001, pp. 63–84; Van den Bos, K.; E.A. Lind; and H.A.M. Wilke. "The Psychology of Procedural and Distributive Justice Viewed from the Perspective of Fairness Heuristic Theory." In *Justice in the Workplace*, Vol. 2, ed. R. Cropanzano. *American Psychologist* 26 (1971), pp. 443–52; Rotter, J.B. "Interpersonal Trust, Trustworthiness, and Gullibility." *American Psychologist* 35 (1980), pp. 1–7.

7.12 Rosenberg, M. "Misanthropy and Political Ideology." *American Sociological Review* 21 (1956), pp. 690–95; Wrightsman L.S., Jr. "Measurement of Philosophies of Human Nature." *Psychological Reports* 14 (1964), pp. 743–51.

7.13 Mayer, R.C.; J.H. Davis; and F.D. Schoorman. "An Integrative Model of Organizational Trust." *Academy of Management Review* 20 (1995), pp. 709–34.

7.14 Jones, W.H.; L.L. Couch; and S. Scott. "Trust and Betrayal: The Psychology of Getting Along and Getting Ahead." In *Handbook of Personality Psychology*, ed. R. Hogan; J.S. Johnson; and S.R. Briggs. San Diego: Academic Press, 1997, pp. 465–82.

7.15 Stack, L.C. "Trust." In *Dimensionality of Personality*, ed. H. London and J.E. Exner Jr. New York: Wiley, 1978, pp. 561–99.

7.16 Webb, W.M., and P. Worchel. "Trust and Distrust." In *Psychology of Intergroup Relations*, ed. S. Worchel and W.G. Austin. Chicago: Nelson-Hall, 1986, pp. 213–28; Erickson, E.H. *Childhood and Society*, 2nd ed. New York: Norton, 1963.

7.17 Stack, L.C. "Trust." In *Dimensionality of Personality*, ed. H. London and J.E. Exner Jr. New York: Wiley, 1978, pp. 561–99.

7.18 Johnson, J.J., and J.B. Cullen, "Trust in Cross-Cultural Relationships," in *Blackwell Handbook of Cross-Cultural Management*, eds. M.J. Gannon and K.L. Newman. Malden, MA: Blackwell, 2002, pp. 335–60.

7.19 Mayer, R.C.; J.H. Davis; and F.D. Schoorman. "An Integrative Model of Organizational Trust." *Academy of Management Review* 20 (1995), pp. 709–34.

7.20 McAllister, D.J. "Affect- and Cognition-Based Trust as Foundations for Interpersonal Cooperation in Organizations." *Academy of Management Journal* 38 (1995), pp. 24–59; Lewicki, R.J., and B.B. Bunker. "Developing and Maintaining Trust in Work Relationships." In *Trust in Organizations: Frontiers of Theory and Research*, ed. R.M. Kramer and T.R. Tyler. Thousand Oaks, CA: Sage, 1996, pp. 114–39.

7.21 Mayer, R.C.; J.H. Davis; and F.D. Schoorman. "An Integrative Model of Organizational Trust." *Academy of Management Review* 20 (1995), pp. 709–34.

7.22 Mayer, R.C.; J.H. Davis; and F.D. Schoorman. "An Integrative Model of Organizational Trust." *Academy of Management Review* 20 (1995), pp. 709–34; Gabarro, J.J. "The Development of Trust, Influence, and Expectations." In *Interpersonal Behavior: Communication and Understanding in Relationships*, ed. G. Athos and J.J. Gabarro. Englewood Cliffs, NJ: Prentice Hall, 1978, pp. 290–303.

7.23 Mayer, R.C.; J.H. Davis; and F.D. Schoorman. "An Integrative Model of Organizational Trust." *Academy of Management Review* 20 (1995), pp. 709–34.

7.24 Mayer, R.C.; J.H. Davis; and F.D. Schoorman. "An Integrative Model of Organizational Trust." *Academy of Management Review* 20 (1995), pp. 709–34.

7.25 Marquez, J. "Kindness Pays ... Or Does It?" *Workforce Management*, June 25, 2007, pp. 41–49.

7.26 Marquez, J. "Kindness Pays ... Or Does It?" *Workforce Management*, June 25, 2007, pp. 41–49.

7.27 Mayer, R.C.; J.H. Davis; and F.D. Schoorman. "An Integrative Model of Organizational Trust." *Academy of Management Review* 20 (1995), pp. 709–34.

7.28 Wright, T.A., and J. Goodstein. "Character Is Not 'Dead' in Management Research: A Review of Individual Character and Organizational- Level Virtue." *Journal of Management* 33 (2007), pp. 928–58; Gabarro, J.J. "The Development of Trust, Influence, and Expectations." In *Interpersonal Behavior: Communication and Understanding in Relationships*, ed. G. Athos and J.J. Gabarro. Englewood Cliffs, NJ: Prentice Hall, 1978, pp. 290–303.

7.29 Mayer, R.C.; J.H. Davis; and F.D. Schoorman. "An Integrative Model of Organizational Trust." *Academy of Management Review* 20 (1995), pp. 709–34; Simons, T. "Behavioral Integrity: The Perceived Alignment Between Managers' Words and Deeds as a Research Focus." *Organization Science* 13 (2002), pp. 18–35; Dineen, B.R.; R.J. Lewicki; and E.C. Tomlinson. "Supervisory Guidance and Behavioral Integrity: Relationships with Employee Citizenship and Deviant Behavior." *Journal of Applied Psychology* 91 (2006), pp. 622–35.

7.30 Lencioni, P. "The Power of Saying 'We Blew It.'" *Bloomberg*

Businessweek, February 22, 2010, p. 84.

7.31 Penenberg, A.L. "Doctor Love." *Fast Company*, July/August 2010, pp. 78–83, 113.

7.32 Naquin, C.E.; T.R. Kurtzerg; and L.Y. Belkin. "The Finer Points of Lying Online: E-mail Versus Pen and Paper." *Journal of Applied Psychology* 95 (2010), pp. 387–94.

7.33 Stead, D. "... And I Invented Velcro." *BusinessWeek*, August 4, 2008, p. 15.

7.34 Penenberg, A.L. "Doctor Love." *Fast Company*, July/August 2010, pp. 78–83, 113.

7.35 McAllister, D.J. "Affect- and Cognition-Based Trust as Foundations for Interpersonal Cooperation in Organizations." *Academy of Management Journal* 38 (1995), pp. 24–59; Lewicki, R.J., and B.B. Bunker. "Developing and Maintaining Trust in Work Relationships." In *Trust in Organizations: Frontiers of Theory and Research*, ed. R.M. Kramer and T.R. Tyler. Thousand Oaks, CA: Sage, 1996, pp. 114–39; Lewis, J.D., and A. Weigert. "Trust as a Social Reality." *Social Forces* 63 (1985), pp. 967–85.

7.36 McAllister, D.J. "Affect- and Cognition-Based Trust as Foundations for Interpersonal Cooperation in Organizations." *Academy of Management Journal* 38 (1995), pp. 24–59.

7.37 Lind, E.A. "Fairness Heuristic Theory: Justice Judgments as Pivotal Cognitions in Organizational Relations." In *Advances in Organizational Justice*, ed. J. Greenberg and R. Cropanzano. Stanford, CA: Stanford University Press, 2001, pp. 56–88; Van den Bos, K. "Fairness Heuristic Theory: Assessing the Information to Which People Are Reacting Has a Pivotal Role in Understanding Organizational Justice." In *Theoretical and Cultural Perspectives on Organizational Justice*, ed. S. Gilliland; D. Steiner; and D. Skarlicki. Greenwich, CT: Information Age, 2001, pp. 63–84.

7.38 Adams, J.S. "Inequity in Social Exchange." In *Advances in Experimental Social Psychology*, Vol. 2, ed. L. Berkowitz. New York: Academic Press, 1965, pp. 267–99; Leventhal, G.S. "The Distribution of Rewards and Resources in Groups and Organizations." In *Advances in Experimental Social Psychology*, Vol. 9, ed. L. Berkowitz and W. Walster. New York: Academic Press, 1976, pp. 91–131.

7.39 Leventhal, G.S. "The Distribution of Rewards and Resources in Groups and Organizations." In *Advances in Experimental Social Psychology*, Vol. 9, ed. L. Berkowitz and W. Walster. New York: Academic Press, 1976, pp. 91–131.

7.40 Leventhal, G.S. "The Distribution of Rewards and Resources in Groups and Organizations." In *Advances in Experimental Social Psychology*, Vol. 9, ed. L. Berkowitz and W. Walster. New York: Academic Press, 1976, pp. 91–131.

7.41 Leventhal, G.S. "What Should Be Done with Equity Theory? New Approaches to the Study of Fairness in Social Relationships." In *Social Exchange: Advances in Theory and Research*, ed. K. Gergen, M. Greenberg, and R. Willis. New York: Plenum Press, 1980, pp. 27–55; Thibaut, J., and L. Walker. *Procedural Justice: A Psychological Analysis*. Hillsdale, NJ: Erlbaum, 1975.

7.42 Folger, R. "Distributive and Procedural Justice: Combined Impact of 'Voice' and Improvement on Experienced Inequity." *Journal of Personality and Social Psychology* 35 (1977), pp. 108–19.

7.43 Colquitt, J.A.; D.E. Conlon; M.J. Wesson; C.O.L.H. Porter; and K.Y. Ng. "Justice at the Millennium: A Meta-Analytic Review of 25 Years of Organizational Justice Research." *Journal of Applied Psychology* 86 (2001), pp. 425–45.

7.44 Tyler, T.R.; K.A. Rasinski; and N. Spodick. "Influence of Voice on Satisfaction with Leaders: Exploring the Meaning of Process Control." *Journal of Personality and Social Psychology* 48 (1985), pp. 72–81; Earley, P.C., and E.A. Lind. "Procedural Justice and Participation in Task Selection: The Role of Control in Mediating Justice Judgments." *Journal of Personality and Social Psychology* 52 (1987), pp. 1148–60; Lind, E.A.; R. Kanfer; and P.C. Earley. "Voice, Control, and Procedural Justice: Instrumental and Noninstrumental Concerns in Fairness Judgments." *Journal of Personality and Social Psychology* 59 (1990), pp. 952–59; Korsgaard, M.A., and L. Roberson. "Procedural Justice in Performance Evaluation: The Role of Instrumental and Non-Instrumental Voice in Performance Appraisal Discussions." *Journal of Management* 21 (1995), pp. 657–69.

7.45 Leventhal, G.S. "What Should Be Done with Equity Theory? New Approaches to the Study of Fairness in Social Relationships." In *Social Exchange: Advances in Theory and Research*, ed. K. Gergen, M. Greenberg, and R. Willis. New York: Plenum Press, 1980, pp. 27–55.

7.46 Kolhatkar, S. "Emasculation Nation." *Bloomberg Businessweek*, September 17–23, 2012; Nguyen, M.-A. "Inequality Exists Even Where Occupations Are the Same." *Bloomberg Businessweek*, September 25, 2020.

7.47 Coy, P., and E. Dwoskin. "Shortchanged." *Bloomberg Businessweek*, June 25–July 1, 2012, pp. 6–7.

7.48 Morris, B. "How Corporate America Is Betraying Women." *Fortune*, January 10, 2005, pp. 64–74.

7.49 Hansen, F. "Race and Gender Still Matter." *Workforce Management*, September 11, 2006, p. 12; Nguyen, M.-A. "Inequality Exists Even Where Occupations Are the Same." *Bloomberg Businessweek*, September 25, 2020.

7.50 Hansen, F. "Merit-Pay Payoff?" *Workforce Management*, November 3, 2008, pp. 33–39.

7.51 Taylor III, A. "No Test Dummies." *Fortune*, June 11, 2007, pp. 49–52.

7.52 Leonard, D. "Who's Afraid of Steve Jobs?" *Bloomberg Businessweek*, July 26–August 1, 2010, pp. 58–63.

7.53 Brockner, J., and B.M. Wiesenfeld. "An Integrative Framework for Explaining Reactions to Decisions: Interactive Effects of Outcomes and Procedures." *Psychological Bulletin* 120 (1996), pp. 189–208.

7.54 Brockner, J., and B.M. Wiesenfeld. "An Integrative Framework for Explaining Reactions to Decisions: Interactive Effects of Outcomes and Procedures." *Psychological Bulletin* 120 (1996), pp. 189–208.

7.55 Colquitt, J.A.; D.E. Conlon; M.J. Wesson; C.O.L.H. Porter; and K.Y. Ng. "Justice at the Millennium: A Meta-Analytic Review of 25 Years of Organizational Justice Research." *Journal of Applied Psychology* 86 (2001), pp. 425–45; Cohen-Charash, Y., and P.E. Spector. "The Role of Justice in Organizations: A Meta-Analysis." *Organizational Behavior and Human Decision Processes* 86 (2001), pp. 278–321.

7.56 Bies, R.J., and J.F. Moag. "Interactional Justice: Communication Criteria of Fairness." In *Research on Negotiations in Organizations*, Vol. 1, ed. R.J. Lewicki; B.H. Sheppard; and M.H. Bazerman. Greenwich, CT: JAI Press, 1986, pp. 43–55; Greenberg, J. "The Social Side of Fairness: Interpersonal and Informational Classes of Organizational Justice." In *Justice in the Workplace: Approaching Fairness in Human Resource Management*, ed. R. Cropanzano. Hillsdale, NJ: Erlbaum, 1993, pp. 79–103.

7.57 Bies, R.J. "Interactional (In) justice: The Sacred and the Profane." In *Advances in Organizational Justice*, ed. J. Greenberg and R. Cropanzano. Stanford, CA: Stanford University Press, 2001, pp. 85–108.

7.58 Tepper, B.J. "Consequences of Abusive Supervision." *Academy of Management Journal* 43 (2000), pp. 178–90.

7.59 Schat, A.C.H.; M.R. Frone; and E.K. Kelloway. "Prevalence of Workplace Aggression in the U.S. Workforce: Findings from a National Study." In *Handbook of Workplace Violence*, ed. E.K. Kelloway; J. Barling; and J.J. Hurrell. Thousand Oaks, CA: Sage, 2006, pp. 47–89.

7.60 Tepper, B.J.; M.K. Duffy; C.A. Henle; and L.S. Lambert. "Procedural Injustice, Victim Precipitation, and Abusive Supervision." *Personnel Psychology* 28 (2006), pp. 101–23.

7.61 Tepper, B.J. "Abusive Supervision in Work Organizations: Review, Synthesis, and Research Agenda." *Journal of Management* 33 (2007), pp. 261–89.

7.62 Mitchell, M.S., and M.L. Ambrose. "Abusive Supervision and Workplace Deviance and the Moderating Effects of Negative Reciprocity Beliefs." *Journal of Applied Psychology* 92 (2007), pp. 1159–68; Tepper, B.J.; C.A. Henle; L.S. Lambert; R.A. Giacalone; and M.K. Duffy. "Abusive Supervision and Subordinates' Organizational Deviance." *Journal of Applied Psychology* 93 (2008), pp. 721–32; Tepper, B.J.; J.C. Carr; D.M. Breaux; S. Geider; C. Hu; and W. Hua. "Abusive Supervision, Intentions to Quit, and Employees' Workplace Deviance: A Power/Dependence Analysis." *Organizational Behavior and Human Decision Processes* 109 (2009), pp. 156–67.

7.63 Miner, A.G.; T.M. Glomb; and C. Hulin. "Experience Sampling Mode and Its Correlates at Work." *Journal of Occupational and Organizational Psychology* 78 (2005), pp. 171–93.

7.64 Gilliland, S.W.; L. Benson; and D.H. Schepers. "A Rejection Threshold in Justice Evaluations: Effects on Judgment and Decision-Making." *Organizational Behavior and Human Decision Processes* 76 (1998), pp. 113–31.

7.65 Hauser, S.G. "The Degeneration of Decorum," *Workforce Management*, January 2011, pp. 16–21.

7.66 Hauser, S.G. "The Degeneration of Decorum." *Workforce Management*, January 16, 2011, pp. 16–18, 20–21.

7.67 Bies, R.J., and J.F. Moag. "Interactional Justice: Communication Criteria of Fairness." In *Research on Negotiations in Organizations*, Vol. 1, ed. R.J. Lewicki; B.H. Sheppard; and M.H. Bazerman. Greenwich, CT: JAI Press, 1986, pp. 43–55; Greenberg, J. "The Social Side of Fairness: Interpersonal and Informational Classes of Organizational Justice." In *Justice in the Workplace: Approaching Fairness in Human Resource Management*, ed. R. Cropanzano. Hillsdale, NJ: Erlbaum, 1993, pp. 79–103.

7.68 Folger, R., and D.P. Skarlicki. "Fairness as a Dependent Variable: Why Tough Times Can Lead to Bad Management." In *Justice in the Workplace: From Theory to Practice*, ed. R. Cropanzano. Mahwah, NJ: Erlbaum, 2001, pp. 97–118.

7.69 Marquez, J.; E. Frauenheim; and M. Schoeff Jr. "Harsh Reality." *Workforce Management*, June 22, 2009, pp. 18–23.

7.70 Shaw, J.C.; R.E. Wild; and J.A. Colquitt. "To Justify or Excuse?: A Meta-Analysis of the Effects of Explanations." *Journal of Applied Psychology* 88 (2003), pp. 444–58.

7.71 Orey, M. "Fear of Firing." *Business Week*, April 23, 2007, pp. 52–62.

7.72 Greenberg, J. "Employee Theft as a Reaction to Underpayment Inequity: The Hidden Cost of Paycuts." *Journal of Applied Psychology* 75 (1990), pp. 561–68.

7.73 Colquitt, J.A.; D.E. Conlon; M.J. Wesson; C.O.L.H. Porter; and K.Y. Ng. "Justice at the Millennium: A Meta-Analytic Review of 25 Years of Organizational Justice Research." *Journal of Applied Psychology* 86 (2001), pp. 425–45; Cohen-Charash, Y., and P.E. Spector. "The Role of Justice in Organizations: A Meta-Analysis." *Organizational Behavior and Human Decision Processes* 86 (2001), pp. 278–321.

7.74 Treviño, L.K.; G.R. Weaver; and S.J. Reynolds. "Behavioral Ethics in Organizations: A Review." *Journal of Management* 32 (2006), pp. 951–90; Tenbrunsel, A.E., and K. Smith- Crowe. "Ethical Decision Making: Where We've Been and Where We're Going." *Academy of Management Annals* 2 (2008), pp. 545–607.

7.75 Donaldson, T., and T.W. Dunfee. "Toward a Unified Conception of Business Ethics: Integrative Social Contracts Theory." *Academy of Management Review* 19 (1994), pp. 252–84.

7.76 Treviño, L.K.; G.R. Weaver; and S.J. Reynolds. "Behavioral Ethics in Organizations: A Review." *Journal of Management* 32 (2006), pp. 951–90.

7.77 Kaptein, M. "Developing a Measure of Unethical Behavior in the Workplace: A Stakeholder Perspective." *Journal of Management* 34 (2008), pp. 978–1008.

7.78 Covey, S.M.R. *The Speed of Trust: The One Thing That Changes Everything*. New York: Free Press, 2006.

7.79 Treviño, L.K.; G.R. Weaver; and S.J. Reynolds. "Behavioral Ethics in Organizations: A Review." *Journal of Management* 32 (2006), pp. 951–90.

7.80 Near, J.P., and M.P. Miceli. "Organizational Dissidence: The Case of Whistle-Blowing." *Journal of Business Ethics* 4 (1985), pp. 1–16.

7.81 Rehg, M.T.; M.P. Miceli; J.P. Near; and J.R. Van Scotter. "Antecedents and Outcomes of Retaliation Against Whistleblowers: Gender Differences and Power Relationships." *Organization Science* 19 (2008), pp. 221–40.

7.82 Miceli, M.P.; J.P. Near; and T.M. Dworkin. "A Word to the Wise: How Managers and Policy-Makers Can Encourage Employees to Report Wrongdoing." *Journal of Business Ethics* 86 (2009), pp. 379–96.

7.83 Rest, J.R. *Moral Development: Advances in Research and Theory*. New York: Praeger, 2006.

7.84 Treviño, L.K. "Ethical Decision Making in Organizations: A Person-Situation Interactionist Model." *Academy of Management*

Review 11 (1996), pp. 601–17; Kish-Gephart, J.J.; D.A. Harrison; and L.K. Treviño. "Bad Apples, Bad Cases, and Bad Barrels: Meta-Analytic Evidence About Sources of Unethical Decisions at Work." *Journal of Applied Psychology* 95 (2010), pp. 1–31.

7.85 Tomlinson, E.C. "Teaching the Interactionist Model of Ethics." *Journal of Management Education* 33 (2009), pp. 142–65; Treviño, L.K., and M.E. Brown. "Managing to Be Ethical: Debunking Five Business Ethics Myths." *Academy of Management Executive* 18 (2004), pp. 69–83.

7.86 Rest, J.R. *Moral Development: Advances in Research and Theory*. New York: Praeger, 1986.

7.87 Butterfield, K.D.; L.K. Treviño; and G.R. Weaver. "Moral Awareness in Business Organizations: Influence of Issue- Related and Social Context Factors." *Human Relations* 53 (2000), pp. 981–1017.

7.88 Berfield, S. "Steal This Look." *Bloomberg Businessweek*, January 24–30, 2011, pp. 90–96.

7.89 Berfield, S. "Steal This Look." *Bloomberg Businessweek*, January 24–30, 2011, pp. 90–96.

7.90 Jones, T.M. "Ethical Decision Making by Individuals in Organizations: An Issue-Contingent Model." *Academy of Management Review* 16 (1991), pp. 366–95.

7.91 Singhapakdi, A.; S.J. Vitell; and K.L. Kraft. "Moral Intensity and Ethical Decision- Making of Marketing Professionals." *Journal of Business Research* 36 (1996), pp. 245–55.

7.92 Jones, T.M. "Ethical Decision Making by Individuals in Organizations: An Issue-Contingent Model." *Academy of Management Review* 16 (1991), pp. 366–95.

7.93 Reynolds, S.J. "Moral Attentive-ness: Who Pays Attention to the Moral Aspects of Life?" *Journal of Applied Psychology* 93 (2008), pp. 1027–41.

7.94 Porter, J. "Using Ex-Cons to Scare MBAs Straight." *BusinessWeek*, May 5, 2008, p. 58.

7.95 Porter, J. "Using Ex-Cons to Scare MBAs Straight." *Businessweek*, May 5, 2008, p. 58.

7.96 Rest, J.R. *Moral Development: Advances in Research and Theory*. New York: Praeger, 2006.

7.97 Kohlberg, L. "Stage and Sequence: The Cognitive Developmental Approach to Socialization." In *Handbook of Socialization Theory*, ed. D.A. Goslin. Chicago: Rand McNally, 1969, pp. 347–480; Kohlberg, L. "The Claim to Moral Adequacy of a Highest Stage of Moral Judgment." *Journal of Philosophy* 70 (1973), pp. 630–46.

7.98 Rest, J. *Manual for the Defining Issues Test*. Minneapolis, MN: Center for the Study of Ethical Development, 1986; Loviscky, G.E.; L.K. Treviño; and R.R. Jacobs. "Assessing Managers' Ethical Decision-Making: An Objective Measure Judgment." *Journal of Business Ethics* 73 (2007), pp. 263–85.

7.99 Kohlberg, L. "Stage and Sequence: The Cognitive Developmental Approach to Socialization." In *Handbook of Socialization Theory*, ed. D.A. Goslin. Chicago: Rand McNally, 1969, pp. 347–480; Kohlberg, L. "The Claim to Moral Adequacy of a Highest Stage of Moral Judgment." *Journal of Philosophy* 70 (1973), pp. 630–46.

7.100 Kohlberg, L. "Stage and Sequence: The Cognitive Developmental Approach to Socialization." In *Handbook of Socialization Theory*, ed. D.A. Goslin. Chicago: Rand McNally, 1969, pp. 347–480; Kohlberg, L. "The Claim to Moral Adequacy of a Highest Stage of Moral Judgment." *Journal of Philosophy* 70 (1973), pp. 630–46.

7.101 Treviño, L.K.; G.R. Weaver; and S.J. Reynolds. "Behavioral Ethics in Organizations: A Review." *Journal of Management* 32 (2006), pp. 951–90.

7.102 Kohlberg, L. "Stage and Sequence: The Cognitive Developmental Socialization." In *Handbook of Socialization Theory*, ed. D.A. Goslin. Chicago: Rand McNally, 1969, pp. 347–480; Kohlberg, L. "The Claim to Moral Adequacy of a Highest Stage of Moral Judgment." *Journal of Philosophy* 70 (1973), pp. 630–46.

7.103 Treviño, L.K.; G.R. Weaver; and S.J. Reynolds. "Behavioral Ethics in Organizations: A Review." *Journal of Management* 32 (2006), pp. 951–90; Rest, J.; D. Narvaez; M.J. Bebeau; and S.J. Thoma. Postconventional Moral Thinking: A Neo-Kohlbergian Approach. Mahwah, NJ: Erlbaum, 1999.

7.104 Crane, A., and D. Matten, *Business Ethics*. New York: Oxford University Press, 2007.

7.106 Rest, J.R. *Moral Development: Advances in Research and Theory*. New York: Praeger, 2006.

7.107 Kaptein, M. "Developing and Testing a Measure for the Ethical Culture of Organizations: The Corporate Ethics Virtues Model." *Journal of Organizational Behavior* 29 (2008), pp. 923–47; Schminke, M.; M.L. Ambrose; and D.O. Neubaum. "The Effect of Leader Moral Development on Ethical Climate and Employee Attitudes." *Organizational Behavior and Human Decision Processes* 97 (2005), pp. 135–51; Treviño, L.K. "Ethical Decision Making in Organizations: A Person-Situation Interactionist Model." *Academy of Management Review* 11 (1996), pp. 601–17.

7.108 Schweitzer, M.E.; L. Ordòñez; and B. Douma. "Goal Setting as a Motivator of Unethical Behavior." *Academy of Management Journal* 47 (2004), pp. 422–32.

7.109 Aquino, K., and A. Reed II. "The Self- Importance of Moral Identity." *Journal of Personality and Social Psychology* 83 (2002), pp. 1423–40.

7.110 Aquino, K., and A. Reed II. "The Self- Importance of Moral Identity." *Journal of Personality and Social Psychology* 83 (2002), pp. 1423–40.

7.111 Reynolds, S.J., and T.L. Ceranic. "The Effects of Moral Judgment and Moral Identity on Moral Behavior: An Empirical Examination of the Moral Individual." *Journal of Applied Psychology* 92 (2007), pp. 1610–24.

7.112 Schminke, M.; M.L. Ambrose; and T.W. Noel. "The Effects of Ethical Frameworks on Perceptions of Organizational Justice." *Academy of Management Journal* 40 (1997), pp. 1190–1207; Wendorf, C.A.; S. Alexander; and I.J. Firestone. "Social Justice and Moral Reasoning: An Empirical Integration of Two Paradigms in Psychological Research." *Social Justice Research* 15 (2002), pp. 19–39.

7.113 Mayer, R.C., and M.B. Gavin. "Trust in Management and Performance: Who Minds the Shop While the Employees Watch the Boss?" *Academy of Management Journal* 48 (2005), pp. 874–88.

7.114 Blau, P. Exchange and Power in Social Life. New York: Wiley, 1964; Shore, L.M.; L.E. Tetrick; P. Lynch; and K. Barksdale. "Social and Economic Exchange: Construct Development and Validation." *Journal of Applied Social Psychology* 36 (2006), pp. 837–67.

7.115 Blau, P. *Exchange and Power in Social Life*. New York: Wiley, 1964; Shore, L.M.; L.E. Tetrick; P. Lynch; and K. Barksdale. "Social and Economic Exchange: Construct Development and Validation." *Journal of Applied Social Psychology* 36 (2006), pp. 837–67.

7.116 Dirks, K.T., and D.L. Ferrin. "Trust in Leadership: Meta-Analytic Findings and Implications for Research and Practice." *Journal of Applied Psychology* 87 (2002), pp. 611–28.

7.117 Dirks, K.T., and D.L. Ferrin. "Trust in Leadership: Meta-Analytic Findings and Implications for Research and Practice." *Journal of Applied Psychology* 87 (2002), pp. 611–28.

7.118 Carroll, A.B. "A Three-Dimensional Model of Corporate Social Performance." *Academy of Management Review* 4 (1979), pp. 497–505; Carroll, A.B. "The Pyramid of Corporate Social Responsibility: Toward the Moral Management of Organizational Stakeholders." *Business Horizons* 34 (1991), pp. 39–48; Carroll, A.B. "The Four Faces of Corporate Citizenship." Business and Society Review 100 (1998), pp. 1–7; Carroll, A.B. "Corporate Social Responsibility—Evolution of a Definitional Construct." *Business and Society* 38 (1999), pp. 268–95.

7.119 Carroll, A.B. "The Pyramid of Corporate Social Responsibility: Toward the Moral Management of Organizational Stakeholders." *Business Horizons* 34 (1991), pp. 39–48.

7.120 Weber, J. "The New Ethics Enforcers." *BusinessWeek*, February 13, 2006, pp. 76–77.

7.121 Carroll, A.B. "The Pyramid of Corporate Social Responsibility: Toward the Moral Management of Organizational Stakeholders." *Business Horizons* 34 (1991), pp. 39–48.

7.122 Schoeff, M., Jr. "J. M. Smuckers Co." *Workforce Management*, March 13, 2006, p. 19.

7.123 Carroll, A.B. "The Pyramid of Corporate Social Responsibility: Toward the Moral Management of Organizational Stakeholders." *Business Horizons* 34 (1991), pp. 39–48.

7.124 Grow, B.; S. Hamm; and L. Lee. "The Debate over Doing Good." *BusinessWeek*, August 15, 2005, pp. 76–78.

7.125 Holmes, S. "Nike Goes for the Green." *BusinessWeek*, September 25, 2006, pp. 106–108.

7.126 Gunther, M. "The Green Machine." *Fortune*, August 7, 2006, pp. 42–57.

7.127 Grow, B.; S. Hamm; and L. Lee. "The Debate over Doing Good." *BusinessWeek*, August 15, 2005, pp. 76–78.

7.128 Murray, A. "A New Purpose for the Corporation." *Fortune*, September 2019.

7.129 Toussaint, K. "Beyond Woke Capitalism." *Fast Company*, October/ November 2020.

8 학습과 의사결정

Learning and Decision Making

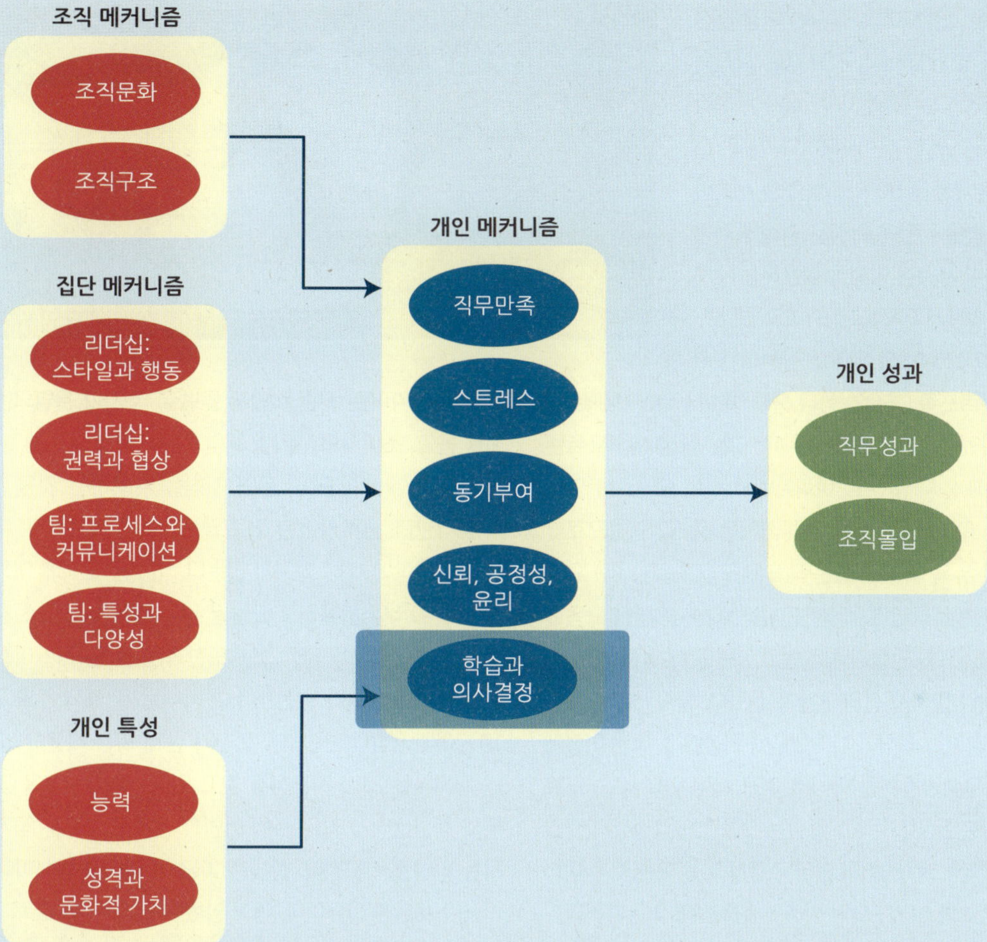

학습 목표 .... 이 장을 학습한 후에 다음의 질문에 답할 수 있어야 한다.

8.1 학습이란 무엇이며, 의사결정에 어떤 영향을 미치는가?

8.2 학습과 전문성 구축으로 직원이 얻는 지식의 유형은 무엇인가?

8.3 직원이 조직에서 학습하는 방법은 무엇인가?

8.4 직원이 의사결정을 하는 데 사용할 수 있는 두 가지 방법은 무엇인가?

8.5 직원이 자신의 학습을 정확한 의사결정으로 전환하는 것을 방해할 수 있는 의사결정 문제는 무엇인가?

8.6 학습은 직무성과와 조직몰입에 어떠한 영향을 미치는가?

8.7 조직이 학습을 촉진할 수 있는 방법은 무엇인가?

초바니 CHOBANI

Diane Bondareff/Invision for Chobani/APImages

2005년 뉴욕 사우스 에드메스톤에서 설립된 초바니는 2,000명 이상의 직원과 15억 달러의 가치를 가진 미국에서 가장 많이 팔리는 그릭 요거트 브랜드이다. 회사가 시장에 진입했을 때 그릭 요거트가 미국 요거트 시장의 1% 미만을 차지했다는 점에서 이 회사는 희박한 가능성을 성공으로 이끈 사례이다. 불과 12년 후, 그 시장점유율은 50%로 상승했다. 초바니의 문화는 학습을 기본으로 하고, 비정통적이고 직원 중심의 의사결정 방법을 활용하는 것으로 시작되어 계속해서 이 점에 집중하고 있다.

초바니는 비즈니스와 영어를 공부하기 위해 미국에 온 쿠르드족 CEO인 함디 울루카야(Hamdi Ulukaya)에 의해 설립되었다. 처음 도착했을 때, 그는 상점에서 고르는 요거트가 마음에 들지 않았고, 아파트에서 직접 요거트를 만들기 시작했다. 신문 광고를 본 후 울루카야는 중소기업청으로부터 대출을 받아 뉴욕 북부에 있는 폐쇄된 크래프트(Kraft) 요거트 공장을 인수했다. 공장에서 일했던 이전 직원 몇 명을 고용한 후 그는 그릭 요거트를 만들기 시작했고, 5년도 채 되지 않아 초바니는 연간 10억 달러 이상의 매출을 올렸다. 울루카야는 초바니의 초창기에 경험과 지식이 부족했음을 인정한다. 그는 이렇게 말했다. "나는 은행원들뿐만 아니라 어떤 사람 앞에서도 '모르겠다'라든가 '무슨 뜻인가?'라고 말하는 것을 부끄러워하지 않았다. 몰라도 괜찮다. 그런 경험이 없어도 괜찮다. 중요한 것은 이러한 것들을 배우고 마스터가 되기 위해 무엇을 해야 하는가이다."

울루카야는 직원을 먼저 돌보고, 회사가 운영되는 지역사회를 돕고, 소비자의 권리를 책임지는 의사결정과 관련하여 "반(反) CEO(anti-CEO)" 운영 지침을 사용하는 것을 자랑스럽게 생각한다. 울루카야는 "스프레드시트는 게으르다. 이것은 당신에게 사람에 대해 말하지 않는다. 이것은 고객에 대해 말하지 않는다. 그러나 불행히도 오늘날 너무 많은 비즈니스 결정이 이것으로 내려지고 있다." 그는 또한 학습을 믿으며 이를 기반으로 초바니의 문화가 발전했다. 초바니는 두 개의 주요 공장에서 19~20개 국적의 난민과 이민자가 현재 회사 직원의 30% 이상을 차지하는 것에 자부심을 갖고 있다. 회사는 교육 및 개발을 통해 직원들에게 업무 수행 방법과 실제로 새로운 국가에 적응하는 방법을 가르친다. 함디는 "이것이 미국식 방식이다. 이것이 미국이 세워진 이유이다."라고 말했다.

학습과 의사결정

학습목표 8.1
학습이란 무엇이며, 의사결정에 어떤 영향을 미치는가?

초바니는 직원들이 직장에서 더 나은 결정을 내릴 수 있도록 학습하고 지식을 수집하는 문화를 기반으로 하는 회사이다. CEO 함디 울루카야의 이야기와 그가 사업을 막 시작했을 때 자신이 몰랐던 많은 것이 있음을 기꺼이 인정한 것보다 더 분명한 것은 없다. **학습**(learning)은 경험에서 비롯된 직원의 지식이나 기술의 상대적으로 영구적인 변화를 의미한다.[1] 직원이 더 많이 배울수록 조직에 더 많은 기여를 한다. 학습이 왜 그렇게 중요한가? 문제를 해결하기 위해 일련의 대안을 창안하고 선택하는 과정을 의미하는 **의사결정**(decision making)에 상당한 영향을 미치기 때문이다. 직원이 보유한 지식과 기술이 많을수록 정확하고 건전한 결정을 내릴 가능성이 높아진다. 초바니가 위험을 피하는 데 도움이 되는 경험이 적은 직원들은 직무를 수행하거나 새로운 역할을 맡을 때 올바른 결정을 내리는 데 필요한 지식 기반이 부족하다.

경험 부족이 이렇게 문제가 되는 이유는 학습이 결코 쉽지 않다는 것을 의미한다. 당신은 "전문가들" 이 업무 수행하는 것을 본 적이 있는가? 전문가는 어떻게 되는 것인가? 대부분의 복잡한 업무에 능숙해지기 위해서는 상당한 시간이 소요된다. 대부분의 어느 직원들이라도 만족스러운 수준에서 자신의 업무를 수행하기 위해서는 3개월에서 1년이 소요된다.[2] 높은 수준의 전문성을 개발하기 위해서는 더 오랜 시간이 걸린다. 이러한 어려움은 자신의 직원들이 학습 및 의사결정을 향상시킬 수 있는 방법을 찾으려 하는 회사에게 더욱 중요하다.

어떤 직원들은 왜 다른 사람들보다 더 나은 의사결정을 위해 학습하려고 하는가?

요리사가 되고 싶어 하는 저널리스트인 빌 버드포드(Bill Buford)는 뉴욕에 있는 세계적으로 유명한 이탈리아 레스토랑인 밥보(Babbo)에 고용되었다. 그는 주방 근무 초기에 경험 많은 요리사들이 믿을 수 없을 정도의 능숙한 속도로 일하는 것을 가만히 선 채로 보고 있는 동안 깨달았다. 그는 그때 의사결정을 한다는 것을 알았다.

> 전진이냐 후퇴냐의 순간이었다. 내가 뒤로 가면, "방문에 감사하고, 매우 흥미롭지만 저는 아닌 것 같네요."라고 말했을 것이다. 그러나 어떻게 앞으로 갈까? 나를 위한 자리는 없었다. 이 사람들은 더 높은 수준의 인력이었다. 그들은 생각하지 않았다. 그들의 기술은 아주 깊게 심어져 있었고 본능적으로 움직였다. 나는 그런 기술도 없었고 그런 기술을 어떻게 습득했는지 상상조차 되지 않았다. 나는 길고, 힘들고, 자신감에 상처 받고, 완전히 굴욕적인 경험과 같은 뭔가에 직면하고 있음을 알았다. .[3]

이러한 상황에서, 버드포드는 그의 동료가 자신보다 더 많은 전문 기술을 갖고 있다는 것을 깨달았다. **전문성**(expertise)은 초보자 및 경험이 적은 사람과 전문가를 구별하는 지식 및 기술을 의미한다.[4] 연구 결과에 의하면 지능 또는 타고난 차이가 차별성을 만든다는 일반적인 관점과 달리 전문가와 초보자 간의 차별성은 거의 항상 학습 기능임을 알 수 있다.[5] 비록 학습은 직접 보거나 관찰할 수는 없지만, 사람들은 자신의 행동을 관찰함으로써 배운다고 할 수 있다. 그것은 초보자에서 전문가까지 동일하게 적용될 수 있는 행동이며, 학습자가 지식을 늘려간다는 것을 보여 주는 것은 바로 그들의 행동에서의 변화이다. 때로는 한두 번 행동을 따라 하거나 운 좋게 몇 가지 주요 의사결정을 배우는 직원들에게는 쉬울 수 있지만, 진정한 학습은 행동의 변화가 비교적 영구적으로 지속되고, 시간이 가도 반복될 수 있을 때 이루어 졌다고 할 수 있다. 일부 직원이 다른 사람보다 이 부분에서 더 잘 할 수 있는 이유를 알기 위해서는 그들이 정확히 무엇을 배우고 또 어떻게 하는지 이해해야 한다.

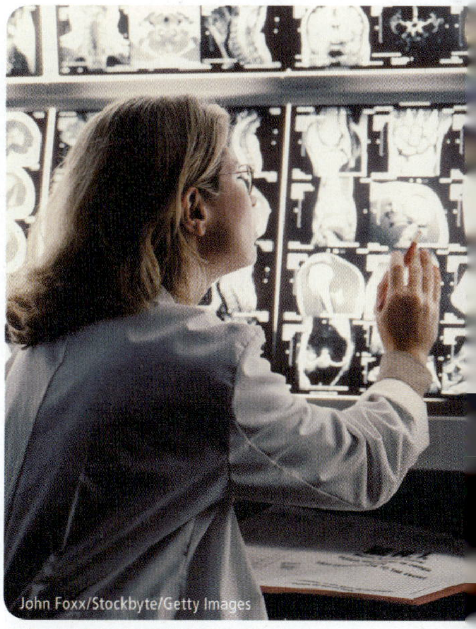
John Foxx/Stockbyte/Getty Images

전문성은 한 분야에서 일반인과 전문가를 구별 짓는 탁월한 지식과 기능의 축적을 의미한다.

지식의 유형

학습목표 8.2
학습과 전문성 구축으로 직원이 얻는 지식의 유형은 무엇인가?

직원들은 조직에 중요한 의미를 지니는 두 가지 기본적인 유형의 지식을 학습한다. **형식지**(explicit knowledge)는 배우기 위해 책상에 앉아 있는 사람을 상상할 때 생각할 수 있는 종류의 정보이다. 이 정보는 비교적 쉽게 전달되며, 기업이 훈련 과정에서 가르치는 것 중 많은 비중을 차지한다. 다음과 같이 생각해 보자. 당신이 다른 사람을 위해 매뉴얼에 정보 또는 지식을 기록한다면 당신은 형식지에 대해 이야기하고 있는 것이다. 당신이 이 책을 읽는 것처럼, 우리는 당신에게 당신의 장래 직업에 유용하게 사용될 수 있는 형식지를 전달하기 위해 최선을 다하고 있다. 물론 이러한 정보를 잘 학습(습득)할 필요가 있지만, 이것은 당신이 알아야 할 것에서 상대적으로 적은 부분을 차지한다.

대조적으로 **암묵지**(tacit knowledge)는 일반적으로 경험을 통해서만 배울 수 있는 지식이다.[6] 이것은 전달하기 쉽진 않지만 우리가 조직에서 배우는 가장 중요한 부분이 될 수 있다.[7] 사실 조직이 보유하고 있는 지식의 90% 이상이 암묵지 형태라고 알려져 있다.[8] 당신은 무언가를 할 수 있는 능력을 갖고 있다고 해서 정말로 다른 사람에게 그 능력을 설명할 수 있는가? 그것이 암묵지를 설명하는 일반적인 방법이다. 이는 오직 경험을 통해 획득한 "know-how", "know-what", "know-who"로 설명된다.[9] 직관, 기술, 통찰력, 신념, 정신적 모형, 그리고 실용 지능과 같은 용어를 사용하는 사람들도 있다.[10] 〈표 8-1〉은 형식적 및 암묵적 지식 간의 차이점을 설명하고 있다. 형식지는 모두가 찾아서 사용할 수 있지만, 암묵지는 일반인과 전문가를 구분하는 것이라고 말할 수 있다.[11] 주인공의 학습과 세상의 운명이 걸린 결정을 중심으로 돌아가는 영화의 사례를 **영화 속 OB**에서 살펴보자.

표 8-1 형식지와 암묵지의 특성

형식지	암묵지
서면 또는 구두 의사소통을 통해 쉽게 전달	다른 사람에게 명확하게 표현하기 매우 어렵거나 불가능
대부분 쉽게 얻음	본질적으로 매우 개인적
책을 통해 학습 가능	경험을 기반
항상 의식하고 접근 가능한 정보	때로는 지식 보유자마저도 인식하지 못함
일반적인 정보	직무 또는 상황 특수성

출처: Adapted from R. McAdam, B. Mason, and J. McCrory, "Exploring the Dichotomies Within the Tacit Knowledge Literature: Towards a Process of Tacit Knowing in Organizations," *Journal of Knowledge Management* 11 (2007), pp. 43–59.

학습의 방법

암묵적 지식과 형식적 지식은 직원과 조직에게 매우 중요하다. 직원 입장에서는 구축할 수 있는 어느 정도 수준의 형식지 없이는 암묵지의 높은 수준을 구성하기 어렵고, 조직의 관점에서는 직원들이 축적한 암묵지가 회사가 보유하고 있는 가장 중요한 전략적 자산이 될 수 있다.[12] 문제는 이것이다. 직원들이 어떻게 이런 종류의 지식을 습득할 수 있는가? 그 대답은 강화(즉, 보상과 처벌), 관찰, 경험을 통해 습득할 수 있다는 것이다.

학습목표 8.3
직원이 조직에서 학습하는 방법은 무엇인가?

강화. 우리는 관리자가 직원의 바람직한 행동을 유도하고 바람직하지 않은 행동을 줄이게 하기 위해 다양한 강화 방법을 사용한다는 것을 오래전부터 알고 있다. 스키너(B. F. Skinner)는 조작적 조건 형성으로 알려져 있는데, 사람들은 자신의 자발적 행동과 그 결과 간의 관계를 관찰함으로써 학습한다는 개념을 제시한 선구자이다. 연구 결과에 따르면 사람은 한 일에 대해 보상을 받으면 특정 행동을 나타낸다는 것이다. 당연히 우리는 우리가 좋아하는 결과를 초래하는 행동을 반복하고 우리가 좋아하지 않는 결과를 초래하는 행동은 감소시키는 경향을 갖고 있다. [그림

영화 속 OB

테넷
TENET

Lifestyle Pictures/Alamy

이해하려고 하지 마라. 느껴라.

이 말로, 과학자(클레망스 포에지)는 주인공(존 데이비드 워싱턴)에게 테넷(크리스토퍼 놀란 감독, 워너브라더스, 2020)에서 "역전"이 어떻게 작동하는지 설명하고, 거꾸로 날아오는 총알과 상호작용할 수 있는 방법을 설명하려고 한다. 즉, 엔트로피가 역전된 물체는 시간이 지남에 따라 뒤로 이동하는 반면, 주변의 다른 모든 것은 앞으로 이동한다는 것이다. 이것이 혼란스럽게 들린다면 영화를 이해하는 것이 더 어려워질 것이다. 사실, 영화에서 무슨 일이 일어나고 있는지 정확히 파악하는 데 초점을 맞춘 레딧(Reddit)(소셜 뉴스 웹사이트)과 토론 게시판이 많이 있다. 영화가 진행되면서 상황을 파악하려는 시청자들은 혼란을 겪는다(그러나 동시에 빠져든다). 이 이야기는 기본적으로 시간을 거슬러 물건을 보내는 특정 대상의 미래 공격을 막음으로써 세계의 멸망을 막는 임무를 맡은 CIA 요원인 주인공(극 중 이름은 없는)을 중심으로 진행된다.

영화 전반에는 본질적으로 학습, 의사결정 및 전문성 개발에 대한 교훈을 담고 있다. 주인공은 모든 가정을 버리고 시행착오와 관찰을 통해 새로운 지식으로 작동하는 방법을 다시 배워야 한다. 주인공은, 거꾸로 된 물체를 집으려면 떨어뜨리는 것을 상상해야 한다는 과학자의 설명을 들을 때 형식지가 전달되어 학습한다. 그런데도 그 감각이 너무 부자연스러워서 주인공은 대부분 경험을 통해 배워야 한다. 영화의 한 지점에서 군인(피오나 두리프)은 거꾸로 된 폐가 정상적인 공기를 호흡할 수 없기 때문에 거꾸로 된 사람들이 산소 마스크를 착용해야 하는 방법을 설명하면서 주인공에게 경험을 제공한다. 우리는 또한 주인공이 실제로 말로 설명할 수 없는 암묵적인 지식을 얻으면서 배우는 것을 보게 된다. 그것은 아마도 군인이 하는 최고의 충고인 "잠시 너의 방향을 정하라. 상황이 이상하게 느껴질 것이다"라고 이해할 수 있다.

8-1]이 이러한 조작적 조건 형성 과정을 보여 주고 있다.

[그림 8-1]의 모형은 선행 요인이 특정 행동을 유발하고, 행동은 결과로 연결된다는 것을 보여 준다. 조직에서 선행 요인은 일반적으로 직원들에게 기대되는 것을 보여 주기 위한 목표, 규칙, 지침, 또는 다른 유형의 정보이다. 선행 요인은 동기부여 근거에 유용하지만 주로 행동을 유도하는 조치의 결과이다. 이러한 강화의 전체 과정은 연속적인 과정이며, 행동이 반복되면 강화가

그림 8-1 조작적 조건 형성 구성 요소

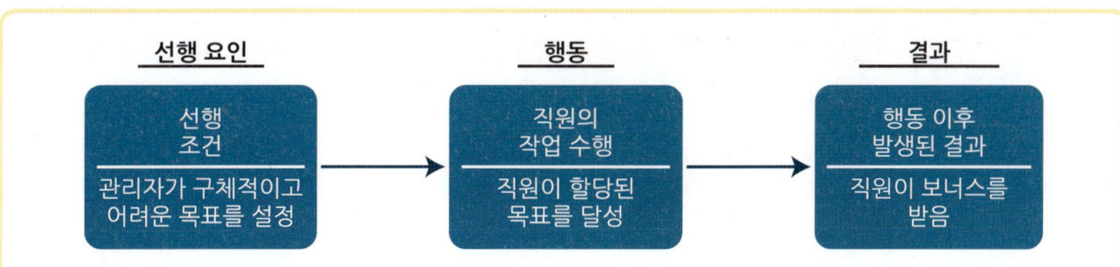

지속된다. 직원의 행동을 수정하기 위해 조직이 일반적으로 사용하는 **강화 조건**(contingencies of reinforcement)으로 알려진 네 가지 구체적인 결과물이 있다.[13] [그림 8-2]는 이러한 조건을 정리한 것이다. 즉, 원하는 행동을 증가시키거나 원치 않는 행동을 감소시킬 수 있도록 설계된 것에 따라 구분하는 것이 중요하다.

두 개의 강화 조건은 원하는 행동을 증가시키는 데 사용된다. 바람직한(회사에서 요구되는) 행동에 원하는 결과물이 주어질 때 **적극적 강화**(positive reinforcement)가 발생한다. 이는 더 일반적이며 직원이 어떤 형태의 '보상'을 받을 때 우리가 생각하는 강화의 유형일 것이다. 바람직한 행동을 보이는 직원에게 결과로 주어진 급여 상승, 승진, 관리자나 동료들로부터의 칭찬, 그리고 공개적인 인정 등은 모두 적극적 강화의 사례이다. 적극적 강화가 성공하기 위해서는 직원의 행동과 그들이 원하는 결과 사이에 직접적인 연계가 필요하다(6장 동기부여 참조). 특정 행동 이후에도 결과물이 긴 시간 실현되지 않는다면 이 둘을 연계시킬 확률은 줄어든다.

공개적 인정과 같은 적극적 강화는 구성원을 격려하며, 바람직한 행동이 모방되고 반복되도록 돕는다.

바람직한 행동 이후에 원치 않는 결과물이 제거될 때 **소극적 강화**(negative reinforcement)가 발생한다. 당신은 지적을 받지 않기 위해 어떤 업무를 수행한 적이 있는가? 그렇다면 당신은 소극적 강화의 사용을 통해 특정 행동을 수행하는 것을 습득하였다. 아마도 당신이 좋아하지 않는 몇 가지 작업이 있을 것이다. 만약 관리자가 당신이 다른 직무를 잘 수행하기 때문에 이러한 책임들을 제거한다면 이 또한 소극적 강화로 볼 수 있다. '소극적'이라는 표현에도 불구하고, 소극적 강화 역시 바람직한 행동을 증가시키기 위해 설계되었다는 점을 기억할 필요가 있다.

다음 두 개의 강화 조건은 원하지 않는 행동을 감소시키기 위해 설계되었다. **처벌**(punishment)은 바람직하지 않은 행동에 따라 원하지 않는 결과물이 추가될 때 발생한다. 처벌은 말 그대로, 조직이 좋아하지 않는 행동을 수행한 직원에게 그들이 좋아하지 않는 무언가를 주

그림 8-2 강화 조건

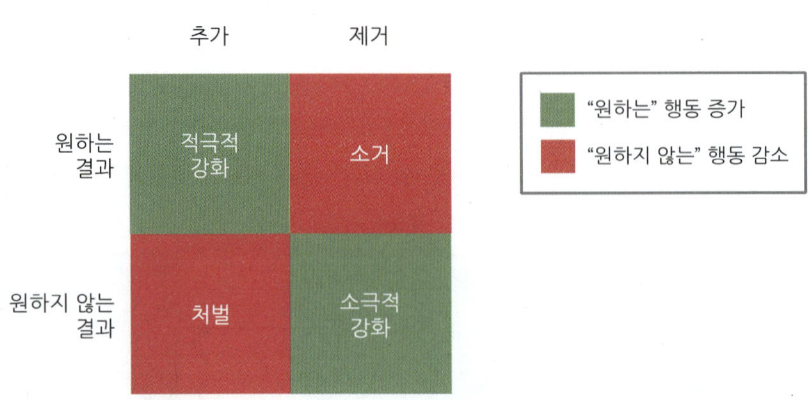

는 것이다. 늦게 출근하는 직원을 정직시키고, 안전 절차를 준수하지 않는 것에 대해 모욕적으로 업무를 분장하고, 또는 심각한 부정행위를 한 직원을 해고시키는 것 모두 처벌의 예이다. **소거**(extinction)는 바람직하지 않는 행동을 했을 때 긍정적인 결과물을 제거하는 것이다. 행동 강화를 위한 소거의 사용은 의도적이거나 우연일 수 있다. 직원이 직장에서 무언가 유치한 방식으로 행동했을 때 동료들로부터 주목받을 수 있다. 다른 직원들이 그 행동에 주목하지 않도록 하는 것은 소거에 목적을 둔 행동일 것이다. 이와 유사하지만, 아마도 직원들은 일이 바쁠 때 작업을 마무리하기 위해 늦게까지 일하지만 관리자는 그 노력을 인정하지 않는다. 바람직한 행동이지만 강화하지 않으면 시간이 지남에 따라 약화된다. 이러한 방법으로, 좋은 행동을 강화하기 위해 아무것도 하지 않는 관리자는 실제로 그것이 반복될 수 있는 확률을 낮춘다.

일반적으로 적극적 강화와 소거는 직원들의 학습을 창출하기 위해 관리자가 사용하는 강화의 가장 일반적인 형태가 되어야 한다. 적극적 강화가 효과적이기 위해서는 물질적 보상의 형태가 되어서는 안 된다. 직원의 원하는 행동을 촉진하기 위해 관리자가 사용할 수 있는 수단은 많다. 칭찬하기, 피드백 제공, 공개적 인정, 소소한 축하 등은 직원이 조직이 원하는 행동을 지속적으로 나타낼 수 있는 가능성을 증가시키고 장려하는 방법이다. 동시에 소거는 원하지 않는 행동을 중지시키는 효과적인 방법이다. 이러한 두 개의 강화는 모두 예정된 결과를 가져다 주지만, 아마도 더 중요한 것은 그들이 증오와 갈등의 감정을 만들지 않는 것이다. 비록 처벌과 소극적 강화는 작동하지만 그것들과 함께 다른 해로운 결과를 가져오는 경향이 있다.

행동을 수정하기 위해 사용되는 강화의 유형은 중요하지만, 연구 결과는 강화의 타이밍 역시 똑같이 중요하다는 것을 보여 준다.[14] 그러므로 결과가 적용되는 시점의 타이밍을 검토하는 것이 중요하며, 이를 **강화 계획**(schedules of reinforcement)이라고도 한다. 〈표 8-2〉는 5개의 강화 계획을 요약하고 있다. **연속 강화**(continuous reinforcement)는 가장 단순한 계획이며 바람직한 행동이 보일 때마다 구체적인 결과물을 제공하는 것이다. 새로운 학습은 연속된 계획일 때 가장 빠르게 습득된다.[15] 대부분의 직무에 대해 연속 강화는 실용적이지 않다. 관리자 입장에서, 매번 원하는 행동을 나타내는 누군가에게 그때마다 적극적 강화를 제공할 수 있다고 생각하는가? 일부 연구에 따르면 결과물의 제공이 중지됨과 동시에 원하는 행위도 중단되기 때문에 연속 강화는 지속성이 가장 낮다고 나타났다.[16] 일단 행동이 나타나면 간헐적인 강화 형태가 더욱 효과적이다.[17]

표 8-2 강화 계획

강화 계획	주어진 보상	잠재적 성과 수준	예시
연속	모든 바람직한 행동	높지만 유지가 어려움	칭찬
고정 간격	고정 시간대	보통	급여
변동 간격	변동 시간대	비교적 높음	관리자 순찰
고정 비율	바람직한 행동의 고정 횟수	높음	개수불임금
변동 비율	바람직한 행동의 변동 횟수	매우 높음	수수료

다른 4개의 계획은 가변성과 결과의 기반 관점에서 차이가 있다. 간격을 기반으로 하는 두 개의 계획은 경과한 시간의 양에 따라 강화를 분배한다. **고정 간격 계획**(fixed interval schedule)은 강화 계획의 가장 일반적인 형태일 것이다. 이 계획에서 근로자는 일정 시간 이후에 보상을 받다. 그리고 강화 시점 간 시간의 길이는 동일하게 유지된다. 직원들이 일정 시간 이후 급여를 받을 때

마다, 그들은 고정 간격 계획으로 강화받고 있다. **변동 간격 계획**(variable interval schedules)은 시간 내에 임의의 지점에서 행위를 강화하기 위해 설계되었다. 매일 다른 시점에 돌아다니는 관리자는 변동 간격의 계획의 좋은 예이다. 만약 관리자가 매일 정확히 같은 시간에 돌아다닌다면 직원들이 하루 동안 좋은 행위를 할 가능성은 더 높아지는가 낮아지는가?

다른 두 개의 강화 계획은 실제 행위를 기반으로 한다. **고정 비율 계획**(Fixed ratio schedules)은 일정 횟수가 나타난 후 행위를 강화한다. 어떤 제조 공장은 생산 품목의 수에 따라 근로자에게 성과급을 지급하는 개수불임금 지급 시스템을 만들었다. 직원들은 강화되기 위해 얼마나 많은 품목을 생산해야 하는지 미리 알고 있다. **변동 비율 계획**(variable ratio schedules)은 행위가 다양하게 나타난 후 사람들에게 보상을 한다. 예를 들어, 영업 직원들은 상품 판매를 할 때마다 여분의 급여를 지급받기 때문에 흔히 수수료를 기반으로 보상받는다. 그러나 자동차 판매 직원은 매번 대리점 문을 열고 들어오는 누군가에게 판매를 하는 것은 아니다. 경우에 따라서는 판매를 위해 8~9명의 고객에게 좋은 판매 행위를 보인다. 슬롯머신을 예로 들어 보자. 머신은 레버를 당길 때마다 당신에게 모두 보상하지는 않는다. 언제 당겨야 이길 수 있을지 알 수가 없다. 당신은 머신이 카지노가 원하는 행위 강화에 좋은 일을 한다고 말할 것인가? 바로 그것이다! 변동 비율 강화와 "좋아요" 버튼이 페이스북이나 트위터와 같은 소셜 미디어 플랫폼의 엄청난 성장에 기여했다는 상당한 증거가 있다.[18]

전반적으로, 연구는 변동 계획이 고정 계획보다 더 높은 수준의 성과로 이어지는 것을 일관되게 보여 준다.[19] 이런 방법을 생각해 보자. 당신은 깜짝 퀴즈를 제공하는 수업과 학기에 세 번 간단한 테스트를 하는 수업 중 어떤 수업에서 더 지속적으로 학습하는가? 연구는 또한 고정 계획 방법(fixed plan)에서 강화가 중단될 때 바람직한 행동이 훨씬 더 빨리 사라지는 경향이 있다는 것을 보여 준다. 그러나 변동 계획은 강화의 모든 유형에 항상 적절하지는 않다. 당신은 고용주가 변동 계획에 따라 당신의 월급을 지급하기로 결정한다면 어떻게 할 것인가? 미안하다, 이번 주에 월급받기 어렵겠다. 아마 다음 주에! 또한, 연구 결과에 따르면 연속 강화 또는 고정 계획 강화 방법은 새로운 행위 또는 자주 발생하지 않는 행위를 강화하는 데 더 효과적이라고 한다.

관찰. 강화를 통한 학습 외에 **사회학습이론**(social learning theory)은 조직 내 사람들이 다른 사람들에 대한 관찰을 통한 학습 능력을 보유하고 있다고 주장한다.[20] 사실 많은 사람이 주장하는 사회적 학습은 직원들이 조직 내 지식을 획득하는 기본적인 방법이다.[21] 당신이 조직 내에서 일을 하는 동안 자극을 얻을 수 있는 가장 좋은 장소를 생각해 보라. 가능하다면 당신은 일에 적절한 행위를 찾아 내기 위해 주변 직원들을 둘러보는 것이 좋다. 직원들은 자신의 행위와 그 결과 사이의 연결 고리를 볼 수 있는 능력을 지니고 있을 뿐 아니라 다른 사람의 행위와 결과를 관찰할 수 있다.[22] 직원들이 다른 사람의 행동을 관찰할 때 관찰된 것으로부터 배우고, 관찰된 행위를 반복하며, **행동 모델링**(behavioral modeling)에 참여한다.

행동 모델링이 성공적으로 이루어지려면 여러 프로세스가 필요하다. 이러한 단계는 [그림 8-3]에 나와 있다. 첫째, 학습자는 적절한 모델에 주의를 집중하고 모델이 보여 주는 중요한 행동을 정확하게 인식해야 한다. 그 모델은 상사, 동료 또는 부하 직원일 수 있다. 일부 조직에서는 신

그림 8-3 모델링 과정

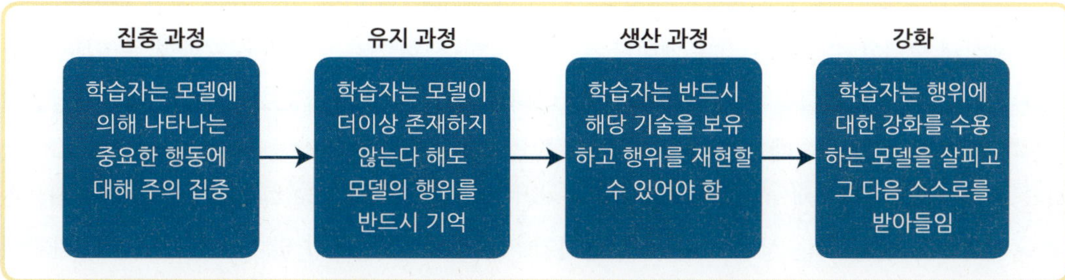

출처: Adapted from H.M. Weiss, "Learning Theory and Industrial and Organizational Psychology," in *Handbook of Industrial and Organizational Psychology*, ed. M.D. Dunnette and L.M. Hough (Palo Alto, CA: Consulting Psychologists Press, 1990), pp. 75–169.

규 이민자나 경험이 없는 직원이 보고 배울 수 있는 역할 모델을 제공하기 위해 최선을 다한다. 예를 들어, 글로벌 산업용 가스 회사인 프렉스에어(Praxair)는 고령 근로자가 행동을 모델링하고 지식을 공유하도록 장려하고 보상한다. 이런 식으로 형식지뿐만 아니라 암묵지도 전달된다. 회사 관계자는 이것이 최근 신입 직원이 유능해지기까지 걸리는 시간을 크게 줄였으며, 퇴직자을 대체하는 데 필요한 기술을 전수한다고 생각한다.[23] 사실 암묵적 지식은 의사소통을 하기가 매우 어렵기 때문에 모델링이 가장 좋은 유일한 방법일 수 있다. 이러한 이유로 모델링은 많은 조직의 모든 수준에서 사용되는 지속적인 프로세스이다. 딜로이트는 글로벌 CEO인 베리 셀즈버그(Barry Salzberg)를 포함한 50명의 고위 리더가 일정 기간 동안 최고 성과를 내는 관리자가 그들을 따라갈 수 있도록 하는 공식적인 글로벌 리더십 섀도우 프로그램을 운영하고 있다.[24] 넥스트도어(Nextdoor)의 CEO인 사라 프라이어(Sarah Friar)는 자신이 정상에 오르기 위해 그 권력을 가진 위치에 있는 멘토를 관찰했다고 말한다. 프라이어는 "'당신이 볼 수 없는 것은 될 수도 없다'라는 문구는 나에게 정말 중요한 단어이다. 여성 CEO, 여성 엔지니어링 리더, 여성 창업자, 여성 은행가 등 찾고 볼 수 있는 대상은 모든 종류의 비즈니스 세계에 진입하는 젊은 여성에게 특히 중요하다."고 말한다.[25] 당시 신임 CEO인 로웰 맥아담(Lowell McAdam)은 버라이즌(Verizon)에서 일을 시작하기 전에 이전 CEO를 관찰하고 모델링하는 데 1년 넘게 시간을 보냈다. 당시 맥아담은 "나는 소매를 많이 걷어붙이는 사람이다. CEO가 되는 법은 배워야 한다"고 말했다.[26] 말할 필요도 없이 좋은 모델을 선택하는 것이 중요하지만 모든 모델이 좋은 것은 아니다. 직원들이 다른 사람들의 행동을 통해 비윤리적으로 행동하는 법을 배울 것이라는 주장을 뒷받침하는 많은 증거가 있다.[27] 165년 된 은행 기관인 웰스파고(Wells Fargo)는 이 교훈을 어렵게 배웠다. 직원들은 관리자와 리더의 비윤리적인 행동을 본보기로 삼기 시작했다.[28] 비윤리적인 행동에 더하여, 직원들은 조직 내 다른 사람들의 공격성 및 결근과 같은 생산성 저해 행동도 모방할 것이라는 상당한 증거가 있다.[29]

David Paul Morris/Bloomberg via Getty Images

넥스트도어 CEO 사라 프라이어는 여성이 경력 초기에 다른 성공한 여성의 행동을 보고 모방하는 것이 중요하다고 생각한다.

둘째, 학습자는 모델의 행위가 무엇이고 어떻게 실행하는지를 정확히 기억할 필요가 있다.

전문가가 일을 수행하는 방법을 관찰하기란 매우 어려운데, 그들이 수행하는 상당 부분의 일이 말로 설명할 수 없고 빠른 속도로 일어날 수 있기 때문이다. 세 번째, 학습자는 생산 과정을 수행하거나 실제 모델이 수행하는 것을 재현할 수 있어야 한다. 학습자는 작업을 수행할 수 있도록 필요한 지식과 신체적 기술을 갖추어야 할 뿐만 아니라, 관찰된 것을 행동으로 옮겨야 한다. 당신이 자동차를 처음 운전했을 때를 기억하는가? 수년간 당신은 다른 운전자들을 살펴볼 수 있었고, 관찰을 통해 운전을 어떻게 하는지에 대해 이런저런 것들을 익히게 되었다. 그러나 당신이 처음으로 운전석에 앉았을 때는 상황이 달랐다. 갑자기 처리해야 할 정보가 많아지고 수년간의 관찰이 행동으로 이어져야 했다.

넷째, 행동 모델링의 마지막 단계는 강화이다. 이 강화는 관찰, 직접 경험, 또는 둘 다에서부터 올 수 있다. 학습자는 모델이 행동을 보인 결과(적극적 강화 또는 처벌)를 관찰할 수 있고, 이는 그 자체가 바람직한 행동 습득에 도움을 줄 것이다. 또한 이것은 행동을 재현한 후 강화를 받는 학습자에게 중요하다. 만약 새로 획득한 행동이 긍정적으로 강화된다면, 행동이 지속될 가능성이 증가한다.

목표 지향성. 사람마다 각자 자신의 선천적 기질이나 태도에 따라 조금씩 다른 방법으로 학습한다는 것을 알아야 한다. 이러한 차이는 사람들이 우선순위를 두는 활동 및 목표를 포착하는 서로 다른 "목표 지향성"으로 나타난다. 어떤 사람들은 능력을 보여 주는 것보다 능력을 구축하는 것이 더 중요하다고 생각하는 **학습 지향성**(learning orientation)을 갖고 있다. "학습 지향적"인 사람은 비록 초기에 실패할지라도 새로운 직무에 대해 즐거워한다. 이런 사람들은 실패를 긍정적인 관점, 즉 장기적인 지식 및 기술 향상의 의미로 생각한다.[30]

어떤 사람들은 능력을 보이는 것이 능력을 구축하는 것보다 중요하다고 여긴다. 능력의 시연은 두 가지의 서로 다른 사고 과정을 통해 동기부여가 될 수 있다. **성과 입증 지향성**(performance-prove orientation)은 다른 사람들이 자신을 호의적으로 생각하도록 자신의 능력을 보여 주는데 초점을 두고, **성과 회피 지향성**(performance-avoid orientation)은 다른 사람들이 자신을 나쁘게 생각하지 않도록 자신의 능력을 보여 주는 데 초점을 둔다. 두 경우에서, "성과 지향적"인 사람은 주로 자신이 이미 잘하는 부분에서 일을 수행하고 다른 사람 앞에서 실패하는 것을 보이지 않는 경향이 있다. 이러한 사람은 실패를 부정적인 관점으로, 재능과 능력에 대한 비난거리로 바라본다.

연구 결과에 의하면, 학습 목표 지향성은 자신감, 피드백 추구 행동, 학습 전략 개발, 그리고 학습 성과를 향상시킨다고 한다.[31] 두 개의 성과 지향성에 대한 연구는 더 혼합되어 있다. 비록 성과에 초점을 맞추는 것이 성과 기반 결과를 향상시키는 것으로 보일 수 있겠지만, 연구 결과는 반드시 그렇지 않다고 나타났다. 전반적으로, 성과 입증 지향성은 일관되지 않은 경향이 있어서 다양한 수준의 성과 또는 결과물을 생성한다. 분명한 것은 성과 회피 지향성을 갖는 것의 악영향이다. 다른 사람들 앞에서 안 좋게 보일까봐 두려움을 갖고 학습 상황에 들어간 직원들은 적게 학습하고 상당히 높은 수준의 불안감을 갖는 경향이 있다.[32] 당신은 어떤 종류의 지향성을 가지고 있는가? 이를 알아보기 위해 **OB 진단지**를 참조하라. 그러나 개인의 일반적인 지향성과 관계

OB 진단지

목표 지향성

당신의 목표 지향성은 어떤 모습인가? 이 진단지는 목표 지향성의 세 차원을 측정할 수 있도록 설계되어 있다. 근무하는 동안 당신의 태도를 정확하게 설명하는 정도를 각 문항 옆에 숫자로 기입하라. 제공되는 응답 척도를 사용하여 각 질문에 답하라. 그 다음 세 가지 차원에 대한 각각의 응답을 더하라.

1 매우 아니다	2 아니다	3 중간	4 그렇다	5 매우 그렇다

1. 쉬운 것보다, 배우는 것이 많은 어려운 것을 하고 싶다. ______
2. 나는 나 자신을 더 발전시킬 수 있는 순간을 끊임없이 찾고 있다. ______
3. 한 번도 해 보지 않은 일을 함으로써 새로운 것을 배울 수 있는 기회를 좋아한다. ______
4. 결과적으로 내가 성장한다면 무언가에 기회를 잡는 것은 그만한 가치가 있다. ______
5. 나는 직장에서 내가 다른 사람들보다 더 잘할 수 있다는 것을 증명하는 것을 즐긴다. ______
6. 내가 얼마나 잘할 수 있는지 다른 사람들에게 보여 주기 위해 열심히 일하는 것이 중요하다. ______
7. 내가 직장에서 얼마나 잘할 수 있는지 다른 사람들이 알 때 나는 그것을 좋아한다. ______
8. 나는 대개 다른 사람들에게 내 실패를 보일 것 같은 일은 시도하지 않는다. ______
9. 나는 성공할 능력이 부족하다는 것을 다른 사람들에게 보여 줄 수 있는 일을 피한다. ______
10. 배운다고 해도 내 능력이 부족하면 남들 앞에서는 도전하지 않는다. ______

점수 계산과 해석

학습 지향성: 합계 1–4.

성과 입증 지향성: 합계 5–7.

성과 회피 지향성: 합계 8–10.

학습 지향성은 16점 이상이 평균 이상이고, 15점 이하는 평균 이하이다. 2개의 성과 지향성은 11점 이상이 평균 이상이고, 10점 이하가 평균 이하이다.

출처: Adapted from J.F. Brett and D. VandeWalle, "Goal Orientation and Goal Content as Predictors of Performance in a Training Program," *Journal of Applied Psychology* 84 (1999), pp. 863–73. Copyright © 1999 by the American Psychological Association.

없이 관리자 또는 트레이너가 학습 관련 방향을 설정할 수 있다는 것이 밝혀졌다.[33] 다시 말해서, 그들은 당신이 교육 과정을 시작하기 전에 구체적인 목표 방향을 갖도록 가르칠 수 있다. 이러한 상황에서, 교육을 받는 사람들을 위한 학습 지향적 목표를 설정하는 것은 성과 지향적 목표를 설정하는 것보다 더 많은 기술 개발을 촉진할 수 있는 가능성이 있다.[34]

의사결정의 방법

> **학습목표 8.4**
> 직원이 의사결정을 하는 데 사용할 수 있는 두 가지 방법은 무엇인가?

직원들은 어떻게 형식지 및 암묵지를 획득할 수 있으며 그 지식을 어떻게 효과적인 의사결정으로 전환하는가? 때때로 그러한 과정은 매우 간단하다. **정형적 결정**(programmed decisions)은 필요한 상황과 행동 과정을 이미 알고 있기 때문에 어느 정도 자동적으로 이루어지는 결정이다.

[그림 8-4]와 같이, 전문가들은 종종 그들이 이전에 처리해 본 적이 있어 잘 알고 있는 문제에 대응하는 경우가 있다. 그 경우 이미 설정되어 있고 기대하는 결과를 가져다 줄 수 있는지도 평가해놓은 정형적 결정을 작동시킨다. 따라서 높은 수준의 형식지 및 암묵지를 보유한 전문가에게는 그들이 접하는 많은 결정은 대부분 이렇게 정형화된 것의 변형이다. 그렇다고 해서 의사결정이 반

그림 8-4 정형적 결정과 비정형적 결정

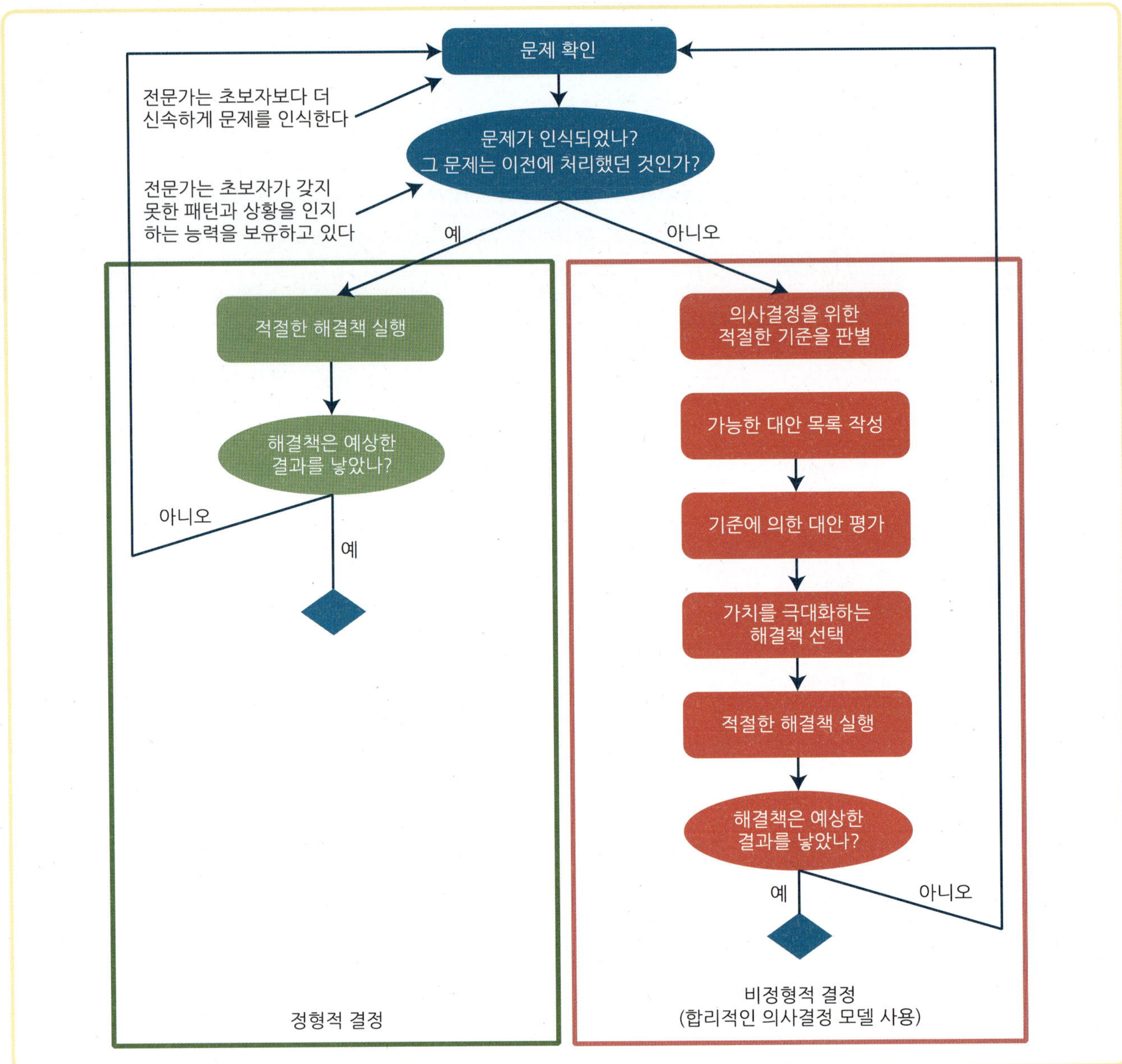

드시 쉽다는 것은 아니다. 그것은 단순히 자신의 경험과 지식을 활용해서 문제를 쉽게 해석하고 좀 더 빠르게 해결책을 실행할 수 있다는 의미이다.

전문가에게 정형적 결정은 때로는 직관 또는 "육감"으로 다가온다. **직관**(intuition)은 빠르고 무의식적이며 총체적인 연관성을 통해 발생하는 감정적인 판단이라고 할 수 있다.[35] 직관이 대체적으로 말해서 학습의 기능이며 의사결정자가 더 빠르고 자신 있게 결정할 수 있도록 하는 강화, 관찰 그리고 경험을 통해 습득한 암묵지라는 것은 연구자들은 거의 만장일치로 동의한다. 그들의 암묵지 때문에 전문가들은 때로는 왜 문제가 존재하고 왜 해결책이 작동하는지, 또는 어떻게 그들이 임무를 수행하는지를 말로 표현하지 못한다.[36] 그들은 그냥 "알고 있다." 물론 어려움은 "육감"을 믿을 때와 안 믿을 때를 알고 있어야 한다는 것이다.[37] 경험상 당신은 결정해야 할 문제에 대해 얼마나 전문 지식을 갖고 있는지 자신에게 물어야 할 것이다. 연구 결과에 의하면, 직관이 의사결정을 하는 데 매우 효과적인 방법이라는 것은 확실하지만, 결정을 내리는 사람들이 높은 전문 지식을 갖고 있을 경우에만 해당된다.[38]

직관적인 의사결정은 아마도 위기 상황에서 가장 중요할 것이다. **위기 상황**(crisis situation)은, 돌발적이거나 서서히 발생되었거나, 즉시 대처해야 하는 긴급한 문제를 초래하는 변화이다. 사업에서 위기는 직원들과 명성 또는 수익에 갑작스럽고 심각한 피해를 야기할 수 있는 가능성이 있는 것도 있다. 대부분의 위기에서 핵심 요소는 중 하나는 결정이 반드시 빠르게 되어야 한다는 것이다.[39] 이런 위기를 대비해 자세한 사전 계획을 마련해 놓지 않았다면, (결정에 필요한 대부분의 암묵지를 보유하고 있는) 관리자는 장시간 고민하지 않고 직관을 사용해야 한다.[40] 관리자가 위기 상황에서 의사결정을 위해 직관을 사용할 때 관리자는 자신의 의사결정에 대한 이유를 글로 표현할 수 없기 때문에(또는 그럴 만한 시간이 없기 때문에) 하급자들은 종종 관리자의 의도를 잘못 해석한다.[41] 결국 그들의 계획 실행은 어려움을 겪게 된다. 그러므로 의사결정을 하는 관리자는 두 개의 주요 문제에 직면한다. 경로가 불분명할 때 다른 사람들이 자신의 리드를 어떻게 따라올 수 있게 하는 것인지, 그리고 그들의 직관력이 잘못되지 않았다는 것을 어떻게 확신할 것인가? 위기 관리에 대한 탁월한 학자인 미시간 대학의 칼 바이크(Karl Weick)는 직관을 사용할 때 다른 사람들에게 의도를 전달하기 위한 5단계를 제안한다.

1. 내가 생각하는 우리가 직면한 상황(관리자가 상황을 어떻게 인식하는가?)
2. 내가 생각하는 우리의 할 일(관리자 입장에서 원하는 임무 중심 서술)
3. 이유(결정의 논리)
4. 주의 깊게 관찰해야 할 것들(직관력이 정확하거나 상황이 변하지 않았음을 확인하기 위해 어떤 것을 찾아야 하는가?)
5. 정보 제공(모두가 자신의 역할을 이해하고 있는지와 더 고민해야 할 다른 내용이 없는지를 확인)[42]

이런 소통 절차는 직관에 의해 의사결정하는 관리자에게 중요하다. 왜냐하면 구성원들이 지시를 쉽게 따라올 수 있고, 관리자가 위기 환경을 정확하게 관찰하고 있는지를 체크할 수 있기 때문이다.

새롭고 복잡하고 인지하지 못한 상황이 발생했을 때, 그것을 직원 입장에서 봤을 때 **비정형적 결정**(nonprogrammed decision)이라 부른다. 조직은 복잡하고 변하고 있는 환경이며, 많은 근로자들은 매일 불확실성에 직면한다. 이러한 경우, 직원들은 자신의 환경에 대한 의미를 확인하고, 자신이 직면한 문제를 이해해야 하며, 이를 극복하기 위한 해결책을 제공해야 한다. 경험상 회사에서의 서열이 위로 올라갈수록 직원의 결정이 점점 비정형화된다. 이런 맥락에서 어떻게 의사결정을 진행하는가? **합리적 의사결정 모델**(rational decision-making model)은 가능한 모든 대안의 검토를 통해 성과를 극대화시키기 위해 단계적으로 접근하는 의사결정이다. [그림 8-4]와 같이, 이 모델은 사람들이 문제를 이전에 다루었던 문제로 인식하지 못할 때 의미가 있다.

합리적 의사결정 모델의 첫 번째 단계는 의사결정에 중요한 기준을 식별하고, 모든 관련 당사자를 고려하는 것이다. 두 번째 단계는 문제에 대한 잠재적 해결책이 될 수 있는 모든 가능한 대안 목록을 만드는 것이다. 이 시점에서 대안들을 평가하는 것은 불필요하다. 이 단계의 목적은 단순히 가능한 많은 잠재적 해결책을 제시하는 데 있다. 모델의 세 번째 단계는 첫 번째 단계에서 제시한 기준에 따라 대안들을 평가하는 것이다. 예를 들어 '대체 비용이 얼마인지가 중요한가?' '다양한 선택의 결과로 발생되는 것은 정확히 무엇인가?' '대안의 부작용은 무엇인가?' 등이다. 네 번째 단계는 최고의 결과를 낼 수 있는 대안을 선택하는 것이다. 즉, 각 대안의 비용과 이익을 고려할 때, 어떤 대안이 최고의 가치를 제공하는가? 다섯 번째 단계는 대안을 실행하는 것이다.

합리적 의사결정 모델은 물론 사람들이 완벽하게 합리적이라고 가정한다. 그러나 결정 내용을 검토하기 시작하자마자 문제가 발생한다.[43] 이 모델은 풀어야 할 명확하고 분명한 문제와 정확한 문제가 무엇인지를 식별할 수 있는 능력을 보유한 사람이 존재한다고 가정한다. 이는 의사결정자가 완벽한 정보, 즉 그들이 알고 가능한 대안을 식별하며 그러한 대안과 관련된 결과를 알고 있다는 것 또한 가정하고 있다. 모델은 추가적으로 의사결정을 할 때 시간과 돈은 일반적으로 문제가 되지 않으며, 의사결정자는 항상 가치를 극대화하는 해결책을 선택하고, 그들은 조직에 가장 이익이 되는 행동을 할 것이라 가정하고 있다. 모든 가정을 감안한다고 해도 아마 이 모델을 합리적이라고 하기는 어렵다. 다른 행동을 위한 의사결정 방법에 대해 OB 북스토어를 참조하라.

의사결정에 대한 문제

직원들이 항상 합리적인 결정을 하는 것은 아니기 때문에 결정을 비판하기는 쉽다. 조직 내부에서 많은 결정이 그때는 좋아 보이고 그것을 지지하는 완벽하게 좋은 명분으로 만들어지지만 "나쁜 결과"로 인식되는 것으로 판명이 난다. 그러나 의사결정 이후에 뒤늦게 그것에 대해 왈가왈부하는 것은 아주 쉽다. 버크셔 하스웨이(Berkshire Hathaway)의 CEO인 워렌 버펫은 "비즈니스 세계에서 후방 거울이 전면 유리보다 항상 선명하다"는 말을 종종 인용한다. 직원과 관리자가 만든 잘못된 결정을 다시 고칠 수는 없지만, 잘못된 의사결정의 이유를 규명할 필요가 있다. 다시 말하면, 합리적인 의사결정을 제대로 하지 못하는 때는 언제이고, 또 그 이유는 무엇인가?

> **학습목표 8.5**
> 직원이 자신의 학습을 정확한 의사결정으로 전환하는 것을 방해할 수 있는 의사결정 문제는 무엇인가?

한정된 정보. 비록 대부분의 직원은 본인 스스로 합리적인 의사결정이라고 인식하지만 사실은 제한된 합리성이기 쉽다. **제한된 합리성**(bounded rationality)은 의사결정자가 모든 가능한 정보와 최적의 의사결정을 할 수 있는 대안을 처리할 수 있는 능력 또는 자원이 없다는 개념이다.[44] 제한된 합리성과 합리적 의사결정의 비교는 〈표 8-3〉에 제시되어 있다. 이 제한은 의사결정과 관련한 두 가지 주요 문제를 발생시킨다. 첫 번째, 사람들은 자신의 복잡한 환경과 여러 가지 선택 가능 대안을 검토하기 위해 정보를 필터링하고 단순화해야 한다.[45] 이 단순화는 문제를 인지, 대안 생성 및 평가, 또는 결과를 판단할 때 정보의 누락으로 이어진다. 두 번째, 사람들은 의사결정을 할 때 모든 대안을 고려할 수 없기 때문에 적절한 수준에서 만족한다. 제한된 **만족**

북스토어

업스트림(UPSTREM)

Dan Heath (New York: Avid Reader Press, 2020)

Dan Heath/Simon & Schuster

다운스트림 노력은 좁고 빠르며 가시적이다. 업스트림 노력은 더 광범위하고 느리며 흐릿하지만 실제로 작동할 때 효과가 있다. 그들은 거대하고 오래 지속되는 선을 성취할 수 있다.

댄 히스는 문제가 발생하는 것을 처음부터 예방하기보다는 문제가 발생한 후 대응하는 데 그렇게 많은 시간을 보내는 이유를 이러한 말로 설명한다. 책의 도입 사례는 강가에서 수영을 할 수 없어 허우적거리는 아이를 발견한 두 친구의 이야기이다. 그들이 아이를 구한 후에, 또 다른 소리를 듣고 그를 구하기 위해 뛰어들었다. 마침내 친구 중 한 명이 물 밖으로 뛰쳐 나왔고 다른 한 친구는 버티고 있었다. "어디 가?!" 친구가 외친다. "이 아이들을 물에 빠뜨린 놈을 잡으러 상류로 가볼게."라고 대답한다. 그런 다음 히스는 이 비유가 조직에서 발생하는 대부분의 의사결정에 어떻게 적용되는지 설명한다. 간단히 말해서, 우리는 대부분의 시간을 불을 끄기 위해 멈추는 것보다 빠르게 불을 끄는 데 소비한다. [그림 8-4]에서 히스는 많은 경우에 우리가 올바른 문제를 식별하는 데 실패하고 있다고 주장한다.

히스는 "업스트림" 사고에 세 가지 주요 장벽이 있다고 제안한다. 첫 번째는 "무감각"으로, 우리 주변에서 볼 수 있는, 부정적인 결과가 자연스럽거나 불가피하다는 인식이다. 두 번째는 "책임감 부족"으로, 아무도 문제에 대해 책임을 지지 않으면 아무도 문제를 해결하려고 시도하지 않는다는 사실을 중심으로 한다. 세 번째 문제는 히스가 "터널링"이라고 부르는 것이다. 터널링은 가시적이고 시급한 문제에만 집중하고 가장 중요한 문제는 무시하는 경향을 갖는다. 히스의 책이 지닌 핵심은 본질적으로 패턴을 볼 수 있는 능력, 여러 사물이 상호 연결되어 있는 방법, 변경의 예상치 못한 결과를 볼 수 있는 시스템 사고에 관한 것이다. 그의 솔루션은 올바른 문제 해결을 위한 질문을 하는 데 중점을 두고 있으며, 그 첫 번째는 문제의 핵심 차원을 해결할 수 있는 올바른 사람들(전문가)을 참여시키고 통합하는 방법이다.

표 8-3 합리적 의사결정 대 제한된 합리성

합리적 의사결정자가 되기 위해 우리는 …	제한된 합리성 상황에서 우리는 …
철저하게 상황을 검토하고 모든 이해관계자를 고려하여 문제를 확인해야 한다.	쉽게 이해 할 수 있는 형태로 문제를 압축하고자 한다.
해결책으로서 고려해야 할 대안의 철저한 리스트를 개발해야 한다.	직감적이고 친숙하고 현재 진행되고 있는 것과 유사하게 하는 경향의 해결책을 찾으려 한다.
동시에 모든 대안을 평가해야 한다.	생각하자마자 각 대안을 평가하려 한다.
대안을 평가하기 위한 정확한 정보를 사용해야 한다.	평가 과정에서 왜곡되고 부정확한 정보를 사용하기 쉽다.
가치를 극대화하는 대안을 선택해야 한다.	가장 먼저 수용된 대안을 선택하기 쉽다(최소만족).

출처: Adapted from H.A. Simon, "Rational Decision Making in Organizations," *American Economic Review* 69 (1979), pp. 493–513; D. Kahneman, "Maps of Bounded Rationality: Psychology for Behavioral Economics," *The American Economic Review* 93 (2003), pp. 1449–75; S.W. Williams, *Making Better Business Decisions* (Thousand Oaks, CA: Sage, 2002).

(satisficing)은 의사결정자가 여러 대안 중 첫 번째 수용 가능한 대안을 선택하는 것을 말한다.[46]

수용 가능한 첫 번째 대안을 선택하는 것 외에도, 의사결정자는 단순하고 이미 그들이 하고 있는 일과 다르지 않은 대안을 마련하는 경향이 있다. 당신과 또 다른 사람이 오늘 저녁 식사를 어디에서 할 것인지를 결정할 때, 당신은 일정 거리 내에 있는 가능한 모든 식당을 나열하는가? 물론 아닐 것이다. 당신은 일반적으로 가장 가깝고 자주 가는 곳부터 시작하여 두 사람이 동의한 식당에 도착할 때까지 대안들을 나열한다. 이런 의사결정 방법은 설사 결정이 잘못되었다 할지라도 결과적으로 미치는 영향이 아주 작기 때문에 아무런 문제가 없다. 그러나 많은 관리자가 직원과 고객에 대해 중요한 영향을 미치는 의사결정을 한다. 이러한 경우에, 철저하게 대안을 검토하지 않고 의사결정하면 문제가 된다!

지각 오류. 직원들은 의사결정을 할 때 지각에 의존하도록 강요된다. 지각은 환경에 대해 정보를 선택하고, 정리하고, 저장하고, 검색하는 과정이다. 지각은 우리 주변의 환경을 이해하는데 도움을 주기 때문에 매우 유용할 수 있지만 때로는 사실이 왜곡될 수 있다. 우리가 그것에 근거하여 전제 또는 평가를 하는 경향 때문에 지각은 의사결정에 위험할 수 있다. **선택적 지각**(selective perception)은 사람들이 오직 그들이 좋아하고 그들의 예상에 일치하는 환경만을 보는 경향이다. 누군가가 "당신은 오직 당신이 보고 싶어 하는 것만 본다"라고 당신에게 말한 적이 있는가? 만약 친척, 배우자, 또는 중요한 다른 누군가가 당신에게 그렇게 말했다 하더라도 아마 아주 좋은 경험은 아니었을 것이다. 그 사람은 당신이 환경(또는 중요한 것)을 그들이 했던 것과 같은 방식으로 지각하지 않은 것에 화가 났을 것이다. 선택적 지각은 문제를 식별하고 대안을 생성 및 평가하며 결과를 판단하는 우리의 능력에 영향을 미친다. 다시 말해, 우리가 정보를 처리할 때 "지름길"을 선택한다.

다른 사람들에 대해 가질 수 있는 잘못된 가정 중 하나는 다른 사람들이 자신과 똑같이 생각하고, 느끼고, 그리고 행동할 것이라는 믿음이다. 이러한 가정을 **투사**(projection bias)라고 한다. 즉 사람들은 다른 사람에게 그들의 생각, 태도, 그리고 동기를 투사한다. "나는 그런 비윤리적인 행동을 절대 하지 않을 것이다"와 "그들은 그런 비윤리적인 짓을 절대 하지 않을 것이다"는 같다. 투사는 의사결정에 대한 적절한 기준을 개발하고 신중하게 평가하는 우리의 능력을 제한하기 때문에 문제가 된다. 투사는 사람들이 모든 사람들의 기준이 자신과 같고 그들과 마찬가지로 의사결정에 반응한다고 생각하게 한다.

지각 오류의 또 다른 예는 우리가 인지적으로 사람들을 그룹화하는 방식에 기인하는 것도 있다. **사회 정체성 이론**(social identity theory)은 사람들이 속해 있는 그룹에 의해 자신 스스로를 인식하고 다른 사람을 판단할 때도 그들이 속한 그룹을 기반으로 다른 사람들을 인식하고 판단한다는 이론이다.[47] 많은 연구에 따르면, 사람들은 소속된 그룹을 기반으로 사람들을 분류하는 것을 좋아한다.[48] 이들 그룹은 인구통계학적 정보(성별, 인종, 종교, 머리색), 직업 정보(과학자, 엔지니어, 회계사), 근무 회사(GE, 할리버튼, 골드만 삭스), 출신지(미국, 프랑스, 중국), 또는 지각하는 사람이 의미를 부여하는 그룹에 기반할 수 있다. 당신은 그들이 남학생 또는 여학생 클럽의 멤버인지 아닌지에 따라 캠퍼스에 있는 학생들을 분류할 수 있다. 대학 클럽 시스템 안에 있는 학생들은 자신이 속해 있는 남학생 또는 여학생 클럽에 따라 사람들을 분류한다. 그리고 특정 동호회 내의 사람들은 그들과 가장 많이 어울리는 사람들을 기준으로 회원들을 그룹화할 수 있다. 사람들이 구성할 수 있는 하위그룹의 수에는 거의 끝이 없다.

고정관념(stereotype)은 특정 사회적 집단에 소속되어 있다는 것에 근거하여 다른 사람에 대해 추측할 때 발생한다.[49] 모든 고정관념이 나쁜 것은 아니지만, 우리가 부정확한 일반화를 할 때 우리의 의사결정 과정에는 결함이 생긴다. 기업은 고정관념에 의해 불법적인 차별 대우가 발생할 수 있으므로 직원들이 고정관념을 피할 수 있도록 노력한다. 예를 들어, 페이스북, 오르소-맥네일(Ortho-McNeil Pharmaceutical), 웰스파고, 카이저 퍼머넌티(Kaiser Permanente), 마이로소프트 등은 직원들이 직장에서 특정 문화, 인종, 성별에 대한 고정관념을 극복할 수 있게 돕기 위한 폭넓은 다양성 교육 프로그램을 개발하였다.[50]

결정이 필요한 불확실한 상황에 직면할 때, 우리는 종종 **휴리스틱스**(heuristics)를 사용한다. 이는 우리가 의사결정을 좀 더 쉽게 할 수 있도록 하는 단순, 효율, 경험 법칙을 사용한다. 일반적으로 휴리스틱스는 나쁘지 않다.[51] 사실 휴리스틱스는 의사결정을 더 자주 수정할 수 있게 하는 편이다. 그러나 휴리스틱스는 가끔 부정확한 의사결정을 하게 한다. 의사결정 휴리스틱스에 대한 초기 연구 중 하나를 생각해 보라. "글자 R을 생각해 보라. R이 단어의 첫 번째 위치할 가능성이 높은가, 세 번째 위치에 나타날 가능성이 더 높은가?"[52] 만약 당신의 대답이 글자의 첫 번째 위치라면, 당신의 대답은 부정확하며 휴리스틱스의 희생자이다. **가용성 편향**(availability bias)은 사람들이 기억하기 쉬운 정보를 판단의 기준으로 삼는 경향을 말한다. 대부분의 사람들이 R이 세 번째에 있는 단어보다는 첫 번째에 있는 단어를 기억하기가 훨씬 더 쉽다. 가용성 편향은 실제 비행기 사고 발생 통계에 의하면 안전함에도 이를 믿지 않고 비행기 타기를 두려워하는 이유이다. 수많은 성공적인 비행기 착륙보다 한 번의 비행기 사고는 뉴스를 통해 모두를 놀라게 하므로 사고를 더 많이 기억하게 된다.

가용성 편향 외에도 의사결정에 영향을 주는 오류는 많다. 〈표 8-4〉는 잘 연구된 의사결정 오류 6개를 설명하고 있다. 이를 읽고 나서, 당신은 어떻게 정확한 의사결정을 할 수 있는지 궁금할 수 있다. 가장 중요한 의사결정일 경우에는 의사결정하기 전에 최선을 다하여 합리적으로 사고해야 하고, 덜 중요하거나 보다 신속한 결정이 요구되는 의사결정은 휴리스틱스를 활용하는 것이 답이다. 우리가 얼마나 자주 편견에 사로잡히는지와 상관없이, 이를 인지함으로써 의사결정 오류를 줄일 수 있다. 흥미롭게도 노스캐롤라이나에 있는 로스(Lowe's) 등 많은 회사는 실제로 직원들이 의료 혜택에 관해 더 나은 의사결정을 할 수 있도록 이런 편향과 행동경제학을 이용하고 있다.[53] 직원들은 이로부터 많은 혜택을 받고 있다

귀인 오류. 의사결정 문제의 또 다른 범주는 우리가 어떻게 우리 주변에 발생하는 행동과 사건을 설명하는가에 초점을 맞춘다. 귀인에 대한 연구에 따르면 사람들이 행동이나 결과를 목격할 때 그들은 그것이 내재적 또는 외재적 요인 중 어떤 것에 기인하여 발생되었나를 판단한다는 것이다. 예를 들어, 동료가 회사에 늦게 와서 중요한 그룹 프레젠테이션을 놓치면 그 일이 일어난 이유에 대해 당신은 거의 확실하게 판단할 것이다. 동료의 지각을 내부 요인, 예를 들어 게으르거나 직업 윤리가 좋지 않다는 것으로 돌릴 수 있다. 또는 동료의 지각을 외부 요인, 예를 들어 그날 비정상적으로 교통 체증이 심했거나 지각을 유발한 다른 요인이 있다고 가정할 수도 있다.

기본적 귀인 오류(fundamental attribution error)는 사람들이 다른 사람들의 행동을 내부 요인

표 8-4 의사결정 오류

편향 명칭	설명
기준점 오류	기준점이 신뢰할 수 없거나 부적절한 경우에 의사결정을 할 때 하나의 특성, 정보의 일부분에 대한 기준점에 심하게 의존하는 경향. [예] 최근 연구는 경매에서 와인에 가치를 매기기 전 그들의 사회보장번호의 마지막 두 자리를 적게 하는 간단한 절차가 와인 한 병의 초기 입찰가에 심한 영향을 준다는 것을 보여 주었다. 상위 두 자리 숫자는 낮은 숫자들보다 와인에 대해 60~120% 이상을 입찰하는 경향을 보였다.
구성 오류	질문 또는 상황이 표현되는 방식에 따라 의사결정이 달라지는 경향. [예] 주유소(또는 소매점)가 신용카드 결제에 추가 요금을 부과하는 것과는 대조적으로 현금 지불에 대해서는 할인을 제공하는 이유는 무엇인가? 추가 요금이 손해로 보이기 때문에 할인은 이득처럼 보인다. 손해를 싫어하는 사람들 때문에 우리는 추가 요금(손해)을 수용하기보다는 할인(이득)을 포기할 가능성이 높다.
대표성 오류	유사한 이벤트와 유사할 것이라는 가정의 비교를 통해 이벤트의 가능성을 평가하는 경향. [예] 동전의 뒷면이 연속 10번 앞면이 나왔다고 가정하면, 뒷면이 나올 가능성은 50대 50보다 크다.
대조 오류	그들과 가까운 기준에 준하여 잘못된 판단을 하는 경향. [예] 당신이 만약 뜨거운 물에서 손을 빼서 미지근한 물에 손을 넣는다면 당신은 그 물이 "차갑다"라고 말한다. 만약 누군가가 아주 차가운 물에서 손을 빼서 미지근한 물에 손을 넣으면 그들은 그 물이 "뜨겁다"고 말한다.
최신 오류	이전의 이벤트에 비해 최근의 이벤트에 가중치를 두는 경향. [예] 전체 평가 기간 동안의 행동이 아니라 지난 달 직원 행동을 기준으로 성과 평가의 순위를 따지는 관리자의 경향.
비율 오류	확률이 큰 숫자보다 작은 숫자로 제시되면 같은 확률이라도 숫자가 작은 쪽을 더 낮은 확률로 판단하는 경향. [예] 그들이 빨간색 젤리 콩을 뽑을 경우 1달러를 획득할 수 있는 기회가 제공될 때 사람들은 흔히 빨간 콩의 비율이 더 적다라도 더 많은 수가 포함되어 있는 그릇으로부터 뽑는 것을 선택한다(예를 들어, 100개 중 7개 vs 10개 중 1개).

출처: J. Baron, *Thinking and Deciding*, 3rd ed. (Cambridge, UK: Cambridge University Press, 2000); V. Denes-Raj and S. Epstein, "Conflict Between Intuitive and Rational Processing: When People Behave Against Their Better Judgment," *Journal of Personality and Social Psychology* 66 (1994), pp. 819–29; R.E. Nisbett and L. Ross, *Human Inference: Strategies and Shortcomings of Social Judgment* (Englewood Cliffs, NJ: Prentice Hall, 1980); D.G. Meyers, *Social Psychology* (Boston, MA: McGraw-Hill, 2005); G. Gigerenzer, P.M. Todd, and ABC Research Group, *Simple Heuristics That Make Us Smart* (New York: Oxford University Press, 1999); D. Kahneman, A. Tversky, and P. Slovic, *Judgment Under Uncertainty: Heuristics & Biases* (Cambridge, UK: Cambridge University Press, 1982); D. Kahneman and A. Tversky, "Choices, Values and Frames," *American Psychologist* 39 (1984), pp. 341–50.

탓으로 판단하는 경향으로부터 발생되는 오류이다.[54] 이 오류는 앞의 예에서 동료가 낮은 동기부여, 낮은 기술, 또는 몇몇 다른 부정적인 내부 요인 때문이라고 판단할 가능성이 있다고 본다. 그러나 만약 당신 스스로가 늦었다면? 그러나 자신 스스로를 판단할 때는 덜 가혹한 이유를 찾는다. **자기 위주 오류**(self-serving bias)은 자신의 실패를 외부 요인의 결과로 보고 자신의 성공을 내부 요인의 결과로 보는 것이다. 흥미롭게도, 각 나라의 문화를 비교해 보면 같은 요인이라 할지라도 똑같은 방식으로 작용하는 사례는 없다. **국제 상황의 OB**를 참조하라.

귀인 과정 모델에 따르면 사람들이 여러 사람과 어느 정도 친밀도가 있을 때, 그들은 더 상세한 의사결정 프레임워크를 사용하게 된다는 것이다. 이 모델은 [그림 8-5]에 나타나 있다.[55] 앞의 예시로 돌아가서, 우리가 만약 동료가 지각한 이유를 살펴보기를 원한다면 우리는 세 종류의 질문을 던질 수 있다.

- **합의**(consensus): 다른 사람도 유사한 상황에서 같은 방식으로 행동했는가? 즉, 같은 날 다른 사람들도 지각을 했는가?
- **특수성**(distinctiveness): 이 사람은 다른 상황에서 다르게 행동하는 경향이 있는가? 즉, 개인적인 약속, 일과 상관없는 약속이면 지각한 동료에게 책임이 있는가?

국제 상황의 OB

회사에서 큰 사고가 발생하든 윤리의 중요한 위반이 발생하든 회사는 이에 따라서 반응할 것으로 예상된다. 직원, 고객, 다른 관찰자들의 자연스러운 반응 중에 하나는 누군가에게 부정적인 사건의 원인을 돌린다. 누구를 탓할지는 회사가 운영되고 있는 지역에 따라 매우 상이할 수 있다. 미국과 같은 문화에서는 사건에 대해 책임이 있는 특정 개인을 탓하는 경향이 있고, 반면에 동아시아(중국, 한국, 일본) 문화는 조직 자체를 탓하는 경향이 있다. 예를 들어, 조직 내에서 사건(예: 투자은행 내 "불법거래")이 발생했을 때 동아시아 신문은 조직 자체를 언급하는 반면, 미국의 신문들은 종종 관련된 개별 근로자의 이름을 드러낸다.

흥미롭게도, 이러한 편향은 이들 국가에 있는 조직 리더에게 다른 책임을 부과한다. 동아시아 문화에서는 조직의 리더가 직접적인 책임 여부와 관계없이 사건에 대한 비난을 받는 것이 전형적이다. 예를 들어, 도쿄의 한 병원 원장은 은폐 이후까지 직무를 시작하지 않았더라도 사건의 은폐가 드러났을 때 사직을 권고받았다. 500명이 사망한 비행기 추락사고 후 일본 항공사 CEO의 사임도 비슷한 사건이다. 반대로 미국에서는 CEO들은 유사한 수준의 비난을 거의 받지 않는다. 알래스카 해안선에서 조셉헤이즐(Joseph Hazel)호가 엑손발데즈(Exxon Valdez)호와 충돌했을 때 엑손 CEO의 사임에 대한 이야기는 없었다. 미국 사람들은 그가 그 사고와 아무 관련이 없다고 생각한다.

이러한 차이에 대한 대부분의 원인은 문화가 개인과 집단을 바라보는 방법과 관련이 있다. 동아시아 문화에서 사람들은 집단을 개인이 아닌 개체로 대하는 경향이 있는 반면, 미국문화에서는 사람들은 개인이 스스로 행동하는것으로 보는 경향이 있다. 이 차이는 조직의 리더가 부정적인 사건이 발생하는 나라에 따라 위기를 처리하는 방법을 많이 알아야 한다는 것을 의미한다. 동아시아에서 고위층의 사과는 회사가 책임을 진다는 뜻으로 간주되는 반면, 미국에서는 개인의 책임에 대한 입장으로 간주될 가능성이 높다.

그림 8-5 합의, 특수성, 일관성

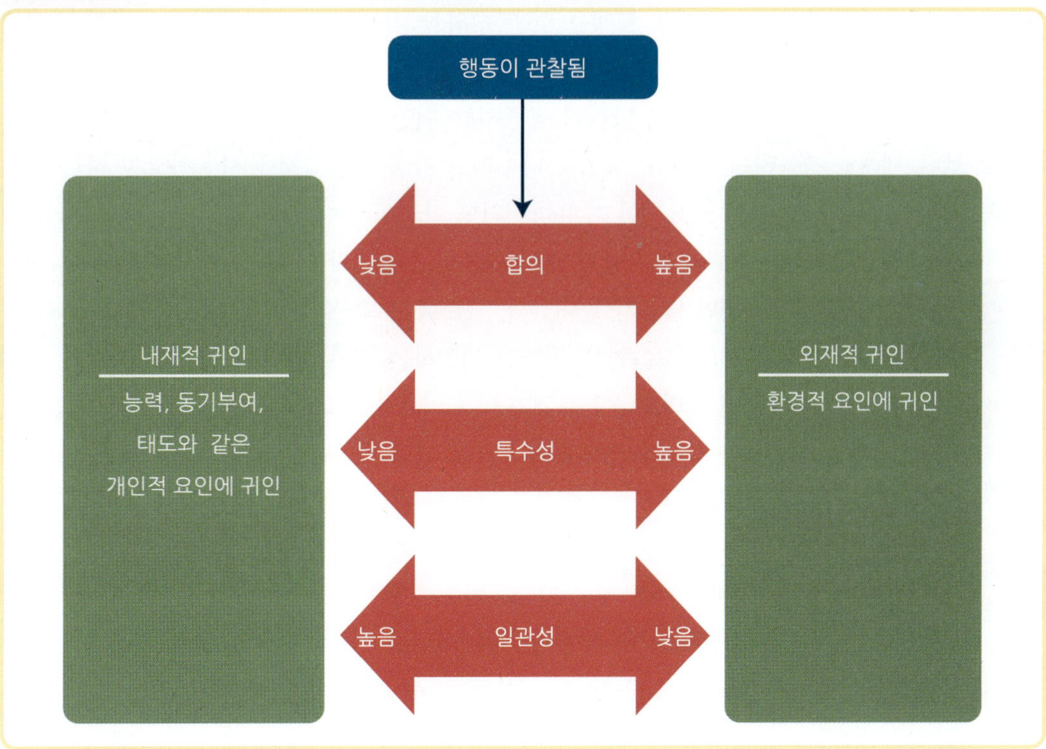

- **일관성**(consistency): 이 사람은 늘 업무를 수행할 때 이렇게 행동하는가? 즉, 그 동료는 전에도 지각을 했는가?

이러한 질문에 대한 답변은 만들어진 속성이 내재적인지 외재적인지에 따라 결정된다. 동료에 대한 게으름 또는 낮은 동기부여와 같은 내재적 귀인은 낮은 합의(다른 사람들은 제시간에 도착함), 낮은 특수성(동료는 다른 약속들에도 무책임함), 그리고 높은 일관성(동료는 전에도 지각을 함)이 존재할 때 발생할 것이다. 교통 체증이나 정전과 같은 외재적 귀인은 높은 합의(다른 사람들도 늦음), 높은 특수성(동료는 다른 약속들에는 책임감이 있음), 그리고 낮은 일관성(동료는 전에 지각한 적이 없음)이 존재할 때 발생할 것이다.

몰입 상승. 의사결정 문제의 마지막 범주는 의사결정이 잘못되기 시작하면서 어떤 일이 발생하는가를 다루는 유형이다. **몰입 상승**(escalation of commitment)은 행동의 실패과정을 따라 진행되는 의사결정의 문제를 의미한다.[56] 많은 연구에서 나타났듯이 사람들이 일련의 연속적인 의사결정을 해야 할 때 앞에서의 결정이 명백한 실패였음에도 그 계획에 더 강하게 몰입하려는 경향이 있다.[57] 무능한 사람이라는 평가를 피하기 위해 한 번 내린 결정을 계속 고집스럽게 밀고 나가는 것이다. 그들은 또한 자신이 실수하지 않기를 원한다. 이미 많은 돈을 투자한 경우와 해당 프로젝트가 거의 완료 단계에 있는 경우에 그러한 상승 경향이 더욱 강해진다.[58] 최근의 연구에 따르면, 팀이 이러한 몰입 상승을 타개할 수 있는 한 가지 방법은 리더십의 변화를 통해서이다.[59]

몰입 상승의 대표적인 예는 유나이티드 항공사가 덴버 국제공항에서 자동 수하물 처리 시스템을 포기한 것이다. 그것이 처음(2년이 지연된 이후) 오픈되었을 때, 세 개의 터미널에 걸쳐 수하물을 운반하도록 설계된 26마일의 트랙을 갖춘 수하물 처리 시스템은 세계에서 가장 진보된 수하물 처리 시스템이었다. 그러나 원래 1억 8600만 달러의 비용이 예정되었으나, 일련의 지연과 기술적 문제는 시스템이 하루에 백만 달러씩 급증하는 원인이 되었다. 일련의 기술적 문제로 인해 시스템은 제대로 작동하지 않았다. 사실 유나이티드 항공사는 그것을 사용하고자 하는 유일한 항공사였다. 그것은 10년이 소요되었고, 유나이티드 항공사가 마침내 "손실 차단"을 하기 이전에 여행 가방이 많이 훼손되고 손실되었으며, 유지 보수 비용에 매달 백만 달러가 들어갔다.[60] 또 다른 최근 사례는 캘리포니아에서 800마일의 "고속열차" 철도를 건설하는 프로젝트이다. 이 프로젝트는 2008년 캘리포니아 유권자들에 의해 330억 달러의 예산 규모로 승인되었다. 430억 달러, 640억 달러, 가장 최근에는 1000억 달러로 꾸준히 증가했으며 예정된 운영 날짜는 빠르면 2033년이다. 국가의 의사결정권자들은 손실을 줄일 경우 발생할 난처함과 달리 이미 지출한 금액을 감안할 때 프로젝트를 정당화하기 위해 어려움을 겪고 있다.[61] 만약 당신이 이런 곤경에 처했다면, 최근의 연구는 잃고 있는 것에 연연하는 것보다 신속하게 사업을 전환하여 새로운 이익을 얻는 데 주력하는 것이 몰입 상승 오류를 피할 수 있는 방법이라고 강조한다.[62]

Kevin Moloney/The New York Times/Redux Pictures

유나이티드 항공사는, 막대한 비용이 투입되었지만 오류가 많은 수하물 처리 시스템을 덴버 국제공학에서 폐기하는데 10년이 걸렸다. 이는 몰입 상승의 전형적인 사례이다.

요약 : 왜 어떤 직원들은 더 나은 의사결정을 위해 학습하려고 하는가?

왜 일부 직원들이 다른 직원들보다 더 나은 의사결정을 하기 위해 학습하려 하는가? [그림 8-6]과 같이, 그 질문에 대답하기 위해서는 직원들이 어떻게 학습하고, 어떤 종류의 지식을 획득하고, 그 지식을 어떻게 의사결정을 위해 사용하는지를 이해할 필요가 있다. 직원들은 강화와 관찰의 조합으로부터 학습하고, 그 학습은 부분적으로 그들이 학습 지향적인지 성과 지향적인지에 따라 달라진다. 학습 결과의 일부는 형식지의 증가를 낳고, 학습 결과의 또 다른 일부는 암묵지의 증가를 낳는다. 직원의 전문성을 형성하기 위해 결합하는 이러한 두 가지의 지식은 이후의 의사결정에 사용된다. 만약 주어진 문제가 이전에 발생된 적이 있다면 의사결정은 더 자동적이고 정형적 방식으로 발생한다. 만약 문제가 새롭거나 생소하다면 비정형적 의사결정이 발생하며, 최상의 시나리오에서는 합리적 의사결정 모델을 따른다. 불행하게도 제한적 정보, 지각 오류, 귀인 오류, 그리고 몰입 상승 등 수많은 의사결정 문제는 의사결정의 효과성을 방해할 수 있다.

그림 8-6 왜 일부 직원들은 다른 직원들보다 더 나은 의사결정을 하기 위해 학습하는가?

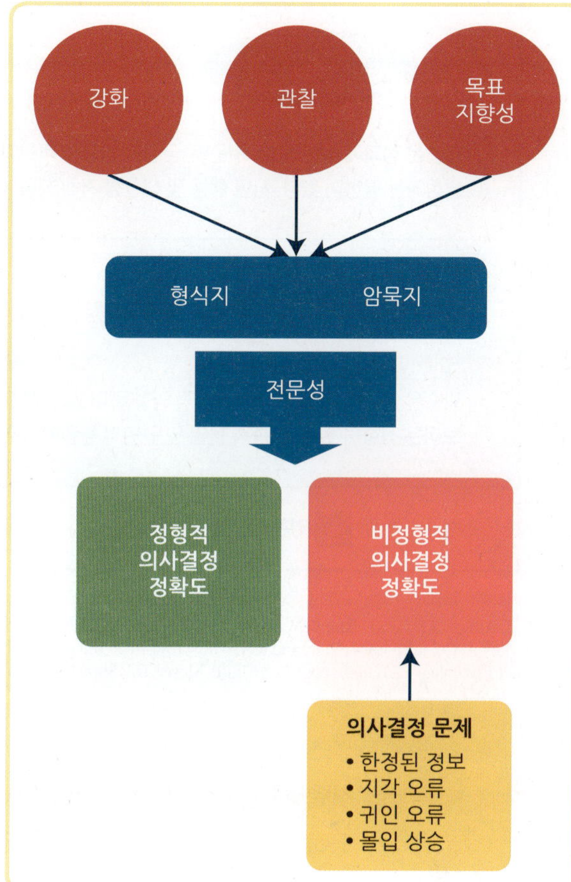

학습은 얼마나 중요한가?

학습목표 8.6
학습은 직무성과와 조직몰입에 어떠한 영향을 미치는가?

학습은 이 책의 OB 통합 모델의 요소인 직무성과와 조직몰입에 중요한 영향을 미치는가? 또한 그 두 요소와 상관관계가 있는가? [그림 8-7]에는 학습을 직무성과와 조직몰입과 연계하여 연구한 결과가 요약되어 있다. 그림에서 학습이 직무성과에 영향을 미치는 것을 볼 수 있다. 그 이유는, 학습이 직무성과와 보통 수준의 상관관계가 있기 때문이다. 직원이 적절한 업무 지식을 갖고 있지 못하면 자신의 직무를 완수하기 어렵다. 사실, 그림에 나타난 보통 수준의 상관관계는 학습의 실제 중요성이 과소평가된 경향이 있다. 그 이유는 학습과 직무성과 간의 관계를 연구할 때, 측정하기에 더 용이한 형식지에 초점을 맞추기 때문이다. 암묵지는 그 특성 때문에 측정하기 어렵지만 분명히 직무성과와 관련이 있다. 학습은 시민행동 및 생산성 저해 행동과는 관련이 적은 것으로 보이는데 그 이유는 이러한 행동들이 일반적 지식과 전문 지식에 덜 의존한다는 것을 말해 준다.

또한 [그림 8-7]에서는 학습이 조직몰입과 약하게 관련되어 있음을 보여 준다.[63] 일반적으로, 더 높은 수준의 업무 지식을 보유한다는 것은 회사에 대한 감정적 애착이 약한 수준이나마 증가하는 것과 연관이 있다. 학습을 중요하게 생각하는 회사가 신입 직원을 뽑을 때 우수한 자질을

그림 8-7 성과와 몰입에 대한 학습의 영향

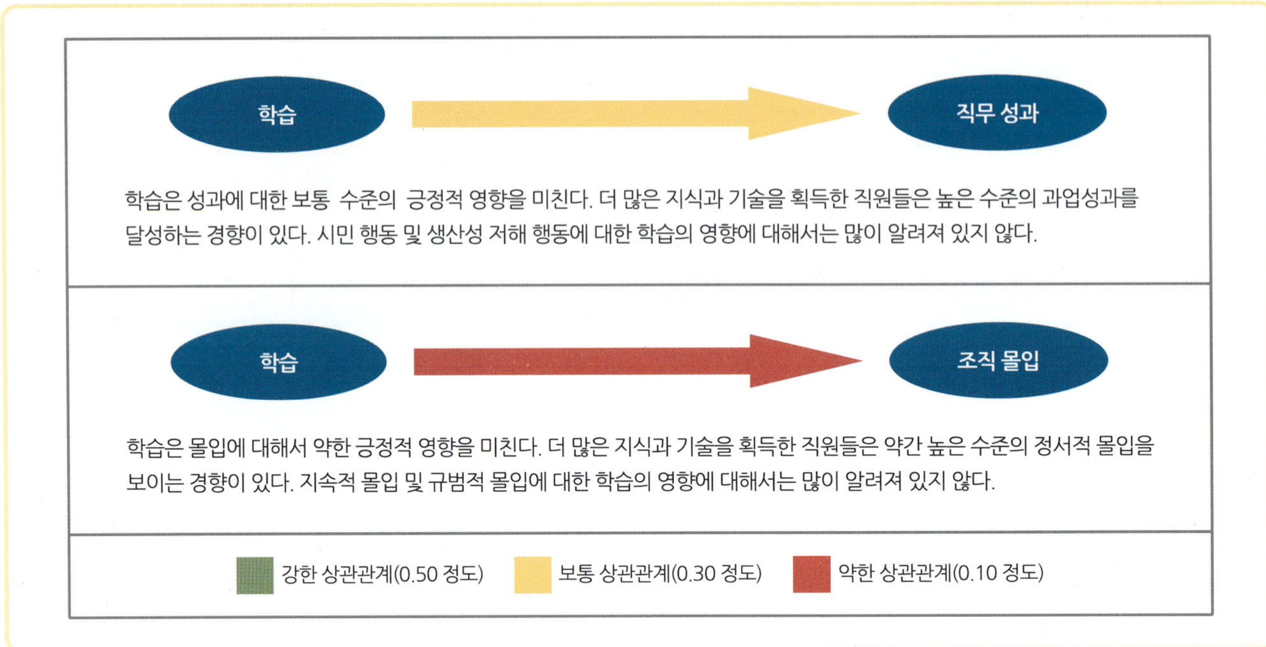

출처: G.M. Alliger, S.I. Tannenbaum, W. Bennett Jr., H. Traver, and A. Shotland, "A Meta-Analysis of the Relations Among Training Criteria," *Personnel Psychology* 50 (1997), pp. 341–58; J.A. Colquitt, J.A. LePine, and R.A. Noe, "Toward an Integrative Theory of Training Motivation: A Meta-Analytic Path Analysis of 20 Years of Research," *Journal of Applied Psychology* 85 (2000), pp. 678–707; J.P. Meyer, D.J. Stanley, L. Herscovitch, and L. Topolnytsky, "Affective, Continuance, and Normative Commitment to the Organization: A Meta-Analysis of Antecedents, Correlates, and Consequences," *Journal of Vocational Behavior* 61 (2002), pp. 20–52.

갖춘 지원자를 더 많이 받아들이는 경향이 있는 것은 사실이다.[64] 하지만 회사가 학습 기회를 제공하는 목적과 그 교육 기회를 실제로 활용하는 구성원들의 목적은 상당한 차이가 있다. 나아가 높은 수준의 전문성을 보유한 직원들이 고용시장에서 더 높은 가치를 인정받게 되고, 따라서 지속적 몰입의 수준이 낮아질 수 있다.

실무 적용: 교육 훈련

회사는 직원들의 전문성을 높이기 위한 노력으로 학습을 증진시키고, 궁극적으로 의사결정을 개선할 수 있는가? 하나의 접근 방법은 **교육 훈련**(training)에 의존하는 것이다. 교육 훈련은 직무 관련 지식과 행동의 학습을 촉진하기 위한 조직의 체계적인 노력을 나타낸다. 북아메리카 지역의 조직들은 1690억 달러 이상을 교육에 사용하고 있으며, 825억 달러가 미국에서 사용되고 있다. 대기업 직원은 연평균 102.6시간의 교육을 받는 반면, 중소기업 직원은 평균 41.7시간의 교육을 받는다.[65] 회사가 제공하는 모든 유형의 교육 훈련 전체에 대한 설명은 이 단락의 목적을 벗어나지만 기업들이 그들의 직원들로 하여금 형식지 및 암묵지를 습득하도록 하기 위한 여러 가지 방법을 사용한다는 것은 분명하다. 교육 방법의 기술적인 요인에 따라 변화가 진행되고 있다. 강사 주도의 교실 훈련은 지난 10년 동안 감소했으며(아직도 대부분이지만), 온라인 자율학습과 기타 기술 기반 형태의 e-러닝은 계속 성장하고 있다.[66]

학습목표 8.7
조직이 학습을 촉진할 수 있는 방법은 무엇인가?

전통적 교육 훈련 경험과 별개로 기업들은 오래되고 숙련된 직원에서 더 젊은 직원들로의 **지식 이전**(knowledge transfer)을 강하게 추진하고 있다. 일부 기업은 직원들이 관찰하고 학습하는 능력을 갖출 수 있도록 암묵지를 많이 보유하고 있는 회사들이 사용하고 있는 다양한 **행동 모델링 훈련**(behavioral modeling training)을 적용하고 있다. 예를 들어, 미시건주에 위치한 가구 제조 업체인 허먼 밀러(Herman Miller)는 직원이 퇴직 직전 2년 동안 근무시간을 줄이면서도 모든 혜택을 유지할 수 있도록 한다. 이를 통해 퇴직자는 퇴직에 따른 감정 변화에 적응할 시간을 갖을 수 있고, 회사는 직원의 지식과 기술을 부하에게 천천히 전수하도록 함으로써 윈윈(win-win) 한다.[67] 경쟁력 있는 또는 정치적인 환경에서 이처럼 직원들 간 정보를 공유하는 것이 항상 쉬운 일은 아니다. 최근 한 연구에서는 동료 간 암묵적 정보를 전달하는 것을 돕는 하나의 주요 요인 중 하나는 신뢰라고 주장한다.[68] (7장 신뢰, 공정성, 윤리를 참조하기 바란다.) 직원을 위해 가장 어렵지만 가장 필요한 학습 기간은 일을 하기 위해 자국을 떠났을 때이다(해외 파견자라고 함). 언스트앤영(Ernst & Young)은 항시 외국에서 근무하는 직원을 약 2600명 정도 유지한다. 이 회사는 외국의 새로운 문화에 적응하고 생활하는 방법을 학습하는 것을 돕기 위해 해외에 거주하는 파트너인 "이동 전문가"를 파트너로 활용한다.[69]

처음 예시로 설명했던 것처럼 기업이 더 자주 활용하는 또 다른 지식 전달의 형태는 소셜 네트워킹이다. 이 네트워킹 유형의 하나의 예는 실천 공동체이다. **실천 공동체**(communities of practice)는 장시간 협력을 통해 함께 일하고 서로 학습하는 직원들의 집단이다.[70] 존디어(John Deere)와 쉘(Shell), 버라이즌 등 많은 기업은 이와 같은 비공식 사회적 학습이라는 새로운 유형을 적용하고 있다.[71] 보잉은 엔지니어링 직원 전체를 대상으로 하는 공식·비공식 멘토링 프로그램뿐만 아니라 회사 전체에 지식을 공유하는 공식적인 "탁월성 커뮤니티(communities of excellence)" 프로그램을 개발했다.[72] 액센추어는 핀터레스트(Pinterest)와 유사한 "콜렉션" 기능을 갖춘 모바일 앱을 사용하여 커뮤니티에 참여한다.[73] 실천 공동체는 본질적으로 갖고 있는 복잡성에도 불구하고 직원들간 지식 전달의 잠재력은 상당히 크다.[74]

이상의 새로운 프로그램과 전통적 유형의 교육 훈련의 성공 여부는 **훈련 전이**(transfer of training)에 달려 있다. 이는 업무에 사용되는 지식, 기술, 행동이 훈련 종료 이후에도 유지되는 것을 말한다.[75] 훈련 전이는 조직이 **전이 환경**(climate for transfer), 즉 새로운 기술 사용을 지원할 수 있는 환경을 조성한다면 촉진될 수 있다. 조직이 이러한 분위기를 조성하는 데 도움이 되는 다양한 요인이 존재한다. 훈련받은 직원의 관리자가 새로 습득한 지식과 기술의 중요성과 실제 직무 활용을 강조하는 것이 가장 중요한 요인이다. 동료 지원도 도움이 된다. 여러 학습자가 같은 내용을 학습하게 되면 불안감이 줄어들고 문제를 공동으로 해결할 수 있기 때문이다. 연습과 반복이 학습의 주요 구성 요소이기 때문에 학습한 지식을 사용할 수 있는 기회를 늘리는 것도 매우 중요하다.[76] 기업은 직원을 기반으로 지식 증가 및 전달에 큰 역할을 하기 때문에, 그러한 지식 전달 분위기를 조성하는 것은 공식적인 학습 시스템의 성공을 위해 필수적이다.

요점 정리

8.1 학습은 직원의 경험의 산물인 지식 또는 기술에 대해 비교적 영구적인 변화이다. 의사결정은 문제를 해결하기 위한 대안을 생성하고 선택하는 과정을 의미한다. 학습은 직원들이 이러한 결정을 더욱 신속하게 하고 더 나은 대안을 창출할 수 있게 함으로써 좋은 의사결정을 할 수 있게 한다.

8.2 직원은 자신이 전문성을 구축하는 것으로 형식지와 암묵지 모두를 획득한다. 형식지는 쉽게 전달되고 모든 사람에게 가능하다. 그러나 암묵지는 오직 경험을 통해서만 학습할 수 있다.

8.3 직원은 강화와 다른 사람들에 대한 관찰을 통해 새로운 지식을 학습한다. 이런 학습은 그가 학습 지향성에 가까운지 성과 지향성에 가까운지의 여부에 달려 있다.

8.4 정형적 의사결정은 어느 정도 자동화된 의사결정인데, 어떤 사람이 상황을 인식하고 어떤 조치가 취해져야 할지 알고 있기 때문이다. 전문가에 의해 이루어지는 많은 업무 관련 결정은 정형적 결정이다. 비정형적 의사결정은 문제가 새롭고 복잡하거나 또는 인식되지 않았을 때 만들어진다. 이러한 결정은 합리적 의사결정 모델의 단계에 따라서 만들어진다.

8.5 직원은 한정적 정보, 인지 오류, 귀인 오류, 그리고 몰입 상승으로 어려워할 때 자신의 학습을 정확한 의사결정으로 전환할 수 있는 가능성이 낮다.

8.6 학습은 직무성과와 보통 수준의 긍정적 상관관계를 갖고, 조직몰입과 약한 긍정적 상관관계를 갖는다.

8.7 교육 훈련의 다양한 형태를 통해 기업은 직원이 의사결정을 위해 활용할 수 있는 더 많은 지식과 더욱 폭넓은 경험을 제공할 수 있다.

핵심 용어

- 가용성 편향
- 강화계획
- 강화조건
- 고정간격 계획
- 고정관념
- 고정비율 계획
- 교육 훈련
- 기본적 귀인 오류
- 떠넘기기 편향
- 몰입 상승
- 변동간격 계획
- 변동비율 계획
- 비정형적 결정
- 사회 정체성 이론
- 사회학습이론
- 선택적 지각
- 성과입증지향성
- 성과회피지향성
- 소거
- 소극적 강화
- 실천 공동체
- 암묵지
- 연속강화
- 위기상황
- 의사결정
- 일관성
- 자기 위주 편향
- 적극적 강화
- 전문성
- 전이 환경
- 정형적 결정
- 제한된 합리성
- 지식이전
- 직관
- 처벌
- 투사
- 특수성
- 학습
- 학습지향성
- 합리적 의사결정 모델
- 합의
- 행동 모델링 훈련
- 행동모델링
- 형식지
- 훈련 전이
- 휴리스틱스

토론 질문

8.1 현재 또는 예전 직장에서 숙련된 직원은 어떤 유형의 암묵지를 소유했는가? 이 지식은 그들로 하여금 무엇을 할 수 있도록 했는가?

8.2 기업은 상당히 많은 양의 암묵지를 보유한 직원들에 의존한다. 이런 직원들이 불시에 회사를 떠날 때 기업이 어려움을 겪는 이유는 무엇인가? 기업이 암묵지를 유지할 수 있는 방법은 무엇인가?

8.3 당신에게 "전문가"라는 용어는 어떤 의미인가? 초보자가 하지 않는 일을 전문가가 하는 것은 정확하게 무엇인가?

8.4 당신은 당신 스스로 "합리적인" 의사결정자라고 생각하는가? 당신이 가장 합리적이라고 판단하는 의사결정은 어떤 유형인가? 어떤 유형의 의사결정이 당신을 불합리하게 행동하도록 할 가능성이 있는가?

8.5 당신의 상황을 감안할 때, 이 장에 나열된 어떤 의사결정 오류가 당신을 가장 어렵게 하는가? 더 정확한 의사결정을 위해 당신이 이러한 오류를 극복할 수 있는 방법은 무엇인가?

사례: 초바니

초바니의 초기 성공은 조직의 모든 수준에서 직원의 학습에 크게 의존했다. 초바니가 회사가 운영되는 주변 지역사회에서 대다수의 직원을 고용하고 물품을 구매하기 때문에 이러한 학습 과정은 멈추지 않았다. 뉴욕 북부에 있는 초기 제조공장 외에도 초바니는 두 번째 공장(7억 5000만 달러 비용)을 열었다. 이 공장은 아이다호주 트윈 폴스에 위치한 세계 최대의 요거트 시설이다. 새로운 공장은 이 지역에서 7000여 개의 일자리를 창출한 것으로 추정된다. 일단 가동되자 이 지역의 실업률은 6.3%에서 2.4%로 떨어졌다. 지역사회에서 직원을 고용하는 것이 항상 쉬운 일은 아니다.

일반적으로 자동화된 기계를 효과적으로 운용하려면 더 많은 교육이 필요하다. 또한 이 지역의 많은 구성원이 난민과 이민자이기 때문에 언어 능력이 장벽이 된다. 그러나 CEO 함디 울루카야는 난민 커뮤니티에 다가가기로 한 결정을 "우리가 한 일 중 가장 잘한 일"이라고 생각한다. 난민 커뮤니티는 결국 믿을 수 없을 정도로 충성스럽고 놀랍도록 혁신적인 인력이 되었기 때문이다. 초바니 공장의 직원들은 16개 언어를 사용하고 직원의 30%가 난민인 상황에서 주요 교육 형태 중 하나는 ESL(제2외국어로서의 영어)이다. 개인화된 언어 교육과 ESL 견습 과정을 이수한 직원에게는 급여 인상(두 공장의 평균 급여는 시간당 $19)이 주어지며 승진 가능성이 높아진다.

많은 회사와 마찬가지로 팬데믹 기간 동안 초바니에서도 훈련 및 모델링은 주요 문제가 되었지만 항상 혁신적이었던 초바니는 유지 관리, 시운전, 작동, 훈련을 지원하는 여러 가상 도구를 도입했다. 활용되는 주요 도구 중 하나는 증강 현실로, 이를 통해 공장 직원은 헤드셋을 착용할 수 있어 원격 지원 담당자가 공장 직원이 보고 있는 것을 보고 의사소통할 수 있었다. 글로벌 엔지니어링 및 제품 관리 담당 부사장인 휴 로디(Hugh Roddy)는 다음과 같이 설명한다. "공장 현장에서 가상 교육을 할 수 있다. 실제로 수행한 작업을 기록할 수 있기 때문에 작업자에게 기계 작동에 대해 교육할 수 있다." 이 증강 현실 옵션을 사용하면 장거리 훈련도 가능하다. 초바니의 뉴욕 공장 직원은 헤드셋을 사용하여 아이다호의 직원을 교육할 수 있다. 그들은 이러한 녹음된 세션을 사용하여 공급 업체를 교육하는 데 도움을 준다.

8.1 초바니가 각 생산 시설 주변 지역사회의 주민을 교육하고 활용하는 것의 장점은 무엇이라고 생각하는가?

8.2 CEO가 기꺼이 비정통적인 결정을 내리도록 하는 것의 단점과 장점은 무엇인가?

8.3 증강(가상) 현실을 사용하는 것이 직원 교육에 어떤 영향을 주는가? 이 방법이 가진 훈련 전이 문제를 어떻게 생각하는가?

예제 : 의사결정 편향

이 예제의 목적은 의사결정이 휴리스틱스, 가용성 편향와 몰입 상승에 의해 어떻게 영향을 받을 수 있는지를 설명하는 것이다. 이 예제는 다음과 같은 단계로 진행된다.

8.1 아래의 각 문제에 답하라.

A. 특정 마을에 두 개의 병원이 있다. 큰 병원에서는 약 45명의 신생아가 매일 태어나고 작은 병원에서는 약 15명의 신생아가 매일 태어난다. 남자아이의 전체 비율은 약 50%이지만 두 병원에서 실제 비율은 어떤 날에는 50%보다 많기도 하고 적기도 할 것이다. 연말에, 어느 병원에서 신생아의 60% 이상이 남자아이였던 날이 더 많을 것인가?

a. 큰 병원.

b. 작은 병원.

c. 둘 다 — 일수가 대충 같을 것이다(서로 5% 이내).

B. 린다는 31세이며 독신이고 솔직하고 매우 밝은 성향이다. 그녀는 대학에서 철학을 전공하였다. 학생 때 그녀는 차별 등 여러 사회 문제에 깊은 걱정을 했고 반핵 시위에 참여하였다. 다음 중 어떤 답이 가장 가능성이 높은가?

a. 린다는 은행원이다.

b. 린다는 은행원이고 여성 운동에 적극적이다.

C. 택시의 뺑소니 사고가 일어났다. 이 도시엔 두 개의 택시회사가 있다. 택시의 85%는 녹색이고, 나머지 15%는 파란색이다. 증인은 뺑소니 택시를 파란색으로 식별하였다. 법원은 사고 당시의 밤과 유사한 상황에서 증인의 신뢰성을 테스트 했을 때, 그는 80%의 택시 색상을 정확히 식별하였고 다른 20%는 잘못 식별하였다. 증인이 언급한 바와 같이 사고에 연루된 택시가 파란색이라는 것에 대한 확률은 얼마인가?

D. 동시에 발생하는 한 쌍의 결정에 직면한 당신을 상상해 보라. 이러한 결정을 실시하고, 당신이 선호하는 선택을 표시하라.

결정 1: 둘 중에서 선택하라.

a. 240달러의 확실한 수익과
b. 1000달러를 획득할 확률이 25%이고, 아무것도 얻지 못할 확률이 75%인 것.

결정 2: 둘 중에서 선택하라.

a. 750달러의 확실한 손해와
b. 1000달러를 손해 볼 확률이 75%이고, 아무 손해도 보지 않을 확률이 25%인 것.

결정 3: 둘 중에서 선택하라.

a. 3000달러의 확실한 손해와
b. 4000달러를 손해 볼 확률이 80%이고, 아무 손해도 보지 않을 확률이 20%인 것.

E. 당신은 브로드웨이 연극을 보기로 결정하였고 40달러를 주고 티켓을 구매하였다. 당신이 극장에 들어갈 때, 당신은 티켓을 분실하였다. 당신은 좌석 번호를 기억하지 못하고 티켓을 구매했다는 것을 증명하지 못한다. 당신은 40달러를 주고 새 티켓을 구매할 것인가?

F. 당신은 브로드웨이 연극 좌석을 예약했고, 티켓 가격은 40달러이다. 당신이 티켓을 사기 위해 극장을 들어갈 때, 당신의 주머니에서 잃어버렸던 40달러를 찾았다. 당신은 여전히 티켓을 구매할 것인가? (당신이 현금을 충분히 보유하고 있다고 가정)

G. 당신은 수술 가능한 폐암 환자이고 수술 또는 방사선, 이 두 가지 치료 방법 중 반드시 하나를 선택해야 한다고 가정하자. 환자 중 100명이 수술을 하고, 10명이 수술 중 사망하며 32명(앞의 10명 포함)이 1년 후 사망하고, 66명이 5년 뒤에 죽는다. 환자 중 100명이 방사선 치료를 하고 치료 중 사망하지 않으며, 23명이 1년 후에 사망하고, 78명에 5년 후에 사망한다. 당신은 어떤 치료법을 선호하는가?

8.2 모둠이든 학급이든 토론은 다음 문제에 집중해야 한다. 당신이 도달한 결정은 얼마나 정확했는가? 당신이 도달한 결정에서 어떤 의사결정 문제가 있었는가? 휴리스틱스, 가용성 편향 및 몰입 상승이 당신의 의사결정에 영향을 주었던 경우를 고려하라. 당신은 당신의 의사결정을 더 정확하게 하기 위해서 어떻게 할 수 있는가?

미주

8.1 Weiss, H.M. "Learning Theory and Industrial and Organizational Psychology." In *Handbook of Industrial and Organizational Psychology*, ed. M.D. Dunnette and L.M. Hough. Palo Alto, CA: Consulting Psychologists Press, 1990, pp. 75–169.

8.2 Tai, B., and N.R. Lockwood. "Organizational Entry: Onboarding, Orientation, and Socialization." *SHRM Research Paper* (n.d.), http://www.shrm.org.

8.3 Buford, B. *Heat*. New York: Knopf, 2006, pp. 49–50.

8.4 Ericsson, K.A. "An Introduction to Cambridge Handbook of Expertise and Expert Performance: Its Development, Organization, and Content." In *The Cambridge Handbook of Expertise and Expert Performance*, ed. K.A. Ericsson; N. Charness; P.J. Feltovich; and R.R. Hoffman. New York: Cambridge University Press, 2006, pp. 3–19.

8.5 Ericsson, K.A., and A.C. Lehmann. "Experts and Exceptional Performance: Evidence of Maximal Adaptation to Task Constraints." *Annual Review of Psychology* 47 (1996), pp. 273–305.

8.6 Brockmann, E.N., and W.P. Anthony. "Tacit Knowledge and Strategic Decision Making." *Group & Organizational Management* 27, December 2002, pp. 436–55.

8.7 Wagner, R.K., and R.J. Sternberg. "Practical Intelligence in Real-World Pursuits: The Role of Tacit Knowledge." *Journal of Personality and Social Psychology* 4 (1985), pp. 436–58.

8.8 Wah, L. "Making Knowledge Stick." *Management Review* 88 (1999), pp. 24–33.

8.9 Eucker, T.R. "Understanding the Impact of Tacit Knowledge Loss." *Knowledge Management Review*, March 2007, pp. 10–13.

8.10 McAdam, R.; B. Mason; and J. McCrory. "Exploring the Dichotomies Within the Tacit Knowledge Literature: Towards a Process of Tacit Knowing in Organizations." *Journal of Knowledge Management* 11 (2007), pp. 43–59.

8.11 Lawson, C., and E. Lorenzi. "Collective Learning, Tacit Knowledge, and Regional Innovative Capacity." *Regional Studies* 21 (1999), pp. 487–513.

8.12 Bou-Llusar, J.C., and M. Segarra-

Ciprés. "Strategic Knowledge Transfer and Its Implications for Competitive Advantage: An Integrative Conceptual Framework." *Journal of Knowledge Management* 10 (2006), pp. 100–12; Ihrig, M., and I. MacMillan. "Managing Your Mission-Critical Knowledge." *Harvard Business Review* 93 (2015), pp. 80–87; Nonaka, I. "The Knowledge-Creating Company." *Harvard Business Review* 69 (1991), pp. 96–104; Nonaka, I. "A Dynamic Theory of Organizational Knowledge Creation." *Organizational Science* 5 (1994), pp. 14–37.

8.13 Luthans, F., and R. Kreitner. *Organizational Behavior Modification and Beyond*. Glenview, IL: Scott, Foresman, 1985.

8.14 Latham, G.P., and V.L. Huber. "Schedules of Reinforcement: Lessons from the Past and Issues for Future." *Journal of Organizational Behavior Management* 13 (1992), pp. 125–49.

8.15 Pinder, C. *Work Motivation in Organizational Behavior*. New York: Psychology Press, 2008.

8.16 Luthans, F., and R. Kreitner. *Organizational Behavior Modification and Beyond*. Glenview, IL: Scott, Foresman, 1985.

8.17 Pinder, C. Work *Motivation in Organizational Behavior*. New York: Psychology Press, 2008.

8.18 Alter, A. *Irresistable: The Rise of Addictive Technology and the Business of Keeping Us Hooked*. New York: Penguin, 2017.

8.19 Pinder, C. *Work Motivation in Organizational Behavior*. New York: Psychology Press, 2008.

8.20 Bandura, A. *Social Foundations of Thought and Action: A Social Cognitive Theory*. Englewood Cliffs, NJ: Prentice Hall, 1986.

8.21 Weiss, H.M. "Learning Theory and Industrial and Organizational Psychology." In *Handbook of Industrial and Organizational Psychology*, ed. M.D. Dunnette and L.M. Hough. Palo Alto, CA: Consulting Psychologists Press, 1990, pp. 75–169.

8.22 Pescuric, A., and W.C. Byham. "The New Look of Behavior Modeling." *Training & Development*, July 1996, pp. 24–30.

8.23 Trees, L. "Why Your KM strategy Should Include Mentoring." *KM World*, September 2016, pp. 5–7.

8.24 Deloitte. "Participants Get Up and Close Through Deloitte's Global Leadership Shadow Program," 2019, https://www2.deloitte.com/ng/en/pages/careers/articles/ leadership-shadow-program.html.

8.25 Rudegeair, P. "Where Nextdoor's CEO Looks for Neighborly Advice." *The Wall Street Journal* (online), February 27, 2021.

8.26 Ellison, S. "The Dream Phone." *Fortune*, November 15, 2010, pp. 128–38.

8.27 Kish-Gephart, J.J.; D.A. Harrison; L.K. Treviño; and L. Klebe. "Bad Apples, Bad Cases, and Bad Barrels: Meta-Analytic Evidence About Sources of Unethical Decisions at Work." *Journal of Applied Psychology* 95 (2010), pp. 1–31.

8.28 Colvin, G. "Can Wells Fargo Get Well?" *Fortune*, June 15, 2017, pp. 138–46.

8.29 Biron, M., and P. Bamberger. "Aversive Workplace Conditions and Absenteeism: Taking Referent Group Norms and Supervisor Account into Account." *Journal of Applied Psychology* 97 (2012), pp. 901–12; Mitchell, M.S., and M.L. Ambrose. "Employee's Behavioral Reactions to Supervisor Aggression: An Examination of Individual and Situational Factors." *Journal of Applied Psychology* 97 (2012), pp. 1148–70.

8.30 VandeWalle, D. "Development and Validation of a Work Domain Goal Orientation Instrument." *Educational and Psychological Measurement* 8 (1997), pp. 995–1015.

8.31 Payne, S.C.; S. Youngcourt; and J.M. Beaubien. "A Meta-Analytic Examination of the Goal Orientation Nomological Net." *Journal of Applied Psychology* 92 (2007), pp. 128–50.

8.32 Payne, S.C.; S. Youngcourt; and J.M. Beaubien. "A Meta-Analytic Examination of the Goal Orientation Nomological Net." *Journal of Applied Psychology* 92 (2007), pp. 128–50.

8.33 Cannon-Bowers, J.A.; L. Rhodenizer; E. Salas; and C. Bowers. "A Framework for Understanding Pre-Practice Conditions and Their Impact on Learning." *Personnel Psychology* 51 (1998), pp. 291–320.

8.34 Mesmer-Magnus, J., and C. Viswesvaran. "The Role of Pre- Training Interventions in Learning: A Meta-Analysis and Integrative Review." *Human Resource Management Review* 20 (2010), pp. 261–82.

8.35 Dane, E., and M.G. Pratt. "Exploring Intuition and Its Role in Managerial Decision Making." *Academy of Management Review* 32 (2007), pp. 33–54; Hayashi, A.M. "When to Trust Your Gut." *Harvard Business Review*, February 2001, pp. 59–65.

8.36 Hogarth, R.M. "Intuition: A Challenge for Psychological Research on Decision Making." *Psychological Inquiry* 21 (2010), pp. 338–53.

8.37 March, J.G. *A Primer on Decision Making*. New York: Free Press, 1994.

8.38 Dane, E.; K.W. Rockmann; and M.G. Pratt. "When Should I Trust My Gut? Linking Domain Expertise to Intuitive Decision-Making Effectiveness." *Organizational Behavior and Human Decision Processes* 119 (2012), pp. 187–94.

8.39 Seeger, M.W.; T.L. Sellnow; and R.R. Ulmer. "Communication, Organization and Crisis." *Communication Yearbook* 21 (1998), pp. 231–75.

8.40 Weick, K.E., and K.M. Sutcliffe. *Managing the Unexpected: Resilient Performance in an Age of Uncertainty*, 3rd ed. San Francisco: Jossey-Bass, 2015.

8.41 Klein, G. *Sources of Power*. Cambridge, MA: MIT Press, 1999.

8.42 Weick, K.E. "Managerial Thought in the Context of Action." In *The Executive Mind*, ed. S. Srivasta. San Francisco: Jossey- Bass, 1983, pp. 221–42; Weick, K.E., and K.M. Sutcliffe. *Managing the Unexpected: Resilient Performance in an Age of Uncertainty*, 3rd ed. San Francisco: Jossey-Bass, 2015; Klein, G. *The Power of Intuition*. New York: Currency Doubleday, 2003.

8.43 Simon, H.A. "A Behavioral Model of Rational Choice." *Quarterly Journal of Economics* 69 (1955), pp. 99–118.

8.44 Simon, H.A. "Rational Decision Making in Organizations." *American Economic Review* 69 (1979), pp. 493–513.

8.45 March, J.G., and H.A. Simon. *Organizations*. New York: Wiley, 1958.

8.46 March, J.G., and H.A. Simon. *Organizations*. New York: Wiley, 1958.

8.47 Hogg, M.A., and D.J. Terry. "Social Identity and Self-Categorization Process in Organizational Contexts." *Academy of Management Review* 25, January 2000, pp. 121–40.

8.48 Judd, C.M., and B. Park. "Definition and Assessment of Accuracy in Social Stereotypes." *Psychological Review* 100,

January 1993, pp. 109–28.

8.49 Ashforth, B.E., and F. Mael. "Social Identity Theory and the Organization." *Academy of Management Review* 14 (1989), pp. 20–39; Howard, J.A. "Social Psychology of Identities." *Annual Review of Sociology* 26 (2000), pp. 367–93.

8.50 McGirt, E. "Google Searches Its Soul." *Fortune*, February 1, 2017, pp. 48–56; Society for Human Resource Management. "Diversity Training," 2014, http://www.shrm.org/diversity.

8.51 Kahneman, D.; P. Slovic; and A. Tversky, eds. *Judgment under Uncertainty: Heuristics and Biases*. Cambridge, UK: Cambridge University Press, 1982.

8.52 Kahneman, D., and A. Tversky. "On the Psychology of Prediction." *Psychological Review* 80 (1973), pp. 237–51.

8.53 Smerd, J. "In Worker's Heads." *Workforce Management*, June 22, 2009, pp. 34–39.

8.54 Ross, L. "The Intuitive Psychologist and His Shortcomings: Distortions in the Attribution Process." In *Advances in Experimental Social Psychology*, ed. L. Berkowitz. New York: Academic Press, 1977, pp. 173–220. See also Jones, E.E., and V.A. Harris. "The Attribution of Attitudes." *Journal of Experimental Social Psychology* 3 (1967), pp. 1–24.

8.55 Kelley, H.H. "The Processes of Casual Attribution." *American Psychologist* 28 (1973), pp. 107–28; Kelley, H.H. "Attribution in Social Interaction." In *Attribution: Perceiving the Causes of Behavior*, ed. E. Jones. Morristown, NJ: General Learning Press, 1972.

8.56 Staw, B.M., and J. Ross. "Behavior in Escalation Situations: Antecedents, Prototypes, and Solutions." In *Research in Organizational Behavior*, Vol. 9, ed. L.L. Cummings and B.M. Staw. Greenwich, CT: JAI Press, 1987, pp. 39–78; Staw, B.M. "Knee-Deep in the Big Muddy: A Study of Escalating Commitment to a Chosen Course of Action." *Organizational Behavior and Human Performance* 16 (1976), pp. 27–44.

8.57 Brockner, J. "The Escalation of Commitment to a Failing Course of Action: Toward Theoretical Progress." *Academy of Management Review* 17 (1992), pp. 39–61; Staw, B.M. "The Escalation of Commitment: An Update and Appraisal." In *Organizational Decision Making*, ed. Z. Shapira. New York: Cambridge University Press, 1997.

8.58 Conlon, D.E., and H. Garland. "The Role of Project Completion Information in Resource Allocation Decisions." *Academy of Management Journal* 36 (1993), pp. 402–13; Moon, H. "Looking Forward and Looking Back: Integrating Completion and Sunk-Cost Effects within an Escalation of Commitment Progress Decision." *Journal of Applied Psychology* 86 (2001), pp. 104–13.

8.59 Kalmanovich-Cohen, H.; M.J. Pearsall; and J.S. Christian. "The Effects of Leadership Change on Team Escalation of Commitment." *The Leadership Quarterly* 29 (2018), pp. 597–608.

8.60 Johnson, K. "Denver Airport to Mangle Last Bag." *The New York Times*, August 27, 2005.

8.61 Sleesman, D.J. "Pushing Through the Tension While Stuck in the Mud: Paradox Mindset and Escalation of Commitment." *Organizational Behavior and Human Decision Processes* 155 (2019), pp. 83–96.

8.62 Molden, D.C., and C.M. Hui. "Promoting De-Escalation of Commitment: A Regulatory-Focus Perspective on Sunk Costs." *Psychological Science* 22 (2011), pp. 8–12.

8.63 Alliger, G.M.; S.I. Tannenbaum; W. Bennett Jr.; H. Traver; and A. Shotland. "A Meta-Analysis of the Relations Among Training Criteria." *Personnel Psychology* 50 (1997), pp. 341–58; Colquitt, J.A.; J.A. LePine; and R.A. Noe. "Toward an Integrative Theory of Training Motivation: A Meta-Analytic Path Analysis of 20 Years of Research." *Journal of Applied Psychology* 85 (2000), pp. 678–707; Meyer, J.P.; D.J. Stanley; L. Herscovitch; and L. Topolnytsky. "Affective, Continuance, and Normative Commitment to the Organization: A Meta-Analysis of Antecedents, Correlates, and Consequences." *Journal of Vocational Behavior* 61 (2002), pp. 20–52.

8.64 Averbrook, J. "Connecting CLOs with the Recruiting Process." *Chief Learning Officer* 4 (2005), pp. 24–27.

8.65 Statista Research Department. "Training Industry in the U.S.--Statistics & Facts." *Statista*, January 27, 2021.

8.66 Ho, M. "Corporate Learning Keeps Holding Strong: Highlights and Key Findings from ATD's 2018 State of the Industry Report." *TD: Talent Development*, November 2018, pp. 38–43.

8.67 Milligan, S. "Wisdom of the Ages." HR Magazine, November 2014, pp. 22–27.

8.68 Holste, J.S., and D. Fields. "Trust and Tacit Knowledge Sharing and Use." *Journal of Knowledge Management* 14 (2010), pp. 128–40.

8.69 Ladika, S. "Shipping and Handling: Picking the Right People to Head Overseas Is Paramount." *Workforce Management*, March 1, 2013.

8.70 Pyrko, I.; V. Dorfler; and C. Eden. "Thinking Together: What Makes Communities of Practice Work?" *Human Relations* 70 (2017), pp. 389–409; Retna, K.S., and P.T. Ng. "Communities of Practice: Dynamics and Success Factors." *Leadership and Organization Development Journal* 32 (2011), pp. 41–59; Sauve, E. "Informal Knowledge Transfer." T+D 61 (2007), pp. 22–24.

8.71 Overton, L. "Learning Innovators." *E.learning Age*, July/August 2014, pp. 12–14; Ligdas, N. "Using a Wiki Portal to Support Organizational Excellence at Shell." *Knowledge Management Review*, October 2009, p. 1; Allan, B., and D. Lewis. "Virtual Learning Communities as a Vehicle for Workforce Development: A Case Study." *Journal of Workplace Learning* 18 (2006), pp. 367–83.

8.72 Trees, L. "Mentoring as a Springboard for Networking and Collaboration." *KMWorld*, November/December 2016, pp. 280–83.

8.73 Trees, L., and M. Harper. "Next Generation Communities—Part 2: Getting Value from the Latest Community Tools and Features." *KM World*, July/August 2018, pp. 18–20, 28.

8.74 Pyrko, I.; V. Dorfler; and C. Eden. "Thinking Together: What Makes Communities of Practice Work?" *Human Relations* 70 (2016), pp. 389–409; Noe, R.A. *Employee Training and Development*. New York: Irwin/McGraw-Hill, 1999.

8.75 Blume, B.D.; J.K. Ford; E.A. Surface; and J. Olenick. "A Dynamic Model of Training Transfer." *Human Resource Management Review* 29 (2019), pp. 270–83; Tracey, J.B.; S.I. Tannenbaum; and M.J. Kavanaugh. "Applying Trained Skills on the Job: The Importance of the Work Environment." *Journal of Applied Psychology* 80 (1995), pp. 239–52.

8.76 Stoll, J. "KitchenAid's Key Ingredient: Investing in Workers." *The Wall Street Journal*, February 22, 2019, p. B5.

9 성격과 문화적 가치

Personality and Cultural Values

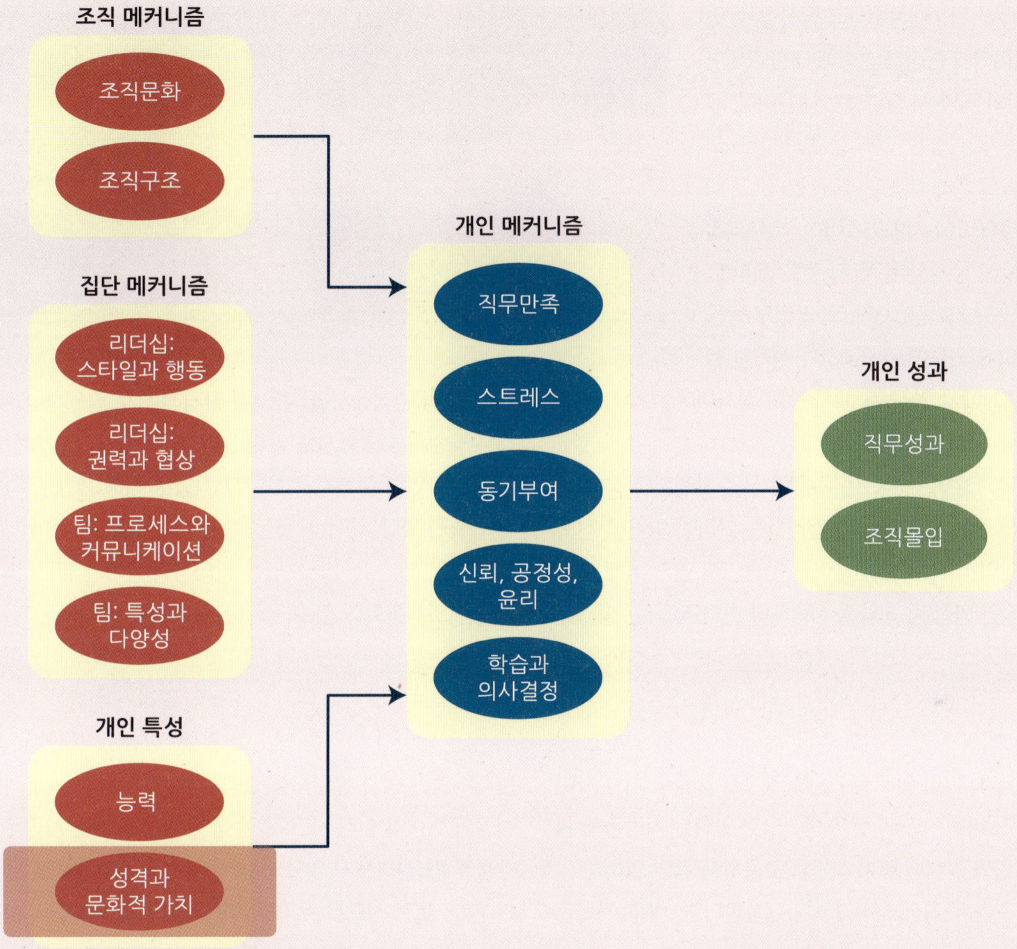

학습 목표 .... 이 장을 학습한 후에 다음의 질문에 답할 수 있어야 한다.

9.1 성격이란 무엇인가? 문화적 가치란 무엇인가?

9.2 "빅 파이브"란 무엇인가?

9.3 성격은 선천적인가 후천적인가?

9.4 "빅 파이브" 이외에 어떤 분류 방법으로 성격을 설명할 수 있는가?

9.5 어떤 분류 방법이 문화적 가치를 설명하는 데 사용될 수 있는가?

9.6 성격은 직무성과와 조직몰입에 어떤 영향을 미치는가?

9.7 직원 채용에 있어 성격 테스트는 유용한 방법인가?

브리지워터 어소시에이츠 BRIDGEWATER ASSOCIATES

REUTERS/Alamy

우완 타자. 우완 투수. 타석 수: 516. 안타: 139. 홈런: 18. 타점: 52. 타율: .269. 이것은 무엇에 대한 내용인가? 스포츠 팬이 아니더라도 야구 카드의 내용이라고 짐작할 수 있다. 특정 플레이어의 특징과 성향에 대한 요약 – 팀이 플레이어와 계약 시 살펴보는 내용이다. 그게 조직행동과 무슨 상관일까? 글쎄, 적어도 이 회사는 직원들을 위해 비슷한 일을 한다. 그 회사는 브릿지워터 어소시에이츠이며, 코네티컷 주 웨스트포트에 본사를 둔 헤지 펀드 회사로, 고객은 연금펀드, 기부금, 재단, 외국 정부 등을 포함한다. 레이 달리오(Ray Dalio)가 설립한 브리지워터는 세계에서 가장 큰 헤지 펀드 회사이며 가장 수익성이 높다.

브리지워터의 야구 카드는 처음에 신입 사원이 작성한 성격검사를 통해 정보를 수집한다. 달리오는 그러한 평가를 신뢰한다. 그는 "만약 내가 사람들이 어떤 사람인지 알기 위해 단지 평가와 전통적인 면접 중 하나를 선택해야 한다면, 나는 평가를 선택할 것이다"라고 주장한다. 다행히도, 우리는 그 선택을 할 필요가 없다." 평가는 지속성, 타인에 대한 관심, 스트레스 저항력, 독립성, 그리고 자기 주장과 같은 특성에 초점을 맞추고 있다. 시간이 지남에 따라 야구 카드는 드래프트와 후속 시즌 사이에 야구 카드가 바뀌는 것과 같은 방식으로 일하는 사람들의 관찰에 의해 보완되고 확장된다. 직원을 고용하는 동안 일하지 않아 보이는 누군가가 직장에서 그렇게 행동한다면, 야구 카드는 그것을 반영하기 시작한다.

조직 관점에서 성격은 두 가지 이유로 중요하다. 첫째, 성격은 직업과 적합한지를 말해 준다. 투자 분석가는 시장 상황을 이해하기 위해 구체적인 사항과 직업 윤리에 대해 주의를 기울일 필요가 있다. 하지만 그 분석가는 다른 투자자들이 "zigging" 하고 있을 때 "zag"할 수 있는 창의성과 용기가 필요하다. 둘째, 성격은 조직문화에 잘 어울린다. 브리지워터의 핵심 가치 중 하나는 근본적인 투명성이다. 달리오는 브리지워터 직원이 진실을 궁극적으로 중요하게 여기고 그들이 말하거나 행한 것에 동의하지 않을 때마다 솔직한 태도로 말할 것으로 기대한다. 따라서, 분석가들은 의견 불일치를 표명할 수 있을 만큼 외향적이고 자신감이 있어야 한다. 그리고 논쟁의 대상이 되는 사람은 그들이 호출될 때 신경쓰지 않을 만큼 인내심을 갖고 평정심을 유지해야 한다. 이런 식으로 브리지워커 직원에 대한 최적의 성격 프로파일은 다른 헤지 펀드의 최적 프로파일과 다를 수 있다.

성격과 문화적 가치

도입 사례에서 알 수 있듯이, 기업은 채용과 개발에 대한 결정을 내릴 때 직원의 성격에 세심한 주의를 기울임으로써 이익을 얻을 수 있다. **성격**(personality)은 사람의 사고, 감정, 그리고 행동 유형의 특징을 나타내는 인간 내면의 구조와 성향을 말한다.[1] 성격은 친구, 가족, 동료, 상사에게 인식되는 방식으로 사람들의 사회적 평판을 만들어 낸다.[2] 이런 식으로, 성격은 사람들이 어떤 사람인지를 인식한다. 이는 능력과 대비되는 것으로, 10장의 '사람이 무엇을 할 수 있는가?'와는 다른 내용이다. 우리는 때론 사람이 "좋은 성격"을 가졌다고 말하지만, 성격은 실제로 다양한 특성의 집합체이다. **특성**(trait)은 환경에 대한 사람의 반응에서 반복적으로 보이는 경향이라고 정의한다.[3] "책임감", "느긋한", "정중한", "내성적인" 같은 형용사들은 누군가의 성격을 요약하는 데 사용할 수 있는 특성의 예이다

이후 설명하겠지만 성격의 특성은 사람의 유전적인 것과 환경적인 것 모두가 작용한 것이다. 여기에서 환경적인 부분 중 중요한 것이 그 사람이 자라난 문화이다. **문화적 가치**(cultural values)는 주어진 문화에서 바람직한 최종 상태 또는 행동 방식에 대한 공유된 믿음으로 정의된다.[4] 문화적 가치는 문화적 특징이 어떤 것인지를 파악하는 것이라고 생각할 수 있다. "전통적", "비공식적", "위험 회피", "독단적인"과 같은 형용사는 한 나라의 문화를 요약하는 데 사용될 수 있는 가치의 예이다. 문화적 가치는 개인의 성격 특성 형성에 영향을 줄 수 있을 뿐만 아니라 일상 생활에서 어떻게 표현되는지에 영향을 미칠 수 있다. 이러한 점에서, 책임감이 있는 미국인은 책임감 있는 중국인과는 아마 다르게 행동할 것이다. 마찬가지로 프랑스에서 사는 느긋한 사람은 인도네시아에서 사는 느긋한 사람과는 아마도 다르게 행동할 것이다.

학습목표 9.1
성격이란 무엇인가? 문화적 가치란 무엇인가?

우리는 직원들을 어떻게 묘사할 수 있는가?

우리는 직원이 어떤 사람인지 설명하기 위해 성격 특성과 문화적 가치를 활용할 수 있다. 예를 들어 당신은 당신의 친구 중 한 명에게 당신의 대학 시절 첫 룸메이트를 어떻게 설명할 것인가? 당신은 어떤 형용사를 사용하기 시작할 것이다. 예를 들어, 웃긴다거나 외향적이라거나, 또는 겸소하다거나 계획적이라거나 하는 등이다. 물론 룸메이트를 제대로 설명하려면 좀 더 많은 형용사가 필요할 것이다. 당신은 아마도 몇 분 동안 특성을 나열할 수도 있고, 심지어 100가지 이상의 특성을 생각해 낼 수도 있다. 100가지 특성이 많은 것처럼 들릴지 모르지만, 성격 연구자들은 웹스터의 요약되지 않은 사전의 3번째 판이 사람의 특성을 묘사하는 데 사용될 수 있는 1710개의 형용사를 포함하고 있다는 것에 주목한다![5] 당신의 룸메이트의 성격이 혹시, 거슬리거나 부정하거나, 선동적이거나 또는 잘 놀라거나 쉽게 흥분하는 성격이거나, 반사회적이거나, 독단적이거나 제멋대로이거나, 오만하거나, 비사교적이거나, 대담하거나 뻔뻔스럽거나, 거북한 성격인가? 부디 그렇지 않길 바란다.

빅 파이브

1710개의 형용사를 사용한다니, 이 장에서 공부할 내용이 많거나 어려울 것 같아 걱정스러울지 모르겠지만 그럴 필요는 없다. 성격을 묘사하는 형용사는 5개로 압축될 수 있고 나머지는 그것의 파생어라고 볼 수 있다.[6] 그 다섯 개의 성격 요인은 **성실성**(conscientiousness), **친화성**(agreeableness), **신경증**(neuroticism), **개방성**(openness), **외향성**(extraversion)이다. 이러한 차원을 종합적으로 **빅 파이브**(Big-Five)라 한다.[7] [그림 9-1]은 빅 파이브의 각 구성 요인에 포함된 특성에 대한 목록이다. 그러나 빅 파이브 요인의 특정 용어를 다 기억하기 어렵기 때문에 약자를 이용한다.

학습목표 9.2
"빅 파이브"란 무엇인가?

그림 9-1 빅 파이브와 관련된 특성의 형용사

C 성실성	A 친화성	N 신경증	O 개방성	E 외향성
• 믿을 수 있는	• 친절한	• 긴장하고 불안한	• 호기심이 강한	• 말이 많은
• 조직적인	• 우호적인, 협력적인	• 시무룩한	• 상상력 있는	• 사교적인
• 신뢰할 수 있는	• 동정적인, 호의적인	• 감정적인	• 창의적인	• 열정적인
• 야심적인	• 유익한	• 자신이 없는	• 종합적인	• 자신감이 넘치는
• 근면한	• 예의 바른, 정중한	• 질투심 있는	• 정제된(차분한)	• 대담한(용감한)
• 끈기 있는	• 온화한	• 불안정한	• 세련된	• 주도적인
NOT	NOT	NOT	NOT	NOT
• 부주의한, 경솔한	• 비판적인	• 차분한	• 호기심이 없는	• 조용한
• 단정치 못한	• 대립하는, 적대적인	• 견실한	• 틀에 박힌	• 수줍어 하는
• 무능한	• 냉담한, 무신경한	• 느긋한	• 순응적인	• 내성적인
• 태만한	• 이기적인	• 편안한, 여유로운	• 단순한	• 부끄럼 타는
• 게으른	• 무례한	• 안정적인	• 비예술적인	• 마음을 열지 않는
• 무책임한	• 싸늘한	• 만족하는	• 전통적인(구식의)	• 순종적인

출처: G. Saucier, "Mini-Markers: A Brief Version of Goldberg's Unipolar Big-Five Markers," *Journal of Personality Assessment* 63 (1994), pp. 506–16; L.R. Goldberg, "The Development of Markers for the Big-Five Factor Structure," *Psychological Assessment* 4 (1992), pp. 26–42; R.R. McCrae and P.T. Costa Jr., "Validation of the Five-Factor Model of Personality Across Instruments and Observers," *Journal of Personality and Social Psychology* 52 (1987), pp. 81–90; C.M. Gill and G.P. Hodgkinson, "Development and Validation of the Five-Factor Model Questionnaire (FFMQ): An Adjectival-Based Personality Inventory for Use in Occupational Settings," *Personnel Psychology* 60 (2007), pp. 731–66.

학습목표 9.3
성격은 선천적인가 후천적인가?

빅 파이브 프로파일이 무엇인지 궁금한가? **OB 진단지**를 통해 5개 차원 중 어느 위치에 있는지 확인할 수 있다. 당신의 성격 프로파일을 알고 난 후 아마 다음과 같은 의문이 생길 것이다. 어떻게 하면 좋은 성격을 개발할 수 있을까? 왜 사람들은 그런 특성을 가지고 있는가? 시간이 지나면서 특성이 바뀌지는 않을까? 이런 질문들은 '선천적'인가 '후천적'인가 논쟁의 다른 표현이다. 성격은 우리의 유전적 기능인가, 아니면 경험과 환경의 영향을 받고 또 후천적으로 길러질 수 있는가? 그러나 예상한 대로 선천성과 후천성의 영향을 명확히 구분하기란 어렵다. 예를 들어 여러분이 특별히 외향적이고 여러분의 부모도 외향적이라고 가정해 보자. 그렇다고 이것이 여러분이 외향적 유전자를 타고 났다는 의미인가? 또는 여러분이 어린 시절 동안 부모님의 외향적 행동을 관찰하고 이를 따랐다는 의미인가? 이를 알기란 불가능하다. 왜냐하면 선천적인 것과 후천적인 면이 이 사례에서는 혼합되어 작용하기 때문이다.

선천성과 후천성의 영향을 구분하는 방법 중 하나는 태어나면서 다른 부모에게 입양된 쌍둥이의 연구이다. 미네소타 대학은 수십 년간 떨어져 살아온 쌍둥이들을 연구 해 왔다.[8] 이 사례 연구에서 외향형 성격 지수의 경우 일란성 쌍둥이들 간에 현저하게 높은 상관관계가 있음을 보이는 경향이 있다.[9] 일란성 쌍둥이는 유전 물질을 100% 공유하기 때문에 이러한 발견은 분명히 '본성'에 귀속될 수 있지만, 쌍둥이가 서로 다른 환경에서 자랐기 때문에 '후천성'으로 설명할 수는 없다. 한편 일란성 쌍둥이들에 관한 다른 연구에서는 유전 요인이 사람들의 빅 파이브 프로파일에 눈에 띄게 영향을 미치고 있음을 보여 준다. 좀 더 구체적으로, 외향성 변이의 49%는 유전적 차이로 설명된다.[10] 유전적인 영향은 빅 파이브의 나머지 부분에서는 다소 작다. 개방성 45%, 신

OB 진단지

빅 파이브

당신의 성격 프로파일은 무슨 모양이라고 보는가? 이 검사는 성격의 다섯 가지 주요차원을 측정하기 위해 설계되어 있다. 성실성(C), 친화성(A), 신경증(N), 개방성(O), 외형성(E). 다음의 행동 묘사 문구를 보고 당신을 정확히 설명하는 정도를 나타내는 숫자를 항목마다 기입하라. 주어진 응답 척도를 사용하여 각 질문에 답하라. 이후 굵은 글씨의 문항의 답은 원래 자신의 응답을 6에서 빼고 그 차이를 새로운 답으로 기입한다. 예를 들어 만약 당신이 6번 문항에 대해 "2"라고 답했다면, 새로운 답은 "4"(6−2)이다.

1 매우 아니다	2 아니다	3 중간	4 그렇다	5 매우 그렇다

1. 나에게 파티는 활력소이다. ______
2. 나는 다른 사람의 감정에 잘 동화한다. ______
3. 나는 집안일을 즉시 처리한다. ______
4. 나는 기분의 변화가 잦다. ______
5. 나는 생생한 상상력을 가지고 있다. ______
6. **나는 말을 많이 하지 않는다.** ______
7. **나는 다른 사람의 문제에 대해 관심이 없다.** ______
8. **나는 종종 물건을 제자리에 다시 갖다 놓는 것을 잊어버린다.** ______
9. **나는 대부분의 시간을 편안한 상태에서 지낸다.** ______
10. **나는 추상적인 아이디어에 관심이 없다.** ______
11. 나는 파티에서 많은 다른 사람들과 이야기를 나눈다. ______
12. 나는 다른 사람의 감정을 느낀다. ______
13. 나는 명령하길 좋아 한다. ______
14. 나는 쉽게 화가 난다. ______
15. **나는 추상적인 아이디어를 이해하는 데 어려움이 있다.** ______
16. **나는 앞에 잘 나서지 않는다.** ______
17. **나는 다른 사람에게 별로 관심이 없다.** ______
18. **나는 일을 잘 망친다.** ______
19. **나는 우울함을 거의 느끼지 않는다.** ______
20. **나는 상상력이 빈약하다.** ______

점수 계산과 해석

성실성: 항목 3, 8, 13 그리고 18의 합.
친화성: 항목 2, 7, 12 그리고 17의 합.
신경증: 항목 4, 9, 14 그리고 19의 합.
개방성: 항목 5, 10, 15 그리고 20의 합.
외향성: 항목 1, 6, 11 그리고 16의 합.

이제 당신의 점수로 도표를 작성하고, 각 차원의 기준보다 높은지 낮은지 확인하라.

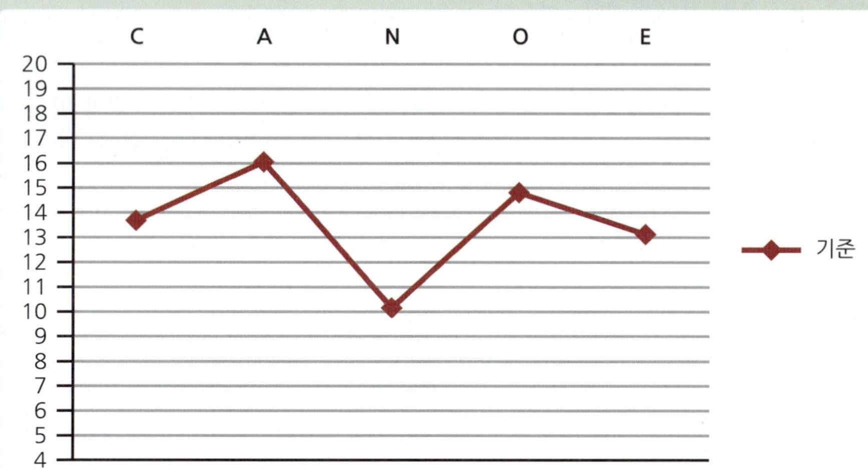

출처: M.B. Donnellan, F.L. Oswald, B.M. Baird, and R.E. Lucas, "The Mini-IPIP Scales: Tiny-Yet-Effective Measures of the Big Five Factors of Personality," *Psychological Assessment* 18 (2006), pp. 192–203.

영화 속 OB

소울
SOUL

Lifestyle pictures/Alamy

나는 조심스러우면서도 현란하고 쾌활한 회의론자이다.
나는 매우 호기심이 많은 성급한 사람이다.

위의 말과 함께 두 명의 새로운 영혼은 소울(피터 닥터 감독, 픽사, 2020)에서 자신의 성격을 요약하고 있다. 우리는 이 영혼들을 "The Great Before"에서 만난다. 그곳에서 그들은 제리라는 이름의 상담가들로부터 그들의 성격을 부여받는다. 그 과정은 결국 조 가드너(제이미 폭스)의 영혼에 의해 관찰되는데, 그는 현재 덮이지 않은 맨홀에 빠져 혼수상태에 있다. 가드너의 영혼은 The Great Beyond로 이어진 다리에서 뛰어내렸고, 이것이 그가 우연히 The Great Before에서 나오게 된 방법이다. 가드너에게 설명되었듯이, "모든 새로운 영혼은 독특하고 개별적인 성격을 부여받는다. 당신은 사람들이 단지 그것을 가지고 태어난다고 생각하는가?"

물론 일란성 쌍둥이에 대한 연구는 사람들이 어느 정도 자신의 성격을 가지고 태어났으며, 그 성격의 변화 중 일부는 유전적이라는 것을 밝혀냈다. 위의 두 새로운 영혼의 자랑스러운 부모는 유전적 특성과 제리가 조작한 특성 사이의 차이를 알지 못할 것이다. 그들이 알고 있는 것은 자신의 아이들이 항상 꽤 상냥해 보이거나 꽤 짜증나게 보인다는 것뿐이다. 그리고 제리의 성격에 대한 이해가 상당히 매력적인 것 같다. 두 명의 새로운 영혼은 그들의 빅 파이브 프로파일에 대한 완전한 요약을 제공한다. 실제로, 성격이 묘사될 때, 그들은 영혼의 형태 앞에 있는 스티커를 가리킨다. 정확히 5개의 스티커!

제리는 또한 새로운 영혼의 성격이 지구와 신생아의 몸으로 전달하기에 충분하지 않다고 설명한다. 그들은 먼저 자신의 성격 스티커를 "Earth Pass"로 바꿔줄 영감의 일부인 "The Spark"를 찾아야 한다. The Spark가 정확히 무엇인가? 가드너는 이 장 후반부에서 논의되는 종류의 관심사라고 가정한다. 그리고 몇몇 새로운 영혼에게는 그런 것처럼 보인다. 그러나 우리는 Spark가 이 장의 뒷부분에서 논의될 다른 무언가에 대한 은유로 보는 것이 더 낫다고 생각한다(특성 활성화). 새로운 영혼은 그들의 성격 표현과 새로운 삶을 시작할 준비가 촉발될 수 있는 여러 상황적 단서를 찾을 필요가 있다.

경증 41%, 성실성 38%, 친화성 35%이다. 성격의 "본성" 측면에 대한 다른 견해는 **영화 속 OB**를 참조하라.

성격의 유전적 요인을 조사하는 또 다른 방법은 시간의 진행에 따른 성격 특성의 변화를 조사하는 것이다. 이러한 종단 연구들은 종종 수년씩 떨어져 지내고 장기간에 걸쳐 정기적인 반복 진단에 참여하는 응답자가 필요하다. 만약 성격이 유전적 요인으로부터 영향을 강하게 받는다면, 스물한 살인 사람의 빅 파이브는 쉰 살에도 매우 유사해야 한다.

[그림 9-2]는 50,000명 이상의 성격 변화를 평가한 92개 연구 결과를 요약한 것이다.[11] 이 그림은 10대(10~18세), 대학생 기간(18~22세), 그리고 20대, 30대, 40대, 50대, 60대를 포함하는 일곱 번에 걸친 성격의 변화를 나타낸다. 그림에서 y축은 범위 +1에서(기준에서 표준편차 1 증가)부터 −1(기준에서 표준편차 1감소)까지 표준편차 구간에서의 성격 변화를 나타낸다. 표준편차 구간에서 변화값 0.2는 일반적으로 작은 변화이며, 변화값 0.5는 일반적으로 중간 정도, 그리고 0.8 이상은 큰 변화값으로 평가된다.[12]

그림 9-2 생애 주기에 따른 빅 파이브 차원의 변화

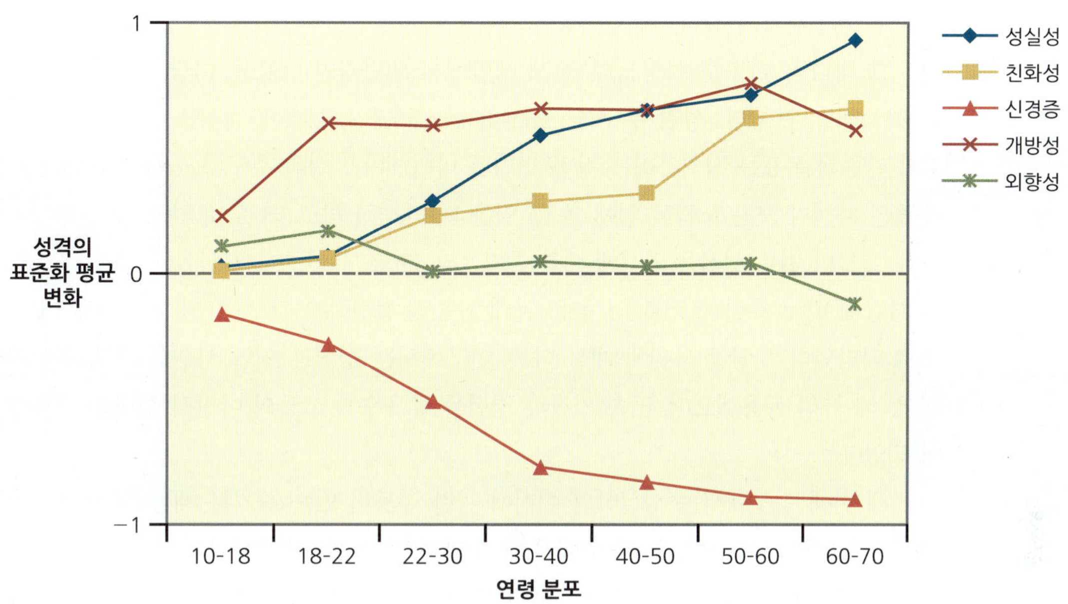

출처: Adapted from B.W. Roberts, K.E. Walton, and W. Viechtbauer, "Patterns of Mean-Level Change in Personality Traits Across the Life Course: A Meta-Analysis of Longitudinal Studies," *Psychological Bulletin* 132 (2006), pp. 1–25.

[그림 9-2]는 외향성이 사람의 일생에 걸쳐 거의 동일하게 매우 안정적으로 유지된다는 것을 보여 준다. 경험에 대한 개방성 또한 10대에서 대학 연령으로 급격히 증가한 후에도 안정적인 상태를 유지하고 있다. 외향성과 개방성은 유전적인 것이기 때문에 이 두 차원의 안정성은 타당하다.[13] 그러나 다른 세 개의 차원은 사람의 인생 전반에 걸쳐 매우 의미 있는 변화가 있다.[14] 예를 들어, [그림 9-2]는 사람이 나이가 들어감에 따라 더 성실해짐을 보여 준다. 또한, 사람은 나이가 들어가면서 덜 신경증적이고 더 친절해진다. 이러한 변화가 자신의 빅 파이브 프로파일을 싫어하는 사람에게는 혹시 희망적으로 보일지 몰라도, 성격의 변화는 매우 조금씩 일어난다는 점을 아는 것이 중요하다. 이 질문을 생각해 보자. 당신하고 아주 가까운 친구의 성격 중 어느 것이라도 변화된 것을 알 수 있는가? 당신이 여러 해 동안 그 친구를 알고 있지 않는 한 그것을 알아차릴 수 없다. 빅 파이브 수준에서 점진적 변화를 발견하기 위해서는 장기적인 관찰이 필요하다. 이어서 빅 파이브 모델을 차원별로 자세히 알아보자.

성실성. [그림 9-1]에서 알 수 있듯이, 성실한 사람은 신뢰할 수 있고, 조직적이며, 의지할 수 있고, 야망이 있으며, 근면하고, 인내심이 있다.[15] 이러한 특성이 도움이 되지 않는 직무를 찾는다는 것은 불가능까지는 아니지만 매우 어렵다고 할 수 있다.[16] 우리가 빅 파이브의 모든 요소에 대해 좋은 점만을 주장하는 것은 아니다. 왜냐하면 어떤 직무는 높은 수준의 친화성, 외향성, 개방성이 요구될 수 있고, 또 다른 일은 같은 요소에 대해서도 낮은 수준을 요구할 수 있다. 우리는 이번 장의 주제가 "성격이 얼마나 중요한가?"인 만큼 빅 파이브의 어느 한 차원에 편향되지 않고 모든 차원에 대해 객관적인 관점으로 설명을 할 예정이다. 그러나 아무리 양보를 해도 성실성이 빅 파이브의 어느 요인보다 업무 성과에 큰 영향을 미친 다는 것은 자신 있게 말할 수 있다. 물론, 중요한 질문은 다음과 같다. 왜 성실성이 그렇게 가치가 있는가?

그 하나의 이유를 사람들이 직장 생활에서 일반적인 목표를 대상으로 우선순위를 정하는 데에서 찾을 수 있다. **성취 추구**(accomplishment striving), 이것은 개성을 표현하는 수단으로서 업무와 관련된 목표를 성취하려는 강한 열망을 나타낸다.[17] 성취 추구자(accomplishment strivers)인 사람들은 자신의 모든 노력을 일에 쏟고, 일을 더 열심히 하고 더 오래 하고 싶은 욕구가 내재되어 있다. 그들의 업무 성취욕 천성에 대한 증거로써, 한 조사 연구에서 성실한 영업 사원은 그렇지 않은 사람에 비해 자신 스스로 더 높은 판매 목표를 설정하고 그 목표 달성을 위해 더 노력하는 것으로 나타났다.[18] 영업 사원에 대한 다른 연구에서는 성실한 영업 사원의 조직적인 기술이 고용된 첫 해 특히 유용했으며, 근속 기간과 경험을 쌓을수록 그들의 야망적 성격은 더욱 중요한 요인이 되었다.[19]

세 번째 연구에서는 성실함의 이점에 관한 설득력 있는 증거를 제공한다.[20] 이 연구는 1920년대 후반에서 1930년대 초 사이 아동에 대해 수집된 캘리포니아대학 버클리 캠퍼스의 세대 간 연구 센터로부터 수집한 데이터를 활용하였다. 이 연구자들은 훈련된 심리학자들로 하여금 아동들에 대한 평가 및 인터뷰를 통해 성격에 관한 데이터를 수집하였다. 이후 연구에서 같은 표본을 대상으로 성인 초기, 중반, 후기 시점을 추적하면서 데이터를 수집하였다. 마지막 시점에서는 연간 소득과 직위 및 명성의 등급을 포함한 경력 성공 정도도 포함하여 평가하였다. 연구 결과, 아동의 성실성이 50년 이후 성공 경력과 강한 상관관계를 보였다. 사실, 이 성실성의 영향력은 빅 파이브의 다른 요인들에 비해 대략 두 배 이상 강하다.

연구 결과에 의하면 성실한 사람들은 실제로 더 오래 산다. 하나의 잠재적인 이유는 성실한 사람은 운전할 때 위험한 행동을 잘 하지 않는다.

이러한 연구 결과는 성실성이 유익하다는 것을 보여 준다. 다른 연구는 심지어 성실성이 건강에 좋다는 것을 암시하기도 한다. 예를 들어, 한 연구는 1920년대 초기에 1528명의 아동의 성실성에 관한 데이터를 수집했다.[21] 건강 관련 행동에 대한 데이터는 1950년에 최초 실험 참여자 중 1215명을 대상으로 수집했다. 1986년에는 참여자 중 419명이 사망하고 796명은 여전히 살아 있었다. 이 연구 결과는 아동의 성실성이 부상으로 인한 사망, 심혈관 질환에 의한 사망, 암에 의한 사망을 포함한 사망률과 음(—)의 상관관계가 있음을 보여 주었다. 왜 성실한 사람들이 오래 살았을까? 이 연구는 또한, 성실성은 알콜 소비율과 성인 흡연과 음(—)의 상관관계가 있음 보여 준다. 다른 연구에서도 성실한 사람은 약물 남용이 적고, 건강을 유지하기 위한 예방 조치에 열심이며, 그리고 운전 또는 보행자로써 위험한 행동을 거의 안하는 것으로 나타났다.[22]

친화성. 친화성이 강한 사람들은 따뜻하고, 친절하며, 협력적이며, 공감하고, 잘 도와주고, 예의 바르다. 친화적인 사람은 **교감 노력**(communion striving)에 우선순위를 두는데, 이는 성격을 표현하는 수단으로 개인적 관계에서 수용되기를 원하는 강한 욕구를 뜻한다. 다르게 말하면, 친화적인 사람은 다른 사람들에 "앞서는 것"보다 "같이 가는 것"을 더 선호한다.[23] 성실성과 달리, 친화성은 모든 직무나 직업에서 성과와 관련되는 것은 아니다.[24] 왜 그럴까? 가장 큰 이유로 교감 노력은 일부 위치에서 유익하지만 다른 분야에서는 불리하기 때문이다. 예를 들면, 매니저는 종종 인간적 지지를 얻기보다는 조직의 효율성을 우선할 때가 있다. 이럴 경우, 효과적인 업무 성과를 저해하는 불합리한 요청이나 요구에 대해서 친절해서는 곤란하다.

물론, 일부 직업에서는 친화성이 유리하다. 고객 대면이 많은 서비스 직종이 대표적이다. 여러분은 얼마나 자주 쌀쌀맞고, 무례하거나 적대적인 고객 서비스 사원과 대면하는가? 이러한 경험 후에 그 회사의 제품을 구매하고 싶은가? 연구 결과 친절한 직원이 높은 고객 서비스 기술을 갖고 있는 것으로 나타났다.[25] 고객 서비스 환경에서 그들이 효과적인 이유는 그들은 비판, 위협 또는 속임수로 인한 갈등에 대응하는 것을 꺼리기 때문이다.[26] 대신, 그들은 "관망하는" 식의 태도를 보이거나 의도적으로 다른 사람과의 관계를 좋게 만들고자 한다.

한 연구는 친화성에 대한 독특한 통찰은 제공한다. 이 연구는 참여자의 일과 중 일부분을 기록하고 분석하는 방식인 "일상생활 분석(lived day analysis)"을 활용하였다.[27] 이 실험에서 96명의 학부생은 빅 파이브 성격 평가를 마친 후 셔츠 칼라에 끼울 수 있는 디지털 레코더와 전자 마이크를 설치하였다. 학생들에게 설치된 마이크는 2주 동안 내내 매 12분 간격으로 30초씩 기록을 하였으며 참가자는 언제 녹음이 되는지 알 수 없었다. 연구 결과 흥미로운 사실은 기록이 진행되는 동안 실험 참여자 중 친화적인 사람은 집에서 유난히 덜 머물렀다. 대신에 공공장소에서 더 많은 시간을 보냈다. 또한 그들은 욕설을 덜 사용했고, 대화 도중에 개인적 교감을 전달하는 단어를 많이 사용했다.

외향성. 외향적인 사람들은 열정적이고, 사교적이며, 말을 많이 하며, 적극적이고, 단호하고 주도적이다(이와 대조적인 사람은 수줍어 하고 조용하며 속내를 잘 털어놓지 않는다). 두 사람이 이제 막 처음 만나는 상황으로서 **서로를 전혀 모르는**(zero acquaintance) 상태에서, 빅 파이브 성격 유형 중 외향성인 사람을 가장 쉽게 판단할 수 있다. 병원이나 공항, 터미널, 식료품점에서 줄을 서 있는 낯선 사람들과 함께 있었던 상황에서 낯선 사람이 외향적인지 내향적인지 파악하는 데 단 5분밖에 걸리지 않는다.[28] 외향성은 성격을 진단해 보지 않아도 이미 자신이 잘 알고 있다. 대부분의 사람은 "외향적인 사람"인지 "내향적인 사람"인지를 스스로 인식한다.

친화성과 마찬가지로, 외향성은 반드시 모든 직무에서 성과를 내는 데 유리하다고 할 수 없다. 그러나 외향적인 사람들은 특성을 표현하는 수단의 하나로 사회 구조 내에서 권력과 영향력 획득에 강한 열망을 보이는 **신분 상승 욕구**(status striving)를 우선시한다.[29] 외향적인 사람은 성공적이고 영향력 있는 것에 대해 많은 관심을 갖고 "행동"하고 좋은 평판을 받는 데 노력을 기울인다. 실제로 연구 결과에 의하면 외향적인 사람은 직장이나 사회에서 리더로 부상할 가능성이 있다.[30] 그들은 또한 사람들이 자연스럽게 따르므로 리더십 역할이 더 효과적인 경향이 있다.[31] 이러한 연구 결과에서 알 수 있는 것은 사람들은 내향적인 사람보다 활기차고 사교적이고 외향적 사람을 더 "리더 같은" 사람으로 보는 경향이 있다는 것이다.

연구 결과에 따르면 외향적인 사람은 자신의 일에서 더 행복해 하는 경향이 있다. 4장의 '직무만족'에서 사람들이 하루 일상의 기분이 2개의 차원, 즉 쾌활함과 활성화로 분류되는 것을 보았

그림 9-3 외향성, 신경증, 일반적인 기분

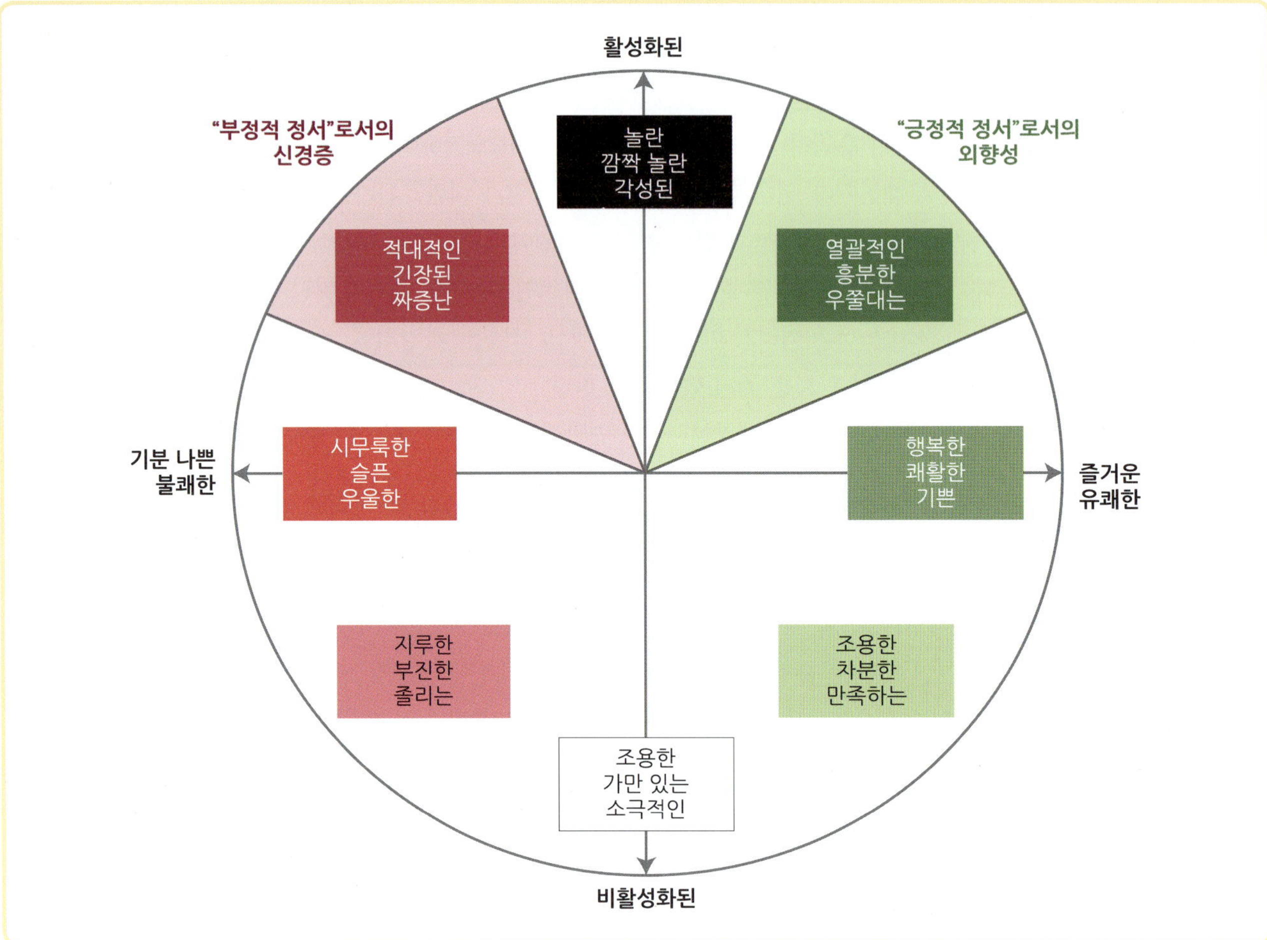

다. [그림 9-3]과 같이, 외향적인 사람은 소위 **긍정적 정서**(positive affectivity)가 높은 경향이 있다. 이는 열광적, 의기양양함과 같은 열정적 분위기, 즐거움을 체험하려는 기질적 경향이다.[32] 모든 상황에 걸쳐 긍정적인 기분을 경험하려는 경향은 외향적인 사람들이 자신의 일에 더 만족하는 이유를 설명한다.[33] 연구에 따르면 직원의 천성(유전적 기질)이 그들의 직무 만족도에 중요한 영향을 미친다는 것과 유전적 영향의 대부분은 외향성(그리고 다음에 논의할 신경증적 경향)에서 비롯된다는 것을 알 수 있다. 예를 들어, 떨어져 자란 일란성 쌍둥이의 직업 만족도 수준은, 서로 다른 직무임에도 불구하고 높은 상관관계가 있다.[34] 또한 이 연구에서 직무만족의 약 30%가 성격과 같은 유전적 요인에 기인한다고 나타났다.

다른 연구에서는 외향적인 사람들이 자신의 직업 이상으로 행복할 것이 많다는 것을 시사하고 있다. 특히, 연구에서는 외향성은 일상적인 삶의 만족도와 긍정적인(+) 상관관계가 있음이 밝혀졌다.[35] 이러한 발견을 더 확실하게 검증하기 위해 한 연구에서 학생들에게 지난 4년간 그들에게 일어난 다양한 사건 여부를 표시하는 방법으로 "삶에서의 사건 기록(life event checklist)"을 요청하였다.[36] 그 결과, 외향성은 모임 또는 운동부에 가입한다거나 친구들과 휴가가기, 직장에서의 임금 인상, 비학문적인 분야에서 상을 받고, 결혼 또는 약혼 같은 긍정적인 사건들과 관련이 있다는 것을 보여 준다. 다른 연구에서는 외향성을 동성 동료, 데이트 파트너 수, 알콜 소비 주기, 파티에 참석하는 횟수와 연결해서 조사하였다.[37] 그러나 외향적인 사람들은 이런 일에 너무 많은 시간을 할애한 결과, 오히려 가족과는 교류가 적었다.[38] 심지어 외향적인 사람들의 찬지들도 전화하는 것을 즐긴다.

신경증. 신경증적인 사람은 예민하고, 기분에 좌우되며, 감정적이고, 불안하고 질투심이 강하다. 간혹 당신은 "정서적 안정성" 또는 "감정 조절" 등의 빅 파이브의 차원을 볼 수 있다. 직무성과의 관점에서 성실성이 빅 파이브의 가장 중요한 요인이라면, 신경증은 두 번째로 중요하다.[39] 직장에서 신경증적 특성이 이점으로 작용하는 경우는 거의 없다. 대신에 대부분의 직무는 조용하고, 안정적이며, 안전한 직원이 도움이 된다.

외향성은 긍정적 정서와 동의어이지만, 신경증은 적개심, 신경과민, 짜증 같은 불쾌한 분위기를 표현하는 **부정적 정서**(negative affectivity)와 동의어이다(그림 9-3 참조).[40] 신경증적 직원이 덜 신경증적인 동료들보다 낮은 직무만족을 보이는 이유가 이러한 부정적 기분을 가진 경향 때문이다.[41] 외향성과 함께 신경증도 직무만족과의 관계에서 유전적 요인이 강한 영향을 미친다. 연구 결과 신경증과 연관된 부정적 정서는 삶의 만족도에 영향을 미치며, 신경증이 있는 사람들은 일반적으로 자신의 삶에 덜 행복한 경향이 있다.[42] 사실, 신경증(또는 부정적 정서)을 진단하는 방법은 일상의 사물과 대상에 대해 얼마나 덜 행복한가를 측정하는 것이다. 〈표 9-1〉은 "불만 지수"를 보여 준다. 만약 당신이 표에서 몇몇 불만 사례가 있다면 당신도 틀림없이 부정적 기분을 자주 느낀다는 것이다.

신경증은 또한 사람들이 스트레스 받는 상황에 대처하는 방식에도 영향을 준다. 특히, 신경증은 스트레스 요인에 얼마나 노출되었는지를 나타내는 **차별적 노출**(differential exposure)과 관계가 있다. 이는 신경증적인 사람은 일상생활에서 매사에 더 많이 스트레스 받고 있다고 생각한다(그리고 그로 인해 더욱 자주 스트레스 요인에 노출되어 있다고 느낀다).[43] 신경증은 또한 스트레스 요인에 대한 **차별적 반응**(differential reactivity)과도 연관이

표 9-1 중립 개체 질문서(일명: 불만 지수)

지침: 다음 질문은 몇 가지 항목에 대한 당신의 만족 정도를 묻고 있다. 각 항목에 자신의 감정을 가장 잘 나타낸 숫자에 동그라미를 친다. 그 다음 당신의 점수를 합산한다.

항목	불만족	중립적	만족함
당신의 전화번호	1	2	3
21.5cm × 28cm 사이즈 종이	1	2	3
대중음악	1	2	3
현대미술	1	2	3
당신의 이름	1	2	3
식당 음식	1	2	3
대중교통	1	2	3
전화 서비스	1	2	3
당신이 자라 온 방식	1	2	3
광고	1	2	3
사람들이 운전하는 방식	1	2	3
지역 속도제한	1	2	3
텔레비전 프로그램	1	2	3
당신이 알고 있는 사람	1	2	3
당신 자신	1	2	3
당신의 휴식 시간	1	2	3
지역신문	1	2	3
오늘날의 자동차	1	2	3
당신이 구매한 음식의 품질	1	2	3
최근 개봉된 영화	1	2	3
당신이 살고 있는 지역의 기후	1	2	3
당신이 졸업한 고등학교	1	2	3
당신의 이웃	1	2	3
당신이 살고 있는 곳의 주거 환경	1	2	3
당신이 살고 있는 도시	1	2	3

해석: 만약 당신의 점수가 50이하라면, 당신은 일반 응답자보다 일상적인 환경에 덜 만족하는 경향이 있다. 이러한 점수는 아마도 부정적 감정, 자주 부정적 감정 상태를 느끼는 경향이 있다는 것을 나타낸다(또는 아마도 당신은 전화번호를 바꿔야 할 것이다).

출처: Adapted from T.A. Judge, "Does Affective Disposition Moderate the Relationship Between Job Satisfaction and Voluntary Turnover?" Journal of Applied Psychology 78 (1993), pp. 395–401; J. Weitz, "A Neglected Concept in the Study of Job Satisfaction," Personnel Psychology 5 (1952), pp. 201–05.

있는데, 그들은 스스로 스트레스 요인에 대처하는 능력이 부족하다고 생각한다.[44] 신경증은 넓은 의미로 성격 유형 타입 A의 원인이기도 하다. A타입 성격은 직원의 건강과 스트레스 관리 능력에 영향을 미치는 것으로 알려져 있다.[45] 다시 말해, 신경증적 사람은 A타입 가능성이 높은 반면, 덜 신경증적인 사람은 B타입 가능성이 훨씬 높다(5장 스트레스 참조).

신경증은 또한 사람들이 현상의 원인을 외부 환경이나 혹은 자신에게 귀인하는지를 구분하는 **통제 위치**(locus of control)와도 깊은 관계가 있다.[46] 신경증적인 사람은 외재적 통제 위치 경향이 있다. 다시 말해 자신을 둘러싼 모든 사건의 원인이 운, 기회, 혹은 운명 때문이라고 믿는다. 덜 신경증적인 사람은 반대로 자기 자신이 원인이라고 생각하는 내재적 통제 위치 경향을 보인다. 〈표 9-2〉는 외재적 통제 위치와 내재적 통제 위치의 구체적 차이를 나타낸다. 표에는 내재적, 외재적 통제 위치를 대표하는 관점과 이에 따른 생활 전반, 직장, 학교, 정치, 그리고 관계에 관한 믿음을 포함하고 있다. 만약 당신이 왼쪽의 생각들에 강하게 동의하는 경향이라면 당신은 강한 외재적 통제 위치를 가진 편이다. 반대는 내재적 통제 위치이다.

통제 위치는 얼마나 중요한 것일까? 135개의 연구를 메타 분석한 결과에 의하면 내재적 통제 위치 경향인 사람은 상대적으로 높은 수준의 직무만족과 직무성과를 보였다.[47] 두 번째로 222개의 각기 다른 연구들을 메타 분석한 결과에서는 내재적 통제 위치 경향인 사람은 더 낮은 혈압, 낮은 스트레스 호르몬 분비 등 심신이 모두 더 건강했다.[48] 직장에서도 외재적인 사람들보다 더욱 사회적 지원을 받았으며 상사와도 강한 관계를 형성했다. 그들은 자신의 성격이 자율성, 유의미성 등에서 직무에 유리하다고 생각했다. 그리고 갈등과 모호성과 같은 부정적 특성도 거의 없다고 보았다. 또한, 이러한 내재적 통제 경향 사람은 외재적인 사람보다 더 많은 급여를 받았다.

경험에 대한 개방성. 빅 파이브의 마지막 차원은 **경험에 대한 개방성**(openness to experience)이다. 개방적인 사람은 호기심이 강하고, 상상력이 풍부하고, 창의적이며, 다양하고, 세련되고 정교하다. 빅 파이브 중 경험의 개방성은 많은 다른 명칭을 갖고 있다. 때로, 이것은 "호기심", "지적임" 또는 심지어 "문화"(국가적 문화가 아니라, 고급 와인, 미술, 클래식 음악 지식 등을 아는 "높은

표 9-2 내재적 통제 위치와 외재적 통제 위치

외재적 통제 위치 경향	내재적 통제 위치 경향
사람이 살아가면서 겪는 많은 불행은 부분적으로 불운에서 기인한다.	사람들의 불행은 그들이 만든 실수의 결과이다.
좋은 직장을 얻는다는 것의 대부분은 적당한 시기에 적당한 장소에 있는지에 달려 있다.	성공했다는 것은 일을 열심히 한 결과이다. 운은 일부 연관되거나 또는 전혀 관계없다.
많은 경우 시험 문제는 교과 과정과 너무 관련이 없는 경향이 있어서 공부는 쓸모가 없다.	잘 준비된 학생에게는, 불공평한 시험 같은 것은 거의 없다.
이 세상은 몇 명의 힘 있는 사람들에 의해 움직이고 힘없는 사람은 그것에 대해 할 수 있는 것이 거의 없다.	보통 시민은 정부의 결정에 대해 영향을 줄 수 있다.
사람들을 기쁘게 하기 위해 너무 많은 노력을 할 필요가 없다. 만약 그들이 당신을 좋아한다면, 좋아하는 것이다.	사람들이 외로운 것은 그들이 친해지려는 노력을 하지 않아서이다.

출처: Adapted from J.B. Rotter, "Generalized Expectancies for Internal Versus External Control of Reinforcement," *Psychological Monographs* 80 (1966), pp. 1–28.

문화" 감각)라고도 불린다. 개방성은 친화성과 외향성과 마찬가지로, 일부 직업에서 유용하나 모든 직종의 업무 성과와 연관이 있는 것은 아니다.

높은 개방성이 유리한 직종은 무엇일까? 일반적으로, 급격한 변화와 매우 유동적이고 역동적인 직업에 높은 개방성이 유리하다. 연구 결과에 따르면 개방적인 직원의 호기심이 새로운 것을 배우는 욕구를 제공하기 때문에, 학습과 훈련 능력이 탁월하다.[49] 또 "실행하고 있는 기존의 방법"이 더 이상 효과가 없을 때, 그들은 새롭고 더 나은 접근을 위한 탐색에 탁월하고 더욱 잘 적응하는 경향이 있다.[50] 사실, 이러한 상황에서는 개방적인 직원이 성실성 높은 직원 보다 더 효과적이다. 성실성이 높은 직원은 선천적으로 인내심이 강해 때로는 "유효성이 입증된" 과업 전략도 쉽게 포기를 하지 못하기 때문이다.

새로운 경험에 개방적인 사람은 새로운 학습과 가르침의 기회가 왔을 때 이를 잘 활용한다.

또한 개방성은 유용한 아이디어와 해결책 그리고 새로운 것의 도출 능력을 필요로 하는 직종에서, 높은 창의력을 요구하는 업무에 아주 유용할 것이다.[51] [그림 9-4]는 개방성과 창의적 성과 간의 관계를 보여 준다. 인지 능력과 더불어, 경험에 대한 개방성은 창의적 사고의 핵심 동인(driver)(=요인)이다. 똑똑하고 개방적인 사람은 창의적 사고방식이 요구되는 곳에서 뛰어나다(10장 능력 참조). 당신은 창의적 사고에 얼마나 뛰어난가? [그림 9-5]을 참조하라. 창의적 사고를 하면, 새로운 아이디어가 생각나고, 문제에 대해 새로운 접근 방법을 찾아내고, 일터를 개선할 수 있는 새로운 혁신을 제안하게 되고 그 결과 창의적 성과가 나온다.[52] 높은 개방성을 가진 사람이 예술적, 과학적 분야로 전향하는 일이 많다.[53] 드래곤플라이(Dragonfly)(뉴욕에 기반을 둔 웹 비디오-네트워킹 회사)는 창의적 사고를 육성하기 위해 독특한 방법을 이용한다.[54] 이 회사는 직원들에게 6시간 동안 최면을 걸도록 하기 위해 10,000~20,000달러를 지불한다. 최면을 통한 휴식, 명상, 시각화를 통해 낮은 개방성의 직원들의 상상력을 배양하는 것이다.

독일 자동차 회사 BMW는 빅 파이브 차원의 중요성을 이해하고 있는 것으로 보인다. BMW는 자동차를 개선시키기

그림 9-4 개방성과 창의력

그림 9-5 창의적 사고 테스트

지침: 당신은 자신을 창의적으로 생각하는 사람으로 생각하는가? 다음의 문제를 통해 알아보자. 만약 도움이 필요하면, 답은 이 장의 요점 정리에서 확인할 수 있다.

1. 말리기 위해 젖는 것은 무엇인가?
2. 같은 해, 같은 날, 같은 시간에 태어난 두 아들이 있다. 그러나 그들은 쌍둥이가 아니다. 어떻게 된 일일까?
3. 6월에 한 번, 7월에 한 번 그리고 8월에 두 번 일어나는 일은 무엇인가?
4. 직선 하나만을 이용하여 다음 수학적 수식이 참임을 완성하라.

$$5+5+5 = 550$$

5. 펜을 종이에서 떼지 않고 직선 4개 이하를 이용하여 중복 없이 모든 점을 연결하라.

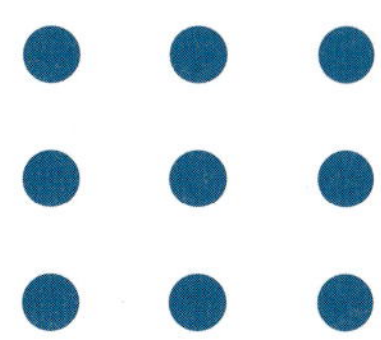

조립 라인이 작업 공간 위를 이동하여 직원들에게 공장의 리듬을 느낄 수 있게 해 주는 BMW의 독일 라이프치히 공장.

위한 새롭고 엉뚱한 방법을 제안하는 데 일체 불이익이 없으며, 혁신 문화를 만드는 데 많은 노력을 기울여 왔다.[55] "스마트 카드" 아이디어도 이런 과정을 거쳐 채택되었다. 자신의 BMW로부터 꺼낸 "스마트 카드"를 빌린 BMW에 꽂으면 당신의 음악, 팟캐스트, 그리고 좌석 및 편의 장치 설정이 한 번에 실행된다. 개방성은 창의적 사고를 촉진하는 데 필요하다. 그러나 친화성 역시 BMW 문화의 핵심이다. BMW 재무 담당 임원 스테판 크라우스(Stefan Krause)는 성공적인 창의적 아이디어를 어떻게 도출하는지 요약해서 말했다. "당신은 전투 모드로 갈 수도, 승인을 요청할 수도, 모든 사람의 지원을 요청할 수도 있지만, 다른 사람과 협력하지 않으면 혼자 고립된다."[56]

또한 BMW 직원들은 새로운 기술이 도입되거나 생산량 규모가 커지는 중요한 상황이 발생하면 성실성을 끌어낸다. 이 기간 동안, 다른 공장에서 파견된 직원들은 출퇴근 시간을 절약하기 위해 집에서 멀리 떨어진 임시 주택으로 거처를 옮긴다. 직원들이 왜 이토록 헌신적인가? 한 가지 답은, BMW에서 해고된 사람이 없다는 것이고, 이것은 자동차 산업에서는 보기 힘든 사례이다. 이것이 BMW의 인적자원 부서에 매해 200,000건 이상의 응시 원서가 접수되는 이유이다. 그렇게 좋은 회사이기에 응모자들은 기꺼이 정교한 인터뷰와 하루 종일 힘든 팀 훈련 참가를 통해 그들의 성격이 회사와 맞다는 것을 확인하고자 한다.

또 다른 성격 분류법

학습목표 9.4
"빅 파이브" 이외에 어떤 분류 방법으로 성격을 설명할 수 있는가?

빅 파이브가 많이 사용되는 성격 측정 방법이긴 하지만, 다른 방법도 있는데 그중 하나가 **마이어스-브릭스 유형 지표**(Myers-Briggs Type Indicator), 즉 **MBTI**이다.[57] 이 측정 방법은 원래 심리학자 칼 융이 발전시킨 심리 유형 이론을 테스트하기 위해 만들어진 것이다.[58] MBTI는 네 종류의 선호도에 기반하여 개인을 평가한다.[59]

- 외향성(E)(사람과 사회적 상호작용으로부터 에너지를 얻음) 대 내향성(I)(개인적 시간과 성찰로부터 에너지를 얻음)
- 감각(S)(명확하고 구체적인 사실, 데이터 선호) 대 직관(N)(이론, 상상력에 기반한 육감, 사색 선호)
- 사고(T)(논리와 비판적 분석으로 결정에 접근) 대 감정(F)(타인의 욕구와 감정에 중점을 두어 결정에 접근)
- 판단(J)(계획과 목표 설정을 통한 과업 접근) 대 인식(P)(유연성과 자연 발생적 과업 수행 선호)

MBTI는 사람을 그의 선호도를 바탕으로 16개의 각기 다른 형태로 분류한다. 예를 들어 'ISTJ'은 내향적(I), 감각적(S), 사고형(T), 판단(J)을 선호한다. MBTI에 관한 연구에 의하면 관리자가 일반 사람보다 "TJ"일 가능성이 높다고 한다.[60] 나아가 다른 성격 유형들은 사실, 논리 그리고 계획을 각각 다른 방식으로 강조하면서 의사결정에 이른다고 한다. 그렇기는 하지만 MBTI가 모든 직무에 걸쳐 종업원의 직무만족, 동기부여, 성과, 몰입을 예측할 수 있는 도구라는 증거는 거의 없다.[61] 실제로 MBTI가 폭넓게 사용되는 이유는 모든 사람의 프로파일이 특별히 "나쁜 유형"이 없고 아무도 나쁜 결과를 받아보지 않기 때문이다. 결과적으로 MBTI의 가장 적절한 용도는 팀 구성원들이 공동의 과업을 달성하는 데 구성원마다 각자 다양한 접근 방식을 가질 수 있으므로 이에 대한 효과적인 이해를 통해 팀워크를 향상시키는 일이다. 기존 연구에 따르면 채용이나 선발에 MBTI를 활용하는 것이 반드시 효과가 있다는 보장이 없다. 네 가지 유형의 성격을 가진 또 다른 프레임워크를 보려면 OB 북스토어를 참조하라.

빅 파이브를 대신할 수 있는 두 번째 대안은 직업적 관심에 관한 연구에 따라 제시된다.[62] **관심**(intersts)은 특정 환경과 활동에 대한 선호를 통해 행동에 영향을 미치는 성격의 표현이다.[63] 관심은 사람들이 어떤 경력에서 다른 경력으로 이동하게 하는 요인을 안정적이고 지속적으로 선호하고 기피하는 정도를 뜻한다.[64] 홀랜드의 **RIASEC 모델**은 6개의 다른 성격 유형을 제시한다.[65]

북스토어

THE FOUR TENDENCIES

Gretchen Rubin (New York: Harmony Books, 2017)

Gretchen Rubin/Harmony Press

그리고 마침내, 몇 달간의 숙고 끝에, 나는 나의 유레카 순간을 가질 수 있었다. 내 책상에 앉아 있을 때, 나는 우연히 손으로 쓴 내 할 일 목록을 보았고 갑자기 마음에 와 닿았다. 단순하고 결정적인 질문은 "기대에 어떻게 대응할까?"였다. 찾았다!

그레천 루빈은 성격에 대한 추가적인 분류법을 발견했다. 마이어스-브릭스 유형 지표와 마찬가지로, 그녀의 분류법은 사람들이 (데드라인을 강요하는 상사와 같은) 외부 기대와 (체육관에 가기로 빈번하게 결심하는 것과 같은) 내적인 기대에 어떻게 반응하는지에 기초하여 네 가지 유형을 포함한다.

- 지지자(Upholders): 외적인 기대와 내적인 기대를 모두 수용하는 사람들
- 질문자(Questioners): 외적인 기대는 밀어내고 내적인 기대는 수용하는 사람들
- 의무자(Obligers): 외적인 기대는 받아들이지만 내적인 기대와 갈등하는 사람들
- 배신자(Rebels): 외적인 기대를 저버리고 내적인 기대와 갈등하는 사람들

책과 함께 제공되는 퀴즈를 사용한 루빈의 자체 데이터 수집은 41%의 사람들이 의무자, 24%가 질문자, 19%가 지지자, 17%가 배신자임을 시사한다. 비록 그녀가 이 주장에 동의하지 않을지라도, 그녀의 분류법은 주로 빅 파이브의 성실성과 친화성 차원에 의해 도출된 것처럼 보인다. 성실한 사람들은 본성적으로 신뢰할 수 있기 때문에 어떤 종류의 기대도 받아들여야 한다. 친화성이 높은 사람은 본질적으로 협력적이고 도움이 되기 때문에 특히 다른 사람들의 기대를 받아들여야 한다.

마이어스-브릭스 유형 지표와 마찬가지로, 루빈은 "최고의" 유형은 한 가지가 아니라고 주장한다. 그 점에는 분명 어느 정도 진실이 있지만, 지지자나 질문자가 다른 두 가지 유형보다 더 번성할 직업을 식별하는 것이 더 쉬워 보인다. 이와 대조적으로, 의무자나 배신자가 다른 두 가지 유형보다 더 번성할 직업을 식별하는 것은 어려워 보인다. 따라서 직원 성과와 몰입이라는 관점에서 "최고의" 유형은 없다고 하더라도 "더 좋은" 유형은 있는 것 같다.

- 현실형(Realistic): 실용적이고 실제적인 작업을 즐긴다. 솔직하고, 실용적이고, 단호하고, 투박한 경향이 있다.
- 탐구형(Investigative): 추상적이고 분석적이고 이론 중심적인 작업을 즐긴다. 분석적, 지적, 내성적, 학술 경향이 있다.
- 예술형(Artistic): 상상력을 사용하여 다른 사람들을 즐겁게 하고 매혹시키는 것을 즐긴다. 독창적이고, 독립적이고, 충동적이고, 창의적인 경향이 있다.
- 사회형(Social): 타인을 돕고 봉사하거나 지원하는 것을 즐긴다. 도움이 되고, 영감을 주며, 정보를 제공하고, 공감하는 경향이 있다.
- 진취형(Enterprising): 다른 사람들을 설득하거나 이끌거나 능가하는 것을 즐긴다. 정력적이고 사교적이며 야망이 있고 위험을 감수하는 경향이 있다.
- 관습형(Conventional): 사람이나 사물을 정리하거나, 세거나, 규제하는 것을 즐긴다. 신중하고, 보수적이고, 자기 통제적이고, 체계적인 경향이 있다.

그림 9-6 홀랜드의 RIASEC 모델

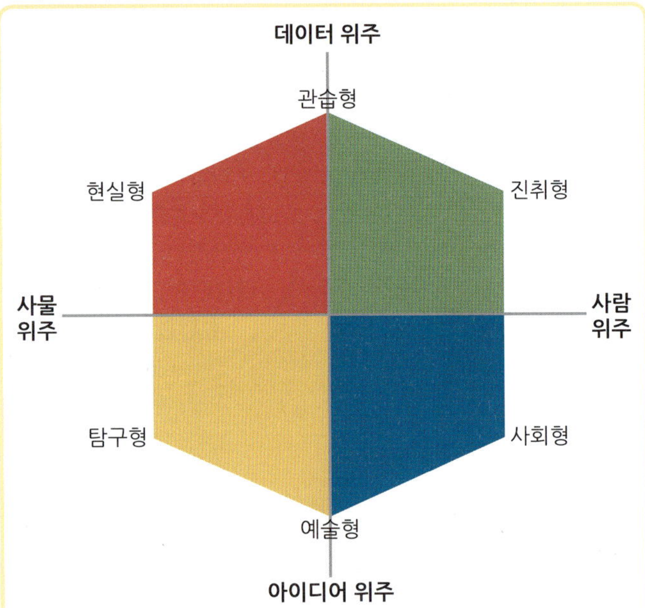

출처: Adapted from J.L. Holland, *Making Vocational Choices: A Theory of Careers* (Englewood Cliffs, NJ: Prentice Hall, 1973).

[그림 9-6]에서 보듯이, RIASEC 모델은 성격 유형을 두 차원을 기준으로 구분한다. 다시 말해, 구성원이 일을 하는데 데이터를 선호하는지 아이디어를 선호하는지, 사람들과 일하는 것을 선호하는지 사물을 갖고 일하는 것을 선호하는지에 대한 정도를 분류한 것이다. 예를 들어, 현실형 성격은 사람과 아이디어보다 사물과 데이터를 기반으로 일하기를 선호한다. 이 모델은 성격의 유형을 비슷한 것끼리 인접한 육각형 형태로 배열한다. RIASEC 모델의 핵심 전제는 직원들이 자신의 성격 유형과 맞는 직업에서 경력 만족, 직무 지식, 장기근속을 선택한다는 것이다.[66] 예를 들면, 현실형 사람들은 상담자일 때보다 숙련공으로써 더 행복할 것이고 더욱 효과적일 것이다. 왜냐하면 숙련공의 직무가 자신의 성격과 잘 맞기 때문이다. RIASEC 모델의 가장 일반적인 적용 사례는 성격과 잘 맞는 직업과 함께 성격 차원별 점수를 제공하는 관심 검사표이다.[67]

문화적 가치

앞서 언급한 바와 같이, 성격은 유전적 요인과 환경 요인의 영향을 받는다. 환경의 한 가지 중요한 측면은 우리가 성장한 사회이다. 각 사회는 기후와 주택, 통치권 및 정치적 시스템, 언어와 종교, 교육과 기술 수준, 경제 개발 등을 포함하여 수많은 유형으로 정의될 수 있다.[68] 그러나 그중 사회의 가장 중요한 측면은 문화이다. **문화**(culture)는 공유 가치, 믿음, 동기, 정체성, 그리고 사회의 구성원들의 공통적인 경험을 해석하는 것으로 정의되며 세대를 이어 전해진다.[69] 문화는 생각의 집합적인 프로그램으로써 사회적 전통에서 기인한 결과의 패턴이며 한 사회를 다른 사회와 구분하는 기준으로 정의되어 왔다.[70] 문화의 바탕이 되는 공유 가치, 사회적 전통과 집단적 프로그램은 성격 발달에 영향을 미치며 동시에 성격을 표현하는 방식을 형성하기도 한다.[71] 이러한 방식으로, "우리는 어떤 사람인가?"를 설명하면서 "우리는 어디에서 왔는가?"를 인식하게 한다.

어느 정도까지, 문화는 사회에 고유한 개성을 부여한다.[72] 51개의 서로 다른 문화의 빅 파이브 프로파일에 관한 연구에서 일부 사회는 어느 특정 성격 특성을 다른 사회에 비해 더 가치를 부여하는 경향이 있다고 한다.[73] 예를 들어, 인도 사람은 벨기에 사람보다 더 성실한 경향이 있다. 체코 사람은 홍콩 사람보다 친화적인 경향이 있다. 브라질 사람은 중국 사람보다 더 신경증적인 경향이 있다. 호주 사람은 러시아 사람보다 더 외향적인 경향이 있다. 덴마크 사람은 아르헨티나 사람보다 더 개방적인 경향이 있다. 그중 미국인은 외향성과 개방성에서 51개의 문화 사례 중 가장 높으며 나머지 빅 파이브 차원은 중간 정도를 차지 하고 있다. 물론, 그 사회 구성원들이 모두 완전히 같은 성격을 갖는다는 것을 의미하지는 않는다. 대신, 이러한 결과는 어떤 문화는 특정 성격 특성에 상대적으로 높은 가치를 둔다는 것을 의미한다.

우리가 했던 것처럼 빅 파이브를 활용해서 각 나라를 비교하는 것은 가능하지만, 교차 문화 연구는 문화의 공유 가치에 더 많은 관심을 집중하고 있다. 특정 문화의 독특한 차별성은 사람들이 선택하고 정당화하는 행동 방식은 물론, 그들 자신과 다른 사람들을 어떻게 평가하는가에 영향을 미친다.[74] 일부에서는 문화 가치가 특정 사회에서 '마땅히 그래야 하는 것(should be done)'에 대한 방식을 반영하기도 한다.[75] 그런 가치에 기준한 일관된 방식대로 행동하는 것은 사회에 자신을 맞추어 가고 그렇지 않은 사람은 사회에서 별난 사람으로 구분된다. 성격을 표현하는 데 많은 성격 특성이 사용되는 것처럼, 문화를 묘사하는 데도 많은 가치가 사용된다. 연구자에 따라 문화 가치 분류 체계가 다양한데 그것은 문화의 복잡성을 감안할 때 그리 이상한 현상은 아니다.

학습목표 9.5
어떤 분류 방법이 문화적 가치를 설명하는 데 사용될 수 있는가?

가장 잘 알려진 문화 가치의 분류법은 홉스테드(Geert Hofstede)에 의해 1960년대 후반에서 1970년대 초까지 연구된 방법이다. 홉스테드는 20개 언어 및 72개 국가로부터 온 88,000명의 IBM 직원 데이터를 분석하였다.[76] 그의 연구는 다른 국가에서 일하는 직원들이 서로 다른 가치를 우선시하고 그러한 가치가 군집을 형성하면서 몇 개의 차원이 형성된 것을 보여 준다. 이러한 차원은 〈표 9-3〉에 요약되어 있는데, **개인주의-집단주의**(individualism-collectivism), **권력 격차**(power distance), **불확실성 회피 성향**(uncertainty avoidance), **남성성-여성성**(masculinity-femininity) 등이다. 후속 연구에서는 다섯 번째 차원이 추가 되었는데 **단기 지향 대 장기 지향**(short-term vs. long-term orientation)이다.[77] 보다 최근에는 여섯 번째 차원인 **자적 대 자제**(indulgence vs. restraint)를 추가했다.[78] 홉스테드의 연구는 다양한 문화별로 각 차원에 점수를 부여함으로써 다른 사회의 문화들을 비교 연구하는 데 유용한 양적 도구를 제공하였다. 〈표 9-3〉은 홉스테드의 차원에서 높거나 낮은 점수를 가진 일부 국가 사례를 볼 수 있다.

홉스테드의 차원은 이문화 경영 연구의 토대를 제공했으나, 최근 연구에서는 보다 세밀한 문화적 가치를 묘사한다. **글로브 프로젝트**(Project GLOBE: Global Leadership and Organizational

표 9-3 홉스테드의 문화적 가치의 차원

개인주의 — 집단주의	
개인주의	**집단주의**
개인주의적 문화는 스스로와 자신의 직계존속을 돌보는 느슨한 결합의 사회 프레임워크이다.	집단주의적 문화는 공통의 이해관계를 가진 폐쇄 집단(ingroup)의 구성원을 돌보고 그것에 충성하는 촘촘한 사회 프레임워크이다.
미국, 호주, 이탈리아	중국, 파키스탄, 한국
권력 격차	
작음	**큼**
권력 격차가 작은 문화는 가능한 한 권력이 균등하게 분배되는 것을 더 선호하는 경향이 있다.	권력 격차가 큰 문화는 권력이 조직 내에서 불평등하게 분배된다는 사실을 받아들이는 경향이 있다.
미국, 독일, 스웨덴	중국, 이집트, 멕시코
불확실성의 회피	
낮음	**높음**
불확실성 회피가 낮은 문화(즉, 불확실성을 회피하지 않는 문화)는 불확실성과 모호한 상황을 용인하는 경향이 있고, 독특한 아이디어와 행동을 중요시한다.	불확실성 회피가 높은 문화는 불확실하고 모호한 상황에 위협을 느끼며 안정성을 만들기 위한 공식적 규칙에 의존한다.
미국, 인도, 스웨덴	그리스, 일본, 한국
남성성 — 여성성	
남성성	**여성성**
남성성의 문화는 자기 주장이나 돈과 물건의 획득과 같은 전형적인 남성적인 특성을 중요시하는 경향이 있다.	여성성의 문화는 삶의 질에 대한 배려와 타인을 위한 배려와 같은 전형적인 여성적 특성을 중시한다.
미국, 이탈리아, 일본	칠레, 한국, 스웨덴
단기 지향 대 장기 지향	
단기 지향	**장기 지향**
단기 지향적 문화는 전통에 대한 존중과 의무 이행과 같은 과거와 현재 지향적인 가치를 강조하는 경향이 있다.	그 문화는 인내, 신중함, 그리고 절약과 같은 더 미래 지향적인 가치를 강조하는 경향이 있다.
미국, 독일, 케냐	브라질, 중국, 일본
자적 대 자제	
자적	**자제**
자적 문화는 자유, 여가, 활동과 관련된 욕망의 표현을 중요시하는 경향이 있다.	자제 문화는 질서와 규제에 중점을 두고 더 엄격한 사회 규범을 중요시하는 경향이 있다.
미국, 브라질, 네덜란드	중국, 인도, 일본

출처: G. Hofstede, *Culture's Consequences: Comparing Values, Behaviors, Institutions, and Organizations Across Nations* (Thousand Oaks, CA: Sage, 2001); G. Hofstede, "Cultural Constraints in Management Theories," *Academy of Management Executive* 7 (1993), pp. 81–94; G. Hofstede and M.H. Bond, "The Confucius Connection: From Cultural Roots to Economic Growth," *Organizational Dynamics* 16 (1988), pp. 5–21; G. Hofstede, G.J. Hofstede, and M. Minkov, *Cultures and Organizations: Software of the Mind* (New York: McGraw-Hill, 2010).

Behavior Effectiveness)는 1991년부터 951개 조직의 관리자 17,300명를 연구해 온 62개 문화권의 170명의 연구자 모임이다.[79] 프로젝트 글로브의 주요 목적은 다양한 리더의 특성, 행동 그리고 실행의 효과에 문화가 미치는 영향을 조사하는 것이다(14장 리더십: 스타일과 행동 참조). 목표를 수행하는 과정에서, 프로젝트 연구자들은 관리자에게 그들이 속한 조직과 사회에서 가졌던 가치를 측정하도록 했다. 그 연구는 문화를 요약하기 위해 사용된 9개의 차원을 밝혀냈다. 이들 차원의 일부는 홉스테드의 연구 결과를 인용했다고 볼 수 있다. 예를 들어, 프로젝트 글로브는 권력 격차와 불확실성 회피 둘 다를 문화적 가치의 주요 차원으로 확인했다. 이 프로젝트는 또한 집단주의를 밝혀냈는데, 두 가지로 다시 구분되는 개념이다. 하나는 제도적 집단주의(집단행동을 장려하는 공식화된 관습과 자원의 집체적 분포)이고, 다른 하나는 집단 내 집단주의(개인들이 특정 그룹에 대한 자부심과 충성 표현)이다.

다른 차원들은 일부 홉스테드의 연구와 유사성을 띄지만 개념적으로는 차이가 있다. 이 차원은 주어진 값에서 높고 낮은 양극단의 점수를 보이는 문화에 대한 일부 정보와 함께 아래와 같이 나열되어 있다. 프로젝트 글로브는 "국가별 클러스터"로 문화를 그룹화하였다. 이 클러스터는 앵글로(미국, 캐나다, 오스트레일리아, 영국), 아메리카(멕시코, 브라질, 콜롬비아, 베네주엘라), 라틴 유럽(프랑스, 스페인, 이탈리아, 이스라엘), 게르만 유럽(독일, 오스트리아, 네델란드, 스위스), 북유럽(덴마크, 핀란드, 스웨덴), 동유럽(폴란드, 헝거리, 러시아, 그리스), 중동(터키, 이집트, 쿠웨이트, 모로코), 남부 아시아(인도, 태국, 인도네시아. 말레이시아), 유교권 아시아(중국, 한국, 일본, 싱가포르), 사하라사막 이남 아프리카(짐바브웨이, 나미비아, 나이지리아)를 포함한다. 다음 설명은 주어진 문화적 가치의 점수가 높거나 낮은 점수를 얻은 일부 국가 클러스터를 설명한다. 참고로 미국이 포함된 앵글로 그룹은 대부분의 문화적 가치에서 중간 점수를 가진다.

- 성 평등주의(gender egalitarianism): 이 문화는 남녀 평등을 촉진하고 남성과 여성의 역할 차이를 최소화한다. 높은 지역: 북유럽, 동유럽 — 낮은 지역: 중동
- 자기 표현(assertiveness): 자기 표현 문화는 사회적 관계에서 자기 주장, 대립, 공격성에 대한 수치이다. 높은 지역: 게르만 유럽, 동부 유럽 — 낮은 지역: 북유럽
- 미래 지향적(future orientation): 이 문화는 개인 또는 집단의 만족을 지연시키면서 미래의 계획과 투자에 관여한다. 높은 지역: 게르만 유럽, 북유럽 — 낮은 지역: 중동, 라틴아메리카, 동유럽
- 성과 지향적(performance orientation): 이 문화는 탁월한 구성원과 성과를 개선한 구성원을 격려하고 보상한다. 높은 지역: 앵글로, 유교권 아시아, 게르만 유럽 — 낮은 지역: 라틴아메리카, 서유럽
- 인도주의적(humane orientation): 이 문화는 구성원에게 관대하고, 공정하며, 친절하고 잘 돌봐주며 이타적인 행동을 장려하고 보상한다. 높은 지역: 남부 아시아, 사하라사막 이남 아프리카 — 낮은 지역: 라틴 유럽, 게르만 유럽

종합해 보면 홉스테드의 연구와 프로젝트 글로브 연구는 6~9가지의 문화 가치 차원을 확인하였다. 그러나 비교 문화 연구의 대부분은 문화를 구분하는 가장 근본적인 수단인 개인주의-집단주의에 초점을 맞췄다.[80] 개인주의-집단주의 구분은 조직행동에서 다양한 주제와 관련 있다.[81] 예를 들면, 집단주의자는 팀 내에서 높은 수준의 과업성과와 시민행동을 보이고, 낮은 수준의 생산성 저해 행동과 철회행동을 보인다.[82] 그들은 또한 정서적으로 규범적으로 개인주의자보다 고용주에게 더 최선을 다하려는 마음가짐을 가질 가능성이 높다.[83] 연구에 따르면 집단주의자들은 개인적인 목표 달성과 연계된 보상과는 반대인 집단 전체를 기반으로 동등하게 할당되는 보상을 선호함을 보여 준다.[84]

국제 상황의 OB

연구에 따르면 민족주의가 다른 나라에서 전일제로 일하고 있는 해외 파견 근로자의 효과성을 저해한다. 민족주의는 해외 파견 근로자의 새로운 문화 적응 의지를 줄어들게 하고, 그들의 직무에 요구되는 책무 이행 가능성을 낮추며, 직무의 철회 가능성을 높인다. 조직은 해외 파견 근무에 적합한 성격을 가진 직원을 어떻게 식별할 수 있는가? 한 가지 유용한 도구는 다문화 성격 설문지로, 해외 파견 근무자의 성과와 헌신을 극대화시킬 수 있는 다섯 가지 성격 차원을 평가한다. 이 차원은 아래에 예와 함께 나열되어 있다.

문화적 공감(cultural empathy): 문화적 가치가 다른 개인의 감정, 생각, 행동에 공감하는 경향.

- 나는 다른 사람의 마음을 이해한다.
- 나는 다른 사람의 습관을 고려한다

열린 마음(open-mindedness): 다른 문화적 가치와 규범에 대해 개방적이고 편견 없는 태도를 보이는 경향.

- 나는 다른 문화에 참여한다.
- 나는 다른 종교가 흥미롭다고 생각한다.

정서적 안정성(emotional stability): 외국 환경에서 직면할 수 있는 스트레스 받는 상황에서 침착할 수 있는 경향.

- 나는 차질이 생긴 일도 전체적인 관점에서 볼 수 있다.
- 나는 일이 잘 될 것이라고 당연하게 생각한다.

사회적 주도권(social initiative): 사회적 상황에 접근할 때 능동적으로 접근하려는 경향.

- 나는 다른 사람에게 쉽게 다가간다.
- 나는 종종 일의 원동력이 된다.

유연성(flexibility): 새로운 상황을 도전으로 간주하고 그 도전을 충족시키기 위해 행동을 조정하는 경향.

- 나는 쉽게 새로운 삶을 시작할 수 있다.
- 나는 다른 문화에서도 편안함을 느낀다.

연구는 이 다섯 가지 성격적 특징을 해외 파견 근로 성공 요인과 연결시키고 있다. 예를 들면, "다문화적 성격"을 가진 사람들은 국제적인 지위를 열망하고, 국제적인 경험을 쌓고, 새로운 과제에 적응할 가능성이 높으며, 그러한 과제 기간 동안 그들의 삶에 더 행복할 가능성이 높다.

출처: K.I. Van der Zee and U. Brinkmann, "Construct Validity Evidence for the Intercultural Readiness Check Against the Multicultural Personality Questionnaire," *International Journal of Selection and Assessment* 12 (2004), pp. 285–90; K.I. Van der Zee and J.P. Van Oudenhoven, "The Multicultural Personality Questionnaire: Reliability and Validity of Self and Other Ratings of Multicultural Effectiveness," *Journal of Research in Personality* 35 (2001), pp. 278–88; J.P. Van Oudenhoven and K.I. Van der Zee, "Predicting Multicultural Effectiveness of International Students: The Multicultural Personality Questionnaire," *International Journal of Intercultural Relations* 26 (2002), pp. 679–94; J.P. Van Oudenhoven, S. Mol, and K.I. Van der Zee, "Study of the Adjustment of Western Expatriates in Taiwan ROC with the Multicultural Personality Questionnaire," *Asian Journal of Social Psychology* 6 (2003), pp. 159–70.

특정한 가치에 상관없이, 문화적 가치에 관한 연구는 미국 직원들의 태도와 신념 그리고 다른 사회에서 직원들의 신념과 태도 사이에 잠재적 차이를 설명하고 있다. 이러한 문화적 다양성의 인식은 중요하며, 동시에 이러한 차이점은 변화에 대한 반응, 갈등 관리 방법, 협상, 접근 방법과 보상 설정 등에 영향을 준다.[85] 이러한 차이를 이해하는 것에 실패하는 것은 다국적 그룹과 조직의 효율성을 손상시킬 수 있다. 이러한 문제점은 만약 직원들이 어떤 사람의 문화적 가치를 "옳고" 다른 문화의 가치를 "틀리다"로 보는 성향으로 정의된 **민족주의 성향**(ethnocentrism)이 높으면 특히 발생 가능성이 높다.[86] 이 문제에 대한 더 자세한 설명은 국제 상황의 OB를 보라.

요약: 우리는 직원들을 어떻게 묘사할 수 있는가?

그렇다면 직원이 어떤 사람인지 어떻게 설명할 수 있을까? [그림 9-7]에서 볼 수 있는 것 같이, 사람을 설명하는 데 사용될 수 있는 수천 개의 형용사는 성격에서 빅 파이브로 요약될 수 있다. 성실성은 신뢰성, 인내, 그리고 직원의 야망을 의미한다. 친화성은 따뜻한 교감방식으로 다른 사람들과 협력하는 경향을 나타낸다. 신경증은 일상 생활에서 자주 부정적 감정과 기분을 경험하는 경향을 뜻한다. 경험에 대한 개방성이 높은 사람들은 창조적이며 상상력과 호기심이 있다. 마지막으로, 외향적인 사람들은 말이 많고, 사교적이며 자신감이 넘치고 일반적으로 긍정적인 기분과 감정을 경험한다. MBTI 또는 RIASEC 모델 같은 다른 성격 분류체계는 많은 직원의 특성을 잡아낼 수 있다. 그러나 성격은 직원들의 성향과 그들이 자라온 문화에 따라 달라진다. 문화 가치는 개인주의-집단주의, 권력 격차 등과 같고 직원들의 사고방식, 감정, 그리고 행동에 영향을 미친다.

그림 9-7 직원이 어떤 성향인지 어떻게 설명할 수 있나?

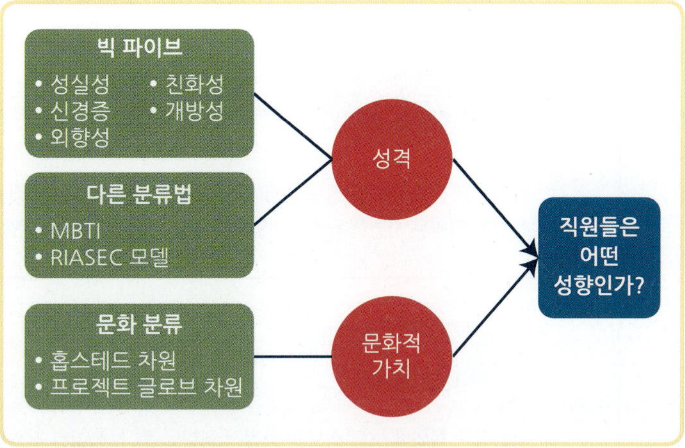

성격과 문화적 가치는 얼마나 중요한가?

우리는 지금까지 빅 파이브를 이해하는 것이 왜 중요한지(특히 성실성)에 대한 몇 가지 이유를 설명하였다. 만약 조직행동의 통합 모델의 두 결과인 성과와 몰입에 초점을 맞춘다면 어떨까? [그림 9-8]은 성실성과 두 결과물 간의 관계에 대한 연구 결과를 정리하고 있다. 그림은 성실성이 직무성과에 영향을 미침을 보여 준다. 빅 파이브의 성실성은 과업성과에 가장 강한 영향을 주며,[87] 성실한 직원은 그렇지 않은 직원들에 비해 높은 수준의 동기부여를 가지고 있기 때문이다.[88] 그들은 자신감이 강하였고 자신의 노력과 성과 간의 연결점을 정확히 인식하고 있었으며 목표를 설정하고 몰입하는 경향이 컸다. 이러한 이유로, 성실성은 **일상적 성과**(typical performance)의 핵심 요인이다. 일상적 성과란 일상 업무를 둘러싼 일상적 조건에서의 성과를 의미한다.[89] 이와 대조적으로 직원의 능력은 **최대 성과**(maximum performance)를 이루어 내는 핵심 요인이다. 여기서 최대의 성과란 개인의 최대 노력이 요구되는 특별한 상황에서 이루어지는 성과를 뜻한다.

학습목표 9.6
성격은 직무성과와 조직몰입에 어떤 영향을 미치는가?

또한 성실한 직원은 시민행동에서 동참할 가능성이 높다.[90] 왜일까? 한 가지 이유는 성실한 직원들이 시간을 엄수하고 출근율이 좋아서 "추가적인 노력"을 제공할 가능성이 높기 때문이다. 다른 이유는 그들은 업무와 관련된 노력에 더욱 잘 동참하기 때문에 시민행동에 더 많은 에너지를 쏟을 수 있다.[91] 세 번째 이유는 그들이 높은 수준의 직무만족도를 가지는 경향이 있고,[92] 긍정적 감정은 시민의식의 자발적인 발현을 촉진하는 경향이 있기 때문이다. 마지막으로, 성실한 직원은 다음 두 가지 이유에서 생산성 저해 행동을 할 가능성이 적다.[93] 첫째, 그들의 높은 직무만족도 수준은 그들이 자신의 조직에 대한 보복(맞대응) 필요성을 적게 느끼게 만든다. 둘째, 만약 그들이 약간의 미비함을 느끼더라도 그들의 신뢰할 수 있고 믿음직스러운 본성이 부정적인 행동에 참여함으로써 조직 규범을 위반하는 것을 막는다.[94]

[그림 9-8]은 또한 성실한 직원은 조직에 더 몰입하는 경향이 있음을 보여 준다.[95] 성실한 직

그림 9-8 성격이 성과와 몰입에 미치는 영향

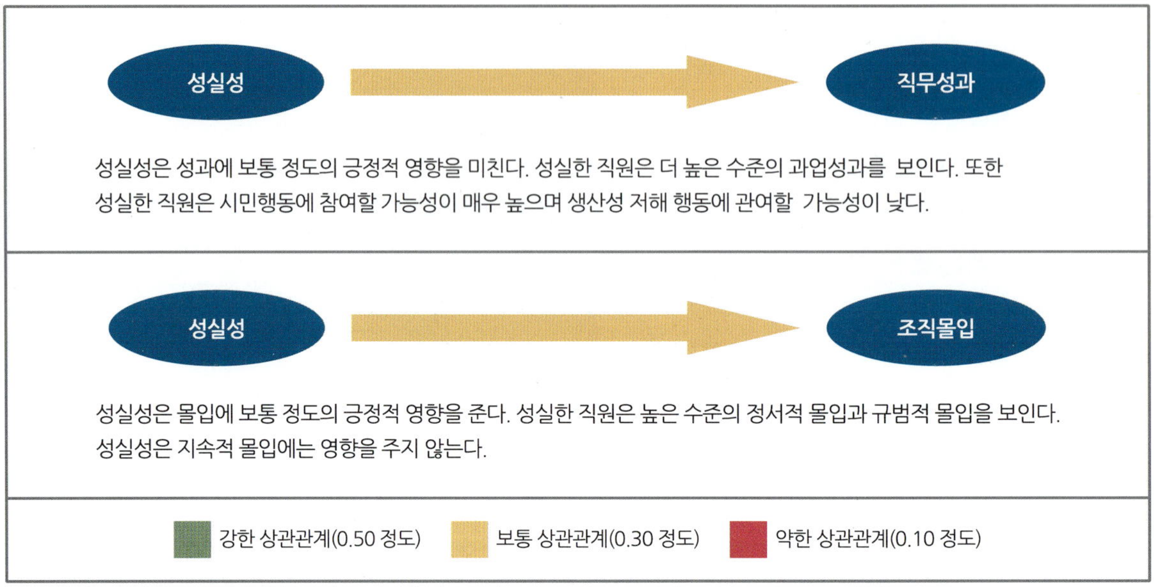

출처: M.R. Barrick, M.K. Mount, and T.A. Judge, "Personality and Performance at the Beginning of the New Millennium: What Do We Know and Where Do We Go Next?" *International Journal of Selection and Assessment* 9 (2001), pp. 9–30; C.M. Berry, D.S. Ones, and P.R. Sackett, "Interpersonal Deviance, Organizational Deviance, and Their Common Correlates: A Review and Meta-Analysis," *Journal of Applied Psychology* 92 (2007), pp. 410–24; A. Cooper-Hakim and C. Viswesvaran, "The Construct of Work Commitment: Testing an Integrative Framework," *Psychological Bulletin* 131 (2005), pp. 241–59; L.M. Hough and A. Furnham, "Use of Personality Variables in Work Settings," in *Handbook of Psychology*, Vol. 12, ed. W.C. Borman, D.R. Ilgen, and R.J. Klimoski (Hoboken, NJ: Wiley, 2003), pp. 131–69; J.E. Mathieu and D.M. Zajac, "A Review and Meta-Analysis of the Antecedents, Correlates, and Consequences of Organizational Commitment," *Psychological Bulletin* 108 (1990), pp. 171–94; J.F. Salgado, "The Big Five Personality Dimensions and Counterproductive Behaviors," *International Journal of Selection and Assessment* 10 (2002), pp. 117–25.

원은 심리적, 신체적 철회행동에 연루될 가능성이 낮다. 왜냐하면 그러한 행동은 그들의 업무 습관과 맞지 않는 행동이기 때문이다. 또한 자발적으로 조직을 떠날 가능성도 적다.[96] 왜일까? 한 가지 이유는 성실한 직원의 끈기 있는 본성은 장시간 동안 주어진 활동 과정을 지속하도록 그들을 독려하기 때문이다. 이러한 인내는 그들의 일상적 업무의 노력으로 비춰지지만, 조직에 대한 몰입도로 확장된다.[97] 다른 이유는 성실한 직원은 스트레스 관리에 뛰어나고, 주요 스트레스 요인에 대해 덜 의식하고 덜 영향을 받는다.[98] 어떤 면에서, [그림 9-8]은(더 일반적으로 성격과) 성실함의 중요성을 언급하고 있다. 왜일까? 성격은 무엇보다도 몇몇 상황에서 중요하기 때문이다. **상황적 강점**(situational strength)의 원리는 "강한 상황"이 개인 간의 차이를 덜 중요하게 만드는 명확한 행동적 기대치, 인센티브 또는 지침을 갖는 반면, "약한 상황"은 그러한 단서가 부족하다는 것을 시사한다.[99] 성격 변수는 강한 상황에서보다 약한 상황에서 더 중요한 행동의 동인이 되는 경향이 있다.[100] 마찬가지로, **특성 활성화**(trait activation)의 원리에 따르면, 어떤 상황은 주어진 특성의 표현을 촉발하는 단서를 제공한다.[101] 예를 들면, 도움 요청은 공감의 표현을 촉발하는 단서를 제공한다. 성격 변수는 단서가 부족한 상황보다 관련 단서를 제공하는 상황에서 행동의 중요한 견인차가 되는 경향이 있다.

실무 적용: 성격 테스트

타고난 성격적 특성이 직무성과와 조직몰입에 얼마나 중요한지 감안할 때, 많은 조직이 입사 지원자의 성격을 측정하려고 하는 것은 놀라운 일이 아니다. 성격을 측정하는 가장 좋은 방법은 무엇일까? 많은 조직은 지원자가 성실성 또는 친화성의 단서 또는 다른 성격 차원에서 높은 수준을 가졌는지를 찾는 인터뷰를 통해서 성격 측정을 시도한다. 당신은 이러한 접근 방법의 잠재적 문제점을 알 수 있는가? 여기에 힌트가 있다. 당신이 마지막으로, 인터뷰에 들어가서 조심성 없고, 단정치 못하고, 시무룩하거나 불안정하게 행동했던 때가 언제였는가? 그것은 아마도 잠시일 것이다. 사람들은 인터뷰를 할 때 인상 관리와 자기 과시 기법을 구사하는데 때론 실제 가지고 있지도 않은 특성을 가진 것처럼 보이기도 한다.[102] 사실, 대부분의 지원자는 기업이 원하는 성격을 표현하기 위해 인터뷰 준비 수업과 책을 이용한다.

> 학습목표 9.7
> 직원 채용에 있어 성격 테스트는 유용한 방법인가?

12년 이상의 채용 경험을 가진 HR 면접관들이 빅 파이브를 측정할 수 있는지를 검증하기 위해, 26명의 경영학부 학생의 성격 평가를 위한 질문을 했다.[103] 그 면접관들은 평균 3명의 학생을 30분간 만났으며 그들의 조직에서 사용하는 인터뷰 방식에 따르도록 지시받았다. 면접이 끝났을 때, 이 연구는 면접관, 학생, 학생의 친한 친구로부터 빅 파이브 평가 점수를 수집했다. 이 연구의 결과는 외향성, 친화성, 개방성에 대한 면접관의 평가가 학생 친구들의 평가뿐만 아니라 학생 자신들의 평가와도 상당히 일치함을 보여 주었다. 이와 반대로, 성실성과 신경증적에 대한 면접관의 평가는 학생들과 학생 친구들의 평가와 낮은 상관관계를 보였다. 이러한 연구 결과는 면접관이 직무성과와 더 연관성이 높은 빅 파이브의 두 차원을 측정할 수 없다는 점을 보여 준다.

점점 더 많은 회사가 면접을 통해 성격을 평가하기보다, OB 진단지에서 보여 준 것 같은 필기 방식의 성격 테스트에 의존하고 있다. 포춘 1,000대 기업의 최근 조사에서 조사 대상 기업의 3분의 1이 성격 테스트의 일부를 도입 또는 계획 중인 것으로 밝혀졌다.[104] 만약 여러분이 베스트 바이, 타겟(Target), 메리어트(Marriott), 유니버설스튜디오, 스포츠 기관, CVS 약국, 앨버트슨스(Albertsons) 또는 프레시마켓(Fresh Market) 에서 시간제 일자리를 얻기 위해 지원한 적이 있다면, 아마 지원서의 한 부분에 성격에 대한 테스트에 답하는 부분을 보았을 것이다.[105] 이 시험은 메사추세츠주 첼스퍼드에 본사를 두고 있는 인력 관리 소프트웨어 및 서비스 제공 업체인 크로노스(Kronos)에 의해 고안되었다.[106] 크로노스의 시험은 50개의 질문으로 구성되어 있으며, 그중 상당수는 빅 파이브와 관련된다.

- 당신은 실수하지 않도록 조심해서 일을 처리한다.[107] (높은 성실성)
- 당신은 쉽게 기분이 좋아질 수 있고 문제를 잊을 수 있다.[108] (낮은 신경증)
- 당신이 원하지 않을 때, 예의 바르게 행동하지 않는다.[109] (낮은 친화성)
- 당신은 눈에 띄는 것보다는 군중에 섞인다.[110] (낮은 외향성)

지원자가 키오스크에서의 성격 테스트 완료한 후 10분 뒤, 고용 담당자는 녹, 청, 적으로 판정된 신청자의 보고서를 수신한다.[111] 녹색은 자동적으로 면접권을 얻고, 황색은 경영관리적 판단을 필요로 하며, 적색은 고용 절차에서 거부된다. 또한 이 보고서에는 성격 반응에 따라 발생할 수 있는 우려 사항에 대한 후속 조치를 위한 몇 가지 질문이 포함되어 있다. 크로노스는 직원들을 위한 실제 직업 결과와 함께, 효과적이고 헌신적인 직원의 프로파일을 찾기 위한 370,000명의 직원 성격 프로파일의 데이터베이스를 구축하고 있다. 크로노스는 또한 시간에 따라 바뀌는 성과 평가와 응답의 상관관계를 확인하기 위해 몇 년 동안의 성격 테스트의 데이터를 저장할 것을 고용주에게 권장한다.

물론, 성격 테스트가 논란이 없는 것은 아니다. 개인 정보 보호 옹호자들은 대형 데이터 베이스에 저장되어 있는 개인 프로파일의 보안에 대해 우려하고 있다.[112] 그중 일부는 과학적 조사의 대상이 되어 왔기 때문에 회사에서 사용되는 성격검사가 실제로도 유효한 평가인지에 대한 보장도 없다.[113] 예를 들어, 우리는 학술 저널에서 크로노스의 성격 테스트를 종합적으로 검증한 어떤 과학적 연구도 알지 못한다. 왜냐하면 성격검사 산업은 규제가 없기 때문에 이를 활용하려는 기업에게는 학술 저널에서 검증된 테스트부터 시작하는 것이 최선이다. 〈표 9-4〉는 빅 파이브 성격 차원의 잘 검증된 척도의 일부를 나열한 것이다. 이러한 척도를 가지고 있는 공급 업체는 일반적으로 점수 측정, 관련 모집단 표준에 대비한 데이터 해석, 피드백 제공을 위한 소프트웨어 및 서비스를 제공한다.

일부 성격 테스트는 특히 논란의 여지가 있다. 때때로 "진실성 테스트"라 불리는 **진실성 테스트**(integrity test)는 특히 절도를 비롯한 여러 생산성 저해 행동에 관여하는 경향에 초점을 맞춘 성격 테스트이다.[114] 진실성 테스트의 일부분은 조직의 고용을 위한 도구로서 폴리그래프(거짓말탐지기) 시험을 불법으로 만들려는 의회의 결정으로 만들어졌다. 진실성 테스트는 일반적으로 두 가지 종류가 있다. **명시적 진실성 테스트**(clear purpose test)는 지원자에게 부정행위에 대한 그들의 태도, 부정행위 빈도에 대한 생각, 부정행위를 위한 일반적인 합리화의 지지, 부정행위 처벌을 지지하는지 그리고 과거의 부정행위의 고백에 관하여 질문한다.[115] **암묵적 진실성 테스트**(veiled purpose test)는 부정직을 명시적으로 밝히지는 않는다. 그러나 대신에 부정행위와 관련된 더욱 일반적인 성격 특성을 측정한다. 〈표 9-5〉는 진실성 테스트의 두 종류의 예시 항목을 제공한다. 당신은 아마도 암묵적 진실성 테스트 항목이 빅 파이브를

표 9-4 타당성이 검증된 빅 파이브 측정 도구 예시

측정 도구 이름	제작사	측정 시간
NEO 5요인 항목(NEO-FFI)	Sigma Assessment Systems	15분
개인 특성 항목(PCI)	Wonderlic	20분
성격 연구 양식(PRF)	Sigma Assessment Systems	45분
호건 성격 항목(HPI)	Hogan Assessment Systems	15분
빅 파이브 항목(BFI)	TestMaster	10분

표 9-5 진실성 테스트 질문 예

시험 유형	질문 예
명시적 진실성 테스트	- 대부분의 사람이 이력서에 거짓말을 한다고 생각하는가? - 당신은 직장에서 아무 말도 없이 무언가를 집에 가져간 적이 있는가? - 계산원이 거스름돈을 너무 많이 주면 잘못을 지적할 것 같은가? - 업무상 절도는 어느 정도의 달러 가치로 처벌 가능한 범죄가 될 수 있는가?
암묵적 진실성 테스트	- 나는 충동적으로 하는 일이 거의 없다. - 나는 다른 사람의 감정을 상하게 하는 것을 피하려고 노력한다. - 나는 내가 다시 연락하고 싶은 사람들이 있다. - 나는 규칙을 잘 따르는 사람이다.

출처: Adapted from J.E. Wanek, P.R. Sackett, and D.S. Ones, "Towards an Understanding of Integrity Test Similarities and Differences: An Item-Level Analysis of Seven Tests," *Personnel Psychology* 56 (2003), pp. 873–94.

위한 OB 진단지 항목과 일부 유사하다는 것을 알 수 있을 것이다. 대부분 진실성 테스트는 실제로 높은 성실성, 높은 친화력, 낮은 신경증적 조합을[116] 사실상 빅 파이브 이상의 정직 또는 겸손과 관련된 요인과 함께 평가한다.[117]

진실성 테스트는 실제로 작동하는가? 한 연구에서는 편의점 점원을 대상으로 진실성 테스트의 효과를 검증하였다.[118] 편의점 체인은 도난으로 인한 재고의 "감소"로 어려움을 겪고 있었고 이러한 현상과 싸우기 위해 명시적 진실성 테스트를 이용했다. 이 연구는 도난과 관련된 이유(예를 들어, 상품 착복, 현금 취급 부주의, 잦은 금전등록기 부족)로 해고된 직원들의 진실성 테스트 점수를 비교하였다. 이 연구의 결과에 따르면 절도로 해고된 종업원을 고용했을 때와 해고된 적이 없는 종업원을 대상으로 진실성 테스트를 실시하였는데 절도로 해고된 고용원들이 진실성 테스트에서 더 낮은 점수를 받았다는 것이 드러났다. 이러한 종류의 결과는 특이한 것이 아니다. 500,000명 이상의 직원이 포함된 443개의 메타 분석은 진실성 테스트 점수가 절도 같은 생산성 저해 행동과 완만히 강한 음(−)의 상관관계를 가지고 있음을 보여 주었다.[119] 진실성 테스트 점수는 사실상 성실성 점수보다 매우 높게 직무성과와 관련이 있는데, 진실성 테스트는 여러 빅 파이브 차원에서 표본을 추출하고 있기 때문이다.[120]

당신은 아마도 진실성 테스트(또는 일반적인 성격검사)가 효과적일 수 있다는 것에 놀라움을 발견할 것이다. 결국, 지원자는 시험에 거짓말을 하지 않는가? 질문에 대답하기 전에, 당신이 만약 어떤 직무에 지원을 하고, 명백히 진실성을 측정하는 질문에 1부터(매우 동의하지 않음)에서 5(매우 동의함) 척도로 답해야 한다면, 당신은 어떻게 할 것인가? 만약 5의 대답이 높은 진실성을 나타낸다면, 당신은 어떻게 대답할 것인가? 당신은 아마도 모두 5로 대답하지 못할 것이다. 왜냐하면 그러한 결과는 당신이 사회적으로 바람직한 방식으로 당신의 응답이 과장 또는 날조되었다는 것을 명확히 보여 주기 때문이다. 아마도 당신은 시험 점수를 매기는 컴퓨터가 위조된 응답에 표시를 하는 기능이 있을지도 모른다는 걱정을 할지도 모른다(실제로, 많은 성격검사의 채점 과정은 응답 패턴이 특이한 지원자에게 표시를 한다).[121]

그래서, 당신은 어떻게 대답을 하겠는가? 당신은 당신의 "진실의 일면(자신을 더 좋게 보이기 위해 실제 응답을 약간 과장할 것이다)"을 가진 대답을 허용할 것이다. [그림 9-9]는 진실성 테스트에서 평균 이상은 녹색 점으로 그리고 평균 이하의 점수를 나타내는 빨간 점으로 보이는 이런 종류의 속임수를 요약하고 있다. 성격검사에 대한 연구는, 옅은 색의 점("진실" 응답으로 나타남)과 짙은 색의 점("과장"된 응답으로 나타남) 간의 차이를 근거로, 사실상 모든 사람이 어느 정도는 응답을 꾸며낸다는 것을 보여 준다.[122] 부정직한 사람이 더 잘 속이는가? 어느 정도 동의한다. [그림 9-9]는 테스트에서 평균 이상인 지원자보다 평균 이하의 점수인 지원자가 약간 더 많이 꾸며 내고 있음을 보여 준다. 그러나 속임수의 양에서의 차이는 크지 않다. 왜냐하면 부정직한 사람들은 자신의 행동을 완전히 정상으로 보는 경향이 있고, 모든 사람이 자신처럼 느끼고 행동한다고 믿기 때문이다.

그림은 고용을 결정하기 위해 합격점을 인위적으로 설정하는 것이 위험할 수 있음을 보여 준다. 왜냐하면 "속임수 방법"으로 합격점을 넘어설 수 있는 것이 가능하기 때문이다(그림에서 개

그림 9-9 속임수가 진실성 테스트 상관관계에 미치는 영향

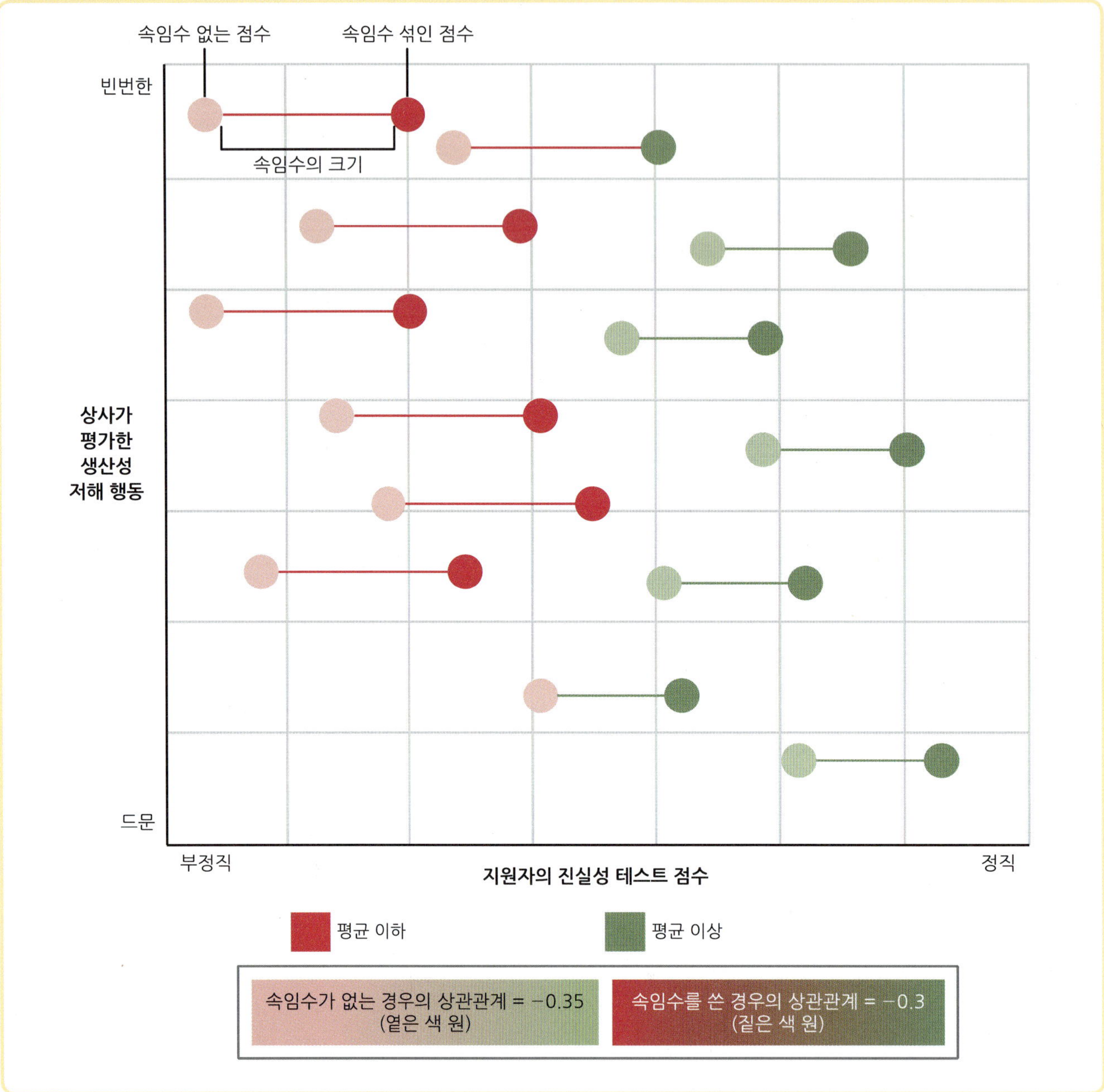

별적인 두 개는 속임수에 의한 평균 점수 이하에서 평균 점수 이상으로 들어간 것을 주목하라). 이런 주의할 점을 염두에 둘 때, [그림 9-9]에 중요한 점이 있다. 모든 사람이 어느 정도는 속임수를 쓰기 때문에 절도나 기타 생산성 저해 행동과 같은 결과와의 상관관계는 상대적으로 영향을 받지 않는다.[123] 도표에서 옅은 색 점의 산포도, 즉 진실성 테스트 점수와 생산성 저해 행동 간에 어떤 상관관계가 있을까? 짙은 색 점의 산포도는 어떤 상관관계가 있는 것으로 보이는가? 거의 같은가? 속임수의 경향은 실제로 가장 부정직한 것에서 가장 정직한 것으로 점수에서 순위를 변

경하지는 않는다. 사실, 인력 채용 전문가들은 성격과 진실성 테스트는 채용을 위한 가장 유용한 도구인 것에 동의하며,[124] 심지어 전형적인 채용 면접 방식보다 더 유용하다고 생각한다.[125] 성격 테스트보다 더욱 유용한 방법 중의 하나는 다음 장에서 언급할 능력 테스트이다.[126]

요점 정리

9.1 성격은 인간 내면의 생각, 감정, 행동의 특징적 패턴의 구조와 성향을 말한다. 또한, 그들이 다른 사람들에 의해 인식되는 사람들의 사회적 평판을 말한다. 이러한 방식으로, 성격은 사람들이 (사람이 무엇을 할 수 있는지를 반영하는 능력과는 다른) 무엇을 좋아하는지 포착한다. 문화적 가치는 특성의 표현과 발전에 영향을 주는 주어진 문화에서 행동 방식이나 바람직한 최종상태에 대한 신념을 공유한다.

9.2 빅 파이브는 성실성(예: 신뢰할 수 있는, 조직화된, 믿음직한), 친화성(예: 따뜻하고, 친절한, 협조적인), 신경증(예: 신경질적인, 시무룩한, 감정적인), 개방성(예: 상상력, 호기심, 창조적인), 외향성(예: 수다스럽고, 사교적이며, 열정적인)을 포함한다.

9.3 선천적인 것과 후천적인 것 모두 중요하지만, 성격은 유전적 요인에 의해 크게 영향을 받는다. 떨어져 양육된 일란성 쌍둥이의 시간 경과에 따른 성격 안정성에 대한 연구는 유전적 요인에 의한 성격의 편차를 35%에서 45% 사이로 보고 있다.

9.4 빅 파이브는 성격의 주된 분류법이다. 다른 분류법으로는 MBTI법과 홀랜드의 RIASEC 모델이 있다.

9.5. 홉스테드의 문화적 가치에 대한 분류법은 개인주의-집단주의, 권력 격차, 불확실성의 회피, 남성성-여성성, 단기-장기 지향, 자적-자제 등을 포함하고 있다. 프로젝트 글로브에 위한 최근 연구는 홉스테드의 차원 중 많은 부분을 차용하였고 여기에 문화 간의 사이를 구분하는 다섯 가지 다른 의미를 추가하였다. 성 평등주의, 자기표현, 미래지향성, 성과 지향성, 인간 지향성(인도주의적 성향).

9.6 성실성은 직무성과와 보통 수준의 양(+)의 상관관계를 가지며 조직몰입과도 양(+)의 상관관계를 가진다. 성실성은 빅 파이브의 다른 요인에 비해 높은 영향을 미친다.

9.7 성격 테스트는 채용을 위한 유용한 도구이다. 연구에 따르면 지원자들은 시험에서 일정 정도 "속임수(꾸며 내기)"를 행하지만 이러한 속임 행위가 시험 점수와 결과 사이의 상관관계를 특별히 저해하지 않는다는 것을 보여 주었다.

[그림 9-5] 정답: (1) 수건. (2) 그들은 세 쌍둥이이다. (3) 철자 U. (4) +를 4로 바꿀 수 있도록 선을 그려라. (5) 이 퍼즐의 해결은 말그대로 당신에게 "상자 밖에서 생각" 하도록 요구한다. 설명서 어디에도 점에 의해 형성된 사각형 내부의 선을 유지할 필요가 있다고 명시되어 있지 않다. 아래 네 줄을 사용하여 점을 연결하라.

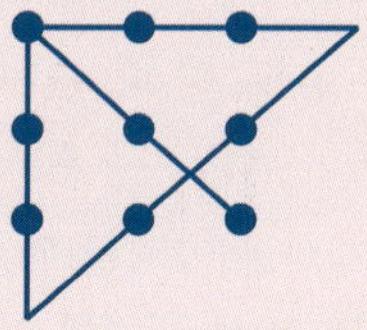

핵심 용어

- 개방성
- 개인주의-집단주의
- 교감 노력
- 권력 격차
- 긍정적 정서
- 남성성-여성성
- 단기 지향 대 장기 지향
- 마이어스-브릭스 유형 지표 (MBTI)
- 명시적 진실성 테스트
- 문화
- 문화적 가치
- 민족주의
- 부정적 정서
- 불확실성 회피
- 빅 파이브
- 성격
- 성실성
- 성취 추구
- 신경증
- 신분 상승 욕구
- 암묵적 진실성 테스트
- 외향성
- 일상적 성과
- 자적-자제
- 진실성 테스트
- 차별적 노출
- 차별적 반응

최대 성과
친화성
통제 위치
특성(trait)
특성활성화
프로젝트 글로브
RIASEC 모델

토론 질문

9.1 당신이 입사 지원을 하고 성격 테스트를 요청받았다면 어떻게 하겠는가? 당신은 지원하는 조직을 더욱 호의적인 시각에서 볼 것인가? 아니면 덜 호의적인 시각에서 볼 것인가? 그 이유는 무엇인가?

9.2 성격의 유전적 영향에 대한 연구에서는 성격의 변화의 절반 이상이 양육 환경(삶의 경험)에 기인한다고 밝히고 있다. 어떤 삶의 경험이 인간을 더욱 성실하게 만드는가? 더욱 친화적으로, 더욱 신경증적으로, 더욱 외향적으로, 새로운 경험에 더욱 개방적으로 만드는가?

9.3 MBTI와 RIASEC 모델을 포함한 성격 차원을 생각해 보자. 만약 여러분이 빅 파이브에서 차원을 만들어야 한다면, 그렇게 할 수 있겠는가? 어떤 차원이 맞지 않은가?

9.4 〈표 9-3〉의 홉스테드의 문화적 가치에서 한국의 프로파일을 고려해 보자. 여러분은 개인적으로 한국의 프로파일에 맞는다고 느끼는가? 당신의 가치관과 어느 면에서 다른가? 만약 여러분이 해외 파견 근로자로 미국에서 일하고 있다면, 문화적 가치 중 받아들이기 가장 힘든 것은 무엇인가?

9.5 만약 여러분이 사업체를 경영하고 있고 직원 절도 문제로 고민하고 있다면, 진실성 테스트를 이용할 것인가? 그 이유는 무엇인가?

사례: 브리지워터 어소시에이츠

브리지워터의 야구 카드는 1~10의 척도를 사용하여 100가지 이상의 특징에 대해 직원을 평가한다. 이 카드는 Dot Collector라고 불리는 독점적인 아이패드 앱을 사용하여 시간이 지남에 따라 업데이트된다. 레이 달리오는 TED 강연에서 이것이 어떻게 작동하는지 보여 주었다. 회의 중(대부분 기록됨) 참석자는 Dot Collector를 사용하여 회의실의 사용자를 평가할 수 있다. 그 앱은 "우수함을 달성하기 위한 추진"(높은 성실성), "신경을 자극하는"(낮은 친화성), "모호한 태도로 대처"(낮은 신경증), "오픈 마인드"(높은 개방성), "적극적인"(높은 외향성) 등 빅 파이브에 있는 여러 성격 특성을 포함하고 있다.

직원이 회의에서 이야기할 때, 다른 참석자들은 그 순간에 적절해 보이는 특성에 대해 직원을 평가할 수 있다. 등급이 5 미만인 경우 빨간색 네모 칸, 등급이 5인 경우 회색 네모 칸, 등급이 5 이상인 경우 녹색 네모 칸에 표시한다. 미팅이 진행될 수록 Dot Collector에 더 많은 "dot"을 입력할 수 있다. 시간이 지남에 따라 앱을 사용하여 미팅에서 주어진 특성에 대한 직원의 전체 평균을 보여 줄 수 있다. 또한 직원의 전체 성격 프로파일을 빨간색과 녹색 모자이크로 축소할 수 있다. 이런 식으로 점들은 연결된다. 브리지워터는 그 모자이크를 두 가지 간단한 방법으로 사용한다. 먼저, 그들은 어떤 직무가 직원에게 가장 적합한지에 대한 결정을 알려 준다. 둘째, 한 구성원의 강점이 다른 구성원의 약점을 보완하면서 팀을 구성할 때 최적의 조합을 만드는 방법을 제공한다.

세 번째 방법은 브리지워터 dot의 모자이크를 이용하는 것이다(야구 카드). 구체적으로, 회사는 알고리즘을 사용하여 "신뢰성"에 대한 전반적인 지수를 얻는다. 즉, 사람의 특성이 틀리기보다는 옳을 가능성이 더 높은 사람을 암시하는 것이다. 5명의 사람이 행동 A가 최선이라고 생각하지만 나머지 5명은 행동 B가 최선이라고 생각하는 회의를 상상해 보자. 그건 교착 상태일 것이다. 행동 A를 지지하는 5명이 행동 B를 지지하는 5명보다 신뢰성이 더 높다면 그렇지 않다. 브리지워터의 소프트웨어는 더 강한 프로파일을 가진 직원의 의견을 더 높게 평가하는 "신뢰성 가중평균"을 만들 수 있다. 심지어 그 직원이 더 높은 평가를 받는 관련 특성을 나열한다. 달리오가 요약했듯이, 결과적으로 "민주주의에 기반을 둔 것도 아니고, 독재에 기반을 둔 것이 아니라, 사람들의 신뢰성을 고려하는 알고리즘에 기반을 둔 것"이다.

9.1 브리지워터에서 회의 중인 모습, 즉 참석자가 Dot Collector를 사용하여 서로 등급을 매기는 방식의 어떤 점이 마음에 드는가? 당신은 그 과정에서 어떤 점이

싫은가?

9.2 당신은 개인의 성격 특성에 대한 평가 기록이 "신뢰성" 지수를 만드는 데 사용될 수 있다는 생각에 동의하는가? 그리고 당신은 결정을 내리는 동안 더 "믿을 수 있는" 사람들의 견해에 더 많은 무게가 주어져야 한다는 것에 동의하는가?

9.3 더 많은 조직에서 이러한 종류의 지속적이고 업데이트된 야구 카드를 만들어야 하는가? 이러한 접근 방식에 더 적합한 투자 비즈니스의 특성은 무엇이 있나?

출처: R. Dalio, *Principles: Life and Work* (New York: Simon & Schuster, 2017); R. Dalio, "How to Build a Company Where the Best Ideas Win," *TED*, April, 2017; R. Feloni, "Employees at the World's Largest Hedge Fund Use iPads to Rate Each Other's Performance in Real-Time—See How It Works," *Business Insider*, September 6, 2017; R. Feloni. "Billionaire Investor Ray Dalio's Top 20 Management Principles," *Business Insider*, November 5, 2014.

예제: 성격 프로파일 추측

이 예제의 목적은 친구들 사이에서 빅 파이브 성격 차원이 얼마나 눈에 띄는지를 탐색하는 것이다. 이 예제는 모둠 활동으로 진행되기에, 강의자가 모둠을 만들어 주거나 학습자들이 직접 모둠을 만들어야 한다. 이 예제는 다음과 같은 단계로 진행된다.

91 개별적으로, 이 장 OB 진단지에 있는 빅 파이브 측정을 완료하라.

9.2 백지에 당신의 점수를 다음과 같은 양식으로 기입하라. C =, A =, N =, O =, E =. 당신의 필체가 드러나지 않도록 가능한 특색 없고 일반적인 방법으로 작성하라. 다른 사람들이 볼 수 없도록 종이를 접는다.

9.3 당신의 모둠에서 접은 종이를 모아 섞는다. 모둠의 구성원 한 명이 종이 한 장을 선택하고 소리 내어 CANOE 점수를 읽는다. 다음으로 모둠은 다양한 차원의 기준(C = 14, A = 16, N = 10, 0 = 15, E = 13)을 고려하여 점수가 어느 구성원의 것인지 합의하여야 한다. 구성원은 자신의 종이를 읽을 수도 있음을 명심하라. 모둠이 추측한 구성원 앞에 그 종이를 놓으면 된다.

9.4 시계 방향으로 이동하여 다음 사람은 남은 종이 중 하나를 선택해야 한다. 이 과정은 모든 종이가 구성원에게 배정될 때까지 반복된다. 구성원은 한 장의 종이만 할당받을 수 있고, 할당이 완료되면 교환은 허용되지 않는다.

9.5 모둠 구성원은 자신에게 할당된 종이가 실제 자신의 점수인지 여부를 발표해야 한다. 만약 할당이 잘못되었다면, 그들은 실제 종이를 찾아 점수의 차이를 설명해야 한다.

9.6 수업 토론(집단 내 또는 학급 내)은 다음 주제에 중점을 두어야 한다. 추측이 얼마나 정확했는가? 서로를 잘 아는 집단이 덜 친숙한 집단보다 추측이 더 정확했는가? 할당을 결정할 때 가장 많이 의존했던 성격 차원은 무엇인가? 그러한 차원이 더 즉각적으로 관찰되도록 만든 것이 무엇인가?

미주

9.1 Funder, D.C. "Personality." *Annual Review of Psychology* 52 (2001), pp. 197–221; Hogan, R.T. "Personality and Personality Measurement." *Handbook of Industrial and Organizational Psychology*, Vol. 2, ed. M.D. Dunnette and L.M. Hough. Palo Alto, CA: Consulting Psychologists Press, 1991, pp. 873–919.

9.2 Hogan, R.T. "Personality and Personality Measurement." *Handbook of Industrial and Organizational Psychology*, Vol. 2, ed. M.D. Dunnette and L.M. Hough. Palo Alto, CA: Consulting Psychologists Press, 1991, pp. 873–919.

9.3 Hogan, R.T. "Personality and Personality Measurement." *Handbook of Industrial and Organizational Psychology*, Vol. 2, ed. M.D. Dunnette and L.M. Hough. Palo Alto, CA: Consulting Psychologists Press, 1991, pp. 873–919; Fleeson, W., and P. Gallagher. "The Implications of Big Five Standing for the Distribution of Trait Manifestation in Behavior: Fifteen Experience-Sampling Studies and a Meta-Analysis." *Journal of Personality and Social Psychology* 97 (2009), pp. 1097–1114.

9.4 Rokeach, M. The Nature of Human Values. New York: Free Press, 1973; Steers, R.M., and C.J. Sanchez-Runde. "Culture, Motivation, and Work Behavior." In *Blackwell Handbook of Cross-Cultural Management*, ed. M.J. Gannon and K.L. Newman. Malden, MA: Blackwell, 2002, pp. 190–213.

9.5 Goldberg, L.R. "From Ace to Zombie: Some Explorations in the Language of Personality." In *Advances in Personality Assessment*, Vol. 1, ed. C.D. Spielberger and J.N. Butcher. Hillsdale, NJ:

Erlbaum, 1982, pp. 203–34; Allport, G.W., and H.S. Odbert. "Trait-Names: A Psycho-Lexical Study." *Psychological Monographs* 47 (1936), Whole No. 211; Norman, W.T. *2800 Personality Trait Descriptors: Normative Operating Characteristics for a University Population*. Ann Arbor: University of Michigan Department of Psychology, 1967.

9.6 Tupes, E.C., and R.E. Christal. *Recurrent Personality Factors Based on Trait Ratings*. USAF ASD Technical Report No. 61–97, Lackland Air Force Base, TX: United States Air Force, 1961, reprinted in *Journal of Personality* 60, pp. 225–51; Norman, W.T. "Toward an Adequate Taxonomy of Personality Attributes: Replicated Factor Structure in Peer Nomination Personality Ratings." *Journal of Abnormal and Social Psychology* 66 (1963), pp. 574–83; Digman, J.M., and N.K. Takemoto-Chock. "Factors in the Natural Language of Personality: Re-Analysis, Comparison, and Interpretation of Six Major Studies." *Multivariate Behavioral Research* 16 (1981), pp. 149–70; McCrae, R.R., and P.T. Costa Jr. "Updating Norman's 'Adequate Taxonomy': Intelligence and Personality Dimensions in Natural Language and in Questionnaires." *Journal of Personality and Social Psychology* 49 (1985), pp. 710–21; Goldberg, L.R. "An Alternative 'Description of Personality': The Big- Five Factor Structure." *Journal of Personality and Social Psychology* 59 (1990), pp. 1216–29.

9.7 Goldberg, L.R. "Language and Individual Differences: The Search for Universals in Personality Lexicons." In *Review of Personality and Social Psychology*, Vol. 2, ed. L. Wheeler. Beverly Hills, CA: Sage, 1981, pp. 141–65.

9.8 Arvey, R.D., and T.J. Bouchard Jr. "Genetics, Twins, and Organizational Behavior." In *Research in Organizational Behavior*, Vol. 16, ed. B.M. Staw and L.L. Cummings. Greenwich, CT: JAI Press, 1994, pp. 47–82.

9.9 Loehlin, J.C. *Genes and Environment in Personality Development*. Newbury Park, CA: Sage, 1992.

9.10 Loehlin, J.C. *Genes and Environment in Personality Development*. Newbury Park, CA: Sage, 1992.

9.11 Roberts, B.W.; K.E. Walton; and W. Viechtbauer. "Patterns of Mean-Level Change in Personality Traits Across the Life Course: A Meta-Analysis of Longitudinal Studies." *Psychological Bulletin* 132 (2006), pp. 1–25.

9.12 Cohen, J. *Statistical Power Analysis for Behavioral Sciences*, 2nd ed. Hillsdale, NJ: Erlbaum, 1988.

9.13 Loehlin, J.C. *Genes and Environment in Personality Development*. Newbury Park, CA: Sage, 1992.

9.14 Roberts, B.W.; K.E. Walton; and W. Viechtbauer. "Patterns of Mean-Level Change in Personality Traits across the Life Course: A Meta-Analysis of Longitudinal Studies." *Psychological Bulletin* 132 (2006), pp. 1–25; Jackson, J.J.; T. Bogg; K.E. Walton; D. Wood; P.D. Harms; J. Lodi-Smith; G.W. Edmonds; and B.W. Roberts. "Not All Conscientiousness Scales Change Alike: A Multimethod, Multisample Study of Age Differences in the Facets of Conscientiousness." *Journal of Personality and Social Psychology* 96 (2009), pp. 446–59; Soto, C.J.; O.P. John; S.D. Gosling; and J. Potter. "Age Differences in Personality Traits from 10 to 65: Big Five Domains and Facets in a Large Cross-Sectional Sample." *Journal of Personality and Social Psychology* 100 (2011), pp. 330–48.

9.15 Saucier, G. "Mini- Markers: A Brief Version of Goldberg's Unipolar Big-Five Markers." *Journal of Personality Assessment* 63 (1994), pp. 506–16; Goldberg, L.R. "The Development of Markers for the Big- Five Factor Structure." *Psychological Assessment* 4 (1992), pp. 26–42; McCrae, R.R., and P.T. Costa Jr. "Validation of the Five-Factor Model of Personality Across Instruments and Observers." *Journal of Personality and Social Psychology* 52 (1987), pp. 81–90.

9.16 Barrick, M.R., and M.K. Mount. "The Big Five Personality Dimensions and Job Performance: A Meta-Analysis." *Personnel Psychology* 44 (1991), pp. 1–26.

9.17 Barrick, M.R.; G.L. Stewart; and M. Piotrowski. "Personality and Job Performance: Test of the Mediating Effects of Motivation among Sales Representatives." *Journal of Applied Psychology* 87 (2002), pp. 43–51.

9.18 Barrick, M.R.; M.K. Mount; and J.P. Strauss. "Conscientiousness and Performance of Sales Representatives: Test of the Mediating Effects of Goal Setting." *Journal of Applied Psychology* 78 (1993), pp. 715–22.

9.19 Stewart, G.L. "Trait Bandwidth and Stages of Job Performance: Assessing Differential Effects for Conscientiousness and its Subtraits." *Journal of Applied Psychology* 84 (1999), pp. 959–68.

9.20 Judge, T.A.; C.A. Higgins; C.J. Thoreson; and M.R. Barrick. "The Big Five Personality Traits, General Mental Ability, and Career Success across the Life Span." *Personnel Psychology* 52 (1999), pp. 621–52.

9.21 Friedman, H.S.; J.S. Tucker; J.E. Schwartz; L.R. Martin; C. Tomlinson-Keasey; D.L. Wingard; and M.H. Criqui. "Childhood Conscientiousness and Longevity: Health Behaviors and Cause of Death." *Journal of Personality and Social Psychology* 68 (1995), pp. 696–703.

9.22 Roberts, B.W.; O.S. Chernyshenko; S. Stark; and L.R. Goldberg. "The Structure of Conscientiousness: An Empirical Investigation Based on Seven Major Personality Dimensions." *Personnel Psychology* 58 (2005), pp. 103–39.

9.23 Barrick, M.R.; G.L. Stewart; and M. Piotrowski. "Personality and Job Performance: Test of the Mediating Effects of Motivation among Sales Representatives." *Journal of Applied Psychology* 87 (2002), pp. 43–51; Hogan, J., and B. Holland. "Using Theory to Evaluate Personality and Job-Performance Relations: A Socioanalytic Perspective." *Journal of Applied Psychology* 88 (2003), pp. 100–12.

9.24 Barrick, M.R., and M.K. Mount. "The Big Five Personality Dimensions and Job Performance: A Meta- Analysis." *Personnel Psychology* 44 (1991), pp. 1–26.

9.25 Frei, R.L., and M.A. McDaniel. "Validity of Customer Service Measures in Personnel Selection: A Review of Criterion and Construct Evidence." *Human Performance* 11 (1998), pp. 1–27.

9.26 Graziano, W.G.; L.A. Jensen-Campbell; and E.C. Hair. "Perceiving Interpersonal Conflict and Reacting to It: The Case for Agreeableness." *Journal of Personality and Social Psychology* 70 (1996), pp. 820–35.

9.27 Mehl, M.R.; S.D. Gosling; and J.W. Pennebaker. "Personality in Its Natural Habitat: Manifestations and Implicit Folk Theories of Personality in Daily Life." *Journal of Personality and Social Psychology* 90 (2006), pp. 862–77.

9.28 Albright, L.; D.A. Kenny; and T.E. Malloy. "Consensus in Personality Judgments at Zero Acquaintance." *Journal* of Personality and Social Psychology 55 (1988), pp. 387–95; Levesque, M.J., and D.A. Kenny. "Accuracy of Behavioral Predictions at Zero Acquaintance: A Social Relations Analysis." *Journal of Personality and Social Psychology* 65 (1993), pp. 1178–87.

9.29 Barrick, M.R.; G.L. Stewart; and M. Piotrowski. "Personality and Job Performance: Test of the Mediating Effects of Motivation among Sales Representatives." *Journal of Applied Psychology* 87 (2002), pp. 43–51.

9.30 Judge, T.A.; J.E. Bono; R. Ilies; and M.W. Gerhardt. "Personality and Leadership: A Qualitative and Quantitative Review." *Journal of Applied Psychology* 87 (2002), pp. 765–80.

9.31 Judge, T.A.; J.E. Bono; R. Ilies; and M.W. Gerhardt. "Personality and Leadership: A Qualitative and Quantitative Review." *Journal of Applied Psychology* 87 (2002), pp. 765–80.

9.32 Thoreson, C.J.; S.A. Kaplan; A.P. Barsky; C.R. Warren; and K. de Chermont. "The Affective Underpinnings of Job Perceptions and Attitudes: A Meta-Analytic Review and Integration." *Psychological Bulletin* 129 (2003), pp. 914–45.

9.33 Thoreson, C.J.; S.A. Kaplan; A.P. Barsky; C.R. Warren; and K. de Chermont. "The Affective Underpinnings of Job Perceptions and Attitudes: A Meta-Analytic Review and Integration." *Psychological Bulletin* 129 (2003), pp. 914–45; Judge, T.A.; D. Heller; and M.K. Mount. "Five-Factor Model of Personality and Job Satisfaction: A Meta-Analysis." *Journal of Applied Psychology* 87 (2003), pp. 530–41; Kaplan, S.; J.C. Bradley; J.N. Luchman; and D. Haynes. "On the Role of Positive and Negative Affectivity in Job Performance: A Meta-Analytic Investigation." *Journal of Applied Psychology* 94 (2009), pp. 162–76.

9.34 Arvey, R.D.; T.J. Bouchard; N.L. Segal; and L.M. Abraham. "Job Satisfaction: Environmental and Genetic Components." *Journal of Applied Psychology* 74 (1989), pp. 187–92.

9.35 Steel, P.; J. Schmidt; and J. Shultz. "Refining the Relationship Between Personality and Subjective Well- Being." *Psychological Bulletin* 134 (2008), pp. 138–61; Steel, P., and D.S. Ones. "Personality and Happiness: A National-Level Analysis." *Journal of Personality and Social Psychology* 83 (2002), pp. 767–81.

9.36 Magnus, K.; E. Diener; F. Fujita; and W. Pavot. "Extraversion and Neuroticism as Predictors of Objective Life Events: A Longitudinal Analysis." *Journal of Personality and Social Psychology* 65 (1992), pp. 1046–53.

9.37 Paunonen, S.V. "Big Five Predictors of Personality and Replicated Predictions of Behavior." *Journal of Personality and Social Psychology* 84 (2003), pp. 411–24; Asendorpf, J.B., and S. Wilpers. "Personality Effects on Social Relationships." *Journal of Personality and Social Psychology* 74 (1998), pp. 1531–44.

9.38 Asendorpf, J.B., and S. Wilpers. "Personality Effects on Social Relationships." *Journal of Personality and Social Psychology* 74 (1998), pp. 1531–44.

9.39 Barrick, M.R., and M.K. Mount. "Select on Conscientiousness and Emotional Stability." In *Blackwell Handbook of Principles of Organizational Behavior*, ed. E.A. Locke. Malden, MA: Blackwell, 2000, pp. 15–28.

9.40 Thoreson, C.J.; S.A. Kaplan; A.P. Barsky; C.R. Warren; and K. de Chermont. "The Affective Underpinnings of Job Perceptions and Attitudes: A Meta-Analytic Review and Integration." *Psychological Bulletin* 129 (2003), pp. 914–45.

9.41 Thoreson, C.J.; S.A. Kaplan; A.P. Barsky; C.R. Warren; and K. de Chermont. "The Affective Underpinnings of Job Perceptions and Attitudes: A Meta-Analytic Review and Integration." *Psychological Bulletin* 129 (2003), pp. 914–45; Kaplan, S.; J.C. Bradley; J.N. Luchman; and D. Haynes. "On the Role of Positive and Negative Affectivity in Job Performance: A Meta-Analytic Investigation." *Journal of Applied Psychology* 94 (2009), pp. 162–76.

9.42 DeNeve, K.M., and H. Cooper. "The Happy Personality: A Meta-Analysis of 137 Personality Traits and Subjective Well- Being." *Psychological Bulletin* 124 (1998), pp. 197–229; Steel, P.; J. Schmidt; and J. Shultz. "Refining the Relationship between Personality and Subjective Well-Being." *Psychological Bulletin* 134 (2008), pp. 138–61; Steel, P., and D.S. Ones. "Personality and Happiness: A National-Level Analysis." *Journal of Personality and Social Psychology* 83 (2002), pp. 767–81.

9.43 Bolger, N., and A. Zuckerman. "A Framework for Studying Personality in the Stress Process." *Journal of Personality and Social Psychology* 69 (1995), pp. 890–902.

9.44 Bolger, N., and A. Zuckerman. "A Framework for Studying Personality in the Stress Process." *Journal of Personality and Social Psychology* 69 (1995), pp. 890–902.

9.45 Friedman, M., and R.H. Rosenman. *Type A Behavior and Your Heart*. New York: Knopf, 1974.

9.46 Rotter, J.B. "Generalized Expectancies for Internal Versus External Control of Reinforcement." *Psychological Monographs* 80 (1966), pp. 1–28.

9.47 Judge, T.A., and J.E. Bono. "Relationship of Core Self-Evaluations Traits—Self-Esteem, Generalized Self-Efficacy, Locus of Control, and Emotional Stability— with Job Satisfaction and Job Performance: A Meta-Analysis." *Journal of Applied Psychology* 86 (2001), pp. 80–92.

9.48 Ng, T.W.H.; K.L. Sorensen; and L.T. Eby. "Locus of Control at Work: A Meta- Analysis." *Journal of Organizational Behavior* 27 (2006), pp. 1057–87.

9.49 Barrick, M.R., and M.K. Mount. "The Big Five Personality Dimensions and Job Performance: A Meta- Analysis." *Personnel Psychology* 44 (1991), pp. 1–26; Cellar, D.F.; M.L. Miller; D.D. Doverspike; and J.D. Klawsky. "Comparison of Factor Structures and Criterion-Related Validity Coefficients for Two Measures of Personality Based on the Five Factor Model." *Journal of Applied Psychology* 81 (1996), pp. 694–704.

9.50 LePine, J.A.; J.A. Colquitt; and A. Erez. "Adaptability to Changing Task Contexts: Effects of General Cognitive Ability, Conscientiousness, and Openness to Experience." *Personnel Psychology* 53 (2000), pp. 563–93; Thoreson, C.J.; J.C. Bradley; P.D. Bliese; and J.D. Thoreson. "The Big Five Personality Traits and Individual Job Performance Growth Trajectories in Maintenance and Transitional Job Stages." *Journal of Applied Psychology* 89 (2004), pp. 835–53.

9.51 Shalley, C.E.; J. Zhou; and G.R. Oldham. "The Effects of Personal and Contextual Characteristics on Creativity: Where Should We Go from Here?" *Journal of Management* 30 (2004), pp. 933–58.

9.52 Zhou, J., and J.M. George. "When Job Dissatisfaction Leads to Creativity: Encouraging the Expression of Voice." *Academy of Management Journal* 44 (2001), pp. 682–96.

9.53 Feist, G.J. "A Meta-Analysis of Personality in Scientific and Artistic Creativity." *Personality and Social Psychology Review* 2 (1998), pp. 290–309.

9.54 Stead, D. "You Are Getting Creative ... Very Creative." *BusinessWeek*, May 12, 2008, p. 18.

9.55 Edmondson, G. "BMW's Dream Factory." *BusinessWeek*, October 16, 2006, pp. 70–80.

9.56 Source: Stefan Krause.

9.57 Myers, I.B., and M.H. McCaulley. *Manual: A Guide to the Development and Use of the Myers-Briggs Type Indicator*. Palo Alto, CA: Consulting Psychologists Press, 1985.

9.58 Jung, C.G. *The Collected Works of C. G. Jung: Vol. 6, Psychological Types*, trans. H.G. Baynes, ed. R.F. Hull. Princeton, NJ: Princeton University Press, 1971.

9.59 Gardner, W.L., and M.J. Martinko. "Using the Myers-Briggs Type Indicator to Study Managers: A Literature Review and Research Agenda." *Journal of Management* 22 (1996), pp. 45–83; "What Is Your Myers Briggs Personality Type?" http://www.personalitypathways.com/type_inventory.html (accessed March 18, 2007).

9.60 Gardner, W.L., and M.J. Martinko. "Using the Myers-Briggs Type Indicator to Study Managers: A Literature Review and Research Agenda." *Journal of Management* 22 (1996), pp. 45–83.

9.61 Gardner, W.L., and M.J. Martinko. "Using the Myers-Briggs Type Indicator to Study Managers: A Literature Review and Research Agenda." *Journal of Management* 22 (1996), pp. 45–83.

9.62 Holland, J.L. "A Theory of Vocational Choice." *Journal of Counseling Psychology* 6 (1959), pp. 35–45; Holland, J.L. *Making Vocational Choices: A Theory of Vocational Personalities and Work Environments*, 3rd ed. Odessa, FL: Psychological Assessment Resources, 1997.

9.63 Mount, M.K.; M.R. Barrick; S.M. Scullen; and J. Rounds. "Higher-Order Dimensions of the Big Five Personality Traits and the Big Six Vocational Interests." *Personnel Psychology* 58 (2005), pp. 447–78.

9.64 Strong, E.K. "An 18-Year Longitudinal Report on Interests." In *The Strong Vocational Interest Blank: Research and Uses*, ed. W.L. Layton. Minneapolis: University of Minnesota Press, 1960.

9.65 Holland, J.L. *Making Vocational Choices: A Theory of Vocational Personalities and Work Environments*, 3rd ed. Odessa, FL: Psychological Assessment Resources, 1997; "Providing Holland Code Resources Worldwide" (n.d.), Hollandcodes.com; Armstrong, P.I.; W. Allison; and J. Rounds. "Development and Initial Validation of Brief Public Domain RIASEC Marker Scales." *Journal of Vocational Behavior* 73 (2008), pp. 287–99.

9.66 Muchinsky, P.M. "Applications of Holland's Theory in Industrial and Organizational Settings." *Journal of Vocational Behavior* 55 (1999), pp. 127–35; Van Iddekinge, C.H.; D.J. Putka; and J.P. Campbell. "Reconsidering Vocational Interests for Personnel Selection: The Validity of an Interest- Based Selection Test in Relation to Job Knowledge, Job Performance, and Continuance Intentions." *Journal of Applied Psychology* 96 (2011), pp. 13–33.

9.67 Campbell, D.P., and F.H. Borgen. "Holland's Theory and the Development of Interest Inventories." *Journal of Vocational Behavior* 55 (1999), pp. 86–101; Rayman, J., and L. Atanasoff. "Holland's Theory of Career Intervention: The Power of the Hexagon." *Journal of Vocational Behavior* 55 (1999), pp. 114–26.

9.68 Tsui, A.S.; S.S. Nifadkar; and A.Y. Ou. "Cross-National, Cross-Cultural Organizational Behavior Research: Advances, Gaps, and Recommendations." *Journal of Management* 33 (2007), pp. 426–78.

9.69 House, R.J.; P.J. Hanges; M. Javidan; P.W. Dorfman; and V. Gupta. *Culture, Leadership, and Organizations: The GLOBE Study of 62 Societies*. Thousand Oaks, CA: Sage, 2004.

9.70 Kroeber, A.L., and C. Kluckhohn. *Culture: A Critical Review of Concepts and Definitions*. Cambridge, MA: Harvard University Press, 1952; Hofstede, G. Cultures and Organizations: Software of the Mind. London: McGraw- Hill, 1991.

9.71 Zou, X.; K.P. Tam; M.W. Morris; S.L. Lee; I.Y.M. Lau; and C.Y. Chiu. "Culture as Common Sense: Perceived Consensus Versus Personal Beliefs as Mechanisms of Cultural Influence." *Journal of Personality and Social Psychology* 97 (2009), pp. 579–97.

9.72 Heine, S.J., and E.E. Buchtel. "Personality: The Universal and the Culturally Specific." *Annual Review of Psychology* 60 (2009), pp. 369–94.

9.73 McCrae, R.R.; A. Terracciano; and 79 Members of the Personality Profiles of Cultures Project. "Personality Profiles of Cultures: Aggregate Personality Traits." *Journal of Personality and Social Psychology* 89 (2005), pp. 407–25.

9.74 Schwartz, S.H. "Universals in the Content and Structure of Values: Theoretical Advances and Empirical Tests in 20 Countries." In *Advances in Experimental Social Psychology*, Vol. 25, ed. M.P. Zanna. San Diego: Academic Press, 1992, pp. 1–65.

9.75 House, R.J.; P.J. Hanges; M. Javidan; P.W. Dorfman; and V. Gupta. *Culture, Leadership, and Organizations: The GLOBE Study of 62 Societies*. Thousand Oaks, CA: Sage, 2004.

9.76 Hofstede, G. *Culture's Consequences: Comparing Values, Behaviors, Institutions, and Organizations Across Nations*. Thousand Oaks, CA: Sage, 2001; Kirkman, B.L.; K.B. Lowe; and C.B. Gibson. "A Quarter Century of Culture's Consequences: A Review of Empirical Research Incorporating Hofstede's Cultural Values Framework." *Journal of International Business Studies* 37 (2006), pp. 285–320.

9.77 Hofstede, G., and M.H. Bond. "The Confucius Connection: From Cultural Roots to Economic Growth." *Organizational Dynamics* 16 (1988), pp. 5–21.

9.78 Hofstede, G., G.J. Hofstede, and M. Minkov. *Cultures and Organizations: Software of the Mind*. New York: McGraw-Hill, 2010.

9.79 House, R.J.; P.J. Hanges; M. Javidan; P.W. Dorfman; and V. Gupta. *Culture, Leadership, and Organizations: The GLOBE Study of 62 Societies*. Thousand Oaks, CA: Sage, 2004.

9.80 Chen, Y.; K. Leung; and C.C. Chen. "Bringing National Culture to the Table: Making a Difference with Cross-Cultural Differences and Perspectives." *Academy of Management Annals* 3 (2009), pp. 217–49.

9.81 Oyserman, D.; H.M. Coon; and M. Kemmelmeier. "Rethinking Individualism and Collectivism: Evaluation of Theoretical Assumptions and Meta-

Analyses." *Psychological Bulletin* 128 (2002), pp. 3–72; Earley, P.C., and C.B. Gibson. "Taking Stock in Our Progress on Individualism– Collectivism: 100 Years of Solidarity and Community." *Journal of Management* 24 (1998), pp. 265–304; Taras, V.; B.L. Kirkman; and P. Steel. "Examining the Impact of Culture's Consequences: A Three-Decade, Multilevel, Meta- Analytic Review of Hofstede's Cultural Value Dimensions. *Journal of Applied Psychology* 95 (2010), pp. 405–39.

9.82 Jackson, C.L.; J.A. Colquitt; M.J. Wesson; and C.P. Zapata- Phelan. "Psychological Collectivism: A Measurement Validation and Linkage to Group Member Performance." *Journal of Applied Psychology* 91 (2006), pp. 884–99; Dierdorff, E.C.; S.T. Bell; and J.A. Belohlav. "The Power of 'We': Effects of Psychological Collectivism on Team Performance over Time." *Journal of Applied Psychology* 96 (2011), pp. 247–62.

9.83 Wasti, S.A., and O. Can. "Affective and Normative Commitment to Organization, Supervisor, and Coworker: Do Collectivist Values Matter?" *Journal of Vocational Behavior* 73 (2008), pp. 404–13.

9.84 Earley, P.C., and C.B. Gibson. "Taking Stock in Our Progress on Individualism– Collectivism: 100 Years of Solidarity and Community." *Journal of Management* 24 (1998), pp. 265–304.

9.85 Kirkman, B.L.; K.B. Lowe; and C.B. Gibson. "A Quarter Century of Culture's Consequences: A Review of Empirical Research Incorporating Hofstede's Cultural Values Framework." *Journal of International Business Studies* 37 (2006), pp. 285–320.

9.86 Black, J.S. "The Relationship of Personal Characteristics with the Adjustment of Japanese Expatriate Managers." *Management International Review* 30 (1990), pp. 119–34.

9.87 Barrick, M.R.; M.K. Mount; and T.A. Judge. "Personality and Performance at the Beginning of the New Millennium: What Do We Know and Where Do We Go Next?" *International Journal of Selection and Assessment* 9 (2001), pp. 9–30; Hough, L.M., and A. Furnham. "Use of Personality Variables in Work Settings." In *Handbook of Psychology*, Vol. 12, ed. W.C. Borman; D.R. Ilgen; and R.J. Klimoski. Hoboken, NJ: Wiley, 2003, pp. 131–69.

9.88 Judge, T.A., and R. Ilies. "Relationship of Personality to Performance Motivation: A Meta-Analysis." *Journal of Applied Psychology* 87 (2002), pp. 797–807.

9.89 Sackett, P.R.; S. Zedeck; and L. Fogli. "Relations Between Measures of Typical and Maximum Job Performance." *Journal of Applied Psychology* 73 (1988), pp. 482–86.

9.90 Hough, L.M., and A. Furnham. "Use of Personality Variables in Work Settings." In *Handbook of Psychology*, Vol. 12, ed. W.C. Borman; D.R. Ilgen; and R.J. Klimoski. Hoboken, NJ: Wiley, 2003, pp. 131–69; Ilies, R.; I.S. Fulmer; M. Spitzmuller; and M.D. Johnson. "Personality and Citizenship Behavior: The Mediating Role of Job Satisfaction." *Journal of Applied Psychology* 94 (2009), pp. 945–59.

9.91 Mount, M.K., and M.R. Barrick. "The Big Five Personality Dimensions: Implications for Research and Practice in Human Resources Management." In *Research in Personnel and Human Resource Management*, ed. G.R. Ferris. Greenwich, CT: JAI Press, 1995, pp. 153–200.

9.92 Ilies, R.; I.S. Fulmer; M. Spitzmuller; and M.D. Johnson. "Personality and Citizenship Behavior: The Mediating Role of Job Satisfaction." *Journal of Applied Psychology* 94 (2009), pp. 945–59; Judge, T.A.; D. Heller; and M.K. Mount. "Five-Factor Model of Personality and Job Satisfaction: A Meta- Analysis." *Journal of Applied Psychology* 87 (2003), pp. 530–41.

9.93 Salgado, J.F. "The Big Five Personality Dimensions and Counterproductive Behaviors." *International Journal of Selection and Assessment* 10 (2002), pp. 117–25.

9.94 Cullen, M.J., and P. Sackett. "Personality and Counterproductive Work Behavior." In *Personality and Work*, ed. M.A. Barrick and A.M. Ryan. San Francisco: Jossey- Bass, 2003, pp. 150–82.

9.95 Cooper-Hakim, A., and C. Viswesvaran. "The Construct of Work Commitment: Testing an Integrative Framework." *Psychological Bulletin* 131 (2005), pp. 241–59; Mathieu, J.E., and D.M. Zajac. "A Review and Meta-Analysis of the Antecedents, Correlates, and Consequences of Organizational Commitment." *Psychological Bulletin* 108 (1990), pp. 171–94.

9.96 Salgado, J.F. "The Big Five Personality Dimensions and Counterproductive Behaviors." *International Journal of Selection and Assessment* 10 (2002), pp. 117–25; Zimmerman., R.D. "Understanding the Impact of Personality Traits on Individuals' Turnover Decisions: A Meta-Analytic Path Model." *Personnel Psychology* 61 (2008), pp. 309–48.

9.97 Cooper-Hakim, A., and C. Viswesvaran. "The Construct of Work Commitment: Testing an Integrative Framework." *Psychological Bulletin* 131 (2005), pp. 241–59.

9.98 Grant, S., and J. Langan-Fox. "Personality and Occupational Stressor–Strain Relationships: The Role of the Big Five." *Journal of Occupational Health Psychology* 12 (2007), pp. 20–33. 9.99 Mischel, W. "The Interaction of Person and Situation." In *Personality at the Crossroads: Current Issues in Interactional Psychology*, ed. D. Magnusson and N.S. Endler. Hillsdale, NJ: Erlbaum, 1977, pp. 333–52; Weiss, H.M., and S. Adler. "Personality and Organizational Behavior." In *Research in Organizational Behavior*, Vol. 6, ed. B.M. Staw and L.L. Cummings. Greenwich, CT: JAI Press, 1984, pp. 1–50.

9.100 Barrick, M.R., and M.K. Mount. "Autonomy as a Moderator of the Relationship between the Big Five Personality Dimensions and Job Performance." *Journal of Applied Psychology* 78 (1993), pp. 111–18.

9.101 Tett, R.P., and D.D. Burnett. "A Personality Trait-Based Interactionist Model of Job Performance." Journal of Applied Psychology 88 (2003), pp. 500–17.

9.102 Barrick, M.R.; J.A. Shaffer; and S.W. DeGrassi. "What You See May Not Be What You Get: Relationships Among Self-Presentation Tactics and Ratings of Interview and Job Performance." *Journal of Applied Psychology* 94 (2009), pp. 1394–1411.

9.103 Barrick, M.R.; G.K. Patton; and S.N. Haugland. "Accuracy of Interviewer Judgments of Job Applicant Personality Traits." *Personnel Psychology* 53 (2000), pp. 925–51.

9.104 Piotrowski, C., and T. Armstrong. "Current Recruitment and Selection Practices: A National Survey of Fortune 1000 Firms." *North American Journal of Psychology* 8 (2006), pp. 489–96;

Frauenheim, E. "More Companies Go with Online Tests to Fill in the Blanks." *Workforce Management*, May 2011, pp. 12–13.

9.105 Frauenheim, E. "The (Would-Be) King of HR Software." *Workforce Management*, August 14, 2006, pp. 34–39; Frauenheim, E. "Unicru Beefs Up Data in Latest Screening Tool." *Workforce Management*, March 13, 2006, pp. 9–10; Overholt, A. "True or False: You're Hiring the Right People." *Fast Company*, January 2002, p. 110; Dixon, P. "Employment Application Kiosks and Sites. Excerpted from the 2003 Job Search Privacy Study: Job Searching in the Networked Environment: Consumer Privacy Benchmarks." *World Privacy Forum*, November 11, 2003, http://www.worldprivacyforum.org.

9.106 Frauenheim, E. "The (Would-Be) King of HR Software." *Workforce Management*, August 14, 2006, pp. 34–39.

9.107 Overholt, A. "True or False: You're Hiring the Right People." *Fast Company*, January 2002, p. 110.

9.108 Overholt, A. "True or False: You're Hiring the Right People." *Fast Company*, January 2002, p. 110.

9.109 Frauenheim, E. "Unicru Beefs Up Data in Latest Screening Tool." *Workforce Management*, March 13, 2006, pp. 9–10.

9.110 Gellar, A. "Hiring by Computer" (n.d.), http://jobboomcc.canoe.ca/News/2004/06/09/1225576-sun.html.

9.111 Overholt, A. "True or False: You're Hiring the Right People." *Fast Company*, January 2002, p. 110.

9.112 Dixon, P. "Employment Application Kiosks and Sites. Excerpted from the 2003 Job Search Privacy Study: Job Searching in the Networked Environment: Consumer Privacy Benchmarks." World Privacy Forum, November 11, 2003, http://www.worldprivacyforum.org.

9.113 Frauenheim, E. "The (Would-Be) King of HR Software." *Workforce Management*, August 14, 2006, pp. 34–39

9.114 Sackett, P.R., and M.M. Harris. "Honesty Testing for Personnel Selection: A Review and Critique." *Personnel Psychology* 37 (1984), pp. 221–45; Sackett, P.R.; L.R. Burris; and C. Callahan. "Integrity Testing for Personnel Selection: An Update." *Personnel Psychology* 42 (1989), pp. 491–528; Sackett, P.R., and J.E. Wanek. "New Developments in the Use of Measures of Honesty, Integrity, Conscientiousness, Dependability, Trustworthiness, and Reliability for Personnel Selection." *Personnel Psychology* 49 (1996), pp. 787–829; Berry, C.M.; P.R. Sackett; and S. Wiemann. "A Review of Recent Developments in Integrity Test Research." *Personnel Psychology* 60 (2007), pp. 271–301; Miner, J.B., and M.H. Capps. *How Honesty Testing Works*. Westport, CT: Quorum Books, 1996.

9.115 Sackett, P.R., and M.M. Harris. "Honesty Testing for Personnel Selection: A Review and Critique." *Personnel Psychology* 37 (1984), pp. 221–45; Ones, D.S.; C. Viswesvaran; and F.L. Schmidt. "Comprehensive Meta-Analysis of Integrity Test Validities: Findings and Implications for Personnel Selection and Theories of Job Performance." *Journal of Applied Psychology* 78 (1993), pp. 679–703.

9.116 Wanek, J.E.; P.R. Sackett; and D.S. Ones. "Towards an Understanding of Integrity Test Similarities and Differences: An Item- Level Analysis of Seven Tests." *Personnel Psychology* 56 (2003), pp. 873–94; Marcus, B.; S. Hoft; and M. Riediger. "Integrity Tests and the Five-Factor Model of Personality: A Review and Empirical Test of Two Alternative Positions." *International Journal of Selection and Assessment* 14 (2006), pp. 113–30.

9.117 Marcus, B.; K. Lee; and M.C. Ashton. "Personality Dimensions Explaining Relationships Between Integrity Tests and Counterproductive Behavior: Big Five, or One in Addition?" *Personnel Psychology* 60 (2007), pp. 1–34; Berry, C.M.; P.R. Sackett; and S. Wiemann. "A Review of Recent Developments in Integrity Test Research." *Personnel Psychology* 60 (2007), pp. 271–301.

9.118 Bernardin, H.J., and D.K. Cooke. "Validity of an Honesty Test in Predicting Theft Among Convenience Store Employees." *Academy of Management Journal* 36 (1993), pp. 1097–1108.

9.119 Ones, D.S.; C. Viswesvaran; and F.L. Schmidt. "Comprehensive Meta-Analysis of Integrity Test Validities: Findings and Implications for Personnel Selection and Theories of Job Performance." *Journal of Applied Psychology* 78 (1993), pp. 679–703.

9.120 Ones, D.S.; C. Viswesvaran; and F.L. Schmidt. "Comprehensive Meta-Analysis of Integrity Test Validities: Findings and Implications for Personnel Selection and Theories of Job Performance." *Journal of Applied Psychology* 78 (1993), pp. 679–703.

9.121 Goffin, R.D., and N.D. Christiansen. "Correcting Personality Tests for Faking: A Review of Popular Personality Tests and an Initial Survey of Researchers." *International Journal of Selection and Assessment* 11 (2003), pp. 340–44.

9.122 Birkeland, S.A.; T.M. Manson; J.L. Kisamore; M.T. Brannick; and M.A. Smith. "A Meta-Analytic Investigation of Job Applicant Faking on Personality Measures." *International Journal of Selection and Assessment* 14 (2006), pp. 317–35; Viswesvaran, C., and D.S. Ones. "Meta-Analysis of Fakability Estimates: Implications for Personality Measurement." *Educational and Psychological Measurement* 59 (1999), pp. 197–210.

9.123 Miner, J.B., and M.H. Capps. How Honesty Testing Works. Westport, CT: Quorum Books, 1996; Cunningham, M.R.; D.T. Wong; and A.P. Barbee. "Self-Presentation Dynamics on Overt Integrity Tests: Experimental Studies of the Reid Report." *Journal of Applied Psychology* 79 (1994), pp. 643–58; Ones, D.S., and C. Viswesvaran. "The Effects of Social Desirability and Faking on Personality and Integrity Assessment for Personnel Selection." *Human Performance* 11 (1998), pp. 245–69.

9.124 Ones, D.S.; S. Dilchert; C. Viswesvaran; and T.A. Judge. "In Support of Personality Assessment in Organizational Settings." *Personnel Psychology* 60 (2007), pp. 995–1027; Tett, R.P., and N.D. Christiansen. "Personality Tests at the Crossroads: A Response to Morgeson, Campion, Dipboye, Hollenbeck, Murphy, and Schmitt." *Personnel Psychology* 60 (2007), pp. 967–93.

9.125 Cortina, J.M.; N.B. Goldstein; S.C. Payne; H.K. Davison; and S.W. Gilliland. "The Incremental Validity of Interview Scores over and Above Cognitive Ability and Conscientiousness Scores." *Personnel Psychology* 53 (2000), pp. 325–51.

9.126 Schmidt, F.L., and J.E. Hunter. "Select on Intelligence." In *Blackwell Handbook of Principles of Organizational Behavior*, ed. E.A. Locke. Malden, MA: Blackwell, 2000, pp. 3–14.

10 능력

Ability

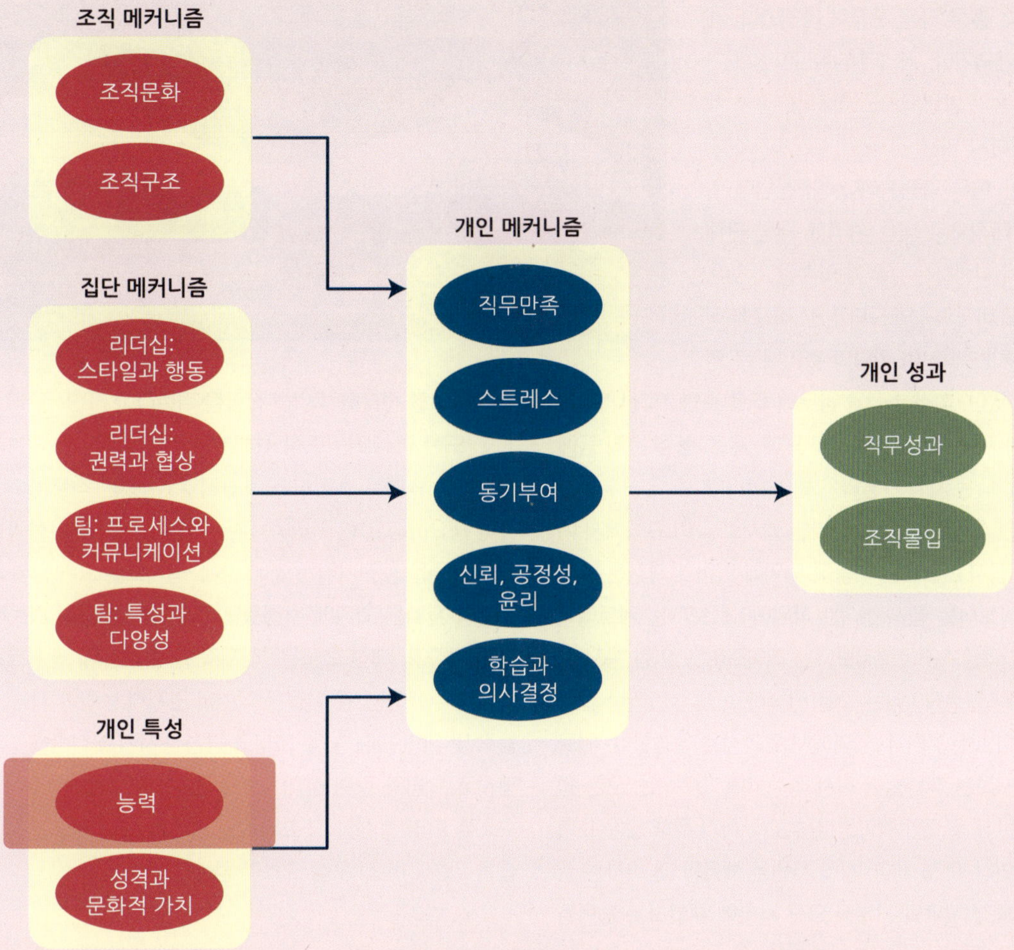

학습 목표 .... 이 장을 학습한 후에 다음의 질문에 답할 수 있어야 한다.

10.1 능력이란 무엇인가?
10.2 인지적 능력에는 어떤 유형들이 있는가?
10.3 감성적 능력에는 어떤 유형들이 있는가?
10.4 신체적 능력에는 어떤 유형들이 있는가?
10.5 인지적 능력은 직무성과와 조직몰입에 어떤 영향을 미치는가?
10.6 높은 수준의 인지적 능력을 가진 사람을 채용하기 위해 조직이 취할 수 있는 조치는 무엇인가?

펩시코 PEPSICO

Kristoffer Tripplaar/Alamy

많은 사람이 식음료 산업은 다소 지루하다는 인상을 가지고 있다. 매년 똑같은, 익숙한 브랜드들이 식료품점에 진열되어 있는 것 같기 때문이다. 물론 가끔 포장이 바뀌거나, 새로운 맛이 소개되거나, 기억에 남은 TV 광고가 슈퍼볼 기간 동안 방영되기도 하지만, 결국 제품은 크게 변하지 않는 것 같다. 그러나 사실, 식음료 산업은 매우 경쟁적이다. 이 산업에 속한 기업은 상대적으로 낮은 가격에 대량 판매하는 제품에서 발생하는 수익에 의존하고 있다. 결과적으로, 소비자의 선호도나 생산 비용에 작은 영향을 미치는 혁신이 기업의 수익에 큰 영향을 미칠 수 있다. 이러한 점을 염두에 두고 보면, 이 산업에서 성공한 기업이 제품 개발, 마케팅 및 판매, 제조, 품질 관리 등에 많은 투자를 한다는 사실은 놀라운 일이 아니다.

세계적인 식음료 회사 중 하나인 펩시코도 이 규칙에서 예외는 아니다. 펩시코는 모든 기능적 영역에 있어 효과성은 소비자가 코카콜라보다는 펩시 한 캔, 파워에이드보다는 게토레이 한 병, 그리고 러플스(Ruffles)보다는 레이즈(Lay's) 한 봉지 사도록 하는 것이 필수적이라는 것을 인식하고 있다. 그러나 펩시코는 어떻게 이 모든 기능적 영역에서 효과성을 달성할 수 있을까? 우선, 펩시코는 직원들이 회사의 성공에 기여하는 모든 업무를 수행하는 데 필요한 역량을 갖추도록 하기 위해 많은 노력을 기울이고 있다. 예를 들어, 신입 사원을 채용할 때 회사는 충원이 필요한 특정 직무의 기본적 요구 사항에 부합하는 능력을 갖춘 인재를 선발하기 위해 신중을 기한다.

또한 펩시코는 조직 자체뿐만 아니라 다양한 기능 영역을 감독하는 역할로 승진하면 효과적일 수 있는 직원을 파악하는 것이 중요하다고 믿고 있다. 많은 기업이 이전 직무성과를 기준으로 직원을 승진시키는 것에 반해, 펩시코는 고위 관리직 및 임원들의 자격은 과거에 수행했던 업무와는 상당히 다르다는 것을 인식하고, 대신 그들은 "잠재력"을 살펴본다. 펩시코는 이를 어떻게 수행하는가? 이들은 직원의 인지적 능력과 지능, 사회적 능력 및 대인 관계 능력, 그리고 감정적 자기 조절력을 평가한다. 펩시코는 이와 같이 상대적으로 안정적인 속성이 조직의 계층 구조를 따라 승진할 때 효과적인 성과를 위해 필요한 성장과 학습을 위한 기본적 구성 요소라 믿는다.

능력

능력이란 주제는 아마도 여러분에게 이미 익숙할 것이다. 그 이유는 "능력"이란 말이 우리의 언어 속에서 매우 일상적으로 사용되는 용어이며, 또한 우리는 자신의 능력에 대해서도 어느 정도 잘 이해하고 있기 때문이다. 우리 모두는 서로 다른 능력이 요구되는 일을 해 본 경험이 있고, 우리가 일을 얼마나 잘 했는지에 대해 여러 형태로 피드백을 받았다. 능력이라는 주제가 여러분에게 이미 친숙한 것임을 알면서도 왜 이 교재는 한 장 전체를 할애할까?

먼저, 서로 다른 다양한 능력이 있으며, 그중 일부는 중요하지만 여러분에게 익숙하지 않을 수도 있다. 능력에 대한 장을 따로 마련한 또 다른 이유는 능력이 직무 효과성과 밀접하게 관련되는 것이 분명해 보이지만, 그 관련성은 다른 상황보다는 일부 상황에서 더욱 명확하기 때문이다. 마지막으로, 조직이 올바른 경영 의사결정을 위해 능력에 대한 정보를 어떻게 이용하는지를 이해하는 것이 유용할 수 있다. 본 장은 이와 같은 세 가지 주제를 중심으로 구성되어 있다.

학습목표 10.1
능력이란 무엇인가?

능력(Ability)은 서로 다르지만 관련된 특정 범위의 활동을 수행하는 데 필요한 비교적 안정적인 역량을 말한다.[1] 훈련과 경험을 통해 향상될 수 있는 기술(skill)과 달리 능력은 상대적으로 안정적인 편이다. 비록 능력이 지도, 반복된 연습, 복습을 통해 천천히 변화될 수도 있으나, 일반적으로 주어진 능력의 수준은 세계 최고의 훈련을 받는다고 하더라도 한 사람이 이를 향상시킬 수 있는 여지는 한계가 있다. 능력이 안정적이란 한 가지 근거는 OB에서 많은 논쟁이 되어 온 이슈인 "선천성" 대 "후천성"에 대한 질문과 관련이 있다(9장 성격과 문화적 가치관을 참고). 그렇다면, 능력은 우리의 유전자의 기능인가 아니면 경험과 환경의 함수로서 우리가 개발한 것인가?

밝혀진 바에 의하면, 능력은 유전과 환경 모두의 함수이며 그리고 각 요소가 미치는 영향력의 크기는 능력의 속성에 따라 조금씩 다르다. 타고난 신체적 능력에 대해서 잠시 생각해 보자. 비록 역도, 댄싱, 그리고 수영을 포함하는 훈련이 한 사람의 근력, 균형감, 그리고 지구력을 향상시킬 수는 있으나 개선 가능한 정도에는 한계가 있다. 예를 들어, 수많은 사람이 골프 연습장에서 오랜 시간 스윙 레슨을 받으며 연습장에서 많은 시간 스윙 연습을 하지만, 이들 대다수는 일관되게 작은 골프공을 똑바로 혹은 충분히 멀리 보내도록 관리하는 것이 불가능하기 때문에 프로 골프 토너먼트에서 결코 경쟁할 수 없다. 타고난 인지적 능력의 예로서, 세계 최고의 명문 대학을 다녔더라도 이론 천체물리학처럼 엄청난 두뇌력이 필요한 일을 잘 수행하기 어려운 사람들을 알고 있을 것이다.

JOHN GRESS, JOHN GRESS/Associated Press
역대 최고의 여성 골퍼로 알려진 아니카 소렌스탐(Annika Sörenstam)과 같은 프로 골퍼들과의 경쟁에 필요한 신체적 능력을 갖춘 사람은 거의 없다.

본질적으로 보다 인지적인 능력의 경우, 유전과 환경이 거의 동일한 역할을 하는 것으로 나타난다.[2] 그러나 환경으로 인한 인지적 능력의 차이는 나이가 들수록 덜 분명해지며, 특히 가정환경의 영향이 더 크게 작용할 수 있다.[3] 예를 들어 아동 학대나 방치, 그리고 빈곤과 같은 것이 아이들의 표준화된 지능검사 성적에 부정적인 영향을 미칠 수 있지만, 이러한 부정적인 영향이 성인으로까지 이어지는 경향은 없다. 가정환경 외에도 인지적 능력에 영향을 미칠 수 있는 몇 가지 다른 요인이 있다.[4] 예컨대, 학교 교육의 양은 지식과 비판적 사고 능력을 개발하기 위한 기회를 제공하기 때문에 중요할 수 있다.[5] 또한 직업의 선택이 인지적 능력에 영향을 미칠 수 있다는 증거도 있다. 복잡한 업무는 우리의 생각을 개발하고 단련시켜 지능검사에서 보다 높은 점수를 획득할 수 있게 한다.[6] 마지막으로, 특정 생물학적 요인은 아동기 인지적 능력에 부정적으로 영향을 미치는 것으로 알려져 있다. 예컨대 영양실조, 납이나 알코올 같은 독소에 노출되는 것 등이 포함된다. 실제로 지난 세기 동안 교육과 건강 요인의 질과 이용 가능성이 향상되고, 삶의 복잡성이 증가함에 따라 선진국에서는 표준화된 지능검사의 평균 점수가 크게 상승했다.[7]

직원이 "할 수 있다는 것"은 무엇을 의미하는가?

앞 절의 예와 같이 능력에는 서로 다른 여러 유형이 존재한다. 골프의 예는 신체적 능력을 말하는 반면, 천체물리학 이론의 예는 인지적 능력을 말하는 것이다. 사실상 능력에는 다양한 유형이 있으며, 그리고 이러한 유형들은 포함된 활동의 내용상 유사성에 따라 하위 그룹으로 구분이 가능하다. 다음에서 논의하고 있는 바와 같이 능력은 크게 세 가지 그룹 — 인지적, 감정적, 신체적 능력 — 으로 구분이 가능하다. 다음의 **국제 상황의 OB**에서 보다시피 몇몇 능력은 이 세 가지 범주 안에 정확히 맞지 않는 것도 있다. 그럼에도 불구하고 모든 능력은 사람이 무언가 할 수 있는 것을 말한다. 이는 어떤 사람인지 혹은 어떻게 할 가능성이 있는 사람인지를 말하는 성격(9장의 주제)과 대조되는 것이다. 성격과 마찬가지로 조직의 인력과 고용 시스템은 주어진 직무의 요구조건과 일치하는 능력을 가진 지원자를 찾는 것에 초점이 있다.

학습목표 10.2
인지적 능력에는 어떤 유형들이 있는가?

인지적 능력

인지적 능력(cognitive ability)은 문제 해결에 필요한 지식을 획득하고 활용할 수 있는 능력을 말한

국제 상황의 OB

문화적으로 다양한 조직적 상황에서 사람들을 더 효과적이거나 덜 효과적으로 만드는 것은 무엇인가? 일부 연구자들에 의하면 이 질문에 대한 대답은 문화적 지능(cultural intelligence), 혹은 문화로 인해 발생하는 사람들 간의 차이를 구분할 수 있는 그리고 그 차이가 서로 다른 상황에서 사람들이 생각하고 행동하는 방식이란 측면을 의미함을 이해하는 능력이다. 문화적 지능에는 "머리(head)," "몸(body)," 그리고 "가슴(heart)"에 해당하는 세 가지 원천이 있다. 머리에 해당하는 문화적 지능의 원천이 인지적 문화 지능(cognitive cultural intelligence)이라 불리는 것이다. 이 개념은 문화적 차이로 인한 사람들 간의 차이를 감지할 수 있고 그리고 타문화와 직면했을 때 그들과 어떻게 상호작용할 것인지를 계획함에 있어 지식을 사용할 수 있는 능력을 말한다. 몸에 해당하는 문화적 지능의 원천이 신체적 문화 지능(physical cultural intelligence)이라 불리는 것으로 이는 문화적 교류가 있을 때 누군가의 행동에 자신을 적응할 수 있는 능력을 말한다. 마지막으로 가슴에 해당하는 문화적 지능의 원천이 감성적 문화 지능(emotional cultural intelligence)이라 불리는 것이다. 이는 새로운 문화를 이해하고 적응하고자 개인이 발휘하는 노력과 지속의 수준이라 할 수 있다.

문화적 지능을 이해하는 것은 훈련을 통해 향상될 수 있는 능력이기 때문에 유용할 수 있다. 훈련 프로그램은 약할 수 있는 문화적 지능의 원천을 식별하기 위한 평가와 함께 시작할 수 있다. 예를 들어, 다른 문화에 대한 관습과 규범에 대해 지식이 많고 그리고 신체적 언어나 눈 맞춤(eye contact)을 바꾸려 하지 않는 이들이 아닌 더 많이 배우고자 하는 개인이 그래서 다른 문화에 보다 적합하다. 특별한 경우, 훈련의 목표는 신체적 문화 지능을 개선하고자 하는 것일 수 있다. 개인은 정확한 것과 부정확한 신체 언어나 눈 맞춤을 대조하는 비디오를 공부하라는 요구를 받을 수 있다. 개인은 또한 적절한 행동을 교정하고 전문가들로부터 조언을 받기 위하여 역할 연기 연습에 참여하라는 요청을 받을 수도 있다. 마지막으로, 개인은 연기 수업을 듣도록 요청받을 수도 있다. 비록 그러한 훈련이 꽤 복잡하고 비용이 드는 것처럼 보일 수 있으나 비교문화적(cross-cultural) 상황에서 저성과의 비용은 종업원들과 조직 모두를 파괴할 수 있다.

출처: P.C. Earley and S. Ang, *Cultural Intelligence: Individual Interactions Across Cultures* (Stanford, CA: Stanford University Press, 2003); P.C. Earley and E. Mosakowski, "Cultural Intelligence," *Harvard Business Review* 82 (2004), pp. 139–46; L. Imai and M.J. Gelfand, "The Culturally Intelligent Negotiator: The Impact of Cultural Intelligence (CQ) on Negotiation Sequences and Outcomes," *Organizational Behavior and Human Decision Processes* 112 (2010), pp. 83–98; M.M. Chao, R. Takeuchi, and J.L. Farh, "Enhancing Cultural Intelligence: The Roles of Implicit Culture Beliefs and Adjustment," *Personnel Psychology* 70 (2017), pp. 257–92.

표 10-1 인지적 능력의 유형과 특징

유형	특징	관련 직업
언어 능력	**구두와 문서 이해력:** 말과 글 그리고 문장을 이해하는 능력 **구두와 글쓰기 표현력:** 남들이 이해할 수 있도록 말하고 글을 써 생각을 하는 능력	경영 관리자, 경찰, 소방관, 응급차 상담원, 임상 심리학자
수리 능력	**계산 능력:** 기초 수학을 빠르고 정확하게 계산하는 능력 **수학적 추론 능력:** 문제 해결을 위한 올바른 방법과 공식을 선택하는 능력	회계사, 재무 관리사, 수학 기술자, 통계 전문가
추론 능력	**문제의 민감성:** 문제가 있거나 뭔가 잘못되어 가고 있을 때 이를 감지할 수 있는 능력 **연역적 추론력:** 일반적인 법칙을 특정 문제에 적용할 수 있는 능력 **귀납적 추론력:** 특정 정보를 일반적 결론에 접목시키는 능력 **독창성:** 새로운 아이디어를 개발하는 능력	마취 전문의, 외과의사, 경영 관리자, 화재 관리자, 판사, 경찰, 탐정, 법의학 과학자, 만화가, 디자이너
공간 능력	**공간 방향성:** 환경 내에서 특정 개체를 기준으로 다른 것들의 위치를 파악하는 능력 **가시화 능력:** 대상이 재배열되었을 때 어떤 모습인지를 그려볼 수 있는 능력	비행 조종사, 선박 항해사, 사진작가, 세트 디자이너, 스케치 아티스트
지각 능력	**연결의 속도와 유연성:** 정보를 이해하고 패턴을 찾는 능력 **지각 속도력:** 기억 속 정보나 사물을 현실의 정보나 사물과 비교하는 능력	뮤지션, 소방관, 경찰관, 비행 조종사, 우편물 담당자, 검사관

출처: Adapted from E.A. Fleishman, D.P. Costanza, and J. Marshall-Mies, "Abilities," in *An Occupational Information System for the 21st Century: The Development of O*NET*, ed. N.G. Peterson, M.D. Mumford, W.C. Borman, P.R. Jeanneret, and E.A. Fleishman (Washington, DC: American Psychological Association, 1999), pp. 175–95; O*NET website, The O*NET Content Model: Detailed Outline with Descriptions, http://www.onetcenter.org/content.html/1.a?d=1#cm_1.a (accessed May 20, 2009).

다.[8] 인지적 능력은 여러분이 관여하는 대부분의 일 — 의사결정과 문제 해결에 필요한 정보의 활용과 같은 — 과 매우 관련이 있다. 여러분은 인지적 능력을 평생에 걸쳐 여러 차례 테스트 받았을 가능성이 높다. 사실, 미국에서는 매년 수백만 명의 어린이가 초등학교, 중학교 또는 고등학교 동안 어느 시점에서 몇 차례 표준화된 지능검사를 받는다.[9] 이러한 시험을 기억하지 못할 수도 있으나, 여러분은 아마 학업평가시험(SAT)을 쳤던 것은 기억할 것이다. SAT를 대학에 진학할 수 있느냐 혹은 진학할 수 없느냐를 결정하는 테스트로 생각할 수도 있으나, SAT는 사실 인지적 능력에 대한 테스트이다.

여러분은 SAT가 매우 다양한 질문을 포함하고 있음을 기억할 것이다. 일부는 수학 문제를 해결할 수 있는 능력을 테스트한 것인 반면, 다른 질문들은 문장을 완성하고 유추할 수 있는 능력을 테스트했다. 다양한 유형의 질문들은 인지적 과제 수행의 효과성에 기여하는 인지적 능력에 여러 유형이 있음을 반영하는 것이다. 〈표 10-1〉은 인지적 능력의 다양한 유형에 대한 리스트와 유형별 특징, 그리고 관련된 직업에 대한 것이다. 다음 절에서 소개하고 있는 내용과 더불어 표에 제시된 정의와 정보는 다양한 직무와 직업에서 종업원에게 요구하는 것에 대해 설명하는 O*NET이라 불리는 공공 데이터를 분석해서 생산된 연구로부터 도출되었다.[10]

언어 능력. **언어 능력**(verbal ability)은 말과 글로 의사소통함에 있어 이해하고 표현하는 것과 관련된 다양한 능력을 말한다. 구두 이해력(oral comprehension)은 말로 하는 단어와 문장을 이해할 수 있는 능력이며, 문서 이해력(written comprehension)은 글로 쓰인 단어와 문장을 이해할 수 있는 능력이다. 언어 능력 중 이 두 능력은 매우 관련된 것처럼 보일 수 있다. 즉, 높은 구두 이해

톰 크루즈는 난독증이 있어 문서 이해에 어려움을 겪는다. 그는 대사가 녹음된 테이프를 들으며 영화의 대사를 습득한다.

력을 가진 사람은 문서 이해력 또한 높아 보일 수 있다. 그러나 어느 한 능력이 높은 반면 다른 능력은 낮은 경우도 어렵지 않게 찾을 수 있다. 예를 들어, 영화배우 톰 크루즈는 난독증으로 인해 문서 이해력이 매우 떨어져 녹음된 대사를 들은 후에야 대사를 습득할 수 있다고 알려져 있다.[11]

또 다른 두 가지 언어 능력은 말을 통해 생각을 주고받는 능력이라 할 수 있는 구두 표현력(oral expression)과 글을 통해 생각을 주고받는 능력인 서면 표현력(written expression)이다. 이 능력들 또한 매우 관련 있는 것처럼 보이지만 반드시 그런 것은 아니다. 훌륭한 저서와 논문을 많이 발표했지만 개념과 이론을 학생들에게 효과적으로 설명하지 못하는 교수의 경우가, 그 대표적 예라 할 수 있다. 왜 그런 일이 생길 수 있는가에 대해 많은 이유가 있을 수 있으나, 한 가지 가능한 설명은 그 교수의 경우 높은 서면 표현력에 비해 구두 표현력이 낮기 때문이라고 할 수 있을 것이다.

일반적으로 보면, 언어 능력은 타인과 아이디어와 정보를 주고받거나 이해하는 것이 효과성을 결정짓는 직무에 있어 매우 중요하다. 예를 들어 경영 관리자의 유능성은 종업원들의 이해를 촉진하는 비전과 전략을 잘 표현할 수 있어야 할 뿐만 아니라 보고서와 다른 관리자나 스태프들로부터 나온 정보를 파악할 수 있는 능력에 따라 결정된다. 또 다른 예로 사랑하는 이가 어느 날 갑자기 아프고 호흡을 멈추었다고 하면 911 상담원의 언어 능력이 얼마나 중요할 수 있는지 생각해 볼 수 있다.

수리 능력. **수리 능력**(quantitative ability)은 두 가지 형태의 수학적 능력을 말한다. 첫 번째는 덧셈, 뺄셈, 나눗셈, 곱셈과 같은 단순한 수학 문제를 풀 수 있는 계산 능력(number facility)이다. 두 번째는 수를 포함한 문제를 해결하기 위해 공식을 선택하고 적용할 수 있는 수학적 추론 능력(mathematical reasoning)이다. SAT 시험을 돌이켜 생각해 보면, 다음과 같은 문제들을 기억할 수 있을 것이다. "800마일 떨어져 있는 기차 두 대가 서로를 향해 질주하고 있다. 첫 번째 기차는 정오에 평균 시속 45마일 속도로 출발했다. 두 번째 기차는 두 시간 후에 출발했다. 만약 그날 오후 10시에 두 대가 서로 충돌했다면 두 번째 기차의 평균 시속은 얼마일까?"

컴퓨터가 상용화되기 이전 시대에는, 케이틀린 존슨(Katherine Johnson)의 비상한 수학 능력은 우주로의 나사(NASA) 미션 성공을 위한 핵심이었다.

이러한 문제를 해결하는 데 계산 능력도 필요하나 수학적 추론력이 매우 중요한데, 그 이유는 문제 해결을 위해서는 어떤 공식을 적용해야 하는지를 알 필요가 있기 때문이다. 물론 이와 같은 문제가 시험에 국한된 상황이기를 원하지만(특히 이러한 문제), 수리 능력이 중요할 수 있는 상황은 수없이 많다. 예를 들어, 통계, 회계, 그리고 엔지니어링을 포함하는 직업에 있어서 수리 능력은 매우 중요할 것이다. 수리 능력은 덜 복잡하고, 낮은 수준의 직무에서도 물론 중요할 수 있다. 여러분은 금전 등록기가 작동하지 않고 직원이 잔돈을 정확하게 혹은 재빠르게 계산할 수 없었던 패스트푸드 레스토랑이나 편의점을 가본 경험이 있는가? 만약 그런 경험이 있다면, 여러분은 낮은 수리 능력의 좋은 예와 아마도 매우 짜증스러워 하는 고객을 목격한 것이다.

추론 능력. **추론 능력**(reasoning ability)은 실제로 통찰력, 규칙, 논리 등을 이용하여 문제를 감지하고 해결하는 것에 관련된 다양한 능력의 집합이다. 첫 번째 추론 능력은 문제 민감성(problem sensitivity)으로 이는 현재 문제가 있거나 가까운 미래에 문제가 발생할 가능성이 있음을 감지하는 능력이다. 본질적으로 문제 민감성은 상황이 올바르지 않거나 올바르게 또는 예상대로 진행되지 않음을 감지하는 능력이다. 마취 전문의는 문제 민감성이 특히 중요한 직업의 좋은 예이다. 수술하기 전 마취 전문의는 환자에게 약을 준다. 그래야 환자가 고통을 느끼지 못한 채 수술을 진행할 수 있기 때문이다. 하지만 수술을 하는 동안 환자가 약에 부정적 반응을 일으켜 생명을 잃는 결과가 발생할 수도 있다. 그래서 마취 전문의는 뭔가가 잘못되었을 때 그 문제가 생사를 결정지을 만큼 명확하게 드러나기 전에 감지하는 능력이 있어야 한다.

두 번째 유형의 추론 능력은 연역적 추론력(deductive reasoning)이다. 이 능력은 문제를 해결하기 위한 시작점에서 일반적인 법칙이나 가설을 사용할 수 있는 것을 의미한다. 높은 연역적 추론 능력을 보유한 개인은 사용 가능한 정보가 기존 법칙이나 가설과 얼마나 부합하는지를 비교함으로써 효과적인 결론에 도달할 수 있다. 정보가 법칙이나 가설과 일치할 때 그에 따라 해결책이 제시된다. 만약 정보가 법칙이나 가설과 일치하지 않으면, 그 정보는 다른 법칙이나 가설에 비추어 고려되고 프로세스가 새로 시작된다. 판사들은 높은 연역적 추론력이 필요하다. 왜냐하면 그들의 직무는 판결을 위해 기존 법률에 비추어 사실을 고려해야 하기 때문이다.

반면 귀납적 추론력(inductive reasoning)은 가설과 그럴듯한 해결책을 만들기 위해 몇 가지 특정 정보를 고려하는 능력을 말한다. 높은 귀납적 추론력을 가진 개인들은 접근 가능한 데이터와 정보를 조합하여 문제에 대한 해결책을 만들어낼 수 있다. 귀납적 추론력은 자동차 타이어 자국, 혈흔, 피부 조직, 지문 등을 토대로 범인이나 사망 원인을 도출하는 경찰이나 범죄 현장 수사원들에게 요구되는 것이다.

마지막으로는 독창성(originality)은 문제 해결을 위해 영리하고도 색다른 방법을 개발할 수 있는 능력을 말한다. 구글의 창업자인 래리 페이지(Larry Page)와 세르게이 브린(Sergey Brin)은 독창성의 좋은 예이다. 그들은 구글에 경쟁력을 제공하는 인터넷 검색 소프트웨어와 더불어 지난 반세기 내 완전히 새로운 광고 미디어를 개발하였지만, 또한 경영 관행과 비즈니스 의사결정에 있어 기존의 통념을 따르기를 거부한다.[12] 분명 독창성은 다양한 직업에 있어 중요하지만, 일부 직무에 있어서는 매우 핵심적 능력으로 작용한다. 예컨대 만화가, 디자이너, 작가, 광고 기획가 등은 독창성이 없으면 성공하기가 매우 어렵다.

공간 능력. 공간 내 사물에 대해 시각적이고 정신적으로 표현하고 조정하는 것과 관련된 **공간 능력**(spatial ability)에는 두 가지 주요 유형이 있다. 첫 번째는 공간 방향성(spatial orientation)으로 이는 특정 개체를 기준으로 그 환경 내에서 다른 것들의 위치를 파악할 수 있는 능력을 말하는 것이다. 높은 공간 방향성을 가진 여행객은 종일 걸어서 관광한 후에 지도가 없거나 행인들로부터 아무런 도움을 받지 않고서도 호텔로 돌아가는 길을 어려움 없이 찾는 게 가능하다. 두 번째 공간 능력은 가시화 능력(visualization)이다. 이는 별개의 것들을 특정한 방법으로 서로 합쳤을 때 어떤 모습인지를 상상할 수 있는 능력을 말한다. 만약에 여러분이 재정리한 방이 어떤 모습일지 상상하는 데 뛰어나거나, 친구들로부터 여러분은 거기에 잘 어울리는 물건을 살 수 있다는 인상을 받는다면 여러분은 높은 가시화 능력을 갖고 있다고 할 수 있다.

지각 능력. **지각 능력**(perceptual ability)은 정보의 패턴을 지각하고, 이해하고, 기억할 수 있는 능력을 말한다. 보다 구체적으로 연결의 속도와 유연성(speed and flexibility of closure)은 모든 정보가 주어져 있지 않더라도 조각난 정보 속에서 재빨리 정보의 패턴을 찾아내는 능력을 말한다. 중앙정보국(CIA)에서 근무하는 직원들은 암호를 해독하기 위해 이러한 능력을 필요로 할 수 있다.

영화 속 OB

나이브스 아웃
KNIVES OUT

Collection Christophel/Alamy

나는 머리와 마음의 편견 없이 사실을 관찰한다. 나는 호(arc)의 길을 정하고, 종점까지 한가롭게 걷다 보면, 진실은 나의 발에 떨어진다.

이러한 말과 함께, 사설탐정 베노잇 블랑(다이넬 크레이크)은 영화 나이브스 아웃에서 사건을 해결하는 그의 방법을 밝힌다(리안 존슨 감독, 라이온스게이트, 2019). 유명한 미스터리 작가 할렌 트롬베이(크리스토퍼 플러머)는 트롬베이의 85번째 생일을 축하하기 위한 가족 모임 다음날 목이 베인 채로 발견된다. 경찰은 트롬베이가 자살을 시도했다고 믿지만, 블랑은 모르는 사람에 의해 수사를 위해 고용된다. 인터뷰를 통해 가족 중 여럿이 트롬베이를 살해하고자 하는 동기가 있다는 것이 밝혀진다. 이후, 모두를 놀라게 한 사실이 밝혀지는데, 트롬베이의 전 자산은 그의 관리인이자 친구인 마르타(애나 드 암레스)에게 넘겨졌다는 것이다. 사실, 가족 모임 이후 마르타는 실수로 트롬베이에게 잘못된 것으로 보이는 약을 주입한다. 마르타는 트롬베이에게 이러한 실수를 이야기하고 10분 안에 그가 죽을 것이라고 털어놓는다. 그러나 트롬베이는 마르타의 과실을 비밀로 남기기 위한 계획을 짜게 된다.

이 영화는 뛰어난 인지적 능력이 복잡한 미스터리를 푸는 데 어떻게 도움을 주는지에 대한 흥미로운 설명을 제시한다. 블랑은 여러 출처의 정보를 이해하는 데 능숙한 지각 능력을 바탕으로 사건의 진실을 밝히게 된다. 더욱이 진실은 사실(facts)이 드러나면 자명해진다는 것을 인용문이 암시하고 있지만, 실제로 블랑은 진실을 밝히기 위해 귀납적 추론을 이용하여 사실을 결합한다.

비록 영화에 등장하는 대부분의 등장인물은 사실이 드러나면서 빠르게 결론을 도출하지만, 블랑은 문제 민감도가 높기 때문에 더욱 회의적이다. 블랑은 도넛 구멍(그리고 도넛 구멍 안에, 자체 구멍이 있는 더 작은 도넛)을 인용하는데, 이는 사실이 드러나더라도 사물은 보이는 것과는 같지 않다는 인식을 의미하는 것이다. 블랑은 마르타와 처음 만났을 때, 신발에 묻은 작은 핏자국을 보고 처음부터 마르타가 연루되어 있다는 것을 알았다. 그러나 동시에 블랑은 마르타의 본성을 이해하고 마르타가 트롬베이의 죽음에 대해 책임지게 할 수 없음을 알았다.

출처: Focus Features

이와 관련된 능력은 지각 속도(perceptual speed)로 이는 숫자, 문자, 그리고 대상물을 빠르게 검토하고 비교할 수 있는 능력을 말한다. 만약 당신이 마트에 가서 야채 코너에서 주변 사람들보다 빨리 최상의 토마토를 고를 수 있다면, 당신은 높은 지각 속도를 가지고 있다고 할 수 있다. 문서 교정, 물건 정렬, 물건 분류 등과 같은 일을 하는 사람들의 능력은 바로 이러한 지각 속도에 크게 달려있다. 지각 능력이 다른 유형의 인지 능력과 함께 사설탐정의 성과에 미치는 영향에 관한 흥미로운 예를 **영화 속 OB**를 통해 확인할 수 있다.

종합적 인지 능력. 만약 여러분이 앞의 내용을 자세히 읽었다면, 아마도 서로 다른 인지 능력들 중에서 어떤 능력에 자신은 강점이 있는지에 대해 생각했을 것이다. 그래서 당신은 일부 능력들은 점수가 높은 반면 또 다른 능력들에서는 낮다는 결론을 내릴 수 있을 것이다. 예컨대 당신은 자신에 대해 언어 능력은 뛰어난 편인 반면, 수리 능력은 그렇지 않다고 생각할 것이다. 사실 대부분 사람들은 자신이 알고 있는 것보다 인지 능력들 간에 점수가 비슷한 편이다. 평균보다 높은 언어 능력을 가진 사람들은 높은 추론 능력, 수리 능력, 공간 능력, 지각 능력 등을 갖고 있는 편이며, 평균 이하의 언어 능력을 가진 사람들은 다른 능력에 있어서도 낮은 경향이 있다. 비록 이러한 일관성이 모든 사람에게 적용될 수 있는 것은 아니라 하더라도, 이러한 경향이 충분하게 적용되기 때문에 100년 이상에 걸쳐 연구자들이 노력해 이러한 현상이 일어난 이유를 알아내고자 애쓰고 있다.[13]

사람에게 있어 서로 다른 인지 능력들의 유사성에 대한 가장 잘 알려진 설명은 **종합적 인지 능력**(general cognitive ability)이란 것이다. 이는 때때로 g-요인 혹은 그냥 g로 불리는 것으로 지금까지 우리가 논의했던 인지 능력의 기저를 이루거나 근원이 되는 것이다.[14] 이것이 의미하는 바를 보다 명확히 이해하기 위해선 [그림 10-1]에 있는 다이어그램을 볼 필요가 있다. 그림은 앞서 논의한 보다 구체적인 인지적 능력들이 교차되는 공통 지점을 종합적 인지 능력으로 묘사하고 있다. 이렇게 중복되는 부분이 존재하는 것은 각각의 특정 능력이 정보를 효과적으로 처리하는 뇌의 능력에 어느 정도 달려 있기 때문이다. 따라서 일부의 두뇌는 다른 이들의 두뇌에 비해 정보 처리를 보다 효과적으로 할 수 있기 때문에, 어떤 사람은 특정 능력 모두에서 점수가 높은 반면 그렇지 않은 사람들은 점수가 낮은 경향이 있다.

여러분은 아마도 IQ로 알려진 지능지수(intelligence quotient)에 익숙할 것이다. 사실, IQ는 원래 학습 장애를 진단하기 위한 교육적 상황에서 사용되었던 것이다. 따라서 IQ를 측정하기 위한 테스트도 학습 장애가 있는 학생들이 어려움을 겪을 수 있는 질문을 사용하여 개발되었다. 그다음 IQ 테스트는 사람의 실제 나이와 비교하여 정신적 나이를 나타내는 비율로써 척도화되었다.

그림 10-1 g-요인

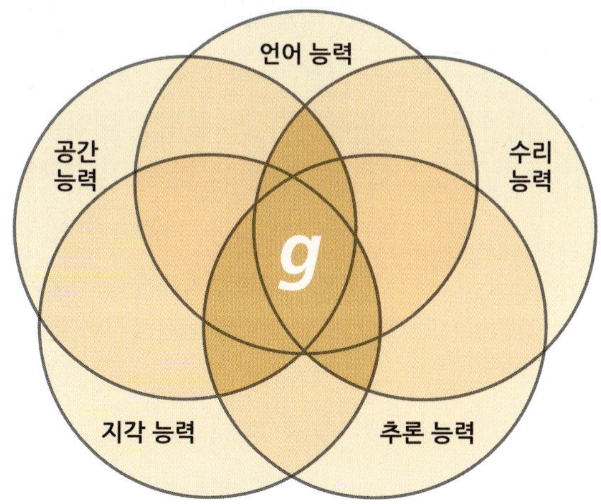

출처: Adapted from J.J. Johnson and J.B. Cullen, "Trust in Cross-Cultural Relationships," in Blackwell Handbook of Cross-Cultural Management, ed. M.J. Gannon and K.L. Newman (Malden, MA: Blackwell, 2002), pp. 335–60.

IQ 점수가 100 이하라는 것은 잠재적 학습이나 교육의 부족으로 해석되는 반면 점수가 100 이상이면 또래보다 특별히 영리하다는 것을 의미하는 것으로 해석할 수 있다. 하지만 IQ 테스트와 종합적 인지 능력의 테스트는 종종 포함된 문제 유형이 매우 유사하며, 더 중요한 것은 두 가지 유형의 시험 점수는 시험을 치는 사람들에 대해 거의 같은 것을 말해 주는 것으로 밝혀졌다.[15]

높은 IQ는 업무 환경에서 사람들의 효과성을 높여 줄까? 이 문제에 대해서는 이후에 좀 더 자세히 언급하고자 한다. 그러나 IQ는 일반적으로 당신이나 당신의 사장에게, 그리고 사회적으로 매우 중요한 결과물과 관련이 있다고 하는 것은 짚어 볼 만하다.[16] 예컨대 연구자들은 IQ가 높은 사람들이 더 건강하고 경제적으로 부유한 경향이 있으며, 이 두 요인의 결과로서 그들은 더 행복하고 만족하는 삶을 사는 경향이 있음을 제시했다.[17] 그들은 또한 부상을 유발하는 사고가 적고, 심혈관 질환이 적은 경향이 있으며, 두 가지 연관성을 감안할 때 당연히 더 오래 사는 경향이 있다.[18] 비록 이들 관계에 대한 모든 설명이 명확하지는 않지만, 높은 IQ를 가진 사람들은 상처나 질병의 예방과 관리에 있어 지식이 더 많을 가능성이 있고, 또한 어려운 환경에 적응하도록 돕는 건강관리와 지식을 활용함에 있어 이점이 있을 수 있다.[19]

감성적 능력

학습목표 10.3
감성적 능력에는 어떤 유형들이 있는가?

출판사 사이먼앤슈스터(Simon and Shuster)의 사장이었던 딕 스나이더(Dick Snyder)의 경우를 생각해 보자. 그는 자신의 감정을 통제하거나 지각할 수 없는 것 같아 보이며, 그는 주기적으로 종업원들에게 화를 내고 모욕을 주곤 했다.[20] 문제를 더욱 악화시키는 것은 그가 자신의 감정 통제와 이해의 부족이 자신의 팀에 부정적 영향을 미친다는 점을 이해하지 못하는 것이었다. 결국 그는 고수익을 내는 회사로 이끌어 가고 있음에도 불구하고 해고되었다. 이 절에서 우리는 딕 스나이더에게 부족한 것으로 보이는 능력의 유형인 감성적 능력의 개념을 설명할 것이다.

그러면 감성적 능력은 인지적 능력과 어떻게 다른 것인가? 우리 대부분은 '인지적 능력'이나 IQ를 보고 어떤 사람을 매우 영리하다고 알고 있지만, 동시에 그 사람은 다른 사람들이 포함된 현실 상황에서는 효과적인 대응을 하지 못할 수도 있다. 예컨대 당신이 친구들과 함께 트리비얼 퍼수트(Trivial Pursuit) 게임(잡학 지식에 대한 질문에 답하는 보드 게임의 일종)을 했을 때 질문의 대부분에 정답을 말할 뿐만 아니라, 게임하는 동안 엉뚱한 대답과 부적절한 일들을 관리할 수 있는 누군가를 본 적이 있을 것이다. 당신은 어쩌면 매우 "박식(book smart)"해 보이지는 않지만, 그러나 주어진 일을 수행할 수 있고 적절한 타임에 적절한 말을 할 줄 아는 누군가를 알고 있을지도 모른다. 트리비얼 퍼수트 게임과 같은 상황에서 그 사람은 게임의 질문에 대부분 틀린 답을 말했을 수 있으나, 불쾌하고 화난 사람들이 짜증 부리는 플레이어가 되어 가는 것을 감지하면 그는 상황을 가볍게 하기 위한 농담을 했을 것이다.

사실 수십 년 동안 연구자들은 인지적 능력의 수준과 상관없이 사람들이 사회적 상황에서 효과적으로 대응하는 정도에 영향을 미치는 능력의 유형이 존재하는지를 연구해 왔다.[21] 비록 연구자들 간에 일부 논쟁이 있긴 하지만,[22] 많은 이가 사회적 기능 수행에 영향을 미치는 **감성 지능**(emotional intelligence)이라 불리는 인간의 능력이 있다고 믿는다.[23] 감성 지능은 아래에 기술하고

있듯이, 구별되지만 관련이 있는 능력의 집합으로 정의될 수 있다.[24]

자기 인식. 감성 지능의 첫 번째 유형은 **자기 인식**(self-awareness) 혹은 자기 감정의 평가와 표현이다. 이는 개인이 자신이 경험하는 감정의 유형을 이해하는 능력, 그러한 감정을 알고자 하는 의지, 그리고 그런 감정을 자연스럽게 표현할 수 있는 능력을 말한다.[25] 예를 들어, 감성 지능이 낮은 이가 있다면 그는 새로운 일을 하는 처음 몇 일간 불안감을 느끼는 것을 스스로 인정하지 않거나 남에게 보이려 하지 않을 수 있다. 이러한 감정의 유형은 직무 환경에서 매우 자연스러운 것이라 이를 간과하게 되면 상황에 대한 스트레스를 증가시킬 수 있다. 이들 감정을 간과하는 것은 또한 새로운 동료들에게 "신입 사원이 우리와 일하는 것에 대해 왜 즐거워하지 않지?"하고 궁금해 하는 것과 같은 잘못된 신호를 보낼 수 있다.

타인 인식. 두 번째 감성 지능의 측면인 **타인 인식**(other awareness)은 타인 감정의 인식 혹은 타인 감정의 평가와 인식이라 불리는 것이다.[26] 용어의 명칭이 의미하듯이, 이는 다른 사람들이 느끼는 감정을 인식하고 이해하는 능력을 의미한다. 감성 지능의 이러한 측면이 높은 사람은 다른 사람의 감정에 대해 민감할 뿐만 아니라 사람들이 서로 다른 상황에서 경험하게 되는 감정에 대해서도 예상할 수 있다. 반면, 감성 지능의 이러한 측면이 낮은 사람은 다른 사람들이 경험하는 감정에 효과적이지 않고, 그리고 그 감정이 부정적일 경우 이러한 무능력은 그 사람이 상황을 악화시키는 뭔가를 하게 할 수 있다. 예를 들어, 당신은 수업 시간에 제시된 강의 자료를 이해하지 못하는 학생들에 대해 무감각한 교수를 경험해 본 적이 있는가? 학생들은 점점 더 혼란스러워지고 있는 것이 분명한 사실임에도 그가 슬라이드를 계속 넘기며 설명했다면, 그런 행동은 타인 인식이 부족했던 것이다. 또 다른 예를 들면, 뉴욕에 있는 케미컬 은행(Chemical Bank)의 한 회계사는 자신의 상사가 감성 지능의 이러한 측면에 있어 기술(skill)을 갈고 닦기를 요청했던 것을 회상한다.[27] 그는 훌륭한 회계사였지만, 고객과의 논의가 덜 대립적이기 위해선 다른 사람들의 감정에 관심을 보일 필요가 있었다. 마지막 예로, 유럽의 고급 호텔 체인인 포르테 호텔(Forte Hotels)의 최고 경영자인 포르테(Sir Rocco Forte)는 고객의 감정을 이해할 수 있는 능력이 있어 맞춤 응대를 할 수 있는 종업원을 포상한다. 어느 인터뷰에서 포르테는 자사의 놀라운 종업원에 대해 이렇게 설명했다. "아침 식사 시간에 사람으로 가득 찬 카운터를 보고 누가 말을 걸고 싶은지, 누가 혼자 있고 싶은지를 즉시 알아 봅니다. 놀랍습니다. 그저 놀라울 뿐입니다."[28]

Digital Vision/Getty Images

"타인 인식"은 다른 이들에 공감하고 그들의 감정을 이해할 수 있도록 하는 감성적 지능의 한 측면이다.

감정 조절. 감성 지능의 세 번째 측면은 **감정 조절**(emotion regulation)로 이는 감정적 경험으로부터 재빨리 회복할 수 있는 능력을 말한다.[29] 감성 지능의 이러한 측면의 한 예로, 누군가 새 브랜드 테슬라 모델 3을 제한속도에 맞춰 운전하며 직장을 가는 길에, 옆을 지나가던 과격한 운전자가 난폭하게 끼어들며 체리 슬러시로 보이는 음료가 반쯤 채워진 스티로폼 컵을 창 밖으로 던지며 욕설을 하는 경우 가능한 반응을 생각해 보자. 만약 테슬라 운전자가 자신의 감정을 효과적으로 조절할 수 있다면, 그는 상대방에 대한 분노와 충격으로부터 빨리 회복될 수 있다. 그는 다시 라디오를 듣던 상황으로 돌아갈 수 있으며 직장에 도착했을 때 사고에 대해 거의 잊을 수 있다. 하지만 감정 조절을 효과적으로 할 수 없는 사람이라면 그는 이성을 잃고 그 차량의 뒤를 쫓아가 다음 신호등에서 그 운전자 차량을 향해 테슬라를 돌진시킬 것이다. 저자는 많은 비용이 지불될 수 있는 후자보다는 전자의 반응이 여러분에게 훨씬 적절한 것이기를 희망한다. 비록 이러한 예는 부정적 감정의 조절이 중요함을 강조하는 것이지만, 우리는 또한 감성 지능이 긍정적인 감정에도 적용될 수 있음을 강조하고자 한다. 예를 들어, 상당한 임금 인상을 받게 될 것이라고 들은 한 사람의 반응을 생각해 보자. 만약 이 사람이 자신의 감정을 효과적으로 조절할 수 없다면, 아마도 종일 들떠서 즐거움을 느낄 것이다. 그 결과, 그는 그날 일을 더 이상 수행하지 못할 것이며, 주변에 있는 사람들을 짜증나게 할 것이다.

감정 사용. 감성 지능의 네 번째 측면은 **감정 사용**(use of emotions)이다.[30] 이 능력은 사람들이 감정을 활용할 수 있고 자신이 하고자 하는 모든 일에서 성공의 가능성을 높이기 위해 감정을 사용할 수 있는 정도를 반영하는 것이다. 예컨대, 연구자들은 직원들이 새로운 상황에 직면했을 때 긍정적인 감정을 활용한다면, 그들이 더욱 창의적인 해결 방법을 도출할 수 있음을 보여 주었다.[31] 감성 지능의 이러한 측면을 이해하기 위해서 출판사와의 계약으로 인해 심각한 시간적 압박을 받으며 책을 완성하기 위해 고통을 겪고 있는 작가에 대해 생각해 보자. 만약 작가가 감성 지능의 이러한 측면이 높다면, 그는 정신을 차리고 계약 기간 내에 책을 완성하기 위해 자신을 격려할 것이다. 반면, 작가가 감성 지능의 이러한 측면이 낮다면 그는 작가로서의 자신의 능력을 의심하기 시작하고 넷플릭스의 영화나 TV 쇼를 보며 문제로부터 거리를 둘 수도 있다. 이러한 행동은 책 쓰는 작업을 더욱 느리게 만들기 때문에 자기 패배적 사고의 횟수와 강도를 증가시킬 수 있고, 그리고 결과적으로 작가는 모든 작업을 완전히 철회할 수도 있다. 감정 조절과 감정 사용의 중요성에 대한 더 많은 논의는 OB 북스토어 부분을 보면 된다.

감성 지능의 적용. 여러분은 다양한 대인관계 상황에서 감성 지능이 효과성과 어떻게 관련될 수 있는지에 대해 이해할 수는 있지만, 감성 지능에 대한 지식이 조직을 보다 효과적으로 만들고자 하는 관리자에게 있어 과연 유용한 것인지 궁금할 것이다. 이러한 질문에 대한 대답은 다소 주의해야 하지만 그래도 "예(yes)"라는 증거가 점차 늘어나고 있는 것으로 밝혀졌다.[32]

감성 지능의 유용성에 대한 한 예로써, 미국 공군(U.S. Air Force)은 감성 지능의 일부 측면에서 높은 신병 징병관들이 낮은 징병관들에 비해 채용 할당량을 충족할 가능성이 3배 더 크다는 사실을 발견했다.[33] 감성 지능이 높은 징병관은 긍정적 감정을 투사하고 재빨리 신병의 고민을 감지하고 적절하게 반응할 수 있기 때문에 보다 효과적이었다. 이러한 능력이 채용을 더 쉽게 만들었기 때문에, 할당량 충족에 대한 압박이 적었고, 이는 사무실에서 더 적은 시간, 더 높은 만족, 그리고 궁극적으로 더 낮은 이직으로 바뀌게 되었다. 실제 미국 공군이 신입 징병관들은 감성 지능 테스트를 통과해야 하도록 한 이후, 신입 징병관의 이직률은 25%에서 2%까지 떨어졌다. 이는

북스토어

채터, 당신 안의 훼방꾼(CHATTER)

Ethan Kross (New York: Crown, 2021)

Random House, Inc/Ethan Kross

우리는 스스로에게 말합니다. 그리고 스스로에게 말한 것을 듣습니다.

이러한 말과 함께, 저자 이선 크로스는 우리의 생각이 현재와 분리되어 과거에 발생한 일, 미래 사건에 대한 상상, 기타 반성과 생각으로 방황할 때 우리가 무엇을 하는지 설명한다. 크로스는 철학자와 심리학자들이 우리가 현재의 순간에서 벗어나 우리의 마음속으로 들어가 내면의 목소리를 사용해 자신에게 말하고 듣는 것을 오랫동안 이해해 왔다고 설명한다. 크로스는 이러한 경험이, 다른 일이나 활동을 할 때도, 어떻게 자연스럽게 모든 사람에게 일어나는지를 설명한다.

이 책은 우리 내면의 목소리가 자기 성찰에 관여할 수 있게 하는 것이라고 설명한다. 이러한 유형의 자기 성찰은 우리의 경험을 이해할 수 있게 돕고 우리의 감정을 효과적인 방식으로 조절하고 사용할 수 있도록 한다. 그러나 크로스는 이러한 과정이 자주 “잡담”으로 끝나거나, 부정적인 사고와 감정의 순환으로 인해 상황에 효과적으로 대처할 수 있는 능력을 압도하게 되기도 한다고 강조한다. 예컨대, 동료와 불편한 상호작용을 하는 사람은 그 경험에 집착하게 될 수도 있고, 그 상호작용이 머리에서 반복해서 떠오르게 되면서, 부정적 생각과 감정에 사로잡히게 된다. 이러한 반복은 결국 긴장된 관계와 더욱 혼란스러운 감정을 초래한다는 것을 쉽게 예상할 수 있다.

마지막 장에서, 크로스는 사람들이 비생산적인 잡담을 관리할 수 있는 “방법”을 설명한다. 이 방법 중 일부는 우리가 자신에게 하는 대화 방식을 바꾸는 것을 포함한다. 예를 들어, 크로스는 그 대화를 자신과 똑같은 문제를 겪고 있는 친구에게 하는 말로 상상하거나, 제3자의 관점을 취하는 것이 이러한 ‘잡담’을 줄일 수 있다고 제안한다. 다른 방법들은 사람(예컨대, 잡담이 문제가 될 때 지지해 줄 수 있는 사람을 찾는 것)과 환경(예컨대, 주위 환경에 질서를 부여할 수 있다는 통제감을 만드는 것)을 포함한다. 너무나 많은 잡담을 경험하는 사람들, 그리고 감정 조절과 사용을 개선하고 싶은 사람들에게는 마지막 장은 상당한 도움이 될 것이다.

신입 징병관 한 명 훈련에 평균적으로 약 3만 달러의 비용을 감안할 때, 이러한 낮은 이직률은 연간 약 275만 달러를 절감하는 것이다.

감성 지능의 유용성에 대한 두 번째 예로, 세계 최대 화장품 및 미용품 제조 회사인 프랑스의 로레알(L’Oreal)은 판매를 보다 효과적으로 잘 수행할 수 있는 영업 대리인을 고용할 때 감성 지능을 사용하는 데 관심이 있었다.[34] 이 아이디어는 회사에 얼마나 도움이 되었을까? 감성 지능 점수를 핵심적 기반으로 고용된 영업 대리인들은 다른 정보에 기초해서 고용된 대리인에 비해 91,370달러나 더 많은 매출액을 올렸다. 회사는 또한 감성 지능 점수에 기초해 선발한 대리인이 다른 대리인들과 비교해 첫 해 회사를 그만둘 가능성이 63%나 낮은 것을 발견했다. 높은 감성 지능을 가진 영업 대리인은 고객의 니즈(needs)를 보다 잘 이해할 수 있었고, 그리고 이러한 결과가 높은 성과와 낮은 좌절로 이어져 이들은 회사에서 더 오랫동안 일하려는 경향이 있는 것으로 나타났다.

앞의 두 사례는 감성 지능에 기초한 채용과 훈련의 유용성을 보여 주었다. 사실, 연구자들의 연구로부터 감성 지능이 넓은 범위에 있어서 직원의 업무 수행에 중요한 영향을 미칠 수 있다는 근거가 많아지고 있다.[35] 감성 지능이 타인과 비교해 특정 직원의 직무성과에도 매우 중요한 영향을 미칠 수 있다는 일부 연구도 있다. 예컨대 최근 한 연구에 의하면, 낮은 수준의 인지적 능력을 가진 사람들의 경우 감성 지능이 직무성과에 보다 중요한 영향을 미치는 것으로 나타났다.[36] 만약 당신이 많은 상황에서 높은 감성 지능이 낮은 인지 지능을 어느 정도 보완할 수 있음을 고려한다면, 이 관계에 대한 설명은 이해하기 쉽다. 다시 말해서, "피플 스마트(people smarts)"는 "북 스마트(book smarts)"의 결점을 어느 정도 보완할 수 있다는 것이다.

우리가 지금까지 그린 감성 지능의 그림이 매우 낙관적이긴 하지만, 이러한 능력에도 "어두운 면"이 있을 수 있음을 언급하는 것은 중요하다. 구체적으로 감성 지능이 특성상 역기능적인 업무 행동과 정(+)의 관계가 있다는 일부 연구들이 있다.[37] 이는 더 높은 수준의 감성 지능을 가진 특정 개인들이 험담, 괴롭힘, 심지어 도난과 같은 보다 역기능적인 행동을 하는 경향이 있을 수 있다. 이는 앞의 절에서 언급했던 감성 지능의 모든 긍정적인 것과 비교하여 당신에게 놀랍게 다가올 수도 있다. 그러나 다른 사람의 감정을 이해하고 영향을 미칠 수 있는 능력이 조직이나 사회의 목표와 가치와 호환되지 않고 개인의 목표를 달성하는 데 사용될 수 있는 경우를 생각해 보자.[38] 본질적으로, 감성 지능은 타인의 감정에 영향을 미칠 수 있는 재능을 제공할 수 있지만, 안타깝게도 개인이 의심스러운 목적을 지향한다면 이러한 재능은 악용될 수도 있다.[39]

감성 지능의 평가. 앞서 논의한 바와 같이 인지적 능력은 SAT나 IQ 테스트와 같은 측정치를 이용하여 평가될 수 있다. 그렇다면 감성 지능은 어떻게 평가될 수 있는가? 감성 지능 평가의 한 유형은 SAT 타입의 테스트와 비슷하다. 왜냐하면 문제는 정답 혹은 오답으로 점수가 매겨지기 때문이다. 응시자는 그림에 묘사된 사람의 감정을 설명하고, 각기 다른 상황에 대해 감정적 반응을 예측하고, 적절하거나 혹은 그렇지 못한 감정적 반응들을 구분하는지에 관한 질문을 받는다. 테스트가 끝나면 시험지는 점수 계산을 위해 테스트 발행자에게 되돌려 보내게 된다. 또 다른 평가 유형은 감성 지능을 반영한 사람들의 행동과 선호도에 대한 생각을 묻는 것이다. 이러한 유형의 첫 번째 테스트 중의 하나는 감성지수(Emotional Quotient Inventory: EQ-i)로, 이는 133개의 질문을 포함하고 있다.[40] EQ-i가 많은 조직에서 관리 방법과 조직 유효성을 개선하기 위해 시도되어 왔다고 하지만, 이는 실제적인 능력보다 성격적 특성을 측정하기 위한 것이라는 비판을 받아왔다.[41] 비교적 최근 연구자들 한 집단이 본 절에서 설명된 감성 지능의 네 가지 측면의 각각을 구체적으로 평가하기 위해 설계된 매우 짧고 쉬운 점수 측정에 대해 발표했다.[42] 비록 이 평가 방법이 EQ-i와 비슷하다고 하더라도 성격의 여러 측면을 측정하는 문항과 많이 겹치지 않는 것으로 나타났다. 당신도 감성 지능이란 측면에서 자신을 살펴보기 원하면 OB 진단지에서 자체 테스트를 해 볼 수 있다.

신체적 능력

학습목표 10.4
신체적 능력에는 어떤 유형들이 있는가?

신체적 능력은 초·중·고등학생 때 했던 많은 체육 수업 시간으로 인해 여러분에게 매우 친숙할 것이다. 아마도 여러분은 체육관에서 줄 타고 올라가기, 운동장 트랙 몇 바퀴 돌기, 전력 질주, 친구에게 볼을 차기 등의 다양한 평가를 받아 보았을 것이다. 혹은 취업을 위해 지원서를 내고는

OB 진단지

감성 지능

당신의 감성 지능은 얼마나 높은가? 이 평가는 이 장에서 논의된 감성 지능의 네 가지 측면(자기 인식, 타인 인식, 감정 조절, 감정 사용)에 대해 당신의 위치를 알려줄 것이다. 오른쪽에 제시된 물음에 대해 답한 후 지침에 따라 점수를 계산해 보라.

1	2	3	4	5	6	7
매우 아니다	아니다	약간 아니다	확실하지 않다	약간 그렇다	그렇다	매우 그렇다

1. 나는 내가 왜 대부분의 시간에 특정한 감정을 느끼는지 잘 알고 있다. ________
2. 나는 나의 감정을 잘 이해한다. ________
3. 나는 내가 느끼는 것을 잘 이해한다. ________
4. 나는 언제나 내가 행복한지 아닌지를 알 수 있다. ________
5. 나는 다른 사람들의 감정을 잘 관찰하는 사람이다. ________
6. 나는 언제나 내 친구들의 행동을 통해 그들의 감정을 알 수 있다. ________
7. 나는 다른 사람의 느낌이나 감정에 예민하다. ________
8. 나는 내 주변 사람들의 감정을 잘 이해한다. ________
9. 나는 언제나 나 자신을 위한 목표들을 세우고 그것들을 이루기 위해 최선을 다한다. ________
10. 나는 언제나 내가 능력있는 사람이라고 내 자신에게 말한다. ________
11. 나는 스스로 동기부여를 잘하는 사람이다. ________
12. 나는 언제나 최선을 다하라고 나 자신에게 용기를 준다. ________
13. 나는 내 기분을 잘 조절해서 어려움들을 합리적으로 대처할 수 있다. ________
14. 나는 내 감정을 다스리는 것이 어느 정도 가능하다. ________
15. 나는 언제나 화가 많이 났을 때도 빠르게 진정할 수 있다. ________
16. 나는 내 자신의 감정을 잘 조절한다. ________

점수 계산과 해석

자기 인식: 1-4번 문항 점수의 합 _____

타인 인식: 5-8번 문항 점수의 합 _____

감정 조절: 9-12번 문항 점수의 합 _____

감정사용: 13-16번 문항 점수의 합 _____

감성 지능 각 영역별로 합계가 19점 이상이면 평균 이상이고, 18점 이하이면 평균 이하로 해석할 수 있다.

출처: K.S. Law, C.S. Wong, and L.J. Song, "The Construct and Criterion Validity of Emotional Intelligence and Its Potential Utility for Management Studies," *Journal of Applied Psychology* 89 (2004), pp. 483–96; C.S. Wong and K.S. Law, "The Effects of Leader and Follower Emotional Intelligence on Performance and Attitude," *The Leadership Quarterly* 13 (2002), pp. 243–74.

작은 기계 부품 조작이나 조립 능력을 평가하는 테스트를 받아야 했을 수 있다. 가장 익숙할 가능성이 있는 마지막 예는, 여러분이 아마도 시각과 청각의 질을 측정하는 테스트를 받은 것이다. 비록 이들 예는 관련성이 없어 보일 수 있으나, 각각은 신체적 능력의 여러 유형을 설명하는 것이다. 이 절에서 우리는 〈표 10-2〉에 제시된 것 같은 신체적 능력의 중요한 유형을 살펴볼 것이다. 표에 제시된 정의와 정보는 앞서 언급된 바와 같이, 서로 다른 유형의 직무와 직업에서 직원에게 요구되는 사항을 설명하는 O*NET으로부터 왔다.[43]

근력. **근력**(strength)이란 일반적으로 신체가 물리력을 발휘할 수 있는 정도를 의미하지만, 직무에 따라서는 사실상 중요한 근력의 여러 가지 유형이 있다. 정태적 근력(static strength)은 손, 팔, 다리, 어깨, 또는 등을 이용하여 매우 무거운 물건을 들거나, 밀거나, 혹은 당길 수 있는 능력을 의미한다. 정태적 근력은 박스, 설비, 기계 부품, 무거운 도구 등과 같은 물건을 들어 올리는 사람들

표 10-2 신체적 능력

유형	특징	관련 직업
근력	**정태적:** 무거운 물건을 들고, 밀고, 당기는 힘 **폭발적:** 자기 자신이나 물건을 움직이기 위해 순간적으로 폭발적인 근력을 발휘하는 힘 **동태적:** 근력을 반복적 혹은 지속적으로 발휘하는 힘	구조철강 노동자, 트랙터 트레일러, 대형트럭 운전자, 농장 근로자, 소방관
지구력	순환계 시스템이 지치지 않고 일정 시간 이상 힘을 발휘할 수 있는 체력	운동선수, 댄서, 상업적 잠수부, 소방관
유연성과 조정력	**확장 유연성:** 몸, 팔, 다리 등을 굽히고, 펴고, 비틀 수 있는 정도 **동적 유연성:** 몸, 팔, 다리 등을 굽히고, 펴고, 비트는 속도 **전반적 신체 조정력:** 몸, 팔, 그리고 다리가 함께 활동함에 있어 움직임을 조정하는 능력 **전반적 신체 균형감:** 균형이 깨어진 상황에서 균형을 다시 잡을 수 있는 능력	운동선수, 댄서, 기계 조립공, 산업기계공, 안무가, 상업적 잠수부, 구조철강 노동자
정신운동 능력	**미세 조작 능력:** 작은 물건을 집고, 조작하고, 그리고 조립하는 동안 꾸준히 손과 팔을 유지하는 능력 **동작 통제 능력:** 기계를 작동하는 동안 빠르게 미세한 수정을 하는 능력 **반응 성향:** 적절한 대안적 동작들 중에서 재빨리 선택하는 능력 **반응시간:** 몸을 움직여 재빨리 신호에 반응하는 능력	직물 수리공, 도예공, 시계 부품 조립공, 보석공, 건설장비 운전자, 농업 장비 운전자, 사진사, 고속도로 순찰차 운전자, 운동선수
감각 능력	**근시와 원시:** 가까이에서 혹은 먼 거리에서 객체를 자세하게 볼 수 있는 능력 **암시:** 낮은 조명에서 잘 볼 수 있는 능력 **시각적 색채 판별력:** 색과 음영의 차이를 구분할 수 있는 능력 **심도 지각:** 상대적 거리감에 대한 판단력 **청각력:** 높이와 세기라는 측면에서 다양한 음의 차이를 들을 수 있는 능력 **청각 주의력:** 다른 소리들 가운데 한 소리에 집중하는 능력 **음성 인식력:** 타인의 음성을 식별하고 이해하는 능력	전자 시험원 및 검사자, 고속도로 순찰자 운전자, 트랙터 트레일러·트럭·버스 운전사, 항공사 조종사, 사진사, 음악가, 산업기계공, 음성 병리학자

출처: Adapted from E.A. Fleishman, D.P. Costanza, and J. Marshall-Mies, "Abilities," in *An Occupational Information System for the 21st Century: The Development of O*NET*, ed. N.G. Peterson, M.D. Mumford, W.C. Borman, P.R. Jeanneret and E.A. Fleishman (Washington, DC: American Psychological Association, 1999), pp. 175–95; O*NET website, The O*NET Content Model: Detailed Outline with Descriptions, http://www.onet center.org/content.html/1.A?D=1#Cm_1.A (accessed May 20, 2009).

의 직무에 포함되는 것이다. 폭발적 근력(explosive strength)은 사람들이 몸이나 물체를 이동하기 위해 에너지를 순간적으로 발휘하는 것이다. 직무를 수행함에 있어 달리고, 뛰고, 혹은 물건을 던지는 것이 필요한 직원들은 자신의 폭발적 근력에 따라서 효과적으로 일을 할 수 있다. 마지막 유형인 동태적 근력(dynamic strength)은 오랜 시간 동안 지치거나 포기함이 없이 힘을 발휘할 수 있는 능력을 말한다. 동태적 근력은 로프나 사다리를 올라가야 하거나 혹은 플랫폼 위로 몸을 끌어올려야 하는 직무에 포함된다. 비록 체력이 요구되는 직업은 어떤 범주가 중요한가에 따라서 다를 수 있지만, 세 가지 기준을 모두 요구하는 직업도 많이 있다. 예컨대 소방관의 경우 일반적으로 고용되기 전에 근력에 대한 혹독한 테스트를 통과해야 한다. 캘리포니아주의 더블린에서는 소방관 체력 테스트의 일부로 50파운드 조끼를 입고 25파운드의 또 다른 장비를 운반하면서 레일에 닿지 않고 제한된 시간 안에 긴 비행기 계단을 올라가는 것이 있다. 테스트의 또 다른 일부는 165파운드의 모형물을 위험한 곳에서 안전하게 옮기는 것을 포함한다.[44]

지구력. **지구력**(stamina)은 사람들이 장시간 신체 활동을 하는 동안 사람의 폐와 순환계가 효율적으로 작동할 수 있는 능력을 말한다. 지구력은 달리기, 수영, 그리고 등산과 같은 활동에 있어 중요할 수 있다. 사실 지구력은 신체 활동의 특성으로 인해 심장 박동수가 증가하고 호흡의 깊이와 속도가 장시간에 걸쳐 증가할 때마다 관련되는 것이다. 예상할 수 있는 바와 같이 앞에서 설명한 소방관 테스트는 근력과 지구력을 평가하는 것이다.

유연성과 조정력. 일반적으로 **유연성**(flexibility)이란 구부리거나, 늘리거나, 비틀거나 혹은 뻗칠 수 있는 능력을 말한다. 어떤 작업이 극도의 동작 범위가 필요한 경우, 예컨대 비좁거나 일하기 곤란한 곳에서 일할 필요가 있을 때 요구되는 유연성의 유형을 확장 유연성(extent flexibility)이라 한다. 자동차 트렁크 안쪽에서 스피커를 장착하기 위해 일하는 사람을 본 적이 있다면, 당신은 확장 유연성을 본 것이다. 어떤 일이 반복적으로 또한 어느 정도 빠르게 굽히고, 뻗고, 비틀거나 도달하는 것을 요구할 때 필요한 유연성의 유형을 동적 유연성(dynamic flexibility)이라 한다. 동적 유연성이 관여하는 방식은 간신히 손이 닿는 곳에 있는 장식물 몇 개를 색칠하기 위해 사다리 위에서 애쓰고 있는 페인트공의 모습을 생각해 보면 이해가 될 것이다.

일부 작업에 있어서는 유연성에 덧붙여 **조정력**(coordination), 혹은 신체적 움직임의 질이 중요할 수도 있다. 전반적 신체 조정력(gross body coordination)은 온몸이 움직이고 있는 동안 무언가를 하기 위해 몸, 팔, 다리의 움직임을 함께 맞출 수 있는 능력을 말한다. 반면, 전반적 신체 균형감(gross body equilibrium)은 안정적이지 못한 상황이나 방향을 전환하고자 할 때 몸의 균형을 유지할 수 있는 능력을 포함한다. 줄넘기는 전반적 신체 조정력을 필요로 하는 반면, 일직선을 따라 걷는 것은 전반적 신체 균형감을 필요로 한다. 이들 두 가지 유형의 조정력은 모두 빠른 움직임이 요구되는 상황에서 중요하다. 하지만 전반적 신체 균형감은 작업 환경이 인위적으로 높여져 불안정할 때 더 중요하다.

정신 운동 능력. **정신 운동**(psychomotor abilities)에는 몇 가지 다른 종류의 예가 있는데, 일반적으로 사물을 조작하고 통제할 수 있는 능력을 말한다. 미세 조작 능력(fine manipulative abilities)은 일반적으로 동맥, 신경, 보석, 시계 등과 같은 작거나 섬세한 개체에 대해 정확한 일을 하기 위해 손을 사용하면서 꾸준히 팔과 손을 일정하게 유지하는 능력을 말한다. 동작 통제 능력(control movement abilities)은 사람들이 효과적으로 작업을 수행하기 위해 기계를 사용하여 다양한 정밀 수정을 해야 할 필요가 있는 과업에 있어 중요하다. 그것이 나무든 콘크리트든 혹은 치아든 사물에 구멍을 뚫는 직업을 가진 어떤 이는 이러한 종류의 능력이 필요하다. 몇 가지 다른 신호에 반응하여 재빨리 올바른 행동을 선택할 수 있는 능력은 반응 성향(response orientation)이라 한다. 이는 점멸등, 부저 및 비행 중 비상사태를 알리는 음성 정보에 반응하는 항공기 조종사에게 있어 반응 성향의 중요성을 상상하는 것은 그렇게 어려운 일이 아니다. 본 교재에서 설명하는 마지막 정신 운동 능력은 반응 시간(response time)이라 불리는 것이다. 이 능력은 한 개인이 신호 정보가 발생한 후 얼마나 빨리 그것에 반응할 수 있는지를 반영하는 것이다. 앞의 예로 돌아가면, 항공기 조종사가 빠른 반응 성향과 반응 시간을 다 가지고 있다고 한다면 사람들은 더 안전하다고 느낄 것이다. 결국, 만약 의사결정이 너무 늦어진다면 올바른 결정을 하더라도 이런 상황에서는 쓸모없을지도 모른다!

감각적 능력. **감각적 능력**(sensory abilities)은 시각과 청각에 관련된 능력을 말한다. 중요한 시각적 능력의 예로는 색을 지각하고 사물 간의 상대적 거리차를 정확히 판단할 수 있는 능력(시각적 색채 판별력과 심도 지각)뿐만 아니라, 가까이 그리고 멀리 있는 사물(근시와 원시) 혹은 어두운 조명(야시)에서 볼 수 있는 능력 등을 포함한다. 이런 시각적 능력의 한두 가지만을 강조하는 직업은 많다. 예를 들어, 시계 수리공은 근시가 좋아야 하는 반면 인테리어 디자이너는 시각적 색채 판별력이 좋아야 한다. 하지만 효과성이 모든 종류의 시각적 능력에 의존하는 직업도 있다. 전투기 조종사는 조정기와 체크리스트를 읽기 위해 근시가 좋아야 하며, 적의 목표와 지형지물을 볼 수 있기 위해 원시와 심도 지각력도 좋아야 한다. 또한 어두운 곳에서 임무를 수행하기 위한 암시가 좋아야 하며, 그리고 경고등으로부터의 정보를 해석하고 컴퓨터 판독을 정확히 하기 위해 시각적 색채 판별력이 뛰어나야 한다.

청각 능력은 크기와 세기에 따라 변화하는 다양한 소리를 듣고 구분할 수 있는 능력(청취감), 여러 소리 가운에 한 소리에 집중할 수 있는 능력(청각 주의력), 그리고 다른 사람의 말을 식별하고 이해할 수 있는 능력(음성 인식력) 등을 포함한다. 청각 능력이 중요할 수 있는 가장 확실한 직업은 음악가나 작곡가가 일 것이다다(아홉 번째 교향곡을 작곡할 당시 귀가 들리지 않았던 베토벤은 예외로 하자). 하지만 이들 직업에 있어 강조점은 음성 인식력보다는 청취감과 청각 주의력에 있을 수 있다(누가 요즘 가사를 듣지?). 청각 능력이 매우 중요할 수 있는 또 다른 직업은 음식점 종업원이 될 수 있다. 그 음식점이 복잡하고 소란스럽다면 더욱 그럴 것이다. 이러한 상황에서 종업원은 큰 소리로 말하는 사람들 사이에서 고객의 말을 구별하고 이해할 수 있는 청각 주의력과 음성 인식력이 필요하다. 청각 능력 때문에 존재하는 회사의 사례로, 캘리포니아 브리즈번(Brisbane)에 있는 시청각 케이블 및 액세서리 제조사인 몬스터 케이블(Monster Cable)을 생각해 보자. 회사의 설립자인 노엘 리(Noel Lee)는 차이코프스키의 1812년 서곡과 마이클 잭슨의 "라이베리안 걸(Liberian Girl)"을 다른 형태의 스피커 전선을 사용하여 소리를 비교함으로써 사업을 시작했다.[45] 그는 최적의 음을 내는 전선의 두께, 소재, 꼬기 패턴 등의 조합을 결정하기 위해서 음악 소리의 강약, 크기, 저음과 고음 등을 신중하게 고려해 가면서 음악을 듣고 또 들었다.

Richard Shotwell/Invision/AP

노엘 리는 어떤 타입의 스피커 전선이 최적의 사운드를 낼 수 있는지를 식별할 수 있는 탁월할 청각 능력을 이용하여 몬스터 케이블을 설립했다.

요약: 종업원이 할 수 있다는 것은 무엇을 의미하는가?

본 장에서 우리는 인간 능력의 영역에 대해 상당히 상세한 설명을 제시했으며, 이는 [그림 10-2]에 요약되어 있다. 그림에 포함된 능력의 리스트가 다소 어려워 보일 수 있지만, 이 능력의 집합이 우리 각자와 모두를 설명할 수 있다는 사실을 이해할 수 있기를 바란다. 나아가 우리가 본 장을 통해 언급했듯이, 이들 능력은 서로 다른 과업이나 직무에 있어 얼마나 효과적일 수 있는지를 결정하는 데 있어 중요한 역할을 한다.

그림 10-2 종업원이 "할 수 있다"는 것은 무엇을 의미하는가?

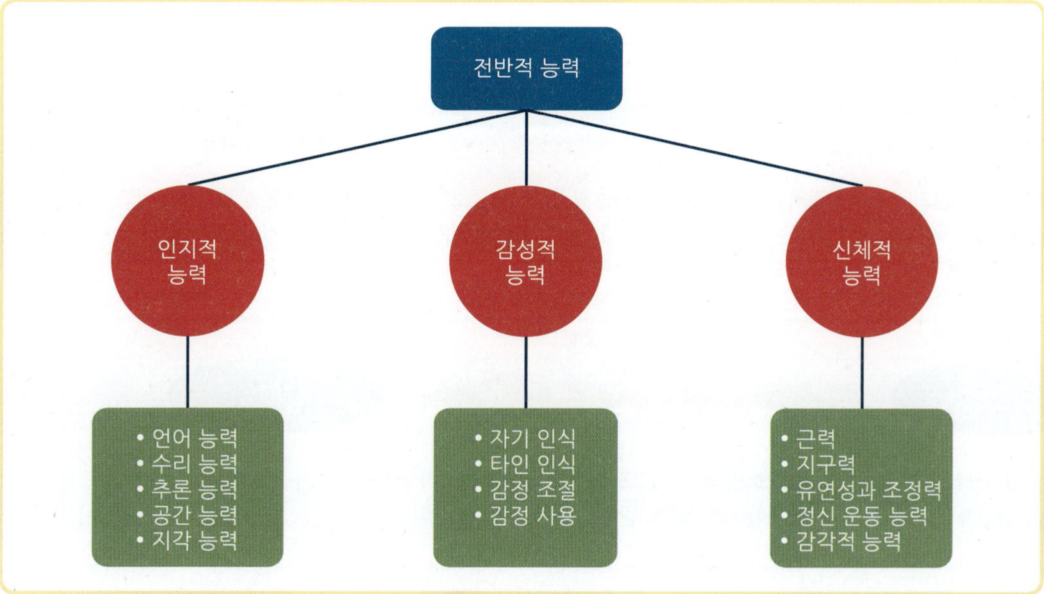

출처: Adapted from J.J. Johnson and J.B. Cullen, "Trust in Cross-Cultural Relationships," in *Blackwell Handbook of Cross-Cultural Management*, ed. M.J. Gannon and K.L. Newman (Malden, MA: Blackwell, 2002), pp. 335–60.

능력은 얼마나 중요한가?

학습목표 10.5
인지적 능력은 직무성과와 조직몰입에 어떤 영향을 미치는가?

이제 당신은 능력이란 무엇인지 그리고 그것이 어디에서부터 나오는 것인지 알고 있다. 그렇다면 다음 순서의 중요한 질문을 해 보자. 능력이 정말 중요한가? 즉 능력은 조직행동의 두 가지 가장 중요한 성과인 직무성과와 조직몰입에 중요한 영향을 미치는가? 이 질문에 대한 답은 당신이 인지적, 감정적, 혹은 신체적 능력 중에서 어떤 유형의 능력을 말하는가에 따라 다르다. 여기서는 종합적 인지 능력에 논의의 초점을 맞춘다. 왜냐하면 그것이 모든 직업에 가장 관련된 능력의 형태이고 또한 조직행동 수강생이 진출하게 될 분야에 있어 가장 중요할 수 있는 것이기 때문이다. 밝혀진 바와 같이 종합적 인지 능력과 직무성과 간의 관계는 [그림 10-3]에 요약된 바와 같이 수많은 연구가 있다.[46]

[그림 10-3]은 종합적 인지 능력이 직무성과, 특히 과업성과 측면에서 강한 예측력을 갖는 것으로 나타난다. 모든 직무에 있어 인지적 능력 테스트에서 높은 점수를 받은 종업원이 그렇지 않은 종업원에 비해 직무 기술서에 있는 요구 사항을 보다 효과적으로 이행할 수 있다.[47] 사실, 이 책에서 논의된 어떤 변수도 종합적 인지 능력에 비해 과업성과와 더 강한 상관관계를 가지는 것은 없다. 널리 알려진 기업들을 포함해 수많은 조직이 특정 직무에 적합한 최적의 후보자를 뽑기 위한 노력으로 인지 능력을 평가하고 있다.[48] 이러한 목적을 위해 인지적 능력 검사의 사용은 상당히 합리적인 편이다. 왜냐하면 테스트한 점수가 다양한 종류의 직업 성과 측정치와 강한 긍정적 상관관계가 있기 때문이다.[49]

사실상, 이 관계는 공부하는 상황에도 적용이 된다. 우리는 본 장에서 학업 평가 시험, 혹은

그림 10-3 직무성과와 조직몰입에 대한 종합적 인지 능력의 영향

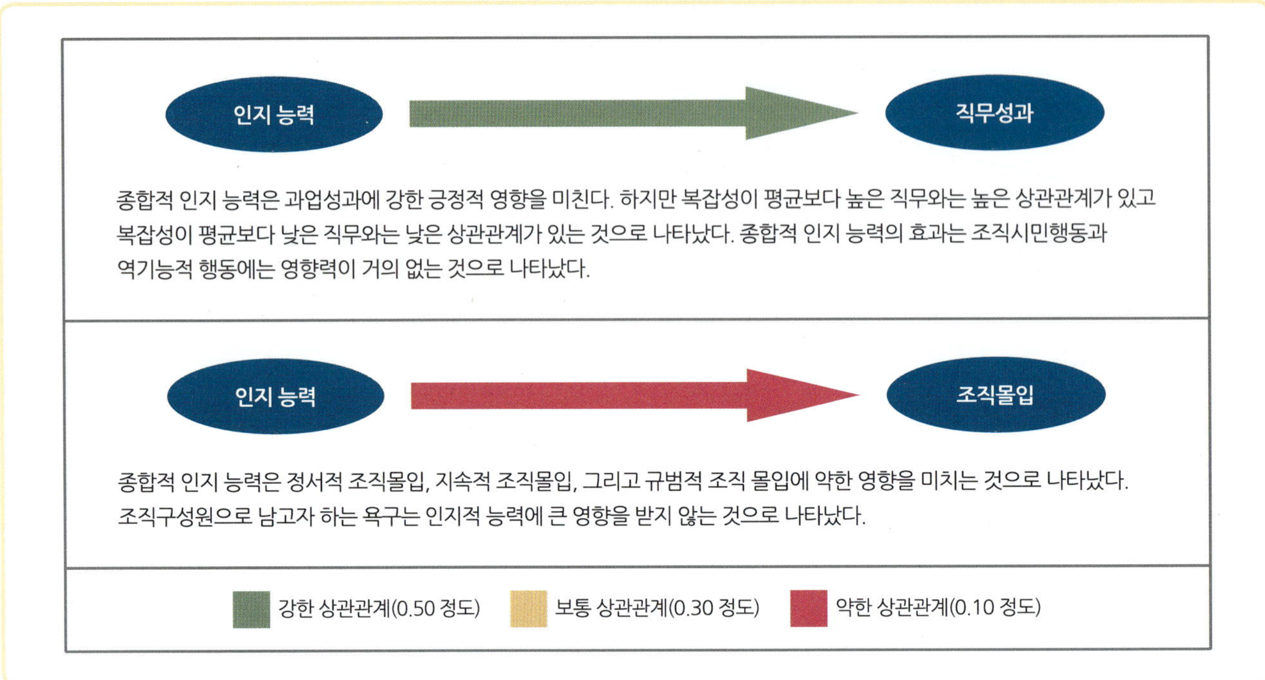

출처: J.W. Boudreau, W.R. Boswell, T.A. Judge, and R.D. Bretz, "Personality and Cognitive Ability as Predictors of Job Search Among Employed Managers," *Personnel Psychology* 54 (2001), pp. 25–50; S.M. Colarelli, R.A. Dean, and C. Konstans, "Comparative Effects of Personal and Situational Influences on Job Outcomes of New Professionals," *Journal of Applied Psychology* 72 (1987), pp. 558–66; D.N. Dickter, M. Roznowski, and D.A. Harrison, "Temporal Tempering: An Event History Analysis of the Process of Voluntary Turnover," *Journal of Applied Psychology* 81 (1996), pp. 705–16; F.L. Schmidt and J. Hunter, "General Mental Ability in the World of Work: Occupational Attainment and Job Performance," *Journal of Personality and Social Psychology* 86 (2004), pp. 162–73.

SAT에 대해 여러 차례 언급했다. 왜냐하면 그것이 당신에게 상당히 익숙할 수 있고 또한 그것의 상당 부분이 종합적 인지 능력을 반영하기 때문이다.[50] 대부분의 미국 대학은 대학 입학을 위한 학생 선발에 이 점수를 이용한다. 왜냐하면 그들은 높은 점수를 받은 학생이 대학에서 성공적일 가능성이 높다고 믿기 때문이다. 그러나 SAT가 학생들의 대학에서의 학업 성과와 정말 관련이 있는 것일까? 여러분 대다수는 이에 대해 회의적일 것이다. 왜냐하면 여러분은 아마도 SAT 점수는 잘 받았지만 대학 성적은 엉망인 학생을 알기 때문이다. 마찬가지로 여러분은 아마도 SAT 점수는 엉망이지만 대학에서 좋은 성적을 내는 학생도 알 것이다. 실제로, 특정 경향(열심히 공부하기, 높은 개인 목표 설정하기, 체계적으로 유지하기 등)과 선택(어떤 과목을 들어야 할 것인지 등)이 대학에서 받은 학점에 중요한 역할을 하는 것이 사실이다.[51] 하지만 밝혀진 바와 같이 SAT는 학업 성과를 예측하는 데 있어 실제 뛰어난 것이다. SAT 점수가 좋은 학생들은 대학 1학년에서 보면 보다 나은 학업 성과를 올리는 경향이 있다. 그리고 졸업할 때도 보다 높은 누적 평균 평점을 받아 좋은 성적으로 졸업할 가능성이 크다.[52] 마찬가지의 결과가 대학원 수준에서의 성과를 예측하는 데도 물론 적용될 수 있다. 경영대학원 입학 시험인 GMAT(Graduate Management Admission Test)도 구조나 내용에 있어 SAT와 유사하다. 그리고 대학원 입학을 위한 이 시험에서 좋은 성적을 받은 학생들이 대학원 프로그램 코스를 수강하는 동안 더 우수한 평균 평점(GPA)을 받는 경향이 있다.[53]

그렇다면 왜 종합적 인지 능력이 과업성과와 관련이 있는지를 어떻게 설명할 수 있는가? 높은 종합적 인지 능력을 가진 사람들은 학습과 의사결정에 있어 뛰어난 경향이 있다(이는 8장에서 상세하게 다루었다). 그들은 경험을 통해 더 많은 지식을 더 빨리 얻을 수 있고, 그 결과 그들은 어떻게 자신의 직무를 효과적으로 수행할 수 있는지에 대한 더 큰 지식 풀을 개발한다.[54] 하지만 우리가 언급해야 할 세 가지 중요한 주의 사항이 있다. 첫 번째 인지적 능력은 조직시민행동이나 역기능적 행동보다는 과업성과와 보다 강한 상관관계를 가지는 경향이 있다. 그리고 인지적 능력과 역기능적 행동 간의 관계는 거의 제로이다.[55] 증가된 직무 지식의 양은 종업원이 직무 과업을 완료하는 데 도움을 준다. 그러나 그것이 반드시 동료를 돕거나 중요한 규칙 위반을 제어하는 데 도움을 주지는 않는다. 둘째, 인지적 능력과 성과 간의 긍정적 관계는 심지어 복잡한 직무나 적응력을 요구하는 상황에서 더 강하게 나타난다.[56] 셋째, 사람들이 인지적 능력이 낮아서라기보다는 다른 이유들로 인해 종합적 인지 능력의 테스트에서 낮은 점수를 받을 수 있다. 예를 들어, 경제적으로 취약한 배경의 사람들은 그러한 테스트에 좋지 못할 수 있다. 왜냐하면 그들이 인지적 능력이 부족해서가 아니라 답안을 어떻게 작성해야 하는지에 대한 학습 기회가 없었기 때문일 수 있다.

직무성과와의 관계와는 대조적으로, 인지적 능력과 조직몰입 간에는 유의한 관계가 없는 것으로 연구 결과 나타났다.[57] 한편, 조직몰입과 긍정적인 관계를 예상할 수도 있는데 그 이유는 높은 인지적 능력을 가진 사람들은 일을 보다 효과적으로 수행하는 경향이 있고, 그렇기 때문에 그들은 현재 하는 일에 대해 아주 적합하다고 느낄 수 있기 때문이다. 다른 한편으로, 조직몰입과 부정적인 관계를 예상할 수도 있는데 그 이유는 높은 인지적 능력을 가진 사람들은 보다 많은 직무 지식을 갖고 있으며, 이는 노동시장에서 그들의 가치를 증가시켜 다른 일자리를 찾아 떠날 가능성도 높일 수 있기 때문이다.[58] 결국, 얼마나 영리한 종업원인지 아는 것은 그들이 조직의 구성원으로서 남을 가능성에 대해서는 우리에게 알려 줄 수 있는 것이 거의 없다는 것이다.

실무 적용: 높은 인지 능력의 종업원 채용

종합적 인지 능력과 직무성과 간의 강한 상관관계를 감안할 때, 많은 조직이 신입 사원 채용에 있어 본 장의 내용을 적용하는 것은 놀랄 일이 아니다. 한 예로 구글이 최고라고 믿는 종업원들을 어떻게 채용하는지 생각해 보자. 역량이 뛰어난 사람이 직무에 지원할 수 있도록 유인하기 위해 회사는 실리콘밸리와 하버드스퀘어에, 어려운 문제인 "오일러 수의 첫 10자리 소수에 닷컴(.com)을 붙여라(first 10-digit prime found in consecutive digits of e.com)"를 게시했다(여기는 e는 자연로그의 기초로서 사용되는 오일러 수를 말하며, 첫 번째 10자리 소수는 7427466391가 되는 것으로 밝혀졌다). 어려운 문제를 푼 사람들은 더 어려운 문제가 있는 웹사이트를 갔다. 문제를 푼 결과는 구글의 이력서 요청이었다.[59] 회사는 또한 구글 랩 적성 검사(Google Labs Aptitude Test: GLAT)라 불리는 것을 개발해 똑똑한 컴퓨터 기술자들이 읽는 잡지에 실었다. GLAT는 SAT와 비슷하고, 예를 들어 "각 면에 세 가지 색상 중 하나를 가진 정이십면체를 색칠할 수 있는 방법은 몇 가지나 되는가?"와 같은 질문을 포함한다. 구글은 영리한 사람 혹은 이러한 종류의 문제에 흥미가 있는 사람을 채용하기 위해 GLAT를 사용했다. 최종 면접까지 오게 된 사람은 전형적으로 10명의 면접 패널의 매우 어려운 질문에 마주하게 된다. 기술직에 지원한 사람들은 수학 알고리즘을 풀도록 요구받거나 소프트웨어와 컴퓨터 네트워킹에 대한 기술적 질문에 답을 해야 할 수도 있다.[60] 그들도 또한 종합적 지능과 추론 능력을 파악하기 위한 황당한 질문을 받을 가능성이 있다. 예를 들어, "스쿨버스를 골프공으로 채우면 몇 개나 들어갈까," 그리고 "당신이 니켈의 높이로 축소되고 당신의 질량은 원래의 밀도를 유지하기 위해 같은 비율로 줄어들었다. 그런 다음 당신은 빈 유리 믹서기에 던져진다. 믹서기 칼날이 60초 안에 움직이기 시작할 것이다. 당신을 무엇을 할 것인가?"[61] 당신은 스트레스 받는 면접에서 이러한 유형의 질문에 대답해야 하는 것을 원하지 않을 수 있지만, 마이크로소프트와 같은 회사는 우수한 지능을 가진 종업원을 고용하기 위해 이와 비슷한 방법을 사용하고 있기 때문에, 당신은 이러한 것을 준비할 수 있어야 한다.[62]

물론, 하이테크 산업이 아닌 기업도 우수한 인지 능력을 가진 종업원을 채용하는 데 관심이 있다. 그리고 이들 기업도 지원자들에게 채용 과정의 일부분으로 인지 능력 시험을 치르게 한다. 널리 알려진 테스트 중의 하나가 50문항으로 구성된 12분짜리 **원더릭 인지 능력 테스트**(Wonderlic Cognitive Ability Test)이다. 이는 지난 수십 년 동안 수많은 조직에서 1억 2천만 명 이상을 테스트하는 데 사용되었다.[63] [그림 10-4]에 나타난 문항의 예로부터 여러분은 이 문항들이 우리가 앞서 설명한 많은 인지적 능력과 어떻게 대응하는지를 알 수 있어야 한다.

학습목표 10.6
조직은 어떤 단계를 거쳐 인지적 능력이 뛰어난 사람을 채용할 수 있는가?

테스트를 받는 사람들은 정답을 맞출 때마다 1점을 받게 되고, 이들 점수는 직업별로 인력채용을 위한 기초로 사용될 수 있는 총점 제시를 위해 합산된다. 원더릭 사용자 매뉴얼은 〈표 10-3〉에 일부 포함되어 있는 다양한 직업군의 최소 통과 점수에 대한 의견을 제공하고 있다. 예를 들어, 17점은 비숙련 노동자를 위한 최소 점수로 제시되고, 21점은 고등학교 졸업자들의 평균점이며, IQ가 약 100에 해당하는 점수는 소방관을 위한 최소 점수로 제시된다. 28점은 상위 관리자나 경영자를 위한 최소 점수이고 이는 대졸자들의 평균 점수 정도에 해당된다.

원더릭 인지 능력 테스트에 관해 들을 수 있는 기회는 매년 3월과 4월이다. 그 이유는 미식축구리그(NFL) 행정가들이 드래프트할 선수를 선발할 때 이 점수를 고려하기 때문이다. 이 시기에 사람들이 항상 논쟁하는 한 가지 의문점은 인지 능력 테스트 점수가 미식축구 선수의 경기장에서의 성과와 관련이 있는가 하는 것이다. 미식축구리그에서 원더릭 활용 지지자들은 인지적 능력이 선수를 기억하고 복잡한 공격 및 방어 시스템을 배우는 데 있어서 필요하다고 주장하지만, 많은 사람은 [그림 10-4]에 제시되어 있는 것과 같은 질문에 대해 답하는 능력이 어떻게 선수들의 패스 성공, 터치다운을 위한 질주, 공격자 태클, 혹은 필드골 킥 등과 관련이 있는지 궁금해 한다. 더욱이 원더릭을 폄하하는 사람들은 왜 낮은 점수가 경기장에서의 우수한 성적 기록을 무색하게 하는지 궁금해 한다. 그렇다면 누가 맞는가? 글쎄, 최소

표 10-3 직업별 최소 권장 원더릭 점수

직업	최소 점수	직업	최소 점수
기계 엔지니어	30	경찰	22
변호사	29	소방관	21
경영자	28	금전출납원	20
교사	27	위생병	19
간호사	26	기계공	18
사무장	25	미숙련 노동자	17
광고 세일즈맨	24	가정부	16
관리자/감독자	23		

출처: *Wonderlic Cognitive Ability Test and Scholastic Level Exam: User's Manual* (Vernon Hills, IL: Wonderlic Cognitive Ability Test, Inc., 1992), pp. 28–29. Reprinted with permission.

그림 10-4 원더릭 테스트 예시

1. 다음중 가장 빠른 날짜는?
   A) 1898년 1월 16일 B) 1889년 2월 21일 C) 1898년 2월 2일 D) 1898년 1월 7일 E) 1889년 1월 30일

2. "낮음 – 높음" 이면 "쉬운 – "?
   A) 성공적인 B) 순수한 B) 큰 D) 흥미로운 E) 어려운

3. 한 인터넷 소매점에서 5시간 동안 인기 상품에 대해 27, 99, 80, 115, 213개의 주문이 있었다. 이러한 경향을 가장 잘 나타내는 그래프는 어느 것인가?

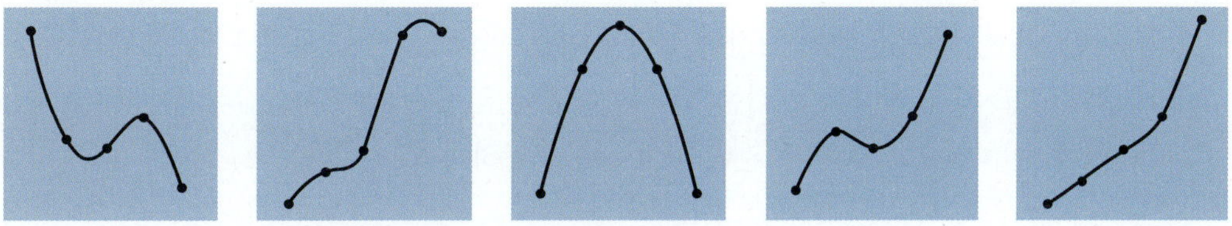

A B C D E

4. 이러한 배열에서 다음에 들어갈 숫자는? 29 41 53 65 77 _____
   A) 75 B) 88 C) 89 D) 98 E) 99

5. 다음 문장에서 빨간색 단어의 반대말은 무엇인가? 그녀는 질문에 복잡한 대답을 했고 우리는 모두 그녀에게 동의했다.
   A) 긴 B) 더 나은 C) 단순한 D) 잘못된 E) 친절한

6. 호세의 4월 주차 요금은 150달러이고 5월은 4월에 비해 10달러가 더 많았다. 6월은 5월보다 40달러가 더 많았다. 그렇다면 3개월 동안 평균 주차 요금은 얼마인가?
   A) $66 B) $160 C) $166 D) $170 E) $200

7. 만약 처음 두 문장이 모두 진실이면 마지막 문장도 진실인가?
   산드라는 모든 사무용품 주문의 책임자이다.
   공책은 사무용품이다.
   산드라는 공책을 주문하는 데 책임이 있다.
   A) 그렇다 B) 아니다 C) 확신할 수 없다

8. 오른쪽을 이용하여 왼쪽의 그림을 만들기 위해 오른쪽에서 세 가지를 선택하라. 오직 같은 색깔의 조각들만 겹쳐질 수 있다.

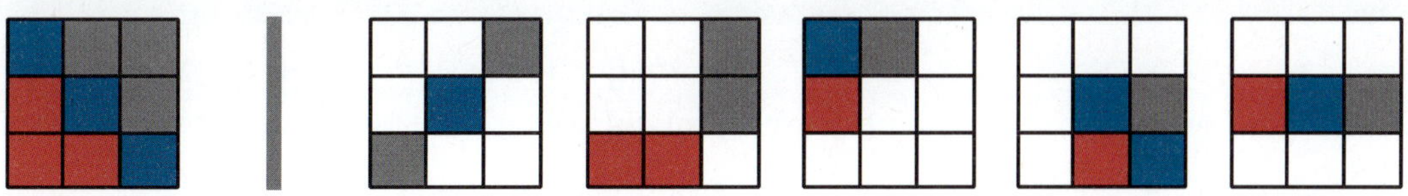

A B C D E

9. 아래의 단어들 중에서 뜻이 비슷한 3개의 단어는?
   A) 식별 가능한 B) 분명한 C) 가설적인 D) 불명확한 E) 이론적인

10. 서비스 회사에 근무하는 600명의 종업원 중 12명이 지난해 최우수 고객 서비스 상을 받았다. 수상자들은 종업원의 몇 %인가?
    A) 1% B) 2% C) 3% D) 4% E) 6%

답: 1—E, 2—E, 3—D, 4—C, 5—C, 6—D, 7—A, 8—BCD, 9—CDE, 10—B

출처: Wonderlic WPT—Sample Questions. Reprinted with permission of Wonderlic, Inc. Copyright 2007 Wonderlic, Inc. with permission.

하나의 연구 결과는 선수의 원더릭 점수가 미식축구리그에서의 성과를 예측하지 못하며, 이 효과는 선수의 포지션에 따라서도 큰 영향을 받지 않는 것으로 나타났다.[64]

마무리하기 전에, 저자는 고용 목적의 인지적 능력 테스트의 사용은 의도하지 않게 앞서 설명했듯이 다양한 이유로 인해 점수가 낮게 나온 개인이나 집단을 차별하게 될 수도 있다는 점을 언급하고자 한다.[65] 결국, 공정성과 다양성 가치의 중요성을 고려하여 이러한 테스트는 신중하게 사용돼야 한다.[66] 하나의 대안은 직무성과를 잘 예측할 수는 있지만, 특정 집단에게는 불이익을 주지 않도록 하는 테스트의 조합을 사용하는 것이다. 예컨대, 종합적 인지 능력 테스트를 사용하기보다는, 회사는 특정한 인지적 능력, 정서적 능력, 성격 등을 측정할 수 있는 테스트의 조합을 사용할 수 있다.[67] 조직은 또한 인지적 능력에 대한 강조를 줄이는 대신 더욱 향상된 훈련과 지원을 제공할 수도 있을 것이다. 이러한 접근은 다양한 업무에 있어 자신감과 성과를 높일 뿐만 아니라 중요한 인지적 그리고 직무 관련 기술들을 구축하게 할 것이다.[68]

요점 정리

10.1 능력은 서로 다르지만 관련된 특정 범위의 활동을 수행하는 데 필요한 비교적 안정적인 역량을 말한다. 능력의 차이는 유전자와 환경 모두의 결과이다.

10.2 인지적 능력은 언어 능력, 수리 능력, 추론 능력, 공간 능력, 그리고 지각 능력을 포함한다. 종합적 인지 능력 혹은 g는 이러한 모든 세부적 인지 능력들의 기초가 되는 것이다.

10.3 감성 지능은 네 가지 구체적인 종류의 감성적 기술들을 포함한다. 그것은 자기 인식, 타인 인식, 감정 조절, 감정 사용이다.

10.4 신체적 능력은 근력, 지구력, 유연성과 조정력, 정신 운동능력, 그리고 감각적 능력 등을 포함한다.

10.5 종합적 인지 능력은 기본적으로 과업성과에 영향을 미치기 때문에 직무성과와 강한 긍정적 관계를 갖는다. 반면, 종합적 인지 능력은 조직몰입과는 매우 약한 관계에 있다.

10.6 많은 조직은 높은 수준의 종합적 인지 능력을 가진 지원자를 채용하기 위해 인지 능력 테스트를 사용한다. 흔히 사용되는 테스트 중의 하나는 원더릭 인지 능력 테스트이다.

핵심 용어

- 감각적 능력
- 감성 지능
- 감정 조절
- 감정 사용
- 공간 능력
- 근력
- 능력
- 수리 능력
- 언어 능력
- 원더릭 인지 능력 테스트
- 유연성
- 인지적 능력
- 자기 인식
- 정신 운동 능력
- 조정력
- 종합적 인지 능력
- 지각 능력
- 지구력
- 추론 능력
- 타인 인식

토론 질문

10.1 사람의 능력을 결정하는 데 있어 학습, 교육, 그 외 여러 경험이 어떤 역할을 할 수 있는가? 어떤 유형의 능력—인지적, 감정적, 혹은 신체적—에 이러한 요소가 가장 큰 역할을 하는가?

10.2 매우 높은 수준의 인지적 능력을 필요로 하는 직무에 대해 생각해 보자. 여러분은 인지 능력이 부족한 사람

이 직무를 효과적으로 수행할 수 있도록 해당 직무를 재설계하는 방법에 대해 생각할 수 있는가? 이제 감성적 능력과 신체적 능력에 대해서도 마찬가지의 질문에 대한 답안을 생각해 보자.

10.3 위 질문에 대한 당신의 반응을 생각해 보자. 인지적, 감성적, 신체적 능력은 이들 능력이 부족한 사람도 가능하도록 직무가 재설계될 수 있는 정도에 있어 차이가 있는가? 만약에 있다면 그 차이가 의미하는 것은 무엇인가?

10.4 높은 혹은 낮은 수준의 감성 지능을 가진 사람과 함께 했던 경험에 대해 생각해 보자. 그러면 당신은 인지적 능력이란 측면에서 그들을 어떻게 평가할 것인지 생각해 보자. 당신은 감성 지능이 인지적 능력에 대한 사람들의 지각에 많은 영향을 미친다고 생각하는가?

10.5 당신이 희망하는 직무를 위한 적합한 능력의 조합은 무엇인가? 당신은 이들 능력을 갖고 있는가? 만약 당신이 이들 능력 중 어느 하나가 부족하다면, 이를 개선하기 위해 당신은 무엇을 할 수 있는가?

사례: 펩시코

음료와 주류 산업에서 성공적으로 경쟁하기 위해, 펩시코는 인공지능과 머신러닝을 사용해 직원의 능력을 배가시키고자 한다. "인공지능"과 "머신러닝"은 종종 혼용되기도 하지만, "인공지능"은 컴퓨터가 유능해 보이는 쪽으로 사용하는 넓은 범위의 용어인 반면, "머신러닝"은 알고리즘이 사용되어 컴퓨터가 운영되면서 자동적으로 모은 데이터를 통해 배우거나 발전하는, 인공지능 중 좁은 유형을 지칭한다. 펩시코는 다양한 출처의 상당한 양의 데이터를 인공지능과 머신러닝을 사용해서 가공하는 것은 결국 효율성과 속도를 보장해 회사 운영의 모든 면에 도움을 줄 것이라고 믿는다.

예를 들어 생산 과정에서, 센서는 과자가 레이저에 맞는 소리를 탐지하고, 이렇게 탐지한 소리를 바탕으로 공정 과정에서 자동 조정이 이뤄져 완벽한 질감의 과자가 생산된다. 생산 과정의 또 다른 예는, 알고리즘과 카메라가 감자의 무게를 예측해 더 이상 사람의 힘으로 무게를 측정하거나 분류할 필요가 없도록 한다. 펩시코는 또한 제품의 개발, 판매, 마케팅에도 인공지능 기술을 활용한다. 회사가 수집하고 결제한 다른 데이터와 함께 소셜 미디어에서 나온 이용 가능한 소비자 간의 대화(개별 소비자가 확인되지 않게 집계됨)는 알고리즘의 입력 값으로 사용돼 새로운 상품, 현재 상품에 가능한 수정 사항, 그리고 어떤 물건을 가게에 두고 어떻게 홍보할지를 확인하는 데 도움을 준다.

만약 당신이 펩시코에 지원한다면, 당신은 처음에 회사의 인공지능과 머신러닝 사용을 경험할 수도 있다. 특정 직무를 위해선, 로봇 베라(Robot Vera)가 지원자가 지원한 직무에 대해 적절한 자격을 갖추었는지 확인하기 위해 이력서를 스캔할 것이다. 로봇 베라는 또한 발전된 언어 인지 능력 소프트웨어와 알고리즘을 사용해 질문을 하고 답한다(예/아니오로 대답). 로봇 베라는 또한 검토와 후속 조치를 위해 유망한 지원자와의 대화를 녹음해서 의사결정자들에게 전달한다. 지원자들이 로봇 베라에 대해 긍정적으로 응답했다는 사실에 회사는 기쁘지만, 사실 가장 큰 이점은 효율성이다. 사람이 1500명의 지원자를 인터뷰하는 데 약 9주가 걸리는 것에 반해, 로봇 베라는 9시간 안에 할 수 있다. 펩시코는 인공지능과 머신러닝의 사용이 사람을 대체할 것이라고 생각하지는 않는다. 오히려, 기술은 직원의 자연스러운 한계와 사람의 능력을 높이고 확장하기 위함이다.

10.1 펩시코에서 사용하고 있는 인공지능과 머신러닝 기술에서 보여지고 있는 인간의 능력을 찾고 설명해 보라.

10.2 이러한 능력들에 있어 기술이 인간에 비해 어떤 장점을 갖는가?

10.3 인공지능과 머신러닝 기술의 사용이 조직에서 증가하는 것을 두고, 직원들이 가져야 할 능력에는 무엇이 있는가? 사람이 일부 능력들에 대해서는 기술에 비해 이점을 가지는가? 만약 그렇다면, 어떤 능력인가?

출처: A.H. Church and R. Silzer, "Going Behind the Corporate Curtain with a BluePrint for Leadership Potential," *People and Strategy* 36 (2014), pp. 50–58; A.H. Church and S. Ezama, "PepsiCo's Formula for Leadership Potential," *Talent Development* 74 (2020), pp. 34–39; B. Marr, "The Fascinating Ways PepsiCo Uses Artificial Intelligence and Machine Learning to Deliver Success," *Forbes*, April 5, 2019.

예제: 감성 지능

이 예제의 목적은 당신의 일상생활 속에서 감정이 어떻게 조절되고 사용될 수 있는지 알도록 하는 것 외에도 당신과 타인의 감정을 보다 잘 인식하도록 도와주는 것이다. 이 예제는 모둠 활동으로 진행되기에, 강의자가 모둠을 만들어 주거나 학습자들이 직접 모둠을 만들어야 한다. 이 예제는 다음과 같은 단계로 진행된다.

10.1 다음의 네 가지 감정을 각각 경험했던 상황에 대해 생각해 보자.

- 기쁨
- 불안
- 슬픔
- 분노

10.2 조원들과 함께 글로 적거나 토론을 하면서 다음 각 상황에 관한 질문에 답하라.

a. 그 상황에서 정확히 무엇이 여러분의 감정을 촉발시켰는가?

b. 여러분의 감정이 그 상황의 결과에 어떤 영향을 미쳤는가? 여러분의 감정은 여러분을 비롯한 타인과 상황의 일반적 결과에 어떤 영향을 미쳤는가? (긍정적 혹은 부정적?)

c. 감정을 다스리기 위해 여러분이 사용한 전략은 무엇인가?

d. 감정을 다스리기 위해 어떤 다른 전략들을 사용할 수 있었는가?

예를 들어, 한 학생이 다음과 같이 말했다. "저는 시험을 볼 때 항상 불안감을 느낍니다. 지난 주 회계학 중간고사가 있었는데, 물론 당연히 다가오는 시험은 저의 불안을 촉발시켰죠. 저는 불안했기 때문에 공부를 접어놓고 저와 같이 클럽에 갈 친구들을 구하기 위해 애를 썼습니다. 그날 밤 우리는 모두 즐거운 시간을 보냈지만, 다음날 회계학에서 D를 받았고 친구 둘은 경영학 중간고사를 실패했습니다. 저는 제 불안감을 다루기 위한 전략으로 늦장 부리고 회피하는 방법을 사용했습니다. 제가 사용할 수 있었던 또 다른 전략은 시험에 나올 수 있는 자료의 이해를 얻기 위해 교수님과 이야기를 하거나 혹은 회계학 시험을 위한 스터디 그룹을 만들어 친구들과 함께 그룹으로 불안감에 맞서는 것이었습니다."

10.3 여러분의 반응을 멤버들의 반응과 비교해 보고 단체로 아래의 질문에 답해 보자.

a. 여러분이 공유하고 있는 감정적 촉발제는 무엇인가? 당신의 감정적 촉발제는 어떤 점에서 차이가 있는가?

b. 감정을 관리하기 위해 도움이 될 것 같은 전략이나 혹은 그렇지 않을 것 같은 전략이 있는가?

c. 그룹에서 논의한 바에 의하면, 감정은 실제 과업을 수행하거나 목표 달성을 하는 데 도움을 줄 수 있는 때가 있는가? 여러분은 미래의 특정 결과를 달성하도록 하기 위해서 감정을 어떻게 활용할 수 있는가?

출처: Adapted from M.A. Brackett and N.A. Katulak, "Emotional Intelligence in the Classroom: Skill-Based Training for Teachers and Students," *Improving Emotional Intelligence: A Practitioner's Guide*, ed. J. Ciarrochi and J.D. Mayer (New York: Psychology Press/Taylor & Francis, 2006), pp. 1–27.

미주

10.1 Fleishman, E.A.; D.P. Costanza; and J. Marshall-Mies. "Abilities." In *An Occupational Information System for the 21st Century: The Development of O*NET*, ed. N.G. Peterson; M.D. Mumford; W.C. Borman; P.R. Jeanneret; and E.A. Fleishman. Washington, DC: American Psychological Association, 1999, pp. 175–95.

10.2 Neisser, U.; G. Boodoo; T.J. Bouchard; A.W. Boykin; N. Brody; S.J. Ceci; D.F. Halpern; J.C. Loehlin; R. Perloff; R.J. Sternberg; and S. Urbina. "Intelligence: Knowns and Unknowns." *American Psychologist* 51 (1996), pp. 77–101.

10.3 McCartney, K.; M.J. Harris; and F. Bernieri. "Growing Up and Growing Apart: A Developmental Meta-Analysis of Twin Studies." *Psychological Bulletin* 107 (1990), pp. 226–37.

10.4 Cottrell, J.M.; D.A. Newman; and G.I. Roisman. "Explaining the Black-White Gap in Cognitive Test Scores: Toward a Theory of Adverse Impact." *Journal of Applied Psychology 100* (2015), pp. 1713–36.

10.5 Ceci, S.J. "How Much Does Schooling Influence General Intelligence and Its Cognitive Components? A Reassessment of the Evidence." *Developmental Psychology* 27 (1991), pp. 703–22.

10.6 Kohn, M.L., and C. Schooler. "Occupational Experience and Psychological Functioning: An Assessment of Reciprocal Effects." *American Sociological Review* 38 (1973), pp. 97–118; Kohn, M.L., and C. Schooler. Work and Personality: An Inquiry into the

Impact of Social Stratification. Norwood, NJ: Ablex, 1983; Neisser, U.; G. Boodoo; T.J. Bouchard; A.W. Boykin; N. Brody; S.J. Ceci; D.F. Halpern; J.C. Loehlin; R. Perloff; R.J. Sternberg; and S. Urbina. "Intelligence: Knowns and Unknowns." *American Psychologist* 51 (1996), pp. 77–101.

10.7 Winerman, L. "Smarter Than Ever?" *Monitor on Psychology*, March 2013, pp. 30–33.

10.8 O*NET Online, http://online.onet center.org/find/descriptor/browse/Abilities/#cur (accessed June 5, 2006).

10.9 Keiser, H.N.; P.R. Sackett; N.R. Kuncel; and T. Brothen. "Why Women Perform Better in College Than Admission Scores Would Predict: Exploring the Roles of Conscientiousness and Course-Taking Patterns." *Journal of Applied Psychology* 101 (2016), pp. 569–81.

10.10 Fleishman, E.A.; D.P. Costanza; and J. Marshall- Mies. "Abilities." In *An Occupational Information System for the 21st Century: The Development of O*NET*, ed. N.G. Peterson; M.D. Mumford; W.C. Borman; P.R. Jeanneret; and E.A. Fleishman. Washington, DC: American Psychological Association, 1999, pp. 175–95; O*NET website. *The O*NET Content Model: Detailed Outline with Descriptions* (n.d.), http://www.onetcenter.org/content.html/ 1.A?d=1#cm_1.A.

10.11 *Disability Fact Sheet Handbook*, University of California, Irvine. http://www.disability.uci.edu/disability_handbook/famous_people.htm (accessed June 9, 2006).

10.12 Vogelstein, F. "Google@ $165: Are These Guys for Real?" *Fortune*, December 13, 2004, p. 98, ProQuest database (accessed May 14, 2007).

10.13 Carroll, J.B. *Human Cognitive Abilities: A Survey of Factor-Analytic Studies*. New York: Cambridge University Press, 1993; Cattell, R.B. "The Measurement of Adult Intelligence." *Psychological Bulletin* 40 (1943), pp. 153–93; Galton, F. *Inquire into Human Faculty and Its Development*. London: Macmillan, 1883; Spearman, C. "General Intelligence, Objectively Determined and Measured." *American Journal of Psychology* 15 (1904), pp. 201–93; Thurstone, L.L. "Primary Mental Abilities." *Psychometric Monographs* (Whole No. 1, 1938); Vernon, P.E. *The Structure of Human Abilities*. London: Methuen, 1950.

10.14 Spearman, C. "General Intelligence, Objectively Determined and Measured." *American Journal of Psychology* 15 (1904), pp. 201–93; Spearman, C. *The Abilities of Man: Their Nature and Measurement*. New York: Macmillan, 1927.

10.15 Neisser, U.; G. Boodoo; T.J. Bouchard; A.W. Boykin; N. Brody; S.J. Ceci; D.F. Halpern; J.C. Loehlin; R. Perloff; R.J. Sternberg; and S. Urbina. "Intelligence: Knowns and Unknowns." *American Psychologist* 51 (1996), pp. 77–101.

10.16 Rindermann, H., and J. Thompson. "Cognitive Capitalism: The Effect of Cognitive Ability on Wealth, as Mediated Through Scientific Achievement and Economic Freedom." *Psychological Science* 22 (2011), pp. 754–63.

10.17 Judge, T.A.; R. Ilies; and N. Dimotakis. "Are Health and Happiness the Product of Wisdom? The Relationship of General Mental Ability to Educational and Occupational Attainment, Health, and Well-Being." *Journal of Applied Psychology* 95 (2010), pp. 454–68.

10.18 Deary, I.J.; A. Weiss; and G.D. Batty. "Intelligence, Personality, and Health Outcomes." *Psychological Science in the Public Interest* 11 (2010), pp. 53–79.

10.19 Batty, G.D.; I.J. Deary; and L.S. Gottfedson. "Premorbid (Early Life) IQ and Later Mortality Risk: Systematic Review." *Annals of Epidemiology* 17 (2007), pp. 278–88.

10.20 Farnham, A. "Are You Smart Enough to Keep Your Job? In an Age of Teamwork and Fluid Careers, IQ Alone Doesn't Cut It Anymore." *CNNMoney*, January 15, 1996, http://money.cnn.com/magazines/ fortune/fortune_archive/1996/01/ 15/207155/index.htm.

10.21 Bar-On, R. Development of the Bar-On EQ-i: A Measure of Emotional Intelligence and Social Intelligence. Toronto: Multi-Health Systems, 1997; Gardner, H. The Shattered Mind. New York: Knopf, 1975; Goleman, D. *Emotional Intelligence: Why It Can Matter More Than IQ*. New York: Bantam Books, 1995; Thorndike, R.K. "Intelligence and Its Uses." *Harper's Magazine* 140 (1920), pp. 227–335.

10.22 Matthews, G.; A.K. Emo; R.D. Roberts; and M. Zeidner. "What Is This Thing Called Emotional Intelligence?" In *A Critique of Emotional Intelligence: What Are the Problems and How Can They Be Fixed?* ed. K.R. Murphy. Mahwah, NJ: Erlbaum, 2006, pp. 3–36; Mayer, J.D.; P. Salovey; and D.R. Caruso. "Emotional Intelligence: New Ability or Eclectic Traits?" *American Psychologist* 63 (2008), pp. 503–17.

10.23 Salovey, P., and J.D. Mayer. "Emotional Intelligence." *Imagination, Cognition, and Personality* 9 (1990), pp. 185–211; Mayer, J.D.; R.D. Roberts; and S.G. Barside. "Human Abilities: Emotional Intelligence." *Annual Review of Psychology* 59 (2008), pp. 507–36.

10.24 Davies, M.; L. Stankov; and R.D. Roberts. "Emotional Intelligence: In Search of an Elusive Construct." *Journal of Personality and Social Psychology* 75 (1998), pp. 989–1015.

10.25 Law, K.S.; C.S. Wong; and L.J. Song. "The Construct and Criterion Validity of Emotional Intelligence and Its Potential Utility for Management Studies." *Journal of Applied Psychology* 89 (2004), pp. 483–96.

10.26 Law, K.S.; C.S. Wong; and L.J. Song. "The Construct and Criterion Validity of Emotional Intelligence and Its Potential Utility for Management Studies." *Journal of Applied Psychology* 89 (2004), pp. 483–96.

10.27 Farnham, A. "Are You Smart Enough to Keep Your Job? In an Age of Teamwork and Fluid Careers, IQ Alone Doesn't Cut It Anymore." *CNNMoney*, January 15, 1996, http://money.cnn.com/magazines/ fortune/fortune_archive/1996/01/ 15/207155/index.htm.

10.28 Farnham, A. "Are You Smart Enough to Keep Your Job? In an Age of Teamwork and Fluid Careers, IQ Alone Doesn't Cut It Anymore." *CNNMoney*, January 15, 1996, http://money. cnn.com/ magazines/ fortune/fortune_archive/1996/01/ 15/207155/index.htm.

10.29 Davies, M.; L. Stankov; and R.D. Roberts. "Emotional Intelligence: In Search of an Elusive Construct." *Journal of Personality and Social Psychology* 75 (1998), pp. 989–1015; Law, K.S.; C.S. Wong; and L.J. Song. "The Construct and Criterion Validity of Emotional Intelligence and Its Potential Utility for Management Studies." *Journal of Applied Psychology* 89 (2004), pp. 483–96.

10.30 Davies, M.; L. Stankov; and R.D. Roberts. "Emotional Intelligence: In

Search of an Elusive Construct." *Journal of Personality and Social Psychology* 75 (1998), pp. 989–1015; Law, K.S.; C.S. Wong; and L.J. Song. "The Construct and Criterion Validity of Emotional Intelligence and Its Potential Utility for Management Studies." *Journal of Applied Psychology* 89 (2004), pp. 483–96.

10.31 Parke, M.R., M.G. Seo; and E.N. Sherf. "Regulating and Facilitating: The Role of Emotional Intelligence in Maintaining and Using Positive Affect for Creativity." *Journal of Applied Psychology* 100 (2015), pp. 917–34.

10.32 Cherniss, C. "The Business Case for Emotional Intelligence." Consortium for Research on Emotional Intelligence in Organizations, 2004, http://www.eiconsortium.org/research/business_case_for_ei.htm; Cote, S., and C.T.H. Miners. "Emotional Intelligence, Cognitive Intelligence, and Job Performance." *Administrative Science Quarterly* 51 (2006), pp. 1–28; Fisher, A. "Success Secret: A High Emotional IQ." *Fortune* 138, October 26, 1998, p. 293, ProQuest database (accessed May 14, 2007); Kendell, J. "Can't We All Just Get Along? 'Emotional Intelligence,' or EI, May Sound Like a Squishy Management Concept—But It Gets Results." *Business Week*, October 9, 2000, p. F18, ProQuest database (accessed May 14, 2007); Schwartz, T. "How Do You Feel?" *Fast Company*, June 2000, p. 296, http:// pf.fastcompany.com/ magazine/35/ emotion.html; Walter, F.; M.S. Cole; R.H. Humphrey. "Emotional Intelligence: Sine Qua Non of Leadership of Folderol." *Academy of Management Perspectives* 25 (2011), pp. 45–58; Chien Farh, C.I.C.; M.G. Seo; and P.E. Tesluk. "Emotional Intelligence, Teamwork Effectiveness, and Job Performance: The Moderating Role of Job Context." *Journal of Applied Psychology* 97 (2012), pp. 890–900.

10.33 Cherniss, C. "The Business Case for Emotional Intelligence." *Consortium for Research on Emotional Intelligence in Organizations*, 2004, http://www.eiconsortium.org/research/business_case_for_ei.htm; Schwartz, T. "How Do You Feel?" *Fast Company*, June 2000, p. 296, http:// pf.fastcompany.com/ magazine/35/emotion.html.

10.34 "Emotional Intelligence Gets More Sales." *A&P Sales Improvement*, November 20, 2010, http:// www.a-and-p.com/apblog/?tag=loreal; Cherniss, C. "The Business Case for Emotional Intelligence." *Consortium for Research on Emotional Intelligence in Organizations*, 2004, http://www.eiconsortium.org/ research/business_case_for_ei.htm.

10.35 Joseph, D.; J. Jin; D.A. Newman; and E.H. O'Boyle. "Why Does Self-Reported Emotional Intelligence Predict Job Performance?" *Journal of Applied Psychology* 100 (2015), pp. 298–342.

10.36 Cote, S., and C.T.H. Miners. "Emotional Intelligence, Cognitive Intelligence, and Job Performance." *Administrative Science Quarterly* 51 (2006), pp. 1–28.

10.37 Austin, E.J.; D. Farrelly; C. Black; and H. Moore. "Emotional Intelligence, Machiavellianism and Emotional Manipulation: Does EI Have a Dark Side?" *Personality and Individual Differences* 43 (2007), pp. 179–89; Winkel, D.E.; R.L. Wyland; M.A. Shaffer; and P. Clason. "A New Perspective on Psychological Resources: Unanticipated Consequences of Impulsivity and Emotional *Intelligence." Journal of Occupational and Organizational Psychology* 84 (2010), pp. 79–94.

10.38 Austin, E.J.; D. Farrelly; C. Black; and H. Moore. "Emotional Intelligence, Machiavellianism and Emotional Manipulation: Does EI Have a Dark Side?" *Personality and Individual Differences* 43 (2007), pp. 179–89; Winkel, D.E.; R.L. Wyland; M.A. Shaffer; and P. Clason. "A New Perspective on Psychological Resources: Unanticipated Consequences of Impulsivity and Emotional Intelligence." *Journal of Occupational and Organizational Psychology* 84 (2010), pp. 79–94.

10.39 Carr, D. "Emotional Intelligence, PSE and Self Esteem: A Cautionary Note." *Pastoral Care in Education* 18 (2000), pp. 27–33.

10.40 Bar-On, R. *Development of the Bar-On EQ-i: A Measure of Emotional Intelligence and Social Intelligence*. Toronto: Multi-Health Systems, 1997.

10.41 Conte, J.M., and M.A. Dean. "Can Emotional Intelligence Be Measured?" In *A Critique of Emotional Intelligence: What Are the Problems and How Can They Be Fixed?* ed. K.R. Murphy. Mahwah, NJ: Erlbaum, 2006, pp. 54–81.

10.42 Law, K.S.; C.S. Wong; and L.J. Song. "The Construct and Criterion Validity of Emotional Intelligence and Its Potential Utility for Management Studies." *Journal of Applied Psychology* 89 (2004), pp. 483–96.

10.43 Fleishman, E.A. "Human Abilities and the Acquisition of Skill." In *Acquisition of Skill*, ed. E.A. Bilodeau. New York: Academic Press, 1966, pp. 147–67; Fleishman, E.A.; D.P. Costanza; and J. Marshall- Mies. "Abilities." In *An Occupational Information System for the 21st Century: The Development of O*NET*, ed. N.G. Peterson; M.D. Mumford; W.C. Borman; P.R. Jeanneret; and E.A. Fleishman. Washington, DC: American Psychological Association, 1999, pp. 175–95; Fleishman, E.A., and M.E. Reilly. *Handbook of Human Abilities: Definitions, Measurements, and Job Task Requirements*. Palo Alto, CA: Consulting Psychologists Press, 1992; O*NET Website. *The O*NET Content Model: Detailed Outline with Descriptions* (n.d.), http:// www.onetcenter.org/ content.html/ 1.A?d=1#cm_1.A.

10.44 Kazmi, S. "Firefighters Put Through Paces in One-Stop Testing." *Knight Ridder Tribune Business News*, August 18, 2005, p. 1, ProQuest data- base (accessed May 13, 2006).

10.45 Safer, W. "How Monster Cable Got Wired for Growth." *CNNMoney*, April 20, 2009, http://money.cnn.com/2009/04/30/ smallbusiness/how_monster_cable_got_ started.fsb/index.htm.

10.46 Lubinski, D. "Introduction to the Special Section on Cognitive Abilities: 100 Years after Spearman's (1904) 'General Intelligence,' 'Objectively Determined and Measured.'" *Journal of Personality and Social Psychology* 86 (2004), pp. 96–111.

10.47 Hunter, J.E., and F.L. Schmidt. "Intelligence and Job Performance: Economic and Social Implications." *Psychology, Public Policy, and Law* 2 (1996), pp. 447–72; Lubinski, D. "Introduction to the Special Section on Cognitive Abilities: 100 Years after Spearman's (1904) 'General Intelligence,' 'Objectively Determined and Measured.'" *Journal of Personality and Social Psychology* 86 (2004), pp. 96–111; Schmidt, F.L., and J. Hunter, "General Mental Ability in the World of Work: Occupational Attainment and Job Performance." *Journal of Personality and Social Psychology* 86 (2004), pp. 162–73.

10.48 Seligman, D. "Brains in the Office." *Fortune*, January 13, 1997, p. 38, ProQuest database (accessed May 14, 2007).

10.49 Schmidt, F.L., and J.E. Hunter. "Select on Intelligence." In *Blackwell Handbook of Principles of Organizational Behavior*, ed. E.A. Locke. Malden, MA: Blackwell, 2000, pp. 3–14.

10.50 Frey, M.C., and D.K. Detterman. "Scholastic Assessment of g? The Relationship Between the Scholastic Assessment Test and General Cognitive Ability." *Psychological Science* 15 (2004), pp. 373–78.

10.51 Keiser, H.N.; P.R. Sackett; N.R. Kuncel; and T. Brothen. "Why Women Perform Better in College Than Admission Scores Would Predict: Exploring the Roles of Conscientiousness and Course-Taking Patterns." *Journal of Applied Psychology* 101 (2016), pp. 569–81.

10.52 Korbin, J.L.; W.J. Camara; and G.B. Milewski. "The Utility of the SAT I and SAT II for Admissions Decisions in California and the Nation." *The College Board, Research Report No. 2002-6*. New York: College Entrance Examination Board, 2002.

10.53 Kuncel, N.R.; M.A. Crede; and L.L. Thomas. "A Meta-Analysis of the Predictive Validity of the Graduate Management Admission Test (GMAT) and Undergraduate Grade Point Average (UGPA) for Graduate Student Academic Performance." *Academy of Management Learning & Education* 6 (2007), pp. 51–68; Kuncel, N.R., and S.A. Hezlett. "Fact and Fiction in Cognitive Ability Testing for Admissions and Hiring Decisions." *Current Directions in Psychological Science* 19 (2010), pp. 339–45.

10.54 Hunter, J.E., and F.L. Schmidt. "Intelligence and Job Performance: Economic and Social Implications." *Psychology, Public Policy, and Law* 2 (1996), pp. 447–72; Schmidt, F.L.; J.E. Hunter; A.N. Outerbridge; and S. Goff. "The Joint Relations of Experience and Ability with Job Performance: A Test of Three Hypotheses." *Journal of Applied Psychology* 73 (1988), pp. 46–57.

10.55 Gonzalez-Mule, E.; M.K. Mount; and I.S. Oh. "A Meta- Analysis of the Relationship Between General Mental Ability and Nontask Performance." *Journal of Applied Psychology* 99 (2014), pp. 1222–43; Motowidlo, S.J.; W.S. Borman; and M.J. Schmit. "A Theory of Individual Differences in Task and Contextual Performance." *Human Performance* 10 (1997), pp. 71–83.

10.56 LePine, J.A.; J.A. Colquitt; and A. Erez. "Adaptability to Changing Task Contexts: Effects of General Cognitive Ability, Conscientiousness, and Openness to Experience." *Personnel Psychology* 53 (2000), pp. 563–93; Schmidt, F.L., and J.E. Hunter. "Select on Intelligence." In *Blackwell Handbook of Principles of Organizational Behavior*, ed. E.A. Locke. Malden, MA: Blackwell, 2000, pp. 3–14.

10.57 Boudreau, J.W.; W.R. Boswell; T.A. Judge; and R.D. Bretz. "Personality and Cognitive Ability as Predictors of Job Search Among Employed Managers." *Personnel Psychology* 54 (2001), pp. 25–50; Colarelli, S.M.; R.A. Dean; and C. Konstans. "Comparative Effects of Personal and Situational Influences on Job Outcomes of New Professionals." *Journal of Applied Psychology* 72 (1987), pp. 558–66; Dickter, D.N.; M. Roznowski; and D.A. Harrison. "Temporal Tempering: An Event History Analysis of the Process of Voluntary Turnover." *Journal of Applied Psychology* 81 (1996), pp. 705–16.

10.58 Boudreau, J.W.; W.R. Boswell; T.A. Judge; and R.D. Bretz. "Personality and Cognitive Ability as Predictors of Job Search Among Employed Managers." *Personnel Psychology* 54 (2001), pp. 25–50.

10.59 "Brain Teasers Help Google Recruit Workers." *CNN Technology*, November 4, 2004, http://www.topcoder.com/pressroom/ cnn_110404.pdf.

10.60 "Brain Teasers Help Google Recruit Workers." *CNN Technology*, November 4, 2004, http://www.topcoder.com/pressroom/ cnn_110404.pdf.

10.61 Carlson, N. "15 Google Interview Questions That Will Make You Feel Stupid." *Business Insider SAI*, November 8, 2010, http://www.businessinsider.com/15-google- interview-questions-that-will-make-you- feel-stupid-2010-11; Kaplan, M. "Want a Job at Google? Try These Brainteasers First." *CNNMoney*, August 30, 2007, http://money.cnn.com/2007/08/29/ technology/brain_teasers.biz2/index.htm.

10.62 Poundstone, W. *How Would You Move Mount Fuji: Microsoft's Cult of the Puzzle*. New York: Little, Brown, 2003.

10.63 Wonderlic website, http://www.wonderlic.com/Products/ product.asp?prod_ id=4 (accessed July 12, 2006).

10.64 Lyons, B.D.; B.J. Hoffman; J.W. Michel. "Not Much More Than g? An Examination of the Impact of Intelligence on NFL Performance." *Human Performance* 22 (2009), pp. 225–45.

10.65 Campbell, J.P. "Group Differences and Personnel Decisions: Validity, Fairness and Affirmative Action." *Journal of Vocational Behavior* 49 (1996), pp. 122–58.

10.66 Berry, C.M., and P. Zhao. "Addressing Criticisms of Existing Predictive Bias Research: Cognitive Ability Test Scores Still Overpredict African Americans' Job Performance." *Journal of Applied Psychology* 100 (2015), pp. 162–79; Hartigan, J.A., and A.K. Wigdor. Fairness in Employment Testing: Validity Generalization, Minority Issues and The General Aptitude Test Battery. Washington, DC: National Academy Press, 1989; Mattern, K.D., and B.F. Patterson. "Test of Slope and Intercept Bias in College Admissions: A Response to Aguinis, Culpepper, and Pierce (2010)." *Journal of Applied Psychology* 98 (2013), pp. 134–47.

10.67 Bosco, F.; D.G. Allen; and K. Singh. "Executive Attention: An Alternative Perspective on General Mental Ability, Performance, and Subgroup Differences." *Personnel Psychology* 68 (2015), pp. 859–98; De Corte, W.; F. Lievens; and P.R. Sackett. "Combining Predictors to Achieve Optimal Trade-offs Between Selection Quality and Adverse Impact." *Journal of Applied Psychology* 92 (2007), pp. 1380–93; Ployhart, R.E., and B.C. Holtz. "The Diversity-Validity Dilemma: Strategies for Reducing Racioethnic and Sex Subgroup Differences and Adverse Impact in Selection." *Personnel Psychology* 61 (2008), pp. 153–72; Wee, S.; D.A. Newman; and D.L. Joseph. "More Than g: Selection Quality and Adverse Impact Implications of Considering Second-Stratum Cognitive Abilities." *Journal of Applied Psychology* 99 (2014), pp. 547–63.

10.68 Adler, A.B., Bliese, P.D., Pickering, M.A., Hammermeister, J., Williams, J., Harada, C., Csoka, L., Holliday, B., and Ohlson, C. "Mental Skills Training with Basic Combat Training Soldiers: A Group-Randomized Trial." *Journal of Applied Psychology* 100 (2015), pp. 1752–64.

11 팀: 특성과 다양성

Teams: Characteristics and Diversity

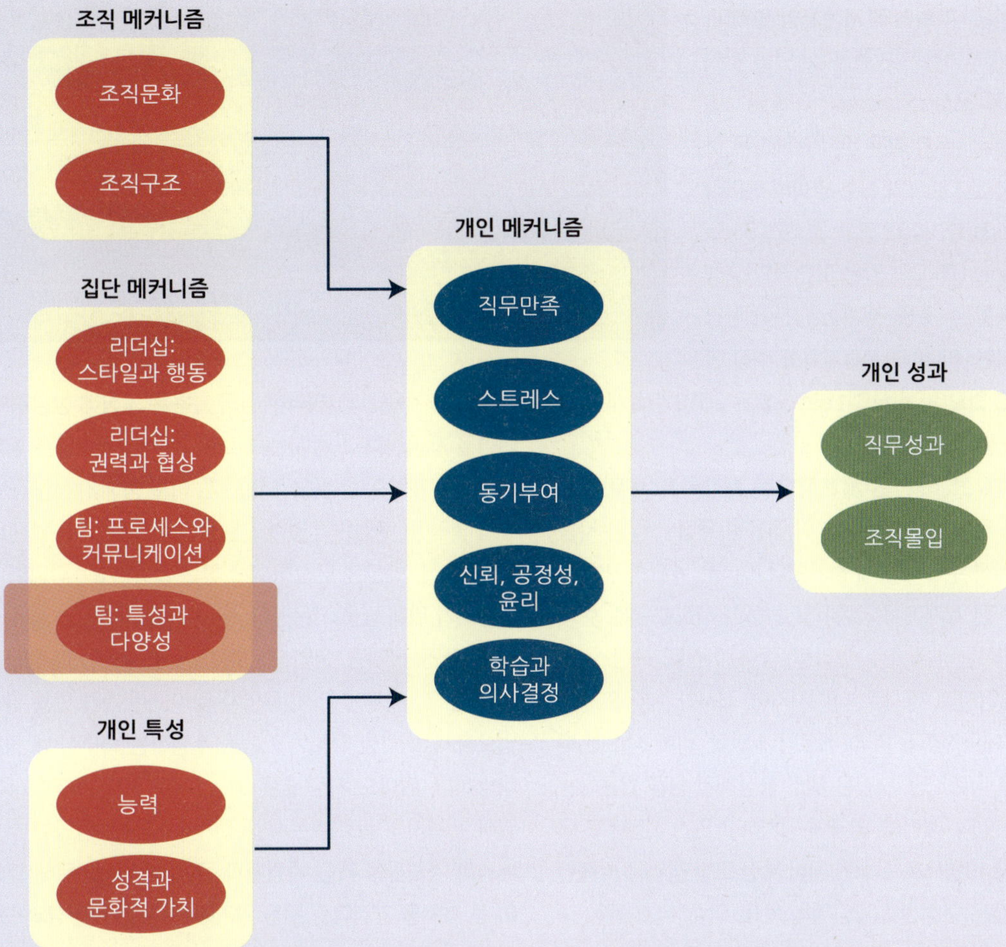

학습 목표 .... 이 장을 학습한 후에 다음의 질문에 답할 수 있어야 한다.

11.1 팀의 다섯 가지 일반적인 유형과 유형별 특징은 무엇인가?
11.2 팀 상호 의존성의 일반적인 세 가지 유형은 무엇인가?
11.3 팀 구성에 포함되는 요인들은 무엇인가?
11.4 팀 다양성에는 어떤 유형이 있으며, 이들은 팀 기능에 어떤 영향을 미치는가?
11.5 팀 특성은 팀 효과성에 어떤 영향을 미치는가?
11.6 팀 효과성을 높이기 위해 팀 보상은 어떻게 사용될 수 있는가?

닛산 NISSAN

Gonzalo Fuentes/Reuters/Alamy

일본에 본사를 둔 닛산모터스사는 전 세계에서 가장 큰 자동차 제조사이다. 만약 당신이 승용차나 SUV 혹은 트럭을 최근에 구매했다면, 당신은 이 회사의 자동차인 알티마, 루즈, 또는 프론티어를 고민했을 수 있을 것이다. 만약 당신이 "Gran Turismo", "Forza", 또는 "Rocket League"와 같은 비디오 게임을 하는 것을 좋아하거나 분노의 질주 영화의 팬이라면, 당신은 Fairlady 240Z 또는 350Z, Silvia 240SX, Skyline GT-R과 같은 고전적인 고성능 모델과 친숙할 수 있을 것이다. 당신이 환경에 관심이 있다면, 이 회사는 전기차를 수십 년에 걸쳐 만들고 있으며, 회사의 Leaf 모델은 2010년 출시 이후 여전히 베스트 셀러이다.

1950년대 초, 닛산은 세계적으로 확장하기 시작했고, 1970년대에는 회사의 진보된 기술이 적용된 유럽 스타일 자동차에 대한 국제적 수요가 크게 증가했다. 이러한 수요를 맞추기 위해서 닛산은 전 세계에서 자동차를 만들기 시작했는데, 현재 생산 시설은 아르헨티나, 호주, 브라질, 중국, 이집트, 프랑스, 인도네시아, 말레이시아, 멕시코, 나이지리아, 러시아, 남아프리카, 스페인, 대만, 태국, 영국, 미국, 베트남에 있다. 비록 장소에 따라 운영 방식은 다르지만, 닛산은 제조 공장에서 팀을 활용하는 것으로 알려져 있다. 예컨대, 영국에 위치하고 있는 선덜랜드 공장에는 평균 약 10명으로 구성된 팀이 특정 조립 작업을 수행한다. 팀의 리더들은 구성원들이 당일의 목표, 이슈, 뉴스 등에 대해 동일한 정보를 가질 수 있도록 각 교대 업무를 팀 회의로 시작한다. 팀 멤버들은 이후 매우 표준화된 과정을 통해 함께 일하며 책임을 수행한다. 이러한 팀의 활용은 공장에 상당히 많은 유연성을 제공한다. 노동자는 최소한 3개의 서로 다른 팀의 업무를 완벽하게 숙지할 필요가 있는데, 이를 통해 생산량과 품질 목표가 몇몇 팀 구성원이 없어도 달성될 수 있다.

사실, 닛산은 단순히 제조하는 것을 넘는 다양한 기능을 수행하기 위해 팀을 사용한다. 회사는 관리와 운영 지원, 연구개발, 디자인, 마케팅, 영업 및 재무 업무를 수행할 때 팀을 활용한다. 또한 전 세계에 고객, 운영사 및 이해관계가 있는 글로벌 기업으로서, 이러한 다양한 기능을 수행하는 사무실 내 팀은 매우 다양하다. 아마도 가장 좋은 예는, 거의 40개 국적의 사람들이 일하는 회사의 글로벌 본사일 것이다. 닛산은 다양한 서로 다른 배경과 가치관을 가진 사람들과 공동의 목표를 위해 일하는 것이 큰 가치를 가진다는 것을 알기에, 회사는 다양성과 포용성을 장려한다.

팀의 특성과 다양성

팀은 이 책을 읽는 모든 이에게 친숙한 주제일 것이다. 사실 여러분은 인생의 서로 다른 지점에서 다양한 유형의 팀과 함께 해 본 경험이 있을 것이다. 예컨대 여러분 대부분은 하나 혹은 둘 이상의 스포츠팀 경험이 있을 것이다(체육 시간 축구팀까지 포함하면). 또한 여러분 대부분은 수업을 들으면서 과제나 프로젝트를 위해 팀에 참여해 본 경험이 있을 것이다. 혹은 여러분에게 중요한 과업 — 계획을 세우고, 자선기금을 조달하고, 작은 돈벌이를 시작하거나 운영하는 등 — 을 수행하기 위해 소그룹과 함께 긴밀히 일해 본 경험이 있을 것이다. 마지막으로 여러분 중 일부는 제품을 만들고, 서비스를 제공하거나 혹은 회사의 문제를 해결하기 위한 대안을 제시하는 등의 책임을 다하는 조직의 팀원이었던 이도 있을 것이다.

그러나 정확히 팀이란 무엇이며, 팀을 "집단" 이상으로 만드는 것은 무엇인가? **팀**(team)은 일부 과업 지향적인 목적(task-oriented purpose)과 관련된 공동의 목표(common goal)를 달성하기 위해 일정 기간 상호 의존적으로(interdependently) 일하는 둘 이상의 사람으로 구성된다.[1] 여러분은 팀을 집단의 특별한 형태로 생각할 수 있는데, 여기서 집단이란 단순히 둘 이상 사람들의 모임이다. 팀은 두 가지 이유에서 특별하다. 첫째, 팀 내 구성원들 간의 상호작용은 집단 내에서의 상호작용에 비해 훨씬 깊은 의존성을 기반으로 작동된다. 둘째, 팀 내에서의 상호작용은 특정의 과업 관련 목적을 염두에 두고 이루어진다. 우호 집단의 구성원들은 잦은 만남을 토대로 잡담이나 깊은 대화를 나눌 수 있으나, 팀의 구성원들은 공동의 목적을 달성하는 데 필요한 중요한 정보, 자료, 실행 방안 등에 서로 의존한다.

오늘날 조직에서 팀은 광범위하게 사용되고 있다. 미국국립조사기관에 의하면 기업의 규모와 상관없이 미국 내 대부분 조직에서 팀을 사용하는 것으로 나타났다.[2] 실제 일부 연구자들은 거의 모든 주요 미국 기업이 팀을 현재 이용하거나 향후 이용할 계획이 있는 것으로 제시하고 있으며, 미국 내 전체 노동자의 50% 이상이 직무의 부분으로서 하나의 팀에서 일하고 있는 것으로 나타났다.[3] 따라서 팀은 1960년대처럼 프록터앤갬블(Procter & Gamble)과 같은 선도적 기업에서만 하는 것이 아니라, 현재는 조직을 효과적으로 만드는 데 필요한 모든 종류의 일을 수행하기 위해서 모든 유형의 산업에서 이용되고 있다.[4]

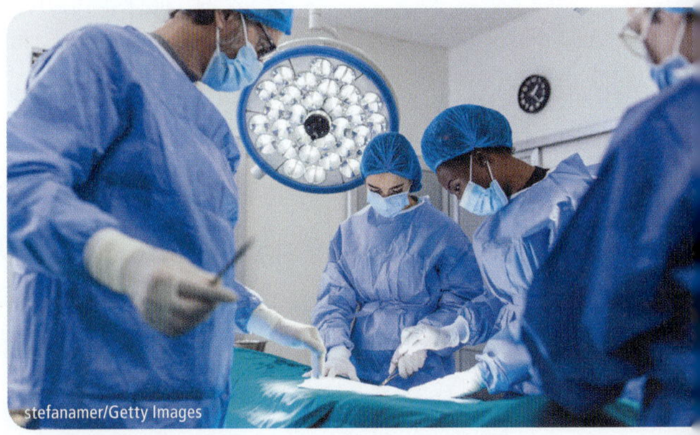

수술팀은 복잡고도 중요한 수술을 성공하기 위해 상호 간에 필요한 전문가들로 구성된다. 당신은 집단처럼 작동하는 수술팀에서 수술받기를 원하지 않는 이유가 무엇인가?

왜 팀이 이렇게 널리 확대되었는가? 가장 분명한 이유는 오늘날 업무가 요구하는 특성 때문이다. 즉 업무가 더욱 복잡해지고, 팀 구성원들 간의 상호작용이 더욱 활발해졌기 때문이다. 이는 상호작용을 통해 팀이 상호 보완적 지식과 기술들을 통합할 수 있기 때문이다. 예를 들어, 수술팀은 수술 진행에 필요한 전문적 훈련을 받은 개인들로 구성된다. 즉 문제를 제거하는 훈련을 받은 외과 의사, 환자의 고통을 관리하는 데 필요한 훈련을 받은 마취과 의사, 환자를 전반적으로 보살피는 데 필요한 훈련을 받은 수술실 간호사 등이 팀을 구성한다.

또한 팀은 단순히 작업 그 자체를 완수하는 것 외에 여러 면에서 조직에 유용할 수 있다. 예컨대 한 연구에 의하면, 주로 일반 노동자들로 구성된 문제 해결팀은 생산 라인 및 품질 관리 프로세스의 효율성을 높이는 방안을 고안하여 제철소의 생산성을 높일 수 있었던 것으로 나타났다.[5] 팀으로 일하는 것이 이러한 상황에서는 종종 의미가 있지만, 업무의 성격과 업무 관련 문제가 복잡한 경우에는 팀의 효과성에 있어 서로 매우 상이하다. 이 장과 다음 장의 목표는 팀 효과성에 영향을 미칠 수 있는 요인에 대한 여러분의 이해를 돕는 것이다. 다행히도, 우리가 참고할 수 있는 이 주제에 대해서는 100년 이상의 연구가 진행되어 왔다.[6]

팀을 설명하는 데 사용될 수 있는 팀 특성은 무엇인가?

본 장은 팀에 대한 두 개의 장 중에서 첫 번째이다. 이 장의 논의의 초점은 팀의 특성, 즉 팀에 대한 설명과 함께 팀을 효과적으로 결합하는 데 사용될 수 있는 과업, 단위 조직, 구성원 수준 등에 있다. 팀 특성은 팀의 구분과 팀 연구를 위한 한 수단이 될 수 있다. 팀을 구분하고 조사하는 것은 팀이 다양한 규모와 모양을 하고 있기 때문에 중요하다. 팀 특성은 팀의 목표 달성에 필요한 역량을 결정하는 데 있어 중요한 역할을 한다. 그리고 팀 특성은 목표 달성에 필요한 전략과 프로세스에도 영향을 미칠 수 있다. 그러나 여러분이 알다시피 팀 특성의 이해는 눈으로 볼 수 있는 것보다 많은 것이 필요하다. 예를 들어, 다양성과 같은 팀 특성은 많은 의미를 가지며, 팀 기능과 효과성에 대한 이의 영향력은 여러 추가적인 복잡한 요인과 함께 다양성의 유형에 따라서도 달라질 수 있다. 12장은 팀이 시너지 창출에 필요한 활동이라 할 수 있는 팀 프로세스와 커뮤니케이션에 초점을 둘 것이다. 이 장에서는 팀이 어떻게 해야 하는지에 관한 설명보다는 왜 일부 팀은 더 효과적인지 혹은 그렇지 않은지를 이해하는 데 도움을 줄 것이다. 자, 이제 우리는 다음과 같은 질문에 관심을 집중하자. "팀을 설명하는 데 사용될 수 있는 특성은 무엇인가?"

팀 유형

학습목표 11.1
팀의 다섯 가지 일반적인 유형과 유형별 특징은 무엇인가?

팀을 설명하는 한 가지는 방법은 팀을 여러 종류로 구분하는 유형화 방법을 활용하는 것이다. 이러한 유형화의 하나가 〈표 11-1〉이다. 표는 팀의 다섯 가지 일반적인 유형과 유형별로 구분되는 특성을 제시하고 있다.[7] 중요한 특성에는 팀의 목적, 팀의 존속 기간, 팀 구성원에게 팀이 요구하는 시간 참여의 정도 등이 포함된다. 본 절에서는 팀 유형을 순서에 따라 살펴보고자 한다.

작업팀. **작업팀**(work teams)은 상대적으로 영구적이 될 수 있도록 설계된다. 이 팀의 목적은 제품이나 서비스를 생산하는 것이며, 대체로 구성원의 풀 타임 참여를 요구한다. 작업팀의 예로 도요타에서 자동차와 트럭이 어떻게 제조되는지를 생각해 보자.[8] 팀은 4~8명의 생산직 근로자와 함께 팀을 지원하고 다른 팀들과 조율하는 한 명의 팀장으로 구성된다. 팀은 자동차 조립 라인에서 일하고 있지만, 그들은 품질 관리와 생산 과정을 개선하기 위한 아이디어를 개발할 책임이 있다. 팀 구성원들은 서로의 작업을 검사하고, 문제가 발견되면 그 문제를 해결할 수 있을 때까지 생산 라인을 멈춘다.

관리팀. **관리팀**(management teams)은 작업팀과 마찬가지로 상대적으로 영구적이란 점에서는 유사하다. 하지만 이 둘은 여러 면에서 중요한 차이가 있다. 작업팀은 핵심 운영 수준의 생산과 서비스 업무를 달성하는 데 초점을 두는 반면, 관리팀은 조직 전반에 영향을 미치는 관리 수준의 작업에 참여한다. 구체적으로 관리팀은 조직의 장기적 목표 달성을 지원하기 위해 조직 내 하위 단위－전형적으로 부서나 기능적 영역－들의 활동을 조정하는 책임이 있다. 예를 들어, 최고 경영팀은 조직의 전략적 방향에 관한 의사결정을 담당하는 임원 수준의 관리자들로 구성된다. 관리팀의 구성원은 대체로 각 부서의 장으로 구성되기 때문에 관리팀에 대한 그들의 몰입은 자신이

표 11-1 팀의 유형

팀의 유형	목적과 활동	존속 기간	구성원 관여	구체적 예
작업팀	제품을 생산하거나 서비스를 제공	장기간	높은 편	자율적 작업팀, 생산팀, 유지보수팀, 판매팀
관리팀	비즈니스 기능 전반에 걸쳐 하위 단위의 활동 통합	장기간	중간 수준	최고 경영팀
병렬팀	권고안 제시와 문제 해결	다양함	낮은 수준	품질분임조, 자문회의, 위원회
프로젝트팀	일회성 산출물 생산(제품, 서비스, 계획, 디자인 등)	다양함	다양함	제품설계팀, 연구그룹, 계획팀
실행팀	기간이 다양하고 가시성이 높거나 어려운 상황에서 발생하는 복잡한 작업을 수행	다양함	다양함	수술팀, 뮤지컬팀, 탐사팀, 스포츠팀

출처: S.G. Cohen and D.E. Bailey, "What Makes Teams Work: Group Effectiveness Research from the Shop Floor to the Executive Suite," *Journal of Management* 27 (1997), pp. 239–90; E. Sundstrom, K.P. De Meuse, and D. Futrell, "Work Teams: Applications and Effectiveness," *American Psychologist* 45 (1990), pp. 120–33.

리더로 있는 부서에 대한 책임감으로 인해 다소 상쇄되는 면이 있음을 이해하는 것도 중요할 수 있다.

병렬팀. **병렬팀**(parallel teams)은 다양한 직업과 서로 다른 팀의 구성원들로 구성되며, 이들은 조직의 생산 프로세스와 "병렬"로 실행되는 중요한 문제에 대해 관리자에게 권고안을 제공한다.[9] 병렬팀의 구성원은 파트타임 참여만이 요구되며, 자신의 목적에 따라 영구적 혹은 일시적으로 일할 수도 있다. 예를 들어, 품질분임조는 일반적으로 핵심 생산 업무를 수행하는 개인들로 구성된다. 그러나 그들은 또한 품질 개선을 위해 생산에 관련된 문제와 기회를 파악하기 위해 다른 작업 집단의 개인과도 정기적으로 회의를 한다. 보다 일시적인 수평적 팀의 한 예로, 위원회는 종종 독특한 이슈나 정기적으로만 발생하는 문제를 다루기 위해 만들어진다. 위원회가 만들어질 수 있는 이슈의 예로는 작업 절차의 변경, 새로운 장비나 서비스의 구입, 특별 채용 등이 있다.

Toru Yamanaka/AFP/Getty Images

도요타의 작업팀은 자동차 조립과 품질 관리에 책임이 있다.

프로젝트팀. **프로젝트팀**(project teams)은 일반적으로 복잡하고 다양한 유형의 교육과 전문 지식을 갖춘 구성원이 다수 필요한 "일회성" 과업 수행을 위해 만들어진다.[10] 비록 프로젝트팀이 하나의 프로젝트가 끝날 때까지 존재하는 것이긴 하지만, 일부 프로젝트는 상당히 복잡한 임무를 완수하기까지 몇 년이 걸릴 수도 있다. 일부 프로젝트팀의 구성원은 풀타임으로 일하는 반면, 파트타임 참여만을 요구하는 팀도 있다. 교외 지역 센터 설립에 대한 책임이 있는 엔지니어, 건축가, 디자이너, 건설자 등으로 구성된 계획팀은 일 년 혹은 그 이상 동안 함께 풀타임으로 일할 수도 있다. 반면, 전동칫솔 개발에 대한 책임이 있는 디자인팀을 구성하는 엔지니어와 기술자들은 다른 프로젝트팀에 참여하면서 동시에 이 프로젝트를 위해 한 달 정도 함께 일할 수도 있다.

실행팀. **실행팀**(action teams)은 일반적으로 기간이 정해진 과업을 수행하는 팀이다. 그러나 과업은 상당히 복잡하고 사람들이 잘 볼 수 있거나 매우 도전적인 특성이 있는 상황에서 발생한

Sebastian Gollnow/picture alliance/Getty Images

1962년 창단된 영국의 록 밴드 롤링스톤즈는 오랜 시간 함께 한 실행팀의 예시이다.

다.[11] 일부 실행팀은 기간을 연장해 함께 일하기도 한다. 예를 들어, 스포츠팀은 최소한 한 시즌 동안 함께 하고, 롤링스톤즈, 지지탑(ZZ Top), 에어로스미스(Aerosmith), 키스(Kiss), AC/DC, 조안제트앤더블랙하츠(Joan Jett and the Blackhearts)와 같은 음악 그룹은 수십 년 동안 함께 하고 있다. 실행팀의 다른 형태는 과업이 완수될 때까지만 함께 하는 것이다. 수술팀과 항공기 승무원들의 경우 단지 2시간 정도 걸리는 한 건의 수술이나 비행을 단위로 함께 일할 수 있다.

요약. 그렇다면 [그림 11-1]에 요약된 유형 중 하나로 팀을 분류하는 것은 쉬운 것일까? 사실, 팀은 어느 한 가지 유형으로 구분되기보다는 여러 유형에 동시에 포함되는 경우가 더 많을 것이다. 예를 들어, 토이 스토리, 몬스터 주식회사, 니모를 찾아서, 카스(Cars), 월이(Wall-E), 업(Up), 브레이브, 몬스터 대학교, 인사이드 아웃, 도리를 찾아서, 코코 등의 컴퓨터 애니메이션 영화를 만들었던 픽사(Pixar)의 팀에 대해 생각해 보자. 픽사 팀의 핵심 멤버들은 회사가 만들었던 각 영화를 위해 함께 일했기 때문에 픽사가 작업팀을 사용한 것처럼 보일 수 있다.[12] 그러나 다른 한편으로 각 영화의 제작은 하나의 프로젝트로 볼 수 있으며 멤버들은 진행 중인 여러 프로젝트에 참여할 수 있기 때문에, 픽사는 프로젝트팀을 사용한다고 말하는 것이 타당해 보일 수 있다. 그러나 아마도 가장 적절한 대답은 픽사의 팀은 작업팀과 프로젝트팀의 특성을 모두 갖고 있다고 하는 게 맞을 것이다.

그림 11-1 팀의 유형

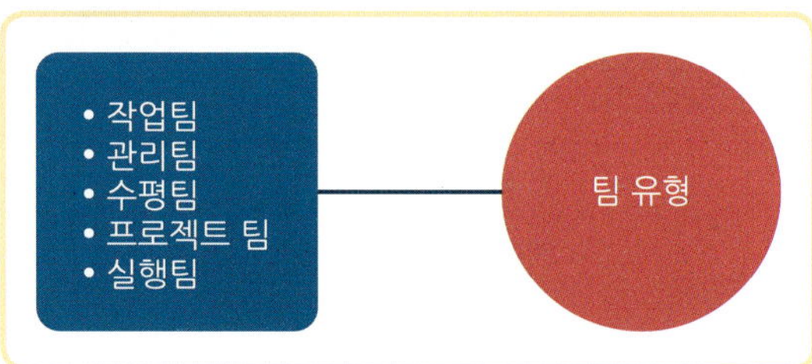

위에서 다양한 팀 유형에 대한 설명을 읽으면서 여러분은 종업원이 다양한 팀과 팀 유형에서 일하는 것이 가능하다는 생각이 들었을 수도 있다. 이러한 상황은 병렬팀에서 자연스럽게 발생하지만, 프로젝트팀, 관리팀, 작업팀에서도 또한 자주 발생한다. 실제로, 지식 집약적인 직무에 종사하는 사람들의 65~95%가 약 3~4개 정도의 복수의 팀에서 일하고 있는 것으로 추정된다.[13] **복수 팀 멤버십**(multiple team membership)이라고 불리는 작업 배치의 이러한 유형의 연구는 종업원들이 각 팀을 동등하게 보지 않으며, 이러한 차이가 직원이 각 팀에 얼마나 많은 노력과 몰입을 제공하는지에 대해 중요한 시사점을 갖는다는 점을 제시하고 있다.[14]

여러분에게 보다 친숙한 한 예로서, 학생으로서의 당신의 경험을 생각해 보라. 당신은 주어진 어느 학기 동안, 수강하는 수업의 요구 사항에 따라 2개 혹은 더 많은 팀에 멤버로 속한 적이 있을 것이다. 이 경우, 당신은 각 팀에 대해 동일한 만족감을 느끼지 않았다는 것을 알 수 있을 것이다. 어떤 팀에서는 당신이 다른 팀원들과 함께 그 팀의 일에 완전히 몰입했지만, 다른 팀에서는 당신이 노력을 덜 하고 팀원들과 함께 당신의 참여 정도를 한정했을 수도 있다. 팀 프로젝트의 중요성에 기인한 당신의 태도와 행동, 팀 과제 완성을 위해 필요한 시간과 참여 정도, 혹은 이들 팀 중에 일부 구성원이 만든 사건이나 스트레스 등에 있어 차이를 고려하지 않더라도, 이러한 차이는 각 팀이 얼마나 프로젝트나 과제를 잘 수행했는지, 또한 이들 수업에서 받은 성적에 영향을 미쳤을 가능성이 어느 정도 있다. 이는 직장에서도 동일한 것으로 밝혀졌다. 하지만 성적 대신에 팀원들이 자신의 노력과 집중도를 어떻게 양분하는지는 수백만 달러 프로젝트의 성공과 그 결과 팀원들이 보너스를 얼마나 받을 수 있을지가 될 것이다.

이러한 점에서 우리는 복수 팀 멤버십이 반드시 조직의 효과성에 도움이 되는 것은 아님을 지적하고자 한다. 특히, 복잡한 작업 환경에 있어서는 팀원들이 직면한 독특한 과제를 처리할 수 있는 긴밀한 대인 간 유대와 전문화된 작업 루틴을 개발하는 것이 중요하다.[15] 비록 직원들이 복수의 팀에서 일하는 다양성을 좋아할 수도 있고 서로 다른 팀과 팀 동료들과 함께 일한 경험에서 배울 수도 있지만, 다른 팀들과 회의 시간을 조정하고 시간이 되었을 때 팀과 업무를 전환하기 위해서는 많은 시간과 노력이 필요하다. 이러한 문제를 감안할 때, 연구자들은 직원들이 자신이 일하는 다양한 팀, 특히 조직의 성공에 가장 중요한 팀에 대해 어떻게 느끼는지를 개선하기 위해 관리자가 취할 수 있는 조치에 대해 고려하기 시작했다. 예를 들어 최근 한 연구에 따르면, 권한을 공유하고, 자기 주도를 장려하며, 자신감을 강화하는 팀 리더는 팀원들의 긍정적인 팀 행동을 유도하는 경향이 있으며, 놀랍게도 이러한 긍정적인 팀 행동은 팀원들이 함께 일하는 다른 팀에도 영향을 미치는 것으로 나타났다.[16]

팀 유형 내 차이

어떤 팀이 프로젝트팀인지, 실행팀인지, 아니면 다른 유형의 팀인지를 아는 것만으로는 전체적인 것을 알 수 없다. 사실, 조직 내 존재하는 여러 유형의 팀을 완전히 이해하기 위해서는 동일한 팀 분류 내에서도 알아야 할 중요한 차이가 존재한다.[17] 한 예로 팀은 자율성과 자기 주도의 정도에 따라서도 다양하게 나뉠 수 있다.[18] 만약 당신이 어느 팀에서 일한 경험이 있는데, 그 팀의 구성원들은 자신의 목표, 절차, 역할, 소속감 등을 구축하는 데 필요한 많은 양의 자유를 가지고 있다면, 자율성과 자기 주도의 수준이 높은 팀에서 일한 것이라 할 수 있다. 또한 당신은 자율성이나 자기 주도의 수준이 낮은 팀에서 일한 경험이 있을 수 있다. 이들 팀에서는 목표, 절차, 역할에 대한 엄격한 규정이 있고, 그리고 팀 리더나 관리자는 구성원들의 자율보다는 멤버십을 토대로 팀 관리에 대한 대부분의 의사결정을 하게 된다. 연구에 의하면, 사람들은 대부분 자율적이고 자기 주도적인 팀에서 일하기를 원하지만, 전반적인 팀 유효성과 관련하여 자기 주도의 적정한 수준은 다양한 요인에 의해 결정될 수 있는 것으로 나타났다.[19] 예를 들어, 연구자들은 구성원들이 외부 전문가나 자신의 사회적 네트워크에 있는 사람들로부터 팀에 필요한 지식을 많이 확보하고 있으면 높은 수준의 자기 주도적인 팀에는 매우 이점이 될 수 있는 것으로 결론지었다.[20]

팀별 차이를 구분할 수 있는 또 다른 방법은 팀원들 상호 간 의사소통 방식을 살펴보는 것이다. **가상팀**(virtual teams)은 구성원이 지리적으로 분산된 팀이고, 상호 의존적인 활동은 주로 이메일, 인스턴트 메신저, 그룹 캘린더, 웹 회의, 소셜 미디어, 기타 미팅 도구 등 전자 통신을 통해 이루어진다.[21] 비록 의사소통과 그룹 네트워킹 소프트웨어가 완전하지는 않지만, 그래도 팀이 가상적으로 모든 종류의 일을 수행하는 것이 가능한 수준까지 발달했으며, 많은 팀은 구성원들이 동일 장소에 있더라도 최소한 일부 작업을 가상으로 수행하는 것도 사실이다. 실제 지난 10여 년간 가상 종업원의 수는 800% 증가했으며, 오늘날 수천만 개의 가상팀이 운영되고 있을 수 있다.[22] 콘 에디슨(Con Edison)이나 뉴욕 자이언트 전기가스(New York's giant electric and gas utility)와 같은 기업은 이러한 팀 기능과 성과를 보다 효과적으로 지원하기 위한 기술과 훈련에 많은 자원을 투자해 왔다.[23] 이는 최소한 40%의 종업원이 가상으로 일하고 있는 IBM도 마찬가지이다.[24] 세계에서 가장 큰 자동차 부품 공급 업체인 TRW사의 가상팀은 구성원들이 지리적으로 분산되어 있을 때 프로젝트를 수행하기 위한 가장 효율적인 방법을 제공한다.[25] 사실, 하이테크 산업의 많은 기업은 구성원들이 연중무휴로 일할 필요 없이 업무를 지속적으로 수행하기 위해 가상팀을 활용하고 있다. 예를 들어, 컴퓨터 마우스와 키보드, 가정용 엔터테인먼트 시스템을 위한 만능 리모콘, 그리고 게임 컨트롤러와 같은 제품을 만드는 스위스 기업인 로지텍(Logitech)은 세계 도처에 있는 디자이너와 엔지니어 팀들이 이 회사의 성공에 기여하고 있다.[26] 여러분은 시차가 이런 종류의 팀에 방해가 될 것이라고 생각할 수도 있지만, 로지텍은 태양을 따라 일하도록 하여 시차를 경쟁 우위로 전환했다.[27] 구체적으로, 로지텍에서는 한 국가에서 자신의 근무시간을 마친 팀의 구성원이 방금 전 사무실에 도착한 다른 국가의 구성원에게 전자적으로 일을 넘겨주기 때문에 업무가 연속적으로 이루어진다. 이러한 전자적 일처리는 연속적으로 이루어지기 때문에 제품 개발과 혁신적 제품의 출시에 필요한 많은 일을 빨리 처리할 수 있다.

"가상성(virtuality)"이 다양할 뿐만 아니라 모든 유형의 팀은 함께 작업하는 경험의 양에 있어 다를 수 있다. 이를 이해하기 위한 한 가지 방법은 팀의 생성에서부터 성숙에 이르기까지의 과정인 성장 단계별로 발생할 수 있는 차이점에 대해 살펴보는 것이다. 가장 보편적인 이론에 따르면, 팀들은 [그림 11-2]에 제시된 바와 같이 5단계의 발달 과정을 거친다고 한다.[28] 첫 단계는 **형성기**(forming)로 구성원들은 팀 내 자신의 영역을 이해하기 위해 노력함으로써 자기 자신에 집중하는 단계이다. 이 단계에서 구성원은 자신에게 기대하는 것이 무엇인지, 어떤 유형의 행동이 범위를 벗어나는 것이며, 그리고 누가 책임자인지 등을 파악하고자 노력하게 된다. 다음은 **격동기**(storming)로 구성원들이 자신의 생각을 팀에 여전히 주입하고자 하는 상태에 있는 단계이다. 다른 팀원들의 생각을 수용하지 않는 이러한 행동은 개인 간 관계에 부정적인 영향을 미치고 팀 발달에 좋지 못한 갈등을 유발하게 된다. 다음 단계인 **규범기**(norming)에서 구성원들은 팀의 목표 달성을 위해서는 함께 일한 필요가 있음을 깨닫고 결과적으로 서로 협력을 시작하게 된다. 구성원들은 팀의 목표를 위해 일함으로써 연대감을 개발하게 된다. 시간이 지나면서 멤버들은 각자 일에 대한 책임감 있는 규범과 기대를 개발해 나간다. 네 번째는 **성과기**(performing)로 구성원들은 각자의 역할에 따라 일하고 팀은 목표를 향해 전진해 가는 단계이다. 마지막은 많은 팀이 정해진 기간으로 인해 해산하게 되는 **해산기**(adjourning)이다. 이 단계에서 구성원은 불안과 다른 감정을 경험할 수 있는데 그 이유는 그들이 흩어지고 결국엔 팀이 해체되기 때문이다.

그러나 형성기, 격동기, 규범기, 성과기, 해산기의 순서는 모든 유형의 팀 발달에 적용할 수 있을까? 당신이 팀에서 일해 본 경험이 있다면 이 질문에 대한 대답은 "아니요"일 것이다. 사실 비록 집단 발달의 이 이론은 직관적으로 그럴듯하고 팀이 함께 일함으로써 발생할 수 있는 일을 파악

그림 11-2 팀 발달의 두 가지 모형

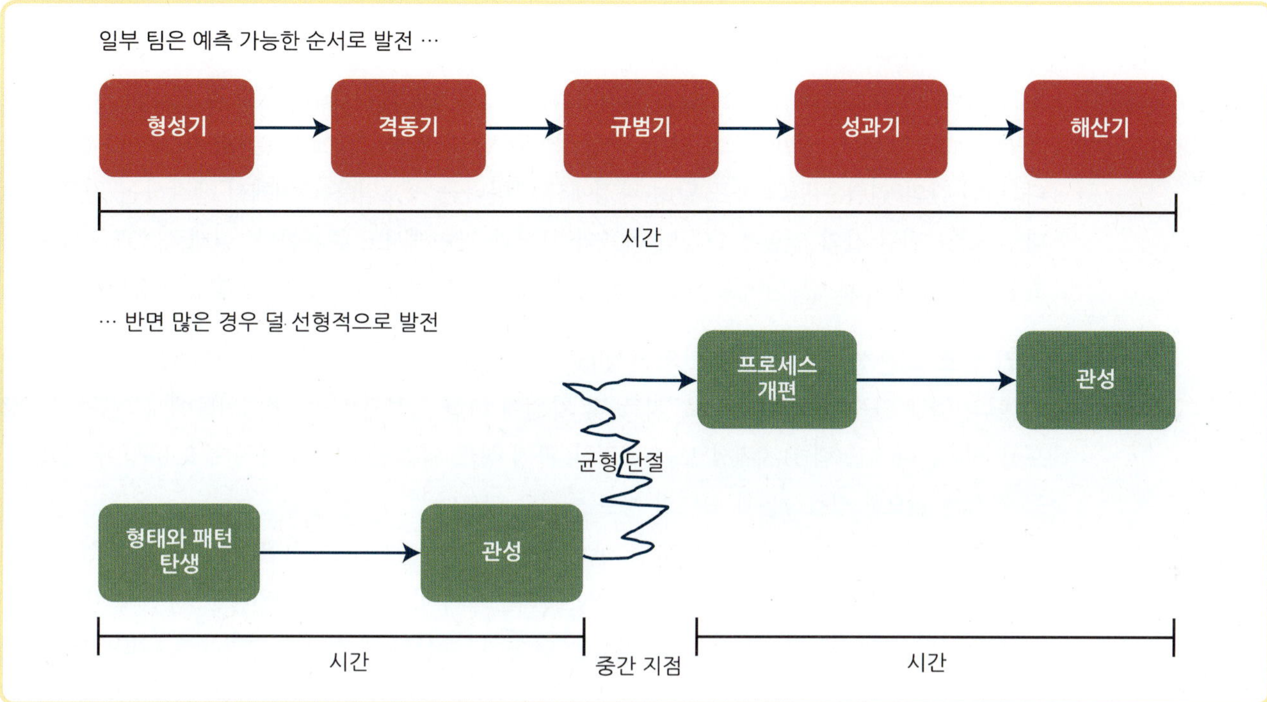

할 수 있지만, 팀의 존속 기간 중에 발생하는 것을 중요하게 바꿀 수 있는 수많은 요인이 직장 조직들 내에 있다.[29] 이러한 발달 순서가 덜 적용되는 경우는 팀이 팀과 팀원들에게 기대하는 바에 대한 명확한 기대가 형성되어 있을 때이다. 예컨대 많은 실행팀은 팀 구성원들의 행동과 그들 사이의 상호작용을 유도하는 규칙과 표준 운영 절차가 있다. 구체적 예로 항공기 운항 승무원의 경우 기장이 비행기를 조종하고 승무원이 음료를 제공하는 것을 이해하기 위해 형성기, 격동기, 규범기, 성과기 등의 단계를 거칠 필요가 없다. 또 다른 예로 해산기는 팀 유형별로 단지 한 번 발생하지만, 장기간 지속되면서 멤버들의 높은 참여를 요구하는 팀에 있어서는 그 영향이 매우 중요할 가능성이 있다. 4년 동안 함께 했던 작업팀이 해체되는 것은 1년 동안 한 달에 한 번 간단히 만나는 위원회가 해산되는 것과 비교해 팀원들 사이에 더 큰 불안과 감정을 유발할 수 있다.

발달 순서가 덜 적용되는 또 다른 상황은 **단속평형설**(punctuated equilibrium)로 불리는 발달의 패턴을 따르는 프로젝트팀이 해당될 수 있다.[30] 이는 [그림 11-2]의 아랫부분에 제시되어 있다. 첫 미팅에서 멤버들은 가정을 만들고 존속 기간의 첫 절반 동안 지속하는 행동의 패턴을 정한다. 그 행동 패턴은 일종의 관성으로 정착될 때까지 팀의 행동을 주도하며 계속된다. 그러다 뭔가 놀랄만한 일이 발생한다. 멤버들은 기간 내 과업을 완성하기 위해서는 그들의 과업 패러다임을 근본적으로 바꾸어야 한다는 것을 깨닫는다. 전환 과정에서 새로운 접근의 기회를 잡은 팀은 잘하는 경향이 있고, 그리고 새로운 프레임워크는 과업이 완성될 때까지 그들의 행동을 지배하게 된다. 그러나 접근법을 바꾸기 위한 기회를 받아들이지 않는 팀은 원래의 패턴을 유지하고자 하는 경향이 있고 "침몰하는 배"처럼 가라앉을 수 있다. 흥미롭게도, 작업 완료의 중간 지점에서 변화해야 한다는 것을 깨닫는 것은 프로젝트의 기간과 상관없이 발생한다.

팀 상호 의존성

학습목표 11.2
팀 상호 의존성의 일반적인 세 가지 유형은 무엇인가?

팀 유형의 구분과 함께 우리는 팀 구성원 간의 연결에 영향을 미치는 상호 의존성을 통해 팀을 설명해 보고자 한다. 일반적으로, 상호 의존성이란 팀의 구성원 간에 연결되는 방식이라 할 수 있다. 팀원 간의 연결은 팀의 목표 달성 과정에서 나타나는 상호작용 측면에서 생각하는 경우가 많다. 그러나 팀원 간의 연결은 그들의 목표와 보상과 관련해서도 존재한다. 실제로, OB 진단지를 활용하여 학생 프로젝트팀에도 상호 의존성의 각기 다른 부분이 있음을 발견할 수 있다.

과업 상호 의존성. **과업 상호 의존성**(task interdependence)이란 팀 구성원이 상호작용을 하면서 팀의 업무 완수에 필요한 정보, 자료 및 자원에 대한 정보를 다른 구성원들에게 의존하는 정도를 의미한다.[31] [그림 11-3]에서 보는 것처럼, 과업 상호 의존성에는 네 가지 주요 유형이 있고, 이들 각각에 필요한 상호작용과 협력의 정도는 서로 다르다.[32]

협력의 필요성이 가장 낮은 과업 상호 의존성의 유형으로는 **집합적 상호 의존성**(pooled interdependence)[33]이 있다. 이러한 유형의 상호 의존성에서, 집단의 구성원들은 자신의 할당 업무를 독립적으로 완수하고, 그 다음 그 업무는 단순히 "합산되어" 집단의 결과물로 나타난다. 집합

OB 진단지

상호 의존성

여러분 같은 학생 프로젝트팀에는 상호 의존성이 얼마나 있는가? 이 진단지는 세 가지 유형(과업 상호 의존성, 목표 상호 의존성, 결과 상호 의존성)의 상호 의존성을 측정하기 위해 설계된 것이다. 오른쪽 질문을 읽고 생각하고 있는 당신의 학생팀에 대해 각 질문에 답하라. 자신의 점수를 계산하고자 한다면 아래 지침서를 참고하라.

1	2	3	4	5	6	7
매우 아니다	아니다	약간 아니다	확실하지 않다	약간 그렇다	그렇다	매우 그렇다

1. 우리 팀 내 구성원들의 책임은 상호 연결되어 있다. _______
2. 나는 우리 팀 구성원이 제공하는 정보나 자료가 없으면 유능한 팀원이 될 수 없다. _______
3. 우리 팀원들은 내가 정보나 자료를 제공하지 않는 이상 자신의 일을 유능하게 처리할 수 없다. _______
4. 팀 내에서 일할 때 팀의 목표가 나의 목표를 결정한다. _______
5. 나는 내 업무의 우선순위를 정할 때 팀의 목표를 생각한다. _______
6. 우리 팀의 목표는 팀원들의 목표와 우선순위에 영향을 미친다. _______
7. 나는 우리 팀이 얼마나 잘하는지를 바탕으로 보상을 받는다. _______
8. 나의 성과에 대한 평가는 우리 팀이 얼마나 효과적으로 잘 했는가에 달려 있다. _______
9. 내 성과로부터 받는 피드백은 우리 팀의 성과에 크게 달려 있다. _______

점수 계산과 해석

과업 상호 의존성: 1–3 문항을 합산하시오. _____

목표 상호 의존성: 4–6 문항을 합산하시오. _____

결과 상호 의존성: 7–8 문항을 합산하시오. _____

당신의 점수가 차원별로 14점 이상이면 당신 팀의 상호 의존성은 평균 이상이고 13점 이하이면 평균 이하라 할 수 있다.

출처: From M.A. Campion, E.M. Papper, and G.J. Medsker, "Relations Between Work Team Characteristics and Effectiveness: A Replication and Extension," *Personnel Psychology* 49 (1996), pp. 429–52. John Wiley & Sons, Inc.

그림 11-3 과업 상호 의존성과 조정 과정

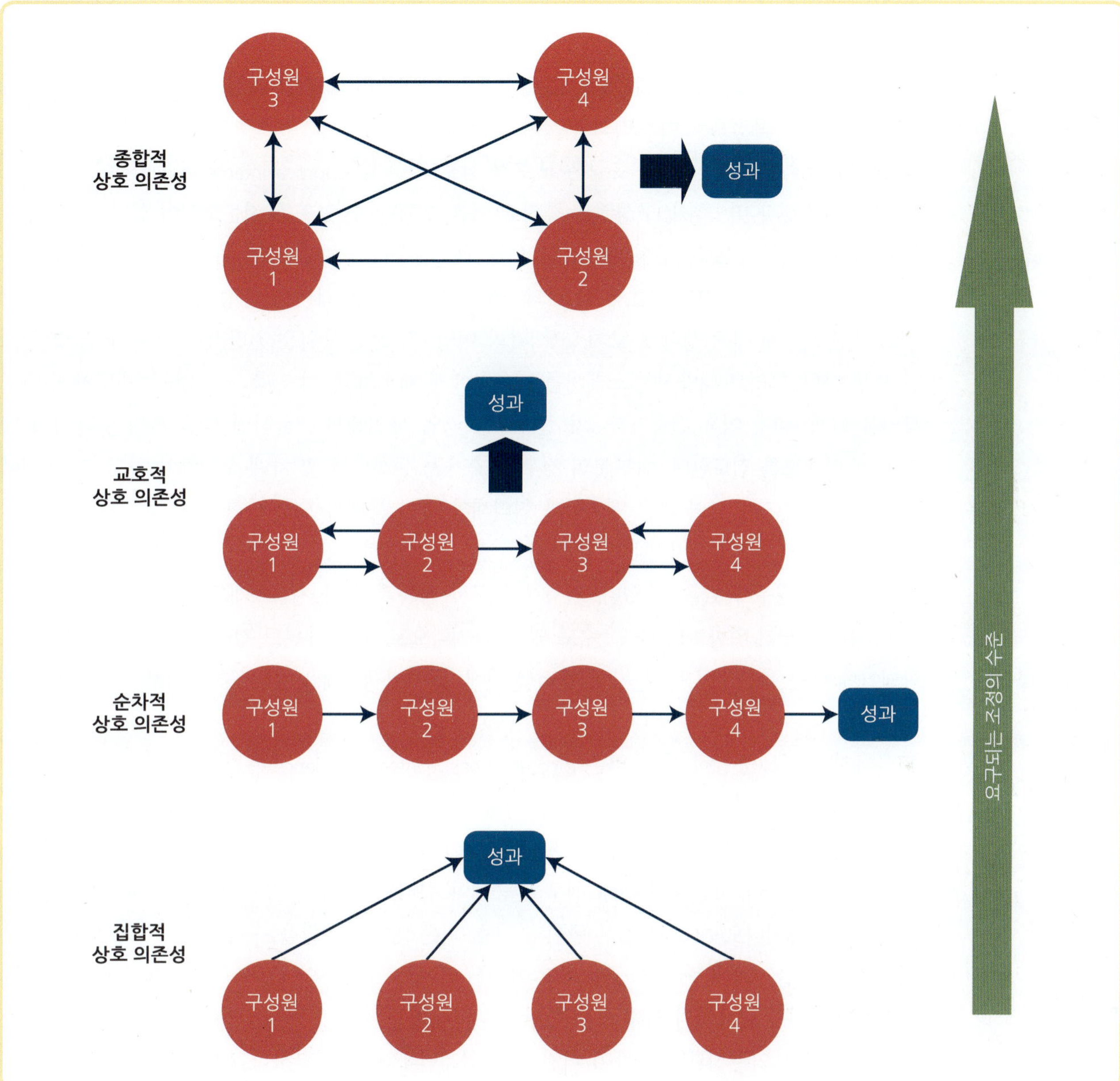

적 상호 의존성을 낚싯배에 비유해 보자. 각자 낚싯대에 미끼를 끼워 물 속에 넣고, 물고기가 잡히면 끌어올려 낚싯바늘을 떼어 낸 다음, 마지막으로는 얼음과 물고기로 가득 찬 탱크 안에 던져 넣는다. 하루 작업이 마무리되면, 낚싯배의 출어 성과는 잡힌 물고기의 무게가 될 것이다.

과업 상호 의존성의 다음 유형은 **순차적 상호 의존성**(sequential interdependence)[34]이다. 이러한 유형의 상호 의존성은 사전에 제시된 지시에 따라 각기 다른 과업을 수행하고 각자의 과업이 전문화될 수 있도록 그룹이 구조화된다. 순차적 상호 의존성이 있는 그룹의 구성원은 자신의 업무 수행을 위해 상호작용하기는 하지만, 이러한 상호작용은 순차적으로 과업을 수행하는 구성원들 간에만 발생한다. 더욱이 후 순위 과업을 수행하는 구성원은 선 순위 과업을 수행하는 구성원에 영향을 받으나, 반대의 경우는 발생하지 않는다. 제조 업체의 전통적인 조립 라인이 전형적인 이 유형의 예이다. 한 종업원이 작업 중인 생산품에 부품 하나를 조립하면 해당 생산품은 다른 종업원에게 이동하고, 이 종업원은 또 다른 부품을 조립한다. 이러한 공정은 품질 검사와 제품 출하를 위한 포장 작업으로 마무리되는 것이 일반적이다.

과업 상호 의존성의 다음 유형은 **교호적 상호 의존성**(reciprocal interdependence)이다.[35] 순차적 상호 의존성과 비슷하게 구성원은 특정 과업을 수행할 수 있도록 전문화되어 있다. 그러나 행동 순서가 엄격하지 않고, 구성원들은 팀의 업무를 완수하기 위해 다른 구성원의 단지 제한된 부분집합으로 상호작용한다. 교호적 상호 의존성을 이해하기 위해서, 맞춤형 주택을 설계하는 사람들로 구성된 팀에 대해 생각해 보자. 고객과의 미팅 후, 영업 사원은 전반적인 기준, 구조 및 미적인 세부 사항, 그리고 대략적인 스케치를 건축가에게 제공하고, 이 건축가는 1차 설계도와 평면도 작업을 하게 된다. 이후 건축가가 1차 설계도를 영업 사원에게 제출하면 영업 사원은 다시 고객과 함께 설계도를 검토한다. 대부분의 경우, 건축가는 설계도를 몇 차례 수정해야 하고, 그 과정에서 고객은 건축가가 팀의 다른 멤버들과 협의해야 하는 문제와 요구 사항을 제시한다. 예컨대 건축가와 구조 엔지니어는 지지대 역할을 하는 빔(beam)과 하중을 견디는 벽의 위치를 정하기 위해 만나야 하는 경우가 있을 수 있다. 건축가와 공사 감독관 또한 지나치게 많은 비용이 드는 설계의 특성을 바꾸기 위한 미팅을 할 수도 있다. 마지막으로 영업 사원도 건축가의 설계도 변경에 포함되어야 하는 추가적인 특성, 자재, 컬러 선택에 있어 고객에게 도움을 주기 위해 디자이너와 만나야 하는 경우도 있을 수 있다.

마지막으로, **종합적 상호 의존성**(comprehensive interdependence)은 업무 수행을 위해 노력할 때 구성원들 간에 가장 높은 수준의 상호작용과 협력을 요구한다.[36] 종합적 상호 의존성이 필요한 그룹의 경우, 개별 구성원은 팀 업무 완수에 필요한 협업 과정에서 자신이 무엇을 하고 또 누구와 상호작용해야 하는지에 대해 매우 신중해야 한다. 세계에서 가장 성공적인 디자인 회사라 할 수 있는 아이디오(IDEO)의 팀은 종합적 상호 의존성으로 역할을 수행한다. 이 회사의 팀들은 매우 다양한 출신의 사람들로 구성되고, 이들은 설계 프로젝트와 관련된 문제 해결에 필요한 지식과 아이디어를 공유하기 위해 자주 만난다.[37]

과업 상호 의존성과 관련하여 어떤 것이 설계팀에 가장 적합하다고 단정할 수 없음을 아는 것도 중요하다. 그러나 다른 유형들과 관련된 상충 관계를 깨닫는 것도 중요하다. 과업의 상호 의존성의 수준이 높아지면 구성원들은 과업 수행을 위해 다른 구성원들과 소통하고 협력하는 시간을 많이 가져야 한다. 그런데 이런 협력은 작업 시간 대비 작업 완료의 정도를 의미하는 생산성의 감소란 결과를 가져올 수도 있다. 다른 한편, 과업의 상호 의존성이 높아지면 새로운 상황에 적응하기 위한 팀의 능력이 좋아지게 된다. 많은 구성원이 다른 구성원들과 서로 상호작용하고 소통할수록, 팀이 직면하는 새로운 문제에 대한 해결책을 찾을 가능성은 높아진다.

목표 상호 의존성. 과업 활동을 통해 서로 연결되는 것과 더불어 구성원들은 자신들의 목표에 의해서도 서로 연결된다.[38] 팀 구성원들이 팀 목표에 대한 비전을 공유하고 개인적 목표를 이

종합적 상호 의존성을 포함한 대면 미팅은 많은 시간을 소비할 수 있다. 그러나 이러한 미팅은 협력이 필요한 업무를 수행하기 위해선 중요한 부분이다.

러한 비전에 맞추는 경우에 **목표 상호 의존성**(goal interdependence)이 높게 나타난다.[39] 예컨대 여러 사람이 각자 노를 들고 조그만 배에 타고 있는 경우를 통해 목표 상호 의존성의 힘에 대해 생각해 보자.[40] 배에 타고 있는 모든 사람이 호수 건너편의 동일한 곳으로 가고자 하는 경우, 모두가 같은 방향으로 노를 젓기 때문에 배는 원하는 위치에 도착하게 된다. 그러나 사람들이 배가 가야 할 방향을 각기 다르게 생각하고 있다면 노를 젓는 방향이 제각각이 될 것이고, 결국 배는 그 어디에도 도착할 수 없게 된다. 대부분의 팀 상황에서 팀 목표 달성을 방해하는 개별 팀 구성원의 목표 비대칭성이 있으며, 이러한 상황을 관리하기 어렵게 만드는 것은 팀 구성원이 너무 늦게까지 비양립성을 인식하지 못하는 경우가 많다는 것이다.[41]

그렇다면 목표 상호 의존성을 높이려면 어떻게 해야 하는가? 한 가지 해야 할 일은 구성원 모두가 받아들이는 공식화된 미션 선언문을 준비하는 것이다. 미션 선언문은 여러 가지 형식을 취할 수 있지만, 팀 구성원들 사이에 몰입감과 절박함이 형성될 수 있도록 하기 위해 팀이 어떠한 노력을 해야 하는지를 분명하게 명시해야 한다.[42] 미션 선언문은 조직이나 팀 리더로부터 하달될 수도 있지만, 대부분의 경우는 팀 자체적인 미션 선언문을 개발하는 과정을 통하는 것이 바람직하다. 이러한 과정을 통해 구성원들은 중요한 팀 목표가 무엇인지 확인할 수 있고, 팀 목표를 달성하기 위해서는 팀이 어떤 행동을 취해야 하는지도 구체화할 수 있다. 〈표 11-2〉는 팀 자체적인 미션 선언문 개발을 위해 팀에서 할 수 있는 몇 가지 바람직한 단계를 보여 주고 있다.[43]

당신은 일부 팀 과업을 위한 미션이 아주 명확하다고 믿을 수 있으나, 실제는 그렇지 않은 경우가 많다. 예를 들어, 학생 팀에 있어 팀원들의 마음속에 있는 분명한 목표는 교과 과정을 열심히 공부하는 것이라 생각할 수 있다. 그러나 이러한 팀에 속한 학생들의 목표는 놀라울 정도로 각기 다른 것이 일반적이다. 일부 학생은 이미 취업을 해서 졸업만 하면 되기 때문에 통과 등급으로 '학점 받기'에만 관심이 있을 수도 있다. 또 다른 학생들은 공부도 중요하지만 학교 밖의 생활과 학교생활의 균형을 맞추는 데 더 많은 신경을 쓴다. 마지막으로, 자신과 관련이 없는 분야의 유명한 대학원에 진학하고 싶어 오로지 자신의 성적에만 관심을 기울이는 학생도 많다. 여기서 문제가 되는 것은 목표가 다르기 때문에 과업 수행을 위한 접근 방법에 있어 차이가 생긴다는 점이다. 교과 내용을 배우고자 하는 학생은 팀에 할당된 과제에 열심히 집중하고 과제와 관련된 문제를 팀 동료들과 별도로 의견을 나누고 싶어 하지만, 단지 시간만 보내고자 하는 학생은 최소한의 과제만 이행하고, 자신의 과제와 일상생활의 균형을 유지하고자 하는 학생들은 이에 필요한 가장 효율적인 방법을 모색할 것이며, 자신의 성적에만 관심이 있는 학생은 학습에 도움이 되지 않을 수도 있는 지름길도 기꺼이 택할 것이다. 구성원들의 목표가 서로 다른 상황에서 팀 임무에 대한 합의를 도출하고자 하는 노력이 쉽지 않을 수 있지만, 연구에 따르면 팀이 구성되자마자 학생들이 바로 이에 시간과 노력을 투자하는 경우엔 학생 팀은 상당한 효과를 보이는 것으로 나타났다.[44]

표 11-2 미션 선언문 개발 과정

미션 선언문 개발 단계
1. 팀은 하나의 방이나 가상의 공간을 통해 만나야 한다. 논의를 방해할 수 없는 공간에서 충분한 시간을 가져야 한다.
2. 기획자는 팀 구성원이 고려해야 할 중요한 내용과 함께 미션 선언문의 목적을 설명해야 한다. 미션 선언문은 행동을 기술하는 동사를 포함해야 하며 상대적으로 짧아야 한다(최대 4문장 이내로 작성되어야 한다).
3. 팀의 리더나 기획자는 그 팀의 핵심이 되는 책임을 명료화해야 한다.
4. 팀은 미션 선언문에 포함할 주제들을 토의해야 한다.
5. 팀원들은 미션 선언문의 초안을 작성해야 한다. 만약 팀이 크다면, 초안을 착성하기 위한 하위 그룹을 나눠야 한다.
6. 팀원 또는 하위 그룹은 초안을 멤버들과 공유해야 한다.
7. 팀은 가장 좋은 아이디어를 찾아내고, 하나의 미션 선언 문장으로 통합해야 한다.
8. 미션 선언문의 결과는 다음의 기준에 따라 평가되어야 한다. 명료성: 미션 선언문은 충분히 명확하고 집중된 핵심 목표를 보여 주고 있는가? 유의성: 미션 선언문은 팀원들에게 의미 있는 목적을 반영하고 있으며, 미션 선언문이 달성됐을 때 팀원들에게 중요한 보상이 이뤄지는가? 현실성: 미션 선언문은 구성원이 그것을 실제로 달성할 수 있다는 믿음이 반영되고 있는가? 도전성: 미션 선언문은 팀원들의 문제에 대한 도전성과 시급성을 반영하고 있는가?
9. 팀은 8번의 네 가지 기준에 따라 미션 선언문의 약한 부분을 찾아내고 수정해야 한다.
10. 7번으로 돌아가 구성원들 간의 헌신과 몰입을 불어넣는 합의가 있을 때까지 미션 선언문에 대한 작업을 계속해야 한다.

출처: For a similar take on how to develop mission statements, see P.S. MacMillan, *The Performance Factor: Unlocking the Secrets of Teamwork* (Nashville: Broadman & Holman Publishers, 2001), pp. 51–53.

성과 상호 의존성. 상호 의존성의 마지막 유형은 팀에서 일한 결과로 받게 되는 피드백과 성과 측면에서 구성원들이 서로 어떻게 연결되어 있는가 하는 것과 관련이 있다.[45] 팀 구성원들이 팀 보상을 나눌 때 **성과 상호 의존성**(outcome interdependence)이 높게 나타나는데, 보상의 종류에는 급여, 보너스, 공식적 피드백과 인정, 격려, 추가적인 휴식 및 팀의 유지 등이 있다. 팀의 목표 달성은 개별 팀원의 성과에 좌우되므로 성과 상호 의존성이 높다는 것은 팀원이 받는 보상은 다른 팀원들의 성과에 달려 있다는 의미도 된다. 이에 비해 팀 성과와 상관없이 개인별 성과에 따라 보상과 처벌을 받는 팀에서는 성과 상호 의존성이 낮게 나타난다. 컨설팅, 자금 계획 및 연구개발에 참여하는 프로젝트팀에 대한 연구를 보면, 팀원 각자의 성과가 반영되는 팀의 경우에 성과 상호 의존성이 높으면 팀원들이 서로 공유하는 정보가 많고 이를 통해 학습할 수 있어 결과적으로 팀 성과가 좋아지는 것으로 제시된다.[46] 이번 장의 끝 부분에 있는 '실무 적용' 부분에서 살펴보겠지만, 성과 상호 의존성과 관련하여 팀 설계의 방법도 팀의 협력 및 동기부여에 중요한 의미를 갖는다. 실행팀에서 목표와 성과 상호 의존성의 예시를 보고 싶다면, **영화 속 OB**를 참고하라.

팀 구성

> **학습목표 11.3**
> 팀 구성에 포함되는 요인들은 무엇인가?

팀의 효과성은 전적으로 팀 구성, 즉 팀이 어떤 사람들로 구성되는가에 달려 있다는 것을 여러분은 짐작할 수 있을 것이다. 만약 여러분이 매우 효과적인 팀의 구성원이었던 경험이 있다면, 그 팀은 지식, 기술, 능력 및 성격 등이 적절히 혼합되어 있었던 것으로 기억할 것이다. 이러한 팀의 팀

영화 속 OB

어벤저스: 엔드게임
AVENGERS: ENDGAME

5년 전, 우리는 모두를 잃었다. 친구를 잃고, 가족을 잃고, 우리 자신의 일부를 잃었지. 오늘, 그 모든 것을 되찾을 기회가 왔어.

이 대사로, 스티브 로저스/캡틴 아메리카(크리스 에반스)는 영화 어벤저스: 엔드게임(앤서니 루소, 조 루소 감독, 마블 스튜디오 및 월트 디즈니 픽처스, 2019)에서 가장 어려운 미션의 시작을 알린다. 5년 전, 강력한 빌런 타노스(조시 브롤린)는 무한한 힘을 공급하는 인피니티 스톤의 한 세트를 획득했다. 타노스가 손가락을 한 번 튕김으로써, 어벤저스 대원 몇 명을 포함해 전 우주 생명의 절반이 무작위로 사라졌고, 살아남은 어벤저스 대원 또한 자신의 가족과 사랑하는 사람들을 잃었다. 그 5년 동안, 나머지 어벤저스는 대부분 각자 다른 방향으로 갔지만, 일부는 지구와 남은 우주를 지켜봐 왔다. 현재로 돌아와, 세 명의 어벤져스가 시간을 거슬러 돌아가 타노스가 스톤을 모두 획득하기 전에 스톤을 훔칠 계획은 세운다. OB를 수강하는 학생들에게, 이 영화는 실제 팀의 생생한 그림을 제공하기 때문에 흥미로울 것이다. 팀원들은 다른 역할과 고유의 권한을 가지며, 상호작용을 통해 결합되어 단일 구성원이 혼자서는 성취할 수 없는 중요한 목표와 관련된 결과를 만들어 낸다. 사실, 시간 여행을 하는 어벤저스는 그 계획의 성공이 살아남은 팀원들을 재결합할 수 있느냐에 전적으로 달려 있다는 것을 이해하고 있다.

이 영화는 다양한 그룹의 캐릭터들이 하나의 응집력 있는 단위로 함께 일할 수 있도록 동기를 부여하는 목표와 결과 상호의존성의 힘을 보여 준다. 도입 인용문에 반영된 것처럼 로저스는 어벤저스에게 그들의 차이점에 관계없이 실제 공통의 목표를 공유하고 있으며, 그 목표를 달성하는 팀의 성패가 팀원에게도 같은 방법으로 영향을 미친다는 점을 강조한다. 만약 팀이 성공한다면, 각 팀원은 자신이 잃어버린 것을 회복할 것이다. 만약 팀이 실패한다면, 각 팀원은 자신이 잃은 것을 두고 계속해서 슬퍼할 것이다.

원들은 자신의 책임을 효율적으로 감당할 수 있을 뿐만 아니라 협력도 잘하고 함께 잘 어울린다. 이 절에서 우리는 팀 구성에 있어서 고려해야 하는 가장 중요한 특성이 무엇인지를 파악하고, 팀의 기능과 효과성에 영향을 미치기 위해 이들 요소를 어떻게 결합되어야 하는지에 대해 알아보고자 한다. [그림 11-4]에 제시된 것처럼, 팀 구성에는 다섯 가지 측면이 매우 중요한데, 이는 역할, 능력, 성격, 다양성 및 팀의 규모 등이다.

그림 11-4 팀 구성의 다섯 가지 측면

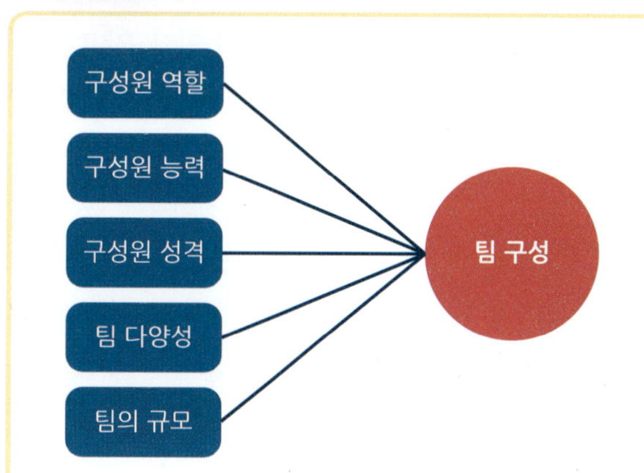

구성원 역할. **역할**(roles)이란 특정 상황에서 보여 줄 것으로 기대되는 행동의 패턴으로 정의될 수 있다.[47] 팀이 구성되면 팀원들이 서로 상호작용하는 과정에서 수행하거나 개발할 수 있는 다양한 역할이 있고, 특정 상황에 따라서는 이러한 역할이 부여된 팀원이 있느냐 없느냐에 따라 팀의 효과성에 강한 영향을 미칠 수 있다.[48] 역할을 구분할

표 11-3 팀 내 개인의 역할

팀 과업 역할	설명
제안자	새로운 아이디어를 제안하는 사람
조정자	팀원들 간의 활동을 조정하는 사람
안내자	팀의 토론 방향을 결정하는 사람
악역 담당자	팀의 현 상황에 대해 도전적 과제를 제공하는 사람
활력 제공자	팀이 더 잘할 수 있도록 동기부여하는 사람
진행 기술자	진행 상황을 유지하는 데 필요한 일상적 과업을 수행하는 사람
팀 구축 역할	**설명**
격려자	팀원들의 공헌을 칭찬하는 사람
화합자	그룹 멤버 간의 차이를 조정하는 사람
타협자	갈등을 끝내기 위해 중간 지점을 찾으려 시도하는 사람
감독자-촉진자	팀원의 참여를 독려하는 사람
기준 설정자	달성해야 할 팀의 목표를 알려 주는 사람
추종자	팀원들의 아이디어를 수용하는 사람
개인주의적 역할	**설명**
공격자	팀원들을 위축시키고, 적대감으로 불만을 표현하는 사람
방해자	완강하게 저항하고 비합리적으로 반대하는 사람
인정 추구자	지나치게 자랑하고 자신에게 주목하도록 하는 사람
자기 고백자	개인의 의견을 부적절하게 공개하는 사람
게으른 자	냉소적이거나, 태만하거나, 혹은 빈둥거리는 사람
지배자	개인적 통제를 위해 팀원들을 조정하는 사람

출처: Adapted from K. Benne and P. Sheats, "Functional Roles of Group Members," *Journal of Social Issues* 4 (1948), pp. 41–49.

수 있는 한 가지 확실한 방법은 개별 구성원이 팀을 위해 해야 할 일이 무엇인지를 정의하는 과업 중심의 활동을 구체적으로 고려하는 것이다. 예를 들어, 축구팀은 공격수, 미드필더, 수비수, 골키퍼와 같이 필드에서 고유의 책임을 갖고서 특정 포지션을 소화하는 멤버들로 구성된다. 다른 예로, 최고 경영팀은 주로 최고 재무 책임자, 최고 운영 책임자, 최고 마케팅 책임자가 포함된다. 이들 팀 멤버는 적절한 기업 전략을 개발하고 실행하기 위해 협력할 수도 있지만, 회사의 일상적인 운영과 관련한 고유의 기능적 책임도 가지고 있다.

역할을 구분하는 또 다른 방법으로는 리더와 구성원들이 무엇을 하는지를 생각하는 것이다. **리더-스태프 팀**(Leader-staff team)의 경우, 리더는 팀을 위해 의사결정을 하고 부여된 과업을 수행하는 팀원들에게 지시를 내리고 통제하므로, 이러한 구분은 리더와 팀원 간에 책임이 구별된다는 점에서 이해하기 쉽다.[49] 그러나 대개 팀원의 역할 관련 행동은 다양하게 나타날 수 있다. 이러한 상황에서 팀 역할은 위에서 설명한 과업 중심의 역할보다는 더 일반적인 범주의 역할로 설명될 수 있다. 일반적으로, 이러한 역할은 여러 유형의 팀에도 적용할 수 있다. 〈표 11-3〉에서 보는 것처럼, 일반적인 역할에는 팀 과업 역할, 팀 구축 역할 및 개인적 역할 등이 있다.[50]

팀 과업 역할(team task roles)이란 팀 과업 달성을 직접적으로 촉진하는 행동을 말한다. 예를 들어, 팀이 나아갈 방향을 정하는 안내자(orienter), 팀의 현상 유지에 건설적인 도전을 제공하는 악역 담당자(devil's advocate), 팀 목표를 위해 더 매진하도록 구성원들에게 동기부여하는 활력 제공자(energizer) 등이 있다. 알고 있다시피, 특정 과업 중심 역할의 중요성은 팀이 관련된 작업의 특성에 따라 다르다. 안내자의 역할은 업무 수행에 있어 자율성이 있는 팀에서 특히 중요하다. 악역 담당자의 역할은 의사결정이 본질적으로 "중대한 사안"일 때 특히 중요할 수 있다. 마지막으로, 업무는 중요하지만 본질적으로 동기부여가 없는 팀 상황에서는 활력 제공자의 역할이 가장 중요하다.

과업 중심의 역할과 대조적으로, **팀 구축 역할**(team-building roles)은 팀의 사회적 분위기의 질에 영향을 미치는 행동을 말한다. 예를 들어, 다른 팀원에게 도움이 되는 경향이 있는 팀원은 중요한 팀 구축 역할을 수행하고 있는 것이다. 실제로, 이러한 방식으로 더 많은 노력을 기울이는 한쪽으로 몇 발자국 더 노력하는 한 명의 팀원이 다른 팀원의 참여 수준을 높이는 것으로 나타났다.[51] 마찬가지로, 논쟁이 오가는 팀 회의에서 유머러스한 행동으로 분위기를 풀어주는 팀원도 팀 구축 역할을 톡톡히 하고 있는 것이다. 농담을 던지는 단순한 행동은 추가적인 유머를 더할 수 있고, 결과적으로 팀 기능과 성과를 향상시키는 긍정적인 분위기를 형성한다.[52] 팀 구축 역할의 구체적인 예에는 팀원 간의 견해차를 해결하기 위해 개입하는 화합자(harmonizer), 팀원의 작업을 칭찬하는 격려자(encourager), 그리고 팀이 팀 동료가 수용할 수 있는 대안적 해결책을 보도록 돕는 타협자(compromiser)가 포함된다. 요약하면, 사회적 역할을 담당하는 팀원들의 존재는 팀의 효과성을 저해하는 갈등을 관리하는 데 도움이 된다.

마지막으로, 과업 역할과 팀 구축 역할은 팀에 도움이 되는 활동에 초점을 두는 반면, **개인주의적 역할**(individualistic roles)은 팀에 손해를 입히면서 개인에게는 이익이 되는 행동을 말한다. 예를 들어, 공격자(agressor)는 팀료 팀원을 "깎아내리거나" 평가절하 한다. 인정 추구자(recognition seeker)는 팀의 성공을 차지하려고 한다. 지배자(dominator)는 팀 동료를 이용하여 통제력과 권력을 얻고자 한다. 구성원이 개별적인 역할에 치우쳤던 팀에 속했던 적이 있다면 이것이 팀에 얼마나 피해를 주는 것인지 실감했을 것이다. 개인주의적 역할 행동은 팀 구성원들 사이에 부정적인 감정을 조장하여 팀이 효과적으로 기능하고 수행하는 능력을 방해한다.[53]

구성원 능력. 팀 구성원은 각자 다양한 능력을 소유하고 있다(이러한 문제에 대한 보다 많은 논의는 10장 '능력' 부분을 참고하라). 팀 업무와 관련된 과업의 특성에 따라서, 구성원 능력의 일부는 팀 설계에 있어서 중요하게 고려될 수 있다. 예를 들어, 육체적 작업을 해야 하는 팀의 경우에는 이와 관련한 신체적 능력을 고려하는 것이 중요하다. 1/10초로 승리가 결정될 수 있는 스톡카(stock car) 레이싱에서 타이어 등을 교체하는 피트 크루(pit crew)들에게 필요한 능력의 유형을 생각해 보자. 경주 차량이 피트 구역으로 들어오면 피트 크루들은 피트 담장을 뛰어넘고 달려가 경주차가 다시 트랙으로 돌아갈 수 있도록 무거운 타이어, 잭, 그리고 기타 여러 가지 장비를 들어 올린다. 이상적인 시간은 약 14초 이내이다. 이러한 상황에서는 유연성, 심혈관 지구력 및 폭발적 근력이 필요하며, 실제로 레이싱팀들은 전문 트레이너를 고용하고 심지어는 피트 크루의 이러한 능력을 향상시키기 위해 체육관까지 지었다.[54]

팀을 설계할 때에는 인지 능력을 고려하는 것도 중요하다. 종합적 인지 능력은 다양한 유형의 팀에 있어서 중요하다. 일반적으로, 팀워크는 매우 복잡한 경향이 있기 때문에 인지 능력이 높은 사람들로 구성된 팀의 성과가 더 좋다.[55] 팀원들은 팀 업무의 여러 측면에 관여해야 할 뿐만 아니라 팀 목표를 달성하기 위해 각자의 노력을 결합하는 최선의 방법도 배워야 한다.[56] 실제, 학습의 이러한 유형이 더 많이 요구될수록 구성원의 인지적 능력도 그만큼 더 중요하다. 예컨대 연구에 의하면, 팀원들이 일상적인 과업을 수행하는 상황과 비교하여 예상치 못한 변화에 적응하기 위해 팀원들 서로가 배워야 할 때 인지적 능력은 더욱 중요한 것으로 나타났다.[57]

물론, 모든 구성원이 이처럼 신체적 능력이나 인지 능력 수준이 높아야 할 필요는 없다. 여러분이 팀을 이용해 트리비아(trivia) 게임을 해 본 적이 있다면, 팀원 중 단 한 명만이 모든 질문에 정확하게 답을 할 만큼 상당히 똑똑해서 다른 팀을 상대해 경기할 수 있었던 것을 기억할 것이다. 사실 객관적으로 검증 가능한 최상의 해결책이 있는 과업의 경우, 과업에 관련된 최상위 수

자동차 레이스에 있어 피트 스톱과 같이 가장 느린 팀원의 속도 만큼만 빠르게 갈 수 있는 과업이 연결형 과업이다.

준의 능력을 보유한 구성원이 팀의 효과성에 가장 큰 영향을 미칠 수 있다. 이러한 유형의 과업을 **분리형 과업**(disjunctive tasks)이라고 한다.[58] 여러분은 또한 팀의 구성원 전부가 관련 능력을 보유하는 것이 매우 중요한 경우도 기억할 것이다. 피트 작업자의 예를 다시 들면, 스톡카는 모든 타이어가 장착되기 전까지는 피트 지역을 벗어날 수 없으므로 타이어 교체를 위해 정차하는 피트 스톱(pit stop)의 길이는 가장 느린 작업자의 신체적 능력에 의해 결정된다. 팀의 성과가 "가장 약한 연결"의 능력에 좌우되는 이와 같은 과업을 **연결형 과업**(conjunctive tasks)이라고 한다. 마지막으로, 팀의 성과를 결정하기 위해서는 모든 구성원의 능력이 "합산"되어야 하는 **합산형 과업**(additive tasks)이 있다. 걸 스카웃트 단원들이 초콜릿 민트 캔디인 씬 민트(Thin Mint)와 쿠키의 일종인 사모아스(Samoas)를 판매하여 벌어들이는 총액은 걸 스카웃트 단원 각자가 판매할 수 있는 금액의 합계가 된다.

구성원 성격. 팀 구성원들은 또한 제각기 다른 성격적 특성을 가지고 있다(이러한 문제에 대한 더 많은 논의는 9장 '성격 및 문화적 가치'를 참고하라). 이러한 성격 특성은 팀원이 수행하는 역할,[59] 팀에서 발전하는 규범,[60] 그리고 궁극적으로 팀이 하나의 단위로서 기능하고 수행하는 방식에도 영향을 미친다.[61] 예를 들어, 팀 구성원의 친화성은 팀 효과성에 중요한 영향을 미친다.[62] 왜 그럴까? 그 이유는 친화적인 사람들이 더 협력적이고 신뢰할 수 있고, 이러한 성향이 팀에 대한 긍정적인 태도를 고취하고 개인 간 상호작용을 원만하게 만들어주기 때문이다. 또한, 친화적인 사람들은 자신보다는 팀의 이익에 관심이 더 많기 때문에 팀을 위해 열심히 노력하게 된다.[63] 그러나 팀의 친화성과 관련하여 주의할 점이 있다. 친화적인 사람들은 갈등이나 경쟁보다는 조화와 협력을 선호하기 때문에 팀 개선에 도움이 될 수 있는 건설적인 비판의 목소리를 내거나 제시하는 일이 적을 수 있다.[64] 따라서 팀원들이 과도할 정도로 친화적인 경우는, 과업 달성을 희생하면서 팀 화합에만 몰두할 가능성이 있다.[65]

또 다른 예는, 팀 구성에 있어 팀원의 성실성도 팀에 중요하다.[66] 결국, 거의 모든 팀은 신뢰할 수 있고 팀 목표를 달성하기 위해 열심히 일하는 구성원이 있으면 이득을 볼 수 있다. 특별히 성실성이 낮은 구성원 한 명이 팀에 강한 부정적 영향을 미칠 수 있을지 의문을 제기할 수도 있다.[67] 이것이 사실인 이유를 이해하려면, 당신이 신뢰할 수 없고 팀 목표를 위해 열심히 일할 의욕이 없는 것처럼 보이는 팀원에게 어떻게 대응해야 할지를 생각해 보자. 당신이 대부분의 사람들과 같다면 상황이 불만족스럽다고 생각할 것이고, 당신은 그것을 다루는 다양한 방법을 고려할 것이다. 어떤 사람은 그 사람이 더 책임감 있고 열심히 일하도록 동기부여하고자 노력할 것이고, 어떤 사람은 팀에서 그 사람을 퇴출시키려고 할 수 있다.[68] 문제는 성실하지 못한 팀 구성원에 대한 이러한 자연스러운 대응으로 인해 업무 책임 완수에 대한 덜 집중하게 되는 것은 물론, 매우 불편하면서도 시간만 허비하는 개인 간 갈등을 초래할 수 있다는 것이다. 게다가 당신과 다른 팀원들이 이 사람을 보완하기 위해 더 열심히 하더라도, 당신의 팀은 모든 구성원이 상호 간에 더 많은 책임을 지고 팀의 업무에 참여하는 다른 팀만큼 효과적으로 수행하는 것은 어려울 것이다.

마지막으로, 외향적인 성격 특성은 팀 구성과 관련이 있다.[69] 외향적인 사람은 개인 간 상황에 있어서 보다 효과적으로 업무를 수행하는 경향이 있고 일반적으로 더 긍정적이고 낙관적이다.[70] 따라서 외향적인 팀원을 갖는 것이 일반적으로 집단의 사회적 분위기와 감독자의 관점에서 볼 때 팀 효과성에도 도움이 된다는 것은 놀랄 일은 아니다.[71] 그러나 동시에, 지나치게 외향적인 구성원이 많은 경우에는 팀이 손해를 볼 수 있다는 연구도 있다. 그 이유는 외향적인 사람은 자기주장이 강하고 지배적인 경향이 있기 때문이다. 당신이 예상할 수 있는 바와 같이 이러한 성향의 구성원이 너무 많으면, 권력 투쟁과 비생산적인 충돌이 보다 빈번하게 발생하게 된다.[72]

학습목표 11.4
팀 다양성에는 어떤 유형이 있으며, 이들은 팀 기능에 어떤 영향을 미치는가?

다양성. 팀 구성의 또 다른 측면은, 사람을 분류하는 기준으로 삼는 누군가에 의해 사용될 수 있는 어떤 속성이란 측면에서, 구성원들이 서로 다른 정도가 있다. 우리는 이러한 차이를 **팀 다양성**(team diversity)이라고 한다.[73] 사람을 분류하는 데에 사용될 수 있는 특성은 아주 다양하기 때문에 팀 다양성의 영향이 무엇인지 이해하는 것은 다소 어려울 수 있다. 개인의 신체적 외관의 분명한 차이를 넘어, 팀원 간의 가치와 신념에 있어 구분이 있을 수 있고, 그리고 지식과 전문성의 다양성, 사회적 지위와 권력, 심지어 시간적 긴박감과 업무에 속도를 내는 방식에 있어서 팀원 간의 차이가 있을 수 있다.[74] 이 상황은 더욱 복잡해질 수 있는데, 왜냐하면 국제 상황의 OB에서 다루고 있듯이, 문화와 같은 광범위한 속성에 있어 사람들 사이엔 또한 차이가 존재하며, 이는 실제로 다양한 좁은 특성의 차이를 반영하고, 어떤 것은 다른 것들보다 더 명백하다.

팀의 속성과 조직의 맥락에 따라 팀원 특성의 다양성이 더 중요하거나 덜 중요할 수 있다는 것을 인식하는 것은 중요하다.[75] 예를 들어, 남녀로 이루어진 팀의 역동성은 팀이 남성(또는 여성)이 장악하고 있는 조직에 속해 있는지 또는 직원의 성별 측면에서 균형을 잡고 있는지에 따라 어떻게 달라질 수 있는지 생각해볼 수 있다. 마지막으로, 각 유형의 다양성이 팀 기능과 효과성에 영향을 미치는 데는 여러 가지 이유가 있으며, 이러한 이유 중 일부는 상충적으로 보인다.[76]

왜 다양성이 긍정적인 영향을 미치는지를 설명하기 위해 사용된 한 가지 유력한 이론으로는 **다양성 기반 문제 해결 접근법**(value in diversity problem-solving approach)이 있다.[77] 이 이론에 따르면, 팀 내 다양성은 팀이 업무 수행 과정에서 더 폭넓은 지식과 식견의 풀(pool)을 제공하기 때문에 득이 된다는 것이다.[78] 지식 관점에서 더 큰 다양성을 갖는 것은 정보 교환을 촉진하고, 이는 결과적으로 팀원 간의 학습을 촉진한다.[79] 이러한 학습의 결과인 지식은 다시 다른 구성원들의 지식과 공유되고 통합되어 궁극적으로는 팀이 효과적으로 업무를 수행하는 데 도움을 준다.[80] 연구에 의하면 다양성의 이러한 이점은 팀이 다른 관점을 이해하고 통합하는 데 필요한 노력을 할 수 있고 또한 하고자 하는 구성원이 팀에 포함될 때 발생할 가능성이 더 큰 것으로 제시된다.[81] 상대적으로 복잡하고 창의력이 필요한 업무를 수행하는 팀은 다양성으로부터 가장 큰 이익을 얻는 경향이 있으며, 지식과 관점의 다양한 특성(민족, 전문성, 성격, 태도 등)이란 측면에서의 다양한 팀에 대한 연구는 이러한 생각을 지지한다.[82]

다양성이 팀에 역기능적인 영향을 미칠 수 있는 이유를 설명하기 위해 널리 사용되고 있는 이론은 **유사성-매력도 접근법**(similarity-attraction approach)이라 불리는 것이다.[83] 이 관점에 의하

국제 상황의 OB

기업은 점점, 서로 다른 문화를 가진 구성원들로 구성된 팀을 이용하고 있으며, 이로 인해 오늘날 팀은 많은 경우 태도, 가치관, 생각, 목표, 행동이란 측면에서 서로 다른 멤버들을 보유하고 있다. 다문화팀이라 불리는 이러한 유형의 팀은 여러 다른 시각에서 문제에 접근할 수 있어 혁신적인 해결책에 대한 문호를 활짝 개방할 수 있다. 또한 문화적 다양성은 팀이 문화와 국적에서 다를 수 있는 다양한 고객을 대응할 수 있도록 한다.

하지만 불행하게도 다문화팀의 장점이 되는 이러한 특성은 또한 단점을 제공하기도 한다. 예를 들어, 다른 문화의 사람들은 의사소통이 어렵기 때문에 오해를 불러일으킬 수 있다. 예컨대 미국의 사람들에게 "to table something"이라는 문구는 나중으로 미루라는 의미이지만, 일부 유럽 국가의 사람들에게 그것은 지금 당장 논의하자는 의미이다. 만약 당신이 이런 차이를 몰랐고, 당신이 이끄는 팀원들에게 to table something이라고 말했을 경우를 상상해 보자. 그러면 당신 팀원 중 누군가는 그 이슈에 관한 선택 사항과 건의 사항에 대해 토론하기 시작했을 것이다. 마찬가지로 의사소통의 솔직성에 있어서도 차이가 있다. 서양인들은 매우 직접적이고 간단명료한 경향이 있지만, 다른 문화권의 사람들에게는 이러한 솔직함이 당황과 무례함의 원인이 될 수 있다. 또한 의사결정 과정에 있어서도 문화적 차이가 존재한다. 일부 문화에서 의사결정은 오직 관련된 모든 이슈에 대한 신중한 검토와 재검토 후에 이루어질 수 있는 반면, 다른 문화권에서는 결정이 보다 빠르고 덜 분석적으로 이뤄진다. 이러한 차이는 사소한 것처럼 보일 수도 있지만, 협력해야 하는 팀원들의 의욕을 떨어뜨리는 오해를 종종 불러올 수 있다.

그러면 다문화팀을 어떻게 관리하여 장점이 단점을 능가하도록 할 수 있을까? 다문화팀을 관리하기 위한 최적의 방법은 없지만, 한 가지 입증된 접근법은 팀원들이 시간을 내어 문화적 차이에 대해 공개적으로 대화하고 팀이 이를 수용하는 데 사용할 수 있는 전략을 사전에 개발하도록 권장하는 것이다.

출처: J. Brett, K. Behfar, and M.C. Kern, "Managing Multicultural Teams," *Harvard Business Review* 84 (November 2006), pp. 84–91; S. Gupta, "Mine the Potential of Multicultural Teams: Mesh Cultural Differences to Enhance Productivity," *HR Magazine*, October 2008, pp. 79–84; M. Harris, *Cultural Anthropology*, 2nd ed. (New York: Harper and Row, 1987); H.C. Triandis, Culture and Social Behavior (New York: McGraw-Hill, 1994).

면, 사람들은 유사한 면이 있다고 생각되는 사람에 대해 더 호감을 갖는 경향이 있다. 사람들은 또한 불편한 의견 차이를 가질 가능성을 줄이기 위해 유사하지 않다고 생각되는 사람들과의 상호작용을 피하는 경향이 있다. 동일한 관점에서의 연구에 따르면 문화적 배경, 인종, 태도와 같은 속성의 다양성은 의사소통 문제와 궁극적으로 낮은 팀 효과성과 관련이 있는 것으로 나타났다.[84]

따라서 팀 관련 다양성 효과에 관한 두 가지 다른 이론이 있는 것으로 보이며, 각각은 연구에서 지지를 받고 있다. 그렇다면 어떤 관점이 옳은가? 밝혀진 바에 의하면, 팀 다양성의 영향을 이해하기 위한 핵심은 다양성의 일반적인 유형과 팀의 존속 기간 모두를 고려하는 것이다.[85]

표면적 다양성은 때때로 팀이 과업을 시작할 때 문제를 유발할 수 있으나, 이러한 문제는 시간이 지나면 사라진다.

표면적 다양성(surface-level diversity)이란 인종, 민족, 성별 및 나이와 같은 관찰 가능한 특성과 관련한 다양성을 말한다.[86] 이러한 유형의 다양성은 유사성-매력도 문제 때문에 팀의 존재 초기에는 부정적인 영향을 줄 수 있지만, 이런 부정적인 영향은 구성원들이 서로에 대해 알아가기 시작하면서 사라지게 된다. 본질적으로, 구성원들이 표면적 차이에 기반해 서로에 대해 가지고 있는 고정관념은 사회적 그리고 과업 상호작용과 더 관련된 중요한 특성을 고려하는 지식으로 대체된다.[87]

여기에서 한 가지 복잡한 문제는 단층선(fault lines)이 다양한 그룹에서 종종 발생하며, 비공식적인 하위 그룹은 성별이나 기타 특성과 같은 표면적 유사성에 기초하여 발달한다는 것이다.[88] 단층선과 관련된 문제는 한 하위 그룹이 보유한 지식과 정보가 전체 팀이 더 효과적으로 수행하는 데 도움이 되는 방식으로 다른 하위 그룹에 전달되지 않을 수 있다는 점이다. 예를 들어, 이사회에 대한 연구를 보면 강한 단층선의 출현은 회사에 영향을 미칠 수 있는 기업가적 문제에 대해 이사회 멤버 각자가 생각하고 있는 바를 논의하는 양이 줄어드는 것으로 나타났다.[89] 그러나 연구에 따르면, 하위 그룹의 효과는 하위 그룹의 유형에 따라 다르며, 하위 그룹의 존재로 인한 부정적 영향은 팀이 다양성으로부터 이익을 얻을 수 있다는 생각을 강화하는 훈련을 통해 상쇄될 수 있는 것으로 나타났다.[90] 정보 공유의 가치를 강화하고 강력한 팀 정체성을 촉진하는 리더십이나 보상 정책 또한 다양한 팀이 업무를 효과적으로 수행하는 데 도움이 되는 것으로 나타났다.[91] 더 일반적으로, 팀 구성원 간의 효과적인 상호작용은 표면적 특징에 기초해 다른 구성원의 무의식적 편견과 가정으로부터 팀을 보호해야 한다는 구성원의 인식에 달려 있다.

이와 대조적으로, **심층적 다양성**(deep-level diversity)은 처음에는 관찰하기가 쉽지 않지만 많은 직접적인 경험을 통해 추론이 가능한 특성과 관련된 다양성을 의미한다. 태도, 가치 및 성격의 차이는 심층적 다양성의 좋은 예이다.[92] 표면적 다양성과 비교할 때, 팀 기능과 효과성에 대한 심층적 다양성의 부정적인 영향은 시간이 지나면서 증가하는 것으로 나타난다.[93] 시간이 지나면서 팀원들이 서로에 대해 많이 알게 되면, 핵심이 되는 가치 및 목표와 관련된 차이는 갈수록 뚜렷해진다. 따라서 이러한 차이 때문에 팀 구성원들 사이에 문제가 발생하고 결과적으로 효과성이 저하될 수 있다.

다행히 심층적 다양성의 부정적인 영향은 관리할 수 있는 것으로 보인다.[94] 예컨대 목표를 추구하는 구성원들의 접근 방법의 다양성은 팀 기능과 효과성을 저해하는 것으로 나타났지만, 만약 팀들이 목표를 향한 전진과 전략에 대해 성찰할 시간을 갖도록 지도한다면 이러한 효과는 감소할 수 있다.[95] 심층적 다양성은 또한 구성원들이 팀 동료의 관점을 받아들이도록 지도받을 때 팀 창의성에 긍정적인 영향을 미치는 것으로 나타났다.[96] 또 다른 예로, 팀 리더가 팀의 과업을 강조하고 팀의 절차, 기준, 역할 및 기대와 관련한 분명한 방향을 제시할 때 구성원들의 가치와 관련한 심층적 다양성의 부정적인 영향은 감소하는 것으로 나타났다.[97] 그러나 우리는 또한 팀 리더들이 심층적 다양성과 관련된 문제를 악화시킬 수 있다는 점도 지적해야 한다. 표현과 참여의 자유를 강조하는 리더가 있는 팀에서 구성원 가치관의 다양성으로 인해 발생하는 갈등은 증가하는 것으로 보인다.[98]

우리는 또한 여기에서 중요한 주의 사항에 대해 언급해야 한다. 성격은 일반적으로 심층적 다양성의 변수로 간주되지만,[99] 일부 특정 성격 유형은 이런 방식으로 작용하지 않는다는 것이다.[100] 예를 들어, 성격에 대해 이전 절에서 우리는 외향적이고 친화적인 팀원들이 있는 것은 일반적으로 좋은 일이지만, 이러한 특성을 가진 구성원이 너무 많으면 문제가 발생한다는 점을 지적했다. 따라서 대부분의 심층적 특성의 다양성은 팀에 문제가 되지만, 이러한 주장이 외향성과 친화성에는 적용되지 않는다. 왜냐하면 이 두 가지 성격 특징 때문에 팀은 구성원의 혼합으로부터 이익을 얻을 가능성이 있기 때문이다.

지금까지 우리는 다양한 유형의 다양성이 팀에 미치는 영향과 팀 성과에 대한 잠재적 가치를 실현하기 위해 과제들을 관리하는 방법에 중점을 두었다. 다음 절로 넘어가기 전에, 다양성의 많은 문제가 다른 집단 사람들, 특히 과소 대표되는 집단에 대한 고정관념에 뿌리를 두고 있다는 점을 강조하는 것은 중요하다. 고정관념과 여타 무의식적인 편견은 우리가 보고 생각하는 것을 형성하는데 중요한 역할을 한다. 그래서 우리의 결정과 과소 대표된 집단의 개인들과의 상호작용이 공정하고 편견이 없다는 진정한 믿음에도 불구하고, 우리는 본의 아니게 부적절하고 무례하거나, 불공정한 말을 하거나 행동할 수 있다.[101] 이러한 행동은 오해를 만들 뿐만 아니라, 과소 대표된 집단의 개인이 소외감을 느끼는 결과를 낳는다. 사실, 사람들이 진정으로 집단이나 조직의 일부라고 느끼고 그들의 고유함이 환영받고 가치 있다고 느끼는 정도로 정의되는 **포용감**(inclusion)은, 직장에서 타인과의 높은 수준의 관계, 직무만족도, 웰빙, 헌신, 직무성과 등 다양한 결과에 중요한 역할을 한다. 포용감에 대한 문제와 어떻게 이를 조직에서 효과적으로 다룰 수 있는지는, OB 북스토어를 참고하라.

OB 북스토어

BELONGING

Kathryn Jacob, Sue Unerman, & Mark Edwards (London: Bloomsbury, 2020)

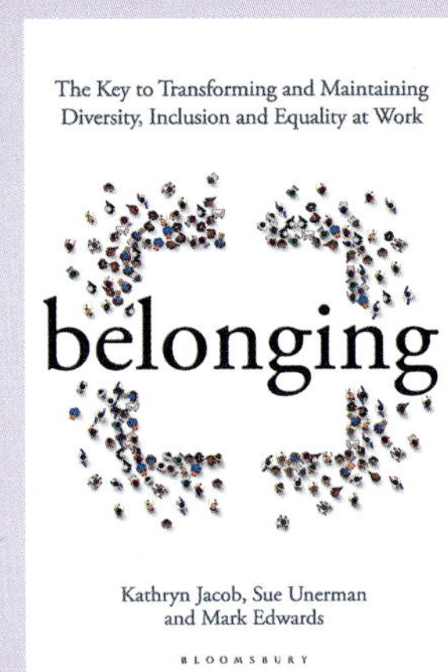

Jacob, Unerman, Edwards/Bloomsbury Publishing Inc.

모든 남성과 모든 여성은 반드시 소속되어야 하며, 변화에 적극적으로 관여되어야 하며, 자신의 견해를 자유롭게 표현할 수 있어야 하며, 변화의 혜택을 볼 수 있어야 한다.

이 말과 함께, 저자인 제이콥, 우너맨, 에드워드는 조직에서 다양성을 관리할 때 새로운 강조점이 필요하다고 제안한다. 이 책은 다양성에 대한 경영 분야 사례가 명확하다고 언급하면서 시작한다. 성별, 문화, 민족성과 같은 요소의 차이는 팀이나 이사회에서 더 나은 결정을 촉진할 수 있으며, 이는 결국 조직의 수익 증가로 이어질 수 있다. 그러나 가시적인 성차별, 인종차별, 동성애 혐오, 기타 여러 형태의 차별은 현재의 조직 내에서 많이 사라졌으나, 다양성 관리에 대한 현재의 접근 방식은 더 광범위하고 지속적인 변화를 지원하기에는 충분하지 않다.

그렇다면 조직에서 다양성의 이점이 명확함에도, 왜 아직 많은 진전이 이뤄지지 않았을까? 저자들은 CEO와 경영자들이 다양성의 중요성을 강조할 수는 있지만, 그것을 성공시키기 위해 참여하는 사람이 충분하지 않다고 제시한다. 고용 관행은 과소 대표 집단의 사람들의 대표성을 증가시킬 수 있고, 훈련은 사람들의 다양성을 인정하고 어려움을 헤쳐 나가는 데 도움을 줄 수 있지만, 다양한 이유로 인해 대다수 사람은 이러한 노력에 참여하지 않기 때문에 결국 실제로 변하는 것은 없다.

저자들은 다양성을 관리하면서 실질적인 진전이 있기 위해서는, 조직의 모든 구성원이 포용감과 소속감을 가지는 환경을 조성하는 데 참여해야 한다고 제안한다. 이것은 무엇을 의미하는가? 저자들은 소속감은 진정한 자신이 되도록 완전히 자유롭다고 느끼고, 그리고 서로 다른 관점, 의견, 생각이 환영받고 결정에 통합된다고 믿는 것을 포함한다고 주장한다. 이 책은 소속감을 낳는 목표를 달성하기 위한 구체적인 제안으로 가득하지만, 요약하면 크게 세 가지 주제가 있다. 첫째, 모든 결정은 편견이 없고 완전히 투명해야 한다. 둘째, 사람들은 자신의 의견을 표현하고, 다른 사람들에게 정중하게 도전하고, 가끔은 실수할 자유가 주어져야 한다. 마지막으로, 사람들은 더욱 공감하고, 스스로에 대해 인지하고, 다른 사람들을 의식하기 위해서 훈련받을 필요가 있다.

팀 규모. 팀 규모와 연관된 두 가지 격언은 다음과 같다. "다다익선"과 "너무 많은 요리사는 냄비를 망친다"가 그것이다. 한 팀에 포함되는 팀원의 수라는 점에서 당신은 어느 말이 맞다고 생각하는가? 한 메타 분석 결과에 따르면, 그 답은 구성원 수가 많을수록 관리 부서와 프로젝트팀에는 유리하지만, 생산 업무에 참여하는 팀은 그렇지 않다는 것이다.[102] 관리 부서와 프로젝트팀은 복잡하고 전문 지식이 필요한 업무를 수행하므로, 이러한 팀은 추가 구성원이 제공하는 추가적 자원과 전문 지식의 혜택을 받는다.[103] 이와 대조적으로, 생산팀은 덜 복잡한 일상적 과업에 참여하는 경향이 있다. 업무 수행에 필요한 것보다 많은 구성원이 있으면 불필요한 조정과 의사소통 문제를 초래하는 경향이 있다. 따라서 추가 구성원은 더 많은 사교 활동이 있고, 팀 성과에 대한 책임감이 경감되기 때문에 생산성이 떨어질 수 있다.[104] 최상의 팀에 대한 절대적 크기를 주장하는 것은 불가능하지만, 대학생을 대상으로 한 연구에서는 팀 구성원들은 구성원 수가 4~5명 사이일 때 자신의 팀에 가장 만족하는 성향이 있다는 결론을 내렸다.[105] 물론, 팀 규모를 최적으로 유지하기 위해 사용할 수 있는 다른 경험 법칙이 있다. 아마존닷컴의 CEO인 제프 베조스(Jeff Bezos)는 피자 두 판의 법칙을 이용한다. "피자 두 판으로 한 팀을 먹일 수 없다면, 그 팀은 너무 규모가 큰 것이다."[106]

그림 11-5 어떤 특성이 팀을 설명하기 위해 사용될 수 있는가?

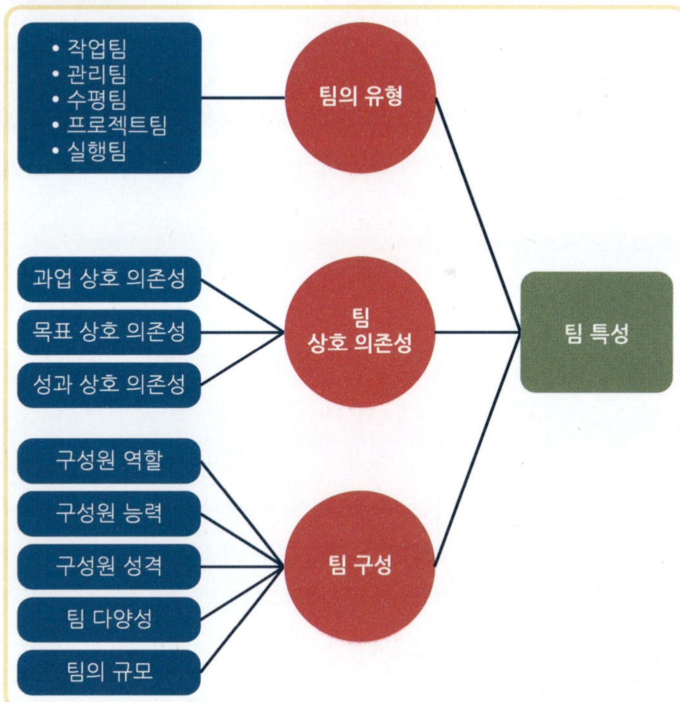

요약: 어떤 특성들이 팀을 설명하기 위해 사용될 수 있는가?

앞의 절에서는 팀 설명에 활용되는 여러 가지 특성에 대해 살펴보았다. [그림 11-5]에 제시된 바에 의하면, 팀은 팀 유형화를 이용하여 설명될 수 있다. 예를 들면, 작업팀, 관리팀, 병렬팀, 프로젝트팀, 실행팀 등과 같은 분류를 통해 팀에 대해 설명할 수 있다. 또한 팀의 과업, 목표 및 결과와 관련한 팀의 상호 의존성 특성을 이용해서도 팀을 설명할 수도 있다. 마지막으로 팀 구성의 내용으로 팀에 대해 설명할 수 있다. 관련 구성원의 특성에는 구성원 역할, 구성원 능력, 구성원 성격, 구성원 다양성 및 팀 규모 등이 있다.

팀 특성은 얼마나 중요한가?

이전 장에서 우리는 개인적 특성과 메커니즘을 설명했고 이들 변수가 개인적 성과와 몰입에 어떻게 영향을 미치는지에 대해 논의했다. 이 장에서, 우리는 팀 특성이 팀의 효과성에 어떠한 영향을 미치는지에 관심을 두었다. 팀 효과성의 한 가지 측면은 팀 성과인데, 여기에는 생산된 재화와 서비스의 양과 질, 고객 만족도, 의사결정의 효과성 혹은 정확성, 우수 사례, 완성된 보고서, 성공적인 조사 등과 같은 기준이 포함될 수 있다. 학생 프로젝트팀의 성과는 팀에게 주어진 과제와 프로젝트를 완수한 내용과 이들이 받는 학점을 의미하는 경우가 많다.

팀 효과성의 두 번째 측면으로는 팀 몰입이 있는데, 이것은 '팀 생존성'이라고도 한다. **팀 생존성**(team viability)이란 팀이 미래에도 함께 효과적으로 일할 수 있는 가능성을 의미한다.[107] 팀 경험이 만족스럽지 못한 경우, 구성원들은 환멸을 느끼게 되면서 팀과 무관한 활동에 에너지를 쏟을 수 있다. 생존성이 낮은 팀은 단기적인 프로젝트에서는 함께 일을 할 수 있지만, 이러한 팀에는 반드시 심각한 문제가 발생하기 마련이다.[108] 미래의 과업에 대한 계획을 세우거나 팀 개선에 도움이 될 수 있는 문제들을 해결하기보다는, 생존성이 낮은 팀의 구성원들은 팀의 최종 종말을 내다보는 경향이 더 있다.

학습목표 11.5
팀 특성은 팀 효과성에 어떤 영향을 미치는가?

물론, 팀을 설명하는 데 사용될 수 있는 특성이 너무 많은 경우에는 팀 특성과 팀의 성과 및 몰입 사이의 관계를 요약하는 것은 쉽지 않다. 여기서 우리는 과업 상호 의존성의 영향에 대해 논의를 집중하고자 한다. 우리가 과업 상호 의존성에 초점을 맞추는 이유는 그것이 진정한 팀을 단순한 개인 집단과 구분하는 가장 중요한 특성 중의 하나이기 때문이다. [그림 11-6]을 보면, 과업 상호 의존성과 팀 성과 간에는 보통의 긍정적 관계가 있는 것으로 밝혀졌다.[109] 다시 말하면, 과업성과는 구성원들이 어느 정도 독립적으로 일하는 것보다는 서로 협력하고 각자의 행동을 조절해야 하는 팀에서 높게 나타나는 경향이 있다. 특히 과업 상호 의존성과 팀 성과 사이의 관계는 팀의 성과가 어떻게 측정되는지에 따라 상이하게 나타난다는 점을 언급하는 것이 중요하다. 또한, 단순한 과업보다는 복잡한 지식 작업에 책임이 있는 팀에서 훨씬 더 강한 경향이 있다. 업무가 한층 복잡할 때, 구성원들은 상호작용하면서 자원과 정보를 공유해야 하기 때문에 상호 의존성이 필요하다. 업무가 단순할 땐, 구성원들이 스스로 알아서 업무를 수행할 수 있기 때문에 정보와 자원 공유의 필요성이 적어진다.

[그림 11-6]의 아래쪽을 보면, 과업 상호 의존성과 팀 몰입 사이의 관계가 더 약하다는 것을 알 수 있다.[110] 과업 상호 의존성이 높은 팀은 팀의 지속성에 몰입하는 구성원을 포함할 가능성이 약간 더 높다. 팀 성과와의 관계와 마찬가지로, 과업 상호 의존성은 복잡한 지식이 필요한 작업을 수행하는 팀의 생존에 많은 영향을 준다. 분명한 것은, 필요하지 않은 상황에서도 자원과 정보를 공유하는 일은 구성원들에게 불만이 될 수 있고 결과적으로 팀의 지속적인 생존 가능성이 줄어들게 된다.

실무 적용: 팀 구성

모든 팀 특성은 경영 관리를 위한 시사점을 가지지만, 성과 상호 의존성은 두 가지 이유에서 특히 관련된다. 첫째, 성과 상호 의존성은 조직에서 임금 정책과 분명 연결되어 있고,[111] 우리 대부분은 우리가 받는 급여를 결정하는 요인에 관심이 있다. 만약 당신이 성과 상호 의존성이 높은 임금 정책을 가진 조직에서 일한다면, 당신이 받는 급여의 높은 비율은 팀의 성과에 따라 달라진다. 만

그림 11-6 과업 상호 의존성이 성과와 팀 몰입에 미치는 영향

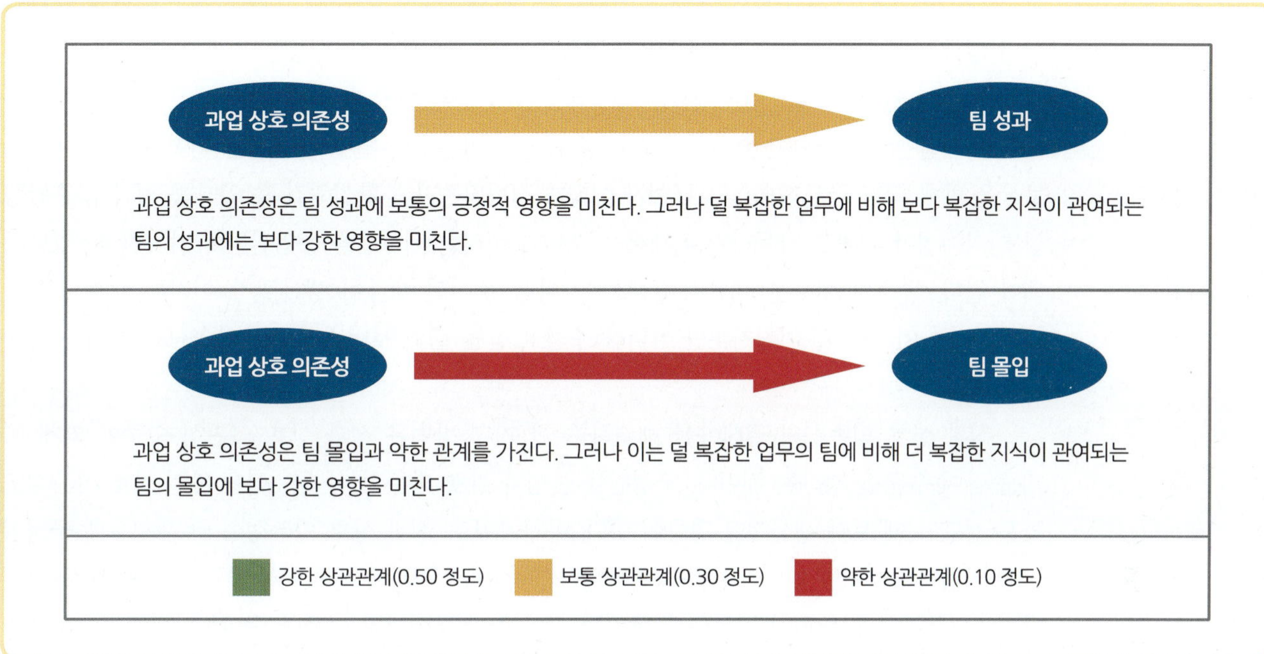

출처: M.A. Campion, G.J. Medsker, and A.C. Higgs, "Relations Between Work Group Characteristics and Effectiveness: Implications for Designing Effective Work Groups," *Personnel Psychology* 46 (1993), pp. 823–49; M.A. Campion, E.M. Papper, and G.J. Medsker, "Relations Between Work Team Characteristics and Effectiveness: A Replication and Extension," *Personnel Psychology* 49 (1996), pp. 429–52; S.H. Courtright, G.R. Thurgood, G.L. Stewart, and A.J. Pierotti, "Structural Interdependence in Teams: An Integrative Framework and Meta-Analysis," *Journal of Applied Psychology* 100 (2015), pp. 1825–46; G.L. Stewart, "A Meta-Analytic Review of Relationships Between Team Design Features and Team Performance," *Journal of Management* 32 (2006), pp. 29–54.

약 당신이 낮은 성과 의존성의 임금 정책을 가진 조직에서 일한다면, 당신이 받는 급여의 낮은 비율이 팀의 성과에 따라 달라진다.

> **학습목표 11.6**
> 팀의 효과성을 관리하기 위해 팀 보상은 어떻게 사용될 수 있는가?

성과 상호 의존성이 중요한 두 번째 이유는 이것 때문에 관리자들이 심각한 딜레마에 빠질 수 있다는 것이다. 높은 성과 상호 의존성은 구성원들 모두가 같은 운명을 함께 하고 있다고 생각하므로 서로 협력하는 경우가 많다. 팀의 승리는 팀원 모두의 승리이고, 팀의 실패는 팀원 모두의 실패이다.[112] 동시에, 높은 성과 상호 의존성은 특히 고성과 구성원들 사이에 동기부여가 줄어들 수 있다. 고성과자는 자신이 팀에 기여한 만큼의 보상이 주어지지 않고 팀 동료들은 자신의 이익을 위해 이러한 불공정의 이점을 취하고 있다고 생각할 수 있다.[113]

이러한 딜레마에 대한 한 가지 해결 방안은 **혼합형 성과 상호 의존성**(hybrid outcome interdependence)으로 팀 보상 구조를 설계한 것으로, 이것은 팀 구성원이 소속 팀의 성과는 물론 개인적 성과에 따라서도 보상을 받는 것을 의미한다.[114] 실제, 팀을 운영하는 조직의 상당수는 일종의 혼합형 성과 상호 의존성을 활용한다. 그러나 기업에 있어서 전형적으로 팀원 급여의 몇 퍼센트가 팀 성과를 기초로 하고 있는가? 이것은 답하기 어려운 질문이다. 왜냐하면 이 장의 서두에서 살펴본 것처럼, 여러 유형의 팀에서 여러 가지 과업을 수행하고 있고, 또한 종업원 보상에 대한 접근법이 회사마다 크게 다르기 때문이다. 예를 들어, 상품과 서비스 부문에서 팀 기준 급여의 크기는 직원들 기본급의 평균 10~20%이다.[115] 반면, 인디애나주의 크로퍼즈빌에 본사를 두고

있는 철강회사 뉴코(Nucor)의 생산 작업자들은 평균적으로 기본급의 170%에 해당하는 팀 기준 보너스를 받는다.[116] 혼합형 성과 상호 의존성은 그 자체가 팀 기능과 효과성 제고에 항상 효과적이지 않다는 것을 아는 것도 중요하다. 예컨대 제록스(Xerox)에서 진행한 조사는 혼합형 성과 상호 의존성이 있는 서비스 팀은 성과 상호 의존성 수준이 아주 높거나 아주 낮은 서비스 팀보다 덜 효과적인 것으로 나타났다.[117] 혼합형 성과 상호 의존성의 일부 문제점은 어떤 유형의 행동이 보상을 받게 되고 궁극적으로는 급여가 어떻게 결정되는지 불확실해질 수 있다는 점이다. 혼합형 상호 의존성이 제대로 작동하기 위해서는 조직이 이러한 시스템을 종업원들이 납득할 수 있도록 해야 한다. 뉴코의 대부분 생산직 근로자는 다음에 어떤 제품이 생산될지, 이러한 향후 운영이 보너스에 어떤 영향을 미칠지뿐만 아니라 주별로 받는 팀의 보너스가 1/10의 1%도 안 되는 것을 알고 있다.[118]

성과 상호 의존성의 딜레마를 해결하는 한 가지 방법은 성과 상호 의존성 수준에 맞게 팀 기준 급여 수준을 정하는 것이다. 구성원들은 성과 상호 의존성이 높은 경우 과업 상호 의존성도 높은 상황일 때 보다 생산적인 경향이 있다. 마찬가지로, 성과 상호 의존성이 낮은 경우에 구성원들은 과업 상호 의존성이 낮은 것을 선호한다.[119] 제대로 결과가 반영되지 않는 상황을 생각해 본다면, 과업과 성과 상호 의존성을 조절하는 것의 힘이 무엇인지 이해할 수 있다. 예를 들어, 여러분이 어느 수업에서 팀 동료들과 긴밀하게 협력하면서 함께 팀 프로젝트를 진행했을 때, 담당 교수가 팀 프로젝트는 우수했다고 평가하면서도 팀 구성원 한 명에게는 A학점, 다른 한 명에게는 B학점, 그리고 여러분에게는 C학점을 주었다면 과연 여러분은 어떻게 반응할 것인가? 마찬가지로, 여러분이 기말 시험에서 충분히 A학점을 받을 수 있었음에도 담당 교수가 학생들의 점수를 평균 계산하여 모든 학생에게 C학점을 주었다면 여러분이 어떻게 반응할 것인지 생각해 보자. 그 어느 경우에도 여러분은 수긍하기 어려울 것이다.

요점 정리

11.1 팀에는 서로 다른 여러 가지 유형들이 있다-작업팀, 관리팀, 실행팀, 프로젝트팀, 그리고 병렬팀-그러나 조직 내 많은 팀들은 여러 범주에 적합하고 다른 상황에서는 서로 차이가 있는 특징을 갖는다.

11.2 팀들은 팀 과업, 목표, 그리고 결과물이란 관점에서 상호 의존성적이 될 수 있다. 상호 의존성의 각 유형은 팀의 기능과 효과성을 위해 중요한 시사점을 지닌다.

11.3 팀 구성은 팀에서 일하는 멤버들의 특성을 반영한다. 이들 특성들은 팀 멤버들의 숫자 뿐만 아니라 역할, 능력, 성격, 그리고 멤버들의 다양성 등을 포함한다.

11.4 팀에 대한 다양성의 영향은 시간과 깊이의 수준에 따라서 다르게 나타난다. 표면적 다양성의 영향은 시간이 지나며 소멸되지만 심층 수준의 다양성은 시간이 지날수록 증가하는 경향이 있다.

11.5 과업 상호 의존성은 팀 성과와 중간수준의 긍정적 관계를 가지고 팀 몰입과는 약한 관계를 가진다.

11.6 결과 상호 의존성은 팀에 중요한 영향을 미치며, 이는 팀 성과를 고려한 보상정책에 의해 관리될 수 있다.

핵심 용어

- 가상팀
- 개인주의적 역할
- 격동기
- 과업 상호 의존성
- 관리팀
- 교호적 상호 의존성
- 규범기
- 다양성 기반 문제 해결 접근법
- 단속평형설
- 리더-스태프 팀
- 목표 상호 의존성
- 복수 팀 멤버십
- 분리형 과업
- 성과 상호 의존성
- 성과기
- 병렬팀
- 순차적 상호 의존성
- 실행팀
- 심층적 다양성
- 역할
- 연결형 과업
- 연결형 상호 의존성
- 유사성-매력도 접근법
- 작업팀
- 종합적 상호 의존성
- 집합적 상호 의존성
- 팀
- 팀 과업 역할
- 팀 구성
- 팀 구축 역할
- 팀 다양성
- 팀 생존성
- 포용감
- 표면적 다양성
- 프로젝트팀
- 합산형 과업
- 해산기
- 형성기
- 혼합형 성과 상호 의존성

토론 질문

11.1 당신은 어떤 유형의 팀들에서 일을 했는가? 그 팀들은 본 장에서 논의한 팀 유형의 구분과 일치하는가 아니면 여러 유형을 조합해 놓은 것인가?

11.2 학생 팀들에 대해 생각해 보자. 팀 개발 모델의 두가지 측면 중에 어떤 면이 팀에 가장 많이, 또는 가장 적게 적용되는가? 이 팀들은 덧셈, 분리, 또는 연결 방식 중 어떤 방식으로 가장 잘 기능한다고 생각하는가? 각 구조의 장점과 단점은 무엇인가?

11.3 여러분에게 친숙한 어떤 성공적인 팀에 대해 생각해 보자. 그 팀은 어떤 종류의 과업, 목표, 그리고 결과 상호 의존성을 가지고 있는가? 과업, 목표, 그리고 결과 상호 의존성에 있어서 어떠한 변화들이 이 팀에 부정적인 영향을 미칠 수 있는지 기술하라.

11.4 팀을 구축할 때 당신은 일반적으로 어떤 종류의 역할들을 생각하는가? 당신이 그저 단순히 잘 수행하지 않는 과업이나 사회적 역할이 있는가? 그렇다면 당신은 왜 그렇게 생각하는가?

11.5 당신은 다양성이란 관점에서 학생 팀을 어떻게 설명하겠는가? 어떤 점들이 다양성을 증가시킬 수 있는 장점과 단점이 될 수 있는가? 당신은 어떻게 당신의 팀이 잠재적인 장점을 활용할 수 있도록 단점의 일부를 관리할 수 있는가?

사례: 닛산

닛산은 회사의 꾸준한 성공과 성장이 공동의 목표를 성취하기 위해 함께 일하는 다양한 직원의 공헌에 달려 있다고 믿는다. 다양성이 전략적 우선순위라는 믿음에 따라, 회사는 모든 직원이 성별, 국적, 그리고 다른 요인에 관계없이 자신의 직업목표를 추구할 수 있으며 다양한 직업 스타일 중에서 자신의 삶의 단계에 맞게 선택할 수 있도록 돕는 관행, 정책, 그리고 지침을 도입했다. 인력의 다양성과 효과성을 촉진하기 위해 실행한 닛산의 다양한 제도는 "닛산 방식"으로도 불리는 회사의 행동 강령에 따라 크게 좌우되었다. 이 행동 강령의 첫 번째 요소는 다양성을 환영하고 다른 사람들에게 개방적이며 공감하는 것이다.

닛산은 구체적인 활동과 제도에 대한 진전을 추적하는 공식적인 심사표를 활용해 명시적으로 다양성 촉진의 효과성을 평가한다. 예컨대, 닛산은 고위 관리직과 리더십 직책에서 여성의 대표성을 높이는 것을 우선순위로 삼았다. 이를 위해, 회사는 관리직 여성의 비율과 관련된 구체적인 목표를 설정했으며, 이는 회사의 서로 다른 시점에서의 점수와 함께 심사표에 명시되었다. 이것은 닛산에게 이러한 목표를 달성하기 위해서 어느 정도의 진전이 이뤄지고 있는지에 대한 구체적인 목표와 지표를 제공했다. 심사표는 또한 회사가 목표를 달성하기 위한 구체적인 단계를 설명한 행동 계획도 포함했다. 행동 계획에는 여성의 경력개발과 업무 프로세스에 대한 지원을 촉진하는 것이 하나로 포함되었다. 이러한 계획을 돕기 위한 구체적인 강령들도 개발되었는데, 새로운 교육, 네트워킹 이벤트, 원탁 회의 및 멘토링 프로그램 등이 포함되어 있다.

회사는 문화적 다양성에 대한 존중을 촉진하고 다양성에 대한 혜택이 현실화될 수 있도록 도전 과제를 탐색하는 것과 관련한 훈련에 많은 투자를 했다. 하나의 예시로, 닛산은 직원들이 어느 때나 접근하여 다른 문화로부터 온 개인들을 이해하고 소통함을 통해 보다 효과적으로 협력하고 성과를 달성할 수 있도록 돕는 e-러닝 프로그램을 만들었다. 다른 예시로 다양한 사람들 간 소통의 효과성을 증대시켜 서로 다른 팀 간의 협업을 강화하기 위해서 Champion Diversity라는 프로그램이 개발되었다. 비록 닛산이 제공하는 다양성 교육과 관련된 프로그램은 지역에 따라 편차가 있지만, 다양성과 포용성에 대한 개방성과 존중은 전 세계 닛산 직원 모두에게 책임이 있다.

11.1 자동차를 만들기 위해 닛산이 사용한 팀의 유형을 당신은 어떻게 설명하겠는가? 다른 기능들(예컨대, 연구, 개발, 디자인, 그리고 마케팅)을 위해 닛산이 사용한 팀들을 당신은 어떻게 설명하겠는가? 설명해 보라.

11.2 생산 팀과 다른 기능을 담당하는 팀의 개발은 어떤 측면에서 다른가? 설명해 보라.

11.3 닛산의 다양한 팀 유형과 다양성이 어떻게 관련되어 있는지 설명해 보라.

출처: Nissan Motor Corporation, Sustainability Report, 2016, Nissan-Global, https://www.nissan-global.com/EN/SUSTAINABILITY/LIBRARY/SR/2016/; N.E. Wergin, “Teamwork in the Automobile Industry—An Anglo-GermanComparison,” *European Political Economy Review* 1 (2003), pp. 152–90.

예제: 종이비행기 회사

이 예제의 목적은 팀 생산 프로젝트에 대한 순차적 상호 의존성과 집합적 상호 의존성의 장단점을 분석하기 위한 것이다. 이 예제는 모둠 활동으로 진행되기에, 강의자가 모둠을 만들어 주거나 학습자들이 직접 모둠을 만들어야 한다. 이 예제는 다음과 같은 단계로 진행된다.

11.1 교수자가 여러분에게 최종 제품을 만드는 데 필요한 재료들을 제공할 것이다(5분 3라운드의 품질 기준으로 접을 수 있는 종이비행기 같은). 종이비행기 접는 방법에 대한 지침과 품질 판정에 관한 것은 아래에 제시된 바와 같다. 비행기 접기를 시작하기 전에 다음 사항을 따라야 한다.

a. 그룹의 팀 관리자(운영을 감독하고 필요한 경우 종이를 더 받아오는)와 검수관(비행기 작동의 품질을 판단)을 선정한다.
b. 지침에 따라 종이를 접어 비행기를 만드는 방법을 숙지한다.
c. 모든 팀 멤버가 편안히 작업할 수 있는 공간에 있는지 확인한다.
d. 가능한 범위에서 다른 그룹들과 멀리 떨어지도록 한다.
e. 종이비행기 회사에 대한 정보를 숙지하도록 한다.

11.2 당신의 그룹은 종이비행기 회사의 전체 노동 인력이다. 1943년에 설립 된 종이비행기 회사는 종이비행기의 생산에서 시장을 주도하고 있다. 현재 새로운 경영으로 회사는 미국 공군 항공기를 만들기 위해 계약을 체결하고 있다. 당신은 항공기를 제조하기 위한 가장 효율적인 방법을 결정해야 한다. 당신이 미국 공군과 계약해야 할 조건은 아래와 같다.

a. 미 공군은 대당 20만 달러를 지불한다.
b. 비행기는 품질 관리자에 의해 엄격한 검사를 통과해야 한다.
c. 생산 요구 사항을 충족하지 못하면 대당 25만 달러의 벌금을 내야 한다.
d. 노무비와 기타 오버헤드는 3백만 달러로 계산된다.
e. 재료비는 입찰 비행기당 3만 달러이다. 만약 10대 입찰 중 8대만 통과할 경우, 제대로 만들지 못했거나 검사를 통과하지 못한 2대에 대해서는 당신이 재료비를 지불해야 한다.

11.3 비행기 제조 공정의 첫 번째 라운드에서 공군은 개인별로 생산해 줄 것을 요청했다. 각 종이비행기 근로자는 처음부터 끝까지 자신만의 비행기를 제작해야 한다. 각 비행기가 완성되면 품질 검사를 위해 가운데에 비행기를 놓아 두어야 한다. 시간이 되었음을 알리면, 당신은 요약 시트에 당신 팀의 수익을 기록한다.

11.4 비행기 제작의 두 번째 라운드에서 공군은 각 근로자에

게 특별한 작업을 부여할 것을 요청했다. 즉, 제조 공정은 조립 라인 방식으로 진행된다. 비행기가 조립 라인을 통과하면, 검사를 위해 품질 관리자에게 직접 전달된다. 시간이 되었음을 알리면, 당신은 요약 시트에 당신 팀의 수익을 기록한다.

11.5 비행기 제작의 최종 라운드에서 공군은 효율성과 효과성을 모두 극대화하는 제조 공정 장치를 요청했다. 당신은 종이비행기를 만드는 입장에서 당신이 좋은 대로 할 수 있다. 당신은 이전 두 라운드에서 실시한 것과 같은 시간을 갖는다. 시간이 되었음을 알리면, 당신은 요약 시트에 당신 팀의 수익을 기록한다.

11.6 수업 내 토의(조별 혹은 분반별)는 다음과 같은 질문을 집중으로 해야 한다.

a. 집합적 상호 의존성(라운드 1) 혹은 순차적 상호 의존성(라운드 2) 작업은 불량 없이 제작된 비행기 대수란 측면에서 그룹에 더 도움이 되었는가? 왜 당신은 그러한 결과를 얻었다고 생각하는가?

b. 라운드 3에서 어떻게 작업의 구조를 변경했는가? 그 변화는 생산성을 높이는데 도움이 되었는가? 그렇거나 그렇지 않다면 그 이유는?

c. 당신이 생각하기에 집합적 혹은 순차적 상호 의존성의 장단점은 무엇인가?

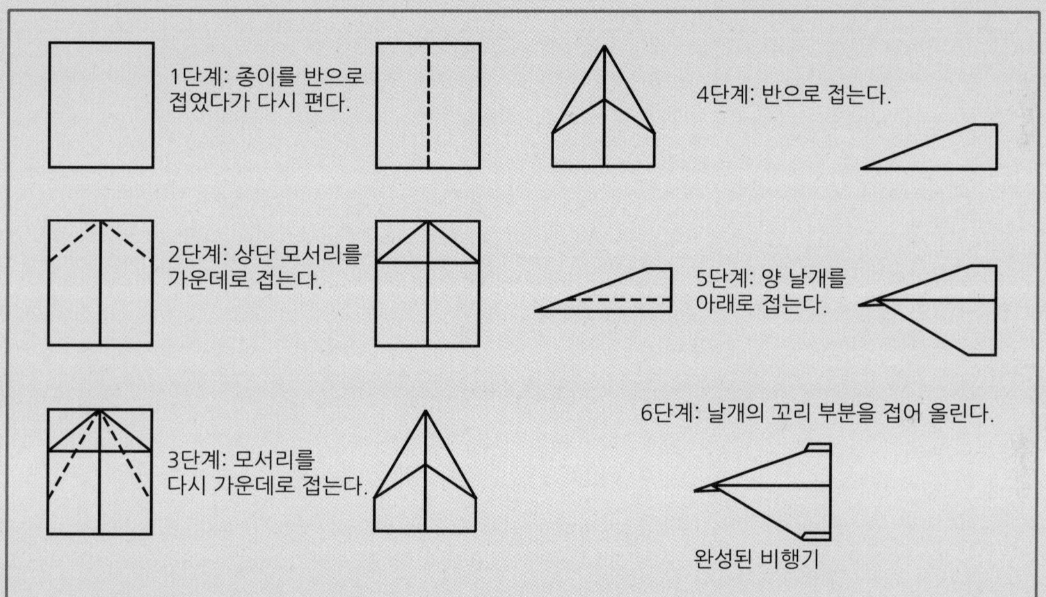

1라운드

입찰: _______비행기 × 대당 20만 달러 = _______

결과: _______비행기 × 대당 20만 달러 = _______

차감: 오버헤드 3백만 달러 + _______ × 재료비 3만 달러 + _______ × 벌금 25만 달러 = _______

이윤: ______________________________

2라운드

입찰: _______비행기 × 대당 20만 달러 = _______

결과: _______비행기 × 대당 20만 달러 = _______

차감: 오버헤드 3백만 달러 + _______ × 재료비 3만 달러 + _______ × 벌금 25만 달러 = _______

이윤: ______________________________

3라운드

입찰: _______비행기 × 대당 20만 달러 = _______

결과: _______비행기 × 대당 20만 달러 = _______

차감: 오버헤드 3백만 달러 + _______ × 재료비 3만 달러 + _______ × 벌금 25만 달러 = _______

이윤: ______________________________

출처: J.M. Ivancevich, J.M.R. Konopaske, and M. Matteson, *Organizational Behavior and Management*, 7th ed. (New York: McGraw-Hill/Irwin, 2005). Original exercise by Louis Potheni in F. Luthans, *Organizational Behavior* (New York: McGraw-Hill, 1985), p. 555.

미주

11.1 Ilgen, D.R.; D.A. Major; J.R. Hollenbeck; and D.J. Sego. "Team Research in the 1990s." In *Leadership Theory and Research: Perspectives and Directions*, ed. M.M. Chemers and R. Ayman. New York: Academic Press, 1993, pp. 245–70.

11.2 Devine, D.J.; L.D. Clayton; J.L. Philips; B.B. Dunford; and S.B. Melner. "Teams in Organizations: Prevalence, Characteristics, and Effectiveness." *Small Group Research* 30 (1999), pp. 678–711; Gordan, J. "Work Teams: How Far Have They Come?" *Training* 29 (1992), pp. 59–65; Lawler, E.E., III; S.A. Mohrman; and G.E. Ledford Jr. *Creating High Performance Organizations: Practices and Results of Employee Involvement and Total Quality Management in Fortune 1000 Companies*. San Francisco: Jossey- Bass, 1995.

11.3 Stewart, G.L.; C.C. Manz; and H.P. Sims Jr. *Team Work and Group Dynamics*. New York: Wiley, 1999.

11.4 Stewart, G.L.; C.C. Manz; and H.P. Sims Jr. *Team Work and Group Dynamics*. New York: Wiley, 1999.

11.5 Boning, B; C. Ichniowski; and K. Shaw. "Opportunity Counts: Teams and the Effectiveness of Production Incentives." *Journal of Labor Economics* 25 (2007), pp. 613–50.

11.6 Mathieu, J.E.; J.R. Hollenbeck; D. van Knippenberg; and D.R. Ilgen. "A Century of Work Teams in the Journal of Applied Psychology." *Journal of Applied Psychology* 102 (2017), pp. 452–67.

11.7 Cohen, S.G., and D.E. Bailey. "What Makes Teams Work: Group Effectiveness Research from the Shop Floor to the Executive Suite." *Journal of Management* 23 (1997), pp. 239–90.

11.8 Liker, J.K. *The Toyota Way*. New York: McGraw-Hill, 2004.

11.9 Cohen, S.G., and D.E. Bailey. "What Makes Teams Work: Group Effectiveness Research from the Shop Floor to the Executive Suite." *Journal of Management* 23 (1997), pp. 239–90.

11.10 Cohen, S.G., and D.E. Bailey. "What Makes Teams Work: Group Effectiveness Research from the Shop Floor to the Executive Suite." *Journal of Management* 23 (1997), pp. 239–90.

11.11 Sundstrom, E.; M. McIntyre; T. Halfhill; and H. Richards. "Work Groups: From the Hawthorne Studies to Work Teams of the 1990s and Beyond." *Group Dynamics, Theory, Research, and Practice* 4 (2000), pp. 44–67.

11.12 Schlender, B. "The Man Who Built Pixar's Incredible Innovation Machine." *Fortune*, November 15, 2004, p. 206. ProQuest database (accessed May 28, 2007).

11.13 Mortensen, M.; A.W. Wooley; and M.B. O'Leary. "Conditions Enabling Effective Multiple Team Membership." In *IFIP International Federation for Information Processing*, Volume 236, Virtuality Virtualization, ed. K. Crowston; S. Sieber; and E. Wynn. Boston, Springer, 2007, pp. 215–28; Zika-Viktorsson, A.; P. Sundstrom; and M. Engwall. "Project Overload: An Exploratory Study of Work and Management in Multi-Project Settings." *International Journal of Project Management* 24 (2006), pp. 385–94.

11.14 O'Learly, M.B.; M. Mortensen; and A.W. Woolley. "Multiple Team Membership: A Theoretical Model of Its Effects on Productivity and Learning for Individuals and Teams." *Academy of Management Review* 36 (2011), pp. 461–78; Rapp, T.L., and J.E. Mathieu. "Team and Individual Influences on Members' Identification and Performance per Membership in Multiple Team Membership Arrangements." *Journal of Applied Psychology* 104 (2019), pp. 303–20.

11.15 Crawford, E.R.; C.J. Reeves; G.L. Stewart; and S.L. Astrove. "To Link or Not to Link? Multiple Team Membership and Unit Performance." *Journal of Applied Psychology* 104 (2019), pp. 341–56.

11.16 Chen, G; T.A. Smith; B.L. Kirkman; P. Zhang; G.J. Lemoine; and J.L. Farh. "Multiple Team Membership and Empowerment Spillover Effects: Can Empowerment Processes Cross Team Boundaries." *Journal of Applied Psychology* 104 (2019), pp. 321–40.

11.17 Hollenbeck, J.R.; B. Beersma; and M.E. Schouten. "Beyond Team Types and Taxonomies: A Dimensional Scaling Conceptualization for Team Description." *Academy of Management Review* 37 (2012), pp. 82–106.

11.18 Hackman, J.R. "The Design of Work Teams." In *Handbook of Organizational Behavior*, ed. J. Lorsch, Englewood Cliffs, NJ: Prentice Hall, 1987, pp. 315–42.

11.19 Cohen, S.G., and G.E. Ledford. "The Effectiveness of Self- Managing Teams: A Quasi-Experiment." *Human Relations* 47 (1994), pp. 13–34; Cordery, J.L.; W.S. Mueller; and L.M. Smith. "Attitudinal and Behavioral Effects of Autonomous Group Working: A Longitudinal Field Study." *Academy of Management Journal* 34 (1991), pp. 464–76; Wall, T.D.; N.J. Kemp; P.R. Jackson; and C.W. Clegg. "Outcomes of Autonomous Work Groups: A Long-Term Field Experiment." *Academy of Management Journal* 29 (1986), pp. 280–304.

11.20 Hass, M.R. "The Double-Edged Swords of Autonomy and External Knowledge: Analyzing Team Effectiveness in a Multinational Organization." *Academy of Management Journal* 53 (2010), pp. 989–1008.

11.21 Gilson, L.L.; M.T. Maynard; N.C Jones Young; M. Vartiainen; and M. Hokonen. "Virtual Teams Research: 10 Years, 10 Themes, and 10 Opportunities." *Journal of Management* 41 (2015), pp. 1313–37.

11.22 Fisher, A. "How to Build a (Strong) Virtual Team." *CNNMoney*, December 10, 2009, http://money.cnn. com/2009/11/19/ news/companies/?ibm_ virtual_manager.fortune/index.htm.

11.23 Ubell, R. "Virtual Team Learning." *Training and Development*, August 2010, pp. 53–57.

11.24 Fisher, A. "How to Build a (Strong) Virtual Team." *CNNMoney*, December 10, 2009, http://money.cnn.com/2009/11/19/ news/companies/?ibm_virtual_manager.fortune/index.htm.

11.25 Duckworth, H. "How TRW Automotive Helps Global Virtual Teams Perform at the Top of Their Game." *Development and Learning in Organizations* 23 (2008), pp. 6–16.

11.26 Schiff, D. "Global Teams Rock around the Clock." *Electronic Engineering Times* 1435 (August 7, 2006), pp. 12, 20.

11.27 Godinez, V. "Sunshine 24/7: As EDS' Work Stops in One Time Zone, It Picks Up in Another." *Knight Ridder Tribune Business News*, January 2, 2007, ProQuest database (accessed February 12, 2007); Schiff, D. "Global Teams Rock around the Clock." *Electronic Engineering Times* 1435 (August 7, 2006), pp. 12, 20; Treinen, J.J., and S.L. Miller-Frost. "Following the Sun: Case Studies in Global Software Development." *IBM Systems Journal* 45 (2006), pp. 773–83.

11.28 Tuckman, B.W. "Developmental Sequence in Small Groups." *Psychological Bulletin* 63 (1965), pp. 384–99; Tuckman, B.W., and M.A.C. Jensen. "Stages of Small-Group Development Revisited." *Group and Organization Management* 2 (1977), pp. 419–27.

11.29 Guzzo, R.A., and G.P. Shea. "Group Performance and Intergroup Relations in Organizations." *Handbook of Industrial and Organizational Psychology*, Vol. 3, ed. M.D. Dunnette and L.M. Hough, Palo Alto, CA: Consulting Psychologists Press, 1992, pp. 269–313.

11.30 Gersick, C.J.G. "Time and Transition in Work Teams: Toward a New Model of Group Development." *Academy of Management Journal* 33 (1988), pp. 9–41; Gersick, C.J.G. "Marking Time: Predictable Transitions in Task Groups." *Academy of Management Journal* 32 (1989), pp. 274–309.

11.31 Thompson, J.D. Organizations in Action. New York: McGraw-Hill, 1967; Van de Ven, A.H.; A.L. Delbeccq; and R. Koenig. "Determinants of Coordination Modes within Organizations." *American Sociological Review* 41 (1976), pp. 322–38.

11.32 Thompson, J.D. Organizations in Action. New York: McGraw-Hill, 1967; Van de Ven, A.H.; A.L. Delbeccq; and R. Koenig. "Determinants of Coordination Modes within Organizations." *American Sociological Review* 41 (1976), pp. 322–38.

11.33 Thompson, J.D. *Organizations in Action*. New York: McGraw-Hill, 1967.

11.34 Thompson, J.D. *Organizations in Action*. New York: McGraw-Hill, 1967.

11.35 Thompson, J.D. *Organizations in Action*. New York: McGraw-Hill, 1967.

11.36 Van de Ven, A.H.; A.L. Delbeccq; and R. Koenig. "Determinants of Coordination Modes within Organizations." *American Sociological Review* 41 (1976), pp. 322–38.

11.37 Kelley, T. *The Art of Innovation*. New York: Doubleday, 2001.

11.38 Courtright, S.H.; G.R. Thurgood; G.L. Stewart; and A.J. Pierotti. "Structural Interdependence in Teams: An Integrative Framework and Meta- Analysis." *Journal of Applied Psychology* 100 (2015), pp. 1825–46; Saavedra, R.; P.C. Earley; and L. Van Dyne. "Complex Interdependence in Task Performing Groups." *Journal of Applied Psychology* 78 (1993), pp. 61–72.

11.39 Deutsch, M. *The Resolution of Conflict*. New Haven, CT: Yale University Press, 1973; Wong, A.; D. Tjosvold; and Yu. Zi-you "Organizational Partnerships in China: Self-Interest, Goal Interdependence, and Opportunism." *Journal of Applied Psychology* 90 (2005), pp. 782–91.

11.40 MacMillan, P.S. *The Performance Factor: Unlocking the Secrets of Teamwork*. Nashville, TN: Broadman & Holman, 2001.

11.41 Pearsall, M.J., and V. Venkataramani. "Overcoming Asymmetric Goals in Teams: The Interactive Role of Team Learning Orientation and Team Identification." *Journal of Applied Psychology* 100 (2015), pp. 735–48.

11.42 Pearsall, M.J., and V. Venkataramani. "Overcoming Asymmetric Goals in Teams: The Interactive Role of Team Learning Orientation and Team Identification." *Journal of Applied Psychology* 100 (2015), pp. 735–48.

11.43 MacMillan, P.S. *The Performance Factor: Unlocking the Secrets of Teamwork*. Nashville, TN: Broadman & Holman, 2001.

11.44 Mathieu, J.E., and T.L. Rapp. "The Foundation for Successful Team Performance Trajectories: The Roles of Team Charters and Performance Strategies." *Journal of Applied Psychology* 94 (2009), pp. 90–103.

11.45 Shea, G.P., and R.A. Guzzo. "Groups as Human Resources." In *Research in Personnel and Human Resources Management*, Vol. 5, ed. K.M. Rowland and G.R. Ferris. Greenwich CT: JAI Press, 1987, pp. 323–56.

11.46 De Dreu, C.K.W. "Outcome Interdependence, Task Reflexivity, and Team Effectiveness: Motivated Information Processing Perspective." *Journal of Applied Psychology* 92 (2007), pp. 628–38.

11.47 Biddle, B.J. *Role Theory: Expectations, Identities, and Behavior*. New York: Academic Press, 1979; Katz, D., and R.L. Kahn. The Social Psychology of Organizations, 2nd ed. New York: Wiley, 1978.

11.48 Humphrey, S.E.; F.P. Morgeson; and M.J. Mannor. "Developing a Theory of the Strategic Core of Teams: A Role Composition Model of Team Performance." *Journal of Applied Psychology* 94 (2009), pp. 48–61.

11.49 Brehmer, B., and R. Hagafors. "Use of Experts in Complex Decision Making: A Paradigm for the Study of Staff Work." *Organizational Behavior and Human Decision Processes* 38 (1986), pp. 181–95.

11.50 Benne, K., and P. Sheats. "Functional Roles of Group Members." *Journal of Social Issues* 4 (1948), pp. 41–49.

11.51 Li, N; H.H. Zhao; S.L. Walter; X.A. Zhang; and J. Yu. "Achieving More with Less: Extra Milers' Behavioral Influences in Teams." *Journal of Applied Psychology* 100

(2015), pp. 1025–39.

11.52 Lehmann-Willenbrock, N., and J. A. Allen. "How Fun Are Your Meetings? Investigating the Relationship between Humor Patterns in Team Interactions and Team Performance." *Journal of Applied Psychology* 99 (2014), pp. 1278–87.

11.53 Cole, M.S.; F. Walter; and H. Bruch. "Affective Mechanisms Linking Dysfunctional Behavior to Performance in Work Teams: A Moderated Mediation Study." *Journal of Applied Psychology* 95 (2008), pp. 945–58.

11.54 Spencer, L. "Conditioning Has Become an Important Tool: Let's Get Physical." *Stock Car Racing* (n.d.), http://www.stockcarracing.com/howto/stock_car_pit_crew_-conditioning/.

11.55 Devine, D.J., and J.L. Philips. "Do Smarter Teams Do Better: A Meta-Analysis of Cognitive Ability and Team Performance." *Small Group Research* 32 (2001), pp. 507–32; Stewart, G.L. "A Meta-Analytic Review of Relationships Between Team Design Features and Team Performance." *Journal of Management* 32 (2006), pp. 29–54.

11.56 LePine, J.A.; J.R. Hollenbeck; D.R. Ilgen; and J. Hedlund. "Effects of Individual Differences on the Performance of Hierarchical Decision-Making Teams: Much More Than g." *Journal of Applied Psychology* 82 (1997), pp. 803–11.

11.57 LePine, J.A. "Team Adaptation and Postchange Performance: Effects of Team Composition in Terms of Members' Cognitive Ability and Personality." *Journal of Applied Psychology* 88 (2003), pp. 27–39; LePine, J.A. "Adaptation of Teams in Response to Unforeseen Change: Effects of Goal Difficulty and Team Composition in Terms of Cognitive Ability and Goal Orientation." *Journal of Applied Psychology* 90 (2005), pp. 1153–67.

11.58 Steiner, I.D. *Group Process and Productivity*. New York: Academic Press, 1972.

11.59 Stewart, G.L.; I.S. Fulmer; and M.R. Barrick. "An Exploration of Member Roles as a Multilevel Linking Mechanism for Individual Traits and Team Outcomes." *Personnel Psychology* 58 (2005), pp. 343–65.

11.60 Gonzales-Mule, E.; D.S. DeGeest; B.W. McCormick; J.Y. Seong; and K.G. Brown. "Can We Get Some Cooperation Around Here? The Mediating Role of Group Norms on the Relationship Between Team Personality and Individual Helping Behaviors." *Journal of Applied Psychology* 99 (2014), pp. 988–99.

11.61 Bell, S.T. "Deep Level Composition Variables as Predictors of Team Performance: A Meta-Analysis." *Journal of Applied Psychology* 92 (2007), pp. 395–415; Peeters, M.A.G.; H.F.J.M. Tuijl; C.G. van Rutte; and I.M.M.J. Reymen. "Personality and Team Performance: A Meta-Analysis." *European Journal of Personality* 20 (2006), pp. 377–96.

11.62 Bell, S.T. "Deep Level Composition Variables as Predictors of Team Performance: A Meta-Analysis." *Journal of Applied Psychology* 92 (2007), pp. 395–415; Peeters, M.A.G.; H.F.J.M. Tuijl; C.G. van Rutte; and I.M.M.J. Reymen. "Personality and Team Performance: A Meta-Analysis." *European Journal of Personality* 20 (2006), pp. 377–96.

11.63 Comer, D.R. "A Model of Social Loafing in Real Work Groups." *Human Relations* 48 (1995), pp. 647–67; Wagner, J.A., III. "Studies of Individualism–Collectivism: Effects on Cooperation in Groups." *Academy of Management Journal* 38 (1995), pp. 152–72.

11.64 LePine, J.A., and L. Van Dyne. "Voice and Cooperative Behavior as Contrasting Forms of Contextual Performance: Evidence of Differential Relationships with Personality Characteristics and Cognitive Ability." *Journal of Applied Psychology* 86 (2001), pp. 326–36.

11.65 McGrath, J.E. "The Influence of Positive Interpersonal Relations on Adjustment and Interpersonal Relations in Rifle Teams." *Journal of Abnormal and Social Psychology* 65 (1962), pp. 365–75.

11.66 Bell, S.T. "Deep Level Composition Variables as Predictors of Team Performance: A Meta-Analysis." *Journal of Applied Psychology* 92 (2007), pp. 395–415; Peeters, M.A.G.; H.F.J.M. Tuijl; C.G. van Rutte; and I.M.M.J. Reymen. "Personality and Team Performance: A Meta-Analysis." *European Journal of Personality* 20 (2006), pp. 377–96.

11.67 Barrick, M.R.; G.L. Stewart; M.J. Neubert; and M.K. Mount. "Relating Member Ability and Personality to Work-Team Processes and Team Effectiveness." *Journal of Applied Psychology* 83 (1998), pp. 377–91; LePine, J.A.; J.R. Hollenbeck; D.R. Ilgen; and J. Hedlund. "Effects of Individual Differences on the Performance of Hierarchical Decision-Making Teams: Much More than *g*." *Journal of Applied Psychology* 82 (1997), pp. 803–11; Neuman, G.A., and J. Wright. "Team Effectiveness: Beyond Skills and Cognitive Ability." *Journal of Applied Psychology* 84 (1999), pp. 376–89.

11.68 LePine, J.A., and L. Van Dyne. "Peer Responses to Low Performers: An Attributional Model of Helping in the Context of Work Groups." *Academy of Management Review* 26 (2001), pp. 67–84.

11.69 Bell, S.T. "Deep Level Composition Variables as Predictors of Team Performance: A Meta-Analysis." *Journal of Applied Psychology* 92 (2007), pp. 395–415; Peeters, M.A.G.; H.F.J.M. Tuijl; C.G. van Rutte; and I.M.M.J. Reymen. "Personality and Team Performance: A Meta-Analysis." *European Journal of Personality* 20 (2006), pp. 377–96.

11.70 Barrick, M.R., and M.K. Mount. "The Big Five Personality Dimensions and Job Performance: A Meta- Analysis." *Personnel Psychology* 44 (1991), pp. 1–26.

11.71 Barrick, M.R.; G.L. Stewart; M.J. Neubert; and M.K. Mount. "Relating Member Ability and Personality to Work-Team Processes and Team Effectiveness." *Journal of Applied Psychology* 83 (1998), pp. 377–91.

11.72 Barry, B., and G.L. Stewart. "Composition, Process, and Performance in Self- Managed Groups: The Role of Personality." *Journal of Applied Psychology* 82 (1997), pp. 62–78.

11.73 Williams, K., and C. O'Reilly. "The Complexity of Diversity: A Review of Forty Years of Research." In *Research in Organizational Behavior*, Vol. 21, ed. B. Staw and R. Sutton. Greenwich, CT: JAI Press, 1998, pp. 77–140.

11.74 Harrison, D.A., and K.J. Klein. "What's the Difference? Diversity Constructs as Separation, Variety, or Disparity in Organizations." *Academy of Management Review* 32 (2007), pp. 1199–1228; Mohammed, S., and S. Nadkarni. "Are We All on the Same Temporal Page? The Moderating Effects of Temporal Team Cognition on the Polychronicity Diversity-Team Performance Relationship." *Journal of Applied Psychology* 99 (2014), pp. 404–22; Roberson, Q.; A.M. Ryan; and

B.R. Ragins. "The Evolution and Future of Diversity at Work." *Journal of Applied Psychology* 103 (2017), pp. 483–99.

11.75 Joshi, A., and H. Roh. "The Role of Context in Work Team Diversity Research: A Meta-Analytic Review." *Academy of Management Journal* 52 (2009), pp. 599–627.

11.76 Aparna, J., and A.P. Knight. "Who Defers to Whom and Why? Dual Pathways Linking Demographic Differences and Dyadic Differences to Team Effectiveness." *Academy of Management Journal* 58 (2015), pp. 59–84; Kim, E.; D.P. Bhave; and T.M. Glomb. "Emotion Regulation in Workgroups: The Roles of Demographic Diversity and Relational Work Context." *Personnel Psychology* 66 (2013), pp. 613–44.

11.77 Cox, T.; S. Lobel; and P. McLeod. "Effects of Ethnic Group Cultural Differences on Cooperative and Competitive Behavior on a Group Task." *Academy of Management Journal* 34 (1991), pp. 827–47; Mannix, E., and M.A. Neal. "What Differences Make a Difference? The Promise and Reality of Diverse Teams in Organizations." *Psychological Science in the Public Interest* 6 (2005), pp. 31–55.

11.78 Page, S.E. "Making the Difference: Applying the Logic of Diversity." *Academy of Management Perspectives* 21 (2007), pp. 6–20.

11.79 van Knippenberg, D.; C. K.W. DeDreu; and A.C. Homan. "Work Group Diversity and Group Performance: An Integrative Model and Research Agenda." *Journal of Applied Psychology* 89 (2004), pp. 1008–22.

11.80 van Knippenberg, D.; C. K.W. DeDreu; and A.C. Homan. "Work Group Diversity and Group Performance: An Integrative Model and Research Agenda." *Journal of Applied Psychology* 89 (2004), pp. 1008–22.

11.81 Kearney, E.; D. Gebert; and S.C. Voelpel. "When and How Diversity Benefits Teams: The Importance of Team Members' Need for Cognition." *Academy of Management Journal* 52 (2009), pp. 581–98.

11.82 Canella, A.A., Jr.; J.H. Park; and H.U. Lee. "Top Management Team Functional Background Diversity and Firm Performance: Examining the Roles of Team Member Colocation and Environmental Uncertainty." *Academy of Management Journal* 51 (2008), pp. 768–84; Gruenfeld, D.H.; E.A. Mannix; K.Y. Williams; and M.A. Neale. "Group Composition and Decision Making: How Member Familiarity and Information Distribution Affect Processes and Performance." Organizational Behavior and Human Decision Processes 67 (1996), pp. 1–15; Hoffman, L. "Homogeneity and Member Personality and Its Effect on Group Problem Solving." *Journal of Abnormal and Social Psychology* 58 (1959), pp. 27–32; Hoffman, L., and N. Maier. "Quality and Acceptance of Problem Solutions by Members of Homogeneous and Heterogeneous Groups." *Journal of Abnormal and Social Psychology* 62 (1961), pp. 401–7; Nemeth, C.J. "Differential Contributions of Majority and Minority Influence." *Psychological Review* 93 (1986), pp. 22–32; Stasster, G.; D. Steward; and G. Wittenbaum. "Expert Roles and Information Exchange during Discussion: The Importance of Knowing Who Knows What." *Journal of Experimental Social Psychology* 57 (1995), pp. 244–65; Triandis, H.; E. Hall; and R. Ewen. "Member Heterogeneity and Dyadic Creativity." Human Relations 18 (1965), pp. 33–55; Watson, W.; K. Kuman; and I. Michaelsen. "Cultural Diversity's Impact on Interaction Process and Performance: Comparing Homogeneous and Diverse Task Groups." *Academy of Management Journal* 36 (1993), pp. 590–602.

11.83 Byrne, D. *The Attraction Paradigm*. New York: Academic Press, 1971; Newcomb, T.M. *The Acquaintance Process*. New York: Holt, Rinehart and Winston, 1961.

11.84 Byrne, D.; G. Clore; and P. Worchel. "The Effect of Economic Similarity- Dissimilarity as Determinants of Attraction." *Journal of Personality and Social Psychology* 4 (1996), pp. 220–24; Lincoln, J., and J. Miller. "Work and Friendship Ties in Organizations: A Comparative Analysis of Relational Networks." *Administrative Science Quarterly* 24 (1979), pp. 181–99; Triandis, H. "Cognitive Similarity and Interpersonal Communication in Industry." *Journal of Applied Psychology* 43 (1959), pp. 321–26; Triandis, H. "Cognitive Similarity and Communication in a Dyad." *Human Relations* 13 (1960), pp. 279–87.

11.85 Jackson, S.E.; K.E. May; and K. Whitney. "Understanding the Dynamics of Diversity in Decision-Making Teams." In *Team Decision-Making Effectiveness in Organizations*, ed. R.A. Guzzo and E. Salas. San Francisco: Jossey-Bass, 1995, pp. 204–61; Milliken, F.J., and L.L. Martins. "Searching for Common Threads: Understanding the Multiple Effects of Diversity in Organizational Groups." *Academy of Management Review* 21 (1996), pp. 402–33.

11.86 Harrison, D.A.; K.H. Price; and M.P. Bell. "Beyond Relational Demography: Time and the Effects of Surface-and Deep-Level Diversity on Work Group Cohesion." *Academy of Management Journal* 41 (1998), pp. 96–107; Harrison, D.A.; K.H. Price; J.H. Gavin; and A.T. Florey. "Time, Teams, and Task Performance: Changing Effects of Surface- and Deep-Level Diversity on Group Functioning." *Academy of Management Journal* 45 (2002), pp. 1029–45.

11.87 Harrison, D.A.; K.H. Price; and M.P. Bell. "Beyond Relational Demography: Time and the Effects of Surface-and Deep-Level Diversity on Work Group Cohesion." *Academy of Management Journal* 41 (1998), pp. 96–107; Harrison, D.A.; K.H. Price; J.H. Gavin; and A.T. Florey. "Time, Teams, and Task Performance: Changing Effects of Surface- and Deep-Level Diversity on Group Functioning." *Academy of Management Journal* 45 (2002), pp. 1029–45.

11.88 Lau, D., and J.K. Murnighan. "Demographic Diversity and Faultlines: The Compositional Dynamics of Organizational Groups." *Academy of Management Review* 23 (1998), pp. 325–40; Lau, D., and J.K. Murnighan. "Interactions with Groups and Subgroups: The Effects of Demographic Faultlines." *Academy of Management Journal* 48 (2005), pp. 645–59.

11.89 Tuggle, C.S.; J. Schnatterly; and R.A. Johnson. "Attention Patterns in the Boardroom: How Board Composition and Process Affect Discussion of Entrepreneurial Issues." *Academy of Management Journal* 53 (2010), pp. 550–71.

11.90 Carton, A.M., and J.N. Cummings. "The Impact of Subgroup Type and Subgroup Configurational Properties on Work Team Performance." *Journal of Applied Psychology* 98 (2013), pp. 732–58;

Homan, A.C.; D. van Knippenberg; G.A. Van Kleef; and C.K.W. De Dreu. "Bridging Faultlines by Valuing Diversity: Diversity Beliefs, Information Elaboration, and Performance in Diverse Work Groups." *Journal of Applied Psychology* 92 (2007), pp. 1189–99.

11.91 Homan, A.C.; J.R. Hollenbeck; S.E. Humphrey; D. van Knippenberg; D.R. Ilgen; and G.A. van Kleef. "Facing Differences with an Open Mind: Openness to Experience, Salience of Intragroup Differences, and Performance of Diverse Work Groups." *Academy of Management Journal* 51 (2008), pp. 1204–22; Kearney, E., and D. Gebert. "Managing Diversity and Enhancing Team Outcomes: The Promise of Transformational Leadership." *Journal of Applied Psychology* 94 (2009), pp. 77–89.

11.92 Homan, A.C.; J.R. Hollenbeck; S.E. Humphrey; D. van Knippenberg; D.R. Ilgen; and G.A. van Kleef. "Facing Differences with an Open Mind: Openness to Experience, Salience of Intragroup Differences, and Performance of Diverse Work Groups." *Academy of Management Journal* 51 (2008), pp. 1204–22; Kearney, E., and D. Gebert. "Managing Diversity and Enhancing Team Outcomes: The Promise of Transformational Leadership." *Journal of Applied Psychology* 94 (2009), pp. 77–89.

11.93 Homan, A.C.; J.R. Hollenbeck; S.E. Humphrey; D. van Knippenberg; D.R. Ilgen; and G.A. van Kleef. "Facing Differences with an Open Mind: Openness to Experience, Salience of Intragroup Differences, and Performance of Diverse Work Groups." *Academy of Management Journal* 51 (2008), pp. 1204–22; Kearney, E., and D. Gebert. "Managing Diversity and Enhancing Team Outcomes: The Promise of Transformational Leadership." *Journal of Applied Psychology* 94 (2009), pp. 77–89.

11.94 Mohammed, S., and S. Nadkarni. "Temporal Diversity and Team Performance: The Moderating Role of Team Temporal Leadership." *Academy of Management Journal* 54 (2011), pp. 489–508.

11.95 Pieterse, A.N.; D. van Knippenberg; and W.P. van Ginkel. "Diversity in Goal Orientation, Team Reflexivity, and Team Performance." *Organizational Behavior and Human Decision Processes* 114 (2011), pp. 153–64.

11.96 Hoever, I.J.; D. van Knippenberg; W.P. van Ginkel; and H.G. Barkema. "Fostering Team Creativity: Perspective Taking as Key to Unlocking Diversity's Potential." *Journal of Applied Psychology* 97 (2012), pp. 982–96.

11.97 Klein, K.J.; A.P. Knight; J.C. Ziegert; B.C. Lim; and J.L. Salz. "When Team Members' Values Differ: The Moderating Role of Team Leadership." *Organizational Behavior and Human Decision Processes* 114 (2011), pp. 25–36.

11.98 Klein, K.J.; A.P. Knight; J.C. Ziegert; B.C. Lim; and J.L. Salz. "When Team Members' Values Differ: The Moderating Role of Team Leadership." *Organizational Behavior and Human Decision Processes* 114 (2011), pp. 25–36.

11.99 Bell, S.T. "Deep Level Composition Variables as Predictors of Team Performance: A Meta-Analysis." *Journal of Applied Psychology* 92 (2007), pp. 395–415.

11.100 Humphrey, S.E.; J.R. Hollenbeck; C.J. Meyer; and D.R. Ilgen. "Trait Configurations in Self-Managed Teams: A Conceptual Examination of Seeding for Maximizing and Minimizing Trait Variance in Teams." *Journal of Applied Psychology* 92 (2007), pp. 885–92.

11.101 Eberhardt, J.L. *Biased*. New York: Viking, 2019.

11.102 Stewart, G.L. "A Meta-Analytic Review of Relationships between Team Design Features and Team Performance." *Journal of Management* 32 (2006), pp. 29–54.

11.103 Kozlowski, S.W.J., and B.S. Bell. "Work Groups and Teams in Organization." In *Comprehensive Handbook of Psychology: Industrial and Organizational Psychology*, Vol. 12, ed. W.C. Borman; D.R. Ilgen; and R.J. Klimoski. New York: Wiley, 2003, pp. 333–75.

11.104 Gooding, R.Z., and J.A. Wagner III. "A Meta-Analytic Review of the Relationship between Size and Performance: The Productivity and Efficiency of Organizations and Their Subunits." *Administrative Science Quarterly* 30 (1985), pp. 462–81; Markham, S.E.; F. Dansereau; and J.A. Alutto. "Group Size and Absenteeism Rates: A Longitudinal Analysis." *Academy of Management Journal* 25 (1982), pp. 921–27.

11.105 Hackman, J.R., and N.J. Vidmar. "Effects of Size and Task Type on Group Performance and Member Reactions." *Sociometry* 33 (1970), pp. 37–54.

11.106 Yank, J.L. "The Power of Number 4.6." *Fortune* 153, no. 11 (June 12, 2006), p. 122.

11.107 Sundstrom, E.; K.P. De Meuse; and D. Futrell. "Work Teams: Applications and Effectiveness." *American Psychologist* 45 (1990), pp. 120–33.

11.108 Stewart, G.L.; C.C. Manz; and H.P. Sims Jr. *Team Work and Group Dynamics*. New York: Wiley, 1999.

11.109 Courtright, S.H.; G.R. Thurgood; G.L. Stewart; and A.J. Pierotti. "Structural Interdependence in Teams: An Integrative Framework and Meta-Analysis." *Journal of Applied Psychology* 100 (2015), pp. 1825–46; Stewart, G.L. "A Meta- Analytic Review of Relationships between Team Design Features and Team Performance." *Journal of Management* 32 (2006), pp. 29–54.

11.110 Campion, M.A.; G.J. Medsker; and A.C. Higgs. "Relations Between Work Group Characteristics and Effectiveness: Implications for Designing Effective Work Groups." *Personnel Psychology* 46 (1993), pp. 823–49; Campion, M.A.; E.M. Papper; and G.J. Medsker. "Relations between Work Team Characteristics and Effectiveness: A Replication and Extension." *Personnel Psychology* 49 (1996), pp. 429–52; Courtright, S.H.; G.R. Thurgood; G.L. Stewart; and A.J. Pierotti. "Structural Interdependence in Teams: An Integrative Framework and Meta-Analysis." *Journal of Applied Psychology* 100 (2015), pp. 1825–46.

11.111 DeMatteo, J.S.; L.T. Eby; and E. Sundstrom. "Team- Based Rewards: Current Empirical Evidence and Directions for Future Research." *Research in Organizational Behavior* 20 (1998), pp. 141–83.

11.112 Deutsch, M.A. "A Theory of Cooperation and Competition." *Human Relations* 2 (1949), pp. 199–231.

11.113 Williams, K.; S.G. Harkins; and B. Latane. "Identifiability as a Deterrent to Social Loafing: Two Cheering Experiments." *Journal of Personality and Social Psychology* 40 (1981), pp. 303–11.

11.114 Lawler, E.E. *Strategic Pay: Aligning Organizational Strategies and Pay Systems*. San Francisco: Jossey- Bass, 1990.

11.115 O'Dell, C. People, Performance, Pay, cited in DeMatteo, J.S.; L.T. Eby; and E. Sundstrom. "Team-Based Rewards: Current Empirical Evidence and Directions for Future Research." *Research in Organizational Behavior* 20 (1998), pp. 141–83.

11.116 Bolch, M. "Rewarding the Team: Make Sure Team-Oriented Compensation Plans Are Designed Carefully." *HR Magazine*, 2007, pp. 91–95.

11.117 Wageman, R. "Interdependence and Group Effectiveness." *Administrative Science Quarterly* 40 (1995), pp. 145–80.

11.118 Bolch, M. "Rewarding the Team: Make Sure Team-Oriented Compensation Plans Are Designed Carefully." *HR Magazine*, 2007, pp. 91–95.

11.119 Johnson, D.W.; G. Maruyama; R. Johnson; D. Nelson; and L. Skon. "Effects of Cooperative, Competitive, and Individualistic Goal Structures on Achievement: A Meta-Analysis." *Psychological Bulletin* 89 (1981), pp. 47–62; Miller, L.K., and R.L. Hamblin. "Interdependence, Differential Rewarding and Productivity." *American Sociological Review* 28 (1963), pp. 768–78; Rosenbaum, M.E. "Cooperation and Competition." In *Psychology of Group Influence*, ed. P.B. Paulus. Hillsdale, NJ: Erlbaum, 1980.

12 팀: 프로세스와 커뮤니케이션

Teams: Processes and Communication

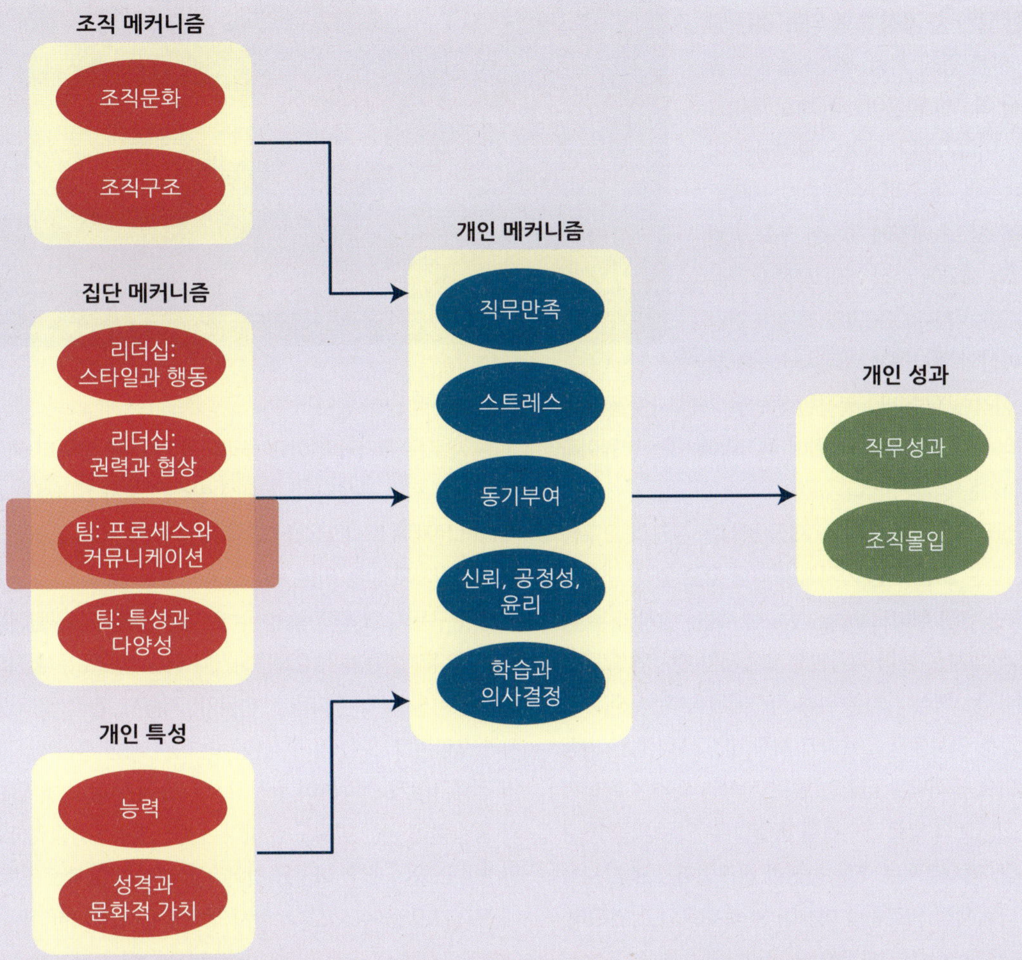

학습 목표 .... 이 장을 학습한 후에 다음의 질문에 답할 수 있어야 한다.

12.1 과업 프로세스란 무엇이며 이에 해당하는 팀 활동에는 어떤 것들이 있는가?

12.2 팀워크 프로세스란 무엇이며 이에 해당하는 팀 활동에는 어떤 것들이 있는가?

12.3 팀 커뮤니케이션에 영향을 주는 요인은 무엇인가?

12.4 팀 상태란 무엇이며 그 종류에는 어떤 것들이 있는가?

12.5 팀 프로세스가 팀 성과와 팀 몰입에 미치는 영향은 무엇인가?

12.6 팀 프로세스를 향상시키기 위해 조직이 취할 수 있는 조치는 무엇인가?

메이요 클리닉 MAYO CLINIC

JOEY MCLEISTER/Star Tribune via Getty Images

1863년 미국의 작은 도시에 설립된 한 가족 경영 의료 기관은 오늘날 세계적으로 인정받는 최고의 종합병원으로 성장하였다. 이러한 성장에 기여한 요인 중 가장 눈에 띄는 것은 팀을 중심으로 환자 중심 의료 서비스를 제공한다는 것에 대한 확고한 믿음이었다. 바로 메이요 클리닉에 대한 이야기이다. 메이요 클리닉은 미네소타주 로체스터, 플로리다주 잭슨빌, 애리조나주 피닉스와 스코츠데일에 위치한 주요 병원 외, 미국 각지와 해외에 수십 개의 지점과 진료소를 두고 있으며 약 65,000명의 직원이 연간 100만여 명 이상의 환자에게 의료 서비스를 제공하고 있다. 심각한 질병이나 복잡한 중병을 가진 사람들은 특화된 의료 서비스와 치료를 받기 위해 원거리에 있는 병원이라도 기꺼이 찾아가는 경우가 많다.

메이요 클리닉의 의료 서비스 제공 방식은 환자의 요구를 최우선으로 한다는 오랜 핵심 가치에 뿌리를 두고 있다. 병원의 설립자인 윌리엄 워렐 메이오(William Worrall Mayo) 박사의 두 아들은 모두 외과 의사로 높이 평가받고 있었지만 환자의 요구를 최우선으로 한다는 핵심 가치를 위해 자신에게 부족한 전문 지식과 기술을 갖춘 의사들을 고용하기 시작하였다. 이 접근 방식으로 인해 메이요 클리닉은 다양한 전문 지식과 의견을 통합하여 여러 가지 고난도의 의료 케이스를 해결할 수 있는 역량을 구축할 수 있었다. 당시로서는 매우 참신한 접근법이었으나, 오늘날은 이러한 다학제적 의료협력 방식이 널리 이용되고 있으며, 이러한 접근법은 오늘날까지도 메이요 클리닉의 의학 접근 방식의 초석으로 남아 있다.

새로운 환자가 메이요 클리닉의 문을 열 때마다 새로운 의료 전문가 팀이 구성되며 그 구성 방식은 환자 케이스가 가진 구체적인 문제에 따라 달라진다. 중요한 점은, 원내 그 어떤 구성원이라도 환자가 받는 의료 서비스에 영향을 줄 수 있는 위치에 있다면 누구든지 그 팀에 속할 수 있다는 것이다. 즉, 팀에는 의사뿐만 아니라 환자와 상호작용하거나 어떤 식으로든 환자의 케이스에 영향을 미치는 다양한 전문가, 기술자, 관리 및 지원 담당자가 포함된다. 또한 팀 구성원들이 다른 지점 혹은 심지어 외부의 전문가에게 연락하여 환자의 케이스에 도움이 될 만한 정보와 통찰력을 얻는 경우도 흔하다. 팀의 경계가 광범위하고 불분명하여 조율이 매우 어려울 것이라는 생각이 들 수도 있다. 조율에 문제가 있을 수 있으나, 환자의 요구를 최우시한다는 공통의 이해에 기반하여 구성원들이 서로 많은 노력을 기울이고 있다.

팀 프로세스와 팀 커뮤니케이션

11장에서 설명한 것처럼, 팀은 과업 지향적 목적과 연관된 공통의 목표 달성을 위해 일정 기간에 걸쳐 상호 의존적으로 일하는 두 명 이상의 사람으로 구성된다.[1] 조직의 효과성은 과업과 관련된 목표를 수행하는 동안 팀 내에서 발생하는 활동과 상호작용에 의해 상당 부분 영향을 받는다. **팀 프로세스**(team process)란 팀의 궁극적인 최종 목표에 기여하는 것으로 팀 내에서 발생하는 각기 다른 유형의 의사소통, 활동 및 상호작용을 의미한다.[2] 구성원의 다양성, 과업 상호 의존성, 팀의 규모 등과 같은 팀 특성은 팀 프로세스와 의사소통에 영향을 준다. 결과적으로 이러한 프로세스는 팀 효과성에 매우 중요한 영향을 미치게 된다. 실제로, 독보적으로 훌륭한 팀은 그 팀의 프로세스에 의해 정의된다고 주장하는 이들도 있다.[3]

본 장에서 설명하는 팀 프로세스와 의사소통 방식의 일부는 육안으로 관찰할 수 있는 것들이다. 우주 비행사들이 우주 캡슐 내에서 시스템의 상태에 대해 서로 의사소통 하는 것은 쉽게 외부에서 관찰 가능하다. 반면에, 어떤 프로세스들은 눈에 잘 띄지 않는다. 즉 외부 관찰자는 우주 비행사들이 느끼는 "응집력"이나 서로 효율적으로 일할 수 있도록 해주는 공유된 "멘탈 모델"과 같은 것은 직접 볼 수 없다. 따라서 팀 프로세스에는 행동적으로 발생하는 구성원 간의 상호작용뿐만 아니라 구성원 상호작용의 결과로 나타나지만 관찰하기 힘든 감정과 생각이 포함된다고 할 수 있다.

왜 어떤 팀은 부분의 합보다 효과적일까?

잠시 시간을 내어 그동안 성공적인 결과를 보여 주었던 몇몇 팀을 떠올려 보자. 이 팀 중 일부는 팀 내 매우 재능 있고 숙련된 구성원이 있었기 때문에 성공이 예상되었을 것이다. 하지만 어떤 팀의 경우에는 구성원 명단만 보고 성공 여부를 이해하기 어려울 수 있다. 이 팀에는 재능과 숙련도가 낮아 보이는 구성원들이 있었을 수 있지만 어떻게 된 것인지 함께 일하면 "각 부분의 합 이상"으로 해내게 된다. 개별 구성원 역량에 따른 기대치보다 더 많은 것을 달성할 때 이를 **프로세스 이득**(process gain)이라고 한다. "시너지"라는 용어와 동의어인 이 역량은 과업의 복잡성이 높거나 구성원이 문제를 해결하기 위해 지식, 기술 및 노력을 결합해야 하는 작업이 필요한 상황에서 매우 중요하다. 본질적으로 프로세스 이득은 팀을 통해 만들어내기 전에는 존재하지 않았던 유용한 자원과 역량을 이끌어 낸다는 점에서 중요하다.[4]

이번에는 프로세스 이득의 정반대 개념인 프로세스 손실에 대해 알아보자. **프로세스 손실**(process loss)은 개별 구성원의 역량을 기반으로 기대할 수 있는 것보다 팀이 더 낮은 수준으로 달성하는 것을 의미한다. 프로세스 손실을 이해하기 위해 구성원의 역량에 기반해 보았을 때 잘 할 수 있을 것이라 생각했지만 기대했던 수준의 성공을 달성하지 못한 팀과 함께 일 했던 경험을 생각해 보자. 최고의 선수이거나 각자의 포지션에서 최고인 선수들이 팀을 이뤄 경기에서 함께 뛸 때 선수들끼리 서로 잘 맞지 않고 결과적으로 승리하지 못하는 경우를 생각해 볼 수 있을 것이다. 또는 기말 프로젝트 과제를 함께 수행하는 학생 팀을 생각해 본다면, 클래스에서 가장 똑똑한 학생들로 구성되었지만 발표 당일 팀의 아이디어가 창의적이지 않고 프로젝트가 잘 수행되지 않은 것으로 드러나 결국 다른 팀에 비해 프로젝트 결과가 좋지 않았던 사례를 생각해 볼 수 있다. 이런 경험을 해 보았다면 얼마나 좌절감을 주는 경험인 지 알고 있을 것이다. 실제로 팀 업무 수행의 부산물인 프로세스 손실은 흔하게 일어나고 비용을 초래한다.

그렇다면 어떤 요인이 프로세스 손실을 야기할까? 한 가지 요인은 팀 구성원은 자신의 업무 수행뿐 아니라 다른 팀원들과의 활동 조율을 위해서도 노력해야 한다는 점이다.[5] 업무 통합에 초

미국 여자 국가대표 축구팀은 2015년 월드컵 초반에 유망한 팀이었으나 프로세스 손실 때문에 잠재력을 충분히 발휘하지 못했다. 그러나 그 팀은 일본과의 결승에서 시너지를 보여 주었다. 5-2 승리는 여자월드컵 결승에서 보여 준 눈에 띄는 성과 중 하나였다. 그 팀의 시너지는 4년 뒤 재현되었으며, 또 다시 월드컵 챔피언에 올랐다.

점을 두는 이러한 추가적인 노력은 팀 경험에 있어서 필요한 부분이기는 하지만, 업무 활동에 전념할 수 있는 시간과 에너지를 소모하게 만들므로 이를 **조정 손실**(coordination loss)이라고 부른다.[6] 이러한 조정 손실은 **생산 방해**(production blocking)로 인해 촉발되는 경우가 많은데, 생산 방해는 구성원들이 팀 과업 중에서 자신의 몫을 완수하기 전에 서로간에 대기해야 하는 경우 발생하게 된다.[7] 쉴 새 없이 회의에 참석하고, 다른 팀 구성원의 정보 요청을 처리하고, 다른 팀 구성원이 맡은 책임을 완수할 때까지 기다리느라 정작 자신의 일은 수행할 수 없었던 경험이 있다면 여러분은 생산 방해(및 조정 손실)가 얼마나 짜증스러운 것이지 충분히 이해할 것이다. 축구의 예를 들면, 한 선수가 공을 패스하기에 앞서 동료 선수가 제 위치에 갈 때까지 한참을 기다려야 하는 경우에 생산 방해가 발생한다.

팀 상황에서 프로세스 손실을 초래하는 두 번째 요인은 **동기부여 손실**(motivational loss)이다. 이것은 팀 구성원이 최선을 다하지 않을 때 발생하는 팀 생산성의 손실을 말한다.[8] 팀 상황에서 동기부여 손실이 나타나는 이유는 무엇일까? 한 가지 설명은 각각의 팀 구성원이 그 팀에 얼마나 기여하는지 정확하게 판단하기가 종종 어렵다는 점이다. 팀 구성원들은 프로젝트를 위해 장기간에 걸쳐 함께 일하는 경우가 있고 결과적으로 누가 무엇을 했는지 분명하게 설명하기가 어렵게 된다. 마찬가지로, 팀 구성원들은 각기 다른 방식으로 팀에 기여를 하고, 일부 구성원의 기여도는 다른 구성원보다 잘 드러나지 않을 수도 있다. 마지막으로, 팀 구성원들이 항상 하나의 단위로 똑같은 시간에 함께 일하지는 않는다. 이유가 무엇이든, "누가 어떤 기여를 하는지"에 대한 모호성 때문에 팀 구성원들은 팀 결과에 책임감을 덜 느끼게 된다. 결국 이러한 줄어든 책임의식 때문에 팀 구성원들은 똑같은 업무를 혼자 수행할 때에 비해 팀으로 수행할 때에는 노력을 덜 기울이게 된다. 이러한 현상을 **사회적 태만**(social loafing)이라고 하는데,[9] 이것은 팀의 효율성을 크게 저하시킬 수 있다.[10] 학생들로 이루어진 프로젝트 팀의 경우, 학생들이 특히 의욕 넘치고 지식이 풍부한 한 학생에게 의존하게 되면, 동기부여 손실과 사회적 태만이 발생할 수 있다.

과업 프로세스

학습목표 12.1

과업 프로세스란 무엇이며 이에 해당하는 팀 활동에는 어떤 것이 있는가?

프로세스 이점과 프로세스 손실에 이어, 지금부터 프로세스 이점은 높이고 프로세스 손실은 줄일 수 있는 다른 팀 프로세스에 대해 살펴보기로 한다. 이와 관련 있는 팀 프로세스의 한 종류로 **과업 프로세스**(taskwork process)가 있는데, 이는 팀 과업(taskwork) 달성에 직접적으로 관련이 있는 팀 구성원들의 활동을 의미한다. 일반적으로 과업(taskwork)은 팀 구성원이 자신의 일을 완수하기 위해 도구나 기술을 이용할 때에 발생한다. 이러한 측면에서 과업(taskwork)은 직무성과에 대한 2장에서 설명한 과업성과의 개념과 유사하다. 그러나 팀 상황에서, 특히 지식 업무(knowdge work)에 종사하는 경우, 특히 다음 세 가지 종류의 과업(taskwork)이 매우 중요한데, 창의적 행동,

의사결정, 경계 탐색(boundary spanning)이 바로 그것이다. 이들 세 가지 과업(taskwork) 프로세스는 [그림 12-1]에 표시되어 있다.

그림 12-1 과업 프로세스

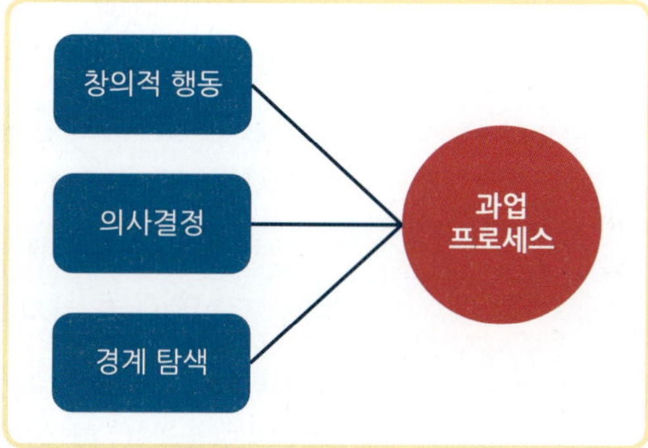

창의적 행동. 팀이 창의적인 행동을 할 때, 팀의 활동은 새롭고 유용한 아이디어와 해결 방안을 도출하는 데에 초점을 맞춘다.[11] 성격과 문화 가치에 대해 기술한 9장에서, 창의적 행동은 개별 직원의 창의력에 의해 주도되는 부분이 있음을 확인하였다. 직원에 따라 다른 직원들보다 독창적이고 상상력이 풍부한 경우가 있기 때문이다. 학자들 또한 팀 창의성은 순응(conformity)이나 세부적인 것에 대한 주의력 등과 같은 개인 특성에 의해 영향받을 수 있음을 발견하였다.[12] 그러나 팀 환경 역시 창의적 행동을 육성하는 데 매우 적합하다.[13] 그 결과, 팔로알토에 본사를 두고 있는 아이디오(IDEO)와 같은 세계 최고의 제품 디자인 회사는 새롭고 유용한 아이디어가 도출될 수 있도록 각 구성원의 고유한 지식과 능력을 활용하고 결합하기 위해 팀이라는 개념에 의존하고 있다.[14] 그러나 이러한 결과에 도달하기 위해서는 단지 다양한 사람을 한데 섞어 놓고 이들로 하여금 목표를 달성하도록 하는 것만으로는 충분하지 않다. 사실, 팀의 창의적 행동은 멤버들이 특정 활동들에 참여할 때에 만들어질 수 있다. 예를 들어, 팀 내의 특정 구성원 또는 하위 그룹이 가진 지식에서 잠재적 시너지가 발견될 때 이를 발전시키기 위해 비공식적인 조율 방법을 만드는데 관대해야 한다.[15]

창의적 행동을 촉진하기 위한 팀 활동 중 가장 잘 알려진 것은 아마도 **브레인스토밍**(brainstorming)일 것이다. 일반적으로 브레인스토밍은 팀 구성원들이 얼굴을 맞대고 진행하는 회의로써, 각 구성원은 해당 문제 또는 이슈에 대해 각자 가능한 한 많은 아이디어를 제시하게 된다.[16] 대부분의 브레인스토밍은 다음과 같은 규칙에 따라서 진행된다.

1. 생각나는 모든 아이디어를 발표한다(내용이 이상하더라도 무관함).
2. 아이디어의 질보다는 가능한 많은 아이디어를 도출한다.
3. 다른 사람의 아이디어를 비판하거나 평가하지 않는다.
4. 다른 사람의 아이디어를 활용한다.

팀이 이러한 규칙을 따르면 현안을 해결하는 데 활용할 수 있는 방대한 아이디어 풀(pool)을 개발할 수 있다는 것이 브레인스토밍의 골자이다.[17] 이러한 개념은 이론적으로 꽤 정당한 듯 하고, 거의 모든 사람들이 과거 언젠가 일종의 브레인스토밍 회의에 참석한 적이 있을 것이다. 그러나 그러한 브레인스토밍 세션이 의도한 대로 작동하는 경우가 거의 없다는 사실을 알게 되면 놀랄 것이다. 실제로 연구에 의하면 아이디어들을 모으고 평가하여 해결책에 도달하기전에 개인별로 각자의 아이디어를 먼저 고안해 내는 것이 더 효과적이라고 한다.[18]

브레인스토밍이 개별적 아이디어 도출만큼 잘 작동하지 않는 이유는 무엇일까? 세 가지 이유가 있다.[19] 첫째, 브레인스토밍 세션 중 사회적 태만이 발생하는 경향이 있다. 즉, 구성원들은 자신의 이름이 적힌 아이디어 목록을 제출하는 경우만큼 열심히 아이디어를 생각하지 않을 수 있다. 둘째, 브레인스토밍의 규칙은 다른 사람의 아이디어를 비판하는 것을 명시적으로 금지하지만, 구성원은 터무니없거나 충분히 생각하지 않은 듯한 아이디어는 표현하는 것을 주저할 수 있다. 셋째, 브레인스토밍은 구성원들이 자신의 아이디어를 표현하기 위해 차례를 기다려야 하기 때문에 생산 방해를 초래한다. 이러한 대기 시간은 개인이 새로운 아이디어를 생성하는 데 사용할 수 있는 시간을 소비한다.

브레인스토밍과 관련된 문제가 있음에도 불구하고 조직이 계속 브레인스토밍을 활용하는 이유는 무엇인가? 한 가지 이유는 브레인스토밍 방식이 널리 알려져 있고, 통상적으로 알려진 바와 같이 효과가 있을 것으로 사람들이 믿기 때문이다. 또 다른 이유는 브레인스토밍에는 단지 아이디어를 도출하는 것 이상의 이점이 있다는 점이다. 예를 들어, 브레인스토밍은 사기를 높이고 팀원 개인의 마음에 갇혀있을 수 있는 지식을 공유하는 결과를 가져온다.[20] 비록 이러한 지식은 현재 논의 중인 특정 문제의 해결에는 도움이 되지 않을 수 있지만, 향후 발생하는 문제에서는 유용하게 활용될 수 있다. 브레인스토밍의 이점을 최대한 달성하기 위해서, 일부 기업에서는 팀 구성원들이 아이디어 도출 과정에 모두 참여할 수 있도록 하는 별도의 단계를 밟기도 한다. 예컨대 아이디오사에서는 브레인스토밍을 시작하기 전에 모든 참가자들이 마음을 비울 수 있도록 아주 빠른 속도로 단어 게임을 진행하는 일종의 워밍업 시간을 갖는다.[21] 〈표 12-1〉은 아이디오에서 실행하고 있는 더 나은 브레인스토밍을 위한 비밀을 보여 준다.

브레인스토밍의 단점을 극복하기 위한 변형된 기법으로 **명목집단기법**(nominal group technique)이라는 것이 있다.[22] 기존의 브레인스토밍과 마찬가지로 이 기법 또한 팀을 한 곳에 모아 회의의 목적에 대해 설명한다. 그러나 다음 단계는 개별적으로 진행되어 구성원은 일정 시간 동안 자신의 아이디어를 종이에 적는다. 그리고 다시 팀 방식으로 진행하면서 각자 자신의 아이

표 12-1 아이디오사 브레인스토밍의 비밀

해야 할 것	설명
초점을 명확히 하기	명확히 정의된 문제에 대해 브레인스토밍을 시작
재미있게 하기	즐겁게 하되 아이디어에 대한 논쟁이나 비판하지 않기
많은 아이디어 내기	아이디어 주고받기를 원활하게 하기
발전시키고 탐색하기	아이디어를 변형하여 발전시키고 탐색하기
기록할 공간 정하기	공간을 활용하여 아이디어의 흐름을 가시적으로 추적하기
뇌를 풀어주기	단어 게임을 통해 회의 전 워밍업 하기
육체적 활동	아이디어를 삼차원으로 만들기 위한 그림이나 소품 이용하기
하지 말아야 할 것	**설명**
상관이 먼저 말하는 것	상관의 생각은 사람들이 말하려고 하는 것을 제한함
모두가 차례대로 말하기	동일한 참여를 요구하는 것은 자발성을 감소시킴
전문가들로만 채우기	창의적 아이디어는 기대하지 않은 곳에서 나옴
장소에서 벗어나기	사무실에서도 창의성은 필요함
엉뚱한 짓 제한하기	엉뚱한 짓이 유용한 아이디어를 촉발할 수 있음
모든 것 받아 적기	적는 과정은 자연스러움을 감소시킬 수 있음

출처: T. Kelley and J. Littman, *The Art of Innovation* (New York: Doubleday, 2001).

디어를 돌아가면서 팀과 공유한다. 아이디어를 기록한 후, 구성원은 다른 사람들의 아이디어를 명확히 하고 서로의 아이디어를 바탕으로 토론을 한다. 이것이 끝나면 다시 개별 방식으로 돌아간다. 구성원은 제시되었던 아이디어의 순위를 매겨 조정자에게 제출한다. 조정자는 점수를 계산하여 가장 많은 점수를 얻은 아이디어를 결정한다. 이제 여러분은 명목집단기법을 통해 브레인스토밍이 갖고 있는 문제점이 어떻게 보완될 수 있는지 추측할 수 있을 것이다. 자신의 아이디어를 직접 적어내도록 함으로써 사회적 태만과 생산 방해를 줄일 수 있다. 팀 구성원들이 여전히 자신의 엉뚱한 생각을 그룹에 제시하는 것을 주저할 수는 있지만, 그룹에 아무런 기여를 하지 못하는 것보다는 이렇게 함으로써 폐해를 줄일 수 있다. 게다가 개인적으로 순위를 매기면 별로 인기 없는 아이디어에 대한 지지를 표명함으로써 그룹의 대세에 반하는 모습을 보일 것에 대한 우려를 낮춰준다.

의사결정. 8장에서 사람들이 구체적인 의사결정을 하기 위해 정보와 직관력을 어떻게 이용하는지 살펴보았다. 그러나 팀의 경우에 있어서는 팀 구성원 간의 상호작용을 통해 의사결정이 이루어진다. 구성원들 사이에서 수집되고 공유되는 정보는 집합적 지식으로 통합되어 다양한 유형의 팀 결정을 위한 기초로 사용된다.[23] 일부 팀 상황에서는 구성원들이 문제나 과업에 관련된 정보를 공유하고, 최종 해결 방안에 대해 구성원들 간에 의견 일치나 전반적인 합의를 도출하기 위해 노력한다. 이러한 유형의 의사결정이 어떻게 효과를 발휘할 수 있는지는 배심원단의 예를 보면 잘 알 수 있다. 배심원단 구성원들은 변호사와 증인이 제공한 정보를 경청하고 판사의 지시에 따라 평결에 대한 합의를 도출하는 것을 목적으로 비공개 논의를 한다.

배심원단 맥락에서 합의된 의사결정에 대한 많은 연구가 있었다. 그러나 이 연구에서 가장 중요한 점은 최종 평결을 가장 강력하게 예측하는 요인은 개별 배심원들이 심의를 진행하기 전에 마음에 품고 있는 입장의 분포라는 점이다.[24] 90%의 경우는 심의를 하기 전 대다수의 배심원이 취하고 있는 입장이 최종 판결로 연결되는 것으로 밝혀졌다.[25] 이는 소수의 입장을 취하고 있는 구성원들이 압력 때문에 대다수의 의견을 따르게 되기 때문이 아니며, 대다수를 차지하는 구성원이 지지하는 입장에 관한 정보와 주장이 많이 제공되기 때문이다.[26] 그러나 흥미롭게도, 합의된 의사결정에 대한 많은 연구에도 불구하고, 이 연구가 자신들에게 유리한 판결이 나오는 방향으로 배심원단을 구성함에 있어 변호사와 재판 컨설턴트에게 아주 유용했다는 증거는 많지 않다.[27]

다른 팀 맥락에서의 의사결정의 경우, 여러 구성원이 자신의 전문 분야와 관련된 정보를 수집하고 고려한 다음 최종 결정에 대해 궁극적으로 책임이 있는 팀 리더에게 제안 사항을 전달하게 되고, 이 최종 결정의 정확성이나 효율성이 추후 평가될 수 있다.[28] 구성원의 전문화 정도와 팀의 계층적 구조는 매우 다양하지만,[29] 이러한 유형의 의사결정 프로세스를 이해하기 위해서는 리더와 디자인, 엔지니어링, 마케팅, 물류, 판매 등 프로젝트의 다양한 측면을 담당하는 구성원들로 구성된 프로젝트 팀에서 어떤 일이 발생하는지 고려해야 한다. 프로젝트 전반에 걸쳐 구성원은 프로젝트의 성공을 결정짓는 결정을 내리는 데 궁극적인 책임이 있는 리더에게 제안과 권장 사항을 제시한다.

효과적인 의사결정을 하기 위한 팀의 능력에 영향을 미치는 요인은 무엇인가? 최소한 세 가지 요인이 관련될 것으로 보인다.[30] 첫 번째 요인은 **의사결정 정보력**(decision informity)으로, 이것은 팀 구성원들이 자신들의 과업 책임에 대한 충분한 정보를 갖고 있는지 여부를 반영하는 것이다. 일례로, 셀러브리티 어프렌티스(Celebrity Apprentice)에 참가하는 프로젝트팀들의 경우 마케팅을 담당하는 팀 구성원이 고객의 욕구(desires)와 니즈(needs)를 이해할 필요가 있다. 정보를 수집하지 않아 실패하는 경우가 많다. 두 번째 요인은 **스태프 유효성**(staff validity)으로, 이것은 팀 구성원이 팀 리더에게 훌륭한 제안를 하는 정도를 의미한다. 팀 구성원들이 좋은 건의에 필요한 모든 정보를 확보할 수 있다 하더라도 능력, 통찰력 또는 좋은 판단력이 부족하면 실패할 수 있다. 세 번째 요인은 **우선순위 민감도**(hierarchical sensitivity)로, 이것은 리더가 구성원의 건의 사항에 효과적으로 가중치를 부여하는 정도를 의미한다. 리더는 누구의 말을 듣고, 누구의 말을 무시하는가? 훌륭한 의사결정을 하는 팀은 팀원의 가치 있는 제안에 적절한 가중치를 부여할 수 있는 리더가 있는 경우가 많다. 이렇듯 이들 세 가지 요인은 팀이 효과적인 의사결정을 하는 데 있어 중요한 역할을 한다.[31]

의사결정 정보력, 스태프 유효성 및 우선순위 민감도의 개념들은 팀 의사결정을 개선하기 위한 구체적 제안으로 사용될 수 있다. 예를 들어, 연구에 의하면, 경험이 많은 팀은 필요한 정보와 이의 활용법에 대한 이해력이 높기 때문에 보다 나은 의사결정을 내릴 수 있고, 팀의 리더는 어떤 구성원이 가장 좋은 제안을 하는지 이해하고 있다고 한다.[32] 여기서 시사하는 바는 팀이 다른 프로젝트를 통해 지속적으로 함께 일할 수 있다면 팀 의사결정이 개선될 수 있다는 것이다. 또 다른 예로써, 의사결정 과정에서 나타나는 세 가지 개념에 대해 구성원들에게 피드백을 제공함으로써 팀 의사결정이 개선될 수도 있다.[33] 예컨대 만약 팀원들이 리더에게 건의 사항을 제시하기 전에 미리 추가적인 정보를 공유하고 고려해야 한다고 전달받으면 팀의 의사결정은 개선될 수 있다. 이러한 방법이 당연해 보일 수 있으나, 팀들이 받는 피드백은 흔히 최종 결정에 대해서만 국한된 경우가 대부분이다. 또한 정보 공유 프로세스를 제안 제시 및 최종 결정 프로세스와 분리하면 최소한 구성원 간의 정보 소통 방식에 이점을 제공할 수 있다.[34] 팀원들이 직접 대면(face-to-face)하는 경우 더 많은 정보를 공유하는 경향이 있는 반면, 리더는 구성원들과 어느 정도 분리되어 있을 때에 제안 사항을 더 잘 고려하면서 보다 나은 최종 결정을 내린다. 구성원들과 거리를 두고 있는 리더는 자기 주장이 강하거나 혹은 자신의 입장을 고집하는 구성원으로부터의 압력에 시달릴 필요가 없다. **국제 상황의 OB**에서는 문화적으로 다양한 팀에 있어서의 의사결정 개선을 위해 고려해야 할 추가적인 부분에 대해 설명하고 있다.[35]

경계 탐색. 과업 프로세스의 세 번째 유형은 **경계 탐색**(boundary spanning)으로, 이는 해당 팀에 속한 것으로 고려되는 사람들이 아닌 그 외 개인 및 그룹들과 관련한 세 가지 종류의 활동을 포함한다.[36] **특사 활동**(ambassador activities)이란 팀을 보호하고, 팀을 지지하도록 다른 사람들을 설득하거나, 혹은 팀에 필요한 중요 자원을 확보하고자 의사소통하는 경계 탐색 활동을 의미한다. 이렇게 설명하면 어느 정도 짐작이 가겠지만, 특사 활동에 참여하는 구성원은 일반적으로 조직의 상위에 속하는 사람들과 소통한다. 예컨대 마케팅 팀의 구성원은 상위 관리자를 만나 TV 광고 확대에 필요한 예산 증액을 요구할 수 있다. **과업 조정 활동**(task coordinator activities)은 다른

국제 상황의 OB

오늘날 글로벌 경제에서 조직들은 다국적 팀 혹은 동일한 국적이 아닌 개인들로 구성된 팀에 대한 의존도가 점차 더 증가하고 있다. 다국적 팀의 한 가지 이점은 경제적이라는 것이다. 여러 국가에서 차별적인 비즈니스나 제품 생산을 하기보다 조직은 다국적 팀이 글로벌 제품을 개발하고 관리하도록 함으로써 규모의 경제를 활용할 수 있다. 두 번째 이점으로 국적 다양성은 보다 혁신적인 의사결정을 이끌어 낼 수 있다. 이러한 혁신은 팀이 업무를 수행할 때 활용할 수 있는 다양한 경험과 관점에서 비롯된다. 하지만 이러한 이점뿐 아니라 잠재적 팀 프로세스 문제도 있다. 가장 큰 문제는 팀 멤버들 간에 효과적인 커뮤니케이션을 방해하는 언어의 장벽이다. 단순한 오해를 넘어 커뮤니케이션 장벽은 구성원이 과업을 조정하는 데 있어 어려움을 겪게 하거나, 또한 좋은 제안이나 의사결정을 하는데 필요한 정보를 습득하고 이해하는 데 방해가 될 수도 있다. 그렇다면 이러한 종류의 문제를 다국적 팀은 어떻게 해결할 수 있을까?

한 가지 해결책은 그룹 의사결정 지원 시스템(group decision support systems)으로, 이는 팀이 의사결정 과정을 구조화하기 위해 컴퓨터 기술을 이용하는 것이다. 예를 들어, 팀 멤버는 각자 네트워크가 연결된 노트북이 있는 회의실에서 만난다. 회의를 하는 동안 다른 시점에 멤버들이 컴퓨터에 직접 자신의 아이디어와 제안 사항을 입력한다. 이렇게 입력한 내용을 요약하여 전체 팀원 컴퓨터 화면을 통해 이를 시각적으로 공유한다. 이러한 접근법의 장점은 미팅이 과업에 집중할 수 있도록 하고, 정보는 쉽게 받아들일 수 있도록 논리적 순서에 따라 제시될 수 있는 것이다. 더욱이 구성원 누구 한 사람이 회의를 주도하지 않게 된다. 이러한 장점의 결과로 팀 멤버들은 동등한 조건으로 회의에 참석할 수 있고 교환된 정보에 대해 보다 일관된 이해를 형성할 수 있다. 또 다른 장점은 멤버들이 지리적으로 분산되어 있을 때도 이 기술을 수정하여 사용할 수 있다 점이다.

출처: T. Cox, S. Lobel, and P. McLeod, "Effects of Ethnic Group Cultural Differences on Cooperative and Competitive Behavior on a Group Task," *Academy of Management Journal* 34 (1991), pp. 827–47; P. Dwyer, P. Engardio, S. Schiller, and S. Reed, "The New Model: Tearing up Today's Organization Chart," *BusinessWeek*, November 18, 1994, pp. 80–90; D.R. Ilgen, J.A. LePine, and J.R. Hollenbeck, "Effective Decision Making in Multinational Teams," in *New Perspectives in International Industrial-Organizational Psychology*, ed. P.C. Earley and M. Erez (San Francisco: Jossey-Bass, 1997), pp. 377–409; E. Mannix and M.A. Neal, "What Differences Make a Difference? The Promise and Reality of Diverse Teams in Organizations," *Psychological Science in the Public Interest* 6 (2005), pp. 31–55; J.M. Prieto Zamora and R. Martinez Arias, "Those Things Yonder Are Not Giants, but Decision Makers in International Teams," in *New Perspectives on International Industrial and Organizational Psychology*, ed. P.C. Earley and M. Erez (San Francisco: New Lexington Press, 1997), pp. 410–45.

직무 부서에 있는 사람이나 그룹들과 과업 관련 문제를 조정하기 위해 의사소통하는 경계 탐색 활동을 말한다. 마케팅 팀의 예를 다시 들면, 팀 구성원은 제조 부문의 사람과 만나 제품 포장재에 쿠폰을 넣는 방법에 대해 협의할 수 있다. 마지막으로, **정찰 활동**(scout activities)은 팀 구성원들이 기술, 경쟁자, 혹은 더 큰 시장에 대한 정보를 획득하기 위해 수행하는 일을 의미한다. 새로운 소재에 대한 정보를 구하기 위해 엔지니어와 만나는 마케팅 팀 구성원이 있다면 이는 정찰 활동에 해당한다. 종합적으로 연구에 의하면, 이러한 경계 탐색 활동은 전적으로 팀 내에서 이루어지는 과정 만큼이나 팀 성공 여부를 결정하는 중요한 부분이 될 수 있다.[37] 조직의 많은 팀은 지원, 리소스 및 정보를 조율하기 위해 팀 외부에서 수행해야 하는 복잡한 작업에 관여한다. 팀이 외딴 섬으로 존재하지 않는 한, 여기에서 논의한 경계 탐색 활동 유형에 참여할 전문 지식, 경험 및 성향 유형을 가진 구성원을 갖는 것이 도움이 될 수 있다.[38]

팀워크 프로세스

팀 프로세스 손실을 최소화하면서 프로세스 이점을 확대하는 데에 도움이 되는 또 다른 팀 프로세스의 항목으로는 팀워크 프로세스가 있다. **팀워크 프로세스**(teamwork processes)는 팀이 전반

> 학습목표 12.2
> 팀워크 프로세스란 무엇이며 이에 해당하는 팀 활동에는 어떤 것들이 있는가?

그림 12-2 팀워크 프로세스

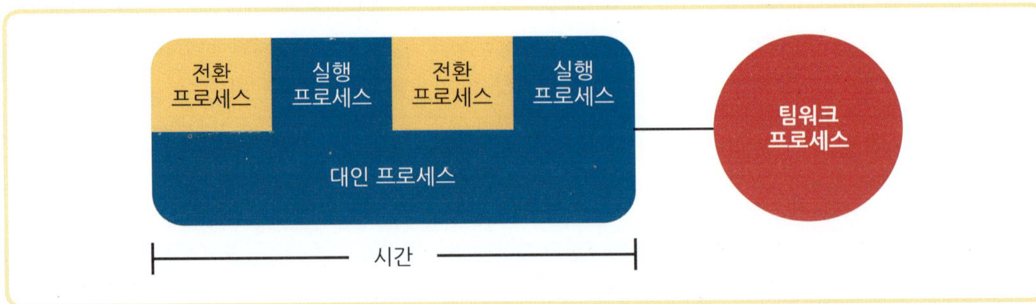

적으로 일을 수행해 나가는 것을 원활하게 하지만 과업 수행 그 자체에는 직접적으로 관여하지 않는 대인 상호 간의 활동을 의미한다.[39] 팀워크 프로세스는 과업을 수행할 수 있는 조건이나 상황을 만들어 내는 행동이라 할 수 있다. 그렇다면 팀워크 프로세스에는 어떤 유형의 행동이 있는가? [그림 12-2]는 이번 장에서 설명하는 팀워크 프로세스의 내용을 요약하고 있다.[40]

전환 프로세스. 팀의 업무가 시작되면 바로 팀워크 프로세스가 중요해진다. **전환 프로세스**(transition processes)란 앞으로의 업무에 대한 준비에 초점을 맞추는 팀워크 활동을 의미한다. 예를 들어, 미션 분석(mission analysis)은 팀 과업, 팀이 직면한 어려움, 팀 업무 수행에 필요한 자원 등에 대한 분석을 수반한다. 전략 수립(strategy formulation)이란 일련의 행동 요령과 비상 계획을 수립하고 팀 환경에 나타나는 변화에 맞춰 이러한 계획을 조정해 가는 과정을 의미한다. 마지막으로 목표 구체화(goal specification)에는 팀의 사명과 전략에 관련된 목표의 개발과 우선순위 결정이 포함된다. 이러한 예는 팀의 과업 활동에 초점을 맞추고 있지만 전환 프로세스는 팀워크에도 초점을 맞출 수 있다.

예를 들어, 팀은 긴 프로젝트 과정에서 구성원 간의 팀워크를 향상시키기 위한 계획을 개발할 수 있다.[41] 이러한 각 전환 프로세스는 팀이 실제로 핵심적인 과업에 대한 수행을 시작하기 이전과 관련이 있다. 그러나 이러한 전환 프로세스는 과업 활동 기간 사이에도 중요할 수 있다. 예를 들어, 경기에서 큰 점수차로 지고 있는 농구팀이 하프타임에 작전 수정을 한다고 생각해 보자. 상대 팀의 강점이 무엇인지 다시 검토하면서 이를 무력화할 수 있는 새로운 전략을 구상할 수 있을 것이다. 이러한 방식으로 팀은 전환 프로세스에서 과업(taskwork)으로 전환한 다음, 다시 전환 프로세스로 전환할 수 있다. 또 다른 예는 수십 년 동안 군대에서 사용되어 온 성과 에피소드에 대한 체계적 논의와 검토 즉, 조치 후 검토(after-action reviews)이다. 팀의 효과성을 높이는 데 있어 이는 유용하기 때문에 군대가 아닌 조직에서도 이의 활용은 확대되고 있다.[42]

실행 프로세스. 전환 프로세스가 과업 수행 이전 및 과업 기간들 사이에서 중요하다면, **실행 프로세스**(action processes)는 과업이 수행되고 있는 상태에서 중요하다. 실행 프로세스의 한 가지 유형으로는 목표를 향한 모니터링 프로세스(monitoring progress toward goals)가 있다. 목표와 관련된 정보에 관심을 기울이는 팀(아마도 팀 목표 대비 팀 성과 수준을 비교하여 기록하는)은 대체로 "경로 이탈"과 변화가 필요한 때를 잘 파악할 수 있다. 시스템 모니터링(systems monitoring)은 팀이 업무를 완수하는 데 필요한 일들을 지속적으로 추적하는 과정을 의미한다. 시스템 모니터링을 하지 않는 팀은 재고, 시간, 혹은 기타 필요 자원이 고갈되어 실패할 수 있다. 도움 행동(helping behavior)은 팀원이 다른 팀원들을 돕거나 지원하기 위한 그들만의 방식을 의미한다. 팀원은 다른 팀원들의 과업 및 책임을 지원하는 직접적인 도움뿐만 아니라 피드백이나 코칭 형식을 통한 간접적인 도움을 줄 수 있다. 도움 행동은 다른 사람들에게 이익을 주기 위해 노력을 투자하는 것이 적절하다는 믿음을 공유하는 구성원이 있는 팀에서 더 높게 나타나는 경향이 있으며, 구성원에게 할당되는 업무량이 일정하지 않은 경우에는 지원 행동이 큰 도움이 된다.[43] 조정(coordination)은 팀원의 활동이 효과적으로 매끄럽게 연결될 수 있도록 팀원들의 활동을 일치시키는 과정을 의미한다. 조정이 제대로 되어 있지 않으면 팀 업무에서 필요한 정보나 기타 자원을 다른 팀원으로부터 제공받기 위해 지속적으로 대기해야 하는 결과를 초래할 수 있다.[44]

대인 프로세스. 팀워크 프로세스의 세 번째 항목은 **대인 프로세스**(interpersonal processes)이다. 이 프로세스는 과업이 진행되기 이전, 진행 중, 또는 과업 진행 사이 기간에 중요하고, 각각 팀 구성원이 관계를 관리하는 방식에 관련된다. 첫 번째 유형의 대인 프로세스는 동기부여(motivating)와 신뢰 구축(confidence building)으로, 팀원들이 팀의 과업을 열심히 수행하도록 팀원들을 동기부여시키는 정도에 영향을 주는 일이나 말을 하는 것을 의미한다. 위기 의식과 낙관주의를 불러일으키는 표현이 이 프로세스에 부합되는 의사소통의 모습이다. 마찬가지로, 감정 관리(affect management)란 감정적 균형감과 일체감을 부추기는 행동을 의미한다. 압박을 받으면 구성원들이 쉽게 화를 내거나 문제가 생기면 서로를 탓하는 팀에서 일한 적이 있다면, 감정 관리가 제대로 되지 않는 상황을 직접 경험한 것이다.

또 다른 중요한 대인 프로세스는 갈등 관리(conflict management)로, 업무 수행 과정에서 발생하는 갈등을 해결하기 위한 팀 활동이 포함된다. 갈등은 팀에 부정적인 영향을 미치게 되지만 이러한 영향의 본질은 갈등의 초점과 이것이 관리되는 방식에 따라 달라진다.[45] **관계 갈등**(relationship conflict)은 대인관계 측면에서 팀원 간의 의견 불일치 또는 개인적 가치관이나 선호도와 관련된 부조화를 의미한다. 이러한 유형의 갈등은 팀 과업과 직접적으로 연결되지 않는 문제가 대부분이다. 관계 갈등은 대부분의 사람에게 불편함을 줄 뿐만 아니라 팀 성과 또한 떨어지게 한다. 이에 비해 **과업 갈등**(task conflict)은 팀의 과업에 대한 구성원 간의 불일치를 의미한다. 논리적으로 말하자면, 이러한 유형의 갈등은 새로운 아이디어의 개발이나 표현으로 이어지는 대화를 자극하는 경우에는 도움이 될 수 있다.[46] 그러나 연구에 의하면, 몇 가지 조건이 전제되지 않으면 과업 갈등은 팀 효율성의 저하로 이어지게 된다.[47] 첫째, 구성원들은 서로를 신뢰해야 하고 보복의 두려움 없이 자신의 의견을 자유롭게 표현할 수 있어야 한다. 둘째, 팀 구성원들은 효과적인 갈등 관리 실천에 동참해야 한다. 사실상 관계 갈등이 적은 경우에 과업 갈등이 팀에 가장 도움이 되는 경향이 있기 때문에, 관계 갈등을 줄여야 하는 이유가 여기에 있다.[48] 셋째, 과업 갈등이 특정 방식으로 구성되는 경우에는 과업 갈등이 팀에 도움이 될 수 있다는 여러 연구 결과가 있다. 예를 들어, 과업 갈등은 정서적으로 안정되어 있거나 새로운 경험을 마다하지 않는 구성원들로 구

과업 갈등이 생산적이 되기 위해서는 팀 멤버들이 자유롭게 자신의 의견을 말할 수 있어야 하고 갈등을 효과적으로 관리하는 방법에 대해서도 알아야 한다.

성된 팀에 가장 도움이 되는 것으로 나타났다.[49] 마지막으로, 과업 갈등의 이점은 갈등이 긍정적으로 편향되어 있을 때, 즉 팀 구성원 대다수가 팀 구성원 몇 명 사이에서 발생하는 갈등을 인식하지 못할 때 분명하게 드러날 수 있다.[50] (갈등 관리 문제에 대한 세부적인 내용은 13장 참조.)

그렇다면 효과적인 갈등 관리는 무엇을 포함하는가? 첫째, 갈등을 관리하고자 할 때에는 팀원들이 팀의 미션에 초점을 맞추고 있는 것이 중요하다. 그럴 경우, 구성원들은 각자 입장의 상대적 이점이 무엇인지 합리적으로 검토할 수 있다.[51] 둘째, 갈등의 수준이 지나치게 과열되는 경우나 갈등의 당사자가 팀이 아닌 개인의 이익을 위해 행동하는 것으로 보이는 경우, 혹은 관계 갈등이 심각한 경우에는 과업 갈등의 이점이 사라지게 된다.[52] 셋째, 과업 갈등을 효과적으로 관리하기 위해서는 구성원들은 협조적으로 문제 해결 방법을 도출할 수 있도록 자신의 입장을 솔직하게 표현하고 정보를 기꺼이 교환할 수 있어야 한다.[53] 불편한 갈등을 무시하거나 회피하고자 했던 인간관계를 경험한 적이 있다면, 이러한 방법은 결국 사태만 악화시킬 뿐이라는 것을 이제 알았을 것이다.

커뮤니케이션

학습목표 12.3
팀 커뮤니케이션에 영향을 주는 요인은 무엇인가?

지금까지 우리는 이번 장에서 팀의 목표 달성을 위해 노력하는 팀 구성원 간의 활동과 상호작용에 대해 집중적으로 살펴보았다. 예를 들어, 과업 프로세스에는 아이디어 공유, 건의 사항 제시 및 팀 외부로부터의 자원 획득과 같은 과정이 포함된다. 또 다른 예로써, 팀워크 프로세스는 구성원이 팀의 업무 수행 방법을 수립하고, 다른 팀원들의 일을 도와주고, 팀원들의 사기를 높일 수 있는 발언을 하는 과정을 포함한다. 이제 조금 주제를 바꾸어 커뮤니케이션에 대해 알아보자. **커뮤니케이션**(communication)은 정보와 의미가 송신자로부터 수신자에게로 전달되는 과정을 말한다.[54] 팀에서 수행하는 업무 대부분은 상호 의존적으로 달성되고 여기에는 구성원 간의 의사소통이 수반되므로 의사소통의 효과성은 프로세스 이득 또는 프로세스 손실 여부를 결정하는 데 있어서 중요한 역할을 한다.

의사소통을 이해하는 한 가지 방법은 [그림 12-3]에 제시된 모델에 대해 고찰해 보는 것이다.[55] 모델의 좌측은 공급원, 즉 정보 송신자이다. 예컨대, 강철 엔진 부품을 제조하는 팀의 경우에 있어서 정보 송신자는 다른 팀 구성원과 정보를 공유하고자 하는 팀 구성원이 될 수 있다. 보다 구체적으로 말하면, 정보 송신자는 다른 구성원으로 하여금 팀이 어려운 성과 목표를 달성하기 위해서는 보다 신속하게 업무를 진행해야 한다는 것을 알리고자 할 수 있다. 일반적으로, 정보 송신자는 구두 및 서면 언어를 사용하는 것은 물론 비음성적 언어와 신호를 이용하여 해당 정보를 하나의 메시지로 인코딩한다. 앞의 예를 이어서 보면, 정보 송신자는 팀이 보다 신속하게 업무를 진행해야 할 때에는 손을 위아래로 빨리 흔들어 자신의 생각을 전달할 수 있다. 이렇게

그림 12-3 커뮤니케이션 프로세스

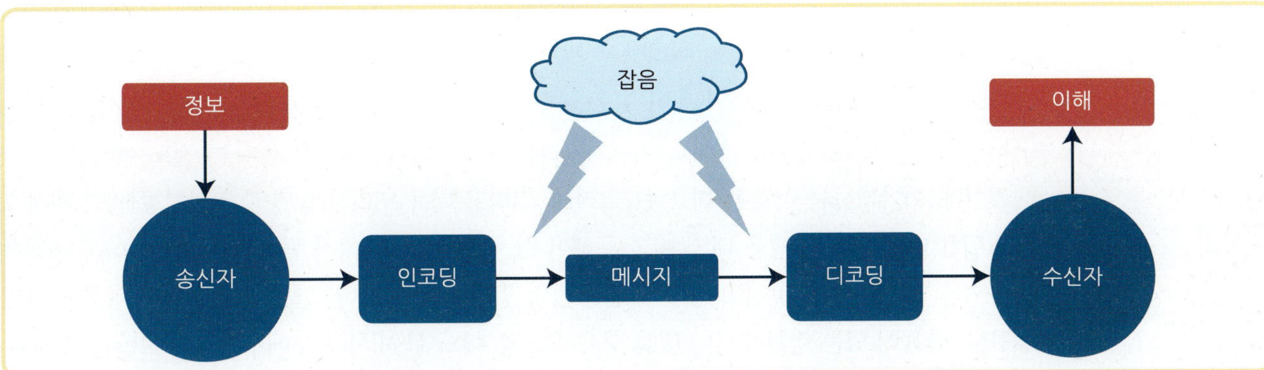

인코딩 된 메시지는 정보를 받는 사람에게 전달되고, 이 사람은 메시지를 해석하거나 디코딩하여 해당 메시지에 담겨 있는 정보를 이해한다. 제시된 예의 경우, 구성원들이 직접 대면한 상태에서 일을 하고 있기 때문에 메시지를 시각적으로 전달할 수 있지만, 메시지는 서면, 전자 방식, 또는 다른 사람을 통해 간접적으로도 전달할 수 있다. 의사소통의 이러한 기본 모델을 염두에 두면, 이 과정의 효과성에 영향을 미칠 수 있는 요인에 대해 고려해 볼 수 있다.

의사소통자 문제. 커뮤니케이션 과정에 영향을 미치는 한 가지 중요한 요인은 의사소통하는 당사자들이다. 의사소통자는 메시지를 인코딩하고 해석할 수 있어야 하는데, 이러한 활동은 의사소통 문제의 근본적인 원인이 될 수 있기 때문이다.[56] 앞의 예처럼, 수신자는 뭔가 잘못된 것이 있어 팀이 문제를 해결하기 위해 업무 속도를 늦출 필요가 있다는 메시지로 팔을 흔든다고 해석할 수도 있다. 물론, 이러한 해석은 송신자의 의도와는 정반대의 해석이다. 커뮤니케이션 프로세스에서는 참여자가 메시지의 인코딩, 전달 및 수신에 필요한 기술과 같은 의사소통 능력이 부족하면 어려움이 발생할 수도 있다.[57] 사실, 앞의 예에서 여러분은 송신자가 팀이 더욱 신속하게 업무를 진행할 필요가 있다는 생각을 전달하기 위해서는 다른 방법을 선택했어야 한다는 생각을 떠올렸을 수도 있다. 마찬가지로, 송신자의 메시지를 신중하게 듣지 못하는 수신자는 메시지를 잘못 해석하거나 아예 놓쳐 버릴 수 있다.

팀의 의사소통 프로세스와 관련된 추가적인 의사소통자 문제는 팀 구성원의 감정 및 감성 지능과 관계가 있는데,[58] 이것은 4장과 10장에서 살펴본 문제이기도 하다. 감정은 사람들이 자신들을 표현하는 방법과 다른 사람들로부터 받은 정보를 해석하는 방법에 영향을 미칠 수 있다.[59] 따라서 자신의 감정을 조절하고 다른 사람의 감정을 이해할 수 있는 팀 구성원들의 능력이 있어야 오해 소지가 적고 분명한 의사소통을 할 수 있다. 감정이란 것이 팀 구성원 간에 직접 대면하는 상호작용이 수반된 커뮤니케이션과 관계가 많다고 생각할 수도 있겠지만, 감정은 전자적 방식의 의사소통도 방해할 수 있으므로 가상 팀(virtual team)과도 물론 관련이 있다.[60]

잡음. 커뮤니케이션 프로세스에 영향을 주는 두 번째 요인은 전달되는 메시지를 방해하는 잡음의 발생이다.[61] 메시지가 어떻게 전달되느냐에 따라 잡음은 몇 가지 각기 다른 형태를 보일 수 있다. 앞의 예에서, 송신자와 수신자가 서로 몇 미터 떨어져 작업 중일 수 있고 제조 공정에서 나오는 수증기 때문에 구성원들이 행하는 몸동작을 눈으로 확인하거나 그 의미를 이해하기 어렵게 되는 경우가 있다. 또 다른 예로 여러분은 시끄러운 음악이나 손님들의 대화 소리 때문에 식당에서 대화를 이어가기가 어려웠던 적이 있었을 것이다. 그렇다면 이러한 잡음속에서 의사소통하고자 하는 사람이 소통과정을 제대로 이어가기 위해서는 그만큼 애써야 한다는 것도 이해할 수 있을 것이다. 이야기하는 사람은 더욱 큰 소리로, 그리고 더욱 또렷하게 말해야 하고 어쩌면 의사소통을 위한 다른 대체 방법을 더 많이 이용해야 할 수도 있다. 게다가 듣는 사람 또한 더욱 신경을 써서 귀를 기울여 들어야 하고 중간에 알아듣지 못한 부분에 놓친 말이 무엇인지 어렵게 생각해야 한다. 잡음이 있는 상황에서는 대화 당사자들 중 어느 한 명이라도 메시지를 주고받는 것에 추가적인 노력을 기꺼이 더 기울일 의향이 없다면, 그 대화는 결코 오래 가지 않을 것이다.

정보의 충실성. 의사소통 프로세스에 영향을 주는 세 번째 요인은 **정보의 충실성**(information richness)으로, 이것은 한 메시지 안에 전달되는 정보의 양과 깊이를 의미한다.[62] 대면(face-to-face) 상황에서 전달되는 메시지가 가장 높은 수준의 정보의 충실성을 갖는다.[63] 왜냐하면 송신자가 언어는 물론 보디랭귀지, 얼굴 표정 및 목소리 톤 등을 통해 의미를 전달할 수 있기 때문이다.[64] 대면 방식의 의사소통은 또한 정보를 보내고 받는 사람들이 피드백을 받을 기회를 제공하기 때문에 정보의 충실성이 실현되고, 이들 정보를 통해 자신의 메시지가 제대로 전달 및 해석되는지 검증하고 확인할 수 있다. 정보의 충실성의 반대쪽 극단에는 대부분이 숫자로 구성되는 컴퓨터를 이용한 문서가 있다.[65] 비록 이러한 유형의 문서는 많은 정보를 포함하고 있지만, 계량적 정보로 제한되어 있어 숫자 이면의 정황과 의미를 알려주는 추가적 단서는 없다. 개인적으로 작성한 노트(메모, 편지 등)는 중간 정도 수준의 정보의 충실성을 가진 메시지의 좋은 예이다.[66] 노트 속 정보는 한 페이지에 적을 수 있는 양으로 인해 제한되어 있지만, 단어와 구두점의 선택은 단어 그 자체 이상의 의미를 더할 수 있다. 예컨대 이메일을 받는 사람은 메시지의 내용을 통해 발신자의 감정을 해석하고자 노력하지만, 유감스럽게도 실제와 달리 발신자의 감정을 부정적으로 오해하는 경우가 많다는 연구도 있다.[67]

djile/Shutterstock RF/Shutterstock

의사소통자의 감정은 의사소통 과정에서 중요한 역할을 할 수 있다.

우리가 살펴본 바에 의하면, 정보의 충실성의 수준은 높은 것이 낮은 것보다는 좋아 보인다. 그런데 이러한 주장은 주어진 과업이나 상황이 복잡하고 이해하기 어려운 경우 잘 적용된다.[68] 이런 경우, 수신자가 이용할 수 있는 신호들(cues)이 많을수록 발신자가 의도하는 대로 이해될 가능성이 많다. 그러나 과업이 단순한 경우에는 정보의 충실성이 갖는 장점이 오히려 의사소통 프로세스를 더욱 복잡하게 만들 수 있다.[69] 수신자가 해석해야 할 필요가 있는 추가적인 신호들은 내용의 일부를 모순적으로 보이게 할 수 있다. 그리고 실제 이러한 일이 발생하면 수신자는 이러한 암시를 "헷갈리는 메시지"로 생각할 수 있다. 요약하면, 정보의 충실성의 적절한 수준은 팀 상황의 특성에 따라 달라질 수 있다: 팀에서 추진하고 있는 업무가 복잡할수록 풍부한 정보의 충실성

영화 속 OB

그레이하운드
GREYHOUND

Collection Christophel/Alamy

캡틴이다. 우리는 목표물을 향해 가고 있다. 임무를 잘 수행하자. 이것은 우리가 지금까지 훈련해 온 것이다.

이 말과 함께 캡틴 어니스트 크라우스(톰 행크스)는 영화 그레이하운드(아론 슈나이더 감독, 소니 픽처스 엔터테인먼트, 2020)에서 미 해군 구축함의 승무원에게 전투 준비를 지시한다. 제2차 세계 대전을 배경으로 하는 이 영화에서, 크라우스는 군대와 보급품으로 가득 찬 30여 척의 상선을 동반한 채 대서양을 가로질러 가는 연합군 해군 호송대의 사령관이다. 크라우스와 운반선은 대서양 한가운데에 있는 "Pit"에 막 진입했다. 이 지역에 있는 독일의 비밀 잠수함을 방어하는 데 필요한 보호용 공기 덮개는 앞으로 이틀 동안 정상 범위를 벗어나 있을 예정이다.

"그레이하운드" 호출 부호(call sign)를 가진 USS Keeling에 탑승한 크라우스는 최악의 조건에서 생사를 건 전투를 준비한다. 극심한 추위 속의 바다는 잔혹했고, 지켜내야 할 취약한 상태의 상선이 너무 많은 상황에서, 적 잠수함의 위치를 정확히 파악하고 호송대의 어떤 선박이 공격을 받을지 예측한다는 것은 매우 어려웠다. 선원들은 젊은 선원들로 주로 구성되어 있었고 상황이 위태롭다는 것을 알고 있었으며, 이것이 크라우스가 처음으로 내리는 명령이라는 것을 알고 있었기 때문에 특히 불안해 했다. 크라우스는 선원들의 마음 상태와 캡틴으로서의 경험 부족에 대한 선원들의 말 못 하는 우려를 이해하는 듯 했다.

시작 인용문에서 크라우스는 승무원들에게 그들의 성공은 지금까지 훈련받아 온 임무를 수행하는 것에 달려있음을 상기시켰다. 사실, 승무원의 효과성은 다른 무엇, 즉 효과적인 능력에 달려 있다. 수중 음파 탐지기 및 수상 레이더 정보는 오퍼레이터에 의해 해석되어 크라우스에게 전달되고, 크라우스는 받은 정보를 해석하여 배를 조종하고 항로를 변경하는 다른 선원과, 대포를 발사하고 폭뢰를 투하하는 무기 요원에게 지시를 전달한다. 물론 문제는 승무원이 선박 전체에 흩어져 있고 정보가 시시각각 바뀌며 여러 승무원을 거쳐야 하고 환경이 시끄럽고 시간적 압박이 크다는 것이다. 이 영화는 크라우스의 침착하고 질서 있는 태도가 어떻게 승무원들이 따를 수 있는 완벽한 모델을 제공하는지 보여 준다.

은 비용에 비해 이익이 크다. **영화 속 OB**에서 복잡한 상황에서의 매우 효과적인 의사소통의 생생한 예시를 살펴볼 수 있다.

네트워크 구조. 지금까지 논의한 커뮤니케이션에서 우리는 송신자와 수신자 두 사람 사이의 정보 흐름에만 단순하게 초점을 맞추었다. 팀이란 것은 두 사람만으로 구성되는 것은 아니기 때문에 이 시점에서 이러한 추가적인 복잡성이 무엇을 의미하는지 살펴보는 것도 중요하다. 두 사람 이상으로 이루어진 팀의 의사소통에 대해 이해하는 한 가지 방법은 **네트워크 구조**(network structure)를 살펴보는 것인데, 이것은 팀의 각 구성원 사이에 규칙적으로 발생하는 의사소통 패턴으로 정의될 수 있다.[70]

[그림 12-4]에 제시된 바와 같이, 의사소통 네트워크 패턴은 집중화(centralization) 측면에서 설명할 수 있다. 집중화란 한 네트워크 내에 의사소통의 흐름이 전체가 아닌 일부 구성원들을 통해 이루어지는 정도를 말한다.[71] 팀 구성원의 일부를 통해서만 의사소통이 진행될수록 집중화의 수

그림 12-4 커뮤니케이션 네트워크 구조

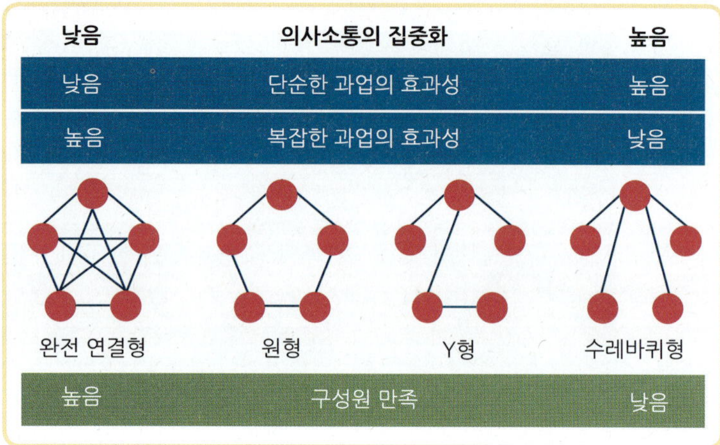

준은 높아진다. 그림의 원은 팀 구성원을 의미하고, 원 사이의 선은 두 구성원 간의 의사소통 흐름으로 생각해 볼 수 있다. 그림의 맨 왼쪽은 분권화 정도가 높은 완전 연결형(all channel) 네트워크 구조이다. 모든 구성원은 다른 구성원들 모두와 소통할 수 있다. 학생 팀들은 보통 이러한 유형의 구조를 이용하여 의사소통한다. 그림 오른쪽은 수레바퀴형(wheel) 네트워크 구조이다. 이 네트워크 구조는 모든 의사소통의 흐름이 한 사람의 구성원을 통해서만 진행되기 때문에 매우 집중화되어 있다. 수레 바퀴형을 이용하는 팀들은 각기 다른 분야의 전문성을 갖고 있는 구성원의 의견을 기초로 하여 최종 결정을 내리는 "공식" 리더가 있는 경우가 많다. 여러분이 쉽게 생각할 수 있는 다른 구조의 채널도 많이 있겠지만, 집중화 수준의 양 극단 사이에 있는 예로서 원형과 Y형 구조가 그림에 포함되어 있다.

그렇다면 네트워크 구조에 대해서 배우는 것이 왜 중요한가? 이 주제에 대한 많은 연구는 팀의 작업 특성에 따라 다르기는 하지만 네트워크 구조가 팀 효과성이란 측면에서 시사하는 바가 크다는 점을 제시하고 있다.[72] 예컨대 업무가 단순하고 간단한 경우에는 집중화 구조를 통해 빠른 해결 방안을 도출할 수 있고 실수도 적다. 반면, 업무가 복잡하고 이해가기 어려운 경우에는 분권화된 구조가 보다 효율적인 경우가 많다. 분명한 것은, 업무가 복잡하고 이해하기 어려운 상황에서 구성원이 문제에 대한 도움을 받거나 해결을 위해 팀 내의 모든 사람들과 의사소통을 할 수 있는 능력이 있는 경우에는 팀이 도움이 된다는 점이다. 업무가 단순하고 이해하기 쉬운 경우, 분권화된 구조에 의해 추가적으로 제공되는 의사소통 채널은 불필요하거나 과업에 대한 구성원들의 관심을 흐리게 할 수도 있다. 그러나 구성원들이 분권화된 네트워크 구조를 선호하는 경향이 있다는 점에 주목할 필요가 있다. 즉, 구성원들은 네트워크상 자신의 위치가 팀의 효과적인 성과 달성에 도움이 되지 않는다 하더라도 자신이 네트워크 연결고리의 일원으로 있는 팀에 한층 만족하게 된다.

조직 내 팀 구성원 간의 의사소통은 지난 10여 년 동안 더욱 분권화되어 왔다. 이러한 경향의 한 가지 이유는 소셜 네트워크 미디어의 비용이 낮아지고 그 이용이 쉬워졌기 때문이다. 사용자 중심의 웹 2.0 도구와 마이크로소프트의 SharePoint, Jive, 그리고 구글 행아웃과 같은 협업 소프트웨어를 통해 사람들은 정보를 공유하면서 실시간으로 협업할 수 있다. 그리고 AT&T, 제너럴 일렉트릭(General Electric), 페덱스(FedEx) 및 애틀랜타에 본사를 두고 있는 만하임 옥션(Manheim Auctions, Inc.)과 같은 많은 기업은 직원들이 내부적으로 사용할 수 있도록 페이스북과 링크드인을 자체 버전으로 개발했다.[73] 함께 일하는 개인들은 신속하게 다른 사람들과 소통할 수 있는 모바일 기기와 함께 이러한 도구들을 이용할 수 있다. 이러한 기술은 가상팀에 분명히 이점을 제공할 수 있으나, 같은 사무실에서 함께 일하는 팀들 또한 이러한 도구의 혜택을 받고 있다. 어떤 영감이 떠오르거나 주말 동안에 문제의 중요한 돌파구를 찾아낸 팀 구성원은 이를 공유하고 팀원들로부터 피드백을 받기 위해 월요일까지 더 이상 기다릴 필요가 없다. 팀 구성원 간의 의사소통을 위해 모바일 기기를 사용하는 것이 아프리카와 같은 개발도상국에서 특히 인기를 끌고 있다는 것은 매우 놀라운 일이다. 아프리카의 경우, 컴퓨터보다 이러한 기기들이 훨씬 많이 보급되어 있다. 실제로, 코카콜라와 같은 기업들은 모바일 기기 활용법을 훈련시켜 이 지역에서 근무하는 팀들과 한층 효과적으로 소통하고 상호작용을 하고 있다.[74]

다음 주제로 넘어가기 전에, 우리는 기술의 이용이 반드시 의사소통 프로세스의 개선을 의미하는 것은 아니라는 점에 주목해야 한다. 새로운 커뮤니케이션 수단으로서 이를 사용하는 능력이나 자신감이 부족한 사람도 있기 때문에 이러한 기술을 통해 이루어지는 협업 노력에 전적으로 동참하기를 꺼리거나 동참할 수 없는 결과도 발생한다. 또 다른 예로 소셜 미디어는 생각과 의견을 표현하는 것에 소요되는 인지된 비용(perceived cost)을 줄여 준다. 이것은 의사소통에 잡

북스토어

인생을 바꾸는 관계의 힘(SOCIAL CHEMISTRY)

Marissa King (New York: Dutton, 2021)

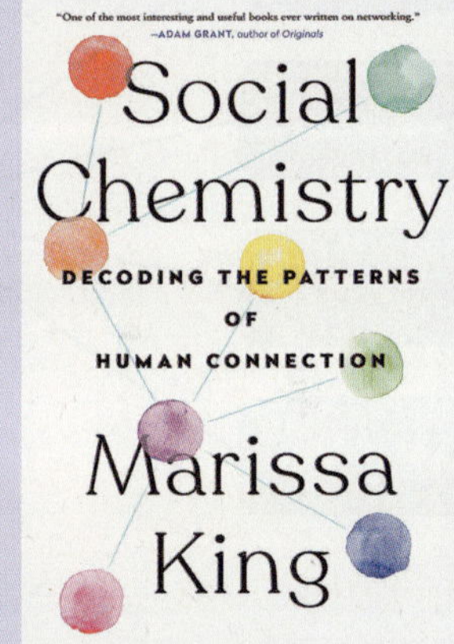

Marissa King/Dutton

네트워킹이 아니라 네트워크입니다.

작가 마리사 킹은 우리가 소셜 네트워크에 대해 알고 있다고 생각하는 것 중 많은 부분이 잘못된 것이라고 지적한다. 일반적으로, 대규모 소셜 네트워크를 갖는 것이 경력 성공과 삶의 만족도에 중요하다고 여겨지는 관습적 통념과는 달리 킹은 소셜 네트워크의 구조가 더 중요하다고 결론을 내린다. 우리는 이 장에서 팀 구성원 간의 상호작용 패턴의 관점에서 기본적인 네트워크 구조를 설명하지만, 킹은 개인의 관점에서 팀을 넘어 확장된 관계의 네트워크 내 개인의 위치 측면에서 문제에 접근한다는 점을 주목해야 한다고 주장한다.

다른 사람들과 갖는 관계의 양(quantity)이 이러한 관계가 구조화되는 방식보다 덜 중요한 이유를 전달하기 위해, 킹은 세 가지 유형의 소셜 네트워크를 설명한다. 여기서, 동일하게 10명으로 구성된 집단이 주어졌을 때 이러한 네트워크가 어떻게 보일지 상상해 보는 것이 도움이 된다. 첫 번째는 그들끼리는 서로 연결되어 있지 않은 다른 사람들과 연결되어 있는 "확장주의자(expansionists)"이다. 두 번째는 "의장(convenors)"으로 이들과 연결된 소수의 사람들은 서로서로 연결되어 있을 뿐만 아니라 의장과 직접 연결되지 않은 사람들과도 커넥션을 가지고 있다. 마지막으로 "브로커(brokers)"는 전체적으로 관계의 양은 보다 적지만, 그룹 안에서는 서로 연결되어 있지만 다른 그룹의 개인과는 연결되지 않은 그룹들 간의 연결 역할을 하는 개인이다.

킹의 책의 진정한 가치는 세 네트워크의 강점과 약점에서 파생되는 놀라운 함의에 있다. 예를 들어, 확장주의자는 잘 알려져 있고 인기가 있지만 모든 연결을 유지하는 것은 지칠 수 있으며 관계의 깊이가 부족하면 종종 외로움을 느끼게 된다. 또 다른 예로, 의장은 서로를 지지하는 친한 친구로 구성된 만족스러운 네트워크를 구축하지만, 이 네트워크는 새로운 정보와 기회에 대한 노출 측면에서 제한적이다. 마지막으로, 브로커는 다른 사람과의 연결이 가장 적을 수 있지만 다른 아이디어와 관점에 노출되어 이를 결합하여 혁신적인 솔루션을 생성할 수 있다. 이러한 설명을 통해 얻을 수 있는 또 다른 분명한 메시지가 있다. 이상적인 소셜 네트워크라는 것은 대부분 우리가 무엇을 달성하고자 하는가에 달려 있다는 것이다.

음만 더해주는 정보의 범람, 잘못된 정보와 소문의 확대로 이어질 수 있다. 예를 들어, 아이티에서 지진이 발생했을 때 트위터를 통해 소문이 퍼져나가면서 재난에 직·간접적으로 포함된 사람들 사이에 불안감과 불확실성을 오히려 가중시킨 면이 있었다.[75] 개인 차원에서의 네트워크에 대한 논의를 위해 OB 북스토어를 참고하기 바란다.

팀 상태

학습목표 12.4
팀 상태란 무엇이며 그 종류에는 어떤 것들이 있는가?

프로세스 손실을 최소화하면서 프로세스 이득을 증대시킬 수 있는 팀 프로세스의 네 번째 범주는 육안으로는 쉽게 볼 수 없는 것이다. **팀 상태**(team states)란 함께 일한 경험의 결과로서 팀 구성원의 마음에 형성되는 특정 형태의 느낌과 생각을 의미한다. 예를 들어, 지원적 리더십과 구성원의 상호작용을 통해 팀 구성원들은 심리적 안정감, 즉 대인관계에 있어서 위험 요소가 있는 일을 해도 무방하다는 생각, 혹은 현 상태에 변화를 초래할 수 있는 의견을 제시하거나 제안을 하더라도 팀 동료가 당황해 하거나 거부하지 않을 것이라는 느낌을 갖게 된다.[76] 한 팀 안에서 배척받는 일이 발생한다면 매우 불편한 상황이 될 수 있고 팀으로서의 역할도 할 수 없으며, 개인과 팀 전체에 여러 가지 부정적인 결과를 초래할 수 있다.[77] 비록 이 장에서 살펴볼 수 있는 많은 유형의 팀 상태가 있지만, [그림 12-5]는 우리가 논의할 팀 상태에 대한 내용을 요약하고 있다.

그림 12-5 팀 상태

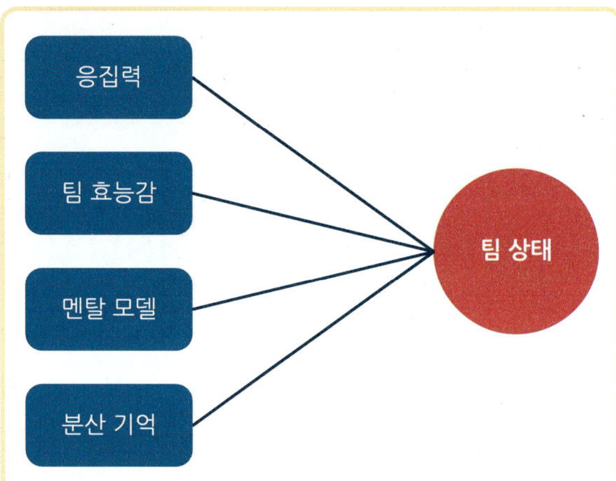

응집력. 신뢰 관계의 구축 등과 같은 여러가지 이유에서, 팀의 구성원들은 팀 동료는 물론 팀 자체에 대해 강력한 정서적 유대감을 발전시킬 수 있다.[78] **응집력**(cohesion)[79]이라고 하는 이러한 정서적 애착은 팀에 대한 동기부여와 팀 몰입을 촉진시키는 경향이 있어 결과적으로 응집력을 통해 팀 성과 또한 좋아지는 측면이 있다.[80] 물론 반대로 팀 성과가 응집력에 미치는 역의 상호 관계도 있다는 사실은 놀라운 일이 아니다. 즉, 부분적으로 높은 응집력으로 인해 팀 성과가 높아지면 이는 이후의 팀 응집력을 높일 수 있다.[81]

그렇다면 응집력이 높은 팀이 반드시 좋은 팀이라고 할 수 있을까? 연구에 따르면, 이 질문에 대한 대답은 '그렇지 않다'이다. 응집력이 강한 팀의 경우, 구성원들은 대안적 관점을 제시하거나, 탐색거나, 혹은 고려함이 없이 문제의 합의를 향해 매진함으로써 조화를 유지하고자 노력할 수 있다. 팀의 다른 우선순위를 희생하면서 이렇게 일체감을 찾는 것을 **집단 사고**(groupthink)라고 하는데, 이것은 팀의 역량에 대한 과도한 확신과 연관이 있다.[82] 집단 사고로 인하여 정치는 물론 사업에 있어서 터무니없는 의사결정을 내리는 경우가 많다. 이러한 집단 사고의 유명한 사례를 든다면, 쿠바 피그스만 침공을 강행한 케네디 대통령의 결정,[83] 이례적으로 추운 날씨에도 우주왕복선 챌린저호의 발사를 진행한 NASA의 결정,[84] 그리고 불법 회계 관행을 무시하도록 한 엔론(Enron)사 이사회의 결정 등이 있다.[85]

OB 진단지

응집력

당신 팀의 응집력은 어떠한가? 이 평가 척도는 팀 구성원들 간 감정적 유대의 강도인 응집력을 측정하기 위해 설계된 것이다. 학생 프로젝트팀이나 현재 본인이 하는 일과 관련된 팀에 대해 생각해 보자. 제시된 척도를 이용하여 각 문항에 대해 답하라. 그 다음 굵은 글자로 된 질문에 대한 자신의 답을 8에서 빼면, 그 차이가 그 질문에 대한 새로운 답이 된다. 예를 들면, 질문 6에 대한 원래 대답이 "5"였다면, 새 대답은 "3"이다(8−5)이다. 이런 방법으로 8개 질문에 대한 답을 더하라.

1 매우 아니다	2 아니다	3 약간 아니다	4 보통이다	5 약간 그렇다	6 그렇다	7 매우 그렇다

1. 나는 팀원들과 직접 또는 가상으로 상호작용하여 작업을 완료한다. _____
2. 나의 팀원들은 나로 하여금 긍정적이고, 즐겁고, 활력을 느끼게 해 준다. 나는 그들을 좋아한다. _____
3. 나는 나의 팀원들을 믿는다. 나는 그들에게 의지할 수 있다. _____
4. **나는 나의 팀원들을 싫어한다. 그들은 나를 짜증나게 하는 경향이 있다.** _____
5. 나는 나의 팀원들과 사교적으로 교류하고 그들에게 개인적인 문제에 대해 털어놓을 수 있다. 나는 그들을 친구로 생각한다. _____
6. **나는 팀원들과의 관계가 어렵다. 서로의 성격이 부딪혀 긴장감이 생긴다.** _____
7. 나는 팀원들에 대해 의심이 든다. 그들을 감시해야 한다는 생각이 든다. _____
8. 나는 팀원들과 일하는 것이 즐겁다. _____

점수 계산과 해석

채점 결과 45점 이상이면, 팀에 대해 강한 유대감을 느낀다고 볼 수 있으며 이는 팀이 응집력이 있음을 보여 준다. 만약 45점 미만이면, 팀에 대해 약한 유대감을 느낀다고 볼 수 있고 이는 팀이 응집력이 없음을 나타낸다.

출처: Items adapted from E.R. Crawford, "Team Network Multiplexity, Synergy and Performance," Doctoral dissertation, University of Florida, 2011.

그렇다면 잠재적 비용 없이 응집력의 장점을 활용할 수 있는 방법은 무엇인가? 한 가지 방법은 응집력에도 잠재적으로 부정적 결과가 있을 수 있음을 인식하는 것이다. 이러한 측면에서 취할 수 있는 첫 번째 단계로서 좋은 것은 OB 진단지에 있는 것과 같은 척도를 이용하여 팀의 응집력 정도를 평가하는 것이다. 이러한 유형의 평가에서 점수가 높게 나오면 해당 팀은 집단 사고의 가능성이 있다는 것이다. 응집력과 연관된 문제를 예방하는 두 번째 단계는 "악마의 변호인(devil's advocate)"의 역할을 공식적으로 만드는 것이다. 이 역할을 맡는 사람은 지배적 견해를 건설적인 방식으로 평가하고 이의를 제기하며, 팀에게 새로운 전망과 아이디어를 제시할 책임이 있다. 악마의 변호인 담당자의 역할은 기존의 팀 구성원이 할 수도 있겠지만, 해당 역할을 할 수 있는 사람을 외부에서 영입하는 것도 가능하다.

팀 효능감. 팀 상태의 두 번째 요소인 **팀 효능감**(potency)은 여러 상황이나 과업에 걸쳐서 팀이 효과적으로 능력을 발휘할 수 있을 것이라는 구성원의 믿음의 정도를 의미한다.[86] 팀의 효능감이 클 때, 구성원들은 자신의 팀이 좋은 성과를 올릴 수 있을 것으로 확신하고, 이에 따라 이들은 팀의 목표 달성을 위해 더 많은 에너지를 팀 과업과 팀워크에 집중한다.[87] 팀 효능감이 작은 경우, 구성원들은 자신의 팀에 대해 확신을 갖지 못하므로 팀의 목표와 서로에 대해 의문을 갖기 시작한다. 궁극적으로 이러한 반응은 구성원이 팀에 도움이 되지 않는 활동에 에너지를 낭비하는 결과로 나타날 수 있다. 결국, 연구를 통해 밝혀진 것처럼 팀 효능감은 팀 성과에 아주 긍정적인 영향을 준다.[88] 여기서 한 가지 주의할 점은 팀 효능감이 지나치게 높을 수도 있다는 점이다.[89] 팀 구성 초기 강한 신뢰감은 팀과 관련된 다양한 입장에 관해 유익한 논의를 하는 것을 줄일 수 있다.[90] 그렇다면 팀 효능감은 어떻게 만들어지는가? 자신의 역량에 대한 확신, 다른 구성원의 역량에 대한 신뢰, 그리고 과거 성과에 대한 피드백 등이 중요한 역할을 할 수 있다.[91] 보다 구체적으로, 구성원들이 자신은 물론 동료들을 신뢰할 때에, 그리고 팀이 과거에 성공을 경험한 경우가 있을 때 팀 내의 팀 효능감이 촉진된다.

멘탈 모델. **멘탈 모델**(mental model)이란 팀과 팀 과업의 중요한 측면에 대해 팀 구성원들이 공통적으로 이해하는 정도를 의미한다.[92] 팀은 구성원들이 팀에 제공하는 역량에 대한 멘탈 모델과 효과적으로 일하기 위한 프로세스에 대한 멘탈 모델을 공유할 수 있다.[93] 이 두 가지 멘탈 모델 형태는 어떻게 팀 효과성을 촉진할 수 있는가? 팀 구성원들이 다른 사람의 능력에 대해 공통적으로 이해하는 경우에는 자신들의 과업 수행에 필요할 수 있는 도움을 어디에 부탁해야 하는지 보다 잘 알 것이다. 게다가, 그들은 다른 구성원이 자신의 업무를 하는 데 있어 언제 도움을 필요로 하는지 예측할 수 있다. 구성원들이 팀의 효과성 제고에 필요한 프로세스에 대해 공유된 이해가 있는 경우, 그들은 이러한 프로세스를 효율적이고 원활하게 수행할 수 있다. 그 이유에 대한 이해를 돕기 위해, 팀이 갈등을 어떻게 관리해야 하는지에 대한 다양한 견해를 가진 학생들 팀에서 일어날 수 있는 일에 대해 생각해 보자. 팀원 일부는 직접 대면하는 것이 최선이라고 생각하고 다른 팀원들은 피하는 것이 최선이라고 생각한다면 의견 불일치를 해결하기 어렵다.

분산 기억. 멘탈 모델이 팀원들 간에 지식을 공유하는 정도인 반면, **분산 기억**(transactive memory)은 구성원들 사이에 전문화된 지식이 어떻게 분포되어 있는지에 대한 것으로 이는 팀의 효과적인 기억 시스템을 구축하게 한다.[94] 이 개념은 팀 구성원 모두가 동일한 지식을 보유하고 있어야 하는 것은 아니라는 점을 고려한다. 대신에 팀 효과성은 구성원들이 언제 자신의 전문적 지식이 팀에 필요한 지 이해하는 것이 필요하고, 자신의 지식이 팀의 목표 달성을 위해서 다른 구성원들의 전문 지식과 어떻게 결합되어야 하는지를 이해하도록 요구한다. 물론 이를 위해서는 팀원들이 유용한 전문 지식뿐만 아니라 메타 지식, 즉 누가 무엇을 알고 있는지에 대한 지식이 필요하다.[95] 만약 여러분이 효과적인 분산 기억이 있는 팀에서 일한 적이 있다면, 업무가 매우 효율적으로 실행되는 것을 보았을 것이다.[96] 모든 사람이 자신의 전문 분야 및 가장 잘하는 일에 집중하고, 팀원들은 지식이 부족한 경우 어디에 가면 정보를 얻을 수 있는지 명확하게 알고 있을 때 팀은 시너지 효과를 발휘할 수 있다. 물론, 기억 시스템은 구성원 각자와 모두에 의존적이기 때문에 분산 기억 또한 깨어질 수도 있다.[97] 어떤 구성원이 다른 구성원의 정보 요구에 늦게 반응하거나 중요한 것을 망각하는 경우, 팀의 기억 시스템은 무너지게 된다. 팀 구성원이 떠나는 경우 또한 기억 시스템의 중요한 부분을 잃게 한다.

그림 12-6 왜 어떤 팀은 부분의 합보다 효과적인가?

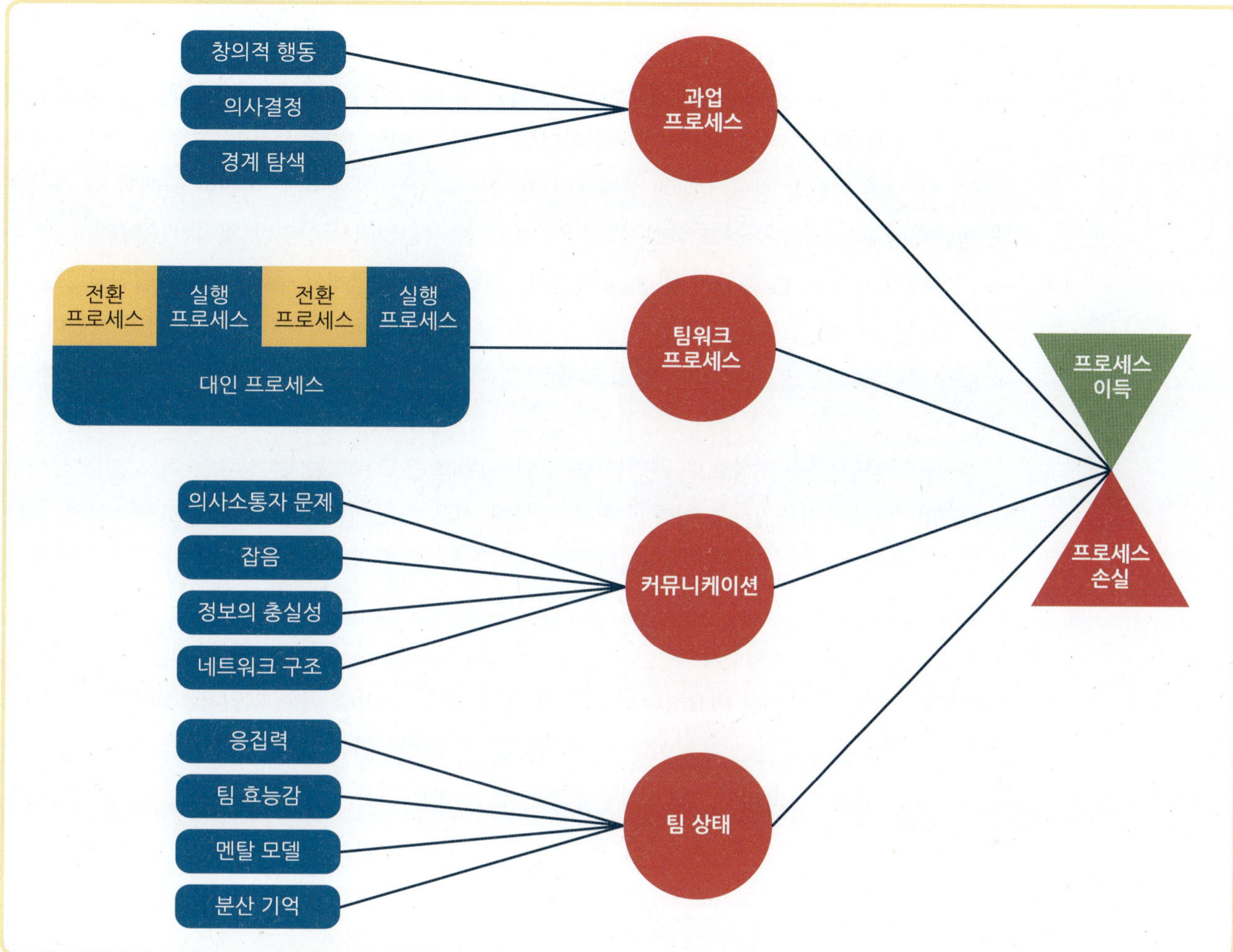

요약: 왜 어떤 팀은 부분의 합보다 효과적일까?

그렇다면, 어떤 팀은 구성원 각자의 역할을 합한 것 이상의 성과를 보인다는 점에 대해 어떻게 설명할 것인가(다른 팀들은 합한 것 이하의 성과를 보이는 반면)? [그림 12-6]에서 보는 것처럼, 팀 프로세스가 프로세스 손실이 아닌 프로세스 이득을 보이는 팀들은 부분의 합보다 더 효과적이 된다. 팀은 효과적인 과업 프로세스, 팀워크 프로세스, 의사소통 및 팀 상태와 연관되는 활동에 참여함으로써 목표를 달성할 수 있다. 중요한 과업 프로세스는 창의적 행동, 의사결정 및 경계 탐색을 포함한다. 중요한 팀워크 프로세스는 변환 프로세스, 실행 프로세스 및 대인 프로세스를 포함한다. 커뮤니케이션은 구성원들이 의사소통 능통자이고, 잡음이 최소화되고, 적절한 수준의 정보의 충실성과 네트워크의 구조의 선택이 이루어짐으로써 향상될 수 있다. 팀 상태는 응집력, 팀 효능감, 멘탈 모델 및 분산 기억과 같은 변수를 말한다. 과업 프로세스, 팀워크 프로세스 및 커뮤니케이션과 대조적으로, 팀 상태는 왜 어떤 팀에는 시너지 효과가 있는데 다른 팀은 상당히 비효율적인지에 대한 겉으로 잘 드러나지 않고 관찰하기 어려운 이유를 제공한다.

팀 프로세스는 얼마나 중요한가?

학습목표 12.5
팀 프로세스가 팀 성과와 팀 몰입에 미치는 영향은 무엇인가?

팀 프로세스는 성과와 팀 몰입에 영향을 미치는가? 여기에 대한 대답은 두 가지 이유 때문에 꽤 복잡하다. 첫째, 11장 팀 특성과 다양성에서 "성과와 팀 몰입"에 대해 설명할 때, 우리는 개인의 성과나 조직에 대한 애착에 대해 언급하지 않았다. 대신, 우리는 팀의 성과와 영속성을 가진 주체로서의 팀 생존 역량의 정도에 대해 설명했다. 팀 연구의 전문적 용어로 이러한 형태의 팀 몰입을 "**팀 생존력**(team viability)"이라고 한다. 둘째, 이 장의 전반에 걸쳐서 설명한 것처럼 요약해서 볼 수 있는 몇 가지 각기 다른 종류의 팀 프로세스가 있다. [그림 12-7]에서 우리는 특히 팀워크 프로세스가 포함된 연구에 초점을 맞추면서 팀 프로세스, 성과 및 몰입 사이의 관계를 살펴 보았다. 따라서 이 그림은 전환 프로세스, 실행 프로세스 및 대인 프로세스에 대한 기존 연구를 요약한 것이다.

매우 다양한 팀을 대상으로 한 연구를 보면, 팀워크 프로세스는 팀 성과와 어느 정도 긍정적인 관계가 있다는 것을 알 수 있다.[98] 연구 대상이 전환 프로세스인지, 실행 프로세스인지, 또는 대인 프로세스인지와는 상관없이 동일한 어느 정도 긍정적인 관계가 나타나는 것이 사실이다. 이렇게 각기 다른 유형의 프로세스와 팀 성과 사이의 관계가 이처럼 유사한 이유는 무엇인가? 분명한 것은, 팀이 프로세스 이점을 취하면서 효과적으로 성과를 달성하도록 돕는 데 있어 다양한 상호작용과 관련된 효과성이 필요하다는 것이다. 향후 업무 준비를 위한 대인 간 활동은 구성원들이 각자의 과업을 통합하는 활동이나 팀 신뢰감을 구축하는 활동 및 긍정적인 팀 분위기를 구축하는 활동만큼이나 중요하다. 또한 연구자들은 팀 성과에 대한 팀 프로세스의 중요성은 상호 의

그림 12-7 성과와 팀 몰입에 대한 팀워크 프로세스의 영향

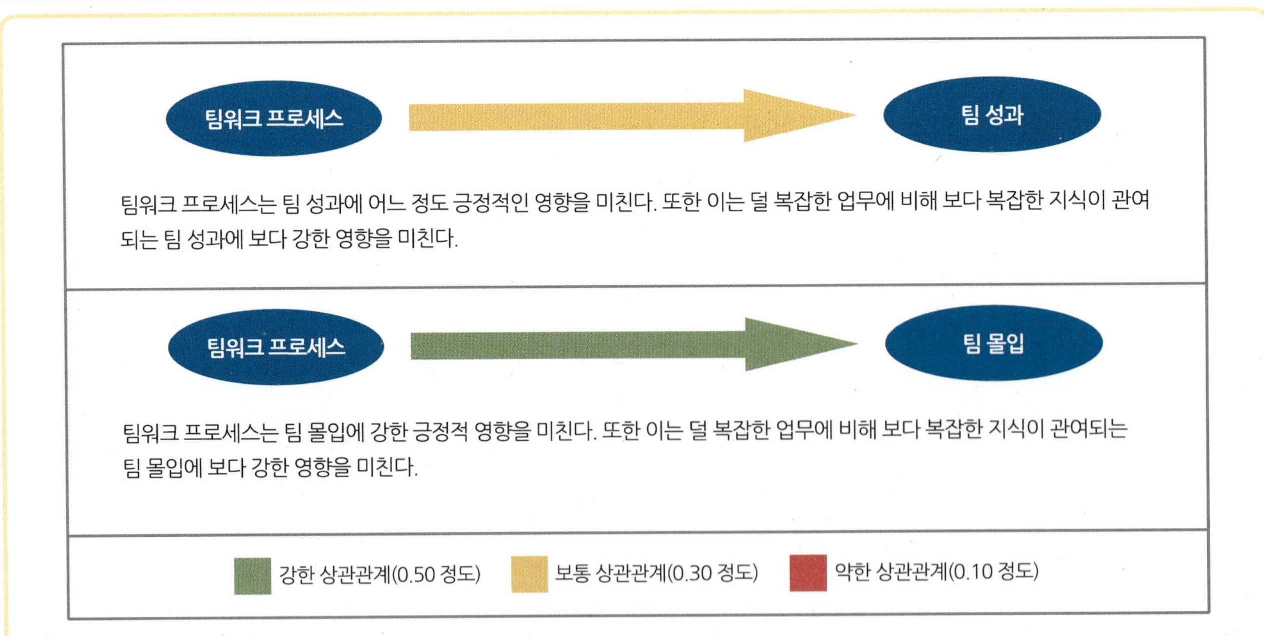

출처: J.A. LePine, R.F. Piccolo, C.L. Jackson, J.E. Mathieu, and J.R. Saul, "A Meta-Analysis of Team Process: Towards a Better Understanding of the Dimensional Structure and Relationships with Team Effectiveness Criteria," *Personnel Psychology* 61 (2008), pp. 356–76.

존성과 복잡성이 높은 팀에서 한층 긍정적일 수 있음을 발견했다.[99] 이러한 관계는 쉽게 설명될 수 있다. 팀 구성원의 업무 통합을 개선하고자 하는 활동은 팀 구성원의 업무 통합이 필요한 팀에 있어서 한층 중요하다.

또한 연구는 팀워크 프로세스는 팀 몰입과 아주 긍정적인 관계에 있음을 제시하고 있다.[100] 달리 말하면, 효과적인 팀워크 프로세스를 실행하는 팀은 계속해서 유지되는 경향이 있다는 것이다. 팀워크와 팀 몰입이 이렇게 밀접한 관계에 있는 이유는 무엇인가? 한 가지 이유는 사람들은 효과적인 대인간 상호작용이 있는 팀에 만족하는 경향이 있고, 그 결과로 자신들이 생각하기에 팀 결속에 도움이 되는 일을 하기 위해 최선을 다하게 되기 때문이다. 모든 사람들이 팀을 위해 똑같은 목표를 공유하고, 협업도 원활하게 진행되면서, 전부 적극적이고 함께 어울리는 것을 좋아하고 자신이 맡은 일을 기꺼이 하는 팀 상황을 생각해 보자. 여러분이 실제로 이러한 상황에 있었다면 팀이 계속 함께 나아갈 수 있도록 분명히 최선을 다했을 것이며, 팀의 목표 달성을 위해 더욱 열심히 일했을 것이다. 어쩌면 팀에 대한 긍정적인 생각과 계속 함께 하고자 하는 여러분의 열망을 표현했을지도 모른다. 물론 구성원들이 갖고 있는 팀 목표가 각기 다르고 협업도 어렵고 감정적인 갈등이 자주 발생하면서 모든 사람들이 비관적이고 비타협적인 팀에 있어서는 정반대의 상황이 발생할 것이다. 이러한 팀의 구성원들은 해당 상황에 불만족하게 되고 또한 공공연하게 팀을 바꾸길 원하게 될 것이다.

오르페우스 챔버 오케스트라(Orpheus Chamber Orchestra)는 특별한 수준의 팀워크와 팀 몰입으로 인해 지난 35년 이상 효과적으로 연주를 할 수 있었다. 오케스트라의 모든 구성원이 레퍼토리에 있는 각 작품의 해석과 실행을 개선하는 데 도움을 주는 동시에 각 작품을 이끌 악장과 주요 연주자를 선정하기도 한다.

실무 적용: 팀 훈련

팀 기반의 조직은 팀 프로세스 개선을 위한 훈련에 상당한 자원을 투자한다. 팀 프로세스가 팀 성과와 팀 몰입 모두에 긍정적인 영향을 준다는 것을 보더라도 이러한 종류의 투자는 매우 현명한 것이다. 이 절에서는 팀 프로세스 훈련을 위해 조직에서 이용하는 몇 가지 각기 다른 접근 방식에 대해서 살펴보고자 한다.

> **학습목표 12.6**
> 팀 프로세스를 향상시키기 위해 조직이 취할 수 있는 조치는 무엇인가?

호환성 팀워크 역량

팀 훈련을 위한 한 가지 접근법은 개별 팀 구성원으로 하여금 팀워크 활동과 관련된 일반적인 역량을 개발할 수 있도록 돕는 것이다. 〈표 12-2〉는 이러한 유형의 훈련은 여러 형태의 지식, 기술, 그리고 능력을 포함할 수 있음을 제시하고 있다.[101] 지식, 기술 및 능력 모두를 **호환성 팀워크 역량**(transportable teamwork competencies)이라고 한다.[102] 이 개념은 피훈련자가 하나의 팀 상황에서 팀워크에 대해 배운 것을 다른 상황에서 적용할 수 있다는 것을 의미한다. 이러한 유형의 훈련이 어떻게 효과를 발휘하는지에 대한 구체적인 사례로, 전문 조종사 훈련 프로그램에 있어 해군 조종사를 위한 팀워크 훈련에 대해 실시한 최근의 연구가 있다.[103] 연구에 의하면, 조종사 한 집단이 이틀간의 훈련을 받았고 여기엔 우선 의사소통 방법, 제안 내용을 전달하는 방법, 질문하는 방법

표 12-2 팀워크 지식, 기술, 능력

역량	설명
갈등 해결	- 바람직한 갈등과 바람직하지 못한 갈등을 구분할 수 있는 능력 - 바람직한 갈등을 조장하고 바람직하지 못한 갈등을 막는 능력 - 갈등 관리를 위한 윈-윈(win-win) 전략을 사용하는 능력
협력적 문제 해결	- 참여적 문제 해결을 요구하는 상황을 식별할 수 있는 능력 - 참여의 적절한 정도를 사용하는 능력 - 협력적 문제 해결의 장애물을 인식하고 관리하는 능력
의사소통	- 커뮤니케이션 네트워크를 이해하는 능력 - 공개적이고 지원적으로 의사소통하는 능력 - 성급히 판단함이 없이 경청하는 능력 - 적극적 경청 기술을 사용하는 능력 - 타인의 비음성적 메시지를 해석할 수 있는 능력 - 격식을 갖춘 인사와 가벼운 대화를 할 수 있는 능력
목표 설정과 성과 관리	- 팀을 위해 구체적이고 도전적인 목표 설정을 지원하는 능력 - 성과와 관련된 피드백을 감독, 평가, 제공하는 능력
계획과 과업 조정	- 팀 멤버들 간의 활동을 조정하고 함께 일하도록 하는 능력 - 팀에 부여된 업무의 적절한 균형을 보장하기 위한 기대를 설정하는 능력

출처: Adapted from M.J. Stevens and M.A. Campion, "The Knowledge, Skill, and Ability Requirements for Teamwork: Implications for Human Resource Management," *Journal of Management* 20 (1994), pp. 503–30.

및 잠재적 문제에 대해 의견을 교환하는 방법 등에 대한 훈련이 포함되었다. 훈련에 참가한 조종사들은 팀워크 지식과 기술의 기반을 다질 수 있을 뿐만 아니라 훈련을 통해 자신의 임무 효율성과 비행 안전성을 높이게 될 것이라 생각했다. 무엇보다 중요한 것은, 훈련에 참가한 조종사로 구성된 팀은 훈련에 참가하지 않은 조종사로 구성된 팀보다 효과성이 한층 높게 나타났다. 효과성은 항공기 날개에 얼음이 형성되거나 또는 관제탑의 지시들이 서로 충돌하거나 모호한 경우처럼 위험한 상황에서 나타나는 성과로 판단되었다.

교차 훈련

두 번째 유형의 팀 훈련은 다른 팀원의 업무와 책임에 대한 훈련을 시키는 것이다. **교차 훈련**(cross-training)[104]이라 하는 이 훈련의 기본적인 아이디어는 팀 구성원들이 팀 내에서 각자의 역할이 무엇인지, 그리고 하나의 시스템을 만들기 위해 그 역할을 어떻게 맞추어야 하는지에 관한 공유된 멘탈 모델을 개발할 수 있다는 것이다.[105] 교차 훈련에는 정확히 어떤 과정들이 포함되는가? 연구에 의하면, 교차 훈련은 세 가지 다른 수준의 훈련이 포함된다.[106] 가장 낮은 단계는 **개인적 명확화**(personal clarification)이다. 이 유형의 훈련에서 구성원들은 단순히 다른 팀원들의 역할에 대한 정보만 얻는다. 예를 들어, 고도로 전문화된 수술 팀(외과전문의, 마취과 의사, 수술실 간호사)은 다른 구성원들의 역할이 무엇인지 이해하고 전반적인 환자의 건강 회복이라는 팀 목표에 각 구성원이 어떻게 기여하는지 이해하기 위해 만날 수도 있다.

교차 훈련의 다음 단계는 **포지션 모델링**(positional modeling)으로, 팀 구성원은 다른 구성원들이 역할을 어떻게 수행하는지 관찰하는 것을 포함한다. 수술 팀의 경우, 외과 전문의는 수술실 간호사들이 일하고 있을 때 따라다니며 하루를 보낼 수도 있다. 따라다니다 보면 외과 전문의는 간호사가 하는 일의 내용을 이해할 수 있을 뿐만 아니라 각자의 직무와 관련된 행동을 어떻게 하면 효과적으로 통합할 수 있는지 제대로 파악할 수 있게 된다.

마지막으로, 교차 훈련의 가장 깊이 있는 단계는 **보직 순환**(positional rotation)이다. 이러한 유형의 훈련을 통해 구성원들은 팀 동료의 역할을 수행해 보면서 실질적인 경험을 쌓을 수 있다. 이런 형태의 직접적 경험은 구성원의 직무 기술을 확대시킬 수 있어 필요한 경우 팀 동료의 일을 대신 수행할 수도 있지만, 많은 상황에서 숙련도나 자격을 얻을 수 있을 만큼 훈련을 하기에는 제약이 있다. 예컨대 외과 전문의가 되기 위해서는 전문 훈련을 오랜 기간 받아야 하기 때문에 보직 순환을 목적으로 수술실 간호사를 훈련하여 이 직무를 수행하도록 하는 것은 현실적으로 어려운 일이다.

팀 프로세스 훈련

교차 훈련 및 호환성 팀워크 역량 훈련은 개별적 학습을 촉진하는 개인 경험에 초점을 맞추고 있다. 여기에 비해 **팀 프로세스 훈련**(team process training)은 팀이 하나의 완전한 단위로서 보다 효과적으로 기능을 발휘하고 업무를 수행할 수 있도록 촉진하는 팀 경험이 필요한 경우에 이루어진다. 팀 프로세스 훈련의 한 가지 유형으로 **액션 러닝**(action learning)이 있다. 모토롤라와 GE와 같은 기업에서 효과적으로 활용했던 이러한 유형의 훈련을 통해, 조직 관련 현실적 문제가 주어지고, 팀은 문제를 분석하고, 행동 계획을 개발하고, 그리고 최종적으로는 행동 계획을 이행하는 것에 대한 책임을 지게 된다.[107] 이러한 형태의 경험이 어떻게 효과적인 팀 프로세스를 개발할 수 있는가? 첫째, 팀은 프로젝트의 각 단계마다 보다 효과적인 프로세스를 구축하도록 코칭을 받는다. 둘째, 프로젝트를 진행하면서 자신이 사용한 팀 프로세스에 대해 회의를 통해 재고해 보도록 독려받는다. 이러한 회의에서 구성원들은 자신의 경험을 통해 관찰하고 배운 것뿐만 아니라 향후에 어떻게 달리 일할 것인지에 대한 의견을 나눈다.

두 번째 유형의 팀 프로세스 훈련은 효과적인 팀워크 프로세스가 특별히 중요하게 요구되는 과업이 주어진 팀 상황을 경험하도록 하는 것이다. 예를 들면, 유나이티드 에어라인(United Airlines)에서는 피트(pit) 작업자 훈련 프로그램을 이용하여 램프(ramp) 작업자들을 훈련시킨다.[108] 유나이티드와 같은 항공사에서 램프 작업 팀은 수하물, 벨트 로더, 수하물 카트 작업을 해야 하지만 타이어, 잭, 에어건으로 작업하는 NASCAR(미국스톡카경주협회) 피트 작업자의 업무와 유사한 부분이 있다. 무엇보다도, 이 두 가지 상황에 있어서 효과적인 업무 성과란 부족한 시간적 제약 속에서 작업을 안전하게 수행하는 것을 의미한다. 더욱이 이러한 상황 모두 목표 달성을 위해서는 팀워크, 의사소통 및 표준화된 팀 업무 절차의 엄격한 준수가 요구된다. 피트 크루 훈련으로 램프 작업자를 훈련을 시키는 방법의 실질적 가치는 매우 생생한 방법으로 팀워크를 가르친다는 점이다. 만약 타이어를 교체하고자 할 때 팀에서 업무 절차를 지키지 않고 함께 작업을 진행하지 않는다면, 필요한 공구는 제자리에 없고, 부품은 바닥에 떨어지고, 구성원들은 서로에게 방해가 될 수 있다. 결과적으로 타이어 교체를 위한 피트 스톱(pit stop)(경주 도중 급유, 타이어 교체 등을 위한 정차)에 몇 초가 소요되는 것이 아니라 몇 분이 소요될 것이다.

팀 구축

팀 프로세스 훈련의 네 번째 일반적 유형에는 **팀 구축**(team building)이 있다. 이러한 유형의 훈련은 보통 컨설턴트에 의해 진행되고 목표 설정, 대인 간 관계, 문제 해결, 및 역할 구분 등과 관련된 팀 프로세스 개발을 활성화하기 위한 의도가 있다.[109] 로프 코스(ropes course)는 팀 구축을 위해 활용되는 매우 잘 알려진 방법이다. 이것은 팀 구성원들이 함께 일하면서 목재 빔, 로프, 그리고 20~50피트 공중에서 안전장치에 매달려 줄을 타고 내려가는 짚 라인(zip line) 등을 통과하는 것이다. 또 다른 예는, 레이저 테그, 페인트 볼,[110] WhirlyBall(구멍을 뚫어 멀리 날아가지 못하

로프 코스는 참가자들에게 팀 멤버들을 서로 알아보는 독특한 기회를 제공한다. 그러나 그들은 정말 효과적인 팀을 구축할 수 있을까?

는 휘플볼과 플라스틱 채를 이용하여 범퍼카로 경기를 펼치는 라크로스 게임),[111] 급류 래프팅, 보물찾기, 드럼 서클에서 드럼치기[112] 등이 있다. 이러한 팀 구축 활동은 규모에 상관없이 모든 조직에서 많은 이용하고 있고, 매우 재미있게 할 수 있는 것들이다.

그러나 자신의 직무와 관련이 없는 것 같은 유희 활동에 참가하는 것만으로 효과적인 팀을 구축할 수 있을까? 실제로, 이것 때문에 상원의원 바이런 도건(Byron Dorgan)과 론 와이든(Ron Wyden)은 USPS(미국우체국서비스) 감독 책임자의 파면을 요구하기도 했다.[113] 주(州)우정국 이사회에 보낸 서한에서 이들은 감독 책임자가 "수백만 달러의 USPS 자금을 값비싸고 멍청한 "팀 구축" 행사에 쏟아 부었고, 낭비를 줄이고 효율성을 높여야 하는 본연의 업무에 쓰여야 할 자원을 낭비했다. … 자료를 보면, 공무원들이 디스코 그룹 빌리지 피플(Village People)처럼 차려 입고, 고양이 가면을 쓰고, 스트립쇼도 하고, 모의재판도 벌이고 있는데, 이런 것들 모두가 근무 시간에 국민 세금을 낭비한 꼴"이라고 주장했다.[114] 여러 가지 유형의 행사가 있었기 때문에 이러한 팀 구축 행사의 효과를 판단하기에는 어려운 부분이 어느 정도 있지만, 이와 관련된 연구들을 보면 상원의원의 주장에 대해 혼재된 지지를 내놓고 있다. 어느 메타 분석을 통해 확인한 부분을 보면, 생산성 측면에서 성과를 정의한다면 팀 구축이 팀 성과에 별다른 영향을 주지 않는 것으로 나타났다.[115] 그러나 팀의 규모가 작거나 관련 행사가 명확한 역할 책임의 구분이 강조되는 경우에는 팀 구축이 긍정적인 영향을 주는 것으로 나타났다. 팀 구축 훈련에서 진행자는 구성원들이 이러한 행사와 자신의 업무가 어떻게 연결될 수 있는지 이해하도록 도움을 줄 수 있어야 하고, 또한 모든 구성원이 참가할 수 있도록 보장해야 한다.[116]

요점 정리

2.1 과업 프로세스는 팀 과업의 수행과 직접적으로 관련된 팀 구성원들의 활동이다. 과업 프로세스는 창의적 행동, 의사결정, 그리고 경계 탐색 등을 포함한다.

12.2 팀워크 프로세스는 그 자체로는 과업 수행과 직접적으로 관련이 없지만 팀의 업무 수행을 촉진할 수 있는 개인 간의 활동을 말한다. 팀워크 프로세스는 변환 프로세스, 실행 프로세스, 그리고 대인 프로세스 등을 포함한다.

12.3 커뮤니케이션은 팀 내 많은 업무가 이루어지는 과정이다. 커뮤니케이션의 효과성은 송신자와 수신자의 의사소통 능력, 잡음, 정보의 풍부성, 그리고 네트워크 구조 등에 의해 영향을 받을 수 있다.

12.4 팀 상태는 팀 구성원들이 함께 일하며 얻은 경험의 결과로써 마음속에 형성된 감정과 사고의 특정 유형을 말한다. 팀 상태는 응집력, 팀 효능감, 멘탈 모델, 그리고 분산 기억 등을 포함한다.

12.5 팀워크 프로세스는 팀 성과와 어느 정도 긍정적 관계를 가지며 팀 몰입과는 강한 긍정적 관계를 가진다.

12.6 조직은 팀 프로세스의 향상을 위해 훈련 기법을 사용할 수 있다. 이러한 기법에는 호환성 팀워크 역량 훈련, 교차 훈련, 팀 프로세스 훈련, 그리고 팀 구축 등이 포함된다.

핵심 용어

- 개인적 명확화
- 경계 탐색
- 과업 갈등
- 과업 조정활동
- 과업 프로세스
- 관계 갈등
- 교차훈련
- 네트워크 구조
- 대인 프로세스
- 동기부여 손실
- 멘탈 모델
- 명목 집단기법
- 보직 순환
- 분산 기억
- 브레인스토밍
- 사회적 태만
- 생산 방해
- 스태프 유효성
- 실행 프로세스
- 액션 러닝
- 우선순위 민감도
- 응집력
- 의사결정 정보력
- 전환 프로세스
- 정보의 충실성
- 조정 손실
- 집단 사고
- 채용 활동
- 커뮤니케이션
- 특사활동
- 팀 구축
- 팀 상태
- 팀 프로세스
- 팀 프로세스 훈련
- 팀 효능감
- 팀워크 프로세스
- 포지션 모델링
- 프로세스 손실
- 프로세스 이득
- 호환성 팀워크 역량

토론 질문

12.1 이 장을 읽기 전에 당신은 팀워크를 어떻게 정의했는가? 이 정의가 이 책에서 서술한 정의와 얼마나 일치하는가?

12.2 성과가 저조한 팀에서 일했던 경험을 생각해 보자. 낮은 성과의 원인이 프로세스 손실을 초래할 수 있는 영향력과 관련이 있는가? 만약 그렇다면 어떤 영향력이 가장 문제가 되었는가? 그 문제를 다루기 위해 당신의 팀에서 한 것이 있다면 무엇인가?

12.3 본 장에서 설명된 팀 상태에 대해 생각해 보자. 만약 당신이 새로운 팀에 들어갔다면 팀 상태에 대한 느낌을 갖기까지 얼마나 시간이 걸릴 것으로 생각되는가? 당신이 가장 먼저 알 수 있는 팀 상태는 무엇인가? 오랜 시간이 걸릴 수 있는 무엇인가?

12.4 당신이 팀원이었던 학생 팀의 의사소통 과정에 대해 서술해 보자. 팀 멤버들의 의사소통 과정에서 발생할 수 있었던 "잡음"의 예를 든다면? 멤버들 간 의사소통의 기본적 형태는 무엇이었나? 이 의사소통의 형태는 적절한 수준의 정보의 충실성을 갖고 있었는가? 어떤 종류의 네트워크 구조가 팀이 의사소통을 위해 사용한 네트워크 구조를 가장 비슷하게 설명하고 있는가? 집권화의 수준은 적절한 편이었는가?

12.5 학생팀에 가장 도움이 되는 팀워크 훈련은 어떤 유형인가? 이 훈련은 정확히 무엇을 커버할 것인가? 당신이 기대할 수 있는 특정 성과는 무엇인가? 훈련 자체로부터 팀을 방해할 수 있는 것은 무엇인가?

사례: 메이오 클리닉

의사 개인이 혼자서 일할 때는 팀으로 일할 때에 비해 다양한 환자를 돌보는 데 같은 수준의 성공을 거둘 수는 없었기 때문에 의료 팀워크는 메이오 클리닉에 시너지 효과를 제공하였고, 이를 통해 지난 150년 동안 성장해 올 수 있었다. 물론 각각 고유한 트레이닝과 전문성을 갖춘 개인으로 구성된 팀이 하나의 단위로 기능하도록 관리하는 데에는 어려움이 있다. 우선, 의료케이스를 해결하는 가장 좋은 방법에 대해 전문 분야가 다른 의사들은 서로 다양한 관점을 가질 수 있다. 이러한 차이는 기능적 갈등과 권력 투쟁으로 이어질 수 있음을 상상할 수 있다. 그러나 다행히도 메이오 클리닉이 추구하는 핵심 가치는 협력과 통합적 결과를 이끄는 기반을 제공한다. 팀 구성원은 환자의 요구가 우선이라는 것을 이해하기 때문에 이 가장 중요한 목표를 달성하는 솔루션 또는 솔루션 조합을 합리적으로 평가하여 차이점을 해결할 수 있다. 이 외에도 메이오 클리닉에서 팀워크를 촉진하기 위해 사용하는 다른 방법이 많이 있다.

예를 들어 메이오 클리닉은 신입 사원을 채용할 때 인재뿐만 아니라 가치도 고려한다. 필수 지식과 기술을 갖춘 구직자들은 기존 직원들로 구성된 패널과의 인터뷰를 통해 메이오 클리닉의 환자 중심 접근 방식과 일치하는 가치를 갖고 있는지 알아보기 위한 질문을 받게 된다. 이 과정에는 많은 시간이 걸리지만 개인의 성취와 이득보다 팀워크와 겸손을 강조하는 조직에서 효과적이고 행복할 수 있는 신입 사원을 선발하는 데 도움이 된다.

이와 관련하여 외과수술의 및 기타 의사를 포함한 메이오 클리닉의 직원은 고정급여를 받는다. 급여 수준은 경쟁력이 있지만 고정급여는 의료 분야에서 흔하지 않으며 인센티브 급여 제도에 의해 제공되는 급여에 익숙한 사람들에게는 꺼려질 수 있다(예: 수행된 각 수술건에 대해 인건비를 받는 것). 그러나 고정급여를 사용하면 직원이 환자의 요구 사항을 충족하는 데 집중할 수 있고 팀워크가 촉진된다다. 환자에게 진료를 제공하는 데 있어 지름길을 택할 인센티브가 전혀 없으며 직원은 환자의 요구 사항을 해결하기 위해 시간을 할애할 가능성이 더 크다. 그렇다면 고정급여를 받는 의료진이 세계 최고 수준의 진료를 위해 쉬지 않고 일할 수 있는 인센티브는 어디서 찾을 수 있을까? 해결책은 조직의 공동 의료 기록 사용에 있다. 의료진들은 자신의 평가와 진료 기록이 팀의 다른 사람들에게 읽힐 것이라는 점을 이해하고 있으며, 모두가 좋은 평가를 받기 때문에 일을 올바르게 하고 열심히 해야 한다는 압박감을 많이 느끼게 된다.

12.1 메이오 클리닉 팀에서 사용하는 작업 프로세스 유형을 식별하고 설명해 보자.

12.2 메이오 클리닉 팀에 어떤 잠재적인 프로세스 손실 가능성이 있을까?

12.3 잠재적인 프로세스 손실을 완화하는 데 가장 관련이 있는 팀 상태는 무엇인가? 다른 종류의 팀 상태 역시 중요할까?

출처: L.L. Berry and K.D. Seltman, *Management Lessons from Mayo Clinic* (McGraw-Hill: New York, 2017); L.L. Berry and K.D. Seltman, "The Enduring Culture of Mayo Clinic," Mayo Clinic Proceedings, February 2014, pp. 144–47.

예제: Wilderness Survival

이 예제의 목적은 의사결정 과정에 팀 프로세스를 경험하기 위한 것이다. 이 예제는 모둠 활동으로 진행되기에, 강의자가 모둠을 만들어 주거나 학습자들이 직접 모둠을 만들어야 한다. 이 예제는 다음과 같은 단계로 진행된다.

12.1 개인별로 다음의 시나리오를 읽는다. 당신은 다섯 명의 친구들과 함께 퀘티코 주립 공원이 있는 미네소타와 남부 온타리오 바운더리 워터스(Boundary Waters)로 카누 여행을 갔다. 당신의 그룹은 그랜드 캐니언 폭포와 케네바스 폭포 그리고 케니 호수를 따라 사가나곤스 호수에 서부터 카우니피 호수를 여행하고 있다. 15~18마일 떨어진 길이 가장 가까운 길인데, 호수와 강은 노를 저어서 그리고 대개는 수많은 폭포 주위의 육로를 통해 도착할 수 있다. 사가나곤스 호수는 많은 비로 인한 날씨 문제로 건너는 것이 불가능하다. 가장 가까운 도시는 미네소타 지역의 그랑 마레이스로 60마일이 떨어져 있다. 그 도시에는 캠핑 용품점은 많이 있지만 의료 지원은 제한적이어서, 마을 주민들은 남쪽으로 멀리 떨어진 병원에 의존한다.

호수와 강 사이에 여기저기 땅이 조금씩 있어서 지형은 약 70%의 땅과 30%의 물로 되어 있다. 이 지역에서 곰은 흔히 볼 수 있다. 지금은 5월 중순이며, 낮의 온도는 하루에도 화씨 약 25도에서 70도 사이를 왔다 갔다 한다. 밤 온도는 20도 정도가 될 수 있다. 밤낮으로 비가 자주 내리고 온도가 차가운 경우는 생명을 위협할 수 있다. 같은 날씨가 하루나 이틀 이상 지속되는 경우는 흔치 않다. 일반적으로, 하루 비가 내리면 다음 날은 덥거나 맑고 셋째 날은 바람이 분다. 그리고 그 다음 날 날씨가 어떨지는 예측하기 어렵다. 사실, 하루 동안에도 맑고, 따뜻하고, 비오고, 바람이 불기도 한다.

두 개의 카누에 타고 있는 당신의 그룹이 강을 따라 내려가다 급류에 다다르게 되었다. 육지로 이동 경로를 바꾸기보다 그룹은 어리석게 카누로 급류를 타기로 결정했다. 불행하게도 모두 카누에서 떨어졌고, 일부는 바위에 부딪혔다. 다행히 아무도 죽지는 않았지만, 한 친구가 다리가 부러져 고통을 겪고 있고 몇 명의 친구들은 상처와 타박상을 입었다. 카누 두 대는 모두 가운데가 굽어졌고, 한 대는 18인치가 벌어지는 등 심각하게 손상되었다. 다른 한 대는 12인치와 15인치 길이로 두 곳이 찢어졌다. 두 대 모두 gunwales(양측 상부 모서리)도 파손되었다. 당신은 텐트, 대부분의 의류, 거의 모든 음식, 조리 기구, 연료, 응급 처치 키트, 그리고 손전등이 든 팩을 잃어버렸다. 당신이 보유하고 있는 물품은

	A 개인적 오료 (B-D)	B 당신의 순위	C 그룹의 순위	D 전문가 순위	E 그룹의 오류 (C-D)	F 설득 점수 (B-C)
음식물 주머니 팩(치즈, 살라미 등)						
지역 플라스틱 피복지도						
개인적 부양 장치 6개						
부러진 낚시대 2개						
젖은 3인용 의류세트						
노란색 플라스틱 원반 1개						
물 정수 알약들						
강력 접착테이프(1개 30롤)						
위스키(1잔, 180도)						
방충제(1병)						
성냥(30알, 건조)						
낙하산 코드(35′)						
나침반						
침낭 6개(합성섬유)						
개인적 점수: (A열 점수의 합):						
그룹 점수: (E열 점수의 합):						
설득 점수: (F열 점수의 합):						

표에 제시되어 있는 것과 같다.

당신은 이 여행의 허가를 받았지만, 당신이 어디에 있는지 확실히 아는 사람이 없고 가장 가까운 전화도 그랑 마데이스까지 가야 있다. 당신은 지금부터 다시 4일간을 계획했는데, 그건 수색조가 5일 이내에 파견될 가능성이 있기 때문이다(하루가 연기되거나 그 전에 올 수도 있기 때문에). 이제 추워지기 시작했고, 그리고 비가 올 것도 같다. 이제 당신의 과업은 이러한 예측 불가능하고 상당히 가혹한 조건에서 구조될 때까지 생존하는 방법을 생각해 보는 것이다.

12.2 개인별로 당신이 이런 상황에 있다면 표에 있는 물품들 중에서 무엇이 가장 중요한 것이 될지를 생각해 보자. 가장 중요하다고 생각되는 물품에 "1" 순위를, 그리고 가장 덜 중요하다고 생각되는 물품에 "14" 순위를 차례대로 B열에 적는다.

12.3 그룹별로도 합의된 물품의 순위를 차례대로 C열에 적는다. 단지 다수결이나 평균을 통해 순위를 구해서는 안 되며, 모든 멤버가 각 순위마다 더 많은 혹은 적은 동의를 받도록 노력해야 한다. 다른 구성원이 동의하지 않을 때에는 그 이유를 잘 들어보도록 한다. 의견에 확신이 있는 경우, 다른 구성원들의 동의를 얻기 위해 설득적 기술을 사용하도록 한다.

12.4 진행자는 두 전문가들(바운더리 워터스 지역에서의 많은 카누 여행의 가이드 역할을 하는 레이 아웃피터스(REI Outfitters)의 제프 스테머만과 켄 기에스크)의 견해에 따라 정답을 알려주고 이유에 대해 설명을 제공한다. 전문가의 순위는 D열에 기입한다. 여기서 A열에 있는 개인적 오차 점수는 B열과 D열의 절대값의 차이로 계산될 수 있다. E열에 있는 그룹 오차 점수는 C열과 D열의 절대값의 차이로 계산될 수 있다. 마지막으로, 설득점수는 B열과 C열의 절대값의 차이로 계산될 수 있다. 계산된 값은 절대값의 차이이기 때문에 음수가 나올 수 없음을 다시 한 번 기억하길 바란다. 여기까지의 작업을 마치면, 세 가지 점수를 기입한다. 개인적 점수(A열의 합계), 그룹 점수(E열의 합계), 설득 점수(F열의 합계). 설득 점수는 당신의 의견을 관철시키기 위해 그룹 멤버들에게 얼마나 영향력을 발휘할 수 있는지를 측정한 것이다.

12.5 진행자는 칠판에 아래의 표와 비슷한 Excel 파일을 작성할 것이다. 모든 그룹은 멤버 점수 평균(그룹별 개인

그룹	1	2	3	4	5	6	7	8
멤버들 점수의 평균								
그룹 점수								
최고 멤버 점수								
최고 멤버의 설득점수								
프로세스 이득? (예, 아니오)								

적 점수의 평균), 그룹 점수, 최고의 멤버 점수(그룹에서 개인적 점수(A열 합계)가 가장 낮은), 멤버들의 설득 점수(개인적 점수가 최저인 멤버들의 설득 점수)를 제출해야 한다.

12.6 만약 그룹 점수가 멤버들 점수의 평균보다 낮으면 프로세스 이득에 "예"로 기입하면 된다. 이는 그룹 토의가 보다 정확한 의사결정이 될 수 있는 상황을 반영하는 것이다. 즉, "부분의 합"보다는 "전체"가 더 효과적일 수 있는 상황이라 할 수 있다. 그룹 점수가 멤버들 점수의 평균보다 높은 경우는 프로세스 이득에 "아니오"로 기입하면 된다. 이런 상황에서는 그룹 토의가 덜 정확한 의사결정이 될 수 있다. 그리고 토의가 이루어지 않았다면 더 좋은 결과를 낳을 수 있는 경우이다.

12.7 토의(그룹이든 분반이든)는 다음과 같은 질문에 초점을 두어야 한다: 대부분의 그룹이 평균 개인 점수보다 나은 집단 점수란 측면에서 프로세스 이득을 달성한 경향이 있는가? 그룹 점수는 최고 멤버의 점수보다 대체로 더 좋은 편인가? 그렇지 않다면 이유는 무엇인가? 시너지가 부족했던 그룹은 어느 단계에서 잘못되는 경향이 있는가? 즉, 어떤 행동들이 프로세스 이득보다 손실을 초래했는가? 이 모든 과정에서 최고 멤버의 설득 점수는 어떤 역할을 하였는가? 최고 멤버(낮은 설득 점수를 받은)의 말을 더 듣는 경향이 있는 그룹이 더 자주 프로세스 이득을 얻게 되는가?

미주

12.1 Ilgen, D.R.; D.A. Major; J.R. Hollenbeck; and D.J. Sego. "Team Research in the 1990s." In *Leadership Theory and Research: Perspectives and Directions*, ed. M.M. Chemers and R. Ayman. New York: Academic Press, 1993, pp. 245–70.

12.2 "Process." *Merriam-Webster online dictionary* (n.d.), http://www.merriam-webster. com/dictionary/ process.

12.3 Bellman, G., and K. Ryan. "Creating an Extraordinary Group." *T&D*, September 2010, pp. 56–61.

12.4 Hackman, J.R. "The Design of Work Teams." In *Handbook of Organizational Behavior*, ed. J.W. Lorsch. Englewood Cliffs, NJ: Prentice Hall, 1987, pp. 315–42.

12.5 Steiner, I.D. *Group Processes and Productivity*. New York: Academic Press, 1972.

12.6 Hackman, J.R. "The Design of Work Teams." In *Handbook of Organizational Behavior*, ed. J.W. Lorsch. Englewood Cliffs, NJ: Prentice Hall, 1987, pp. 315–42.

12.7 Lamm, H., and G. Trommsdorff. "Group Versus Individual Performance on Tasks Requiring Ideational Proficiency (Brainstorming)." *European Journal of Social Psychology* 3 (1973), pp. 361–87.

12.8 Hackman, J.R. "The Design of Work Teams." In *Handbook of Organizational Behavior*, ed. J.W. Lorsch. Englewood Cliffs, NJ: Prentice Hall, 1987, pp. 315–42.

12.9 Latane, B.; K. Williams; and S. Harkins. "Many Hands Make Light the Work: The Causes and Consequences of Social Loafing." *Journal of Personality and Social Psychology Management* 30 (2004), pp. 933–58.

12.12 Miron-Spektor, E.; M. Erez; and E. Naveh. "The Effect of Conformist and Attentive-to-Detail Members on Team Innovation: Reconciling the Innovation Paradox." *Academy of Management Journal* 54 (2011), pp. 740–60.

12.13 Hirst, G.; D. van Knippenberg; and J. Zhou. "A Cross- Level Perspective on Employee Creativity: Goal Orientation, Team Learning Behavior, and Individual Creativity." *Academy of Management Journal* 52 (2009), pp. 280–93.

12.14 Kelley, T., and J. Littman. *The Art of Innovation*. New York: Doubleday, 2001, p. 69.

12.15 Ben-Menahem, S.M.; G. Von Krogh; Z. Erden; and A. Schneider. "Coordinating Knowledge Creation in Multidisciplinary Teams: Evidence from Early-Stage Drug Discovery." *Academy of Management Journal* 59 (2016), pp. 2308–38.

12.16 Osborn, A.F. *Applied Imagination* (revised ed.). New York: Scribner, 1957.

12.17 Osborn, A.F. *Applied Imagination* (revised ed.). New York: Scribner, 1957.

12.18 Diehl, M., and W. Stroebe. "Productivity Loss in Brainstorming Groups: Toward a Solution of a Riddle." *Journal of Personality and Social Psychology* 53 (1987), pp. 497–509; Mullen, B.; C. Johnson; and E. Salas. "Productivity Loss in Brainstorming

Groups: A Meta-Analytic Investigation." *Basic and Applied Social Psychology* 12 (1991), pp. 3–23.

12.19 Diehl, M., and W. Stroebe. "Productivity Loss in Brainstorming Groups: Toward a Solution of a Riddle." *Journal of Personality and Social Psychology* 53 (1987), pp. 497–509.

12.20 Sutton, R.I., and A. Hargadon. "Brainstorming Groups in Context: Effectiveness in a Product Design Firm." *Administrative Science Quarterly* 41 (1996), pp. 685–718.

12.21 Kelley, T. *The Art of Innovation*. New York: Doubleday, 2001.

12.22 Delbecq, A.L., and A.H. Van de Ven. "A Group Process Model for Identification and Program Planning." *Journal of Applied Behavioral Sciences* 7 (1971), pp. 466–92; Geschka, H.; G.R. Schaude; and H. Schlicksupp. "Modern Techniques for Solving Problems." *Chemical Engineering*, August 1973, pp. 91–97.

12.23 Grand, J.A.; M.T. Braun; G. Kuljanin; S.W.J. Kozlowski; and G.T. Chao. "The Dynamics of Team Cognition: A Process-Oriented Theory of Knowledge Emergence in Teams." *Journal of Applied Psychology* 101 (2016), pp. 1353–85.

12.24 Bornstein, B.H., and E. Greene. "Jury Decision Making: Implications for and from Psychology." *Current Directions in Psychological Science* 20 (2011), pp. 63–67.

12.25 Bornstein, B.H., and E. Greene. "Jury Decision Making: Implications for and from Psychology." *Current Directions in Psychological Science* 20 (2011), pp. 63–67.

12.26 Salerno, J., and S. Diamond. "The Promise of a Cognitive Perspective on Jury Deliberation." *Psychonomic Bulletin & Review* 17 (2010), pp. 174–79.

12.27 Lieberman, J.D. "The Utility of Scientific Jury Selection: Still Murky After 30 Years." *Current Directions in Psychological Science* 20 (2011), pp. 48–52.

12.28 Brehmer, B., and R. Hagafors. "Use of Experts in Complex Decision Making: A Paradigm for the Study of Staff Work." *Organizational Behavior and Human Decision Processes* 38 (1986), pp. 181–95; Ilgen, D.R.; D. Major; J.R. Hollenbeck; and D. Sego. "Raising an Individual Decision Making Model to the Team Level: A New Research Model and Paradigm." In *Team Effectiveness and Decision Making in Organizations*, ed. R. Guzzo and E. Salas. San Francisco: Jossey-Bass, 1995, pp. 113–48.

12.29 Hollenbeck, J.R.; A.P.J. Ellis; S.E. Humphrey; A.S. Garza; and D.R. Ilgen. "Asymmetry in Structural Adaptation: The Differential Impact of Centralizing Versus Decentralizing Team Decision- Making Structures." *Organizational Behavior and Human Decision Processes* 114 (2011), pp. 64–74.

12.30 Hollenbeck, J.R.; J.A. Colquitt; D.R. Ilgen; J.A. LePine; and J. Hedlund. "Accuracy Decomposition and Team Decision Making: Testing Theoretical Boundary Conditions." *Journal of Applied Psychology* 83 (1998), pp. 494–500; Hollenbeck, J.R.; D.R. Ilgen; D.J. Sego; J. Hedlund; D.A. Major; and J. Phillips. "Multilevel Theory of Team Decision Making; Decision Performance in Teams Incorporating Distributed Expertise." *Journal of Applied Psychology* 80 (1995), pp. 292–316.

12.31 Humphrey, S.E.; J.R. Hollenbeck; C.J. Meyer; and D.R. Ilgen. "Hierarchical Team Decision Making." *Research in Personnel and Human Resources Management* 21 (2002), pp. 175–213.

12.32 Hollenbeck, J.R.; D.R. Ilgen; D.J. Sego; J. Hedlund; D.A. Major; and J. Phillips. "Multilevel Theory of Team Decision Making; Decision Performance in Teams Incorporating Distributed Expertise." *Journal of Applied Psychology* 80 (1995), pp. 292–316; Hollenbeck, J.R.; D.R. Ilgen; J.A. LePine; J.A. Colquitt; and J. Hedlund. "Extending the Multilevel Theory of Team Decision Making: Effects of Feedback and Experience in Hierarchical Teams." *Academy of Management Journal* 41 (1998), pp. 269–82.

12.33 Hollenbeck, J.R.; D.R. Ilgen; J.A. LePine; J.A. Colquitt; and J. Hedlund. "Extending the Multilevel Theory of Team Decision Making: Effects of Feedback and Experience in Hierarchical Teams." *Academy of Management Journal* 41 (1998), pp. 269–82.

12.34 Hedlund, J.; D.R. Ilgen; and J.R. Hollenbeck. "Decision Accuracy in Computer-Mediated vs. Face- to-Face Decision Making Teams." *Organizational Behavior and Human Decision Processes* 76 (1998), pp. 30–47.

12.35 Ilgen, D.R.; J.A. LePine; and J.R. Hollenbeck. "Effective Decision Making in Multinational Teams." In *New Perspectives in International Industrial–Organizational Psychology*, ed. P.C. Earley and M. Erez. San Francisco: Jossey- Bass, 1997, pp. 377–409.

12.36 Ancona, D.G. "Outward Bound: Strategies for Team Survival in an Organization." *Academy of Management Journal* 33 (1990), pp. 334–65.

12.37 Ancona, D.G. "Outward Bound: Strategies for Team Survival in an Organization." *Academy of Management Journal* 33 (1990), pp. 334–65; Marrone, J.A.; P.E. Tesluk; and J.B. Carson. "A Multilevel Investigation of Antecedents and Consequences of Team Member Boundary-Spanning Behavior." *Academy of Management Journal* 50 (2007), pp. 1423–39.

12.38 De Vries, T.A.; F. Walter; G.S. Van Der Vegt; and P.J.M.D. Essens. "Antecedents of Individuals' Interteam Coordination: Broad Functional Experiences as a Mixed Blessing." *Academy of Management Journal* 57 (2014), pp. 1334–59.

12.39 LePine, J.A.; R.F. Piccolo; C.L. Jackson; J.E. Mathieu; and J.R. Saul. "A Meta-Analysis of Team Process: Toward a Better Understanding of the Dimensional Structure and Relationships with Team Effectiveness Criteria." *Personnel Psychology* 61 (2008), pp. 273–307; Marks, M.A.; J.E. Mathieu; and S.J. Zaccaro. "A Temporally Based Framework and Taxonomy of Team Processes." *Academy of Management Review* 26 (2001), pp. 356–76.

12.40 Marks, M.A.; J.E. Mathieu; and S.J. Zaccaro. "A Temporally Based Framework and Taxonomy of Team Processes." *Academy of Management Review* 26 (2001), pp. 356–76.

12.41 Fisher, D.M. "Distinguishing Between Taskwork and Teamwork Planning in Teams: Relations with Coordination and Interpersonal Processes." *Journal of Applied Psychology* 99 (2014), pp. 423–36.

12.42 Eddy, E.R.; S.I Tannenbaum; and J.E. Mathieu. "Helping Teams to Help Themselves: Comparing Two Team-Led Debriefing Methods." *Personnel Psychology* 66 (2013), pp. 975–1008; Villado, A.J., and W. Arthur Jr. "The Comparative

Effect of Subjective and Objective After-Action Reviews on Team Performance on a Complex Task." *Journal of Applied Psychology* 98 (2013), pp. 514–28.

12.43 Barnes, C.M.; J.R. Hollenbeck; D.T. Wagner; D.S. DeRue; J.D. Nahrgang; and K.M. Schwind. "Harmful Help: The Costs of Backing-Up Behavior in Teams." *Journal of Applied Psychology* 93 (2008), pp. 529–39; Hu, J., and R.C. Liden. "Making a Difference in the Teamwork: Linking Team Prosocial Motivation to Team Processes and Effectiveness." *Academy of Management Journal* 58 (2015), pp. 1102–27.

12.44 Kozlowski, S.W.J., and B.S. Bell. "Work Groups and Teams in Organizations." In *Handbook of Psychology*, Vol. 12: Industrial and Organizational Psychology, ed. W.C. Borman; D.R. Ilgen; and R.J. Klimoski; Hoboken, NJ: Wiley 2003, pp. 333–75.

12.45 Behfar, K.J.; R.S. Peterson; E.A. Mannix; and W.M.K. Trochim. "The Critical Role of Conflict Resolution in Teams: A Close Look at the Links Between Conflict Type, Conflict Management Strategies, and Team Outcomes." *Journal of Applied Psychology* 93 (2008), pp. 170–88; De Dreu, C.K.W., and L.R. Weingart. "Task Versus Relationship Conflict, Team Performance, and Team Member Satisfaction: A Meta- Analysis." *Journal of Applied Psychology* 88 (2003), pp. 741–49.

12.46 Jehn, K. "A Multimethod Examination of the Benefits and Detriments of Intergroup Conflict." *Administrative Science Quarterly* 40 (1995), pp. 256–82.

12.47 De Dreu, C.K.W., and L.R. Weingart. "Task Versus Relationship Conflict, Team Performance, and Team Member Satisfaction: A Meta-Analysis." *Journal of Applied Psychology* 88 (2003), pp. 741–49; DeChurch, L.A., J.R. Mesmer-Magnus, and D. Doty. "Moving Beyond Relationship and Task Conflict: Toward a Process- State Perspective." *Journal of Applied Psychology* 98 (2013), pp. 559–78.

12.48 de Wit, F.R.C.; J.L. Greer; and K.A. Jehn. "The Paradox of Intragroup Conflict: A Meta-Analysis." *Journal of Applied Psychology* 97 (2012), pp. 360–90.

12.49 Bradley, B.H.; A.C. Klotz; B.E. Postlethwaite; and K.G. Brown. "Ready to Rumble: How Team Personality Composition and Task Conflict Interact to Improve Performance." *Journal of Applied Psychology* 98 (2013), pp. 385–92.

12.50 Sinha, R.; N.S. Janardhanan; L.L. Greer; D.E. Conlon; and J.R. Edwards. "Skewed Task Conflicts in Teams: What Happens When a Few Members See More Conflict Than the Rest?" *Journal of Applied Psychology* 101 (2016), pp. 1045–55.

12.51 Thompson, L.L. *Making the Team: A Guide for Managers*, 2nd ed. Upper Saddle River, NJ: Pearson Prentice Hall, 2004.

12.52 DeChurch, L.A., and M.A. Marks. "Maximizing the Benefits of Task Conflict: The Role of Conflict Management." *The International Journal of Conflict Management* 12 (2001), pp. 4–22; De Dreu, C.K.W., and L.R. Weingart. "Task Versus Relationship Conflict, Team Performance, and Team Member Satisfaction: A Meta-Analysis." *Journal of Applied Psychology* 88 (2003), pp. 741–49; Van de Vliert, E., and M.C. Euwema. "Agreeableness and Activeness as Components of Conflict Behaviors." *Journal of Personality and Social Psychology* 66 (1994), pp. 674–87; Todorova, G.; J.B. Bear; and J.R. Weingart. "Can Conflict Be Energizing? A Study of Task Conflict, Positive Emotions, and Job Satisfaction." *Journal of Applied Psychology* 99 (2014), pp. 451–67.

12.53 DeChurch, L.A., and M.A. Marks. "Maximizing the Benefits of Task Conflict: The Role of Conflict Management." *The International Journal of Conflict Management* 12 (2001), pp. 4–22; Van de Vliert, E., and M.C. Euwema. "Agreeableness and Activeness as Components of Conflict Behaviors." *Journal of Personality and Social Psychology* 66 (1994), pp. 674–87.

12.54 Langan-Fox, J. "Communication in Organizations: Speed, Diversity, Networks, and Influence on Organizational Effectiveness, Human Health, and Relationships." In *Handbook of Industrial, Work, and Organizational Psychology*, Vol. 2, ed. N. Anderson; D.S. Ones; and H.K. Sinangil. Thousand Oaks, CA: Sage 2001, pp. 188–205.

12.55 Krone, K.J.; F.M. Jablin; and L.L. Putman. "Communication Theory and Organizational Communication: Multiple Perspectives." In Handbook of Organizational Communication, ed. F.M. Jablin; K.L. Putman; KH. Roberts; and L.W. Porter. Newbury Park, CA: Sage, 1987; Shannon, C.E., and W. Weaver. *The Mathematical Theory of Communication*. Urbana: University of Illinois Press, 1964.

12.56 Krone, K.J.; F.M. Jablin; and L.L. Putman. "Communication Theory and Organizational Communication: Multiple Perspectives." In *Handbook of Organizational Communication*, ed. F.M. Jablin; K.L. Putman; K.H. Roberts; and L.W. Porter. Newbury Park, CA: Sage, 1987; Shannon, C.E., and W. Weaver. *The Mathematical Theory of Communication*. Urbana: University of Illinois Press, 1964.

12.57 Jablin, F.M., and P.M. Sias. "Communication Competence." In *The New Handbook of Organizational Communication: Advances in Theory, Research, and Methods*, ed. F.M. Jablin and L.L. Putnam. Thousand Oaks, CA: Sage, 2001, pp. 819–64.

12.58 Jordan, P.J., and A.C. Troth. "Managing Emotions During Team Problem Solving: Emotional Intelligence and Conflict Resolution." *Human Performance* 17 (2004), pp. 195–218.

12.59 Rafaeli, A., and R.I. Sutton. "Expression of Emotion as Part of the Work Role." *Academy of Management Review* 12 (1987), pp. 23–37.

12.60 Warkentin, M., and P.M. Beranek. "Training to Improve Virtual Team Communication." *Information Systems Journal* 9 (1999), pp. 271–89.

12.61 Krone, K.J.; F.M. Jablin; and L.L. Putman. "Communication Theory and Organizational Communication: Multiple Perspectives." In *Handbook of Organizational Communication*, ed. F.M. Jablin, K.L. Putman, K.H. Roberts, and L.W. Porter. Newbury Park, CA: Sage, 1987; Shannon, C.E., and W. Weaver. *The Mathematical Theory of Communication*. Urbana: University of Illinois Press, 1964.

12.62 Daft, R.L., and R.H. Lengel. "Information Richness: A New Approach to Managerial Behavior and Organizational Design." In *Research in Organizational Behavior*, ed. B.M. Staw and L.L. Cummings. Greenwich, CT: JAI Press, 1984, pp. 191–233.

12.63 Daft, R.L., and R.H. Lengel. "Information Richness: A New Approach to Managerial Behavior and Organizational Design." In *Research in Organizational Behavior*, ed. B.M. Staw and L.L. Cummings. Greenwich, CT: JAI

Press, 1984, pp. 191–233.

12.64 Bonaccio, S.; J. O'Reilly; S.L. O'Sullivan; and F. Chiocchio. "Nonverbal Behavior and Communication in the Workplace: A Review and Agenda for Research." *Journal of Management* 42 (2016), pp. 1044–74.

12.65 Daft, R.L., and R.H. Lengel. "Information Richness: A New Approach to Managerial Behavior and Organizational Design." In *Research in Organizational Behavior*, ed. B.M. Staw and L.L. Cummings. Greenwich, CT: JAI Press, 1984, pp. 191–233.

12.66 Daft, R.L., and R.H. Lengel. "Information Richness: A New Approach to Managerial Behavior and Organizational Design." In *Research in Organizational Behavior*, ed. B.M. Staw and L.L. Cummings. Greenwich, CT: JAI Press, 1984, pp. 191–233.

12.67 Byron, K. "Carrying Too Heavy a Load? The Communication and Miscommunication of Emotion by Email." *Academy of Management Review* 33 (2008), pp. 309–27.

12.68 Daft, R.L., and R.H. Lengel. "Information Richness: A New Approach to Managerial Behavior and Organizational Design." In *Research in Organizational Behavior*, ed. B.M. Staw and L.L. Cummings. Greenwich, CT: JAI Press, 1984, pp. 191–233.

12.69 Daft, R.L., and R.H. Lengel. "Information Richness: A New Approach to Managerial Behavior and Organizational Design." In *Research in Organizational Behavior*, ed. B.M. Staw and L.L. Cummings. Greenwich, CT: JAI Press, 1984, pp. 191–233.

12.70 Leavitt, H.J. "Some Effects of Certain Communication Patterns on Group Performance." *Journal of Abnormal and Social Psychology* 436 (1951), pp. 38–50.

12.71 Glanzer, M., and R. Glaser. "Techniques for the Study of Group Structure and Behavior: II. Empirical Studies of the Effects of Structure in Small Groups." *Psychological Bulletin* 58 (1961), pp. 1–27.

12.72 Farace, R.V.; P.R. Monge; and H.M. Russell. "Communication in Micro-Networks." In *Organizational Communication*, 2nd ed., ed. F.D. Ferguson and S. Ferguson. *New Brunswick*, NJ: Transaction Books, 1988, pp. 365–69.

12.73 Roberts, B. "Developing a Social Business Network." *HR Magazine*, October 2010, pp. 54–60.

12.74 Davenport, R. "More Than a Game." *T&D*, June 2010, pp. 26–29.

12.75 Oh, O.; H.K. Kyounghee; and H.R. Rao. "An Exploration of Social Media in Extreme Events: Rumor Theory and Twitter During the Haiti Earthquake 2010," *ICIS 2010 Proceedings*, http:// aisel.aisnet.org/ icis2010_submissions/ 231/.

12.76 Edmondson, A. "Psychological Safety and Learning Behavior in Work Teams." *Administrative Science Quarterly* 44 (1999), pp. 350–83; Kostopoulos, K., and N. Bozionelos. "Team Exploratory and Exploitative Learning: Psychological Safety, Task Conflict and Team Performance." *Group and Organization Management* 36 (2011), pp. 385–415; Morrison, E.W.; S.L. Wheeler-Smith; and K. Dishan. "Speaking up in Groups: A Cross-Level Study of Group Voice Climate and Voice." *Journal of Applied Psychology* 96 (2011), pp. 183–91.

12.77 Williams, K.D., and S.A. Nida. "Ostracism: Consequences and Coping." *Current Directions in Psychological Science* 20 (2011), pp. 71–75.

12.78 Mach, M.; S. Dolan; and S. Tzafrir. "The Differential Effect of Team Members' Trust on Team Performance: The Mediation Role of Team Cohesion." *Journal of Occupational and Organizational Psychology* 83 (2010), pp. 771–94.

12.79 Festinger, L. "Informal Social Communication." *Psychological Review* 57 (1950), pp. 271–82.

12.80 Beal, D.J.; R.R. Cohen; M.J. Burke; and C.L. McLendon. "Cohesion and Performance in Groups: A Meta-Analytic Clarification of Construct Relations." *Journal of Applied Psychology* 88 (2003), pp. 989–1004; Mullen, B., and C. Copper. "The Relation Between Group Cohesiveness and Performance: An Integration." *Psychological Bulletin* 115 (1994), pp. 210–27.

12.81 Mathieu, J.E.; M.R. Kukenberger; D. D'Innocenzo; and G. Reilly. "Modeling Reciprocal Team Cohesion-Performance Relationships, as Impacted by Shared Leadership and Members' Competence." *Journal of Applied Psychology* 100 (2015), pp. 713–34.

12.82 Janis, I.L. *Victims of Groupthink: A Psychological Study of Foreign Policy Decisions and Fiascoes*. Boston, MA: Houghton Mifflin, 1972.

12.83 Janis, I.L. *Victims of Groupthink: A Psychological Study of Foreign Policy Decisions and Fiascoes*. Boston, MA: Houghton Mifflin, 1972.

12.84 Hirokawa, R.; D. Gouran; and A. Martz. "Understanding the Sources of Faulty Group Decision Making: A Lesson from the Challenger Disaster." *Small Group Behavior* 19 (1988), pp. 411–33; Esser, J., and J. Linoerfer. "Groupthink and the Space Shuttle Challenger Accident: Toward a Quantitative Case Analysis." *Journal of Behavioral Decision Making* 2 (1989), pp. 167–77; Moorhead, G.; R. Ference; and C. Neck. "Group Decision Fiascoes Continue: Space Shuttle Challenger and a Revised Groupthink Framework." *Human Relations* 44 (1991), pp. 539–50.

12.85 Stephens, J., and P. Behr. "Enron Culture Fed Its Demise." *The Washington Post*, June 27, 2002, pp. A1–A2.

12.86 Shea, G.P., and R.A. Guzzo. "Groups as Human Resources." In *Research in Personnel and Human Resource Management*, Vol. 5, ed. K.M. Rowland and G.R. Ferris. Greenwich, CT: JAI Press, 1987, pp. 323–56.

12.87 Tasa, K.; S. Taggar; and G.H. Seijts. "Development of Collective Efficacy in Teams: A Multilevel and Longitudinal Perspective." *Journal of Applied Psychology* 92 (2007), pp. 17–27.

12.88 Gully, S.M.; K.A. Incalcaterra; A. Joshi; and J.M. Beubien. "A Meta-Analysis of Team- Efficacy, Potency, and Performance: Interdependence and Level of Analysis as Moderators of Observed Relationships." *Journal of Applied Psychology* 87 (2002), pp. 819–32.

12.89 Rapp, T.L.; B.G. Bachrach; A.A. Rapp; and R. Mullins. "The Role of Team Goal Monitoring in the Curvilinear Relationship Between Team Efficacy and Team Performance." *Journal of Applied Psychology* 99 (2014), pp. 976–87.

12.90 Concalo, J.A.; E. Polman; and C. Maslach. "Can Confidence Come Too Soon? Collective Efficacy, Conflict and Group Performance over Time." *Organizational Behavior and Human Decision Processes* 113 (2010), pp. 13–24.

12.91 Tasa, K.; S. Taggar; and G.H. Seijts. "Development of Collective Efficacy in Teams: A Multilevel and Longitudinal Perspective." *Journal of Applied Psychology* 92 (2007), pp. 17–27.

12.92 Klimoski, R.J., and S. Mohammed. "Team Mental Model: Construct or Metaphor?" *Journal of Management* 20 (1994), pp. 403–37.

12.93 Cannon-Bowers, J.A.; E. Salas; and S.A. Converse. "Shared Mental Models in Expert Team Decision Making." *Individual and Group Decision Making*, ed. N.J. Castellan. Hillsdale, NJ: Erlbaum, 1993, pp. 221–46.

12.94 Wegner, D.M. "Transactive Memory: A Contemporary Analysis of the Group Mind." In *Theories of Group Behavior*, ed. B. Mullen and G.R. Goethals. New York: Springer-Verlag, 1986, pp. 185–208.

12.95 Mell, J.N.; Van Knippenberg, D.; and Van Ginkel, W.P. "The Catalyst Effect: The Impact of Transactive Memory System Structure on Team Performance." *Academy of Management Journal* 57 (2014), pp. 1154–73.

12.96 Hollingshead, A.B. "Communication, Learning, and Retrieval in Transactive Memory Systems." *Journal of Experimental Social Psychology* 34 (1998), pp. 423–42.

12.97 Wegner, D.M. "Transactive Memory: A Contemporary Analysis of the Group Mind." In *Theories of Group Behavior*, ed. B. Mullen and G.R. Goethals. New York: Springer-Verlag, 1986, pp. 185–208.

12.98 LePine, J.A.; R.F. Piccolo; C.L. Jackson; J.E. Mathieu; and J.R. Saul. "A Meta- Analysis of Teamwork Process: Towards a Better Understanding of the Dimensional Structure and Relationships with Team Effectiveness Criteria." *Personnel Psychology* 61 (2008), pp. 273–307.

12.99 Barrick, M.R.; B.H. Bradley; A.L. Kristoff Brown; and A.E. Colbert. "The Moderating Role of Top Management Team Interdependence: Implications for Real Teams and Working Groups." *Academy of Management Journal* 50 (2007), pp. 544–57; Vashidi, D.R.; P.A. Bamberger; and M. Erez. "Can Surgical Teams Ever Learn? The Role of Coordination, Complexity, and Transitivity in Action Team Learning." *Academy of Management Journal* 56 (2013), pp . 945–71.

12.100 LePine, J.A.; R.F. Piccolo; C.L. Jackson; J.E. Mathieu; and J.R. Saul. "A Meta-Analysis of Teamwork Process: Towards a Better Understanding of the Dimensional Structure and Relationships with Team Effectiveness Criteria." *Personnel Psychology* 61 (2008), pp. 273–307.

12.101 Stevens, M.J., and M.A. Campion. "The Knowledge, Skill, and Ability Requirements for Teamwork: Implications for Human Resource Management." *Journal of Management* 20 (1994), pp. 503–30.

12.102 Stevens, M.J., and M.A. Campion. "The Knowledge, Skill, and Ability Requirements for Teamwork: Implications for Human Resource Management." *Journal of Management* 20 (1994), pp. 503–30; Ellis, A.P.J.; B. Bell; R.E. Ployhart; J.R. Hollenbeck; and D.R. Ilgen. "An Evaluation of Generic Teamwork Skills Training with Action Teams: Effects on Cognitive and Skill- Based Outcomes." *Personnel Psychology* 58 (2005), pp. 641–72.

12.103 Stout, R.J.; E. Salas; and J.E. Fowlkes. "Enhancing Teamwork in Complex Environments through Team Training." *Group Dynamics: Theory, Research, and Practice* 1 (1997), pp. 169–82.

12.104 Volpe, C.E.; J.A. Cannon-Bowers; E. Salas; and P.E. Spector. "The Impact of Cross- Training on Team Functioning: An Empirical Investigation." *Human Factors* 38 (1996), pp. 87–100.

12.105 Marks, M.A.; M.J. Sabella; C.S. Burke; and S.J. Zaccaro. "The Impact of Cross-Training on Team Effectiveness." *Journal of Applied Psychology* 87 (2002), pp. 3–13.

12.106 Blickensderfer, E.; J.A. Cannon-Bowers; and E. Salas. "Cross Training and Team Performance." In *Making Decisions Under Stress: Implications for Individual and Team Training*, ed. J.A. Cannon-Bowers and E. Salas. Washington, DC: APA Press, 1998, pp. 299–311.

12.107 Dotlich, D., and J. Noel. Active Learning: How the World's Top Companies Are Recreating Their Leaders and Themselves. San Francisco: Jossey-Bass, 1998; Marquardt, M. "Harnessing the Power of Action Learning." *T&D* 58 (June 2004), pp. 26–32.

12.108 Carey, S. "Racing to Improve; United Airlines Employees Go to School for Pit Crews to Boost Teamwork, Speed." *The Wall Street Journal*, Eastern Edition, March 24, 2006, p. B1.

12.109 Salas, E.; D. Bozell; B. Mullen; and J.E. Driskell. "The Effect of Team Building on Performance: An Integration." *Small Group Research* 30 (1999), pp. 309–29.

12.110 Berman, D. "Zap! Pow! Splat!; Laser Tag and Paintball Can Enhance Teamwork, Communications, and Planning." *BusinessWeek*, February 9, 1998, p. ENT22, ProQuest database.

12.111 Rasor, M. "Got Game? Bring It On: WhirlyBall Helps Workers Develop Drive, Teamwork." *Knight Ridder Tribune Business News*, April 3, 2006, p. 1, ProQuest database.

12.112 Regan, M.P. "Team Players: From Drums to Daring Getaways, Workers Embark on Team- Building Exercises." *Gainesville Sun*, February 15, 2004, pp. 5G, 6G.

12.113 Ballard, T.N. "Postal IG Under Fire for Unusual 'Team-Building' Activities." *Government Executive.com*, 2003, http://www.govexec.com/dailyfed/0503/050203t1.htm.

12.114 Dorgan, B.L., and R. Widen. "Letter to Chairman Fineman," May 1, 2003.

12.115 Salas, E.; D. Bozell; B. Mullen; and J.E. Driskell. "The Effect of Team Building on Performance: An Integration." *Small Group Research* 30 (1999), pp. 309–29.

12.116 Chang, W.W. "Is the Group Activity Food or Poison in a Multicultural Classroom?" *T&D*, April 2010, pp. 34–37.

13 리더십: 권력과 협상

Leadership: Power and Negotiation

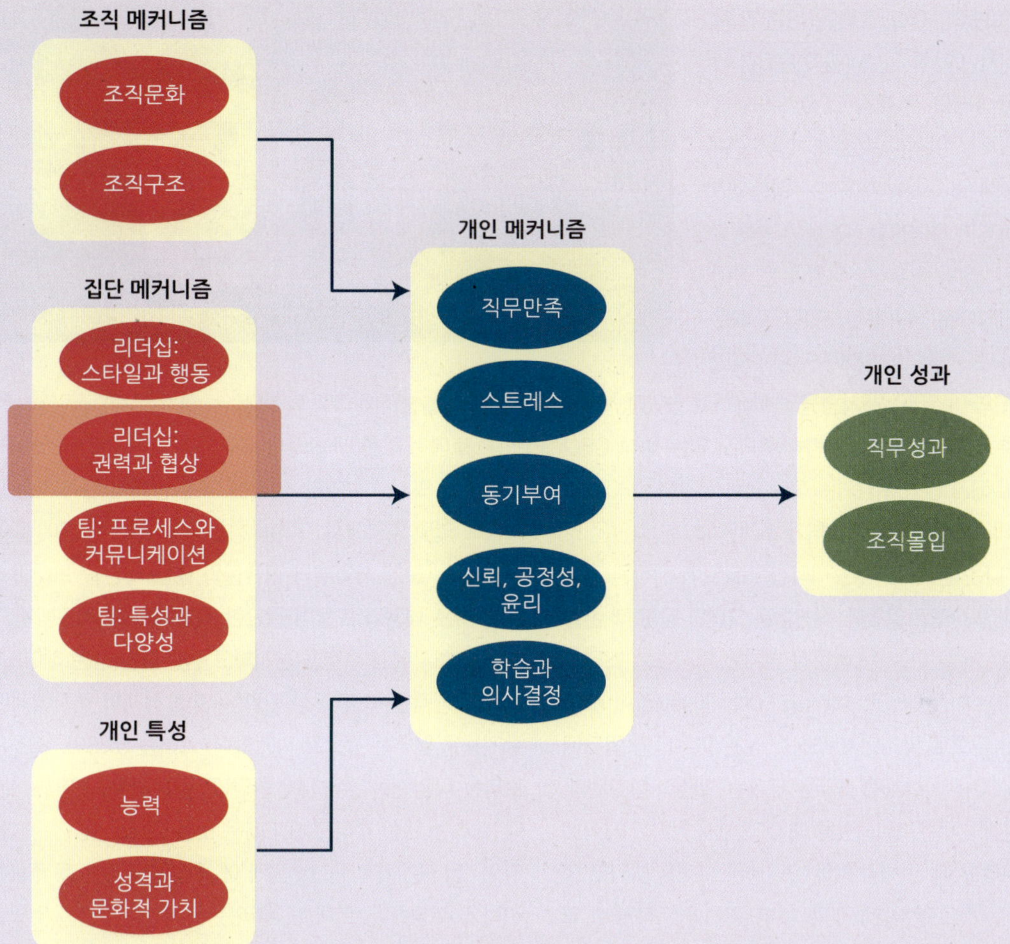

학습 목표 .... 이 장을 학습한 후에 다음의 질문에 답할 수 있어야 한다.

13.1 리더십이란 무엇이며, 리더십에 있어 권력은 어떤 역할을 하는가?

13.2 리더가 가진 권력의 유형에는 어떤 것들이 있으며, 리더는 언제 이를 효과적으로 사용할 수 있는가?

13.3 리더가 다른 사람에게 영향력을 행사하고자 할 때 어떤 행동을 보여야 하며, 그중에서 가장 효과적인 것은 무엇인가?

13.4 조직 정치란 무엇이며, 언제 정치적인 행동이 발생할 가능성이 가장 큰가?

13.5 리더는 직장 내 갈등을 해결하기 위해 권력과 영향력을 어떻게 사용하는가?

13.6 리더가 직장 내에서 협상하는 방법에는 어떤 것들이 있는가?

13.7 권력과 영향력은 직무성과와 조직몰입에 어떤 영향을 미치는가?

UPS

REUTERS/Jonathan Ernst/Alamy Images

캐롤 토메(Carol Tomé)가 조지아주 애틀랜타에 본사에 있는 거대한 운송업체인 UPS(United Parcel Serive)의 CEO가 된 것은 다소 놀라운 일이었다. 사실, 그녀는 18년 간 홈디포의 CFO를 지낸 이후 1년 전에 막 은퇴한 상태였다. 그녀는 UPS의 첫 여성 CEO가 되었을 뿐만 아니라 회사를 인수한 최초의 "외부인"이 되었다. 이는 많은 회사 내부자에게는 이중고였으며, 과거에 UPS가 경영진을 선정했던 방식(회사 내부의 연공서열에 큰 우선순위를 두는 강력한 문화)과 직접적으로 상반된 일이었다. 토메는 장기간 UPS 이사회에서 일한 것이 도움이 되었기 때문에, UPS의 비즈니스와 사람들을 이해하고 있었다.

당시 포춘 500대 기업의 30명밖에 되지 않는 여성 CEO의 한 명으로, 토메가 인상을 남기는 데는 오랜 시간이 걸리지 않았다. 50만 명의 UPS 직원에게 그녀가 소개된 후, 한 직원은 토메에 대해서, "나는 곧바로, 다른 리더십 스타일이 시작될 것이라는 느낌을 받았다"라고 말했다. 직원들은 그녀가 말할 때 손을 움직이고 때때로 욕을 하는 등 생동감 넘치는 의사소통 스타일에 주목했다. 이는 이전 CEO인 데이비드 애브니(David Abney)가 낮고 일관된 톤으로 말하면서 포장을 싣는 파트타임 업무에서부터 올라와 50년간 회사에 몰두한 것과는 확연히 대조됐다. 토메는 특히 팬데믹이 본격화되었을 때 UPS에서 일하기 시작했다는 사실을 고려할 때, 압박감 속에서도 빠른 결정을 내리고 냉정하게 행동하는 것으로 유명해졌다. 대부분의 UPS 직원이 '필수'로 간주했지만, 토메는 일을 시작한 지 5일 만에 전 사원에게 재택근무를 시작하라고 말했다.

토메는 또한 UPS의 전통적인 하향식 관리 스타일에서 벗어나려는 의지를 보였다. 이러한 다른 방식의 권력 사용을 통해 회사의 몇몇 영역에서 그녀는 칭찬을 받았다. UPS에 들어온 직후 토메는 모든 사업부의 직원들과 많은 시간을 보내며 회사에서 일하는 내용과 도움이 필요한 사항에 대해 피드백을 구했다. 그녀는 회사에서 수염을 금지하고 전통적인 검은 헤어스타일을 포함한 엄격한 복장 규정과 같은 몇몇 정책이 회사에서 직원의 유지율을 낮추는 것으로 파악했다. 그녀는 UPS가 "조직의 규제보다는 다양성을 장려해야 한다"고 말하며 빠르게 규칙을 바꿨다. 그녀는 또한 홈디포에서 배운 것을 토대로 한 전문성을 활용하여 "더 크게가 아닌, 더 좋게"에 초점을 맞추는 등 주요한 경영 전략을 수정했다. 토메는 "우리는 올해 114주년을 맞았습니다. 이제는 변화할 때입니다"라고 말했다.

리더십: 권력과 협상

UPS에서 알 수 있듯이, 조직의 리더십은 복잡하다. 이는 아이디어, 행동, 지위 등과 같은 다양한 요소의 혼합이다. 조직 내 리더는 기업과 집단의 성공에 큰 차이를 만들 수 있다. 이러한 성공의 많은 부분은 그들의 목적을 달성함에 있어 권력과 영향력을 얼마나 효과적으로 사용하느냐에 달려 있다. 여러분은 도입 사례를 읽고 캐롤 토메가 훌륭한 리더라고 주장할 수 있고, 단순히 그녀의 행동 스타일과 그녀의 발자취를 따라가고자 노력할 수 있다. 그러나 이는 그리 간단한 일이 아니다. 이번 장과 다음 장을 통해서 살펴볼 수 있는 바와 같이, 여러 유형의 리더가 있으며, 그중 많은 이는 적절한 상황이 주어진다면 탁월함을 발휘할 수 있다.

아마도 비즈니스계에서 "리더십"에 대한 토픽보다 더 많이 다뤄진 주제는 없을 것이다. "리더십"을 아마존에서 검색하면 60,000권 이상의 목록이 생성될 것이다. 이는 훌륭한 리더가 되는 데 도움이 되는 수많은 비디오, 연감, 오디오 녹음자료 및 기타 자료들은 포함하지 않은 숫자이다. 이 주제의 주어진 관심은 "리더란 정확히 무엇인가?"와 같은 질문으로 이어진다. 우리는 **리더십**(leadership)을 부하들(followers)의 활동이 목표 달성을 향하도록 지시하기 위해 권력과 영향력을 행사하는 것으로 정의한다.[1] 그런 지시는 부하의 상황 해석, 작업 활동의 조직, 핵심 목표에 대한 몰입, 다른 부하들과의 관계, 그리고 다른 작업 부서로부터의 협력과 지원에 대한 접근에 영향을 미칠 수 있다.[2] 이 장은 리더가 다른 사람들을 지휘하기 위해 사용하는 권력과 영향력을 획득하는 방법과 협상을 포함하여 조직 내 권력과 영향력이 활용되는 방법을 중점적으로 다룬다. 14장에서는 리더가 부하 직원들의 목표 달성에 도움을 주기 위해 실제 권력과 영향력을 어떻게 사용하는지를 중점적으로 다룰 것이다.

학습목표 13.1
리더십이란 무엇이며, 리더십에 있어 권력은 어떤 역할을 하는가?

왜 어떤 리더는 다른 리더들보다 힘이 더 강할까?

여러분은 "권력"이라는 말을 생각하면 마음속에서 정확히 무엇이 떠오르는가? 여러분에게는 권력이란 긍정 또는 부정 중에서 어떤 이미지인가? 분명 우리는 선의의 목적으로 권력을 행사한 리더를 쉽게 생각할 수 있으나, 반대로 권력을 비윤리적이거나 부도덕한 목적에 사용한 리더를 생각하는 것도 어렵지 않다. 현재는 리더들이 권력을 사용하는 방법에 집중하는 것이 아니라 권력을 얻는 방법에 중점을 둔다. **권력**(power)은 다른 사람의 행동에 영향을 미치고 대신에 원치 않는 영향은 거부할 수 있는 능력으로 정의될 수 있다.[3] 이러한 정의는 우리가 고려해야 할 몇 가지 핵심 포인트를 제공한다는 점을 주목해야 한다. 첫째, 어떤 사람이 다른 사람에게 영향을 미치는 능력이 있다고 해서 남들이 실제 그렇게 하기로 선택하는 것은 아니다. 많은 조직에서 가장 영향력 있는 종업원이라도 자신이 얼마나 영향력이 있는지조차 깨닫지 못하고 있다! 둘째, 권력은 다른 사람에게 영향을 미치는 것 외에 다른 사람의 영향을 거부할 수 있는 능력으로 볼 수 있다.[4] 이러한 거부는 단순히 반대 의견을 내거나, 특정한 행동 조치를 거부하거나, 혹은 반대하는 동료 집단을 조직하는 형태로 나타날 수 있다.[5] 때때로 리더는 자신의 조직에 최선을 다하기 위해 다른 리더나 상사들의 영향력에 저항해야 할 필요가 있다. 반대로 리더는 직원이 자신의 길을 가려고 할 때 '밀어붙이기'를 당하지 않기 위해 직원들의 영향력에 저항해야 할 때도 있다.

권력 획득

여러분이 현재 같이 일하고 있거나 과거에 같이 일해 본 사람들 혹은 여러분과 함께 많은 활동에 참여한 학생들을 생각해 보자. 그들 중에 특별히 높은 수준의 권력, 즉 여러분 행동에 영향을 미칠 수 있는 능력을 많이 가진 것으로 보이는 이들이 있는가? 그들에게 부여된 권력이란 무엇인가?

그림 13-1 권력의 형태

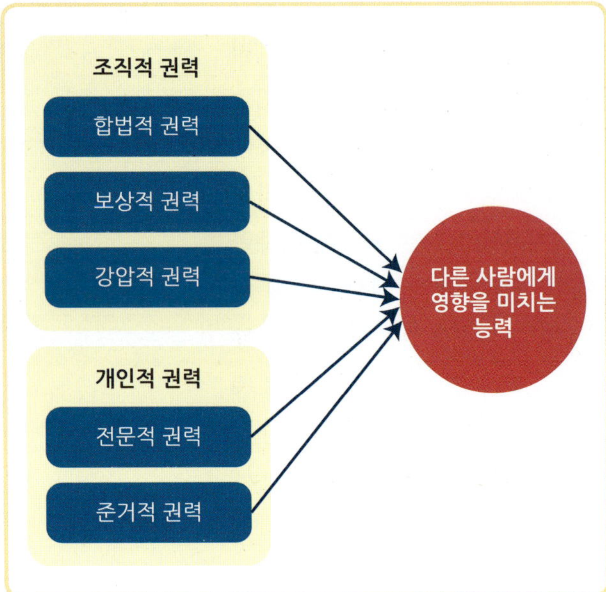

어떤 경우 그들의 권력은 공식적 지위(예: 지도 교수, 팀 리더, 조교, 기숙사 사감)로부터 나온 것이다. 그러나 때로는 우리가 알고 있는 가장 권력 있는 사람도 그런 종류의 공식적 권한은 부족하다. 그것은 결국 조직 내 권력은 다양한 원천으로부터 나올 수 있음을 의미한다. 보다 구체적으로, 권력은 조직적 권력과 개인적 권력의 두 가지 차원에 따라 다섯 가지의 형태로 구분할 수 있다.[6] 이러한 권력의 유형들은 [그림 13-1]에 제시되어 있다.

학습목표 13.2
리더가 가진 권력의 유형에는 어떤 것들이 있으며, 리더는 언제 이를 효과적으로 사용할 수 있는가?

조직적 권력. 세 가지 형태의 조직적 권력은 주로 조직 내 개인의 지위에서 나온다. 이런 형태의 권력은 본질적으로 더 공식적인 것으로 간주된다.[7] **합법적 권력**(legitimate power)은 조직 내에서 권력이 있는 지위에서 나오며 종종 "공식적 권한"이라 하기도 한다. 합법적 권력을 가진 사람은 어떤 직함을 가지고 있는데, 그것은 다름 아닌 조직도 또는 자기 사무실 문에 "이봐, 나는 당신에게 영향력을 행사할 수 있어."라는 말을 붙여놓은 것과도 같다. 합법적 권력을 가진 사람은 자신의 권한 범위 내에서 고려되는 일을 다른 사람에게 요청할 수 있는 그럴만한 권리가 있다고 생각한다. 경영자가 종업원에게 프로젝트 업무 수행을 위해 늦게까지 대기하라고 하거나, 다른 사람 대신 이 일을 하라고 하거나, 혹은 일을 더 빨리하라고 한다면, 그것은 경영자가 합법적 권력을 행사하고 있는 것이다. 개인은 조직 내에서 더 높은 자리로 승진할수록, 일반적으로 합법적 권력을 더 많이 가지게 되어 있다. 포춘지는 재계에서 가장 영향력 있는 여성의 순위를 제공하고 있다. 〈표 13-1〉에 제시되어 있는 모든 여성은 합법적 권력을 가지고 있으며, 이들은 자신이 가진 직위에 따라 다른 사람에게 영향을 미칠 수 있는 능력이 있다.

하지만 합법적 권력은 한계를 가지고 있다. 일반적으로 조직 내 업무나 역할 범위를 벗어나서는 개인이 직원들에게 무엇인가를 하도록 요청할 수 있는 권력이 없다. 예를 들어, 만약에 경영자가 직원에게 자기 차를 세차하라고 하거나 잔디를 깎도록 요구한다면, 그것은 아마도 부적절한 요구로 보일 것이다. 본 장의 후반부에서 볼 수 있듯이, 합법적 권력을 가지고 있는 것과 효과적으로 사용하는 것 사이에는 큰 차이가 있다. 비효과적으로 사용할 때, 합법적 권력은 매우 약한 권력의 행태가 될 수 있다.

다음의 두 가지 형태의 조직적 권력은 합법적 권력과 다소 밀접한 관계가 있다. **보상적 권력**(reward power)은 누군가 다른 사람이 원하는 자원이나 보상에 대해 통제권을 가질 때 존재하는 것이다. 예를 들어, 경영자는 일반적으로 임금 인상, 성과 평가, 보상, 선호하는 직무 할당 및 종업원의 효과적인 직무 수행에 필요한 자원에 대한 통제권을 가지고 있다. 보상적 권력을 가진 사람들은 영향을 받는 이들이 특정 방식으로 행동함으로써 보상을 받을 것이라 믿는다면 다른 사람에게 영향을 미치는 능력이 있는 것이다. **강압적 권력**(coercive power)은 개인이 조직 내에서 처벌

표 13-1 2020년 포춘지 선정 재계에서 영향력 있는 여성 상위 15인

순위	이름	회사	직위	나이
1	Julie Sweet	Accenture	CEO	53
2	Mary Barra	General Motors	Chair and CEO	58
3	Abigail Johnson	Fidelity Investments	Chair and CEO	58
4	Gail Boudreaux	Anthem	President and CEO	60
5	Carol Tomé	UPS	CEO	63
6	Jane Fraser	Citi	CEO of Global Consumer Banking; president	53
7	Ruth Porat	Google, Alphabet	SVP and CFO	62
8	Sheryl Sandberg	Facebook	COO	51
9	Corie Barry	Best Buy	CEO	45
10	Judith McKenna	Walmart Int'l	President and CEO	54
11	Safra Katz	Oracle	CEO	58
12	Alicia Boler Davis	Amazon	SVP of Global Customer Fulfillment	50
13	Karen Lynch	CVS	EVP of CVS Health, president of Aetna	57
14	Phebe Novakovic	General Dynamics	Chair and CEO	62
15	Ann-Marie Campbell	Home Depot	EVP of U.S. Stores and International Operations	55

출처: D. Abril, K. Bellstrom, R. Hackett, M. Heimer, E. Hinchliffe, A. Jenkins, B. Kowitt, M. Lev-Ram, S. Mukherjee, A. Pressman, L. Shen, A. Sraders, J. Vanian, P. Wahba, and J. Wieczner, "Most Powerful Women," *Fortune* 182, no. 3 (November 2020), pp. 65–77.

에 대한 통제권을 가질 때 존재하는 것이다. 강압적 권력은 주로 두려움의 원리로 작동한다. 이는 다른 사람이 자신을 처벌할 수 있는 능력이 있다고 믿고 그 권력을 기꺼이 사용할 때 존재한다. 예를 들어, 경영자는 종업원을 해고, 강등, 정직 혹은 감봉할 수 있는 권한을 가질 수 있다. 가끔 경영자가 처벌을 가할 때 따르는 제약은 조직 내 공식적 규정이 있어야 한다는 것이다. 그러나 많은 경우 경영자들은 이 점에서 상당한 재량권을 가지고 있다. 강압적 권력은 일반적으로 그것을 휘두르는 사람에 대해 부정적인 감정을 초래하는 경향이 있기 때문에 정기적으로 사용하기엔 좋지 않은 권력의 형태이다. 이에 대한 좋은 예시를 확인하고 싶다면 **영화 속 OB**를 참고하라.

개인적 권력. 물론 〈표 13-1〉에 제시된 여성들은 단지 그들이 어떤 공식적인 직함을 가지고 있다는 이유만으로 다른 사람들에게 보상을 주고 처벌할 수 있는 것으로는 보이지 않는다. 사람으로서 그들에게는 다른 사람들에게 영향을 미칠 수 있는 추가적인 능력을 제공하는 또 다른 무언가가 있다. 개인적인 권력의 형태는 "뭔가 다른" 것을 갖고 있다. **전문적 권력**(expert power)은 다른 사람들이 의존하는 한 개인의 전문성, 기술 또는 지식에서부터 나온다. 사람이 높은 성과, 문제 해결 능력, 혹은 과업 완수에 필요한 전문적 지식을 갖고 있을 때, 그들은 그런 전문성을 필요로 하는 다른 사람에게 쉽게 영향을 미칠 수 있다. 구식 소프트웨어를 조작할 줄 아는 외로운 프로그래머, 최근에 새로운 장비를 조작하도록 훈련받은 기계공, 혹은 특정 유형의 프로젝트 수행 경험이 있는 유일한 엔지니어를 생각해 보자. 이들은 모두 조직에 기여할 수 있는 바가 있기 때문에 전문적 권력을 가질 수 있다. 시티(Citi)사의 CEO 제인 프레이저(Jane Fraser)는 대형 은행의 유리 천장을 깬 최초의 여성이다. 그녀는 비즈니스의 다양한 측면을 가치는 일련의 직업을 맡음으로써

영화 속 OB

어시스턴트
THE ASSISTANT

당신은 이 회사에 몇 명이 일하고 있는지 알고 있나? 나는 이 사람들 모두가 잘 관리되고 있는지 확인해야 해. 게다가, 당신은 얼마나 많은 사람이 이곳에서 일하고 싶어하는지 알고 있어? 나는 당신의 한 자리를 위해 준비한 이력서 400장을 받았다고. 아이비리그 졸업생들, 4.0의 평점을 가진 사람들이지. 그런데 당신은 내 사무실에 앉아서, 당신보다 더 많은 관심을 받고 있는 새로운 조수를 질투하고 있군.

TCD/Prod.DB/Alamy

이러한 말과 함께 인사팀 관리자 윌콕(메튜 맥파디안)은 제인(줄리아 가너)에게 그녀가 회사의 권력 구조에서 어떤 위치에 있는지를 영화 어시스턴트(키티 그린 감독, 블리커 스트리트, 2020)에서 말해 주고 있다. 제인(노스웨스턴 대학교 출신이며 학점은 3.8)은 뉴욕의 영화 제작 회사에서 영향력 있는 임원의 새로운 조수로 일하게 된다. 화려하게 들릴지 모르겠지만, 이 직업은 보이는 것이 전부는 아니다. 이 영화는 제인이 회사에 가장 먼저 도착하고 가장 늦게 나가는 긴 하루의 과정을 보여 준다. 우리는 그녀가 전화를 받고, 여행을 준비하고, 음식을 주문하고, 청소하고, 매우 반복적이며 단순한 업무를 수행하는 것을 관찰할 수 있다. 누구에게나 이런 일은 초보 수준의 조수 업무라고 들릴 수 있지만, 제인은 자신이 비열한 짓을 하는 상사를 위해 일하고 있다는 것을 알게 된다.

항상 존재하는 것처럼 보이지만, 제인의 상사는 실제로 영화 화면에 등장하지 않으며, 우리는 전화기나 닫힌 문 뒤에서 고함을 지르는 것을 통해서만 그를 들을 수 있다. 노골적으로 말한 적은 없지만, 회사 직원들은 상사가 영화 산업에서 일자리를 찾는 여성들과 정기적으로 "만남"을 갖는다는 것을 알고 있다. 비록 제인이 한 시점에서 충분해 보이고 인사부의 누군가와 이야기하기로 결정하지만, 그 만남은 좋게 끝나지 않는다. 그녀의 상사는 강압적 권력을 사용하는 데 전문가이고 그리고 그는 괴롭힘이 번성할 수 있는 사무실 문화를 만들고 있음이 분명했다. 이 영화의 더 고통스러운 장면 중 하나는 제인이 "다시는 실망시키지 않겠다"고 맹세하는 사과 메일을 통해 여러 차례 사과를 보내는 자신을 계속 발견하는 부분이다.

전문가의 힘을 키웠다. 콘페리(Korn Ferry)사의 CEO 승계 책임자인 제인 스티븐슨(Jane Stevenson)은 프레이저의 배경은 "10년 이상을 함께 한 예술과 같은 과정이었다. 이런 역할들은 신뢰를 준다"고 말했다.[8] 아마 실리콘 벨리만큼 전문가의 힘이 작용하는 곳도 없을 것이다. 이곳은 상당한 기술적 경험과 전문성을 가진 사람들이 최고의 리더라는 인식이 퍼져있다. 인텔의 선임 고문이자 전 CEO인 앤디 그로브(Andy Grove)는 "'지위 권력'보다는 '지식 권력'이 작동하는 문화를 장려했다. 개인이 아닌 아이디어에 관한 것이면 누구나 다른 사람의 아이디에 도전할 수 있고, '증명하라'는 요구를 받아들일 준비가 되기만 하면 누구나 도전할 수 있다."고 말했다.[9]

준거적 권력(referent power)은 다른 사람들이 한 사람을 동일시하고 그 사람과 관련되기를 원할 때 존재한다. 이런 욕망은 일반적으로 특정 개인에 대한 사랑, 존경, 충성심 등으로부터 나온다.[10] 비록 논의의 초점이 조직 내 개인에 있지만, 높은 수준의 준거적 권력을 소유한 것으로 보이는 정치 지도자, 유명인 및 스포츠 인물은 많다. 버락 오바마(Barack Obama), 기네스 팰트로(Gwyneth

Paltrow), 톰 브레이디(Tom Brady)는 모두 준거적 권력을 어느 정도 갖고 있는데, 그 이유는 다른 사람들이 그들을 닮고 싶어 하기 때문이다. 훌륭한 명성, 개인의 매력적인 특성, 혹은 어느 정도의 카리스마를 갖춘 조직의 리더에게도 이는 동일하게 적용될 수 있다. 포춘지의 "국제적으로 영향력 있는 여성" 1위에 오른 엠마 월슬리(Emma Walmsley)는 준거적 권력을 분명하게 행사한다. 과거 동료들은 그녀가 "놀라운 카리스마"와 "효과적으로" 말하는 능력을 가지고 있다고 회상한다.[11]

물론, 개인이 모든 형태의 권력을 동시에 가지는 것도 가능하다. 사실, 가장 영향력 있는 리더는 〈표 13-2〉에 제시된 다섯 가지 형태를 포함하는 권력에 기반을 두고 있다. 종업원의 관점에서 본다면 종종 어떤 형태의 권력이 가장 중요한지를 가늠하기 어렵다. 당신은 왜 상사가 시키는 일을 하는가? 상사가 방향을 제시하는 공식적인 권력을 가지고 있기 때문인가, 상사가 당신을 평가하기 때문인가, 아니면 당신이 그를 존경하고 좋아해서인가? 많은 경우, 우리는 리더가 그것을 사용할 때까지는 그가 가진 권력의 형태를 정확히 모른다. 일반적으로는, 조직적 권력보다는 개인적 권력이 조직몰입과 직무성과에 더 밀접한 관계가 있다. 만약 당신이 누구를 위해 가장 열심히 일했던 권한에 대해 생각해 보면, 그들은 아마도 보상과 처벌 능력이 아닌 전문적 지식이나 카리스마를 가진 사람이었을 것이다. 그렇다고 조직적 권력이 목표 달성에 성공적이지 못하다는 말은 아니다. 각각의 권력 유형을 행사하는 데 일부 유용한 가이드라인을 〈표 13-2〉에서 볼 수 있다.

표 13-2 권력 사용의 지침

권력 형태	사용 지침
합법적	- 당신의 지위가 허용하는 권한 내에서 하라 - 당신의 요청을 정중하게 전달하라 - 당신의 요청의 목적을 설명하는 것을 유념하라
보상적	- 매력적인 보상을 제시하라 - 당신이 가능한 범위까지만 제공하라 - 당신이 무엇을 위해 보상을 제공하는지 명확히 하라
강압적	- 처벌하기 전에 먼저 경고하라 - 처벌이 규칙을 준수하지 않는 정도에 비례하여 공정하게 이뤄지도록 하라 - 차별이나 편견 없이 빠르게 이를 진행하라
전문적	- 당신의 제안을 뒷받침하는 자료나 증거를 제시하라 - 요청이 중요한 이유와 정당성을 설명하라 - 요청에 있어서 일관되고, 사려 깊고, 정직하게 하라
준거적	- 약속을 이행하라 - 그렇게 하도록 요구되지 않더라도 다른 사람들을 위해 일하라 - 요청받았을 때 다른 사람을 지원하고 지지하라

출처: For a more detailed list of guidelines and discussion, see Gary A. Yukl, *Leadership in Organizations*, 7th ed. (New York: Pearson, 2010).

상황적 요인. 리더가 권력을 행사하여 타인에게 영향을 미칠 수 있는 정도가 증가하거나 감소할 수 있는 조직 내 특정 상황이 있다. 대부분 이런 상황은 다른 직원들이 한 사람에게 의존하면 할수록 그 사람의 권력은 점점 더 커진다. 높은 수준의 전문 지식이나 준거적 권력을 가진 사람이지만 그(그녀)가 혼자서 일하고 아무도 볼 수 없는 과업을 수행한다면 다른 사람에게 영향을 미치는 능력은 크게 감소된다. 다른 사람에게 영향력을 행사하기 위한 권력 사용 능력의 강도에 영향을 미치는 요인에는 네 가지가 있다고 논의된다.[12] 이 요인은 〈표 13-3〉에 요약되어 있다. **대체 가능성**(substitutability)은 한 사람이 가진 자원을 판단함에 있어 그의 대체 가능성의 정도이다. 누구도 접근할 수 없는 자원을 통제하고 있는 리더는 더 큰 영향력을 발휘하기 위해 그들의 권력을 사용할 수 있다. **자유재량권**(discretion)은

표 13-3 권력의 상황 적합성

상황 특성	다른 사람에게 영향을 미치는 리더의 능력이 증가하는 시기
대체 가능성	리더가 통제하는 보상이나 자원을 대체할 수 있는 것이 없다
중심성	리더의 역할이 중요하고 조직 내 다른 사람들과 상호 의존적이다
자유재량권	리더는 조직의 규칙에 얽매이지 않고 자유롭게 자신의 결정을 한다
가시성	다른 사람들이 리더와 그(그녀)가 제공하는 자원에 관해 알고 있다

경영자들이 자신의 뜻대로 의사를 결정할 수 있는 권리를 가지고 있는 정도이다. 만약에 경영자가 조직의 정책과 규정을 따르도록 강요된다면, 다른 사람을 움직이는 그의 능력은 줄어들 것이다. **중심성**(centrality)은 한 사람의 직무가 얼마나 중요한지 그리고 얼마나 많은 사람이 과업 수행을 위해 그 사람에게 의존하는지를 나타낸다. 핵심적 업무를 수행하면서 다른 사람들과 정기적으로 상호작용 하는 리더는 다른 사람들에게 영향을 미치는 권력의 힘이 더욱 커질 것이다. **가시성**(visibility)은 리더의 권력과 지위에 대한 다른 사람들의 인식에 관한 것이다. 만약 누구나 리더가 어떤 수준의 권력을 가지고 있다는 것을 안다면, 타인에게 영향을 미치는 권력의 힘은 증가할 것이다.

콜로라도 브룸필드에 물과 천연자원 프로젝트 전문 엔지니어링 회사인 MWH Global은 모든 부서의 500명의 직원에게 새로운 아이디어를 생각해 내기 위해 누구에게 갈 것인지 물었다. 이를 통해 MWH는 누가 특정 유형의 전문 지식을 보유하고 있고 누가 직원에게 가장 많은 도움을 제공했는지 파악할 수 있었다. 어떤 의미에서, MWH사는 조직 내에서 가장 큰 권력을 가질 가능성이 있는 개인을 파악하고 있었다.[13] 마이크로소프트, 화이자, 구글 등과 같은 회사는 조직 내 권력 구조와 가장 영향력 있는 인물을 이해하기 위해 이러한 네트워킹 맵을 점점 더 많이 사용하고 있다.[14]

영향력 행사

지금까지 우리는 리더들이 지닌 권력의 유형과 권력 사용의 기회가 커지거나 줄어들 수 있는 상황에 대해 논의하였다. 이제 리더가 권력을 실제 영향력으로 바꾸는 특정의 전략에 눈을 돌려 보자.

학습목표 13.3
리더가 다른 사람에게 영향력을 행사하고자 할 때 어떤 행동을 보여야 하며, 그중에서 가장 효과적인 것은 무엇인가?

권력을 갖는 것은 행동에 영향을 미치는 우리의 능력을 증가시킨다는 것을 기억하라. 그것은 우리가 권력을 사용하거나 행사할 것이라는 것을 의미하지는 않는다. **영향력**(influence)은 다른 사람의 행동이나 태도 변화를 일으키는 실제 행동의 사용이다.[15] 영향력에는 유념해야 할 두 가지 중요한 면이 있다. 첫째, 영향력은 방향성이 될 수 있다. 이것은 가장 흔히 하향식으로(경영자가 종업원에게 영향을 미침) 발생하지만 수평적으로(동료가 동료에게 영향을 미침) 혹은 상향식(종업원이 경영자에게 영향을 미침)으로 될 수도 있다. 둘째, 영향력은 완전히 상대적이다. "영향력 발휘자"와 "영향력 수용자"의 절대적인 힘은 그들 사이의 격차만큼 중요한 것은 아니다.[16]

그림 13-2 영향력 전술과 효과

출처: Adapted from S. Lee, S. Han, M. Cheong, S.L. Kim, and S. Yun, "How Do I Get My Way? A Meta-Analytic Review of Research on Influence Tactics," *Leadership Quarterly* 28 (2017), pp. 210–28.

영향력 발휘를 위한 전술. 리더는 다른 사람의 행동이나 태도의 변화를 일으키기 위해 많은 전술에 의존한다. 사실상, 리더가 다른 사람에게 영향력을 발휘하기 위해 사용할 수 있는 전술은 최소한 열 가지 유형이 있다.[17] 이들 전술과 일반적인 효과 수준은 [그림 13-2]에 제시되어 있다.[18] 효과적인 네 가지 전술은 합리적 설득, 영감적 호소,

협의 및 협력이다. **합리적 설득**(rational persuasion)은 논리적인 주장과 확실한 사실을 사용하여 요구가 가치 있는 것임을 대상에게 보여 주는 것이다. 연구에 따르면 합리적 설득은 제안이 중요하고 실현 가능하다는 것을 보여 주는 데 도움이 될 때 가장 효과적인 것으로 제시된다.[19] 합리적 설득은 상향식 영향력인 경우에 지속적으로 성공할 수 있는 유일한 전술이기 때문에 특히 중요하다.[20]

예를 들어, 알파벳(Alphabet)사에서 데이터는 매우 중요하다. 전 CEO 레리 페이지(Larry Page)가 상반되는 정보에 직면하여 기꺼이 자신의 마음을 바꾸었다는 이야기는 여전히 회자된다. 한 직원은 "래리는 엔지니어들 주변에 서성거리면서 개발 중인 제품을 보고 종종 '아니야, 싫어.'라고 말하곤 했다. 그러나 엔지니어들은 자신의 아이디어를 뒷받침할 데이터를 얻었고, 놀라운 것은 래리가 틀렸어도 괜찮다는 것이었다. 데이터가 뒷받침되는 한 래리는 그것을 받아들였다. 그리고 그것은 엔지니어들에게 믿을 수 없을 정도로 사기를 북돋우는 상호작용이었다."라고 밝혔다.[21] **영감적 호소**(inspirational appeal)는 상대방의 가치관과 이상에 호소함으로써 감정과 태도적 반응을 일으키도록 고안된 전술이다. 이 전술을 효과적으로 사용하기 위해서 리더는 반드시 어떤 업무가 상대방에게 중요한지를 볼 수 있는 통찰력을 갖추어야 한다. 어도비(Adobe)의 CEO인 샨타누 나라옌(Shantanu Narayen)은 직원들에게 열망적인 목표를 기반으로 더 많은 것을 달성하도록 강요하는 것으로 알려져 있다. 나라옌은 "만약 당신이 오늘 보는 것과 당신이 가고 싶은 곳 사이의 모든 점을 연결할 수 있다면, 그 목표는 아마도 충분히 야심차지 않거나 열망이 충분하지 않을 수 있다."라고 말했다.[22] **협의**(consultation)는 대상자가 요청을 수행하거나 실행하는 방법을 결정하는 데 참여할 수 있을 때 발생한다. 이 전술은 이제 자신의 의견이 가치가 있는지 확인하는 데 있어 이해관계가 있는 대상자의 헌신을 증가시킨다. 리더는 대상자가 요청을 더 쉽게 완료할 수 있도록 하기 위한 시도로 협력을 사용한다. **협력**(collaboration)은 리더가 과업을 완료하도록 돕고, 필요한 자원을 제공하거나, 과업을 완료하기 어렵게 만드는 장애물을 제거하는 것을 포함할 수 있다.[23] IBM의 전 CEO이자 현 이사회 멤버인 지니 로메티(Ginni Rometty)는 조직 안팎에서 협력 전술로 잘 알려져 있다. 로메티와 IBM은 애플의 iOS 플랫폼에 IBM 서비스를 도입하기 위해 최대 라이벌인 애플과 제휴를 맺었다. 애플의 CEO 팀 쿡(Tim Cook)은 로메티에 대해 "나는 그녀가 매우 똑똑하다고 생각한다. 그녀는 파트너 관계를 맺을 수 있는 놀라운 능력을 가지고 있고 어려운 결정을 내리고 결정적으로 그렇게 할 수 있다. 그리고 그녀는 사물을 있는 그대로 본다."고 말했다.[24]

Jeff Bottari/Invision for Adobe/AP Images

어도비의 CEO 샨타누 나라옌은 그의 직원들이 창의적이고 큰 목표를 달성하도록 격려하기 위해 영감적 호소를 사용하는 능력으로 알려져 있다.

세 가지 영향력 전술은 효과적일 때도 있고 그렇지 않을 때도 있다. **아첨**(ingratiation)은 대상자가 영향력 행사자에 대해 좋은 감정을 갖도록 호의, 칭찬 혹은 친절한 행동 등을 사용하는 것이다. 이는 특히 상향적 영향력 의미로 사용될 때, "비위 맞추기"라고 더 일반적으로 들을 수 있다. 아첨은 장기 전략으로 사용될 때 더욱 효과가 있으나 영향력을 시도하기 직전에 사용하는 것은 효과가 거의 없다.[25] **개인적 호소**(personal appeals)는 요청자가 개인적인 우정이나 충성심에 기

국제 상황의 OB

구글이 1천만 달러 이상의 보상 패키지로 리카이푸(Kai-Fu Lee)를 엔지니어링 부회장과 구글 그레이터 중국 지사장으로 고용하였을 때, 회사는 그가 마이크로소프트에서 큰 성공을 거둘 수 있었던 것과 같은 기술을 사용할 수 있는 그의 지속적인 능력에 기대를 걸었다. 무엇이 그를 그렇게 가치 있는 사람으로 만든 것일까? 리는 그것을 관시(關係)에 대한 그의 이해라고 말한다. 중국 문화에 있어서, 관시("관계"로 번역)는 개인적인 관계를 토대로 당사자 간에 의무감이 생기게 함으로써 의사결정에 영향을 미치는 능력이다.

관시는 감정과 의무가 포함된 두 사람 사이의 관계를 나타낸다. 높은 수준의 관시를 가지고 있는 개인들은 혈연, 지연, 학교, 전직 동료 관계와 같은 공유된 제도(shared institutions)에 근거하여 결속되는 경향이 있다. 비록 공유된 제도가 미국에서는 이른바 "측근 인사"일지라도 중국에서는 높은 의무감의 형태가 된다. 영향력이 단지 관시를 통해서도 발생한다. 즉, 그것은 반드시 해결해야 할 무언의 의무이다. 어떤 의미에서 관시는 미국과는 상이한 형태로 존재하는 공식적 관계와 인간적 관계가 혼합된 것이다. "오직 업무적인" 관계와 같은 것은 없고, 무언가를 받으면 갚아야 한다는 단순한 기대가 있는 것이다. 리(구글 퇴사)와 그가 구사한 관시는 너무나 큰 나머지 구글 중국 지사 제품 경영자들은 자신의 명함에 "리카이푸 특별보좌관"이 썼으며 그들의 사무실은 리의 책상에서 100피트 이내에 위치하여서 회사 밖에서도 효과적으로 영업을 할 수 있었다고 주장했다.

관시를 가진 마이크로소프트 및 구글 같은 회사들이 더 높은 성과를 달성한다는 연구들이 있다. 외국에 나가 일하는 미국인 경영자는 반드시 이런 상이한 형태의 관계와 기대감을 고려할 수 있어야 한다. 관시의 힘을 이해하는 것과 더불어 타 지역(예: 홍콩, 타이완, 중국 본토)에서 온 중국 내 경영자들은 가장 효과적인 영향력 전술에 대한 생각에 있어 차이가 있다는 연구들도 있다. 최근에는 중국에서 관시를 둘러싼 규범이 시간이 지나면서 바뀌고 있다는 증거도 나오고 있다. 어쨌든 이러한 것은 경영자가 중국에서 다른 사람들에게 영향력을 행사하려면 일반적 문화와 매우 독특한 문화 간의 차이를 정확히 인식해야 할 필요가 있음을 보여 주고 있다.

출처: S. Levy, *In the Plex: How Google Thinks, Works, and Shapes Our Lives* (New York: Simon & Schuster, 2011); R. Buderi, "The Talent Magnet," *Fast Company* 106 (2006), pp. 80–84; C.C. Chen, Y.R. Chen, and K. Xin, "Guanxi Practices and Trust in Management: A Procedural Justice Perspective," *Organization Science* 15 (2004), pp. 200–9; R.Y.J. Chua, "Building Effective Business Relationships in China," *MIT Sloan Management Review* 53 (2012), pp. 27–33; P.P. Fu., T.K. Peng, J.C. Kennedy, and G. Yukl, "A Comparison of Chinese Managers in Hong Kong, Taiwan, and Mainland China," *Organizational Dynamics* 33 (2003), pp. 32–46; Y. Luo., Y. Huang, and S.L. Wang, "Guanxi and Organizational Performance: A Meta-Analysis," *Management and Organization Review* 8 (2011), pp. 139–72; M. Wong, "Guanxi Management as Complex Adaptive Systems: A Case Study of Taiwanese ODI in China," *Journal of Business Ethics* 91 (2010), pp. 419–32; M.M. Yang, *Gifts, Favors, and Banquets: The Art of Social Relationships in China*; (Ithaca, NY: Cornell University Press, 1994); X. Zhang, N. Li, and B.T. Harris, "Putting Non-Work Ties to Work: The Case of Guanxi in Supervisor-Subordinate Relationships," *Leadership Quarterly* 26 (2015), p. 37.

초해 뭔가를 요구할 때 발생한다. 우정이 강할수록 더 성공적인 시도가 될 수 있다. **국제 상황의 OB**에 기술된 바와 같이, 다른 영향력 시도와 마찬가지로 이러한 종류의 호소에 관해서는 문화적 차이가 있다. 마지막으로 **통보**(apprising)는 요청자가 요청을 수행하는 것이 대상자에게 개인적으로 이익이 되는 이유를 명확하게 설명할 때 발생한다. 합리적 설득과의 차이점은 이는 단순한 논리나 집단(또는 조직)의 이득이 아니라, 전적으로 대상자만을 위한 이득을 강조한다는 것이다.

효과가 적고 상대방으로부터 저항이 있을 수 있는 세 가지 전술은 압력, 연합, 교환이다. 물론, 이 말은 이런 전술을 사용하면 안 된다거나 효과적이지 않을 수 있다는 것을 의미하지는 않는다. **압력**(pressure)은 위협과 요구를 통한 강압적인 권력의 사용이다. 앞에서 언급했듯이, 그러한 강요가 다른 사람에게 영향을 미치는 데 있어 좋지 못한 방법이며 단지 단기간에만 혜택을 발휘할 수도 있다. 다음 전술은 연합을 형성하는 것이다. **연합**(coalitions)은 영향력 행사자가 대상자에게 영향력을 행사하는 데 도움이 되는 다른 사람을 끌어들일 때 발생한다. 다른 사람이라 하면 동료, 하급자, 혹은 대상자의 상관도 될 수 있다. 연합은 일반적으로 다른 전술의 일부와 함께 조합된 형태로 사용된다. 예를 들어, 만약에 합리적 설득이 충분하지 못하면 영향력을 주는 사람은 다른 사람을 데려와서 그 사람이 자기가 주장하는 내용에 동의하고 있음을 보여 줄 수 있는 것이다. 마지막으로, **교환 전술**(exchange tactic)은 요청자가 대상자에게 요구 수행의 대가로 보상이나 자원을 제공할 때 사용되는 것이다. 이런 종류의 전술은 요청자가 줄 수 있는 가치 있는 어떤 것이 있을 때 가능하다.[26] 교환 전술은 그 혜택이 요청자가 대상자에게 주는 것이지 단순히 행위의 결과가 아니라는 점에서 통보와 다르다.[27] 비록 교환이 때때로 효과적일 수 있지만, 그것은 매우 예측 불가능하고 심지어 영향력에 부정적인 영향을 미칠 수 있다.

리더가 영향력 발휘 전술을 사용하는 경우엔 두 가지 점을 유념해야 한다. 첫째, 영향력을 발휘하는 전술은 복합적으로 사용될 때 성공적인 경향이 가장 크다.[28] 많은 전술은 다른 전술을 사용해야 극복될 수 있는 한계나 약점을 가지고 있다. 둘째, 가장 성공적인 경향이 있는 영향력 발휘 전술은 특성상 "더 유화적인" 전술들이다. 합리적 설득, 협의, 영감적 호소, 협력 전술 등은 조직적 형태보다 개인적 형태의 이점을 취하는 데 유리하다. 다른 사람들에게 영향을 미치는 데 있어 매우 효과적인 리더는 일반적으로 더 유화적인 전술에 의존하여 적절한 요구를 하고, 자신이 사용하는 전술이 가지고 있는 권력의 형태와 일치된다는 점을 확실하게 이해시키고 있다. 몬델레즈(Mondelez International's)에서 최근에 은퇴한 CEO 아이린 로젠필드(Irene Rosenfeld)는 설득력이 있는 것으로 알려져 있다. 크래프트(Kraft)사의 한 전직 이사가 말했다. "무언가를 설득하고자 할 때, 그녀는 사실(fact)을 가지고 돌아와 다른 사람의 지지를 받고 있음을 보여 준다. 또 그녀는 완전히 감성적이고 지능적으로 자기 아이디어에 전념할 것이다."[29]

영향력 발휘 전술에 대한 반응. [그림 13-3]에 제시된 바와 같이, 사람들은 영향력 전술에 대해 크게 세 가지로 반응한다.[30] **내면화**(internalization)는 영향을 받는 대상자가 영향력 요구에 동의하고 몰입할 때 발생한다.[31] 리더에게 이것은 가장 훌륭한 결과이다. 왜냐하면 내면화는 직원이 요구받은 것을 달성함에 있어 최고 수준의 노력을 투자하도록 하기 때문이다. 내면화는 직원의 행동과 태도에 대한 변화를 나타낸다. 개인적 형태의 권력의 적절한 사용은 내면화를 초래할 가능성이 가장 높다. **순종**(compliance)은 리더가 요구하는 것을 영향력 대상자가 기꺼이 할 때 발생하지만, 다소 양면성을 지닌 채 발생한다. 순종은 종업원의 행동 변화이지 태도 변화는 아니다. 이런 행동이 조직에서 영향력이 시도될 때 가장 흔히 일어나는 반응이다. 왜냐하면 어느 정도의 권력이 있는 사람이면 누구라도 합리적인 요구를 하는 경우 순종을 얻을 수 있기 때문이다. 그런 반응을 통해서 리더는 자신의 목적을 성취할 수는 있으나 직원들에게서 최고 수준의 노력과 헌신은 바랄 수 없다. 그럼에도 불구하고

그림 13-3 영향력 시도에 대한 반응

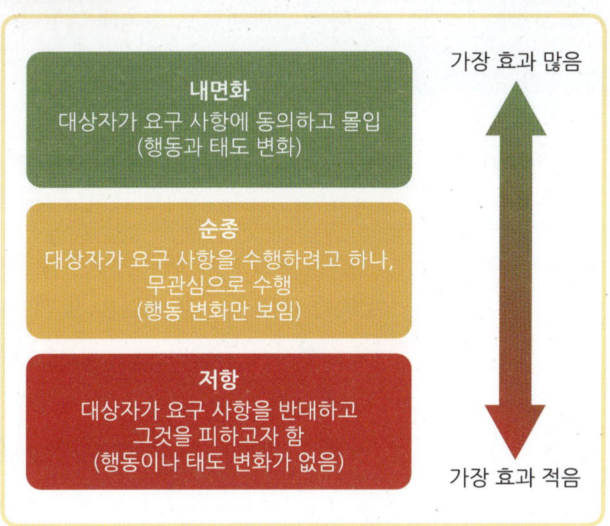

순종은 저항보다는 낫다. **저항**(resistance)은 대상자가 영향력 요구의 이행을 거절하고 그것을 피하는 데 더 노력할 때 발생한다. 직원들의 저항은 변명을 하거나, 역으로 요청자에게 행사하려하거나, 혹은 요구 사항의 수행을 단순히 거절하는 등의 형태로 나타날 수 있다. 영향력을 주는 사람의 권력이 대상자보다 상대적으로 낮을 때 혹은 요구 사항 자체가 부적절하거나 비합리적일 경우에 저항은 커질 가능성이 있다.[32]

권력과 영향력의 실제

본 절에서는 리더가 타인에게 영향을 미치기 위해 권력을 사용할 수 있는 능력을 갖는 두 가지 주요 영역에 대해 살펴보고자 한다. 첫 번째는 조직 내 조직 정치의 환경에 대한 탐색을 통해서이다. 두 번째는 조직 내 갈등의 해결을 돕기 위한 권력과 영향력의 사용을 통해서이다. 밝혀진 바와 같이, 이 두 가지 경우는 동시에 발생하기가 쉽다.

조직 정치. 만약 "권력"보다 더 부정적인 용어가 있다면, 그것은 아마도 "정치"일 것이다. 여러분은 아마도 "회사 내 정치와는 떨어져 있어라" 혹은 "정치적인 것으로 보이는 것은 피하라"와 같은 조언을 들어 봤을 것이다. 그러나 진실은 여러분이 그것으로부터 벗어날 수 없다는 것이다. 정치는 조직 내 삶의 일부이다![33] 비록 여러분이 보다폰(Vodafone)사의 전직 CEO 크리스토퍼 겐트(Christopher Gent)가 한 "(내가 최고 경영자일 땐), 우리는 다행히도 회사 내 정치와 비난의 문화로부터 자유로울 수 있었어."[34] 이런 말을 들었다 해도, 영국의 보다폰이 세계에서 가장 큰 휴대폰 운영 업체임을 감안하면 이를 믿기는 어려울 것이다. 온라인 신발 및 의류 소매 업체인 자포스(Zappos)사는 내부 정치를 없애거나 최소한으로 축소하기 위해 전체 조직의 구조를 바꾸는 시도까지 하기도 했다. 그러나 많은 관리자는 그들이 가지고 있는 낡은 조직구조에서 그리고 그들이 정치를 사용하는 것과 관련된 권력에 매달리기 위해 노력했다.[35] 우리가 좋아하든 싫어하든, 조직은, 원하는 것을 얻기 위해 다른 사람들의 행동과 욕망을 고려해야 하는 독립적이고 목표 지향적인 개인으로 가득 차 있다.[36]

학습목표 13.4
조직 정치란 무엇이며, 언제 정치적인 행동이 발생할 가능성이 가장 큰가?

조직 정치(organizational politic)는 개인의 사익을 확대하는 목표를 지향하는 행동으로 볼 수 있다.[37] 일반적으로 정치에 대한 부정적인 인식이 있지만, 그렇다고 해서 개인의 이익 추구가 반드시 회사의 이익에 반한다는 것을 의미하지 않는다. 리더는 자신의 생각을 밀어붙일 수 있는 능력과 조직 내 정치를 이용하여 다른 사람들에게 영향력을 행사할 수 있는 능력이 필요하다. 최근 연구들은 효과적인 리더가 되려면 어느 정도의 정치적 기술을 반드시 가지고 있어야 한다는 생각을 지지하고 있다.[38] 사실상, 대학이나 벡톤(Becton), 디킨슨앤컴퍼니(Dickinson and Company)사(뉴저지주 플랭클린 레이크스에 있는 세계적 의료 기술 선도 기업)와 같은 일부 기업에서는 미래의 리더들에게 정치의 여건을 잘 헤아려서 자신만의 정치 기술을 개발하도록 훈련시키고 있다.[39]

정치적 기술(political skill)은 직장에서 다른 사람들을 효과적으로 이해하고 그 지식을 사용하여 개인 및/혹은 조직의 목표를 발전시키기 위해 다른 사람들에게 영향을 미치는 능력이다.[40] 연구는 이러한 정치적 기술에는 네 가지 차원이 있다고 설명한다.[41] 네트워킹 능력은 다양한 만남을 파악하고 발전시키는 노련함이다. 사회적 통찰력은 다른 사람들을 관찰하여 그들의 행동을

OB 진단지

정치적 기술

당신은 정치적 기술을 얼마나 가지고 있는가? 이 진단지는 정치적 기술의 두 가지 차원을 측정하기 위해 고안되었다. 각 설문 문항의 옆에 당신이 직장에서 일하는 동안 업무와 사람에 대한 당신의 태도를 정확하게 나타내는 정도를 의미하는 숫자를 쓰라. 또는 각 문항을 직장이 아닌 학교로 생각해도 된다. 제시된 반응 점수를 적어서 각 문항에 답하라. 그 다음 당신의 응답을 합산하라.

1	2	4	6	7
매우 아니다	아니다	보통이다	그렇다	매우 그렇다

1. 나는 다른 사람의 입장에서 나 자신을 상상하는 것이 쉽다. ________
2. 나는 다른 사람들과 쉽게 유사점을 찾고 그것에 대해 이야기를 나눌 수 있다. ________
3. 나는 다른 사람의 생각과 감정을 잘 이해한다. ________
4. 대부분의 사람들은 내가 그렇게 느끼기를 원할 때 내 주변에서 편안함을 느낀다. ________
5. 나는 사람들과 대화를 나눈 이후 그들의 기분을 좋게 만들 수 있다. ________
6. 나는 거의 항상 내가 시간을 보내는 사람들과 관계를 맺는 방법을 찾는다. ________

점수 계산과 해석

합계 점수가 23점 이상이라면, 당신은 평균 이상의 정치적 기술을 가지고 있다. 합계 점수가 22점 이하이면, 당신은 평균 이하의 정치적 기술을 가지고 있다.

출처: For a more detailed measure of political skill, see G.R. Ferris, D.C. Treadway, R.W. Kolodinsky, W.A. Hochwarter, C.J. Kacmar, C. Douglas, and D.D. Frink, "Development and Validation of the Political Skill Inventory," *Journal of Management* 31 (2005), pp. 126–52.

정확히 해석하는 경향이다. 대인 간 영향력은 다양한 상황에 적응할 수 있을 만큼 충분히 유연하고, 겸손하며, 설득력 있는 개인적 스타일을 포함한다. 표면적 진실성은 다른 사람들에게 높은 수준의 정직함과 진정성을 가지고 있는 것처럼 보이는 것을 포함한다. 이 네 가지 기술을 합쳐서 조직 내 정치 환경을 탐색한다면 분명히 유리하다. 이런 형태의 기술을 가진 개인들은 다른 사람들로부터 과업성과와 조직시민행동에 대해 높은 평가를 받으며 특히, 그 직무가 사회적 요구가 많은 경우는 더욱 그러하다.[42] 이 두 가지 차원에 대해 여러분은 어느 정도인지를 파악하려면 **OB 진단지**를 참고하라.

비록 조직 정치가 긍정적인 결과를 견인할 수 있더라도, 정치에 대한 사람들의 인식은 일반적으로 부정적이다. 이러한 인식은 분명 이해가 가능하다. 왜냐하면 누구든 이기적인 태도로 행동하면 잠재적으로 다른 사람들에게 피해를 주기 때문이다.[43] 사람들이 자원을 확보하여 잠재적으로 반대되는 목표를 향해 서로에게 영향력을 행사하려고 하는 고도의 정치적 환경에서, 일부 종업원이 직장에서 직면한 불확실성에 대해 스트레스를 느끼는 것은 지극히 당연하다. 심각하게 정치적이라 인식되는 환경은 종업원들의 낮은 직무만족, 높은 긴장감, 낮은 직무성과(과업 및 역할 외 성과 모두), 높은 이직 의도, 낮은 조직몰입에 영향을 미치는 것으로 나타났다.[44] 사실, 높은 수준의 조직 정치는 기업 성과 전반에 해로운 것으로 나타났다.[45]

결과적으로, 조직(리더)은 정치와 관련된 이기적인 행동의 인식을 최소화하기 위해 최선을 다한다. 이 목표는 정치를 번창하게 하는 특별한 조직 상황을 파악하는 것을 필요로 한다. [그림 13-4]에 제시된 바와 같이, 조직 정치는 개인적 특성과 조직적 특성 둘 다에 의해서 나타난다.[46] 일

그림 13-4 조직 정치의 원인과 결과

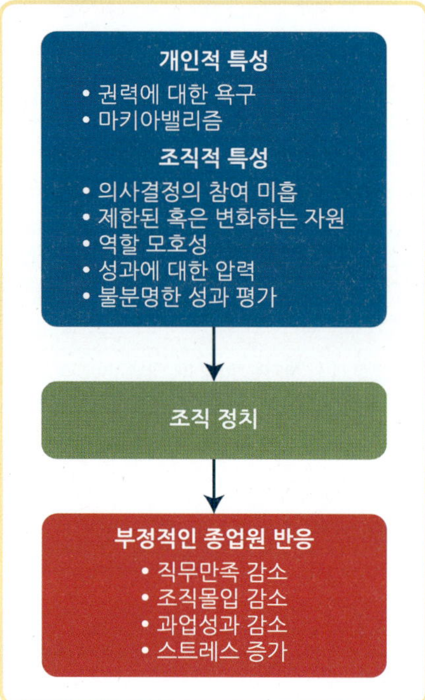

부 종업원은 정치적 행동에 참여하도록 인센티브를 제공하는 권력에 대한 강한 욕구를 가지고 있다. 또 다른 일부는 권력을 얻기 위해 다른 사람들을 조정하고 속이는 경향이 있는 것을 의미하는 "마키아밸리즘"적 성향을 지니고 있다.[47]

정치를 증가시킬 가능성이 높은 조직적 요인은 환경에 있어 불확실성의 수준을 높이는 것들이다. 사람들은 결과나 상황에 대해 불확실성을 느끼면 일반적으로 불확실성을 줄이는 데 도움이 되는 방식으로 행동한다. 제한된 혹은 변화하는 자원, 역할 모호성, 높은 성과 압력 혹은 불분명한 성과 평가 수단 등을 포함한, 많은 상황이 불확실성을 촉발할 수 있다.[48] 종업원들의 의사결정에 대한 참여가 부족해도 조직 정치의 인식을 증가시킨 것으로 밝혀졌다.[49] 이런 종류의 조직의 요인들이 개인적인 요인보다 일반적으로 정치 행동에 대해서 더 강한 영향을 미친다. 이는 사실 조직에는 좋은 일이다. 왜냐하면 성과 측정과 역할을 명확히 하는 것이 종업원의 개인적인 특성을 바꾸는 것보다 쉬울 수 있기 때문이다.

갈등 해결. 조직 정치를 형성하기 위해 권력을 사용하는 것과 함께, 리더는 갈등 해결의 상황에서도 그들의 영향력을 행사할 수 있다. 갈등은 두 명 이상의 개인이 각자의 목표가 상반될 때 발생한다(이러한 이슈에 대한 자세한 논의는 12장 팀 프로세스와 의사소통을 참조하라). 갈등과 정치는 분명히 상호 연관되어 있다. 왜냐하면 자신의 이익을 추구하다 보면 흔히 다른 사람과 갈등을 일으키기 때문이다. 갈등이 조직 내에서 발생하면 리더는 권력과 영향력을 사용해서 그것을 해결하는 능력이 있다. [그림 13-5]에 나타난 바와 같이, 상황별로 갈등을 다룰 때 리더가 사용할 수 있는 다섯 가지의 유형이 있다.[50] 다섯 가지의 유형은 두 가지 요인의 조합으로 볼 수 있다. 적극적 리더는 자신의 목표가 추진되기를 원하고 협력적 리더는 다른 사람들의 관심을 고려한다.

그림 13-5 갈등 해결의 유형

강요(competing)(높은 자기주장, 낮은 협력)는 상대방의 결과 따위는 아랑곳하지 않고 자신의 목표만을 고집할 때 발생한다. 이는 갈등 해결을 위한 방법 중 승-패(win-lose)의 형태라 할 수 있다. 강요는 어느 한쪽이 높은 수준의 조직적 권력을 가지고 있으며 갈등 해결을 위한 합법적이고 강압적인 권력을 사용할 수 있을 때 가장 자주 발생한다. 이것은 또한 일반적으로 압력이나 연합과 같은 확고한 영향력을 포함하고 있다. 비록 갈등 해결을 위한 이런 전략은 처음에는 좋은 결과를 얻는 것처럼 보일 수 있으나, 이런 전술이 수반하는 경향이 있는 부정적 반응을 감안하면 리더가 많은 동료를 얻을 수는 없을 것이다. 그래서 이러한 방법은 리더가 자신이

학습목표 13.5
리더는 직장 내 갈등을 해결하기 위해 권력과 영향력을 어떻게 사용하는가?

맞다는 것을 알고 재빠른 의사결정이 이루어져야 할 필요가 있다고 판단되는 상황에서 사용하는 것이 최선이다.

회피(avoiding)(낮은 자기주장, 낮은 협력)는 어느 한쪽이 중립을 지키거나, 갈등을 멀리하거나, 정보를 수집하거나 사태를 진정시키기 위해 갈등을 미루고 싶을 때 발생한다. 회피는 보통 조직을 포함한 모든 사람에게 좋지 않은 결과를 초래하고, 리더에 대한 부정적인 감정을 초래할 수 있다. 가장 중요한 것은, 회피하는 것은 결코 갈등을 진정으로 해결하지 못한다는 것이다. **수용**(accommodating)(낮은 자기주장, 높은 협력)은 어느 한쪽이 상대방에게 굴복하고 전혀 이기적이지 않은 방식으로 행동할 때 발생한다. 리더는 전형적으로 그 이슈가 자신에게는 그리 중요하지 않고 상대방에게는 매우 중요한 것일 때 수용 전략을 주로 사용한다. 이는 또한 리더의 권력이 상대편에 비해 약할 때도 고려해 볼 수 있는 중요한 전략이다. 어쨌든 리더의 권력 부족으로 갈등에서 질 것 같으면, 상대편의 요구에 굴복하는 것이 더 나은 장기적 전략이 될 수 있다.

협력(collaboration)(높은 자기주장, 높은 협력)은 양측이 함께 결과를 극대화하기 위해 협력할 때 발생한다. 협력은 갈등 해결의 윈윈(win-win) 형태로 보이는 것이다. 협력은 일반적으로 가장 효과적인 갈등 해결의 형태로 여겨진다. 특히 개인적 갈등보다 업무와 관련된 갈등의 효과적인 해결 형태라 할 수 있다.[51] 하지만 이 또한 갈등 해결까지는 많은 어려움이 있다. 왜냐하면 당사자들 간의 완전한 정보 공유, 관심사에 대한 완전한 논의, 당사자 간의 비교적 평등한 권력, 그리고 해결하기까지 많은 시간 투자가 필요하기 때문이다. 그러나 이는 당사자들에게 최상의 결과물과 반응을 제공하는 면이 있다. **타협**(compromise)(적당한 자기주장, 적당한 협력)은 주고받는 양보를 통해 갈등이 해결될 때 발생한다. 타협은 아마도 갈등 해결의 가장 일반적인 형태일 것이며, 각자의 손실은 이익으로 상쇄되고 그 반대도 마찬가지이다. 이는 갈등 해결의 쉬운 형태로 간주되고, 양쪽이 관계를 유지하면서 일반적으로 리더에게 호의적인 평가 결과를 낳는다.[52] 또한 여성은 남성에 비해 타협을 전술로 삼을 가능성이 높은 반면, 남성은 여성에 비해 강요를 전술로 사용할 가능성이 높다.[53] 최근 연구에 의하면, 감성지수(10장 참조)가 높은 사람들이 건설적인 갈등 관리(그림 13-5의 녹색 부분)를 취할 가능성이 높은 것으로 나타났다.[54] 권력과 영향력에 관한 대부분의 주제와 마찬가지로, 당신이 어떤 스타일을 사용하는가보다는 오히려 그것을 언제 사용하느냐가 중요하다. 하나의 특정 스타일이 다른 스타일보다 더 좋다고 생각하는 것은 실수이다. 연구에 의하면 특정 스타일의 효과성 여부는 많은 상황에 달려 있는 것으로 나타났다.[55] 예를 들어, 신뢰(7장 참조)는 갈등 해결을 위해 협력적 형태를 사용할 때 매우 중요하다. 특히, 갈등의 정도가 클 때는 더욱 그러하다.[56] 다양한 갈등 해결 전략에 대한 더 많은 논의는 〈표 13-4〉를 참조하길 바란다.

갈등 해결의 한 예는 우버가 사업을 하고자 하는 도시와의 계속되는 싸움이다.[57] 설립 초기에 우버는 새로운 시장으로 진출할 때 매우 일방적인 경쟁 방식을 택했다. 즉, 공식적인 허가 없이 시장에 진입하고, 고객을 개발한 다음 그 자원을 사용하여 우버의 경영 방식에 문제를 제기

JOHANNES EISELE/AFP/Getty Images

다라 호스로우샤히 우버 CEO는 트래비스 칼라닉 전 CEO가 일관된 승-패(win-lose) 갈등 해결 접근법으로 초래한 피해 중 일부를 되돌리려 하고 있다.

표 13-4 다양한 갈등 해결 스타일이 사용되는 때

해결 스타일	다음과 같은 상황에서 사용
강요	- 신속한 결정이 매우 중요 - 당신이 옳다고 믿고, 다른 해결책들은 틀렸고, 중간 지점이 없을 때 - 누군가 당신과 경쟁하고 싶지 않은 당신의 마음을 이용하려고 할 때
회피	- 시기적 관점에서 다른 사안에 비해서는 덜 중요한 사안일 때 - 받아들일 만한 대안이 없고 이길 수 없을 때 - 해결책에 도달하는 게 해결책의 가치보다 더 많은 분쟁을 일으킬 때 - 사람들의 감정이 고조되어 물러서는 것이 해결책을 찾는 데 도움이 될 때 - 더 많은 정보를 얻는 것이 더 나은 결론으로 가는 데 도움이 될 때
협력	- 양측이 모두 정당한 우려가 있고 타협으로 문제가 해결되지 않을 때 - 서로 다른 관점이나 학습이 더 나은 대안에 도달하는 데 도움이 될 때 - 합의된 결정을 위해 함께 노력함으로써 약속을 구축할 때
수용	- 당신의 선택이나 해결책이 잘못되었거나 대안이 더 낫다는 결론에 도달했을 때 - 당신이 합리적이라는 것을 보여 주고 싶거나 혹은 다른 사람들과 신용을 쌓고 싶을 때 - 다른 사람들이 당신보다 결과에 더 많은 관심을 가지며 지속적인 관계가 중요할 때 - 당신이 질 것 같고 당신의 품위를 지키고 싶을 때
타협	- 강력한 접근법이 피해를 초래할 가능성이 있을 때 - 양쪽 당사자가 모두 자신의 선택에 전념하며 동등하게 강력할 때 - 임시 해결책에 도달하기 위해 복잡한 문제를 더 완벽하게 조사해야 할 때 - 시간적 압박이 장기적인 해결책을 허용하지 않을 때 - 다른 접근법들이 효과가 없을 때

출처: Adapted from K.W. Thomas, "Toward Multi-Dimensional Values in Teaching: The Example of Conflict Behaviors," *Academy of Management Review* (1977), pp. 484–90.

하는 시의회 또는 반대 집단을 방어하는 것이었다. 전 CEO 트래비스 캘러닉(Travis Kalanick)은 이 접근법을 "원칙에 입각한 대립"이라고 불렀다.[58] 이러한 접근 방식이 효과가 있었지만(그리고 우버의 성공을 위해 필요했을 수도 있지만), 캘러닉조차도 이것이 모든 상황에서 최선의 접근 방식은 아니라는 것을 인식하고 있었다. 한 가지 이유는 그것이 초래한 싸움이 조직문화에까지 영향을 미칠 수 있기 때문이다. 오래전 한 직원은 "성과 검토부터 보너스 분배 방식까지 모든 면에서 사람들은 끊임없이 서로를 비하하고 과소평가하도록 유도받았다"라고 말했다.[59] 현재 우버의 CEO인 다라 호스로우사히(Dara Khosrowshahi)는 캘러닉과 반대이고, 보다 협력적인 접근 방식을 취하는 것으로 알려져 있으며, 도시와 직원들이 항상 이용당하고 있다고 느끼게 하지 않는다.[60] 일상에서 협력적인 방식으로 갈등을 해결하는 접근을 보고자 한다면 **OB 북스토어**를 참고하라.

협상

학습목표 13.6
리더가 직장 내에서 협상하는 방법에는 어떤 것들이 있는가?

리더가 자신의 권력, 영향력, 정치적 기술, 갈등 해결 기술을 사용하기 가장 좋은 곳은 아마도 협상할 때일 것이다. **협상**(negotiation)이란 둘 이상의 상호 의존적인 개인이 서로 다른 선호에 대해 논의하며 합의를 시도하는 과정이다. 협상은 조직 내부에서 혹은 조직 외부인을 상대할 때 발생할 수 있다. 노사 간의 분쟁 조정, 상품의 구매 가격 결정, 성과 평가 등급 조정, 혹은 신입 사원의

북스토어

리더의 용기(DARE TO LEAD)

Brené Brown (New York: Random House, 2018)

Brené Brown/Random House

힘든 대화, 힘든 회의, 그리고 감정적으로 고조된 상태의 의사결정, 리더는 자신의 가치에 얽매여 있고, 감정적으로 반응하기보다는 대응하며, 자기방어가 아닌 자기 인식으로부터 작동될 수 있는 근거 있는 자신감이 필요하다. 긴장과 불편을 견딜 수 있는 다양한 기술을 통해 우리는 다른 사람들에게 배려와 관심을 주고, 개방적이고 호기심을 유지하며, 도전에 대처할 수 있다.

이러한 말과 함께, 브렌 브라운은 조직 내 잠재적 갈등 상황에서 리더가 생각하고 행동하는 데에 중요하다고 생각하는 점을 설명한다. 뉴욕타임즈 베스트셀러 1위인 리더의 용기는 갈등이 발생할 수 있는 시기에 준비되고 식견을 가진 지도자의 능력에 초점을 맞춘 리더십 책이다. 그녀의 연구와 150명 이상의 CEO와의 인터뷰를 토대로, 브라운은 오늘날의 세계에서 리더십은 리더가 "취약해지기" 위한 용기를 가질 것을 요구한다고 믿는다. 브라운에게 취약성이란 약함이 아니라, 오히려 "불확실성, 위험, 노출의 시기에 우리가 경험하는 감정"이다.

브라운은 사람들이 서로 어려운 대화를 하는 것을 두려워하기 때문에 많은 조직이 회피의 문화를 만든다고 믿는다. 사람들이 갈등에 대해 회피적인 입장(낮은 자기주장, 낮은 협력)을 취할 때, 이기는 이가 없다. 이러한 스타일은 관리자들이 어려운 대화를 나누는 것을 두려워할 때 발생한다. 브라운은 리더들에게 용감하라고 요청한다. 그녀는 "용감한 리더는 모든 해답을 무장하고 있는 사람이 아니다. 용감한 리더는 어려운 주제에 대해 완벽한 토론을 진행할 수 있는 사람이 아니다. 용감한 리더는 당신을 보고 있다고, 듣고 있다고, 나는 모든 정답을 가지고 있지 않지만, 계속 듣고 질문할 것이다."라고 말하는 사람이라고 말한다. 그녀는 강한 리더는 자신의 결과뿐만 아니라 다른 사람의 결과에도 관심을 가지고 접근하는 사람으로 보고 있다. 그들은 또한 다른 사람들이 피하고 싶어하는 상황에 대처하기 위해 주장을 펼치고 적극적으로 관심을 보일 것이다. 본질적으로, 그녀는 좋은 리더는 조직 내 사람들과의 갈등 관리와 매일 다뤄야 하는 결정에 대해 협력적인 접근을 택할 것을 주장한다.

초봉 결정 등이 협상 대상이 될 수 있다. 협상은 리더나 종업원 모두에게 조직 생활의 중요한 부분이다. 성공적인 리더는 모든 종류의 결과를 협상하는 데 능숙하며, 이를 잘하려면 권력 구조, 영향력 행사를 위한 최상의 방법, 의사결정에 있어서 자신의 편견에 대한 인식이 필요하다.[61]

협상 전략. 리더가 협상할 때 선택해야 하는 두 가지 일반적인 전략이 있다. 분배적 협상과 통합적 협상이다.[62] **분배적 협상**(distributive bargaining)은 자원의 "고정된 파이"에 대하여 승패(win-lose) 전략을 포함한다.[63] 즉, 이득 보는 사람이 있으면 손해 보는 사람도 있는 것이다(제로섬 조건이라고도 한다). 분배적 협상의 전형적인 예는 자동차 구매이다. 자동차 대리점에 들어서면 차량 측면에 협상 가능한 가격이 명시돼 있다. 그러한 이러한 상황에서 당신이 절약하는 1달러는 대리점이 잃는 1달러이다. 마찬가지로 영업 사원이 협상하는 돈만큼 당신은 손해를 보게 된다. 분배적 협상은 특성상 갈등 해결에 대한 경쟁적 접근법과 비슷하다. 전통적으로 가장 눈에 띄는 협상 중의 일부는 분배적 협상 전술로 접근하는 노조와 경영진과의 협상이다. 자동차 회사, 항공사 또는 병원의 간호사든 이러한 세션에 대한 협상은 일반적으로 승패의 렌즈를 통해 볼 수 있다.

노사 간 협상을 포함한 조직 내 많은 협상이 보다 통합적인 협상 전략으로 이루어지기 시작하고 있다. **통합적 협상**(integrative bargaining)은 윈윈 시나리오를 달성하는 것을 목표로 하고 있다.[64] 이는 양측을 모두 만족시키는 결과를 달성하기 위한 문제 해결과 상호 존중의 사용을 포함한다. 협력의 갈등 해결 형태를 완전히 이해하는 리더는 이런 협상 전략에 능숙할 가능성이 있다. 통합적 협상은 가능하다면 일반적으로 선호하는 전략이다. 왜냐하면 양쪽이 오랫동안 우호적인 관계가 되도록 허락하기 때문이다(양쪽 다 패배감을 느끼지 않아도 되기 때문에). 또한 통합적 협상은 양쪽의 의견을 고려할 때 분배적 협상에 비해 결과에 대한 만족도가 더 높은 경향이 있다.[65] 한 가지 예로 어디로 휴가를 갈지 협상하는 부부를 상상해 보자. 남편은 산 속의 통나무집에서 쉴 수 있는 곳으로 가고 싶은 반면에 부인은 해변에 있는 고급 리조트에 머물기를 원한다. 이것은 분배적 협상의 경우처럼 보일 것이다. 한쪽이 이긴다면 다른 편은 지는 것이다! 오랜 논의 끝에 부부는 남편에게는 장소(산 속)가 더 중요하고 아내에게는 숙박 시설(고급 호텔)이 더 중요함을 알게 된다. 둘은 양측 모두에게 상호 유익한 결과를 제공하는 해결책인 산 속의 고급 호텔과 같은 결과물을 도출할 수 있다.[66] 하지만 모든 상황이 통합적 협상을 위해 적합한 것은 아니다. 통합적 협상은 여러 결과가 가능하고, 적절한 신뢰의 수준과 당사자들이 기꺼이 융통성을 발휘하는 상황에서 가장 적절하다.[67] 통합적 협상 전략으로 중고차 구입에 접근하지는 않길 바란다!

디시네트워크의 공동 창립자이자 회장인 찰리 에르겐은 무자비한 협상가로서의 평판을 만들었다.

리더는 시간이 지남에 따라 자신의 협상하는 방식에 대한 평판을 발전시킬 수 있으며, 다른 사람들이 다른 방식으로 새로운 협상에 접근하는 것을 어렵게 만들 수 있다. 예를 들어, 디시네트워크(Dish Network)의 공동 창업자이자 회장인 찰리 에르겐(Charlie Ergen)은 분배적(승-패) 프레임워크로 협상에 접근하는 것으로 유명하다. 한 분석가는 "찰리가 성공할 수 있는 유일한 방법은 그가 승리하는 것이다. 사람들이 에르겐과 타협점을 찾을 수 있는 상황은 그리 많지 않다."라고 말했다. 그의 명성은 "사람들이 그와 협력하는 것을 어렵게 만든다." 에르겐(한 때 전문 도박사)은 사업을 "확률 놀이"를 좋아하는 카드 게임으로 본다고 말했다.[68]

협상의 단계. 사용된 전략과 관계없이, 실제 협상 과정은 전형적으로 일련의 단계를 거친다.[69]

- **준비**(preparation). 협상 과정에서 가장 중요한 단 하나의 단계인 준비 과정에서 각 당사자는 협상의 목표가 무엇이고 상대방이 제안할 것이 있는지 여부를 결정한다. 무엇을 제안할 것인지를 파악해야 한다. 각 당사자는 또한 협상된 합의, 즉 BATNA에 대한 최상의 대안을 결정해야 한다. **BATNA**는 각 협상가의 마지노선을 말한다. 달리 말하면, 당신은 어느 시점에서 기꺼이 떠날 것인가? BATNA 시점에서 협상가는 사실 전혀 협상하지 않는 것이 오히려 낫다. 로저 피셔(Roger Fisher)와 윌리엄 유리(William Ury)는 저서 "Yes를 이끌어내는 협상법(Getting to yes: Negotiating Without In)"에서, 사람들의 BANTNA가 제안된 모든 합의의 기준이 되어야

한다고 말한다.[70]

- **정보 교환**(exchanging information). 대립이 본격화되지 않은 이 단계에서, 양측은 각자의 입장에 대한 주장을 펴고 모든 유리한 정보를 테이블에 올리려고 시도한다. 또한 양측은 상대방에게 어떻게 그런 결론을 도출하게 되었는지 그리고 어떤 문제가 중요하다고 생각하는지를 알려준다. 상대방을 잘 모르는 경우, 이 단계에서는 적극적인 경청과 많은 질문을 포함할 수 있다. 연구에 의하면 성공적인 협상가들은 이 단계에서 많은 질문을 하고 많은 정보를 수집하는 것으로 나타냈다.[71]
- **흥정**(bargaining). 이 단계는 대부분의 사람들이 "협상"이라는 용어를 들었을 때 상상하는 단계이다. 이 단계에서 성공은 앞의 두 단계가 얼마나 잘 진행되었는가에 크게 달려 있다. 목표는 양측이 가치 있는 뭔가를 얻었다고 느끼며 떠나는 것이다(실제 협상 전략과 무관하게). 이 단계에서 양측 모두는 무언가를 얻기 위해 양보하고 무언가를 포기해야 한다. 양측이 상대방의 고민과 동기를 염두에 두는 정도에 따라 이 단계는 훨씬 더 순조롭게 진행될 것이다.
- **종결과 몰입**(closing and commitment). 이 단계는 이전 단계에서 도출된 합의 사항을 공식화하는 과정이다. 기업과 노조 간에 체결된 노동 계약과 같은 크고 복잡한 협상은 매우 긴 단계가 될 수도 있다. 다른 예로 미래 관계를 어떻게 처리할지에 대한 두 동료 간의 협상과 같은 경우에는, 공식적 문서나 계약이 필요하지 않으며 간단한 악수만으로도 충분할 수 있다. 이상적으로는 흥정 단계에서 도달한 합의에 대한 문제나 오해는 없을 것이다. 만약 문제가 생기면, 협상 과정은 다시 흥정 단계로 돌아가고 그 과정은 처음부터 다시 시작된다. 이 단계는 또한 양측이 합의 없이 교착 상태에 빠졌음을 단순히 인식하는 것일 수도 있다! 이 경우 이 장의 마지막 실무 적용 부분에서 논의하는 것처럼 몇 가지 옵션을 사용할 수 있다.

협상가의 편견. 협상가는 협상에 접근할 때 자신의 편견을 인식하는 것이 중요하다. 알아야 할 많은 편견이 있지만, 당사자들 간 권력 관계의 지각과 협상가의 감정은 매우 중요한 두 가지 요소이다. 연구에 따르면 협상가가 상대방에 비해 권력을 가진 위치에 있다고 인식할 때, 더 많이 요구하고 더 적게 주려 하고, 협상하는 동안 더 공격적으로 행동할 가능성이 높다. 즉, 그들은 협상에 대해 더 분배적 접근법을 취할 가능성이 높다.[72] 마찬가지로, 양측이 서로 힘이 상대적으로 동등하다고 여기면, 그들은 협상에 더 통합적 접근법을 취한다.[73] 모두가 알다시피, 협상은 일반적으로 감정이 많이 개입되는 문제이며, 협상가의 감정 또한 협상하는 동안 성공적인 결론에 도달하는 데 있어 매우 중요한 역할을 할 수 있다.[74] (협상과 같이 스트레스가 많은 시간 동안 감정을 통제하기 위한 개인의 능력에 대한 논의는 10장을 참고하라.) 밝혀진 바와 같이, 긍정적 그리고 부정적 감정 모두 협상에 부정적인 영향을 미칠 수 있다.[75] 긍정적인 감정은 통합적인 협상을 유도할 수 있으나, 반면 과도한 자신감의 원인이 되어 너무 성급한 결정을 할 수 있다. 부정적인 감정은 분배적 협상으로 가는 경향이 있고 판단의 정확성이 떨어지는 경향이 있다.[76]

요약: 왜 어떤 리더들은 다른 리더들보다 힘이 더 강할까?

그렇다면 왜 어떤 리더들은 다른 리더들보다 힘과 영향력이 더 있을까? [그림 13-6]에 제시된 바와 같이, 그것은 리더들이 가진 권력의 유형, 타인에게 행사할 수 있는 영향력 전술의 종류, 그리고 종업원들의 태도와 행동을 바꾸기 위한 영향력의 사용 방법 등의 이해를 요구하는 질문이다. 리더들은 다른 사람들에게 영향을 미치는 능력인 조직적(합법적, 보상적, 강압적)이고 개인적(전문적, 준거적)인 두 가지 형태의 권력을 획득한다. 그런 다음 그들은 영향력 전술을 통해 타인에게 영향력을 행사하기 위해 권력을 사용할 수 있다. 이들 전술은 조직 목표를 달성하는 데 도움이

그림 13-6 왜 어떤 리더들은 다른 리더들보다 더 힘이 있는가?

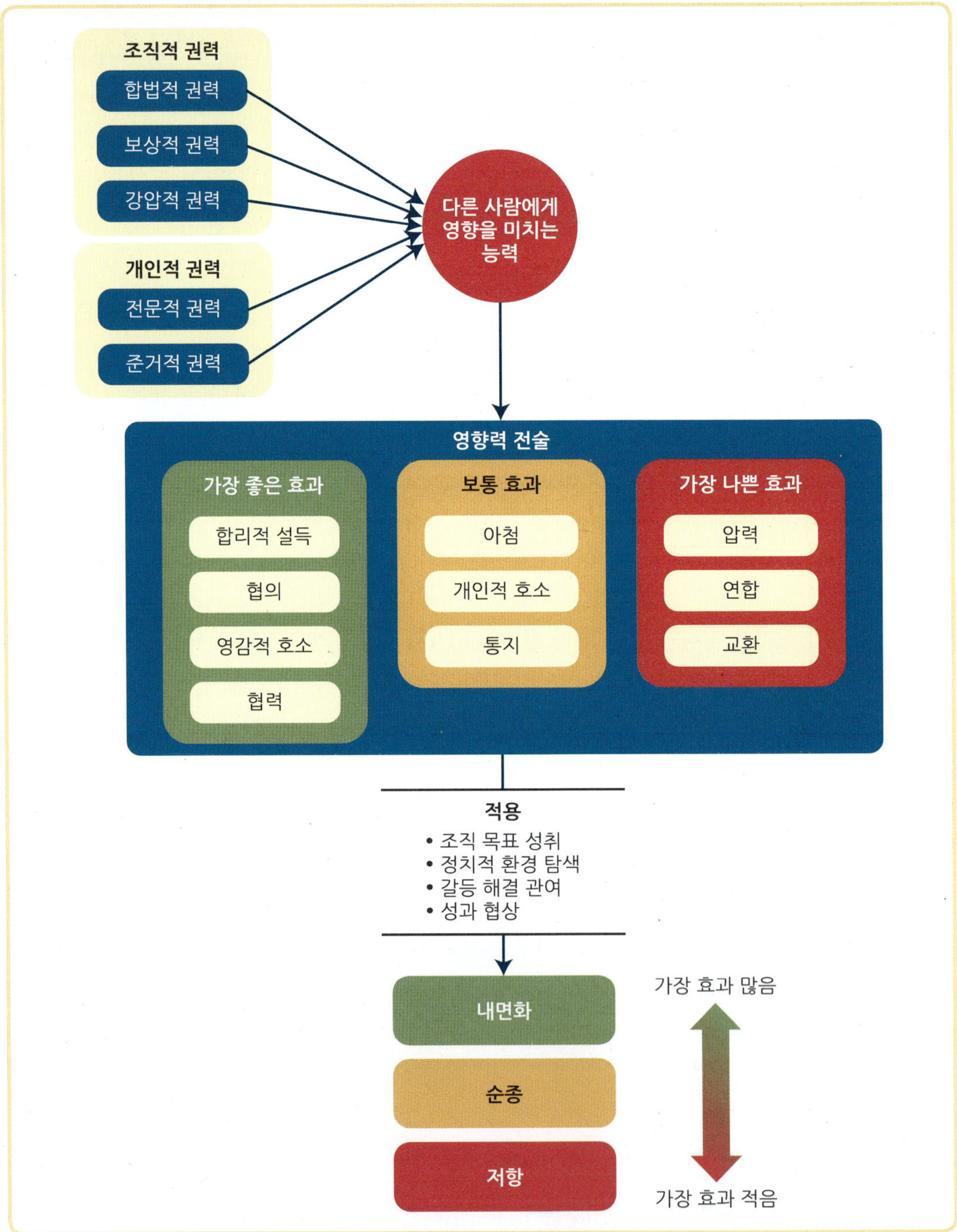

될 수 있으며, 조직 정치, 갈등 해결, 혹은 협상 상황을 다루는 데 더 구체적으로 적용될 수 있다. 마지막으로 리더와의 관계에서 일어날 수 있는 세 가지 반응은 내재화, 순종, 저항이다. 이러한 시도의 효과성은 리더들이 기술을 어떻게 행사하며 그들이 가진 권력의 유형을 얼마나 적절하게 잘 연결해 영향력을 행사하느냐에 달려있다.

권력과 영향력은 얼마나 중요한가?

학습목표 13.7
권력과 영향력은 직무성과와 조직몰입에 어떠한 영향을 미치는가?

권력과 영향력을 사용하는 리더의 능력은 얼마나 중요한가? 달리 말하면, 리더들의 권력과 영향력은 직무성과와 조직몰입에 관련이 는가? [그림 13-7]은 권력과 영향력이 직무성과와 조직몰입에 미치는 영향에 관한 연구 결과를 요약한 것이다. 그림은 권력과 영향력이 직무성과와 보통의 관련이 있음을 보여 준다. 올바르게 사용되고 과업 관련 성과에 초점을 둘 때, 권력과 영향력은 내재화를 창출하여 행동과 태도 모두 높은 수준의 직무 수행에 초점을 맞출 수 있다. 이러한 내면화는 시민행동을 증가시키는 도움을 주는 반면, 권력과 영향력에 연계된 순종은 역기능적인 행동을 감소시킬 수 있다. 권력과 영향력을 효과적으로 사용하면 직원의 동기부여 수준을 높일 수 있는 반면, 권력과 영향력을 비효과적으로 사용하면 직원의 스트레스 수준을 증가시킬 수 있다는 점을 고려할 때 이들 직무성과 이익은 의미가 있다.

[그림 13-7]은 또한 권력과 영향력은 조직몰입과 보통의 관련성이 있음을 보여 준다. 리더가

그림 13-7 직무성과와 조직몰입에 대한 권력과 영향력의 효과

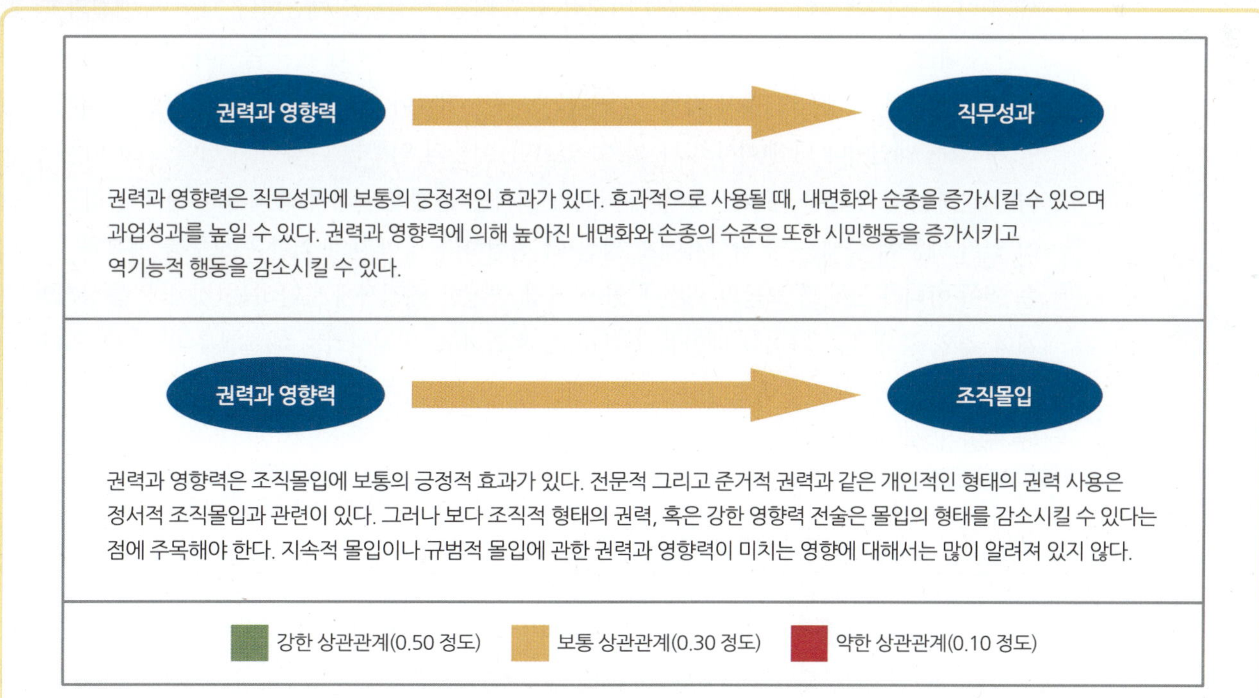

출처: R.T. Sparrowe, B.W. Soetjipto, and M.L. Kraimer, "Do Leaders' Influence Tactics Relate to Members' Helping Behavior? It Depends on the Quality of the Relationship," *Academy of Management Journal* 49 (2006), pp. 1194–1208; G. Yukl, H. Kim, and C.M. Falbe, "Antecedents of Influence Outcomes," *Journal of Applied Psychology* 81 (1996), pp. 309–17; P.P. Carson, K.D. Carson, and C.W. Rowe, "Social Power Bases: A Meta-Analytic Examination of Interrelationships and Outcomes," *Journal of Applied Social Psychology* 23 (1993), pp. 1150–69.

전문적 권력이나 준거적 권력 같은 개인적인 권력의 원천에 의존할 때, 직원들과 더 강한 감정적인 유대가 만들어져서 정서적 조직몰입을 증진시킬 수 있다. 그러한 권력의 효과적인 사용은 직무만족과 리더에 대한 신뢰를 증가시켜야 하고, 이 모든 것은 조직몰입의 증가와 관련되어 있다. 그러나 직무성과와 마찬가지로 비효과적인 권력의 사용은 또한 조직몰입 수준을 낮출 수 있다는 점에 주목하는 것이 중요하다. 특히, 강압적인 권력의 반복된 사용이나 압력 혹은 연합과 같은 강한 영향력 전술의 반복적인 의존은 조직몰입 수준을 실제 감소시킬 수 있다.

실무 적용: 대안적 분쟁 해결

리더의 최선의 노력에도 불구하고, 협상이나 갈등 관리는 두 당사자 사이의 교착상태를 초래할 가능성이 항상 있다. 많은 조직에서 실제 법적 다툼으로 확대될 수 있는 분쟁은 대안적 분쟁 해결을 통해 해결될 수 있다.[77] **대안적 분쟁 해결**(alternative dispute resolution)은 양측이 특별히 훈련되고 중립적인 제3자를 사용하여 갈등을 해결하는 과정이다. 당사자들에게 문제의 결과에 대해 다소 통제권을 제공하는 다양한 대안적 분쟁 해결 유형이 있다.[78] 어떤 유형의 해결이 선택되는지는 일반적으로 시간적 압박, 분쟁의 강도, 갈등의 유형에 따라 결정된다.[79] 가장 일반적인 두 가지 형태는 조정과 중재이다.

조정(mediation)은 제3자가 분쟁의 해결 과정을 용이하게 할 것을 요구하지만, 이 제3자는 해결책을 지시할 공식적인 권한이 없다. 본질적으로 조정자는 양측의 주장을 경청하고 양자가 합의에 이르도록 돕는 중립적이고 객관적인 역할을 수행한다. 심각하고 잠재적으로 소송적인 상황에서, 훈련된 조정자는 어려운 분쟁에서 비교적 쉽고 빠른 해결책을 제공한다. 대안적 해결의 더 확실한 형태는 중재의 과정이다. **중재**(arbitration)는 제3자가 분쟁에 대한 구속력이 있는 해결을 결정할 때 발생한다. 중재는 그들의 직무가 다양한 논쟁을 귀담아 듣고 갈등의 해결 방안에 대해 결정할 수 있는 개인이나 단체(이사회)가 될 수 있으며, 이들의 임무는 다양한 주장을 듣고 나서 갈등의 해결에 대한 결정을 내리는 것이다. 어떤 면에서는 분쟁의 결과가 중재자의 손에 전적으로 달려 있기 때문에 중재는 양 당사자에게 훨씬 더 위험하다. 중재자의 역할은 모두를 행복하게 만드는 것이 아니라, 오히려 그들의 의견에 있어 가장 공평한 해결책에 도달하는 것이다. 통상적인 중재의 경우, 중재자는 가능한 대안을 선택하고, 혼합하고, 일치시키는 해결책을 만들 수 있다. 반면, 최종 제안 중재는 양자가 가장 공정한 제안을 제시하고, 중재인은 가장 합리적인 것으로 확인된 제안을 선택한다.

두 가지 형태의 대안적 분쟁 해결은 자발적이거나 의무적일 수 있는데, 많은 기업이 대안적 분쟁 해결을 직원들에게 의무화하는 정책을 만들기 시작했다. 그러나 그 과정에서 "자발성"을 빼앗는 것이 종업원의 절차적 공정성의 지각을 낮춘다는 증거가 있다(7장 참조).[80]

물론, 분쟁 해결의 목표는 항상 양측이 자발적인 합의에 이르도록 하는 것이다. 전통적으로 조정은 대안적 논쟁 해결의 첫 단계이다. 만약 조정자가 합의에 이르도록 양측을 도울 수 없다면 그 과정은 중재까지 계속된다. 그러나 연구는 반대의 접근 방법이 더 좋은 결과를 이끌 수 있음을 주장한다. 즉, 양측이 중재 절차를 거치고, 중재인이 결정을 내리고, 이를 봉인된 봉투에 넣어 둔다. 그 다음 양측은 조정 절차를 거친다. 만약 그들이 여전히 합의에 이르지 못하면, 중재인의 결정으로 돌아가는 것이다. 순서를 뒤집으면 두 당사자 간의 자발적 합의율을 유의하게 높이는 결과를 보인다.[81]

요점 정리

13.1 리더십은 목표 달성을 향해 팔로워들의 활동을 지시하기 위한 권력과 영향력의 사용이다. 권력은 다른 사람들의 행동에 영향을 미치는 능력이면서 반대로 원하지 않는 영향에 저항하는 것이다. 권력은 리더들이 다른 사람들에게 영향을 미치는 능력을 제공한다는 점에서 필요하다.

13.2 리더는 다섯 가지의 권력 형태를 가진다. 세 가지는 조직적 형태의 권력이다. 합법적 권력은 직위나 권한에 기초하고, 보상적 권력은 자원이나 이익의 분배에 기초하며, 강압적인 권력은 처벌의 행사에 기초한다. 나머지 두 가지는 개인적 형태의 권력이다. 전문적 권력은 전문적 기술과 지식으로부터 파생되는 반면 준거적 권력은 리더의 매력과 카리스마에 기초한다. 이들 권력의 유형은 리더가 작업 과정의 중심이고, 높은 가시성이 있고, 자유재량권이 있으며, 자원과 정보의 유일한 통제자일 때 가장 효과적으로 사용될 수 있다.

13.3 리더는 목표 달성을 위해 최소한 열 가지 다른 영향력 전술을 사용할 수 있다. 가장 효과적인 것은 합리적인 설득, 협의, 영감적 호소, 그리고 협력이다. 가장 효과가 낮은 것은 압력, 연합, 교환이다. 중간수준의 효과적인 전술은 아첨, 개인적 호소, 통보 등이다.

13.4 조직 정치는 개인의 사리사욕을 증진시키는 목표로 하는 개인의 행동이다. 정치적 행동은 개인적 성과가 불확실한 조직적 상황에서 발생할 가능성이 가장 높다.

13.5 리더는 다섯 가지 갈등 해결 스타일로 갈등을 해결하기 위해 권력과 영향력을 사용한다. 강요, 회피, 협력, 수용, 타협. 이 중에 가장 효과적이면서, 가장 어려운 전술은 협력이다.

13.6 리더는 성과를 협상하기 위해 분배적 그리고 통합적 협상 전략 모두를 사용한다. 효과적인 협상 과정은 4단계를 포함한다. 준비, 정보 교환, 협상, 그리고 종결과 몰입이다.

13.7 권력과 영향력은 직무성과와 조직몰입에 대하여 보통의 긍정적 상관관계를 가진다. 그러나 이러한 유의한 효과들이 실현되기 위해서는 리더들이 그들의 권력을 효과적으로 행사해야 하며, 협상 성과에 있어 효과적인 영향력 전술에 의존해야 한다.

핵심 용어

- 가시성
- 강압적 권력
- 강요
- 개인적 호소
- 교환 전술
- 권력
- 내면화
- 대안적 분쟁 해결
- 대체 가능성
- 리더십
- 보상적 권력
- 분배적 협상
- 수용
- 순종
- 아첨
- 압력
- 연합
- 영감적 호소
- 영향력
- 자유재량권
- 저항
- 전문적 권력
- 정보 교환
- 정치적 기술
- 조정
- 조직 정치
- 종결과 몰입
- 준거적 권력
- 준비
- 중심성
- 중재
- 타협
- 통보
- 통합적 협상
- 합리적 설득
- 합법적 권력
- 협력
- 협상
- 협의
- 회피
- 흥정
- BATNA

토론 질문

13.1 당신은 어떤 형태의 권력이 가장 강력하다고 생각하는가? 당신은 현재 어떤 형태의 권력을 가지고 있는가? 당신은 부족한 권력을 더 얻기 위해 어떻게 할 것인가?

13.2 당신이 개인적으로 접촉한 가장 영향력이 있는 리더는 누구인가? 그들은 어떤 형태의 권력을 가졌고, 목표 달성을 위해 어떤 유형의 영향력을 사용했는가?

13.3 "정치적으로 자유로운" 환경을 갖추려면 무엇이 필요할까? 그것이 가능한가?

13.4 당신이 동료나 그룹 멤버와 마지막으로 겪었던 심각한 갈등에 대해 생각해 보자. 그 갈등은 어떻게 해결되었는가? 당신은 그것을 해결하기 위해 어떤 접근법을 취했는가?

13.5 당신이 협상했던 상황을 생각해 보자. 당신은 어떤 접근법을 취했는가? 그것은 적절한 것이었나? 어떻게 하면 협상 과정이 더 순조롭게 진행될 수 있었는가?

사례: UPS

UPS의 CEO 캐롤 토메가 회사의 첫 여성 CEO이자, 최초의 "외부인"으로서 조직을 인수했을 때, 그녀는 UPS에 장기적인 영향을 미칠 수 있는 몇 가지 중대한 결정을 하는 데 그리 오래 걸리지 않았다. 그녀는 "우리는 다섯 가지 핵심 원칙을 제하고는 다른 모든 것은 검토 중에 있다"고 재빨리 알렸다. 토메는 이전 UPS CEO들과 다른 전략적 접근법을 도입했는데, 이는 회사가 "더 크게보다는 더 좋게" 되기를 원한다는 것이었다. 토메(홈디포에서 CFO로 18년 동안 근무)는 전통을 거스르는 것으로 유명하며, 그녀는 "홈디포에서는, '스토어를 세우면 그들이 올 것이다', 여기서는 '시설을 세우면 패키지가 올 것이다'라고 했다."고 말했다. UPS를 위한 그녀의 전략 전환은 수익성이 없는 사업부를 없애고 더 높은 이윤을 창출하는 고객에 집중하는 것이 포함되었다. 토메는 UPS 화물(14,500명의 직원과 수백 대의 트렉터를 끄는 트럭)을 8억 달러에 매각하면서 큰 성공을 거두었는데, 그 이유는 연간 30억 달러의 수익 부문이 겨우 2.3%의 이익률에서만 운영되었기 때문이었다.

최근의 전자상거래로의 변화로 인해 UPS는 과도한 수요, 제한된 용량, 그리고 상승하는 가격이라는 환경에 놓였다. 용량을 더 키우기보다는, 회사는 가장 수익성 있는 고객에게 집중하고 있다. 장기 고객과 새로운 거래를 협상하는 것이 이것의 큰 비중을 차지한다. 토메는 1,900만 명의 소비자를 대상으로 '소매업자'의 방식을 채택하고 있다. 그녀는 그들이 웨어하우징과 같은 UPS의 제공 서비스를 더 많이 활용하고 있기 때문에, 어떤 고객이 더 가치가 있는지를 파악하도록 회사에 압력을 가하고 있다. 이로 인해 계약이 종료되거나 더 높은 요금으로 재계약을 하지 않는 한 일부 고객은 냉대를 받게 된다. UPS는 역사적으로 소비자에게 맞춤 접근을 제공하는 것으로 유명했다. 토메의 새로운 전략은 보다 적극적이다. "만약 특정 소비자가 가격을 지불하지 않고 우리를 떠나겠다고 선택한다면, 우리는 그를 잘 보내줄 것이다"라고 토메는 설명했다.

토메의 새로운 접근은 많은 변화를 촉발시킨 직후 연결 매출 21%와 영업이익 26%의 증가로 인해 재정 배당금을 초기에 지급한 것으로 보인다. UPS의 이사장 윌리엄 존슨(William Johnson)은 "캐롤이 이 시기 UPS에 절대적으로 적합한 사람이었다"고 말한다. 그러면서도 동시에, 그녀의 방식에 의문을 제기하는 사람들도 분명히 있었다. 한 운송 업계 분석가는 "사람들이 그녀가 대단하다고 하지만, 단순히 홈디포에서 했다고 하여 UPS에서도 할 수 있을까?"라고 말했다.

13.1 토메와 같은 "외부자"가 홈디포에서도 사용했던 아이디어를 가지고 오는 데 있어서 예상되는 역경은 무엇인가? 예상되는 긍정적인 면은 무엇인가?

13.2 토메는 소비자와의 협상에 대해 이전에 UPS가 사용했던 것과 어떻게 다르게 접근하고 있는가? 당신이 생각하기에 이것은 직원들에게 수월한 변화가 되는가?

13.3 토메가 UPS를 변화시키는 과정에서 어떤 형태의 권력을 사용한 것으로 보이는가?

예제: 영향력을 위한 로비 활동

이 예제의 목적은 영향력 전술을 사용하여 다른 사람의 행동을 수정하는 경험을 여러분에게 제공하는 것이다. 이 예제는 다음과 같은 단계로 진행된다.

13.1 이 활동에서 당신의 목표는 학급에 있는 동료들이 가진 점수를 얻는 것이다. 만약 당신이 학급 전체에 배부된 점수의 50% 이상을 얻으면, 당신이 이기는 것이다. 학급에 있는 각 개인은 학급 명단에서 보는 바와 같이 서로 상이한 점수를 갖는다. 당신은 각 라운드가 진행되는 동안 규칙을 따르는 한 어떤 방법을 선택하더라도 당신은 점수를 지키거나 줄 수 있다. 총 5라운드가 있으며, 세부 내용은 다음과 같다.

라운드 1. 이 라운드에서 당신은 동료들에게 메모를 적을 것이다. 메모에서 하고 싶은 말은 무엇이든 할 수 있고, 원하는 사람이 누구든 그에게 쓸 수 있지만, 10분 동안 대화는 없고 글만 적을 것이다. 10분 동안의 쓰기 시간이 끝나면, 당신이 쓴 모든 메시지를 한 번에 전달할 수 있다.

라운드 2. 이 라운드에서 당신은 라운드 1에서 받은 메시지에 대하여 답장을 작성할 수 있다. 또한 당신은 필요에 따라 새 메모를 작성할 수도 있다. 다시 말하지만, 이야기는 할 수 없다! 15분이 지나면, 당신은 쓴 메모를 배포할 수 있다.

라운드 3. 이 라운드에서 당신은 원하는 만큼 말할 수 있다. 15분 동안 누구와 무엇이든 이야기할 수 있다.

라운드 4. 이 라운드에서 당신은 당신이 적합하다고 생각하는 방식으로 당신의 점수를 배분하기 위해 색인카드를 만들 수 있다. 점수를 배분하려면, 색인카드에 해당자의 이름과 부여하고 싶은 점수를 기입한다. 만약 당신이 점수를 유지하기로 선택한 경우, 카드에 자신의 이름과 유지할 점수를 입력한다. 감독관이 요청할 때까지 당신은 카드를 제출할 수 없다.

라운드 5. 만약 확실한 승자가 없을 경우, 5라운드는 3, 4라운드를 반복하는 것으로 이용될 수 있다.

13.2 학급 토의(모둠이나 분반별로)는 아래 질문에 중점을 두어야 한다.

- 당신은 이 활동에서 어떤 종류의 사회적 영향력을 시도했는가?
- 당신은 남들이 당신과 함께 하도록 영향력을 행사하는데 얼마나 성공적이었는가?
- 다른 사람들은 당신에게 어떤 종류의 영향력을 사용했는가?
- 메모 작성과 토론 세션에서 당신이 본 다른 사람이 사용한 가장 성공적인 영향력 전술은 무엇인가?

출처: Adapted from "Voting for Dollars," in the Instructor's Manual for D.A. Whetten and K.S. Cameron, *Developing Management Skills*, 7th ed. (Englewood Cliffs, NJ: Prentice Hall, 2007).

미주

13.1 Yukl, G. *Leadership in Organizations*, 7th ed. New York: Pearson, 2012.

13.2 Yukl, G. *Leadership in Organizations*, 7th ed. New York: Pearson, 2012.

13.3 McMurray, V.V. "Some Unanswered Questions on Organizational Conflict." *Organization and Administrative Sciences* 6 (1975), pp. 35–53; Pfeffer, J. *Managing with Power*. Boston: Harvard Business School Press, 1992.

13.4 Cotton, J.L. "Measurement of Power-Balancing Styles and Some of Their Correlates." *Administrative Science Quarterly* 21 (1976), pp. 307–19; Emerson, R.M. "Power-Dependence Relationships." *American Sociological Review* 27 (1962), pp. 29–41.

13.5 Ashforth, B.E., and F.A. Mael. "The Power of Resistance." In *Power and Influence in Organizations*, ed. R.M. Kramer and M.E. Neal. Thousand Oaks, CA: Sage, 1998, pp. 89–120.

13.6 French, J.R.P. Jr., and B. Raven. "The Bases of Social Power." In *Studies in Social Power*, ed. D. Cartwright. Ann Arbor: University of Michigan, Institute for Social Research, 1959, pp. 150–67; Yukl, G., and C.M. Falbe. "The Importance of Different Power Sources in Downward and Lateral Relations." *Journal of Applied Psychology* 76 (1991), pp. 416–23.

13.7 Yukl, G. "Use Power Effectively." In *Handbook of Principles of Organizational Behavior*, ed. E.A. Locke. Malden, MA: Blackwell, 2004, pp. 242–47.

13.8 Zillman, C. "The First Lady of Wall Street." *Fortune* 182, November 2020, pp. 82–86.

13.9 Tedlow, R.S. "The Education of Andy Grove." *Fortune*, March 22, 2016, pp. 117–38.

13.10 French, J.R.P. Jr., and B. Raven. "The Bases of Social Power." In *Studies in Social Power*, ed. D. Cartwright. Ann Arbor: University of Michigan, Institute for Social Research, 1959, pp. 150–67.

13.11 Fry, E., and C. Zillman. "RX for Renewal." *Fortune*, October 1, 2018, pp. 90–95.

13.12 Hickson, D.J.; C.R. Hinings; C.A. Lee; R.E. Schneck; and J.M. Pennings. "A Strategic Contingencies Theory of Intraorganizational Power." *Administrative Science Quarterly* 16 (1971), pp. 216–27; Hinings, C.R.; D.J. Hickson; J.M. Pennings; and R.E. Schneck. "Structural Conditions of Intraorganizational Power." *Administrative Science Quarterly* 19 (1974), pp. 22–44; Salancik, G.R., and J. Pfeffer. "Who Gets Power and How They Hold On to It: A Strategic Contingency Model of Power." *Organizational Dynamics* 5 (1977), pp. 3–21.

13.13 Dvorak, P. "Theory and Practice: Engineering Firm Charts Ties—Social-Mapping Helps MWH Uncover Gaps." *The Wall Street Journal*, January 26, 2009, p. 7; McGregor, J. "The Office Chart That Really Counts." *BusinessWeek*, February 27, 2006, pp. 48–49.

13.14 Dvorak, P. "Theory and Practice: Engineering Firm Charts Ties—Social-Mapping Helps MWH Uncover Gaps." *The Wall Street Journal*, January 26, 2009, p. 7; Green, H. "Google: Harnessing the Power of Cliques." *BusinessWeek*, October 6, 2008, p. 50; Rusli, E.M. "Your New Secretary: An Algorithm." *The Wall Street Journal*, June 13, 2013, p. B6.

13.15 Somech, A., and A. Drach-Zahavy. "Relative Power and Influence Strategy: The Effects of Agent/Target Organizational Power on Superiors' Choices of Influence Strategies." *Journal of Organizational Behavior* 23 (2002), pp. 167–79; Stahelski, A.J., and C.F. Paynton. "The Effects of Status Cues on Choices of Social Power and Influence Strategies." *Journal of Social Psychology* 135 (1995), pp. 553–60.

13.16 Yukl, G. *Leadership in Organizations*, 4th ed. Englewood Cliffs, NJ: Prentice Hall, 1998.

13.17 Yukl, G.; C. Chavez; and C.F. Seifert. "Assessing the Construct Validity and Utility of Two New Influence Tactics." *Journal of Organizational Behavior* 26 (2005), pp. 705–25; Yukl, G. *Leadership in Organizations*, 5th ed. Upper Saddle River, NJ: Prentice Hall, 2002.

13.18 Lee, S.; S. Han; M. Cheong; S.L. Kim; and S. Yun. "How Do I Get My Way? A Meta-Analytic Review of Research on Influence Tactics." *The Leadership Quarterly* 20 (2017), pp. 210–28.

13.19 Yukl, G.; H. Kim; and C. Chavez. "Task Importance, Feasibility, and Agent Influence Behavior as Determinants of Target Commitment." *Journal of Applied Psychology* 84 (1999), pp. 137–43.

13.20 Yukl, G. *Leadership in Organizations*, 4th ed. Englewood Cliffs, NJ: Prentice Hall, 1998.

13.21 Manjoo, F. "The Quest: How New CEO Larry Page Will Lead the Company He Cofounded into the Future." *Fast Company*, April 2011, pp. 68–76.

13.22 Much, M. "Are You Just Good? Want to Be Great? Adobe's CEO Tells You How." *Investor's Business Daily*, July 25, 2019.

13.23 Yukl, G.; H. Kim; and C. Chavez. "Task Importance, Feasibility, and Agent Influence Behavior as Determinants of Target Commitment." *Journal of Applied Psychology* 84 (1999), pp. 137–43.

13.24 Lev-Ram, M. "Getting Past the Big Blues." *Fortune*, October 6, 2014, pp. 92–100.

13.25 Wayne, S.J., and G.R. Ferris. "Influence Tactics, Affect, and Exchange Quality in Supervisor–Subordinate Interactions: A Laboratory Experiment and Field Study." *Journal of Applied Psychology* 75 (1990), pp. 487–99.

13.26 Kelman, H.C. "Compliance, Identification, and Internalization: Three Processes of Attitude Change." *Journal of Conflict Resolution* 2 (1958), pp. 51–56.

13.27 Yukl, G.; C. Chavez; and C.F. Seifert. "Assessing the Construct Validity and Utility of Two New Influence Tactics." *Journal of Organizational Behavior* 26 (2005), pp. 705–25.

13.28 Falbe, C.M., and G. Yukl. "Consequences for Managers of Using Single Influence Tactics and Combinations of Tactics." *Academy of Management Journal* 35 (1992), pp. 638–52.

13.29 Berfield, S., and M. Arndt. "Kraft's Sugar Rush." *Bloomberg Businessweek*, January 25, 2010, pp. 36–39.

13.30 Yukl, G. *Leadership in Organizations*, 7th ed. New York: Pearson, 2012.

13.31 Yukl, G. *Leadership in Organizations*, 7th ed. New York: Pearson, 2012.

13.32 Somech, A., and A. Drach-Zahavy. "Relative Power and Influence Strategy: The Effects of Agent/ Target Organizational Power on Superiors' Choices of Influence Strategies." *Journal of Organizational Behavior* 23 (2002), pp. 167–79; Yukl, G. Leadership in Organizations, 5th ed. Upper Saddle River, NJ: Prentice Hall, 2002; Yukl, G. "Use Power Effectively." In *Handbook of Principles of Organizational Behavior*, ed. E.A. Locke. Malden, MA: Blackwell, 2004, pp. 242–47.

13.33 Ferris, G.R., and W.A. Hochwarter. "Organizational Politics." In *APA Handbook of Industrial and Organizational Psychology*, Vol. 3, ed. S. Zedeck. Washington, DC: American Psychological Association, 2011, pp. 435–59; Mintzberg, H. "The Organization as Political Arena." *Journal of Management Studies* 22 (1985), pp. 133–54.

13.34 Bryan-Low, C., and J. Singer. "Vodafone Group Life President Resigns over Management Flap." *The Wall Street Journal*, March 13, 2006, p. B3.

13.35 Reingold, J. "How a Radical Shift Left Zappos Reeling." *Fortune*, March 5, 2016, pp. 206–14.

13.36 Bacharach, S.B., and E.J. Lawler. "Political Alignments in Organizations." In *Power and Influence in Organizations*, ed. R.M. Kramer and M.E. Neal. Thousand Oaks, CA: Sage, 1998, pp. 67–88.

13.37 Kacmar, K.M., and R.A. Baron. "Organizational Politics: The State of the Field, Links to Related Processes, and an Agenda for Future Research." In *Research in Personnel and Human Resources Management*, Vol. 17, ed. G.R. Ferris. Greenwich, CT: JAI Press, 1999, pp. 1–39.

13.38 Ferris, G.R.; D.C. Treadway; P.L. Perrewe; R.L. Brouer; C. Douglas; and S. Lux. "Political Skill in Organizations." *Journal of Management* 33 (2007), pp. 290–320; Treadway, D.C.; G.R. Ferris; A.B. Duke; G.L. Adams; and J.B. Thatcher. "The Moderating Role of Subordinate Political Skill on Supervisors' Impressions of Subordinate Ingratiation and Ratings of Subordinate Interpersonal Facilitation." *Journal of Applied Psychology* 92 (2007), pp. 848–55.

13.39 Seldman, M., and E. Betof. "An Illuminated Path." *T&D* 58 (2004), pp. 34–39.

13.40 Ferris, G.R.; D.C. Treadway; R.W. Kolokinsky; W.A. Hochwarter; C.J. Kacmar; and D.D. Frink. "Development and Validation of the Political Skill Inventory." *Journal of Management* 31 (2005), pp. 126–52.

13.41 Ferris, G.R.; D.C. Treadway; P.L. Perrewe; R.L. Brouer; C. Douglas; and S. Lux. "Political Skill in Organizations." *Journal of Management* 33 (2007), pp. 290–320; Ferris, G.R.; D.C. Treadway; R.W. Kolokinsky; W.A. Hochwarter; C.J. Kacmar; and D.D. Frink. "Development and Validation of the Political Skill Inventory." *Journal of Management* 31 (2005), pp. 126–52.

13.42 Bing, M.H.; H.K. Davison; I. Minor; M.M. Novicevik; and D.D. Frink. "The Prediction of Task and Contextual Performance by Political Skill: A Meta-Analysis and Moderator Test." *Journal of Vocational Behavior* 79 (2011), pp. 563–77.

13.43 Ferris, G.R.; D.D. Frink; D.P.S. Bhawuk; J. Zhou; and D.C. Gilmore. "Reactions of Diverse Groups to Politics in the Workplace." *Journal of Management* 22 (1996), pp. 23–44.

13.44 Chang, C.; C.C. Rosen; and P.E. Levy. "The Relationship Between Perceptions of Organizational Politics and Employee Attitudes, Strain, and Behavior: A Meta-Analytic Examination." *Academy of Management Journal* 52 (2009), pp. 779–801; Kacmar, K.M., and R.A. Baron. "Organizational Politics: The State of the Field, Links to Related Processes, and an Agenda for Future Research." In *Research in Personnel and Human Resources Management*, Vol. 17, ed. G.R. Ferris. Greenwich, CT: JAI Press, 1999, pp. 1–39; Miller, B.K.; M.A. Rutherford; and R.W. Kolodinsky. "Perceptions of Organizational Politics: A Meta- Analysis of Outcomes." *Journal of Business and Psychology* 22 (March 2008), pp. 209–22; Hochwarter, W.A. "The Interactive Effects of Pro-Political Behavior and Politics Perceptions on Job Satisfaction and Commitment." *Journal of Applied Social Psychology* 33 (2003), pp. 1360–78; Randall, M.L.; R. Cropanzano; C.A. Bormann; and A. Birjulin. "Organizational Politics and Organizational Support as Predictors of Work Attitudes, Job Performance, and Organizational Citizenship Behavior." *Journal of Organizational Behavior* 20 (1999), pp. 159–74; Witt, L.A. "Enhancing Organizational Goal Congruence: A Solution to Organizational Politics." *Journal of Applied Psychology* 83 (1998), pp. 666–74.

13.45 Eisenhardt, K.M., and L.J. Bourgeois. "Politics of Strategic Decision Making in High-Velocity Environments: Toward a Midrange Theory." *Academy of Management Journal* 31 (1988), pp. 737–70.

13.46 Atinc, G.; M. Darrat; B. Fuller; and B.W. Parker. "Perceptions of Organizational Politics: A Meta-Analysis of Theoretical Antecedents." *Journal of Managerial Issues* 22 (2010), pp. 494–513; Biberman, G. "Personality and Characteristic Work Attitudes of Persons with High, Moderate, and Low Political Tendencies." *Psychological Reports* 60 (1985), pp . 1303–10; Ferris, G.R.; D.D. Frink; D.P.S. Bhawuk; J. Zhou; and D.C. Gilmore. "Reactions of Diverse Groups to Politics in the Workplace." *Journal of Management* 22 (1996), pp. 23–44; O'Connor, W.E., and T.G. Morrison. "A Comparison of Situational and Dispositional Predictors of Perceptions of Organizational Politics." *Journal of Psychology* 135 (2001), pp. 301–12.

13.47 O'Boyle, E.H.; D.R. Forsyth; G.C. Banks; and M.A. McDaniel. "A Meta-Analysis of the Dark Triad and Work Behavior: A Social Exchange Perspective." *Journal of Applied Psychology* 97 (2012), pp . 557–79; Valle, M., and P.L. Perrewe. "Do Politics Perceptions Relate to Political Behaviors? Tests of an Implicit Assumption and Expanded Model." *Human Relations* 53 (2000), pp. 359–86.

13.48 Fandt, P.M., and G.R. Ferris. "The Management of Information and Impressions: When Employees Behave Opportunistically." *Organizational Behavior and Human Decision Processes* 45 (1990), pp. 140–58; O'Connor, W.E., and T.G. Morrison. "A Comparison of Situational and Dispositional Predictors of Perceptions of Organizational Politics." *Journal of Psychology* 135 (2001), pp. 301–12; Poon, J.M.L. "Situational Antecedents and Outcomes of Organizational Politics Perceptions." *Journal of Managerial Psychology* 18 (2003), pp. 138–55.

13.49 Atinc, G.; M. Darrat; B. Fuller; and B.W. Parker. "Perceptions of Organizational Politics: A Meta-Analysis of Theoretical Antecedents." *Journal of Managerial Issues* 22 (2010), pp. 494–513.

13.50 Lewicki, R.J., and J.A. Litterer. *Negotiations*. Homewood, IL: Irwin, 1985; Thomas, K.W. "Conflict and Negotiation Processes in Organizations." In *Handbook of Industrial and Organizational Psychology*, 2nd ed., Vol. 3, ed. M.D. Dunnette and L.M. Hough. Palo Alto, CA: Consulting Psychologists Press, pp. 651–717.

13.51 Weingart, L., and K.A. Jehn. "Manage Intra-Team Conflict Through Collaboration." In *Handbook of Principles of Organizational Behavior*, ed. E.A. Locke. Malden, MA: Blackwell, 2004, pp. 226–38.

13.52 Thomas, K.W. "Toward Multi-Dimensional Values in Teaching: The Example of Conflict Behaviors." *Academy of Management Review* 2 (1977), pp. 484–90; de Dreu, C.K.W.; A. Evers; B. Beersma; E.S. Kluwer; and A. Nauta. "A Theory-Based Measure of Conflict Management Strategies in the Workplace." *Journal of Organizational Behavior* 22 (2001), pp. 645–68.

13.53 Holt, J.L., and C.J. DeVore. "Culture, Gender, Organizational Role, and Styles of Conflict Resolution: A Meta-Analysis." *International Journal of Intercultural Relations* 29 (2005), pp. 165–96.

13.54 Schlareth, A.; N. Ensari; and J. Christian. "A Meta- Analytical Review of the Relationship between Emotional Intelligence and Leaders' Constructive Conflict Management." *Group Processes and Intergroup Relations* 16 (2013), pp. 126–36.

13.55 de Dreu, C.K.W. "Conflict at Work: Basic Principles and Applied Issues." In *APA Handbook for Industrial and Organizational Psychology*, Vol. 3, ed. S. Zedeck. Washington, DC: American Psychological Association, 2011, pp. 461–93.

13.56 Balliet, D., and P.A.M. Van Lange. "Trust, Conflict, and Cooperation: A Meta-Analysis." *Psychological Bulletin* 139 (2013), pp. 1090–112.

13.57 MacMilan, D., and L. Fleisher. "How Sharp Elbowed Uber Is Trying to Make Nice." *The Wall Street Journal*, January 29, 2015; Reed, M. "New York City Could Destroy Uber." New York Magazine, April 12, 2019, http://nymag.com/intelligencer/2019/04/uber-s-1-new-york-city- could-destroy-uber.html.

13.58 Swisher, K. "Man and Uber Man." *Vanity Fair*, December 2014, p. 146.

13.59 Hempel, Jessi. "Can This Man Help Uber Recover from the Travis Kalanick Era?" *Wired*, April 14, 2018, https://www.wired.com/story/uber-move- slow-test-things/.

13.60 Hempel, Jessi. "Can This Man Help Uber Recover from the Travis Kalanick Era?" *Wired*, April 14, 2018, https://www.wired.com/story/uber-move- slow-test-things/.

13.61 Malhotra, D., and M.H. Bazerman. "Psychological Influence in Negotiation: An Introduction Long Overdue." *Journal of Management* 34 (2008), pp. 509–31.

13.62 Bazerman, M.H., and M.A. Neale. Negotiating Rationally. New York: Free Press, 1992; Pinkley, R.L.; T.L. Griffeth; and G.B. Northcraft. "Fixed Pie a la Mode: Information Availability, Information Processing, and the Negotiation of Suboptimal Agreements." *Organizational Behavior and Human Decision Processes* 50 (1995), pp. 101–12.

13.63 Pinkley, R.L.; T.L. Griffeth; and G.B. Northcraft. "Fixed Pie a la Mode: Information Availability, Information Processing, and the Negotiation of Suboptimal Agreements." *Organizational Behavior and Human Decision Processes* 50 (1995), pp. 101–12.

13.64 Kolb, D.M., and J. Williams. "Breakthrough Bargaining." *Harvard Business Review*, February 2001, pp. 88–97.

13.65 Pinkley, R.L.; T.L. Griffeth; and G.B. Northcraft. "Fixed Pie a la Mode: Information Availability, Information Processing, and the Negotiation of Suboptimal Agreements." *Organizational Behavior and Human Decision Processes* 50 (1995), pp. 101–12.

13.66 Based on Pruitt, D.G. "Achieving Integrative Agreements in Negotiation." In *Psychology and the Prevention of the Nuclear War*, ed. R.K. White. New York: Columbia University Press, 1986, pp. 463–78.

13.67 Thomas, K.W. "Conflict and Negotiation Processes in Organizations." In *Handbook of Industrial and Organizational Psychology*, 2nd ed., Vol. 3, ed. M.D. Dunnette and L.M. Hough. Palo Alto, CA: Consulting Psychologists Press, pp. 651–717.

13.68 Terlep, S. "Ergen Keeps Rivals Guessing." *The Wall Street Journal*, June 12, 2013, p. B3.

13.69 Based on Shell, R. *Bargaining for Advantage: Negotiation Strategies for Reasonable People*, 2nd ed. New York: Penguin Books, 2006.

13.70 Fisher, R., and W. Ury. *Getting to Yes: Negotiating Agreement Without Giving In*. New York: Penguin Books, 1991.

13.71 Shell, R. *Bargaining for Advantage: Negotiation Strategies for Reasonable People*, 2nd ed. New York: Penguin Books, 2006.

13.72 Gelfand, M.J.; A. Fulmer; and L. Severance. "The Psychology of Negotiation and Mediation." In *APA Handbook for Industrial and Organizational Psychology*, Vol. 3, ed. S. Zedeck. Washington, DC: American Psychological Association, 2011, pp. 495–554.

13.73 Gelfand, M.J.; A. Fulmer; and L. Severance. "The Psychology of Negotiation and Mediation." In *APA Handbook for Industrial and Organizational Psychology*, Vol. 3, ed. S. Zedeck. Washington, DC: American Psychological Association, 2011, pp. 495–554.

13.74 Barry, B., and R.L. Oliver. "Affect in Dyadic Negotiation: A Model and Propositions." *Organizational Behavior and Human Decision Processes* 67 (1996), pp. 127–43.

13.75 Gelfand, M.J.; A. Fulmer; and L. Severance. "The Psychology of Negotiation and Mediation." In *APA Handbook for Industrial and Organizational Psychology*, Vol. 3, ed. S. Zedeck. Washington, DC: American Psychological Association, 2011, pp. 495–554.

13.76 Gelfand, M.J.; A. Fulmer; and L. Severance. "The Psychology of Negotiation and Mediation." In *APA Handbook for Industrial and Organizational Psychology*, Vol. 3, ed. S. Zedeck. Washington, DC: American Psychological Association, 2011, pp. 495–554.

13.77 Roche, W.K., and P. Teague. "The Growing Importance of Workplace ADR." *International Journal of Human Resource Management* 23 (2012), pp. 447–58.

13.78 Nugent, P.S. "Managing Conflict: Third-Party Interventions for Managers." *Academy of Management Executive* 16 (2002), pp. 139–54.

13.79 Goldman, B.M.; R. Cropanzano; J. Stein; and L. Benson. "The Role of Third Parties/Mediation in Managing Conflict in Organizations." In *The Psychology of Conflict and Conflict Management in Organizations*, ed. C.K.W. de Dreu and M.J. Gelfand. New York: Erlbaum, 2008, pp. 291–319.

13.80 Bernardin, H.J.; B.E. Richey; and S.L. Castro. "Mandatory and Binding Arbitration: Effects on Employee Attitudes and Recruiting Results." *Human Resource Management* 50 (2011), pp. 175–200.

13.81 Conlon, D.E.; H. Moon; and K.Y. Ng. "Putting the Cart Before the Horse: The Benefits of Arbitrating Before Mediating." *Journal of Applied Psychology* 87 (2002), pp. 978–84.

14 리더십: 스타일과 행동

Leadership: Styles and Behaviors

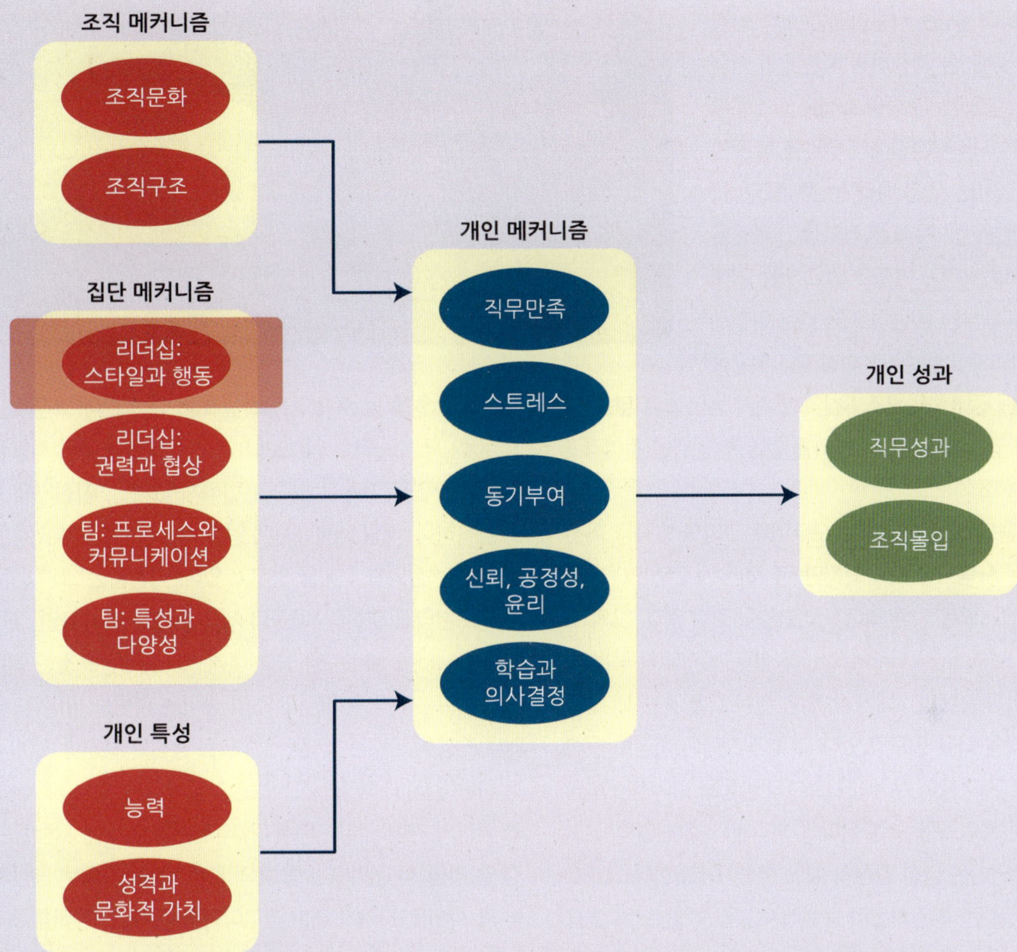

학습 목표 .... 이 장을 학습한 후에 다음의 질문에 답할 수 있어야 한다.

14.1 리더십이란 무엇이며 "효과적인" 리더가 된다는 것은 무슨 의미인가?

14.2 리더 출현과 리더 효과성에 관련된 특성과 자질은 무엇인가?

14.3 리더가 의사결정을 할 때 사용하는 네 가지 유형의 의사결정 스타일은 무엇이며, 각 스타일이 보다 효과적인 상황은 언제인가?

14.4 리더가 보이는 일상의 리더십 행동을 설명하는 두 차원은 무엇인가?

14.5 변혁적 리더십은 거래적 리더십과 어떤 차이가 있으며, 이들을 구분할 수 있는 행동은 무엇인가?

14.6 리더십은 직무성과와 조직몰입에 어떤 영향을 미치는가?

14.7 리더는 훈련을 통해 개발될 수 있는가?

애플

MediaNews Group/Bay Area News via Getty Images

2011년 팀 쿡(Tim Cook)이 애플의 CEO가 되었을 때, 그에게는 중요하고 어려운 도전적 과제가 있었다. 그것은 역사적으로 훌륭한 변혁적 리더 중 한 사람이었던 스티브 잡스(Steve Jobs)를 잘 계승하여 사람들의 기대에 부응하는 것이었다. 팀 쿡이 스티브 잡스로부터 받은 최고의 조언은 자신에게 무엇을 할 것인지 묻지 말고 "올바른 일을 하라"는 것이었다. 그 후, 팀 쿡은 자신만의 독특한 리더십 스타일을 사용하여 오늘날 우리가 애플로 알고 있는 거대 기업을 만들었다. 부임 10년이 조금 넘은 이후로 애플의 매출액과 이익은 두 배 이상 증가했으며 시가총액은 5배 증가하여 2조 3천억 달러가 넘어섰다. 많은 분석가가 스티브 잡스였다면 그런 결과를 얻을 수 없었을 것이라고 말한다.

애플 직원들과 외부 사람들 모두에게 그만의 방식을 가진 카리스마 있는 사람으로 묘사되지만 팀 쿡은 사교적이고 비전 있는, 스티브 잡스와는 다른 리더십 스타일을 보여 준다. 그의 모교인 오번대학교(Auburn University)를 방문했을 때 팀 쿡은 다음과 같은 이야기를 했다. "내가 해야 할 일은 그를 흉내 내지 않는 것이라는 것을 나는 알고 있었다. 그렇게 했다면 비참하게 실패했을 것이다. 존재감이 큰 누군가로부터 바통을 이어받는 사람 대부분은 이런 케이스를 겪게 된다고 생각한다. 자신만의 코스를 짜야 한다. 당신은 당신 자신의 최고 버전이어야 한다." CEO가 되고 삼 년 뒤 팀 쿡은 자신이 동성애자임을 공개적으로 발표했다. 사적인 사람으로 알려져 있지만, 팀 쿡은 숨기는 것은 이기적인 것이며 괴롭힘을 당하는 젊은이들의 롤모델이 되고 싶다고 생각했다. 팀 쿡은 "나는 그보다 더 커야 한다. 그들을 위해 무언가를 해야 하고, 그들에게 당신이 게이일 수 있고 여전히 인생에서 중요한 일을 할 수 있다는 것을 보여 줘야 한다"고 말했다.

팀 쿡은 스티브 잡스보다 더 민주적이고 운영 지향적인 리더십 스타일을 가지고 있다고 알려져 있지만, 자신만의 방식으로 엄격하다. 매일 새벽 4시에 일어나는 팀 쿡은 세부 사항에 대한 끝없는 갈망과 지식을 가지고 있다. 직원들은 그가 심문을 통해 리드한다고 말한다. 애플의 제품 마케팅 부사장인 그렉 조스웍(Greg Joswiak)은 팀 쿡에 대해 "그는 매우 조용한 리더이다. 소리 지르는 사람도 아니고 소리 높이는 사람도 아니다. … 그는 매우 조용하고 꾸준하지만 질문으로 당신을 혹평할 것이다. 당신이 하는 일에 대해 잘 알고 있는 것이 좋을 것이다." 직원들은 그와 만나기 전에 선별 단계를 거치며 처음 만나는 사람들은 말하지 말 것을 주문받는다. 팀 쿡의 오랜 비서는 "이는 당신의 팀과 팀 쿡 자신을 지키기 위한 것이다. 당신은 시간 낭비를 초래해서는 안 된다. 팀 쿡은 당신이 준비가 부족한 사람이라는 걸 느끼게 되면 참을성을 잃고 회의 안건을 넘기며 '다음'이라고 말한다. 사람들은 울면서 떠났다."고 이야기했다.

리더십: 스타일과 행동

구성원들이 목표 달성을 향해 나아가도록 권력과 영향력을 행사하는 것으로 정의되는 리더십에 관한 두 장(章) 중 두 번째 장이다.[1] 이 영향력 행사는 사안에 대한 구성원의 해석, 과업 활동의 조직화, 핵심 목표에 대한 직원들의 몰입, 다른 직원들과의 관계, 또는 다른 작업 집단으로부터의 협력과 지원에 대한 접근 방법 등에 영향을 미칠 수 있다.[2] 이 장에서는 리더가 다른 사람들을 이끄는 데 필요한 권력과 영향력을 얻는 방법에 대해 다룬다. 팀 쿡의 사례에서, 그의 권력은 주로 애플의 CEO로서의 공식적인 역할과 전문 지식에서 나온다. 이 장에서는 리더가 실제로 자신의 권력과 영향력을 사용하는 효과적인 방법을 설명한다. 창의적이고 제품 지향적이었던 과거의 리더와는 다르지만 팀 쿡은 운영 전문가이자 뛰어난 전술가이며 애플이 세계에 어떻게 긍정적인 기여를 할 수 있는지에 대한 비전으로 잘 알려져 있다.

물론 대부분의 리더의 실적을 판매한 휴대전화의 수(전 세계적으로 10억 개가 넘는 아이폰이 사용 중이다)나 근속 연수로 판단할 수는 없다. 다행스럽게도 리더 효과성은 다양한 방법으로 측정될 수 있다. 리더는 이익 마진, 시장점유율, 매출, 투자 수익, 생산성, 품질, 예산 지출과 관련된 비용 등과 같은 단위 성과에 대한 객관적인 수치로 평가될 수 있다.[3] 만약 이러한 지표를 사용할 수 없다면, 리더의 우수성은 보다 주관적인 성과 판단에 의해 평가될 것이다. 리더 효과성을 판단하는 또 다른 접근 방법은 결근, 우수 인재의 보유, 불만 제기, 전출 요구 등과 같이 구성원 관점의 지표에 초점을 맞추고 있다.[4] 이러한 유형의 지표는 지각된 리더의 성과, 지각된 리더 존경과 정당성, 구성원의 몰입, 만족, 그리고 심리적 안녕 등을 평가하는 구성원 설문을 통해 보완될 수 있다. 〈표 14-1〉의 상단에 이러한 유형의 측정이 예시되어 있다.

> **학습목표 14.1**
> 리더십이란 무엇이며 "효과적인" 리더가 된다는 것은 무슨 의미인가?

리더 효과성 판단이 복잡한 한 가지 원인은, 특히 주관적인 종업원 중심의 접근(employee-centered approaches)의 경우, "질문 대상자"가 누구인지에 기인한다. 집단 구성원들은 종종 자신의 리더가 얼마나 효과적인지에 대해 일치된 의견을 보이지 않는다. 리더와 개별 직원 사이의 리더-멤버 관계가 시간이 지남에 따라서 어떻게 발전되어 가는지에 대해 설명하고 있는 **리더-멤버 교환 이론**(leader-member exchange theory: LMX 이론)을 통해 왜 그러한 차이가 발생하고 있는지 설명이 가능하다.[5] 이 이론에 따르면 새로운 리더-멤버 관계는 **역할 수용**(role taking) 단계에 의해 결정된다. 이 기간 동안 관리자는 구성원 한 사람에게 역할을 주고 구성원은 직무 행동을 통해 그러한 기대를 충족시키려 하게 된다.[6] 이 샘플링 및 실습 단계에서, 리더는 종업원의 재능과 동기 수준을 확인하려 한다. 어떤 구성원들에게 이 초기 역할 수용 단계는 **역할 형성**(role making)에 의해 보완될 수 있다. 역할 형성 과정에서 리더-멤버 간 일대일 관계에 대한 구성원이 가진 기대는 리더의 기대와 다를 수 있다.[7] 역할 형성 과정은 자유 유동적 교환(free-flowing exchange)으로 특징되는데, 이때 리더는 더 많은 기회와 자원을 제공하고 구성원은 더 많은 활동과 노력으로 기여한다.

시간이 지남에 따라, 역할 수용과 역할 형성 과정은 [그림 14-1]에서와 같이 일반적으로 두 가지 유형의 리더-멤버 관계로 변화한다. 한 가지 유형은 "높은 수준의 교환 관계"로 빈번한 정보, 영향력, 자유재량, 지원, 그리고 관심의 교환을 특징으로 한다. 그러한 관계는 리더의 '내집단'을 형성하는데, 이 집단에 속한 구성원은 높은 수준의 상호 신뢰, 존경, 의무감을 보인다.[8] 다른 유형은 "낮은 수준의 교환 관계"로, 제한적인 정보, 영향력, 자유재량, 지원, 관심으로 특징된다. 그러한 일대일 관계는 리더의 "외집단"을 형성하는 데, 낮은 수준의 신뢰, 존경, 의무감을 보인다.[9] 이론을 검증한 연구에 따르면, 유능하거나, 호감이 가고, 성격이 리더와 유사한 구성원은 리더의 내집단에 속

표 14-1 구성원 중심의 리더십 효과성 측정

부서 관점 측정
부서의 모든 구성원에게 아래의 질문에 답하도록 하고, 전체 구성원의 점수를 평균하여 리더 효과성 척도를 확인한다.
1. 나의 상사는 우리의 직무와 관련된 필요를 효과적으로 충족시킨다.
2. 나의 상사는 만족할 만한 리더십 방법을 사용한다.
3. 나의 상사는 우리가 기대했던 것보다 더 많은 일을 할 수 있도록 만든다.
4. 나의 상사는 고위층 인사에게 우리를 효과적으로 설명해서 알린다.
5. 나의 상사는 함께 일하기에 만족스럽다.
6. 나의 상사는 우리의 성공 열망을 고조시킨다.
7. 나의 상사는 조직(회사)의 요구를 효과적으로 충족시킨다.
8. 나의 상사는 더 열심히 일하려는 우리의 의지를 북돋운다.
9. 나의 상사는 효과적인 방법으로 부서를 이끈다.
일대일 관계 관점 측정
부서의 구성원들에게 리더와의 관계와 관련하여 아래의 문항에 답하도록 하라. 구성원의 응답 점수는 평균하지 않는다. 구성원들 간의 차이는 부서 내에서 "내집단"과 "외집단"의 구분을 의미한다.
1. 나는 항상 나의 상사가 내가 하는일에 얼마나 만족하는지 알고 있다.
2. 나의 상사는 나의 문제와 필요를 충분히 이해하고 있다.
3. 나의 상사는 나의 잠재력을 인정해 준다.
4. 나의 상사는 내가 업무 문제를 해결할 수 있도록 힘써 줄 것이다.
5. 나의 상사는 자신의 희생을 무릅쓰고 나를 어려운 처지에서 구해 줄 것이다.
6. 상사와의 업무 관계는 매우 효과적이다.
7. 나는 상사가 자리에 없을 때 상사의 결정을 변호하고 정당화할 수 있을 만큼 상사를 충분히 신뢰한다.

출처: Adapted from B. Bass and B. Avolio, *MLQ Manual* (Menlo Park, CA: Mind Garden, Inc., 2004); G.B. Graen and M. Uhl-Bien, "Relationship-Based Approach to Leadership: Development of Leader–Member Exchange (LMX) Theory of Leadership over 25 Years: Applying a Multi-Level Multi-Domain Perspective," *Leadership Quarterly* 6 (1995), pp. 219–47.

그림 14-1 LMX 이론

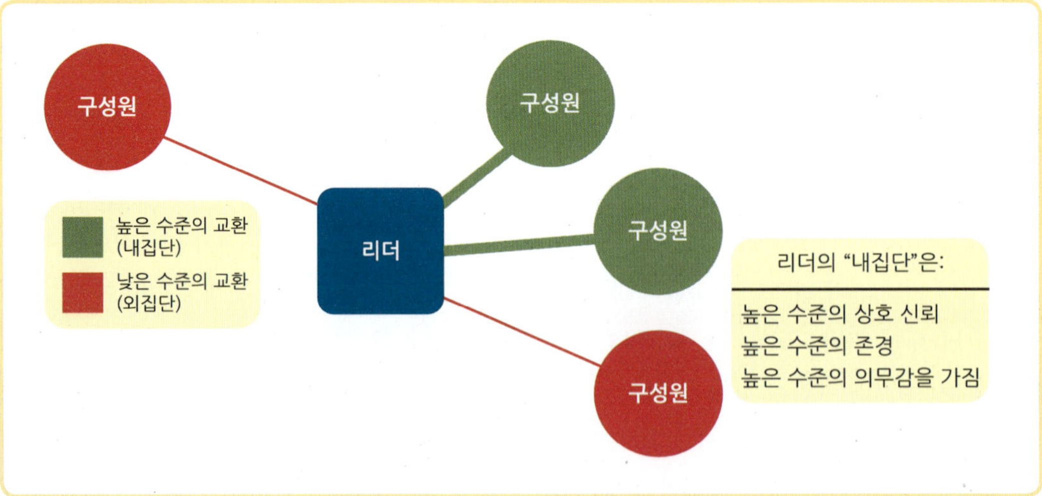

할 가능성이 높다. 이러한 요인은 나이, 성별, 또는 인종 유사성보다 더 큰 영향을 미친다.[10] 내집단 관계는 구성원에게 매우 강력한 애착의 원천이 될 수 있다. 연구 결과, 구성원이 특정 리더와 높은 수준의 LMX 관계를 가지고 있으면 조직을 떠날 가능성이 낮지만, 그들은 리더가 바뀔 경우에는 떠날 가능성이 높아진다.[11] 또한 LMX 이론은 핵심적인 리더-멤버 일대일 관계가 얼마나 효과적인지 측정함으로써 리더 효과성을 판단해야 한다고 주장한다. 〈표 14-1〉의 하단에 이러한 유형의 측정 도구가 예시되어 있다. 각 항목에 더 많이 동의할수록 일대일 관계는 높은 수준의 교환 관계와 이에 따른 높은 수준의 리더 효과성을 의미한다.[12] 최근의 메타 연구에 따르면, 높은 수준의 교환 관계를 가진 구성원은 더 높은 수준의 업무 성과와 조직시민행동을 보이고 더 낮은 수준의 생산성 저해 행동을 보였다.[13] 그러나 높은 수준의 LMX 관계는 집단주의적 문화(아시아)에서보다 개인주의적 문화(서구)에서 더 효과적인 것으로 입증되었다는 점은 주목할 필요가 있다.[14]

왜 어떤 리더들은 다른 리더들보다 더 효과적인가?

이 책에서, **리더 효과성**(leader effectiveness)은 리더의 행동을 통해 조직의 목표, 구성원의 지속적인 몰입, 그리고 리더-멤버 일대일 관계에서 상호 신뢰, 존경, 그리고 의무감의 증대된 정도로 정의된다. 지금까지 리더가 효과적이라는 의미에 대해 설명했고, 이 장(章)은 "어떤 리더가 다른 리더들보다 더 효과적인 이유는 무엇인가?"라는 질문으로 시작한다. 다시 말해, 부서 단위에서 어떤 리더들은 정확히 어떤 이유로 더 효과적으로 보이는가? 그리고 어떤 이유로 높은 수준의 교환 관계를 더 잘 발전시키는가? 1904년으로 거슬러 올라가면, 리더십에 관한 연구들은 효과적인 리더의 특별한 특성이나 자질을 밝힘으로써 그러한 질문에 답하려고 시도했다.[15] 특성 연구는 "리더는 만들어지는 것이 아니라 타고 난다."고 주장하는 "위인 이론(great person theories)"과 맥을 같이한다.[16] 이 분야의 초기 연구는 주로 신체적 특성(예: 성별, 키, 신체적 매력, 에너지 수준)에 초점을 맞춘 반면, 후속 연구에서는 성격이나 능력(이 이슈에 대한 추가적인 논의는 9장 성격과 문화적 가치, 10장 능력 참고)에 더 초점을 맞추었다.

학습목표 14.2
리더 출현과 리더 효과성에 관련된 특성과 자질은 무엇인가?

한 세기 동안의 연구 끝에, 리더십 연구자들은 특성 관점에서 일반화할 수 있는 효과적인 리더 프로파일이 없다는 점을 인식했다.[17] 사실, 대부분의 연구에서 특성은 리더 효과성(리더십 역할을 얼마나 잘 하는가)보다는 **리더 출현**(leader emergence)(누가 처음에 리더가 되는가)의 예측 인자였다.[18] 〈표 14-2〉는 리더 출현과 리더 효과성 관련해 알려진 특성과 자질의 일부를 나타낸다. 많은 특성과 자질이 리더십과 관련이 있지만, 이 관점의 두 가지 한계점으로 인해 리더십 연구는 다른 방향으로 전환 되었다. 첫째, 많은 특성-리더십 상관관계의 크기가 약하고, 특히 리더 효과

표 14-2 리더 출현과 리더 효과성 관련 자질/특성

특성/자질	출현	효과성
높은 성실성	✓	
높은 친화성	✓	
낮은 신경증		
높은 경험에 대한 개방성	✓	✓
높은 외향성	✓	✓
높은 일반 인지 능력	✓	✓
높은 에너지 레벨	✓	✓
높은 스트레스	✓	✓
높은 자신감	✓	✓

출처: Adapted from T.A. Judge, J.E. Bono, R. Ilies, and M.W. Gerhardt, "Personality and Leadership: A Qualitative and Quantitative Review," *Journal of Applied Psychology* 87 (2002), pp. 765–80; T.A. Judge, A.E. Colbert, and R. Ilies, "Intelligence and Leadership: A Quantitative Review and Test of Theoretical Propositions," *Journal of Applied Psychology* 89 (2004), pp. 542–52; G. Yukl, *Leadership in Organizations*, 4th ed. (Englewood Cliffs, NJ: Prentice Hall, 1998).

성이 결과로 간주될 때 더욱 그러하다. 둘째, 리더 특성에 초점을 맞춘 접근은 리더의 행동에 초점을 맞춘 것보다 실무적 유용성이 부족하다. 비록 연구에서 특성은 겉으로 보기에 리더 효과성에 영향을 미칠 수 있다고 보고 있지만, 이러한 효과성은 일반적으로 리더 행동에 의해 훨씬 더 강하게 설명된다.[19] 리더가 더 효과적이 되기 위해 스스로 무엇을 할 수 있을까? 이 장에서는 의사결정 스타일, 일상의 행동, 그리고 리더의 일반적 책무 외적으로 나타나는 행동 등 세 가지 유형의 리더 행동을 살펴본다.

리더 의사결정 스타일

리더가 해야 하는 중요한 것 중 하나가 의사결정이다. 여러분이 현재 수행하고 있거나 최근에 수행했던 직무를 생각해 보라. 그리고 여러분의 상사를 상상해 보라. 한 주 동안 상사는 얼마나 많은 의사결정을 내려야 했는가? 여러분의 상사는 그러한 결정을 어떻게 내렸는가? 리더의 의사결정 스타일은 문제를 해결하기 위해 여러 대안을 만들고 선택할 때 리더가 사용하는 프로세스를 나타낸다(이 이슈에 대한 추가적인 논의는 8장 학습과 의사결정을 참고하기 바란다). 의사결정 스타일은 리더가 결정하는 사안(what)에 대하여 리더가 의사결정하는 방법(how)을 의미한다.

학습목표 14.3
리더가 의사결정을 할 때 사용하는 네 가지 유형의 의사결정 스타일은 무엇이며, 각 스타일이 보다 효과적인 상황은 언제인가?

리더의 의사결정 스타일에서 가장 중요한 요소는 바로 이것이다. 리더가 모든 것을 스스로 알아서 결정하는가, 아니면 리더가 의사결정 과정에 다른 사람을 참여시키는가? 사실상 거의 대부분의 의사결정을 자신이 내리고, 잠시 들러 일이 어떻게 된 것인지 알려 주기만 하는 상사(혹은 교수 또는 심지어 부모님)들이 있다. 반면에, 정반대로 구성원을 참여시키고, 그들의 의견을 묻는 등의 행동을 하는 상사도 있다. 이러한 리더 통제(leader control)와 구성원 통제(follower control)의 이슈는 몇 가지 의사결정 스타일을 정의하는 데 사용될 수 있다. [그림 14-2]는 그러한 스타일을 보여 주는데, 일직선상의 양 극단에 높은 구성원 통제와 높은 리더 통제가 자리 잡고 있다.

의사결정 스타일의 정의. **독단형**(autocratic style) 리더는 업무 집단(부서) 구성원의 의견이나 제안을 구하지 않고 단독으로 의사결정한다.[20] 구성원들은 리더가 필요로 하는 정보를 제공할 수 있지만, 리더는 구성원들에게 잠재적 대안을 만들어 내거나 평가하도록 요청하지 않는다. 구성원은 의사결정 사항에 대해 알지 못할 수도 있고, 리더가 요구하는 정보를 제공하는 역할만 한다. 이러한 의사결정 스타일은 피아트 크라이슬러(Fiat-Chrysler)의 CEO 세르지오 마르치오네(Sergio Marchionne)가 선호하는 유형으로 보인다. 그는 크라이슬러에서 의사결정이 매우 신속하게 내려져야 한다는 점을 확실히 하기 위해 최선을 다했다. 그리고 그는 의사결정을 자신 스스

그림 14-2 리더 의사결정 스타일

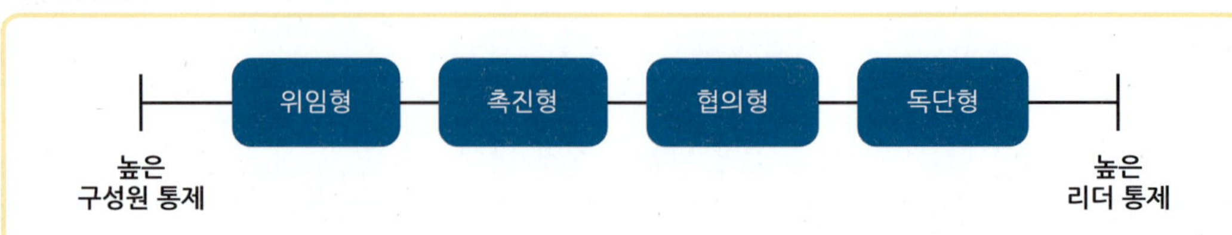

로 내림으로써 이 같은 생각을 실천했다. 마르치오네는 가지고 있는 여러 대의 아이폰으로 와츠앱(WhatsApp)을 통해 자신의 직속 산하 임직원 50여 명에게 매일 지시 사항을 보냈다. 그의 휴대폰이 휴식을 취하는 유일한 시간은 그가 잠을 자는 3~4시간 정도뿐이었다. 어떤 사람들은 이러한 방식이 의사결정 병목현상을 유발할 수 있을 것이라 생각했다. 그러나 마르치오네는 그 시점에 크라이슬러를 구할 수 있는 유일한 방법은 속도라고 단언했다. 그는 상업적인 것이든 아니면 최초의 페라리 SUV의 디자인을 승인하는 것이든 모든 중대한 결정에 대해 항상 마지막 말을 하는 것으로 유명했다. 마르치오네는 "나는 천성적으로 해결사다. 잘 운영되지 않고, 잘 조직되어 있지 않고, 경쟁할 준비가 되어 있지 않은 것은 좋은 것이 아니다. 고쳐야 한다."라고 했다.[21] 이 CEO는 몇 분 또는 몇 초 안에 결정을 내리는 것으로 유명했다.[22]

[그림 14-2]에서 독단형 다음 두 가지의 의사결정 스타일은 보다 구성원의 참여를 허용한다. **협의형**(consultative style) 리더는 개별 구성원 또는 구성원 집단에게 문제를 설명한 다음 개인이나 집단의 의견을 구하고 최종 결정은 자신이 한다.[23] 이 스타일의 의사결정에서, 구성원은 "발언권"이 있지만 최종 권한은 여전히 리더에게 있다. 보스턴에 본사를 둔 30억 달러 규모의 정보 관리 서비스 회사인 아이언마운틴(Iron Mountain)의 전 CEO인 밥 브레넌(Bob Brennan)은 다음과 같이 말했다. "나는 다양한 상황에서 이 질문을 많이 한다. '우리가 무엇을 하는 것이 좋겠는가?' 아주 간단한 질문으로 누가 회사를 발전시키는 데 힘써 왔는지, 누가 회사 일을 방관하고 있는지 상황 파악을 할 수 있다. 사람들은 항상 문제를 제기한다. 그들이 앞으로 회사가 무엇을 해야 할지 생각해 봤다는 것은, 이는 당신에겐 함께 회사 문제를 해결해 나갈 수 있는 누군가가 있다는 걸 의미하고, 당신은 그 사람이 잠재력을 발휘할 수 있게 해줄 수 있다."[24]

그 최종 권한이 **촉진형**(facilitative style)에서는 바뀐다. 이 스타일의 리더는 집단 구성원에게 문제를 제시하고 해결책에 대한 합의를 추구한다. 이때 중요한 점은 리더가 다른 사람의 의견에 비해 자신의 의견에 비중을 두지 않도록 하는 것이다.[25] 이 스타일의 리더는 의사결정자라기 보다는 촉진자에 가깝다. 마스터카드의 부회장인 로버트 세란더(Robert W. Selander)는 시간이 지남에 따라 집단 내에서 토론을 장려하는 법을 배웠다고 말한다. "나는 합의 스타일의 의사결정을 선호한다. 그래서 회사의 고위 리더십 팀인 집행위원회에서 나는 쉽게 상호 균형적인 의사결정을 할 수 있다. 당신은 당신 분야에서 많은 것을 알고 있고, 나는 테이블에 앉은 사람들 중에 당신 분야에 관한 최고의 혹은 차상위의 지식을 가지고 있을 것이다. (이 점은) 당신과 내가 모두 동의한다. 우리가 아직 해 보지 않은 일은 테이블에 있는 다른 사람들의 지혜, 통찰, 그리고 경험을 활용해 보는 일이다. 그리고 그들이 당신만큼 당신 분야에 대한 통찰이나 지식을 가지고 있지 않을 수도 있지만, 우리가 무엇인가를 놓쳤을 가능성이 있다. 따라서 나는 주제와 관련하여 가능한 더 많은 관여와 토론을 시도하고 쌍무주의(bilateralism)을 피하려 애를 쓴다. 때때로 당신은 아주 놀랄 만한 통찰력을 발휘하여 그 의사결정에 영향을 미칠 수 있다. 그러나 내가 생각하기에 당신 또한 함께 참여하여 우리가 어떻게 그 결정에 이르렀는지 동의하고 인식하는 것도 필요하다. 이것은 마치 상사가 모퉁이에서 마술지팡이를 흔들다가 바닥을 탁 치면, 의사결정이 짠~ 하고 나타나는 것과는 다르다."[26]

위임형(delegative style) 리더는 개별 구성원 또는 구성원 집단에게 일정한 조건에서 의사결정에 관한 책임을 부여한다.[27] 리더는 뒤에서 그들을 격려하고 필요한 자원을 제공하기는 하지만 요청받지 않으면 관여하지 않는다. '매크로매니저'로 알려진 전 아메리칸어패럴(American Apparel) CEO 폴라 슈나이더(Paula Schneider)는 하드코어 독재 스타일이었던 CEO의 뒤를 이어 CEO가 되었다. "누군가 나에게 와서 '모든 것이 잘못됐다'고 말하면 나는 그들에게 그 모든 것을 나열하게 만든다. 한두 번 정도 지나면, 아무도 그런 식으로 말하지 않는다. 모든 것을 나열하고 싶은 사람은 없으니까. 이 과정에서 솔루션을 찾는 것이다."[28] 아플락(Aflac)의 CEO인 다니엘 아모스(Daniel Amos) 역시 위임형 의사결정 스타일을 신봉한다. 그는 "내 이론은, 사람들에게 무엇을 해야 하는지 말하는 순간 그들은 더 이상 책임감을 느끼지 않게 된다는 것이다. 내가 책임을 지게 되니까. 나는 그들에게 내 의견을 주고 나서 이렇게 말한다. '자, 이게 내 의견이다. 그러나 당신이 이것을 채택하고 나서 실패한다 해도, 나를 비난하면 안 된다. 그것은 당신의 잘못이다.' 나는 이렇게 하는 것이 그들을 더 강하게 만든다고 생각한다."[29] 리더가 팔로워에게 의도하고자 하는 스타일을 보여 주는 데 특정 단어의 사용이 어떻게 도움이 되는지 알아보려면 **OB 북스토어**를 참조하기 바란다.

네 가지 유형은 언제 가장 효과적인가? 어떤 의사결정 스타일이 가장 좋은가? 여러분이 추측하는 것과 같이, 모든 상황에서 효과적인 하나의 의사결정 스타일은 없고, 각각의 스타일은 장점과 단점이 있다. 리더가 의사결정 스타일을 선택할 때 다양한 요소를 고려해야 한다.[30] 가장 중요한 고려 사항은 의사결정의 결과다. 왜냐하면, 올바른 의사결정은 리더를 평가하는 최종적인 수단이기 때문이다. 그러나 리더는 또한 구성원들이 그 결정을 받아들이고 헌신할 것인지 고려해야 한다. 선행 연구에서는 구성원을 의사결정 과정에 참여시킬 때 그들의 직무만족이 향상된다는 결과를 지속적으로 보여 주고 있다.[31] 또한 의사결정 과정 참여는 구성원 자신의 의사결정 스킬을 개발하는 데도 도움이 된다.[32]

물론, 의사결정 참여는 직원의 시간을 빼앗는다는 점에서 부정적인 면도 있다. 많은 구성원은 회의를 업무에 방해되는 요소로 간주하기도 한다. 최근의 연구 따르면, 구성원들은 일주일 동안 사전 계획된 회의에 평균 여섯 시간을 소비하며, 자신의 직무가 다른 사람과 상호 의존성이 적고 자기 자신의 업무에 집중할 때에는 그 회의에 투입한 시간은 직무만족과 부정적인 관계가 있고, 그 회의들이 비효과적이라고 믿는다는 점이 밝혀졌다.[33] 인텔의 전 부사장인 다이앤 브라이언트(Diane Bryant)는 "단지 회의 결과에 영향을 받는 사람이 아니라 그 안건의 의사결정에 중요한 사람이 회의에 참석해야 한다. 인텔에서는 그 자리에 있을 필요가 없는 사람을 발견하면, 사람들은 이렇게 말할 것이다. '밥, 우리는 자네가 여기에 있을 필요가 없다고 생각하네. 와줘서 고맙네.'"[34] 이와 유사하게, 마찬가지로 메리 바라(Mary Barra)는 매우 관료적인 문화로 유명한 GM에서 의사결정 속도를 높이려고 노력하고 있다. GM은 위원회를 통해서 의사결정을 내리는 것으로 유명하

Bill Pugliano/Getty Images

GM의 CEO인 메리 바라는 매우 관료주의적인 문화에서 의사결정 속도를 높이려고 노력하고 있다.

북스토어

LEADERSHIP IS LANGUAGE

L. David Marquet (New York: Penguin Publishing, 2020)

L. David Marquet/Penguin Random House, LLC

우리가 통제할 수 있는 것은 우리가 서로 대화하는 방식, 우리가 사용하는 단어였습니다. 저부터 시작합니다. 결국 리더십은 언어가 아니라면 무엇입니까? 내가 나머지 스태프들과 의사소통하는 방식을 바꾸면서 그들이 나와, 그리고 서로 간에 의사소통하는 방식에 영향을 미쳤습니다. 우리가 의사소통하는 방식을 바꾸면서 문화가 바뀌었습니다. 문화를 바뀌면서 결과가 바뀌었습니다.

데이비드 마르케는 이 문구를 사용하여 단순히 잘 선택된 단어를 사용하는 것이 어떻게 다른 사람을 이끄는 개인의 능력을 향상시킬 수 있는지 설명한다. Leadership Is Language는 마르케의 베스트셀러 "턴어라운드(Turn the Ship Around!)"의 후속작이다. 마르케는 원자력 잠수함 USS Santa Fe의 함장이 되었다. 1년이라는 기간 동안 마르케와 그의 승무원은 Santa Fe를 미 해군에서 가장 성능이 낮은 잠수함에서 최고의 잠수함으로 만들었다. 마르케는 자신이 사용한 언어(또한 상대방이 이에 대응하여 사용한 언어)가 그 잠수함에서 일어난 모든 긍정적인 일의 출발점이라고 믿었다. 이 책은 2015년 현대식 라디오와 항법 장비를 갖춘 컨테이너 선박이 허리케인에 직접 부딪혀 침몰해 탑승자 33명 전원이 사망한 사건에 대한 이야기로 시작한다. 마르케는 선교(bridge of the ship: 함장이 지휘하는 장소)에서 가져온 녹취록을 사용하여 단순히 다른 단어를 사용하여 리더십을 가졌더라면 재앙을 피할 수 있었던 사례를 전개한다.

마르케는 우리가 조직에서 사용하는 많은 단어가 과학적 관리(scientific management)에서 유래된 오래된 명령과 통제의 사고방식의 잔재라고 주장한다. 이 단어들은 설득하고, 강요하고, 따르고, 순응하도록 고안된 언어를 중심으로 돌아가는 경향이 있다. 그는 이러한 단어를 보다 능동적 의사와 행동 의지를 가진 단어로 대체해야 한다고 주장한다. "증명하고 수행하라"와 같은 강요하는 단어를 없애고 "개선하고 배워라"라는 언어로 대체하자. 마르케는 리더가 단순히 잘못된 방식으로 말을 함으로써 의도치 않게 대화를 중단하고 잘못된 결정을 내리며 추종자들이 무력감을 느끼게 할 수 있다고 믿는다. 본질적으로 리더의 "스타일"은 의도한 것과는 달리 그들이 사용하기로 선택한 단어에 의해 더 많이 형성된다. 의도하는 스타일을 올바른 단어와 매칭시키면 리더가 원하는 결과를 얻을 가능성이 높아진다.

다. 한 번은 위원회를 몇 번이나 열어야 하는지 살펴보기 위해 위원회를 임명하기도 했다![35]

어떻게 하면 리더가 자신의 의사결정 스타일을 효과적으로 관리할 수 있을까? **시간 중심적 리더십 모델**(time-driven model of leadership)이 잠재적인 지침을 제공해 준다.[36] 이 모델은 독단형, 협의형, 촉진형, 위임형 리더에서 독단적, 협의적, 촉진적, 위임적 상황으로 초점이 바뀌어야 한다고 주장한다. 구체적으로, 이 모델에 따르면 일곱 가지 상황 요소에 따라 의사결정 스타일의 효과성은 달라진다. 일곱 가지 상황 요소는 다음과 같다.

- 의사결정의 중요성(decision significance): 이 의사결정이 프로젝트 또는 조직의 성공에 얼마나 중요한가?
- 몰입의 중요성(importance of commitment): 직원들의 헌신이 의사결정에 얼마나 중요한가?
- 리더의 전문성(leader expertise): 리더가 문제와 관련된 지식과 전문성을 얼마나 가지고 있는가?

- 헌신 가능성(likelihood of commitment): 직원들은 리더의 결정을 신뢰하고 그 결정을 충실히 따를 것인가?
- 공유된 목표(shared objectives): 직원들이 동일한 목표를 공유하고 지원하는가, 아니면 자신만의 목표가 있는가?
- 구성원의 전문성(employee expertise): 직원들은 그 문제와 관련된 지식과 전문성을 가지고 있는가?
- 팀워크 스킬(teamwork skills): 직원들은 문제 해결을 위해 함께 일할 수 있는 능력이 있는가? 그렇지 않으면 갈등이나 비효율로 인해 어려움을 겪을 것인가?

[그림 14-3]은 주어진 상황에서 가장 효과적인 의사결정 스타일을 결정하는 데 사용될 수 있는 일곱 가지 요인을 나타낸다. 이 그림의 활용 방법은 왼쪽에서부터 시작하여 일곱 가지 요인을 높음(H) 또는 낮음(L)으로 평가한다. 그래서 마지막 상황 요인을 평가한 열에서 제시된 문제에 적합한 의사결정 스타일을 제시해 준다(그림의 '-' 표시는 해당 요인이 그 상황에서는 나타나지 않음을 의미한다). 이 모델은 첫 눈에 보기에 복잡해 보이지만, 원리는 단순하다. 독단형은 의사결정이 중요하지 않거나 구성원의 몰입이 중요하지 않을 때 적합하다. 의사결정이 중요한 경우에는 리더의 전문성이 높고 리더가 신뢰 받을 경우에 적합하다. 예외적인 경우는 리더가 전문성이 높고 신

그림 14-3 시간 중심 리더십 모델

	의사결정의 중요성	몰입의 중요성	리더의 전문성	헌신 가능성	공유된 목표	구성원 전문성	팀워크 스킬		
시작점	H	H	H	H	-	-	-	독단형	도착점
				L	H	H	H	위임형	
							L	협의형	
						L	-		
					L	-	-		
			L	H	H	H	H	촉진형	
							L	협의형	
						L	-		
					L	-	-		
				L	H	H	H	촉진형	
							L	협의형	
						L	-		
					L	-	-		
		L	H	-	-	-	-	독단형	
			L	-	H	H	H	촉진형	
							L	협의형	
						L	-		
					L	-	-		
	L	H	-	H	-	-	-	독단형	
				L	-	-	H	위임형	
							L	촉진형	
		L	-	-	-	-	-	독단형	

출처: Adapted from V.H. Vroom, "Leadership and the Decision-Making Process," *Organizational Dynamics* 28 (2000), pp. 82–94.

뢰를 받을 때이다. 이러한 상황에서 독단적 스타일은 정확한 의사결정으로 이어지게 되고, 구성원은 시간을 가장 효율적으로 사용할 수 있게 된다. 위임형 의사결정 스타일은 구성원들이 강한 팀워크 스킬을 가지고 있고 리더의 의사결정에 맹목적으로 헌신하지 않을 것 같은 상황에 적합하다. 나머지 두 가지 스타일인 협의형과 촉진형은 조금더 세밀하게 일곱 가지 요인을 모두 검토한 다음 선택 가능하다.

세르지오 마르치오네의 사례에서 그는 의사결정의 중요성은 높고, 몰입의 중요성은 낮았고, 리더의 전문성은 높았다. 따라서 그는 독단형 의사결정 스타일을 택했다. 그러나 타임사(Time Inc.)의 전 CEO인 잭 그리핀(Jack Griffin)에게 독단형 의사결정은 잘 어울리지 않은 듯하다. 그리핀은 회사 내에서 "고압적" 의사결정 행동으로 알려져 있다. 예를 들어, 그는 수백 명의 직원을 해고하고 난 직후에 모든 잡지의 발행인란 맨 위에 자신의 이름을 포함하도록 지시했다(페이지 한 장을 추가하면 회사에 매년 500만 달러의 추가비용이 발생된다). 이는 개별 편집자에게 일임되어 있던 의사결정 사항이었다. 회사 내 한 소식통은 다음과 같은 말을 전했다. "타임사는 오랜 동안 합의에 의해 운영되어 왔다. 잭의 힘 때문은 아니라고 생각한다."[37] 불안정한 시기에 잡지가 발행되었다는 점을 고려하여, 우리는 높은 의사결정의 중요성, 높은 몰입의 중요성, 낮은 리더의 의사결정 주제에 관한 전문성으로 평가해 볼 수 있다. 결과적으로, 그의 독단적 의사결정 스타일은 구성원의 저항으로 이어졌고, 그는 임명 6개월 만에 사임해야 했다. [그림 14-3]의 핵심은 리더가 의사결정 주제에 관해 전문성이 없는 경우에 독단형 의사결정은 적절하지 않다는 것이다.

이어진 연구들에서 이 모델의 많은 가정이 지지되었고, 특히 현직 관리자를 대상으로 연구하였을 때 지지되었다.[38] 예를 들어, 한 연구에서 관리자들에게 과거에 내렸던 의사결정과 그러한 의사결정을 둘러싼 맥락, 그 결정의 결과(성공 또는 실패)를 회상하라고 요청했다.[39] 연구 결과, 이 모델에서 추천하는 의사결정 스타일을 사용했을 때, 그 결정은 68% 정도 성공한 것으로 나타났다. 이 모델의 처방에 반하는 의사결정 스타일을 사용했을 때, 그 결정 중 22%만 성공적이었다. 또 한 가지 주목할 만한 것은 연구 결과 관리자들은 이 모델에서 추천하는 스타일을 40% 정도의 상황에서만 선택했고 그들의 의사결정 스타일에 변화를 주지 않은 것으로 나타났다는 점이다.[40] 특히, 관리자들은 협의형 의사결정 스타일을 지나치게 사용하고 있고 독단형이나 촉진형 스타일은 충분히 활용하지 않은 것으로 보였다. 캐어닷컴(Care.com)의 CEO인 실라 리리오 마르셀로(Sheila Lirio Marcelo)는 매번 회의에 앞서 그녀가 어떤 유형의 의사결정 스타일을 사용하게 될지 직원들에게 알려주는 독특한 접근법을 사용한다. 그녀는 "우리는 유형 1, 유형 2, 유형 3의 의사결정을 사용한다. 유형 1은 의사결정자의 독자적인 결정이다[독단형]. 유형 2는 구성원들은 의견을 제공하고, 최종 결정자가 결정을 한다[협의형]. 유형 3은 합의이다[촉진형]. 이렇게 함으로써 문제를 효율적으로 해결할 수 있다."고 설명했다.[41]

일상의 리더 행동

리더가 의사결정을 어떻게 하는지를 떠나, 리더들은 매일 무엇을 하는가? 당신이 겪었던 상사들을 생각해 보라. 일상에서 리더십 역할을 수행하기 위해 그들은 무슨 행동을 하였는가? 1950년대 오하이오주립대학에서 이루어진 일련의 연구들은 이 질문에 해답을 제시하고자 하였다. 이 연구는 해군연구소와 인터내셔널하비스터사(International Harvester Company)의 후원하에 리더가 관여하는 1,800여 개의 행동 목록을 만들기 시작했다.[42] 이 행동 목록은 150개의 구체적인 문항으로 축약되었고, 〈표 14-3〉에서 보는 것과 같은 몇 개의 그룹으로 범주화되었다.[43] 이 표에 의하면 많은 리더는 주도, 조직화, 생산성 향상, 구성원 관계, 통합, 커뮤니케이션, 인정, 대변하기 등의 행동에 시간을 할애하는 것으로 나타났다. 이들 여덟 개의 요인은 심층적 분석을 통해 〈표 14-3〉에 보는 바와 같이 구조 주도와 배려의 두 차원으로 압축되었다.[44]

구조 주도(initiating structure)는 리더가 목표 달성을 목적으로 구성원의 역할을 정의하고 구조화하는 정도를 의미한다.[45] 구조 주도가 높은 리더는 집단의 활동을 지시하고, 우선순위를 정하고, 계획을 수립하고 새로운 아이디어를 시도하는 데 보다 적극적인 역할을 한다. 그들은 마감 시간의 중요성을 강조하고, 성과의 기준을 명확히 하고, 구성원들에게 공식적인 절차를 따를 것을 요구하고, 그리고 필요할 때는 낮은 업무 수준을 질책하기도 한다.[46] 크루(Crew)(뉴욕 기반의 의류 소매회사)의 최근 CEO인 밀라드 드렉슬러(Millard Drexler)는 독특한 구조 주도 접근 방법을 사용한다. 그는 맨해튼 사무실에서 하루에 수십 차례 확성기를 사용하여 지시하고, 과업을 부여하고, 의상 트렌드를 논의하고, 그리고 판매 전략과 목표에 대해 이야기를 한다. 그가 사무실에 있지 않을 때는(사실, 자주 그러하다) 비서에게 휴대전화를 통해 연결하도록 한다.[47]

배려(consideration)는 리더가 상호 신뢰, 구성원의 아이디어 존중, 그리고 구성원의 감정 배려 등으로 특징되는 직무상의 관계를 형성하는 정도를 의미한다.[48] 배려가 높은 리더는 좋은 관계와 활발한 쌍방향 의사소통 분위기를 만들고 구성원의 복지에 깊은 관심을 가진다. 그들은 구성원에게 개인적인 호의를 베풀고, 시간을 내어 그들의 문제를 들어주고, 필요할 경우에는 도움을 제공하며, 그리고 구성원들을 전문가로 대우한다.[49] 제너럴 일렉트릭(General Electric)의 전 CEO 제프 이멜트(Jeff Immelt)는 한 달에 여러 차례 관리자들과 슬립오버(sleepover) 프로그램을 진행하면서 이를 실천하고자 한다. 이멜트는 말한다. "우리는 그들의 경력에 관해 대화를 하면서 토요일 아침

표 14-3 리더가 수행하는 일상의 행동

행동	설명
	구조 주도
주도	새로운 아이디어와 관행(practices)의 창안, 촉진, 그리고 때에 따라서는 저항
조직화	과업의 정의와 구조화, 리더와 구성원의 역할 명확화, 구성원의 과업 조정
생산성 향상	목표 설정과 구성원의 노력과 생산성에 대한 인센티브 제공
	배려
구성원 관계	구성원과 어울리기, 비공식적 상호작용 강조, 그리고 개인적인 서비스 주고받기
통합	유쾌한 분위기 장려, 갈등의 감소, 집단에 개인의 적응 촉진
커뮤니케이션	구성원에게 정보 제공, 구성원으로부터 정보 구하기, 구성원에게 영향을 주는 문제에 대해 인식하고 있음을 보여 주기
인정	구성원의 행동에 지지 또는 반대 표현
대변하기	집단을 대표하는 행동, 집단을 방어하기, 그리고 집단의 이익을 먼저 생각하기

출처: R.M. Stogdill, *Manual for the Leader Behavior Description Questionnaire-Form XII* (Columbus, OH: Bureau of Business Research, The Ohio State University, 1963).

을 보낸다. 그들이 누구이고, 그들끼리 얼마나 잘 맞는지, 내가 그들의 강점과 약점을 어떻게 보고 있는지 등과 같은 이야기다. 개인적 유대감은 이전에는 당연한 것으로 받아들였을 수 있지만 지금은 절대 당연한 것으로 받아들이지 않는다."[50] 구글의 프로젝트 OXYGEN은 조직 내 관리자의 가장 효과적인 행동을 식별하려는 프로세스였다. 리더의 성공을 결정짓는 가장 중요한 세 가지 습관은 "직원과의 정기적인 만남, 개인적 관심, 항상 답변을 제공하기보다 질문하기"는 모두 배려와 관련된 것이었다.[51]

오하이오주립대학의 연구에서 구조 주도와 배려는 독립적인 개념이다. 즉, 리더는 두 영역 모두 높을 수도 있고, 모두 낮거나, 하나는 높고 하나는 낮을 수도 있다. 이 관점은 비슷한 시기에 수행되었던 미시간대학의 연구의 관점과는 다르다. 미시간대학의 연구에서도 구조 주도와 배려와 유사한 개념을 밝혔는데, 이들은 생산 지향 행동(또는 과업 지향 행동)과 직원 지향 행동(또는 관계 지향 행동)으로 명명했다.[52] 그러나 미시간대학의 연구는 과업 지향과 관계 지향의 개념을 일직선상의 양 끝단 개념으로 규정했다. 따라서 이 관점에서 보면 리더는 양 차원 모두 높을 수 없다.[53] 실제로, 78개의 연구를 메타 분석한 결과에 따르면, 구조 주도와 배려는 약한 상관관계를 보였다. 리더가 한 유형의 행동을 보여 주는지 여부를 안다고 해서 다른 유형의 행동을 보여 줄지에 대해서는 거의 알 수가 없다.[54] 여러분이 리더십 역할을 수행하는 동안 구조 주도와 배려가 어느 정도 발휘하는지 확인하려면 다음의 **OB 진단지**를 참고하라.

구조 주도와 배려에 관한 초기의 연구가 있은 후에, 리더십 전문가들은 리더십 효과성에 대한 두 차원의 유용성에 의문을 제기하기 시작했다.[55] 그러나 최근의 추가적인 연구들은 보다 고무적인 전망을 그려 보이고 있다. 103편의 연구를 메타 분석한 연구에 의하면, 구조 주도와 배려 모두 다양한 결과와 유익한 관계가 있는 것으로 나타났다.[56] 예를 들어, 배려는 지각된 리더 효과성, 직원 모티베이션, 직원 직무만족과 강한 긍정적 관계가 있다. 배려는 또한 전반적인 부서 성과와도 어느 정도 긍정적인 관계를 가지고 있다. 구조 주도는 직원 모티베이션과 강한 긍정적 관계를 가지고 있고 지각된 리더 효과성, 직원 직무만족, 그리고 전반적 부서 성과와 어느 정도 긍정적 관계를 가지고 있다. 미국에서 재미있고 독특하기로 유명한 CEO 중의 한 명인 초바니(Chobani)의 함디 울루카야(Hamdi Ulukaya)는 두 가지 유형의 행동을 모두 보이는 것으로 알려져 있다. 직원들은 본질적으로 울루카야가 두 가지 유형을 모두 가지고 있다고 말한다. 울루카야는 "나는 양치기이기도 하고 전사이기도 하다. 나는 그 둘 사이를 오가는 것이다."[57] 현재 사장 겸 COO인 피터 맥기네스(Peter McGuinness)는 두 가지 버전의 울루카야가 잘 조화가 된다고 말했다. "앞으로의 리더는 강인한 머리와 큰 마음을 갖는 것이 그들이 나아가야 할 방향이라는 것을 점점 더 깨닫게 될 것이다."[58]

초바니의 설립자이자 CEO인 울루카야는 구조 주도와 배려의 균형을 맞추기 위해 최선을 다한다. 그는 "나는 양치기이자 전사이다"라고 말했다.

구조 주도와 배려가 여러 상황에서 효과적임에도 불구하고, 상황에 따라서는 어느 것이 더 중요하거나 덜 중요한 경우도 있다. **생애 주기 리더십 이론**(life cycle theory of leadership)(혹은 상황

OB 진단지

구조 주도와 배려

리더십 역할을 수행할 때 당신은 어떻게 행동하는가? 이 평가는 구조 주도와 배려를 측정하기 위해 개발되었다. 각 문항에 해당하는 행동을 얼마나 자주 보이는지 빈 칸에 숫자를 적어보라. 그 다음, 굵은 글씨로 된 문항은 6에서 원래의 답변을 빼서 그 차이 값을 해당 문항의 최종 답변으로 적어라. 예를 들어, 16번에 대한 원래 답변이 "4"였다면, 최종 답변은 "2"(6 − 4 = 2)가 된다. 그 다음 각 문항의 답변을 더하라.

1	2	3	4	5
절대 아니다	드물게 그렇다	때때로 그렇다	자주 그렇다	항상 그렇다

1. 나는 구성원에게 무엇을 기대하는지 알려 준다. ______
2. 나는 표준화된 절차를 사용하도록 장려한다. ______
3. 나는 팀 내에서 내 아이디어를 시도해 본다. ______
4. 나는 구성원에게 나의 태도를 명확히 한다. ______
5. 나는 어떤 업무가 어떻게 수행되어야 하는지 정한다. ______
6. 나는 구성원에게 업무를 구체적으로 할당한다. ______
7. 나는 구성원이 팀 내에서 내가 맡은 역할을 이해하도록 확인한다. ______
8. 나는 업무 계획을 수립한다. ______
9. 나는 명확한 성과 기준을 유지한다. ______
10. 나는 구성원이 정해진 절차와 규정을 따르도록 요구한다. ______
11. 나는 우호적이며 가까이 하기 쉽다. ______
12. 나는 구성원이 팀의 일원이라는 점에 대해 만족을 느끼도록 한다. ______
13. 나는 구성원의 제안을 실행에 옮긴다. ______
14. 나는 모든 구성원을 동등하게 대한다. ______
15. 나는 구성원에게 변화에 대해 사전에 알려준다. ______
16. **나는 다른 사람과 어울리지 않는다.** ______
17. 나는 집단 구성원의 개인적 복지에 관심을 보인다. ______
18. 나는 기꺼이 변화를 줄 의향이 있다. ______
19. **나는 내 행동에 대해 설명하지 않는다.** ______
20. **나는 팀원과 상의 없이 행동한다.** ______

점수 계산과 해석

구조 주도: 1~10번 점수 합산: ________

배려: 11~20번 점수 합산: ________

구조 주도에서 38점 이상, 배려에서 40점 이상이면 높음.

출처: R.M. Stogdill, *Manual for the Leader Behavior Description Questionnaire-Form XII* (Columbus, OH: Bureau of Business Research, The Ohio State University, 1963).

적 리더십 이론)에 의하면 구조 주도와 배려의 최적 조합은 작업 집단에 소속된 구성원의 성숙도에 달려 있다.[59] **성숙도**(readiness)는 구성원이 지닌 능력과 과업을 성취하고자 하는 의지의 정도로 광범하게 정의된다.[60] [그림 14-4]에서와 보는 바와 같이, 이 이론에서 구성원의 성숙도는 다양하고 R1에서 R4까지 네 개의 중요한 단계로 표현될 수 있다. 특정 성숙도에 대한 리더 행동의 최적 조합을 찾기 위해, 적절한 R에 손가락을 얹은 다음, 아래로 똑바로 내려오면 적합한 리더 행동 조합이 제시되어 있다.

첫 번째 두 개의 R에 대한 설명은 이론의 구성 방법에 따라 달라진다. 한 가지 방법에서는 R을 집단의 발전 단계와 유사하게 설명하였다.[61] R1은 처음으로 일을 함께하게 된 구성원 집단을 의미하며, 과업을 시작하고자 하는 열망은 있지만 역할 수행에 필요한 경험과 자신감이 부족하다. 이 단계에서 최적의 리더 행동 조합은 **지시형**(telling)(높은 구조 주도와 낮은 배려)이다. 이 상

그림 14-4 생애 주기 리더십 이론

성숙도			
높음	중간		낮음
R4	R3	R2	R1
의욕과 열의 충만	함께 일하는 데 익숙해지기 시작	과업이 기대에 비해 어려움	열정은 있으나 경험 부족

↓

	위임형	참여형	설득형	지시형
구조 주도	낮음	낮음	높음	높음
배려	낮음	높음	높음	낮음

출처: Adapted from P. Hersey and K. Blanchard, "Revisiting the Life-Cycle Theory of Leadership," *Training and Development*, January 1996, pp. 42–47.

황에서 리더는 구체적으로 지시하고 밀착하여 성과를 관리한다. 이때 리더의 가장 큰 관심은 구성원을 지도하는 데 두어야 한다. 왜냐하면 그들의 목표와 역할이 명확히 정의되어야 하기 때문이다. R2 단계에서, 구성원들은 함께 일하기 시작하고, 일반적으로 과업이 그들이 예상한 것보다 더 어렵다는 것을 발견한다. 열정이 불만으로 바뀌게 되므로, 최적의 리더 행동 조합은 **설득형**(selling)이다. 즉, 높은 구조 주도와 높은 배려가 필요하며, 이때 리더는 지시와 더불어 구성원의 자신감을 유지하기 위해 지원과 격려를 함께 활용한다.

구성원이 능력을 확보함에 따라, 리더의 지도와 지시는 점점 덜 필요해진다. R3 단계에서, 구성원들은 여전히 리더의 지원과 협력이 필요하지만, 함께 일하는 법을 잘 알게 되었다. 이 단계에서는 **참여형**(participating)(낮은 구조 주도와 높은 배려)이 최적의 리더 행동 조합이 된다. 마지막으로, R4 성숙도 단계에 최적의 조합은 **위임형**(delegating)(낮은 구조 주도와 낮은 배려)이고, 리더는 핵심적인 행동에 대한 책임을 구성원에게 넘긴다. 이 단계에서 리더는 공을 구성원들에게 넘겨주고 그들에게 맡긴다. 리더는 집단의 노력이 제 방향으로 가는지 확인하기 위해 지켜보고 관찰하는 정도만 한다. 고프로(GoPro)의 CEO인 닉 우드만(Nick Woodman)은 리더는 직원의 준비 상태를 인식해야 하고, 회사의 프로젝트가 자신의 전문 영역을 벗어나면 더 많은 것을 직원에게 위임해야 한다는 점을 수많은 프로젝트 실패를 거쳐 어려운 방법으로 배워야 했다.[62]

생애 주기 리더십 이론은 포춘 500기업 중 약 400개 기업에서 매년 100만 명 이상의 관리자 리더십 훈련 프로그램에 적용되어 온 것으로 추정된다.[63] 그러나 불행히도, 이 이론의 명제에 대한 과학적 검증에 앞서 실무 적용이 진행되었고, 용어와 가설의 변화라는 특성으로 인해 과학적 테스트가 다소 어려워지게 되었다.[64] 그나마 수행된 몇몇 연구에서 낮은 성숙도의 상황에 대해서만 이 이론의 가정이 지지되었다. 지시형과 설득형 같은 행동은 능력, 모티베이션, 또는 자신감이 부족할 경우에 더 효과적일 수 있음을 보여 주었다.[65] 이들 연구는, 성숙도가 높은 상황에서 특정 조합에 상관없이 리더 행동은 덜 중요하다고 주장한다. 또한 일부 연구에서는 리더가 단지 14%에서 37% 정도의 상황에서만 추천되는 행동 조합을 사용하고 있는 것을 발견했는데,[66] 이러한 결과는 아마도 많은 리더가 상황에 관계없이 동일한 리더십 철학에 고착되어 있기 때문일 것으로 추정된다. 또한 동일 직무 내(within-job)보다는 다양한 직무가 엮여 있는 상황(across-job)에서 이 이론이 더 잘 지지되었다는 점을 주목할 필요가 있다. 예를 들어, 연구에 따르면 복잡하지 않은 작업의 성과는 복잡한 작업의 성과보다 구조 주도에 더 많이 영향을 받고 배려 행동의 영향은 덜 받는다.[67]

변혁적 리더십 행동

의사결정 스타일과 일상의 리더 행동 설명을 통해 리더의 일이 무엇인지 광범위하게 다루었다. 그러나 여전히 무엇인가 빠져 있다. 종이 위에 효과적인 리더십으로 유명한 사람 다섯 명을 적어보라. 이들은 아마 경영 업계 내부 혹은 외부에 존재할 수 있고 현존하는 사람이거나, 또는 역사적 인물일 수도 있다. 중요한 점은 그들의 이름은 사실상 위대한 리더십과 동의어라는 점이다. 목록을 작성했다면, 그들의 이름을 살펴보라. 그들이 그 상황에 적절한 의사결정 스타일을 사용했기 때문에, 그렇지 않으면 구조 주도와 배려를 효과적으로 사용했기 때문에 당신의 목록에 포함되었는가? 팀 쿡의 사례는 어떤가? 의사결정 스타일과 일상의 리더십 행동이 팀 쿡이 애플의 중요한 자산인 이유를 설명하는가?

이 리더십 퍼즐에서 빠져 있는 한 조각은 구성원들이 기대 이상의 노력을 하도록 동기부여하기 위해 리더가 하는 그 무엇(what leaders do)이다. **변혁적 리더십**(transformational leadership)은 팔로워들이 자신의 잠재력을 개발하고 문제를 새로운 시각에서 바라보도록 돕는 역할 모델로서 역할을 하는 동시에 그들이 하는 일에 의미를 부여하는 공유된 비전을 향해 팔로워들이 헌신하도록 영감을 부여하는 것이다.[68] 변혁적 리더는 팔로워에게 특정한 성과의 중요성을 인식하도록 하고, 그 성과를 달성할 수 있도록 그들의 자신감을 불러일으킨다.[69] "변혁적"이 된다는 것은 팔로워들이 자신의 단기적 이익보다는 공동체의 이익을 위해 헌신하도록 만들고, 그 결과로 팔로워들이 자신에게 기대되는 것보다 더 많은 것을 달성하도록 만든다.[70] 아이젠하우어(D. Eisenhower) 전 미국 대통령은 "리더십이란 무엇을 해야 하는지 결정하는 능력이며, 다른 사람들로 하여금 그것을 하고 싶도록 만드는 능력이다"고 말했다.[71] 트루만(Harry S. Truman) 전 대통령 역시 비슷한 논평을 했다. "리더란 사람들이 하고 싶지 않고 좋아하지 않는 것을 하도록 만드는 능력을 가진 사람이다."[72] 두 사람의 말은 모두 직원들이 자신의 일을 바라보는 방식의 전환, 그리고 직무에서 그들을 동기부여시키는 방식에서의 변혁을 담고 있다.

Tim Graham/Contributor/Getty Images

마더 테레사(Mother Teresa)는 인도의 병자와 가난한 사람들을 위한 자선 선교단체 Missionaries of Charity를 설립하였고, 이는 그녀가 변혁적인 지도자임을 보여 주었다. 그녀는 1979년 노벨 평화상을 수상했다.

변혁적 리더십은 다른 관리적 접근에 비해 보다 동기부여적 접

그림 14-5 자유방임적 리더십, 거래적리더십, 변혁적 리더십

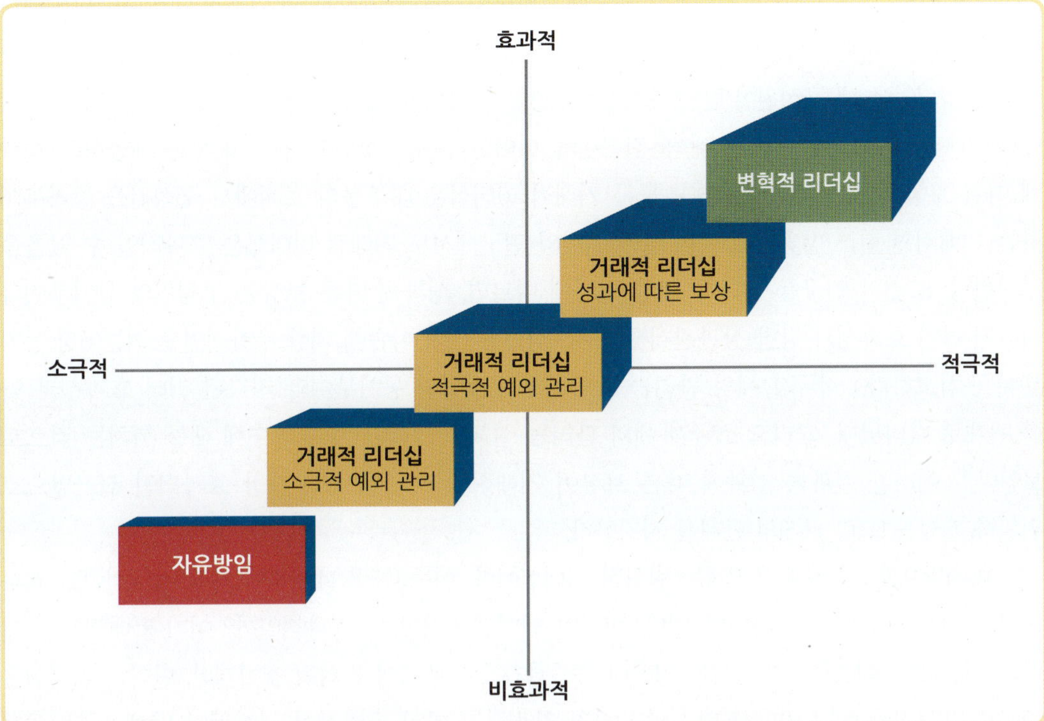

출처: Adapted from B.M. Bass and R.E. Riggio, *Transformational Leadership*, 2nd ed. (Mahwah, NJ: Erlbaum, 2006).

근 방법(motivational approach)으로 보인다. [그림 14-5]는 얼마나 적극적인가 소극적인가, 그리고 결과적으로 얼마나 효과적인가에 따라 다양한 리더십 접근법을 대비하여 보여 준다. 그림에서 각 육면체는 구성원을 동기부여시키는 다섯 가지 접근법을 나타내고, 육면체의 깊이는 리더가 각 접근법을 어떻게 우선순위 매기는지 보여 준다. [그림 14-5]는 더 효과적이고 더 적극적인 행동의 우선순위를 보여 주는 최적의 리더십 접근법을 나타낸다. 가장 낮은 수준은 **자유방임적 리더십**(laissez-faire (hands-off) leadership)이며 빨간색 육면체로 표현되어 있다. 이는 리더십의 회피를 의미한다.[73] 중요한 의사결정을 지연시키고, 책임을 포기하고, 권한과 영향력을 사용하지 않는다. 자유방임 스타일을 잘 나타내는 일반적인 리더십 측정 항목은 다음과 같다. "리더는 중요한 이슈가 발생해도 관여하지 않는다."[74]

세 개의 노란색 육면체는 **거래적 리더십**(transactional leadership)을 나타낸다. 이 리더십은 리더가 구성원의 업무 수행의 질에 따라 보상을 하거나 징계를 할 때 발생한다.[75] **소극적 예외 관리**(passive management-by-exception)는 구성원이 실수를 하거나 오류를 범할 때에만 리더가 필요한 수정행동을 취하는 것을 의미한다.[76] 결국, "고장 나지 않으면, 고칠 필요가 없다!"[77] 이 접근법은 다음과 같은 문구로 대표될 수 있다. "리더는 불평이 발생할 때까지 행동을 취하지 않는다."[78] **적극적 예외 관리**(active management-by-exception)에서 리더는 실수와 오류를 적극적으로 점검하고 필요한 경우에는 적절한 조치를 취한다.[79] 이 접근법은 다음과 같은 문장으로 나타낼 수 있다. "리더는 기준을 충족시키기 위해 실패에 주의를 기울인다."[80] **성과에 따른 보상**(contingent reward)

은 보다 적극적이고 효과적인 거래적 리더십을 나타낸다. 이 접근법에서 리더는 수행되어야 할 과업이 무엇인지 제시하고, 그것을 달성했을 때 주어지는 보상에 대해 팔로워들의 합의를 얻어 내려고 노력한다.[81] 다음과 같은 문장이 상황에 따른 보상의 리더십을 잘 나타낸다. "리더는 성과 목표가 달성되었을 때 구성원이 받을 수 있는 보상을 명확하게 해야 한다."[82]

거래적 리더십은 "당근과 채찍" 접근법을 의미한다. 즉, 예외 관리는 "채찍"을 제공하고 성과에 따른 보상은 "당근"을 제공한다. 물론 거래적 리더십은 대부분의 조직에서 구성원을 동기부여하는 지배적인 접근 방법으로 나타났고, 일련의 연구에서도 거래적 리더십은 효과적일 수 있음을 주장한다. 87편의 연구를 메타 분석한 결과에 따르면, 성과에 따른 보상은 구성원의 동기부여와 지각된 리더 효과성과 강한 상관관계를 가지고 있다.[83] (이 이슈에 대한 추가적인 논의는 6장 동기부여를 참고하라.) 적극적 예외 관리는 유일하게 구성원의 동기부여와 지각된 리더 효과성과 약한 관계로 나타났다. 그리고 소극적 예외 관리는 실제로 그러한 결과 변수에 해를 끼치는 것으로 보인다.[84] 이러한 결과는 성과에 따른 보상이 거래적 리더십 중에서 가장 효과적인 접근법으로 위치하고 있는 [그림 14-5]의 단계를 지지한다.

> **학습목표 14.5**
> 변혁적 리더십은 거래적 리더십과 어떤 차이가 있으며, 이들을 구분할 수 있는 행동은 무엇인가?

마지막으로, 초록색 육면체는 변혁적 리더십이다. 이는 [그림 14-5]에서 가장 적극적이고 효과적인 리더십 접근법으로 나타나 있다. 변혁적 리더십은 얼마나 효과적일까? 여기에 대해서는 이 장의 결론 부분에 있는 "리더십은 얼마나 중요한가?" 부분에서 논의될 것이지만, 변혁적 리더십은 지금까지 설명한 어떤 리더십 변수보다 가장 강력하고 가장 효과적이라는 점만 말해 둔다. **국제 상황의 OB** 부분에서 설명된 것처럼 변혁적 리더십은 전 문화권에서 가장 보편적으로 지지되는 리더십 접근법이다. 또한 변혁적 리더십은 앞서 여러분에게 적어 보라고 했던 유명한 리더들의 핵심적인 자질을 설명해 줄 것이다. 이 리더십이 왜 그렇게 강력한지 이해하기 위해 변혁적 리더가 되기 위해 활용할 수 있는 구체적인 활동과 행동을 보다 깊이 살펴볼 필요가 있다. 변혁적 리더십은 이상적 영향력, 영감적 동기부여, 지적 자극, 그리고 개별적 배려 등 네 차원으로 구성된다. 변혁적 리더십의 네 차원은 종종 "4I"로 불린다.[85] 팀 쿡에 대한 도입 사례와 함께 그가 왜 그렇게 힘들게 행동을 취했는지 설명하기 위해 변혁적 리더십에 대한 논의에서는 가장 변혁적인 리더 중 한 명으로 전 세계적으로 널리 알려진 애플의 전 CEO 스티브 잡스를 사례로 들 것이다. 포춘은 잡스를 "최근 10년 간 최고의 CEO"로 선정했다.[86] 잡스가 2011년에 사망하였음에도 불구하고, 변혁적 리더로서 그의 전설은 오늘날까지 지속되고 있다. 훌륭한 리더가 '스티브 잡스 같다'는 말을 끊임없이 듣는다는 점이 이를 잘 보여 준다. 잡스의 리더십은 애플의 구성원에게 여전히 깊이 영향을 미치고 있다.[87]

이상적 영향력(idealized influence)은 직원들의 찬양, 존경과 신뢰를 얻는 행동과 관련되어 있다. 팔로워들은 그러한 리더와 동일시하고 그의 행동을 본받으려 한다.[88] 이상적 영향력은 다음과 진술로 대표된다. "리더는 내가 그(녀)와 연결되어 있다는 데 대해 자부심을 심어 준다."[89] 이상적 영향력은 카리스마와 동의어이다. 카리스마란 "신의 특별한 은총"을 의미하는 그리스 단어이며, 리더는 특별한 자질을 가지고 있다는 팔로워들의 느낌을 반영한다.[90] "카리스마"는 종종 스티브 잡스와 연관되는 단어이다. 그를 지켜본 사람에 의하면, 함께 일하기가 어려울 수 있지만 스티브 잡스

국제 상황의 OB

리더 스타일과 리더 행동의 효과성은 문화에 따라 다를까? 각 문화에서 지지되는 리더십 이론을 조사하는 글로브 프로젝트(Project GLOBE)의 목표 중 하나가 이 질문에 답하는 것이다. 이 연구는 효과적인 리더십이 "보는 이의 눈에" 있다고 주장한다(이 이슈에 대한 추가적인 논의는 9장 성격과 문화적 가치 참고). 이 이론을 실증하기 위해 연구자들은 다양한 문화권에 있는 참가자들에게 수많은 리더 스타일과 행동을 1점(매우 비효과적인)에서 7점(매우 효과적인) 척도로 평가하도록 요청했다. 글 가운데 있는 그래프는 이 장에 설명된 세 가지 스타일과 행동이 10개 지역에서 어떻게 평가되었는지 보여 준다("앵글로"는 미국, 영국, 그리고 호주 등 영어민족권 국민을 나타낸다).

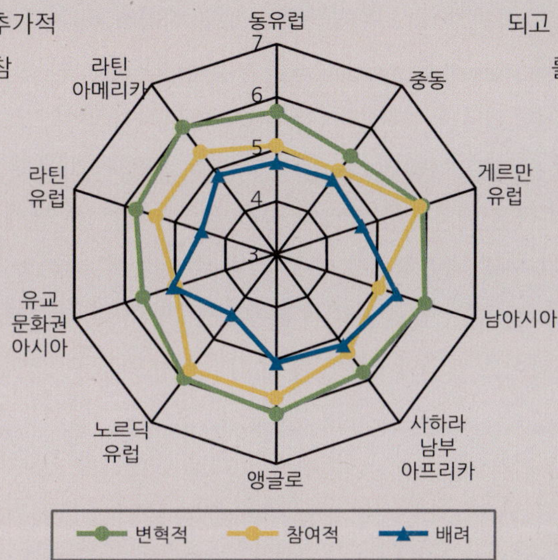

변혁적 리더십은 중동 지역을 제외한 모든 지역에서 6점에 가까운 평균을 기록하며 글로브가 조사한 모든 리더십 개념 중 가장 보편적으로 수용되는 접근법으로 나타났다. 이러한 결과는 변혁적 리더가 거의 모든 국가에서 지지되고 있는 이상주의와 미덕과 같은 가치를 강조한다는 점 때문일 것으로 풀이될 수 있다. 또한 차이가 있기는 하지만 참여적 스타일이 거의 모든 국가에서 호의적으로 비쳐짐을 알 수 있다. 배려 스타일에서는 국가별로 차이가 많이 나고 있고, 특히 유럽에서는 덜 지지되고 있다. 이 결과는 조직이 각 지역에서 효과적인 리더 프로파일에 적합한 관리자를 선발하고 훈련하는 데 도움을 줄 수 있다.

출처: P.W. Dorfman, P.J. Hanges, and F.C. Brodbeck, "Leadership and Cultural Variation: The Identification of Culturally Endorsed Leadership Profiles," in *Culture, Leadership, and Organizations*, ed. R.J. House, P.J. Hanges, M. Javidan, P.W. Dorfman, and V. Gupta (Thousand Oaks, CA: Sage, 2004), pp. 669–720; R.J. House., P.J. Hanges, M. Javidan, P.W. Dorfman, and V. Gupta, *Culture, Leadership, and Organizations* (Thousand Oaks, CA: Sage, 2004); M. Javidan., R.J. House, and P.W. Dorfman, "A Nontechnical Summary of GLOBE Findings," in *Culture, Leadership, and Organizations*, ed. R.J. House, P.J. Hanges, M. Javidan, P.W. Dorfman, and V. Gupta (Thousand Oaks, CA: Sage, 2004), pp. 29–48.

의 놀라운 카리스마는 사람들을 끌어들이는 신비한 매력을 만들어 내고 사명감을 일깨운다고 한다.[91]

카리스마에 대한 논의는 특성 연구를 촉발한 리더십의 "위인" 관점(표 14-2 참조)을 연상케 한다. 연구에 따르면, 변혁적 리더십에는 대체적으로, 그리고 카리스마에는 분명히, 유전적 요소가 있다고 주장한다. 서로 다른 곳에서 양육된 일란성 쌍둥이에 관한 연구들은 이 쌍둥이들이 서로 다른 양육 환경에도 불구하고 매우 유사한 카리스마적 특성을 가지고 있음을 보여 준다.[92] 이들 연구는 카리스마적 행동의 60% 정도가 유전자로 설명될 수 있다고 주장한다. 이들은 유전자가 카리스마를 유발하는 성격 특성에 영향을 미치는 것으로 설명하고 있다. 예를 들어, 외향성, 경험에 대한 개방성, 그리고 친화성이 리더의 카리스마 지각에 유의한 영향을 주고,[93] 이들 세 가지의 성격 요인은 유의한 유전적 요인을 가지고 있다고 연구에서는 주장한다. (이 이슈에 관한 추가적인 논의는 9장 성격과 문화적 가치를 참조하라.)

영감적 동기부여(inspirational motivation)는 공유된 미래 비전에 대한 열정과 헌신을 고양시키는 방식으로 행동하는 것을 의미한다.[94] 이 비전은 현재 상황의 부정적인 특성을 드러내고 다가올 미래의 긍정적인 측면을 부각하는 "의미 구축(meaning making)" 과정을 통해 전달된다.[95] 영감적 동기부여는 다음과 같은 문구로 대표될 수 있다. "리더는 미래의 강렬한 비전을 분명히 제시한다."[96] 애플에서 스티브 잡스는 "현실 왜곡장(Reality distortion field)"를 작동시켜 현재 업무 환경을 보는 구성원들의 관점을 재구축하는 것으로 알려져 있다.[97] 애플의 한 종업원은 "스티브 잡스는 소름 돋을 정도로 강력한 비전의 힘을 가지고 있다. 스티브가 어떤 것을 믿으면, 그 비전의 힘은 문자 그대로 그 어떤 반대나 문제라도 제거해 버리게 된다"고 말했다.[98]

지적 자극(intellectual stimulation)은 기존의 가정에 의문을 제기하고 과거의 상황을 새로운 방식으로 재구성함로써 구성원을 혁신적이고 창의적인 방향으로 행동하도록 격려한다.[99] 지적 자극은 다음과 같은 말로 나타낼 수 있다. "리더는 구성원이 문제를 다양한 각도에서 바라보도록 한다."[100] 지적 자극은 애플에서 잡스의 상징이었다. 그는 그 당시 컴퓨터 모두가 내는 윙윙거리는 소리를 방지하기 위해 애플 II에서 팬을 없앨 수 있도록 새로운 전원 공급 방법을 고안하도록 지시했다. 몇 년 후에, 그는 또 iMac에서 플로피 드라이버를 제거하도록 지시했다. 플로피 드라이버는 한 번에 메가바이트 단위의 데이터를 옮기기에는 역부족으로 보였기 때문이었다. 그 결정은 iMac이 첫 선을 보였을 때 수많은 논란을 불러일으켰다. 애플의 한 구성원은 잡스에 대해 다음과 같이 말한다. "우리가 사용자 인터페이스 문제로 골머리를 앓으며 가능한 모든 대안을 고려했던 적이 있었는데, 그가 나타나 '이렇게 생각해 봤는가?'라고 말하고는, 그 문제(접근 방법)를 다시 정의했고, 문제는 사라져 버렸다."[101]

개별적 배려(individualized consideration)는 코칭, 개발, 그리고 멘토링을 통해 구성원의 잠재력을 이끌어 내도록 돕는 것을 의미한다.[102] 오하이오주립대학에서 제시한 배려 행동 개념과 혼동을 피하기 위해, 개별적 배려는 조직의 사명과 연결되어야 하는 특정 욕구, 능력 및 열망을 가진 고유한 개인으로 대우하는 것을 의미한다. 개별적 배려는 다음과 같은 문장으로 나타낼 수 있다. "리더는 가르치고 코칭하는 데 시간을 보낸다."[103] 변혁적 리더십의 네 가지 요인 중 스티브 잡스는 개별적 배려가 가장 낮은 것으로 보인다.

직원들은 그와 전문성에서 필적할 만한 사람으로 여겨지지 않으면 깐깐하게 조사를 당하고, 때로는 회사에서의 미래가 불투명해진다. 일부 애플 구성원은 잡스와 마주칠 것이 두려워 엘리베이터도 타지 않았다. 한 직원에 의하면, 엘리베이터 문이 열릴 때 쯤엔 급격하게 자신감이 떨어져 회복하는 데 몇 주가 걸릴 수도 있다고 한다.[104] 코칭 영역에서 변혁적인 리더십의 예를 보려면 이 장의 **영화 속 OB**를 참조하기 바란다.

변혁적 리더십을 연구하는 데 흥미로운 분야 중 하나는 정치이다. 미국 대통령들이 했던 가장 유명한 연설들은 변혁적 리더십의 내용을 담고 있다. 〈표 14-4〉는 과학적인 역사 연구를 통해 변혁적 리더십 내용을 가장 많이 담고 있다고 조사된 대통령 연설을 발췌한 내용이다.[105] 이 표에서 가장 눈에 띄는 주제는 바로 위기이다. 많은 대통령이 2차 세계대전, 냉전, 남북전쟁 등과 같은 험난한 시기에 미국을 이끌었기 때문일 것이다. 그것은 우연이 아니다. 위기의 시기는 특히 변혁적 리더십의 출현에 도움이 된다.[106] 스트레스와 격동의 시대는 사람들로 하여금 카리스마 넘치

영화 속 OB

더 웨이 백
THE WAY BACK

Album/Alamy

내가 하는 말이 들리는가?

네, 들립니다.

영화 더 웨이 백(게빈 오코너 감독, 워너 브라더스 픽쳐스, 2020)에서 그 말과 함께 포인트 가드 브랜든 듀렛(브랜든 윌슨)은 농구 코트에서 공격적으로 의사소통하고 지시를 내리도록 그를 압박하는 고등학교 농구 코치 잭 커닝햄(벤 애플랙)에게 소리친다. 이 영화는 고등학교 농구 스타였던 잭 커닝햄에 대한 스토리로, 그는 모교인 카톨릭계 비숍헤이스 고등학교에 심장마비로 떠난 전직 코치에 이은 후임 코치로 오게 된다. 커닝햄은 알코올 중독과 가족 문제로 어려움을 겪고 있기 때문에 코치 후보로 적합하지 않아 보였지만, 영화 내내 그가 팀이 성공할 수 있도록 동기부여를 위해 변혁적 리더십 행동을 많이 행하는 것을 볼 수 있다. 문제의 장면에서 커닝햄은 수줍음 많지만 재능 있는 고등학생 선수인 듀렛을 고용하여 리더십 기술을 개발시키고 팀의 주장 역할을 맡기고자 한다.

커닝햄은 제기되는 모든 문제(대부분 숨기고자 하지만)에도 불구하고 소속 고등학교를 우승으로 이끌었던 그의 이전 성공이 선수들에게 이상적 영향력을 심어주는 데 큰 도움이 된다. 그는 또한 확고한 기본 원칙을 세우고 이전까지 놓치고 있던 자부심을 갖도록 밀어붙인다. 커닝햄은 또한 팀이 최선을 다해 플레이하면 실제로 코트에서 성공하고 챔피언십에서 우승할 수 있다고 믿게 하는 데 영감적 동기부여를 사용한다. 그의 지적 자극 사용은 주로 새로운 스타일의 플레이가 팀의 결점을 극복하는 열쇠이며 듀렛과 같은 선수들이 팀이 성공하기 위해서는 자신의 역할이 바뀌어야 한다는 것을 깨닫게 하는 데 사용된다. 마지막으로, 커닝햄은 코칭을 통해 개별적 배려를 지속적으로 사용하여 선수들이 자신의 나쁜 경향을 극복하고 코트 밖의 문제를 처리하도록 한다. 커닝햄은 결코 완벽하지 않다. 그러나 그는 적절해 보이는 시기에 다양한 변혁적 리더십 행동을 사용하여 팀을 참여시킨다.

는 지도자를 동경하게 하고, 격려와 자신감을 주는 이상주의적인 비전은 그러한 시대에 더욱 깊이 울려 퍼지게 된다. 9.11의 비극을 전후로 한 조지 부시 대통령의 연설은 이러한 주장을 지지해 주고 있다. 주요 발언, 대중 연설, 라디오 연설을 분석한 결과, 9.11 공격 이후 그의 연설 내용에서 집단적 사명과 가치 기반의 비전의 표현에 더 초점을 맞추는 등 변혁적 내용이 유의미하게 증가한 것을 보여 준다.[107] 향후 연구가 이루어지겠지만, 버락 오바마 대통령의 연설 또한 이와 유사하게 기술될 것이라 확신한다. 선거운동 기간과 그 이후에 이루어진 많은 연설에는 변혁적 내용이 높은 비중을 차지한다. 오바마 대통령은 그의 연설이 전하는 메시지와 그 메시지를 전달할 때의 모습에서 매우 카리스마적인 리더로 알려져 있다.[108] 트럼프 대통령과 바이든 대통령의 연설이 사람들에게 어떻게 보이고 받아들여질지는 두고 봐야 할 일이다.

표 14-4 미국 대통령들의 변혁적 리더십 연설

대통령	재임 기간	연설 내용	4I 요소
에이브러햄 링컨	1861~1865	87년 전 우리의 조상들은 이 대륙에, 자유와 모든 사람은 평등하게 창조되었다는 주장에 헌신하는 새로운 나라를 세웠습니다.	이상적 영향력
프랭클린 루스벨트	1933~1945	먼저, 우리가 유일하게 두려워해야 할 것은 오로지 '두려움' 그 자체라는 나의 확고한 믿음을 강조하고 싶습니다. 후퇴를 전진으로 만들어버리는데 필요한 노력을 마비시켜 버리는 이름 모를, 비이성적이고도 불합리한 공포 말입니다.	영감적 동기부여
존 F. 케네디	1961~1963	친애하는 국민 여러분, 조국이 여러분을 위해 무엇을 해줄 수 있는지를 묻지 말고 여러분이 조국을 위해 무엇을 할 수 있을지를 자문해 보십시오. 전 세계 국민 여러분, 미국이 여러분을 위해 무엇을 해줄 수 있는지를 묻기보다 인류의 자유를 위해 우리가 함께 무엇을 할 수 있을지를 자문하십시오.	지적 자극
린든 존슨	1963~1969	우리의 후세들이 우리를 기억할 때 슬픔보다 감사로 기억하고자 한다면, 우리는 단순한 기술의 기적 이상의 것을 달성해야 합니다. 또한 우리는 우리가 그 일을 해냈을 때 보여 지는 모습이 아니라 세상이 창조되었을 때와 같은 세계의 일단을 물려주어야 합니다.	이상적 영향력
로널드 레이건	1981~1989	고르바초프 서기장, 당신이 평화를 추구하고 소련과 동유럽의 번영을 원하며 개방을 지향한다면, 이곳으로 와서 이 문을 여시오! 고르바초프, 이 벽을 허무시오!	이상적 영향력
빌 클린턴	1993~2001	이 경제의 모든 가능성을 인식하려면, 우리는 우리 자신의 경계를 넘어 국가, 개인, 그리고 경제와 문화 간의 장벽을 허물고 새로운 네트워크를 구축하기 위한 혁명을 만들어야 합니다. 바로 글로벌화입니다. 이것이 우리 시대의 가장 중요한 진실입니다.	지적 자극

출처: J.S. Mio, R.E. Riggio, S. Levin, and R. Reese, "Presidential Leadership and Charisma: The Effects of Metaphor," *Leadership Quarterly* 16 (2005), pp. 287–94; http://www.usa-patriotism.com/quotes/_list.htm.

요약: 왜 어떤 리더들은 다른 리더들보다 더 효과적인가?

그렇다면 왜 어떤 리더들이 다른 리더들보다 더 효과적인지 설명해 주는 것은 무엇인가? [그림 14-6]에서 보는 것처럼, 이 질문에 대답하기 위해서는 리더가 의사결정할 때 사용하는 특정한 스타일과 리더가 리더십 역할을 수행할 때의 행동에 대한 이해가 필요하다. 의사결정 스타일 관점에서, 리더는 독단형, 협의형, 촉진형, 위임형 스타일 차원에서, 특히 의사결정의 중요성과 부서의 전문성을 고려해서 가장 효과적인 조합의 리더와 팔로워 통제를 선택하는가? 일상의 행동 차원에서, 리더는 적절한 수준의 구조 주도와 배려를 사용하는가? 마지막으로, 리더는 성과에 따른 보상과 같은 거래적 리더십과 이상적 영향력, 영감적 동기부여, 지적 자극, 개별적 배려와 같은 변혁적 리더십 행동을 효과적으로 조합하여 활용하는가? 정말 좋은 리더는 극단적 행동으로 눈에 띄지 않고도 상황에 맞는 스타일을 선택하여 업무를 완수하는 경향이 있다. 마이크로소프트의 CEO인 사티아 나델라(Satya Nadella)는 동료들을 대상으로 실시한 설문조사에서 5년 연속으로 가장 "과소평가된" CEO로 선정되었으며 이는 극적인 사건 없이 훌륭한 성과를 보여 주고 있다는 의미로 해석된다(팀 쿡은 그 목록에서 3위다.)[109]

리더십은 얼마나 중요한가?

학습목표 14.6
리더십은 직무성과와 조직몰입에 어떤 영향을 미치는가?

리더십은 얼마나 중요할까? 조직행동론의 다른 주제들과 마찬가지로, "리더십"이 유일한 것은 아니기 때문에 이 질문은 난해한 질문이다. [그림 14-6]에 요약되어 있는 모든 스타일과 행동은 각기 나름의 중요성을 가지고 있다. 그러나 변혁적 리더십은 조직에 특히 강한 영향을 미친다는 점에

그림 14-6 왜 어떤 리더들은 다른 리더들보다 효과적인가?

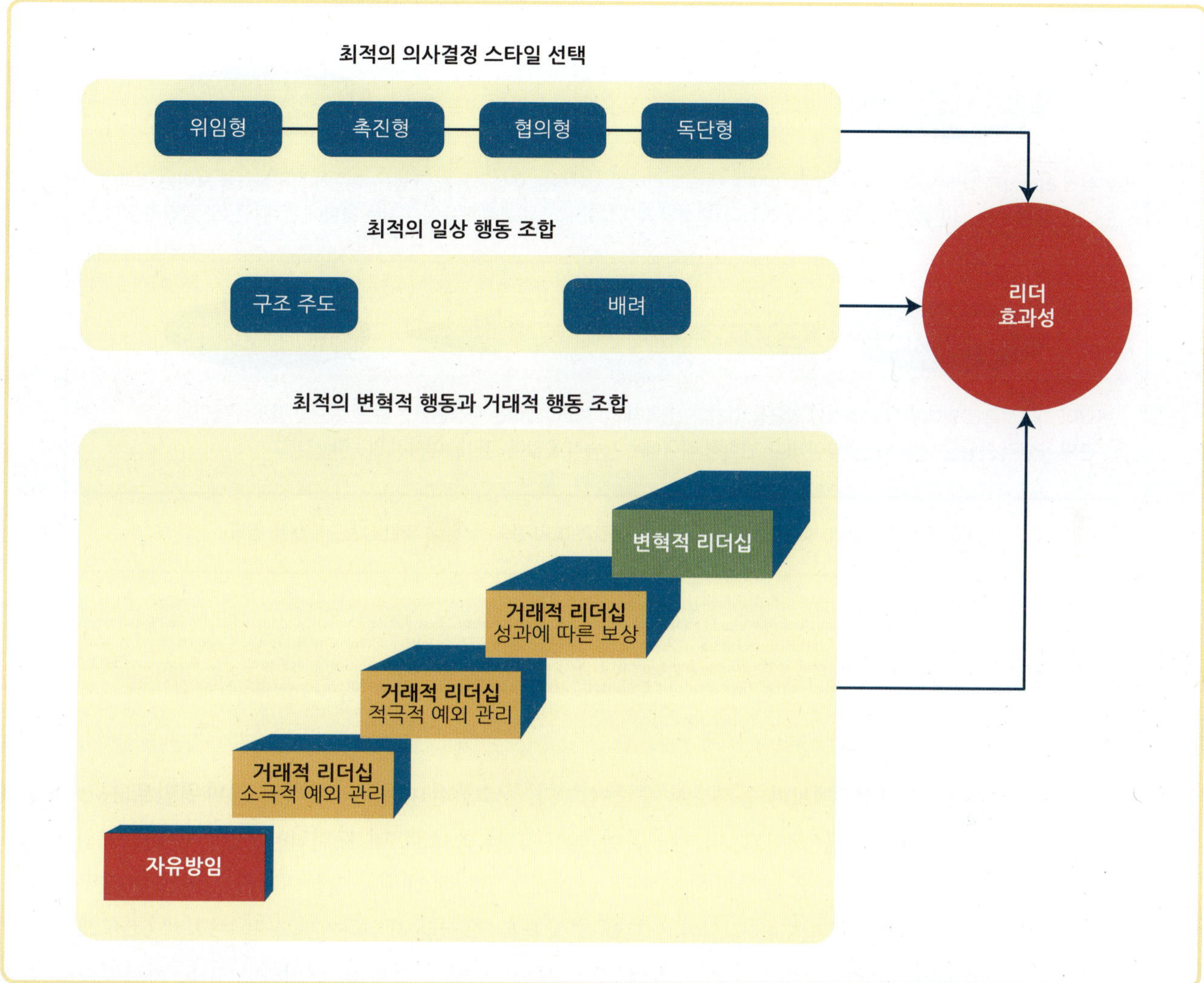

서 나머지와는 분명히 다르다. 예를 들어, 〈표 14-1〉의 상단에서 보는 것과 같이 변혁적 리더십은 부서 단위에 초점을 맞춘 리더십 효과성에 더 강하게 연관되어 있다.[110] 변혁적 리더가 이끄는 부서는 재무적으로 더 성공적이고 더 빠른 속도로 고품질의 제품과 서비스를 시장에 출시한다.[111] 변혁적 리더십은 또한 〈표 14-1〉의 하단에 보는 것과 같이 일대일 관계에 초점을 맞춘 리더 효과성에도 더 강한 관련성을 보인다. 변혁적 리더는 높은 수준의 상호 존중과 의무를 특징으로 하는 질 높은 리더-멤버 교환 관계를 발전시키는 경향이 있다.[112]

우리의 통합적 OB 모델에서의 두 가지 결과, 즉 성과와 몰입에 초점을 맞춘다면 어떻게 될까? [그림 14-7]은 변혁적 리더십이 이 두 가지의 결과와 관련되어 있는 연구 결과를 요약해 보여 준다. 이 그림은 변혁적 리더십이 구성원들의 직무성과에 영향을 미치고 있음을 보여 준다. 변혁적 리더와 함께 하는 구성원들은 더 높은 수준의 직무성과(창의적 성과 포함)를 보이고 더 높은 수준의 시민행동에 관여하는 경향이 있다.[113] 왜 그럴까? 변혁적 리더와 함께 일하는 구성원들

그림 14-7 변력적 리더십이 성과와 몰입에 미치는 영향

변혁적 리더십은 성과에 긍정적인 영향을 미친다. 변혁적 리더와 함께하는 구성원들은 더 높은 수준의 직무성과를 보이는 경향이 있다. 그들은 또한 시민행동에도 더 많이 관여한다. 변혁적 리더십이 생산성 저해 행동에 미치는 영향에 관해서는 덜 알려져 있다.

변혁적 리더십은 몰입에 강한 긍정적인 영향을 미친다. 변혁적 리더와 함께하는 구성원들은 높은 수준의 정서적 몰입과 높은 수준의 규범적 몰입을 나타내는 경향이 있다. 변혁적 리더십은 지속적 몰입에 영향을 미치지 않는다.

강한 상관관계(0.50 정도) 보통 상관관계(0.30 정도) 약한 상관관계(0.10 정도)

출처: T.A. Judge and R.F. Piccolo, "Transformational and Transactional Leadership: A Meta-Analytic Test of Their Relative Validity," *Journal of Applied Psychology* 89 (2004), pp. 755–68; J.P. Meyer, D.J. Stanley, L. Herscovitch, and L. Topolnytsky, "Affective, Continuance, and Normative Commitment to the Organization: A Meta-Analysis of Antecedents, Correlates, and Consequences," *Journal of Vocational Behavior* 61 (2002), pp. 20–52; P.M. Podsakoff, S.B. MacKenzie, J.B. Paine, and D.G. Bachrach, "Organizational Citizenship Behaviors: A Critical Review of the Theoretical and Empirical Literature and Suggestions for Future Research," *Journal of Management* 26 (2000), pp. 513–63.

은 다른 구성원들보다 동기부여 수준이 높다.[114] 그들은 더 강한 **심리적 임파워먼트**(psychological empowerment)을 느끼고, 더 자신감이 높고, 그들 스스로 더 도전적인 과업 목표를 설정한다.[115] 변혁적 리더는 또한 부하들이 방해적 스트레스 요인에 대해 더 잘 대처하고 도전적 스트레스 요인을 경험할 수 있도록 직원이 스트레스 상황을 스스로 세워나가도록 돕는다.[116] (스트레스 요인에 대한 자세한 논의는 5장을 참조하라.) 그들은 또한 리더를 더 신뢰하고, 비록 즉각적으로 보상이 이루어지지 않을 때에 조차도 기꺼이 스스로 추가적인 노력을 발휘하려 한다.[117]

[그림 14-7]은 또한 변혁적 리더와 함께 하는 구성원들은 조직에 더 몰입하는 경향이 있음을 나타낸다.[118] 그들은 조직에 더 강한 정서적 유대감을 느끼고 현재의 조직에 잔류하고자 하는 의무감을 가지고 과업에 몰입한다.[119] 그 이유가 뭘까? 한 가지 설명은, 변혁적 리더와 함께 일하는 구성원은 다른 구성원보다 더 높은 수준의 직무만족을 경험한다는 것이다.[120] 한 연구에서 변혁적 리더는 구성원들에게 그들의 직무가 더 높은 수준의 다양성과 중요성을 가지고 있다고 느끼도록 하여, 직무 그 자체에서 내재적 만족이 증가될 수 있다는 점을 보여 주었다.[121] 다른 연구들에서는, 카리스마적 리더가 긍정적인 감정을 더 빈번하게 표현하고, 그러한 감정은 일종의 '감정 전염' 과정을 통해 구성원들에게 포착된다.[122] 예를 들어, 변혁적 리더의 팔로워들은 업무 중에 더 낙관적으로 느끼며 좌절감을 덜 느끼는 경향이 있고, 따라서 더 쉽게 과업에 몰두한다.[123]

리더십은 팀 효과성과 구성원의 성과와 몰입에 매우 중요함에도 불구하고, 리더의 중요성이 감소될 수 있는 맥락이 있다. **리더십 대체 이론**(substitutes for leadership model)에서는 상황의 특성

이 리더의 영향력을 제한할 수 있고, 리더가 구성원의 성과에 영향을 미치기 어렵게 만든다고 주장한다.[124] 이러한 상황적 특성은 〈표 14-5〉에서와 같이 두 유형으로 나눌 수 있다. **대체 요인**(substitutes)은 리더의 중요성을 감소시키는 동시에 구성원의 성과에 직접적인 영향을 미친다. 예를 들어, 응집력 있는 작업 집단은 자체적인 통제 행위를 통해 자체적인 동기부여와 직무만족의 원천을 제공하는 동시에 리더의 중요성을 감소시킨다. 반대로, **중화 요인**(neutralizers)은 리더의 중요성만 감소시킨다. 중화 요인은 그 자체로 성과에 긍정적 영향을 미치지 않는다.[125] 예를 들어, 물리적 거리는 리더의 행동과 스타일의 영향을 감소시키지만, 거리 그 자체가 구성원의 성과에 직접적인 이득을 주지는 않는다.

표 14-5 리더 대체 요인과 중화 요인

구분		설명
대체 요인	업무 피드백	업무 자체로부터 얻는 성과에 대한 피드백
	훈련과 경험	리더와 독립적으로 일할 수 있는 지식 획득
	전문가 지위	직업적 전문성 확보로 (스스로) 감독이 가능함
	스태프 지원	외부 스태프로부터 정보와 조력 획득
	집단 응집성	긴밀한 관계와 상호 의존성을 가진 업무 집단
	내재적 만족	직무 자체에서 개인적인 만족감 얻음
중화 요인	직무 안정성	분명하고 변동이 낮은 직무
	공식화	문서로 기록된 직무에 관한 정책과 절차
	비가변성	규정 준수를 우선시 하는 조직
	공간적 거리	리더와 물리적으로 떨어져 있음

출처: Adapted from S. Kerr and J.M. Jermier, "Substitutes for Leadership: Their Meaning and Measurement," *Organizational Behavior and Human Performance* 22 (1978), pp. 375–403.

리더십 대체 이론은 조직에서 리더십을 더 잘 이해하는 데 다양한 관점을 제공해 준다. 첫째, "옳은 일을 하는" 것처럼 보이는 리더가 효과를 내지 못하는 것처럼 보이는 이유를 설명하는 데 활용될 수 있다.[126] 이 경우, 리더의 과업 맥락이 높은 수준의 중화 요인과 대체 요인을 포함하고 있을 가능성을 고려해 볼 수 있다. 둘째, 당장 마땅히 대체할 사람이 없는 상황에서 효과적이지 못한 사람이 리더십 역할을 맡고 있을 때 어떻게 해야 하는지 설명하는 데 사용될 수 있다.[127] 그 리더를 뺄 수 없을 경우에, 조직에서는 그 리더의 중요성이 높지 않도록 하기 위해 조치를 취할 수 있을 것이다. 리더십 대체 이론에 관한 연구들은 대체 요인과 중화 요인이 실제로 리더의 영향력을 낮춘다는 것을 일관되게 보여 주지 못했다.[128] 분명한 것은 〈표 14-5〉에서와 같이 대체 요인은 구성원의 직무성과와 조직몰입에 유익한 효과가 있다는 점이다. 심지어 대체 요인의 유익한 효과는 리더 자신의 행동과 스타일의 영향보다 더 크다. 어떤 리더십 전문가들은 팀이 결국에 "스스로 운영"될지라도 리더는 가능한 한 팀에 높은 수준의 대체 요인을 만들기 위한 조치를 취해야 한다고 제안한다.[129]

실무 적용: 리더십 훈련

리더십의 중요성을 고려할 때, 조직에서는 리더 효과성을 극대화하기 위해 무엇을 할 수 있을까? 한 가지 방법은 그들을 훈련하는 데 더 많은 시간을 투자하는 것이다. 8장에서 설명한 것처럼, 기업들은 매년 직원 교육과 개발에 약 690억 달러를 지출하는데, 그중 대부분은 리더와 관리자 훈련에 사용된다.[130] 어느 훈련 분석가는 리더십 훈련의 중요성을 다음과 같이 설명한다. "오늘날 기업이 직면한 가장 큰 문제는 심각한 중간 관리자의 부족이다. 주변을 둘러보면 자질을 갖춘 사람들이 충분하지 않다."[131] 월마트의 전 사장 겸 CEO인 빌 사이먼(Bill Simon)이 16주 기간의 군대 스타일 리더십 훈련 프로그램을 시작했을 때 그가 내린 결단이 바로 그것이다. 월마트의 인재 개발

수석 부사장 셀리아 스완슨(Celia Swanson)은 "내부 분석 결과에 따르면, 월마트는 새로운 매장 관리자를 준비하는 것보다 새로운 매장을 만드는 속도가 더 빠른 것으로 나타났다."고 말했다.[132]

학습목표 14.7
리더는 훈련을 통해 개발될 수 있는가?

리더십 훈련 프로그램은 종종 정확한 성과 평가, 효과적인 멘토링, 창의적 문제 해결 구조화, 또는 문화적 인식과 감수성 등과 같은 매우 구체적인 이슈에 초점을 맞춘다.[133] 그러나 훈련 프로그램은 또한 이 장에서 다루는 대부분의 내용도 포함할 수 있다. 예를 들어, 의사결정 스타일 또는 구조 주도와 배려 등과 같은 리더 행동을 바꿀 수 있는 맥락적 요인을 다룰 수 있다. 캠벨 수프사(Campbell Soup Company)는 "CEO 학교"(개인적 리더십 개발에 초점을 맞춘 2년 과정의 프로그램)를 통해 이를 실행하고 있다.[134] 파머스 인슈어런스(Farmer's Insurance)는 모든 고위 임원을 자사 리더십 행동에 대한 동료의 직접적인 피드백을 제공하는 프로그램에 참가시킨다. 임원들은 이 정보를 개인적인 리더십 개발 계획을 수립하는 데 사용한다.[135]

많은 훈련 프로그램이 변혁적 리더십 내용에 초점을 맞추고 있다는 점이 밝혀져 있고, 연구 결과, 이러한 프로그램들은 효과적일 수 있다고 한다.[136] 캐나다의 가장 큰 은행 중 한 곳을 대상으로 변혁적 리더십 훈련에 관한 연구가 실행되었다.[137] 한 지역의 모든 지점에 근무하는 관리자들을 변혁적 리더십 훈련 집단과 통제 집단에 무작위로 배분했다. 훈련 집단에 포함된 관리자들은 하루 동안 훈련 프로그램에 참여했다. 이 프로그램은 그들이 경험한 최고의 리더와 최악의 리더를 설명하라는 질문으로 시작된다. 해당되는 경우에, 최고의 리더에 속하는 것으로 언급된 행동은 변혁적 리더십 틀에 포함시킨다. 참가자들은 보다 더 변혁적으로 행동하기 위한 목표를 설정하고, 그러한 행동을 연습하기 위한 역할 연기에 참여한다. 그 다음 관리자들은 구체적인 실천 계획을 수립하고, 다음 달에 네 번의 "부스터 세션"을 통해 그 계획의 실천 정도를 확인한다. 연구 결과, 훈련에 참가했던 관리자들은 그 이후에 더 변혁적으로 평가된 것으로 나타났다. 더 중요한 점은, 그들의 직원들은 더 높은 수준의 조직몰입을 보고했고, 그들이 속한 지점은 개인 대출 판매와 신용카드 판매 측면에서 더 우수한 성과를 보여 주었다는 점이다.

요점 정리

14.1 리더십은 구성원들이 목표 달성을 향해 나아가도록 권력과 영향력을 사용하는 것으로 정의된다. "효과적인 리더"는 이익, 생산성, 비용, 결근율, 유지, 직원 설문 등으로 판단되는 팀 전체의 성과와 웰빙을 향상시킨다. "효과적인 리더"는 또한 역할 수용과 역할 형성 과정을 통해 일대일 관계를 기반으로 하는 양질의 리더-멤버 교환 관계를 발전시킨다.

14.2 리더 출현은 성실성, 친화성, 개방성, 외향성, 일반적 인지 능력, 에너지 수준, 스트레스 내성, 그리고 자신감 등을 포함한 수많은 특성과 연결되어 왔다. 이들 중 마지막 여섯 개의 특성은 리더 효과성을 예측한다.

14.3 리더는 다양한 의사결정 스타일을 사용할 수 있다. 높은 리더 통제에서 높은 부하 통제에 이르기까지 독단형, 협의형, 촉진형, 위임형 스타일이 있다. 시간 중심적 리더십 모델에 따르면, 이들 유형의 적절성은 의사결정의 중요성, 몰입의 중요성, 리더의 전문성, 헌신 가능성, 공유된 목표, 구성원의 전문성, 팀워크 스킬 등에 따라 달라진다.

14.4 리더가 관여하는 대부분의 일상의 리더십 행동은 구조 주도 또는 배려를 보여 준다. 구조 주도 행동은 주도, 조직화, 생산성 향상과 같은 책무로 구성된다. 배려 행동은 구성원 관계, 통합, 커뮤니케이션, 인정, 대변하기와

같은 업무를 포함한다.

14.5 거래적 리더십은 구성원을 동기부여할 때 "당근과 채찍" 접근을 강조하는 반면, 변혁적 리더십은 근본적으로 구성원이 자신의 과업을 보는 방식을 변화시킨다. 구체적으로, 변혁적 리더십은 그들의 일에 의미와 도전감을 주는 공유된 비전 또는 목표에 헌신하도록 자극한다. 변혁적 리더십의 기저를 이루는 구체적인 행동은 "4I", 즉 이상적 영향력, 영감적 동기부여, 지적 자극, 개별적 배려를 포함한다.

14.6 변혁적 리더십은 직무성과와 중간 정도의 긍정적인 관계를 가지고, 조직몰입과는 강한 긍정적 관계를 가지고 있다. 변혁적 리더십은 다른 리더십 행동보다 이들 결과(직무성과와 조직몰입)에 더 강한 효과를 가지고 있다.

14.7 리더는 훈련을 통해 더 효과적인 리더가 될 수 있다. 카리스마가 상당 부분 성격이나 유전적 요소에 달려 있지만, 훈련을 통해 변혁적 리더십 행동을 향상할 수 있다.

핵심 용어

- 개별적 배려
- 거래적 리더십
- 구조 주도
- 대체 요인
- 독단형
- 리더 출현
- 리더 효과성
- 리더-멤버 교환이론
- 리더십
- 리더십 대체 이론
- 배려
- 변혁적 리더십
- 생애 주기 리더십 이론
- 설득
- 성과에 따른 보상
- 성숙도
- 소극적 예외 관리
- 시간 중심적 리더십 모델
- 역할 수용
- 역할 형성
- 영감적 동기부여
- 위임
- 위임형
- 이상적 영향력
- 자유방임 리더십
- 적극적 예외 관리
- 중화 요인
- 지시
- 지적 자극
- 참여
- 촉진형
- 협의형

토론 질문

14.1 이 장을 읽기 전에, 다음 중 어떤 것이 더 맞다고 생각했는가? "리더는 타고난다" 또는 "리더는 만들어진다". 지금은 어떻게 생각하는가, 왜 그렇게 생각하는가?

14.2 시간 중심적 리더십 모델에서, 리더는 독단형, 협의형, 촉진형, 위임형 중 어떤 것을 사용할지 결정할 때, 결정의 정확성만을 고려할 것이 아니라 시간의 효율적 사용도 고려할 것을 제안한다. 리더가 네 가지 유형의 의사결정 스타일을 선택하는 데 영향을 줄 수 있는 다른 요소는 무엇이 있을까?

14.3 시간 중심적 리더십 모델과 상황적 리더십 모델 모두 리더는 서로 다른 직원들에 대해 다른 스타일과 행동을 사용해야 한다는 점을 주장한다. 이러한 조언의 부정적인 결과는 무엇이 있을까? 그러한 부정적인 영향은 어떻게 관리될 수 있는가?

14.4 변혁적 리더십의 네 차원 즉, 이상적 영향력, 영감적 동기부여, 지적 자극, 개별적 배려 중 가장 마음에 드는 것은 무엇인가? 그 이유는 무엇인가?

14.5 변혁적 리더십의 잠재적 "부정적 측면"을 생각해 볼 수 있는가? 어떤 것들이 있는가?

사례: 애플

팀 쿡이 애플 CEO로 취임했을 때 팀 쿡의 리더십 스타일로 전환하기 위해 회사 내에서 몇 가지 변화가 필요했다. 이것은 쿡이 회사의 이사회를 제품 및 마케팅 지향적이 아닌 재무 지향적으로 변화시키면서 위에서부터 시작되었다. 고위 관리자와 관련해서는, 쿡은 아이디어를 발전시키는 측면에 대해서는 간섭을 덜 하는 경향이 있지만 접근 방식에서는 훨씬 더 신중하고 비용을 의식하며 조심스러웠다. 강력한 지시를 받는 데 익숙한 임직원들에게는 새로운 리더십에 적응하기 위해 팀 내 및 팀 간 협업 방식의 변화가 필요했다. 한 전직 HR 임원은 쿡에 대해 다음과 같이 말했다. "여기 프로세서

(processor)인 팀 쿡이 있다. 그는 많이 듣는 것을 좋아한다. 시간과 인내는 그가 가장 좋아하는 무기이다." 한 오퍼레이션 임원은 쿡의 스타일에 대해 "모든 사람이 쿡 스타일이 될 수 있도록 세부 수준을 결정한다."라고 말한다.

팀 쿡이 스티브 잡스와 다른 점 중 하나는 개인 정보 보호, 지속 가능성 및 인권과 같은 가치를 공개적으로 옹호하려는 그의 의지다. 물론 회사가 일단 그렇게 하면 회사의 모든 움직임이 그 가치에 따라 판단될 수 있기 때문에 다양한 측면에서 도전에 직면하게 된다. 회사를 당황하게 만드는 이슈 중 하나는 중국에서의 회사 운영이다. 애플 제조의 많은 부분이 중국에서 이뤄질 뿐 아니라 중국은 애플의 두 번째로 큰 시장이기도 하다. 쿡은 애플을 보다 다각화된 기업으로 이끌어 갔지만 중국에 대한 의존도는 커져만 갔다. 한 전직 임원은 다음과 같이 설명한다. "하루에 백만 달러를 벌고, 적은 돈으로 출시하고, 그렇게 할 수 있는 능력을 갖추려면 모든 기계가 정확해야 한다. 그리고 여러 국가에서 그런 일이 일어나도록 하는 것은 어려운 일이다. 이때의 질문은 한 곳에 너무 많이 의존하고 있는 것은 아닌가가 된다."

그가 CEO로서 수행해야 하는 모든 역할을 감안할 때 쿡의 리더십 스타일은 때에 따라 전환할 준비가 되어 있어야 한다. 쿡은 공급 업체와 하드 흥정을 하고, 애플 TV 셀러브리티와 만나고, 특정 날짜에 여러 국가의 정치인을 달래야 한다. 그는 세 명의 현직 미국 대통령(오바마, 트럼프, 바이든)을 거치며 중국과 미국 간의 외교적 긴장을 완화하는 데 문자 그대로 도움을 주었다. 버크셔 해서웨이(Berkshire Hathaway)의 CEO인 워렌 버핏(Warren Buffett)은 "팀 쿡은 스티브 잡스처럼 제품을 디자인하지 못할 수도 있지만 그는 내가 지난 60년 동안 만난 CEO 중 극히 일부만이 필적할 수 있을 수준으로 세상을 이해하고 있다."라고 말했다.

14.1 한 리더가 다른 리더를 대신하고 각각 매우 다른 리더십 스타일을 가지고 있을 때 직원이 겪는 어려움은 무엇인가?

14.2 애플의 제조업 의존도가 문제가 있다고 생각하는가? 팀 쿡은 이에 대해 얼마나 많은 책임을 져야 하며 앞으로 그의 역할은 무엇이어야 할까?

14.3 팀 쿡은 "변혁적 리더"가 무엇인지에 대한 당신의 인식에 부합하는가?

출처: A. Carr and M. Gurman, "Apple Is the $2.3 Trillion Fortress That Tim Cook Built," *BloombergBusinessweek*, February 15, 2021; L. Kahney, *Tim Cook: The Genius Who Took Apple to the Next Level* (New York: Portfolio, 2019); T. Mickle, "How Tim Cook Made Apple His Own," The Wall Street Journal, August 10, 2020.

예제: Take me to Your Leader

이 예제의 목적은 각기 다른 유형의 리더들이 가진 효과적인 리더십의 공통점을 탐색하는 데 있다. 이 예제는 모둠 활동으로 진행되기에, 강의자가 모둠을 만들어 주거나 학습자들이 직접 모둠을 만들어야 한다. 이 예제는 다음과 같은 단계로 진행된다.

14.1 외계에서 온 외계인이 지구에 착륙해서 "너희 리더에게 나를 데려다 줘!"라고 말한다. 리더십에 관해 조금이라도 들어본 적이 있다면, 리더가 다양한 모습을 하고 있다는 것을 알 것이다. 외계인에게 단 한 명의 리더를 보여 주는 대신, 당신 모둠은 다양한 리더를 외계인에게 보여 주는 게 도움이 될 것이라 결정했다. 각자 아래의 표에서 하나의 리더 유형을 선택해야 한다. 개인적으로는 흥미를 가지고 있는 유형을 하나 고르되, 모둠 내에서는 최대한 다양한 유형의 리더를 고르도록 하라.

오케스트라 지휘자	패션 디자이너	록 밴드 드럼연주자
코치	세무 상담사	농구의 포인트 가드
영화감독	나이트클럽 DJ	바텐더
대학교수	헬스 트레이너	보안관(치안 담당관)
토크쇼 진행자	교도관	백만장자 자선가
증권중개인	부동산 중개인	보험 중개인
심리치료사	MBA 프로그램 디렉터	회계감사관
선거대책 위원장	건설 프로젝트 감독자	CEO
외교관	스포츠 중개방송 해설자	마케팅 부사장

14.2 개별적으로 각자가 고른 리더가 "리더십" 측면에서 어떤 특성이 있는지 외계인에게 설명할 수 있도록 생각을 정리해서 메모해 두라. 예를 들어, 당신이 외계인에게 코치에 대해 알려주고자 한다면, 코치들은 게임 도중에 아주 깊이 개입할 수는 없지만 연습장에서는 기술을 심어 주기 위해 영향력을 행사해야 한다는 점을 설명할 수 있다. 또한 코치가 게임 도중에는 얼마나 창의적이어야 하

고 신속하게 적응해야 하는지 설명할 수 있을 것이다.

14.3 모둠 내에서 멤버들은 차례로 자신이 선택한 리더에게 있어 "리더십"이란 무엇인지 메모해 둔 생각을 공유하라.

14.4 다양한 유형의 리더에 관한 생각을 모두 공유했다면, 모든 유형에 공통적인 특성, 스타일, 또는 행동이 있는지 생각해 보라. 예를 들어, 모든 유형은 일종의 조직화하는 자질을 가지고 있을 것이다(예를 들어, 리더는 조직화할 필요가 있고, 다른 사람들이 조직화되도록 도울 필요가 있다). 네 개의 "보편적 리더십" 목록을 만들어 보라.

14.5 여러분이 논의한 여러 유형의 리더가 직면하는 상황적 도전—과업, 팔로워, 또는 과업 환경 등에 기반을 둔 도전을 포함해서—을 생각해 보라. 예를 들어, 코치는 게임에 대한 직접적인 영향력이 거의 없다는 점은 하나의 상황적 도전이다. 다른 유형의 리더 또한 직접적인 통제의 결여 때문에 고투하고 있는가? 다양한 리더가 직면하는 네 개의 "상황적 도전" 목록을 만들어라.

14.6 각 모둠에서 선정한 네 개의 보편적 리더십과 네 개의 상황적 도전을 보드에 기록할 멤버를 선정하라.

14.7 이 장에서 설명한 이론이 각 모둠에서 확인한 보편적 리더십을 설명하고 있는지에 초점을 맞추어 전체 토론(분반 혹은 모둠 토론)을 해 보라. 이론 중에 상황적 도전의 일부를 포괄하지 못하는 것이 있는가? 어떤 리더십 이론이 다양한 유형의 리더가 발휘하는 효과적 리더십을 잘 설명하는 것처럼 보이는가?

출처: D. Marcic, J. Seltzer, and P. Vail, Organizational Behavior: Experiences and Cases (Cincinnati, OH: South-Western, 2001).

미주

14.1 Yukl, G. *Leadership in Organizations*, 4th ed. Englewood Cliffs, NJ: Prentice Hall, 1998.

14.2 Yukl, G. *Leadership in Organizations*, 4th ed. Englewood Cliffs, NJ: Prentice Hall, 1998.

14.3 Yukl, G. *Leadership in Organizations*, 4th ed. Englewood Cliffs, NJ: Prentice Hall, 1998.

14.4 Yukl, G. *Leadership in Organizations*, 4th ed. Englewood Cliffs, NJ: Prentice Hall, 1998.

14.5 Dansereau, F. Jr.; G. Graen; and W.J. Haga. "A Vertical Dyad Linkage Approach to Leadership within Formal Organizations: A Longitudinal Investigation of the Role Making Process." *Organizational Behavior and Human Performance* 13 (1975), pp. 46–78; Graen, G.; M. Novak; and P. Sommerkamp. "The Effects of Leader– Member Exchange and Job Design on Productivity and Satisfaction: Testing a Dual Attachment Model." *Organizational Behavior and Human Performance* 30 (1982), pp. 109–31; Graen, G.B., and M. Uhl-Bien. "Relationship- Based Approach to Leadership: Development of Leader–Member Exchange (LMX) Theory of Leadership over 25 Years: Applying a Multi-Level Multi- Domain Perspective." *Leadership Quarterly* 6 (1995), pp. 219–47; Liden, R.C.; R.T. Sparrowe; and S.J. Wayne. "Leader– Member Exchange Theory: The Past and Potential for the Future." In *Research in Personnel and Human Resources Management*, Vol. 15, ed. G.R. Ferris. Greenwich, CT: JAI Press, 1997, pp. 47–119.

14.6 Graen, G.B., and T. Scandura. "Toward a Psychology of Dyadic Organizing." In *Research in Organizational Behavior*, Vol. 9, ed. L.L. Cummings and B.M. Staw. Greenwich, CT: JAI Press, 1987, pp. 175–208.

14.7 Graen, G.B., and T. Scandura. "Toward a Psychology of Dyadic Organizing." In *Research in Organizational Behavior*, Vol. 9, ed. L.L. Cummings and B.M. Staw. Greenwich, CT: JAI Press, 1987, pp. 175–208.

14.8 Graen, G.B., and M. Uhl-Bien. "Relationship- Based Approach to Leadership: Development of Leader–Member Exchange (LMX) Theory of Leadership over 25 Years: Applying a Multi-Level Multi-Domain Perspective." *Leadership Quarterly* 6 (1995), pp. 219–47.

14.9 Graen, G.B., and M. Uhl-Bien. "Relationship- Based Approach to Leadership: Development of Leader–Member Exchange (LMX) Theory of Leadership over 25 Years: Applying a Multi-Level Multi-Domain Perspective." *Leadership Quarterly* 6 (1995), pp. 219–47.

14.10 Bauer, T.N., and S.G. Green. "Development of Leader–Member Exchange: A Longitudinal Test." *Academy of Management Journal* 39 (1996), pp. 1538–67; Gerstner, C.R., and D.V. Day. "Meta-Analytic Review of Leader–Member Exchange Theory: Correlates and Construct Issues." *Journal of Applied Psychology* 82 (1997), pp. 827–44; Liden, R.C.; S.J. Wayne; and D. Stillwell. "A Longitudinal Study on the Early Development of Leader–Member Exchanges." *Journal of Applied Psychology* 78 (1993), pp. 662–74.

14.11 Ballinger, G.A.; D.W. Lehman; and F.D. Schoorman. "Leader–Member Exchange and Turnover before and after Succession Events." *Organizational Behavior and Human Decision Processes* 113 (2010), pp. 25–36.

14.12 Graen, G.B., and M. Uhl-Bien. "Relationship- Based Approach to Leadership: Development of Leader–Member Exchange (LMX) Theory of Leadership over 25 Years: Applying a Multi-Level Multi-Domain Perspective." *Leadership Quarterly* 6 (1995), pp. 219–47.

14.13 Martin, R.; Y. Guillaume; G.

Thomas; A. Lee; and O. Epitropaki. "Leader–Member Exchange (LMX) and Performance: A Meta- Analytic Review." *Personnel Psychology* 69 (2016), pp. 67–121; Ilies, R.; J.D. Nahrgang; and F.P. Morgeson. "Leader– Member Exchange and Citizenship Behaviors: A Meta-Analysis." *Journal of Applied Psychology* 92 (2007), pp. 269–77; Dulebohn, J.H.; W.H. Bommer; R.C. Liden; R.L. Brouer; and G.R. Ferris. "A Meta-Analysis of Antecedents and Consequences or Leader–Member Exchange: Integrating the Past with an Eye Toward the Future." *Journal of Management* 38 (2012), pp. 1715–59.

14.14 Rockstuhl, T.; J.H. Dulebohn; S. Ang; and L.M. Shore. "Leader–Member Exchange (LMX) and Culture: A Meta-Analysis of Correlates of LMX Across 23 Countries." *Journal of Applied Psychology* 97 (2012), pp. 1097–1130.

14.15 Stogdill, R.M. "Personal Factors Associated with Leadership: A Survey of the Literature." *Journal of Applied Psychology* 54 (1948), pp. 259–69.

14.16 Den Hartog, D.N., and P.L. Koopman. "Leadership in Organizations." In *Handbook of Industrial, Work, and Organizational Psychology*, Vol. 2, ed. N. Anderson; D.S. Ones; H.K. Sinangil; and C. Viswesvaran. Thousand Oaks, CA: Sage, 2002, pp. 166–87.

14.17 Yukl, G. *Leadership in Organizations*, 4th ed. Englewood Cliffs, NJ: Prentice Hall, 1998; Zaccaro, S.J. "Trait-Based Perspectives of Leadership." *American Psychologist* 62 (1998), pp. 6–16.

14.18 Badura, K.L.; E. Grijalva; B.M. Galvin; B.P. Owens; and D.L. Joseph. "Motivation to Lead: A Meta-Analysis and Distal-Proximal Model of Motivation and Leadership." *Journal of Applied Psychology* 105 (2020), pp. 331–54.

14.19 DeRue, D.S.; J.D. Nahrgang; N. Wellman; and S.E. Humphrey. "Trait and Behavioral Theories of Leadership: An Integration and Meta-Analytic Test of Their Validity." *Personnel Psychology* 64 (2011), pp. 7–52.

14.20 Vroom, V.H. "Leadership and the Decision- Making Process." *Organizational Dynamics* 28 (2000), pp. 82–94; Yukl, G. *Leadership in Organizations*, 4th ed. Englewood Cliffs, NJ: Prentice Hall, 1998.

14.21 Bloomberg L.P.

14.22 Ebhart, T. "Into a World Without Marchionne." *Bloomberg Businessweek*, April 29, 2019, pp. 8–10; Lueneburger, C. "Lessons from Chrysler: How to Rev Up a Purpose-Driven Culture." *The Guardian*, July 31, 2014, https://www.theguardian.com/ sustainable-business/2014/jul/31/leaders-chrysler-bankruptcy-automobile- marchionne-ceo-detroit; Taylor, A. "Chrysler's Speed Merchant." *Fortune*, September 6, 2010, p. 82.

14.23 Vroom, V.H. "Leadership and the Decision- Making Process." *Organizational Dynamics* 28 (2000), pp. 82–94; Yukl, G. *Leadership in Organizations*, 4th ed. Englewood Cliffs, NJ: Prentice Hall, 1998.

14.24 Bryant, A. *Quick and Nimble: Lessons from Leading CEOs on How to Create a Culture of Innovation*. New York: Times Books, 2014.

14.25 Vroom, V.H. "Leadership and the Decision- Making Process." *Organizational Dynamics* 28 (2000), pp. 82–94; Yukl, G. *Leadership in Organizations*, 4th ed. Englewood Cliffs, NJ: Prentice Hall, 1998.

14.26 Bryant, A. *The Corner Office: Indispensable and Unexpected Lessons from CEOs on How to Lead and Succeed*. New York: Times Books, 2011.

14.27 Vroom, V.H. "Leadership and the Decision- Making Process." *Organizational Dynamics* 28 (2000), pp. 82–94; Yukl, G. *Leadership in Organizations*, 4th ed. Englewood Cliffs, NJ: Prentice Hall, 1998.

14.28 Mullany, A. "Can American Apparel Mend the Seam?" *Fast Company*, September 2016, pp. 88–96.

14.29 Bryant, A. *The Corner Office: Indispensable and Unexpected Lessons from CEOs on How to Lead and Succeed*. New York: Times Books, 2011.

14.30 Vroom, V.H. "Leadership and the Decision- Making Process." *Organizational Dynamics* 28 (2000), pp. 82–94.

14.31 Miller, K.I., and P.R. Monge. "Participation, Satisfaction, and Productivity: A Meta-Analytic Review." *Academy of Management Journal* 29 (1986), pp. 727– 53; Wagner, J.A. III. "Participation's Effects on Performance and Satisfaction: A Reconsideration of Research Evidence." *Academy of Management Review* 19 (1994), pp. 312–30.

14.32 Vroom, V.H. "Leadership and the Decision-Making Process." *Organizational Dynamics* 28 (2000), pp. 82–94.

14.33 Rogelberg, S.G.; D.J. Leach; P.B. Warr; and J.L. Burnfield. "'Not Another Meeting!' Are Meeting Time Demands Related to Employee Well- Being?" *Journal of Applied Psychology* 91 (2006), pp. 86–96.

14.34 Yang, J.L. "What's the Secret to Running Great Meetings?" *Fortune*, October 27, 2008, p. 26.

14.35 Terlep, S. "GM's Plodding Culture Vexes Its Impatient CEO." *The Wall Street Journal* (online), April 7, 2010.

14.36 Vroom, V.H. "Leadership and the Decision- Making Process." *Organizational Dynamics* 28 (2000), pp. 82–94; Vroom, V.H., and A.G. Jago. *The New Leadership: Managing Participation in Organizations*. Englewood Cliffs, NJ: Prentice Hall, 1988; Vroom, V.H., and A.G. Jago. "Decision Making as a Social Process: Normative and Descriptive Models of Leader Behavior." *Decision Sciences* 5 (1974), pp. 743–69; Vroom, V.H., and P.W. Yetton. *Leadership and Decision Making*. Pittsburgh, PA: University of Pittsburgh Press, 1973.

14.37 Adams, R., and L.A. Schuker. "Time Inc. CEO Ousted After Six Months." *The Wall Street Journal* (online), February 18, 2011.

14.38 Aditya, R.N.; R.J. House; and S. Kerr. "Theory and Practice of Leadership: Into the New Millennium." In *Industrial and Organizational Psychology: Linking Theory with Practice*, ed. C.L. Cooper and E.A. Locke. Malden, MA: Blackwell, 2000, pp. 130–65; House, R.J., and R.N. Aditya. "The Social Scientific Study of Leadership: Quo Vadis?" *Journal of Management* 23 (1997), pp. 409–73; Yukl, G. *Leadership in Organizations*, 4th ed. Englewood Cliffs, NJ: Prentice Hall, 1998.

14.39 Vroom, V.H., and A.G. Jago. "On the Validity of the Vroom-Yetton Model." *Journal of Applied Psychology* 63 (1978), pp. 151–62. See also Vroom, V.H. "Leadership and the Decision- Making Process." *Organizational Dynamics* 28 (2000), pp. 82–94; Vroom, V.H., and A.G. Jago. The New Leadership: Managing Participation in Organizations. Englewood Cliffs, NJ: Prentice Hall, 1988; Field, R.H.G. "A Test of the Vroom-Yetton Normative Model of Leadership." *Journal of Applied Psychology* 67 (1982), pp. 523–32.

14.40 Vroom, V.H., and P.W. Yetton. *Leadership and Decision Making*.

Pittsburgh, PA: University of Pittsburgh Press, 1973.

14.41 Bryant, A. *The Corner Office: Indispensable and Unexpected Lessons from CEOs on How to Lead and Succeed.* New York: Times Books, 2011.

14.42 Hemphill, J.K. "Leader Behavior Description". In Fleishman, E.A.; E.F. Harris; and H.E. Burtt. *Leadership and Supervision in Industry: An Evaluation of a Supervisory Training Program*. Columbus: Bureau of Educational Research, Ohio State University, 1955.

14.43 Hemphill, J.K., and A.E. Coons. "Development of the Leader Behavior Description Questionnaire." In *Leader Behavior: Its Description and Measurement*, ed. R.M. Stogdill and A.E. Coons. Columbus: Bureau of Business Research, Ohio State University, 1957, pp. 6–38.

14.44 Fleishman, E.A. "The Description of Supervisory Behavior." *Journal of Applied Psychology* 37 (1953), pp. 1–6; Fleishman, E.A.; E.F. Harris; and H.E. Burtt. *Leadership and Supervision in Industry: An Evaluation of a Supervisory Training Program*. Columbus: Bureau of Educational Research, Ohio State University, 1955; Hemphill, J.K., and A.E. Coons. "Development of the Leader Behavior Description Questionnaire." In *Leader Behavior: Its Description and Measurement*, ed. R.M. Stogdill and A.E. Coons. Columbus: Bureau of Business Research, Ohio State University, 1957, pp. 6–38; Halpin, A.W., and B.J. Winer. "Studies in Aircrew Composition: The Leadership Behavior of the Airplane Commander". In Fleishman, E.A.; E.F. Harris; and H.E. Burtt. *Leadership and Supervision in Industry: An Evaluation of a Supervisory Training Program*. Columbus: Bureau of Educational Research, Ohio State University, 1955.

14.45 Fleishman, E.A. "The Description of Supervisory Behavior." *Journal of Applied Psychology* 37 (1953), pp. 1–6; Fleishman, E.A.; E.F. Harris; and H.E. Burtt. *Leadership and Supervision in Industry: An Evaluation of a Supervisory Training Program*. Columbus: Bureau of Educational Research, Ohio State University, 1955; Fleishman, E.A., and D.R. Peters. "Interpersonal Values, Leadership Attitudes, and Managerial 'Success.'" *Personnel Psychology* 15 (1962), pp. 127–43.

14.46 Yukl, G. *Leadership in Organizations*, 4th ed. Englewood Cliffs, NJ: Prentice Hall, 1998.

14.47 Adams, E. "A Day in the Life of J.Crew"s Mickey Drexler." Racked.com, June 2, 2015, http://www.racked.com/2015/6/2/8706979/ mickey-drexler-j-crew- office; Paumgarten, N. "The Merchant." *The New Yorker*, September 20, 2010, pp. 74–87.

14.48 Fleishman, E.A. "The Description of Supervisory Behavior." *Journal of Applied Psychology* 37 (1953), pp. 1–6; Fleishman, E.A.; E.F. Harris; and H.E. Burtt. *Leadership and Supervision in Industry: An Evaluation of a Supervisory Training Program*. Columbus: Bureau of Educational Research, Ohio State University, 1955; Fleishman, E.A., and D.R. Peters. "Interpersonal Values, Leadership Attitudes, and Managerial 'Success.'" *Personnel Psychology 15* (1962), pp. 127–43.

14.49 Yukl, G. *Leadership in Organizations*, 4th ed. Englewood Cliffs, NJ: Prentice Hall, 1998.

14.50 Brady, D. "Can GE Still Manage?" *Bloomberg Businessweek*, April 25, 2010, pp. 27–32.

14.51 Garvin, D.A. "How Google Sold Its Engineers on Management." *Harvard Business Review* 91 (2013), pp. 74–82; Bryant, A. *Quick and Nimble: Lessons from Leading CEOs on How to Create a Culture of Innovation*. New York: Times Books, 2014.

14.52 Katz, D.; N. Maccoby; and N. Morse. *Productivity, Supervision, and Morale in an Office Situation*. Ann Arbor: Institute for Social Research, University of Michigan, 1950; Katz, D.; N. Maccoby; G. Gurin; and L. Floor. *Productivity, Supervision, and Morale among Railroad Workers*. Ann Arbor: Survey Research Center, University of Michigan, 1951; Katz, D., and R.L. Kahn. "Some Recent Findings in Human- Relations Research in Industry." In *Readings in Social Psychology*, ed. E. Swanson; T. Newcomb; and E. Hartley. New York: Holt, 1952, pp. 650–65; Likert, R. *New Patterns of Management*. New York: McGraw-Hill, 1961; Likert, R. *The Human Organization*. New York: McGraw- Hill, 1967.

14.53 Fleishman, E.A. "Twenty Years of Consideration and Structure." In *Current Developments in the Study of Leadership*, ed. E.A. Fleishman and J.G. Hunt. Carbondale: Southern Illinois Press, 1973, pp. 1–37.

14.54 Judge, T.A.; R.F. Piccolo; and R. Ilies. "The Forgotten Ones? The Validity of Consideration and Initiating Structure in Leadership Research." *Journal of Applied Psychology* 89 (2004), pp. 36–51.

14.55 Aditya, R.N.; R.J. House; and S. Kerr. "Theory and Practice of Leadership: Into the New Millennium." In *Industrial and Organizational Psychology: Linking Theory with Practice*, ed. C.L. Cooper and E.A. Locke. Malden, MA: Blackwell, 2000, pp. 130–65; House, R.J., and R.N. Aditya. "The Social Scientific Study of Leadership: Quo Vadis?" *Journal of Management* 23 (1997), pp. 409–73; Korman, A.K. "'Consideration,' 'Initiating Structure,' and Organizational Criteria—A Review." *Personnel Psychology* 19 (1966), pp. 349–61; Yukl, G. *Leadership in Organizations*, 4th ed. Englewood Cliffs, NJ: Prentice Hall, 1998; Yukl, G., and D.D. Van Fleet. "Theory and Research on Leadership in Organizations." In *Handbook of Industrial and Organizational Psychology*, Vol. 3, ed. M.D. Dunnette and L.M. Hough. Palo Alto, CA: Consulting Psychologists Press, 1992, pp. 147–97.

14.56 Judge, T.A.; R.F. Piccolo; and R. Ilies. "The Forgotten Ones? The Validity of Consideration and Initiating Structure in Leadership Research." *Journal of Applied Psychology* 89 (2004), pp. 36–51.

14.57 Brunner, R. "I'm a Shepherd and I'm a Warrior." *Fast Company*, April 2017, pp. 58–68, 90–92.

14.58 Brunner, R. "I'm a Shepherd and I'm a Warrior." *Fast Company*, April 2017, pp. 58–68, 90–92.

14.59 Hersey, P., and K.H. Blanchard. "Life Cycle Theory of Leadership." *Training and Development Journal*, May 1969, pp. 26–34; Hersey, P., and K.H. Blanchard. "So You Want to Know Your Leadership Style?" *Training and Development Journal*, February 1974, pp. 22–37; Hersey, P., and K.H. Blanchard. "Revisiting the Life-Cycle Theory of Leadership." *Training and Development*, January 1996, pp. 42–47; Hersey, P., and K.H. Blanchard. *Management of Organizational Behavior: Leading Human Resources*, 9th ed. Upper Saddle River, NJ: Pearson, 2008.

14.60 Hersey, P., and K.H. Blanchard. *Management of Organizational Behavior: Leading Human Resources*, 9th ed. Upper Saddle River, NJ: Pearson, 2008.

14.61 Hersey, P., and K.H. Blanchard. "Revisiting the Life-Cycle Theory of Leadership." *Training and Development*, January 1996, pp. 42–47.

14.62 Greenfeld, K.T. "Can GoPro Rise Again?" *Fast Company*, November 2016, pp. 76–81, 100.

14.63 Blanchard Companies. "The Most Widely Used Leadership Model in the World." https://www.kenblanchard.com/Products-Services/Situational-Leadership-II (accessed October 2019); Fernandez, C.F., and R.P. Vecchio. "Situational Leadership Revisited: A Test of an Across-Jobs Perspective." *Leadership Quarterly* 8 (1997), pp. 67–84.

14.64 Graeff, C.L. "Evolution of Situational Leadership Theory: A Critical Review." *Leadership Quarterly* 8 (1997), pp. 153–70.

14.65 Vecchio, R.P. "Situational Leadership Theory: An Examination of a Prescriptive Theory." *Journal of Applied Psychology* 72 (1987), pp. 444–51; Norris, W.R., and R.P. Vecchio. "Situational Leadership Theory: A Replication." *Group and Organization Management* 17 (1992), pp. 331–42.

14.66 Vecchio, R.P. "Situational Leadership Theory: An Examination of a Prescriptive Theory." *Journal of Applied Psychology* 72 (1987), pp. 444–51; Norris, W.R., and R.P. Vecchio. "Situational Leadership Theory: A Replication." *Group and Organization Management* 17 (1992), pp. 331–42; Blank, W.; J.R. Weitzel; and S.G. Green. "A Test of Situational Leadership Theory." *Personnel Psychology* 43 (1990), pp. 579–97.

14.67 Fernandez, C.F., and R.P. Vecchio. "Situational Leadership Revisited: A Test of an Across-Jobs Perspective." *Leadership Quarterly* 8 (1997), pp. 67–84.

14.68 Bass, B.M., and R.E. Riggio. *Transformational Leadership*, 2nd ed. Mahwah, NJ: Erlbaum, 2006; Bass, B.M. *Leadership and Performance beyond Expectations*. New York: Free Press, 1985; Burns, L.M. Leadership. New York: Harper & Row, 1978.

14.69 Bass, B.M. *Leadership and Performance beyond Expectations*. New York: Free Press, 1985.

14.70 Bass, B.M. *Leadership and Performance beyond Expectations*. New York: Free Press, 1985.

14.71 Larson, A. *The President Nobody Knew*. New York: Popular Library, 1968, p. 68.

14.72 Truman, H. S. *Memoirs*. New York: Doubleday, 1956.

14.73 Bass, B.M., and R.E. Riggio. *Transformational Leadership*, 2nd ed. Mahwah, NJ: Erlbaum, 2006.

14.74 Bass, B.M., and R.E. Riggio. *Transformational Leadership*, 2nd ed. Mahwah, NJ: Erlbaum, 2006; Bass, B.M., and B.J. Avolio. *MLQ: Multifactor Leadership Questionnaire*. Redwood City, CA: Mind Garden, 2000.

14.75 Bass, B.M., and R.E. Riggio. *Transformational Leadership*, 2nd ed. Mahwah, NJ: Erlbaum, 2006; Bass, B.M. *Leadership and Performance beyond Expectations*. New York: Free Press, 1985; Burns, L.M. *Leadership*. New York: Harper & Row, 1978.

14.76 Bass, B.M., and R.E. Riggio. *Transformational Leadership*, 2nd ed. Mahwah, NJ: Erlbaum, 2006.

14.77 Bass, B.M. *Leadership and Performance beyond Expectations*. New York: Free Press, 1985; Burns, L.M. Leadership. New York: Harper & Row, 1978.

14.78 Bass, B.M., and R.E. Riggio. *Transformational Leadership*, 2nd ed. Mahwah, NJ: Erlbaum, 2006; Bass, B.M., and B.J. Avolio. *MLQ: Multifactor Leadership Questionnaire*. Redwood City, CA: Mind Garden, 2000.

14.79 Bass, B.M., and R.E. Riggio. *Transformational Leadership*, 2nd ed. Mahwah, NJ: Erlbaum, 2006.

14.80 Bass, B.M., and R.E. Riggio. *Transformational Leadership*, 2nd ed. Mahwah, NJ: Erlbaum, 2006; Bass, B.M., and B.J. Avolio. *MLQ: Multifactor Leadership Questionnaire*. Redwood City, CA: Mind Garden, 2000.

14.81 Bass, B.M., and R.E. Riggio. *Transformational Leadership*, 2nd ed. Mahwah, NJ: Erlbaum, 2006.

14.82 Bass, B.M., and R.E. Riggio. *Transformational Leadership*, 2nd ed. Mahwah, NJ: Erlbaum, 2006; Bass, B.M., and B.J. Avolio. *MLQ: Multifactor Leadership Questionnaire*. Redwood City, CA: Mind Garden, 2000.

14.83 Judge, T.A., and R.F. Piccolo. "Transformational and Transactional Leadership: A Meta-Analytic Test of Their Relative Validity." *Journal of Applied Psychology* 89 (2004), pp. 755–68.

14.84 Judge, T.A., and R.F. Piccolo. "Transformational and Transactional Leadership: A Meta-Analytic Test of Their Relative Validity." *Journal of Applied Psychology* 89 (2004), pp. 755–68.

14.85 Bass, B.M., and R.E. Riggio. *Transformational Leadership*, 2nd ed. Mahwah, NJ: Erlbaum, 2006.

14.86 Koehn, N. F. "HIS Legacy." *Fortune*, November 11, 2009, pp. 110–14.

14.87 Blumenthal, K. *Steve Jobs: The Man Who Thought Different*. New York: Feiwel, 2012; Isaacson, W. *Steve Jobs*. New York: Simon & Schuster, 2011.

14.88 Kane, Y. I. "Jobs Quits as CEO." *The Wall Street Journal* (online), August 25, 2011; Friedman, L. "Steve Jobs Takes Medical Leave of Absence." *MacWorld*, April 2011, p. 12.

14.89 Bass, B.M., and R.E. Riggio. *Transformational Leadership*, 2nd ed. Mahwah, NJ: Erlbaum, 2006; Bass, B.M., and B.J. Avolio. *MLQ: Multifactor Leadership Questionnaire*. Redwood City, CA: Mind Garden, 2000.

14.90 Conger, J.A. "Charismatic and Transformational Leadership in Organizations: An Insider's Perspective on these Developing Research Streams." *Leadership Quarterly* 10 (1999), pp. 145–79.

14.91 Young, J.S., and W.L. Simon. *iCon: Steve Jobs—The Greatest Second Act in the History of Business*. Hoboken, NJ: Wiley, 2005.

14.92 Johnson, A.M.; P.A. Vernon; J.M. McCarthy; M. Molso; J.A. Harris; and K.J. Jang. "Nature vs. Nurture: Are Leaders Born or Made? A Behavior Genetic Investigation of Leadership Style." *Twin Research* 1 (1998), pp. 216–23.

14.93 Judge, T.A., and J.E. Bono. "Five-Factor Model of Personality and Transformational Leadership." *Journal of Applied Psychology* 85 (2000), pp. 751–65.

14.94 Bass, B.M., and R.E. Riggio. *Transformational Leadership*, 2nd ed. Mahwah, NJ: Erlbaum, 2006.

14.95 Conger, J.A. "Charismatic and Transformational Leadership in Organizations: An Insider's Perspective on these Developing Research Streams." *Leadership Quarterly* 10 (1999), pp. 145–79.

14.96 Bass, B.M., and R.E. Riggio. *Transformational Leadership*, 2nd ed. Mahwah, NJ: Erlbaum, 2006; Bass, B.M., and B.J. Avolio. *MLQ: Multifactor Leadership Questionnaire*. Redwood City, CA: Mind Garden, 2000.

14.97 Young, J.S., and W.L. Simon. *iCon: Steve Jobs—The Greatest Second Act in the History of Business*. Hoboken, NJ: Wiley, 2005.

14.98 Young, J.S., and W.L. Simon. *iCon: Steve Jobs—The Greatest Second Act in the History of Business*. Hoboken, NJ: Wiley, 2005.

14.99 Bass, B.M., and R.E. Riggio. *Transformational Leadership*, 2nd ed. Mahwah, NJ: Erlbaum, 2006.

14.100 Bass, B.M., and R.E. Riggio. *Transformational Leadership*, 2nd ed. Mahwah, NJ: Erlbaum, 2006; Bass, B.M., and B.J. Avolio. *MLQ: Multifactor Leadership Questionnaire*. Redwood City, CA: Mind Garden, 2000.

14.101 Isaacson, W. *Steve Jobs*. New York: Simon & Schuster, 2011.

14.102 Bass, B.M., and R.E. Riggio. *Transformational Leadership*, 2nd ed. Mahwah, NJ: Erlbaum, 2006.

14.103 Bass, B.M., and R.E. Riggio. *Transformational Leadership*, 2nd ed. Mahwah, NJ: Erlbaum, 2006; Bass, B.M., and B.J. Avolio. *MLQ: Multifactor Leadership Questionnaire*. Redwood City, CA: Mind Garden, 2000.

14.104 Young, J.S., and W.L. Simon. *iCon: Steve Jobs—The Greatest Second Act in the History of Business*. Hoboken, NJ: Wiley, 2005.

14.105 Mio, J.S.; R.E. Riggio; S. Levin; and R. Reese. "Presidential Leadership and Charisma: The Effects of Metaphor." *Leadership Quarterly* 16 (2005), pp. 287–94.

14.106 Conger, J.A. "Charismatic and Transformational Leadership in Organizations: An Insider's Perspective on these Developing Research Streams." *Leadership Quarterly* 10 (1999), pp. 145–79.

14.107 Bligh, M.C.; J.C. Kohles; and J.R. Meindl. "Charisma Under Crisis: Presidential Leadership, Rhetoric, and Media Responses Before and After the September 11th Terrorist Attacks." *Leadership Quarterly* 15 (2004), pp. 211–39.

14.108 Bligh, M.C., and J.C. Kohles. "The Enduring Allure of Charisma: How Barack Obama Won the Historic 2008 Presidential Election." *Leadership Quarterly* 20 (2009), pp. 483–92.

14.109 "Underrated/Overrated." *Fortune*, March 2021, p. 102.

14.110 Lowe, K.B.; K.G. Kroeck; and N. Sivasubramaniam. "Effectiveness Correlates of Transformational and Transactional Leadership: A Meta-Analytic Review of the MLQ Literature." *Leadership Quarterly* 7 (1996), pp. 385–425.

14.111 Howell, J.M., and B.J. Avolio. "Transformational Leadership, Transactional Leadership, Locus of Control, and Support for Innovation: Key Predictors of Consolidated- Business-Unit Performance." *Journal of Applied Psychology* 78 (1993), pp. 891–902; Howell, J.M.; D.J. Neufeld; and B.J. Avolio. "Examining the Relationship of Leadership and Physical Distance with Business Unit Performance." *Leadership Quarterly* 16 (2005), pp. 273–85; Keller, R.T. "Transformational Leadership, Initiating Structure, and Substitutes for Leadership: A Longitudinal Study of Research and Development Project Team Performance." *Journal of Applied Psychology* 91 (2006), pp. 202–10; Waldman, D.A.; G.G. Ramirez; R.J. House; and P. Puranam. "Does Leadership Matter? CEO Leadership Attributes and Profitability Under Conditions of Perceived Environmental Uncertainty." *Academy of Management Journal* 44 (2001), pp. 134–43.

14.112 Howell, J.M., and K.E. Hall-Merenda. "The Ties That Bind: The Impact of Leader–Member Exchange, Transformational and Transactional Leadership, and Distance on Predicting Follower Performance." *Journal of Applied Psychology* 84 (1999), pp. 680–94; Piccolo, R.F., and J.A. Colquitt. "Transformational Leadership and Job Behaviors: The Mediating Role of Core Job Characteristics." *Academy of Management Journal* 49 (2006), pp. 327–40; Wang, H.; K.S. Law; R.D. Hackett; D. Wang; and Z.X. Chen. "Leader–Member Exchange as a Mediator of the Relationship Between Transformational Leadership and Followers' Performance and Organizational Citizenship Behavior." *Academy of Management Journal* 48 (2005), pp. 420–32.

14.113 Judge, T.A., and R.F. Piccolo. "Transformational and Transactional Leadership: A Meta-Analytic Test of Their Relative Validity." *Journal of Applied Psychology* 89 (2004), pp. 755–68; Koh, D; K. Lee; and K. Joshi. "Transformational Leadership and Creativity: A Meta-analytic Review and Identification of an Integrated Model." *Journal of Organizational Behavior* (online), February 8, 2019; Podsakoff, P.M.; S.B. MacKenzie; J.B. Paine; and D.G. Bachrach. "Organizational Citizenship Behaviors: A Critical Review of the Theoretical and Empirical Literature and Suggestions for Future Research." *Journal of Management* 26 (2000), pp. 513–63.

14.114 Judge, T.A., and R.F. Piccolo. "Transformational and Transactional Leadership: A Meta-Analytic Test of Their Relative Validity." *Journal of Applied Psychology* 89 (2004), pp. 755–68.

14.115 Avolio, B.J.; W. Zhu; W. Koh; and P. Bhatia. "Transformational Leadership and Organizational Commitment: Mediating Role of Psychological Empowerment and Moderating Role of Structural Distance." *Journal of Organizational Behavior* 25 (2004), pp. 951–68; Kirkpatrick, S.A., and E.A. Locke. "Direct and Indirect Effects of Three Core Charismatic Leadership Components on Performance and Attitudes." *Journal of Applied Psychology* 81 (1996), pp. 36–51; Shamir, B.; E. Zakay; E. Breinin; and M. Popper. "Correlates of Charismatic Leader Behaviors in Military Units: Subordinates' Attitudes, Unit Characteristics, and Superiors' Appraisals of Leader Performance." *Academy of Management Journal* 41 (1998), pp. 387–409.

14.116 LePine, M.A.; Y. Zhang; E.R. Crawford; and B.L. Rich. "Turning Their Pain to Gain: Charismatic Leader Influence on Follower Stress Appraisal and Job Performance." *Academy of Management Journal* 59 (2016), pp. 1036–59.

14.117 Podsakoff, P.M.; S.B. MacKenzie; and W.H. Bommer. "Transformational Leader Behaviors and Substitutes for Leadership as Determinants of Employee Satisfaction, Commitment, Trust, and Organizational Citizenship Behaviors." *Journal of Management* 22 (1996), pp. 259–98; Podsakoff, P.M.; S.B. MacKenzie; R.H. Moorman; and R. Fetter. "Transformational Leader Behaviors and Their Effects on Followers' Trust in

Leader, Satisfaction, and Organizational Citizenship Behaviors." *Leadership Quarterly* 1 (1990), pp. 107–42; Shamir, B.; E. Zakay; E. Breinin; and M. Popper. "Correlates of Charismatic Leader Behaviors in Military Units: Subordinates' Attitudes, Unit Characteristics, and Superiors' Appraisals of Leader Performance." *Academy of Management Journal* 41 (1998), pp. 387–409.

14.118 Meyer, J.P.; D.J. Stanley; L. Herscovitch; and L. Topolnytsky. "Affective, Continuance, and Normative Commitment to the Organization: A Meta-Analysis of Antecedents, Correlates, and Consequences." *Journal of Vocational Behavior* 61 (2002), pp. 20–52.

14.119 Walumbwa, F.O.; B.J. Avolio; and W. Zhu. "How Transformational Leadership Weaves Its Influence on Individual Job Performance: The Role of Identification and Efficacy Beliefs." *Personnel Psychology* 61 (2008), pp. 793–825.

14.120 Judge, T.A., and R.F. Piccolo. "Transformational and Transactional Leadership: A Meta-Analytic Test of Their Relative Validity." *Journal of Applied Psychology* 89 (2004), pp. 755–68.

14.121 Piccolo, R.F., and J.A. Colquitt. "Transformational Leadership and Job Behaviors: The Mediating Role of Core Job Characteristics." *Academy of Management Journal* 49 (2006), pp. 327–40. See also Bono, J.E., and T.A. Judge. "Self-Concordance at Work: Toward Understanding the Motivational Effects of Transformational Leaders." *Academy of Management Journal* 46 (2003), pp. 554–71; Shin, S.J., and J. Zhou. "Transformational Leadership, Conservation, and Creativity: Evidence from Korea." *Academy of Management Journal* 46 (2003), pp. 703–14.

14.122 Bono, J.E., and R. Ilies. "Charisma, Positive Emotions, and Mood Contagion." Leadership Quarterly 17 (2006), pp. 317–34; McColl-Kennedy, J.R., and R.D. Anderson. "Impact of Leadership Style and Emotions on Subordinate Performance." *Leadership Quarterly* 13 (2002), pp. 545–59.

14.123 Bono, J; H.J. Foldes; G. Vinson; and J.P. Muros. "Workplace Emotions: The Role of Supervision and Leadership." *Journal of Applied Psychology* 92 (2007), pp. 1357–67.

14.124 Kerr, S., and J.M. Jermier. "Substitutes for Leadership: Their Meaning and Measurement." *Organizational Behavior and Human Performance* 22 (1978), pp. 375–403.

14.125 Howell, J.P.; P.W. Dorfman; and S. Kerr. "Moderator Variables in Leadership Research." *Academy of Management Review* 11 (1986), pp. 88–102.

14.126 Kerr, S., and J.M. Jermier. "Substitutes for Leadership: Their Meaning and Measurement." *Organizational Behavior and Human Performance* 22 (1978), pp. 375–403; Jermier, J.M., and S. Kerr. "'Substitutes for Leadership: Their Meaning and Measurement': Contextual Recollections and Current Observations." *Leadership Quarterly* 8 (1997), pp. 95–101.

14.127 Howell, J.P.; D.E. Bowen; P.W. Dorfman; S. Kerr; and P.M. Podsakoff. "Substitutes for Leadership: Effective Alternatives to Ineffective Leadership." *Organizational Dynamics*, Summer 1990, pp. 21–38.

14.128 Podsakoff, P.M., and S.B. MacKenzie. "Kerr and Jermier's Substitutes for Leadership Model: Background, Empirical Assessment, and Suggestions for Future Research." *Leadership Quarterly* 8 (1997), pp. 117– 25; Podsakoff, P.M.; B.P. Niehoff; S.B. MacKenzie; and M.L. Williams. "Do Substitutes for Leadership Really Substitute for Leadership? An Empirical Examination of Kerr and Jermier's Situational Leadership Model." *Organizational Behavior and Human Decision Processes* 54 (1993), pp. 1–44; Podsakoff, P.M.; S.B. MacKenzie; and W.H. Bommer. "Transformational Leader Behaviors and Substitutes for Leadership as Determinants of Employee Satisfaction, Commitment, Trust, and Organizational Citizenship Behaviors." *Journal of Management* 22 (1996), pp. 259–98; Podsakoff, P.M.; S.B. MacKenzie; M. Ahearne; and W.H. Bommer. "Searching for a Needle in a Haystack: Trying to Identify the Illusive Moderators of Leadership Behavior." *Journal of Management* 21 (1995), pp. 422–70.

14.129 Howell, J.P.; D.E. Bowen; P.W. Dorfman; S. Kerr; and P.M. Podsakoff. "Substitutes for Leadership: Effective Alternatives to Ineffective Leadership." *Organizational Dynamics*, Summer 1990, pp. 21–38.

14.130 Statista Research Department. "Training Industry in the U.S.--Statistics & Facts." *Statista*, January 27, 2021.

14.131 Kranz, G. "A Higher Standard for Managers." *Workforce*, June 11, 2007, pp. 21–26.

14.132 Kranz, G. "Wal-Mart Drafts Leaders for Military-Style Training." *Workforce*, June 12, 2013, http://www.workforce.com/ article/20130612/NEWS02/130619994/0/topics.

14.133 Gist, M.E., and D. McDonald-Mann. "Advances in Leadership Training and Development." In *Industrial and Organizational Psychology: Linking Theory with Practice*, ed. C.L. Cooper and E.A. Locke. Malden, MA: Blackwell, 2000, pp. 52–71.

14.134 Reardon, N. "Making Leadership Personal." *T + D*, March 2011, pp. 44–49.

14.135 Weinstein, M. "Farmer's Comprehensive Training Policy." *Training*, January/ February 2013, pp. 42–44.

14.136 Weinstein, M. "Farmer's Comprehensive Training Policy." *Training*, January/February 2013, pp. 42–44.; Dvir, T.; D. Eden; B.J. Avolio; and B. Shamir. "Impact of Transformational Leadership on Follower Development and Performance: A Field Experiment." *Academy of Management Journal* 45 (2000), pp. 735–44; Barling, J.; T. Weber; and E.K. Kelloway. "Effects of Transformational Leadership Training on Attitudinal and Financial Outcomes: A Field Experiment." *Journal of Applied Psychology* 81 (1996), pp. 827–32.

14.137 Barling, J.; T. Weber; and E.K. Kelloway. "Effects of Transformational Leadership Training on Attitudinal and Financial Outcomes: A Field Experiment." *Journal of Applied Psychology* 81 (1996), pp. 827–32.

15 조직구조

Organizational Structure

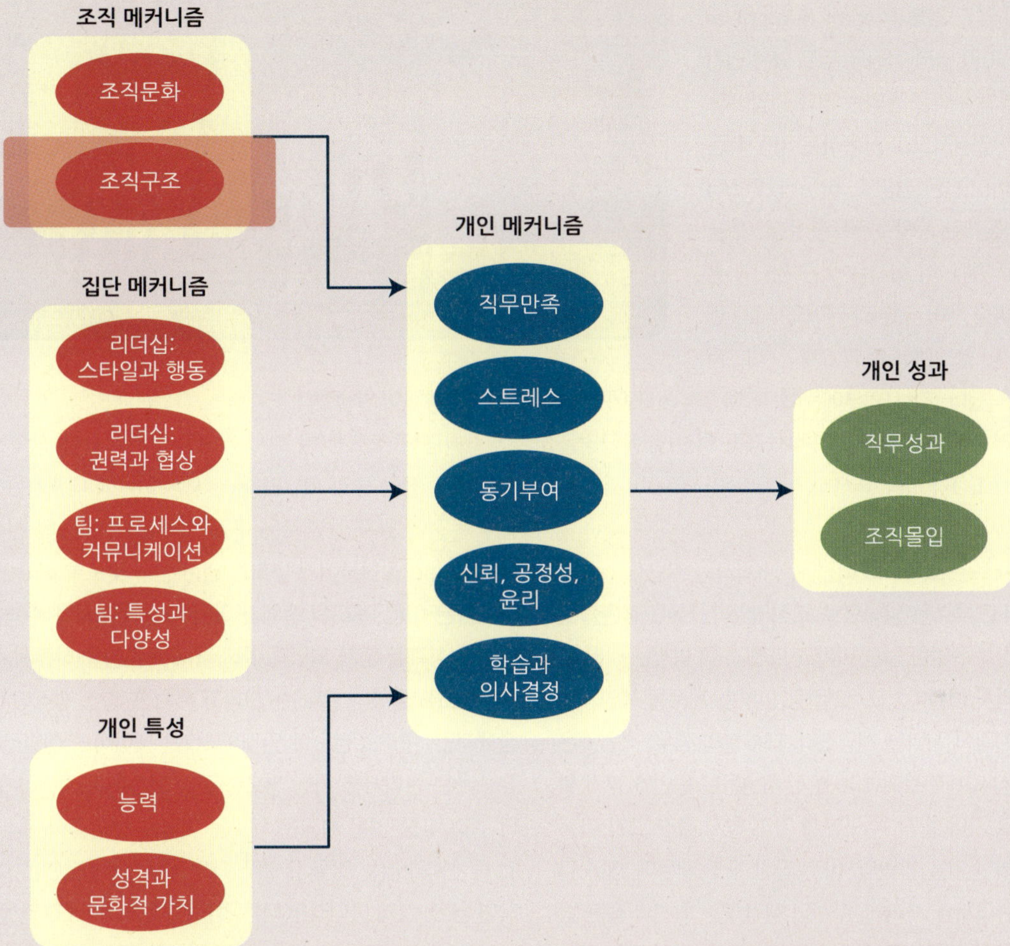

학습 목표 .... 이 장을 학습한 후에 다음의 질문에 답할 수 있어야 한다.

15.1 조직구조란 무엇이며, 무엇으로 구성되어 있는가?

15.2 조직구조의 주요 구성 요소는 무엇인가?

15.3 조직설계란 무엇이며, 조직설계 과정에 영향을 주는 요인은 무엇인가?

15.4 조직이 채택할 수 있는 일반적인 조직 형태에는 어떤 것이 있는가?

15.5 한 조직이 조직구조를 바꿀 때, 그 구조조정은 직무성과와 조직몰입에 어떤 영향을 미치는가?

15.6 구조조정 노력의 부정적 효과를 줄이기 위해 조직은 어떤 조치를 취할 수 있는가?

P&G

Kristoffer Tripplaar/Alamy

1837년 오하이오주 신시내티에서 양초 제조 업자(윌리엄 프록터William Procter)와 비누 제조 업자(제임스 갬블James Gamble)에 의해 설립된 프록터 앤드 갬블(Procter & Gamble: P&G)은 현재 10만 명의 직원을 두고 있는 연간 약 800억 달러의 수익을 올리는 거대 기업이다. P&G는 우리가 일상적으로 사용하는 많은 제품을 판매한다. 이 기업은 팜퍼스, 바운티, 미스터 클린, 던 비누, 질레트 등의 브랜드를 소유, 개발, 제조, 판매하고 있다. 이 회사는 최근 원단과 홈 케어, 아기와 여성 케어, 패밀리 케어와 P&G 벤처, 뷰티, 그루밍, 헬스케어 등 약 6개의 "비즈니스 유닛"을 조직했다. 각 사업부에는 회사 매출의 80%에 해당하는 최대 10개 지역 시장의 직접 판매, 제품 혁신 및 공급망을 책임지는 자체 CEO가 있다. 어색하게 들리는가? 이것이 효율적이며 간단하고 새로운 P&G이다!

이러한 새로운 조직구조 이전에, 이 회사는 일반적으로 매트릭스 구조라고 부르는 방식으로 조직되었다. P&G 직원들은 그것을 "복잡하게 뒤얽힌 덤불"이라고 불렀다. 이 방식은 너무 크고 복잡한 관리자 배열이었고, 그들 중 일부는 제품을 책임지고 다른 일부는 지리적 지역을 책임졌다. 대부분의 경우, 직원들은 두 명의 다른 상사에게 보고해야 했다. 직원들은 승인을 받기 위해 어느 쪽으로 가야 할지, 누구에게 가야 할지 몰라 그저 가능한 모든 사람의 승인을 받았다. 이 복잡한 구조 때문에 제품 관리자와 총괄 관리자들 사이에, 자신이 생각하는 최선의 접근 방식 및 누가 최종 결정을 내려야 하는지에 대한 명확한 권한 여부로 인한 충돌이 발생했다.

최근 구조조정(현 회사 경영진이나 회사를 장악하기 위해 대리 투쟁을 벌인 외부인)을 실시한 이유에 대해서는 여전히 일부 논쟁이 있지만, 새로운 구조는 P&G가 훨씬 더 신속한 결정을 내리고 직원들에게 명확한 권한 선을 갖도록 하고 있다. 관리자들은 이제 P&G의 전체가 아닌 자신의 부서가 수행한 것을 토대로 성과를 얻게 되었다. 회사가 구조조정을 하면서 직원 수도 약 25% 줄였다. P&G는 관리자 배치 및 승진 방식이 매우 복잡했지만, 구조조정으로 인해 CEO인 데이비드 테일러(David Taylor)는 관리자를 가장 필요한 곳에 단순히 배치해야 했다. 해당 관리자 중 많은 사람은 새로운 역할을 받아들이거나 떠나는 것 중 선택하라는 말을 들었다. 테일러는 "만약 올인을 할 수 있다면 남고, 그게 아니라면 다른 것을 알아 봐라."라고 말했다.

조직구조

P&G의 사례가 보여 주듯이 조직의 구조는 재무 성과와 직원과 제품의 관리 능력에 큰 영향을 미칠 수 있다. P&G 최고 경영자가 회사의 조직구조와 관련해 내린 결정은 직원들끼리 어떻게 소통하고 협력하는지, 권력이 어떻게 분산되는지, 개인이 업무 환경을 어떻게 보는지에 영향을 미칠 것이다. 사실 조직의 구조는 생각보다 더 많은 것을 의미한다. 지금까지 직원의 태도나 행동이 성격이나 능력 등 개인의 특징과 팀이나 리더와 같은 그룹 메커니즘에 의해 어떻게 형성되는지에 대

해 많은 시간을 할애했다. 본 장과 다음 장에서는 조직 전체가 종업원의 태도나 행동에 어떤 영향을 미치는지에 대해 설명한다. 매치닷컴(Match.com)(온라인 데이트 서비스) CEO 샘 이건(Sam Yagan)은 최근 배운 가장 큰 교훈 중 하나에 대해 설명하라는 요청을 받고 다음과 같이 답했다. "조직구조가 기업의 성과 창조, 혁신, 진화 또는 단순히 살아남는 능력에 미치는 영향. 인력의 채용 유지가 경쟁상의 큰 문제라는 것은 누구나 알고 있지만, 대기업과 중소기업 경영진이 인력 편성 방법이 회사 전체의 생산성에 미치는 영향을 충분히 인식하고 있다고는 생각하지 않는다."[1]

학습목표 15.1
조직구조란 무엇이며, 무엇으로 구성되어 있는가?

대학 졸업 후에 가지고 싶었던 직업을 과거에 갖고 있었다고 생각을 해 보자. 어떤 유형의 구성원과 매일 교류하였는가? 비슷한 과업을 수행하는 동료인가, 아니면 그들은 당신이 수행하는 것과 정확히 일치하지는 않지만, 같은 고객을 응대하였는가? 당신의 관리자는 몇 명의 직원을 관리하는가? 상사는 당신이 내린 모든 의사결정을 세세히 다시 검토했는가, 아니면 당신에게 자율권을 주었는가? 이 모든 질문에 답은 조직구조와 밀접한 연관성이 있다. 조직구조는 형식적으로 기업 내에서 개인과 집단 간의 직무와 과업이 어떻게 분배되고 조화되는지를 보여 준다. 조직 구성원의 수가 5~20명 정도일 때 조직구조는 단순하지만, 조직 구성원의 수가 수천 명에 달할 때는 상상을 초월할만큼 복잡해진다.

왜 조직들은 서로 다른 조직구조를 가지고 있는가?

한 조직의 구조에 대해 감을 잡을 수 있는 한 가지 방법은 조직도를 보는 것이다. **조직도**(organizational chart)는 조직 내의 모든 직무와 이들 직무 간의 공식적인 보고 관계를 나타내는 그림이다. 조직도는 조직 구성원과 외부인들이 회사 내에서 과업이 어떻게 구조화되는지 종합적으로 이해하는 데 도움을 준다. [그림 15-1]은 두 가지 조직도 예시를 나타낸다. 실제 조직도 박스 안에는 실제 이름과 직무명이 채워진다. 회사의 규모가 커짐에 따라 조직도는 점점 더 복잡해진다. P&G의 종업원 모두를 포함한 조직도를 그릴 수 있을까? 무수한 박스와 수많은 종이가 필요할 뿐만 아니라 종합하여 조직도를 그리는 데만도 몇 달은 걸릴 것이다. (게다가, 그들 중 일부가 조직

그림 15-1 조직구조의 두 가지 예시

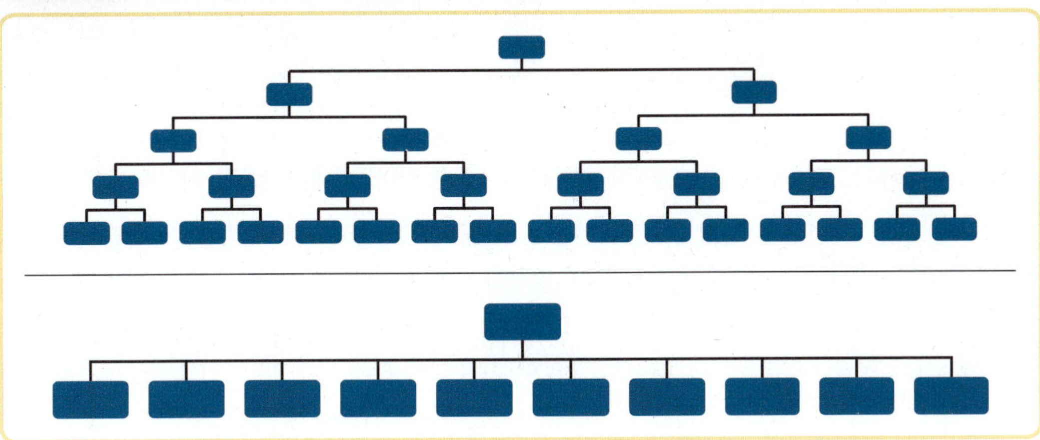

을 떠날 경우, 조직도를 수정하는 데도 많은 시간이 걸릴 것이다).

표 15-1 조직구조의 구성 요소

조직구조 차원	개념
과업 전문화	조직 내 과업이 독립된 직무로 분할되는 정도
명령계통	"누가 누구에게 보고하는가?"라는 질문에 대한 답, 공식적 권한 관계
통제범위	한 사람의 관리자가 책임지는 구성원의 수
집권화	조직구조에서 공식적으로 의사결정이 이루어지는 곳 (의사결정이 이루어지는 계층이 위치한 수준)
공식화	조직 내에서 행동과 의사결정을 표준화하는 데 규칙과 절차가 사용되는 정도

조직도의 구성 요소

이 장에 설명되는 조직도는 비교적 단순하고 특정한 내용을 예시하기 위한 목적으로 그려져 있다(조직도가 얼마나 복잡해질 수 있는지 보고 싶다면, 인터넷에서 "조직도"를 검색해 보라. 회사를 설계하는 방식이 얼마나 다양할 수 있는지 확인할 수 있을 것이다). 특히 [그림 15-1]과 같은 조직도는 조직구조의 다섯 가지 핵심 요소를 나타낼 수 있다. 이들 다섯 가지 핵심 요소는 〈표 15-1〉에 요약되어 있다. 이들은 회사 내에서 과업, 권한 관계, 그리고 의사결정 책임이 조직화되는 방식을 설명해 준다.

학습목표 15.2
조직구조의 주요 구성 요소는 무엇인가?

과업 전문화. **과업 전문화**(work specialization)는 조직 내에서 과업이 세부 직무로 분화되는 방식을 뜻한다. 어떤 조직에서는, 이 범주화는 회사의 분업으로 지칭된다. 한 개인이 얼마나 많은 과업을 수행해야 하는가? 과업 전문화는 생산성, 유연성, 그리고 작업자의 동기부여 간의 끝없이 이어지는 상쇄 관계이다. 포드(Ford)의 조립라인 작업자를 예로 들어보자. 헨리 포드(Henry Ford)는 아마도 최초의(그리고 가장 잘 알려진) 고도의 과업 전문화 신봉자였다. 그는 각각의 제조 직원이 하루 종일 단 하나의 작업만 계속 반복하여 수행하도록 과업을 나누었다. 단 하나의 작업만 수행함에 따라 이 작업자들은 그 하나의 작업을 수행하는 데는 극도로 생산성이 높았다. 또한 작업자의 교체가 필요할 때 신임자를 훈련하기가 아주 쉬웠다. (뒷부분에서 언급될 **영화 속 OB**에서 Ford의 사례를 살펴볼 수 있다.)

그러나 조직이 직무를 고도로 전문화할 때 상쇄 관계가 존재한다. 고도로 전문화된 직무는 구성원이 직무에 유연성을 발휘할 수 없게 만든다. 전문화된 과업을 수행하는 데 모든 시간을 투입함에 따라, 구성원들은 다른 기술을 익히지 못한다. 예를 들어, 회계 전공자는 세금과 감사 분야를 전문으로 한다. 대기업은 이들 졸업생의 세무 능력이나 감사 능력을 활용하기 위해(두 분야 모두가 아니라) 채용한다. 또 어떤 기업은 조직 내에 회계 책무를 어떻게 구분하느냐에 따라 둘 중 하나를 잘 수행할 수 있는 회계사를 구하려 할 수 있다. 또 다른 기업에서는 회계, 재무, 관리, 마케팅 그리고 운영까지 이해할 수 있는 "일반 관리자"를 채용하고 싶어 할 수도 있다. 그러므로 고도의 전문화는 많은 종업원을 가진 대기업에서는 수용 가능하지만, 종업원이 더 유연하게 직무를 수행해야 하는 작업 규모의 기업에서는 문제가 될 수 있다. 코네티컷주의 하트포드에 기반을 둔 건강보험사, 애트나(Aetna)는 1,300개가 넘는 직책을 가지고 있는데, 각각의 직책에는 이들 직무를 수행하는 종업원이 수행해야 하는 역량 목록을 가지고 있다.[2]

직무를 고도로 전문화할 경우 구성원의 직무만족 문제와도 충돌이 불가피하다. 4장에서 만족에 중요한 영향을 미치는 직무의 다섯 가지 핵심 특성에 관해 다루었다. 이들 특성 중 하나가 다양성, 또는 직무가 서로 다른 기술과 재능을 필요로 하는 다양한 활동을 요구하는 정도이다.[3]

종업원은 다양한 활동의 수행이 필요한 직무에 더 만족하는 경향이 있다. 당신이 단 하나의 과업으로 이루어진 직무를 수행하는 데 매우 익숙하고 생산성도 높을지라도, 매일 그 직무를 수행해야 한다면 얼마나 행복할까? 초기 영화 역사에서 유명한 영화 중 하나가 모던 타임스(Modern Times)다. 영화 속에서 찰리 채플린은 똑같은 작업을 반복적으로, 매우 빨리 수행해야 하는 역할을 맡았다. 이 영화는 과업 전문화와 종업원을 기계 취급하는 상황을 조롱하고 있다. (이 장의 OB **북스토어**를 읽고 나면 과업 전문화의 장단점을 알 수 있을 것이다.)

모던타임스(1932), 찰리 채플린 주연. 과업 전문화와 직원을 기계로 취급하는 것에 조소를 보내는 작품. 그 이후에 변화가 있었을까?

명령계통. 조직에서 **명령계통**(chain of command)은 "누가 누구에게 보고하는가?"에 대한 질문에 근본적인 답을 준다. 전통적인 조직구조에서 모든 구성원은 한 사람에게만 보고했다. 그 다음 그 사람은 누군가에게 보고하고 등 CEO에서 멈출 때까지 보고는 계속되었다(상장 기업에서는 CEO조차 이사회에 보고할 책임이 있다). 명령계통은 조직구조의 수준을 따라 내려오는 권한의 흐름으로 보일 수 있다. 워싱턴 기반의 비디오 게임회사인 밸브(Valve Corporation) 같은 회사에서는 300여 명의 종업원이 관리자나 할당된 프로젝트 없이 일한다. (밸브의 웹사이트를 보면 이 회사는 1996년 설립 때부터 "무관리자(boss free)" 정책을 유지해 왔음을 알 수 있다.[4]) 그러나 이런 유형의 조직은 예외적일 뿐 규범은 아니다. 대부분의 조직은 질서 유지와 예측 가능한 성과를 확보하기 위해 명령계통에 따른 권한 흐름에 의존한다.[5] 더 최근의 조직구조은 이 명령계통을 다소 복잡하게 만든다. 이들 구조에서는 둘 혹은 그 이상의 관리자에게 보고를 해야 하는 직책을 포함하는 것이 보편화되고 있다. 하지만 지난 수년에 걸쳐서 2명 이상의 조직 운영 책임자를 두고 조직구조를 설계하는 것은 흔치 않은 일이다.[6] 그럼에도 불구하고 인텔은 두 개의 대규모 부서 책임자로 두 명을 임명한다. 그들의 과업을 어떻게 나눌 것인지, 구성원들은 누구에게 보고를 해야 할지 의문이 생긴다.[7]

통제범위. 관리자의 **통제범위**(span of control)는 조직에서 그(녀)가 책임을 지는 구성원의 수를 의미한다. [그림 15-1]에 있는 조직도는 통제범위의 차이를 예시적으로 보여 준다. 상단의 조직도에서, 각 관리자는 2명의 부하를 이끌어야 할 책임을 진다. 대부분의 경우에, 이 수준은 좁은 통제범위로 간주된다. 하단의 조직도에서, 관리자는 10명의 구성원에 대한 책임이 있다. 전형적으로, 이 숫자는 넓은 통제범위로 간주된다. 많은 조직에서 한 사람의 관리자가 몇 명의 구성원을 관리하는 것이 가장 효과적인지 고민을 한다. 이 질문에 답변하기 위해서는 좁은 통제범위와 넓은 통제범위의 이점을 이해해야 한다.

통제범위가 좁은 경우, 관리자는 보다 직접적으로 구성원을 관리하고, 구성원과 긴밀한 멘토링 관계를 개발하는 동안 지시적 리더십 스타일(directive leadership styles)을 사용할 기회를 가질 수 있다. 관리자가 부하들보다 훨씬 더 스킬이 뛰어나거나 전문성이 있을 때 좁은 통제범위는 특히 중요하다. 초기 경영 관련 문헌에서는 통제범위가 좁을수록 종업원들은 더 생산적이 될 것이라 가

북스토어

늦깍이 천재들의 비밀(RANGE)

David J. Epstein (New York: Penguin Publishing Group, 2019)

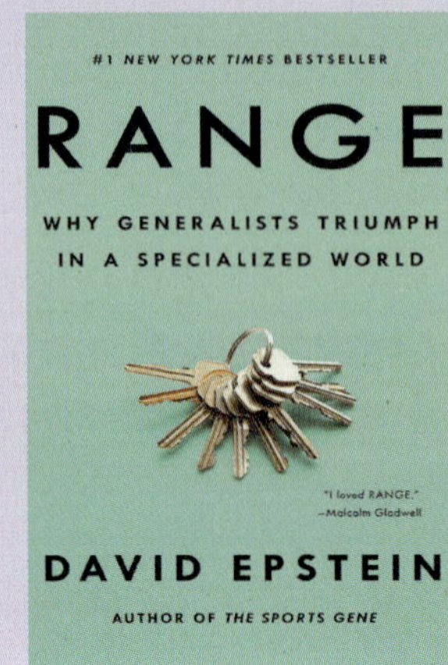

David Epstein/Riverhead Books

우리가 직면한 과제는 초전문화를 점점 더 장려하고 심지어 요구하는 세계에서 어떻게 폭(breadth), 다양한 경험, 학제적 사고의 이점을 유지할 것인가에 있다.

이 말로 데이비드 엡스타인은 한 번 일을 시작할 뿐만 아니라 어린 시절부터 개인이 전문화되는 오늘날의 경향에 반대하고 있다. 엡스타인은 전문 분야에서 가장 효과적인 사람은 자신이 선택한 분야에서 시작한 것이 아니라 종종 다른 것을 먼저 추구했기 때문에 성공한다는 설득력 있는 주장을 펴고 있다. 이 책은 스포츠, 육아, 교육 등 폭넓은 주제에 초점을 맞추고 있지만 자연스럽게 특화된 직종에 진출해 머무르는 경향이 있는 대기업에서 일하는 개인에 대해서는 다양한 논의를 통해 시사하는 바가 있다. 엡스타인의 주장은 대부분의 사람이 단순히 경력 전체를 통해 하나의 전문 분야에 진출하는 것이 아니라 폭넓은 경험을 가질 수 있는 많은 다른 일에 시간을 쏟아야 한다는 것이다. 박학다식한 사람이 되는 것이 대부분의 사람에게 더 좋다는 그의 전제는 연구에 기반을 두고 있으며 크게 두 가지 이유에 근거하고 있다. 첫 번째 전문가는 친절한 환경에서만 성공하는 경향이 있다는 것이다. 친절한 환경이란 예측 가능하고 같은 패턴이 반복적으로 발생하는 환경을 뜻한다(체스 플레이어, 포커 플레이어, 소방관 등).

엡스타인은 오늘날 기업에서는 예측 불가능성이 일반적이며, 제너럴리스트가 더 나은 수행능력을 발휘하는 경향이 있는 '사악한' 학습 환경을 경험할 가능성이 훨씬 높다고 주장한다. 두 번째 이유는 제너럴리스트가 일에서 더 나은 '경기의 질'을 얻을 가능성이 훨씬 높기 때문이다. 즉, 그들은 풍부한 선택지를 경험하고 실제로 좋아하는 직업을 갖게 된다는 것이다. 엡스타인이 말하는 양쪽 모두 논재의 여지는 있지만, 고도로 전문화된 일자리 승진을 제안받았을 때, 그의 말을 떠올릴 수 있다.

그림 15-2 통제범위와 조직 성과

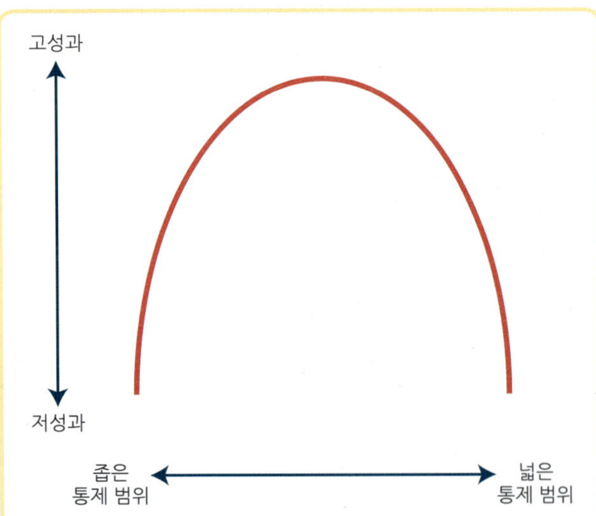

출처: Adapted from N.A. Theobald and S. Nicholson-Crotty, "The Many Faces of Span of Control: Organizational Structure Across Multiple Goals," *Administration and Society* 36 (2005), pp. 648–60.

정했다.[8] 그러나 좁은 통제범위를 사용하기 위해서 조직은 더 많은 관리자를 채용해야 하고, 상당한 노동비용의 증가를 초래할 수 있다. 뿐만 아니라, 통제범위가 지나치게 좁아지게 되면, 종업원들은 밀착관리에 회의를 느낄 수 있고, 일상의 의사결정에서 권한을 요구할 수도 있다. 최근의 연구들은 중간 정도의 통제범위가 조직의 생산성에 가장 적절하다고 주장한다.[9] [그림 15-2]는 이 관계를 나타낸다. 통제범위가 증가할수록 조직성과가 증가하지만, 관리자들이 종업원들을 조정하고 감독할 수 있는 능력에 한계를 보이는 인원 수 까지만 성과가 증가한다는 점을 주목할 필요가 있다. 대부분의 조직이 정확한 균형을 찾기 위해 노력하지만 이 균형은 모든 조직에서 다르다. 왜냐하면, 각 조직이 처한 독특한 상황이 다르기 때문이다. 그러나 최근 조직에서의 통제범위가 상당히 증가되었다는 점에는 의심의 여지가 없다.[10] 코카콜라 같

은 조직에서는 90명의 구성원이 한 명의 부사장에게 보고를 한다.[11]

한 조직의 통제범위는 조직도가 "고층(tall)" 또는 "저층(flat)"이 될지에 영향을 준다. 예를 들어, [그림 15-1]의 상단은 많은 위계를 가진 고층 구조를 묘사하는 반면, 하단은 적은 수의 위계와 넓은 통제범위를 가진 저층조직을 나타낸다. 고층 조직이 될 때 무슨 일이 일어날 지 생각해 보라. 첫째, 더 많은 관리 계층이 있으면 더 많은 급여가 지급되어야 한다. 둘째, 각각의 계층은 정보가 위로 또는 아래로 흘러갈 때 거쳐야 하는 추가적인 단계가 되기 때문에 조직 내부의 의사소통은 더 복잡해진다. 셋째, 의사결정 사항에 대해 위계의 매 단계에서 승인이 이루어져야 하기 때문에 조직의 의사결정이 느려진다.

1990년부터 최근까지 조직들은 다층 관리 구조 운영과 관련된 비용을 줄이고, 환경 적응 능력을 향상하기 위해 조직구조를 줄이기 위해 노력했다. 예를 들어, 인텔은 관리직 직책 1,000개(100,000명 종업원의 1%)를 감축하겠다고 발표했다. 인텔의 대변인은 "이 조치는 전사적인 비용 절감과 의사결정과 의사소통 향상을 위해 계획되었다."고 밝혔다.[12] 맥도날드의 CEO가 말하기를 우리의 새로운 조직구조는 계층의 간소화를 통하여 명령체계의 복잡성을 줄일 수 있을 것이다.[13]

집권화. **집권화**(centralization)는 조직에서 의사결정이 공식적으로 이루어지는 곳을 보여 준다. 만약 회사의 최고 관리자만 최종 의사결정 권한을 가지고 있다면, 그 조직은 고도로 "집권화된" 구조를 가지고 있다고 말한다. 반대로, 의사결정 권한이 하위 구성원에게까지 내려가 있고 이들 구성원들이 스스로 의사결정 하도록 권한 위임되어 있다고 느낀다면, 이 조직은 "분권화된" 구조를 가지고 있다. 기업 규모가 커지면 분권화가 필요하게 된다. 조직의 최고경영층이 회사 내의 모든 개별 사안에 직접 의사결정을 내린다는 것은 어렵게 될 것이다. 집권화된 조직구조에서는 소수의 인원이 중요한 의사결정에 관한 공식적인 권한을 가지고 있기 때문에 비교적 적은 수의 개인들에게 권력과 권한이 집중되는 경향이 있다.

많은 조직이 보다 분권화된 구조 쪽으로 움직이고 있다. 구성원이 어느 정도의 결정을 스스로 하도록 허용하지 않는다면, 리더가 20명 이상의 구성원을 운영할 수 없다. 프랑스 항공기 제조업체, 에어버스(Airbus)는 회사 내 의사결정을 분권화하기 위해 최선을 다한다. CEO 패브리스 브리지어(Fabrice Brégier)는 의사결정에 너무 많은 시간이 걸린다고 느꼈다. "우리는 세계에서 가장 복잡한 제품을 만들고 있지만, 그렇다고 해서 우리가 일하는 방식이 지나치게 복잡해야 한다는 의미는 아닙니다."[14] 그의 목표는 에어버스의 생산관리자들이 우선순위를 정하는 데 보다 더 독립적이고 더 신속히 움직이는 것이다. 브리지어는 말한다, "우리는 이런 방식을 의사결정이 필요한 맨 아래 직위의 사람에게까지 전파할 필요가 있습니다."[16]

그러나 어떤 조직들은 규모가 커더라도 집권화된 통제 체제를 고수할 수 있다는 점을 인식할 필요가 있다. 펜실베이니아에 본사를 둔 쉬츠(Sheetz convenience stores)는 440개 아웃렛을 가지고 있으며 연간 70억 달러의 수익을 올리고 있는 가장 빠른 성장을 구가하는 기업 중 하나다. 여전히 가족기업으로 운영되고 있는 쉬츠는 세세한 일에까지 통제권을 유지하고자 한다. 대부분의 기업들이 규모가 커지면서 안정성을 유지하기 위해 분권화를 추진하는 반면, 쉬츠는 대부분의 통제권을 가족 외부로 위임하지 않는다. 곧 CEO가 될 조 쉬츠(Joe Sheetz)는 "우리는 다른 사람과 함

OB 진단지

집권화

고도로 집권화된 구조를 가진 조직에서 생활 해 본 경험이 있는가? 이 평가는 집권화된 조직구조의 양 측면을 측정하기 위해 설계되었다. 이들 두 측면은 의사결정 하는 데 관리자가 필요한 정도를 나타내는 권한 위계와 일상의 결정사항에 평사원이 참여하는 정도를 나타내는 의사결정 참여를 의미한다. 당신이 수행한 마지막 직무를 생각해 보라(파트타임이든 여름 단기 아르바이트이든). 그렇지 않으면, "리더"를 가진 학생집단을 생각해 보라. 그런 다음, 각 질문에 답변하라.

1	2	4	6	7
매우 아니다	아니다	확실하지 않다	그렇다	매우 그렇다

1. 감독자가 결정을 승인하기 전에는 거의 행동을 취하지 않는다. ________
2. 자기 스스로 의사결정 하기를 원하는 사람은 곧 좌절하게 된다. ________
3. 작은 문제라도 최종 결정을 위해서는 윗선에 보고되어야 한다. ________
4. 나는 거의 모든 일을 하기 전에 상사에게 물어봐야 한다. ________
5. 내가 내리는 모든 결정은 상사의 승인이 필요하다. ________
6. 나는 새로운 프로그램을 채택하기 위한 결정에 자주 참여한다. ________
7. 나는 새로운 정책이나 규칙을 채택하기 위한 결정에 자주 참여한다. ________
8. 나는 대체로 새로운 구성원을 채용하는 결정에 참여한다. ________
9. 나는 나의 업무 환경에 영향을 미치는 결정에 자주 참여한다 ________

점수 계산과 해석

권한 위계: 1–5번 항목 합계. ________

의사결정 참여: 6–9번 항목 합계. ________

집권화된 구조는 권한 위계가 높고 의사결정 참여가 낮다. 권한 위계 점수가 20점 이상이고 의사결정 참여가 8점 이하라면, 그 조직(또는 학생 집단)은 고도로 집권화된 구조를 가지고 있다.

출처: Adapted from M. Schminke, R. Cropanzano, and D.E. Rupp, "Organization Structure and Fairness Perceptions: The Moderating Effects of Organizational Level," *Organizational Behavior and Human Decision Processes* 89 (2002), pp. 881–905.

께 일을 잘 하지 못합니다."라고 말하며, 가족이 의사결정권을 보유하는 것이 이 회사 성공의 큰 부분이라고 믿는다.[17] 당신이 일 했던 조직은 주로 집권화 되었는가, 아니면 분권화 되어 있었는가? 확인하고 싶다면 OB 진단지를 참고하라.

공식화. **공식화**(formalization) 정도가 높은 기업은 행동과 의사결정을 표준화하기 위한 수많은 구체적인 규칙과 절차를 가지고 있다. 조직도에 반드시 나타나는 것은 아니지만 공식화의 영향은 전 조직 도처에서 느껴진다. 규칙과 절차들은 모든 조직에서 필요한 통제 메커니즘이다. 공식화라는 단어가 어느 정도 부정적인 의미를 내포하고 있지만, 치즈케이크 팩토리 레스토랑이 가장 인기 있는 메뉴를 각 지역에서 각기 다른 방식으로 만든다고 할 때 사람들의 반응을 생각해 보라. 또는 다음을 생각해 보라. 기술 지원을 위해 델 직원을 불렀을 때, 다른 방식으로 대응하고 서로 상반된 답변을 주는 기술자가 온다면 어떨까? 공식화는 표준화된 제품을 만들고 표준화된 서비스를 제공하기 위해 조직이 의존하는 필수적인 조정 메커니즘이다.

굴지의 자동차 부품 공급업체인 알코아 미시건 캐스팅 센터(Alcoa's Michigan Casting Center)는 서로 다른 근무조에 편성되어 있으면서 동일한 기계를 운용하는 두 명의 작업자 사이에 성과와 품질에서 50%까지 차이가 나는 점 때문에 골머리가 아팠다. 이 회사는 공장에서 각 기계에 대한 우수 사례를 찾아내기 위한 조사를 실시했다. 이들 우수 사례는 각 작업자의 표준 운영 절차가 되었고, 이 공식화로 인해 회사는 생산량을 더 잘 예측할 수 있게 되었다.[18] 델라웨어에 기반을 둔 고어텍스 제조 업체인 고어(Gore)와 같은 회사들은 공식화 측면에서 전혀 다른 방식을 택한다.[19] 대부분의 회사가 직책과 직무 기술서를 가지고 있는 반면, 빌 고어(Bill Gore)(회사 설립자)는 그러한 공식화가 의사소통과 창의성을 억누를 것이라 생각했다. 직원 한 명이 외부 컨퍼런스에서 나누어 줄 명함에 넣을 직책이 필요하다고 말하자, 고어는 그녀에게 "총사령관"이라고 넣으라고 대답해 주었다. 그녀는 그 직책을 너무 좋아했고 그의 제안을 실행에 옮겼다. 그리고 이 이야기는 회사 내에서 두고두고 농담거리가 되었다.[20] 최근의 연구에서는 고어의 관점을 지지한다. 관리자는 의사결정을 분권화함으로써 구성원이 더 권한위임된 것으로 느끼도록 할 수 있지만, 종업원의 직무 역할이 높은 수준의 공식화를 가지고 있을 때는 효과가 없다고 주장한다.[21]

요소의 결합. 조직구조의 어떤 요소는 다른 요소들과 밀접한 관련이 있음을 알 수 있다. 예를 들어, 넓은 통제범위는 의사결정에서의 분권화와 관련되는 경향이 있다. 높은 수준의 전문화는 높은 수준의 공식화를 초래하는 경향이 있다. 또한, 요소들을 면밀히 살펴보면, 많은 요소가 효율성과 유연성 사이에서 대립하고 있다는 점을 알 수 있다. **기계적 조직**(mechanistic organizations)은 효율적이고, 엄격하고, 예측 가능하고, 그리고 표준화된 조직이기 때문에 안정적인 환경에 적절하다. 기계적 조직은 전형적으로 높은 수준의 공식화, 엄격하고 위계적인 명령계통, 고도의 전문화, 의사결정의 집권화, 그리고 좁은 통제범위에 의존하는 구조다. 반대로 **유기적 조직**(organic organizations)은 유연하고, 적응적이고, 조직 외부에 초점을 맞추고 있으며 역동적인 환경에 적합하다. 유기적 조직은 전형적으로 낮은 수준의 공식화, 약한 또는 복수의 명령 체계, 낮은 수준의 과업 전문화, 그리고 넓은 통제범위에 의존하는 구조다. 〈표 15-2〉는 두 가지 조직 유형 간의 차이점을 요약해 보여 준다.

두 유형 간의 차이점을 생각해 본다면, 어떤 기업이 일직선의 양 끝단 중 어느 쪽에 더 가깝게 위치하는 지 판단하기 어렵지 않을 것이다. Procter & Gamble은 어디에 위치하는가? 증거들에 따르면, 기계적 문화 또는 유기적 문화는 기업이 채택하는 고용관행의 유형 즉, 선발, 훈련, 채용, 보상, 그리고 성과 시스템 등에 유의한 영향을 미칠 수 있다는 점을 알 수 있다.[22] 또한, 유기적 구조에서는 변혁적 리더십이 구성원에게 긍정적인 효과를 미칠 가능성이 높다.[23]

그러나 극단적으로 어느 한 쪽을 취하고 있는 사례를 보여 주는 조직은 거의 없다는 점을 기억할 필요가 있다. 대부분은 중간 지점 어디쯤에 위치한

표 15-2 기계적 조직과 유기적 조직의 특성

기계적 조직	유기적 조직
높은 수준의 과업 전문화; 구성원들은 그들이 수행하는 과업에 매우 좁은 관점을 가지도록 요구됨	낮은 수준의 과업 전문화; 구성원들은 그들이 수행하는 과업에 폭넓은 관점을 가지도록 장려됨
아주 명확한 권한체계; 구성원들은 누구에게 보고해야 하는지 정확히 알고 있음	구체화된 명령 체계가 존재하지만, 구성원들은 그들의 책임 관점에서 더 폭넓게 생각함
높은 수준의 계층적 통제; 구성원들은 관리자의 동의 없이 결정을 하지 않음	지식과 경험이 분권화됨; 구성원들은 필요한 경우에 스스로 결정하도록 격려됨
구성원과 상사 간의 수직적 의사소통을 통해 정보가 흐름	명령이 아니라 정보와 조언에 초점을 맞춘 수평적 의사소통이 장려됨
구성원들은 자신의 전문분야에서 회사에 특화된 지식과 전문성을 개발하도록 장려됨	구성원들은 자신의 전문분야 이외의 지식과 전문성을 개발하도록 장려됨

출처: Adapted from T. Burns, and G.M. Stalker, *The Management of Innovation* (London: Tavistock, 1961).

다. 어떤 조직은 약간 기계적인 특성을 좀 더 가지고 있고, 다른 조직은 좀 더 유기적 특성을 지니고 있을 뿐이다. 마이크로소프트는 유기적 특성을 많이 보유한 조직의 좋은 사례가 되지만, 이 회사에 조차 주요 소프트웨어 플랫폼을 개발하는 동안 다른 팀과는 완전히 떨어져 일하는 팀이 있었다. 결국 나중에 각 팀의 작업을 한데 모았을 때 서로 맞지 않았던 적이 있다. 이 실수는 후속 버전의 윈도우를 개발할 때 수정되었다.[24] 기계적 조직을 "나쁜 것"으로, 유기적인 것을 "좋은 것"으로 여기고 싶은 생각이 들 수도 있지만, 이러한 지각은 반드시 진실은 아니다. 많은 조직에게 있어 기계적 조직을 갖추는 것이 생존의 유일한 수단이고, 작업 기능들을 구조화 하는 가장 적절하고 성과가 나는 방법일 수 있다. 왜 그런지 알고 싶다면, 조직들이 왜 그런 유형의 조직을 개발하는지 탐색할 필요가 있다. 기계적 조직과 유기적 조직구조 간의 명확한 차이를 **영화 속 OB**에서 볼 수 있다.

조직설계

> **학습목표 15.3**
> 조직설계란 무엇이며, 조직설계 과정에 영향을 주는 요인은 무엇인가?

조직설계(organizational design)는 조직의 구조를 만들고, 선택하고, 또는 변화시키는 과정이다. 이상적인 경우, 조직은 자연적으로 구조가 변하도록 두는 것이 아니라 구체적인 환경과 요구에 대응하기 위해 조직구조를 선행적으로 설계한다. 연구 결과들은 대부분의 경우에 이런 방식으로 운영된다는 사실을 보여 준다.[25] 오늘날 당신에게 영향을 미치는 조직설계의 변화에 관해 알고 싶다면 OB 북스토어를 참고하라. 그러나 일부 조직은 그렇게 적극적이지 않고, 신중한 계획 없이 무심코 조직구조를 개발한다. 이런 조직들은 이후에 변화에 대응하고 조직 효과성을 높일 수 있도록 조직구조를 바꾸어야만 할 것이다. 조직설계 과정에는 많은 요소가 영향을 미친다. 이러한 요소들에는 조직이 사업을 영위하는 경영 환경, 기업 전략과 기술, 기업 규모 등이 포함된다. 그러나 곤경에 처한 기업들에게 구조의 변경은 그 자체로 전략이 되기도 하고, 종종 아주 부실한 결과로 이어지기도 한다.[26]

경영 환경. 조직의 **경영 환경**(business environment)은 고객, 경쟁자, 공급자, 유통업자, 그리고 기업 외부의 요인으로 구성되는데, 이 모든 요인이 조직설계에 영향을 미친다. 조직구조에 영향을 미치는 환경 중 가장 큰 요소 중 하나는 외부 환경이 안정적인가, 그렇지 않으면 역동적인가 하는 것이다. 안정적인 환경은 빈번하게 바뀌지 않고, 변화가 매우 더디게 일어난다. 안정적인 환경에서 조직은 효율에 집중할 수 있고 시간이 흘러도 거의 변화가 요구되지 않는다. 반대로, 역동적 환경에서는 변화가 빈번하며 조직도 환경 변화에 더 잘 적응할 수 있도록 조직구조를 갖추어야 한다.[27] 잘 알려진 바와 같이, 소니는 변화하는 경영 환경의 요구를 충족시키지 못해 애플의 아이팟(iPod)에 대적하지 못하는 실수를 저질렀다.[29] 이러한 환경 변화를 인식하고 적응하는 데 너무 많은 시간이 걸렸기 때문에 소니는 고전을 면치 못했다. 어떤 사람들은 세상이 너무 빠르게 변하기 때문에 대다수의 기업이 더 이상 따라잡을 수 없을 것이라고 주장한다.

기업 전략. **기업 전략**(company strategy)은 조직의 목적과 목표, 수익을 얻기 위해 자산을 활용하는 방법 등을 말해 준다. 무수히 많은 조직 전략이 있지만, 여기서는 두 가지 일반적인 전략, 즉

영화 속 OB

포드 v 페라리
FORD v FERARIA

TCD/Prod.DB/Alamy

거기 앉아있었는데, 저기 작은 빨간 서류가 네 쌍의 손을 거치는 것을 보았어요. 그것이 당신에게 도착하기 전에 말이죠. 물론, 19층으로 올라가기 전에 아마 거쳤을 22명 정도의 다른 포드 직원들은 포함되지 않습니다. 외람된 말씀입니다만, 위원회로는 경주에서 이길 수 없습니다. 당신은 책임자가 한 명 필요합니다.

비슷한 맥락으로, 캐롤 셸비(맷 데이먼)는 포드 자동차 회사의 CEO이자 자동차 전설 헨리 포드의 손자인 헨리 포드 2세(트레이시 레츠)에게 왜 그의 팀이 포드 v 페라리(제임스 맨골드 감독, 20세기 폭스, 2019)에서 페라리에게 패배했는지 설명하려고 한다. 셸비 입장에서는 포드가 레이스에서 패배한 주요 이유 중 하나는 포드가 켄 마일스(크리스찬 베일)의 '이미지'를 우려해 차를 몰지 못하게 했기 때문이다. 셸비는 포드의 관료적 구조, 지휘 계통, 그리고 수많은 위원회가, 그가 변화하고 중요한 결정을 적시에 내리는 능력을 늦춘다고 믿는다. 그는 포드 구조에서 벗어나 훨씬 더 민첩한 그룹과 함께 일을 함으로써 페라리에 대한 "전쟁"을 할 수 있도록 포드에게 허락해 달라고 요청한다. 본질적으로 셸비는 더 큰 회사와 별개로 자신의 유기적 구조를 주장하고 있다.

포드는 셸비를 포드 자동차 회사의 캠퍼스에 있는 수많은 공장이 내다보이는 그의 사무실 창가로 데려간다. 그는 셸비에게 제2차 세계 대전에서 미국이 날았던 폭격기 다섯 대 중 세 대가 포드 자동차 회사의 조립 공정에서 어떻게 떨어져 나갔는지에 대한 이야기를 들려주게 했다. 그것들은 틀림없이 지금까지 만들어진 가장 잘 알려진 기계적이고 효율적인 조직구조 중 하나인 조립 공정이다. 그는 셸비에게 "이번이 포드 자동차가 유럽에서 전쟁을 시작한 첫 번째 일은 아닐 것이다. 우리는 탁상공론 이상의 방법을 알고 있다." 포드는 결국 셸비에게 자신의 방식대로 일하도록 허락하지만, 영화 속 곳곳에 조직구조의 싸움이 계속된다.

저원가 전략 또는 차별화 전략을 중심으로 다룬다.[30] 저원가 전략에 집중하는 기업들은 가능한 최저 비용으로 제품을 판매하는 데 의존한다. 이 전략을 잘 수행하기 위해 그들은 가능한 한 효율적으로 운영하는 데 초점을 맞추어야 한다. 그런 기업들은 기계적 조직설계 접근법을 택할 가능성이 높다. 다른 기업들은 차별화 전략을 택할 수 있다. 최저 가격에 제품이나 서비스를 공급하는 데 초점을 맞추는 대신, 이들 기업은 사람들이 어떤 측면에서 독특한 제품에 더 많은 비용을 지불할 것이라 믿는다. 이들 제품은 더 높은 수준의 품질을 가지고 있거나, 저가 제품이 가지지 못한 특성을 제공할 수 있다. 차별화 전략은 변화하는 환경에 얼마나 잘 적응하느냐에 성패가 달려있고, 이 경우 유기적 조직구조가 더 적절할 것이다.

Roman Tiraspolsky/Shutterstock

소니는 부분적으로 경직된 조직구조의 한계성 때문에 급변하는 환경에 기민하게 대처하지 못하였으나, 반대로 애플은 휴대용 음악 재생기 제품인 아이팟 라인을 구축하는 혁신을 이루어 냈다.

기술. 조직의 **기술**(technology)은 조직이 투입을 산출로 변환시키는 방법을 말한다. 초기의 조직 연구에서, 기술은 조직구조의 주요한 결정 요인으로 간주되었다.[31] 그 이후로, 기술과 조직구조 간의 적절한 관계에 관한 설명은 덜 명확하게 되었다.[32] 비록 완전히 결론 난 것은 아니지만, 연구 결과들은 기술이 일상적일수록 더 기계적 구조를 가져야 된다고 주장한다. 많은 경우에, 이 주장은 적용될 수 있다. 한 기업이 똑같은 제품을 반복해서 만든다면, 고도의 전문화, 공식화, 집권화를 통해 그 제품을 가능한 효율적으로 만드는 데 초점을 맞추어야 한다. 그러나 다양한 소비자의 욕구를 충족시키기 위해 기술의 변화 또는 변경이 필요하다면, 의사결정은 보다 분권화되고 규칙과 절차들은 보다 유연해질 필요가 있다.

기업 규모. **기업 규모**(company size) 또는 총 종업원 수와 조직구조 간에 유의한 관계가 있다는 데 의심의 여지가 없다.[33] 조직의 규모가 커지면 활동을 통제하기 위해 전문화, 공식화, 집권화의 조합이 필요하고, 이에 따라 자연히 보다 기계적 구조가 된다. 그러나 조직의 성과 측면에서 언제 조직구조를 바꾸어야 하는지, 또는 "얼마나 크면 너무 큰 것인지"에 대한 명확한 정답은 없다.[34] 많은 조직은 규모가 커짐에 따라, "작고 민첩한 느낌"을 형성하기 위해 기업 내에 더 작은 부서를 만들고자 한다. 고어(Gore)는 회사의 어떤 곳이라도 한 장소 내에 150명 이상의 종업원이 근무하는 것을 금지함으로써 이를 실천했다. 최고 경영진은 150명 정도의 규모라면 복도에서 종업원들이 서로 이야기할 수 있을 것이라 확신한다. 그러나 고어조차도 그 목표를 유지할 수 없었다. 고어가 45개 지역에 7,300명의 종업원을 가진 기업으로 성장했기 때문이다.[35] 고어사가 시행하는 조직 규모의 적정선(150명 이내) 유지 및 관리는 혁신적 심리학자 로빈 던바(Robin Dunbar)의 연구와 그 맥락이 일치한다. 던바에 의하면 개인은 최대 150여 명의 사람하고 개인적인 관계를 유지할 수 있다고 한다. 페이스북과 넷플리스조차도 이러한 한계점을 잘 인지하고 있다. 페이스북 생산 총괄 매니저 크리스 콕스(Chris Cox)는 팀 구성원이 150명이라는 것은 건강한 관계를 유지하기에는 적정한 숫자를 넘어선 것이라고 주장했다.[36] 또한 콕스는 많은 창업자 대화를 통하여 다양한 150명 이상의 개인적 관계가 형성되면 효과적인 의사소통과 의사결정을 위하여 다른 계층의 조직이 필요하다고 언급하였다.[37] 너무도 큰 규모 때문에 기술적으로 더 작은 그룹을 만들지 못한다 할지라도 펩시코(PepsiCo)와 몬델리즈(Mondelez International snack food company)와 같은 기업들은 종업원들을 기술 벤처나 미디어 신생기업으로 보내 시간을 보내도록 하고, 그들이 거대 조직 내부에 기업가정신을 불러일으킬 수 있도록 "작고 민첩한" 느낌을 가지고 복귀할 수 있도록 한다.[38]

일반적 조직 형태

학습목표 15.4
조직이 채택할 수 있는 일반적인 조직 형태에는 어떤 것이 있는가?

조직설계와 관련된 논의에서 조직의 경영 환경, 전략, 기술, 그리고 규모를 결합하여 다른 조직보다 더 효과적인 조직구조를 만드는 방법을 설명했다. 지금부터는 다음 질문에 주의를 기울인다. 대부분의 조직이 활용하는 조직구조는 무엇인가? 다음 섹션부터는 몇 가지 가장 일반적인 조직 형태에 대해 설명한다. 설명을 읽은 다음, 이들 형태가 기계적 조직에 가까운지 유기적 조직에 가까운지 생각해 보라. 또한 어떤 설계 요소 때문에 한 조직이 그 특정의 형태를 택하게 되었는지도 염두에 두길 바란다.

그림 15-3 소규모 레스토랑의 조직구조

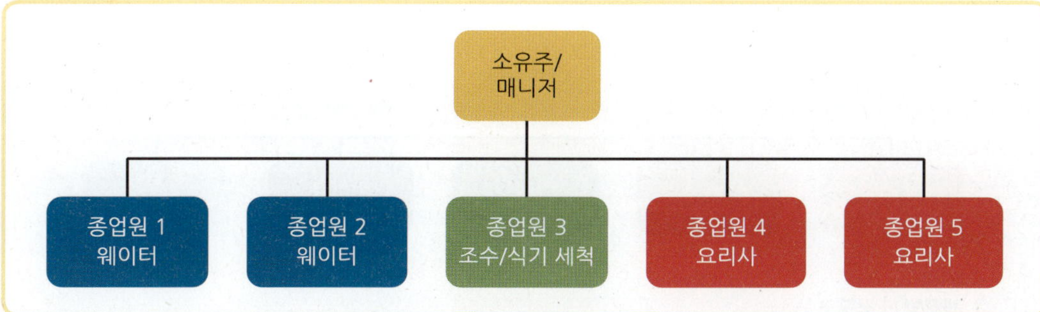

단순 구조. 큰 조직보다는 작은 조직이 더 많기 때문에 **단순 구조**(simple structure)는 가장 일반적인 조직설계 형태일 것이다. 실제로 종업원을 고용하고 있는 조직의 80% 이상이 19명 이하의 조직이다.[39] 작은 회계 사무소와 법률 사무소, 가족 소유의 청과 상회, 개인 소유의 소매점, 독립 교회, 조경업 등은 모두 단순 구조를 사용할 가능성이 높다. [그림 15-3]은 관리자가 소유한 레스토랑의 단순조직구조를 나타낸다. 이 그림에서 보면 단순 구조는 진짜 말 그대로 단순하다. 단순 구조는 경영자, 사장, 그리고 소유자가 동일 인물인 아주 작은 조직에서 일반적으로 사용된다. 단순 구조는 핵심 의사결정자가 한 사람인 수평적 조직이다. 여기에서 고도의 공식화를 하기에는 조직이 크지 않고 분업 측면에서 아주 기본적인 구분만 하고 있다.

단순 구조는 조직에 큰 파장을 일으키지 않고 종업원들이 들어오거나 나갈 수 있기 때문에 작은 조직에 매우 적합하다. 그러나 사업이 성장하면, 소유주/경영자의 조정 노력이 점점 더 복잡해진다. 위의 레스토랑 사례에서, 레스토랑이 성장하면서 소유주가 종업원을 관리하기 위해 수많은 사소한 일에까지 시간을 써야 한다고 가정해 보라. 그 경영자는 진짜 사업을 직접 챙기는 데 쏟을 시간을 잃어버리게 된다. 그래서 경영자는 일상의 레스토랑 관리 전반을 책임질 감독자를 추가하기로 결정한다. 이 구조는 두 번째 레스토랑을 열기 전까지는 잘 작동된다. 자, 이제 두 번째 레스토랑이 훨씬 더 커져서 소유주는 웨이터와 주방을 직접 책임질 감독자를 고용하기로 결정한다. 갑자기 이 작은 레스토랑은 3층의 관리 구조를 가지게 되었다.

관료적 구조. "관료주의"라는 단어를 생각할 때 무슨 생각이 먼저 떠오르는가? 답답하고, 엄격하고, 공식적이고, 변하기 어렵고, 두말 할 필요도 없이 복잡하다는 것 등이 관료주의와 연관될 가능성이 높은 단어들이다. 그런 달갑지 않은 형용사들을 치우더라도, 여러분이 현재 관료주의 속에 있거나 혹은 졸업 후에 그럴 가능성이 높다. **관료적 구조**(bureaucratic structure)는 기계적 조직의 많은 측면을 보여 주는 조직 형태이다. 관료주의는 효율성을 위해 설계되고 높은 수준의 과업 전문화, 공식화, 권한의 집권화, 엄격하고 잘 정의된 명령 체계, 그리고 상대적으로 좁은 통제범위에 의존한다. 앞서 언급한 것처럼, 조직의 규모가 커지면 어느 정도의 관료주의를 도입하지 않는 다는 것은 매우 어렵다.

우리가 초점을 맞추는 관료적 조직구조의 형태는 다양하다. 이 구조의 가장 기본적인 형태

그림 15-4 기능별 구조와 사업부 구조

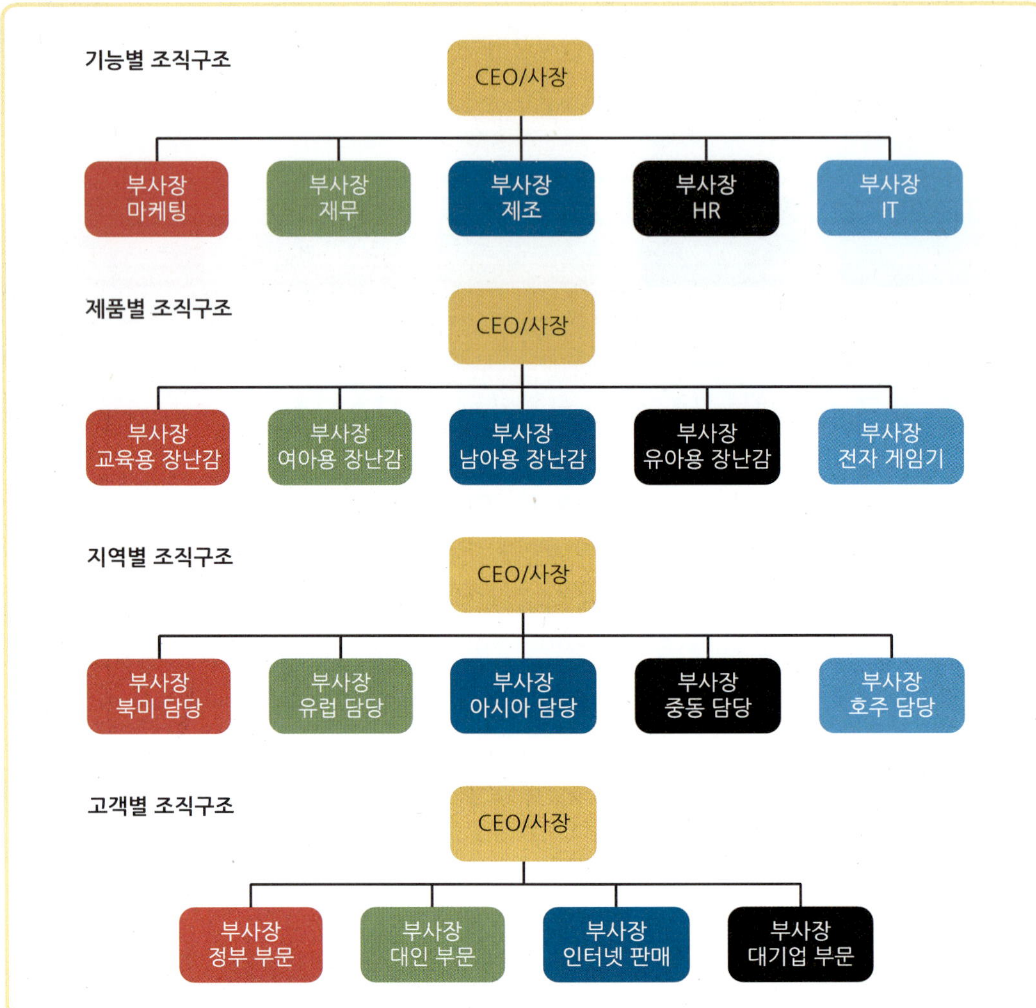

는 **기능별 조직구조**(functional structure)이다. [그림 15-4]에서 보는 것과 같이, 기능별 조직구조에서는 조직에서 수행하는 기능에 따라 구성원을 그룹화한다. 예를 들어, 마케팅에 전문성을 가진 구성원들을 함께 그룹으로 만들고, 재무 업무를 하는 구성원들은 그들끼리 그룹화하는 방식이다. 기능별 조직구조의 성공은 중앙에서 조정되는 고도의 과업 전문화에 따른 효율성에 기반을 두고 있다.[40] 관리자는 각 분야에 전문성을 가지고 있고 같은 유형의 전문성을 가진 다른 사람들과 상호작용하여 가장 효율적인 대안을 만들어 낸다. 앞서 예를 들었던 고속 성장하는 레스토랑의 사례에서처럼, 많은 작은 기업은 규모가 커짐에 따라 자연적으로 기능에 기반한 조직구조로 진화한다.

그러나 빠른 성장을 경험하는 작은 기업만 기능별 조직구조의 혜택을 얻는 것은 아니다. 뉴욕 기반의 의류 매장인 메이시(Macy's)는 전통적인 기능별 구조로 옮겨가고 있다. 150년 전통의 소매 업체, 메이시는 지리학적 지역을 기반으로 조직화되어 있었으나, 지금은 뉴욕에 있는 한 곳을 제외하고는 모든 운영을 구매, 기획, 마케팅 등 기능을 바탕으로 구조를 재편했다. 메이시는 조직구조 변경에 따른 효율성이 충분한 원가 절감 효과를 가져와 JC 페니(JCPenny)와 콜스(Kohl's) 같은 경쟁사를 따라잡을 수 있기를 기대한다. 실제로 메이시는 이러한 변화로 인해 2년 동안 5억 달러 이상의 원가절감을 이루었다고 믿는다.[41]

기능별 조직구조는 조직 전체가 상대적으로 좁은 초점, 소수의 제품라인 또는 서비스, 그리고 안정적인 환경에서 특히 효율적이다. 기능별 구조의 가장 큰 약점은 각 기능 내의 구성원들이 자신의 목표나 관점에 지나치게 몰두하여 조직 전체의 그림을 보지 못한다는 사실이다. 다시 말해, 구성원들은 기능 부서 간의 의사소통을 기능 내에서 하는 것만큼 잘 하지 않는다. 소니의 사례는 이러한 위험을 잘 보여 주는데, 하드웨어 엔지니어들은 소프트웨어 개발자들과 의사소통하는 데 실패했고, 이로 인해 하드웨어 엔지니어와 소프트웨어 엔지니어 모두 전체 퍼즐을 보지 못하게 되었다.[42] 바로 위의 사례에서, 메이시의 CEO 테리 룬드그렌(Terry Lundgren)은 기능별 구조로 지역별 취향에 맞출 수 있을지 우려한다. 이 문제에 대응하기 위해, 그는 각 지역에 특별 관리자를 임명하여 지역의 독특한 요구를 감지하고 책임지도록 했다.[43]

기능별 조직과 대조적으로, **사업부 구조**(multi-divisional structures)는 종업원들이 제품, 지리학적 지역, 또는 고객을 중심으로 그룹화되는 관료적 조직 형태이다(그림 15-4 참고). 이들 각 사업부는 다른 사업부와 상대적으로 자율적으로 운영되고 그 자체적인 기능적 그룹을 보유한다. 사업부 구조는 일반적으로 기능별 조직구조에서 발전되는데, 기업의 이해와 목표가 너무 다양해서 기능별 구조로는 대응하기 어려울 때 채택하게 된다. 예를 들어, 기능별 구조를 가진 기업이 현지화된 제품을 요구하는 고객을 유치하게 되었을 때, 그 기업은 제품 다양성에 대처하기 위해 지역별 조직구조를 채택할 수 있다. 기업이 어떤 형태를 선택할 것인가는 사업의 다양성이 어디에 있느냐에 달려 있을 가능성이 크다.

제품별 조직구조(product structures)는 기업이 생산하는 제품을 기준으로 사업 단위를 묶는다. 이들 사업부는 각자 자체적인 제품 제조, 마케팅, 그리고 연구개발에 책임을 진다. 보잉, 프록터앤드갬블, 휴렛 팩커드, 그리고 소니는 제품별 구조를 채택한 회사들이다. 제품별 구조는 기업이 판매하는 제품이 너무 달라서 관리하기가 어려운 지점에까지 다각화 한 경우에 적합하다. 캠벨수프는 제품 기반 조직구조로 조직화하여 더빠르게 성장할 시장으로 확장할 수 있을 것으로 기대한다. 캠벨은 "아메리카 간편식 및 음료", "글로벌 비스킷 및 스낵", "신선 포장 식품" 사업부로 조직화할 것이다.[44] 도요타는 최근 제품 등급에 초점을 맞춘 7개 유닛(소형차, 중형차, 영업용, 고급 렉서스 브랜드 등)으로 재구조화했다. 료 사카이 대변인은 "회사는 이전보다 더 작은 크기로 세분화함으로써 각자가 변화에 대응하는 방법을 보다 신속하게 결정할 수 있게 되었다."고 말했다.[45]

Bloomberg/Contributor/Getty Images

페이스북은 여러 가지 어려움을 극복하기 위하여 구성원들을 조직화하는 방안을 다양하게 활용하였다.

그러나 제품별 구조의 불리한 점이 있다. 불리한 점들 중 하나는 사업부들이 커뮤니케이션하지 않고 서로에게서 배울 능력이 없을 경우에 발생한다. 페이스북은 여러 가지 어려움을 극복하기 위하여 조직 구성원들을 조직화하는 방안을 다양하게 활용하였다. 예를 들어 엄격한 신입사원 교육훈련 과정, 멘토링, 직원 간의 상호작용, 직원 간의 장벽을 무너뜨리는 것이다. 한 선임 매니저는 우리는 소니와 마이크로소프트 같지 않기를 희망한다고 말했다.[46] 모든 기업이 그들의 사업부가 아이디어를 공유하기를 원하는 것은 아니다. 그들은 서로 경쟁하기를 원한다. 피아트-크라이슬러(Fiat-Chrysler)의 CEO인 세르지오 마르치오네(Sergio Marchionne)는 닷지(Dodge), 지프(Jeep), 그리고 크라이슬러가 각자 CEO를 가진 독립된 기업들로 운영되도록 재편했다. 이들 기업들은 마케팅과 개발 자원에 대해 서로 경쟁해야만 한다. 마르치오네는 이러한 경쟁이 세 자동차 브랜드 모두가 회복하는 데 도움이 되기를 희망한다.[47]

지역별 조직구조(geographic structure)는 일반적으로 기업이 사업을 영위하는 지역에 기초를 두고 있다. 사업을 지원하는 기능들은 특정 지역을 책임지고 있는 경영자 아래에 위치시킨다. 지역별 구조를 채택하는 이유는 각기 다른 지역의 차별적인 기호, 영업 사원이 담당해야 하는 지역의 규모, 또는 제품의 제조와 유통이 지역적으로 이루어질 때 더 잘 된다는 사실 등에 바탕하고 있다. 영국의 리거스 그룹(Regus Group)과 미국 기업인 HQ 글로벌 워크플레이스(HQ Global Workplaces)가 합병했을 때, 그들은 세계에서 가장 큰 회의 공간과 사무실 공급자가 되었다. 새롭게 탄생한 리거스 그룹은 이제 60개국 350개 도시에 750개의 사무실 시설을 보유하고 있다. 그들이 합병했을 때, HQ와 리거스는 각기 다른 구조를 가지고 있었다. 필연적으로 지역 기반의 사업이라는 점을 감안하여(예: 시설 간의 거리와 고객 간의 거리 등), 리거스 그룹은 지역별 구조를 갖추었다.[48] 많은 글로벌 기업들 또한 지리학적 위치에 따라 조직화하고 있다. IBM은 초기에 이 구조를 도입한 기업들 중 하나였지만, **국제 상황의 OB**에 설명된 것처럼, 바뀌고 있다.

사업부 조직구조의 마지막 형태는 **고객별 구조**(client structure)이다. 조직이 유사한 특성을 지닌 매우 큰 고객이나 고객 집단을 다수 보유하게 될 때, 이들 고객을 대응하기 위해 사업을 조직화한다. 예를 들어, 작은 은행들은 전통적으로 개인 금융, 소기업 금융, 개인 대출, 상업 대출과 같은 부문으로 조직화했다. 이와 유사하게, 컨설팅 회사들은 종종 소기업 고객, 대기업 고객, 정부 고객을 담당하는 부문으로 조직화한다. 델(Dell)은 (대부분의 기술 기업들과 마찬가지로) 제품별 구조로 운영하다가 최근에는 최고 경영자들에게 책임과 융통성을 주기 위해 고객별 구조를 채택했다. 이 기업은 현재 네 개의 고객 그룹(개인 고객, 기업, 중소기업, 정부와 교육 부문)을 중심으로 구조화되어 있다.[49]

매트릭스 조직구조(matrix structures)는 두 유형의 조직구조의 장점을 동시에 취하려 하는 보다 복잡한 설계이다. 제록스, GE, 다우 코닝과 같은 기업들은 이 유형의 구조를 최초로 채택했다.[50] [그림 15-5]는 매트릭스 조직구조의 예시를 보여 준다. 이 예시에서, 종업원들은 자신의 기능적 전문성과 그들이 일하게 된 제품, 두 가지 모두에 기초하여 팀 또는 프로젝트에 분배된다. 그러므로 매트릭스는 기능별 구조와 제품별 구조의 결합을 의미한다. 매트릭스 구조를 이해하는 데 두 가지 중요한 점이 있다. 첫째, 매트릭스 조직은 종업원의 경험과 스킬을 바탕으로 매우 유연한 팀을 결성할 수 있다.[51] 이러한 유연성으로 인해 조직은 전통적인 관료적 구조보다 환경에 훨씬 더 신속하게 적응할 수 있다.

국제 상황의 OB

전통적으로 IBM은 386,000명의 직원 조직을 지리적 위치에 따라 구성했다. 누군가는 IBM이 세계 각국에 미니 IBM을 설립함으로써 최초의 다국적 지리 구조를 개척한 회사라고 주장할 수도 있다. IBM이 운영하는 각 국가는 해당 국가에서 서비스를 이용하는 고객을 대응하는 자체 인력 및 관리 팀을 보유하고 있었다. 고객이 소프트웨어나 컴퓨터에 문제가 있을 때 컨설턴트가 고객과 함께 있어야 하는 세상에서 이러한 구조는 완벽하게 타당했다. 그러나 IBM의 환경 요인은 빠르게 변화하고 있다. 경쟁업체들, 특히 인도에서 나온 업체들은 훨씬 더 적은 비용으로 동일한 서비스를 많이 제공하고 있다. IBM은 경쟁업체와 함께 변화하고 "평탄한 세상"에 대응하기 위해 이른바 "역량지원센터"를 만들어 활용함으로써 인력을 재편하고 있다. 이 센터들은 전 세계의 직원들이 고객들에게 제공해야 하는 특정한 기술들을 기반으로 그룹화할 것이다. 일부 근로자들은 기술의 사용을 통해 전 세계의 고객들에게 서비스를 제공할 수 있는 한 곳으로 묶일 것이다. 예를 들어, 몇 년 전 IBM은 회사의 전략적 서비스 허브 역할을 하며 최대 1,000명을 고용할 예정인 코스타리카 서비스 센터에 10년 동안 3억 달러를 투자하겠다고 발표했다. 그 시설은 주로 사이버 보안 센터로서 고객을 지원한다. 콜로라도주 볼더에 위치한 IBM은 전 세계 고객의 컴퓨팅 기능을 모니터링하는 "콜센터"의 일부로 6,200명의 전문가를 고용하고 있다. IBM의 426 데이터 센터 중 하나에서 문제가 발생할 경우 볼더의 직원들은 문제를 처리하거나 해결할 수 있는 사람에게 보낼 가능성이 높다. 다른 IBM 직원들은 여전히 고객과 비교적 가까운 곳에 있을 수 있도록 더 넓은 지리적 위치에 따라 그룹화된다. 고객이 이러한 직원을 필요로 할 때 IBM은 70,000개의 IBM 이력서에 나열된 기술 세트를 검사하여 고도로 전문화된 컨설턴트 팀을 구성할 수 있는 컴퓨터 데이터베이스를 보유하고 있다. IBM의 최근 움직임은 전 미국 마케팅 부서(2,600명 직원)를 6개 도시로 통합하는 것이었다. 이 중 40% 이상이 재택근무였다. 이 구조의 변화가 친숙하게 들리는가? IBM은 일부 지리적 구조를 유지하고 있지만 조직구조는 점점 더 기능적으로 변모하고 있다. 기술을 통해 세상이 글로벌화 됨에 따라, 고객들은 그들의 도시 내에 있는 최고의 인재뿐만 아니라, 세계 각국의 최고의 인재를 갈망한다. IBM은 이러한 구조적 변화를 통해 고객에게 위와 같은 이점을 제공할 수 있다. IBM에게 있어 이러한 변화는 글로벌 기업이 되는데 따르는 필수적인 변화이다. 사실, IBM은 "세계에서 가장 복잡한 조직"으로 알려져 왔다. IBM 수석 부사장이었던 Robert W. Moffat Jr.은 다음과 같이 말했다. "이것은 단지 구조에 관한 것이 아닙니다. 세계화는 그 이상입니다. 고객은 적절한 기술을 적절한 시기에 적절한 장소에 제공할 것을 요구합니다."

출처: L. Alvarado, "IBM Will Expand Operations Center in Costa Rica," *The Costa Rica Star*, February 11, 2019, https://news.co.cr/ibm-will-expand-operations-center-in-costa-rica/78788/; J. Kessler, "IBM, Remote-Work Pioneer, Is Calling Thousands of Employees Back to the Office," *Quartz*, March 21, 2017, https://qz.com/924167/ibm-remote-workpioneer-is-calling-thousands-of-employees-back-to-the-office/; "IBM Drives Flash Technology Deeper into the Enterprise to Speed Big Data Analytics," IBM press release, April 11, 2013, http://www-03.ibm.com/press/us/en/pressrelease/40832.wss; "New IBM Delivery Center Opens in Costa Rica," *PR Newswire*, May 2012; J. Galbraith, "The Multi-Dimensional and Reconfigurable Organization," *Organizational Dynamics* 39 (2010), pp. 115–25; S. Hamm, "Big Blue Shift," *BusinessWeek*, June 5, 2006, pp. 108–10.

둘째, 매트릭스는 구성원에게 두 개의 명령계통, 상호작용하는 두 개의 그룹, 그리고 고려해야 할 두 개의 정보 원천이 주어진다. 기능적 그룹의 요구가 제품 혹은 고객 기반 그룹의 요구와 정반대일 경우, 이러한 전통적 구조적 요소의 배가는 종업원들에게 높은 수준의 스트레스를 야기할 수 있다.[52] 두 그룹 중 하나가 다른 쪽에 비해 더 힘이 있는 경우에는 이런 상황에서 특히 더 스트레스를 받을 수 있다. 예를 들어, 기능 조직 관리자가 종업원들을 팀에 배정하고, 성과 평가를 하고, 급여 인상을 결정한다면, 그 관리자는 제품 또는 고객 조직 관리자에 비해 더 힘을 가진다.[53] 매트릭스 조직구조가 1960년대부터 있어 왔지만, 팀이 과업을 조직화하는 일반적인 형태가 됨에 따라 이 구조를 사용하는 조직의 수가 점점 증가하고 있다. 매트릭스 구조는 지역적 그룹을 통해 기능적 그룹의 균형을 도모하려는 글로벌 기업에서 더 일반적인 형태가 되어가고 있다. 실제

그림 15-5 매트릭스 구조

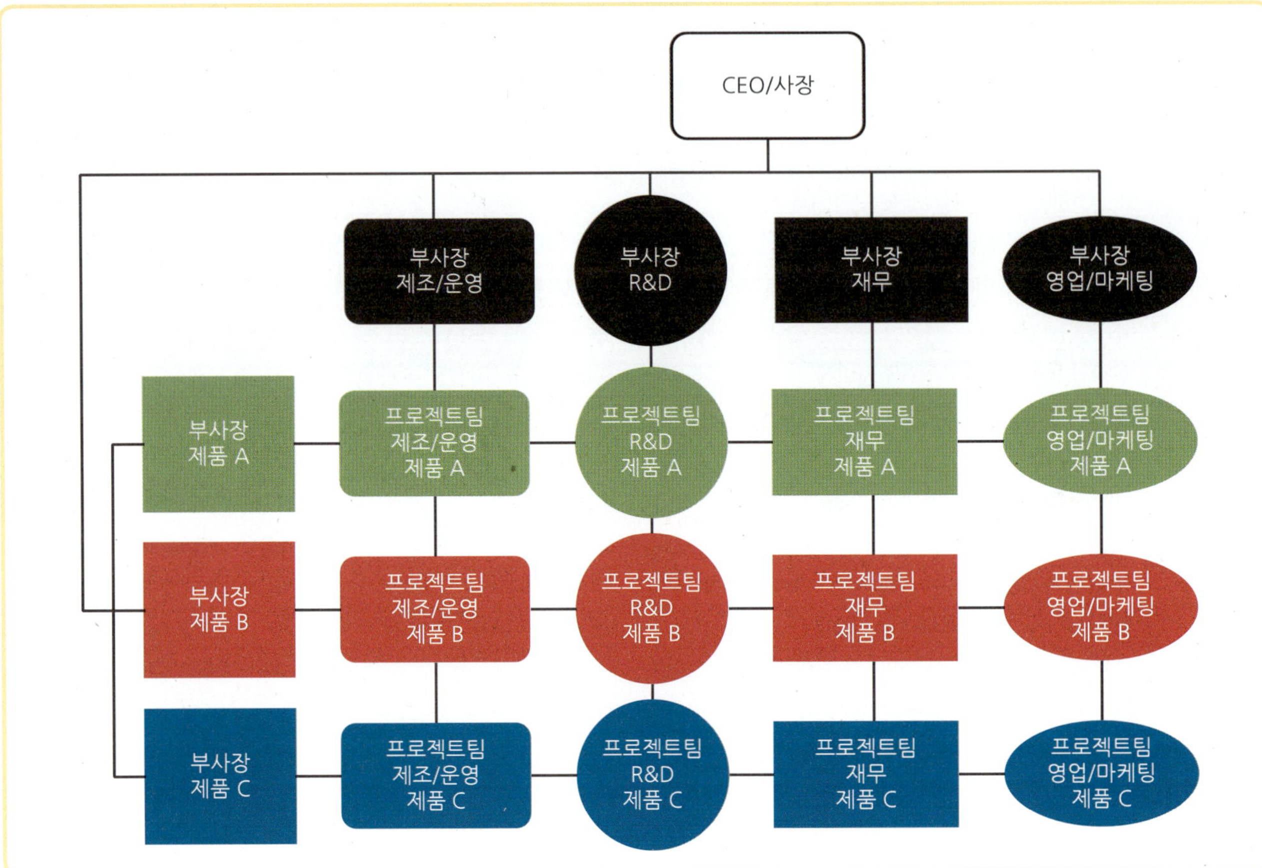

로 현재 수많은 기업이 넷 혹은 다섯 차원을 고려한 다층 구조의 매트릭스를 가지고 있다.[54] 뉴욕에 기반을 둔 바이오 제약 회사인 브리스톨마이어스스큅(Bristol-Myers Squibb)은 전사적으로 매우 고도의 매트릭스 조직을 구축하고 있다. 제인 루치아노(Jane Luciano) 글로벌 러닝 & 조직 개발 부사장은 다음과 같이 설명한다. "우리는 지역, 기능, 그리고 제품 등 조직할 수 있는 모든 것을 활용해서 매트릭스를 구축하고 있다. 우리의 규모를 고려하고, 또 고도의 규제 산업 속에서, 매트릭스를 통해 전 세계에서 발생하는 이슈를 통제하고 규모의 경제 효과를 이용하는 데 도움을 받고 있습니다."[55]

요약 : 왜 조직들은 서로 다른 조직구조를 가지고 있는가?

왜 조직들은 서로 다른 구조를 가지고 있는가? [그림 15-6]에서 보는 것처럼, 경영 환경, 기업 전략, 기술, 기업 규모에서의 차이 때문에 각 조직은 서로 다르게 조직구조를 설계한다. 이러한 차이는 조직구조의 다섯 가지 요소, 즉 과업 전문화, 명령계통, 통제범위, 집권화, 공식화 등에서의 차이를 만든다. 이들 요소는 다양한 일반적 조직 형태, (1) 단순 구조, (2) 관료적 구조, 이는 다시 기능별, 제품별, 지역별, 또는 고객별 형태로 구분된다. 또는 (3) 매트릭스 구조 중 하나를 구축하도록 결

그림 15-6 왜 조직들은 서로 다른 조직구조를 가지고 있는가?

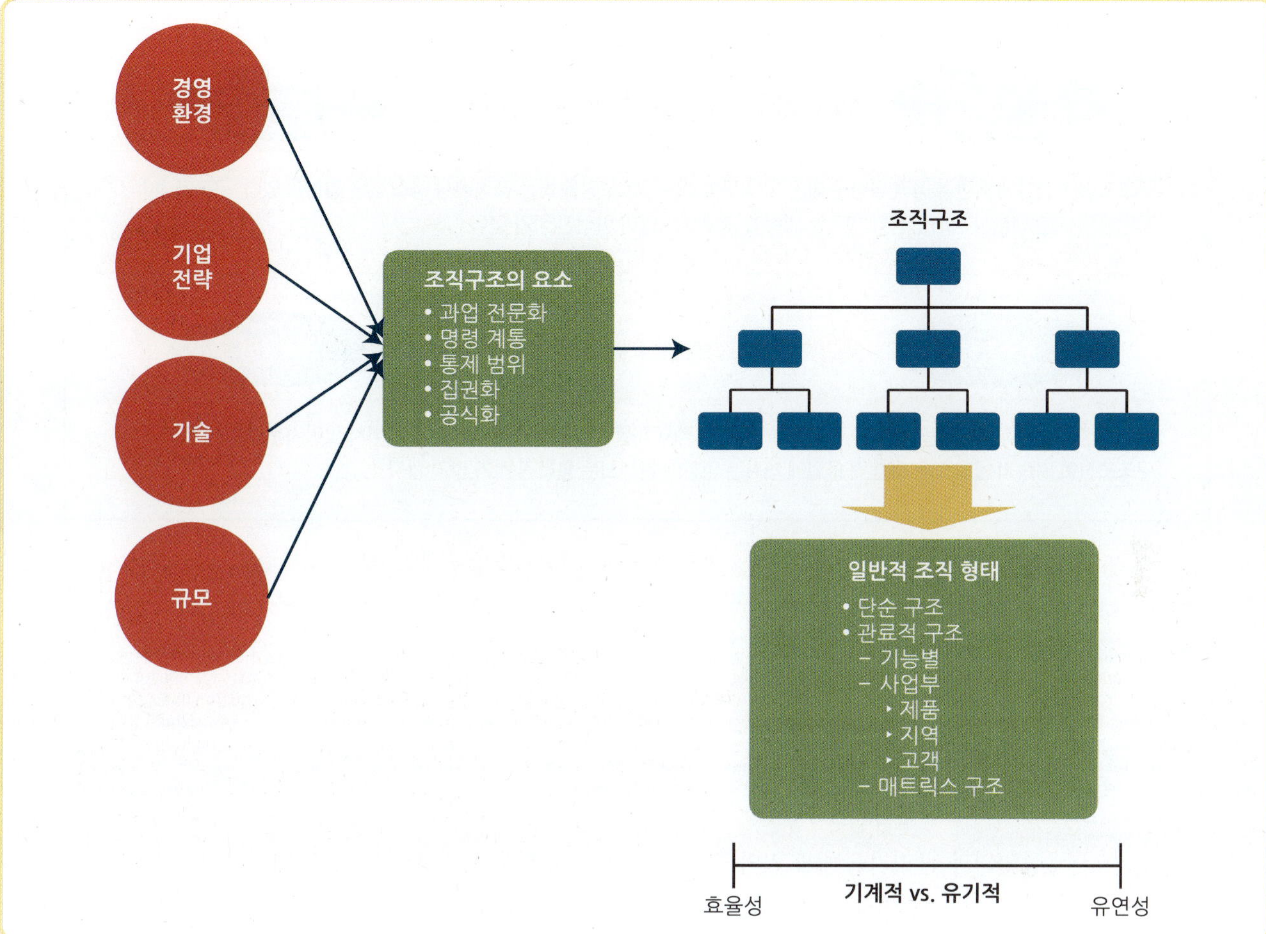

합된다. 이들 형태 중 일부는 보다 기계적인 반면, 다른 형태는 좀 더 유기적이다. 모두 종합해 보면, 이들 구조는 기업 내에서 과업이 조직화되는 방식을 설명해 준다.

구조는 얼마나 중요한가?

어느 정도까지, 한 조직의 구조는 조직행동에 있어 거의 모든 것에 대한 토대를 제공한다. 조직구조가 영향을 미치는 것들을 생각해 보라. 구성원 간의 의사소통 패턴, 구성원이 수행하는 과업, 조직이 사용하는 집단의 유형, 구성원들이 혁신하거나 새로운 것을 시도할 수 있는 자유, 기업 내에서 권력과 영향력이 분배되는 방식 등 계속해서 예를 들 수 있다. 집의 벽을 상상해 보라. 집 안에 거주하는 사람은 그들이 할 수 있는 최선을 다해 장식하거나 자신의 입맛에 맞게 바꿀 수 있다. 가구를 추가하거나 빼내는 등 개인의 선호에 따라 더 매력적으로 만들 수 있지만, 결국 그들은 여전히 그 구조 안에 존재한다. 그들은 건축가가 그려 놓은 한계 내에서 작업을 해야만 한다(그들이 벽을 뜯어내고 상당한 시간, 노력, 비용을 들여 새로운 벽을 만들지 않는 한). 조직구조는

그림 15-7 조직구조가 성과와 몰입에 미치는 영향

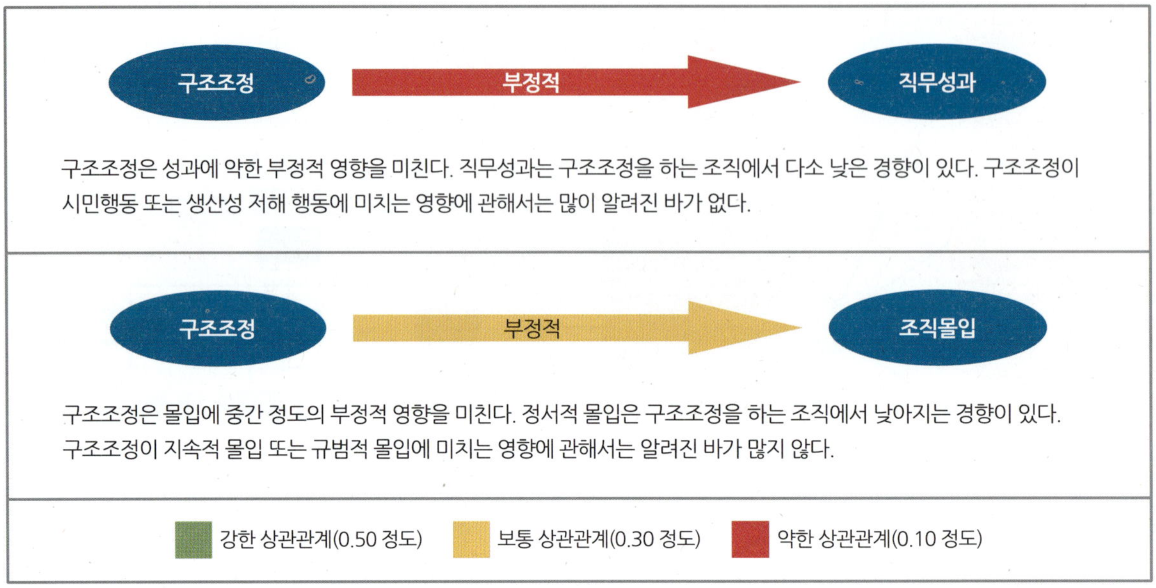

출처: K.P. DeMeuse, M.L. Marks, and G. Dai, "Organizational Downsizing, Mergers and Acquisitions, and Strategic Alliances: Using Theory and Research to Enhance Practice," In *APA Handbook of Industrial and Organizational Psychology*, Vol. 3, ed. S. Zedeck (Washington, DC: APA, 2011), pp. 729–68; C. Gopinath and T.E. Becker, "Communication, Procedural Justice, and Employee Attitudes: Relationships Under Conditions of Divestiture," *Journal of Management* 26 (2000), pp. 63–83; D. van Dierendonck and G. Jacobs, "Survivors and Victims, a Meta-Analytical Review of Fairness and Organizational Commitment After Downsizing," *British Journal of Management* 23 (2012), pp. 96–109; J. Brockner, G. Spreitzer, A. Mishra, W. Hockwarter, L. Pepper, and J. Weinberg, "Perceived Control as an Antidote to the Negative Effects of Layoffs on Survivors' Organizational Commitment and Job Performance," *Administrative Science Quarterly* 49 (2004), pp. 76–100.

종업원과 관리자들에게 거의 똑같은 방식으로 작용한다. 관리자는 종업원들이 높은 수준의 성과와 몰입을 유지하도록 동기부여하고, 영감을 불어넣고, 그리고 효과적인 작업 환경을 구축하기 위해 많은 것을 할 수 있다. 그러나 결국에는 그 관리자는 조직이 만들어 놓은 구조 내에서 일해야만 한다.

학습목표 15.5
한 조직이 조직구조를 바꿀 때, 그 구조조정은 직무성과와 조직몰입에 어떤 영향을 미치는가?

수없이 다양한 조직 형태가 존재하기 때문에, 조직구조가 직무성과에 미치는 영향을 정확하게 나타내기란 거의 불가능하다. 또한, 조직구조의 요소들은 성과에 반드시 좋거나 나쁘지 않다. 예를 들어, 좁은 통제범위는 반드시 넓은 통제범위보다 더 낫지 않다; 오히려, 조직은 환경과 문화를 바탕으로 최적의 대안을 찾아야 한다. 한 가지 말할 수 있는 것은, [그림 15-7]에 나타나 있는 것처럼, 조직구조의 변화는 적어도 단기간에는 종업원들에게 부정적인 효과를 줄 수 있다. 조직의 구조를 바꾸는 프로세스는 **구조조정**(restructuring)이라 불린다. 연구에서는 구조조정은 전문화, 집권화, 또는 공식화가 종업원의 직무 수행 방식에 혼란을 초래하고, 학습과 의사결정에 장애가 되기 때문에 직무성과에 약간의 부정적인 효과가 있다고 주장한다. 그러나 구조조정은 조직몰입에는 더 심각한 부정적 효과가 있다. 구조조정 노력은 스트레스를 증가시키고 구성원의 신뢰를 떨어뜨린다.[56] 실증 결과에 따르면, 구성원들이 기업에 감정적으로 애착을 덜 느끼게 되므로 최종적으로 낮은 수준의 정서적 몰입을 초래한다.

실무 적용: 구조조정

조직구조에 관한 논의를 읽으면서, 조직이 환경에 적응한다는 것이 얼마나 중요한지 알게 되었을 것이다. 적응의 첫 단계는 변화의 필요성을 인지하는 것이다. 둘째 (그리고 때에 따라서는 훨씬 더 중요한) 단계는 구조조정을 통해 실제로 적응하는 것이다. 조직은 항상 구조조정을 시도한다. 실제로, 비즈니스위크(Businessweek)나 포춘(Fortune)을 읽을 때마다 어떤 기업의 구조조정 이야기를 접하게 될 것이다. GM은 지난 25년 동안 자그마치 여덟 차례에 걸쳐 대규모 구조조정을 실시했다.[57] 이 장에서 예를 든 대부분의 사례는 구조조정을 실시한 기업들이다.

구조조정 노력은 다양한 형태와 규모를 띤다. 조직은 제품별 구조에서 기능별 구조로, 기능별 구조에서 지역별 구조로 등 변화를 꾀할 수 있다. 그런데 최근 가장 일반적인 구조조정은 조직의 "수평화"이다. 왜 많은 조직이 이렇게 할까? 대개 투자자에게 그들이 보다 수익성을 높이기 위해 비용을 절감하고 있다는 점을 보여 주기 위해서다. 고층 조직구조와 저층 조직구조에 관한 논의를 떠올려본다면, 고층 조직일수록 더 많은 관리 계층을 가지고 있다. 많은 구조조정 노력이 비용을 절감하기 위해 하나 이상의 계층을 제거하려 한다. 물론, 그런 계층의 제거가 단지 조직도에서 박스를 삭제하는 것만을 의미하지는 않는다. 그 박스 안에는 실제 사람이 있다. 그러므로 조직의 수평화는 다수의 관리자의 해고를 수반한다. 포드는 최근 14개 조직 계층을 9개 이하로 축소하는 대규모 구조조정 계획을 발표했다. 불행하게도, 이를 위해서는 전 세계 직원의 10% 또는 약 7,000명의 전문직과 관리직을 해고해야 한다.[58] 회사가 구조조정을 준비할지도 모른다는 느낌을 가지게 되면, 종업원들은 직장을 잃을지 모른다는 걱정 때문에 상당한 수준의 스트레스를 겪게 된다. 휴렛팩커드의 전 CEO인 칼리 피오리나가 구조조정을 결정했을 때, 구성원들 사이에 불안과 공포가 만연했다. 실제 구조조정 발표가 있기 60일 전부터 높은 스트레스, 동기부여 저하, 정치적 싸움, 그리고 만연한 권력투쟁 등으로 회사에서 업무는 마비 상태가 되었다.[59]

> **학습목표 15.6**
> 구조조정 노력의 부정적 효과를 줄이기 위해 조직은 어떤 조치를 취할 수 있는가?

당시 휴렛팩커드는 한 분기 전체 생산성을 잃어버린 것으로 추산되었다.[60] 피오리나 이후 두 명의 CEO가 승계할 때마다 구조조정을 실시했다. 마크 허드는 피오리나가 통합했던 부서를 분리함으로써 피오리나가 단행했던 모든 것을 근본적으로 원상복귀 시켰다. HP의 신임 CEO, 맥 휘트먼(Meg Whitman)은 HP의 PC와 프린터 부서를 재통합함으로써 모든 것을 다시 재조직화했다(물론 추가적인 해고를 수반했다).[61] 이런 조치로 재무적 문제가 해결되지 않자 HP는 조직을 완전히 별개의 두 회사(HP는 하드웨어 회사로, HP Enterprise는 데이터센터, 소프트웨어 및 서비스 유닛으로 운영)로 분할할 것이라고 발표했다. 두 회사 모두 현재 포춘 50대 기업이다.[62] 그 분할 이후, 두 회사는 추가적인 구조조정을 여러 차례 발표했다. HP의 CEO인 엔리케 로레스는 최근 HP의 인원을 16%(2022년까지 3년 동안 8,000명) 줄이는 지속적인 구조조정 계획을 발표했다.[63]

구조조정 노력의 성공을 위해 경영자가 최선을 다해 할 수 있는 한 가지 방법은 해고에서 살아남은 구성원을 잘 관리하도록 돕는 것이다. 많은 구조조정 생존자들은 회사에서 종업원을 해고한 결정에 대한 회한과 상당 수준의 죄책감을 경험하는 것으로 알려져 있다.[64] 최근 연구자와 실무자들은 구조조정 생존자들을 더 잘 이해하려고 시도하고 있고, 더 빠른 시간 내에 회복할 수 있도록 돕는 방법을 연구하고 있다. 구조조정 생존자에게 중요한 문제 중 하나는 그들에게 주어지는 추가적인 업무량이다. 해고된 동료 또는 상사는 무엇인가 하고 있었기 때문에, 구조조정 생존자들은 누군가가 수행했던 과업을 떠맡을 수밖에 없다.[65] 이 부담은 불확실성과 스트레스를 유발한다.[66] 연구에 따르면, 구조조정 생존자의 적응을 돕는 가장 좋은 방법 중 하나는 그들에게 강한 통제감을 주는 것이다.[67] 생존자들에게 통제감을 갖도록 도울 수 있는 방법에는, 앞으로 어떻게 해 나가야 할지에 관해 그들의 의견을 듣는다거나, 그들에게 미래의 목표를 달성하기 위한 계획수립을 돕도록 하는 등이 있다. 또한 구조조정 생존자와 솔직하고 빈번한 커뮤니케이션을 통해 그들의 불안감과 스트레스를 감소할 수 있다.[68] 조직이 해고와 동시에 채용을 실시할 경우, 이 커뮤니케이션은 특히 필요하다. 예를 들어, 보잉은 2009년에 9,000개의 직무를 없앨 계획이었고, 동시에 같은 해에 현재 직무와 예정된 직무에 1,500명의 채용공고를 냈다.[69] 마이크로소프트, AT&T, 타임워너 등과 같은 많은 기업도 이와 유사한 경험을 가지고 있다.[70] 이런 부조화는 해고되는 사람들에게 뿐만 아니라 남아 있는 사람들에게도 혼란스러운 메시지를 보낸다. 한 가지 분명한 사실은 생존자들이 구조조정이 성공으로 이어질지, 또는 이것이 단지 회사가 망하는 것을 피하기 위해 지푸라기라도 잡는 과정인지 알지 못한다는 점이다. 구조조정이 진정으로 성공적이기 위해서는, 단순히 조직도에서 선 몇 개를 바꾸는 이상의 노력이 필요하다. 이를 위해서는 종업원들에게 기존과 전혀 다른 업무 방식이 요구된다.[71]

요점 정리

15.1 조직구조는 조직 내 개인과 집단 간에 직무와 과업이 나누어지고 협업되는 방식을 공식적으로 알려준다. 부분적으로 조직도를 통해 제시되는 이 조직구조는 직무를 조직하고, 종업원의 행동을 통제하고, 의사소통 채널을 구축하고, 종업원들이 자신의 과업 환경을 바라보는 렌즈를 제공하는 토대를 제공한다.

15.2 조직구조에는 과업 전문화, 명령계통, 통제범위, 의사결정의 집권화, 공식화 등 다섯 가지 주요 요소가 있다. 이들 요소가 결합되어 조직을 더 기계적 구조로 만들거나(이 구조는 안정적인 환경에서는 꽤 효율적이다) 조직을 보다 유연하게 하여 변화하는 환경에 적응하도록 한다.

15.3 조직설계는 조직의 구조를 생성, 선택, 또는 변화시키는 프로세스를 의미한다. 조직설계에서 고려되는 요소들은 경영 환경, 기업 전략, 기술, 규모이다.

15.4 글자 그대로 수천 가지의 조직 형태가 존재한다. 가장 일반적인 구조는 단순 구조이며 대부분의 소기업에서 활용되고 있다. 규모가 큰 기업은 보다 관료적 구조를 채택한다. 이 구조는 본질적으로 종업원이 직무에 의해 그룹화되는 기능별 구조, 또는 종업원이 제품, 지역, 고객에 따라 그룹화되는 사업부 조직일 것이다. 조직은 기능별 조직과 사업부 조직구조를 결합하여 매트릭스 조직구조를 채택할 수도 있다.

15.5 조직의 구조조정 노력은 직무성과에 약한 부정적 영향을 미친다. 종업원은 구조조정을 진행하는 조직에 정서적 애착을 덜 느끼는 경향이 있기 때문에, 구조조정은 조직몰입에 보다 심각한 부정적 영향을 미친다.

15.6 구조조정의 부정적 영향을 감소시키기 위해, 조직은 구조조정 이후 잔류 종업원의 스트레스 수준을 관리하는 데 초점을 맞추어야 한다. 종업원에게 통제감을 제공함으로써 그들이 새로운 과업 환경에 잘 적응하도록 도울 수 있다.

핵심 용어

- 경영 환경
- 고객별 구조
- 공식화
- 과업전문화
- 관료적 구조
- 구조조정
- 기계적 조직
- 기능적 구조
- 기술
- 기업 규모
- 기업 전략
- 단순 구조
- 매트릭스 구조
- 명령계통
- 사업부 구조
- 유기적 조직
- 제품별 구조
- 조직구조
- 조직도
- 조직설계
- 지역별 구조
- 집권화
- 통제범위

토론 질문

15.1 고도의 기계적 조직에서 위대한 리더가 된다는 것이 가능한가? 어떤 특별한 재능 또는 능력이 필요한가?

15.2 과업 전문화, 공식화, 통제범위, 명령계통, 그리고 집권화 등과 같은 조직구조의 요소들은 왜 함께 변하는 경향이 있는가? 다섯 가지 요소들 중 가장 중요하다고 생각되는 것은 무엇인가?

15.3 다음 중 조직에 더 중요한 것은 무엇인가? 효율화 능력 또는 환경에 적응하는 능력? 조직구조를 설계할 때 이 질문의 의미는 무엇인가?

15.4 이 장에 설명한 조직 형태 중 종업원의 동기를 가장 높은 수준으로 유도할 수 있는 것은 무엇인가? 그 이유는?

15.5 여러분이 매트릭스 조직에서 근무할 때, 여러분이 직면하게 될 경력개발상의 도전은 무엇인가? 매트릭스 조직에 근무하는 것이 매력적으로 생각되는가? 왜 그런가, 혹은 왜 그렇지 않은가?

사례: P&G

팬데믹이 시작되자마자, P&G는 마이크로반 24라고 불리는 새로운 소독제 스프레이를 출시했다. 이 스프레이는 감기 바이러스와 독감 바이러스의 99%를 죽일 수 있고 최대 24시간 동안 박테리아를 통제할 수 있다. Lysol과 Clorox의 재고가 바닥나자 소비자들은 바이러스를 박멸할 수 있는 클리너를 사기 위해 몰려들었다. 그 해 안에 P&G는 약 2억 달러 가치의 마이크로반 24를 판매했다. 이 제품은 1년 전만 해도 회사 내부에 존재하지 않았다. 장기적이고 철저한 시장 조사뿐만 아니라 매트릭스 조직구조 내의 계층과 계층 관리로 잘 알려진 P&G는 직원 5명으로 구성된 팀으로 마이크로반 24를 출시했다.

P&G가 그렇게 빠르게 움직일 수 있었던 이유 중 하나는 바로 1년 전 회사 내부의 조직 개편 때문이었다. P&G 재무 책임자인 존 모엘러(Jon Moeller)는 "우리는 매일 중요한 결정을 내려야 했다. 만약 우리가 여전히 다루기 힘든 구조를 가지고 있었다면, 만약 사람들이 여러 분야의 지시를 받고 있었다면, 빠른 의사결정을 하기는 어려웠을 것이다."라고 말했다. P&G에 대한 매우 비전통적인 접근법으로, 팀은 미국 시장에 이 제품의 버전을 출시하기 위해 W.M. Bar & Co.(마이크로반 브랜드의 세탁기 소유자)와 거래를 협상했다. 그 팀은 소규모의 온라인 구매자 그룹을 구성하고, 피드백을 수집했으며, 그 제품의 출시 전략을 세웠다. P&G는 오래된 구조 아래서 걸렸을 시간선상에서 1년을 줄인 것으로 추정하고 있다. 모엘러는 "새로운 공급을 도입하고 매우 빠르게 수행할 수 있는 정도는 현재 공급망이 가지고 있는 민첩성을 나타낸다."라고 말했다.

P&G의 재편은 (주주로서) P&G가 비대하고 느리며 민첩한 사업 관행과 동떨어져 있다고 느낀 헤지펀드 억만장자 넬슨 펠츠(Nelson Peltz)와 회사 간의 싸움 후에 이루어졌다. 펠츠는 P&G의 "엄청난" 관료 매트릭스 관리 시스템을 바꾸려는 계획을 상세히 기술한 93쪽짜리 백서를 발표했다. 비록 그는 역사상 가장 비용이 많이 드는 위임장 대결로 알려진 주주 투표에서 졌지만, 그는 이사직을 승인받았다. P&G는 이제 조직 개편 전보다 6배 빠른 속도로 매출이 늘고 있다. P&G에서 경력을 쌓은 CEO 데이비드 테일러(David Taylor)는 "우리가 가지고 있던 전략은 효과가 있었다"고 말했다. 대리 투쟁은 단순히 초점을 이슈화하는 데 도움이 되었다.

15.1 넬슨 펠츠와 같은 외부인이 P&G와 같은 회사에 조직구

조를 바꾸도록 강요하는 이유는 무엇인가?

15.2 현재 P&G는 어떤 구조를 가지고 있는가? 왜 그것이 매트릭스 구조보다 더 효율적일까?

15.3 직원의 관점에서 매트릭스 구조에서 작업하는 것의 어려움은 무엇인가?

예제: 크리에이티브 카드사

이 예제의 목적은 조직 효율성에 대한 구조의 영향을 보여주는 데 있다. 이 예제는 모둠 활동으로 진행되기에, 강의자가 모둠을 만들어 주거나 학습자들이 직접 모둠을 만들어야 한다. 이 예제는 다음과 같은 단계로 진행된다.

15.1 크리에이티브 카드사(Creative Cards, Inc.)는 작지만 성장하는 회사이며, 그래픽 디자이너인 안젤라 나옴(Angela Naom)이 10년 전에 창업했다. 이 회사는 많은 종업원을 채용했지만 종합 계획은 없었다. 안젤라는 이제 회사를 조직화하기를 원한다. 현재 크리에이티브 카드사의 구조는 아래 그림과 같다. 조직도를 검토하고 이 회사의 조직설계에서 10개 이상의 문제를 찾아보라. 답변을 생각할 때 과업 전문화, 명령계통, 통제범위, 집권화, 그리고 공식화 등을 고려하는 것을 잊지 마라.

15.2 이 회사가 보다 효율적으로, 그리고 효과적으로 운영되는 데 도움이 되도록 조직설계를 새롭게 하라.

15.3 크리에이티브 카드가 그러한 구조조정을 가장 잘 관리할 수 있는 방법에 초점을 맞추어 전체 토론 또는 그룹 토론을 해 보라.

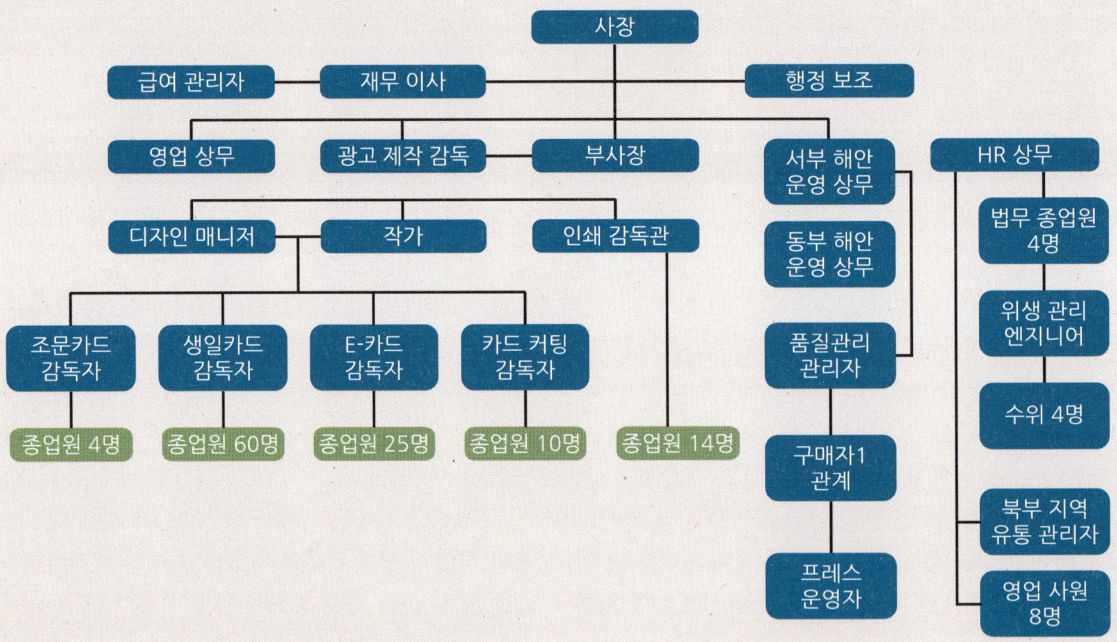

미주

15.1 Slater, D. "Match Inc. CEO Sam Yagan on Even All Stars Needing Structure." *Fast Company*, November 26, 2012.

15.2 Kranz, G. "Aetna's Odyssey Comes Full Circle." *Workforce Management*, March 2009, http://www.workforce.com/archive/ feature/26/26/53/ index.php?ht5.

15.3 Hackman, J.R., and G.R. Oldham. *Work Redesign*. Reading, MA: Addison-Wesley, 1980.

15.4 Silverman, R.E. "Who's the Boss? There Isn't One." *The Wall Street Journal*, June 20, 2012, p. B1.

15.5 Simon, H. *Administrative Behavior*. New York: Macmillan, 1947.

15.6 Stoll, J.D. "Allbirds' Dual-CEO Arrangement Is a Rare Specimen." *The Wall Street Journal* (online), October 2, 2020; Zillman, C. "Are Two CEO's Better Than One?" *Fortune*, March 2020, pp. 26–27.

15.7 Jargon, J. "Chipotle Opts for One

CEO as Company Hones Focus." *The Wall Street Journal*, December 13, 2016, p. B1; McGrath, M. "Whole Foods Eliminates Co-CEO Setup, Names John Mackey as Sole Chief Executive." *Forbes* (online), November 2, 2016.

15.8 Meier, K.J., and J. Bohte. "Ode to Luther Gulick: Span of Control and Organizational Performance." *Administration and Society* 32 (2000), pp. 115–37.

15.9 Theobald, N.A., and S. Nicholson-Crotty. "The Many Faces of Span of Control: Organizational Structure Across Multiple Goals." *Administration and Society* 36 (2005), pp. 648–60.

15.10 Neilson, G.L., and J. Wulf. "How Many Direct Reports." *Harvard Business Review*, April 2014, pp. 112–19; Child, J., and M. McGrath. "Organizations Unfettered: Organizational Forms in an Information-Intensive Economy." *Academy of Management Journal* 44 (2001), pp. 1135–48.

15.11 Hymowitz, C. "Today's Bosses Find Mentoring Isn't Worth the Time and Risks." *The Wall Street Journal*, March 13, 2006, p. B1.

15.12 Nuttal, C. "Intel Cuts 1,000 Management Jobs." *Financial Times*, July 14, 2006, p. 23.

15.13 "McDonald's Announces Initial Steps in Turnaround Plan." *PR Newswire*, May 4, 2015.

15.14 Michaels, D. "Airbus on Track to Double Profit Margin by 2015." *The Wall Street Journal*, June 17, 2013, p. B1.

15.15 Michaels, D. "Airbus on Track to Double Profit Margin by 2015." *The Wall Street Journal*, June 17, 2013, p. B1.

15.16 Neilson, G. L., and J. Wulf. "How Many Direct Reports." *Harvard Business Review*, April 2012.

15.17 Otterbourg, K. "Sheetz Puts the Gas in Gastronomy." *Fortune*, May 20, 2013, pp. 142–48.

15.18 Groszkiewicz, D., and B. Warren. "Alcoa's Michigan Casting Center Runs the Business from the Bottom Up." *Journal of Organizational Excellence*, Spring 2006, pp. 13–23.

15.19 Bennett, D. "They're Coming for Your Eyeballs." *Bloomberg Businessweek*, May 13, 2019, pp. 38–45; Silverman, R.E. "Who's the Boss? There Isn't One." *The Wall Street Journal*, June 20, 2012, p. B1.

15.20 Kiger, P. "Power of the Individual." *Workforce Management*, February 27, 2006, pp. 1, 22–27.

15.21 Hempel, P.S.; Z. Zhang; and Y. Han. "Team Empowerment and the Organizational Context: Decentralization and Contrasting Effects of Formalization." *Journal of Management* 38 (2012), pp. 475–501.

15.22 Toh, S.M.; F.P. Morgeson; and M.A. Campion. "Human Resource Configurations: Investigating Fit Within the Organizational Context." *Journal of Applied Psychology* 93 (2008), pp. 864–82.

15.23 Walter, F., and H. Bruch. "Structural Impacts on the Occurrence and Effectiveness of Transformational Leadership: An Empirical Study at the Organizational Level of Analysis." *The Leadership Quarterly* 21 (2010), pp. 765–82.

15.24 O'Brien, J. "Microsoft Reboots." *Fortune*, October 26, 2009, pp. 98–108.

15.25 Keats, B., and H. O'Neill. "Organizational Structure: Looking Through a Strategy Lens." In *Handbook of Strategic Management*, ed. M.A. Hitt; R.E. Freeman; and J.S. Harrison. Oxford, UK: Blackwell, 2003, pp. 520–42.

15.26 Collins, J. *How the Mighty Fall*. New York: HarperCollins, 2009.

15.27 Scott, W.R., and G.F. Davis. *Organizations and Organizing: Rational, Natural, and Open System Perspectives*. Englewood Cliffs, NJ: Pearson Prentice Hall, 2007.

15.28 Kane, Y.I., and P. Dvorak. "Howard Stringer, Japanese CEO." *The Wall Street Journal*, March 3, 2007, pp. A1, A6; Singer, M. "Stringer's Way." *The New Yorker*, June 5, 2006, pp. 46–57.

15.29 Gaudiosi, J. "Why Sony Didn't Learn from Its 2011 Hack." *Fortune*, December 24, 2014, http://fortune.com/2014/12/24/why- sony-didnt-learn-from- its-2011-hack/.

15.30 Porter, M. *Competitive Strategy*. New York: Free Press, 1980.

15.31 Woodward, J. *Industrial Organization: Theory and Practice*. London: Oxford University Press, 1965.

15.32 Miller, C.C.; W.H. Glick; Y. Wang; and G.P. Huber. "Understanding Technology–Structure Relationships: Theory Development and Meta-Analytic Theory Testing." *Academy of Management Journal* 34 (1991), pp. 370–99.

15.33 Gooding, J.Z., and J.A. Wagner III. "A Meta-Analytic Review of the Relationship Between Size and Performance: The Productivity and Efficiency of Organizations and Their Subunits." *Administrative Science Quarterly* 30 (1985), pp. 462–81. See also Bluedorn, A.C. "Pilgrim's Progress: Trends and Convergence in Research on Organizational Size and Environments." *Journal of Management* 21 (1993), pp. 163–92.

15.34 Lawler, E.E., III. "Rethinking Organizational Size." *Organizational Dynamics* 26 (1997), pp. 24–35.

15.35 Bennett, D. "They're Coming for Your Eyeballs." *Bloomberg Businessweek*, May 13, 2019, pp. 38-45; Kiger, P. "Power of the Individual." *Workforce Management*, February 27, 2006, pp. 1, 22–27.

15.36 Dunbar, R. "Neocortex Size as a Constraint on Group Size in Primates." *Journal of Human Evolution* 22 (1992), pp. 469–93. See also Gladwell, M. *The Tipping Point—How Little Things Make a Big Difference*. New York: Little, Brown and Company, 2000, pp. 177–81, 185–86.

15.37 Delaney, K.J. "Something Weird Happens to Companies When They Hit 150 People." *Quartz*, November 29, 2016.

15.38 Silverman, R.E. "Corporate Field Trip: Learning from Startups." *The Wall Street Journal*, March 27, 2013, p. B8.

15.39 Scott, W.R., and G.F. Davis. *Organizations and Organizing: Rational, Natural, and Open System Perspectives*. Englewood Cliffs, NJ: Pearson Prentice Hall, 2007.

15.40 Miles, R.E., and C.C. Snow. *Organizational Strategy*, Structure, and Process. New York: McGraw-Hill, 1978.

15.41 MCM Staff. "Macy's Inc., Announces New President and Restructuring Plans." *Multichannel merchant.com*, August 22, 2017, https:// multichannelmerchant. com/ ecommerce/ macys-inc-announces-new-president-and- restructuring-plans/; Boyle, M. "Managing Forward." *BusinessWeek*, September 14, 2009, p. 13.

15.42 Singer, M. "Stringer's Way." *The New Yorker*, June 5, 2006, pp. 46–57.

15.43 MCM Staff. "Macy's Inc., Announces New President and Restructuring Plans." *Multichannel* merchant.com, August 22, 2017, https:// multichannelmerchant. com/ ecommerce/ macys-inc-announces-new-president-and- restructuring-plans/.

15.44 Fry, M. "Campbell Soup Shakes Up Its Structure, Leadership." *NJBIZ*, January 29, 2015, http://www.njbiz.com/ article/20150129/ NJBIZ01/150129706/ campbell-soup-shakes- up-its-structure-leadership.

15.45 Kubota, Y. "Toyota Confirms Shake-Up in Efficiency Drive." *The Wall Street Journal*, March 2, 2016.

15.46 Tett, G. The Silo *Effect*. New York: Simon & Schuster, 2015.

15.47 Welch, D.; D. Kiley; and C. Matlack. "Tough Love at Chrysler." *BusinessWeek*, August 24 and 31, 2009, pp. 26–28.

15.48 "Places to Work for Everyone, Worldwide—Regus PLC Annual Report and Accounts 2017." *Regus.com*, April 27, 2018, http://assets.regus.com/investors/ annual-reports/2017/2018.04.27-regus-plc-consolidated-report-and-accounts-2017.pdf; Hosford, C. "Behind the Regus–HQ Merger: A Clash of Cultures That Wasn't." *Sales and Marketing Management*, March 2006, pp. 47–48.

15.49 Goldman Sachs web-site, http:// www.goldmansachs.com/careers/why-goldman- sachs/our-divisions/ index. html (accessed April 2017).

15.50 Burns, L.R., and D.R. Wholey. "Adoption and Abandonment of Matrix Management Programs: Effects of Organizational Characteristics and Interorganizational Programs." *Academy of Management Journal* 36 (1993), pp. 106–38.

15.51 Hackman, J.R. "The Design of Work Teams." In *Handbook of Organizational Behavior*, ed. J.W. Lorsch. Englewood Cliffs, NJ: Prentice Hall, 1987, pp. 315–42.

15.52 Larson, E.W., and D.H. Gobeli. "Matrix Management: Contradictions and Insight." *California Management Review* 29 (1987), pp. 126–38.

15.53 Rees, D.W., and C. Porter. "Matrix Structures and the Training Implications." *Industrial and Commercial Training* 36 (2004), pp. 189–93.

15.54 Greenwood, R.; T. Morris; S. Fairclough; and M. Boussebaa. "The Organizational Design of Transnational Professional Service Firms." *Organizational Dynamics* 39 (2010), pp. 173–83.

15.55 Derven, M. "Managing the Matrix in the New Normal." *T + D*, July 2010, pp. 42–47.

15.56 Gandolfi, F., and M. Hansson. "Causes and Consequences of Downsizing: Toward an Integrative Framework." *Journal of Management and Organization* 17 (2011), pp. 498–521.

15.57 Bigman, D. "How General Motors Was Really Saved." *Forbes*, November 18, 2013; Taylor, A., III. "GM and Me." *Fortune*, December 8, 2008, pp. 92–100; Taylor, A., III. "GM Gets Its Act Together. Finally." *Fortune*, April 5, 2004, pp. 136–46.

15.58 Krisher, T. "Seeing a Twisting Road Ahead, Ford Cuts 7K White-Collar Jobs," *Associated Press*, May 20, 2019, https://apnews.com/0036437 d785c483fb40c8a7db e5a22d0.

15.59 Gopinath, C. "Businesses in a Merger Need to Make Sense Together." *Businessline*, June 26, 2006, p. 1.

15.60 Hamm, J. "The Five Messages Leaders Must Manage." *Harvard Business Review*, May 2006, pp. 114–23.

15.61 Lashinsky, A. "The Hurd Way: How a Sales-Obsessed CEO Rebooted HP." *Fortune*, April 17, 2006, pp. 27–34; Worthen, B. "H-P's Not-So-New Plan to Unite PC, Printer Units." *The Wall Street Journal*, March 20, 2012, p. B1.

15.62 McMillan, R. "As H-P Split Nears, Bosses Tick Off a Surgery Checklist." *The Wall Street Journal*, June 30, 2015, http:// www.wsj.com/ article_email/ as-h-p- split-nears-bosses-tick- off-a-surgery-check list-1435620372-lMy-QjAxMTE1MDM- 2MDQzMzA0Wj.

15.63 Alspach, K. "5 Takeaways from HP's Massive Restructuring Plan." *CRN.com*, October 4, 2019, https://www.crn.com/ news/components-peripherals/5-take aways-from-hp-s-mas- sive-restructuring-plan.

15.64 Noer, D.M. *Healing the Wounds*. San Francisco: Jossey- Bass, 1993; Mishra, K.; G.M. Spreitzer; and A. Mishra. "Preserving Employee Morale During Downsizing." *Sloan Management Review* 39 (1998), pp. 83–95.

15.65 Conlin, M. "The Big Squeeze on Workers: Is There a Risk to Wringing More from a Smaller Staff?" *BusinessWeek*, May 13, 2002, p. 96.

15.66 Amabile, T.M., and R. Conti. "Changes in the Work Environment for Creativity during Downsizing." *Academy of Management Journal* 42 (1999), pp. 630–40; DeMeuse, K.P.; M.L. Marks; and G. Dai. "Organizational Downsizing, Mergers and Acquisitions, and Strategic Alliances: Using Theory and Research to Enhance Practice." In *APA Handbook of Industrial and Organizational Psychology*, Vol. 3, ed. S. Zedeck, 2011, Washington, DC: APA, pp. 729–68; Probst, T.M. "Exploring Employee Outcomes of Organizational Restructuring—A Solomon Four-Group Study." *Group and Organization Management* 28 (2003), pp. 416–39.

15.67 Brockner, J.; G. Spreitzer; A. Mishra; W. Hockwarter; L. Pepper; and J. Weinberg. "Perceived Control as an Antidote to the Negative Effects of Layoffs on Survivors' Organizational Commitment and Job Performance." *Administrative Science Quarterly* 49 (2004), pp. 76–100; Probst, T.M. "Countering the Negative Effects of Job Insecurity through Participative Decision Making." *Journal of Occupational Health Psychology* 10 (2005), pp. 320–29.

15.68 Brockner, J. "The Effects of Work Layoffs on Survivors: Research, Theory and Practice." In *Research in Organizational Behavior*, Vol. 10, ed. B.M. Staw and L.L. Cummings. Berkeley: University of California Press, 1988, pp. 213–55; Campion, M.A.; L. Guerrero; and R. Posthuma. "Reasonable Human Resource Practices for Making Employee Downsizing Decisions." *Organizational Dynamics* 40 (2011), pp. 174–80.

15.69 Tuna, C. "Many Companies Hire as They Fire." *The Wall Street Journal*, May 11, 2009, p. B6.

15.70 Tuna, C. "Many Companies Hire as They Fire." *The Wall Street Journal*, May 11, 2009, p. B6.

15.71 Porras, J.I., and P.J. Robertson. "Organizational Development: Theory, Practice, and Research." In *Handbook of Industrial and Organizational Psychology*, Vol. 3, 2nd ed., ed. M.D. Dunnette and L.M. Hough. Palo Alto, CA: Consulting Psychologists Press, 1992, pp. 710–822.

16 조직문화

Organizational Culture

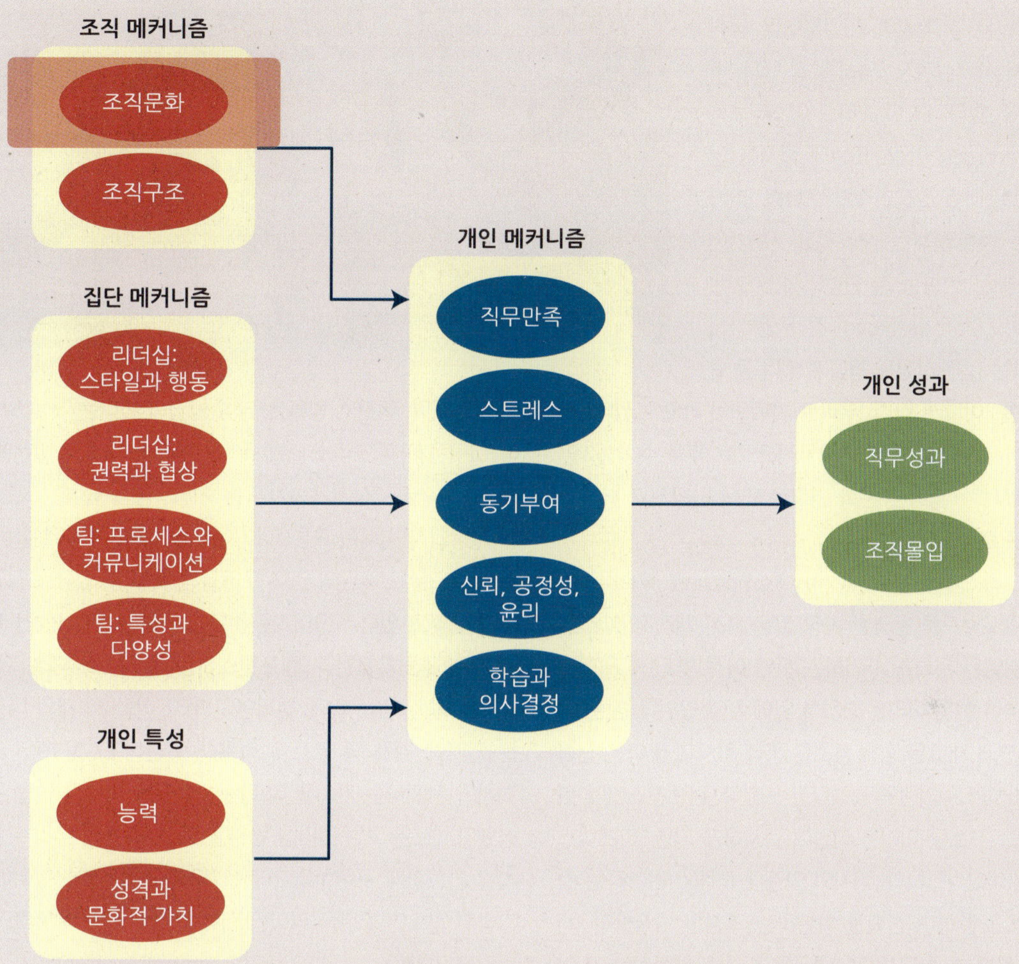

학습 목표 .... 이 장을 학습한 후에 다음의 질문에 답할 수 있어야 한다.

16.1 조직문화란 무엇이며, 그 구성 요소는 무엇인가?

16.2 한 조직의 문화를 설명하기 위해 사용될 수 있는 일반적 문화 유형과 특수 문화 유형은 무엇인가?

16.3 강한 문화를 만드는 요인은 무엇인가? 그리고 강한 문화는 조직에 항상 좋은가?

16.4 조직문화를 유지하는 방법과 그것을 바꾸는 방법은 무엇인가?

16.5 개인-조직 적합성은 무엇이며 이것은 직무성과와 조직몰입에 어떤 영향을 미치는가?

16.6 신입 직원을 조직문화에 융화시키기 위해 조직은 어떤 조치를 취할 수 있는가?

맥도날드

역사적으로, 맥도날드에서 일하는 것의 독특한 측면 중 하나는 모든 것 앞에 "Mc"를 붙이는 것에 익숙해지고 편안해져야 한다는 것이다. 당신은 "맥패밀리"의 일부이다. 당신은 주차장에서 사무실까지 "맥셔틀"을 탄다. 맥픽쳐를 받을 수 있다. CEO 스티브 이스터브룩(Steve Easterbrook)이 2015년에 회사를 인수했을 때, 그는 빠르고 급진적인 변화를 몇 가지 이행했다. "맥패밀리"는 사라지고 "맥팀"이 생겼다. 그의 빠른 변화는 잘 진행되지 않았다. 제임스 플로이드(James Floyd) 전 운영 부사장은 "이 변화는 많은 사람을 화나게 했다"고 요약했다. 그들은 '어떻게 감히, 우리는 가족이야'라고 느꼈다. 이스터브룩의 회사에서의 임기는, 재무적으로는 믿을 수 없을 만큼 성공적이었지만, 엄청난 문화 변화로 인해 단명했고 부적절한 성적 의혹으로 빠르게 끝났다.

CEO 크리스 켐프친스키(Chris Kempczinski)가 취임했을 때, 그는 맥도날드를 운영한 가장 짧은 종신 재직자였다. 켐프친스키는 분열된 문화를 재건하는 동안 이전 몇 년의 재정적 성공을 유지해야 하는 어려운 과제를 앞에 두고 있었다. 많은 직원이 조직 개편과 새로운 정책 창조를 통해 회사에 쌓아온 신뢰와 믿게 된 가치가 갈기갈기 찢겼다고 느꼈다. 켐프친스키가 취임했을 때, 그는 "보통 이러한 직업에 종사하게 되면, 비즈니스에 대해 먼저 이야기합니다. 가치와 기준에 대해 이야기하는 것이 아니다."라고 말하며 신뢰를 회복하는 과정을 시작했다. 새 CEO가 도착한 직후 한 직원은 "이곳은 지금 문화적 변화가 일어나고 있다. 어떤 사람들은 남성 클럽이 있다는 것을 알아차렸다. 그것은 이제 크리스 아래서 더 열린 리더십으로 발전했다."

맥도날드 장기근속자들은 기업, 공급 업체, 프랜차이즈 업체(창업자인 레이 크록(Ray Kroc)의 '3족 의자'로 불림)를 포함한 맥도날드 특유의 권력 구조를 탐색할 수 있다는 점에서 자부심을 갖고 있다." "이 모든 것은 우리 회사의 기반인 핵심 가치에 의해 뒷받침된다. 켐프친스키는 전 세계 맥패밀리에 보낸 메모에서 "우리는 이제 챔피언이 되고 이를 세 개의 다리가 있는 의자에 걸쳐 더 고르게 적용해야 한다"고 말했다. CEO는 회사가 지지하는 가치를 따르는 사람들로 회사를 만들 것을 결심했다. "모든 고위 리더십 팀원을 보고 '그들이 우리 회사의 가치를 견고하게 구현한다고 믿는가?'라고 말할 수 있어야 한다. 그렇지 않으면 고위급 리더십 팀에 속하지 않는다."라고 켐프친스키가 말했다.

조직문화

앞 장에서는 중요한 주제에 대한 개념을 먼저 제공했다. 그러나 조직문화는 그것을 연구하는 사람의 수만큼 다양한 정의가 존재한다. 실제로 조직문화에 관한 연구에서 50개가 넘는 정의가 제시되었다.[1] "문화"라는 용어는 수많은 사람에게 수많은 것을 의미한다. 문화의 개념은 "이 곳에서 우리가 행동하는 방식"[2]과 같이 포괄적인 것에서 보다 구체적인 수준까지, 매우 복잡하다는 정도로 말할 수 있을 것이다. 조직문화 개념의 다양성은 연구자의 학문 분야와 관련이 있다. 사회학자들은 폭넓은 관점에서 문화를 연구하고, 부족 연구나 문명 연구에 적용되는 것과 같은 문화인류학적 연구 방법을 사용해서 연구한다. 심리학자들은 설문조사 방법을 사용하여 문화가 사람들에게 미치는 영향을 연구하는 경향이 있다.[3] 실제로 많은 심리학자들은 "풍토"라는 용어를 더 선호하지만, 여기서는 두 용어를 혼용하여 사용할 것이다. 이 장에서 **조직문화**(organizational culture)는 한 조직 내에서 구성원들의 태도와 행동을 형성하는 규칙, 규범, 가치와 관련된 공유된 사회적 지식으로 정의한다.[4]

이 정의는 조직문화의 다양한 측면을 부각하는 데 도움이 된다. 첫째, 문화는 한 조직 구성원간의 사회적 지식이다. 구성원은 다른 구성원들을 통해 문화의 중요한 측면을 학습한다. 이러한 지식의 전수는 명확한 의사소통, 단순한 관찰, 또는 다른 다소 불명확한 방법으로 이루어질 수 있다. 또한 문화는 공유된 지식이다. 이는 조직 구성원들이 조직문화가 무엇인가에 관해 이해하고 어느 정도 합의를 하고 있음을 의미한다. 둘째, 문화는 구성원들에게 조직의 규칙, 규범, 그리고 가치가 무엇인지 말해준다. 초점을 맞추어야 할 가장 중요한 과업성과는 무엇인가? 직장에서 적절한 행동, 또는 부적절한 행동은 무엇인가? 직장에서 구성원들은 어떻게 행동하고, 어떤 복장을 해야 하는가? 어떤 문화는 심지어 구성원이 직장 밖에 있을 때 어떻게 행동해야 하는지에 관해서까지 규정한다. 셋째, 조직문화는 구성원을 통제하는 시스템 구축을 통해 구성원의 특정한 태도와 행동을 유도하고 강화한다.[5] 시간이 지남에 따라 개인의 목표와 가치가 그들이 일하는 조직의 그것과 일치하게 된다는 실증 결과가 있다.[6] 구성원들이 얼마나 많은 시간을 조직에서 보내는지 생각해 본다면, 이러한 결과를 예상하기 어렵지 않을 것이다.

학습목표 16.1
조직문화란 무엇이며, 그 구성 요소는 무엇인가?

조직마다 문화가 다른 이유는 무엇인가?

일하고 있는 곳에 대해 말할 때 사람들이 많이 질문하는 것 중 하나는 "그래, 그곳은 어때요?"이다. 이 질문에 대한 여러분의 대답은 조직문화와 관련된 것일 가능성이 크다. 회사에 근무하는 사람들을 묘사할 수도 있고, 회사의 일상적인 분위기를 설명하려고 할 수도 있을 것이다. 또는 근무하는 회사의 시설에 대해 자세히 설명하거나 회사가 구성원을 어떻게 대하는지 등을 설명할 것이다. 심지어는 회사에서 "성공"하려면 어떻게 해야 하는지까지 설명할지도 모른다. 이 모든 답변은 조직 외부인이 그 회사가 실제로 어떤지 이해하는 데 도움이 되는 단서를 제공해준다. "그곳은 어때요?"라는 질문에 폭넓은 대답을 한 느낌을 주려면 문화의 요소를 상세히 검토할 필요가 있다.

그림 16-1 조직문화의 세 가지 요소

문화의 요소

조직의 문화에는 세 가지 주요 요소, 즉 관찰 가능한 인위적 요소, 추구하는 가치, 암묵적 가정 등이 있다. [그림 16-1]과 같이, 양파와 같은 문화를 보면 이들 세 가지 요소의 차이를 이해할 수 있을 것이다. 조직문화의 어떤 요소들은 양파의 겉과 같이 쉽게 드러나고 관찰 가능하다. 그러나 다른 요소들은 조직 외부인 또는 신입 직원에게 잘 드러나지 않는다. 외부인들은 겉으로 드러난 면을 바탕으로 관찰하고, 해석하고, 그리고 결론을 내릴 수 있지만, 바깥층을 벗겨내고 그 안에 있는 가치와 가정을 확인할 수 있을 때까지 내면은 여전히 미스터리로 남아있다. 회사의 성공에 관련된 질문을 받을 때, 홀푸드(Whole Foods)의 공동 CEO인 월터 롭(Walter Robb)은 "커튼을 걷어 올리면, 아주 강력한 권한 위임의 문화를 볼 수 있을 것이다. 이것이 홀푸드의 비밀이다."라고 했다.[7] 다음 섹션부터는 문화의 구성 요소를 상세히 검토한다.

관찰 가능한 인위적 요소. **관찰 가능한 인위적 요소**(observable artifacts)는 구성원들이 쉽게 볼 수 있거나 이야기할 수 있는 조직문화의 상징이다. 인위적 요소는 구성원이 근무 중에 어떻게 행동해야 하는지 판단하는 신호를 제공하며, 조직문화를 구성원에게 전파하는 주요 수단이 된다. 인위적 요소는 현재의 구성원뿐만 아니라 잠재적 구성원, 고객, 주주, 그리고 투자자들에게 그 조직에 관해 모든 것을 보여 주기 때문에 그 중요성을 과소평가할 수 없다. 인위적 요소에는 상징, 물리적 구조, 언어, 스토리, 리추얼, 행사, 여섯 가지 유형이 있다.[8]

상징(symbol)은 기업 로고, 웹사이트의 이미지 등에서 구성원의 유니폼에 이르기까지 조직 전체에서 발견된다. 나이키의 "스우시(swoosh)"가 대표하는 것을 생각해 보라. 스피드, 운동, 속도. 이 상징은 나이키의 문화에 대하여 무엇을 전달하고 있는가? 애플컴퓨터의 "사과" 로고를 생각해 보라. 이는 사과나무 아래서 중력을 발견한 뉴턴을 떠올리게 하고, 애플 문화에서 혁신의 중요성을 전달한다. "짙은 정장, 하얀 셔츠, 넥타이"라는 단어를 생각하면 어떤 기업이 떠오르는가? 많은 사람에게, 그 상징은 IBM을 대표한다. 이는 오랫동안 이어온 IBM의 복장 규정이었기 때문이다. IBM에서 이 복장 규정은 15년 전에 없어졌지만, 여전히 공식적이고, 관료적이고, 전문가적 문화를 상징한다.

물리적 구조(physical structures) 또한 문화에 대해 많은 것을 이야기해 준다. 일터가 개방적인가? 고위 경영진은 분리된 사무실을 가지고 있는가? 환경은 특별한 것이 없는가? 또는 구성원은 자신의 개성을 표현할 수 있는가? 힐튼(Hilton)(포춘 선정 일하기 좋은 100대 기업)은 조직 구성원들이 조직 내·외부에서 동일하게 고객이 최상의 서비스를 경험하게 하는 상황과 일치하도록 광범위한 조직 혁신 문화 프로그램을 단행하였다. CEO 크리스 나세타(Chris Nassetta)는 "우리는 고객 서비스를 제공하는 사업을 수행하고 있다는 것을 망각하고 전반적인 경영 환경이 고객 서비스 현장과 단절된 것을 발견하였다"고 했다.[9] 프린시피아 그룹(The Principia Group)의 설립 파트너인 존 칠드레스(John Childress)는 예전에 함께 일했던 포드 임원의 이야기를 들려준다. "그의 부서는 심각한 문제를 안고 있었다. 부서 사이에 벽이 있었는데, 이 때문에 정보가 흐르지 않았다. 그러던 어느 날 불이 나서 사무실이 완전히 타버렸다. 그는 서둘러 새 건물을 임대해야 했는데 (건물 내부가 벽으로 나뉘지 않은) 개방형 사무실

Courtesy of IDEO

IDEO사 개방형 작업공간을 설계한 것은 개방형 조직문화의 특징이다. 이러한 오픈형 작업환경이 당신의 작업 스타일에는 적절한가?

밖에 찾을 수 없었다. 그런데 이로 인해 일하는 방식이 바뀌었고, 문화가 하룻밤 사이에 바뀌었다."[10] 창의적 설계 기업인 아이데오(IDEO)는 구성원들이 자신의 사무실을 자신이 좋아하는 방식으로 꾸미도록 허용하고 있음에도 불구하고, 개방형 사무실을 가지고 있다. 그들의 작업 공간에서는 천장에 달려 있는 자전거 아래를 걷게 될 것이고 사방에 말도 안 되는 물건이나 장난감들을 볼 수 있을 것이다.[11] 넷플릭스의 CEO인 리드 헤이스팅스(Reed Hastings)는 사무실조차 없다. 헤이스팅스는 사람들과 만나면서 돌아다닐 뿐이다. 조용히 생각할 공간이 필요하면 "전망대"라 불리는, 넷플릭스 본관 꼭대기에 있는 방만 한 크기의 유리 광장으로 향한다.[12] 전반적으로 공간이 점점 더 "개방적"으로 바뀌고 있기는 하지만, 대부분의 사무실이 그런 모습은 아니다. 위스콘신에 있는 상업용 가구 제작사, KI의 영업 부문장인 조나단 웹(Jonathan Webb)은 다음과 같이 말했다. "모든 곳이 구글 같지는 않다. 모든 회사 로비에 미끄럼틀이 놓여 있지는 않다."[13]

언어(language)는 조직 내에서 사용되는 전문용어, 속어, 슬로건 등을 나타낸다. 여러분은 CTR나 CPC, 또는 크롤러가 무엇인지 아는가? 아마도 대부분 모를 것이다. 그러나 여러분이 야후에 근무한다면, 이들 용어는 매우 익숙할 것이다. CTR은 클릭률(click-through rate)을 나타내고, CPC는 종량제 광고(cost-per-click)를, 그리고 크롤러는 다른 웹사이트에서 정보를 수집해 오는 컴퓨터 프로그램을 각각 의미한다. 마이크로소프트에서 근무하는 한 소프트웨어 개발자가 당신에게 이메일을 보내서 그들이 "쿠키를 핥고 있다"고 말한다면, 당신은 무슨 생각이 들겠는가? 마이크로소트프 구성원에게 "쿠키를 핥는다"는 것은 한 사람 혹은 한 그룹이 소프트웨어 또는 제품 개발 중이고, 따라서 접근 금지를 선언한다는 뜻이다.[14] 홈디포(Home Depot)는 "높이 쌓고, 날아가는 것을 보라(stack it high and watch it fly)"라는 슬로건을 유지하고 있는데, 이는 이 회사의 판매에 대한 접근법을 나타낸다. 피자헛, 타코벨, KFC 등 여러 패스트푸드 레스토랑을 소유한 얌브랜드(Yum! Brands Inc.)는 구성원들에게 "고객에게 미쳐라(customer maniacs)"[15]고 말하며, 고객과의 상호작용 문화를 전파한다. 몇몇 기업은 중요한 단어와 직업 타이틀을 통합하여 메시지를 보낸다. "최고 맛 책임자"(음료 제조업체 바이 브랜드), "최고 소화기계통 건강 책임자"(조지아의 WellStar Health System), "최고 스토리텔러 책임자" 등등.[16]

스토리(Story)는 조직 내부에서 세대에서 세대로 전해 내려오는 일화, 설명, 전설, 신화 등 으로 구성된다. 스토리는 리더와 구성원이 회사의 가치를 설명하는 중요한 메커니즘이다. 예를 들어, 스타벅스의 CEO 하워드 슐츠(Howard Schultz)는 우유 리스티밍(resteaming) 관행을 금지하게 된 이야기를 들려준다. 우유 리스티밍은 수백만 달러의 우유 손실을 초래했고 수천 갤런의 미온수가 배관으로 버려지는 원인이 되었다. 그러던 중 매장 관리자 한 명이 단순하면서도 획기적인 아이디어를 제안했다. 스티밍 주전자 안에 식각으로 선을 그려 넣어서, 바리스타가 만들고자 하는 음료에 얼마만큼의 우유를 부어야 할지 눈대중으로 하는 대신 눈금을 통해 확인하도록 했다.[17] 노스캐롤라이나주 윈스턴세일럼에 있는 노반트 헬스(Novant Health)의 사장 겸 CEO 폴 와일스(Paul Wiles)는 스토리텔링이 문화를 조장할 수 있을 것이라 강하게 믿는다. 그는 "숫자에 대해 말하면 사람들은 따분해 한다. 하지만 불필요하게 죽은 아이에 대해 말하면 누구도 외면할 수 없다."[18] 최근 연구에 의하면 하위직 신입사원들에게 회사의 역사와 전통을 전파하는 것은 상위급

(중간관리자급) 직원에게 전파하는 것보다 조직문화를 전파하고 구성원들의 행위에 미치는 영향력이 좀 더 효과적이라고 한다.[19]

리추얼(Rituals)은 조직 내에서 일어나는 매일 또는 주 단위의 계획된 일상(planned routine)이다. 콜로라도에 위치한 뉴벨지엄(New Belgium Brewing) 종업원들은 근무가 끝나면 시음실에서 맥주를 마실 수 있고 일주일에 12팩을 무료로 가져갈 수 있다. 이를 통해 종업원과 회사 제품의 중요성을 전한다.[20] UPS에서 모든 운전수와 화물 취급자는 의무적으로 상사와 "3분 미팅"에 참여해야 한다. 180초 시간 제한은 UPS 문화에서 시감 엄수의 중요성을 암시한다. 맨스웨어하우스(The Men's Wearhouse)는 도난 건수가 낮게 유지되면 관리자들에게 분기 보너스를 제공한다. 이 관행은 "근로자가 당신의 것을 훔치면, 그들은 자신의 것을 훔치는 것이고 동료의 것을 훔치는 것이다."라는 메시지를 전달한다.[21] 시카고에 기반을 둔 디지털 컨설팅 회사인 너더리(Nerdery)는 기업 내부에서 새롭게 승진한 대상자들의 관심 사항을 반영하여 레벨업 영상을 제작 및 배포하였다.[22] 덴버에 기반을 둔 줌 회사는 각 지역(지사)별로 긍정적인 조직문화를 유지하는 직원을 보유하고 있다. 조직 구성원들의 삶을 특별하게 하는 중요한 리추얼 중 하나는 직원들의 가족을 리추얼(의식)에 초대하는 것이다. 이를 통하여 우리는 가족 구성체임을 강조하는 효과가 있다.[23]

행사(ceremonies)는 조직 구성원 앞에서 일어나는 공식적인 이벤트를 말한다. 케어닷컴(Care.com)에서 모든 근무자는 매년 동시에 책상을 이동해야 한다. CEO인 실라 마르셀로(Sheila Marcelo)가 자리를 배정한다. 그녀는 말한다. "구성원들은 자신이 앉을 자리를 고를 수 없다. 이렇게 하는 이유 중 하나는 변화를 수용하고, 단지 친한 사람들 옆에 앉아서 그들하고만 이야기하는 끼리끼리 문화를 없애기 위해서이다. 다른 팀에서 온 사람 옆에 앉으면 그들이 무슨 일을 하는지 알게 된다. 그들이 무엇을 하고, 전화기에 대고 무슨 말을 하는지, 어떻게 시간을 보내는지, 그리고 다른 사람을 알게 됨으로써 진정으로 큰 팀을 구축할 수 있다. 그래서 우리는 매년 그렇게 하고, 이 행사는 신나는 일이 되었다."[24] 샌프란시스코에 기반을 둔 트위터사는 한 달에 두 번 회사 근처 카페테리아에서 최근 직원들이 수행하고 있는 업무가 무엇인지에 관한 질문과 답을 공유하는 티타임을 갖는다.[25] 다른 형태의 세레모니는 설정된 목표가 무엇이며, 정확한 수익창출 목표에 근접하는 것(근접하도록) 그리고 새로운 신제품 출시가 가능하도록 상기시키는 역할을 한다. 그 외 다른 유형의 행사에는 품질 목표 달성을 위한 행사, 특정 수준의 수익성 달성 또는 신제품 출시 행사 등이 있다.

표 16-1 홀푸드가 추구하는 가치

아래는 홀푸드가 그 회사 조직문화의 바탕에 놓여 있다고 믿는 여섯 개의 핵심 가치 목록이다. 이 가치는 경쟁 기업과 차별적이고, 왜 홀푸드가 일하기에 좋은 기업인지 보여 주고, 얼마나 성장하든지 상관없이 회사의 존재 이유가 될 것이라고 이 기업은 믿는다. 각 가치에 대한 자세한 설명은 이 회사의 웹사이트에서 확인할 수 있다.

1. 최고 품질의 천연, 유기농 제품 판매
2. 고객이 즐거워하고 만족하는 것
3. 공급 업체와 지속적인 윈-윈 파트너십을 창조하는 것
4. 팀원의 행복과 우수성을 지지(서포트)하는 것
5. 수익과 성장을 통해 부를 창조하는 것
6. 지역사회의 환경을 보호하는 것

출처: From Whole Foods Core Values, https://www.wholefoodsmarket.com/mission-values/core-values.

추구하는 가치. **추구하는 가치**(espoused values)는 기업이 명백히 표방하는 신념, 철학, 그리고 규범이다. 추구하는 가치는 기업의 비전 또는 미션 선언문과 같은 출판물에서부터 임원이나 관리자들이 구성원에게 하는 구두 발표 등을 포괄한다. 〈표 16-1〉은 외부로 드러난 홀푸드(Whole Foods)의 가치 일부

를 나타낸다. 각 문장은 홀푸드에 관해 무엇을 말해주는가? 그리고 무엇에 관심을 가지고 있는가?

추구하는 가치와 표출되는 가치는 분명히 구분될 필요가 있다. 기업이 어떤 것이 중요하다고 외부로 발표하는 것과 구성원들이 지속적으로 추구하는 가치를 행동해 옮기는 것은 다른 문제다. 기업이 환경의 변화에 관계없이 추구하는 가치를 오랜 동안 유지할 때, 그 가치는 구성원과 외부인 모두에게 보다 믿을 만한 것이 된다. 그러나 경제 불황기에 추구하는 가치에 충실하기란 쉬운 일이 아니다. 메리어트 인터내셔널(Marriott International)은 숙박/여행 산업계의 다른 경쟁사와 마찬가지로 최근의 경제 불황으로 고전을 겪고 있다. 이 회사는 비용을 절감하기 위해 할 수 있는 모든 것을 시도했지만, 항상 구성원을 올바르게 대우한다는 가치를 지키는 데는 예산을 삭감하지 않았다. 이는 JW 메리어트(J.W. Marriott)의 창립 철학이다. "종업원이 잘 대우받으면, 그들은 고객을 잘 보살필 것이고, 그러면 고객은 다시 찾아올 것이다. 그것이 우리 회사의 기본적인 핵심 가치이다."[26] 이와 유사하게 스트라이프(Stripe)(샌프란시스코에 기반을 둔 온라인 페이먼트 프로세스 회사)는 급성장과 함께 조직의 가치를 유지하였다. CEO 존 콜리스이 말하기를 처음 시작할 때는 새로운 가치를 고안하고 생성하는 것은 쉬운 일이다. 그러나 기업이 성장하면서 이러한 경쟁가치를 확보해 나가는 것이다. 심지어 CEO가 없다고 할지라도 문화(가치)는 계속 실현된다.[27] 모든 기업이 그들의 가치와 관련하여 개방적인 것은 아니라는 점은 주목할 필요가 있다. 캘리포니아 몬로비아에 소재한 트레이더 조(Trader Joe's)는 단골 고객에게 미국에서 가장 멋진, 로컬 제품을 추구하는, 고객 지향의 사업자로 알려져 있다. 또한 트레이더 조는, 홀푸드와는 반대로, 세상에서 가장 비밀스러운 비즈니스 관행을 가진 기업이다. 실제로 공급업자들은 트레이드 조에 납품 승인을 받기 전에 둘 간의 비즈니스 관계에 관련된 어떤 것도 밝히지 않겠다는 계약서에 서명해야 한다.[28]

암묵적 가정. **암묵적 가정**(basic underlying assumptions)은 구성원들이 당연하게 여기는 신념과 철학을 의미하는데, 구성원의 몸에 배어 있기 때문에 특정 상황에서 행동의 타당성에 의문을 제기하기보다 그에 따라 행동한다.[29] 이들 가정은 문화의 측면 중에서 가장 깊으면서 관찰하기 어려운 부분이며 조직의 베테랑(오래된 구성원)에게조차 분명하지 않을 수 있다. 조직문화 분야에서 탁월한 학자 중 한 명인 샤인(Edgar Schein)은 엔지니어링 회사의 안전 사례를 이용하여 설명한다. "엔지니어링과 같은 직무에서, 의도적으로 어떤 것을 안전하지 않게 설계한다는 것은 상상할 수 없다. 안전해야 한다는 것은 지극히 당연한 가정이다."[30] 기업의 기저에 깔린 가정이 무엇이든, 그 숨겨진 신념은 구성원의 행동을 가장 잘 설명할 것이고 구성원의 태도에 영향을 미칠 가능성이 높다. 이는 오랫동안 지속되고 변하기 어려운 조직문화의 한 측면이다.[31]

일반적 문화 유형

조직의 관찰 가능한 인위적인 요소, 추구하는 가치, 암묵적 가정 등의 조합을 고려해 보면, 문화를 다양한 차원으로 분류할 수 있을 것이다. 개인에게 다양한 성격 유형이 존재할 수 있는 것처럼, 다양한 유형의 조직문화가 존재할 수 있다. 많은 연구자가 조직의 문화를 설명하는 데 활용할 수 있는 일반적 유형 분류 체계를 만들고자 시도했다. 예를 들어, 널리 알려진 일반 유형 분류 체

학습목표 16.2
한 조직의 문화를 설명하기 위해 사용될 수 있는 일반적 문화 유형과 특수 문화 유형은 무엇인가?

그림 16-2 조직문화의 유형

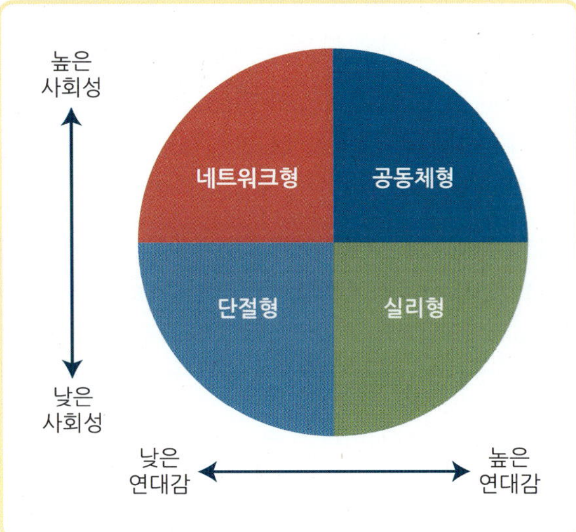

출처: Adapted from R. Goffee and G. Jones, *The Character of a Corporation* (New York: Harper Business, 1998).

계는 조직문화를 연대감(solidarity)과 사회성(sociability) 두 차원에 따라 나눈다. 연대감은 집단 구성원들이 비슷하게 생각하고 행동하는 정도를 의미하고, 사회성은 구성원들이 서로 친밀한 정도를 나타낸다.[32] [그림 16-2]는 이들 차원이 높거나 낮은 조직을 어떻게 설명할 수 있는지 보여 준다. 두 차원 모두 낮은 조직은 **단절형 문화**(fragmented culture)로, 이 문화에서 구성원들은 서로 거리가 있고 연결되어 있지 않다. 구성원들이 비슷하게 생각하지만 서로 친밀하지 않는 조직은 **실리형 문화**(mercenary cultures)라고 할 수 있다. 이 유형의 조직은 매우 정치적인 분위기가 되기 쉽고, "내게 도움이 되는 것"에 따라 움직인다. 모든 구성원이 서로 친밀하지만, 모두가 서로 다르게 생각하고 자신의 일을 하는 문화는 **네트워크형 문화**(networked cultures)다. 많은 창의적인 조직이 네트워크 문화를 가지고 있다. 구성원이 비슷하게 생각하고 서로 친밀한 조직은 **공동체형 문화**(communal cultures)다. 조직의 규모가 커짐에 따라 문화도 바뀌는 경향이 있다는 실증 결과가 있다. 작은 조직은 일반적으로 소유주와 설립자를 중심으로 하는 공동체 문화로 시작한다. 기업이 성장하면서 네트워크 문화로 이동하는 경향이 있는데, 이는 집단이 커지면 연대감을 조장하기가 더 어렵기 때문이다.[33] 조직문화는 안정적인 것으로 생각하기 쉽지만, 바뀔 수 있다. 이 점에 대해서는 이후에 설명하기로 한다.

특수 문화 유형

[그림 16-2]에 있는 유형론은 거의 모든 조직에 적용될 수 있을 정도로 일반적이다. 그러나 한 조직의 문화를 분류하는 전혀 다른 방법이 있다. 실제로 많은 조직은 자사 조직의 목표 달성에 도움이 되는 특수한 문화를 구축하기 위해 관찰 가능한 인위적 요소와 추구하는 가치를 이용하려 한다. 이들 특수 문화 중 어떤 것들은 특정 산업에 보다 더 적합하다. 조직이 구축하고자 애를 쓰는 특수 문화의 수는 셀 수 없지만, 여기서는 고객 서비스 문화, 안전 문화, 다양성 문화, 창의성 문화 등 네 가지의 사례에 초점을 맞춘다.

많은 조직이 서비스 품질에 초점을 맞춘 **고객 서비스 문화**(customer service culture)를 구축하고자 노력한다. 미국의 국내총생산(GDP) 중 80%가 서비스 사업 기반의 조직에서 창출된다.[34] 서비스 문화를 성공적으로 구축한 조직들은 구성원의 태도와 행동을 고객 지향적으로 바꾼 것으로 나타났다.[35] 태도와 행동의 변화는 고객 만족 향상과 매출 증가로 나타났다.[36] [그림 16-3]은 서비스 문화를 구축하는 과정과 기업 성과에 미치는 영향을 나타낸다. 수많은 기업이 자사의 지속적인 생존의 배경에는 서비스 문화를 구축한 능력이 있었기 때문이라고 주장한다.[37] 텍사스 소재의 군인 가족 금융 서비스 기업 USAA는 고객 서비스 문화의 가장 좋은 사례인데, 지난 8년 동안

그림 16-3 서비스 문화 프로세스

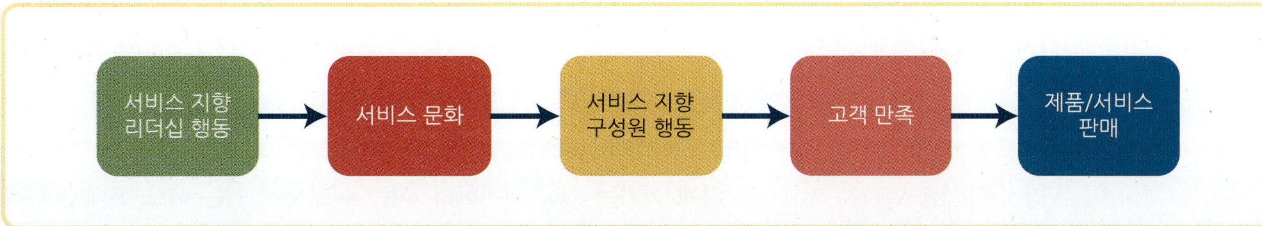

출처: Adapted from B. Schneider, M.G. Ehrhart, D.M. Mayer, J.L. Saltz, and K. Niles-Jolly, "Understanding Organization–Customer Links in Service Settings," *Academy of Management Journal* 48 (2005), pp. 1017–32.

포춘지가 선정한 존경받는 기업 중 하나이다.[38] 고객 서비스 문화를 구축하기 위한 노력의 일환으로, USAA 콜센터 담당자들은 군인 고객의 생활을 이해하기 위해 거의 6개월 동안 교육을 받고 나서야 실제 전화응대 직무에 배치된다.[39] 기업들은 의도적으로 고객 지향성을 지닌 사람을 채용하려고 하지만, 연구에 따르면 고객 서비스 문화가 훨씬 더 고객 지향 행동을 유도하고 결과적으로 더 큰 이익으로 이어지는 것으로 나타났다.[40]

미국에서 2019년 한 해 동안 2,800만 건의 경미한 작업장 사고와 5333건의 치명적인 사고가 발생했다.[41] 제조 업체 또는 의료 기업들은 일상적으로 종업원들이 다치는 사고를 겪는다. 이들 조직에서 **안전 문화**(safety culture)를 구축하는 것은 매우 중요하다. 작업장에서 안전 행동에 가치를 부여하는 정도는 기업에 따라 분명히 차이가 있다.[42] 긍정적인 안전 문화는 사고를 감소시키고 안전 기반의 시민행동을 증가시킨다.[43] 안전 문화는 또한 의료 부문에서 처치 실수를 줄인다.[44] 여러분이 미국에서 유정 개발이 진행되고 있는 지역에 살고 있다면, 쉘, 엑슨모빌, 쉐브론, BP와 같은 거대 정유 기업의 이름을 보면 반가울 것이다. 이들 기업은 강한 안전 문화를 가지고 있는 경향이 있기 때문에 이 지역 주민들은 안전 환경이 개선되는 것을 확인하게 될 것이다. 쉘이 작은 운영 회사를 인수했을 때, 가장 먼저 한 일이 두 주 동안 문을 닫고 작업자들을 재교육시킨 것이다. 한 근로자가 말했다. "쉘이 이곳에 온 이후에 안전 문화가 상당히 바뀌었다는 데 의심의 여지가 없다." XTO 에너지가 엑슨모빌의 한 사업부가 되었을 때, 똑같은 장소에서 똑같은 종업원이 작업을 하는 데도 사고율이 절반으로 줄었다. 쉐브론 같은 여러 기업도 비슷한 경험을 가지고 있다.[45] 많은 변화에서와 마찬가지로, 경영진의 말과 행동의 일관성이 매우 중요하다. 한 연구에서, 경영자의 내재된 안전 가치와 표방하는 안전 가치에 불일치를 지각하면 구성원들은 안전 프로그램에 매우 냉소적이라는 점을 발견했다.[46] 최근의 두 메타 분석 결과에 따르면 안전 지향의 문화를 가진다는 것은 높은 수준의 안전 성과와 매우 낮은 부상과 사고를 의미한다는 점을 분명히 보여 주었다.[47]

조직이 **다양성 문화**(diversity culture)를 조장하려는 데는 여러 가지 이유가 있다. 77,500명의 직원이 근무하는 시스코(Cisco Systems)의 경우 다양성 문화가 생존의 열쇠가 될 수도 있고, 적어도 경쟁업체보다 핵심적인 이점이 될 수 있다. 이 회사는 기술 산업에서 많은 기업의 일반적인 문제인 여성 부족 문제를 해결하고 있다. (2020년에는 시스코 직원의 27%만이 여성이었다). 이러한 고용된 여성 인력은 이러한 문제를 심각하게 고려하지 않았지만 시스코는 사업 초기부터 상당

부분 고위직 여성 임원으로 고용하여 다양성 문화를 장려하였다. 그 예로, 시스코는 포용 및 협업 담당 부사장을 채용하여 JUMP 라는 장기 프로그램을 중견 하위직 여성 인력에게 제공하는 역할을 담당하게 하였다.[48] 뉴욕에 소재한 거대 광고 기업(40,000명의 종업원), 인터퍼블릭 그룹(Interpublic Group)또한 다양성 문화로 잘 알려져 있다. 하이디 가드너(Heide Gardner) 최고 다양성 & 포용 경영자는 "포용은 어느 곳에서나 똑같다. 그것은 다양성을 중요하게 여기는 것뿐만 아니라 다양성을 만드는 것도 중요하게 여기는 것을 의미한다. 이는 여러분이 있는 어느 곳에서나 적용된다."고 말했다.[49] 모든 상황에 다양성이 좋게 적용되는 것은 아니다. 우버(Uber)는 성차별과 성희롱 스캔들 이후 다양성의 문화로 변화하려고 시도하였다. 우버의 이사회 총책임자인 애리애나 허핑턴(Ariana Huffington)은 "내부적으로 변화하려는 진정한 욕구가 강하다. 위대한 조직문화를 창조하는 것은 기업의 미래 성공 열쇠가 될 것이며, 향후 우버에는 온전히 상호 존중하는 행동 외에는 어떤 것에도 용납되지 않을 것이다"라고 말했다.[50]

많은 기업이 창조하려고 하는 새로운 특정 문화 중 하나는 **지속가능성 문화**(sustainability culture)이다. 지속가능성 문화는 많은 조직의 사명과 가치에 의해 육성된다. 더 큰 사회적 이익을 돕는 것 외에도, 지속가능성 문화는 최고의 인재를 모집하는 데 있어 믿을 수 없을 정도로 가치가 있을 수 있다. 이는 문화가 오늘날의 많은 구직자에게 긍정적인 측면에서 많은 반향을 일으키기 때문이다. 지속가능성 문화로 널리 알려진 회사 중 하나는 캘리포니아에 본사를 둔 의류 제조업체 파타고니아(Patagonia)인데, 파타고니아는 사람들에게 옷을 사지 말라는 "블랙 프라이데이" 광고로 유명해졌다. 전 CEO 로즈 마르카리오(Rose Marcario)는 "많은 사람이 '이 재킷을 사지 마세요' 광고에 관해 이야기하지만, 그것이 실제로 말하고 있던 것은 '필요한 것보다 더 많이 사지 마세요'였다."라고 말했다.[51] 파타고니아는 제품을 가능한 내구성 있게 만드는 데 초점을 맞추고, 한번 산 물건을 세대에서 세대로 물려받기를 원하였다. 그리고 파타고니아는 만약 당신이 그것을 가게에 다시 가져온다면, 그것을 수리해 줄 것이다. 민간 기업으로서, 파타고니아는 다른 많은 회사가 할 수 없는 활동가 유형의 역할을 수행하고 있다.[52] 설립자 Yvon Chuinard는 문화를 적극적으로 수용한다. 그는 항상 야외 활동가들을 먼저 고용하고 그들이 알아야 할 사업 기술을 가르치는 것을 추구하였다.[53] 최근에 파타고니아는 월스트리트 임원들은 경악하게 했다. 왜냐하면 파타고니아는 자사의 인기 있는 양털 모피 다운 조끼를 오직 "지구를 우선시하는 회사들"에게만 제품을 판매할 것이라고 발표하였기 때문이다.[54] 유기농 식품 및 음료 회사인 클리프바(Clif Bar & Company)는 그들의 가치에 돈을 투자했다. 최근 "cool commute" 프로그램을 통해 회사는 직원들에게 통근용 자전거에 대해 최대 500달러, 회사가 승인한 하이브리드 또는 전기 자동차에 대해 6,500달러, 그리고 근로자들이 자전거를 타거나, 걷거나, 대중교통을 이용하여 출근하는 경우 매년 1,500달러를 보상한다. 이러한 문화를 통해 클리프바의 이직률은 3%로 떨어졌다.[55]

많은 산업에서 새로운 아이디어와 혁신의 중요성을 고려할 때, 일부 조직이 **창의성 문화**(creativity culture)를 육성하는 데 집중하는 것

태양의 서커스는 창조적인 문화를 창조하는 동시에 그것의 사업을 구축하고 유지하기 위해 열심히 일하고 있다.

은 이해할 수 있다. 창의성 문화는 조직 내 창의적인 아이디어의 양과 질 모두에 영향을 미친다.[56] 3M은 창의력은 통제가 아닌 자유에서 나온다고 믿는다. R&D 직원들은 근무 시간의 15%를 자신이 원하는 것을 연구하는 데 할애한다.[57] 한 가지 흥미로운 창의성 문화는 세계에서 가장 큰 연극 제작자인, 몬트리올에 기반을 둔 태양의 서커스(Cirque du Soleil)의 창의성 문화이다. 믿을 수 없을 정도로 독특한 쇼와 30년 이상의 창의적인 공연으로 알려진 이 회사는 재정 상태가 좋지 않아 벤처 캐피털 회사에 매각되었다. 팬데믹 이전에, 새로운 경영진은 많은 직원이 하는 일의 기초가 되는 창의성 기반 문화를 유지하는 동시에 비즈니스 초점을 개발하려고 노력하였다.[58] 노스캐롤라이나에 본사를 둔 비즈니스 분석 소프트웨어 회사 SAS(포춘 선정 100대 기업)는 본격적인 유아 탁아소, 몬테소리 학교 및 방과 후 프로그램을 통해 직원들이 문제에 대한 창의적인 솔루션에 대해 더 많은 시간을 할애하고 자녀에 대해 걱정할 시간을 줄일 수 있었다. SAS는 또한 직원들이 어떻게 지내는지 알아보기 위해 매년 직원들에게 문화에 대해 설문조사를 시행하였다.[59] 당신이 창의성 문화 속에서 일했는지 알아보려면 OB 진단지를 확인하라.

문화 강도

학습목표 16.3 강한 문화를 만드는 요인은 무엇인가? 그리고 강한 문화는 조직에 항상 좋은가?

많은 조직이 하나가 되기 위해 열심히 노력하지만, 모든 기업이 확고한 규범과 적절한 행동을 유발하는 문화를 가지고 있지는 않다. 여러분이 한 기업에 일을 하면서 그 기업이 강한 문화를 가지고 있는지 아닌지 모르겠다면, 아마도 회사는 강한 문화를 가지고 있지 않을 것이다. 높은 수준의 **문화 강도**(culture strength)는 구성원이 조직 내에서 일이 진행되는 방식에 확고히 동의할 때(높은 합의), 그리고 이후의 행동이 그러한 기대와 일치할 때 발생한다.[60] [그림 16-4]에서 보는 바와 같이, 강한 문화는 구성원을 통합하고 방향을 제시한다. 약한 문화는 구성원들이 일이 진행되는 방식 또는 그들에게 기대되는 것에 동의하지 않을 때 발생하는 데, 이들을 통합하거나 혹은 태도나 행동에 방향을 제시해 주는 것이 없다는 의미다. 강한 문화는 개발하는 데 오랜 시간이 걸리

그림 16-4 문화 강도와 하위 문화

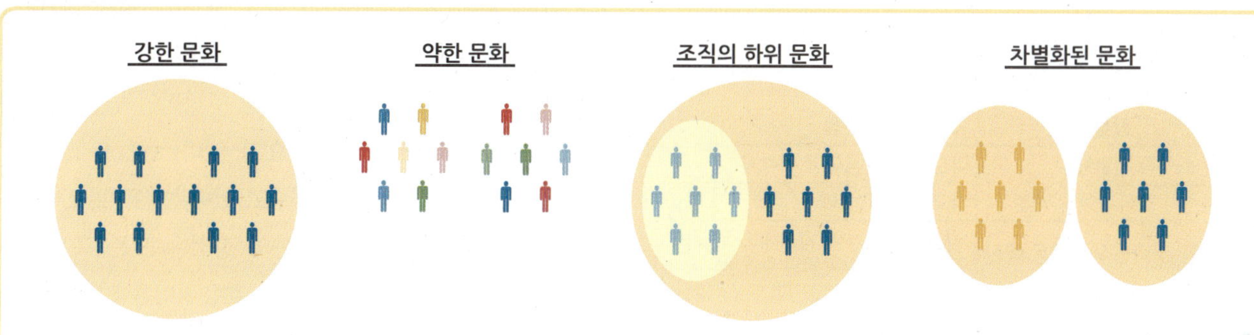

OB 진단지

창의성 문화

여러분은 창의성 문화를 경험해 본 적 있는가? 이 평가는 창의성 문화의 두 요소를 측정하기 위해 고안되었다. 여러분의 현재 직무 또는 지난 직업을 생각해 보라(파트타임 또는 여름 아르바이트라도 좋다). 여러분이 일을 해본 적이 없다면, 현재 소속되어 있거나 이전에 활동했던 학생 단체 중 일하는 방식에 관한 강력한 규범을 가지고 있는 집단을 생각해 보라. 주어진 척도를 이용하여 각 질문에 답하라. 그 다음 굵은 글씨의 질문에 대한 답을 6에서 빼라. 그 값의 차이가 그 질문에 대한 최종 점수가 된다. 예를 들어, 7번 질문에 대한 원래 답이 "4"였다면, 최종 답변은 "2"(6-4)가 된다. 그 다음 두 요인의 점수를 더하라.

점수 계산과 해석

혁신: 1~5번 합산. ________

공식화: 6~10번 합산. ________

각 차원에서 22점 이상이면 높은 수준을 의미한다. 창의적 문화는 혁신 차원에서 높고 공식화에서 낮은 경향이 있다. 따라서 혁신에서 22점 이상이고 공식화에서 21점 이하이면, 강한 창의성 문화를 경험할 가능성이 높다.

1	2	3	4	5
매우 아니다	아니다	확실하지 않다	그렇다	매우 그렇다

1. 이 조직에서는 새로운 아이디어가 쉽게 받아들여진다. ________
2. 이 조직은 변화가 필요한 경우 신속하게 반응한다. ________
3. 이 조직의 경영자들은 일을 다르게 처리할 필요성을 재빠르게 알아차린다. ________
4. 이 조직은 매우 유연해서 새로운 환경에 적응하기 위해 절차를 빠르게 바꿀 수 있고 문제가 발생하자마자 해결한다. ________
5. 이 조직의 구성원들은 항상 문제를 바라보는 새로운 방식을 찾는다. ________
6. 이 조직에서는 규칙을 따르는 것이 매우 중요하게 여겨진다. ________
7. **일 처리에 도움이 될 수 있다면 사람들은 공식적인 절차나 규칙을 무시할 수 있다.** ________
8. 모든 일은 규정대로 처리되어야 한다. ________
9. **이 조직에서는 절차를 따를 필요가 없다.** ________
10. **이 조직에서는 사람들이 규칙을 어겨도 화내는 사람은 없다.** ________

출처: From M.G. Patterson, M.A. West, V.J. Schackleton, J.F. Dawson, R. Lawthom, S. Maitlis, D.L. Robinson, and A.M. Wallace, "Validating the Organizational Climate Measure: Links to Managerial Practices, Productivity and Innovation," *Journal of Organizational Behavior* 26 (2005), pp. 379–408.

고, 한번 구축되고 나면 바꾸기 어렵다. 강한 문화에서 일하는 개인은 일반적으로 그것을 잘 알고 있다. 그러나 이 논의는 중요한 점을 일깨워 준다. 즉, "강한" 문화가 항상 "좋은" 문화는 아니라는 점이다. 강한 문화는 구성원의 태도와 행동의 방향을 제시하지만, 이것이 가장 성공적인 조직성과로 이어진다는 것을 의미하지는 않는다. 강한 문화는 발전하는 데 오랜 시간이 걸리고 변화하기가 매우 어렵다. 강한 문화권에서 일하는 사람들은 전형적으로 그것을 매우 잘 알고 있다. 그러나 이 토론은 "강한" 문화가 항상 "좋은" 문화는 아니라는 것을 생각해 볼 수 있는 점을 시사한다.[61] 강한 조직문화를 가지고 있을 때 긍정적인 면과 부정적인 면을 동시에 가지고 있다는 점을 인식할 필요가 있다. 〈표 16-2〉는 강한 문화의 장점과 단점을 보여 주고 있다.[62] 〈표 16-2〉를 통하여 조직 내 문화의 강한 문화의 장점은 모든 측면에서 조직이 더 효율적으로 운영되는데 효율적임을 알 수 있다.

표 16-2 강한 문화의 장단점

장점	단점
다른 조직과 차별화	다른 조직과 통합에 어려움
구성원이 조직과 동일시함	사고의 다양성 제약
구성원 간 바람직한 행동 촉진	극단적인 행동이 발생해도 당연한 것으로 받아들일 수 있음
조직 내부의 안정성 유지	환경 적응에 어려움

반면 단점은 모두 조직의 적응 능력 부족으로 귀결된다는 것을 알 수 있다.

어떤 경우에, 한 조직의 문화는 강하거나 약하지 않을 수도 있다. 그 대신에 조직 구성원의 일부를 통합하는 하위 문화(subculture)가 존재할 수 있다. 이 하위 집단 문화는 기업의 한 영역에 강력한 리더가 존재해서 다른 규범과 가치를 생성하기 때문에, 또는 기업 내에 특정 부문(사업부)이 독립적으로 활동하고 자체적인 문화를 창출할 경우에 발생할 수 있다. [그림 16-4]에 보는 것처럼, 하위 문화는 전체의 조직문화 내에 다른 문화가 특정 구성원을 지배하고 있을 때 존재한다. 하위 문화는 작은 기업에서보다 대기업에서 존재할 가능성이 높다.[63] 대부분의 조직은 하위 문화가 전체 문화의 가치에 방해가 되지 않는 한 하위 문화에 대해 개의치 않는다. 실제로, 조직 내에 구성원들이 서로 다른 요구와 욕구를 가진 특정 분야가 존재한다면 하위 문화는 조직에 매우 유익할 것이다.[64] 그러나 하위 문화의 가치가 전체 조직의 가치와 일치하지 않는다면, 이때의 하위 문화는 **반문화**(countercultures)라 부른다. 반문화는 때때로 전체 조직의 가치에 도전하거나, 변화의 요구를 나타낼 때 유익한 수단이 된다. 하위 문화는 종종 전체 조직의 가치에 도전함으로써, 또는 변화 요구를 보여줌으로써 유용한 목적에 사용될 수 있다.[65] 그러나 극단적인 사례에서, 반문화는 조직문화를 분할하여 결과적으로 [그림 16-4]에 보는 것과 같이 차별화된 문화를 초래한다. 텍사스에 본사를 둔 865개의 햄버거 체인점인 왓어버거(Whataburger)가 변화하는 기업 문화가 더 가족적인 문화를 유지하기를 원하는 최대 프랜차이즈 가맹점의 문화와 충돌하면서 발생한 사례이다.[66]

조직문화의 유지

> **학습목표 16.4**
> 조직문화를 유지하는 방법과 그것을 바꾸는 방법은 무엇인가?

한 조직의 문화는 추구하는 가치와 암묵적 가정에서 연대감 또는 사회성 같은 일반적 차원, 서비스 문화 또는 안전 문화와 같은 특수 유형에 이르기 까지 다양한 방식으로 설명될 수 있다. 그러나 조직문화가 어떠할지라도, 조직이 신규 직원을 모집하고 채용하기 시작하면 그 조직의 문화는 시험대에 오르게 된다. 이들 신규 멤버가 문화에 적합하지 않으면, 문화가 약해지거나 차별화 될 것이다. 그러나 유인-선발-이탈과 사회화 등 두 과정은 문화를 강하게 유지하는 데 도움이 된다.

유인-선발-이탈(ASA). **ASA 프레임워크**(Attraction-Selection-Attrition framework)는 잠재적인 종업원들은 자신의 성격과 일치하는 문화를 가진 조직에 매력을 느끼는데, 이는 조직에 적합하지 않다고 지각하는 잠재적 지원자는 아예 지원도 하지 않을 것이라는 의미를 포함한다.[67] 또한 조직은 지원자의 성격이 조직문화와 적합한지 여부에 따라 후보자를 선발할 것이고, 잠재적으로 "적합하지 않을 사람들"은 탈락시킬 것이다. 결국, 조직에 적합하지 않은 사람들은 불행하거나 조직의 일에서 비효과적일 것이고, 자발적 혹은 비자발적 이직으로 이어질 것이다.

많은 기업이 ASA 실천 사례를 제공한다. 페덱스(FedEx)는 윤리적 문화를 구축하기 위해 많은 애를 써 왔다. 페덱스의 임원들은 강한 윤리적 문화가 윤리적 종업원을 끌어들일 것이고, 이들은 이후에 페덱스에서 도덕적 행동을 더욱 강화할 것이라 믿는다.[68] 헤드헌터와 기업의 채용 담당자들은 특성 유형의 문화 경험이 많은 종업원은 다른 유형의 문화에 적응하는 데 힘든 시간을 보낼

영화 속 OB

더 서클
THE CIRCLE

PictureLux/The Hollywood Archive/Alamy Stock Photo

메이, 넌 서클의 소중한 사람이야. 우리는 당신이 아끼는 모든 사람을 소중히 여겨.

이 말로, 이몬 베일리(톰 행크스)가 메이 홀랜드(엠마 왓슨)에게 그녀가 서클(제임스 폰설트 감독, 유로파, 2017)에서 얼마나 가치 있는지를 보여 준다. 베일리는 대부분의 사람에게 구글을 떠올리게 할 중요하고 강력한 인터넷 회사인 서클을 책임지고 있는 세 명의 "현명한 사람" 중 한 명이다. 영화는 조직문화가 얼마나 강력한지를 보여 주는 훌륭한 사례이며, 우리는 그 문화가 어떻게 직원에게 주입될 수 있는지에 대한 모든 측면을 볼 수 있다. 홀랜드는 그녀의 옛 대학 룸메이트인 애니 앨러튼(캐런 길런)에 의해 회사를 소개받았다. 우리는 홀랜드가 서클과 인터뷰하고, 고용되고, 사회화되면서 ASA 프레임워크가 작동하는 것을 볼 수 있다. 서클의 본사는 완벽하게 손질되고 정교하게 고안된 400에이커의 캠퍼스에 있다. (주의 깊은 사람은, 그것이 캘리포니아 쿠퍼티노에 있는 애플의 새로운 본사와 얼마나 비슷해 보이는지 알아차릴 수 있을 것이다.) 직원들은 최고의 기술, 체육관, 파티, 심지어 기숙사와 같은 생활 공간을 누릴 수 있다.

물론, 이 모든 것에 잠재적인 단점이 없다면 좋은 영화가 되지 못할 것이다. 회사가 직원들에게 제공하는 모든 이점에 대해, 대부분의 회사가 기꺼이 가고자 하는 수준을 훨씬 뛰어넘는 투명성에 대한 기대가 있다는 것이 밝혀졌다. 홀랜드의 업무 성과, 생활, 그리고 그녀의 모든 것이 회사와 직원들에게 공개된다. 그녀가 몇몇 회사 행사에 참석하지 않은 사실을 통보받았을 때, 그녀는 회사가 그녀의 아버지가 다발성 경화증을 앓고 있다는 사실을 알고 있다는 것도 알게 된다. 홀랜드에게는 다행스럽게도, 회사가 그녀의 부모님을 그들의 복지 계획에 기꺼이 추가하려고 한다. 영화 속에서 서클의 조직문화가 어떠한 방식으로 정서적, 지속적, 규범적 세 가지 형태의 조직몰입을 촉진하려고 하는지 주목할 필요가 있다. 물론 "비밀은 거짓말이다", "프라이버시는 도둑질이다"와 같은 회사 슬로건과 가치관이 자주 반복되기 때문에 회사의 전략에는 더 큰(불길한) 그림이 있다. 연설 도중 베일리는 서클 직원 그룹에게 "아는 것은 좋지만 모든 것을 아는 것이 더 낫다."고 말한다.

것이라는 점을 잘 알고 있다. 그들이 특히 조심하는 유형의 문화는 높은 수준의 관료주의 문화이다. 채용 담당자들은 브리티시 에어웨이(British Airways), 제너럴 밀스(General Mills), 옥시덴털 석유(Occidental Petroleum) 등과 같은 기업을 비(非) 위험 감수, 관료주의적 문화의 대표 사례로 지목하는데, 이들 기업에서 다른 데 한 눈을 파는 구성원은 거의 성공할 수 없다.[69] 물론, 유인과 선발 프로세스가 항상 종업원의 성격, 즉 조직문화의 일관성을 기준으로 이루어지는 것은 아니다. 이는 모든 조직에서 일어나는 자발적 이직과 비자발적 이직의 한 가지 이유일 뿐이기 때문이다. ASA 프레임워크가 회사에서 작동하는 방법에 대한 예는 이 장의 **영화 속 OB**에 나와 있다.

사회화. 유인-선발-이탈의 이점에 더하여, 조직은 또한 신규 직원의 형성(shaping)과 모델링(modeling)을 통해 조직문화를 유지한다. 한 기업에서 새로운 직무를 시작한다는 것은 구성원이나 조직 모두에게 스트레스이며, 어렵고, 도전이다.[70] 실제로, 어떤 외부인도 겉으로 보이는 인위적 요소를 바라보는 것으로 한 조직의 문화를 완전히 이해할 수 없다. 조직문화를 완전히 이해한다는 것은 시간의 흐름에 따라 일어나는 과정이다. **사회화**(socialization)는 구성원이 그 조직의 문화

그림 16-5 사회화 노력과 관련된 차원

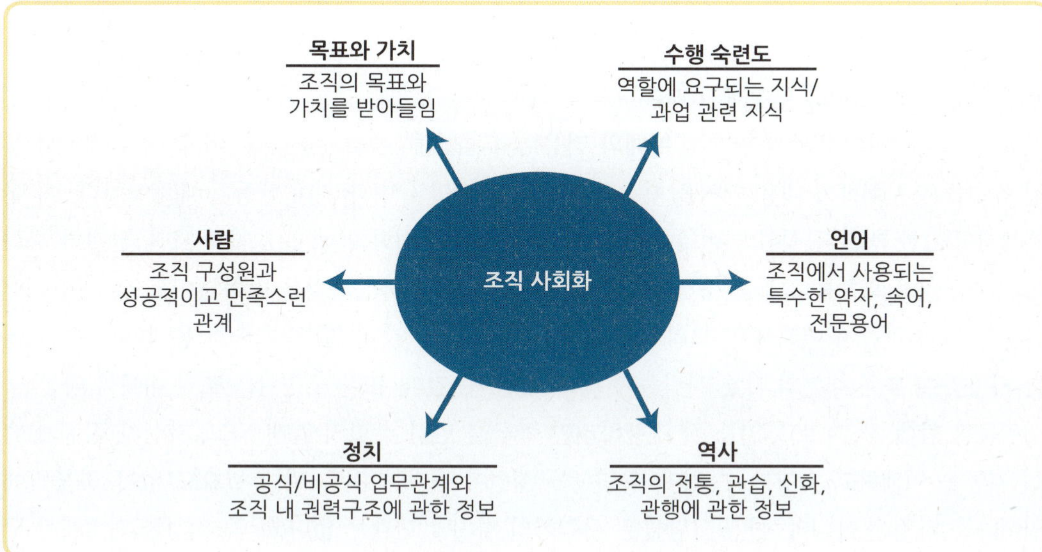

출처: G.T. Chao, A.M. O'Leary-Kelly, S. Wolf, H.J. Klein, and P.D. Gardner, "Organizational Socialization: Its Content and Consequences," *Journal of Applied Psychology* 79 (1994), pp. 730–43. 1994 by the American Psychological Association.

를 이해하고 적응 가능하도록 하는 사회적 지식을 학습하는 중요한 과정이다. 이는 구성원이 과업을 시작하기 전에 시작해서 조직을 떠날 때까지 지속되는 과정이다.[71] 구성원이 조직 내에서 자신의 역할에 사회화되기 위해서 무엇을 배워야 하고 적응해야 하는가? 대부분의 중요한 정보가 여섯 개의 차원으로 분류될 수 있다(그림 16-5).[72] 연구에 따르면, 이 여섯 차원은 사회화 과정에서 중요한 영역이다. 각 영역은 직무성과, 조직몰입, 그리고 개인-조직 적합성에 각기 기여한다.[73]

사회화는 세 단계로 이루어진다. **사전 단계**(anticipatory stage)는 직무에서 단 1초라도 시간을 보내기 전에 일어난다. 이는 잠재적 구성원이 그 조직의 이름을 듣는 순간 시작된다. 여러분이 마이크로소프트라는 기업의 이름을 들을 때, 무슨 생각이 드는가? 떠오르는 이미지는 무엇인가? 사전 단계의 사회화는 잠재적 구성원이 일하게 될 기업의 이미지가 어떠해야 한다는 생각을 가지는 순간 시작된다. 이 단계에서 획득한 대량의 정보는 조직에 들어오기 전에 구성원이 겪는 모집과 선발 단계에서 발생한다. 모집 과정 동안 조직이 구성원을 대하는 방법, 조직 내부자가 그들에게 조직에 관하여 말해주는 것들과, 그리고 그들이 얻는 그 조직과 과업에 관한 정보 등 관련 정보를 포함한다.

직면 단계(encounter stage)는 구성원이 과업을 시작하는 날 시작된다. 한 사람이 조직 내부자가 되어야만 학습할 수 있는 조직과 문화에 관한 것이 있다. 이 단계에서, 신입 구성원들은 사전 단계에서 외부인으로서 획득한 정보와, 내부인으로서 확인한 조직의 실제 모습과 비교한다. 이 두 단계의 정보가 유사할수록 구성원이 조직에 적응하는 데 더 순조로운 시간을 보낼 것이다. 두 정보가 일치하지 않을 때는 문제가 발생한다. 이 정보의 불일치를 **현실 충격**(reality shock)이라 한다. 현실 충격은 "이 회사에서 일하는 것이 내가 기대했던 것과는 다르다."고 말하는 구성원에게서 잘 알 수 있다. 설문조사에 따르면, 신입 직원의 3분의 1은 기대 불일치의 결과로 입사 후 90일 이내에 조직을 떠나는 것으로 나타났다.[74] 조직 사회화 노력의 목표는 가능한 한 현실 충격을 최소화하는 데 두어야 한다. 이를 효과적으로 하기 위해 조직이 할 수 있는 몇 가지 방법을 이 장의 결론 부분인 실무 적용 부분에서 다룬다.

조직 사회화의 마지막 단계는 **이해와 적응**(understanding and adaptation)이다. 이 단계에서 신입 직원들은 사회화의 내용 영역을 학습할 것이고 조직의 규범과 기대 행동을 내재화한다. 이 단계에서 중요한 점은 구성원의 변화이다. [그림 16-5]에서 사회화의 내용 영역을 보면, 완전히 사회화된 구성원의 모습을 그려볼 수 있다. 구성원은 조직의 목표와 가치를 받아들이고, 조직이 어떤 과정을 거쳐 왔는지 이해하고, 그리고 조직의 내부 사람만 알 수 있는 기술적 용어와 특수 용어를 사용하여 조직 내부의 다른 사람들과 대화를 할 수 있다. 또한 구성원은 조직 내에서 다른 구성원들과 함께 잘 지내고, 일을 잘 진행하려면 누구를 만나야 할지 알게 되고, 자신의 직무의 핵심 기능을 이해하고 수행할 수 있다. 완벽한 구성원이 된다는 것은, 말할 필요도 없이, 하룻밤에 일어나는 과정은 아니다. 어떤 사람들은 사회화의 마지막 단계는 없다고, 즉 진정한 의미에서 끝은 없다고 말한다. 왜냐하면 조직의 문화는 시간이 흐름에 따라 끊임없이 변하고 진화하기 때문이다.[75] 그러나 조직 역시 구성원이 더 빨리 그리고 효과적으로 사회화될수록, 조직 내부에서 더 생산적인 구성원이 된다는 점을 알고 있다.

사회화 과정의 기간은 기업이 아니라 구성원의 특성에 따라 달라진다는 사실을 인식할 필요가 있다. 예를 들어, 개인이 가진 지식, 문화적 단서를 인식하는 능력, 또는 환경 적응력에 따라 어떤 구성원은 사회화의 단계를 더 빨리 진행할 수 있다. 실제로, 구성원의 적극성은 사회화에 중요한 효과를 미친다는 증거가 늘어나고 있다.[76] 조직이 보다 강한 문화를 가지고 있거나 보다 쉽게 이해할 수 있는 문화를 가진 경우에는 구성원이 보다 빨리 사회화할 수 있도록 도울 수 있다. 가장 큰 차이점은 일부 조직은 직원들을 다른 조직보다 더 열심히 사회화한다는 것이다. 최근의 연구는 직원이 이메일에서 사용하는 언어를 보고 얼마나 빨리 타인과 교류하는지를 판단할 수 있다고 한다. 예를 들어 회사의 다른 직원들과 동일한 언어를 사용하는 직원은 더 높은 수준의 조직문화 적응력을 보여준다.[77]

조직문화의 변화

조직문화의 구축과 유지에 필요한 노력을 감안할 때, 한번 구축된 조직문화를 변화시킨다는 것은 훨씬 더 어려울 것이다. 실제로 성공적인 조직문화 변화율은 20%에 불과하다.[78] 메리 배라(Mary Barra)는 CEO가 되기 전, CPO 자리에 있을 때부터 GM의 관료주의적, 규칙 지향의 문화를 바꾸기 위해 노력했다. 그녀는 "고객에게 초점을 맞춘 조직을 이끄는 것"에 관해 이야기하기를 더 좋아한다.[79] 그녀는 이를 위해 관리직 계층을 없애고 종업원 정책 매뉴얼을 80% 줄였다. 또 그녀는 복장 규정을 "상황에 적합한 의상 착용"[80]으로 바꾸었다. 모호함 때문에 불편하다는 사람들의 질문을 받을 때 그녀는 대답했다. "여러분은 지금 내가 여러분에게 회사 차를 주고, 수천만 달러 어치의 책임을 줄 수 있을 만큼 여러분을 신뢰하지만, 여러분은 내가 여러분의 복장 착용에 관해

북스토어

디즈니만이 하는 것(THE RIDE OF A LIFETIME)

Bob Iger (New York: Random House, 2019)

Robert Iger/Random House, Inc.

"알았어."라고 그가 말했다. "몇 가지 단점이 있지만." 그는 "디즈니의 문화는 픽사를 파괴할 것이다!"라고 열정적으로 첫 번째 작품을 썼다. 나는 그런 말을 한 그를 비난할 수 없었다. 지금까지 디즈니에 대한 그의 경험은 늘 옳았다. 그는 계속해서 자신의 의견을 피력했다. "디즈니 애니메이션을 고치는 것은 너무 오래 걸릴 것이고 그 과정에서 존과 에드를 지치게 할 것이다." "너무 많은 악의가 있고 회복하는 데 몇 년은 걸릴 것이다." "월가는 이 행위를 싫어할 것이다." "당신의 이사회는 결코 당신이 그렇게 하도록 허락하지 않을 것이다." "픽사는 기증된 장기를 거부하기 때문에, 디즈니를 주인으로서 거부할 것이다." 더 많은 문장이 있었지만, 대문자로 "산만하면 픽사의 창의성이 죽는다"라는 문구가 하나 더 있었다.

밥 아이거(전 월트디즈니 CEO이자 현 이사장)는 디즈니가 픽사 스튜디오를 매입하는 건으로 스티브 잡스를 처음 만났을 때를 회상한다. 잡스는 기본적으로 디즈니의 기업 문화와 픽사의 문화가 잘 융합되지 않을 것이라고 말했다. 물론 디즈니는 결국 픽사를 74억 달러에 주식을 매입했는데, 이는 디즈니가 마블 엔터테인먼트(40억 달러)와 스타워즈 프랜차이즈(40억 달러)를 매입한 것과 마찬가지로 현재로서는 꽤 헐값처럼 보인다. 픽사는 매우 성공적인 영화를 계속해서 개발했을 뿐만 아니라 픽사의 리더들은 빈사 상태에 빠진 디즈니 애니메이션 스튜디오를 다시 활성화하는 데 도움을 주었다.

아이거의 회고록은 그가 위대한 리더가 되기 위해 필요하다고 생각하는 것을 상세히 기술할 뿐만 아니라, 특히 인수·합병을 통해 디즈니 문화의 창조, 유지, 변화에 대한 이야기로 가득 차 있다. 아이거는 디즈니에 인수될 당시 ABC의 임원이었기 때문에 인수·합병 과정의 양면을 자세히 설명할 수 있다. 아이거는 가치의 중요성과 문화를 형성하기 위한 가치의 사용에 대해 지속적으로 이야기한다. 그는 "기업의 문화는 많은 것에 의해 형성되지만, 가장 중요한 것은 당신의 우선순위를 명확하고 반복적으로 전달해야 한다는 것이다. 경험상, 그것이 훌륭한 경영자들과 다른 사람들을 구분하는 것이다. 리더가 자신의 우선순위를 명확히 밝히지 않으면 주변 사람들은 자신의 우선순위가 무엇인지 알지 못한다."고 말했다.

믿지 못한다고 말하고 있는 것인가?" 복장 규정은 GM이 다룬 문제에 관한 것은 아니었지만, 배라는 말했다. "과거에 규칙이 규칙이었던 문화가 있었고, 여러분이 의사를 결정하도록 위임되어 있지 않을 때 여러분 모두 그 규칙에 관해 불평했다. 이제 우리는 사실상 모든 개인에게 권한을 위임하고 있다."[81] 실무적으로, 문화를 바꾸는 보다 일반적인 방법이 있다. 바로 리더십의 변화와 인수 또는 합병이다. 두 가지 방법을 모두 사용하여 문화를 바꾸는 방법에 대한 매우 효과적인 CEO의 견해를 OB 북스토어에서 볼 수 있다.

리더십 변화. 조직의 리더와 고위 경영진보다 더 강력한 문화의 동인(driver)은 없을 것이다. 조직의 설립자 또는 창업자는 회사의 문화를 확립하고 개발하고, 후속 CEO와 사장들은 그 문화에 자신의 흔적을 남긴다. 오랜 동안 리더들은 이미 구축된 문화를 단순히 유지하도록 기대되었다.[82] 때로는 조직 주변 환경이 변화할 때 리더는 변화의 원동력이 되어야 한다. 실제로 회사의 조직문화와 다른 리더십 스타일이 회사를 변화시키는 데 더 효과적이라는 최근 연구 결과가 있기도 하다.[83] 이 기대는 조직이 최고 경영진을 바꾸는 가장 큰 이유이다. 예를 들어, 노텔(Nortel Networks)

은 시스코(Cisco)의 전임 임원 2명을 채용해 각각 COO(chief operating ofcer)와 CTO(chief technology ofcer)에 기용했다. 노텔측은 이들 임원이 시스코의 공격적 문화를 노텔에 이식해 첨단 기술 산업 환경에서 보다 효과적으로 경쟁할 수 있기를 기대했다.[84] 사실 모든 그런 움직임이 효과를 거두는 것은 아니다. JC페니(JCPenney)는 애플의 소매 부문 임원 론 존슨(Ron Johnson)을 CEO로 영입했다. 그는 회사명 변경을 포함한 수많은 문화 변화를 통해 회사를 뒤흔들었다. 존슨은 "JC페니를 회복시킬 이상적인 리더"로 환호받았다. CEO의 최고위 측근 중 한 사람은, "사람들이 문화가 점점 더 애플처럼 되어 간다고 말한다면, 나는 그것을 칭찬으로 받아들인다."고 말했다. 그러나 이 회사에서 오랜 기간 동안 일해 온 구성원들은 그런 식으로 받아들이지 않았다. 그들은 제대로 대우받지 못하고, 늘 평가당하고, 그리고 끊임없는 애플 언급에 진절머리 난다고 느꼈다. 일 년이 채 되지 못한 시점에, 암울한 결과와 낮은 구성원 사기 때문에 존슨은 해고되었고, JC페니의 문화에 익숙한 전임 CEO가 복귀했다.[85]

합병과 인수. 각기 다른 문화를 가진 두 기업의 합병은 한 조직에서 문화를 바꾸는 확실한 방법이다. 문제는 합병 이후에 문화가 어떤 모습이 될 지 알 수 없다는 것이다. 새로운 문화가 어떻게 될지는 두 문화의 강점과 유사성과 관련이 있다.[86] 이상적으로는, 두 기업이 가진 장점만 반영하여 새로운 문화를 형성하는 것이다. 매우 다른 문화를 가진 기업들 간의 합병이 이루어진 사례는 많이 있다. 몇 개만 예를 들자면, 액손/모빌, HP/컴팩, RJR/나비스코 등이 있다. 불행하게도, 이들 중 극히 일부만 성공적이었다. 합병은 합병 당사자들이 합병 결정을 할 당시에 기대한 강한 문화로 이어지기가 쉽지 않다. 실제로, 대부분의 합병 기업은 상당 기간 동안 독립적인 문화를 가지고 운영된다. 이들 중 일부는 새로운 정체성을 받아들이지 않고, 외부 세계에서 보기에 실패로 간주된다. 각 기업이 서로 다른 조직문화를 가지고 있을 뿐만 아니라 국가도 다른 글로벌 합병인 경우에는 특히 그러하다. **국제 상황의 OB**에서 자세한 내용을 확인할 수 있다. 때로는 경영자가 처음부터 문화에 초점을 맞춘 합병도 있다. 델타와 노스웨스트 항공의 합병 사례가 바로 그것이다. 단절형 문화가 형성되는 위험을 막기 위해, 델타의 CEO 리차드 앤더슨(Richard Anderson)은 구성원의 모든 신분증 ID번호를 변경하여, 구성원들이 델타 출신인지 노스웨스트 출신인지 알 수 없도록 했다. 앤더슨은 "구성원들이 끊임없이 상대가 어디 출신인지 판단하는" 상황을 피하고 싶었던 것이다.[87]

두 개의 서로 다른 문화의 합병은 조직 구성원의 태도와 행동에 중요한 영향을 미친다. 많은 전략적 이유로 기업들은 합병을 하고, 많은 경영자와 임원들이 그 중요성을 알고 있음에도 불구하고 문화가 잘 맞을지의 여부는 의사결정 기준에 포함되지 않는 경우가 많다.[88] 약간은 문제가 덜 되지만 그래도 여전히 극복해야 할 장애물이 인수다. 대부분의 경우에 인수를 하는 기업의 지배적인 문화를 피인수 기업에서 채택해야 한다고 기대한다. 최근 벨기에에 기반을 둔 인베브(InBev)가 앤호이저부시(Anheuser-Busch)를 인수한 사례가 있었다. 인베브와 CEO 카를루스 브리토(Carlos Brito)는 냉정하고 원가 절감을 중시하는 것으로 유명하고, 앤호이저부시는 자유로운 분위기로 유명하다. 앤호이저부시의 구성원들은 회사의 테마파크를 자유로이 이용할 수 있고 매달 두 케이스의 맥주를 무료로 가져갈 수 있다. 한 산업 분석가는 심지어 버드와이즈 클라이즈데일

국제 상황의 OB

앞에서 언급했듯이, 한 회사가 다른 기업과 합병하거나 인수하는 것만큼 위험한 여정은 없을 것이다. 이러한 문제는 두 회사가 서로 다른 나라일 때 악화된다. 국제 인수·합병의 30%만이 주주 가치를 창출한다. 그러나 그것은 회사들의 인수·합병 시도를 막지는 못했다. 2015년이 글로벌 인수·합병(4조 7000억 달러)의 10년 고점이었지만, 코로나 팬데믹은 2020년 상황을 2조 8000억 달러로 둔화시켰다.

우리는 조직이 한 국가에 있더라도 두 개의 다른 문화를 융합하려는 본질적인 어려움을 설명했다. 이러한 문화적 차이는 국제 문화가 역할을 할 때 확대될 수 있다. 대학에서의 경험이 조직처럼 나라마다 문화가 다르다는 것을 보여 줬을 가능성이 크다. 다른 나라에서 온 사람들은 세상을 다르게 보는 경향이 있고 가치관의 형태도 다르다. 예를 들어, 다임러-크라이슬러는 두 자동차 회사 간의 강력한 제휴가 두 회사 모두에게 높은 수준의 시너지 효과를 가져다줄 것이라 기대하면서 미쓰비시 자동차의 지배 지분을 매입했다. 그러나 놀랍게도 그 합병은 두 회사 사이의 국제 문화 차이에서 기인된 이유로 인해 협상이 결렬되었다. 일본인 경영자들은 "불편한 진실"을 피하고, 주요 변화 노력을 멀리하는 경향이 있다. 이는 다임러-크라이슬러가 결코 직면한 적이 없을 뿐 아니라 받아들일 수도 없는 경향이다.

국제 합병 실패에 관한 많은 사례가 있는데, 그 큰 이유 중 하나는 기업들이 (조직문화 차이 외에도) 국가 문화 차이가 성공 능력에 미치는 영향을 인식하지 못하기 때문이다. 이 문제의 희생양이 되지 않은 인수 중 하나는 중국의 지리홀딩그룹(Geely Holding Group)이 포드로부터 볼보자동차회사(스웨덴)를 매입한 것이다. 중국의 경영진이 자신들이 바보 취급을 받고 있다고 생각하여 스웨덴에서 열린 첫 만남에서 뛰쳐나오는 등 극도로 험악하게 시작되었지만, 두 회사는 어느 정도 타협에 도달한 것으로 보인다. 볼보는 안전하고 가족 친화적인 문화에 다소 반하기는 하지만, 이제 중국인들의 욕망에 맞는 메르세데스-벤츠, BMW와 경쟁하기 위해 고급 모델을 생산하고 있다. 게다가, 중국 경영진이 판매를 촉진하기 위해 중국에 세 개의 조립 공장을 짓고 싶었지만, 볼보 CEO의 요청으로 볼보의 더 느리고 더 품질 지향적인 접근법을 따랐다. 볼보는 현재 재정적으로나 명성적으로도 번창하고 있다. 지리 설립자인 리 슈푸(Li Shufu)는 볼보에 대해 "호랑이는 야생 세계에 속하며 동물원에 국한되지 않는다. 우리는 이 호랑이를 해방시켜야 한다."고 말했다. 볼보의 CEO인 호칸 사무엘손(Hakan Samuelsson)은 "그들은 모든 사람이 처음에 생각했던 것과는 정반대로, 그 회사에 매우 좋은 소유주였다"라고 말했다.

출처: P. Ambler, "Volvo & Geely: The Unlikely Marriage of Swedish Tech and Chinese Manufacturing Might That Earned Record Profits," *Forbes* (online), January 23, 2018; "Value of Mergers and Acquisitions (M&A) Worldwide from 1985 to 2020," *Statista*, January 15, 2021; S. Brahy, "Six Solution Pillars for Successful Cultural Integration of International M&As," *Journal of Organizational Excellence*, Autumn 2006, pp. 53–63; M. Dunne, "Volvo's Unlikely Comeback Is Gathering Speed, Thanks to a Visionary Chinese Owner," *Forbes* (online), February 25, 2016; G. Edmondson, "Auf Wiedersehen, Mitsubishi," *BusinessWeek* (online), November 11, 2005; B. Bremmer, "A Tale of Two Auto Mergers," *BusinessWeek* (online), April 29, 2004; M. Farrell, "2015 Becomes the Biggest MA Year Ever," *The Wall Street Journal* (online), December 13, 2015; N. Shirouzu, "Volvo's Search for Common Ground," *The Wall Street Journal* (online), June 6, 2011.

스(Budweiser Clydesdales)가 인베브 종업원보다 더 나은 대우를 받는다며 농담을 했다.[89] 또 다른 인수 사례는 UPS의 MBE(Mail Boxes Etc.) 인수다. 전략적으로, 이 인수로 인해 UPS는 페덱스와 미국 우체국 서비스와의 경쟁에서 유리한 위치를 점할 수 있게 되는 등 많은 이익을 얻었다. 그러나 UPS의 효율과 엄격함을 중시하는 문화와 MBE의 기업가정신 문화의 충돌은 UPS의 골칫거리로 남아있다.[90] 우리는 한 사람이 사회화 과정을 통해 기존의 문화에 적응하는 것이 얼마나 어려운 일인지 주지하고 있다. 따라서 전체 조직을 한꺼번에 바꾼다는 것이 얼마나 어려운 일인지 상상할 수 있을 것이다.

한 기업이 다른 기업을 인수하는 주요한 이유 중 하나는 그 기업이 가진 기술을 확보하는 것이다. 이런 경우에, 피인수 기업은 일반적으로 인수 기업의 문화에 적합하도록 변화할 것을 요구받는다. 그러나 휴렛팩커드, 야후, 시스코 등 몇몇 기업에서 사용된 새로운 접근법은 피인수 기업의

크로락스는 비츠비의 환경친화적 문화를 이용하여 자신의 문화를 강조하기 위해 그 회사를 인수했다.

문화를 자신의 문화에 불어 넣기 위한 의도로 기업을 인수하는 것이다.[91] 캘리포니아 오클랜드에 소재한 소비자 제품 제조 회사인 크로락스(Clorox)는 매사추세츠 소재의 개인 케어 제품 메이커인 버츠비(Burt's Bees)가 환경 친화적이고 사회적 책임을 다하는 문화를 가지고 있음을 파악하고, 환경에 초점을 맞춘 문화 구축을 위해 버츠비를 인수했다.[92] "흡수를 통한 혁신" 과정이 서류상으로는 좋아 보이지만 쉽지 않은 일이며, 기업들은 지금까지 구축해 놓은 본질적인 문화의 변화에 대해서는 재고할 필요가 있다.

요약: 조직마다 문화가 다른 이유는 무엇인가?

조직들은 왜 서로 다른 문화를 가지고 있는가? [그림 16-6]과 같이, 조직은 유인-선발-이탈 과정, 사회화, 리더십의 변화, 합병과 인수를 통해 조직문화의 세 가지 요소(암묵적 가정, 추구하는 가치, 관찰 가능한 인위적 요소)를 형성한다. 이들 문화 요소의 특별한 조합에 따라 일반적 문화 유형과 특수 문화 유형이 만들어진다. 예를 들어, 문화는 연대감과 사회성을 기반으로 단절형, 실리형, 공동체형, 네트워크형으로 범주화될 수 있다. 문화는 고객 서비스, 안전, 다양성, 그리고 창의성 문화 등과 같이 특수 유형으로 구분될 수 있다. 마지막으로, 이러한 일반 유형과 특수 유형은 문화의 강도에 따라 더 분류될 수 있다.

그림 16-6 왜 조직들은 서로 다른 문화를 가지고 있는가?

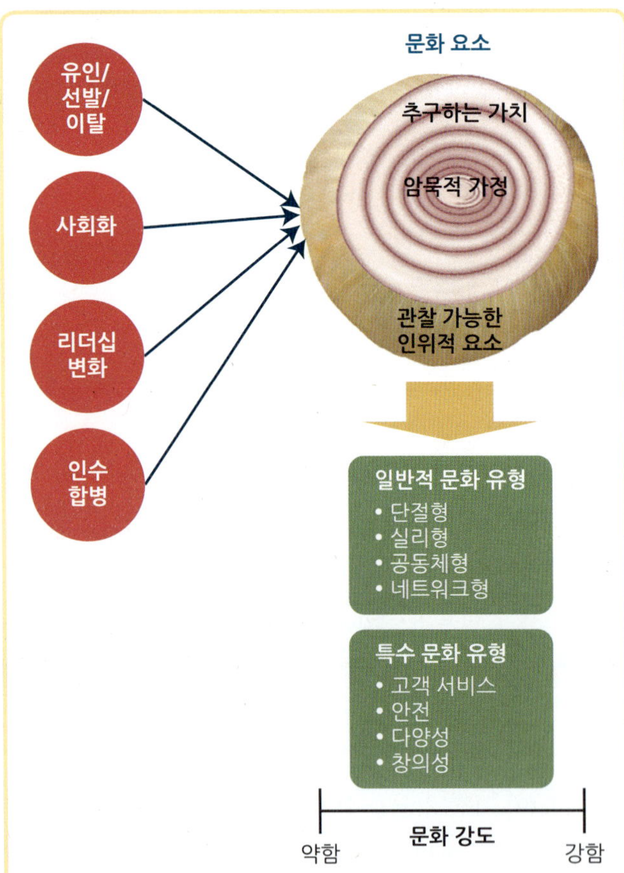

조직문화가 얼마나 중요한가?

대개 이 절은 조직문화가 (이 책의 OB 통합적 모델에서 두 개의 결과물인) 직무성과와 조직몰입에 얼마나 영향을 미치는지 설명함으로써 조직문화의 중요성을 요약하는 부분이다. 그러나(15장 조직구조에서와 유사하게) 조직문화의 유형과 개념의 차원이 너무 다양해서 문화의 중요성을 그런 방식으로 요약하기는 어렵다. 특정 문화 유형이 구성원의 태도에 미치는 영향을 지지하는 연구가 있지만,[93] 높은 연대감 문화, 높은 사회성 문화, 다양성 문화, 창의성 문화, 기타의 문화가 성과와 몰입에 서로 다른 영향을 미치고 그 영향은 조직과 산업 유형에 따라 달라질 가능성이 높다.

그러나 지금까지 논의한 문화 유형에 관계없이, 어떤 사업 내의 어떤 구성원에게나 중요한 개념이 하나있다면 바로 적합성이다. 여러분이 근무하고 있는 조직의 문화가 여러분 자신의 가치와 일치하지 않는다고 생각해 보라. 여러분이 믿지 않는 제품을 생산하거나 필립모리스, 버드와이저, 또는 하라스 카지노

(Harrah's casino)와 같은 다른 사람들에게 유해할 수 있는 조직에서 일할 수 있다. 이들 조직에서는 여러분에게 윤리적 관점에서 보면 의심스러운 행동을 수행하도록 하거나 품질이 조악한 제품을 생산하도록 요구할 수 있다. 페이스북, 세일즈포스 및 에어비앤비는 모두 경제적 수익을 창출하는 것 외에도 (때로는 그 이상으로) 사회적 가치를 증진하는 그들의 신념을 구축하는 단체이다.[94] **개인-조직 적합성**(person-organization fit)은 개인의 성격과 가치가 조직의 문화와 일치하는 정도를 의미한다. 구성원들은 자신이 가장 우선시하는 가치를 생각하고, 그 다음 조직이 그 가치를 공유하는지 판단함으로써 적합성을 판단한다. 〈표 16-3〉은 많은 사람이 적합성을 판단할 때 사용하는 가치이다. 이들 가치 중 어느 것이 여러분에게 가장 중요한가?

표 16-3 문화와 적합성을 판단할 때 사용되는 가치

유연성	효율성
위험 감수	예측 가능성
혁신적	기회 활용
고객 지향적	정확한
지지적인	비공식성
윤리적인	자율성
다양성	낙천적인
팀 기반	온정적
경쟁적	학습 지향적

출처: For a more detailed list of values used in research, see C.A. O'Reilly, J.A. Chatman, and D.F. Caldwell, "People and Organizational Culture: A Profile Comparison Approach to Assessing Person–Organization Fit," *Academy of Management Journal* 34 (1991), pp. 487–516.

두 메타 분석 결과는 개인-조직 접합성의 중요성을 보여 준다.[95] 구성원들이 자신의 가치와 성격이 조직의 그것과 일치한다고 느낄 때, 그들은 높은 수준의 직무만족을 경험하고, 일상의 과업에서 더 낮은 스트레스를 느낀다. 또한 그들은 그들의 관리자에 대해 더 높은 수준의 신뢰를 느낀다. 종합해 보면, 이들 결과는 왜 개인-조직 적합성이 조직몰입과 높은 상관관계를 가지는지 보여 준다(그림 16-7). 구성원이 조직의 문화와 적합하다고 느낄 때, 그들은 훨씬 더 회사에 감정적

학습목표 16.5
개인-조직 적합성은 무엇이며 이것은 직무성과와 조직몰입에 어떤 영향을 미치는가?

그림 16-7 개인-조직 적합성이 성과와 몰입에 미치는 영향

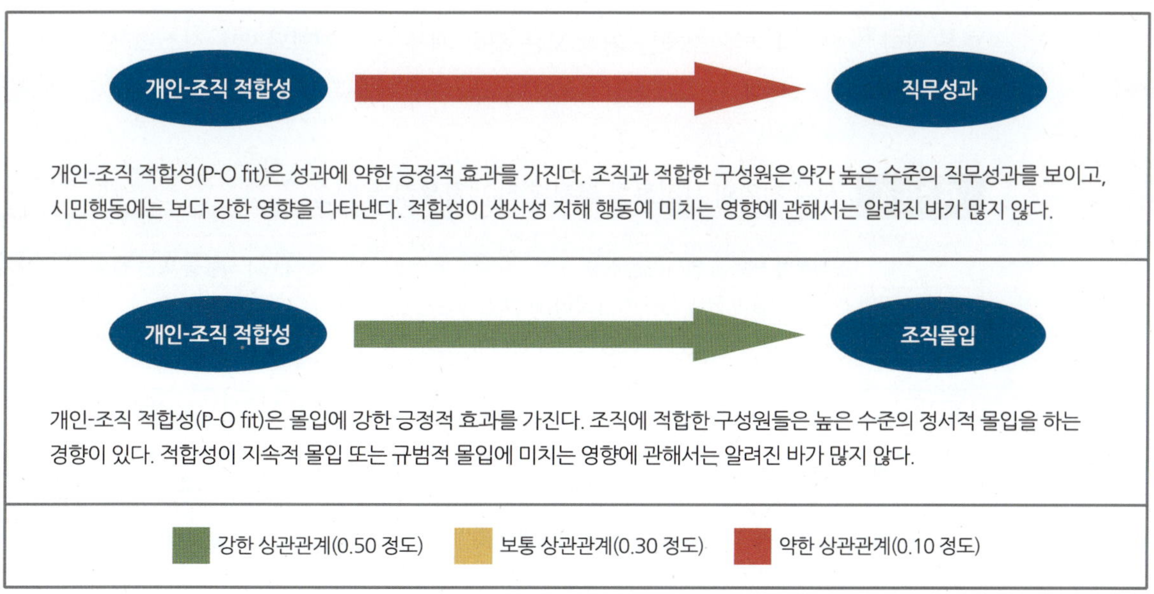

출처: W. Arthur Jr., S.T. Bell, A.J. Villado, and D. Doverspike, "The Use of Person–Organization Fit in Employment-Related Decision Making: An Assessment of Its Criterion-Related Validity," *Journal of Applied Psychology* 91 (2007), pp. 786–801; A.L. Kristof-Brown, R.D. Zimmerman, and E.C. Johnson, "Consequences of Individuals' Fit at Work: A Meta-Analysis of Person–Job, Person–Organization, Person–Group, and Person–Supervisor Fit." *Personnel Psychology* 58 (2005), pp. 281–342.

애착을 가지게 될 것이다. 그러나 적합성이 직무성과에 미치는 영향은 약하다. 일반적으로, 개인-조직 적합성은 직무성과보다는 시민행동에 더 관련이 있다. 조직이 자신과 잘 맞는다고 느끼는 구성원은 동료를 도울 가능성이 높고 회사에 도움이 될 수 있는 "추가적인 노력"을 한다.

실무 적용: 사회화 관리

학습목표 16.6
신입 직원을 조직문화에 융화시키기 위해 조직은 어떤 조치를 취할 수 있는가?

대부분의 조직은 구성원들이 그들의 조직문화에 신속하게 적응하는 것의 중요성을 인식하고 있다. 다행히도, 구성원이 출근한 첫 날부터 그들의 적응을 돕기 위해 조직이 취할 수 있는 활동은 매우 다양하다. 〈표 16-4〉는 조직이 구성원을 사회화할 때 사용할 수 있는 몇 가지 방법을 나타낸다. 기업은 사회화 과정에서 두 가지 매우 다른 접근법을 택할 수 있다는 점에 주목하라. 왼쪽 열은 신입 직원이 조직의 문화에 적응하는 것을 목표로 하는 사회화 관점을 나타낸다. 이 관점은 조직이 강한 문화와 확고한 규범과 가치를 가지고 있어 구성원들이 이를 받아들이기를 바란다고 가정한다. 일부 조직은 구성원들이 적응하기를 바라는 강한 문화를 가지고 있지 않거나 문화의 변화를 시도하고 있을 수 있고, 신입 직원이 들어와서 "뒤흔들어 놓기"를 바란다. 〈표 16-4〉의 오른쪽 열에 나열되어 있는 사회화 전술들은 그러한 환경에 더 적합할 것이다. 표에 열거되어 있는 사회화 방법에 더하여 조직이 신입 직원의 사회화 과정에 속도를 더할 수 있도록 도울 수 있는 세 가지 주요한 방법이 있다. 바로, 현실적 직무 소개, 오리엔테이션 프로그램, 멘토링이다.

현실적 직무 소개. 가장 비용을 덜 들이면서 신입 직원의 조기 이직을 감소시키는 효과적인 방법은 **현실적 직무 소개**(realistic job previews)를 활용하는 것이다.[96] 현실적 직무 소개는 사회화의 사전 단계에서 발생한다. 현실적 직무 소개는 잠재적 구성원이 지원하는 직무의 긍정적인 면과 부정적인 측면을 모두 강조함으로써 그 조직에 근무하는 것에 대한 정확한 그림을 그릴 수 있도록 한다.[97] 현실적 직무 소개는 거의 모든 경우 채용 전에 진행되지만, 시스코 시스템즈는 "시스코 초이스"라는 독특한 프로그램을 운영한다. 그 해에 채용된 2500명의 신입 직원은 이 프로그램

표 16-4 신규 직원의 사회화를 위해 조직이 활용하는 전술

조직문화 적응을 장려하는 전술	조직문화 적응을 막는 전술
다른 집단의 신규 직원들과 함께 신규 직원 오리엔테이션	신규 직원들끼리 오리엔테이션
신규 직원 오리엔테이션을 기존의 조직 구성원과 분리하여 진행	신규 직원들이 오리엔테이션을 받는 동안 기존 직원들과 상호작용 하도록 허용
조직 구성원의 자격을 얻기에 앞서 극복해야 할 장애물 제공	특별한 요구조건 충족 여부와 상관없이 조직 구성원의 자격부여
신규 직원에게 역할 모델 제공	구성원이 어떻게 되어야 하는지 예시를 사용하지 않음
신규 직원들에게 그들은 이제 집단의 일부이고, 이 새로운 집단이 그들을 규정지을 것이라는 점을 끊임없이 일깨움	신규 직원은 스스로에게 충실해야 하고, 조직은 현재의 그 모습을 바탕으로 그들을 선발했다는 점을 끊임없이 말해 줌

출처: Adapted from G.R. Jones, "Socialization Tactics, Self-Efficacy, and Newcomers' Adjustments to Organizations," *Academy of Management Journal* 29 (1986), pp. 262–79; J. Van Maanen and E.H. Schein, "Toward a Theory of Organizational Socialization," *Research in Organizational Behavior* 1 (1979), pp. 209–64.

에서 30여 개 사업부 관리자들로부터 프레젠테이션을 듣고 인터뷰를 한다. 그 다음, 신입들은 자신이 일하기를 원하는 곳을 선택한다. 시스코는 구성원들이 자신의 흥미와 기술을 바탕으로 직무를 선택하도록 함으로써, 더 열심히 일하고 회사에 남아있을 가능성이 크다고 느낀다. 이는 또한 현실 충격을 감소시키고 직면 단계를 단축시킨다. 제임스 리비스(James Revis)는 신규 채용자로서 시스코 초이스를 거친 뒤에 그가 일할 곳을 선택한 이상의 이익을 얻었다. 그는 "대개 신입 직원은 자신의 부서가 무슨 일을 하고 어떤 제품을 다루는지 안다. 우리가 협력을 하게 되었을 때, 나는 다른 부서가 무슨 일을 하는지 이미 알고 있었다."라고 말했다.[98] 시스코의 98% 2년 유지율을 감안한다면, 그 회사의 제도를 반박하기 어려울 것이다.[99]

오리엔테이션 프로그램. 사회화 과정을 시작하는 한 가지 효과적인 방법은 구성원을 어떤 형태이든 **신입 직원 오리엔테이션**(newcomer orientation) 세션에 참여하도록 하는 것이다. 모든 조직의 64~93%가 어떤 형태든 오리엔테이션 훈련 과정을 활용한다는 점을 고려할 때, 대부분의 조직이 여기에 동의한다.[100] 그러나 오리엔테이션 프로그램이 비슷한 것은 아니며, 오히려 각기 다른 유형의 오리엔테이션 프로그램이 더 효과적일 수 있다.[101] 오리엔테이션을 거친 구성원이 그렇지 않은 구성원보다 더 높은 수준의 만족, 몰입, 성과를 보인다는 점에서 오리엔테이션 프로그램은 사회화 내용의 효과적인 전달 수단으로 보인다.[102] 에어비앤비의 CEO 브라이언 체스키(Brian Chesky)는 새로운 조직문화를 정착시키는 것이 최우선 과제이며, 그는 매주 신입사원을 환영하는 오리엔테이션을 진행하는 과정에서 우리가 살고 싶은 미래 세계를 설계하기 위하여 열정을 가지고 업무에 임해달라고 강조하였다. 체스키는 직원들에게 다음과 같은 메모를 보냈다. "만약 당신이 조직문화를 파괴한다면, 당신의 고안해 낸 제품을 파괴한 것과 같다."[103] 제트블루(Jet Blue)의 CEO인 데이브 바거(Dave Barger)는 이 오리엔테이션에 강한 믿음을 가지고 있고, 지난 10년 동안 250회 이상 참여함으로써 이 믿음을 보여 주고 있다. 바거는 신입 사원들에게 말한다. "비행기, 가죽시트, 위성 TV, 건물과 같은 하드웨어는 돈만 있으면 모방될 수 있다. 문화는 모방될 수 없다. 그것이 우리가 서로를 대하는 방식이다. 우리는 서로를 신뢰하는가? 우리는 서로에게 의지할 수 있는가? 우리가 하는 일 중에서 가장 중요한 부분은 바로 사람과 관련된 측면이다."[104]

멘토링. 경력을 막 시작하는 대학생들에게 주는 일반적인 조언 중 하나는 조직 내에서 멘토 또는 코치를 찾을 필요가 있다는 것이다.[105] **멘토링**(Mentoring)은 하위직 구성원(프로테제protégé)이 고위직 구성원(멘토)과 깊이 있고, 오랜 동안 지속되는 관계를 형성하는 과정을 말한다. 멘토는 프로테제가 조직 생활을 시작할 때, 그리고 조직 내에서 경력을 지속하는 동안에 사회적 지식, 자원, 심리적 지원을 제공할 수 있다. 멘토링은 늘 비공식적 형태로 기업 내에 존재해 왔다. 그러나 조직이 이런 관계로부터 강력한 이익을 얻을 수 있다는 점을 학습함에 따라, 빈번하게 멘토링 프로그램을 제도화하여 공식적으로 신입 직원을 멘토와 연결시킨다.[106] 실제로, 76%의 기업이 스킬 향상을 위해 멘토링을 사용한다.[107] 공식적인 프로그램을 통해 기업들은 정보를 지속적으로 제공하고, 멘토를 훈련시키고, 모든 신입 직원이 이러한 유익한 관계를 개발시킬 기회를 가진다. 모건 스탠리(Morgan Stanley)는 리더들에게 구성원이 조직 내에서 성공적일 수 있도록 하는 교육 과정을 개발하도록 함으로써 멘토링 프로그램을 시작했다. 그런 다음, 구체적 상황에 잘 대처할 수 있을 것으로 기대되는 멘토와 프로테제를 짝 지운다.[108] 맥그로힐(McGraw-Hill Education)은 프로테제의 목표와 그 목표 달성을 가장 잘 도와줄 수 있는 사람을 파악하여 멘토와 프로테제 관계를 맺어 준다.[109] 마찬가지로, JP모건체이스(JPMorgan Chase & Co.)는 군대에서 모집한 신입 사원들을 경험이 풍부한 베테랑들과 짝을 지어 일반적인 삶으로 전환하는 데 도움이 되도록 그들을 지도하는 Pathfinder라는 프로젝트를 만들었다.[110] 네슬레(Nestlé)는 회사 내 여성 임원의 수를 늘리기 위해 열심히 노력하고 있으며, 잠재력이 높은 여성 관리자를 위한 구체적인 멘토링 프로그램을 통해 그렇게 하고 있다.[111] 구성원을 애정을 담아 "화성인"이라 부르는 버지니아 소재의 사탕 제조 업체인 마스(Mars, Inc.)에도 독특한 프로그램이 있다. 다른 조직과는 달리 이 회사에서는 젊은 직원들이 임원의 멘토가 되는 역멘토링(reverse-mentoring)을 실시하는데, 이는 임원들의 소셜 미디어 사용을 효과적으로 하도록 돕는 데 그 목적이 있다.[112]

요점 정리

16.1 조직문화는 한 조직 내에서 구성원의 태도와 행동을 규정하는 규칙, 규범, 그리고 가치에 관한 공유된 사회적 지식이다. 조직문화에는 관찰 가능한 인위적 요소, 추구하는 가치, 그리고 암묵적 가정 등 세 가지 요소가 있다. 관찰 가능한 인위적 요소에는 상징, 물리적 구조, 공통언어, 스토리, 리추얼, 그리고 행사 등이 있다.

16.2 조직문화는 연대감과 사회성 차원으로 설명될 수 있고, 이 차원의 조합으로 네 가지 일반적 문화 유형(네트워크형, 공동체형, 단절형, 그리고 실리형)으로 구분될 수 있다.

16.3 강한 문화는 구성원의 행동과 태도에 영향을 미칠 수 있다. 강한 문화는 구성원들이 기대되는 방식에 동의하고 그들의 행동이 기대와 일치할 때 형성된다. 강한 문화는 반드시 좋거나, 혹은 나쁜 것이 아니며, 일반적으로, 문화의 효과성은 조직문화가 조직 외부환경에 얼마나 부합하느냐에 달려있다. 이점에서 적응적 문화가 매우 유익할 수 있다.

16.4 조직은 유인-선발-이탈 프로세스와 사회화 관행을 통해 그들의 문화를 유지한다. 조직은 리더십의 변화 또는 인수와 합병을 통해 문화를 변화시킨다.

16.5 개인-조직 적합성은 개인의 가치와 성격이 조직문화와 일치하는 정도를 말한다. 개인-조직 적합성은 직무성과에는 약한 긍정적 효과를, 그리고 조직몰입에는 강한 긍정적 효과를 가진다.

16.6 조직이 신입 구성원의 사회화를 촉진시킬 수 있는 방법에는 현실적 직무 소개, 오리엔테이션 프로그램, 그리고 멘토링 등이 있다.

핵심 용어

- 개인-조직 적합성
- 고객 서비스 문화
- 공동체형 문화
- 공통언어
- 관찰 가능한 인위적요소
- 네크워크형 문화
- 다양성 문화
- 단절형 문화
- 리추얼
- 멘토링
- 문화 강도
- 물리적 구조
- 반문화
- 사전 단계
- 사회화
- 상징
- 스토리
- 신입 직원 오리엔테이션
- 실리형 문화
- 안전 문화
- 암묵적 가정
- 이해와 적응
- 조직문화
- 지속가능성 문화
- 직면 단계
- 창의적 문화
- 추구하는 가치
- 하위 문화
- 행사
- 현실 충격
- 현실적 직무 소개
- ASA 프레임워크

토론 질문

16.1 여러분 혹은 여러분의 가족은 강한 문화를 가졌다고 생각되는 조직에서 일해 본 적이 있는가? 만약 그렇다면, 문화를 강하게 만든 요인은 무엇인가? 여러분 혹은 가족은 그곳에서 일하는 것이 좋았는가? 그 이유는 무엇인가?

16.2 구성원이 조직의 가치와 일치하지 않는 개인적 가치를 가지는 것이 가능한가? 만약 그렇다면, 이 불일치는 직장에서 그 구성원의 행동과 태도에 어떤 영향을 미칠 것 같은가?

16.3 동일한 산업 내에서 아주 다른 문화를 가진 두 기업이 모두 성공적일 수 있는가? 한 기업의 문화가 자동적으로 환경에 더 적합해야 하는 것 아닌가?

16.4 여러분이 우체국 서비스의 문화를 생각할 때, 어떤 단어가 떠오르는가? 그러한 인상이 떠오른 이유는 무엇인가? 여러분의 인상이 정확하다고 생각하는가? 여러분의 인상이 부정확할 가능성이 있다면 그 이유는 무엇인가?

16.5 여러분이 마지막으로 시작했던 직업을 떠올려 보라. 신입 직원의 현실 충격을 완화시키기 위해 기업이 실행했던 독특한 방법이 있었는가? 그 방법은 비용이 많이 들었는가?

사례: 맥도날드

스티브 이스터브룩이 맥도날드의 CEO로 취임했을 때, 변화는 극적이고 빨랐다. '가족' 분위기가 사라지고 '팀'이 들어섰다. (가족을 선택할 수는 없지만 팀을 선택할 수는 있다.) 이스터브룩은 비용을 절감하고, 사람을 줄이며, 그곳에서 일하는 많은 사람과의 신뢰를 끊었다. 그는 회사 본사를 일리노이주 오크브룩에서 시카고로 옮기고 장기근속 직원들이 통근열차로는 접근하기 어려운 곳을 골랐다. 새로운 본사는 건물 꼭대기 층은 전체 개방된 형태였고 바(bar)가 있었다. 이스터브룩이 직원 한 명과 성적인 관계를 지속한 혐의로 고발되었을 때 이 바(회사가 목요일 밤 해피아워를 가졌다)가 초점이 되었다(이 모든 것이 회사 정책에 위배되는 것이었다. 이사회는 만장일치로 이스터브룩을 해고하기로 결정했지만, 그가 4천만 달러 이상의 퇴직금을 가지고 떠날 수 있도록 허용했다. 이후 이스터브룩은 최소 3명의 다른 직원과 관계를 맺고 회사 이메일로 부적절한 사진과 메시지를 보낸 것으로 드러났다.

보통 맥도날드와 같은 보수적인 회사는 이스터브룩이 떠난 상황, 특히 맥도날드와 같은 가족 지향적인 회사 이미지를 지키고자 사실을 은폐할 것이다. 그러나 신임 CEO인 크리스 켐프친스키의 결정은 그 반대였다. 인사팀장(이스터브룩의 친구)은 해고됐고 회사는 전 CEO에게 지급된 퇴직금을 회수하기 위해 소송을 제기했다. "이런 상황에서 그냥 덮어버리는 경향이 있다. 그러나 나는 우리가 일어난 일에 대해 매우 솔직하고, 솔직하게 말하는 것이 매우 중요하다고 생각했다"고 켐프친스키가 말했다. 새 CEO는 이 소송을 직원들이 조직을 신뢰할 수 있고, 직급에 관계없이 누구도 회사의 규범 위에 있지 못한다는 것을 보여 주는 신호로 보았다.

켐프친스키는 이제 악행을 보고하는 것뿐만 아니라 새로운 아이디어를 위해 회사 내에서 "말하기 좋은" 문화를 조성하기 위해 노력하고 있다. 문화 전반 또한 한 번 훑어보고 있다. 하이디 카포치(Heidi Capozzi) 부사장 겸 글로벌 최고 인사 책임자는 문화적 평가, 청취 세션, 채용 및 승진 관행에 대한 검토, 직원 불만 처리 방법 조사 등 다양한 조치를 시행했다. 이스터브룩의 해임 이후 애틀랜타에 본사를 둔 한 프랜차이즈 가맹점은 "CEO는 조직을 규정하지 않는다. 그들은 주목을 받지만 맥도날드는 아니다."고 말했다.

16.1 맥도날드가 전 CEO를 고소하기로 선택한 것의 장단점은 무엇인가?

16.2 CEO가 신뢰의 문화를 구축하는 것보다 파괴하는 것이 더 쉬운 이유는 무엇인가?

16.3 만약 당신이 켐프친스키라면, 맥도날드에 문화를 다시 세우는 것을 돕기 위해 어떤 것에 초점을 맞출 것인가?

출처: H. Haddon and S. Vranica, "McDonald's Looks Beyond Party Culture," *The Wall Street Journal*, January 5, 2020, https://www.wsj.com/articles/mcdonalds-looks-beyond-party-culture-11578243600; B. Kowitt. "McFamily Feud," *Fortune*, May 2021, pp. 68–79; A. Lucas, "McDonald's New CEO Takes Aim at the Company's 'Party' Culture," *CNBC*, January 6, 2020, https://www.cnbc.com/2020/01/06/mcdonalds-new-ceo-takes-aim-at-the-companys-party-culture.html; J. Maze, "McDonald's New CEO Works on the Brand's Culture," *Restaurant Business*, January 6, 2020, https://www.restaurantbusinessonline.com/leadership/mcdonalds-new-ceo-works-brands-culture; E. Shaffer, "McDonald's Takes a Closer Look at Company Culture," *Meat + Poultry*, August 27, 2020, https://www.meatpoultry.com/ articles/23694-mcdonalds-takes-a-closer-look-at-company-culture.

예제: 대학 문화

이 예제의 목적은 관찰 가능한 인위적 요소를 통해 조직문화가 어떻게 전파되는지 탐색하는 데 있다. 이 예제는 모둠 활동으로 진행되기에, 강의자가 모둠을 만들어 주거나 학습자들이 직접 모둠을 만들어야 한다. 이 예제는 다음과 같은 단계로 진행된다.

16.1 다음의 표를 활용하여, 여러분 대학의 조직문화를 전파하는 관찰 가능한 인위적인 요소를 생각해 보라.

상징	여러분의 대학과 관련된 로고와 이미지를 생각해 보라. 그것들은 대학의 문화와 관련하여 어떤 메시지를 전달하는가?
물리적 구조	캠퍼스에서 가장 잘 보이는 물리적 구조를 생각해 보라. 그것들은 대학의 문화에 관해 무슨 말을 하는가?
언어	여러분의 대학과 관계된 특수 용어, 속어, 슬로건, 그리고 격언을 생각해 보라. 그것들은 대학 문화에 어떤 통찰을 제공해 주는가?
스토리	여러분의 대학과 관련된 일화, 설명, 전설, 신화 등에는 어떤 것이 있는가? 그것들은 대학의 문화와 관련하여 어떤 메시지를 전달하고 있는가?
리추얼	여러분의 대학에서 매일, 또는 매주 관행적으로 발생하는 일에는 어떤 것이 있으며, 그것들은 문화에 관해 무슨 말을 하는가?
행사	대학에서 일어나는 공식적 이벤트와 행사에는 어떤 것이 있으며, 그것들은 어떤 문화적 신호를 전파하는가?

16.2 〈표 16-3〉에 나열되어 있는 가치를 생각해 보라. 1단계에서 확인한 상징, 물리적 구조, 언어, 스토리, 리추얼, 행사 등을 고려할 때, 어떤 핵심 가치가 대학의 문화를 잘 압축해서 보여 준다고 생각하는가? 슬라이드, 노트북컴퓨터, 보드 등을 이용해서, 여러분의 대학 문화에 가장 핵심이 되는 가치 하나를 나열하라. 그런 다음, 그 핵심 가치를 전파하는 데 중요한 세 개의 문화적 요소를 열거하라.

16.3 다음의 주제에 대해 전체 토론을 하라. 모둠별 발표에서 나타난 것과 같이, 여러분의 대학의 문화가 보여지는 방식이 마음에 드는가? 그 이유는 무엇인가? 다른 유형의 가치를 나타내도록 여러분의 대학문화를 바꾸고자 한다면 어떤 프로세스를 사용할 것인가?

미주

16.1 Verbeke, W.; M. Volgering; and M. Hessels. "Exploring the Conceptual Expansion Within the Field of Organizational Behavior: Organizational Climate and Organizational Culture." *Journal of Management Studies* 35 (1998), pp. 303–29.

16.2 Deal, T.E., and A.A. Kennedy, *Corporate Cultures: The Rites and Rituals of Corporate Life*. Reading, MA: Addison-Wesley, 1982.

16.3 Schneider, B.; V. González-Romá; C. Ostrof; and M. West. "Organizational Climate and Culture: Reflections on the History of the Constructs in the Journal of Applied Psychology." *Journal of Applied Psychology* 102 (2017), pp. 468–82.

16.4 Adapted from O'Reilly, C.A., III; J. Chatman; and D.L. Caldwell. "People and Organizational Culture: A Profile Comparison Approach to Assessing Person– Organization Fit." *Academy of Management Journal* 34 (1991), pp. 487–516; Tsui, A.S.; Z. Zhang; W. Hui; K.R. Xin; and J.B. Wu. "Unpacking the Relationship Between CEO Leadership Behavior and Organizational Culture." *Leadership Quarterly* 17 (2006), pp. 113–37.

16.5 O'Reilly, C.A., and J.A. Chatman. "Culture as Social Control: Corporations, Cults, and Commitment." In *Research in Organizational Behavior*, Vol. 18, ed. B.M. Staw and L.L. Cummings. Stamford, CT: JAI Press, 1996, pp. 157–200.

16.6 Chatman, J.A. "Matching People and Organizations: Selection and Socialization in Public Accounting Firms." *Administrative Science Quarterly* 36 (1991), pp. 459–84. 16.7 Colvin, G. "Q1A: Whole Foods' Other CEO on Organic Growth." *Fortune*, May 20, 2013, pp. 128–32.

16.7 Colvin, G. "Q1A: Whole Foods' Other CEO on Organic Growth." *Fortune*, May 20, 2013, pp. 128–32.

16.8 Trice, H.M., and J.M. Beyer. *The Cultures of Work Organizations*. Englewood Cliffs, NJ: Prentice Hall, 1993.

16.9 Mashayekhi, R. "#1 Hilton, the 100 Best Companies to Work For." *Fortune*, March 1, 2019, p. 59.

16.10 Nicolas, S. "The Way We Do Things Around Here." *Director*, March 2011, pp. 56–59.

16.11 Hempel, J. "Bringing Design to Blue Chips." *Fortune*, November 12, 2007, p. 32; Stibbe, M. "Mothers of Invention." *Director* 55 (2002), pp. 64–68.

16.12 Vance, A. "Netflix, Reed Hastings Survives Missteps to Join Silicon Valley's Elite." *Bloomberg Businessweek*, May 9, 2013, http://www.businessweek.com/articles/2013-05-09/netflix-reed-hastings-survive-missteps-to-join-silicon-valleys-elite.

16.13 Kesling, B. "Say Goodbye to the Office Cubicle." *The Wall Street Journal*, April 3, 2013, p. B1.

16.14 Rivlin, G. "The Problem with Microsoft." *Fortune*, April 11, 2011, pp. 45–51.

16.15 Shuit, D.P. "Yum Does a 360." *Workforce Management*, April 2005, pp. 59–60.

16.16 Bentley, D. "You're the Chief of What Now?" *Fortune*, January 1, 2019, p. 11.

16.17 Berfield, S. "Howard Schultz Versus Howard Schultz." *BusinessWeek*, August 17, 2009, pp. 28–33.

16.18 Birk, S. "Creating a Culture of Safety: Why CEO's Hold the Key to Improved Outcomes." *Healthcare Executive*, March/April 2009, pp. 15–22.

16.19 Martin, S. "Stories About Values and Valuable Stories: A Field Experiment of the Power of Narratives to Shape Newcomers' Actions." *Academy of Management Journal* 59 (2016), pp. 1707–24.

16.20 Van Bibber, R. "The 50 Best Places to Work in 2020." *Outside*, November 3, 2020, https://www.outsideonline.com/health/wellness/best-places-work-2020/.

16.21 Kaihla, P. "Best Kept Secrets of the World's Best Companies." *Business 2.0*, 2006, pp. 82–87.

16.22 Ryan, C. "From Nerd Therapy to 'Re-newbing,' These Are Quirky Pillars of Nerdery's Culture." *BuiltinChicago.com*, October 15, 2018, https://www.builtinchicago.org/ 2018/10/15/spotlight-working- at-nerdery.

16.23 Nordli, B. "Why Zoom Video Communications Built a Team Dedicated to Happiness." *BuiltinColorado.com*, July 27, 2018, https://www.builtincolorado.com/2018/07/27/spotlight-working-at-zoom-video-communications-culture.

16.24 Bryant, A. The Corner Office. *Indispensable and Unexpected Lessons from CEOs on How to Lead and Succeed*. New York: Times Books, 2011.

16.25 Wagner, K. "Oorah! Jack Dorsey Fires Up Twitter Employees in Epic Pep Rally." *Vox.com*, January, 28, 2016.

16.26 Gallagher, L. "Why Employees Love Marriott." *Fortune*, March 15, 2015, pp. 112–18.

16.27 "Make Values Work." *Fast Company*, February 2018, p. 30.

16.28 Kowitt, B. "Inside Trader Joe's." *Fortune*, September 6, 2010, pp. 86–96.

16.29 Schein, E.H. "Organizational Culture." *American Psychologist* 45 (1990), pp. 109–19.

16.30 Schein, E. H. *Organizational Culture and Leadership*. San Francisco: Jossey- Bass, 2004.

16.31 Schein, E.H. "What Is Culture?" In *Reframing Organizational Culture*, ed. P.J. Frost; L.F. Moore; M.R. Louis; C.C. Lundberg; and J. Martin. Beverly Hills, CA: Sage, 1991, pp. 243–53.

16.32 Goffee, R., and G. Jones. *The Character of a Corporation*. New York: Harper Business, 1998.

16.33 Goffee, R., and G. Jones. *The Character of a Corporation*. New York: Harper Business, 1998.

16.34 Central Intelligence Agency. *The CIA World Fact Book 2013*. Washington, DC: Skyhorse, 2013.

16.35 Hong, Y.; H. Liao; J. Hu; and K. Jiang. "Missing Link in the Service Profit Chain: A Meta- Analytic Review of the Antecedents, Consequences, and Moderators of Service Climate." *Journal of Applied Psychology* 98 (2013), pp. 237–67; Walumba, F.O.; C.A. Hartnell; and A. Oke. "Servant Leadership, Procedural Justice Climate, Service Climate, Employee Attitudes, and Organizational Citizenship Behavior: A Cross- level Investigation." *Journal of Applied Psychology* 95 (2010), pp. 517–29; Schneider, B.; D.E. Bowen; M.G. Ehrhart; and K.M. Holcombe. "The Climate for Service: Evolution of a Construct." In *Handbook of Organizational Culture and Climate*, ed. N.M. Ashkanasy; C. Wilderom; and M.F. Peterson. Thousand Oaks, CA, Sage, 2000, pp. 21–36.

16.36 Hong, Y.; H. Liao; J. Hu; and K. Jiang. "Missing Link in the Service Profit Chain: A Meta-Analytic Review of the Antecedents, Consequences, and Moderators of Service Climate." *Journal of Applied Psychology* 98 (2013), pp. 237–67; Schneider, B.; M.G. Ehrhart; D.M. Mayer; J.L. Saltz; and K. Niles- Jolly. "Understanding Organization– Customer Links in Service Settings." *Academy of Management Journal* 48 (2005), pp. 1017–32.

16.37 du Gay, P., and G. Salaman. "The Cult(ure) of the Customer." In *Strategic Human Resource Management*, ed. C. Mabey; G. Salaman; and J. Storey. London: Sage, 1998, pp. 58–67.

16.38 "World's Most Admired Companies 2020." *Fortune*, http://fortune.com/worlds-most-admired-companies/list (accessed April 2021).

16.39 McGregor, J. "USAA's Battle Plan." *Bloomberg Businessweek*, March 1, 2010, pp. 40–44.

16.40 Grizzle, J.W.; A.R. Zablah; T.J. Brown; J.C. Mowen; and J.M. Lee. "Employee–Customer Orientation in Context: How the Environment Moderates the Influence of Customer Orientation on Performance Outcomes." *Journal of Applied Psychology* 94 (2009), pp. 1227–42.

16.41 Bureau of Labor Statistics. "Workplace Injuries and Illnesses in 2019," 2020, http:// www.bls.gov/news.release/pdf/osh.pdf.

16.42 Zohar, D., and G. Luria. "Climate as a Social-Cognitive Construction of Supervisory Safety Practices: Scripts as a Proxy of Behavior Patterns." *Journal of Applied Psychology* 89 (2004), pp. 322–33.

16.43 Hofmann, D.A.; F.P. Morgeson; and S.J. Gerras. "Climate as a Moderator of the Relationship Between Leader–Member Exchange and Content Specific Citizenship: Safety Climate as an Exemplar." *Journal of Applied Psychology* 88 (2003), pp. 170–78.

16.44 Katz-Navon, T.; E. Naveh; and Z. Stern. "Safety Climate in Healthcare Organizations: A Multi-Dimensional Approach." *Academy of Management Journal* 48 (2005), pp. 1075–89.

16.45 Gilbert, D., and R. Gold. "As Big Drillers Move In, Safety Goes Up." *The Wall Street Journal*, April 1, 2013, p. A1.

16.46 Clarke, S. "Perceptions of Organizational Safety: Implications for the Development of Safety Culture." *Journal of Organizational Behavior* 20 (1999), pp. 185–98.

16.47 Beus, J.M.; S.C. Payne; M.E. Bergman; and W. Arthur Jr. "Safety Climate and Injuries: An Examination of Theoretical and Empirical Relationships." *Journal of Applied Psychology* 95 (2010), pp. 713–27; Christian, M.S.; J.C. Bradley; J.C. Wallace; and M.J. Burke. "Workplace Safety: A Meta- Analysis of the Roles of Person and Situation Factors." *Journal of Applied Psychology* 94 (2009), pp. 1103–27.

16.48 Cisco. "About Us." *Cisco.com*, August 2021, https://www.cisco.com/c/en/ us/about/inclusion- diversity/us.html; Herns, T. "People Practices from Top 5 World's Best Workplaces." *GreatPlacetoWork.com*, October 2, 2019; Fairchild, C. "Solving Tech's Diversity Problem— Starting at the Top." *Fortune*, March 15, 2015, pp. 126–27.

16.49 Babcock, Pamela. *What CEO's Think about Diversity* blog. Society for Human Resource Management, October 3, 2011.

16.50 Bensinger, G. "Embattled Uber Promises Changes in Corporate Culture." *The Wall Street Journal*, March 22, 2017.

16.51 Sacks, D. "Creative Conversation—Rose Marcario." *Fast Company*, February 2015, pp. 34–36.

16.52 Sacks, D. "Creative Conversation—Rose Marcario." *Fast Company*, February 2015, pp. 34–36.

16.53 Paumgarten, N. "Wild Man." *The New Yorker*, September 19, 2016, pp. 62–73.

16.54 Otani, A. "Patagonia Triggers a Market Panic over New Rules on Its Power Vests," *The Wall Street Journal*, April 8, 2019, https://www.wsj.com/articles/patagonia- triggers-a-market- panic-over-new-rules-on-its-power- vests-11554736920?mod=e2tw.

16.55 Mangalindan, J.P. "A Healthier, More Rewarding Workplace." *Fortune*, October 6, 2014, pp. 49–50.

16.56 McLean, L.D. "Organizational Culture's Influence on Creativity and Innovation: A Review of the Literature and Implications for Human Resource Development." *Advances in Developing Human Resources* 7 (2005), pp. 226–46.

16.57 Mattioli, D., and K. Maher. "At 3M, Innovation Comes in Tweaks and Snips." *The Wall Street Journal* (online), March 1, 2010.

16.58 Lev-Ram, M. "If I Ran the Circus." *Fortune*, March 1, 2017, pp. 132–42.

16.59 Colvin, G. "Personal Bests." *Fortune*, March 15, 2015, pp. 106–10; Tkaczyk, C. "No. 20, SAS; Offer Affordable (Awesome) Day Care." *Fortune*, August 17, 2009, p. 26.

16.60 O'Reilly, C.A. "Corporations, Culture, and Commitment: Motivation and Social Control in Organizations." *California Management Review* 31 (1989), pp. 9–25.

16.61 Glazer, E. "Well Fargo Digs Deeper into Its Culture Issues." *The Wall Street Journal*, March 21, 2017.

16.62 O'Reilly, C.A., III; J. Chatman; and D.L. Caldwell. "People and Organizational Culture: A Profile Comparison Approach to Assessing Person– Organization Fit." *Academy of Management Journal* 34 (1991), pp. 487–516.

16.63 Schein, E.H. "Three Cultures of Management: The Key to Organizational Learning." *Sloan Management Review* 38 (1996), pp. 9–20.

16.64 Egan, T.M. "The Relevance of Organizational Subculture for Motivation to Transfer Learning." *Human Resource Development Quarterly* 19 (2008), pp. 299–322; Boisner, A., and J. Chatman. "The Role of Subcultures in Agile Organizations." In *Leading and Managing People in Dynamic Organizations*, ed. R. Petersen and E. Mannix. Mahwah, NJ: Erlbaum, 2003.

16.65 See Howard-Grenville, J.A. "Inside the 'BLACK BOX': How Organizational Culture and Subcultures Inform Interpretations and Actions on Environmental Issues." *Organization & Environment* 19 (2006), pp. 46–73; Jermier, J.; J. Slocum; L. Fry; and J. Gaines. "Organizational Subcultures in a Soft Bureaucracy: Resistance Behind the Myth and Façade of an Official Culture." *Organizational Science* 2 (1991), pp. 170–94.

16.66 Steffy, L. "Whatabattle!" *Texas Monthly* (online), September 2015.

16.67 Schneider, B.; H.W. Goldstein; and D.B. Smith. "The ASA Framework: An Update." *Personnel Psychology* 48 (1995), pp. 747–73; Swider, B.; R. Zimmerman; and M. Barrick. "Searching for the Right Fit: Development of Applicant Person–Organization Fit Perceptions During the Recruitment Process." *Journal of Applied Psychology* 100 (2015), pp. 880–93.

16.68 Graf, A.B. "Building Corporate Cultures." *Chief Executive*, March 2005, p. 18.

16.69 Foust, D. "Where Headhunters Fear to Tread." *BusinessWeek*, September 14, 2009, pp. 42–44.

16.70 For good summaries of socialization, see Fisher, C.D. "Organizational Socialization: An Integrative View." *Research in Personnel and Human Resource Management* 4 (1986), pp. 101–45; Bauer, T.N.; E.W. Morrison; and R.R. Callister. "Organizational Socialization: A Review and Directions for Future Research." In *Research in Personnel and Human Resource Management*, Vol. 16, ed. G.R. Ferris. Greenwich, CT: JAI Press, 1998, pp. 149–214.

16.71 Cable, D.M.; L. Aiman-Smith; P.W. Mulvey; and J.R. Edwards. "The Sources and Accuracy of Job Applicants' Beliefs about Organizational Culture." *Academy of Management Journal* 43 (2000), pp. 1076–85; Louis, M.R. "Surprise and Sense-Making: What Newcomers Experience in Entering Unfamiliar Organizational Settings." *Administrative Science Quarterly* 25 (1980), pp. 226–51.

16.72 Chao, G.T.; A. O'Leary-Kelly; S. Wolf; H.J. Klein; and P.D. Gardner. "Organizational Socialization: Its Content and Consequences." *Journal of Applied Psychology* 79 (1994), pp. 450–63.

16.73 Chao, G.T.; A. O'Leary-Kelly; S. Wolf; H.J. Klein; and P.D. Gardner. "Organizational Socialization: Its Content and Consequences." *Journal of Applied Psychology* 79 (1994), pp. 450–63; Klein, H., and N. Weaver. "The Effectiveness of an Organizational-Level Orientation Training Program in the Socialization of New Hires." *Personnel Psychology*, Spring 2000, pp. 47–66; Wesson, M.J., and C.I. Gogus. "Shaking Hands with a Computer: An Examination of Two Methods of Organizational Newcomer Orientation." *Journal of Applied Psychology* 90 (2005), pp. 1018–26.

16.74 Gravelle, M. "The Five Most Common Hiring Mistakes and How to Avoid Them." *The Canadian Manager* 29 (2004), pp. 11–13.

16.75 Van Maanen, J., and E.H. Schein. "Toward a Theory of Organizational Socialization." *Research in Organizational Behavior* 1 (1979), pp. 209–64.

16.76 Ashford, S.J., and J.S. Black. "Proactivity During Organizational Entry: The Role of Desire for Control." *Journal of Applied Psychology* 81 (1996), pp. 199–214; Kim, T.; D.M. Cable; and S. Kim. "Socialization Tactics, Employee Proactivity, and Person–Organization Fit." *Journal of Applied Psychology* 90 (2005), pp. 232–41.

16.77 Lublin, J. "The Telltale Sign a New Hire Isn't Fitting In." *The Wall Street Journal*, January 10, 2017, https://www.wsj.com/articles/ email-can-reveal- how-well-new-hires- fit-in-1484060400; Srivastava, S.; A. Goldberg; V.G. Manian; and C. Potts. "Enculturation Trajectories: Language, Cultural Adaptation, and Individual Outcomes in Organizations." *Management Science*, March 2, 2017, http://pubsonline.informs.org/doi/10.1287/mnsc.2016.2671.

16.78 Mourier, P., and M. Smith. *Conquering Organizational Change: How to Succeed Where Most Companies Fail.* Atlanta: CEP Press, 2001.

16.79 Higgins, T. "Mary Barra, the

Contender: GM's Next CEO May Not Be a Car Guy." *Bloomberg Businessweek*, June 13, 2013, http://www.businessweek.com/articles/ 2013-06-13/mary-barra-the-contender- gms-next-ceo-may- not-be-a-car-guy.

16.80 Higgins, T. "Mary Barra, the Contender: GM's Next CEO May Not Be a Car Guy." *Bloomberg Businessweek*, June 13, 2013, http://www.businessweek.com/articles/ 2013-06-13/mary-barra-the-contender- gms-next-ceo-may- not-be-a-car-guy.

16.81 Higgins, T. "Mary Barra, the Contender: GM's Next CEO May Not Be a Car Guy." *Bloomberg Businessweek*, June 13, 2013, http://www.businessweek.com/articles/ 2013-06-13/mary-barra-the-contender- gms-next-ceo-may- not-be-a-car-guy.

16.82 Schein, E. H. *Organizational Culture and Leadership*. San Francisco: Jossey- Bass, 2004.

16.83 Hartnell, C.; A.J. Kinicki; L. Lambert; M. Fugate; and P. Corner. "Do Similarities or Differences Between CEO Leadership and Organizational Culture Have a More Positive Effect on Firm Performance? A Test of Competing Predictions." *Journal of Applied Psychology* 101 (2016), pp. 846–61.

16.84 Gubbins, E. "Nortel's New Execs Bring Cisco Experience." *Telephony*, April 11, 2005, pp. 14–15.

16.85 Glazer, E.; J.S. Lublin; and D. Mattioli. "Penney Backfires on Ackman." *The Wall Street Journal*, April 10, 2013, p. B1.

16.86 Weber, Y. "Measuring Cultural Fit in Mergers and Acquisitions." In *Handbook of Organizational Culture and Climate*, ed. N.M. Ashkanasy; C. Wilderom; and M.F. Peterson. Thousand Oaks, CA; Sage, pp. 309–20.

16.87 Foust, D. "Pulling Delta Out of a Nosedive." *BusinessWeek*, May 25, 2009, pp. 36–37.

16.88 Stahl, G.K., and M.E. Mendenhall. *Mergers and Acquisitions: Managing Culture and Human Resources*. Stanford, CA: Stanford University Press, 2005.

16.89 Foust, D.; J. Ewing; and G. Smith. "Looks Like a Beer Brawl." *BusinessWeek*, July 28, 2008, p. 52.

16.90 Gibson, R. "Package Deal: UPS's Purchase of Mail Boxes Etc. Looked Great on Paper. Then Came the Culture Clash." *The Wall Street Journal*, May 8, 2006, p. R13.

6.91 Jana, R. "Putting the i into HiP." *BusinessWeek*, November 26, 2007, p. 10.

16.92 Gillenwater, P., and T. Walton. "Bee Culture." *Mergers and Acquistions* 46 (2011), p. 38.

16.93 Hartnell, C.A.; A.Y. Ou; A.J. Kinicki; D. Choi; and E.P. Karam. "A Meta-Analytic Test of Organizational Culture's Association with Elements of an Organization's System and Its Relative Predictive Validity on Organizational Outcomes." *Journal of Applied Psychology* 104 (2019), pp. 832–50; Hartnell, C.A.; A.Y. Ou; and A. Kinicki. "Organizational Culture and Organizational Effectiveness: A Meta-Analytic Investigation of the Competing Values Framework's Theoretical Suppositions." *Journal of Applied Psychology* 96 (2011), pp. 677–94.

16.94 Safian, R. "Put Your Values To Work." *Fast Company*, May 2017, pp. 50–59.

16.95 Arthur, W., Jr.; S.T. Bell; A.J. Villado; and D. Doverspike. "The Use of Person–Organization Fit in Employment Decision Making: An Assessment of Its Criterion-Related Validity." *Journal of Applied Psychology* 91 (2007), pp. 786–801; Kristof-Brown, A.L.; R.D. Zimmerman; and E.C. Johnson, "Consequences of Individuals' Fit at Work: A Meta-Analysis of Person–Job, Person–Organization, Person–Group, and Person–Supervisor Fit," *Personnel Psychology* 58 (2005), pp. 281–342.

16.96 Barber, A.E. *Recruiting Employees: Individual and Organizational Perspectives*. Thousand Oaks, CA: Sage, 1998.

16.97 Wanous, J.P. *Organizational Entry: Recruitment, Selection, Orientation and Socialization of Newcomers*. Reading, MA: Addison- Wesley, 1992.

16.98 Gerdes, L. "The Best Places to Launch a Career." *BusinessWeek*, September 14, 2009, pp. 32–39.

16.99 Gerdes, L. "The Best Places to Launch a Career." *BusinessWeek*, September 14, 2009, pp. 32–39.

16.100 Anderson, N.R.; N.A. Cunningham-Snell; and J. Haigh. "Induction Training as Socialization: Current Practice and Attitudes to Evaluation in British Organizations." *International Journal of Selection and Assessment* 4 (1996), pp. 169–83.

16.101 Wesson, M.J., and C.I. Gogus. "Shaking Hands with a Computer: An Examination of Two Methods of Organizational Newcomer Orientation." *Journal of Applied Psychology* 90 (2005), pp. 1018–26.

16.102 Wesson, M.J., and C.I. Gogus. "Shaking Hands with a Computer: An Examination of Two Methods of Organizational Newcomer Orientation." *Journal of Applied Psychology* 90 (2005), pp. 1018–26; Klein, H., and N. Weaver. "The Effectiveness of an Organizational-Level Orientation Training Program in the Socialization of New Hires." *Personnel Psychology*, Spring 2000, pp. 47–66.

16.103 Gallagher, L. "The Education of Airbnb's Brian Chesky." *Fortune*, July 26, 2015, pp. 92–100.

16.104 Gunther, M. "Nothing Blue About This Airline." *Fortune*, September 14, 2009, pp. 114–18.

16.105 Wanberg, C.R.; E.T. Welsh; and S.A. Hezlett. "Mentoring Research: A Review and Dynamic Process Model." *Research in Personnel and Human Resources Management* 22 (2003), pp. 39–124.

16.106 Allen, T.D.; L.T. Eby; M.L. Poteet; E. Lentz; and L. Lima. "Outcomes Associated with Mentoring Protégés: A Meta-Analysis." *Journal of Applied Psychology* 89 (2004), pp. 127–36.

16.107 Kranz, G. "More Firms Paying Mind to Mentoring." *Workforce Management*, January 2010, p. 10.

16.108 Kessler, S. "How to Start a Mentoring Program." *Inc.*, April 6, 2010, http://www.inc.com/guides/2010/04/start-mentoringprogram.html.

16.109 Kessler, S. "How to Start a Mentoring Program." *Inc.*, April 6, 2010, http://www.inc.com/guides/2010/04/start-mentoringprogram.html.

16.110 Fuhrmans, V. "Hiring Veterans Is Easy. Keeping Them Is Hard." *The Wall Street Journal* (online), March 28, 2017.

16.111 Holger, D. "Nestle Plans to Boost Number of Women Executives," *The Wall Street Journal*, March 6, 2019, https://www.wsj.com/articles/nestle-plans-to-boostnumber-of-womenexecutives-11551879569?mod=searchresults&page=1&pos=19.

16.112 Kaplan, D.A. "Mars Incorporated: A Pretty Sweet Place to Work." *Fortune*, February 4, 2013, pp. 72–82.

종합사례 ▶ ▶ ▶ ▶ ▶ ▶

종 합 사 례

1 다운사이징 이후의 직원 사기 진작

Reenergizing Employees After a Downsizing

학습목표

이 사례의 목적은 다운사이징과 같은 중요한 조직 변화의 결과를 평가하고 관리하는 방법을 학습하기 위함이다. 작은 신문사의 편집국장으로서, 당신은 최근의 인력 감축(해고)의 후폭풍을 해결하기 위해 고심하고 있는 편집자를 도와야 한다. 이 사례는 다운사이징의 즉각적인 여파뿐만 아니라 앞으로 직무를 어떻게 구조화 및 조직화해야 할 것인지에 관해 다룬다. 사례를 읽고 난 뒤, 여러분은 신문사 직원의 사기 진작을 위한 다양한 활동과 각 활동의 장단점을 다루는 보고서를 준비하게 된다.

주제어

- 과업성과
- 정서적 몰입
- 직무 특성이론
- 공정성 이론
- 심리적 임파워먼트
- 정보 공정성
- 빅 파이브
- 구조조정

상황

안드리아 주커만은 오늘도 두려움에 떨었다. 블레이즈(Blaze)의 편집장으로서, 그녀는 인력 감축이 임박하다는 점을 인식하고 있었다. 그러나 블레이즈는 국내 대기업 소유의 작은 대학가 지역 신문에 불과하다. 따라서 그녀는 회사의 결정이 내려지기까지 말을 삼가야 했다. 그녀는 회사에서 고용한 컨설턴트가 결정한 해고자 선정 기준(대체로 높은 급여를 받는 순서대로)에 동의하지 않았다. 또한 그녀는 그 소식이 전달되는 방식에도 동의하지 않았다. 이러한 결정에 대한 통보가 그녀에 의해서가 아니라 관련된 직원들에게는 완전히 낯선 사람인 컨설턴트에 의해 전달되었기 때문이다. "그들은 가장 식견 있는 사람들을 쫓아냈습니다." 그녀는 말을 이었다. "뿐만 아니라 그들은 그 사람들의 품위를 짓밟았습니다."

안드리아는 감원 이면에 있는 논리에 반박할 수 있는 형편은 아니었다. 그녀는 결국, 사양 산업에 종사하고 있었다. 10년 전에는 뉴욕 타임스와 워싱턴 포스트에서부터 작은 마을의 소식지에 이르기까지 모든 신문은 일부 독자층을 가지고 있었다. 처음에는 24시간 케이블 뉴스, 그 다음은 인터넷, 그 다음은 스마트폰으로 인해 신문은 지역사회 사람들의 시사 정보 소비의 중심에서 멀어져 갔다. 회사는 이런 흐름에 대비하고자 했다. 블레이즈 매수 시, 작은 규모의 감원을 비용 절감으로 설명하였고, 신문의 발행 부수도 축소하여 화요일과 수요일 발행은 중단되었다. 그러나 모든 직원은 회사가 자원을 투입하여 블레이즈가 갱생하고 신기술을 도입할 수 있도록 해줄 것이라는 기대를 가지고 이러한 일련의 변화에서 희망을 품었었다.

이제 블레이즈는 "뉴노멀(new normal)"에 직면해 있다. 블레이즈의 향후 역할은 회사에서 제공하는 광범위한 뉴스 리소스에 대한 로컬 포털의 역할이 될 것이다. 지역 주민들이 웹 브라우저, 스마트폰, 또는 태블릿 앱을 통해 블레이즈에 접속하면, 블레이즈 직원이 작성한 지역 뉴스와 이 기업 소유의 다른 신문사 직원이 작성한 국내 뉴스, 그리고 세계 주요 뉴스를 종합적으로 모두 볼 수 있게 된다. 향후 인쇄판 신문은 주말 한정판으로만 발행될 것이고, 결국에는 어느 시점엔가 확실히 막을 내리게 될 것이다. 이 모든 변화는 앞으로 신문이 더 적은 수의 기자, 사진사, 아티스트, 그리고 분야별 편집자, 그리고 말할 것도 없이 더 적은 수의 보조자를 필요로 하게 될 것이라는 점을 의미한다. 이로 인해 구조조정과 직무와 직책의 통합이 필요하게 될 것이다.

그러나 이는 좀 앞서 나간 이야기이고, 안드리아가 당신과 논의하기를 원하는 첫 번째 사안은 아침 브리핑에서 직원들에게 무슨 말을 해야 하는가 하는 것이다. 매끄럽지 않게 진행되었던 해고 과정에서 생존한 직원들의 사기를 재충전해 주어야 하는 책임이 그녀에게 있는 것이다. 결국 마지막에 필요한 것은 2주 기한의 퇴사 통지(two weeks' notice)를 할 수 있는 남아있는 직원들이다. 사실, 입사할 때보다 직원들에게 더 많은 것이 요구될 것이므로, 그들은 이전보다 더 몰입해야 할 필요가 있다. HR 부서의 제시 베스퀘즈가 그녀에게 상기시킬 것이겠지만, 당연히 그녀는 발언에 신중해야 할 필요가 있다. 안드리아가 제시의 위험 회피 성향에 대해서는 불만이 있다 하더라도, 제시는 다양한 차원에서 일을 잘한다. 제시의 가장 큰 우려는 안드리아의 발언이 부당해고 소송을 촉발하거나, 혹은 회사를 상대로 한 그러한 소송이 직원들에 의해 제기될 경우에 그녀의 발언 내용이 무기로 사용될 수 있을 것이라는 점이다.

오후 브리핑은 더 복잡할 것이다. 안드리아는 여기서 "뉴노멀"을 향한 계획이 시작되기를, 그래서 모든 사람이 자신이 무엇을 하게 될지 이해하게 되길 희망한다. 소문은 이미 퍼지기 시작했고, 떠돌아다니는 소문 속의 시나리오들은 실제 현상보다 더 악화 일로를 걷고 있었다. 따라서 잘못된 정보에 대응하는 정보를 제공하기 위해 블레이즈의 미래 모습에 대한 논의를 빨리 시작할 필요가 있었다. 물론 안드리아는 미래의 과정에 대해 너무 성급한 결정을 내리기를 원하지 않는다. 왜냐하면 몇 달 이내 수정될 잘못된 생각을 모아 놓은 것만큼 직원들의 자신감을 해치는 것은 없기 때문이다.

블레이즈의 새로운 운영을 생각할 때 고려할 것이 많다. 신문은 전통적으로 주(state), 도시, 스포츠, 라이프스타일, 그리고 비지니스의 다섯 가지 영역으로 구분되어 있었다. 안드리아 생각에, 이들 다섯 가지 영역은 둘 혹은 세 그룹으로 합쳐질 필요가 있을 것으로 보였다. 각 분야의 기자, 사진사, 아티스트, 그리고 편집자들은 여전히 똑같은 일을 수행하게 될 것이지만, 단지 그 전에 수행하던 것보다 더 광범한 분야의 내용을 다루게 될 것이다. 그러나 어떻게 그룹을 나누어야 할 것인가? 안드리아에게 합당해 보이는 그룹 편성 방법이더라도 그 그룹에서 일하는 직원들은 다른 그룹 편성 방법을 원할 수도 있다. 또한 "직무확대"의 정도도 직원에 따라 어느 정도 차이가 있을 것이다. 어떤 직원은 추가되는 업무가 적은 반면, 어떤 직원은 상당히 많은 일을 추가적으로 맡게 될 것이다. 어떤 경우라도 일은 해야 하고, 일을 잘 수행할 필요가 있다.

물론, 누가 기꺼이 더 많은 일을 떠맡으려 할 것인가, 그리고 그렇게 할 능력을 가졌는가의 문제 또한 있다. 안드리아는 이것이 쉽지 않은 일임을 경험적으로 알고 있다. 어떤 직원은 좁은 영역의 업무에는 매우 뛰어나지만, 업무 영역이 확장되면 곤란을 겪는다. 다른 사람들은 적어도 짧은 기간 동안에는 어떤 일을 맡는 데 제한은 없어 보인다. 그러나 안드리아 자신의 직관 이외에 어떻게 그들을 구분할 수 있을까? 블레이즈의 모든 직원은 회사가 신문사를 인수했을 때 직무 평가서와 업무 목록을 작성했고, 그 모든 정보가 개인 파일에 저장되어 있다. 이것이 절대적인 정답이 되지는 않을 것이지만, 적어도 어느 정도 통찰을 줄 수 있는 정보가 되기에는 충분할 것이다.

어떤 직원에게는 약간 더 일을 부담시키면서 어떤 직원에게는 훨씬 더 많은 업무를 부담하라고 요구하는 것은 반발을 불러일으킬 수 있다. 사실 안드리아는 이미 수년 동안 상대적 업무량에 관해 불평을 듣고 있다. 이런 관점에서 회사는 변화에 실제적인 도움을 줄 수 있다. 인력 감축 이후에 회사는 보상 관련한 지출에 더 많은 예산을 편성하는 경향이 있다. 남아 있는 직원의 몰입을 위한 완충 장치가 필요하고, "해고자"도 때때로 다시 채용될 필요가 있다는 점을 경험을 통해 알고 있다. 이러한 요인들로 인해 추가적인 비용이 수반됨에도 불구하고, 다운사이징은 여전히 비용 절감으로 이어지기 때문에 회사는 그런 비용을 정당화할 수 있다. 안드리아는 제시와 함께 확인해야 해야겠지만, 그녀는 새로운 임금 구조를 새로운 직무 구조에 적합하게 만들기 위해 그러한 추가적인 재원을 운용할 수 있을지 궁금하다.

안드리아가 생각했던 구조조정 방식에 상당 부분 변수가 있다. 편집장으로서 그녀의 역할 때문에 그녀는 변화가 전체적으로 어떤 모습일지 "큰 그림"을 볼 수 있었지만, 그녀가 알아야 할 필요가 있는 모든 것을 알고 있는지 확실하지 않다. 한편으로, 신문사의 미래 방향을 그리는 의사결정에 블레이즈의 직원을 참여시키는 것이 도움이 될 수도 있을 것이다. 이렇게 함으로써 직원들의 지지를 얻을 수 있을 것이고 새로운 구조의 형성에 따른 모든 기반에서의 변화를 확실하게 할 수 있다. 또 한편으로는, 기자, 사진사, 아티스트, 그리고 편집자들을 한 마음으로 움직이게 한다는 것은 서로 다른 고양이들을 한 데 모으는 것 만큼이나 쉽지 않은 일이다. 안드리아가 어떤 제안을 하였는데 직원들이 전혀 다른 방향으로 움직인다면 어떻게 할 것인가? 판도라의 상자가 한 번 열리고 나면, 그것을 어떻게 다시 닫을 수 있을지 확실하지 않다.

블레이즈 직원의 새로운 일상 업무가 안드리아의 마음 속에 최우선이지만, 모든 것이 걸려 있는 보다 큰 그림을 생각하지 않을 수 없다. 직원들은 자신의 직무뿐 아니라 직업에 대해 여전히 똑같이 느끼게 될까? 블레이즈가 처음 회사에 인수되었을 때는 매우 힘들었다. 작은 지역에서 운영되기 때문에 많은 직원이 "블레이즈 1.0"에 매혹되어 있었다. 그들은 저렴한 비용으로 멋진 곳에 살 수 있었고 그들이 원하는 방식으로 일을 할 수 있었다. 어느 정도의 표준화를 수반한 "블레이즈 2.0"이 시작되었을 때, 회사는 규모가 큰 다른 신문사에서 사용되던 일상적인 업무 관행을 부과하기 시작했다. 그러나 어찌되었든 모든 사람은 여전히 신문 사업에 종사하고 있었다.

새로운 구조가 잘 작동되고, 그리고 보상 이슈가 해결된다 해도, "블레이즈 3.0"으로의 이동은 보다 실존적 위협을 암시하고 있다. 여전히 모두가 신문 사업에 종사할까, 아니면 이제 웹 포털 사업에 종사하는가? 그들 중 얼마나 많은 직원이 누군가 커피숍에서 신문을 읽거나 문간에서 신문을 집어 가는 장면을 바라보는 느낌을 알고 있을까? 블레이즈가 단지 지역 뉴스에만 집중하고, 더 이상 국내외 사건, 이슈, 트렌드, 스포츠, 소문 등에는 무게를 두지 않는다는 것은 어떤 의미인가? 이 이슈들이 특히 안드리아에게 깊게 영향을 미쳤다. 그녀의 아버지뿐만 아니라 그녀의 할아버지 역시 신문사에 몸담았었다. 그들은 "잉크가 그들의 피 속에 있다"고 농담을 하곤 했다. 언젠가는 잉크가 전혀 안 쓰이게 될지도 모른다.

물론, 아침 브리핑과 오후 브리핑에서 판에 박힌 동기부여의 말을 할 수도 있을 것이다. 그러나 안드리아는 열성적인 편도 아니었고, 많은 동료를 잃은 고통 때문에 그런 연설은 그들의 귀에 들리지도 않을 것이다. 아마도 백과사전 판매 사원들, 또는 타자기 제조 업자들이 예전에 느꼈을 감정이 이러했을 것이다. 그렇지 않으면, 블레이즈가 하는 일에 대한 어떤 의미와 "로맨티시즘"을 유지하기 위해 안드리아가 할 수 있는 일이 있을지도 모른다. 신문은 언제나 하루하루, 매 이슈에 가해지는 압박을 중심으로 운영되어 왔다. 아마도 이 때문에 이 지역, 혹은 근처 대학가를 위해 무엇인가 더 큰 일을 할 기회를 놓칠 수도 있다.

과제

당신의 임무는 안드리아가 아침 브리핑과 오후 브리핑에서 취할 수 있는 행동 방안들을 제시하고, 앞으로 블레이즈를 위한 새로운 계획이 드러남에 따라 앞으로 나아갈 과정을 제시하는 보고서를 준비하는 것이다. 특정한 제안만 제공하는 것이 아니라, 이러한 제안을 뒷받침하는 논거를 함께 제공하여 안드리아가 제안의 배경을 이해할 수 있도록 해야 한다는 점을 명심하라. 특히, 보고서는 다음의 사항들을 포함하여야 한다.

1. 정보 공정성에 관한 논의를 고려할 때, 안드리아는 아침 브리핑을 어떻게 접근해야 하는가? 다운사이징에 관한 회사의 조치에 대해 솔직하고 충분한 정보를 전달해야 하는가, 아니면 신중하게 접근해야 하는가?
2. 안드리아가 직원들의 영역을 통합하는 방식을 고려할 때, 직무 특성이론은 어떻게 적용될 수 있을까? 새로운 형태의 직무가 다운사이징 이전의 직무 형태보다 더 높은 만족을 제공할 수 있도록 할 방법이 있는가?
3. 직원의 개별 파일이 빅 파이브 성격 유형을 포함하고 있다고 가정하고, 이들 데이터는 직무 영역 통합에 관한 결정 사항을 알릴 때 어떻게 활용될 수 있을까? 더 많은 일을 떠맡을 수 있는 사람의 유형과 적은 양의 일만 더 맡을 수 있는 유형을 설명할 수 있는 것은 무엇인가?
4. 보상을 위해 증대된 예산의 사용과 관련하여 안드리아에게 줄 수 있는 조언은 무엇인가? 모든 사람에게 단기 "유지 보너스(retention bonus)"를 줄 것인가, 아니면 영구적인 급여 인상을 제공할 것인가? 그렇지 않으면, 과업 구조의 변화를 지원할 수 있도록 이 예산을 활용할 것인가(특히, 특별히 더 많은 업무량을 가진 직원을 위해 사용하는 등)? 이 두 가지 선택 사항 중 하나를 고르는 데 어떤 어려움이 있는가?
5. 블레이즈가 "뉴노멀"로 이행할 때 직원들에게 얼마나 많은 의견과 조언을 제공하라고 안드리아에게 제안할 것인가? 그러한 의견을 제공하는 것의 긍정적인 측면과 위험은 무엇인가? 그 위험을 경감할 수 있는 방법은 무엇인가?
6. 신문 산업이 직면한 광범한 도전을 고려할 때, 블레이즈 직원들이 그들의 일에서 가지는 의미과 중요성을 유지하거나 회복시키기 위해 안드리아가 할 수 있는 일은 무엇인가?

종합사례

2 과중한 업무 상황에서 몰입 관리하기

Managing Commitment in Demanding Jobs

학습목표

이 사례를 통해 과중한 업무를 수행하고 있는 중요한 직원들을 관리할 때의 어려움에 대해 알아보고자 한다. 한 지주회사에서 일하는 수석 경영분석가로서, 당신은 이번에 새롭게 인수한 기업의 경영관리기법에 대해 조사 책임을 맡았다. 보다 구체적으로, 당신은 그 회사의 핵심 인력 유지와 관련된 문제를 조사하게 될 것이다. 인수와 관련된 문제의 근본 원인을 찾기 위해서는 사람들이 일하는 방식과 직원 관리 방식 등 몇 가지 상호 연결된 요소를 고려해야 할 것이다. 이 사례를 읽고 나서, 당신은 이 사례를 통해 발견한 점과 제안 사항을 담은 보고서를 준비해야 한다.

주제어

- 조직몰입
- 강제순위 할당법
- 스트레스 교류 모형
- 스트레스 요인
- 감성지능
- 팀 다양성
- 응집성
- 집단사고

상황

글로벌 지주회사인 로리안 그룹(Lorean Group)은 최근 타이거 애드버타이징(Tiger Advertising)의 지배 지분을 인수했다. 이 광고 회사(타이거 애드버타이징)는 전 세계에 6,644명의 종업원을 가지고 있으며, 1964년 사업 시작 이래 매우 성공적으로 사업을 운영했다. 그러나 최근 4년 동안의 수익은 정체되고 있고, 사업 운영 비용은 점점 증가하고 있다. 최근의 수익 정체에도 불구하고 타이거는 업계 내 명성과 폭넓은 단골 고객 리스트 때문에 인수되었다. 로리안은 어려움에 처한 인수 기업을 턴어라운드 시킨 경험을 가지고 있고, 타이거 역시 회생될 수 있을 것이라 믿고 있다.

로리안 그룹은 최근 타이거의 부진한 성과의 원인을 찾고자 하면서도, 타이거를 독자적으로 운영하도록 하고자 한다. 부진한 기업의 성과는 개별적인 요소에 기인할 수도 있지만, 대개의 경우 관행과 정책의 변화가 요구되는 시스템적 문제가 있다. 당신은 로리안의 경영분석가이고, 당신의 상사는 타이거의 상황을 분석하고 그 기업의 재무성과 향상과 장기 전망에 관한 제안 보고서를 제출하도록 요구했다. 당신은 타이거의 본사를 방문하고, 4일 동안 보고서 작성에 필요한 정보를 수집하기 위해 사람들을 만나게 될 것이다.

타이거의 최고경영자팀과의 첫 미팅은 꽤 잘 진행되었다. 첫 번째로 당신을 놀라게 한 사실은 팀 구성원들이 표면적으로 서로 아주 달라보였지만, 이면에는 놀랄만한 유사성이 있었다는 점이었다. 경영자팀을 구성하는 일곱 명의 멤버 중 세 명은 창립 때부터 이 회사와 함께해 온 사람들이었다. 새롭게 영입된 네 명의 멤버는 훨씬 젊었고, 보통 2010년부터 2015년 사이 국제적 확장으로 인한 회사의 급속한 성장에 대응하기 위해 최근에 회사에 합류했다. 나이, 근속 연수, 기능과 산업적 배경이 달랐지만, 경영팀의 멤버들은 모두 업무에 충실하고, 분석적이며, 거세게 몰아붙이는 스타일로, 결과 지향적이라는 점에서 매우 유사했다.

회사의 확장과 관련된 토론에서, 설립자 중 한 사람인 윌리엄 콜린스는 "상당한 압박과 불확실성 때문에 확장은 매우 힘들었습니다. 그리고 솔직히 말씀드리면, 처음에 우리는 하나로 뭉치지 못했습니다. 제 생각으로는 너무 빨리 성장을 하고 있었고 새로운 구성원을 한 배에 태운 것이 큰 실수였습니다. 그러나 지금은 다 지난 일이고, 우리는 아주 응집력이 높고, 사업에 대한 비전을 공유하고 있습니다. 몇 년 뒤에 내가 퇴임하더라도 회사는 잘 관리될 것입니다. 잘 된 일이죠." 방 안에 있는 모든 사람이 동의하는 의미로 고개를 끄덕였다. 또 다른 설립자인 러셀 러스티지는 당신의 눈을 똑바로 쳐다보고는 덧붙였다. "나는 당신이 여기에서 무엇을 하려고 하는지는 잘 모르겠습니다. 그러나 우리는 수많은 폭풍우(난관)를 함께 극복해 왔습니다. 우리는 몇 년 동안 힘든 시기를 보냈지만, 우리

스스로 대처할 수 있는 능력을 가지고 있습니다. 이는 합의의 일부이기도 하지요, 그렇죠? 우리는 이 분야를 누구보다 잘 알고 있습니다. 그래서 이 모든 것을 망쳐버릴 제안을 할 것이라 생각지 않습니다." 러스티는 얼굴에 미소를 지으며 우호적인 말투로 이야기했지만 매우 진지하다는 것을 알 수 있었다.

첫 번째 미팅에서 많은 것을 얻었지만, 두 가지 문제는 분명했다. 첫째, 타이거의 크리에이티브팀(Creative team) 구성원의 이직률은 최근 2년 간 매년 35%, 그리고 그 이전 해에는 30%로 높다. 업계 평균은 20% 미만이고, 상위 기업들에서는 훨씬 낮다. 크리에이티브팀 구성원들은 타이거의 성공에 핵심이기 때문에, 이 이슈는 매우 큰 문제다. 그 기업의 비즈니스 모델은 제품 또는 미디어 서비스보다는 광고 디자인에 집중되어 있기 때문에, 크리에이티브팀 구성원들은 그 기업의 기술적 핵심이라 여겨진다. 타이거의 최고경영팀이 그 문제를 인식하고 있지만, 그들은 이를 합리화하고 있는 듯하다. HR 부사장 제이미 와그너는 "우리는 가장 뛰어난 인재를 채용합니다. 그래서 다른 기업들에서 이들을 빼내가려 하는 것은 당연합니다. 우리는 그들을 유지하기 위해 최선을 다하지만, 지난 몇 년간 우리는 다른 곳과 경쟁할 수 있을 정도로 좋은 급여를 줄 수 없었습니다. 상황이 호전되면, 우리는 이직 이슈를 해결할 수 있을 것입니다."

당신은 또한 이 회사가 최근 세 차례나 소송을 당했었다는 것을 알게 되었다. 이는 승진에서 제외된 구성원과 업무환경이 스트레스로 가득 차 있어 직원들이 병들어 가고 있고 일을 할 수 없다고 주장하는 구성원이 관련되어 있었다. 첫 번째 케이스는 꽤 알려져 있었기 때문에 당신도 알고 있었지만, 이후 두 건의 케이스에 대해서는 타이거는 외부에 이 케이스가 알려지기 전에 신속히 처리하기 위해 많은 노력을 기울였다. 첫 번째 건은 물론 법정 밖에서 당사자 합의에 의해 처리되었지만 회사와 대표들은 당황할 수 밖에 없었다. 다른 두 건에 대해서는, 당신은 대화의 어조에서 경영자팀 멤버들이 이 두 건의 법률소송이 바깥에 알려지지 않도록 막은 것을 자랑스러워한다는 사실을 알 수 있었다. 당신이 이직률과 법률 소송이 연관되어 있다고 믿는지 질문을 하기도 전에, 제이미는 자진해서 다음과 같이 말했다. "그 시기에 우리는 정말 운이 좋지 않았습니다. 우리는 충분한 능력을 갖추지 못한 직원 세 명을 채용했고, 그들은 성과를 창출하는 데 어려움을 겪었습니다. 거의 모두가 우리가 하는 일 속에 내재되어 있는 도전정신 때문에 여기에 있습니다. 따라서 우리는 적합하지 않은 지원자를 잘 골라내야 합니다."

이어진 관찰과 크리에이티브팀 구성원들과의 대화 결과, 일 관점에서 다른 광고대행사와 비교할 때 어떤 것도 일반적 수준에서 크게 벗어나 있는 점은 발견되지 않았다. 업무량과 시간 압박은 매우 높았으나, 대규모 광고대행사에 비해 비정상적인 정도는 아니었다. 크리에이티브팀은 전형적으로 세 명에서 다섯 명의 멤버로 구성되고, 구성원으로부터 의견을 받은 뒤에 수석 고객관리자가 디자인을 최종 결정하게 된다. 최초 미팅에서 제이미는 그 팀을 자율적으로 관리되는 팀이라고 말해주었지만, 수석 고객관리자는 프로젝트 기간 동안 각 구성원에게 구체적인 과업을 할당한다는 점에서 전통적인 관리자와 같은 역할을 한다. 행정 지원 인력들은 비용절감을 위해 최소한으로 유지되고 있기 때문에 담당 직원은 수많은 행정 업무도 수행해야만 한다. 그러나 그 대가로 크리에이티브팀의 구성원은 널리 알려진 클라이언트를 위해 프로젝트에 참여하게 되며 이러한 프로젝트는 남들의 이목에 노출되는 효과가 있다.

당신은 크리에이티브팀이 어디에서 일할지, 그리고 언제 일할지에 대한 자율권을 가진다는 점 또한 알았다. 이 제도는 구성원들에게 상당한 유연성을 주었고, 이들이 특이한 장소에서 특이한 시간에 근무를 한 이야기들은 회사의 많은 사람이 알고 있다. 일례로, 지역의 한 식당에서 크리에이티브팀이 저녁식사 모임을 가진 적이 있다. 식당 문을 닫을 시각에, 수석 고객관리자는 식당주인에게 1,000달러를 주고 그들이 거기에서 일할 수 있도록 허락을 받았다. 그 팀은 다음 날 점심 때 식당이 문을 열 때까지 그 곳에서 일했다. 모든 사람이 그 아이디어에 동의한 것은 아니었지만—그리고 실제로 한 멤버는 개인적 일 때문에 떠나야만 했다—팀 멤버들은 함께 했고 회사의 최대 고객 중 한 기업에게 매우 성공적인 제품을 만들어 제공했다. 이 이야기를 들려준 그 수석 관리자는 "어려움을 참고 견디는 것을 선택한 사람들에게 이것이 얼마나 환상적인 팀 빌딩 경험"이었는지, 그리고 이것이 "회사의 '열심히 일하고, 열심히 노는' 정신"을 완벽히 보여주고 있다고 자랑스럽게 말했다.

크리에이티브팀 멤버들의 직무성과가 어떻게 관리되는지에 관해 질문했을 때, 당신은 매년 연말에 수석 고객관리자들이 함께 모여서 평가 프로세스를 위해 하루 온종일을 보낸다는 사실을 알게 되었다. 이 평가는 지난 한 해 동안 각 구성원이 팀의 디자인에 기여한 정도에 초점을 맞춘다. 그들의 성과 점수에 따라 모든 멤버를 순서대로 나열한다. 그 다음 이 순서대로 직원을 세 개의 그룹으로 나누고, 각각을 보상과 연결한다. 상위 10%는 전형적으로 기본급의 약 50%에 해당하는 상당한 보너스를 받고, 수석 고객관리자로 조기승진하게 된다. 그 다음 30%는 25%의 보너스를 받고 "정상적인" 승진이 고려된다. 나머지는 작은 수준의 이익배분을 받는데, 이는 전형적으로 자신의 급여의 2~3% 정도다.

겨울 휴가가 시작되는 시점에 보너스 수표와 보너스 분배 방식을 설명하는 공문이 각 구성원의 주소로 배송된다. 그 회사가 성과 피드백을 이런 방식으로 하는 이유를 물자, 제이미는 다음과 같이 말했다. "멤버들은 팀 내에서 일하기 때문에 당연히 보너스의 차이에 민감합니다. 비록 멤버들에게 강력한 신호를 보내려는 의도로 그렇게 하지만, 우리는 나쁜 감정과 갈등을 피하고자 합니다. 연휴에서 돌아올 때면, 직원들은 그것을 그렇게 크게 마음에 담아두지 않습니다."

당신은 몇 명의 수석 고객관리자와 점심식사를 하며 그들이 가지고 있는 회사에 대한 관점에 대해 들었다. 이 미팅은 순조롭게 시작되었지만, 이직과 소송 이야기가 나오자 그들은 약간 방어적이 되었다. 한 사람이 이야기했다. "이곳에서는 주어진 일은 무슨 일이 있어도 처리해서 책임을 다할 때 보상이 주어집니다. 예, 부담이 큽니다. 그리고 희생을 요구합니다. 그렇지만, 달리 어떻게 사람들이 필요한 자질(능력)이 있는지 알 수 있을까요? 우리는 그렇게 해 왔고, 그리고 효과가 있습니다. 우리가 얼마나 성공적이었는지 보십시오. 우리는 그것을 받아들일 수 없다거나, 이것이 학대라고 말하는 사람을 채용할 수 없습니다."

또한 당신은 크리에이티브팀의 구성원들을 만났다. 처음으로 당신은 타이거에서의 생활에 관한 다른 관점에서의 이야기를 들었다. 일례로, 한 구성원이 말했다. "나는 처음에 압박에 대처하는 법을 많이 배웠지만, 일은 끝이 없습니다. '열심히 일하고, 열심히 논다'고 말하지만, 노는 것도 일처럼 느껴집니다." 다른 구성원이 대화에 끼어들었다. "프로젝트는 멋지지만, 나는 완전히 몰입되었다고 느낀 적이 없고, 언제나 주변부에 머물며 할 수 있는 일을 했습니다." 마지막 사례로, 세 번째 멤버가 말했다. "이곳은 분명 죽느냐 아니면 살아남느냐 하는 곳입니다. 그건 확실합니다. 관리자들과 친한 일부 사람에게는 좀 수월하지만, 나는 내가 투입한 시간이 얼마나 많든 상관없이 어느 누구에게도 호의를 받아본 적이 없는 것 같습니다. 그 외에도, 비정상적인 근무시간은 일-가정 갈등을 낳고 있고, 긴장은 정말로 날로 증가하고 있습니다."

과제

당신의 임무는 타이거를 방문하는 동안 알아낸 것을 기술한 보고서를 준비하는 것이다. 보고서는 타이거 애드버타이징의 개요와 현재의 상황을 설명하는 것으로 시작해야한다. 또한 보고서는 타이거가 직면한 가장 큰 문제점을 설명해야 하고, OB 개념과 이론 측면에서 그러한 문제들의 원인에 대해서도 기술해야 한다. 보고서에는 다음의 이슈를 다루어야 함을 명심하라.

1. 타이거의 최고경영자팀에 나타난 다양성을 기술하라. 팀의 다양성은 기능과 효과성에 어떤 영향을 미칠 가능성이 있는지 논의하라.
2. 타이거의 최고경영자팀에 나타난 집단사고의 징후를 설명하라. 어떤 측면에서 이러한 집단사고는 문제가 될 수 있는가? 이러한 문제를 극복하기 위해 무엇을 할 수 있는가?
3. 크리에이티브팀 구성원들이 경험하고 있는 스트레스의 주된 원천을 설명하라. 어떻게 이 스트레스원 중 일부는 타이거의 성공으로 연결된 반면, 일부는 타이거의 문제로 연결되었는지 설명하라.
4. 타이거에서 스트레스를 주는 요구와 관련해서 수석 고객관리자가 가지고 있는 일반적 전제는 무엇인가? 그리고 이 전제들은 어떤 방식으로 문제가 되는가?
5. 타이거의 경영관리 방침과 정책들의 본질과 관련하여 경영자의 인식과 크리에이티브팀 구성원의 인식이 그렇게 다른 이유는 무엇인가? 감성지능은 이들의 차이를 개선하는 데 어떤 역할을 할 수 있을까?
6. 타이거 분석 결과를 바탕으로, 이 회사는 경영관리 방침과 정책에 있어 사소한 "조정"이 필요한가, 아니면 확실한 변화가 필요한가? 조직몰입과 잠재적 미래의 소송과 관련된 타이거의 문제를 해결할 가능성이 높은 세 가지의 대안을 제시한다면 무엇인가?

종합사례

3 비우호적 상황에서의 리더십

Leading in a Hostile Environment

학습목표

이 사례는 기업 합병과 같은 복잡한 시기에 실행 계획을 수립하고 다수의 상반되는 목표를 평가하는 방법을 학습하는 데 도움이 될 것이다. 새롭게 합병된 병원 시스템의 효율성을 강화하고 비전을 제시하는 과업의 공동책임자이자 프로젝트 매니저의 절친한 친구로서, 당신은 일부 직원들을 화나게 할 수 있는 민감한 상황에 어떻게 접근해야할지 조언을 제공하게 될 것이다. 이 사례를 읽고 나서, 당신은 사업부의 생존을 위해 하나로 뭉쳐야만 하는 새로운 문화를 신속히 구축해야 하는 임무를 부여받은 리더로서 어떻게 나아가야 하는지에 관한 생각을 정리한 메모를 준비하게 될 것이다.

주제어

- 과업성과
- 정서적 몰입
- 신뢰
- 몰입의 상승
- 리더십
- 권력
- 매트릭스 구조
- 조직문화

상황

테이블에 마주앉은 콜린 브룩스는 흥분되는 동시에 낙담한 듯 보였다. 이상한 감정의 조합 같이 보이지만, 최근 몇 주 동안 관리자들 사이에 흔히 볼 수 있는 모습이었다. 콜린은 다소 부드럽게 말을 했다. "내가 여기에서 어떻게 해야 할지 잘 모르겠습니다. 저는 이곳에서 많은 노력을 쏟았고, 다양한 방법으로 변화를 만들 수 있을 것이라 여겼는데, 나 또한 난관에 부딪힌 느낌입니다. 이 사람들은 여전히 우리를 신뢰하지 않고, 그들을 비난할 수 있는지 모르겠습니다. 그렇지만 이는 부분적으로 그들의 잘못입니다. 메디컬컴퍼니가 시작부터 사업을 잘 운영했다면, 우리가 여기에 와 있을 필요가 없었을 겁니다."

메디컬컴퍼니는 미국 북서부에 소재한 다양한 전문 분야를 갖춘 의료기관이었다. 메디컬컴퍼니는 일곱 개 주에 걸쳐 다수의 병원과 수많은 지역 클리닉을 가지고 있었고, 13,000명 이상의 종업원과 900명 이상의 물리치료사, 그리고 자체적인 의료보험을 운영하고 있었다. 여러 측면에서 메디컬컴퍼니는 전형적인 의료 제공 기관이 아닌 아웃사이더 같이 보였다. 그러나 내부적으로 메디컬컴퍼니는 심각한 재무적 고충을 겪고 있었다. 예산 초과 비용과 잘못된 계획 때문에 회사는 엄청난 부채에 시달리고 있었다. 이러한 빚 때문에 애리조나와 뉴멕시코 전역에서 사업을 운영하고 있는 훨씬 더 작은 규모(4,600명 종업원)의 헬스케어주식회사에 의해 인수되었고 재무 상황을 구조조정하고 있다.

작년 2분기에만 243건 735억 달러 규모의 협상이 진행되는 등 의료업계의 인수합병이 점점 더 일반적으로 일어나고 있지만, 관련된 기업에게 그 과정은 쉽지 않았다. 헬스케어주식회사와 메디컬컴퍼니 간의 합병은 많은 잠재적 이점을 가지고 있었지만, 상당한 위험 또한 수반했다. 메디컬컴퍼니의 구성원들(그들 중 일부는 1992년 설립 당시부터 함께 해 왔다)은 더 작은 기업이 그들을 "인수"했다는 점에 분개하고 있었다. 메디컬컴퍼니는 빠르게 성장해 왔고 최고 수준의 의료 서비스를 제공하는 것으로 그 지역에서 알려져 있었다. 헬스케어주식회사는 비용 절감을 중심으로 운영된다고 소문으로 알려져 있었고, 대부분의 메디컬컴퍼니 구성원들에게 낮은 비용은 낮은 품질의 의료 서비스와 같은 의미로 통용된다.

콜린은 합병 이후 경영진이 두 회사를 구조조정 하기로 결정한 방식에 불만족했다. 두 회사의 좋은 점만을 취하기 위해(다시 말해 메디컬컴퍼니의 고객 서비스 초점과 헬스케어주식회사의 효율성과 비용 통제) 최고경영자팀은 매트릭스 구조를 만들기로 결정했다. 대부분의 경우에, 메디컬컴퍼니의 관리자는 그들이 그 전에 하던 대로 동일한 기능 부분 임원에게 보고를 계속했다. 그러나 이제는 각 관리자는 다른 임원에게도 보고를 한다. "새로운" 임원들은 지역 기반의 효율성 전문가로 여겨진다. 콜린은 뉴멕시코 산타페에 소재한 대규모 헬스케어주식회사 클리닉 중 하나에서 매우 성공적인 간호 관리자였고, 신임 "간호 효율성 지역 디렉터"로 선임되었다. "얼마나 비참한 직책인가!"라고 그 소식을 처음 들었을 때 콜린은 생각했다. 동시에, 그녀에게 이는 엄청난 승진이었고 이 변화는 그녀와 그녀의 가족에게 여러 측면에서 긍정적인 것이었다.

콜린의 직무는 뉴멕시코, 콜로라도, 유타, 와이오밍 등 네 개 주의 간호 운영을 감독하는 것이었다. 그녀가 감독하는 14명의 간호 관리자 중, 11명은 메디컬컴퍼니 시설에 있었다(회사는 합병 후에도 마케팅과 지속적인 브랜딩 목적을 위해 "메디컬컴퍼니"의 이름을 바꾸지 않기로 결정했다). 콜린은 근본적으로, 새로운 구조 이면에 놓인 논리가 헬스케어주식회사의 경영 스타일과 메디컬컴퍼니의 운영 전문성을 결합하는 것이라는 걸 알았다. 고위 경영자들은 내부 구성원들에게 이 인수가 거대한 두 개 기업의 "합병"이라고 알리고자 노력하고 있지만, 거의 모든 최고경영자들은 헬스케어주식회사 출신으로 채워졌다.

콜린은 새로운 관리자들과의 첫 미팅이 중요하다고 여기고, 상대적으로 중간 지점에 있으면서 메디컬컴퍼니의 큰 병원 중 하나가 운영되고 있는 지역인 덴버로 그들을 부르기로 결정했다. 그녀는 각각의 관리자에게 직접 친히 전화를 해서, 자신을 소개하고 그들과 함께 일하기를 고대하고 있다고 말해 주었다. 그 관리자들 중 일부는 말이 없었고 주저했지만, 일부는 사태를 개선시키는 데 함께 일할 가능성에 대해 매우 개방적이고 수용적(심지어는 흥분하기까지)이었다. 와이오밍주 샤이엔 지역의 간호 관리자인 사라 스톤포드는 그녀에게 이런 일이 일어나기를 기다려 왔다고 말하기까지 했다. "여기서 매일 보는 비용 낭비의 수준은 누구나 믿기 힘들 만큼 소름 돋게 하기" 때문입니다.

모든 사람이 동등하다고 느끼도록 하기 위해, 콜린은 덴버 호텔에서 미팅을 계획했다. 덴버 병원에서 미팅을 하게 되면 어떻게든 상당히 위축이 될 것이다. 그녀는 모든 사람이 가능한 마음을 열기를 원했다. 이에 더해, 덴버 병원의 간호 관리자인 짐 리우치는 그의 간호 임원이 다가올 변화에 대해 탐탁지 않게 여긴다고 알려주었다. 콜린은 그가 멤버들에게 편안하게 말할 수 있기를 바랐고, 간호 임원을 의식하지 않기를 바랐다. 짐과 전화통화를 하는 동안 콜린은 생각했다. "그 임원은 어떤 변화가 다가오는지조차 모르고 있다. 어떻게 아직 일어나지도 않은 일에 대해 화를 낼 수 있을까?" 그러나 그녀는 짐을 개인적으로 만날 때까지는 아무 말도 하지 않고자 했다.

모든 사람이 모이는 것까지는 매우 순조롭게 진행되었다. 14명의 관리자 모두가 미팅 하루 전날 도착했고, 일부는 함께 저녁식사를 하고 호텔 바에서 시간을 보내면서 서로를 알아가기도 했다. 11명의 관리자는 메디컬컴퍼니에서 같은 일을 담당하고 있었지만 그 전에는 한 번도 만난 적이 없었다. 콜린은 그들 모두가 즐거운 시간을 보내는 것을 보고 놀라면서도 기분 좋았다. 그날 밤 그녀가 침대에 누웠을 때, 콜린은 스스로 생각했다. "이 사람들은 변화에 목말라하고 있다! 그들은 메디컬컴퍼니에 변화 필요성이 있음을 인식하고 있고, 우리의 목표를 달성하기 위해 그들을 올바른 방향으로 이끌고 가는 것이 내 목표다."

다음날 아침에는 일이 잘 진행되지 않았다. 콜린이 헬스케어주식회사에서 비용을 효과적으로 절감했던 아이디어를 언급할 때마다, "이곳에서는 적용이 안 된다"는 식의 답변에 부딪쳤다. 몇 차례 이런 식의 논의가 있은 뒤, 콜린은 좌절감이 솟구쳤다. 헬스케어주식회사의 관리자들이 이런 유형의 절차가 그들의 시설에서 성공적이었던 증거를 대며 맞장구를 치면, 메디컬컴퍼니의 관리자들은 대오를 형성하는 것처럼 보였다. 세 명의 헬스케어주식회사 관리자들이 모두 U자형 테이블에 함께 앉아 있다는 것을 콜린이 알았을 때, 이 좌석 배치는 도움이 되지 않아 보였다. 유타의 프로보에서 온 간호 관리자 도나 미첼은 "그런 유형의 정책들은 뉴멕시코에서는 작동될지 몰라도, 우리 환자들은 더 나은 수준의 간호를 기대합니다."라고까지 말했다. 콜로라도 그랜드정션에서 온 타드 라펜은 무례하게도 원가 절감이 그렇게 중요하다면, 이 모임을 덴버 병원회의실에서 하지 왜 호텔 회의장을 빌리는 데 돈을 쓰냐고 말했다. 콜린은 이 시점에서 모든 것이 크게 잘못되어가고 있음을 알았다.

많은 관리자가 하루 종일 그녀가 논의했던 아이디어에 저항하고 있다는 점은 분명했지만, 그들 대부분은 자신이 변화를 꺼리는 것에 대한 책임을 지역 간호 임원들에게 전가하고 있었다. 이 때문에 그녀의 새로운 보고서에 개인적으로는 동의하지만, 비난에 대한 두려움 없이 부정적인 의견을 제시할 수 있었다. 회의를 마쳤을 때, 콜린은 모두에게 성공적인 상황을 만들기 위한 긴 여정의 첫 단계일 뿐이라고 확신시키기 위해 애썼다. 그녀는 긍정적인 어조를 유지하기 위해 노력했지만, 많은 사람이 회의 동안에 나왔던 발언 때문에 마음이 상했다는 것은 분명했다. 비행기나 차편으로 길을 떠나기 위해 방을 나서는 모든 사람에게 분명 “우리 대 그들”이라는 의식이 있었다.

콜린은 이제 그녀의 직속 부하들이 한 지역에만 국한되지 않는다는 현실을 이해하기 시작했다. 관리자 관리, 원거리 지역 구성원 관리, 그 지역에서 그들에게 친숙한 다른 관리자들에게 직접적으로 보고하는 사람들의 관리 등 그녀가 익숙해져야 하는 많은 새로운 것이 있었다. 본질적으로 그녀의 직무는 외견상 거의 권한이 없이 리딩하는 것이다. 그러나 이들 지역에서 단기간에 중요한 변화를 만들어 내기를 기대하는 고위 경영진들에게는 익숙해질 필요가 없었다. 다행스러운 점은 그녀가 이런 일에 많은 경험을 가지고 있다는 것이다. “우리는 헬스케어주식회사에서 환자들의 간호를 희생하지 않고도 많은 훌륭한 변화를 만들어 냈다는 것을 안다. 따라서 단지 나는 다른 사람들이 그 아이디어에 마음을 열도록 해야 한다.” 콜린은 집으로 돌아오는 비행기에서 생각했다.

당신은 콜린의 말을 듣고, 그녀가 이 새로운 직무를 효과적으로 수행할 수 있는 자신의 능력에 의문을 가지기 시작했다는 점은 확실해졌다. 당신은 리더십 개발 프로그램도 해본 경험이 있지만, 리더십은 회사의 상황이 좋을 때 훨씬 쉽다는 것이 사실이다. 새로운 회사가 앞으로 나아가려 할 때 잠재적인 개선 영역이 많지만, 그 여정은 어려울 것이라는 점은 분명하다. 짐을 싸기 시작하면서 콜린의 목소리가 갑자기 작아졌다. “자, 나는 오늘 당신에게 사운딩보드(자문역)가 되어 줄 것을 요청했습니다. 나는 진심으로 당신의 조언을 활용할 것입니다. 지금 당장 대답할 필요는 없습니다. 그러나 이 시점에서 내가 더 좋은 리더가 되기 위해 내가 할 수 있는 것이 무엇인지 알려준다면 고맙겠습니다. 예전에도 당신은 항상 내게 훌륭한 조언을 주었지요.”

과제

당신의 과제는 콜린의 리더십 멘토로서 그녀의 상황과 새로운 그룹을 이끌기 시작할 때 감안해야 할 몇 가지 구체적인 행동에 대한 생각을 정리한 메모를 준비하는 것이다. 메모를 준비할 때 충분히 자세하게 정리해서 그녀가 당신의 제안 이면에 놓인 논리를 이해할 수 있도록 해야 함을 명심하라. 또한 그녀가 따라야 할 단계의 순서도 잊지 말고 제시해야 한다. 당신의 메모든 다음과 같은 사항을 반드시 담고 있어야 한다.

1. 당신이 리더십에 대해 알고 있는 것에 비추어, 그녀가 새로운 직속 부하들과 소통을 시작해야 할 때 가장 중요한 행동은 무엇인가? 이들 행동은 시간이 지남에 따라 바뀌어야 하는가?
2. 다른 사람들이 효율성과 관련한 조치를 받아들이도록 영향력을 행사하기 위해 콜린은 어떤 유형의 권력을 사용할 수 있는가? 주어진 어려운 상황 하에서 더 효과적인 영향력 행동 유형이 있는가?
3. 두 회사 모두 의료 서비스 제공자임에도 불구하고 각자 매우 다른 문화를 가지고 있다. 어느 한 문화를 다른 것보다 강조해야만 하는가? 콜린이 그룹을 이끌어야 하는 방식에 영향을 미칠 것인가?
4. 다른 사람이 그녀를 신뢰하도록 하기 위해 콜린은 무엇을 해야 하는가? 시간이 지남에 따라 신뢰를 유지할 뿐만 아니라 신뢰를 얻기 위해 그녀가 해야 할 특정한 행동이나 말이 있는가?
5. 새로운 구조는 콜린의 리더십 능력에 어떤 영향을 미치는가? 상황이 어떻게 조직화되었는지를 고려할 때, 콜린이 직면하게 될 몇 가지 장점과 단점을 자세히 설명하는 것이 유용할 것이다.
6. 콜린은 그녀의 직속 부하의 성과 또는 조직몰입 중 어느 것에 더 초점을 맞추어야 하는가? 그 선택에 따라 다른 행동을 보여야 하는가? 둘 중 하나에 집중하면 어떤 이점이 있는가?

용어 정리

가상팀(Virtual team) 구성원이 지역적으로 분산되어 있으며, 이메일, 인터넷, 메신저 등을 통해 상호 의존적인 활동이 발생하는 팀.

가설(Hypotheses) 변수들 간의 관계를 구체적으로 기술한 예측.

가시성(Visibility) 다른 사람들이 리더와 그(혹은 그녀)가 제공하는 자원에 관해 인지하는 정도.

가용성 편향(Availability bias) 사람들의 자신이 생각해내기 쉬운 정보를 바탕으로 판단하는 경향.

가족과 지내기 요구(Family time demands) 가족에 대한 책임을 다하기 위해 헌신하는 시간의 양.

가치(Values) 사람들이 의식 또는 잠재의식 속에서 추구하거나 얻고자 하는 것.

가치-지각 이론(Value-percept theory) 직무만족은 어떤 사람의 직무가 그 사람이 가치를 두고 원하는 욕구를 충족시켜 준다고 지각하는가 여부에 좌우.

감각적 능력(Sensory abilities) 보고 듣는 것과 관련된 능력.

감독 만족(Supervision satisfaction) 직원이 자신의 상사가 가진 역량, 소통 능력, 성격 등에 대해 갖고 있는 느낌.

감성 지능(Emotional intelligence) 사회적 기능 수행에 영향을 미치는 감정을 이해하고 사용하는 것과 관련된 일련의 능력.

감정 노동(Emotional labor) 종업원이 직무를 성공적으로 수행하기 위해 자신의 감정을 관리해야 하는 것.

감정 사용(Use of emotions) 사람들이 감정을 활용할 수 있는, 그리고 그들이 추구하는 것에서 성공의 기회를 높이기 위해 감정을 사용할 수 있는 정도.

감정 전염(Emotional contagion) 다른 사람의 감정에 감염되거나 전염되는 것.

감정 조절(Emotion regulation) 감정적 경험으로부터 재빨리 회복할 수 있는 능력.

감정(Emotions) 강하지만 짧게 지속되는 느낌이며, 그 원인이 어떤 사람이거나 주변의 어떤 것이라고 분명하게 구분되는 것.

감정적 단서(Emotional cues) 과업 수행에 도움이 되는 긍정적 느낌, 또는 방해가 되는 부정적 느낌.

감정적 지원(Emotional support) 다른 사람으로부터 받은 지원 중 스트레스성 요구로 인한 감정적 고통을 완화시키는 데 도움이 되는 감정이입과 이해를 통한 위로 등.

감정-초점 대처(Emotion-focused coping) 스트레스성 요구에 대한 자신의 감정적 반응을 관리하기 위해 개인이 의도하는 행동과 인지.

강압적 권력(Coercive power) 처벌할 수 있는 능력에 기초한 조직적 권력의 형태.

강요(Competing) 상대방의 결과 따위는 아랑곳하지 않고 자신의 목표만을 고집하는 갈등 해결 스타일.

강제 할당법(Forced ranking) 관리자가 부하 직원들을 서로 비교하여 상대적인 순위를 결정하는 성과 관리 방법.

강화 계획(Schedules of reinforcement) 조건이 적용되고 제거되는 시점.

강화 조건(Contingencies of reinforcement) 조직이 구성원들의 행동을 바꾸기 위해 사용된 네 가지 결과물.

개별적 배려(Individualized consideration) 코칭, 개발, 멘토링을 통해 구성원의 잠재력을 끌어내도록 돕는 것.

개인적 명확화(Personal clarification) 팀 구성원은 단순히 다른 팀원들의 역할에 대한 정보만 받는 훈련.

개인적 호소(Personal appeals) 요청자가 개인적인 우정이나 충성심에 기초해 뭔가를 요구하는 영향력 전술.

개인-조직 적합성(Person-organization fit) 개인의 가치와 성격이 조직의 문화와 일치하는 정도.

개인주의적 역할(Individualistic roles) 팀의 손실이 개인에게는 이득이 되는 행동.

개인주의-집단주의(Individualism-collectivism) 사회적 틀이 느슨하게 구성되어 있거나(개인주의) 긴밀하게 구성되어 있는(집단주의) 정도.

거래적 리더십(Transactional leadership) 리더가 구성원의 업무 수행의 질에 따라 보상을 하거나 징계하는 행동 패턴.

격동기(Storming) 팀 발전의 두 번째 단계로, 구성원들은 자신의 생각을 팀에 여전히 주입하고자하기 때문에 갈등이 발생하는 과정.

결과물에 대한 책임(Responsibility for outcomes) 자신이 업무의 최종 품질을 좌우하는 핵심 인물이라고 느끼는 정도.

결과에 대한 지식(Knowledge of results) 자신이 일을 얼마나 잘했는지 또는 못했는지를 알고 있는 정도.

경계 탐색(Boundary spanning) 팀 구성원들과 팀원이 아닌 개인 그리고 집단들 간의 상호작용.

경영 환경(Business environment) 조직설계에 영향을 미치는 고객, 경쟁자, 공급자, 그리고 구매자와 같은 외부 환경.

경제적 교환(Economic exchange) 직원들이 경제적 보상을 위해 직무에 충실한다는 계약적 합의와 같은 업무 관계.

경험에 대한 개방성(Openness to experience) 빅 파이브의 하나로, 호기심이 강하고, 상상력이 풍부하고, 창의적이며, 다양하고, 세련되고, 정교한 성격.

경험에 의한 방법(Method of experience) 사람들은 공신력이 있는 사람, 검증된 기관 또는 자료이기 때문에 어떤 믿음을 확고하게 갖고 있다는 논리.

고객 서비스 문화(Customer service culture) 서비스 품질에 초점을 맞추는 특수 문화 유형.

고객별 구조(Client structure) 대응하는 고객을 중심으로 조직을 구성한 조직 형태.

고정 간격 계획(Fixed interval schedule) 계획된 동일한 시간 간격 후에 발생한 바람직한 행동에 강화제를 제공하도록 계획한 간헐 강화의 일종.

고정 비율 계획(Fixed ratio schedule) 어떤 행동이 일정한 횟수만큼 반복되었을때 강화를 주도록 계획한 간헐 강화의 일종.

고정관념(Stereotypes) 사회적 집단의 멤버십을 바탕으로 한 다른 사람에 대한 가정.

공간 능력(Spatial ability) 공간 내에서 사물의 시각적, 정신적 표현 및 조작과 관련된 능력.

공동체형 문화(Communal culture) 종업원들이 서로 친밀하고 비슷한 사고방식을 가진 조직문화 유형.

공식화(Formalization) 조직에서 행동과 의사결정을 표준화하기 위해 규칙과 절차가 사용되는 정도.

공정성 고통(Equity distress) 다른 사람과 비교해서 상대적으로 과잉 보상되거나 과소 보상됨으로 인해 발생되는 내면적인 긴장 상태.

공정성 이론(Equity theory) 동기부여가 각 개인의 생각이나 자신과 관련된 환경에 좌우되는 것이 아니라 다른 사람들한테 일어나는 것들로부터 영향을 받는다는 이론.

공정성(Justice) 관리자의 의사결정이 공정하다고 인식하는 것.

과거의 성취(Past accomplishments) 과거에 유사한 직무과업에서의 성공, 또는 실패 수준

과업 갈등(Task conflict) 구성원들 간에 팀의 과업에 대한 의견 불일치.

과업 복잡성(Task complexity) 과업 수행과 연관된 정보와 행동이 얼마나 복잡한가의 정도.

과업 상호 의존성(Task interdependence) 팀 구성원이 상호작용을 하면서 팀의 업무 완수에 필요한 정보, 자료 및 자원에 대한 정보를 다른 구성원들에게 의존하는 정도.

과업 수행 전략(Task strategies) 성공적인 수행에 사용된 계획과 문제 해결 방식에 대한 학습.

과업 전문화(Work specialization) 조직 내에서 과업이 독립된 직무로 분할되는 정도.

과업 조정 활동(Task coordinator activities) 다른 기능적 영역에 있는 사람이나 그룹들과 과업 관련 문제를 조정하기 위해 의사소통하는 경계 탐색 활동.

과업 프로세스(Taskwork processes) 팀 과업 달성에 직접적으로 관련이 있는 팀 구성원들의 활동.

과업성과(Task performance) 조직 자원을 재화 또는 서비스로 변환시키는 데 직접적으로 관련된 종업원 행동.

과학에 의한 방법(Method of science) 사람들은 다양한 표본, 배경, 방법을 통해 도출된 과학적인 연구 결과이기 때문에 어떤 믿음을 수용한다는 논리.

관계 갈등(Relationship conflict) 개인 간의 관계라는 측면에 있어서 팀 구성원 간의 의견 불일치 또는 개인의 가치관이나 선호도와 관련된 불일치.

관계적 계약(Relational contracts) 광범위한 개방적이

고 주관적인 의무에 초점을 둔 심리적 계약.

관료적 구조(Bureaucratic structure) 기계적 조직의 많은 특성을 가지고 있는 조직 형태.

관리팀(Management team) 조직 전반에 영향을 미치는 경영 수준의 과업에 참여하는 상대적으로 영구적인 팀.

관심(Interests) 특정 환경과 활동에 대한 선호도를 통해 행동에 영향을 주는 성격의 표출.

관찰 가능한 인위적 요소(Observable artifacts) 구성원이 쉽게 볼 수 있거나 이야기할 수 있는 조직문화의 요소.

괴롭힘(Harassment) 동료의 원치 않는 신체 접촉, 또는 구두 발언.

교감 노력(Communion striving) 개인의 성격을 표출하는 수단으로 인간관계에서 얻기 위한 강한 바람.

교차 훈련(Cross-training) 팀 동료에 대한 의무와 책임감을 갖도록 팀 구성원들을 훈련시키는 것.

교호적 상호 의존성(Reciprocal interdependence) 팀의 업무를 완수하기 위해 다른 구성원의 부분 집합으로써 상호작용하는 과업 상호 의존성의 한 형태.

교환 전술(Exchange tactic) 요청자가 요구 수행의 대가로 보상을 제공하는 영향력 전술.

교환적 계약(Transactional contracts) 좁은 범위의 금전적 의무에 기반을 둔 심리적 계약.

구조 주도(Initiating structure) 리더가 목표 달성을 목적으로 구성원의 역할을 정의하고 구조화하는 일련의 행동.

구조조정(Restructuring) 조직구조의 변화 과정.

구체적이고 어려운 목표(Specific and difficult goals) 구성원이 자신의 능력 범위 내에서 최선을 다하게 하는 명확하고 도전적인 목표.

권력 격차(Power distance) 어떤 문화가 균등한 권력 배분(낮은 권력 격차) 또는 균등하지 않은 권력 배분(높은 권력 격차)을 선호하는 정도.

권력(Power) 타인의 행동에 영향을 미칠 수 있고, 그리고 역으로 원치 않는 영향력을 거부할 수 있는 능력.

권위에 의한 방법(Method of Authority) 사람들은 자신의 경험과 관찰을 통해 일관적이기 때문에 어떤 믿음을 확고하게 갖고 있다는 논리.

규범기(Norming) 팀 발전의 세 번째 단계로, 구성원이 팀의 목표 달성을 위해서는 함께 일한 필요가 있음을 깨닫고 결과적으로 서로 협력을 시작하는 과정.

규범적 몰입(Normative commitment) 의무감 때문에 조직 구성원으로 남으려 하는 종업원의 열망.

글로브 프로젝트(Project GLOBE) 62개의 문화에서 온 170명의 연구자 집합. 이 연구자들은 리더의 효과성과 행동 관행에 대한 문화의 영향을 조사함.

긍정적 감정(Positive emotions) 즐거움, 긍지, 안도감, 희망, 사랑, 그리고 동정심 등의 느낌.

긍정적 생애 사건(Positive life events) 결혼, 또는 자녀 출산과 같이 도전적 스트레스 요인의 원천이 되는 긍정적 사건.

긍정적 정서(Positive affectivity) 열정, 신남, 환희와 같은 기쁨은 경험하는 경향.

기계적 조직(Mechanistic organizations) 안정적인 환경에서 적절한 효율적이고, 엄격하고, 예측 가능하고, 그리고 표준화된 조직.

기능별 조직구조(Functional structure) 조직 내에서 구성원이 수행하는 기능에 따라 그룹화한 조직 형태.

기대 이론(Expectancy theory) 조직 구성원이 임의로 선택할 수 있는 여러 행동 중 어떤 행동을 결정하는 인지적 과정을 설명하는 이론.

기대치(Expectancy) 어떤 과업을 최선을 다해 성공적으로 완수했을 때 나타날 것이라고 믿는 결과물.

기물 파손(Property deviance) 기업의 자산과 소유물에 해를 가하는 행동.

기본적 귀인 오류(Fundamental attribution error) 능력, 동기 또는 기질과 같은 내부적 요인으로 다른 사람의 행동을 판단하는 경향이 있는 것.

기분(Moods) 강도 면에서 대체로 부드럽고 일정 기간 지속되며 외부의 어떤 것에 직접적으로 영향을 받지 않는 느낌 상태.

기술(Technology) 조직에서 투입물을 산출물로 전환시키는 방법.

기업 규모(Company size) 한 기업에 속한 종업원의 수

기업 전략(Company strategy) 한 기업의 목표와 목적,

그리고 이익을 창출하기 위해 자산을 자원화 하는 방법.

기업의 사회적 책임(Corporate social responsibility) 경제, 법, 윤리, 시민성, 사회에 대한 기대를 둘러싼 사업에 대해 책임을 인식하는 것.

기질 기반 신뢰(Disposition-based trust) 신뢰하고자 하는 사람의 신뢰성을 신중하게 평가하는 것과는 대조적으로, 개인의 성격을 기반으로 하여 신뢰하는 성향.

긱 업무(Gig work) 본질적으로 단기적이거나 일시적이거나, 프리랜서 업무를 수반하는 소득 활동으로, 전통적인 장기 고용관계 밖에서 발생함.

긴장(Strains) 스트레스 반응으로 나타나는 부정적 결과.

남성성-여성성(Masculinity-femininity) 문화가 남성주의 또는 여성주의에 가치를 두는 정도.

내면화(Internalization) 영향력 전술의 한 반응으로 영향을 받는 대상자가 영향력 요구에 동의하고 몰입하는 것.

내부 고발(Whistle-blowing) 종업원이 조직 내부의 비리나 불법 행위를 폭로하는 것.

내재적 동기부여(Intrinsic motivation) 과업을 수행하는 행동 그 자체가 보상이라고 느끼는 동기부여.

내적 비교(Internal comparisons) 자신을 같은 회사에 다니는 다른 사람과 비교하는 것.

네트워크 구조(Network structure) 팀의 각 구성원 사이에 규칙적으로 나타나는 의사소통 형태.

네트워크 문화(Networked culture) 모든 구성원이 서로 친밀하지만, 모두가 서로 다르게 생각하고 자신의 일을 하는 문화.

능력(Ability) 특정 범주의 관련된 활동을 수행하는 데 필요한 사람들의 상대적으로 안정적인 역량.

다면 평가(360 degree feedback) 감독자, 동료, 부하, 고객 그리고 자신이 부여한 평가를 사용하는 성과 평가 제도.

다양성 기반 문제 해결 접근법(Value in diversity problem-solving approach) 팀 내 다양성을 지지하는 이론으로 그 이유를 거대한 지식과 식견의 풀(pool)을 제공하기 때문으로 설명.

다양성 문화(Diversity culture) 구성원의 다양성의 장점을 조장하거나 이용하는 데 초점을 맞춘 특수문화 유형.

다양성(Variety) 직무를 수행하는데 다양한 기술과 활동이 필요한 정도.

단기 지향 대 장기 지향(Short-term vs. long-term orientation) 현재(단기 지향) 또는 미래(장기 지향)를 강조하는 정도.

단속평형설(Punctuated equilibrium) 프로젝트의 중간 지점까지는 큰 변화가 없지만, 그 이후 프로젝트를 기간 내 끝내기 위한 필요한 변화가 이루어지는 팀 발전의 수순.

단순 구조(Simple structure) 핵심 의사결정자가 한 사람인 수평적 조직.

단절형 문화(Fragmented culture) 구성원들이 서로 거리가 있고 단절되어 있는 조직문화 유형.

대리 경험(Vicarious experiences) 유사한 과업을 수행했던 다른 사람을 관찰하거나 토론을 통해 얻은 간접적 경험.

대안적 분쟁 해결(Alternative dispute resolution) 특별히 훈련되고 중립적인 제3자의 이용을 통하여 쌍방이 갈등을 해결해 가는 과정.

대인 공정성(Interpersonal justice) 종업원들이 관리자로부터 받는 대인관계에 대한 인지된 공정성.

대인 프로세스(Interpersonal processes) 동기부여나 신뢰 구축과 같이 팀 구성원들 간에 관계 관리에 집중하는 팀워크 프로세스.

대인관계 시민행동(interpersonal citizenship behavior) 직장 동료와 동기들을 돕고, 지지하며, 발전시키는 등 일반적으로 주어진 범위 이상의 직무를 해내는 것.

대처(Coping) 스트레스성 요구와 그러한 요구와 연관된 감정 두 가지를 관리하는 데 사용되는 행동과 생각.

대체 가능성(Substitutability) 리더가 통제하는 자원에 접근할 수 있는 대안을 가지고 있는 정도.

대체 요인(Substitutes) 리더의 중요성을 감소시키는 동시에 구성원의 성과에 직접적인 영향을 미치는 상황 특성.

도덕적 강도(Moral intensity) 어떤 문제가 윤리적 긴급성을 갖는 정도.

도덕적 관심(Moral attentiveness) 사람들이 도덕성에

대한 이슈를 지속적으로 인지하고 생각하는 정도.

도덕적 원칙(Moral principles) 도덕적 판단을 위한 규범적 지침.

도덕적 의도(Moral intent) 도덕적 행동 방침에 대한 권위자의 몰입 정도.

도덕적 인식(Moral awareness) 어떤 상황에서 관리자가 도덕적 이슈를 인식.

도덕적 정체성(Moral identity) 개인이 스스로를 도덕적인 사람인지 아닌지 보는 정도.

도덕적 판단(Moral judgment) 권위자가 "올바른" 행동방침을 정확하게 식별하는 것.

도전적 스트레스 요인(Challenge stressors) 개인의 성장과 목표 달성의 기회가 될 수 있다고 진단되는 스트레스 요인.

독단형(Autocratic style) 구성원들의 의견이나 제안을 묻지 않고 리더 혼자 의사결정을 하는 리더십 스타일.

독립형 모델(independent forms model) 다양한 철회 행동은 서로 연관이 없고 각기 다른 이유로 나타나며, 직원들의 서로 다른 요구에 의해 나타난다는 모델.

돈의 의미(Meaning of money) 사람들이 금전에 대해 갖고 있는 경제적 의미 이외의 상징적 가치(성취, 존경, 자유 등).

돕기(Helping) 동료의 과중한 업무를 지원하는 것, 사적인 일을 보조해 주는 것, 또는 신입 사원에게 업무 수행 방법을 알려주는 것.

동기부여 손실(Motivational loss) 팀 구성원들이 팀 과업에 대해 자신들의 능력에 비해 적은 노력을 투입함으로써 발생하는 프로세스 손실.

동기부여(Motivation) 구성원의 내적, 외적으로부터 발현되는 강력한 에너지의 집합체이며, 업무 노력의 방향, 집중력, 지속성을 결정하는 것.

동료 만족(Coworker satisfaction) 동료의 능력, 성격 등에 관한 종업원의 느낌.

리더 출현(Leaderemergence) 처음으로 리더가 되는 과정.

리더 효과성(Leader effectiveness) 리더의 행동이 조직의 목표, 구성원의 계속적인 몰입, 그리고 리더-멤버 상호 관계에서 상호 신뢰, 존경, 그리고 의무감의 증대로 연결된 정도.

리더-멤버 교환이론(Leader-member exchange (LMX) theory) 리더-구성원의 관계가 시간의 흐름에 따라 어떻게 발전되는지 상호 관계를 기반으로 설명하는 이론.

리더-스태프 팀(Leader-staff teams) 구성원은 리더에게 의견을 제안하고, 리더가 팀 의사결정의 최종적 책임을 지는 팀.

리더십 대체 이론(Substitutes for leadership model) 상황의 특성이 리더의 영향력을 제한할 수 있고, 리더가 구성원의 성과에 영향을 미치기 어렵게 만든다고 주장하는 이론.

리더십(Leadership) 구성원들이 목표 달성을 향해 나아가도록 권력과 영향력을 행사하는 것.

리추얼(Rituals) 조직 내에서 일어나는 매일 또는 주 단위의 계획된 일.

매트릭스 조직구조(Matrix structure) 기능별 구조와 사업부 구조를 결합한 복잡한 형태의 조직구조.

메타 분석(Meta-analysis) 상관관계를 지니고 있는 다수의 과학적 연구 결과의 가중평균값을 계산(큰 표본을 통해 도출된 상관관계는 작은 표본을 가진 상관관계보다 더 무게를 둔다)하는 방법.

멘탈 모델(Mental models) 팀과 팀 과업의 중요한 측면에 대해 팀 구성원이 공통적으로 이해하는 정도.

멘토링(Mentoring) 조직 내에서 하위직 구성원(프로테제)이 고위직 구성원(멘토)과 깊이 있고, 오랜 동안 지속되는 관계를 형성하는 과정.

명령계통(Chain of command) "누가 누구에게 보고하는가?" 질문에 대한 답, 그리고 공식적 권한 관계.

명목집단기법(Nominal group technique) 창의적인 아이디어를 도출하기 위해 사용되는 팀 프로세스로, 팀 구성원은 각자 자신의 아이디어를 적고, 돌아가며 아이디어를 팀과 함께 공유하는 기법.

명시적 진실성 테스트(Clear purpose tests) 정직하지 않거나 정직하지 않은 것에 처벌하거나 지난날 정직하지 않은 것에 대해 고백하고자 하는 자세를 묻는 정직성 테스트.

모방 불가능한(Inimitable) 모방이나 복사가 불가능한.

목표 몰입(Goal commitment) 사람이 목표를 받아들이고 그 목표를 달성하기로 결심하는 정도.

목표 몰입(Goal commitment) 팀원이 목표를 공유하고 각자의 목표를 그 비전에 맞추는 정도.

목표 설정 이론(Goal setting theory) 목표를 노력의 강도와 지속성의 주요 동인으로 보는 이론.

목표에 의한 관리(Management by objectives, MBO) 특정 목표의 달성 여부에 따라 종업원을 평가하는 경영 철학.

몰입 상승(Escalation of commitment) 의사결정자의 잘못된 행동이 지속되는 것. 즉 의사결정을 내린 후 시간이 지나면서 잘못된 선택이었다는 증거와 새로운 정보가 나타나는 데도 과거의 의사결정을 수정하지 않고 오히려 거기에 몰입하고 집착하는 현상.

몰입(Engagement) 높은 동기부여의 수준으로서 일을 하면서 높은 집중력과 지구력을 보이는 상태.

몰입(Flow) 눈앞에 있는 일에 완전히 빠져든 느낌이며, 가끔은 시간이 얼마나 흘렀는지조차 잊어버리는 상태.

몰입의 초점(Focus of commitment) 조직의 일원으로 남아 있고 싶은 욕구를 불러일으키는 사람, 장소, 그리고 사물.

무관심자(apathetics) 낮은 수준의 조직몰입과 낮은 과업성과를 보이며 직장을 유지할 수 있을 만큼의 노력만 기울임.

무례(incivility) 의사소통에 있어 버릇없고, 공손하지 않고, 예의 없고, 좋은 태도가 결여된 행동.

문제-초점 대처(Problem-focused coping) 스트레스성 상황 그 자체를 다루는 개인의 행동과 인지.

문화 강도(Culture strength) 조직 구성원이 문화적 가치에 동의하고 이에 따라 행동하는 정도.

문화(Culture) 사회 구성원 공동의 경험으로부터 형성되어 세대에 걸쳐 전수되는 공유 가치, 신념, 동기, 정체성, 그리고 해석.

문화적 가치(Cultural values) 바람직한 최종 상태나 행동규범에 관한 공유된 믿음.

물리적 구조(Physical structures) 조직의 건물과 내부 사무실 디자인.

민족주의 성향(Ethnocentrism) 자신의 문화는 옳다고 믿고 다른 문화는 잘못됐다라고 믿는 것.

반문화(Countercultures) 하위 문화의 가치가 조직의 가치와 일치하지 않는 경우.

방치(Neglect) 부정적 업무 사건에 대한 소극적이고 파괴적인 대응.

배려(Consideration) 리더가 상호 신뢰, 부하의 의견 존중, 그리고 부하의 감정의 배려 등으로 특징되는 직무관계를 형성하는 행동 패턴.

배태성(Embeddedness) 조직이나 지역사회와 연결되어 있고 적합하다는 느낌.

변동 간격 계획(Variable interval schedule) 강화의 시간이 정해져 있지 않고 무작위로 일어남.

변동 비율 계획(Variable ratio schedule) 정해진 행동의 비율이 아니라 무작위로 강화가 일어남.

변혁적 리더십(Transformational leadership) 부하가 일에 의미를 부여하는 비전에 몰입하도록 영감을 제공하는 동시에 역할모델이 되며, 부하가 새로운 시각에서 문제를 바라볼 수 있도록 그들의 잠재력을 개발하도록 돕는 리더의 행동 패턴.

별(Stars) 높은 수준의 몰입과 과업성과를 내는 조직 내에서 모범이 되는 구성원.

병렬팀(Parallel team) 조직 내 다양한 직무의 팀원들로 구성된 팀으로, 중요한 문제에 대해 의견을 제공함.

보상적 권력(Reward power) 자원이나 보상에 대한 통제에 기초한 조직적 권력의 한 형태.

보상형 모델(Compensatory forms model) 다양한 철회 행동이 서로 부정적인 관계를 맺고 있다는 모델. 이는 하나의 철회 행동을 함으로 인해 다른 행동은 나타나지 않을 수 있다는 것을 의미함.

보수 만족(Pay satisfaction) 사람들이 자신의 직무수행의 보상에 대한 갖는 느낌.

보직 순환(Positional rotation) 팀 구성원들이 동료의 역할을 수행해 보면서 실질적인 경험을 제공하는 훈련.

복수 팀 멤버십(Multiple team membership) 직원들이 여러 팀에 동시에 할당되는 작업 방식

부정적 감정(Negative emotions) 두려움, 죄의식, 수치심, 슬픔, 부러움, 혐오감 등의 느낌.

부정적 정서(Negative affectivity) 적대적, 초조, 분노와 같은 유쾌하지 않은 기분을 띄는 경향.

부정적인 생애 사건(Negative life events) 이혼이나 또는 가족의 죽음처럼 장애라고 진단될 수 있는 사건.

분리형 과업(Disjunctive tasks) 최상 수준의 능력을 가진 구성원이 팀의 효과성에 가장 큰 영향을 미칠 수 있는 검증 가능한 최상의 해결책이 있는 과업.

분배 공정성(Distributive justice) 의사결정의 결과물에 대한 인지된 공정성.

분배적 협상(Distributive bargaining) 한 사람은 이득을 보고 다른 한 사람은 손해를 보는 협상 전략.

분산 기억(Transactive memory) 팀 구성원들의 전문화된 지식이 팀을 위해 효과적인 기억 시스템이 될 수 있도록 통합되는 정도.

불확실성 회피(Uncertainty avoidance) 애매한 상황에 견디거나(불확실성 회피성이 낮음) 또는 위협을 느끼는(불확실성 회피성이 높음) 정도.

브레인스토밍(Brainstorming) 창의적인 아이디어를 도출하는 데 사용되는 팀 프로세스.

비교 대상(Comparison other) 공정성 판단의 기준이 되는 다른 사람.

비인격적 감독(Abusive supervision) 관리의 한 형태로 적대적인 언행과 행동을 보이는 것. 단 신체적 접촉은 제외.

비정적 결정(Nonprogrammed decisions) 어떤 문제가 새롭고 복잡하거나 혹은 파악되지 않은 상황에서 의사결정을 내리는 것.

빅 파이브(Big-Five) 성실성, 친화성, 신경증, 개방성, 외향성을 포함한 성격의 차원.

사보타주(Sabotage) 회사 생산품, 조직의 프로세스, 기구 등에 대한 의도적인 파괴.

사업부 구조(Multi-divisional structure) 종업원들이 제품, 지리학적 지역, 또는 고객을 중심으로 그룹화되는 관료적 조직 형태.

사전 단계(Anticipatory stage) 잠재적 종업원이 특정 기업에서 일하는 것이 어떤 모습일지 상상하는 순간 시작되는 사회화의 한 단계.

사회 정체성 이론(Social identity theory) 사람들은 자신이 속한 다양한 집단을 바탕으로 자신의 정체성을 찾고, 타인도 그들이 소속되어 있는 집단을 바탕으로 평가한다는 이론.

사회적 교환(Social exchange) 개인이 다른 사람들에 의해 영향을 받거나 다른 사람들에게 영향을 미치는 모든 행동. 자신의 노력이 보상받을 거라고 믿기 때문에 더욱 노력하는 종업원으로, 상호 협동하는 성격을 지닌 업무 관계.

사회적 영향 모델(Social influence model) 조직을 떠나는 사람들과 직접적인 연결 고리가 있는 직원들은 스스로 조직을 떠나는 사람이 되기 쉽다는 모델.

사회적 지원(Social support) 스트레스성 요구를 만났을 때 다른 사람들로부터 받는 도움.

사회적 태만(Social loafing) 개인적으로 식별이 가능한 성과로 나타나는 독립적인 일과 비교해 팀의 성과에 대해 책임감이 떨어지는 결과를 보이는 동기부여 손실의 한 형태.

사회적으로 복잡한 자원(Socially complex resources) 문화, 팀워크, 신뢰, 명성 등과 같은 사람이 만들어 낸 자원. 비교 우위의 원천은 알려져 있지만, 복제 방법은 불분명함.

사회학습이론(Social learning theory) 조직 내 구성원들이 다른 구성원을 관찰하면서 학습한다는 이론.

사회화(Socialization) 구성원이 그 조직의 문화를 이해하고 적응 가능하도록 하는 사회적 지식을 학습하는 중요한 과정.

삶의 만족(Life satisfaction) 사람들이 자신의 전반적인 삶에서 행복을 느끼는 정도.

상관관계(Correlation) 두 변수 간의 통계적 관계. 「r」이라고 축약한 상관관계는 양 또는 음이 될 수 있으며, 그 범위는 0(통계적 상관관계 전무)부터 1(완벽한 통계적 상관관계)까지 나타남.

상징(Symbols) 조직이 사용하는 이미지, 일반적으로 특정한 메시지를 담고 있음.

상황적 강점(Situational strength) 종업원 간에 덜 중요한 것을 구분해주는 명령, 인센티브 또는 분명한 행동을 제시하는 상황.

생산 방해(Production blocking) 팀 구성원이 팀 과업 중에서 자신의 몫을 완수하기 전에 서로 간에 대기해야 함으로 인해 발생하는 조정 손실의 한 유형.

생산 방해(Production deviance) 조직의 효율성을 의도적으로 감소시키는 행동.

생산성 저해 행동(Counterproductive behavior) 조직의 목표 달성에 방해가 되는, 종업원의 의도적인 행동.

생애 주기 리더십 이론(Life cycle theory of leadership) 구조 주도와 배려의 최적 조합은 작업 집단에 소속된 구성원의 성숙도에 달려 있다고 주장하는 리더십 이론.

서로를 전혀 모르는(Zero acquaintance) 두 사람이 처음 만난 상황

서비스 업무(Service work) 고객과 직접적으로 음성 또는 신체적 상호작용을 통해 서비스를 제공하는 것.

선택적 지각(Selective perception) 정보를 객관적으로 그리고 전체적으로 받아들이지 않고 자신의 기존 인지 체계와 일치하거나 자신에게 유리한 것만 선택적으로 받아들이는 경향.

설득형(Selling) 높은 구조 주도와 높은 배려를 특성으로 하는 리더 행동. 리더는 지시와 더불어 구성원의 자신감 유지를 위해 지원과 격려를 함께 사용.

성격(Personality) 사람의 사고, 감정, 그리고 행동 유형의 특징을 나타내는 인간 내면의 구조와 성향. 성격은 친구, 가족, 동료, 상사에게 인식되는 방식으로 사람들의 사회적 평판을 만들어 냄.

성과 상호 의존성(Outcome interdependence) 팀이 달성한 목표의 결과인 피드백과 보상을 구성원들이 동등하게 공유하는 정도.

성과 입증 지향성(Performance-prove orientation) 직원이 자신의 역량을 입증하는 데에 초점을 맞추려는 경향.

성과 회피 지향성(Performance-avoid orientation) 다른 사람이 자신을 업신여기지 않도록 자신의 역량을 드러내 보이는 데 초점을 맞추는 성향이나 태도.

성과기(Performing) 팀 발전의 네 번째 단계로, 팀의 멤버들은 각자의 역할에 따라 일하고 팀은 목표를 향해 전진해 가는 과정.

성과에 따른 보상(Contingent reward) 리더가 수행되어야 할 과업이 무엇인지 제시하고, 그것을 달성했을 때 사전에 합의한 보상을 주는 것.

성숙도(Readiness) 구성원이 지닌 능력과 과업을 성취하고자 하는 의지의 정도.

성실성(Conscientiousness) 빅 파이브의 한 차원으로 의존적, 조직적, 신용, 야망, 열심히 일하고 보호적인 특성을 가진 성격.

성장욕구 강도(Growth need strength) 자기 능력을 현재보다 더 개발하고자 하는 욕구를 강하게 갖고 있는 정도.

성취 추구(Accomplishment striving) 개인의 성격을 표현하기 위한 하나의 수단으로, 과업과 관련된 목표를 성취하고자 하는 강한 열망.

소거(Extinction) 바람직하지 않은 행동이 있을 때, 긍정적인 결과물을 제거하는 것.

소극적 강화(Negative reinforcement) 바람직한 행동을 하면 원하지 않은 결과를 제거함.

소극적 예외 관리(Passive management-by-exception) 구성원이 실수를 하거나 오류를 범할 때에만 리더가 필요한 수정 행동을 취하는 것.

소셜 성과 관리(Social performance management) 인정, 목표 공유, 진행 및 건설적인 피드백에 대한 관리자와 직원 간의 지속적인 소통을 포함하는 성과 관리를 위한 소셜 미디어 플랫폼의 사용

소진(Burnout) 지속적으로 스트레스 요인을 겪음으로 인해 발생된 감정적, 정신적, 그리고 육체적 탈진 상태.

수단성(Instrumentality) 일을 하면 성공적인 성과가 결과물로 나올 것이라는 믿음.

수단적 지원(Instrumental support) 다른 사람의 지원 중 스트레스 대응에 직접적으로 사용될 수 있는 지원.

수리 능력(Quantitative ability) 기초 수학 수행력과 수학적 문제 해결을 위한 공식의 선택과 적용에 관련된 역량.

수많은 사소한 결정(Numerous small decisions) 매일 이루어지는, 경쟁자가 볼 수 없는 수많은 사소한 결정.

수용(Accommodating) 어느 한쪽이 상대방에게 양보를 하거나 전혀 이기적이지 않은 방식으로 행동을 함으로써 갈등을 해결하는 스타일.

순종(Compliance) 리더가 요구하는 것을 영향력 대상자가 기꺼이 하고자 하지만, 다소 양면성을 가지고 하는 경우.

순차적 상호 의존성(Sequential interdependence) 그룹 구성원은 사전에 제시된 순서대로 업무를 수행하며, 구성원은 순서상 앞에 있는 구성원에게만 영향을 받는 과업 상호 의존성의 한 형태.

스마트 목표(S.M.A.R.T. goals) Specific(구체적), Measurable(측정 가능), Achievable(달성 가능), Results-Based(결과 중시), Time-Sensitive(시간 관리)라는 효과적인 목표의 특징을 의미.

스스로 설정한 목표(Self-set goals) 구성원 스스로 과

업 수행 관리에 사용하는 내면의 목표.

스태프 유효성(Staff validity) 팀 구성원이 팀 리더에게 유용한 건의를 하는 정도.

스토리(Stories) 조직 내부에서 세대에서 세대로 전해 내려오는 일화, 설명, 전설, 신화 등.

스트레스 요인(Stressors) 스트레스 반응을 일으키는 원인.

스트레스(Stress) 어떤 사람이 자신에게 부여된 어떤 일을 해야 할 때, 그리고 그 일이 자신의 한계나 능력을 초과할 때 나타나는 심리적 반응.

스트레스의 교류 모형(Transactional theory of stress) 스트레스 요인이 어떻게 인식되고 진단되는가, 그리고 그렇게 인식되고 진단된 결과에 대해 사람들이 어떻게 반응하는지는 설명하는 이론.

스포츠맨십(Sportsmanship) 좋든 싫든지 간에 동료들과 긍정적인 태도를 유지하는 것.

승진 만족(Promotion satisfaction) 직원이 회사의 승진 관리에 만족하는 정도.

시간 압박(Time pressure) 일을 완료하기에 확보된 시간이 상당히 부족할 때의 느낌.

시간 중심적 리더십 모델(time-driven model of leadership) 주어진 상황에서 다른 사람보다 더 효과적인 의사결정을 위해서는 의사결정의 중요성, 몰입의 중요성, 리더의 전문성, 헌신 가능성, 공유된 목표, 구성원의 전문성, 그리고 팀워크 스킬 등 일곱 가지 요소가 결합한다고 주장하는 모델.

시민 도덕(civic virtue) 자발적인 회의 참석, 기업 공지에 대한 숙지, 그리고 기업에게 영향을 줄 만한 뉴스 등을 찾아보는 것 등을 통해 기업의 경영 활동에 아주 깊은 부분까지 참여하는 것.

시민(citizens) 높은 수준의 몰입과 낮은 과업성과를 보이며, 사무실 내에서 의무 사항 이외의 행동을 하는 종업원.

시민행동(Citizenship behavior) 작업장 내의 분위기 향상을 통해 조직의 목적 달성에 공헌하는 종업원의 자발적 행동.

신경증(Neuroticism) 빅 파이브의 한 차원으로 초조하고 우울하고 감정적이고 질투가 심하고 불안정한 성격.

신뢰 가능성(Trustworthiness) 역량, 특성, 이타심을 포함하여 신뢰를 불러일으키는 개인의 속성.

신뢰 성향(Trust propensity) 다른 사람의 말, 약속과 진술을 믿을 수 있다고 생각하는 전반적인 기대.

신뢰(Trust) 권위자의 행동과 의도에 긍정적인 기대를 기반으로 권위자에게 취약성을 감수하려는 의지.

신분 상승 욕구(Status striving) 개인의 성격을 표현하는 수단으로 사회적 구조 안에 영향력을 행사하고 싶거나 권력을 얻고자 하는 강한 바람.

신입 직원 오리엔테이션(Newcomer orientation) 새롭게 고용된 구성원이 조직에 관해 많은 것을 배울 수 있는 일반적인 형태의 훈련.

신체적 철회(Physical withdrawal) 작업 환경으로부터 신체적으로 벗어나는 것.

실리형 문화(Mercenary culture) 구성원들이 비슷하게 생각하지만 서로 친밀하지 않는 조직문화.

실천 공동체(Communities of practice) 장시간에 걸쳐 다른 사람과의 협력을 통해 학습하는 구성원의 모임.

실행 프로세스(Action processes) 일이 실제 발생하면 팀워크를 높이기 위해 지원하고 조정하는 것과 같은 팀워크 프로세스.

실행팀(Action team) 매우 가시적이고 도전적인 경향이 있는 상황에서 복잡한 업무를 수행하는 기간이 정해진 팀.

심리적 계약(Psychological contracts) 종업원의 조직에 대한 의무와 조직의 종업원에 대한 의무에 관련된 종업원의 믿음.

심리적 임파워먼트(Psychological empowerment) 자신이 수행하는 과업이 보다 더 큰 목표 달성에 도움이 된다는 믿음에 기인하는 에너지.

심리적 철회(Psychological withdrawal) 작업 환경에서 정신적으로 벗어나고자 하는 것.

심층적 다양성(Deep-level diversity) 사람의 가치관이나 성격과 같이 관찰이나 경험을 통해 추론이 가능한 특성의 다양성.

아첨(Ingratiation) 대상자가 영향력 행사자에 대해 좋은 감정을 갖도록 호의, 칭찬 혹은 친절한 행동 등을 사용하는 것.

안전 문화(Safety culture) 종업원의 안전에 초점을 맞추는 특수 문화 유형.

암묵적 가정(Basic underlying assumptions) 종업원

이 당연하게 여기는 신념과 철학.

암묵적 진실성 테스트(Veiled purpose tests) 부정직한 행동에 대해 직접적으로 묻는 대신, 보다 일반적인 성격 특성을 평가하는 정직성 테스트.

암묵지(Tacit knowledge) 직원이 경험을 통해서만 학습할 수 있는 지식.

압력(Pressure) 요구자가 위협과 요구를 통해 강압적인 권력을 사용하고자 하는 영향력 전술.

애널리틱스(Analytics) 의사결정을 유도하기 위해 (의견이 아닌) 데이터를 사용하는 것.

액션 러닝(Action learning) 조직 내 실제적 문제를 다룰 기회가 있는 팀에서 하는 팀 프로세스 훈련.

약물 남용(Substance abuse) 작업장 출근 전이나 작업 시간 내에 약품 또는 술을 남용하는 것.

양성 직무요구(Benign job demands) 스트레스를 발생시키지 않는 직무요구.

언어 능력(Verbal ability) 구두와 서면 의사소통을 이해하고 표현하는 것과 관련된 능력.

언어(Language) 조직 내에서 사용되는 전문 용어, 속어, 그리고 슬로건.

언어적 설득(Verbal persuasion) 구성원이 스스로 일을 잘해 낼 수 있다고 믿게 하는 격려성 말.

업무의 복잡성(Work complexity) 직무 요건이 직원 능력을 초과하는 정도.

업무의 책임성(Work responsibility) 일과 관련하여 한 사람이 다른 사람에게 갖는 의무의 수와 중요성.

역량(Competence) 과업을 성공적으로 수행할 수 있는 능력.

역사(History) 사람들이 만들어 낸, 조직에 도움이 되는 경험, 지혜, 지식의 집합체.

역할 갈등(Role conflict) 개인이 해야 할 일에 대해 여러 사람이 상반된 기대를 가질 때 일어나는 갈등.

역할 과부하(Role overload) 한 사람에게 많은 역할이 주어져서 그 일의 일부 또는 전체를 충분하게 완료하지 못하는 상태.

역할 모호성(Role ambiguity) 업무를 수행하는 데 필요한 방향 지시와 정보가 부족한 상태.

역할 수용(Role taking) LMX(리더-멤버 교환관계)에서, 리더는 구성원 한 사람에게 역할을 주고 구성원은 직무 행동을 통해 그러한 기대를 충족시키려 하는 단계.

역할 형성(Role making) LMX(리더-멤버 교환관계)에서, 구성원이 관계에 대한 자신의 기대를 표명하여, 활동과 노력을 위한 기회와 자원의 자유롭고 유동적인 교환을 초래하는 단계.

역할(Role) 일반적으로 주어진 상황에서 보여 주길 기대하는 행동.

연결형 과업(Conjunctive tasks) 팀의 성과가 가장 약한 구성원의 능력에 좌우되는 과업.

연속 강화(Continuous reinforcement) 특정 행동이 발생할 때마다 따라오는 특정한 결과.

연합(Coalitions) 영향력 행사자가 대상자에게 영향력을 행사하는 데 도움이 되는 다른 사람을 끌어들이는 영향력 전술.

열렬한 지지(Boosterism) 대중에게 조직을 긍정적으로 대변하는 것.

영감적 동기부여(Inspirational motivation) 공유된 비전에 대한 열망을 불러일으키고, 비전을 실현하는 데 헌신하도록 부하들의 의욕을 고무시키는 행동.

영감적 호소(Inspirational appeal) 상대방의 가치관과 이상에 호소함으로써 감정과 태도적 반응을 일으키도록 고안된 전술.

영향력(Impact) 목적 달성에 도움이 되는 어떤 변화나 성과를 만들어 내는 행동.

영향력(Influence) 다른 사람의 행동이나 태도 변화의 원인이 되는 행동의 사용.

외재적 동기부여(Extrinsic motivation) 열심히 일해서 성과가 나면 어떤 보상이 있을 것이라는 믿음 때문에 열심히 일하고자 하는 욕구

외적 비교(External comparisons) 자신을 다른 회사에 다니는 사람과 비교하는 것.

외톨이(Lone wolves) 낮은 수준의 조직몰입과 높은 과업성과를 보이며, 주어진 업무 목표를 달성하기 위해 노력하지만, 이러한 노력이 기업을 위한 것이기보다는 개인의 경력에 중점을 두는 종업원.

외향성(Extraversion) 빅 파이브 중 한 차원. 말이 많거나 사회적이거나 열정적, 공격적, 강인함, 우세함 등과 같은 특성을 나타내는 성격 특성.

욕구(Needs) 심리적 또는 생리적으로 부족한 것을 충족시킬 수 있다고 여겨지는 기대에 대한 인식의 집합체.

우선순위 민감도(Hierarchical sensitivity) 팀 리더가 팀 구성원들의 제안 사항에 효과적으로 가중치를 부여하는 정도.

원더릭 인지 능력 테스트(Wonderlic Cognitive Ability Test) 취업지원자를 채용하는 데 사용되는 12분짜리 일반 인지 능력 테스트.

위기 상황(Crisis situation) 당장 대처해야 할 위급한 문제를 야기하는, 갑작스럽게 혹은 서서히 전개되는 변화.

위임형(Delegating) 리더가 부하에게 주요 행동의 책임을 넘기는 것.

위임형(Delegative style) 구성원에게 일정한 조건하에서 의사결정에 관한 책임을 주는 것.

유기적 조직(Organic organizations) 유연하고, 적응적이고, 조직 외부에 초점을 맞추고 있으며 역동적인 환경에 적합한 조직.

유사성-매력도 접근법(Similarity-attraction approach) 사람들은 좋아하지 않는 사람과의 상호작용을 피하는 경향이 있기 때문에 팀 다양성이 역기능적일 수 있음을 설명하는 이론.

유연성(Flexibility) 굽히고, 뻗고, 비틀거나, 닿을 수 있는 능력.

유의미성(Meaningfulness) 한 사람의 이상과 열정에 비하여, 일의 목표와 목적이 갖는 가치.

유인가(Valence) 일의 성공적 수행 결과에 따라 주어지는 대가의 가치가 간절히 원하던 것과 일치하는 정도.

유쾌함(Pleasantness) 구성원이 나쁜 기분의 반대인 좋은 기분에 있는 정도.

윤리(Ethics) 권위자의 행동이 일반적으로 인정되는 도덕적 규범과 일치하는 정도

응집력(Cohesion) 팀 구성원들이 서로 간에 그리고 팀 자체에 대해 강한 감정적 유대감을 가질 때 발생하는 팀 상태.

의견 제시(Voice) 종종 부정적인 작업 사건에 대한 대응 과정에서 변화에 대한 건설적인 대안을 제시하기 위해 근로자가 발언하는 것.

의사결정 정보력(Decision informity) 팀 구성원들이 자신의 과업 책임에 대한 충분한 정보를 가지고 있는 정도.

의사결정(Decision making) 문제를 해결하기 위한 대안을 생성하고 선택하는 과정.

이론(Theory) 변수가 관련되어야 하는(그렇지 않아야 하는) 상황뿐만 아니라 변수가 관련되는 방법과 이유를 명시하는 언어적 및 상징적 주장.

이상적 영향력(Idealized influence) 구성원들의 찬양, 존경과 신뢰를 얻으려는 리더의 행동, 이에 따라 구성원이 리더와 동일시하고 행동을 본받으려 하도록 함.

이타심(Benevolence) 관리자가 이기심이나 이익만 추구하려는 동기와는 별개로 좋은 일을 하고자 하는 신념.

이해와 적응(Understanding and adaptation) 사회화의 마지막 단계로, 신입자는 사회화의 내용 영역을 학습할 것이고 조직의 규범과 기대행동을 내재화함.

인과 추론(Causal inference) 공변량, 시간적 순서, 대안적 설명의 배제를 기반으로 하나의 변수가 다른 어떤 것을 야기한다는 논리.

인신공격(Personal aggression) 상대방에게 적대적인 언어나 물리적 행사를 가하는 것.

인적자원 관리(Human resource management) 조직행동의 이론과 원칙의 조직 적용에 초점을 맞춘 연구 분야.

인지 기반 신뢰(Cognition-based trust) 관리자의 신용에 대한 합리적 평가에 바탕을 둔 신뢰.

인지 왜곡(Cognitive distortion) 구성원이 직무와 관련한 자신의 투입에 대해 다시 평가해 보는 것으로서 공정성 스트레스에 대한 반응으로 흔히 발생하는 현상.

인지적 능력(Cognitive abilities) 의사결정과 문제 해결을 위한 지식의 사용과 관련된 역량.

인지적 대처(Cognitive coping) 스트레스 상황에 대처하는 데 사고(thoughts)를 사용함

인지적 도덕성 발달(Cognitive moral development) 사람이 나이가 먹고 성숙해질수록 도덕적 발달단계를 경험하며 각 단계는 전 단계보다 성숙하고 정교해짐.

일 자체에 대한 만족(Satisfaction with the work itself) 자신의 일 자체에 대한 느낌.

일관성(Consistency) 비슷한 상황에서 과거에 개인이 동일한 방식으로 행동함.

일상의 문제(Daily hassles) 상대적으로 사소하면서 꼭 이루고 싶은 일에 끼어들어 방해하는 매일의 여러 가지 문제.

일상적 과업성과(Routine task performance) 예측 가능한 과업 요구에 대한 잘 알려지고 관습적인 종업원 대응.

일상적 성과(Typical performance) 일상적인 매일의 직무과업에서의 수행성과.

일의 유의미성(Meaningfulness of work) 업무, 목표, 목적에 대한 자신의 감정, 그리고 그것들이 사회에 기여하고 자신의 이상과 열정을 성취하는 정도를 반영하는 심리적 상태.

자기 개발(Personal development) 직장 외에서 자신의 성장과 학습을 위한 활동에 참여하는 것.

자기 결정권(Self-determination) 일을 시작하고 지속하는 것에 관한 선택권.

자기 위주 오류(Self-serving bias) 실패는 외부 요인으로, 성공은 내부 요인에 귀인하는 것.

자기 인식(Self-awareness) 자신의 감정을 인식하고 이해하는 능력.

자기 효능감(Self-efficacy) 자기가 어떤 일을 성공적으로 완수하는 데 필요한 능력을 갖고 있다고 믿는 것.

자원 기반 관점(Resource-based view) 희귀하고, 모방 불가능한 자원이 기업의 경쟁 우위를 유지시킨다고 주장하는 모델.

자원 낭비(Wasting resources) 매우 적은 일을 하면서 너무 많은 원료나 시간을 사용하는 것.

자원봉사(Volunteering) 비영리 단체나 자선 단체를 위해 계획된 활동 동안 시간이나 기술을 제공하는 것.

자유방임적 리더십(laissez-faire (hands-off) leadership) 리더가 리더십 책무를 모두 회피하는 리더십.

자유재량권(Discretion) 경영자들이 자신의 뜻대로 의사결정 할 수 있는 권리를 가지고 있는 정도.

자율성(Autonomy) 일을 하는 과정이 자유롭고, 독립적이며 일의 절차나 방법에 대한 결정권이 주어지는 정도.

자적 대 자제(Indulgence vs. restraint) 문화가 표현, 자유, 여가 - 엄격한 사회적 규범과 질서를 중시하는 정도.

작업팀(Work teams) 제품이나 서비스를 생산하기 위해 구성원들이 함께 일하는 비교적 영구적인 팀.

잡 크래프팅(Job crafting) 자신의 직무가 갖고 있는 직무 특성을 주도적으로 다듬고 수정하는 과정.

장애 스트레스 요인(Hindrance stressors) 개인의 성장이나 목표 달성을 방해한다고 진단되는 스트레스 요인.

재무적 불확실성(Financial uncertainty) 생계 수단, 저축, 또는 지출 능력이 상실된 상태에서 발생되는 불확실성.

저항(Resistance) 대상자가 요구 이행을 거부하고 이를 회피하기 위해 애를 쓰는 것.

적극적 강화(Positive reinforcement) 바람직한 행동에 대하여 원하는 결과를 제공할 때 발생함.

적극적 예외 관리(Active management-by-exception) 리더가 실수와 과오를 적극적으로 모니터하고 조정하며, 필요한 경우 수정 조치를 취하는 것.

적응적 과업성과(Adaptive task performance) 독특하고 일반적이지 않은 과업에 대한 직원들의 대응.

전략적 관리(Strategic management) 기업의 수익성에 영향을 주는 제품 선택과 산업 특성 연구에 집중하는 학문 분야.

전문성(Expertise) 초보와 전문가를 구분 짓는 지식과 기술

전문적 권력(Expert power) 경험이나 지식에 기초한 조직적 권력의 한 형태.

전이 환경(Climate for transfer) 새로운 기술을 활용하도록 뒷받침해 주는 조직 환경.

전환 프로세스(Transition processes) 미션 분석이나 계획과 같이 팀의 미래를 위한 준비에 초점을 두는 팀워크 프로세스.

절도(Theft) 회사 제품이나 장비 등을 훔치는 것.

절차 공정성(Procedural justice) 의사결정 과정에 대한 지각된 공정성.

정보 공정성(Informational justice) 관리자로부터 직원들에게 제공된 커뮤니케이션에 대한 인지된 공정성.

정보 교환(Exchanging information) 협상 과정의 두 번째 단계로, 양측은 확고한 각자의 입장을 정립하는 과정.

정보의 충실성(Information richness) 한 메시지 안에 전달되는 정보의 양과 깊이.

정서 기반 신뢰(Affect-based trust) 합리적 평가를 넘어선 권위자를 향한 감정에 의존한 신뢰.

정서적 몰입(Affective commitment) 감정적 애착으로 인해 조직 구성원으로 남고자 하는 구성원의 욕구.

정서적 사건반응 이론(Affective events theory) 직장에서 발생하는 사건들이 감정적인 반응을 일으키고 그 반응들은 과업과 관련된 행동에 영향을 미친다는 이론.

정신 운동(Psychomotor abilities) 사물을 조작하고 통제할 수 있는 능력.

정찰 활동(Scout activities) 기술, 경쟁자, 혹은 더 큰 시장에 대한 정보를 획득하기 위한 의도에서 이루어지는 경계 탐색 활동.

정체성(Identity) 일을 시작부터 끝까지 완료해 가는 과정을 가시적으로 파악할 수 있는 정도.

정치적 기술(Political skill) 개인적 혹은 조직의 목적을 달성하기 위해 남을 이해하고 그들에게 영향력을 행사하기 위한 지식을 사용할 수 있는 능력.

정치적 방해(Political deviance) 다른 개인에게 의도적으로 해를 가하는 행동.

정형적 결정(Programmed decisions) 의사결정자의 지식을 통해 상황과 취해야할 조치의 방향을 알기 때문에 어느 정도 자동적인 의사결정.

제품별 조직구조(Product structure) 회사가 생산하는 제품별로 구성원을 그룹화하는 조직 형태.

제한된 만족(Satisficing) 의사결정자가 선택을 할 때, 처음에 수용할 수 있는 대안을 고려하는 것.

제한된 합리성(Bounded rationality) 사람은 의사결정을 내릴 때 모든 정보를 처리하기 위한 자원과 능력을 완전하게 갖추고 있지 않다는 개념.

조정 손실(Coordination loss) 팀 구성원 간의 협력적 업무 수행에 시간과 에너지를 낭비함으로써 발생하는 프로세스 손실.

조정(Mediation) 분쟁 해결 과정을 촉진하지만 해결책을 명령할 수 있는 공식적 권한은 가지고 있지 않은 제3자에 의한 해결 과정.

조정력(Coordination) 움직임과 밸런스를 동기화할 수 있는 신체적 능력.

조직 정치(Organizational politics) 자신의 개인적 이익을 확대하는 목표를 향해 나아가는 개인의 행동.

조직구조(Organizational structure) 회사 내에서 개인과 집단 간에 직무와 과업이 분배되고 협력이 이루어지는 방식을 공식적으로 말해 주는 것.

조직도(Organizational chart) 조직 내에서 모든 직무와 이들 직무 간의 보고 관계를 나타내는 그림.

조직몰입(Organizational commitment) 조직의 일원으로 남으려는 종업원의 열망.

조직문화(Organizational culture) 한 조직 내에서 구성원의 태도와 행동을 형성하는 규칙, 규범, 그리고 가치와 관련된 공유된 사회적 지식.

조직설계(Organizational design) 조직의 구조를 만들고, 선택하고, 변화시키는 과정.

조직시민행동(Organizational citizenship behavior) 일반적 수준의 기대를 넘어서 조직 운영을 향상시키고, 조직을 방어하며, 조직에 충성하는 행동.

조직지원 인식(Perceived organizational support) 조직이 직원의 공헌에 대한 가치를 인정하고, 직원의 행복에 어느 정도 관심을 기울이는지에 대한 직원들의 믿음의 정도.

조직행동(Organizational behavior: OB) 조직 내에서 개인과 집단의 태도와 행동에 대한 이해, 설명, 더 나아가 발전 방안을 모색하는 학문영역.

종결과 몰입(Closing and commitment) 협상 과정의 네 번째이자 마지막 단계로 협상하는 동안 도출된 합의 사항을 문서화하는 과정.

종합적 상호 의존성(Comprehensive interdependence) 팀의 업무를 수행함에 있어 참여하는 팀 구성원들이 협력의 과정에서 일하고 상호작용하는 것에 대해 상당한 신념을 가지고 있는 업무 상호 의존성의 형태.

종합적 인지 능력(General cognitive ability) 보다 협의의 인지적 능력을 결정하는 데 있어서 중요한 역할을 감당하는 종합적 수준의 인지적 능력.

준거적 권력(Referent power) 리더의 매력과 카리스마에 기초한 조직적 권력의 한 형태.

준비(Preparation) 협상의 첫 번째 단계로, 양측은 협상을 위한 목표를 정함.

중심성(Centrality) 한 사람의 직무가 얼마나 중요한지 그리고 얼마나 많은 사람이 과업 수행을 위해 그 사람에게 의존하는지를 나타낸다.

중요성(Significance) 직무가 다른 사람의 삶과 사회에 실질적인 영향을 주는 정도.

중재(Arbitration) 제3자가 분쟁 당사자들 간에 결합을 결정하는 과정.

중화요인(Neutralizers) 리더의 중요성을 감소시키는 상황 특성, 그러나 종업원의 성과에는 영향을 미치지 않는 요인.

증거 기반 관리(Evidence-based management) 과학적인 결론들이 경영학 교육의 기초가 되어야 한다는 주장.

지각 능력(Perceptual ability) 정보의 패턴을 지각하고, 이해하고, 기억할 수 있는 능력.

지구력(Stamina) 사람들이 장시간 신체 활동을 하는 동안 일을 효율적으로 할 수 있는 폐와 순환계의 능력.

지속가능성 문화(Sustainability culture) 조직 내부와 외부 모두에서 지속 가능성을 촉진하는 데 초점을 맞추는 특수 문화 유형.

지속적 몰입(Continuance commitment) 이직에 따른 비용을 인식하여 조직에 남아 있고 싶은 종업원의 욕망.

지시형(Telling) 리더가 구체적으로 지시 하고, 성과를 밀착 관리하는 것.

지식 업무(Knowledge work) 신체적 행동보다는 인지적 행동이 주로 포함된 직무.

지식과 기술(Knowledge and skill) 구성원이 자신의 직무에 필요한 태도와 역량을 가진 정도.

지식이전(Knowledge transfer) 종업원들 간의 지식의 교환

지역별 조직구조(Geographic structure) 기업이 사업을 영위하는 지역별로 종업원을 그룹화하는 조직 형태.

지적 자극(Intellectual stimulation) 기존의 가정에 의문을 제기하고 과거의 상황을 새로운 방식으로 재구성함로써 구성원을 혁신적이고 창의적인 방향으로 행동하도록 격려하는 리더의 행동.

직관(Intuition) 무의식적으로 혹은 직감적 느낌으로 한 감정적 판단.

직관에 의한 방법(Method of intuition) 사람들은 어떤 것이 분명하고 자명하게 보이므로 '당연'하기 때문에 어떤 믿음을 확고하게 갖고 있다는 논리.

직면 단계(Encounter stage) 종업원이 업무를 시작하는 날 시작되는 사회화의 단계로, 이 기간 동안 종업원은 외부인으로서 획득한 정보와 내부인으로서 그들이 확인한 정보를 비교한다.

직무 분석(Job analysis) 특정 직무에게 요구되는 사항을 결정하는 프로세스.

직무 충실화(Job enrichment) 직무에 대한 의무와 책임을 확장시켜 핵심 직무 특성을 높이는 과정.

직무 특성이론(Job characteristics theory) 일 자체의 만족도를 높이기 위해서는 일을 구성하는 직무의 다섯 가지 핵심적인 특성(다양성, 정체성, 중요성, 자율성, 피드백)이 충분히 충족되고 잘 조합되어야 한다는 이론.

직무만족(Job satisfaction) 자신의 직무나 직무 경험에 대해 느끼는 기분 좋고 만족스러운 감정 상태. 자신의 직무에 대해 어떻게 느끼고 어떤 생각을 하는가를 의미.

직무성과(Job performance) 조직의 목적 달성에 긍정적 또는 부정적인 영향을 주는 종업원의 행동.

직장-가정 갈등(Work-family conflict) 직장에서의 역할 요구가 가족에 대한 역할을 방해하는(또는 그 반대) 특수한 형태의 역할 갈등.

진실성 테스트(Integrity tests) 역효과를 낳는 행동과 절도와 연관된 성향에 초점을 맞춘 성격 테스트("정직성 테스트"라고도 불림).

진실성(Integrity) 관리자가 수용할 만한 가치와 원칙을 고수하는 것.

진행형 모델(Progression model) 다양한 철회 행동이 서로 긍정적인 관계를 맺고 있음을 나타내는 모델. 하나의 철회 행동이 또 하나의 철회 행동과 연결될 가능성이 있음.

집권화(Centralization) 조직에서 공식적 의사결정이 내려지는 곳.

집단 사고(Groupthink) 팀의 다른 우선순위를 희생하면서 팀의 일체감과 조화를 지지하는 행동.

집중력(Ability to focus) 직원들이 맡은 일에 최선을 다하는 정도.

집합적 상호 의존성(Pooled interdependence) 집단의 구성원들은 자신의 업무를 독립적으로 완수하고, 그 업무는 단순히 합산되어 집단의 결과물로 나타나는 과업 상호 의존성의 한 형태.

차별적 노출(Differential exposure) 일상의 상황을 스트레스적인 것으로 평가할 가능성이 높아짐으로써 더 자주 스트레스 요인에 노출되어 있다고 느낌.

차별적 반응(Differential reactivity) 일상에서 경험하는 스트레스 요인에 대처할 수 없을 것이라 믿는 것.

참여형(Participating) 리더가 아이디어를 공유하고 집단이 수행하는 일에 도움을 주고자 하는 것.

창의성 문화(Creativity culture) 창의적 분위기를 촉진하는 데 초점을 맞추는 특수 문화 유형.

창조적 과업성과(Creative task performance) 개개인이 참신하고 유용한 아이디어, 혹은 물질적인 결과를 창출할 수 있는 정도.

처벌(Punishment) 바람직하지 않은 행동에 원하지 않는 결과가 따르는 것.

철회 행동(Withdrawal behavior) 작업 상황을 피하기 위해 의도적으로 행하는 종업원 행동.

촉진형(Facilitative style) 집단 구성원에게 문제를 제시하고 해결책에 대한 합의를 추구하는 리더십 유형. 이때 중요한 점은 리더가 다른 사람의 의견에 비해 자신의 의견에 비중을 두지 않도록 하는 것임.

최대 성과(Maximum performance) 개인의 최대치 노력을 요구하는 특별한 상황에서의 성과.

추구하는 가치(Espoused values) 기업이 명백히 표방하는 신념, 철학, 그리고 규범

추론 능력(Reasoning ability) 감각과 통찰력, 규칙, 논리 등을 이용한 문제 해결과 관련된 다양한 능력의 집합.

충성(Loyalty) 공개적으로는 상황을 지지하지만 개인적으로는 개선을 바라는 부정적 상황에 대한 소극적 대응

친사회적 생산성 저해 행동(Prosocial counterproductive behavior) 다른 사람이나 조직에 이익을 주기 위한 것이지만, 그럼에도 불구하고 규범, 규칙, 정책 또는 법률을 위반하기 때문에 역효과를 초래하는 생산성 저해 행동; 따라서 이 행동은 조직에 해를 끼치거나, 잠재적으로 해를 끼칠 수 있음.

친화성(Agreeableness) 빅 파이브의 차원 중 하나로, 친절, 협조적, 동정, 도움을 주거나 예의가 바르고 따뜻한 특성을 반영하는 성격의 한 차원.

침식 모델(Erosion model) 동료 직원들과 유대가 적은 직원일수록 조직을 떠날 가능성이 높다는 모델.

커뮤니케이션(Communication) 송신자로부터 수신자에게로 정보와 의미가 전달되는 과정.

타인 인식(Other awareness) 다른 사람이 느끼는 감정을 인식하고 이해하는 능력.

타협(Compromise) 주고받기를 통해 갈등을 해결하는 갈등 해결 유형.

통보(Apprising) 요청자가 대상자에게 요구를 수행하는 것이 왜 이득이 되는지를 명확히 설명하는 영향력 전술.

통제 위치(Locus of control) 자신 주변에 일어난 사건이 자신에게 책임이 있는지 혹은 외부에 있는지에 대한 믿음.

통제범위(Span of control) 조직에서 한 사람의 관리자가 책임지는 구성원의 수.

통합적 협상(Integrative bargaining) 양측을 모두 만족시키는 결과를 달성하기 위한 협상 전략.

퇴장(Exit) 비우호적인 작업장에서 발생되는 사건에 대해 잦은 결근이나 자발적으로 조직을 떠나는 반응.

투사(Projection bias) 의사결정자가 다른 사람들이 생각하고 느끼고 행동하는 방식대로 생각하는 것.

특사 활동(Ambassador activities) 팀을 보호하고, 팀을 지지하도록 다른 사람들을 설득하거나, 혹은 팀에 필요한 중요한 자원을 확보하고자 하는 경계 탐색 활동.

특성 활성화(Trait activation) 성격을 표출하는 힌트를 제공하는 상황.

특성(Traits) 사람들이 환경에 반응하는 반복적인 특성.

특수성(Distinctiveness) 개인이 다른 상황에 놓여 있을 때 비슷한 방식으로 행동하는지 여부.

팀 과업 역할(Team task roles) 팀 과업 달성에 직접적으로 도움을 주는 행동.

팀 구성(Team composition) 팀에서 일하는 개인을 설명하는 다양한 특성의 조합.

팀 구축 역할(Team-building roles) 팀의 사회적 분위기의 질에 영향을 미치는 행동.

팀 구축(Team building) 팀 문제 해결, 신뢰, 관계 구축, 그리고 역할 책임의 구분 등을 촉진하기 위한 활동.

팀 다양성(Team diversity) 팀 구성원들 서로 간에 다른 정도.

팀 상태(Team states) 함께 일한 경험의 결과로서 팀 구성원의 마음에 형성되는 특정 형태의 느낌과 생각.

팀 생존성(Team viability) 팀 몰입. 팀이 미래에도 함께 효과적으로 일할 수 있을 가능성.

팀 프로세스 훈련(Team process training) 팀이 하나의 완전한 단위로서 보다 효과적인 기능 발휘와 업무 수행 능력을 촉진하기 위해 팀 경험을 이용하는 훈련.

팀 프로세스(Team processes) 목표 달성을 향해 노력할 때 팀 내에서 발생하는 다양한 활동과 상호작용.

팀 효능감(Potency) 여러 상황이나 과업에 걸쳐서 팀이 효과적으로 능력을 발휘할 수 있을 것이란 구성원들 간의 믿음의 정도를 반영하는 팀 상태.

팀(Teams) 과업 지향적 목적과 관련된 공통의 목적을 달성하기 위해 일정한 시간 동안 상호 의존적으로 일하는 둘 혹은 그 이상의 사람.

팀워크 프로세스(Teamwork processes) 과업 달성 그 자체는 포함하지는 않으나 팀 과업의 성공을 촉진하는 대인 활동.

평판(Reputation) 대중의 마음속에 있는 조직의 브랜드에 대한 인상, 조직의 상품과 서비스에 대해 인지된 품질.

포용감(Inclusion) 사람들이 자신이 진정으로 집단(또는 조직)의 일부라고 느끼는 정도와 그들이 집단(또는 조직)에 가져오는 독특함이 환영받고 가치가 있다고 느끼는 정도.

포지션 모델링(Positional modeling) 팀의 다른 구성원들이 역할을 어떻게 수행하는지 관찰하는 것을 포함하는 훈련.

표면적 다양성(Surface-level diversity) 민족, 인종, 성별 및 나이와 같은 관찰 가능한 특성의 다양성.

프로세스 손실(Process loss) 개별 구성원의 능력에 기초한 기대치보다 팀의 성과가 더 작게 나타나는 것.

프로세스 이득(Process gain) 개별 구성원의 능력에 기초한 기대치보다 팀의 성과가 더 크게 나타나는 것.

프로젝트팀(Project team) 다른 기능의 구성원들이 투입되어 복잡한 한시적 과업을 수행하도록 형성된 팀.

피드백(Feedback) 직무 특성이론에서의 피드백은 일을 하고 있는 사람에게 일을 얼마나 잘 수행하고 있는가에 대한 정확한 정보를 제공해주는 정도임. 목표 설정 이론에서는 목표 달성 진도 등 진행 상황에 대한 정보를 계속 업데이트해 주는 것.

하위 문화(Subculture) 조직 내의 작은 집단에 만들어진 문화.

학대(Abuse) 다른 직원들에 의해 공격을 받거나 위험한 상황에 처해져 신체적인 부상이나 정신적인 상처를 입게 되는 것.

학습 지향성(Learning orientation) 역량을 증명하는 것보다 역량을 쌓아 나가는 자세나 경향이 더 중요하다고 여김.

학습(Learning) 종업원이 경험으로부터 비롯된 지식 또는 기술의 비교적 영구적인 변화.

합리적 설득(Rational persuasion) 논리적인 주장의 사용과 더불어 요구가 가치있는 것임을 보여 주는 것.

합리적 의사결정 모델(Rational decision-making model) 사용 가능한 모든 대안을 검증함으로써 최적의 결과를 얻기 위한 단계별 의사결정.

합법적 권력(Legitimate power) 권한이나 직위에 기초한 조직적 권력의 형태.

합산형 과업(Additive tasks) 팀 성과를 결정하기 위해 모든 구성원의 성과를 합산하는 과업.

합의(Consensus) 비슷한 환경에서 다른 사람들과 의사가 일치함.

해산기(Adjourning) 팀 발전의 마지막 단계로, 구성원들이 흩어지고 팀이 해산됨으로 인해 불안을 비롯한 여러 감정을 경험하는 과정.

행동 기준 평가 척도(Behaviorally anchored rating scales (BARS)) 중요한 사건을 통해 종업원의 직무성과를 평가하는 방법.

행동 모델링 훈련(Behavioral modeling training) 종업원을 관찰하고 방대한 암묵적 지식을 축적한 종업원으로부터 학습하는 훈련의 공식적 수단.

행동 모델링(Behavioral modeling) 직원들이 다른 사람의 행동을 관찰할 때, 관찰한 것에서 학습하고, 관찰한 행위를 반복함.

행동적 대처(Behavioral coping) 스트레스 상황을 처리하기 위한 물리적 행동.

행사(Ceremonies) 일반적으로 조직 구성원이 참여한 가운데 실시되는 공식적 이벤트.

험담(Gossiping) 다른 사람에 대한 확인되지 않은 사실을 이야기하는 것.

현실 충격(Reality shock) 종업원이 기대한 것과 조직의 실제 모습에 차이가 있음을 발견할 때 발생하는 정보의 불일치.

현실적 직무 소개(Realistic job previews: RJPs) 잠재적 구성원이 지원하는 직무의 긍정적인 면과 부정적인 측면을 모두 강조함으로써 그 조직에 근무하는 것에 대한 정확한 그림을 그릴 수 있도록 함.

협력(Collaboration) 이해 당사자 간에 성과를 최대화하기 위해 서로 협력함으로써 이루어지는 갈등 해결 유형과 영향력 전술로 볼 수 있음.

협상(Negotiation) 둘 이상의 독립적인 개인이 서로 다른 선호에 대하여 토의하며 합의점을 찾기 위해 노력하는 과정.

협의(Consultation) 요구사항을 수행하거나 실행하는 방법을 결정하는 데 있어 대상자의 참여를 허락함으로써 영향력을 발휘하는 전술.

협의형(Consultative style) 최종 의사결정 전에 구성원들에게 문제를 공유하고, 이에 대한 의견과 제안을 요청하는 리더십 스타일.

형성기(Forming) 팀 발전의 첫 번째 단계로, 구성원들은 자신들에게 기대하는 것이 무엇인지, 어떤 행동이 영역을 벗어나는 것이며, 그리고 누가 담당하는 것인지 등을 파악하고자 노력하는 과정.

형식지(Explicit knowledge) 쉽게 교환하고 다른 사람에게 적용할 수 있는 지식.

호의(courtesy) 동료 직원에게 중요한 정보를 알려주는 것.

호환성 팀워크 역량(Transportable teamwork competencies) 한 팀에서 다른 팀으로 이전할 수 있는 일반적 팀워크 능력을 개발하도록 돕는 팀 훈련.

혼합형 성과 상호 의존성(Hybrid outcome interdependence) 팀 구성원들이 소속 팀의 성과는 물론 개인적 성과에 따라서도 보상을 받는 것.

활성화(Activation) 기분이 상승되고 활력이 있는 정도, 침체되고 무기력한 상태와 반대.

회복(Recovery) 직무요구에 대처하기 위해 사용되는 에너지가 휴식 또는 작업으로부터 이완으로 인해 재충전되는 정도.

회피(Avoiding) 어느 한쪽이 중립을 유지하거나, 갈등으로부터 떨어져 있거나, 정보 파악을 위해 경쟁을 잠시 미루거나, 혹은 갈등이 식을 때까지 기다리거나 함으로써 갈등을 해결하는 스타일.

훈련 전이(Transfer of training) 훈련이 끝난 후에 직무에서 요구하는 지식, 기술, 그리고 행동을 유지하고 사용함.

훈련(Training) 직무와 연관된 지식과 행동의 학습을 촉진하기 위해 조직이 체계적 노력을 기울이는 것.

휴리스틱스(Heuristics) 보다 쉽게 의사결정을 내릴 수 있는 간단하고 효율적인 경험법칙.

흥정(Bargaining) 협상의 세 번째 단계로 양측이 합의에 도달하기 위해 주고받는 과정.

1차 진단(Primary appraisal) 요구 상황이 스트레스성인지, 개인적 목표와 삶의 질의 증진을 위해 활용 수단이 되는지를 먼저 진단하는 과정.

2차 진단(Secondary appraisal) 다양한 스트레스 상황을 어떻게 대처해가야 하는가를 생각하는 과정.

4성분 모델(Four-component model) 도덕적 인식, 도덕적 판단, 도덕적 의도와 윤리적 행동에서 비롯된 윤리적 행동에 관한 모델.

8분의 1 법칙(Rule of One-Eighth) 기껏해야 8분의 1, 즉 12%의 조직이 '종업원 우선주의'를 통해 이익을 창출하는 데 필요한 일을 실제로 할 것이라는 믿음.

ASA 프레임워크(Attraction-Selection-Attrition framework) 종업원은 자신의 성격과 일치하는 문화를 가진 조직에 끌리고, 조직은 자신의 문화에 적합한 사람을 선발하고, 그리고 종업원이 조직에 적합하지 않을 때 이직하거나 이직하도록 강요받는다는 이론(유인-선발-이탈).

A형 행동 유형(Type A Behavior Pattern) 스트레스를 잘 받고 상황 요구를 다른 사람보다 더 스트레스성으로 진단하고 쉽게 긴장을 겪을 수 있는 경향이 있는 성격 유형.

BATNA(Best alternative to a negotiated agreement) 협상된 합의에 이르기 위한 협상자의 최

고의 대안.

MBTI(Myers-BriggsType Indicator) 외향성 대 내향성, 감성과 직관, 사고와 논리, 그리고 판단과 지각의 네 가지 유형에 기반하여 사람들을 평가하는 성격 유형 검사 도구.

O*NET(Occupational Information Network) 직무 과업, 행동, 필요한 지식, 기술, 능력 등을 저장해 놓은 온라인 데이터베이스.

RIASEC 모델(RIASEC model) 현실형, 탐구형, 예술형, 사회형, 진취형, 관습형 성격을 포함하여 여섯 가지 성격 유형을 요약한 모델.

찾아보기

ㄱ

가상팀 315
가설 14
가시성 386
가용성 편향 231
가족과 지내기 요구 123
가치-지각 이론 88
감각적 능력 296
감독 만족 90
감정 100
감정 노동 100
감정 사용 290
감정적 단서 154
감정적 지원 131
감정 전염 101
감정 조절 289
감정-초점 대처 124
강압적 권력 382
강요 392
강제 할당법 47
강화 계획 221
강화 조건 220
개방성 247
개별적 배려 426
개인적 명확화 368
개인적 호소 387
개인-조직 적합성 487
개인주의적 역할 325
개인주의-집단주의 261
거래적 리더십 423
격동기 316
결과물에 대한 책임 92
결과에 대한 지식 92
경계 탐색 352
경영 환경 450
경제적 교환 203
경험에 대한 개방성 256
경험에 의한 방법 12
고객별 구조 456
고객 서비스 문화 474
고정 간격 계획 221
고정관념 231
고정 비율 계획 222
공간 능력 285
공동체형 문화 474
공식화 448
공정성 183
공정성 고통 163
공정성 이론 162
과거의 성취 154
과업 갈등 355
과업 복잡성 160
과업 상호 의존성 318
과업성과 29
과업 수행 전략 160
과업 전문화 444
과업 조정 활동 352
과업 프로세스 348
과학에 의한 방법 12
관계 갈등 355
관계적 계약 75
관료적 구조 453
관리팀 312
관심 259
관찰 가능한 인위적 요소 470
괴롭힘 39
교감 노력 252
교육 훈련 236
교차 훈련 368
교호적 상호 의존성 320
교환적 계약 75
교환 전술 389
구조조정 460
구조 주도 418
구체적이고 어려운 목표 158
권력 381
권력 격차 261
권위에 의한 방법 12
규범기 316
규범적 몰입 58
근력 293
글로브 프로젝트 261
긍정적 감정 100
긍정적 생애 사건 123
긍정적 정서 254
기계적 조직 449
기능별 조직구조 454
기대 이론 153
기대치 154
기물 파손 36
기본적 귀인 오류 231
기분 98
기술 452
기업 규모 452
기업의 사회적 책임 204
기업 전략 450
기질 기반 184
긱 업무 44
긴장 117

긴 휴식 68

ㄴ

남성성-여성성 261
내면화 389
내부 고발 196
내재적 동기부여 156
내적 비교 164
네트워크 구조 359
네트워크형 문화 474
능력 186, 281

ㄷ

다면 평가 46
다양성 93
다양성 기반 문제 해결 접근법 327
다양성 문화 475
단기 지향 대 장기 지향 261
단속평형설 317
단순 구조 453
단절형 문화 474
대리 경험 154
대안적 분쟁 해결 400
대인 공정성 192
대인관계 시민행동 34
대인 프로세스 355
대처 123
대체 가능성 385
대체 요인 431
도덕적 강도 198
도덕적 관심 198
도덕적 원칙 200
도덕적 의도 201
도덕적 인식 197
도덕적 정체성 201
도덕적 판단 199
도전적 스트레스 요인 119
독단형 412
독립형 모델 70
돈의 의미 157
돕기 34
동기부여 손실 348
동료 만족 90

ㄹ

리더-멤버 교환 이론 409
리더-스태프 팀 324
리더십 381
리더십 대체 이론 430
리더 출현 411
리더 효과성 411
리추얼 472

ㅁ

마이어스-브릭스 유형 지표 258
만족 228
매트릭스 조직구조 456
메타 분석 16
멘탈 모델 364
멘토링 489
명령계통 445
명목집단기법 350
명시적 진실성 테스트 268
모방이 불가능 8
목표 몰입 160
목표 상호 의존성 321
목표 설정 이론 158
목표에 의한 관리 45
몰입 99, 151
몰입 상승 234
몰입의 초점 59
무관심자 67
무례 38
문제-초점 대처 124
문화 260
문화 강도 477
문화적 가치 247
물리적 구조 470
민족주의 성향 264

ㅂ

반문화 479
방치 66
배려 418
배태성 62
변동 간격 계획 222
변동 비율 계획 222
변혁적 리더십 422
별 66
병렬팀 313
보상적 권력 382
보상 제도 171
보상형 모델 70
보수 만족 88
보직 순환 368
복수 팀 멤버십 314
부정적 감정 100
부정적인 생애 사건 122
부정적 정서 255
분리형 과업 326
분배 공정성 189
분배적 협상 395
분산 기억 364
불확실성 회피 성향 261
브레인스토밍 349
비교 대상 163
비인격적 감독 192
비정형적 결정 227
빅 파이브 247

ㅅ

사보타주 36
사업부 구조 455
사이버 휴식 67
사전 단계 481
사퇴 69
사회적 교환 203
사회적 영향 모델 61
사회적으로 복잡한 자원 9
사회적 지원 131
사회적 태만 348
사회 정체성 이론 230
사회학습이론 222
사회화 480
삶의 만족 105
상관관계 15
상징 470
상황적 강점 266
생산 방해 38, 348
생산성 저해 행동 36
생애 주기 리더십 이론 419
서비스 업무 43
선택적 지각 230
설득형 421
성격 246
성과기 316
성과 상호 의존성 322
성과에 따른 보상 423
성과 입증 지향성 224
성과 회피 지향성 224
성숙도 420
성실성 247, 251
성장욕구 강도 95
성취 추구 252
소거 221
소극적 강화 220
소극적 예외 관리 423
소셜 성과 관리 47
소진 128
수단성 155
수단적 지원 131
수리 능력 284
수많은 사소한 결정 9
수용 393
순종 389
순차적 상호 의존성 319
스스로 설정한 목표 159
스태프 유효성 352
스토리 471
스트레스 117
스트레스 요인 117
스트레스의 교류 모형 117
스포츠맨십 34
승진 만족 89
시간 압박 120
시간 중심적 리더십 모델 415
시민 66
시민 도덕 35
시민행동 33
신경증 247
신뢰 가능성 186
신뢰 성향 184
신분 상승 욕구 253
신입 직원 오리엔테이션 489
신체적 철회 68
실리형 문화 474
실천 공동체 237
실행팀 313
실행 프로세스 354
심리적 계약 74
심리적 임파워먼트 166, 430
심리적 철회 67
심층적 다양성 329

ㅇ

아첨 387
안전 문화 475
암묵적 가정 473
암묵적 진실성 테스트 268
암묵지 218
압력 388
애널리틱스 17
액션 러닝 369
약물 남용 38
양성 직무요구 118
언어 471
언어 능력 283
언어적 설득 154
업무의 복잡성 120
업무의 책임성 121
역량 167
역할 323
역할 갈등 119
역할 과부하 120
역할 모호성 119
역할 수용 409
역할 형성 409
연결형 과업 326
연속 강화 221
연합 388
열렬한 지지 35
영감적 동기부여 425
영감적 호소 387
영향력 167, 386
외재적 동기부여 156
외적 비교 164

외톨이 66
외향성 247, 253
욕구 156
우선순위 민감도 352
원더릭 인지 능력 테스트 300
위기 상황 227
위임형 414, 421
유기적 조직 449
유사성-매력도 접근법 327
유연성 295
유의미성 166
유인가 155
유쾌함 98
윤리 183
응집력 362
의견 제시 34, 66
의사결정 216
의사결정 정보력 352
이론 13
이상적 영향력 424
이타심 187
이해와 적응 482
인과 추론 16
인신공격 39
인적자원 관리 3
인지 기반 184
인지 왜곡 163
인지적 능력 282
인지적 대처 124
인지적 도덕성 발달 199
일관성 234
일상의 문제 120
일상적 과업성과 29
일상적 성과 265
일의 유의미성 92
일 자체에 대한 만족 90

ㅈ

자기 개발 123
자기 결정권 166
자기 위주 오류 232
자기 인식 289
자기 효능감 154
자원 기반 관점 7
자원 낭비 38
자유방임적 리더십 423
자유재량권 385
자율성 94
자적 대 자제 261
작업팀 312
잡 크래프팅 95
장애 스트레스 요인 119
잦은 결근 68
재무적 불확실성 122
저항 390
적극적 강화 220
적극적 예외 관리 423
적응적 과업성과 30
전문성 217
전문적 권력 383
전이 환경 237
전환 프로세스 354
절도 38
절차 공정성 190
정보 공정성 193
정보 교환 397
정보의 충실성 358
정서 기반 184
정서 기반 신뢰 188
정서적 몰입 58
정서적 사건반응 이론 100
정신 운동 295
정찰 활동 353
정체성 94
정치적 기술 390
정치적 방해 38
정형적 결정 225
제품별 조직구조 455
제한된 합리성 228
조정 400
조정력 295
조정 손실 348
조직몰입 57
조직문화 469
조직설계 450
조직시민행동 34
조직 정치 390
조직지원 인식 75
조직행동 3
종결과 몰입 397
종합적 상호 의존성 320
종합적 인지 능력 287
준거적 권력 384
준비 396
중심성 386
중요성 94
중재 400
중화 요인 431
증거 기반 관리 17
지각 능력 286
지구력 294
지속가능성 문화 476
지속적 몰입 58
지시형 420
지식과 기술 95
지식 업무 42

지식 이전 237
지역별 조직구조 456
지적 자극 426
직관 226
직관에 의한 방법 12
직면 단계 481
직무기술지표 106
직무만족 87
직무분석 31
직무성과 28
직무 충실화 95
직무특성이론 93
직장-가정 갈등 122
진실성 187
진실성 테스트 268
진행형 모델 70
집권화 447
집단 사고 362
집중력 202
집합적 상호 의존성 318

ㅊ

차별적 노출 255
차별적 반응 255
참여형 421
창의성 문화 476
창조적 과업성과 30
처벌 220
철회 행동 57
촉진형 413
최대 성과 265
추구하는 가치 472
추론 능력 285
충성 66
친사회적 생산성 저해 행동 41
친화성 247, 252
침식 모델 61

ㅋ

커뮤니케이션 356

ㅌ

타인 인식 289
타협 393
태만 68
통보 388
통제범위 445
통제 위치 256
통합적 협상 396
퇴장 66
투사 230
특사 활동 352
특성 247
특성 활성화 266
특수성 232
팀 311
팀 과업 역할 324
팀 구축 369
팀 구축 역할 324
팀 다양성 327
팀 상태 362
팀 생존력 366
팀 생존성 332
팀워크 프로세스 353
팀 프로세스 346
팀 프로세스 훈련 369
팀 효능감 363

ㅍ

평판 182
포용감 330
포지션 모델링 368
표면적 다양성 328
프로세스 손실 347
프로세스 이득 347
프로젝트팀 313
피드백 94, 160

ㅎ

학대 39
학습 216
학습 지향성 224
합리적 설득 387
합리적 의사결정 모델 227
합법적 권력 382
합산형 과업 326
합의 232
해산기 316
행동 기준 평가 척도 45
행동 모델링 222
행동 모델링 훈련 237
행동적 대처 123
행사 472
험담 38
현실적 직무 소개 488
현실 충격 481
협력 387, 393
협상 394
협의 387
협의형 413
형성기 316
형식지 218
호의 34
호환성 팀워크 역량 367
혼합형 성과 상호 의존성 333
활성화 98
회복 130
회의 불참 68
회피 393
훈련 전이 237

휴리스틱스 231
흥정 397

기타

1차 진단 118
2차 진단 123
4성분 모델 196
8분의 1 법칙 11
ASA 프레임워크 479
A형 행동 유형 128
BATNA 396
MBTI 258
O*NET 32
RIASEC 모델 259
S.M.A.R.T. 목표 161

|저자 소개|

JASON A. COLQUITT

노틀담대학교 멘도저 경영대학의 인사조직 분야의 교수이다. 이전에는 조지아대학교와 플로리다대학교에서 교수로 재직하였다. 그는 미시간주립대학교에서 인사조직 전공으로 박사 학위를 받았고, 인디애나대학교에서 심리학 학사학위를 받았다. 학부, 석사, 그리고 임원 MBA 과정에서 조직행동과 인적자원관리를, 그리고 박사 과정에서 연구 방법을 가르치고 있으며 학부, 석사, 임원 MBA 과정에서 최우수 강의상을 수상했다.

주요 연구 주제는 공정성, 신뢰, 일의 의미, 성격이다. 그는 이런 주제를 중심으로 많은 연구를 수행하여 Academy of Management Journal, Academy of Management Review, Journal of Applied Psychology, Organizational Behavior and Human Decision Processes, Personnel Psychology와 같은 저널에 40여 편의 논문을 게재했다. 그는 Academy of Management Journal의 편집장을 역임했고 Academy of Management Journal, Academy of Management Review, Administrative Science Quarterly, Journal of Applied Psychology, Organizational Behavior and Human Decision Processes, Personnel Psychology에서 편집위원으로 활동하고 있다. 그는 미국 산업조직심리학회의 'Distinguished Early Career Contributions Award'와 미국경영학회 조직행동 분과가 후원하는 'Cummings Scholar Award for early to mid-career achievement'를 수상했다.

Jason은 아내 Catherine과 세 아들 Cameron, Riley, Connor와 함께 시간을 보내는 것을 좋아하며, 취미는 농구, 트럼펫 연주, 영화 감상, 그리고 가족과 함께 산책하는 것이다.

JEFFERY A. LEPINE

애리조나주립대학교 캐리 경영대학의 경영학과 리더십 전공 학과장이다. 그는 미시간주립대학교 엘리 브로드 경영대학원에서 조직행동 전공으로 박사 학위를 받았으며, 플로리다주립대학교에서 경영학 석사, 코네티컷대학교에서 학사 학위를 받았다. 학부와 대학원에서 조직행동, 인적자원관리, 그리고 집단과 팀 경영 등을 가르치고 있으며, 박사 과정 프로그램에서 원생 멘토링 활동에 대한 공로상과 강의에 대한 우수상을 받았다

주요 연구 주제는 팀의 기능과 효과성, 개인과 팀의 적응, 시민행동, 발언, 몰입, 직무 스트레스이다. 그는 이런 주제를 중심으로 Academy of Management Journal, Academy of Management Review, Journal of Applied Psychology, Organizational Behavior and Human Decision Processes, Personnel Psychology, 그리고 Journal of Management에 40편 이상의 논문을 게재했다. 그는 Academy of Management Review와 Journal of Applied Psychology의 부편집장을 역임했으며, Academy of Management Journal, Academy of Management Review, Journal of Applied Psychology, Organizational Behavior and Human Decision Processes, Personnel Psychology, Journal of Management, Journal of Organizational Behavior, 그리고 Journal of Occupational and Organizational Psychology에서 편집위원으로 활동하고 있다. 그는 미국 산업조직심리학회의 'Distinguished Early Career Contributions Award'와 미국경영학회의 조직행동 분과에서 후원하는 'Cummings Scholar Award for early to mid-career achievement'를 수상했다. 박사 학위를 받기 전에 그는 미국 공군 장교로 복무했다.

Jeffery는 그의 여가 대부분을 아내 Marcie, 딸 Izzy, 아들 Eli와 함께 보낸다. 취미는 기타 연주, 등산, 산악자전거 타기, 그리고 클래식 폰티악 차량 콜렉션 정비이다. 가족의 은신처 공간(일명 염소 농장)을 관리하는 일을 좋아한다.

MICHAEL J. WESSON

오번대학교 헐버트 경영대학의 인사조직 분야의 교수이다. 이전에는 텍사스 A&M 대학교에서 교수로 재직했었다. 그는 미시간주립대학교 엘리 브로드 경영대학원에서 박사 학위를 받았고, 텍사스 A&M 대학교에서 인적자원관리 석사, 베일러대학교에서 경영학 학사 과정을 마쳤다. 학부, 대학원, EBMA, 박사 과정에서 조직행동과 인적자원관리 과목을 가르치고 있으며, 학부와 대학으로부터 최우수 강의상을 수상했다. 현재 헐버트 경영대학의 인사조직 학부장을 맡고 있다.

주요 연구 주제는 조직 공정성, 리더십, 회사 입문(종업원 모집, 선발, 그리고 사회화), 개인-조직 적합성, 그리고 보상과 복지 혜택 등이다. Journal of Applied Psychology, Personnel Psychology, Academy of Management Review, 그리고 Organizational Behavior and Human Decision Processes와 같은 저널에 논문을 게재하고 있다. 그는 여러 저널의 편집위원과 심사위원으로 활동하고 있다. 특히 Academy of Management와 Society for Industrial and Organizational Psychology에서 적극적으로 활동하고 있다. 과거에는 포춘 500 기업에서 인적자원 관리자로 일한 경험이 있고, 자동차, 의료, 석유가스, 기술 산업 분야에서 모집, 선발, 보상, 이직 관련 컨설턴트로 활동한 바 있다.

Michael은 아내 Liesl과 아들 Dylan와 함께 지내는 데 그의 대부분 시간을 보낸다. 또한 그는 맛있는 음식과 와인을 즐기고, 공연 예술을 좋아하며, 대학 스포츠 경기에 열광한다.

|역자 소개|

문재승 moonjs@dju.kr

대전대학교 경영대학 경영학과 인사조직 전공 교수이다. 경북대학교 대학원에서 박사 학위를 받았다. 학부와 대학원에서 조직행동과 인적자원관리, 리더십 등의 과목을 가르치고 있다. 현재 한국인적자원개발학회 26대 회장으로 봉사하고 있다.

주요 연구 주제는 조직행동과 리더십, 인적자원개발과 경력개발 등이다. 사람과 조직의 꿈을 디자인하고 실현하는 과정을 돕는 일에 관심을 가지고 연구와 교육에 열의를 쏟고 있다. 대학으로 이동하기 전에는 LG전자와 LG디스플레이에서 16년 근무하는 동안 리더십과 인적자원개발 과제를 수행하였다.

그는 기업 현장에서 근무하는 동안 경영자와 조직 책임자의 리더십이 구성원의 의욕과 열의에 중요한 영향을 미치고, 결국 조직의 성과를 결정 짓는다는 점을 경험했다. 따라서 구성원 개인과 조직의 성장을 위해서는 건강한 리더십의 개발이 필요하다는 점을 깊이 인식하고 이를 돕기 위한 연구를 하고 있다. 그간의 연구와 모색의 결과는 다수의 논문으로 발표하였고, 저서로는 「K팀장은 삼각김밥을 좋아한다」와 「사랑하는 리더, 사랑받는 리더」가 있다. 「성과 향상을 위한 조직행동론」, 「조직개발론」 등의 번역에도 참여하였다. 여러 저널의 편집위원과 심사위원으로 활동하고 있다. 특히 한국인적자원개발학회에서 적극적으로 활동하고 있다.

|역자 소개|

김재경 drj@hnu.kr

한남대학교 경상대학 경영정보학과 교수이다. 미국 네브라카주립대학교에서 경영학 박사 학위를 받았다. 학부와 대학원에서 경영학원론, 조직행동론, 비즈니스 프로그래밍, 빅데이터 분석 등의 과목을 가르치고 있다. 주요 연구 주제는 조직행동, 지식경영, 인공지능 등이다. 특히, 조직행동의 다양한 이론을 바탕으로 한국의 대학교들이 겪고 있는 학령 인구의 급격한 변화 상황에서 대학생의 중도 탈락에 관한 연구를 하고 있다.

미국 뉴욕주립대학 오네온타 캠퍼스에서 본 교재의 원서 「Organizational Behavior: Improving Performance and Commitment in the Workplace」를 사용하여 3년 동안 조직행동을 가르치며, 조직행동의 다양한 이론과 실무적인 활용 가능성에 매료된 이후로 '인사가 만사'라는 말이 조직행동의 관점으로 어떻게 이해되고 설명될 수 있는지를 여러 이론과 사례를 통해 기업 실무자들에게 전파하는 데 노력하고 있다. 지식 공유 및 중도 탈락 관련 다수의 논문을 발표하였고, 역서로는 「만만한 통계」 시리즈가 있다.

신지선 jishin@skku.edu

성균관대학교 경영대학 경영학과 매니지먼트 전공 교수이며 현재 매니지먼트 전공주임이자 경영학과장을 역임하고 있다. 연세대학교에서 학부와 석사를 마치고 미국 매릴랜드주립대학 경영대학(R. H. Smith School of Business, University of Maryland, College Park)에서 조직행동(Organizational Behavior)을 전공으로 박사 학위를 받았으며 동대학에서 방문교수를 역임한 바 있다.

현재 성균관대학교 경영대학 학부, 대학원, EMBA, IMBA 등 다양한 프로그램에서 조직행동과 리더십 등을 강의하고 있으며, 학계에 입문하기 전 포춘 500 글로벌기업에서 근무한 경험이 있다. 한국인사관리학회, 한국인사조직학회, 한국중소기업학회, 한국산업조직심리학회, 한국코칭심리학회 등에 참여하고 있으며 국가공무원인재개발원에서 평가위원으로 활동하고 있다.

Journal of Applied Psychology, Academy of Management Journal, Academy of Management Review, Journal of Business Research, 한국인사조직연구 등 다수의 해외 및 국내학술지에 논문을 개제한 바 있다. 주요 연구 분야는 조직변화 중 조직원의 태도와 행동, 변화하는 경영환경에 따른 리더의 역할, 직장 내 정서와 일의 의미 등이다.

오현성 tom6265@jj.ac.kr

전주대학교 경영대학 경영학과 인사조직 전공 교수이다. 호주 브리스베인 Queensland University of Technology에서 학사, 석사, 박사 학위를 받았다. 학부, 대학원에서 인적자원관리, 조직행동, 리더십 과목을 가르치고 있다.

최근 전세계적으로 널리 이의 활용도가 높은 사람중심 접근법을 기반으로 조직몰입 프로파일, 성격유형 프로파일, 리더십 프로파일 연구를 수행하고 있다. 이와 더불어, 소비자 행동, 교육심리, 관광심리, 창업심리 분야 등 학제 간 활발한 연구 활동을 하고 있다.

그는 국내외 다양한 저널에 논문을 게재하고 있다. 여러 저널의 심사위원 활동하고 있고, 한국인적자원개발학회, 인사관리학회, 대한경영학회 등 학술단체 임원 활동에도 적극적이다.

장수덕 sdchang@hnu.kr

한남대학교 경상대학 경영학과 인사조직 전공 교수이다. 경북대학교 대학원에서 박사 학위를 받았다. 학부와 대학원에서 조직행동과 거시조직론, 기업가정신과 창업 등의 과목을 가르치고 있다. 현재 한국경영학회 이사로 봉사하고 있다.

주요 연구 주제는 기업가정신과 창업, 조직혁신과 전략, 조직행동과 인적자원 개발 등이다. 조직의 성장과 발전에 필요한 인적자원의 개발과 조직의 전략에 관심이 많으며, 초기 창업기업들을 지원하고 혁신적인 창업생태계를 조성하는 데 필요한 다양한 일을 하고 있다.

대학으로 오기 전 연구소(ETRI)에 근무한 경험이 있으며, 주요 연구 분야는 창업, 조직전략, 조직행동, 인적자원관리 등이다. 기업의 성장과 발전에 있어 기업가정신의 중요성과 조직 내 인적자원의 혁신적 참여와 몰입이 중요함을 다수의 연구를 통해 제시하고 있다.

저서로는 「기업가정신과 창업」과 「조직행동론」이 있다. 「성과향상을 위한 조직행동론」의 번역에도 참여하였다. 국내외 여러 저널의 편집위원과 심사위원으로 활동하고 있다.

|역자 소개|

차종석 jscha@hansung.ac.kr

한성대학교 사회과학대학 경영학부 인사조직 전공 교수이다. 한국과학기술원(KAIST) 테크노경영대학원에서 박사 학위를 받았다. 학부와 대학원에서 조직행동론, 인적자원관리, 경영전략론, 연구조사방법론 등을 강의하고 있으며, 미국 캔자스대학(University of Kansas)과 북텍사스대학(University of North Texas)에 방문교수를 역임하였다.

주요 연구 주제는 경력성공, 전략적 인적자원관리, 기업윤리, 혁신과 조직문화, 기술리더십 등이다. 이런 주제를 중심으로 많은 연구를 수행하여 Journal of Organizational Behavior, Journal of Business Ethics, Human Relations, Human Resource Management Journal, Group and Organizational Management 그리고 R&D Management와 같은 해외 저널에 10여 편의 논문을 게재했으며, 경영학연구, 중소기업연구, 조직과 인사관리연구, HRD 연구, 기술혁신연구 등과 같은 국내 유수의 저널에 50여 편의 논문을 게재하였다. 국내 학술지 게재를 통해 최우수논문상, 그리고 해외 학술지 게재를 통해 Outstanding Paper Award를 수상하였다.

그는 기업 현장에서 발생하는 다양한 문제 중에서 직장인의 경력과 일의 의미, 조직의 인사관리와 기업윤리, 리더십 역량 개발 등과 같은 경험적인 현실 이슈에 많은 관심을 갖고 있으며, 이론적으로는 개인과 조직이 상생하는 개인-조직 적합 관점을 갖고 개인의 경력 성장과 건강한 조직 만들기에 노력하고 있다. 저서로는 「성공기업으로 가는 한국형 인재경영」과 「작은 기업이 살아남는 인재경영전략」이 있으며, 역저로는 「행복한 콜센터」, 「인적자원관리」, 그리고 「인적자원개발론」이 있다.

채희선 hschae@pknu.ac.kr

국립부경대학교 경영대학 경영학부 인사조직·조직행동 전공 교수로 있으며, 서울대학교(SNU) 경영대학원에서 박사 학위를 받았다. 학부와 대학원에서 조직행동론, 인적자원관리, 조직관리, 경영혁신과 창의성 등을 가르치고 있다.

학계에 입문하기 전 블루오션전략의 도입과 실행을 위한 교육 및 컨설팅 활동을 수행하였고, 현재에도 공공기관 및 금융기관을 중심으로 실무와 연결되는 교육과 연구를 진행하고 있다. 한국인사조직학회, 한국인사관리학회, 대한리더십학회, 한국인적자원개발학회, 한국인적자원관리학회, 한국윤리경영학회 등에서 편집위원과 임원으로 학술 활동에 활발히 참여하고 있다.

주요 연구 주제는 창의성, 지식관리, 주도적 행동, 리더십과 팔로워십이다. 이와 관련하여 Journal of Organizational Behavior, Human Relations, Journal of Occupational and Organizational Psychology, Human Performance 등 해외 저명 저널과, 인사조직연구, 인적자원관리연구, 리더십연구, 지식경영연구, 전문경영인연구 등 국내 저명 저널에 다수의 논문을 게재하였다.

최종인 jongchoi@hanbat.ac.kr

한밭대학교 융합경영학과 인사조직 분야 교수이며, 산학협력 부총장, LINC+와 링크 3.0 사업단장, 기획처장 등을 역임하고 39대 한국인사관리학회 회장으로 봉사하고 있다. 정부의 1차 산업교육 및 산학연협력 기본계획(2018)과 대학창업5개년 계획(2013, 2018, 2023), 대덕연구개발특구육성종합계획(2005) 수립 등에 참여하였다. 혁신클러스터학회 및 인적자원개발학회 회장을 역임하고, 노스캐롤라이나 주립대 방문교수 등을 통해 대덕특구와 미국의 RTP 비교연구를 20여 년간 진행 중이다. 대덕벤처협회(DIVA) 정책연구소장을 7년간 하며 중소벤처기업의 인사조직과 전략을 경험하고, (주)나노신소재, (주)트루윈, (주)알테오젠, (주)써나젠테라퓨틱스 등 여러 코스닥 상장사 및 벤처기업의 감사, 사외이사 등을 하며 현장 경험을 한 바 있다. 기술사업화(TEC) 한국 디렉터를 맡고 있다.

주요 연구 분야는 기업가정신, 창업, 혁신, 산학연협력 등이다. 조직행동론 이론 등을 토대로 칼럼을 10년 동안 게재하고 있다. 고려대에서 경영학 박사, 미국 리하이(Lehigh) 대학에서 포스트닥을 하였으며, 개발도상국의 혁신을 통한 경제개발을 위한 컨설팅을 수행하고 있다. 이응로 미술관 사외이사, 연구개발특구 기술사업화 위원장, 특허청, 육군리더십센터, 대전시와 교육청의 자문교수를 역임하고, 저역서로는 「현대경영학」, 「기술창업론」, 「고결한 산학협력」, 「기술사업화: 죽음의 계곡을 건너다」 등이 있다.

성과 향상을 위한 **조직행동론**

역자 문재승 · 김재경 · 신지선 · 오현성 · 장수덕 · 차종석 · 채희선 · 최종인

발행일 2023년 9월 4일

발행처 **한경사**

발행인 이계남

등록사항 제10-1951호 2000년 4월 14일

주소 서울시 마포구 신수로 59-1 (3층)

전화 02_717_7264~5

팩스 02_717_7226

홈페이지 hankyungsa.co.kr

이메일 hankyungsa@hanmail.net

ISBN 978-89-6844-461-6 93320

가격 38,000원